ISBN 978-0-332-48946-9
PIBN 11229861

1 MONTH OF FREE READING

at

www.ForgottenBooks.com

By purchasing this book you are eligible for one month membership to ForgottenBooks.com, giving you unlimited access to our entire collection of over 700,000 titles via our web site and mobile apps.

To claim your free month visit:

www.forgottenbooks.com/free1229861

English
Français
Deutsche
Italiano
Español
Português

www.forgottenbooks.com

Mythology Photography **Fiction**
Fishing Christianity **Art** Cooking
Essays Buddhism Freemasonry
Medicine **Biology** Music **Ancient
Egypt** Evolution Carpentry Physics
Dance Geology **Mathematics** Fitness
Shakespeare **Folklore** Yoga Marketing
Confidence Immortality Biographies
Poetry **Psychology** Witchcraft
Electronics Chemistry History **Law**
Accounting **Philosophy** Anthropology
Alchemy Drama Quantum Mechanics
Atheism Sexual Health **Ancient History**
Entrepreneurship Languages Sport
Paleontology Needlework Islam
Metaphysics Investment Archaeology
Parenting Statistics Criminology
Motivational

INHALTSVERZEICHNISS — TABLE DES MATIÈRES

A. STAATSRECHTLICHE ENTSCHEIDUNGEN
ARRÊTS DE DROIT PUBLIC

Erster Abschnitt. — Première section.

Bundesverfassung. — Constitution fédérale.

Seite

I. Rechtsverweigerung. — Déni de justice 1, 611

II. Gleichheit vor dem Gesetze. — Egalité devant la loi. 425

III. Doppelbesteuerung. — Double imposition . 8, 431, 619

IV. Pressfreiheit. — Liberté de la presse 631

V. Gerichtsstand. — Du for.

    1. Verfassungsmässiger Gerichtsstand. Unzulässigkeit von Ausnahmegerichten. — For naturel. Inadmissibilité de tribunaux exceptionnels. . 23, 438

    2. Gerichtsstand des Wohnortes. — For du domicile 26, 647

    3. Arreste. — Saisies et séquestres 39

VI. Vollziehung kantonaler Urtheile. — Exécution de jugements cantonaux 442

VII. Staatsrechtliche Streitigkeiten zwischen Kantonen. — Différends de droit public entre cantons . . 673

Zweiter Abschnitt. — Seconde section.

Bundesgesetze. — Lois fédérales.

Seite

I. Verfahren bei Uebertretung fiskalischer und polizei-
lcher Bundesgesetze. — Mode de procéder à la
poursuite des contraventions aux lois fiscales 52, 703

II. Abtretung von Privatrechten. — Expropriation . 53

III. Organisation der Bundesrechtspflege. — Organisation judiciaire fédérale 63

IV. Civilstand und Ehe. — Etat civil et mariage . . 67

V. Bau und Betrieb der Eisenbahnen. — Construction
et exploitation des chemins de fer 454

VI. Erwerb des Schweizerbürgerrechtes und Verzicht auf dasselbe. — Naturalisation suisse et
renonciation à la nationalité suisse. 82

VII. Fabrik- und Handelsmarken. — Marques de fabrique 90

VIII. Obligationenrecht. — Droit des obligations. . . 100

XI. Persönliche Handlungsfähigkeit. — Capacité civile 106, 467

X. Haftpflicht für den Fabrik- und Gewerbebetrieb. —
Responsabilité pour l'exploitation des fabriques . 111

XI. Urheberrecht an Werken der Kunst und Literatur.
— Propriété littéraire et artistique. 115

XII. Civilrechtliche Verhältnisse der Niedergelassenen
und Aufenthalter. — Rapports de droit civil des
citoyens établis ou en séjour 471, 718

Dritter Abschnitt. — Troisième section.

Kantonsverfassungen. — Constitutions cantonales.

Seite

I. Uebergriff in das Gebiet der gesetzgebenden Gewalt.
— Empiétement dans le domaine du pouvoir
législatif 124, 473

II. Uebergriff in das Gebiet der richterlichen Gewalt.
— Empiétement dans le domaine du pouvoir
judiciaire. 140, 482

III. Anderweitige Eingriffe in garantirte Rechte. — Atteintes portées à d'autres droits garantis. 146, 488, 729

IV. Verwaltung von Stiftungsgütern. — Administration
de fondations 163

Vierter Abschnitt. — Quatrième section.

Staatsverträge der Schweiz mit dem Auslande.

Traités de la Suisse avec l'étranger.

I. Staatsverträge über civilrechtliche Verhältnisse. —
Rapports de droit civil.

1. Vertrag mit Frankreich vom 15. Juni 1869. —
Traité avec la France du 15 Juin 1869 . . . 757

2. Uebereinkunft zwischen dem Kanton Aargau und
dem Grossherzogthum Baden vom 21. Mai 1867.
— Convention entre le canton d'Argovie et le
Grand duché de Bade du 21. Mai 1867 . . . 198

II. Auslieferung. — Extradition.

1. Vertrag mit Deutschland. — Traité avec l'Alle-
magne 181, 495

2. Vertrag mit Italien. — Traité avec l'Italie. . . 195

B. CIVILRECHTSPFLEGE

ADMINISTRATION DE LA JUSTICE CIVILE

Seite

I. Abtretung v. Privatrechten. — Expropriation   206, 499

II. Organisation der Bundesrechtspflege. — Organisation judiciaire fédérale 209, 501, 776

III. Civilstand und Ehe. — Etat civil et mariage . 219, 790

IV. Transport auf Eisenbahnen. — Transport par chemin de fer. 228

V. Haftpflicht der Eisenbahn- und Dampfschiffunternehmungen bei Tödtungen und Verletzungen. — Responsabilité des entreprises de chemins de fer et de bateaux à vapeur en cas d'accident entraînant mort d'homme ou lésions corporelles . . 234, 798

VI. Fabrik- und Handelsmarken. — Marques de fabrique 274

VII. Obligationenrecht. — Droit des obligations.
280, 506, 811

VIII. Haftpflicht für den Fabrik- und Gewerbebetrieb. — Responsabilité pour l'exploitation des fabriques.
354, 548, 903

IX. Erfindungspatente. — Brevets d'invention . . . 569

X. Schuldbetreibung und Konkurs. — Poursuite pour dettes et faillite 931

XI. Civilstreitigkeiten zwischen Kantonen einerseits und Privaten oder Korporationen anderseits. — Différends de droit civil entre des cantons d'une part et des particuliers ou des corporations d'autre part. 371, 577, 932

XII. Civilstreitigkeiten zwischen Bund und Privaten. — Différends de droit civil entre la Confédération et des particuliers 417

REGISTER

Seite

I.   Alphabetisches Sachregister 987

II. Gesetzesregister. 1025

III. Personenregister 1036

IV. Verzeichniss der nicht publizirten Entscheide aus
     dem Jahre 1892 1045

V.   Zusammenstellung der Entscheidungen nach den
     drei Nationalsprachen 1057

VI. Berichtigungen 1058

A. STAATSRECHTLICHE ENTSCHEIDUNGEN
ARRÊTS DE DROIT PUBLIC

———o·o·o———

Erster Abschnitt. — Première section.

Bundesverfassung. — Constitution fédérale.

———•·•·•———

I. Rechtsverweigerung. — Déni de justice.

1. Urtheil vom 26. März 1892 in Sachen Hug.

A. Zwischen der heutigen Rekurrentin und Wilhelm Wyrsch, Spengler in Buochs, kam am 19. April 1890 vor dem Kantons-gerichte von Nidwalden ein Streit zur Erledigung, herrührend aus einer Miethsforderung, welche dem damaligen Kläger Wil-helm Wyrsch von Frau Konstantia Christen-Zimmermann und Sohn cedirt worden war. Die vom Kläger behauptete Forderung im Betrage von 60 Fr. wurde von der Beklagten blos in der Höhe von 50 Fr. anerkannt und für diesen Betrag eine Wider-klage wegen Mißhandlung durch die ursprüngliche Gläubigerin und nunmehrige Cedentin entgegengestellt. Das Gericht nahm auch in der That in Bezug auf die Höhe der Forderung die beklag-tische Einrede an, ließ aber die Widerklage nicht zu und verwies die Beklagte, behufs Geltendmachung ihrer Gegenansprüche an die Frau Konstantia Christen-Zimmermann. Gestützt nun auf dieses Urtheil erhob Klara Hug gegen dieselbe folgende Forderung:

a. Für Entschädigung wegen versprochener, aber unterlassener Heizung vom September 1889 bis Mitte März 1890: 30 Fr.

b. Für Prozeßkosten im Prozesse gegen Wilhelm Wyrsch in Buochs: 100 Fr.

c. Für Entschädigung wegen Mißhandlung: 50 Fr.

Dazu kam bei der dritten Vorladung vom 31. August 1891 ein vierter Posten „Tragung der ersten Vermittlungskosten" im Betrage von 13 Fr.

Die Beklagte erschien bei dem ersten, auf den 21. Juni 1890 angesetzten, Vermittlungsversuche nicht. Darauf ordnete der Vermittlungsgerichtspräsident auf den 2. August gleichen Jahres einen zweiten Vermittlungsversuch an und stellte, bei nochmaligem Nichterscheinen der Beklagten, gemäß § 38 der nidwaldenschen Civilprozeßordnung an Klara Hug den Weisungsschein aus. Der Streit wurde aber damals seitens der letztern nicht prosequirt. Erst am 25. Juli 1891 reichte sie dem Kantonsgerichte ihre Klageschrift ein, und nahm sodann noch nachträglich (am 31. des folgenden Monats August) angeblich auf Weisung des Kantonsgerichtspräsidenten, was aber bestritten wird, einen dritten Vermittlungsversuch vor. Als nun das Präsidium des Kantonsgerichtes trotzdem die Annahme der Klage verweigerte, rekurrirte die Klägerin an das Kantonsgericht, wurde aber, gestützt auf § 42 der nidwaldenschen Civilprozeßordnung, mit Urtheil vom 7. November 1891 abgewiesen.

B. Dagegen ergriff sie rechtzeitig den staatsrechtlichen Rekurs an das Bundesgericht. Ihr Antrag lautet: Es sei das kantonsgerichtliche Erkenntniß vom 7. November wegen Rechtsverweigerung aufzuheben und die Annahme und Durchführung der Klage Hug gegen Christen zu gestatten. Dies aus folgenden Gründen:

1. Weil die Ansprüche und das Regreßrecht der Klägerin sich auf ein früheres rechtskräftiges Urtheil stützen;

2. Weil sie vom letzten Vermittlungsversuche vom 31. August 1891 an, bei welchem ein neues, vom ersten abweichendes Rechtsbegehren gestellt worden sei, ihre Klage rechtzeitig eingereicht habe;

3. Weil sie gemäß ärztlichen Zeugnissen, in Folge Krankheit verhindert war, früher ihre Ansprüche verfolgen zu können;

4. Weil § 42 der nibwaldenschen Civilprozeßordnung, welcher eine Verjährung des Rechtsstreites innert drei Monaten, vom stattgefundenen Vermittlungsvortritt an, verfügt, den Vorschriften des Art. 146 u. ff. des Obligationenrechts zuwiderlaufe;

5. Weil § 42 der nibwaldenschen Civilprozeßordnung hier überhaupt nicht Platz greife, da die Klage sich auf den Vermittlungsvorstand vom 31. August 1891 stütze;

6. Weil in der Abfassung des rekurrirten Entscheides Unregelmäßigkeiten vorgekommen seien.

C. Das Kantonsgericht von Nibwalden beantragt in seiner Vernehmlassung vom 17. Februar 1892 Abweisung des Rekurses und führt unter Anderm aus: Die streitige Klage beziehe sich nicht auf den Vermittlungsvorstand vom 31. August 1891, da sie schon am 25. Juli gleichen Jahres eingereicht worden sei, sondern auf den volle elf Monate vorher stattgefundenen Vortritt vom 2. August 1890, und müsse daher, laut § 42 cit., als verwirkt angesehen werden. Der Inhalt der Klage sei nämlich, mit Ausnahme des selbstverständlichen Postens von 13 Fr., welcher allein eine Kompetenz des Kantonsgerichtes nicht begründen könne, ganz derselbe wie nach den Vorladungsscheinen vom Juni und August 1890. Daß sodann die klägerischen Ansprüche bereits in einem früheren Urtheil festgestellt worden seien, sei unrichtig. Im Prozesse gegen Wilhelm Wyrsch habe das Kantonsgericht die Klara Hug, damalige Beklagte, in Bezug auf die Widerklage blos an die Frau Christen verwiesen; ein Regreßrecht dagegen wurde derselben nicht zugesprochen. Auch die weitern Anbringen der Rekurrentin seien unzutreffend. Krankheit bilde nirgends im Gesetze einen Ausnahmegrund und was die behauptete Kollision zwischen eidgenössischem und kantonalem Rechte anbelange, so beziehe sich § 42 der nibwaldenschen Civilprozeßordnung blos auf die Verjährung einer bereits erhobenen Klage, nicht auf die Zeit, innert welcher sie erhoben werden könne und innert welcher somit die Forderung als solche verjähre. Endlich seien die Vermuthungen der Rekurrentin in Bezug auf die Abfassung des Urtheils durchaus aus der Luft gegriffen.

Das Bundesgericht zieht in Erwägung:

1. Es unterliegt keinem Zweifel, daß, sofern die Nichtannahme der Klage aus willkürlichen und ungesetzlichen Gründen stattge-

funden hätte, eine Rechtsverweigerung im eigentlichen Sinne des Wortes vorliegen würde. Aber in concreto fragt es sich eben, ob nicht vielmehr die Rückweisung eine prozessualisch gebotene war. Dabei ist nun irrelevant, ob die erhobenen Ansprüche auf ein früheres Urtheil sich haben stützen können. Von Bedeutung ist einzig die Tragweite des § 42 der nidwaldenschen Civilprozeß= ordnung und die Zeit der Anhängigmachung der Klage.

2. Der § 42 der nidwaldenschen Civilprozeßordnung bestimmt, daß, wenn in einem unvermittelt gebliebenen Streitfall eine Klage nicht innert drei Monaten nach dem Vortritt vor Vermittlungs= gericht bei dem betreffenden Gerichtspräsidenten anhängig gemacht werde, dies als völliger Verzicht auf den Rechtsstreit angesehen und vom Gerichtspräsidenten die Annahme der Klageschrift ver= weigert werden müsse, es sei denn, daß die betreffende Streitpartei sich über eine Fristverlängerung ab Seite des Gegners auszu= weisen vermöge. Mag nun auf Grund dieser Gesetzesvorschrift die Durchführung der Klage für endgültig verwirkt angesehen werden, oder, wie die Rekurrentin anzunehmen scheint, blos für so lange, als nicht ein neuer Vermittlungsversuch vorgenommen wird, so kann dennoch im vorliegenden Falle von einer Willkür nicht die Rede sein. Denn zur Zeit der Einreichung der Klageschrift, näm= lich am 25. Juli 1891, (und darauf kommt es an) waren mehr als elf Monate verflossen seit den letzten Vermittlungsverhand= lungen, und daß nach Vornahme des dritten Vermittlungsver= suches vom 31. August 1891 eine neue Einlage gemacht worden sei, geht aus den Akten nicht hervor. Der Inhalt der zuletzt ver= mittelten Forderung kommt demnach nicht einmal in Betracht.

3. Von rekurrirender Seite wird allerdings eingewendet, daß die Vorschrift des § 42 cit. mit den Bestimmungen des Obli= gationenrechtes über Verjährung im Widerspruch stehe. Dieser Einwand ist aber unrichtig; der § 42 der nidwaldenschen Civil= prozeßordnung beschränkt nicht die Zeit zur Geltendmachung eines Anspruches, sondern regelt die Wirkungen der Nichtprosequirung einer bereits erhobenen Klage. Derartige Bestimmungen gehören dem Prozeßrechte an und richten sich deßhalb nach der Gesetzge= bung der Kantone.

4. Was schließlich das Anbringen der Rekurrentin anbelangt,

daß sie ihre Forderung wegen Krankheit nicht habe früher geltend
machen können, so kann es nicht Sache des Bundesgerichtes sein,
deßwegen Restitution zu gewähren. Ein bezüglicher Beschluß des
kantonalen Gerichts wurde noch nicht provozirt und es fehlt so=
mit dem Bundesgerichte schon aus diesem Grunde jeder Anlaß,
darauf einzutreten.

Demnach hat das Bundesgericht

erkannt:

Der Rekurs wird als unbegründet abgewiesen.

---

2. *Arrêt du 27 Mai 1892 dans la cause Gobet.*

Sous date du 16 Décembre 1891, le notaire J.-J. Menoud,
à Bulle, a pratiqué un séquestre sur le bétail appartenant aux
frères Victor et Félicien Gobet, à Pont-en-Ogoz, ce aux fins
d'exercer son droit de rétention pour les fourrages consommés par le dit bétail sur la propriété du saisissant.

Le 16 Janvier 1892, le bétail en question fut saisi par Menoud, et les recourants n'ont pas opposé à cette saisie.

Par jugement du tribunal de l'arrondissement de la Gruyère
du 30 dit, notifié aux frères Gobet le 16 Mars suivant, il a été
statué que le notaire Menoud est au bénéfice d'un droit de
rétention sur le bétail des intimés, se trouvant sur sa propriété
de Pont-en-Ogoz, ce pour assurer le paiement de la valeur des
fourrages consommés et à consommer par le dit bétail jusqu'à
concurrence de la somme de 5000 francs, avec intérêt légal
dès le 15 Juin 1891, et que le séquestre pratiqué le 16 Décembre 1891 est bien fondé.

Par exploit du 30 Mars 1892, les frères Gobet ont fait no-
tifier à Menoud le relief du jugement par défaut et l'ont assigné au 23 Avril suivant devant le tribunal de la Gruyère.

Par décision, soit ordonnance de mesures provisionnelles
du 23 ou du 27 avril 1892, le notaire Menoud fut autorisé,
aux termes de l'art. 479 C. P. C., à procéder à la vente du

bétail et chédail des frères Gobet, nonobstant relief, recours ou appel, sans préjudice de droit. Cette ordonnance constate que les frères Gobet, régulièrement assignés, ont fait défaut.

Menoud avait allégué que ces derniers avaient disposé des objets séquestrés sans tenir aucun compte du séquestre et de la saisie qui pesaient sur les dits objets.

La date de l'ordonnance ne résulte pas avec certitude du dossier; dans l'une des expéditions qui y figurent, elle est datée du 23 et dans l'autre du 27 Avril.

Le 3 Mai 1892, la vente juridique des objets saisis fut publiée officiellement pour le 17 du même mois.

Par écriture du 13 dit, l'avocat Uldry, au nom des frères Gobet, a demandé au Tribunal fédéral l'annulation de l'ordonnance du 23 ou du 27 Avril précédent, comme contraire aux art. 4 de la constitution fédérale et 12 de la constitution fribourgeoise. A l'appui de cette conclusion, les recourants font valoir :

1° Que la saisie va à l'encontre de la loi fédérale sur la poursuite pour dettes et la faillite, attendu qu'elle a été pratiquée d'après les dispositions de la loi fribourgeoise qui n'était plus en vigueur, et non point conformément à la loi fédérale précitée ;

2° Que les frères Gobet n'ont pas été cités au 23 Avril pour cet objet.

Les recourants ont donc été condamnés sans avoir été entendus, et avant que le notaire Menoud ait été reconnu comme créancier par un jugement exécutoire. La décision attaquée constitue un abus de mesures provisionnelles. L'ordonnance du 23 Avril est encore nulle aux yeux de la loi, pour n'avoir pas été notifiée à temps, mais seulement le 29 dit, et par conséquent pas dans les deux jours, ainsi que le veut la procédure civile.

Les recourants ont requis, en outre, de la présidence du Tribunal fédéral la suspension, par voie de mesures provisionnelles, de la mise publique annoncée pour le 17 Mai courant dans le N° 18 de la *Feuille officielle du canton de Fribourg*.

mais cette demande a été écartée par ordonnance présiden-
tielle du 16 dit.

Statuant sur ces faits et considérant en droit :

1° Le Tribunal fédéral est incompétent pour autant qu'il
s'agit de la question de savoir si la saisie du 16 Janvier 1892
devait être pratiquée conformément au droit fédéral ou aux
termes des dispositions du droit cantonal. Les questions de
ce genre sont, en effet, à teneur de l'art. 334 de la loi fédérale sur la poursuite pour dettes et la faillite, soumises en dernière instance à la décision du Conseil fédéral.

2° En dehors de cette question, le recours apparaît comme
interjeté uniquement pour cause de déni de justice. L'art. 12
de la constitution fribourgeoise, garantissant l'inviolabilité de
la propriété, invoqué par les recourants, est entièrement étranger à l'espèce actuelle, attendu qu'il n'interdit ni les séquestres, ni les saisies, ni les mesures provisionnelles telles que
celles ordonnées dans la décision dont est recours. Les conditions de validité de ces procédés sont déterminées exclusivement par la procédure cantonale et il ne peut dès lors
s'agir, dans l'espèce, que de savoir si les dispositions de cette
procédure applicables, et que les recourants n'ont d'ailleurs
pas même indiquées, ont été appliquées sainement ou si elles
l'ont été arbitrairement ou laissées de côté, de manière que
la décision incriminée implique un déni de justice.

Or le Tribunal fédéral a constamment estimé, en pareil cas,
qu'il y avait lieu, pour les recourants, de parcourir au préala-
ble les instances cantonales, avant de pouvoir réclamer son
intervention pour cause de déni de justice ; tel n'a pas été le
cas pour la contestation actuelle, à propos de laquelle les
frères Gobet n'ont aucunement démontré avoir épuisé tous les
moyens de recours que la procédure cantonale met ou mettait
à leur disposition.

Par ces motifs,

Le Tribunal fédéral

prononce :

Il n'est pas entré en matière sur le recours.

II. Doppelbesteuerung. — Double imposition.

3. Urtheil vom 20. Februar 1892 in Sachen Gotthardbahn.

A. Der Kantonsrath des Kantons Schwyz erließ am 9. August 1890 ein Gesetz betreffend die Besteuerung von Transportanstalten, Waarenlagern, Waarenniederlagen u. drgl., welches unter anderm folgende Bestimmungen enthält:

„§ 2. Waarenlager und Waarenniederlagen, welche sich in „Lagerhäusern oder ähnlichen Einrichtungen auf dem Gebiete des „Kantons Schwyz befinden, müssen, soweit sie nicht nach § 4 „litt. d des Steuergesetzes vom 10. September 1854 der Steuer „unterliegen, ihrem ganzen Werthe nach versteuert werden.

„§ 3. Die Steuerpflicht für Waarenlager und Waarennieder= „lagen liegt dem Besitzer des Lagergebäudes ob; derselbe ist be= „rechtigt, die pflichtige Steuer auf der eingelagerten Waare zu „erheben.

„§ 4. Sowohl bei Eisenbahn= und Dampfschiff=Unternehmungen „als bei Waarenlagern und Waarenniederlagen geschieht die Aus= „mittlung des Steuervermögens nach einem der Taxation vorher= „gehenden Jahresdurchschnitt der in Betracht fallenden Werthe.“

Dieses Gesetz wurde in der Volksabstimmung vom 19. Oktober 1890 angenommen. Gestützt auf dasselbe wurde anläßlich der all= gemeinen Steuertaxation des Jahres 1891 von der schwyzerischen Steuerkommission das in den Lagerhäusern der Gotthardbahnge= sellschaft in Brunnen enthaltene Waarenlager für 1,000,000 Fr. steuerpflichtig erklärt. Die Gotthardbahngesellschaft beschwerte sich gegen diese Steueranlage beim Regierungsrathe des Kantons Schwyz, wurde aber mit ihrer Beschwerde durch Entscheidung vom 11. August 1891 abgewiesen.

B. Gegen diese Entscheidung ergriff die Gotthardbahngesellschaft mit Eingabe vom 10. Oktober 1891 den staatsrechtlichen Rekurs an das Bundesgericht, mit dem Antrage: Das Bundesgericht wolle die Besteuerung der Waarenlager in den Lagerhäusern der

Gotthardbahn in Brunnen-Ingenbohl durch den Kanton Schwyz sammt der daherigen Taxation von 1,000,000 Fr. als unzuläßig und demnach den Beschluß des Regierungsrathes des Kantons Schwyz vom 11./13. August 1891 als aufgehoben erklären, unter Kostenfolge. Sie führt aus: Die in den Lagerhäusern in Brunnen-Ingenbohl eingelagerten Getreidevorräthe gehören nicht ihr, sondern Drittpersonen. Die Gotthardbahn besitze also in denselben kein Objekt, von welchem sie die Steuer entrichten könnte. Wenn ihr das Recht eingeräumt werden wolle, die Steuer auf den gelagerten Waaren zu erheben, so sei darauf zunächst zu erwidern, daß es äußerst schwierig, ja geradezu unmöglich wäre, die auf die einzelnen Lagerungsobjekte entfallenden Steuerbeträge in zutreffender Weise zu berechnen; sodann aber sei eine derartige Ueberwälzung der Steuer auch bundesrechtlich undurchführbar. Die gelagerten Getreidevorräthe gehören zum Mobiliarvermögen ihrer Eigenthümer, welche in der Schweiz ihren Wohnsitz haben, und es sei zur Erhebung einer Steuer nur derjenige Kanton zuständig, in welchem der Eigenthümer seinen Wohnsitz habe. Der Kanton Schwyz dagegen sei bundesrechtlich nicht berechtigt, von dem gelagerten Getreide eine Steuer zu erheben, weder direkt noch durch Vermittlung der Gotthardbahn.

C. In seiner Vernehmlassung auf diese Beschwerde beantragt der Regierungsrath des Kantons Schwyz: 1. Die Rekurrentin sei mit ihrem Gesuche abzuweisen. 2. Derselben seien die Kosten des Rekurses zu überbinden und sie demnach auch mit einer angemessenen Kostenentschädigung an den Rekursbeklagten zu belasten. Er führt aus: Die Rekursschrift bezeichne keine Rekursgründe; die Beschwerde wäre daher schon wegen mangelnder Substanziirung abzuweisen. Die angefochtene Verfügung sei übrigens auch durchaus verfassungs- und gesetzmäßig. Das Gesetz vom 19. Oktober 1891, auf welchem sie beruhe, sei in verfassungsmäßiger Form zu Stande gekommen und es sei der Kanton Schwyz in Bezug auf die Steuergesetzgebung souverain. Er sei kompetent, die Steuersubjekte und Objekte, den Umfang der Steuerpflicht und das Verfahren bei der Schatzung der Steuerobjekte zu bestimmen. Ob es für die Gotthardbahngesellschaft schwierig sei, die Steuer auf die einzelnen Einlagerer zu repartiren, habe das Bundesgericht nicht zu untersuchen; wenn eine sachbezügliche Schwierigkeit auch bestünde, so läge beßhalb eine Verletzung des Bundesrechtes doch nicht vor, um so weniger als das Gesetz die Gottharbbahngesellschaft nicht zwinge, diese Verlegung vorzunehmen, sondern ihr nur das Recht dazu eröffne. Eine Doppelbesteuerung liege nicht vor. Die Rekurrentin habe nicht bewiesen, daß die Getreidelager in Brunnen doppelt versteuert werden; sie behaupte nur im Allgemeinen, das Getreide gehöre Personen, die in der Schweiz ihren Wohnsitz haben und dasselbe am Wohnorte als Mobiliarvermögen versteuern. Es sei nun aber gar nicht richtig, daß das in Brunnen lagernde Getreide ausschließlich oder doch vorwiegend solchen Personen gehöre, welche in der Schweiz wohnen; vorherrschend gehöre dasselbe fremden Kaufleuten. Zudem sei eine Doppelbesteuerung hier beßhalb nicht gegeben, weil es an der Identität des Steuersubjektes mangle. Der Kanton Schwyz besteuere die Gottharbbahngesellschaft als Inhaber und Betriebsführer der Lagerhäuser in Brunnen. Nun werde aber gar nicht behauptet, daß die Gottharbbahngesellschaft für das gleiche Objekt auch anderweitig besteuert werde; behauptet werde vielmehr nur, daß die, von der Gottharbbahngesellschaft verschiedenen, Getreideeigenthümer an ihrem Wohnorte besteuert werden. Ebenso sei nicht dargethan, daß die jeweiligen Eigenthümer der Getreidevorräthe in Brunnen diese Vorräthe an ihrem Wohnorte versteuern und werde überhaupt kein Kanton namhaft gemacht, welcher Anspruch auf Besteuerung der fraglichen Vorräthe erhebe. Jedenfalls könnten sich diejenigen Getreideeigenthümer, welche im Auslande wohnen, niemals auf das bundesrechtliche Verbot der Doppelbesteuerung berufen, da diesem Verbote nur interkantonale Bedeutung zukomme.

D. Mit ihrer Replik legt die Gottharbbahngesellschaft einen Verkehrsrapport betreffend die Lagerhäuser in Brunnen für die III. Dekade des Monats November 1891 ein. Nach diesem sind von 47 Einlagerern nur 7 im Auslande, die andern in der Schweiz außerhalb des Kantons Schwyz domizilirt. Im Uebrigen macht sie geltend: Von einer Abweisung ihrer Beschwerde wegen mangeln der Substanziirung könne keine Rede sein. Denn die Beschwerde enthalte, wenn auch in knapper Form, die Darlegung der maßgebenden Thatsachen, der wesentlichen Rekursgründe und des

Rechtsbegehrens. Es müsse sich fragen, wen das schwyzerische Gesetz als Steuersubjekt behandeln wolle, die Einlagerer oder die Gotthardbahngesellschaft. In dieser Richtung sei klar, daß, als Steuersubjekt nicht die Gotthardbahn sondern die Einlagerer behandelt werden sollen. Die Belastung der Gotthardbahngesellschaft mit der Steuer wäre völlig undenkbar; denn Jemanden mit einer Steuer von einem Objekte zu belasten, welches er gar nicht besitze, wäre eine brutale Willkür und daher schon als eine Verletzung der Rechtsgleichheit, sowie, wenigstens per analogiam, nach den Grundsätzen über Doppelbesteuerung unzulässig. Daher schreibe denn auch das schwyzerische Gesetz vor, daß die Gotthardbahn die Steuer auf den eingelagerten Waaren zurückfordern könne. Es wolle also die Steuer in Wirklichkeit nicht von der Gotthardbahn sondern von den Einlagerern durch das Medium der Gotthardbahn erheben. Dies sei schon deßhalb unzulässig, weil es thatsächlich unmöglich sei, daß die Gotthardbahn die ihr angewiesene Deckung realisire. Sobann liege, nachdem nachgewiesen sei, daß die Einlagerer mit verschwindenden Ausnahmen ihren Wohnsitz in andern Kantonen der Schweiz haben, eine Doppelbesteuerung im engern Sinne vor. Denn auf den weitern Umstand, ob die Wohnsitzkantone die Steuer von den zu Brunnen gelagerten Waaren wirklich beziehen, komme es, nach konstanter bundesrechtlicher Praxis, nicht an. Wenn die Regierung des Kantons Schwyz die Identität des Steuersubjektes bestreite, so sei diese Identität nicht eine nothwendige Voraussetzung des Begriffes der unzulässigen Doppelbesteuerung, sondern komme es lediglich auf die Identität des Steuerobjektes an. Uebrigens sei die Identität des Steuersubjektes gegeben, da, wie gezeigt, nicht die Gotthardbahngesellschaft, sondern die Einlagerer, also die gleiche Person, welche in andern Kantonen domizilirt und dort der Steuerhoheit unterworfen sei, mit der schwyzerischen Steuer belastet werden sollen. Die Besteuerung der Getreideeinlagerer sei auch mit § 16 der Kantonsverfassung unvereinbar, nach welchem nur die Einwohner des Kantons steuerpflichtig seien. Die Gotthardbahngesellschaft brauche sich die vom Kanton Schwyz beabsichtigte willkürliche Heranziehung zur Steuer, ganz abgesehen davon, ob ihr ein Rückgriffsrecht eingeräumt werde oder nicht, nicht gefallen zu lassen. Eine derartige Maß-

regel sei mit §§ 4, 13, 14 der kantonalen Verfassung unzuläßig
und wäre auch mit dem konzessionsmäßigen Rechte der Steuer=
befreiung unvereinbar. Da die Steuer, wenn auch zu Lasten der
Eigenthümer, zunächst doch von der Gotthardbahn erhoben werden
wolle, so sei letztere selbstverständlich legitimirt, an Stelle der
Eigenthümer die Beschwerde wegen Doppelbesteuerung geltend zu
machen. Diese Legitimation werde ihr von der Beklagtschaft auch
nicht bestritten. Da eine Motivirung der angefochtenen Schluß=
nahme des Regierungsrathes des Kantons Schwyz erst in der
Rekursantwort gegeben worden sei, so werde das Gesuch gestellt,
es möchte der Gotthardbahngesellschaft nach der Duplik eine weitere
Parteischrift bewilligt, eventuell es möchte eine mündliche Schluß=
verhandlung angeordnet werden.

E. Die Regierung des Kantons Schwyz bestritt in ihrer Duplik
das letztere Begehren der Rekurrentin. Im Uebrigen hält sie in
allen Theilen an den Ausführungen ihrer Vernehmlassungsschrift
fest. Sie behauptet, die neuen Rechtsausführungen der Replik der
Rekurrentin, wonach eine Verletzung des § 16 K.=V., der Gleich=
heit vor dem Gesetze, der konzessionsmäßigen Steuerfreiheit u. s. w.
geltend gemacht werde, seien verspätet und daher unzuläßig. Es
könne sich nur darum handeln, ob eine bundeswidrige Doppelbe=
steuerung vorliege. Dies sei zu verneinen. Als Steuersubjekt be=
handle das Gesetz klar und deutlich die Gotthardbahngesellschaft,
nicht den Einlagerer. Wenn auch die Gotthardbahngesellschaft für
Objekte besteuert werden sollte, die sie nicht besitze, so läge darin
noch kein Grund zu einer staatsrechtlichen Beschwerde an das
Bundesgericht. Der Gotthardbahngesellschaft werde die Legitimation
bestritten, Namens der fremden Getreideeigenthümer Beschwerde zu
erheben. Der Steueranspruch des Kantons Schwyz greife nicht
über die Kantonsgrenze hinaus, sondern beziehe sich auf Objekte,
die im Kanton liegen. Der von der Rekurrentin produzirte Aus=
weis über das Domizil der Getreideeigenthümer sei völlig uner=
heblich. Derselbe beziehe sich auf den November 1891, während
das angefochtene Steuerdekret aus dem März gleichen Jahres da=
tire, und er gebe übrigens keinen Nachweis darüber, ob die inlän=
dischen Einlagerer im Kanton Schwyz oder außerhalb desselben
domizilirt seien, und über die dem einzelnen Einlagerer gehörigen

Getreibemengen. Eine Doppelbesteuerung liege aus den in der Rekursantwort dargelegten Gründen nicht vor und eben so wenig seien die Gleichheit vor dem Gesetze oder Bestimmungen der Kantonsverfassung verletzt.

Das Bundesgericht zieht in Erwägung:

1. Zu Gestattung einer Triplik oder Anordnung einer mündlichen Verhandlung liegt ein Grund nicht vor. Den Parteien war in dem vom Instruktionsrichter angeordneten doppelten Schriftenwechsel hinlängliche Gelegenheit gegeben, ihre Angriffs- und Vertheidigungsmittel geltend zu machen.

2. Die Einwendung, die erst in der Replik geltend gemachten Rechtserörterungen der Rekurrentin seien verspätet, ist unbegründet. Das geltende objektive Recht ist vom Richter von Amtes wegen anzuwenden; Rechtserörterungen können daher auch von den Parteien in jedem Stadium des Verfahrens, in welchem Parteianbringen überhaupt noch statthaft sind, vorgebracht werden.

3. Ebenso geht die weitere Einwendung fehl, die Gotthardbahngesellschaft sei nicht legitimirt, Namens der Getreideeigenthümer Beschwerde zu führen. Allerdings ist die Gotthardbahngesellschaft an sich nicht legitimirt, Rechte der Getreideeigenthümer geltend zu machen. Allein es soll nun ja die Gotthardbahngesellschaft verpflichtet werden, ihrerseits die Steuer vom Eigenthum der Einlagerer zu entrichten. Sie ist daher gewiß berechtigt, diese unmittelbar ihre Rechtssphäre betreffende Verfügung anzufechten und dabei geltend zu machen, die Getreideeigenthümer unterstehen der Steuerhoheit des Kantons Schwyz nicht und es dürfe daher auch die Gotthardbahngesellschaft nicht als deren Vertreterin im Kanton Schwyz zur Besteuerung herangezogen werden.

4. In der Sache selbst ist klar, daß das schwyzerische Gesetz vom 19. Oktober 1890 nicht etwa die Gotthardbahngesellschaft für das durch den Betrieb ihrer Lagerhäuser in Brunnen erzielte Einkommen der Einkommenssteuer unterwirft, sondern daß dasselbe eine Vermögenssteuer auf die in diesen Lagerhäusern (bezw. in Lagerhäusern oder Waarenniederlagen überhaupt) eingelagerten Waaren statuirt. Dabei wird die Entrichtung dieser Vermögenssteuer nicht dem Eigenthümer der Waare sondern dem Besitzer des Lagerhauses auferlegt, diesem aber das Recht eingeräumt, die

Steuer auf den eingelagerten Waaren zu erheben, sich also aus
dem Vermögen der Getreideeigenthümer zu decken. Die Regierung
von Schwyz behauptet, als eigentlich steuerpflichtiges Subjekt er=
scheine bei dieser Steuer die Lagerhausbesitzerin. Nun ist aber klar,
daß ein Gesetz, wodurch Lagerhausbesitzer verpflichtet würden, für
die bei ihnen eingelagerten fremden Waaren die Vermögenssteuer
als eigentlich steuerpflichtiges Subjekt auf eigene Rechnung, nicht
nur vorschußweise als gezwungener Stellvertreter des Eigenthümers, zu bezahlen, als ein verfassungsmäßig unzuläßiges Aus=
nahmegesetz bezeichnet werden müßte. Die Lagerhausbesitzer würden
hier ausnahmsweise ganz anders behandelt als andere Verwahrer
fremder Gutes; sie hätten die Vermögenssteuer nicht nur wie
alle andern Steuerpflichtigen für ihr eigenes Vermögen sondern
auch für das von ihnen blos aufbewahrte Vermögen Dritter auf
eigene Rechnung zu bezahlen, würden also in willkürlicher Weise
einer ausnahmsweisen Norm unterworfen, wie sie für andere In=
haber fremden Gutes (z. B. für Bankiers, welche Depositen ent=
gegennehmen u. s w.) nicht besteht und vernünftigerweise nicht
bestehen kann. Das schwyzerische Gesetz vom 19. Oktober 1890
geht denn auch offenbar selbst davon aus, daß es unzuläßig wäre,
die Lagerhausbesitzer für die bei ihnen eingelagerten Waarenvor=
räthe Dritter als eigentliches Steuersubjekt zu behandeln, welches
die Steuer auf eigene Rechnung zu entrichten hat. Deßhalb räumt
es den Lagerhausbesitzern das Recht ein, die Steuer auf den ein=
gelagerten Waaren zu erheben und deutet also an, daß die
Waareneigenthümer die eigentlich steuerpflichtigen Subjekte seien,
während der Lagerhausbesitzer nur als (gezwungener) Stellver=
treter derselben erscheine, welcher die Steuer zwar zu bezahlen hat,
aber nicht auf eigene Rechnung, sondern blos vorschußweise auf
Rechnung des Eigenthümers, dessen Gut er verwahrt.

5. Nun ist es nicht schlechthin unzuläßig, daß die Kantonal=
gesetzgebung Verwahrer fremden Gutes verpflichte, die Steuer von
diesem Gut aus demselben an Stelle und auf Rechnung des
Eigenthümers zu bezahlen. Allein dies ist zunächst jedenfalls nur
insoweit statthaft, als der Eigenthümer nach bundesrechtlichen
Grundsätzen der Steuerhoheit des betreffenden Kantons untersteht.
Dagegen geht es nicht an, Verwahrer fremden Gutes, ohne

weiteres, ohne Rücksicht darauf, ob der Eigenthümer der kanto=
nalen Steuerhoheit überhaupt unterworfen ist, zur Steuerent=
richtung für denselben zu verpflichten. Durch ein solches Vorgehen
wird, soweit die Eigenthümer in der Schweiz außerhalb des Kan=
tons wohnen, das bundesrechtliche Verbot der Doppelbesteuerung
verletzt. Denn, wie das Bundesgericht schon häufig entschieden hat,
ist kein Kanton berechtigt, Vermögensobjekte zur Steuer heran=
zuziehen, welche in thesi nach bundesrechtlichen Grundsätzen der
Steuerhoheit eines andern Kantons unterstehen, während darauf,
ob der bundesrechtlich berechtigte Kanton sein Steuerrecht wirklich
ausübt, nichts ankommt. Nach den bundesrechtlichen, in der Natur
der Sache begründeten, Grundsätzen aber untersteht bewegliches
Vermögen der Besteuerung am Wohnorte des Eigenthümers und
nicht am Orte, wo es zufällig liegt. Im Fernern setzt die stell=
vertretungsweise Steuerbelastung von Verwahrern fremden Gutes
selbstverständlich voraus, daß die einzelnen eigentlich steuerpflichtigen
Subjekte und der auf sie fallende Steuerbetrag ermittelt werden,
daß fest steht, w e r besteuert wird, welchen Steuerbetrag jeder ein=
zelne zu bezahlen hat und welchen Betrag daher der Verwahrer
jedem einzelnen verrechnen kann; es muß im Fernern dem Ver=
wahrer die thatsächliche Möglichkeit der Verrechnung gewährt sein.
Wird hieran nicht festgehalten, so schlägt die scheinbar blos stell=
vertretungsweise Besteuerung des Verwahrers thatsächlich in eine
definitive Belastung desselben um; es wird der Verwahrer fremden
Gutes unter dem Scheine blos stellvertretungsweiser Heranziehung
zur Steuerpflicht in That und Wahrheit als eigentlich steuer=
pflichtiges Subjekt behandelt und daher, wie oben gezeigt, einer
verfassungswidrigen Ausnahmenorm unterworfen. Danach erscheint
denn die angefochtene Besteuerung der Gottharbbahngesellschaft als
unstatthaft. Denn die Gottharbbahngesellschaft soll ohne weiteres
für den Bestand der bei ihr eingelagerten Getreidevorräthe be=
steuert werden, ohne daß ermittelt würde, inwiefern deren Eigen=
thümer der schwyzerischen Steuerhoheit unterstehen, welcher Steuer=
betrag auf den einzelnen entfällt u. s. w. Uebrigens dürfte, was
allerdings das Bundesgericht nicht zu untersuchen hat, auch klar
sein, daß in der Besteuerung der in einem Lagerhause blos tem=
porär niedergelegten, transitirenden Güter eine unzulässige Be=

schränkung der Freiheit des Handels und Verkehrs, eine Art von Durchgangszoll, liegt.

Demnach hat das Bundesgericht

erkannt:

Der Rekurs wird als begründet erklärt und es wird mithin der Rekurrentin ihr Rekursbegehren zugesprochen.

---

4. Urtheil vom 5. März 1892 in Sachen Rickler.

Das Bundesgericht hat,

in Erwägung:

Daß der Rekurrent ausführt: Er besitze in Steckborn, Kantons Thurgau, Haus und Garten, für welche er kürzlich dort mit einer Kirchensteuer pro 1889 und 1890 belegt worden sei; da er an seinem Wohnorte in Zürich ebenfalls eine Kirchensteuer bezahlen müsse, habe er sich nicht verpflichtet geglaubt, auch noch in Steckborn eine gleiche Steuer zu bezahlen und habe deßhalb beim Regierungsrathe des Kantons Thurgau reklamirt, von diesem aber einen ungünstigen Bescheid erhalten; da er sich mit diesem nicht zufrieden geben könne und sich daher beim Bundesgerichte über diese Steuerauflage beschweren müsse, so ersuche er dasselbe um einen richterlichen Entscheid über diese Streitfrage;

Daß der Rekurrent einen Rekursgrund nicht namhaft macht;

Daß er indeß davon auszugehen scheint, daß für kirchliche Zwecke von einer Gemeinde nur deren Einwohner besteuert werden dürfen;

Daß indeß ein verfassungsmäßiger Grundsatz, welcher dies postulirte, nicht besteht, vielmehr für kirchliche Zwecke auch Grundsteuern von den Konfessionsverwandten erhoben werden dürfen, wie das Bundesgericht bereits in seiner Entscheidung vom 19. März 1881 in Sachen Blumer und Jenny (Amtliche Sammlung VII, S. 5 u. ff., ausgesprochen hat;

Daß somit auswärtige Grundeigenthümer für ihr Grundeigenthum zur kirchlichen Besteuerung in der Gemeinde, wo letzteres liegt, herangezogen werden dürfen, sofern sie derjenigen Konfession angehören, für deren Kultus die Steuer erhoben wird;

Daß nun der Rekurrent in keiner Weise behauptet, er gehöre nicht derjenigen Konfession an, für deren Zwecke die streitige Steuer erhoben wird;

Daß wenn der Rekurrent andeuten zu wollen scheint, es liege eine Doppelbesteuerung vor, dies nicht begründet ist;

Daß nämlich nicht erhellt, auch gar nicht wahrscheinlich ist, daß der Kanton Zürich die Steuerhoheit auch in Betreff des thurgauischen Grundeigenthums des Rekurrenten beanspruche und somit auch für dieses Grundeigenthum die Kirchensteuer vom Rekurrenten erhebe;

Daß übrigens, auch wenn dies der Fall sein sollte, der Rekurrent sich nicht gegen die Besteuerung seines thurgauischen Grundeigenthums im Kanton Thurgau sondern vielmehr gegen dessen Besteuerung im Kanton Zürich beschweren könnte, da Liegenschaften bundesrechtlich der Steuerhoheit desjenigen Kantons unterworfen sind, in dessen Gebiete sie liegen.

Demnach hat das Bundesgericht

erkannt:

Die Beschwerde wird als unbegründet abgewiesen.

---

5. Urtheil vom 3. Juni 1892 in Sachen
Schweizerische Feuerversicherungsgesellschaft Helvetia.

A. Die Schweizerische Feuerversicherungsgesellschaft Helvetia in St. Gallen, besitzt im Kanton Uri einen Agenten und hat dort ein Rechtsdomizil im Sinne des Art. 2 Ziff. 4 des Bundesgesetzes betreffend Beaufsichtigung von Privatunternehmungen im Gebiete des Versicherungswesens vom 25. Juni 1885 verzeigt. Im Jahre 1891 wurde sie von der urnerischen Behörde aufgefordert, ein Steuertaxationsformular auszufüllen; sie bestritt, daß sie im Kanton Uri steuerpflichtig sei. Durch Cirkular der Standeskanzlei d. d. 30. Januar 1892 wurde ihr erwidert, daß der

Regierungsrath des Kantons Uri beschlossen habe, alle im Kanton arbeitenden Affeluranzgesellschaften im Verhältnisse ihrer Prämienbezüge zur Zahlung einer Erwerbssteuer anzuhalten.

B. Gegen diesen Entscheid ergriff die Schweizerische Feuerversicherungsgesellschaft Helvetia den staatsrechtlichen Rekurs an das Bundesgericht mit dem Antrage: Das Bundesgericht wolle grundsätzlich erklären, daß in den Steuerprätentionen der beiden Kantone Uri und St. Gallen bezüglich des Einkommens der Rekurrentin eine unzuläßige Doppelbesteuerung liege und alsdann die gutscheinenden Maßnahmen zur Lösung des bezüglichen Steuerkonfliktes treffen. Zur Begründung wird ausgeführt: Die Gesellschaft werde am Orte ihres Sitzes in St. Gallen, gemäß der dortigen Gesetzgebung, für ihr gesammtes Einkommen zur Steuer herangezogen. Nun beanspruche auch der Kanton Uri gestützt auf Art. 12 und 13 seines Steuergesetzes vom 10. Mai 1886 die Erwerbssteuer von einem aliquoten Theile dieses Einkommens. Es liege also eine bundesrechtlich unzuläßige Doppelbesteuerung vor. Entweder müsse daher dem Kanton Uri untersagt werden, einen Theil des Einkommens der Gesellschaft zu besteuern, oder aber der Kanton St. Gallen müsse angehalten werden, eine entsprechende Reduktion des der Besteuerung unterworfenen Einkommens eintreten zu lassen. Darüber, zu wessen Gunsten der Steuerkonflikt entschieden werden solle, haben zunächst die beiden betheiligten Kantone sich auseinanderzusetzen. Die Entscheidung werde davon abhängen, ob angenommen werde, es sei im Kanton Uri eine Zweigniederlassung der Gesellschaft begründet oder nicht. Nach der Meinung der Gesellschaft sei diese Frage zu verneinen. Das von ihr im Kanton Uri verzeigte Rechtsdomizil habe lediglich prozeßualen Charakter, begründe dagegen noch nicht die Annahme eines selbständigen Filialgeschäftes. Daß die Agenturen der Versicherungsgesellschaften nicht als Filialen aufgefaßt werden dürfen, sei in einem Kreisschreiben des Bundesrathes an die eidgenössischen Stände vom 26. Januar 1887 mit aller Bestimmtheit ausgesprochen. Durch dieses Kreisschreiben werde eine frühere durch Beschluß vom 1. Februar 1884 und Kreisschreiben vom 13. März 1883 Ziff. 1 ertheilte Weisung aufgehoben, nach welcher wenigstens diejenigen Agenturen, welche Generalvollmacht vom Hauptgeschäfte besitzen (im Gegensatze zu denjenigen, welche nur eine beschränkte Vollmacht zur Vertretung in einzelnen Beziehungen z. B. zur Vermittlung des Abschlusses von Verträgen erhalten) als Zweigniederlassungen im Handelsregister haben eingetragen werden müssen. In dem Kreisschreiben vom 26. Januar 1887 bemerkte der Bundesrath: „Nach dem Grundsatze des neuen „Bundesgesetzes sind die Agenten als solche nur Angestellte der „Gesellschaften, gleichwie die Commis eines andern Geschäftes, „nicht selbständige Gewerbetreibende oder gar Vorsteher von Zweig= „niederlassungen. Das Publikum ist getäuscht und wird zu un= „nöthigen Prozessen verleitet, wenn es in den Agenten etwas „anderes sieht als Angestellte der Gesellschaft und die Steuer= „behörden irren sich, wenn sie dieselben für etwas Anderes als „für ihr persönliches Einkommen in Anspruch nehmen." Die Agentur Uri hätte freilich selbst nach den im Bundesrathsbeschlusse vom 1. Februar 1884 und dem Kreisschreiben vom 13. März 1883 niedergelegten Grundsätzen nicht als Zweigniederlassung aufgefaßt werden können, da der dortige Vertreter lediglich der Vermittler zwischen den leitenden Gesellschaftsorganen und dem Publikum sei und ihm alle Kompetenzen, die den selbständigen Betrieb des Versicherungsgewerbes ausmachen (das Zeichnen von Policen, die Besorgung der Rückversicherung, die Regulirung von Schäden ꝛc.) abgehen.

C. In seiner Vernehmlassung auf diese Beschwerde beantragt der Regierungsrath des Kantons Uri: Es sei die von der Schweizerischen Feuerversicherungsgesellschaft Helvetia gegen die Verfügung des Regierungsrathes des Kantons Uri vom 14. Januar dieses Jahres, der Rekurrentin notifizirt mittelst Cirkularschreibens vom 30. Januar, erhobene Rekursbeschwerde als unbegründet abzuweisen, unter Kostenfolge. Er macht im Wesentlichen geltend: Nach Art. 31 der urnerischen Kantonalverfassung habe „zum „ganzen oder theilweisen Betriebe eines selbständigen Geschäfts oder „Unternehmens auf dem Gebiete des Kantons der Inhaber des= „selben im Kanton Domizil zu verzeigen und eine Zweignieder= „lassung zu nehmen, Bundesvorschriften vorbehalten." Die Rekurrentin betreibe nun in Uri ein solches Geschäft; sie habe in Altorf (eine Hauptagentur für den Kanton errichtet und beziehe

nach eigener Angabe an jährlichen Prämien eine Summe von
5098 Fr. 55 Cts. Nach Art. 10 des kantonalen Steuergesetzes
seien Erwerb und Einkommen aller im Kanton befindlichen
Aktiengesellschaften der Erwerbssteuer unterworfen und das Bundes=
gesetz vom 25. Juni 1885 wahre den Kantonen in Art. 15
ausdrücklich das Recht, von Versicherungsgesellschaften die ordent=
lichen Steuern und Abgaben zu erheben. Die Rekurrentin werde
nach den gleichen Grundsätzen behandelt, welchen im Kanton Uri
alle Bürger und Niedergelassenen, Private und Gesellschaften
unterworfen seien. Wenn die Rekurrentin allfällig im Kanton
St. Gallen mit einer zu weitgehenden Erwerbssteuer belastet wer=
den sollte, so vermöge dieser Umstand das Steuerrecht des Kan=
tons Uri rücksichtlich des auf urnerischem Gebiete erzielten Ein=
kommens nicht zu beeinträchtigen.

D. Der Regierungsrath des Kantons St. Gallen schließt sich
in thatsächlicher und rechtlicher Beziehung den Ausführungen der
Rekurrentin an.

Das Bundesgericht zieht in Erwägung:

1. Die Beschwerde macht geltend, es liege eine verfassungs=
widrige Doppelbesteuerung vor. Dieselbe fällt daher, wie übrigens
nicht bestritten ist, in die Kompetenz des Bundesgerichtes. Wenn
die Parteien sich auch auf Art. 15 des Bundesgesetzes, betreffend
Beaufsichtigung von Privatunternehmungen im Gebiete des Ver=
sicherungswesens vom 25. Juni 1885, berufen haben, so ver=
mag dies hieran nichts zu ändern. Allerdings steht die Hand=
habung des angeführten Bundesgesetzes nicht dem Bundesgerichte
sondern dem Bundesrathe zu. Allein die Beschwerde behauptet
nun nicht, daß der Gesellschaft eine mit Art. 15 cit. unverein=
bare „besondere Taxe“ abverlangt werde, sondern sie stützt sich
ausschließlich auf das bundesrechtliche Verbot der Doppelbesteue=
rung. Wenn die Regierung des Kantons Uri den Art. 15 cit.
deßhalb anruft, weil derselbe den Kantonen das Recht der ordent=
lichen Besteuerung der Versicherungsunternehmungen und ihrer
Angestellten vorbehalte, so steht die Entscheidung über die Prä=
judizialfrage, inwiefern aus diesem Grundsatze etwas für die Be=
urtheilung der vorliegenden Doppelbesteuerungsbeschwerde folge,
dem Bundesgerichte zu, welches in allen Doppelbesteuerungs=

sachen, auch in denjenigen der Versicherungsgesellschaften, zustän=
dig ist.

2. Da der Kanton Uri das Recht beansprucht, das durch den
Geschäftsbetrieb auf dem dortigen Kantonsgebiete erzielte Ein=
kommen der Rekurrentin der Besteuerung zu unterwerfen, der
Kanton St. Gallen dagegen das Besteuerungsrecht hinsichtlich des
gesammten Einkommens der Rekurrentin in Anspruch nimmt, so
liegt eine bundeswidrige Doppelbesteuerung unzweifelhaft vor. Es
muß sich daher fragen, ob nach bundesrechtlichen Grundsätzen das
Recht der Besteuerung dem Kanton St. Gallen oder aber dem
Kanton Uri zustehe. Hiefür ist zunächst die Bestimmung des
Art. 15 des Bundesgesetzes vom 25. Juni 1885 ohne alle Be=
deutung. Art. 15 cit. statuirt in seinem Schlußsatze einfach, daß
das ordentliche Besteuerungsrecht der Kantone gegenüber den Ver=
sicherungsgesellschaften und ihren Angestellten durch das vorher=
gehende Verbot des Auflegens besonderer Taxen (Konzessionsge=
bühren u. drgl.) nicht berührt werde. Dagegen entscheidet er
über die räumliche Ausdehnung der kantonalen Steuerhoheit nicht.
Dafür, welcher kantonalen Steuerhoheit die Versicherungsgesell=
schaften für ihr Vermögen und Einkommen unterstehen, gelten
vielmehr diejenigen Grundsätze, welche die bundesrechtliche Praxis
in Doppelbesteuerungssachen allgemein, für alle Steuersubjekte,
ausgebildet hat. Art. 15 cit. berührt diese Frage nicht; er stellt
für die Versicherungsgesellschaften keine besonderen Grundsätze
interkantonalen Steuerrechts auf, sondern behält blos die Steuer=
berechtigung der Kantone überhaupt vor, während selbstverständ=
lich in Betreff der örtlichen Ausdehnung der Steuerhoheit des
einzelnen Kantons die allgemeinen bundesrechtlichen Grundsätze
maßgebend bleiben. Nach allgemeinem bundesrechtlichem Grund=
satze nun hängt die Entscheidung davon ab, ob die Gesellschaft
im Kanton Uri eine Zweigniederlassung besitzt oder nicht. Die
bloße Thatsache, daß die Rekurrentin durch Abschluß von Ver=
sicherungsverträgen mit urnerischen Einwohnern ihren Geschäfts=
betrieb auf das Gebiet dieses Kantons ausdehnt, unterwirft sie,
gemäß konstanter bundesgerichtlicher Praxis, der Steuerhoheit
dieses Kantons nicht (vergleiche Entscheidungen des Bundesgerichtes
Amtliche Sammlung XII, S. 253 Erw, 2). Die Frage nun,

ob die Rekurrentin im Kanton Uri eine Zweigniederlassung besitze, ist zu verneinen. Allerdings hat die Gesellschaft in Gemäßheit des Bundesgesetzes vom 25. Juni 1885 im Kanton Uri ein Rechtsdomizil verzeigen müssen, und besitzt sie dort eine Agentur. Allein der Verzeigung eines Rechtsdomizils kommt blos prozessuale Bedeutung zu, eine, einen Steuerwohnsitz begründende, Zweigniederlassung wird dadurch nicht geschaffen. Ebensowenig begründet die urnerische Agentur der Rekurrentin einen weitern örtlichen Mittelpunkt des Geschäfts, eine Zweigniederlassung desselben. Die urnerische Agentur der Rekurrentin leitet nicht selbstständig einen ausgeschiedenen Theil des Gesellschaftsgeschäfts, sondern sie ist blos Vermittlerin bei Einleitung von Versicherungsgeschäften u. s. w., während die Versicherungsverträge nicht von ihr sondern von der leitenden Gesellschafsbehörde, am Sitze der Gesellschaft, abgeschlossen werden. Wenn die Regierung des Kantons Uri sich auf Art. 31 K.-V. berufen hat, nach welchem die Gesellschaft zum Erwerbe einer Zweigniederlassung im Kanton verpflichtet gewesen sei, so ist darauf zu erwidern, daß Art. 31 K.-V. den bundesrechtlichen Grundsätzen über interkantonales Steuerrecht selbstverständlich weder derogiren kann noch will und daß übrigens auch dessen Voraussetzungen, da eben auf urnerischem Gebiete nicht ein selbständiges Geschäft ganz oder theilweise betrieben wird, kaum vorliegen.

Demnach hat das Bundesgericht
erkannt:

Der Rekurs wird dahin für begründet erklärt, daß der Kanton Uri zu Besteuerung des Einkommens der Rekurrentin nicht berechtigt ist.

III. Gerichtsstand. — Du for.

1. Verfassungsmässiger Gerichtsstand. Unzulässigkeit von Ausnahmegerichten. — For naturel. Inadmissibilité de tribunaux exceptionnels.

6. Urtheil vom 29. April 1892 in Sachen Schär und Jordi.

A. Gegen Jakob Schär, Buchhalter, und Fritz Jordi, Schrift=
setzer, beide in Langenthal, waren am 17. November 1891
Strafanzeigen wegen Uebertretung der gesetzlichen Bestimmungen
über das Lotteriewesen eingereicht worden, weil sie durch Einsen=
dung von Annoncen in die in Zürich erscheinende Zeitung „der
Grütlianer„ Loose einer im Kanton Bern verbotenen Lotterie zum
Kaufe angeboten haben. Durch Beschluß der Anklagekammer des
Kantons Bern vom 13. Januar 1892 wurde die Sache dem
Richteramte Aarwangen als dem Gerichte des Wohnortes der An=
geschuldigten zur Beurtheilung zugewiesen. Der Polizeirichter des
Amtsbezirkes Aarwangen erklärte durch Urtheil vom 4. Februar
1892 die Angeschuldigten der Widerhandlung gegen die gesetz=
lichen Bestimmungen über das Lotteriewesen für schuldig und
verurtheilte in Anwendung der Art. 252 und 61 des bernischen
Strafgesetzbuches und des Art. 368 der Strafprozeßordnung jeden
derselben polizeilich zu 15 Fr. Geldbuße und 9 Fr. 10 Cts.
Kosten des Staates. Schär und Jordi ergriffen gegen dieses Ur=
theil die Appellation an die Polizeikammer des Appellations= und
Kassationshofes des Kantons Bern. Vor diesem Gerichtshofe be=
stritten sie vorfraglich die Kompetenz der bernischen Gerichte, weil
die ihnen zur Last gelegten Handlungen außerhalb des Kantons
Bern begangen und daher in diesem Kanton nicht strafbar seien.
Die Polizeikammer wies durch Entscheidung vom 19. März 1892
diese Vorfrage unter Suspension der Kosten zur Hauptsache, ab,
indem sie im Wesentlichen ausführte: Die Vorfrage sei prozeßualisch
zulässig, sie sei keine eigentliche Gerichtsstandseinrede, sondern eine

Einrede materiellrechtlicher Natur, da sie geltend mache, es stehe dem Staate Bern nach den gesetzlichen Bestimmungen über das räumliche Geltungsgebiet der Strafrechtsnormen ein verfolgbarer Strafanspruch überhaupt nicht zu. Nach Art. 3 des bernischen Strafgesetzes finde nun das bernische Strafgesetzbuch in der Regel nur auf die gegen dasselbe im Gebiete des Kantons Bern verübten Widerhandlungen Anwendung. Allein diese Vorschrift sei nur für die Regel der Fälle aufgestellt; Alinea 2 des Art. 3 behalte gesetzliche Ausnahmen ausdrücklich vor. Eine solche Ausnahme treffe hier zu. Denn es handle sich um ein durch das Mittel der Presse begangenes Delikt und für solche Delikte sei in Art. 10 des Einführungsgesetzes zum Strafgesetzbuch hinsichtlich der Zuständigkeit der bernischen Gerichte und zwar sowohl bezüglich der örtlichen Kompetenz der einzelnen Gerichte als auch betreffend der bernischen Gerichtsbarkeit überhaupt eine Spezialbestimmung getroffen; sie laute: „Für die durch das Mittel der Presse be- „gangenen Vergehen ist dasjenige Gericht zuständig, in dessen „Bezirk die Druckschrift herausgekommen ist. Hat deren Heraus- „gabe außerhalb des Kantons stattgefunden, so tritt der Gerichts- „stand des Beklagten ein." Da die Zeitung, in welcher die beiden Angeschuldigten die Lotterieloose zum Verkaufe offerirt haben, außerhalb des Kantons Bern, herausgegeben werde, so trete danach der Gerichtsstand des Domizils der Beklagten ein. Dieses befinde sich für beide in Langenthal (Bezirks Aarwangen).

B. Nunmehr ergriffen J. Schär und Fritz Jordi mit Eingabe vom 23./26. März 1892 den staatsrechtlichen Rekurs an das Bundesgericht. Sie beantragen: Es sei, in Aufhebung des Beschlusses der bernischen Anklagekammer vom 27. Januar und des Urtheils der Polizeikammer vom 19. März beides 1892, der bernische Richter zur Beurtheilung des den Rekurrenten zur Last gelegten Delikts „Ausbieten von Lotterieloosen in dem in Zürich erscheinenden Grütlianer" als nicht zuständig zu erklären, unter Kostenfolge gegen wen Rechtens. Zur Begründung machen sie in rechtlicher Beziehung im Wesentlichen geltend: Das ihnen zur Last gelegte Delikt sei mit der Aufnahme des Inserates und mit dessen Druck im „Grütlianer" begangen; es sei also da verübt, wo diese Zeitung herausgekommen, d. h. im Kanton Zürich. Es gehe

durchaus nicht an, daß Delikt als überall da begangen zu be=
trachten, wo die Zeitung verbreitet und gelesen werde. Damit
würde man dazu gelangen, daß eine und dieselbe Handlung unter
Umständen in allen 22 Kantonen bestraft werden könnte. In der
That sei denn der Rekurrent Schär wegen des Auskündens von
Lotterieloosen in zürcherischen Zeitungen, speziell im „Grütlianer",
auch im Kanton Zürich der Widerhandlung gegen die dortigen
Lotterievorschriften für schuldig erklärt und deßhalb bestraft worden.
Das bernische Gesetz selbst stehe im Strafrecht mit wenigen Aus=
nahmen auf dem Boden des reinen Territorialprinzips; es gelte
dies auch für die Uebertretung der Lotterivorschriften. Wenn daher
der bernische Richter über ein derartiges, nicht im Kanton Bern
begangenes Delikt urtheile, so überschreite er seine Machtsphäre.
Sobald der Ort der Begehung nicht Bern sondern ein anderer
Kanton der schweizerischen Eidgenossenschaft sei, liege ein Konflikt
der Souverainetät zweier Kantone vor und seien bundesrechtliche
Grundsätze verletzt, so daß auch die Kompetenz des Bundesgerichtes
begründet sei.

C. Die Polizeikammer des Appellations= und Kassationshofes
des Kantons Bern verweist in ihrer Vernehmlassung einfach auf
die Motive ihrer angefochtenen Entscheidung.

Das Bundesgericht zieht in Erwägung:

1. Die Rekurrenten haben eine positive Bestimmung der Bundes=
oder Kantonsverfassung, welche durch die angefochtene Entschei=
dung verletzt wäre, nicht angeführt; insbesondere behaupten sie
nicht etwa eine Verletzung der Preßfreiheit. Ihre Beschwerde stützt
sich vielmehr ausschließlich darauf, es seien Grundsätze verletzt,
welche das Bundesrecht zu Lösung interkantonaler Jurisdiktions=
konflikte über die Grenzen der Strafgewalt der Kantone aufge=
stellt habe.

2. Nun stützt die angefochtene Entscheidung die Kompetenz der
bernischen Strafgerichte darauf, daß im vorliegenden Falle nach
Maßgabe der bernischen Gesetzgebung der Gerichtsstand des Domi=
zils des Angeschuldigten begründet sei. Daß diese Entscheidung
etwa auf willkürlicher Auslegung der bernischen Gesetzgebung be=
ruhe, haben die Rekurrenten selbst nicht behauptet. Ebensowenig
verstößt die Statuirung des Gerichtsstandes des Wohnsitzes im

vorliegenden Falle gegen eine bundesrechtliche Norm. Ein Juris=
diktionskonflikt zwischen mehreren Kantonen liegt überhaupt nicht
vor und daß die Ausdehnung der Strafgewalt des Kantons Bern
auf die Rekurrenten gegen bundesrechtliche Grundsätze verstoße,
kann um so weniger behauptet werden, als die Rekurrenten nicht
nur im Kanton Bern wohnen, also dessen Territorialgewalt als
Einwohner unterworfen sind, sondern auch der Vertrieb der zum
Verkaufe ausgeschriebenen Lotterieloose vom bernischen Gebiete aus
erfolgen sollte.

3. Nach der Natur der Beschwerde erscheint es als gerechtfer=
tigt, den Rekurrenten die Bezahlung einer Gerichtsgebühr aufzu=
erlegen.

Demnach hat das Bundesgericht
erkannt:
Der Rekurs wird als unbegründet abgewiesen.

----

2. Gerichtsstand des Wohnortes. — For du domicile.

7. Urtheil vom 1. April 1892 in Sachen Mayer.

A. Mit Pfandbot vom 29. September 1890 forderte das Ge=
meindekassieramt Wyl (St. Gallen) von dem Rekurrenten Bier=
brauer Karl Mayer die Staatssteuer für 1889/1890 mit 1497 Fr.
30 Cts. und an Nachsteuern für Staat und Gemeinde zusammen
37,603 Fr. 10 Cts. Da der Rekurrent Rechtsvorschlag erhob,
wurde er vom Staate St. Gallen durch Ladung vom 8. Oktober
1890 auf 9. gleichen Monats vor Vermittleramt Wyl geladen.
Vor Vermittleramt und ebenso vor Bezirksgericht Wyl, bei welchem
der Fiskus des Kantons St. Gallen die Sache am 24. März
1891 gestützt auf den Leitschein vom 9. Oktober 1890 anhängig
machte, bestritt der Rekurrent die Kompetenz der st. gallischen
Gerichte, indem er geltend machte, er habe bereits am 27. Sep=
tember 1890 seinen Wohnsitz in Wyl aufgegeben und sei nach
Riesbach, Kantons Zürich, übergesiedelt. Das Bezirksgericht Wyl

wies diese Einrede durch Entscheidung vom 2. Januar 1892 ab.

B. Gegen diese Entscheidung beschwert sich Karl Mayer mit Eingabe vom 27. Februar 1892 beim Bundesgerichte. Er beantragt, das Bundesgericht wolle erkennen: 1. Das angefochtene Urtheil sei aufzuheben; 2. der st. gallische Richter sei im vorliegenden Steuerforberungsstreit nicht zuständig. Zur Begründung führt er aus: Die gegen ihn eingeklagten Steuerforderungen seien persön=licher Natur, woran es nichts ändere, daß sie nicht ex contractu sondern ex lege entspringen. Sie müssen daher gemäß Art. 59 Abs. 1 B.=V. an seinem Wohnorte gegen ihn geltend gemacht werden. Das gleiche gelte auch nach dem kantonalen st. gallischen Rechte. Da er nun schon am 28. September 1890 nach Ries=bach, Kantons Zürich, übergesiedelt sei, so müsse er dort belangt werden und sei seine Ladung vor die st. gallischen Gerichte un=statthaft. Die Entscheidung stehe übrigens nach Art. 27 Ziff. 4 O.=G. in letzter Instanz dem Bundesgerichte zu. Es könne nicht etwa gesagt werden, daß rücksichtlich der geforderten Nachsteuern das forum del. comm. in Wyl begründet sei; denn Steuerange=legenheiten gehören nach st. gallischem Recht materiell dem Pri=vatrecht, prozeßualisch dem Civilprozeßrechte, an und es haben Strafrecht und Strafrichter mit der Nachsteuer nichts zu thun. Ebenso wenig könne in Betracht kommen, daß die Steuer und Nachsteuer theilweise liegenschaftliches Vermögen (die vom Rekur=renten übrigens bereits im Jahre 1889 an eine Aktiengesellschaft veräußerte Brauerei in Wyl) betreffen. Denn der Kanton St. Gallen kenne keine Grundsteuer, sondern Basis der Besteuerung nach st. gallischem Rechte sei das Vermögen, gleichviel ob in Liegen=schaften oder beweglichen Sachen bestehend. Der Rekurrent berufe sich demnach auf sein zürcherisches forum domicilii, wobei er sich übrigens ausdrücklich das Recht wahre, den Rechtsstreit in der Hauptsache gemäß Art. 27 Ziff. 4 O.=G. an das Bundesgericht zu ziehen.

C. Der Fiskus des Kantons St. Gallen beantragt: Es sei in vorliegender Streitsache der st. gallische Richter als der zuständige anzuerkennen und das Urtheil des Bezirksgerichtes Wyl vom 2. Januar 1892 nicht als aufgehoben zu erklären. Er führt aus: Der Rekurrent habe allerdings am 27. September 1890 pro

forma seine Schriften in Rießbach deponirt, um der ihm in Wyl
drohenden Pfändung zu entgehen. Allein in Wirklichkeit habe er
noch bis in den Dezember 1890 sein Domizil in Wyl beibehalten;
eventuell hätte jedenfalls sein dortiges Domizil neben einem all=
fälligen neuen Domizil in Zürich fortgedauert. Gemäß Art. 12
der st. gallischen Civilprozeßordnung werde der Gerichtsstand durch
die Vorladung vor Vermittleramt begründet, so daß er durch
eine spätere Wohnortsveränderung des Beklagten nicht aufgehoben
werde. Die vermittleramtliche Ladung habe nun aber zu einer Zeit
stattgefunden, wo der Rekurrent noch in Wyl domizilirt gewesen
sei. Der Rekurs wäre daher selbst dann unbegründet, wenn die
eingeklagten Forderungen persönliche Ansprachen im Sinne des
Art. 59 Abs. 1 B.=V. enthielten. Dies sei aber überhaupt nicht
der Fall. Die streitigen Steuerforderungen seien öffentlich=recht=
licher Natur und fallen daher nicht unter Art. 59 Abs. 1 B.=V.
Der Rekurrent bestreite das Steuerforderungsrecht des Kantons
St. Gallen grundsätzlich und dem Umfange nach; er mache nicht
etwa privatrechtliche Einreden, wie die Einrede der Zahlung u.
drgl. geltend; es stehe daher das Entscheidungsrecht den Behörden
desjenigen Staates zu, welchem das Hoheitsrecht der Besteuerung
während der betreffenden Periode zugestanden habe. Die Nach=
steuerforderung insbesondere sodann qualifizire sich als Steuer=
bußenforderung und falle daher auch deßhalb, weil sie die For=
derung einer Vermögensstrafe involvire, nicht unter den Art. 59
Abs. 1 B.=V.

Das Bundesgericht zieht in Erwägung:

1. Das Bundesgericht hat bereits wiederholt (siehe Entschei=
dung in Sachen Holinger vom 20. November 1884, Amtliche
Sammlung X, S. 458 u. f., in Sachen Siegwart vom 11. Sep=
tember 1892, ibid. XVII, S. 364 u. f., in Sachen Keller und
Genossen vom 18. September 1891, ibid. S. 371 u. f.) ausge=
sprochen, daß Art. 59 Abs. 1 B.=V. sich nur auf privatrecht=
liche Ansprüche, dagegen weder auf strafrechtliche Bußenforderungen,
noch überhaupt auf öffentlich=rechtliche, speziell verwaltungsrecht=
liche Ansprüche beziehe. Ansprüche letzterer Art unterliegen der
Natur der Sache nach der Entscheidung der Behörden desjenigen
Kantons, dessen Gesetzgebung sie entspringen.

2. Dies muß zu Abweisung der Beschwerde führen. Denn die in Rede stehenden Steuerforderungen, die gewöhnliche Steuerforderung sowohl als die Nachsteuerforderung, sind zweifellos öffentlich-rechtlicher, nicht privatrechtlicher Natur. Sie entspringen nicht einem privatrechtlichen Verhältnisse zwischen dem Staate und dem Steuerpflichtigen, sondern dem staatlichen Hoheitsrechte. Daß Steuerstreitigkeiten im Kanton St. Gallen den ordentlichen Gerichten zur Beurtheilung zugewiesen sind, ändert, wie die bundesrechtliche Praxis stets festgehalten hat, an deren rechtlicher Natur nichts. Demnach liegt denn eine Verletzung des Art. 59 Abs. 1 B.-V. hier auch dann nicht vor, wenn der Rekurrent schon zur Zeit der Anhebung des Rechtsstreites seinen Wohnsitz nach dem Kanton Zürich verlegt gehabt haben sollte. Ob nach der kantonalen Gesetzgebung für die fraglichen Steuerstreitigkeiten ein Gerichtsstand im Kanton St. Gallen begründet war, hat das Bundesgericht nicht zu untersuchen, da nach bekanntem Grundsatze die Anwendung der kantonalen Gesetze seiner Nachprüfung nicht unterworfen ist. Uebrigens dürfte dies kaum zu bezweifeln sein.

3. Wenn der Rekurrent angedeutet hat, er werde die Verweisung der Sache an das Bundesgericht gestützt auf Art. 27 Ziff. 4 O.-G. verlangen, so ist klar, daß dies unstatthaft ist. Denn Art. 27 Ziff. 4 O.-G. bezieht sich nur auf privatrechtliche Streitigkeiten, während hier, wie gezeigt, nicht eine Privatrechtsstreitigkeit, sondern ein Streit über öffentlich-rechtliche Forderungen vorliegt.

Demnach hat das Bundesgericht

erkannt:

Die Beschwerde wird als unbegründet abgewiesen.

———

8. *Arrêt du 15 Janvier 1892 dans la cause Kiefer.*

Le 24 Mars 1882 est décédé à Soleure Jean Kiefer, mari de la recourante, laissant pour héritiers ses trois enfants mineurs ; la fortune laissée par le défunt s'élevait, selon inventaire dressé le 12 Mai 1882, à 29 259 fr. 85.

Aux termes des art. 269 et 511 du Code civil soleurois, veuve Kiefer-Girod a l'administration et l'usufruit des biens de ses enfants mineurs.

La recourante, après avoir plus ou moins complètement liquidé sa situation à Soleure, est venue s'établir à Lausanne en 1888.

Le 9 Juin 1888, la Chambre des Orphelins de Soleure a décidé que veuve Kiefer devait fournir des garanties pour la sûreté des biens de ses enfants, conformément à l'art. 275 du Code civil précité, statuant que l'autorité peut exiger des garanties des parents qui administrent la fortune de leurs enfants, qu'ils en aient la jouissance ou non.

La veuve Kiefer paraît avoir consenti d'abord à donner les garanties demandées, mais les parties n'ayant pu tomber d'accord sur les cautions offertes, la Chambre des Orphelins de Soleure, agissant au nom des enfants Kiefer, poursuivit, sous date du 23 Mars 1889, la recourante, lui réclamant des sûretés, par gage ou caution, pour la somme qu'elle détenait, formant l'héritage de ses enfants.

Veuve Kiefer a opposé à cette action une exception, consistant à dire qu'elle n'habite plus Soleure, qu'elle est établie à Lausanne depuis le 14 Novembre 1888 et que, par conséquent, à teneur de l'art. 59 de la constitution fédérale, comme elle est solvable et qu'elle a son domicile en Suisse, elle doit être recherchée pour réclamations personnelles devant le juge de son domicile. Par arrêt du 8 Mai 1889, le tribunal supérieur de Soleure a admis le déclinatoire soulevé par la défenderesse et la cause fut renvoyée devant les tribunaux du canton de Vaud, son domicile.

Par exploit du 17 Août 1889, la Chambre des Orphelins de Soleure a ouvert action à veuve Kiefer, aux fins d'obtenir d'elle les susdites garanties.

Acte de non-conciliation ayant été délivré le 20 Septembre suivant, la Chambre des Orphelins a déposé, le 19 Novembre de la même année, devant le tribunal civil de Lausanne, une demande tendant à faire prononcer:

1° Que dans le délai qui lui sera fixé par le jugement, la

défenderesse doit lui fournir deux cautions solvables, domiciliées dans le canton de Soleure et agréées par la demanderesse, ou bien donner des gages suffisants pour garantir la restitution à ses enfants des 29 259 fr. 85 qu'elle détient, leur appartenant.

2° Qu'éventuellement, à défaut par elle d'avoir fourni dans le délai indiqué les garanties susdites, la défenderesse doit verser entre les mains de la demanderesse, pour être administrée par elle et pour le compte des enfants mineurs de la défenderesse, la somme de 29 259 fr. 85.

Le 27 Mai 1890, dame Kiefer a déposé une demande exceptionnelle en déclinatoire, et par convention du 29 Mai 1891, les parties ont décidé que le procès en déclinatoire serait porté directement devant le tribunal cantonal vaudois, en vertu de l'art. 30 de la loi sur l'organisation judiciaire de 1886.

Statuant par jugement du 22 Septembre 1891, le tribunal cantonal, estimant que l'action de la Chambre des Orphelins de Soleure, bien que dérivant de relations de droit public, soit tutélaire, n'en revêt pas moins tous les caractères d'une action civile, personnelle et mobilière, a écarté les conclusions prises par veuve Kiefer dans sa demande exceptionnelle, et admis la compétence des tribunaux vaudois pour statuer sur les conclusions prises par la Chambre des Orphelins de So leure dans sa demande du 19 Novembre 1889.

C'est contre ce jugement que veuve Kiefer recourt au Tribunal fédéral, concluant à ce qu'il lui plaise l'annuler comme constituant à son préjudice une violation des art. 4, 46, 58 et 60 de la constitution fédérale. A l'appui de cette conclusion, la recourante fait valoir en substance :

L'autorité tutélaire soleuroise n'a pas le droit d'élever, si tardivement, des prétentions sur des biens dont elle n'a pas l'administration et qui existent dans un autre canton que le sien ; en autorisant un pareil abus, le tribunal cantonal vaudois a violé l'art. 46 de la constitution fédérale, statuant que les personnes établies en Suisse sont soumises à la juridiction et à la législation du lieu de leur domicile en ce qui concerne les rapports de droit civil.

La déclaration d'incompétence de la Cour supérieure de Soleure n'impliquait pas la compétence des tribunaux civils du domicile de la recourante sur la même action.

Les cantons qui, comme Vaud, n'ont pas adhéré au concordat du 15 Juillet 1822 sur les tutelles ont, en vertu de leur souveraineté, le droit absolu de soumettre à la tutelle, si leur loi les y autorise, les individus domiciliés dans leur ressort territorial et de placer sous une administration légale la fortune qui s'y trouve. Si les cantons refusent de le faire, on peut les y forcer, en vertu de l'art. 46 précité de la constitution fédérale.

Admettre sans aucune enquête une décision administrative soleuroise datant de plus de trois ans constitue au détriment de la recourante une violation des art. 58 et 60 de la même constitution ; c'est, en effet, soustraire la recourante à son juge naturel que d'empêcher la Justice de Paix de Lausanne de procéder à l'enquête prévue par l'art. 279 C. c. v. ; pour le canton de Vaud, c'est traiter un citoyen d'un autre Etat autrement que ses citoyens propres, en matière de législation. Enfin, ce mode de faire viole l'égalité garantie à tous les Suisses devant la loi.

Dans sa réponse, la Chambre des Orphelins de Soleure conclut au rejet du recours, par les motifs qui peuvent être résumés comme suit :

Dame Kiefer est usufruitière des biens de ses enfants et, comme telle, tenue de fournir caution, aux termes de l'art. 831 du Code civil soleurois ; il s'agit donc d'une question de droit civil, réservée à la compétence des tribunaux vaudois, d'une action personnelle et mobilière, qui doit être intentée devant le juge du domicile du défendeur. Sans doute que l'action intentée à dame Kiefer dérive aussi de l'art. 275 du même Code, en matière de tutelle, mais, dans l'espèce, la question de la tutelle ou de son for n'est nullement en cause ; aucun conflit n'existe à cet égard, ni entre les cantons de Vaud et de Soleure, ni entre les parties elles-mêmes. Vaud n'est pas forcé, comme le prétend le recours, d'user de son droit, d'appliquer sa loi tutélaire aux personnes et aux biens qui se trouvent sur

son territoire ; ni l'Etat de Vaud, ni ses autorités tutélaires,
ni la recourante ou ses enfants n'ont demandé le transfert de
la tutelle aux autorités vaudoises. L'action actuelle, en exécution d'une décision tutélaire, quoique dérivant de la tutelle,
constitue une action civile ordinaire, personnelle et mobilière ;
elle est par conséquent soumise à l'art. 59 de la constitution
fédérale et doit s'ouvrir devant le juge du domicile du défendeur. La recourante avait d'ailleurs soulevé elle-même le déclinatoire des tribunaux soleurois. Les griefs tirés de la prétendue violation des art. 58 et 60 de la constitution fédérale
tombent devant la constatation, faite par le Tribunal cantonal
vaudois, que dans des circonstances identiques les autorités
tutélaires vaudoises seraient aussi obligées de procéder par
voie d'action directe devant les tribunaux. Enfin, en présence
du jugement motivé du tribunal cantonal, le reproche de déni
de justice est sans aucune portée.

Statuant sur ces faits et considérant en droit :

1° La compétence du Tribunal fédéral a été à tort contestée
par la partie opposante au recours, puisque celui-ci consiste à
alléguer, comme résultant du jugement attaqué, la violation
de divers articles de la constitution fédérale, violation rele-
vant, aux termes de l'art. 59 *litt. a* de la loi sur l'organisation
judiciaire fédérale, de la connaissance du Tribunal de céans.

2° La demande exceptionnelle de dame Kiefer conclut à ce
que les tribunaux civils du canton de Vaud se déclarent incompétents pour statuer sur les conclusions prises par la
Chambre des Orphelins de la commune de Soleure, dans sa
demande déposée contre la recourante le 19 Novembre 1889.

Il ne s'agissait dès lors que de savoir si les dites conclusions
apparaissaient ou non comme une réclamation civile, auquel
cas la compétence des tribunaux de Vaud, domicile de dame
Kiefer, ne pouvait faire l'objet d'un doute en présence du
prescrit de l'art. 59 de la constitution fédérale. Or il est incontestable que la demande de la Chambre des Orphelins se
présente comme étant de nature exclusivement civile, que l'on
se place au point de vue de l'art. 275 du Code civil soleurois
ou à celui de l'art. 831 *ibidem.*

En effet, la première de ces dispositions, conférant à l'autorité tutélaire le droit d'exiger des garanties des parents qui administrent la fortune de leurs enfants et en ont l'usufruit, constitue évidemment une prescription de droit privé. Son objet est, en effet, de régler la situation des biens du nu propriétaire entre les mains du tiers qui en a l'usufruit ou l'administration, ou les deux ensemble, et les autorités pupillaires chargées de veiller, au nom des mineurs, à ce que les parents s'acquittent de cette obligation, n'ayant, ainsi que le constate le Tribunal cantonal, aucun moyen de coercition à cet effet, la compétence des tribunaux civils en cas d'une contestation sur les sûretés à fournir par les dits parents apparaît comme indéniable.

Les conclusions de la Chambre des Orphelins portent également un caractère civil indiscutable, en tant que fondées sur l'art. 831 précité du Code civil de Soleure, lequel règle les obligations de droit privé de l'usufruitier et en particulier les garanties qu'il est tenu de fournir au propriétaire.

C'est donc à juste titre que le Tribunal cantonal a reconnu la compétence des tribunaux vaudois pour statuer en la cause.

3° Même en se plaçant sur le terrain du recours, les griefs articulés par dame Kiefer sont dépourvus de tout fondement.

L'article 46 de la constitution fédérale, lequel n'est d'ailleurs applicable que « dans la règle, » et après la promulgation, non encore effectuée jusqu'ici, de la loi fédérale qu'il prévoit sur la matière, ne peut avoir pour effet de contraindre un canton à user de sa souveraineté pour appliquer sa loi tutélaire à toutes les personnes et aux biens qui se trouvent sur son territoire; au contraire, en ne revendiquant pas la tutelle des enfants Kiefer, régulièrement ouverte à Soleure lors du décès du père Jean Kiefer, l'Etat de Vaud a usé d'une faculté dont rien ne pouvait entraver le libre exercice.

Ainsi tombent également les moyens du recours empruntés à la prétendue violation des art. 58 et 60 de la constitution fédérale. Si c'est, ainsi qu'il a été démontré, à juste titre que le Tribunal cantonal vaudois s'est déclaré compétent en la cause, il n'a point, en ce faisant, distrait la recourante de son juge naturel, pas plus qu'il ne l'a traitée autrement, en ce qui concerne les voies juridiques, qu'il ne l'eût fait à l'égard d'un ressortissant vaudois dans des conditions identiques.

Enfin la décision dont est recours n'implique aucune violation de l'art. 4 de la même constitution, puisque, d'une part, cette décision est appuyée sur des motifs dont aucun n'est entaché d'arbitraire et que, d'autre part, rien ne permet de supposer que, dans les mêmes circonstances, le Tribunal cantonal ait prononcé différemment et se soit ainsi rendu coupable d'une acception de personnes.

Par ces motifs,

Le Tribunal fédéral

prononce :

Le recours est écarté.

___

9. Urtheil vom 18. März 1892 in Sachen Hilfiker.

A. Durch Verfügung des Bezirksamtes Zofingen vom 21. September 1891 wurde der Gemeinderath von Kölliken angewiesen, dem Friedrich Hilfiker, Sohn, Gerber, von Kölliken, welcher unbekannt wo abwesend sei, einen Abwesenheitspfleger zu bestellen Diese Verfügung wurde auf Begehren der Elise Rinderknecht, von Hedingen, in Aarburg, erlassen, welche gegen Hilfiker eine Alimentationsklage aus außerehelicher Schwängerung anzuheben beabsichtigte; sie stützt sich auf § 271 des aargauischen bürgerlichen Gesetzbuches, wonach für Abwesende ein Pfleger zu bestellen ist, „wenn die Rechte eines Andern in ihrem Gange gehemmt würden". Gegen diese Schlußnahme beschwerten sich F. Hilfiker selbst sowie sein Vater F. Hilfiker, Gerber, in Aarburg bei der Justizdirektion und hernach beim Regierungsrathe des Kantons Aargau, mit der Begründung, F. Hilfiker, Sohn, sei in Baulmes, Kantons Waadt, fest niedergelassen und könne sich somit auf Art. 59 Abs. 1 B.=V. berufen. Sowohl die Justizdirektion des Kantons Aargau als auch der Regierungsrath wiesen inbeß durch Ent-

scheidungen vom 20. Oktober und 11. Dezember 1891 die Be=
schwerde als unbegründet ab. Der Regierungsrath führt aus:
Nach dem Wortlaut des § 271 des aargauischen bürgerlichen Ge=
setzbuches setze die Bestellung einer Abwesenheitspflegschaft nicht
voraus, daß der Abwesende unbekannt wo abwesend sein müsse;
sie trete auch dann ein, wenn der Aufenthaltsort eines Abwesenden
bekannt sei, wenn eben wegen seiner Abwesenheit die Rechte eines
Andern in ihrem Gange gehemmt würden. Im vorliegenden Falle
treffe dies unzweifelhaft zu, da durch die Abwesenheit des F. Hil=
fiker im Kanton Waadt, dessen Recht die Alimentationsklage aus
außerehelicher Schwängerung nicht kenne, die Elise Rinderknecht
in der Verfolgung ihrer Rechte gehindert würde, wenn nicht dem
F. Hilfiker ein Abwesenheitspfleger in der Heimat bestellt würde.

B. Nunmehr ergriff F. Hilfiker den staatsrechtlichen Rekurs an
das Bundesgericht, mit dem Antrage:

1. Der Entscheid der aargauischen Behörden, durch welchen
für F. Hilfiker, Gerber von Kölliken, in Baulmes wohnhaft, ein
Abwesenheitspfleger ernannt wurde, sei als verfassungswidrig zu
erklären und aufzuheben.

2. Es sei auszusprechen, daß alle von dem ernannten Abwesen=
heitspfleger für seinen Mündel vorgenommenen Rechtshandlungen
für denselben unverbindlich seien. Alles unter Kostenfolge.

Zur Begründung wird ausgeführt: Die gesetzlichen Voraus=
setzungen für Bestellung eines Abwesenheitspflegers liegen nicht
vor. Allerdings habe nun das Bundesgericht die richtige Aus=
legung und Anwendung kantonaler Gesetze an sich nicht zu über=
prüfen. Allein Recht und Pflicht einer solchen Ueberprüfung stehe
ihm dann zu, wenn behauptet werde, es sei ein kantonales Ge=
setz derart ausgelegt und angewendet worden, daß dadurch bundes=
verfassungsmäßig gewährleistete Rechte verletzt werden. Dies sei
hier der Fall. Wer, wie der Rekurrent, nicht unbekannt wo ab=
wesend sei, der müsse bestimmen können, ob er seine Angelegen=
heiten selbst besorgen wolle oder nicht. Der Rekurrent nun habe
erklärt, daß er von einem Pfleger nichts wissen wolle, man ihn viel=
mehr an seinem Wohnorte belangen solle. Wenn der Regierungs=
rath des Kantons Aargau behaupte, falls dem Rekurrenten ent=
sprochen würde, wäre die Elise Rinderknecht in der Verfolgung

ihrer Rechte gehemmt, so sei dies nicht richtig, und überdem unerheblich. Die Alimentationsklage, welche die Elise Rinderknecht
gegen ihn anheben wolle, sei eine rein persönliche Klage; der
Rekurrent sei aufrecht stehend und in Baulmes, Kantons Waadt,
fest niedergelassen, wie sich aus Zeugnissen des Syndic dieser
Gemeinde ergebe, die Alimentationsklage müsse daher gemäß Art. 59
Abs. 1 B.-V. an seinem Wohnsitz angestellt werden. Die Bestellung eines Abwesenheitspflegers sei seitens der aargauischen
Behörden augenscheinlich nur zu dem Zwecke dekretirt worden, um
den Rekurrenten seinem verfassungsmäßigen Gerichtsstande zu entziehen und dem aargauischen Richter zu unterstellen.

C. In ihrer Vernehmlassung auf diese Beschwerde bemerkt Elise
Rinderknecht im Wesentlichen: Zur Zeit wo sie das Begehren um
Bestellung eines Abwesenheitspflegers für den Rekurrenten gestellt habe, Anfangs August 1891, sei letzterer nicht in Baulmes
wohnhaft, sondern vielmehr unbekannt wo abwesend gewesen; erst
später sei er, auf eine Nachricht seines Vaters hin, dorthin zurückgekehrt. Ueberhaupt habe der Rekurrent, sobald er die Gewißheit erlangt habe, daß die Rekursbeklagte von ihm schwanger sei,
seinen bisherigen Wohnsitz in Aarburg aufgegeben und habe sich
im Auslande herumgetrieben, um erst im März 1891 sich nach
Baulmes zu begeben. Auf letzteren Umstand gestützt, habe er die
Aufhebung einer damals schon über ihn verhängten Abwesenheitspflegschaft erwirkt. Sobald dies geschehen, habe er aber Baulmes
wieder verlassen und seine Wanderschaft wiederum angetreten, um
sich erst gegen Ende August, als ein zweites Gesuch um Verhängung der Abwesenheitspflegschaft ihm zur Kenntniß gekommen
sei, nach Baulmes zurückzubegeben. Der Rekurrent habe also ein
unerlaubtes Spiel getrieben zu dem Zwecke, die Bestellung der
Abwesenheitspflegschaft so lange zu hintertreiben, bis das Klagerecht der Rinderknecht verjährt sei. Die Bestellung eines Abwesenheitspflegers sei danach gerechtfertigt gewesen. Uebrigens unterstehe
die Bestellung eines Abwesenheitspflegers durch eine kantonale
Behörde der Ueberprüfung des Bundesgerichtes nicht. Grundlos
und jedenfalls verfrüht sei die Berufung des Rekurrenten auf
Art. 59 Abs. 1 B.-V. Sei eine Pflegschaft in gesetzlicher Weise
zu Stande gekommen, so entscheide das Vormundschaftsrecht des

betreffenden Kantons und es könne sich ein unter Pflegschaft
Gestellter nicht auf Art. 59 Abs. 1 B.=V. berufen. In Wirk=
lichkeit behaupte denn auch der Rekurrent nicht die Unzulässigkeit
der Abwesenheitspflegschaft, sondern behaupte blos, daß eine Ali=
mentationsklage in Baulmes angehoben werden müsse und nicht
in Zofingen angehoben werden könne. Nun sei aber bisher weder
dem Rekurrenten selbst noch einem Abwesenheitspfleger desselben
eine Ladung vor den Richter in Zofingen zugestellt, noch ihm
von diesem Richter eine Klage zur Beantwortung mitgetheilt
worden. Der Rekurrent habe also wenigstens zur Stunde noch
keine Veranlassung, sich über Verletzung des Art. 59 Abs. 1
B.=V. zu beschweren. Demnach werde beantragt: Es sei Rekur=
rent mit seiner Rekursbeschwerde unter Folge der Kosten abzu=
weisen.

D. Der Regierungsrath des Kantons Aargau hat auf eine
Vernehmlassung verzichtet, da er keine Parteistellung in der Sache
einnehme.

Das Bundesgericht zieht in Erwägung.

1. Die Bestellung eines Abwesenheitspflegers für den Rekur=
renten verstößt gegen keine bundesrechtliche Norm. Art. 59 Ab=
satz 1 B.=V. wird dadurch nicht verletzt. Denn die Anordnung
einer Abwesenheitspflegschaft involvirt ja an sich durchaus nicht
die Geltendmachung einer persönlichen Ansprache, sondern enthält
einen Akt der Vormundschaftspflege. Ebenso wenig ist, woran man
etwa noch denken könnte, das Bundesgesetz betreffend die persön=
liche Handlungsfähigkeit verletzt. Dieses Gesetz beschäftigt sich mit
der Abwesenheitspflegschaft überall nicht, sondern überläßt deren
Ordnung der kantonalen Gesetzgebung. Denn die Bestellung einer
Abwesenheitspflegschaft enthält keine Entziehung oder Beschränkung
der persönlichen Handlungsfähigkeit, vielmehr bleibt die Hand=
lungsfähigkeit des Abwesenden, welchem ein Pfleger bestellt worden
ist, ungemindert bestehen. Die Pflegschaft fällt ohne weiteres da=
hin, wenn der Abwesende zurückkehrt und der Pfleger hat bei
seiner Verwaltung die Weisungen des Abwesenden zu befolgen u. f. w.

2. Demnach muß denn die Beschwerde als unbegründet abge=
wiesen werden. Ob nämlich die kantonalgesetzlichen Voraussetzungen
der Abwesenheitspflegschaft in concreto gegeben seien, entzieht

sich, wie der Rekurrent grundsätzlich selbst zugibt, der Nachprü=
fung des Bundesgerichtes. Prinzipiell aber steht die Vorschrift des
aargauischen Rechts, wonach einem Abwesenden nicht nur in
seinem Interesse sondern auch im Interesse Dritter, welche Rechte
gegen ihn beanspruchen, ein Pfleger bestellt werden kann, mit
keiner Bestimmung des Bundesrechtes im Widerspruch. Die andere
Frage dagegen, ob der Rekurrent mit der von der Rekursbeklagten
beabsichtigten Alimentationsklage im Kanton Aargau belangt
werden könne, oder vielmehr im Kanton Waadt belangt werden
müsse, ist von der Statthaftigkeit der Abwesenheitspflegschaft un=
abhängig; sie ist nach der Sachlage zur Zeit des Prozeßbeginns
zu beurtheilen und kann vom Bundesgerichte erst dann beurtheilt
werden, wenn eine Beschwerde gegen eine richterliche, die Prozeß=
einleitung involvirende, Verfügung vorliegt.

Demnach hat das Bundesgericht

erkannt:

Die Beschwerde wird als unbegründet abgewiesen.

---

3. Arreste. — Saisies et séquestres.

10. Urtheil vom 4. März 1892 in Sachen Weil.

A. Josef Weil, Sohn, von Belfort, Viehhändler, in Luzern,
hatte am 4. März 1891 von Heinrich Arnold in Seedorf, Kan=
tons Uri, auf offenem Markte in Altorf ein Rind gekauft. Da
dasselbe, bevor es ihm vom Verkäufer übergeben worden war,
kalbte und in Folge dessen getödtet werden mußte, so weigerte sich
Weil, den Kaufpreis mit 382 Fr. zu bezahlen, indem er be=
hauptete, er habe ausbedungen, daß ihm das Rind binnen acht
Tagen „gesund und recht" übergeben werden müsse und sei nun=
mehr von dem Kaufe frei. Er schickte sich am 5. März 1891 an,
mit fünf weitern von ihm gekauften Stücken Vieh Altorf zu ver=
lassen. Der Verkäufer hatte indessen polizeiliche Hülfe requirirt,
welche ihm zufolge Anordnung der urnerischen Polizeidirektion

gewährt wurde. Weil wurde daher polizeilich angehalten und mußte,
um mit seinem Vieh weiterziehen zu können, den Kaufpreis von
382 Fr. bei einem Drittmann Kaspar Welti in Altorf deponiren,
wobei er sich alle Rechte wahrte. Arnold erwirkte am 7. März
1891 eine landammannamtliche Verfügung, wodurch dem Kaspar
Welti untersagt wurde, die 382 Fr. jemanden ohne sein Einver=
ständniß auszuhändigen.

B. Am 9. März 1891 ließ Arnold dem Weil notifiziren, daß
er am 14. gleichen Monats vor dem Regierungsrathe des Kan=
tons Uri die Bewilligung zur Anhandnahme des hinter Recht
gelegten Betrages rechtlich nachsuchen werde. Dagegen lud Weil
am 12. März 1891 den Arnold, für den Fall daß dieser auf
das in ungesetzlicher Weise abgeforderte Depositum nicht sofort
verzichte und dessen kostenfreie Aushingabe an Weil anordne, auf
14. März vor Vermittleramt Altorf und eventuell auf 16. März
vor Kreisgericht Uri, wo er das Rechtsbegehren stellen werde,
„es sei diese Pfändung, da er sein festes Domizil in Luzern habe
und gemäß Art. 59 B.=V. für alle persönlichen Ansprachen dort
gesucht werde müsse, gerichtlich aufzuheben und die sofortige Aus=
hinfolge des deponirten Betrages an Weil zu erkennen, alles
unter ausdrücklicher Bestreitung des hiesigen Forums in Haupt=
sache und unter Wahrung aller weitern Rechte gegen Arnold
unter Kostenfolge.“ Gleichzeitig protestirte Weil beim Regierungs=
rathe des Kantons Uri dagegen, daß diese Behörde auf das Be=
gehren des H. Arnold eintrete, weil die Sache bereits gerichtlich
anhängig sei. Der Regierungsrath nahm von dieser Eingabe in
seiner Sitzung vom 14. März 1891 einfach Notiz, da heute eine
Eingabe des H. Arnold gar nicht vorliege.

C. Vor Kreisgericht Uri stellte Weil das in seiner Ladung
formulirte Rechtsbegehren, indem er die Vorfrage wegen Unzu=
ständigkeit des Gerichtes für die Hauptsache, zur Entscheidung
dieses Forderungsstreites, erhob. Arnold wendete ein, Weil habe
selbst das urnerische Gericht angerufen und zwar auch in der
Hauptsache, da er die Aushingabe des Depositums verlange.
Damit habe er die Kompetenz des urnerischen Gerichts anerkannt.
Gegen die polizeilichen Verfügungen hätte er eventuell an den
Regierungsrath rekurriren sollen. Das Kreisgericht entschied, nach=

dem Zeugeneinvernahmen stattgefunden hatten und dabei eine Be=
weiseinrede beurtheilt worden war, durch Beurtheil vom 13. Oktober
1891 dahin: Es sei die Vorfrage des Beklagten Weil abgewiesen
und derselbe hat 5 Fr. Gerichtsgeld zu bezahlen, indem es aus=
führte: Es handle sich nach den Zeugenaussagen und den Anbringen
beider Parteien um einen auf öffentlichem, allgemeinem Viehmarkt
abgeschlossenen Kauf eines Stückes Rindvieh, welcher immer Zug
um Zug zu erfüllen sei. Demnach liege nicht eine gewöhnliche
laufende Schuld im Sinne des Art. 59 B.=B. vor, für welche
der Verkäufer den Käufer erst nachträglich an dessen Wohnort
suchen müsse. Arnold sei auch berechtigt gewesen, die Polizei zu
Hülfe zu rufen, als Weil die baare Erlegung des Kaufpreises
verweigert habe. Das polizeiliche Einschreiten und die Zwangs=
weise Pfändung sei unter diesen Umständen gerechtfertigt und
nothwendig gewesen; übrigens hätte Weil, wenn er die Ver=
fügungen der Polizei nicht habe anerkennen wollen, an die Ober=
behörde der Polizei rekurriren können, habe dies aber nicht ge=
than. Nach Eröffnung dieses Entscheides erklärte der Vertreter
des Weil, Advokat Dr. F. Muheim, daß er gegen dasselbe den
Rekurs an das Bundesgericht ergreife, und entfernte sich. Das
Gericht trat trotzdem auf die Hauptsache ein und erkannte, auf
Antrag des Arnold, da der Beklagte nicht mehr vertreten noch
anwesend sei, in contumaciam dahin: 1. Es sei das Rechtsbe=
gehren des Beklagten Weil abgewiesen; 2. Arnold hat 10 Fr.
Gerichtsgeld zu erlegen mit Regreßrecht gegen Weil; 3. Weil
wird zu 10 Fr. Ordnungsbuße verfällt und hat dem Arnold 50 Fr.
an die Kosten zu vergüten.

    D. Mit Eingabe vom 10. Dezember 1891 ergriff J. Weil
gegen dieses Urtheil den staatsrechtlichen Rekurs an das Bundes=
gericht, indem er beantragte: Es sei das besagte kreisgerichtliche
Urtheil, weil im Widerspruche mit Art. 59 B.=B. und Art. 32
K.=B. stehend, in allen seinen Theilen aufzuheben; die am 5. März
widerrechtlich erfolgte Pfändung als ungültig zu erklären und
der gepfändete Betrag an Weil zurückzufolgen und Arnold sei
verpflichtet, den dem Weil durch die rechtswidrige Pfändung er=
wachsenen Schaden und Nachtheil zu ersetzen. Zur Begründung
wird im Wesentlichen ausgeführt: Nach den urnerischen Gesetzen

habe der Rekurrent dem Arnold Pfand auf Recht hin bestellt und
sodann gemäß Art. 149 des Landbuches, damit das ihm abge=
nommene Depositum nicht dem Arnold herausgegeben werde, den=
selben vor Gericht citiren lassen. Der urnerische Richter sei aber
nur darüber angerufen worden, ob nicht durch die ausgeführte
Pfändung Art. 59 Abs. 1 B.=V. verletzt, dieselbe daher aufzu=
heben und das Depositum dem Rekurrenten zurückzugeben sei.
Damit sei der Frage, ob die Forderung des Arnold zu Recht be=
stehe, nicht vorgegriffen und der urnerische Gerichtsstand für die=
selbe nicht anerkannt worden. Indem nun das Gericht die Vor=
frage des Rekurrenten abgewiesen und ihn verpflichtet habe, Rede
und Antwort zu geben, habe es den Art. 59 Abs. 1 B.=V.
verletzt. Der Rekurrent sei aufrechtstehend und in Luzern fest
niedergelassen. Die Forderung des Arnold qualifizire sich als eine
persönliche, denn persönliche Ansprachen im Sinne des Art. 59
Abs. 1 B.=V. seien die actiones in personam des gemeinen
Rechts und zu diesen gehöre die Ansprache des Arnold ohne
Zweifel. Es habe daher für die Arnoldsche Forderung ein Arrest
außerhalb des Wohnortskantons des Rekurrenten nicht gelegt
werden dürfen. Wenn das Gericht sage, Weil hätte gegen die
Verfügungen der Polizei an die Polizeidirektion rekurriren können,
so sei darauf zu erwidern, daß die Frage, ob Weil verpflichtet
gewesen sei, 380 Fr. zu deponiren, offenbar eine solche des Mein
und Dein sei, welche nach dem in Art. 14 der urnerischen
Kantonsverfassung niedergelegten Grundsatze der Gewaltentrennung
vor die Gerichte gehöre. Uebrigens sei dem Weil gar keine Ver=
fügung einer kantonalen Polizeibehörde, gegen welche er an die
Oberbehörde hätte rekurriren können, schriftlich vorgewiesen worden
und habe auch das Gericht, indem es die zwangsweise erfolgte
Pfändung als „gerechtfertigt und nothwendig" bezeichne, materiell
entschieden, sich also als kompetent erklärt. Wenn der Regierungs=
rath die Kompetenz dem Gerichte, dieses aber hinwiederum dem
Regierungsrath zuschieben sollte, so läge darin eine Rechtsver=
weigerung, gegen welche das Bundesgericht einschreiten müßte.

E. In seiner Vernehmlassung auf diese Beschwerde beantragt
der Rekursbeklagte Heinrich Arnold: Es sei die Rekursbeschwerde
des Josef Weil, Viehhändlers in Luzern als verspätet, eventuell

als durchaus unbegründet abzuweisen und Rekurrent zu verhalten,
den Heinrich Arnold mit 20 Fr. zu entschädigen. Er führt in
rechtlicher Beziehung aus: Weil sei gar nicht um ein Pfand angegangen und es sei ihm kein solches abgenommen worden. Dies
folge schon daraus, daß kein Weibel mitgewirkt habe, während
diese Mitwirkung zu einer Pfandnahme nöthig gewesen wäre. Auf
den Nachweis, daß er von Arnold auf offenem Markte ein Rind
gegen sofortige Baarzahlung gekauft habe, sei Rekurrent vielmehr
polizeilich verhalten worden, den Kaufpreis zu deponiren. Diese
Maßnahme gegenüber einem Käufer, der, weil ihn der Handel
gereue, beabsichtige, sich ohne weiteres aus dem Staube zu machen,
enthalte keine Verfassungsverletzung. Wenn übrigens Rekurrent
sich durch die Verfügung der urnerischen Polizeidirektion beschwert
erachtet habe, so hätte er sich beim Regierungsrathe beschweren
und alsdann, wenn dieser ihn abgewiesen hätte, den Schutz des
Bundesgerichtes anrufen können. Dies habe er aber nicht gethan,
sondern statt dessen den Schutz des urnerischen Gerichts gegenüber
einer Administrativverfügung angerufen, welche gar keine Pfändung, sondern eine vorsorgliche Maßnahme enthalte. Nach dem
Grundsatze der Trennung der Gewalten sei dies unzulässig gewesen. Vor dem urnerischen Gerichte sodann habe der Rekurrent,
trotzdem er dessen Kompetenz bestreite, sich auf die Sache eingelassen, sogar Zeugen einvernehmen lassen und dadurch dessen Kompetenz anerkannt. Nachdem das von ihm selbst angerufene Gericht
in wohlmotivirter Weise sein Begehren abgewiesen habe, beschwere
er sich nunmehr über Verfassungsverletzung. Dies sei aber völlig
unbegründet. Uebrigens sei auch zu prüfen, ob der Rekurs nicht
verspätet sei.

Das Bundesgericht zieht in Erwägung:

1. Da die angefochtene Entscheidung des Kreisgerichtes Uri
dem Rekurrenten am 13. Oktober 1891 eröffnet, die Rekursschrift
dagegen am 10. Dezember gleichen Jahres zur Post gegeben
wurde, so ist die sechzigtägige Rekursfrist des Art. 59 O.-G.
inne gehalten, der Rekurs also nicht verspätet.

2. Das Kreisgericht hat in seinem angefochtenen Entscheide
die Prüfung der Frage, ob durch die streitige Anordnung der
urnerischen Polizeibehörde Art. 59 Abs. 1 B.-V. verletzt werde,

nicht etwa (weil die Aufhebung der polizeilichen Anordnung nicht
in die Zuständigkeit der richterlichen Behörden falle) abgelehnt,
sondern es ist auf die Prüfung der Frage eingetreten und hat
dieselbe verneint. Es muß sich demnach fragen, ob diese Entschei=
dung den Art. 59 Abs. 1 B.=V. verletze.

3. Nun erscheint die Forderung des Rekursbeklagten an den
Rekurrenten unzweifelhaft als eine persönliche. Sie macht eine
persönliche Ansprache auf Kaufpreiszahlung aus einem Viehver=
kaufe geltend. Der Umstand, daß Zug um Zug gehandelt worden
sei, ändert hieran nichts. Wenn, wie dies übrigens bei zweisei=
tigen Verträgen die Regel bildet (Art. 95 O.=R.) Zug um Zug
zu erfüllen ist, so ist allerdings kein Vertragstheil verpflichtet,
anders als gegen Empfang der Gegenleistung zu erfüllen; er kann
also seine Leistung zurückhalten, so lange ihm die Gegenleistung
nicht anerboten wird. Sein Anspruch ist indeß nichts destoweniger
ein rein persönlicher, nicht ein auf ein dingliches Recht begrün=
deter oder dinglich gesicherter. Er muß daher denselben, sofern der
Schuldner in der Schweiz wohnt und aufrechtstehend ist, gemäß
Art. 59 Abs. 1 B.=V. am Wohnorte des Schuldners geltend
machen. Da nun aber nicht bestritten ist, daß der Rekurrent in
Luzern fest niedergelassen und aufrechtstehend ist, so mußte ihn
der Rekursbeklagte an seinem Wohnorte in Luzern belangen und
ist mithin das urnerische Gericht verfassungsmäßig nicht kompetent,
über den Bestand der Forderung zu entscheiden. Ein Verzicht auf
die Gewährleistung des Gerichtsstandes des Wohnortes nämlich,
liegt offenbar nicht vor. Wenn allerdings der Rekurrent die Ent=
scheidung des urnerischen Richters angerufen hat, so hat er dies
doch nur in dem Sinne gethan, daß er Aufhebung der gegen ihn
verhängten Beschlagnahme als einer verfassungswidrigen Maß=
nahme und demzufolge Herausgabe des beschlagnahmten Betrages
verlangte, während er dagegen die Kompetenz des urnerischen
Richters zur Entscheidung in der Hauptsache, d. h. über den Be=
stand der streitigen Forderung stetsfort bestritt.

4. Danach durfte denn auch gemäß Art. 59 Abs. 1 B.=V.
für die Forderung des Rekursbeklagten auf Vermögen des Schuld=
ners außerhalb des Wohnortskantons desselben kein Arrest gelegt
werden. Die Entscheidung über die Beschwerde hängt mithin davon

ab, ob gegen den Rekurrenten im Kanton Uri ein Arrest gelegt
worden ist. Dies ist nun zu bejahen. Nach dem Sachverhalte hat
weder der Rekurrent freiwillig den Kaufpreis hinterlegt, noch hat
der Rekursbeklagte ihm den Betrag etwa im Wege unerlaubter
Selbsthülfe abgenommen. Vielmehr wurde durch behördliche (polizeiliche) Verfügung die Beschlagnahme des Viehes des Rekurrenten
zum Zwecke der Sicherstellung der Forderung des Rekursbeklagten
bewilligt und hat der Rekurrent den Kaufpreisbetrag deßhalb deponirt, um die Ausführung dieser Beschlagnahme abzuwenden,
d. h. er hat als Objekt der Beschlagnahme statt des Viehes einen
Baarbetrag dargegeben, welcher an Stelle des Viehes getreten ist.
Es liegt demnach eine behördliche Verfügung vor, welche durchaus
die Natur eines Arrestes im Sinne des Art. 59 Abs. 1 B.-V.
an sich trägt, da sie eine behördliche Beschlagnahme von Ver-
mögensobjekten zur Sicherstellung der Verfolgbarkeit und Ein-
bringlichkeit einer Forderung involvirt. Freilich ist diese Verfügung
nicht, wie dies beim Arrest regelmäßig der Fall ist, von einer
richterlichen, sondern von der Polizeibehörde ausgegangen. Allein
nichts destoweniger handelt es sich, da eine strafrechtliche Verfolgung gegen den Rekurrenten niemals eingeleitet wurde, nicht
um eine strafprozeßuale Maßnahme sondern um eine einzig und
allein zu Sicherung einer privatrechtlichen Forderung angeordnete
Beschlagnahme. Nun ist aber klar, daß das Arrerestvbot des
Art. 59 Abs. 1 B.-V. nicht dadurch umgangen werden kann,
daß statt des richterlichen Schutzes die Intervention der Polizei
angerufen wird. Die Beschlagnahme von Vermögensstücken aufrechtstehender, in der Schweiz wohnender Schuldner zum Zwecke
der Sicherung privatrechtlicher Forderungen außerhalb ihres Wohnortskantons ist vielmehr stets unzulässig, mag nun dieselbe vom
Richter oder von den Polizeibehörden angeordnet werden. Im
einen wie im andern Falle wird die Gewährleistung des Art. 59
Abs. 1 B.-V. verletzt.

5. Die Beschwerde ist demnach insoweit für begründet zu erklären, daß die angefochtene Entscheidung und folgeweise die gegen
den Rekurrenten verfügte Beschlagnahme aufgehoben werden. Dagegen kann auf das Schadenersatzbegehren des Rekurrenten nicht
eingetreten werden; derartige Begehren können in staatsrechtlichen

Rekursen nicht geltend gemacht, sie müssen vielmehr vor dem zu=
ständigen Civilrichter angebracht werden.

Demnach hat das Bundesgericht

erkannt:

Der Rekurs wird dahin für begründet erklärt, daß die ange=
fochtene Entscheidung des Kreisgerichtes des Kantons Uri vom
13. Oktober 1891 sowie die gegen den Rekurrenten am 5. März
1891 ausgewirkte Beschlagnahme aufgehoben werden. Dagegen
wird auf das Schadenersatzbegehren des Rekurrenten nicht eingetreten.

---

11. Urtheil vom 19. März 1892 in Sachen Boßhardt.

A. Am 5. Dezember 1891 richtete Hilarius Donau in Pazig
(Graubünden) an das Kreisamt Schanfigg ein Gesuch um Erlaß
eines „Arrestbefehls" gegen den Holzhändler Alfred Boßhardt in
Rapperswyl, indem er anbrachte: Boßhardt habe von der Gemeinde
Pazig einen Wald zum Abholzen gekauft; beim Rüsten des
Holzes habe er erklärt, der Wald sei zu theuer, er leide Schaden;
er würde ihn gerne für 50 Fr. „Profit" abtreten. H. Donau
sei auf diese Offerte eingegangen und habe den Wald am 19. No=
vember 1891 gekauft. Den A. Boßhardt reue nun aber dieser
Vertrag und er wolle ihn nicht halten. Er (Donau) bestehe aber
auf Einhaltung desselben und habe in diesem Sinne bereits vor
Vermittleramt geklagt. Da nun wahrscheinlich sei, daß Boßhardt
ihm durch Wegführen des Holzes als Streitgegenstand die Ver=
folgung seines Rechtes zu verunmöglichen oder doch sehr zu er=
schweren beabsichtige, so werde beantragt, das Kreisamt wolle „in
Anwendung von Civilprozeßordnung Art. 308 Ziff. 8 und
Art. 311 und Art. 322 Ziff. 2 a das betreffende Holz mit
Beschlag belegen und es dem Beklagten zur Pflicht machen, das=
selbe weder zu veräußern, zu verpfänden, noch zu entfernen." In
der vermittleramtlichen Vorladung ist als Streitgegenstand bezeich=
net „Klage auf Einhaltung eines Kaufvertrages, eventuell auf
Schadenersatz." Nach Anhörung des A. Boßhardt, welcher das
Arrestgesuch unter Berufung auf Art. 59 Abs. 1 B.=V. be=
stritt, erkannte das Kreisamt Schanfigg, in Erwägung, daß das

von Hilarius Donau behauptete Eigenthumsrecht an dem Holze
im Sinne des Art. 310 C.=P.=O. wenigstens wahrscheinlich ge=
macht und ihm die wirksame Verfolgung seines Rechts nach Maß=
gabe des Art. 311 C.=P.=O. wesentlich erschwert würde, wenn
Boßhardt das Holz aus dem Gebiete des Kreises Schanfigg resp.
des Kantons wegführen würde, „in Anwendung von Art. 308
und 309, Ziff 1 und 7 C.=P.=O." : 1. Herr A. Boßhardt ist
bis zum gütlichen oder gerichtlichen Austrag des Rechtsstreites
über das Eigenthumsrecht dieses Holzes nicht berechtigt, dasselbe
aus dem Gebiete des Kreises Schanfigg wegzuführen; 2. die
Amtskosten von 3 Fr. hat Herr Boßhardt zu tragen und werden
dieselben der Vertröstung entnommen.

B. Gegen diesen Entscheid ergriff Alfred Boßhardt den staats=
rechtlichen Rekurs an das Bundesgericht. Er beantragt Aufhebung
des angefochtenen Arrestbefehls des Kreisamtes Schanfigg d. d.
21. Dezember 1891 sowie Verurtheilung des Rekursbeklagten in
eine außergerichtliche Kostenentschädigung von 50 Fr. Er führt
aus: Aus den im Arrestgesuche enthaltenen Erklärungen der Re=
kursbeklagten sowie aus der vermittleramtlichen Ladung ergebe sich
unzweideutig, daß der vom Rekursbeklagten erhobene Anspruch ein
solcher auf Anerkennung und Erfüllung eines Vertrages sei. Von
Behauptung des Eigenthums oder eines andern dinglichen Rechtes
an dem Holze sei in den eigenen Erklärungen des Rekursbeklagten
gar nicht die Rede. Es sei daher völlig irrthümlich, wenn das
Kreisamt Schanfigg von einem Rechtsstreite über das Eigen=
thumsrecht spreche, ja sogar annehme, es sei dieses Eigenthums=
recht wahrscheinlich gemacht. Die Unrichtigkeit dieser Auffassung
ergebe sich zur Evidenz aus der Thatsache, daß das Holz unbe=
strittenermaßen im Besitze des Rekurrenten sich befinde. Eine Tra=
dition an den Rekursbeklagten habe unzweifelhaft nicht stattge=
funden und es könne somit gemäß Art. 199 O.=R. von einem
Uebergange des Eigenthums nicht die Rede sein. Im günstigsten
Falle sei der Rekursbeklagte zu einer Klage auf Uebertragung
des Eigenthums berechtigt. Diese Klage sei aber, wie keiner
weitern Ausführung bedürfe, eine persönliche. Ebenso sei ohne
weiters klar, daß die angefochtene Verfügung des Kreisamtes
Schanfigg sich als Arrest beziehungsweise als eine Beschlagnahme
im Sinne des Art. 59 B.=B. qualifizire. Da der Rekurrent auf=

rechtstehend und in Rapperswyl, Kanton St. Gallen, fest nieder=
gelassen sei, so verstoße diese Verfügung gegen den angeführten
Art. 59 Abs. 1. B.=V.

C. In seiner Vernehmlassung auf diese Beschwerde beantragt
der Rekursbeklagte H. Donau, das Bundesgericht wolle die Be=
schwerde als unbegründet abweisen und die Gegenpartei zu einer
Entschädigung von 50 Fr. verurtheilen. Zur Begründung wird
im Wesentlichen ausgeführt: Nicht zum Zwecke der Begründung
des forum arresti sondern einzig und allein um die rei vin-
dicatio möglich zu machen, habe der Rekursbeklagte einen Se=
quester im Sinne von Art. 308 Ziff. 1 der graubündnerischen Civil=
prozeßordnung ausgewirkt. Die rechtliche Begründung, welche dem
Arrestgesuche vor dem Kreisamt Schanfigg gegeben worden, sei
gleichgültig. Daß ein Eigenthumsanspruch wegen mangelnder
Tradition nicht erhoben worden sei und nicht habe erhoben werden
können, sei unrichtig. Die Parteien haben nämlich vor Kreisamt
Schanfigg einen besondern Vertrag dahin abgeschlossen, daß der
Rekurrent im Schlagen und Aufrüsten des Holzes fortfahren
solle, damit hierin im Interesse beider Parteien keine Verzögerung
und Kostenvergeudung stattfinde. Es liege demnach der Fall einer
Eigenthumsübertragung durch constitutum possessorium gemäß
Art. 202 O.=R. vor. Darauf wie der Anspruch vor Vermittler=
amt formulirt worden sei, komme nichts an, da dort nur ganz
allgemein der Klagegrund angegeben werden solle. Der Rekurs=
beklagte mache keine vom Arrestobjekte unabhängige persönliche
Forderung an den Rekurrenten geltend, sondern einen dinglichen
Anspruch auf das Holz; es handle sich um einen Vindikations=
streit, zu dessen Sicherung der rekurrirte Sequester die vorsorg=
liche Maßnahme bilde. Es liege auch kein Arrest in Vermögen
des Rekurrenten vor. Denn seit dem Vertragsabschlusse bilde das
betreffende Holz keinen Vermögensbestandtheil des Rekurrenten
mehr, sondern sei dasselbe höchstens Streitgegenstand.

Das Bundesgericht zieht in Erwägung:

1. Der Anspruch, für welchen der Rekursbeklagte die angefochtene
kreisamtliche Verfügung ausgewirkt und welchen er zum Zwecke
der Einklagung bei den graubündnerischen Gerichten vermittler=
amtlich anhängig gemacht hat, ist ein persönlicher. Dies geht un=
zweideutig aus dem Arrestgesuche wie aus der vermittleramtlichen

Vorladung hervor, welche durchaus nur von einem Anspruche
auf Vertragserfüllung eventuell Schadenersatz, in keiner Weise
dagegen von einem Eigenthumsanspruche sprechen. Nach der eigenen
Sachdarstellung des Rekursbeklagten ist denn übrigens auch klar,
daß der Rekursbeklagte Eigenthum an den von ihm angeblich
gekauften Holze jedenfalls nicht erworben hat. Denn eine Besitz=
übergabe hat nicht stattgefunden und war auch vom Rekursbe=
klagten in seinem Arrestgesuche gar nicht behauptet. In der nach=
träglich angeführten Verständigung der Parteien, der Rekurrent
möge, trotz der rechtlichen Schritte des Rekursbeklagten, mit dem
Rüsten des Holzes fortfahren, liegt eine Eigenthumsübertragung durch
constitutum possessorium natürlich nicht. Der Rekurrent, der ja
überhaupt den Abschluß eines Kaufvertrages bestreitet, hat dadurch
ja nicht erklärt, daß er hinfort das Holz als Stellvertreter des Rekursbeklagten inne haben wolle. Daß der Anspruch des Rekurs=
beklagten auf Leistung (Uebereignung) einer individuell bestimmten
Sache geht, stempelt denselben nicht zu einem dinglichen, sondern
ändert nichts daran, daß derselbe, als Anspruch auf Erfüllung
eines obligatorischen Vertrages, ein rein persönlicher ist. Ebenso
ist es gleichgültig, daß die angefochtene kreisamtliche Verfügung,
in Abweichung von den eigenen Vorbringen des Rekursbeklagten,
irrthümlich von einem Eigenthumsstreite spricht.

2. Ist somit der Anspruch des Rekursbeklagten ein persönlicher,
so ist klar, daß die Klage vom Rekursbeklagten nicht vor den
graubündnerischen Gerichten angebracht werden kann, sondern ge=
mäß Art. 59 Abs. 1 B.=V. am Wohnorte des Rekurrenten,
im Kanton St. Gallen, angebracht werden muß. Denn der Re=
kurrent ist unbestrittenermaßen in Rapperswyl fest domizilirt und
aufrechtstehend. Ebenso müßte die angefochtene kreisamtliche Ver=
fügung als gegen Art. 59 Abs. 1 B.=V. verstoßend aufgehoben
werden, wenn dieselbe sich als „Arrest" im Sinne dieser Ver=
fassungsbestimmung qualifizirte. Allein dies ist nun eben zu ver=
neinen. Die angefochtene Verfügung stützt sich auf Art. 309
Ziff. 1 und 7 der graubündnerischen Civilprozeßordnung, wonach
das Befehlsverfahren statthaft ist gegen „Besitzesstörungen" sowie
für „Sicherung streitiger Eigenthumsansprüche durch Sequest=
rirung (Beschlagnahme der streitigen Sache)"; sie beruft sich nicht

auf Art. 309 Ziff. 8 ibid. wonach das Befehlsverfahren statt=
haft ist „für Sicherstellung einer Forderung durch Arrestlegung
(Beschlagnahme von Vermögensstücken des Schuldners)“. Richtig
ist nun, nach dem in Erwägung 1 Ausgeführten, allerdings, daß
die Art. 309 Ziff. 1 und 7 nicht direkt zutreffen. Allein nichts
destoweniger liegt hier nicht ein Arrest im Sinne des Art. 59
Abs. 1 B.=V. vor, sondern eine vorsorgliche Verfügung. Der
Arrest bezweckt die Sicherstellung einer gefährdeten Forderung
durch Beschlagnahme von Vermögensstücken des Schuldners; seine
Zulässigkeit ist durch das Vorhandensein der gesetzlichen Arrest=
gründe bedingt und er ist, soweit zur Sicherstellung des Gläu=
bigers erforderlich, auf alle erreichbaren Vermögensstücke des
Schuldners auszudehnen; er soll einen zu Deckung des Gläu=
begers ausreichenden Vermögenswerth erhalten. Dagegen bezwecken
Verfügungen der hier in Rede stehenden Art die Erhaltung
eines individuell bestimmten Leistungs= (Streit)= Gegenstandes bis
zum Austrage des Streites. Solche Verfügungen hinsichtlich des
Streitgegenstandes fallen nicht unter den Begriff des Arrestes.
Art. 59 Abs. 1 B.=V. wollte nicht verbieten, daß vorsorgliche
Verfügungen zu Erhaltung des Streitgegenstandes vom Richter
des Ortes der gelegenen Sache getroffen werden. Das Verbot,
Vermögen eines aufrechtstehenden, in der Schweiz fest niederge=
lassenen, Schuldners außerhalb seines Wohnortskantons mit Arrest
zu belegen, mochte in seiner Beschränkung auf den eigentlichen
Arrest als den Rechten des Gläubigers unnachtheilig erscheinen.
Anders wäre es dagegen offenbar, wenn dieses Verbot auch auf
vorsorgliche Verfügungen zur Sicherung eines individuell be=
stimmten Streitgegenstandes ausgedehnt würde. Könnten solche
Verfügungen nur vom Richter des Wohnortskantons des Schuld=
ners getroffen werden, so läge die Gefahr nahe, daß deren Aus=
führung, auch aufrechtstehenden Schuldnern gegenüber, oft zu
spät käme. Daß solche Verfügungen nicht unter den Begriff des
Arrestes fallen, ergibt sich denn auch aus folgendem: Seit dem
Inkrafttreten des Bundesgesetzes über Schuldbetreibung und Kon=
kurs ist der Arrest durch die Bestimmungen des achten Titels
dieses Gesetzes geregelt. Nun unterliegt aber doch gewiß keinem
Zweifel, daß diese Bestimmungen auf Verfügungen zu Erhaltung
des Streitgegenstandes keine Anwendung finden, daß hinsichtlich

dieser Verfügungen vielmehr das frühere (eidgenössische und kan=
tonale) Prozeßrecht in Kraft geblieben ist. Dagegen dürfen freilich
solche vorsorgliche Verfügungen nicht zu Umgehung der Gewährleistung des Art. 59 Abs. 1 B.=V. mißbraucht werden. Sie
können daher, wenn vor dem Streitbeginn erlassen, nur dann
auf Bestand Anspruch machen, wenn der Prozeß binnen ange=
messener Frist bei dem verfassungsmäßig zuständigen Richter des
Wohnortes des Schuldners anhängig gemacht wird, so daß wirklich
blos eine vorsorgliche Verfügung zu Erhaltung des Streitgegen=
standes bis zum Austrage eines vor dem kompetenten Richter
geführten Rechtsstreites vorliegt. Nach Anhängigmachung des
Prozesses hat alsdann der in der Hauptsache zuständige Richter
darüber zu entscheiden, ob die vorsorgliche Verfügung aufrechtzu=
halten sei oder nicht. Unter diesen Kautelen kann von einer Ver=
letzung der Gewährleistung des Gerichtsstandes des Wohnortes
durch eine vorsorgliche Verfügung hinsichtlich des Streitgegen=
standes nicht die Rede sein.

3. Danach ist denn der Rekurs gegen die angefochtene Ver=
fügung des Kreisamtes Schanfigg zwar abzuweisen, dabei aber
auszusprechen, daß diese Verfügung dahinfällt, sofern nicht der
Rekursbeklagte binnen angemessener Frist den Prozeß beim Richter
des Wohnortes des Rekurrenten anhängig macht, welcher alsdann
über die Fortdauer der vorsorglichen Verfügung während der
Dauer des Rechtsstreites zu entscheiden hat.

Demnach hat das Bundesgericht

erkannt:

Der Rekurs wird als unbegründet abgewiesen, jedoch mit der
Maßgabe, daß die angefochtene Verfügung des Kreisamtes Schan=
figg dahinfällt, sofern der Rekursbeklagte nicht binnen vierzehn
Tagen, von Mittheilung dieser Entscheidung an gerechnet, den
Prozeß beim Richter des st. gallischen Wohnortes des Rekurrenten
anhängig macht und daß nach dem Prozeßbeginn die Entscheidung
über die weitere Fortdauer oder die Aufhebung der vorsorglichen
Verfügung dem in der Hauptsache zuständigen st. gallischen Richter
zusteht.

Zweiter Abschnitt. — Deuxième section.

Bundesgesetze. — Lois fédérales.

—■—

I. Verfahren bei Uebertretung fiskalischer und polizeilicher Bundesgesetze. — Mode de procéder à la poursuite des contraventions aux lois fiscales.

12. Beſchluß des Kaſſationsgerichtes vom 19. März 1892 in Sachen Sperle.

Das Kaſſationsgericht hat
in Erwägung:

Daß der Rekurrent durch Urtheil des Bezirksgerichtes Dießen=
hofen vom 1. Februar 1892 der Uebertretung des § 14 des
Alkoholgeſetzes ſchuldig erklärt worden und in Anwendung deſ=
ſelben zu einer Buße von 200 Fr. ſowie zu den Koſten verur=
theilt worden iſt;

Daß der Rekurrent gegen dieſes Urtheil einerſeits Kaſſations=
beſchwerde beim eidgenöſſiſchen Kaſſationsgerichte, anbrerſeits Appel=
lation beim Obergericht des Kantons Thurgau eingelegt hat;

Daß die Bundesanwaltſchaft beantragt: Es ſei die Beurtheilung
der Kaſſationsbeſchwerde zu verſchieben, bis das Obergericht des
Kantons Thurgau in gleicher Angelegenheit ſein Urtheil gefällt
hat;

Daß dagegen der Rekurrent beantragt, das Kaſſationsgericht
wolle auf ſein Begehren eintreten;

Daß das Rechtsmittel der Kaſſationsbeſchwerde gemäß Art. 18

des Bundesgesetzes vom 30. Juni 1849, seiner Natur entsprechend, erst dann statthaft ist, wenn das kantonale Verfahren beendigt ist, nicht aber so lange die Sache noch vor einer kantonalen Instanz schwebt;

Daß somit der Entscheidung des Kassationsgerichtes die Beurtheilung der Sache durch das kantonale Obergericht vorherzugehen hat;

beschlossen:

Auf das Kassationsbegehren des Rekurrenten wird zur Zeit nicht eingetreten.

II. Abtretung von Privatrechten. — Expropriation.

13. Urtheil vom 15. Januar 1892 in Sachen Kinder Fuchs gegen Brienz-Rothhornbahn.

A. Das den Geschwistern Fuchs in Brienz gehörige Heimwesen wird von dem Tracé der Brienzer-Rothhornbahn durchschnitten. In dem Verfahren vor der eidgenössischen Schatzungskommission stellten die Geschwister Fuchs u. a. eine Entschädigungsforderung von 3000 Fr. für Entwerthung des Hauses durch planwidriges Näherrücken der Bahnanlage, namentlich aber durch Beschädigung und Gefährdung des Gebäudes selbst beim Bahnbaue durch Lockerung seiner Grundlagen und Hauptmauern. Die Bahngesellschaft bestritt unter Berufung auf Art. 41 des eidgenössischen Expropriationsgesetzes die Kompetenz der eidgenössischen Schatzungskommission zu Beurtheilung der Entschädigungsforderung für Beschädigung des Hauses durch den Bahnbau. Die eidgenössische Schatzungskommission für die Brienzer-Rothhornbahn erledigte hierauf durch Entscheidung vom 26./27. Juni, 13./14. Juli 1891 die übrigen Ansprüche der Expropriaten materiell; rücksichtlich der Entschädigungsforderung für Beschädigung des Hauses durch den Bahnbau dagegen führte sie aus: Bis und so lange die Zuständigkeitsfrage nicht rechtlich entschieden sei, finde sich die Schatzungs-

kommission nicht in der Lage, in das Materielle der Sache
einzutreten. Sie beschränke sich für einmal darauf, die erwachsenen
Unzukömmlichkeiten, die dem Gebäude durch das Näherrücken der
Bahnanlage, — abgesehen von der Gebäudeschädigung selbst, —
erwachsen, bei der Bestimmung der Inkonvenienzentschädigung in
Betracht zu ziehen. Sie erkannte demnach in Dispositiv 3 ihres
Entscheides: Auf die Forderung für Gebäudeschädigung durch den
Bahnbau wird wegen bestrittener Kompetenz nicht eingetreten.

B. Während im Uebrigen der Schatzungsbefund von keiner
Partei angefochten worden ist, beschweren sich dagegen die Expropriaten mit Eingabe vom 7./9. Oktober 1891 gegen Dispositiv 3
desselben beim Bundesgerichte, indem sie die Anträge stellen:
1. Es sei zu erkennen, die Beurtheilung der Forderung von
3000 Fr. für Gebäudeschädigung, verursacht durch planwidriges
Näherrücken der Bahnanlage und durch Beschädigung und Gefährdung des Gebäudes selbst beim Bahnbau gehöre zu den
Aufgaben der Schatzungskommission und es sei daher diese anzuweisen, über die Forderung von 3000 Fr. ihren Entscheid abzugeben. 2. Die Kosten dieses Verfahrens seien der Brienz-Roth-
hornbahngesellschaft aufzuerlegen. Sie führen aus: Art. 41 des
eidgenössischen Expropriationsgesetzes, auf welchen die Bahngesellschaft sich berufe, treffe in keiner Weise zu. Denn die Schädigung,
wegen welcher die Expropriaten Schadenersatz verlangen, sei nicht
durch Aufnahme von Plänen oder durch Aussteckungen, sondern
durch die Bauausführung herbeigeführt worden. Ueber die fragliche
Entschädigungsforderung sei daher nicht von den kantonalen Behörden, sondern von der Schatzungskommission, eventuell vom
Bundesgerichte zu urtheilen. Die Schatzungskommission könne das
Eintreten auf die Sache nicht deßhalb ablehnen, weil ihre Kompetenz bestritten sei; sie habe vielmehr ihren Entscheid gleichwohl
abzugeben und könne es den Parteien überlassen, in der Beschwerdeinstanz die Kompetenzeinrede zu erheben. Dies folge aus
der An alogie des Art. 34 des eidgenössischen Expropriationsgesetzes.

C. In ihrer Vernehmlassung auf diese Beschwerde bemerkt die
Aktiengesellschaft der Brienz-Rothhornbahn im Wesentlichen: Die
Schatzungskommission habe die Beurtheilung der Entschädigungs-

forderung der Expropriaten nicht gänzlich abgelehnt. Soweit die
Entschädigungsforderung auf die Entwerthung des Grund=
stückes durch Näherrücken der Bahnanlage begründet worden sei,
habe die Schatzungskommission dieselbe beurtheilt und sei der
Schatzungsbefund in Rechtskraft erwachsen; nur insoweit die
Forderung auf Beschädigung des Gebäudes durch den Bahnbau
sich beziehe, sei die Schatzungskommission auf dieselbe nicht einge=
treten. Es sei daher auf die gegnerischen Beschwerdeanträge insoweit
nicht einzutreten, als dieselben sich auf etwas anderes beziehen,
als auf die Forderung für Gebäudebeschädigung durch den Bahn=
bau. Was die letztere Forderung anbelange, so sei die Schatzungs=
kommission, sobald ihre Zuständigkeit bestritten wurde, nicht mehr
in der Lage gewesen, auf das Materielle der Sache einzutreten.
Zuerst habe die aufgeworfene Kompetenzfrage entschieden werden
müssen; die Schatzungskommission selbst aber sei hiezu nicht befugt,
ihre Aufgabe bestehe lediglich in der Vornahme von Schatzungen.
Werde ihre Kompetenz bestritten, so habe sie nicht selbst zu ent=
scheiden sondern stehe die Entscheidung darüber dem Bundesgerichte
zu, wofür auf die bei Ullmer I, Nr. 438 u. 439 reprobuzirten
Entscheidungen verwiesen werde. Was die Kompetenzfrage selbst
anbelange, so sei zuzugeben, daß die behauptete Gebäudebeschädigung
jedenfalls nicht bei der stattgefundenen Planaufnahme oder Aus=
steckung entstanden sei. Die Bahngesellschaft habe sich auf den
Art. 41 des eidgenössischen Expropriationsgesetzes nur in der
Meinung berufen, es gehe aus dieser Gesetzesbestimmung in Ver=
bindung mit den Art. 3, 12 und 26 leg. cit. hervor, daß der
Gesetzgeber die Ausmittlung der Entschädigungen für bloße
Eigenthumsbeschädigungen den ordentlichen kantonalen Gerichten
überlassen wolle. Im Fernern habe sie die Kompetenz der
Schatzungskommission deßhalb bestritten, weil sie bestreite, daß
die behaupteten Beschädigungen des Hauses eine Folge des Bahn=
baues seien. Das Haus sei, wie sich aus einem Berichte des
Ingenieurs Lindner ergebe, schon vor der Anlage der Bahn
baufällig und mit denjenigen Mauerrissen und Schäden versehen
gewesen, die man nun der Bahn zur Last schreiben möchte. Da
also keine der Bahngesellschaft zur Last fallende Beschädigungen
oder Gefährdungen des Hauses vorliegen, so könne auch die

Schatzungskommission gar nicht in die Lage kommen, in der
Sache eine weitere Abschatzung vorzunehmen. Demnach werde
beantragt: 1. Es sei auf die gegnerische Beschwerde, soweit sich
dieselbe nicht auf Dispositiv 3 des Entscheides der eidgenössischen
Schatzungskommission beziehe, nicht einzutreten und es seien im
Uebrigen die in der Beschwerde enthaltenen Anträge abzuweisen.
2. Eventuell: d. h. für den Fall der Abweisung des Schlusses
auf Nichteintreten: Es seien die beiden Anträge der fraglichen
Beschwerde abzuweisen. 3. Die Beschwerdeführer Geschwister Fuchs
seien zu den Kosten dieses Verfahrens zu verurtheilen.

D. Aus der Replik der Expropriaten ist hervorzuheben: Die
Schatzungskommission habe die Entschädigungsforderung für Ge=
bäudebeschädigung gar nicht beurtheilt, auch nicht insoweit der
Schaden durch Näherrücken der Bahnanlage verursacht worden
sei. Die Entschädigungsforderung von 3000 Fr. sei aber in der
Eingabe der Expropriaten vom 7. Februar 1891 ausschließlich
für Minderwerth des Hauses zufolge der eingetretenen baulichen
Beschädigungen (Risse und Verschiebungen) gestellt worden. Diese
Forderung sei also zu keinem Theile beurtheilt. Daß Entschädi=
gungsforderungen wegen Eigenthumsbeschädigungen durch den
Bahnbau nicht von der Schatzungskommission sondern von den
kantonalen Gerichten zu beurtheilen seien, ergebe sich aus dem
Gesetz in keiner Weise. Die Behauptung, daß die an dem Hause
zu Tage tretenden baulichen Schäden nicht durch den Bahnbau
verursacht worden seien, werde bestritten und es bieten die Expro=
priaten den Gegenbeweis gegen die sachbezüglichen Behauptungen
der Bahngesellschaft an.

E. Duplikando hält die Bahngesellschaft an den Ausführungen
ihrer Vernehmlassungsschrift fest, indem sie insbesondere bemerkt:
Die Entschädigungsforderung von 3000 Fr. sei vor der Schatz=
ungskommission für Entwerthung des Hauses überhaupt gestellt
worden; es seien in derselben alle Entschädigungsansprüche
bezüglich des Hauses — die Entschädigung für Inkonvenienzen,
Gefährdung des Gebäudes und daherige Werthverminderung
sowohl als die Entschädigung für die behaupteten Gebäude=
beschädigungen — inbegriffen gewesen. Die Schatzungskommission
habe nun blos die Beurtheilung der Entschädigungsforderung für

Gebäudebeschädigung abgelehnt; von einer nochmaligen Beurtheilung der ganzen Entschädigungsforderung von 3000 Fr. könne
daher jedenfalls keine Rede sein.

F. Nach Schluß des Schriftenwechsels hat der Instruktionsrichter noch die Vernehmlassung der eidgenössischen Schatzungskommission für die Brienz = Rothhornbahn eingeholt. Dieselbe
bemerkt: Sie habe nicht (wie die Beschwerdeführer behaupten)
erklärt, daß sie sich in der Hauptsache für inkompetent halte,
sondern habe einfach den Standpunkt eingenommen, daß sie so lange
nicht befugt sei, sich mit der Sache zu befassen, als nicht über
die reine Rechtsfrage der Kompetenz entschieden, respektive die
Rechtseinwendung der Bahngesellschaft vom zuständigen Gerichte
beseitigt sei. Einen eventuellen materiellen Entscheid habe die
Kommission deßhalb nicht gefällt, weil die Parteien ein dahin-
zielendes Begehren nicht gestellt haben; gegentheils habe die Vertretung der Bahngesellschaft von vornherein von einer Einmischung
der Schatzungskommission in dieser Angelegenheit nichts wissen
wollen. Dazu seien noch praktische Bedenken gekommen. Die
materielle Entscheidung lasse sich nämlich kaum ohne genaue
technische Erhebungen, ja vielleicht nicht ohne vorherige Zeugeneinvernahme, fällen. Nun wäre es aber doch mehr als gewagt
gewesen, wenn die in ihrer Kompetenz angefochtene Schatzungskommission ein solches Verfahren eingeleitet hätte, auf die Gefahr,
daß der Entscheid des Bundesgerichtes die Kompetenzeinrede der
Bahngesellschaft gutheiße.

Das Bundesgericht zieht in Erwägung:

1. Die eidgenössische Schatzungskommission hat ihre Kompetenz
zu Beurtheilung der in Rede stehenden Entschädigungsforderung
der Expropriaten nicht abgelehnt, sondern sie hat blos ausgesprochen, sie sei zur Entscheidung der Kompetenzfrage nicht befugt
und trete daher in so lange, als über diese nicht von der zuständigen
Stelle entschieden sei, auf die Sache nicht ein. In dieser Entscheidung kann eine Gesetzesverletzung nicht gefunden werden. Es ist
gegentheils richtig, daß die Schatzungskommission nach der gesetzlichen und reglementarischen Umschreibung ihres Geschäftskreises
zur Entscheidung über die reine Rechtsfrage der Kompetenz nicht
berufen ist, diese vielmehr der Entscheidung des Bundesgerichtes

vorbehalten bleiben muß. Ebenso bestand eine gesetzliche Verpflich=
tung der Schatzungskommission, trotz der Bestreitung ihrer
Kompetenz zu eventueller materieller Behandlung der Sache zu
schreiten, nicht. Das Gesetz legt ihr eine solche Verpflichtung
ausdrücklich nicht auf und selbstverständlich ist dieselbe keineswegs.
Die von den Rekurrenten angerufene Analogie des Art. 34 des
eidgenössischen Expropriationsgesetzes trifft nicht zu. Denn im
Falle des Art. 34 steht die Kompetenz der Schatzungskommission
außer Zweifel, während hier gerade diese, Recht und Pflicht der
Schatzungskommission zu Behandlung der Sache, in Frage
gestellt ist.

2. Wenn danach die Beschwerde dahin ginge, es sei die Schatz=
ungskommission anzuweisen, ihrerseits über die Kompetenzfrage
zu entscheiden, oder ohne vorhergegangene rechtskräftige Entschei=
dung über die Kompetenzfrage die Sache materiell zu behandeln,
so wäre dieselbe als unbegründet abzuweisen. Allein in ihren
Anträgen geht nun die Beschwerde nicht dahin; wenn sie auch
in der Begründung als eine Beschwerde gegen die Schatzungs=
kommission eingeführt wird, so richtet sie sich doch in ihren Be=
gehren in That und Wahrheit nicht gegen den Entscheid der
Schatzungskommission sondern verlangt vielmehr, entsprechend
gerade dem von der Schatzungskommission eingenommenen Stand=
punkte, es möchte das Bundesgericht seinerseits über die Kompe=
tenzfrage entscheiden, dieselbe bejahen und demgemäß die Schatzungs=
kommission anweisen, in die Sache materiell einzutreten. Die
Beschwerde ist daher in Wirklichkeit nicht gegen die Schatzungs=
kommission, sondern gegen die Gegenpartei, die Brienz=Rothhorn=
bahn, gerichtet, indem sie Abweisung der von letzterer aufge=
worfenen Kompetenzeinrede verlangt.

3. Fragt sich danach, ob zur Beurtheilung der streitigen Ent=
schädigungsforderung die ordentlichen kantonalen Gerichte oder
aber die eidgenössischen Behörden (Schatzungskommission und
Bundesgericht) kompetent seien, so ist diese Frage grundsätzlich in
letzterem Sinne zu beantworten; Art. 41 des eidgenössischen Ex=
propriationsgesetzes trifft, wie die Bahngesellschaft selbst anzuer=
kennen scheint, in keiner Weise zu; um eine durch Planaufnahme
oder Aussteckungen oder überhaupt durch vorbereitende Handlungen

zum Baue verursachte Schädigung handelt es sich ja überall nicht,
sondern um eine Schädigung durch den Eisenbahnbau selbst. Wie nun
das Bundesgericht wiederholt schon entschieden hat (siehe Entschei=
dung in Sachen Scheblbauer und Vogel vom 25. Januar 1878,
Amtliche Sammlung IV, S. 55 u. ff., in Sachen Jurabahnge=
sellschaft gegen Jolidon vom 18. Januar 1878, ibid. S. 71
u. f., in Sachen Reveillac, Barbol & Cie. vom 20. Juli 1883,
ibid. IX, S. 238) sind Ersatzansprüche wegen Eigenthums=
beschädigung durch Ausführung eines dem eidgenössischen Ex=
propriationsgesetze unterstehenden öffentlichen Werkes dann als
Ansprüche aus Enteignung von Schatzungskommission und Bun=
desgericht zu beurtheilen, wenn die betreffende Rechtsgüterbeschä=
digung die nothwendige oder doch nicht leicht vermeidliche Folge
des konzessionirten Baues selbst ist; handelt es sich dagegen um
Entschädigungsansprüche, welche nicht hierauf sondern auf will=
kürliche, schuldhafte Handlungen eines Unternehmers begründet
werden, so liegt ein Deliktsanspruch vor, welcher in die Kompetenz
der ordentlichen Gerichte fällt. Vorliegend nun ist durchaus nicht
eine Schädigung durch eine willkürliche Handlung des Bauunter=
nehmers, sondern eine solche durch die ordnungsmäßige Ausführung
des Werkes behauptet und es ist somit die Kompetenz der eidge=
nössischen Behörden begründet. Darüber, ob die behauptete Schä=
digung durch den Bau wirklich eingetreten (oder ob die Risse
u. s. w. im Hause der Expropriaten mit dem Bahnbaue gar nicht
zusammenhängen) ist nicht bei Entscheidung der Kompetenzfrage
sondern erst in der Hauptsache zu entscheiden; dabei steht ja nicht
die Kompetenz der entscheidenden Behörde sondern der sachliche
Bestand des behaupteten Enteignungsanspruches in Frage.

4. Ist danach der Schatzungskommission aufzutragen, auf
Behandlung des in Rede stehenden Entschädigungsanspruches ein=
zutreten, so ist dagegen selbstverständlich, daß dies sich nur auf
die Entschädigung für körperliche Beschädigung des Hauses der
Expropriaten durch den Eisenbahnbau beziehen kann. Denn die
übrigen Ansprüche der Expropriaten hat die Schatzungskommission,
wie sich aus Dispositiv und Motiven ihrer Entscheidung klar
ergibt, bereits beurtheilt. Ob die Forderung der Expropriaten von
3000 Fr. für die körperliche Beschädigung des Hauses allein

ober gleichzeitig auch für andere Nachtheile gestellt war, kommt
für die Kompetenzfrage nicht in Betracht, sondern ist bei sachlicher
Beurtheilung der Entschädigungsforderung zu beurtheilen.

Demnach hat das Bundesgericht

erkannt:

Die Beschwerde wird in dem Sinne als begründet erklärt, daß
der eidgenössischen Schatzungskommission für die Brienz=Rothhorn=
bahn aufgetragen wird, die von den Expropriaten gestellte Ent=
schädigungsforderung für Gebäudebeschädigung durch den Bahnbau
materiell zu behandeln und zu beurtheilen.

---

14. Urtheil vom 1. April 1892 in Sachen Steuble.

A. Im Expropriationsfall des Bierbrauers Steuble, Expro=
priaten, gegen die Schweizerische Nordostbahn, Expropriantin, wur=
den von der eidgenössischen Schatzungskommission für die rechts=
ufrige Zürichseebahn die Herren Professor Heim in Zürich und
Ingenieur Largin in Luzern als Experten bestellt. Sie hatten
die Aufgabe, über die Einwirkungen des Tunnelbaues und des
bezüglichen Bahnbetriebes auf die Erdoberfläche, speziell auf das
Eigenthum des Expropriaten, Bericht zu erstatten. Ihre Wahl
wurde dem Expropriaten mit Schreiben vom 29. Juni 1890 mit=
getheilt. Nachdem nun die Experten ihre Beobachtungen schon
längst aufgenommen hatten, machte Bierbrauer Steuble gegen In=
genieur Largin verschiedene Rekusationsgründe geltend, und ver=
langte dessen Ersetzung durch einen andern Experten. Er wurde
aber von der Schatzungskommission mit Beschluß vom 27. Februar
1891 abgewiesen.

B. Dagegen rekurrirt er nun an das Bundesgericht und stellt
in seinem Rekurs folgende Anträge:

1. Ingenieur Largin solle als Experte zurückgewiesen werden.

Die Nordostbahn sei anzuhalten, daß von Professor Heim
über die Traceverhältnisse von Unterstraß erhobene Privatgut=
achten der Schatzungskommission und dem Expropriaten zur Ein=

sicht vorzulegen, bevor Professor Heim zur Abgabe einer Expertise eingeladen werde.

3. Diesen oder den an ihrer Statt noch zu ernennenden Experten seien vor Abgabe ihres Gutachtens die sämmtlichen Akten jedenfalls aber die Pläne, die Eingaben des Expropriaten, die Privatgutachten des Architekten Müller, das Urtheil des Bundesgerichtes in Sachen Koch-Finsler Erben, die protokollirten Befunde der Experten Kramer und Müller zur Prüfung zuzustellen,

Das erste Begehren wird damit motivirt, daß Ingenieur Largin mit den Tunnelbauunternehmern Fischer und Schmuziger befreundet sei und von ihnen Bericht angenommen habe, während doch dieselben ein Interesse daran haben, daß eintretende Schädigungen nicht auf den Tunnelbau zurückgeführt werden. Daß er befangen sei, habe sich bei Lokalbesichtigungen gezeigt, indem er Verschiedenes zu Protokoll habe aufnehmen lassen, was thatsächlich unrichtig sei, respektive mit den Gutachten der andern Experten Kramer und Brunner in Widerspruch stehe. Ferner habe er sich voreilig in einem Brief vom 20. November 1890 über die Ursachen der Schädigungen im Maschinenhaus ꝛc. geäußert. Dies allein bilde nach Art. 124 der bundesgerichtlichen Prozeßordnung und Art. 17 Ziff. 2 O.-G. einen genügenden Grund, um die vorgebrachte Rekusation zu rechtfertigen. Sodann seien die Forderungen des Expropriaten derart, daß Ingenieur Largin nicht speziell als fachkundig erscheine.

Was die Begehren sub 2 und 3 anbelange, so werde die Edition des Privatgutachtens Heim aus dem Grunde verlangt, um zu eruiren, ob auch dieser Experte sich nicht schon ein Mal über die ihm vorgelegten Fragen ausgesprochen habe. Die Mittheilung der Akten an die Experten, sofern sie sich auf die zu beantwortenden Fragen beziehen, verstehe sich von selber, scheine aber von der Schatzungskommission nicht bewilligt werden zu wollen.

C. In ihrer Vernehmlassung vom 27. Februar 1892 stellt die Nordostbahngesellschaft in Abrede, daß Ingenieur Largin als befangen bezeichnet werden könne. Das von rekurrirender Seite Angeführte sei theilweise unrichtig, theilweise unerheblich. Eine Kopie des Privatgutachtens Heim wird von der Nordostbahnge-

ſellſchaft eingelegt. Im Uebrigen lautet ihr Antrag: Es ſei der
Rekurs unter Koſtenfolge abzuweiſen.

D. Ihrerſeits beruft ſich die Schatzungskommiſſion, mit Be=
zug auf die Rekuſation des Experten Largin, auf die in ihrem
Beſchluß vom 27. Februar 1891 enthaltenen Gründe. Ingenieur
Largin habe nur über die allgemeinen Terrainverhältniſſe und die
durch den Bahnbau eintretenden Veränderungen ſein Gutachten
abzugeben, nicht über die Forderungen, die vom Expropriaten er=
hoben worden ſind. Im Uebrigen ſei nun der Tunnel fertig ge=
ſtellt; einem andern Experten würden demnach die nöthigen An=
haltspunkte zur Ermittlung der zu Tage getretenen Veränderungen
fehlen. Ein Begehren um Edition des Privatgutachtens Heim ſei bei
der Schatzungskommiſſion nie geſtellt worden. Was die Zuſtellung
der Akten betreffe, ſo ſeien diejenigen, die ſich auf die von ihnen
zu beantwortenden Fragen beziehen (Gutachten Kramer und Müller)
den Experten bereits mitgetheilt worden. Die andern Aktenſtücke
ſeien blos für die Entſchädigungsfrage von Belang und darüber
behalte ſich die Schatzungskommiſſion bei allfällig hiefür zu er=
nennenden Experten das Weitere vor.

Das Bundesgericht zieht in Erwägung:

1. Der Art. 28 des Expropriationsgeſetzes, worunter der
gegenwärtige Rekurs ſubſumirt werden muß, beſtimmt blos all=
gemein, daß die Schatzungskommiſſionen unter Aufſicht des Bun=
desgerichtes ſtehen. Es verſteht ſich nun allerdings von ſelbſt, daß
geſtützt auf dieſe Geſetzesbeſtimmung, gegen das Verfahren der
Schatzungskommiſſionen an das Bundesgericht rekurrirt werden
kann, ſofern jenes Verfahren Verſtöße gegen allgemeine prozeſ=
ſualiſche Prinzipien enthält. Die vom Bundesgericht geführte
Kontrolle erſtreckt ſich aber nicht allgemein auf alle und jede
Zwiſchenbeſchlüſſe, die von den Schatzungskommiſſionen ſchon im
Vorverfahren gefaßt werden können. Für derartige Zwiſchenbe=
ſchlüſſe und Vorbereitungsmaßregeln, worunter auch namentlich
die Beſtellung von Schatzungsexperten gehört, beſteht kein geſon=
dertes Rekursrecht an das Bundesgericht.

2. Die rekursbeklagte Partei hat mit Bezug auf das weitere
Begehren, um Edition des Privatgutachtens Heim, zwar ihre
Editionspflicht beſtritten, eine Kopie aber desſelben Gutachtens

zu den Akten gelegt. Der darüber obwaltende Anstand ist somit
gegenstandslos geworden.

3. Auch das dritte Begehren des Rekurrenten fällt von felber
dahin. Nach Erklärung der Schatzungskommiffion find den Ex=
perten diejenigen Akten, bie sich auf bie von ihnen zu beant=
worten den Fragen beziehen, bereits mitgetheilt worden. Welche
Aktenstücke nun mit der abzugebenden Expertife in Zusammenhang
stehen, darüber kann vorläufig nur der Schatzungskommiffion eine
Entscheidung zustehen.

Demnach hat das Bundesgericht
erkannt:

Auf den Rekurs wird im Sinne obiger Erwägungen nicht ein=
getreten.

III. Organisation der Bundesrechtspflege.
Organisation judiciaire fédérale.

15. Urtheil vom 6. Mai 1892 in Sachen Préaub.

Das Bundesgericht hat
in Erwägnng:

Daß durch staatsrechtliche Entscheidung des Bundesgerichtes
vom 13. November 1891 das in Sachen des Rekurrenten gegen
bie Auffallskommiffion Werdenberg am 29. August 1891 vom
Obergerichte des Kantons Thurgau gefällte Urtheil, gemäß bem
Antrage des Rekurrenten, aufgehoben wurde;

Daß daraufhin der Rekurrent beim Obergerichte des Kantons
Thurgau um Revifion des aufgehobenen obergerichtlichen Urtheils
vom 29. August 1891 nachsuchte, indem er Zuspruch einer Prozeß=
koftenentschädigung verlangte, weil das Bundesgericht in staatsrecht=
lichen Streitigkeiten keine Entschädigung spreche, gemäß § 226 der
thurgauischen Civilprozeßordnung aber bie unterlegene Partei bem
Gegner bie verursachten Koften zu erfetzen habe. Das bundes=

gerichtliche Urtheil sei eine neue Thatsache, welche einen Revisions=
grund bilde. Es seien daher die Mitglieder der Auffallskommission
Werdenberg solidarisch in die Kosten zu verurtheilen;

Daß das Obergericht indeß durch Entscheidung vom 27.
Januar 1892 dieses Begehren abwies, weil gemäß § 247 C.=P.=O.
das Rechtsmittel der Revision nur gegen rechtskräftige Urtheile
statthaft sei, das Urtheil vom 29. August 1891 aber, weil vom
Bundesgerichte in seinem ganzen Umfange aufgehoben, überhaupt
nicht mehr in Rechtskraft bestehe;

Daß der Rekurrent sich hiegegen im Wege des staatsrechtlichen
Rekurses beim Bundesgerichte beschwert, indem er im Eingange
seiner Rekursschrift „um Aufhebung des beigeschlossenen oberge=
richtlichen Urtheils vom 27. Januar laufenden Jahres unter
Kostenfolge" nachsucht, am Schlusse derselben dagegen den Antrag
stellt, das Obergericht des Kantons Thurgau sei anzuweisen, ge=
mäß der beigeschlossenen Kostennote dem Rekurrenten eine ange=
messene Entschädigung zuzusprechen;

Daß er ausführt, es liege eine Rechtsverweigerung vor; selbst
wenn formell nach dem kantonalen Prozeßrechte das Rechtsmittel
der Revision ausgeschlossen sein sollte, so hätte mit Rücksicht auf
die bestehenden Bundesinstitutionen das Obergericht dem Begehren
des Rekurrenten doch entsprechen sollen;

Daß die rekursbeklagte Auffallskommission Werdenberg aus=
führt, die angefochtene Entscheidung des Obergerichtes des Kantons
Thurgau verstoße gegen keinen Satz des Bundesrechtes; sie be=
ruhe vielmehr auf einer der Kognition des Bundesgerichtes ent=
zogenen Anwendung des kantonalen Prozeßrechts; das zweite, am
Ende der Rekursschrift gestellte Begehren des Rekurrenten sei un=
zulässig. Es sei daher der Rekurs abzuweisen und seien der Rekurs=
beklagten angemessene Kosten zu sprechen;

Daß das Obergericht des Kantons Thurgau die gleichen Mo=
mente geltend macht und überdem ausführt, das vom Bundes=
gerichte bereits in allen Theilen aufgehobene obergerichtliche Urtheil
vom 29. August 1891 habe nicht vom Obergerichte im Wege der
Revision durch das Obergericht ein zweites Mal aufgehoben
werden können und es wäre dem Bundesgerichte die Möglichkeit
geboten gewesen, gemäß Art. 62 Abs. 2 O.=G. der obsiegenden
Partei eine Prozeßentschädigung zuzuerkennen;

Daß in der Annahme des Obergerichtes, es sei in casu das vom Rekurrenten eingelegte Rechtsmittel der Revision nach Maß= gabe der kantonalen Prozeßvorschriften unzulässig gewesen, eine willkürliche Rechtsanwendung offenbar nicht erblickt werden kann, vielmehr klar sein dürfte, daß von Revision eines aufgehobenen Urtheils überall nicht gesprochen werden kann;

Daß daher eine Rechtsverweigerung nicht vorliegt und der Re= kurs demnach als unbegründet abzuweisen ist;

Daß dagegen bemerkt werden mag, daß es auf einem Irr= thum beruht, wenn das Obergericht des Kantons Thurgau an= nimmt, das Bundesgericht hätte dem Rekurrenten gestützt auf Art. 62 O.=G. eine Prozeßentschädigung für das Verfahren vor den kantonalen Gerichten zusprechen können;

Daß vielmehr Art. 62 cit., wie das Bundesgericht bereits in seinen Entscheidungen in Sachen Sandi=Gilli vom 31. Mai 1889 und 15. November 1890 ausgesprochen hat, sich nur auf die Kosten des staatsrechtlichen Verfahrens vor Bundesgericht, nicht aber auf die vor den kantonalen Behörden etwa erlaufenen Kosten bezieht;

Daß das Bundesgericht als Staatsgerichtshof nur über die in seine Kompetenz fallende Frage der Verletzung von Verfassungen Bundesgesetzen oder Staatsverträgen und über die Kosten des bundesgerichtlichen Verfahrens zu entscheiden hat, dagegen nicht kompetent ist, über die Kosten der kantonalen Instanzen, deren Vertheilung nach den kantonalen Gesetzen sich richtet, zu ent= scheiden;

Daß demzufolge, wie das Bundesgericht bereits in seinen an= geführten Entscheidungen in Sachen Sandi=Gilli ausgesprochen hat, bei Aufhebung einer kantonalen Schlußnahme durch staats= rechtliche Entscheidung des Bundesgerichtes für die kantonalen Behörden die Pflicht erwächst, auf Grund der bundesgerichtlichen Entscheidung eine neue Verfügung über die Kosten zu treffen, d. h. darüber zu entscheiden, wie nunmehr mit Rücksicht auf die durch das bundesgerichtliche Urtheil bedingte Sachentscheidung die Kosten nach Maßgabe der kantonalen Prozeßordnung zu ver= theilen seien;

Daß eben, da die Kostenentscheidung des frühern kantonalen

Urtheils durch die bundesgerichtliche Entscheidung aufgehoben und durch eine neue Kostendekretur nicht ersetzt ist, der Rechtsstreit rücksichtlich der Kostenfrage nicht beurtheilt, also insoweit noch nicht beendigt ist, mithin die hiezu kompetente, b. h. nach dem Bemerkten die kantonale, Behörde als verpflichtet erscheint, durch eine neue Entscheidung die Kostenfrage zu beurtheilen und damit den Rechtsstreit völlig zu erledigen;

Daß danach allerdings im vorliegenden Falle das kantonale Obergericht als verpflichtet erscheint, über die Kostenfrage einen neuen Entscheid zu fällen, daß dagegen das vom Rekurrenten eingelegte Rechtsmittel der Revision nicht geeignet war, einen solchen Entscheid herbeizuführen;

Daß übrigens in concreto das kantonale Gericht nicht nur über die Kostenfrage, sondern auch über die Hauptsache auf Grund des staatsrechtlichen Urtheils des Bundesgerichtes einen neuen Entscheid zu fällen hat;

Daß nämlich das Bundesgericht in seiner frühern Entscheidung einfach das obergerichtliche Urtheil wegen Verletzung der eidgenössischen, das Konkursrecht betreffenden Konkordate aufgehoben, dagegen über den vom Rekurrenten vor den kantonalen Gerichten geltend gemachten civilrechtlichen (Pfandrechts=) Anspruch selbst nicht durch Urtheilsdispositiv entschieden, denselben nicht gutgeheißen hat, was es auch als Staatsgerichtshof nicht thun konnte;

Daß danach ein Urtheil über diesen Anspruch formell gar nicht vorliegt und daher, wenn auch dem Inhalt der Sachentscheidung durch das bundesgerichtliche Urtheil präjudizirt ist, doch vom Obergerichte auch in der Hauptsache eine neue Entscheidung zu fällen ist;

erkannt:

Der Rekurs wird im Sinne der Erwägungen abgewiesen.

IV. Civilstand und Ehe. — Etat civil et mariage.

16. Urtheil vom 19. Februar 1892 in Sachen Zoller.

A. Anton Zoller, welcher ursprünglich österreicher Staatsange-
höriger war, erwarb das Bürgerrecht von Wengi, Kantons
Thurgau und das thurgauische Staatsbürgerrecht. Er ließ sich
um das Jahr 1860 in Frauenfeld nieder, wo er ein Haus erwarb
und sein Gewerbe als Büchsenmacher betrieb. Im Jahre 1871
siedelte er nach Budapest über, ließ aber seine Ehefrau mit seinen
jüngern Kindern in Frauenfeld zurück. Im Jahre 1890 erhob
seine Ehefrau gegen ihn die Scheidungsklage und es wurde durch
rechtskräftiges Urtheil des Bezirksgerichtes Frauenfeld vom 6. Juni
1891 die Ehe definitiv aufgelöst, die Regelung der œconomica
dagegen ad separatum verwiesen. Die geschiedene Ehefrau Zoller
verlangte nunmehr, daß die Vermögensausscheidung vor den thurgauischen Gerichten und nach thurgauischem Rechte stattzufinden
habe. Der beklagte Ehemann bestritt die Kompetenz des thurgauischen Richters, weil die Vermögenstheilungsklage eine rein
persönliche Klage sei, er in der Schweiz kein Domizil besitze,
daher an seinem Wohnorte in Budapest belangt werden müsse,
und weil ein vom thurgauischen Richter gefälltes Urtheil in
Ungarn nicht vollzogen würde. Beide Instanzen wiesen diese Einrede zurück, das Obergericht des Kantons Thurgau durch Entscheidung vom 1. Dezember 1891 und im Wesentlichen mit der
Begründung: Nach Art. 49 des Civilstandsgesetzes seien die weitern
Folgen der Ehescheidung gleichzeitig mit dem Urtheile über die
Scheidungsklage selbst zu regeln. Die Folgen der Ehescheidung,
also auch die Theilung des ehelichen Vermögens erscheinen daher
sowohl in materieller als in prozeßualer Hinsicht als Accessorium
der Scheidungsklage. Sie sollen nicht zum Gegenstande selbständiger Prozesse gemacht sondern von dem für die Hauptklage zuständigen Richter und in dem gleichen Verfahren wie die letztere
behandelt werden. Wenn besonderer Schwierigkeiten halber die Vermögenstheilung nicht gleichzeitig mit der Scheidung erledigt werden

könne, sondern ad separatum verwiesen werden müsse, so gehe
dadurch der accessorische Charakter der Vermögenstheilung keines=
wegs verloren, sondern es sei letztere nach wie vor lediglich wie
ein Bestandtheil der Hauptklage zu behandeln. Daraus folge die
Kompetenz des thurgauischen Richters. Die Klage auf Vermögens=
theilung sei übrigens familienrechtlicher, nicht rein persönlicher
Natur. Wäre sie übrigens auch rein persönlicher Natur, so könnte
der Beklagte doch im Kanton Thurgau belangt werden, weil er
auch in Frauenfeld ein Domizil habe. Danach sei denn auch ge=
mäß Art. 49 des Civilstandsgesetzes für die Vermögensausschei=
dung thurgauisches Recht maßgebend. Der Umstand, daß die
Exekution eines thurgauischen Urtheils in Ungarn möglicherweise
auf Schwierigkeiten stoßen könnte, sei für die Gerichtsstandsfrage
gleichgültig.

B. Gegen diesen Entscheid ergriff A. Zoller den staatsrechtlichen
Rekurs an das Bundesgericht, indem er ausführt: Seit 1871
habe er sein Domizil in Budapest. Selbst wenn man annehmen
wollte, er habe zwei Domizile, so sei doch Budapest sicher sein
Hauptdomizil. Die Vermögenstheilungsklage richte sich nun gegen
den Ehemann, sie sei daher an und für sich eine persönliche
Klage, welche am Wohnorte des Ehemannes angehoben werden
müsse, sofern nicht gesetzliche, für den Ehemann bindende, Be=
stimmungen ein anderes Forum begründen. Das Civilstandsgesetz
statuire nun wohl für die Ehescheidung selbst die Zuständigkeit
des heimatlichen Richters, dagegen könne Art. 49 desselben sich
nicht auch auf die Vermögensausscheidung im Auslande wohnender
Eheleute beziehen. Das Gesetz könne seine Rechtskraft und seine
Grundsätze nicht auf Vermögen ausdehnen, welches im Auslande
wohnende Schweizer dort erworben haben und besitzen. Es sei
daher das angefochtene Urtheil aufzuheben.

Das Bundesgericht zieht in Erwägung:

1. Es kann sich für das Bundesgericht nur darum handeln,
ob ein dem Rekurrenten verfassungsmäßig oder bundesgesetzlich
gewährleistetes Recht verletzt sei.

2. Dies ist nun ohne weiteres zu verneinen. Art. 59 Abs. 1
B.=V., welchen der Rekurrent übrigens auch nicht angerufen hat,
kann schon deßhalb nicht in Betracht kommen, weil der Rekurrent

nicht in der Schweiz wohnt. Ebensowenig ist durch die angefochtene
Entscheidung eine bundesgesetzliche Bestimmung verletzt. In Betracht
kommen könnten einzig die Art. 43 und 49 des Civilstandgesetzes,
welche für Ehescheidungsklagen den Gerichtsstand des schweizerischen
Wohnortes oder bei Abgang eines solchen des letzten schweizerischen
Wohnortes oder des Heimatortes des Ehemannes statuiren und
vorschreiben, daß über die Folgen der Ehescheidung zu gleicher
Zeit wie über die Scheidungsklage zu entscheiden sei. Diese Be=
stimmungen aber sind nicht verletzt. Es steht mit denselben gewiß
nicht im Widerspruch, wenn der thurgauische Richter angenommen
hat, daß auch in dem Falle, wo die Vermögensausscheidung zwischen
den Eheleuten ad separatum verwiesen wurde und daher erst
nachträglich zu entscheiden ist, derjenige Richter zuständig sei,
welcher über die Ehescheidung selbst abgesprochen hat. Irgendwelche
bundesrechtliche Vorschrift, welche im Auslande wohnenden Ehe=
leuten für Vermögenstheilungsklagen den Gerichtsstand ihres
Wohnortes gewährleisten würde, besteht nicht (vergleiche Ent=
scheidung des Bundesgerichtes in Sachen Steiger, Amtliche Samm=
lung V, S. 446).

Demnach hat das Bundesgericht
erkannt:

Der Rekurs wird als unbegründet abgewiesen.

------

17. Urtheil vom 26. Februar 1892
in Sachen Indermauer.

A. Art. 244 c der st. gallischen Civilprozeßordnung bestimmt:
„Sind die Parteien durch ein Matrimonialurtheil zusammen ge=
„wiesen, so muß der Bezirksammann den widerstrebenden Theil
„unter Ansetzung einer angemessenen Frist und mit Androhung
„der Folgen der Widersetzlichkeit zur Folgeleistung auffordern.
„Bleibt der Befehl unbeachtet, so erfolgt sofort die Strafeinleitung.“
Gestützt auf diese Gesetzesbestimmung forderte der Bezirksammann
von Unterrheinthal die Rekurrentin, welche mit einer von ihr

gegen ihren Ehemann angestrengten Scheidungsklage vom Bezirks=
gerichte Unterrheinthal abgewiesen worden war, durch Amtsbefehl
vom 22. Dezember 1891 auf, zu ihrem Gatten, von welchem
sie während der Dauer des Scheidungsprozesses mit richterlicher
Bewilligung getrennt gelebt hatte, zurückzukehren, unter Androhung
der Strafeinleitung im Widersetzlichkeitsfalle. Ein gegen diesen
Amtsbefehl von der Rekurrentin ergriffener Rekurs wurde vom
Regierungsrathe des Kantons St. Gallen am 15. Januar 1892
abgewiesen.

B. Gegen diese Entscheidung beschwert sich Frau Anna Bar=
bara Indermauer mit Eingabe vom 25. Januar 1892 im Wege
des staatsrechtlichen Rekurses beim Bundesgerichte, indem sie auf
Aufhebung des Amtsbefehls des Bezirksamtes Unterrheinthal und
des denselben bestätigenden Rekursentscheides der st. gallischen
Regierung anträgt. Sie führt aus:

1. Die rekurrirte Verfügung verletze die in Art. 30 der st. gal=
lischen Kantonsverfassung gewährleistete persönliche Freiheit. Es
widerspreche der Natur der Ehe als eines vorwiegend sittlichen
Verhältnisses, die Erfüllung der ehelichen Pflichten auf dem
Zwangswege herbeizuführen. Allerdings habe der Staat die
Pflicht, den verletzten Ehegatten gegen den andern zu schützen;
allein er thue dies durch die Ehescheidung, indem er aus dem
rechtswidrigen Verhalten des einen Ehegatten für den andern
Ehescheidungsgründe konstruire. In der Anwendung von Zwang
liege also eine im Wesen der Ehe nicht begründete, demselben viel=
mehr widersprechende, daher unbegründete Einschränkung der per=
sönlichen Freiheit. In der Strafandrohung des § 244 der st. gal=
lischen Civilprozeßordnung liege nun aber ein sehr harter Zwang,
da die angedrohte Strafe nach Art. 39 und 146 des st. gallischen
Strafgesetzbuches in einer Geldbuße bis auf 1000 Fr. allein oder
in Verbindung mit Gefängniß bis auf 6 Monate oder im Rück=
fall sogar in Arbeitshaus bestehe. Die Strafandrohung schließe
aber auch in sich, daß die Ehegatten eventuell auf dem Exekutions=
wege, per Landjäger zusammengewiesen werden können.

2. Die rekurrirte Entscheidung verletze Art. 54 B.=V. und
Art. 46 litt. d des Civilstandgesetzes. Art. 46 litt. d des Civil=
standgesetzes setze die Möglichkeit einer zwei Jahre dauernden Ver=

lassung auch gegen den Willen des andern Ehegatten und selbst
dann, wenn der Aufenthalt des schuldigen Ehegatten bekannt und
dieser dem richterlichen Arme erreichbar sei, voraus. Diese Mög=
lichkeit werde durch Art. 244 c der st. gallischen Civilprozeßord=
nung ausgeschlossen. Denn der Verlassung könne durch Strafe
oder zwangsweise Zusammenweisung ein jähes Ende gemacht
werden. Art. 244 c cit. mache daher Art. 46 d des Bundesgesetzes
illusorisch und hebe ihn in konkreten Fällen auf; er sei somit
gemäß Art. 62 Ziff. 10 des Civilstandgesetzes aufgehoben. Der
Regierungsrath gebe in seinem angefochtenen Entscheide zu, daß
eine gewaltsame Zusammenweisung von Eheleuten, welche noch
nicht im Scheidungsprozesse mit einander gelegen haben, mit
Art. 46 d des Civilstandgesetzes unvereinbar wäre, dagegen be=
haupte er, daß die Staatshülfe für den Vollzug eines die Zu=
sammenweisung streitender Eheleute aussprechenden gerichtlichen
Urtheils in Anspruch genommen werden könne. Diese Unterschei=
dung sei aber unrichtig. Vorerst habe der Richter nur auf Gut=
heißung oder Abweisung der Ehescheidungsklage zu erkennen, nicht
aber auf Zusammenweisung der Eheleute und habe auch im vor=
liegenden Falle nicht auf Zusammenweisung erkannt. Sodann
aber werde die Pflicht zum ehelichen Zusammenleben schon durch
den Ehevertrag als solchen begründet und nicht erst durch ein
gerichtliches Urtheil. Es müssen daher die Folgen böswilliger
Verlassung vor und nach dem Urtheile logischerweise die gleichen
sein. Die Pflicht zum Zusammenleben sei aber eben eine wesent=
lich moralische und die Strafe für den schuldigen Ehegatten sei
die Scheidungsberechtigung des Andern. Wie den Art. 46 d des
Civilstandgesetzes so verletze die angefochtene Entscheidung auch
Art. 54 B.=V. Denn das Recht zur Ehe sei als Eherecht zu
verstehen, soweit nicht bestimmte Materien desselben den Kantonen
überlassen seien.

C. In seiner Vernehmlassung auf diese Beschwerde trägt der
rekursbeklagte Ehemann Indermauer auf Abweisung der Beschwerde
an, indem er im Wesentlichen betont: Es könne nicht zugegeben
werden, daß der unschuldige Ehegatte, welcher nicht scheiden wolle,
kein Mittel zur Aufrechthaltung der vom Richter nicht getrennten
Ehe habe, sondern seinerseits die Ehescheidung verlangen oder dem

schuldigen Ehegatten das faktische Getrenntleben gestatten müsse,
wenn letzterer sich weigere, zu ihm zurückzukehren. Dies liege
keineswegs im Sinn und Geiste der modernen Ehegesetzgebung,
vielmehr stehe mit derselben der § 244 c der st. gallischen Civil=
prozeßordnung nicht im Widerspruch. Eine zwangsweise Zurück=
führung der Ehefrau manu militari habe er bis jetzt nicht ver=
langt, sondern sich darauf beschränkt, zu begehren, daß seiner Ehe=
frau unter Androhung der Strafeinleitung aufgegeben werde, zu
ihm zurückzukehren. Ein solcher psychologischer Zwang zu Be=
folgung des Urtheils sei durchaus naturgemäß und zuläßig und
stehe mit keiner verfassungsmäßigen oder bundesgesetzlichen Be=
stimmung im Widerspruch.

D. Der Regierungsrath des Kantons St. Gallen seinerseits
bemerkt: Die Beschwerde wegen Verletzung der kantonalverfassungs=
mäßigen Gewährleistung der persönlichen Freiheit sei formell un=
zuläßig, weil die letzte kantonale Instanz, der Große Rath, nicht
angerufen worden sei. Sie sei aber auch materiell durchaus unbe=
gründet. Eine Zuführung der Ehefrau zum Ehemann durch
Polizeigewalt stehe nicht in Frage. Es liege einzig eine Straf=
androhung für den Fall vor, daß der Aufforderung einer in den
Schranken ihrer Kompetenz handelnden Amtsstelle nicht Folge
geleistet werde. Dadurch werde aber die persönliche Freiheit offenbar
nicht verletzt. Auch von einer Verletzung des Art. 46 d des
Civilstands= und Ehegesetzes könne ernstlich nicht die Rede sein.
§ 244 c der st. gallischen Civilprozeßordnung beziehe sich blos
auf den Fall, wo durch rechtskräftiges Urtheil die Scheidungsklage
abgewiesen worden sei. Wie aber in Ehestreitsachen gerichtlich zu
verfahren und ein Urtheil in Ehesachen zu vollziehen sei, sei
formelles Recht, dessen Ordnung den Kantonen zustehe. Das
Bundesgesetz habe nur materielles Recht geschaffen und könne
also die prozeßuale Bestimmung des § 244 c nicht außer Kraft
setzen.

Das Bundesgericht zieht in Erwägung:

1. Wie das Bundesgericht stets festgehalten hat, ist die Er=
schöpfung des kantonalen Instanzenzuges auch bei Beschwerden
wegen Verletzung der kantonalen Verfassung kein unbedingtes Er=
forderniß der Statthaftigkeit des staatsrechtlichen Rekurses an das

Bundesgericht; es hat sich vielmehr lediglich das Bundesgericht die Befugniß vorbehalten, dann, wenn ihm wünschenswerth schien, über bestrittene Fragen des kantonalen Verfassungsrechtes die Ansicht der obersten Kantonalbehörde vor seiner Entscheidung zu kennen, die Beschwerdeführer vorerst an die obere kantonale Instanz zu verweisen. Dies trifft hier nicht zu und es ist daher von einer Verweisung der Sache an den Großen Rath des Kantons St. Gallen Umgang zu nehmen.

2. Die in Art. 30 der st. gallischen Kantonsverfassung niedergelegte Gewährleistung der persönlichen Freiheit ist nicht verletzt. Denn die angefochtene Verfügung beruht unstreitig auf Anwendung eines kantonalen Gesetzes und es schließt nun, wie das Bundesgericht bereits häufig entschieden hat (vergleiche unter anderm Entscheidungen Amtliche Sammlung IV, S. 396), die Gewährleistung der persönlichen Freiheit gesetzliche Freiheitsbeschränkungen nicht aus, sondern will die Bürger nur vor willkürlichen, nicht im Voraus gesetzlich bestimmten, Beschränkungen ihrer Freiheit schützen. Uebrigens ist bis jetzt eine Verhaftung der Rekurrentin nicht angeordnet sondern blos angedroht worden.

3. Fraglich kann nur sein, ob nicht die Bestimmung des § 244 c der st. gallischen Civilprozeßordnung mit einer bundesrechtlichen Eherechtsnorm im Widerspruche stehe und daher aufgehoben sei. Allein auch dies ist zu verneinen. Das Bundesgesetz betreffend Civilstand und Ehe regelt, entsprechend den durch die Bundesverfassung (Art. 53, 54 und 58 Abs. 2 B.-V.) dem Bunde übertragenen Kompetenzen, nur das Recht der Eheschließung und Ehetrennung sowie den Gerichtsstand für Eheeinsprachen und Ehetrennungsstreitigkeiten. Dagegen enthält es (abgesehen von der bereits in Art. 54 Lemma 4 B.-V. enthaltenen Vorschrift, daß die Frau durch den Eheabschluß das Bürgerrecht des Mannes erwerbe und der in Lemma 5 ibidem ausgesprochenen Legitimation vorehelicher Kinder durch die nachfolgende Ehe der Eltern) keinerlei Bestimmungen über die rechtlichen Wirkungen der Ehe; es normirt weder die Wirkungen der Ehe auf die persönlichen, noch diejenigen in Bezug auf die vermögensrechtlichen Verhältnisse der Ehegatten, noch endlich das Eltern- und Kindesrecht. Vielmehr ist dies der kantonalen Gesetzgebung anheimgegeben, welche dazu verfassungs-

mäßig einzig kompetent ist. Denn die Bundesverfassung stellt eben
nur das Recht zur Ehe unter den Schutz des Bundes, während
im Uebrigen das Gesetzgebungsrecht auf dem Gebiete des Familien=
rechts den Kantonen verblieben ist (vergleiche hierüber Entschei=
dung des Bundesgerichtes in Sachen Eheleute G. vom 29. Dezember
1876, Amtliche Sammlung II, S. 504 u. f. Erw. 3). Die
kantonale Gesetzgebung hat demnach über die Pflicht der Ehegatten
zum Zusammenleben während der Ehe, speziell über die Pflicht
der Ehefrau zur ehelichen Folge und deren Erzwingbarkeit zu be=
stimmen. Das Bundesrecht regelt nur die Eheeingehung und Ehe=
trennung, nicht aber das Rechtsverhältniß der Ehegatten während
bestehender Ehe. (Siehe hierüber auch Schneider, Kommentar zum
privatrechtlichen Gesetzbuche des Kantons Zürich S. 96.)
Eine bundesrechtliche Norm, welche die Kantone hindern würde, die
Pflicht zum ehelichen Zusammenleben zu einer erzwingbaren zu
erklären, besteht danach nicht. Wenn die Rekurrentin sich auf die
Vorschrift des Art. 46 litt. d des Civilstandgesetzes über den Ehe=
scheidungsgrund der böslichen Verlassung beruft, so trifft dies
nicht zu. Der Umstand, daß wegen böslicher Verlassung unter
bestimmten Voraussetzungen die Ehescheidung verlangt werden kann,
schließt ja gewiß nicht aus, daß zu Abwendung des Eintrittes
dieses Scheidungsgrundes Zwang angewendet werden kann. Die
Anwendung äußern Zwanges, um Eheleute zum Zusammenleben
zu verhalten, mag freilich der Natur des ehelichen Verhältnisses,
welches eine innerliche, durch Zwangsmaßregeln nicht herzustellende
Lebensgemeinschaft postulirt, wenig angemessen und es mag daher
der legislative Werth der Bestimmung des § 244 c der st. gal=
lischen Civilprozeßordnung sehr zweifelhaft sein. Bundesrechtswidrig
dagegen ist diese Vorschrift nicht und es muß daher der Rekurs
als unbegründet abgewiesen werden.

Demnach hat das Bundesgericht
erkannt:
Die Beschwerde wird als unbegründet abgewiesen.

18. Urtheil vom 4. März 1892 in Sachen Lüscher.

A. Nachdem das Bundesgericht in der Eheeinspruchssache des Gemeinderathes von Gränichen gegen Bertha Lüscher und Adolf Widmer seine Entscheidung vom 16. Oktober 1891 gefällt hatte (siehe dieselbe, aus welcher der Thatbestand ersichtlich ist, Amtliche Sammlung der bundesgerichtlichen Entscheidungen XVII, S. 583) wies der Bundesrath seinerseits durch Entscheidung vom 20. Oktober 1891 den Rekurs des Gemeinderathes von Gränichen gegen den, die Ehebewilligung aufrechterhaltenden, Entscheid des Regierungsrathes des Kantons Aargau vom 21. August 1891 ab. In der Begründung der bundesräthlichen Entscheidung ist u. a. bemerkt: Das Vormundschaftswesen sei Sache der Kantone. Wenn daher das eidgenössische Civilstandsgesetz in Art. 27 Abs. 2 für gewisse Brautleute zur Eingehung einer gültigen Ehe die Einwilligung des „Vormundes“ fordere, so müsse es dem kantonalen Rechte überlassen bleiben, die Frage zu ordnen, ob nicht an Stelle dieses „Vormundes“ die „Vormundschaftsbehörde“ mit gleichen Rechten und Pflichten treten, also auch die fragliche Einwilligung geben könne. Der Bundesrath fügt bei: Was den durch diese Beschwerde aufgedeckten, den Bundesbehörden schon aus einem frühern Rekursfall bekannten, Eheschacher seitens aargauischer Gemeinden anbelange, so gewärtige er, daß der Regierungsrath, unter Umständen unter Mitwirkung der zuständigen Gerichte, gegen solche traurige Erscheinungen mit allem Ernste einschreite und sehe gerne daheriger seinerzeitiger Berichtgabe entgegen.

B. Gestützt auf diesen Beschluß des Bundesrathes suchte der Gemeinderath von Gränichen beim Regierungsrathe des Kantons Aargau um Wiedererwägung seiner Schlußnahme vom 21. August 1891 nach. Der Regierungsrath entsprach durch Entscheidung vom 20. November 1891 diesem Gesuche und hob die Ehebewilligung des Gemeinderathes von Muhen auf, indem er ausführt: Der Regierungsrath sei bei seiner frühern Entscheidung von der Ansicht ausgegangen, nach dem Wortlaute des Art. 27 des Civilstandsgesetzes stehe nur gegen Eheverweigerungen des Inhabers der vormundschaftlichen Gewalt den Betreffenden der Rekurs an die zuständige Vormundschaftsbehörde zu. Die ertheilte Ehebewilligung des Gemeinderathes von Muhen könne daher nicht mehr rück= gängig gemacht werden. Durch den bundesräthlichen Entscheid sei nun dieses Hauptmotiv hinfällig geworden, da aus demselben unzweideutig hervorgehe, daß ein Rekurs auch gegen die Ehebe= willigung eines Vormundes zuläßig sei. Dies vorausgesetzt, liegen im vorliegenden Falle hinreichende Gründe vor, welche eine Auf= hebung der Ehebewilligung des Gemeinderathes Muhen zu recht= fertigen vermögen.

C. Gegen diesen Entscheid ergriff Bertha Lüscher mit Handen ihres Vormundes den staatsrechtlichen Rekurs an das Bundes= gericht, behauptend:

1. Es liege eine Rechtsverweigerung vor. Die Rekurrentin habe durch die, in allen vormundschaftlichen Instanzen bestätigte, Ehebewilligung ihres Vormundes ein jus quaesitum erworben, welches ihr nicht mehr habe entzogen werden dürfen. Die Ver= waltung der vormundschaftlichen Gewalt sei prinzipiell Sache der Gerichte; nach dem geltenden aargauischen Rechte stehe dieselbe allerdings anormalerweise der vollziehenden Behörde zu. Allein es sei klar, daß diese dieselbe nach Justizgrundsätzen zu handhaben verpflichtet sei. Demnach müsse die Entscheidung des Regierungs= rathes vom 20. August 1891 rücksichtlich ihrer Rechtskraft und Unwiderruflichkeit als richterliches Urtheil behandelt werden. Rechtskräftige richterliche Urtheile können aber nur dann wieder aufgehoben werden, wenn ein Revisionsgrund vorliege, was hier nicht zutreffe. Indem der Regierungsrath seine erste Entscheidung aufgehoben habe, habe er in auffälliger Weise die Grundlagen des kantonalen Rechtsverfahrens verletzt und damit eine Rechts= verweigerung begangen; er habe unter leeren Vorwänden den der Rekurrentin bereits ertheilten Rechtsschutz wieder rückgängig gemacht.

2. Es sei Art. 27 des Civilstands= und Ehegesetzes verletzt. Der Rekurrentin sei der Konsens zur Verehelichung sowohl seitens ihres Vormundes als Seitens des Gemeinderathes von Muhen ertheilt worden. Nach dem Gesetze aber sei eine Weiterziehung gegen die vormundschaftliche Ertheilung des Ehekonsenses nicht statthaft, sondern das Gesetz kenne eine solche nur, wenn der

Vormund die Ehebewilligung verweigere. Es habe sich demnach
keine obere Vormundschaftsbehörde mehr mit der Sache befassen
dürfen. Jedenfalls sei der Gemeinderath von Gränichen zur Be=
schwerde nicht legitimirt gewesen. Dieser sei wohl berechtigt,
öffentlich=rechtliche Ehehindernisse geltend zu machen, nicht aber
sei er berechtigt gewesen, das privatrechtliche Ehehinderniß der
mangelnden familienrechtlichen Zustimmung geltend zu machen,
welches nur auf der Brautseite und nur vom Gemeinderathe von
Muhen hätte angerufen werden können. Der Bundesrath sei zu
einer Entscheidung in der Sache gar nicht kompetent gewesen,
übrigens habe derselbe ja die Beschwerde des Gemeinderathes von
Gränichen abgewiesen. Zur Vervollständigung der thatsächlichen
Darstellung werde noch bemerkt, daß das Bezirksgericht Aarau
den gerichtlich geltend gemachten Eheeinspruch des Gemeinderathes
von Gränichen, gestützt auf den Entscheid des Regierungsrathes
vom 20. November 1891 wegen mangelnder familienrechtlicher
Zustimmung für begründet erklärt habe, ohne alle Rücksicht auf
das bundesgerichtliche Erkenntniß vom 16. Oktober 1891. Die
Rekurrentin habe gegen dieses Urtheil an das Obergericht
appellirt und es schwebe nunmehr die Sache in der Appellations=
instanz. Offenbar habe auch der Gemeinderath von Gränichen
dem Regierungsrathe das bundesgerichtliche Erkenntniß verheim=
licht, was es rechtfertige, demselben eine Parteientschädigung auf=
zuerlegen.

Demnach werde beantragt: 1. Die Schlußnahme des aargaui=
schen Regierungsrathes vom 20. November 1891 sei als null
und nichtig zu erklären. 2. Es sei dem Gemeinderath von
Gränichen eine angemessene Gerichtsgebühr und eine angemessene
Parteientschädigung an die Beschwerdeführer aufzuerlegen. Even=
tuell habe eine solche Kostenauflage gegenüber dem aargauischen
Regierungsrath stattzufinden.

D. Der Regierungsrath des Kantons Aargau protestirt gegen
den eventuellen Antrag der Rekurrentin, daß ihm die Kosten
aufzuerlegen seien; denn er habe nicht als Partei sondern als
entscheidende Behörde gehandelt. Im Uebrigen bemerkt er: Die
gerichtlichen Entscheidungen, auch das bundesgerichtliche Urtheil,
haben ihm zur Zeit des Erlasses seiner Schlußnahme vom

20. November nicht vorgelegen. Es sei dies auch nicht nöthig gewesen, da er eine rein vormundschaftliche Frage zu entscheiden gehabt habe. Seine Entscheidung vom 20. November bewege sich ausschließlich auf dem Boden des aargauischen Vormundschafts= rechtes. Seine diesfälligen Entscheidungen unterliegen der bundes= räthlichen Nachprüfung nicht und er bestreite daher die Kompetenz des Bundesgerichtes. Nur eine Beschwerdeführung an den Großen Rath wäre gegenüber der Entscheidung vom 20. November zulässig gewesen.

E. Der rekursbeklagte Gemeinderath von Gränichen bestreitet ebenfalls die Kompetenz des Bundesgerichtes; er bezeichnet über= dem die Beschwerde wegen mangelnder Erschöpfung des kantonalen Instanzenzuges als verfrüht und bestreitet die Legitimation der Rekurrentin, indem er behauptet, einzig der Gemeinderath von Muhen wäre zur Beschwerde legitimirt. Im Weitern führt er aus: Nach der aargauischen Verfassung und Gesetzgebung sei die Verwaltung der Vormundschaftspflege Sache der Verwaltungs= behörden und sei der Regierungsrath Oberaufsichtsbehörde. Nach der großräthlichen Verordnung vom 27. November 1885 könne derselbe auf eine gefaßte Schlußnahme zurückkommen, wenn eine Mehrheit von wenigstens drei Stimmen sich dafür ausspreche. Der Regierungsrath sei daher befugt gewesen, die Einwilligung der Vormundschaftsbehörde von Muhen zu der beabsichtigten Ehe der Rekurrentin nochmals zu prüfen und schließlich zu kassiren, um so mehr als zur Zeit, wo der Gemeinderath Gränichen seinen Einspruch erhoben habe, die Ehebewilligung eines Vor= mundes gar nicht vorgelegen habe, sondern nur eine solche des Gemeinderathes von Muhen, welcher in der Sache Partei sei. Nach dem aargauischen Vormundschaftsrechte seien Vormund und Vormundschaftsbehörde in ihren Entschließungen nicht souverain. Der Vormund gelte nach § 313 des aargauischen bürgerlichen Gesetzbuches als Bevollmächtigter des Staates und die Vormund= schaftsbehörde sei verpflichtet, ihn unter beständiger Aufsicht zu halten; für alle wichtigen Angelegenheiten sei die Weisung der Vormundschaftsbehörde einzuholen. Die Akten ergeben nun, daß es sich bei der beabsichtigten Verehelichung der Bertha Lüscher mit A. Widmer um einen, zum Zwecke der Abschiebung der erstern

geplanten, Schacher gehandelt habe, welchen zu genehmigen pflicht=
widrig gewesen wäre. Das Bundesgesetz schließe durchaus nicht
aus, daß die kantonale Oberaufsichtsbehörde die Schlußnahme der
untern Instanz über die Ertheilung einer Ehebewilligung abändere,
wenn ihr das kantonale Recht die Kompetenz hiezu gewähre.
Wäre das Eingreifen der Oberaufsichtsbehörde unzulässig, so stünde
die kantonale Regierung dem von mehreren Gemeinden mit
Minderjährigen getriebenen Eheschacher machtlos gegenüber. Dem=
nach werde beantragt: Es seien die Rekurskläger mit ihrer Be=
schwerde und dem darin gestellten Begehren abzuweisen, unter
Kostenfolge.

Das Bundesgericht zieht in Erwägung:

1. Da die Rekurrentin eine Rechtsverweigerung, sowie die Ver=
letzung des Art. 27 des Bundesgesetzes über Civilstand und Ehe
behauptet, so ist das Bundesgericht gemäß Art. 59 O.=G. ohne
Zweifel kompetent. Auch in letzterer Richtung fällt die Kompetenz
dem Bundesgerichte und nicht etwa dem Bundesrathe zu. Dem
Bundesrath steht allerdings gemäß Art. 12 des Civilstands= und
Ehegesetzes und Art. 59 Abs. 2 Ziff. 7 O.=G. die Oberaufsicht
über die Führung der Civilstandsregister zu. Allein hier liegt ja
gar nicht eine Beschwerde gegen die Amtsführung eines Civil=
standsbeamten in Frage, sondern ein Beschwerde gegen die Ent=
scheidung einer kantonalen Regierung wegen Verletzung des
bundesverfassungsmäßig und bundesgesetzlich gewährleisteten Rechtes
zur Ehe. Derartige Beschwerden aber fallen gemäß der in
Art. 59 O.=G. aufgestellten Regel in die Kompetenz des Bundes=
gerichtes.

2. Die Einwendung, es sei die Rekurrentin zur Beschwerde
nicht legitimirt, ist offenbar unbegründet, da ja klar ist, daß die
angefochtene Entscheidung direkt die Rechtsstellung der Rekurrentin
berührt. Ebenso unbegründet ist, nach konstanter bundesrechtlicher
Praxis, der Einwand, der Rekurs sei wegen mangelnder Erschöpfung
des kantonalen Instanzenzuges verfrüht.

3. In der Sache selbst ist zu bemerken: Die Verwaltung der
Vormundschaftspflege steht nach aargauischer Verfassung und Ge=
setzgebung unzweifelhaft nicht den Gerichten, sondern den Ver=
waltungs= (Gemeinde= und Staats=) Behörden zu. Die Vormund=

schaftspflege gehört übrigens, mag sie nun den Gerichten oder
Verwaltungsbehörden übertragen sein, ihrer Natur nach nicht zur
streitigen Gerichtsbarkeit, sondern besteht eben in Ausübung und
Erfüllung einer Schutzgewalt und Schutzpflicht. Speziell bei der
vormundschaftlichen Entscheidung über Ertheilung oder Verweigerung einer Ehebewilligung handelt es sich nicht um Beurtheilung
eines Privatrechtsstreites sondern um die Art und Weise der
Ausübung der familienrechtlichen Gewalt. Die Schlußnahme der
Vormundschaftsbehörde enthält nicht ein richterliches Urtheil über
einen streitigen Privatrechtsanspruch sondern eine (positive oder
negative) Willenserklärung. Die Beschwerde der Rekurrentin wegen
Rechtsverweigerung, welche sich auf die Nichtanwendung civil-
prozeßualer Rechtsgrundsätze stützt, erscheint daher ohne Weiteres
als unbegründet.

4. Fraglich kann nur erscheinen, ob nicht Art. 27 C.=St.=G.
verletzt sei. Allein auch dies ist zu verneinen. Allerdings spricht
Art. 27 cit. von einem Rekurse an die zuständige Vormundschafts=
behörde nur bei Eheverweigerungen des Vormundes, während das
Gesetz von einem solchen Rekurse gegen die vom Vormunde
ertheile Ehebewilligung nichts enthält. Dies schließt aber nicht
aus, daß nach Maßgabe der kantonalen Gesetzgebung der Vor=
mundschafts= respektive Obervormundschaftsbehörde das Recht
zustehe, die Ehebewilligung des Vormundes, von sich aus oder
auf Anrufen eines Dritten, kraft ihres Aufsichtsrechts aufzuheben.
Die Ordnung des Vormundschaftswesens ist der kantonalen Ge=
setzgebung überlassen; die kantonale Gesetzgebung hat danach
darüber zu bestimmeu, wie die Vormundschaft zu organisiren ist
und die Kompetenzen zwischen den verschiedenen Organen der
vormundschaftlichen Verwaltung zu vertheilen sind. Sie ist dem=
nach befugt, die Beaufsichtigung der Verwaltung des Vormundes
durch die Vormundschaftsbehörden und der untern Vormundschafts=
behörden durch die Obervormundschaft zu normiren, insbesondere
der Obervormundschaftsbehörde Recht und Pflicht einzuräumen,
gegen pflichtwidrig ertheilte Ehebewilligungen der Vormünder und
untern Vormundschaftsbehörden einzuschreiten und dieselben aufzu=
heben. Wenn das Bundesgesetz hievon nicht spricht, so bedeutet
dieses Stillschweigen des Bundesgesetzes nicht, daß eine derartige

obervormundschaftliche Befugniß bundesrechtlich ausgeschlossen sei,
sondern es ist dasselbe einfach darauf zurückzuführen, daß eben
die Regelung des Vormundschaftswesens, speziell auch die Nor=
mirung des Aufsichts= und Genehmigungsrechtes der Obervor=
mundschaftsbehörden gegenüber den Schlußnahmen der Vormünder
und untern Vormundschaftsbehörden einem Gebiete angehört,
welches der Bundesgesetzgebung entzogen und der kantonalrecht=
lichen Ordnung anheim gegeben ist. Aus dem Umstande, daß
das Bundesgesetz, im Interesse des Schutzes des Rechts zur Ehe,
ausspricht, daß die Eheverweigerung des Vormundes keine
definitve sei, sondern ihr gegenüber die Entscheidung der zustän=
digen Vormundschaftsbehörde angerufen werden könne, darf dem=
nach nicht gefolgert werden, daß umgekehrt die obervormundschaft=
lichen Befugnisse gegenüber einer vom Vormunde ertheilten Ehe=
bewilligung cessiren.

5. Danach ist der Rekurs als unbegründet abzuweisen. Um
die Entscheidung des Bezirksgerichtes Aarau in dem gerichtlichen
Eheeinspruchsverfahren handelt es sich bei demselben nicht, wie
denn die Rekursbeschwerde sich gar nicht gegen diese, von der
Rekurrentin blos beiläungfi ageführte, Entscheidung sondern aus=
schließlich gegen die Schlußnahme des aargauischen Regierungs=
rathes vom 20. November 1891 richtet.

Demnach hat das Bundesgericht

erkannt:

Die Beschwerde wird als unbegründet abgewiesen.

V. Erwerb des Schweizerbürgerrechtes und Verzicht auf dasselbe. — Naturalisation et renonciation à la nationalité suisse.

19. Sentenza del 16 gennaio 1892 nella causa Bernasconi.

A. Giovanni Bernasconi, nativo di Mendrisio, ottenne in maggio del 1891 per sè e per la propria moglie Giuditta la cittadinanza solettese. Con ufficio del 23 giugno 1891 si rivolse poi al Consiglio di Stato del Ticino, suo cantone d'origine, dichiarando di rinunciare alla cittadinanza ticinese e chiedendo analoga dichiarazione di svincolo. La sua domanda non venne però ammessa dal Consiglio di Stato, per la ragione, che continuando il Bernasconi a dimorare a Mendrisio, mancava per il rilascio di una dichiarazione di svincolo, in analogia all'art. 6 della legge federale 3 luglio 1876, una delle condizioni essenziali, vale a dire l'abbandono del territorio dello Stato. Il quale requisito doveva ritenersi tanto più necessario anche per la rinuncia alla cittadinanza-cantonale, in quanto esso era stato prescritto già anteriormente dall'art. 34 del vecchio codice civile ticinese del 14 giugno 1837, e se non era più stato riprodotto nel vigente, lo si doveva esclusivamente al motivo, che si aveva voluto che per l'avvenire valessero anche in proposito le disposizioni della legge federale.

B. Contro il decreto del Consiglio di Stato, in data del 29 agosto 1891, Giovanni Bernasconi ricorre ora al Tribunale federale. Dal fatto che la legge federale del 3 luglio 1876 (art. 4) esige per l'acquisto della cittadinanza svizzera, il possesso di una sola cittadinanza cantonale e comunale senza escludere che si possa essere cittadini in più di un cantone, il ricorrente deduce a suo favore il diritto di rinunciare all'una o all'altra delle due cittadinanze da lui

attualmente possedute, senza che il cantone, alla cui cittadinanza vien rinunciato, possa pretendere come condizione allo
svincolo l'abbandono del proprio territorio ; la quale pretesa
urterebbe contro il disposto dell'art. 45 della costituzione
federale. Essere il diritto di cittadinanza un diritto personale,
a cui dal titolare può essere rinunciato in ogni tempo.
Questi principii, ricavati dalla legge federale 1876 e dagli
art. 43, 44 e 45 della Costituzione federale, prosegue il
ricorrente, dimostrano chiaramente l'erroneità dell'opinione
espressa dal Consiglio di Stato. Detta opinione avrebbe per
conseguenza, che un Ticinese che volesse rinunciare alla
propria cittadinanza, perchè già naturalizzato altrove in
Isvizzera, dovrebbe per pura formalità abbandonare momen-
taneamente il Ticino, salvo poi a ritornarvi subito dopo
come cittadino di un altro cantone. Quanto alla legge
federale 1876, citata dal Consiglio di Stato a sostegno della
sua tesi, essa non potersi riferire neppure per analogia al caso
concreto, trattandosi di una legge emanata solo per l'acquisto
o la perdita della cittadinanza svizzera, nè potendosi
applicare analogamente ai rapporti della cittadinanza cantonale. — Il ricorrente vede perciò nel decreto governativo
del 29 agosto una falsa applicazione della legge federale
1876 ed una violazione degli art¹. 43 e 45 della Costituzione
federale e domanda che detto decreto venga annullato,
obligando il Consiglio di Stato ad accettare l'istanza di
svincolo statagli inoltrata.

C. A queste argomentazioni il Consiglio di Stato risponde,
che costituendo la rinuncia alla cittadinanza di un cantone
una materia regolata dal diritto cantonale, i relativi decreti
delle autorità del cantone non possono formare oggetto di
ricorso, se non quando involgano la lesione di un diritto
costituzionale. Ora essere assolutamente falso che il decreto
in questione del 29 agosto 1891 menomi a danno del ricorrente le garanzie stabilite dagli art¹. 43 et 45 della Costituzione federale. Il Consiglio di Stato non aver mai negato
al ricorrente il diritto di avere domicilio nel cantone, sia
come cittadino ticinese, sia come cittadino del cantone di

Soletta ; ma essersi limitato semplicemente a dire, che fin-
chè il Bernasconi aveva domicilio nel cantone, non poteva
neppure spogliarsi della sua qualità di cittadino. A lui
spettava la scelta fra l'una o l'altra alternativa. Non potersi
certo impedire a chi ha rinunciato alla propria cittadinanza,
di ritornare in paese sia sotto la garanzia dei trattati, se
naturalizzato all'estero, sia sotto quella della Costituzione
federale, se cittadino confederato ; ciò che importa essere
solo che l'atto di rinuncia sia preceduto ed accompagnato
dall'abbandono effettivo del territorio, perchè rivesta così
almeno i caratteri estrinseci di un atto serio e non venga
convertito solo in un mezzo di sottrarsi al pagamento dei
pubblici tributi. In mancanza poi di una legge esplicita, sup-
plire in proposito la giurisprudenza. Il Consiglio di Stato
conchiude , domandando che il ricorso venga respinto e
lasciando al Tribunale federale di esaminare più da vicino
la questione dal punto di vista della sua competenza.

Il Tribunale federale ha preso in considerazione :

1º Il decreto del Consiglio di Stato del 29 agosto 1891
vien impugnato non solo perchè contrario alle disposizioni
degli artⁱ. 43 e 45 della Costituzione federale, ma anche
perchè lesivo del diritto di rinunciare alla cittadinanza
cantonale, diritto che il ricorrente pretende dedurre dalla
legge federale del 3 luglio 1876. Ora l'art. 6 di detta legge
dà bensì facoltà al cittadino svizzero di rinunciare alla
propria cittadinanza, ma questa facoltà è ristretta evidentemente a quei casi, in cui è applicabile la legge stessa, al
caso cioè di uno svincolo dalla qualità di cittadino svizzero,
onde ottenere una cittadinanza straniera. Qui la rinuncia
alla cittadinanza svizzera implica necessariamente anche la
perdita della cittadinanza cantonale. Tranne questo caso
però , lo svincolo dalla cittadinanza cantonale è regolato
esclusivamente dal diritto del rispettivo cantone, per cui la
legge federale non è applicabile. Le deduzioni che il ricorrente fa a riguardo dell'art. 4 di essa legge non sono
assolutamente plausibili. Data anche la possibilità di una
doppia cittadinanza cantonale, non ne consegue per il

titolare la facoltà di obbligare il cantone con una semplice
dichiarazione di rinuncia a consentire alla svincolo.

2° Inattendibili sono pure le altre ragioni accampate
dal ricorrente cira ad una pretesa falsa applicazione da
parte del Consiglio di Stato dell'art. 6 della legge federale.
Il decreto del 29 agosto 1891 non si fonda in realtà sopra
i principi stabiliti della legge federale, di cui riconosce esso
pure la non applicabilità, ma si fonda sopra una giurisprudenza esistente già prima di detta legge, e che il Consiglio di Stato, malgrado la seguita revisione del codice
civile, sostiene esistente tuttora. Trattandosi di massime di
diritto cantonale, le sole autorità del cantone sono competenti
a giudicare in proposito.

3° Resterebbe ad esaminare la questione, se la condizione
dell'abbandono del territorio del cantone, richiesta dal
Consiglio di Stato per la rinuncia alla cittadinanza ticinese,
involge effettivamente una lesione del diritto di libera di-
mora, garantito dagli art¹. 43 e 45 della Costituzione federale.
Questa questione però, in base all'art. 59, num. 5, dell'organizzazione giudiziaria, spetta non all'autorità giudiziaria,
ma al Consiglio federale.

Perciò il Tribunale federale

pronuncia :

Il ricorso è respinto come infondato per quanto concerne
la violazione della legge federale del 3 luglio 1876 ; sulla
pretesa lesione degli art¹. 43 e 45 della Costituzione federale
il Tribunale si dichiara incompetente.

20. Urtheil vom 16. Januar 1892 in Sachen Brunner.

A. Johann Jakob Brunner. geb. 1838, von Hinweil, Kantons Zürich, ist im Jahre 1880 nach den Vereinigten Staaten von Amerika ausgewandert; dabei ließ er seine minderjährige Tochter Bertha in der Heimat (bei seiner Mutter) zurück, wo dieselbe unter Vormundschaft gestellt wurde. Mit Eingabe vom 29. Mai 1891 reichte er dem Regierungsrathe des Kantons Zürich eine von St. Louis, September 1890, datirte Erklärung ein, wonach er für sich und seine minderjährige Tochter auf das Schweizerbürger=recht verzichtete mit dem Antrage, der Regierungsrath möchte seine und seiner Tochter Entlassung aus dem schweizerischen Bürger=rechte und mithin aus dem zürcherischen Kantonalbürgerrechte und dem Gemeindebürgerrechte von Hinweil aussprechen. Er brachte an, er besitze in der Schweiz kein Domizil mehr, sondern sei in St. Louis domizilirt, er sei nach den Gesetzen seines Wohnorts=staates handlungsfähig und habe laut Bürgerrechtsbrief vom 6. September 1886 das Bürgerrecht in St. Louis, Staat Missouri, erworben. Nach den Gesetzen des Staates Missouri folge die minderjährige Tochter Bertha eo ipso dem Bürgerrechte des Vaters. Eine behördliche Bescheinigung hiefür habe er sich allerdings noch nicht verschaffen können, allein er glaube davon absehen zu dürfen, da dieser Grundsatz staatsrechtlich überall anerkannt sei. Es seien somit sämmtliche Requisite des Art. 6 des Bundesgesetzes be=treffend den Verzicht auf das Schweizerbürgerrecht erfüllt. Er sei vollständig in der Lage, seiner Tochter eine gesicherte Existenz zu verschaffen und habe sie nur aus Rücksicht auf seine (nunmehr verstorbene) Mutter nicht schon früher zu sich genommen. Der Regierungsrath des Kantons Zürich überwies am 1. Juni 1891 diese Eingabe dem Bezirksrathe Hinweil für sich und zu Handen des Gemeinderathes Hinweil und allfällig weiterer Betheiligter, um nach Art. 7 Abf. 1 des Bundesgesetzes über den Verzicht auf das Schweizerbürgerrecht zu verfahren. Der Bezirksrath von Hinweil seinerseits überwies dieselbe am 2. Juni 1891 an den Gemeinderath von Hinweil zur Vernehmlassung innert vierzehn Tagen. Mit Eingabe vom 13. Juli 1891 erhoben hierauf der

Gemeinderath und die Armenpflege von Hinweil, sowie der Vor=
mund der Bertha Brunner Einsprache gegen die Entlassung der
letztern aus dem schweizerischen Bürgerrecht; sie berufen sich in
rechtlicher Beziehung auf Art. 8 Abs. 3 des Bundesgesetzes be=
treffend die Entlassung aus dem Schweizerbürgerrecht, wonach eine
Entlassung der Bertha Brunner nur statthaft wäre, wenn dieselbe
mit ihrem Vater in gemeinsamer Haushaltung wohnte. Ueberdem
machen sie geltend, die Bertha Brunner selbst verwahre sich da=
gegen, zu ihrem Vater gebracht zu werden, und nach den Ver=
hältnissen und dem bisherigen Verhalten des letzteren, welcher die
Verpflegungskosten für die Tochter bisher nicht erstattet habe, sei
keine Gewähr dafür geboten, daß dieselbe bei dem Vater eine gute
Erziehung erhielte. Der Bezirksrath von Hinweil übermittelte diese
Einsprachen mit Schreiben vom 1. August 1891 dem Regierungs=
rathe des Kantons Zürich mit der Erklärung, daß er sich den=
selben anschließe. An dieser Einsprache hielten die Einsprecher auch
nach einer vom Regierungsrathe des Kantons Zürich veranstalteten
Aktenvervollständigung fest, welche ergeben hatte, daß J. J. Brunner
inzwischen sich mit seiner zweiten Frau, gegen welche er .die
Scheidungsklage erhoben hatte, wieder ausgesöhnt habe.

B. Durch Beschluß vom 21. November 1891 ertheilte hier=
auf der Regierungsrath des Kantons Zürich dem J. J. Brunner
sowie seiner Ehefrau die verlangte Entlassung aus dem schwei=
zerischen Bürgerrechte, dagegen übermittelte er das Gesuch um
Entlassung der minderjährigen Bertha Brunner, sowie die da=
gegen eingelegten Einsprachen mit Schreiben vom 30. November
1891 dem Bundesgerichte zum Entscheide.

C. Seitens des J. J. Brunner werden durch Eingabe an
das Bundesgericht vom 29. Dezember 1891 gegenüber den Ein=
sprachen gegen die Entlassung der Bertha Brunner im Wesentlichen
folgende Gründe geltend gemacht:

1. Die Einsprachen seien sämmtlich verspätet und daher nicht
zu berücksichtigen. Denn zur Zeit ihrer Einreichung sei die maxi=
male Einsprachefrist des Bundesgesetzes vom 3. Juli 1876 (vier
Wochen von der Mittheilung an gerechnet) längst abgelaufen
gewesen.

2. Die Erklärung des Gemeinderathes von Hinweil, daß die

Tochter sich weigere, zum Vater sich zu begeben, sei unrichtig, eine Erklärung der (fünfzehnjährigen) Tochter selbst liege nicht vor. Der Vater strebe eine Wiedervereinigung mit der Tochter aus reiner Liebe zu dem Kinde an. Die heimatlichen Behörden erheben deß= halb Einsprache gegen die Entlassung der Tochter, weil der Vater die für diese erwachsenen Verpflegungskosten nicht bezahlt habe. Aus diesem Grunde dürfe aber die Entlassung aus dem Bürger= recht nicht verweigert werden. Uebrigens seien die Verpflegungs= kosten für die Tochter im Wesentlichen aus dem Nachlasse ihrer Großmutter bestritten worden.

3. Der Ausnahmefall des Art. 8 Abs. 3 des Bundesge= setzes vom 3. Juli 1876 treffe hier nicht zu. Denn die Bertha Brunner habe ihr rechtliches Domizil am Wohnorte des Vaters. Derselbe sei im |Besitze aller seiner väterlichen Rechte. Allerdings sei er im Jahre 1878 in Winterthur in Konkurs gefallen. Allein der Konkurs sei ein unverschuldeter gewesen und es sei keine Ein= stellung im Aktivbürgerrecht erfolgt. Die Tochter habe er nur aus Rücksicht auf seine seither verstorbene Mutter bisher in der Schweiz belassen. Nach dem Tode seiner Mutter hindere ihn nichts mehr, seine Rechte auf die Tochter geltend zu machen und so könne von einem rechtlichen Domizil der Tochter in Hinweil nicht gesprochen werden.

Das Bundesgericht zieht in Erwägung:

1. Wie das Bundesgericht bereits in seiner Entscheidung in Sachen Weber vom 19. Oktober 1888 (Amtliche Sammlung XIV, S. 547 Erw. 1) ausgesprochen hat, ist die Frist des Art. 7 des Bundesgesetzes vom 3. Juli 1876 keine Präklusiv=, sondern eine bloße Ordnungsfrist. Es kann daher die Prüfung der gegen die Bürgerrechtsentlassung der Bertha Brunner erhobenen Ein= sprachen nicht deßhalb abgelehnt werden, weil dieselben, was aller= dings richtig ist, verspätet eingereicht wurden.

2. Gemäß Art. 8 Abs. 3 des Bundesgesetzes vom 3. Juli 1876 erstreckt sich die dem Vater ertheilte Entlassung aus dem schweizerischen Bürgerrechte auf die minderjährigen Kinder nur insofern, als dieselben mit ihm in gemeinsamer Haushaltung leben. In diesem Falle folgen die Kinder (sofern nicht bei der Ent= lassung des Familienhauptes nach Maßgabe des Gesetzes aus=

drückliche Ausnahmen gemacht werden) ipso jure dem Bürgerrechte
des Familenhauptes. Mangelt es dagegen an der gesetzlichen Vor=
aussetzung des Zusammenlebens in gemeinsamem Haushalte, so
ist der Vater überhaupt nicht berechtigt, für seine minderjährigen
Kinder auf das Schweizerbürgerrecht zu verzichten. Das Gesetz
will einerseits die Einheit der Nationalität der in gemeinsamem
Haushalte zusammenlebendn Familie aufrechterhalten wissen und
ordnet daher an, daß die minderjährigen mit dem Vater zusammen=
lebenden Kinder ipso jure kraft gesetzlicher Anordnung dem Bürger=
rechte des Vaters folgen; andererseits kennt es eine Stellvertretung
handlungsunfähiger Personen im Verzichte auf das schweizerische
Bürgerrecht nicht und läßt daher nicht zu, daß das Familien=
haupt, in Ermangelung der Voraussetzungen, unter welchen sein
Verzicht ipso jure auch auf sie sich erstreckt, für die Kinder auf
das schweizerische Bürgerrecht verzichten könne (siehe Entscheidung
des Bundesgerichtes in Sachen Riggli vom 4. Oktober 1884,
Amtliche Sammlung X, S. 487 u. f., in Sachen Bühler vom
27. Oktober 1880, Amtliche Sammlung XIV, S. 553 u. ff.).
Danach ist denn hier die Entlassung der minderjährigen Tochter
Brunner aus dem Schweizerbürgerrecht zu verweigern d. h. aus=
zusprechen, daß der Verzicht des Vaters auf sie nicht erstreckt
werden kann. Denn es ist klar, daß die Tochter nicht in gemein=
samer Haushaltung mit ihrem Vater lebt, welcher sie gegentheils
bei seiner Auswanderung in der Schweiz zurückgelassen hat.
Wenn Rekurrent sich darauf beruft, die Tochter theile das recht=
liche Domizil des Vaters, so kann hierauf, selbst wenn es richtig
sein sollte, überall nichts ankommen. Das Gesetz fordert thatsäch=
liches Zusammenleben in gemeinsamer Haushaltung, und es kann
dies nicht durch die legale Fiktion, wonach das minderjährige
Kind rechtlich den Wohnsitz des Vaters theilt, ersetzt werden.

3. Uebrigens müßte die Entlassung der Bertha Brunner aus
dem schweizerischen Bürgerrechte auch noch aus dem andern
Grunde verweigert werden, weil gar nicht nachgewiesen ist, daß
die Naturalisation des Vaters in den Vereinigten Staaten sich
auch auf sie erstreckt. Wenn der Rekurrent meint, es sei ein all=
gemein anerkannter, selbstverständlicher staatsrechtlicher Grundsatz,
daß die Naturalisation des Vates sich schlechthin auch auf die

minderjährigen Kinder erstrecke, so ist dies keineswegs richtig. Gerade das Recht der Vereinigten Staaten Amerikas läßt die Naturalisation des Vaters für die minderjährigen Kinder nur dann wirken, wenn diese zur Zeit der Naturalisation sich im Gebiete der Vereinigten Staaten aufhalten (siehe Entscheidungen des Bundesgerichtes, Amtliche Sammlung XIV, S. 553 Erw. 2. Rüttimann, Nordamerikanisches Bundesstaatsrecht I, S. 90 Anmerkung 1 S. 93.)

Demnach hat das Bundesgericht

erkannt:

Die Einsprachen gegen die Entlassung der Bertha Brunner aus dem schweizerischen Bürgerrechte werden für begründet erklärt und es wird mithin das Begehren des Johann Jakob Brunner, es sei ihm die Entlassung aus dem schweizerischen Bürgerrechte auch für seine minderjährige Tochter zu ertheilen, abgewiesen.

VI. Fabrik- und Handelsmarken.
Marques de fabrique.

21. Urtheil vom 13. Februar 1892 in Sachen Leonhard und Ellis.

A. Die Firma Leonhard und Ellis in London und New-York hatte gegen Ulrich Huggenberger in Zürich, Emil Keller in Gibsweil und Alfred Schlatter in Kilchberg Strafantrag wegen Uebertretung der Art. 18a und 19 des eidgenössischen Markenschutzgesetzes vom 19. Dezember 1879 gestellt; sie machte geltend, sie habe für ein von ihr erfundenes und erzeugtes besonderes Cylinder- und Maschinen-Schmieröl am 2. Juni 1884 den Namen „Valvoline" als Fabrikmarke in das schweizerische Markenregister in Bern eintragen lassen. Die Angeschuldigten haben nun wissentlich Schmieröle in den Verkehr gebracht, welche rechtswidrig mit dieser Marke bezeichnet gewesen seien. Die Bezirksanwaltschaft Zürich erhob

die Strafklage und die Sache gelangte zur Verhandlung vor
Bezirksgericht Zürich, wobei die Firma Leonhard und Ellis
auch Schadenersatzansprüche geltend machte. Durch Urtheil vom
13. November 1891 sprach das Bezirksgericht Zürich II. Sektion
alle drei Angeklagten frei und übernahm die Kosten auf die Ge-
richtskasse, mit der Begründung: Nach dem frühern wie nach dem
jetzigen Markenschutzgesetze sei eine einfache aus Buchstaben gebildete Bezeichnung einer Waare nicht als Fabrik- oder Handelsmarke zu betrachten. Nach der internationalen Konvention zum
Schutze des gewerblichen Eigenthums, welcher sowohl England
als die Schweiz beigetreten seien, genießen nun aber die Angehörigen eines jeden der vertragschließenden Staaten in allen andern Staaten der Union bezüglich der Fabrik- und Handelsmarken
alle Vortheile, welche die bezüglichen Gesetzgebungen den Einheimischen gegenwärtig gewähren oder in Zukunft gewähren werden.
Zum Klagefundamente gehöre deßhalb in concreto vor allem der
Nachweis, daß die einfache Wortbezeichnung Valvoline in England
oder Amerika als dem Orte der Niederlassung der Damnifikatin
als Fabrik- oder Handelsmarke gesetzlichen Schutz genieße. Ein
solcher Nachweis sei aber nicht erbracht und es seien deßhalb die
Angeklagten ohne Weiteres freizusprechen. Gegen dieses Urtheil
erklärte Advokat Goll in Zürich Namens der Damnifikatin rechtzeitig die Appellation an die Appellationskammer des Obergerichtes
des Kantons Zürich. Die Appellationserklärung ist als „Appellationserklärung in Strafsachen" bezeichnet und enthält die Erklärung,
daß die Appellation ergriffen werde gegen das in Sachen der
Firma Leonhard und Ellis in London und New-York, Kläger,
gegen A. Huggenberger ꝛc., „Angeschuldigte" betreffend Uebertretung des Markenschutzgesetzes ausgefällte bezirksgerichtliche Urtheil. Die Appellationskammer des Obergerichtes des Kantons
Zürich beschloß indeß am 3. Dezember 1891, der Appellation der
Geschädigten werde keine weitere Folge gegeben und demgemäß
das Urtheil des Bezirksgerichtes Zürich II. Sektion vom 13. November 1891 als rechtskräftig erklärt, mit der Begründung: Die
Appellationserklärung des Advokaten Goll Namens der geschädigten
Firma enthalte keine Andeutung darüber, ob die Berufung auch
bezüglich des Strafpunktes ergriffen werden wolle. Auf irgend

einen andern Punkt außer auf den Civilpunkt, könne sich dieselbe
nicht beziehen. Da aber die Appellation gemäß § 1079 des Ge=
setzes betreffend die Rechtspflege mangels einer ausdrücklichen Er=
klärung nicht auf den Strafpunkt bezogen werden dürfe, so könne
ihr auch hinsichtlich der Civilansprüche in diesem Verfahren keine
weitere Folge gegeben werden. Denn wenn die Schuldfrage nicht
weiter erörtert werden dürfe, die Angeklagten also rechtskräftig
freigesprochen bleiben, so könne der Strafrichter offenbar eine Klage
auf Schadenersatz nicht gutheißen.

B. Gegen diesen Beschluß ergriff die Firma Leonhard und Ellis
den staatsrechtlichen Rekurs an das Bundesgericht, mit dem An=
trage, es sei derselbe aufzuheben und die Appellationskammer des
Kantons Zürich anzuweisen, den Straffall an Hand zu behalten
beziehungsweise der Berufungserklärung der Rekurrentin Folge
zu geben und die Frage, ob die Angeklagten der Uebertretung des
Bundesgesetzes betreffend den Schutz der Fabrik= und Handels=
marken d. d. 19. Dezember 1879 respektive 26. September 1890
beziehungsweise der Art. 2, 6 u. ff. der internationalen Kon=
vention betreffend gewerbliches Eigenthum d. d. 6. Juli 1884
im Sinne der Anklage schuldig zu erklären und daher in Strafe,
Kosten und Entschädigung zu verfällen seien, zur zweitinstanzlichen
Verhandlung und Entscheidung zu bringen. Zur Begründung wird
im Wesentlichen ausgeführt: Die eingeklagten Uebertretungen und
auch die Klage selbst fallen in die Zeit vor Inkrafttreten des
neuen Markenschutzgesetzes vom 26. September 1890. Dieses
neue Gesetz sei daher nur dann anwendbar, wenn es früher mit
Strafe bedrohte Handlungen für straflos erkläre oder in pro=
zessualer Hinsicht die Stellung des Damnifikaten modifizire.
Ersteres nun sei nicht der Fall und in letzterer Hinsicht sei im
neuen Gesetze die Stellung des Damnifikaten nicht ungünstiger,
sondern günstiger gestaltet, indem ihm das Recht zur Strafklage
ohne jede Beschränkung und ohne speziellen Hinweis auf die kan=
tonale Strafprozeßordnung gewährt werde. Die Berufungser=
klärung der Rekurrentin qualifizire sich auf's unzweideutigste als
Berufungserklärung in Strafsachen und die Annahme der Appel=
lationskammer, daß dieselbe keine Andeutung darüber enthalte, ob
auch bezüglich des Strafpunktes appellirt werde, sei aktenwidrig

und geradezu unerklärlich. Die prozessualische Folge, welche die
Appellationskammer aus der gedachten Annahme ziehe, erscheine
daher als rechts= und gesetzwidrig. Vermittelst der angefochtenen
Rechtsverweigerung werde das durch das frühere Markenschutz=
gesetz dem Verletzten gewährleistete Strafantragsrecht und insbe=
sondere das durch das neue Gesetz gewährte bedingungslose Straf=
verfolgungsrecht des Damnifikaten verletzt, welches Recht auch die
internationale Konvention zum Schutze des gewerblichen Eigen=
thums garantire. Die erstinstanzliche Entscheidung sei zudem auch
materiell völlig unrichtig,

C. Die Appellationskammer des Obergerichtes des Kantons
Zürich bemerkt in ihrer Vernehmlassung auf diese Beschwerde:
Das Strafverfahren bei Uebertretung von Bundesgesetzen richte
sich nach dem kantonalen Strafprozeßrechte; danach sei auch die
Frage, unter welchen Voraussetzungen Appellation gegen ein erst=
instanzliches kantonales Urtheil zulässig sei, nach kantonalem
Rechte zu beurtheilen. Das Markenschutzgesetz von 1890 statuire
allerdings für die in Art. 24 und 25 vorgesehenen Uebertretungen
Verfolgung von Amtes wegen; allein daraus folge nicht, daß der
Geschädigte ohne Weiteres berechtigt sei, die Strafklage selbst zu
betreiben. Jedenfalls habe die Rekurrentin im vorliegenden Falle
die Führung der Strafklage dem öffentlichen Ankläger überlassen
und sei nur als Denunziantin aufgetreten. Nun verlange aber
§ 1079 des zürcherischen Gesetzes betreffend die Rechtspflege,
daß der Geschädigte, welcher nicht schon vor erster Instanz als
Privatstrafkläger aufgetreten ist, aber an Stelle des öffentlichen
Anklägers, der die Berufung nicht ergriffen hat, die Strafklage
in zweiter Instanz fortbetreiben wolle, dies ausdrücklich zu erklären
habe. Dieser Vorschrift habe die Appellationserklärung des Advo=
katen Goll nicht entsprochen. Die Bezeichnung der Appellation
als Appellation in der Strafsache gegen Keller rc. als Ange=
schuldigte enthalte nichts anderes als die Bezeichnung des Pro=
zesses und die Parteirollen in demselben. Seit einem Entscheide
des zürcherischen Kassationsgerichtes sei in der Praxis in der=
artigen Fällen konstant die Appellation verweigert worden, —
rücksichtlich des Strafpunktes deßhalb, weil beim Mangel einer
ausdrücklichen Erklärung die Appellation nicht auf den Strafpunkt

bezogen werden dürfe, rücksichtlich des Civilpunktes, weil der
Strafrichter, so lange die Schuldfrage verneint bleibe, den blos
adhäsionsweise geltend gemachten Civilanspruch nicht gutheißen
könne. Wenn übrigens die Appellationserklärung der Rekurrentin
auf Grund der zürcherischen Prozeßvorschriften zu behandeln ge=
wesen sei, so sei von vornherein nicht abzusehen, wie die ange=
fochtene Schlußnahme auf dem Wege des staatsrechtlichen Rekurses
sollte angefochten werden können.

Das Bundesgericht zieht in Erwägung:

1. Die Beschwerde richtet sich nicht gegen das Urtheil des
Bezirksgerichtes Zürich vom 13. November 1891, sondern einzig
gegen den Beschluß der Appellationskammer vom 3. Dezember
1891, welcher die Appellation der Rekurrentin zurückwies.

2. Durch diesen Beschluß ist weder ein Bundesgesetz noch die
internationale Konvention zum Schutze des gewerblichen Eigen=
thums verletzt. Denn für die Beschaffenheit der Appellationser=
klärung des Geschädigten ist offenbar ausschließlich das kantonale
Prozeßrecht maßgebend. Die eidgenössischen Markenschutzgesetze,
sowie die erwähnte internationale Konvention bestimmen darüber
überall nichts. Im vorliegenden Falle aber war einzig entscheidend
ob die Appellationserklärung der Rekurrentin derart gefaßt war,
daß ihr die Bedeutung einer Appellation im Strafpunkte beige=
messen werden konnte. Diese Frage war nach kantonalem Rechte
zu beurtheilen. Wenn die angefochtene Schlußnahme sie verneint
hat, so ist dadurch der Rekurrentin weder das Recht zur Er=
stattung eines Strafantrages noch das Recht der Privatstrafklage
abgesprochen, sondern einzig und allein ausgesprochen worden,
daß die Appellation mangels Erfüllung der kantonalrechtlichen
Vorschriften nicht wirksam eingelegt sei. Diese Entscheidung könnte
nur dann vom Bundesgerichte als Staatsgerichtshof aufgehoben
werden, wenn sie auf willkürlicher Anwendung der maßgebenden
kantonalen Gesetzesbestimmung beruhte und daher eine Rechtsver=
weigerung enthielte. Dies ist aber nicht der Fall. Die angefoch=
tene Schlußnahme schließt sich an den Wortlaut des § 1079 des
kantonalen Rechtspflegegesetzes an und entspricht der, durch eine
Entscheidung des Kassationsgerichtes umgestalteten, kantonalen
Praxis; sie ist daher keinenfalls willkürlich. Ob die ihr zu Grunde

liegende Gesetzesauslegung richtig sei, entzieht sich der Nachprüfung
des Bundesgerichtes.

Demnach hat das Bundesgericht
erkannt:
Die Beschwerde wird als unbegründet abgewiesen.

---

22. Urtheil vom 19. Februar 1892
in Sachen Walbaum Luling Goulden & Cie.

A. Die Firma Walbaum Luling Goulden & Cie. in Reims ist
als Rechtsnachfolgerin der Firma Heidsieck & Cie. Inhaberin einer,
in Frankreich und der Schweiz eingetragenen, Marke für Cham-
pagnerweine, welche in dem Worte „Monopole" besteht. Am
1. Dezember 1888 bestellte der Handelsmann Siegfried Schmid
von Reiden, in Luzern, bei der deutschen Schaumweinfabrik
Wachenhausen eine Anzahl Kisten Schaumwein à 12 Flaschen
„mit hübschem elegantem französischem Etikett". Er erhielt daraufhin Schaumwein mit einer Etikette, auf welcher neben einem
Wappen die in gothischen Typen rothgedruckten Worte: Monopole
Carnier frères Reims stehen, und hat zugestandenermaßen eine
Anzahl Flaschen solchen Schaumweins verkauft. Eine Firma
Carnier frères in Reims besteht in Wirklichkeit nicht, die Firma
ist also fingirt. Walbaum Luling Goulden & Cie. erhoben nun
gegen Schmid Privatstrafklage wegen Uebertretung des Art. 19
litt. d des eidgenössischen Markenschutzgesetzes vom 19. Dezember
1879. Die erste Instanz (Bezirksgericht Luzern) hat den Beklagten
zu einer Geldbuße von 50 Fr. und zu einer Entschädigung von
100 Fr. an die Privatkläger verurtheilt. Dagegen hat die zweite
Instanz, das Obergericht des Kantons Luzern, durch Urtheil vom
30. September 1891 erkannt: 1. Der Beklagte sei von der
Klage freigesprochen. 2. Die Civilansprüche der Privatklägerschaft
bleiben gewahrt. 3. Der Beklagte habe die ergangenen Kosten zu
bezahlen, mit der einzigen Beschränkung, daß in zweiter Instanz
die Partei und Anwaltskosten gegenseitig wettgeschlagen seien.

Beklagter habe sonach an die Privatklägerschaft eine Kostenvergü=
tung zu leisten von 172 Fr. 35 Cts. Zur Begründung wird
ausgeführt: Die Ansicht der Vertheidigung, daß objektv eine
Verletzung des Markenrechts nicht vorliege, weil nach schweizeri=
schem Rechte Zeichen, welche blos aus Zahlen, Buchstaben oder
Worte bestehen, nicht geschützt werden, sei unrichtig. Denn nach
Maßgabe der internationalen Konvention von 1883 sei für den
Charakter einer Marke das Heimatrecht maßgebend und nun sei
bekannt, daß für Frankreich die erwähnte Einschränkung des
schweizerischen Rechtes nicht gelte und sei übrigens nachgewiesen,
daß die klägerische Marke dort gesetzlichen Schutz genieße. Dagegen
scheine die subjektive Seite der Schuldfrage nicht hinlänglich abge=
klärt. Schon an und für sich könne dem Bürger kaum zugemuthet
werden, daß er ein von dem Inhalte des einheimischen Rechts
abweichendes fremdes Recht kenne. Und so habe der Beklagte für
sich darüber im Zweifel sein mögen, ob das Wort Monopole auf
der Etikette Gegenstand des gesetzlichen Schutzes sei und also
durch dessen Gebrauch ein fremdes Markenrecht verletzt werden
könne. Wenn allerdings der Beklagte vermuthen oder sogar sich
habe bewußt sein mögen, daß die ihm zugesandte Etikette eine
fingirte sei, so habe er sich damit offenbar noch nicht eines Zu=
widerhandelns gegen fremdes Markenrecht bewußt sein müssen.
Das Eine sei vom andern unabhängig. Uebrigens sei (was aller=
dings dem Beklagten bislang unbekannt habe sein mögen) nach=
träglich festgestellt worden, daß die von ihm gekaufte Etikette
in Deutschland gesetzlichen Schutz genieße. Der Thatbestand einer
strafbaren Uebertretung des Gesetzes sei also nicht ausreichend
erstellt. Dagegen seien der Klägerschaft ihre Civilansprüche zu
wahren und sei die Sachlage derart, daß die Verurtheilung des
Beklagten in die Kosten sich rechtfertige.

B. Gegen dieses Urtheil ergriff die Firma Walbaum, Luling
Goulben & Cie. den staatsrechtlichen Rekurs an das Bundesge=
richt, beantragend: Das angefochtene obergerichtliche Urtheil sei,
soweit freisprechend für den Beklagten, aufzuheben, unter Kosten=
folge. Sie führt aus: Das angefochtene Urtheil enthalte eine
Verletzung der internationalen Konvention zum Schutze des ge=
werblichen Eigenthums vom 20. März 1883 sowie eine Rechts=

verweigerung. Der zur Strafbarkeit einer Markenrechtsverletzung erforderliche Dolus sei hier unzweifelhaft gegeben, da ja der Beklagte von einer Wachenheimer Fabrik ausdrücklich ein schönes französisches Etikett verlangt habe. Mit der Ausrede, er habe das Markenregister nicht eingesehen oder er habe den Staatsvertrag nicht gekannt (welch' letztere Einrede er übrigens ursprünglich gar nicht vorgebracht habe), sei der Beklagte nicht zu hören. Die bloße Thatsache daß die klägerische Marke in Bern angenommen und publizirt worden sei, habe ihm sagen müssen, daß es sich um ein Objekt handle, welches nicht straflos verletzt werden dürfe. Der Umstand, daß die Verwendung der imaginären Firma Carnier frères & Cie. nicht strafbar sei, mache die Nachahmung der geschützten Marke Monopole nicht straflos; im Gegentheil müsse die Verwendung der imaginären Firma als Erschwerungsgrund in's Gewicht fallen. Ob die inkriminirte Marke in Deutschland gesetzlich geschützt sei, sei völlig gleichgültig, da es sich um ein Rechtsverhältniß zwischen einem Franzosen und einem Schweizer handle.

C. Der Rekursbeklagte Siegfried Schmid beantragt: 1. Abweisung des Rekursbegehrens. 2. Zuerkennung einer Kostenentschädigung von 50 Fr. seitens der Rekurrenten zu Gunsten des Rekursbeklagten, indem er ausführt: Dem Rekurse fehle die rechtliche Grundlage. Das Obergericht habe den Staatsvertrag nicht verletzt, sondern blos negirt, daß der Beklagte dolos gehandelt habe; die Untersuchung, ob Dolus vorliege, sei eine quæstio facti, welche sich der Ueberprüfung des Bundesgerichtes als Staatsgerichtshof entziehe. Eine Täuschung der Abnehmer habe der Beklagte bei der Bestellung schöner, französischer Etiquetten nicht beabsichtigt. Die Produkte der Schaumweinfabrik Wachenheim gehen im Handel für 2 Fr. 50 à 3 Fr. die Flasche, während Jedermann wisse, daß der Preis französischer Schaumweine 6 à 12 Fr. die Flasche betrage. Das Publikum sei aber gewöhnt, die Schaumweine unter dem Namen Champagner zu genießen und schätze eine französische Etiquette, heiße diese wie immer, mehr als jede deutsche. Dieser Vorliebe habe der Beklagte bei seiner Bestellung Rechnung getragen, dagegen habe er keineswegs ein Markenrecht der Klägerin oder eines andern Schutzberechtigten

verletzen wollen. Daß das französische Recht auch blos aus
Worten bestehende Marken schütze und daß derartige französische
Marken nach Staatsvertrag auch in der Schweiz geschützt werden
müssen, habe der Beklagte als einfacher luzernischer Handelsmann
nicht gewußt. Die Verwendung der fingirten Firma Carnier
frères habe mit dem Markenschutzstreite nichts zu schaffen.

Das Bundesgericht zieht in Erwägung:

1. Wie das Bundesgericht schon häufig entschieden hat, ist der
staatsrechtliche Rekurs gegen kantonale Strafurtheile wegen Ver=
letzung des eidgenössischen Markenschutzgesetzes sowie wegen Ver=
letzung von Staatsverträgen über den Schutz von Waarenzeichen
statthaft. Dabei hat das Bundesgericht allerdings nur zu unter=
uchen, ob das angefochtene Urtheil grundsätzlich gegen das eidge=
nössische Markenschutzgesetz oder gegen einen Staatsvertrag ver=
stoße, während es die Thatfrage nicht zu prüfen hat und nicht
befugt ist, die Sache selbst materiell zu burtheilen. Wenn nun
aber im vorliegenden Falle ter Rekursbeklagte behauptet, die
kantonale Entscheidung, daß hier eine strafbare Markenrechtsver=
letzung nicht vorliege, weil der Dolus des Beklagten nicht festge=
stellt sei, entziehe sich als eine rein thatsächliche der Nachprüfung
des Bundesgerichtes, so ist dies nicht richtig. Die gedachte Ent=
scheidung untersteht vielmehr insofern der Nachprüfung des Bun=
desgerichtes, als dasselbe zu untersuchen hat, ob der Rechtsbegriff
des Vorsatzes vom kantonalen Gerichte richtig aufgefaßt und auf
die festgestellten Thatsachen angewendet worden sei. Insoweit
handelt es sich nicht um eine That= sondern um eine Rechtsfrage;
es steht eine Verletzung, allerdings nicht, wie die Rekurrentin
behauptet, der internationalen Konvention vom 20. März 1883,
wohl aber des Bundesgesetzes betreffend den Schutz der Fabrik=
und Handelsmarken vom 19. Dezember 1879 in Frage.

2. Nun verneint die angefochtene Entscheidung den Dolus des
Rekursbeklagten nicht deßhalb, weil derselbe nicht gewußt habe,
daß das Wort Monopole von der Rekurrentin und ihrer Rechts=
vorgängerin zur Bezeichnung ihrer Produkte verwendet werde,
sondern deßhalb, weil er im Zweifel darüber habe sein können, ob
dieses Waarenzeichen eine schutzfähige und in der Schweiz
geschützte Marke bilde. Sie fordert also zum Thatbestande der

vorsätzlichen Markenrechtsverletzung das bestimmte Wissen des
Thäters, daß das von ihm nachgeahmte oder verwendete fremde
Zeichen im Inlande gesetzlich geschützt sei. Dies erscheint als
rechtsirrthümlich. Wer ein fremdes Zeichen bewußt nachahmt oder
verwendet, ohne sich irgend darum zu kümmern, ob dasselbe
geschützt sei oder nicht, handelt ebensowohl bewußt widerrechtlich
wie derjenige, welcher von dem Eintrage der Marke Kenntniß
erhalten hat. Der widerrechtliche Vorsatz ist dadurch gegeben, daß
der Thäter weiß, daß er ein fremdes Zeichen nachahmt oder ver=
wendet; er wäre nur dann ausgeschlossen, wenn der Thäter auf
Grund redlicher Prüfung zu der, wenn auch irrthümlichen, Ueber=
zeugung gelangt wäre, das fremde Zeichen sei nicht geschützt.
Dagegen wird der Vorsatz dadurch nicht ausgeschlossen, daß der
Thäter in frivoler Unbekümmertheit um fremdes Recht jegliche
Prüfung unterläßt und das fremde Zeichen ohne Weiteres für
sich ausnützt. So wenig derjenige, welcher eine gefundene Sache
sich aneignet, sich damit ausreden kann, er habe nicht gewußt,
daß dieselbe in fremdem Eigenthum stehe und nicht vielmehr
herrenlos sei, so wenig kann der Benützer eines fremden Waaren=
zeichens sich damit entschuldigen, er habe nicht gewußt, daß das
Zeichen gesetzlich geschützt sei (vergl. Kohler, Recht des Marken=
schutzes S. 355 u. f.). Wer ein fremdes Zeichen für sich aus=
nützen will, muß vorher prüfen, ob er dadurch nicht das Recht
eines Dritten verletze; unterläßt er dies, so handelt er bewußt
widerrechtlich, da er bewußt in ein fremdes Rechtsgut eingreift,
ohne sich dazu für berechtigt halten zu dürfen. Andernfalls, wenn
zum Thatbestande einer strafbaren Markenrechtsverletzung das
bestimmte Wissen des Thäters um den gesetzlichen Schutz des
Zeichens gefordert würde, wäre der strafrechtliche Zeichenschutz
völlig illusorisch, da es alsdann genügen würde, der Einsicht in
das Markenregister sich zu enthalten, um der strafrechtlichen
Ahndung zu entgehen (siehe Entscheidungen des Bundesgerichtes
Amtliche Sammlung VII, S. 785 u. ff. Erw. 6; XVI, S. 43
u. f. Erw. 3). Danach beruht die angefochtene Entscheidung
auf unrichtiger Auffassung und Anwendung des bundesrechtlichen
Begriffes des Vorsatzes und ist daher aufzuheben. Denn dieselbe
geht nicht etwa davon aus, der Rekursbeklagte habe auf Grund

reblicher Prüfung irrthümlich angenommen, es sei das Zeichen
der Rekurrentin nicht geschützt; sie stellt im Gegentheil darauf
ab, der Rekursbeklagte habe das Zeichen der Rekurrentin benutzt,
obschon er sich im Zweifel befunden habe und habe befinden
können, ob das Zeichen geschützt sei. War aber letzteres der Fall,
so war der Rekursbeklagte verpflichtet, sich nach dem wahren
Sachverhalte zu erkundigen; that er dies nicht, sondern nahm er
ohne weiteres, ohne sich um ein etwa entgegenstehendes fremdes
Recht zu bekümmern, das Zeichen der Rekurrentin in Benutzung,
so hat er bewußt rechtswidrig gehandelt.

Demnach hat das Bundesgericht

erkannt:

Der Rekurs wird als begründet erklärt und es wird mithin
das angefochtene Urtheil des Obergerichtes des Kantons Luzern
aufgehoben.

VII. Obligationenrecht. — Droit des obligations.

23. *Arrêt du 24 Juin 1892 dans la cause Wüst.*

Par convention du 8 Février 1889, Louise, veuve de Pierre
Fleurdelys, usufruitière de divers immeubles de son mari, situés à Prilly, et dont ses enfants étaient nus propriétaires, les
a loués au sieur Rod. Wüst, au dit lieu, pour le terme de
9 ans à partir du 25 Mars 1889 et pour le prix de 450 francs
par an, payable par trimestre et d'avance.

Louise Fleurdelys, usufruitière, est décédée le 28 Décembre
1890. Par lettres des 20 Mars et 8 Avril 1891, son fils Jules
Fleurdelys, à Genève, a dénoncé à Wüst la résiliation de son
bail pour le 11 Novembre suivant, en se fondant sur l'art. 383
du Code civil vaudois.

Wüst persista, malgré l'avis de déguerpissement, à occuper
les lieux loués, parce que, selon lui, l'art. 383 précité était en

fait abrogé en présence des art. 314 et suivants, et notamment de l'art. 310 al. 3 C. O.

Par exploit du 17 Novembre 1891, Fleurdelys a pratiqué au préjudice de Wüst un séquestre, pour parvenir au paiement du montant du fermage dès le 25 Septembre au 11 Novembre 1891, et renouvelé la sommation, à l'adresse du dit Wüst, de quitter les immeubles objets du bail.

Par jugement du 19-20 Février 1891, le président du tribunal civil du district de Lausanne, nanti du conflit, déclara résilié le contrat à bail à partir du 11 Novembre 1891 et condamna Wüst à supporter ses propres frais ainsi que la moitié de ceux de sa partie adverse.

Wüst recourut au Tribunal cantonal, qui rejeta le recours par arrêt du 5 Avril suivant, motivé en résumé comme suit :

Wüst savait qu'il avait traité avec une usufruitière, dont les droits sur les immeubles loués étaient restreints et devaient légalement prendre fin au décès de la dame Fleurdelys. A l'expiration de l'usufruit, le propriétaire avait le droit de résilier le bail, à teneur de l'art. 383 C. c. v., en donnant le congé prévu à l'art. 1231 *ibid.*, remplacé par l'art. 309 C. O.

C'est contre cet arrêt que Wüst a recouru, sous date du 21 Avril 1892, au Tribunal fédéral, concluant à ce qu'il lui plaise annuler le dit arrêt, ainsi que le jugement du Tribunal civil du district de Lausanne du 19-20 Février précédent. A l'appui de ces conclusions, le recourant fait valoir en substance :

Wüst conteste que la durée d'un bail à ferme conclu à terme dépende de la mort du bailleur, qu'il soit ou non usufruitier ; il est dès lors indifférent que le recourant ait connu la qualité d'usufruitier de son bailleur, l'art. 383 C. c. v. étant abrogé de fait, dès 1883, par les dispositions du Code des obligations sur le bail, au moins pour ce qui concerne les baux à ferme conclus pour un temps déterminé. Les cantons ne peuvent créer des causes d'extinction d'obligations régies du reste par une loi fédérale, autres que celles prévues par la dite loi, alors qu'aucune réserve n'est faite de la compétence cantonale. L'art. 383 C. c. v. précité doit être considéré comme sans valeur, malgré la loi vaudoise de coordination du

31 Août 1892, et ce *à fortiori* lorsqu'il s'agit d'un bail à terme, dont les causes de résiliation sont strictement réglées et énumérées aux art. 314 à 316 C. O. ; l'art. 383 C. c. v. est en outre en flagrante contradiction avec l'art. 310 C. O., en ce qu'il ne prévoit pas d'indemnité pour résiliation prématurée. Il s'agit ici d'une question de bail et non d'usufruit, et le droit cantonal se trouve abrogé en cette matière. C'est ainsi à tort que Fleurdelys a requis le déguerpissement de Wüst en se fondant sur le seul art. 383 susvisé, et les séquestres pratiqués contre le recourant doivent être annulés.

Dans sa réponse, Fleurdelys conclut au rejet du recours, par les considérations ci-après :

La convention du 8 Février 1889 a été faite entre l'usufruitière des immeubles et le sieur Wüst, lequel ne pouvait dès lors ignorer qu'aux termes de l'art. 383 C. c. v. le bail devait prendre fin à la mort de l'usufruitière. Cet article n'a nullement été abrogé par le droit fédéral. Au surplus, même s'il l'eût été, on se trouverait en présence du dilemme suivant : ou bien le droit fédéral n'a pas prévu le cas, et en effet il n'est pas question de l'usufruit à cet égard dans le C. O., et alors le nu propriétaire n'a plus aucun délai à observer ; il reprend la chose immédiatement sans avoir besoin de donner congé ; ou bien le cas doit être prévu dans le C. O. et dans cette alternative le maximum de ce qui peut être réclamé par le locataire est ce qui est prescrit à l'art. 314 *ibid*. Dans l'une et l'autre de ces hypothèses, le recourant doit quitter l'immeuble qu'il occupe encore.

Par requête du 21 Avril 1892, Wüst avait conclu à ce que la Présidence du Tribunal fédéral l'autorisât, par voie de mesures provisionnelles, à continuer d'occuper, nonobstant la demande de déguerpissement dirigée contre lui, les locaux qu'il détient à titre de locataire de veuve Louise Fleurdelys, soit de J. Fleurdelys.

Par ordonnance motivée du 7 Mai écoulé, le président du Tribunal fédéral a repoussé la demande de mesures provisionnelles.

Statuant sur ces faits et considérant en droit :

1° La compétence du Tribunal fédéral est indéniable dans
l'espèce et elle n'a point été contestée par la partie opposante
au recours. En effet, à réitérées fois ce Tribunal a estimé
qu'il peut être recouru à sa juridiction comme Cour de droit
public, conformément à l'art. 2 des dispositions transitoires
de la Constitution fédérale, lorsque les tribunaux cantonaux
ont à tort appliqué le droit cantonal en lieu et place du droit
fédéral en vigueur; qu'en effet ce mode de procéder implique
une violation du principe constitutionnel en vertu duquel la
législation fédérale déroge au droit cantonal (voir arrêts du
Tribunal fédéral en les causes Gerig, *Rec.* XII, p. 548, considérant 2; Flury, *ibid.* XIII, p. 438, considérant 3). Il y a
donc lieu d'entrer en matière sur le fond du recours.

2° L'art. 383 C. c. v. dispose que « l'usufruitier peut jouir
» par lui-même, donner à ferme à un autre ou même vendre
» ou céder son droit à titre gratuit; s'il donne à ferme, le
» propriétaire et le fermier pourront, à l'expiration de l'usu-
» fruit, résilier le bail en s'avertissant réciproquement au temps
» d'avance réglé pour les congés par l'art. 1231, sans, toute-
» fois, que le fermier puisse exiger de récompense pour la ré-
» siliation du bail. »

L'art. 1231 précité, s'occupant des délais de congé en matière de bail, statuait à son al. 4 que « s'il s'agit d'une ferme
» de biens ruraux et si le congé est donné avant les 6 pre-
» miers mois de l'année de ferme, le fermier ne pourra quitter
» ou être renvoyé qu'à la fin de l'année. Si le congé est donné
» après les 6 premiers mois de l'année de ferme, le fermier
» ne pourra quitter la ferme ou être renvoyé qu'à la fin de
» l'année suivante. »

Lors de la promulgation de la loi du 31 Août 1882 sur la
coordination du Code civil avec le C. O., le législateur vaudois
est parti de l'idée que l'art. 383, ci-haut reproduit, du C. c.
n'est point abrogé par le Code fédéral, en ce qui concerne le
droit du nu propriétaire de résilier le bail au décès de l'usufruitier, mais que le dit article se trouve en revanche modifié
par la mise en vigueur du C. O., en ce que le délai d'avertissement prévu à l'art. 309 de ce dernier Code, se trouve subs-

titué à celui fixé à l'art. 1231 du C. c., lequel a été abrogé.
Une preuve de la substitution du délai d'avertissement de
l'art. 309 C. O. à celui de l'art. 1231 C. c. gît d'ailleurs dans
le fait que ce remplacement se trouve expressément mentionné
dans le texte de l'art. 383 du Code civil vaudois coordonné et
expurgé (voir ce Code dans l'édition Bippert et Bornand,
4ᵐᵉ édition 1885, p. 62). C'est là ce que reconnaissent également d'une manière concordante les deux jugements des instances cantonales dont est recours ; aussi la dénonciation du
bail a-t-elle eu lieu, dans l'espèce, non point conformément
aux dispositions ci-haut reproduites de l'art. 1231 C. c. v.,
mais pour la Saint-Martin, délai de congé prévu à l'art. 309
C. O.

3° La question à résoudre dans l'espèce est ainsi celle de
savoir si. l'art. 383 C. c. v., lequel prévoit la résiliation du
bail au préjudice du fermier lors de l'expiration de l'usufruit,
se trouve en contradiction avec le droit fédéral des obligations et ne saurait, dès lors, subsister.

Cette question doit être résolue négativement, ainsi que
l'ont fait les instances cantonales.

En effet, il y a lieu de constater d'abord que le droit d'usufruit rentre dans la catégorie des droits réels, lesquels ne
sont point régis par le C. O. et dont la réglementation demeure soumise au droit cantonal ; ce dernier peut ainsi statuer librement sur les causes d'extinction de l'usufruit.

Or l'art. 404 C. c. v. stipule que l'usufruit s'éteint, entre
autres, par la mort de l'usufruitier ; Wüst n'ayant loué, par
son bail, que les droits afférents à l'usufruitier, il en résulte
qu'après le décès de ce dernier ces droits éteints ne sauraient
persister en faveur du premier.

4° Le droit d'usufruit étant, ainsi qu'il a été dit, éteint dans
l'espèce aux termes du droit cantonal applicable, il reste à
résoudre la question de savoir si le fermier est tenu de quitter les lieux loués immédiatement après la mort du bailleur usufruitier ou s'il se trouve au bénéfice du délai prévu à l'art. 309
précité C. O. L'art. 316 C. O. ne règle le sort du bail à ferme
qu'en cas de mort du fermier et le dit Code se tait sur les

conséquences, au point de vue de l'extinction du bail, de la mort du bailleur-usufruitier. Cette lacune apparente doit être remplie conformément à l'esprit du droit fédéral, en ce sens que le droit cantonal et le droit fédéral sont applicables chacun dans la mesure dans laquelle ils régissent respectivement la matière. Or les jugements attaqués reconnaissent qu'aussi dans le cas du décès de l'usufruitier il y a lieu à avertissement, par analogie sans doute avec la disposition de l'art. 314 du même Code, lequel astreint le nouvel acquéreur, en cas d'aliénation de la chose louée par le bailleur, à observer, en donnant congé au preneur, le délai prescrit à l'art. 309. Il n'existe en effet aucun motif pour ne pas assimiler, à cet égard, l'extinction du droit d'usufruit remis à bail, à l'extinction du bail ensuite de l'aliénation de la chose louée.

C'est donc avec raison que le juge cantonal a, d'une part, admis la résiliation du bail conformément à l'art. 383 C. c. v. et, d'autre part, astreint cette résiliation au délai fixé à l'art. 309 C. O.

5° Enfin le grief tiré par le recourant du fait que le contrat de bail a été résilié sans indemnité ne touche point le droit de résiliation du propriétaire, seul en question dans l'espèce. D'ailleurs, à teneur de l'art. 314 C. O., c'est le bailleur, soit ici l'usufruitier, et non le propriétaire, qui est passible de dommages-intérêts. De même l'indemnité prévue à l'art. 310 *ibid.* et réclamée par le recourant n'est point applicable, puisqu'elle n'était exigible qu'en cas de résiliation du contrat par le bailleur, tandis que, dans le cas actuel, le bail a été dénoncé par le propriétaire non-bailleur, et il n'y a pas lieu, à propos du présent recours, de rechercher si cette indemnité peut être réclamée de l'usufruitière ou de ses ayants droit, lorsque le bail porte sur un des droits d'usufruit.

Par ces motifs,

Le Tribunal fédéral

prononce :

Le recours est écarté.

VIII. Persönliche Handlungsfähigkeit.
Capacité civile.

24. Urtheil vom 5. Februar 1892 in Sachen Geschwister Vogel.

A. Die Rekurrenten Albert, Maria und Emilie Vogel von
Entlebuch, wohnen mit ihren Geschwistern Xaver und Sophie in
Muri, Kantons Aargau, zusammen. Nachdem den Geschwistern
Vogel von ihrem Oheim, dem verstorbenen Joh. Siegwart in
Hergiswyl, eine bedeutende Erbschaft angefallen war, beschloß der
Gemeinderath von Entlebuch am 20. November 1890, es seien
die Geschwister Albert, Maria und Emilie Vogel in Anwendung
des § 2 litt. b des Vormundschaftsgesetzes unter Vogtschaft gestellt, weil dieselben die ihnen zugefallene Erbschaft wegen körperlicher und geistiger Gebrechen nicht zu ihrem Vortheile verwalten
könnten. Am 17./20. November 1890 hatten die Rekurrenten
mit ihren Geschwistern Xaver und Sophie einen Verpfründungs-
vertrag abgeschlossen, wodurch sie letztern ihren Antheil an der
Erbschaft des J. Siegwart abtraten gegen die Verpflichtung, sie
lebenslänglich standesgemäß zu unterhalten und jedem der drei
Geschwister jährlich einen Betrag von 200 Fr. in baar auszurichten. Der Gemeinderath von Entlebuch beschloß am 3. September
1891, gegen diesen Vertrag unter der Bedingung nichts einzuwenden, daß die Erbschaftsübernehmer statt, wie sie anerboten,
15,000 Fr., 30,000 Fr. zur Sicherheit in der Depositalkasse ihrer
Heimatgemeinde deponiren und hielt hieran, gegenüber einem Auf-
hebungsbegehren des Xaver und der Sophie Vogel, durch Beschluß
vom 10. September 1891 fest.

B. Gegen den gemeinderäthlichen Bevogtigungsbeschluß vom
20. November 1890 rekurrirten Albert, Maria und Emilie Vogel
an den Regierungsrath des Kantons Luzern, indem sie unter
anderm Zeugnisse der Aerzte Dr. Steiger sen. in Luzern und
Nietlisbach in Muri dafür produzirten, daß sie der Bevogtigung

nicht bedürftig seien. Der Regierungsrath beschloß am 23. Oktober
1891: Der vorliegende Rekurs sei dermalen abgewiesen, indem
er ausführte: Aus den Akten lasse sich mit Sicherheit nicht erkennen, ob die Rekurrenten wirklich an körperlichen und geistigen
Gebrechen leiden, welche sie als zur selbständigen Vermögensverwaltung nicht befähigt erscheinen lassen. Dr. Steiger in Luzern
und Dr. Nietlisbach in Muri halten die Rekurrenten für der Bevormundung nicht bedürftig, während der Amtsgehülfe von Entlebuch
umgekehrt die Bevormundung als angezeigt betrachte. Bei dieser
Sachlage sei nach § 15 Satz 2 des Vormundschaftsgesetzes zu
verfahren gewesen und es habe daher der Sanitätsrath vom vor-
berathenden Departement am 25. März abhin den Auftrag erhalten, die Rekurrenten auf ihre Befähigung zur eigenen Vermögensverwaltung zu prüfen und hierüber Bericht zu erstatten.
Mit Zuschrift vom 10. Oktober theile nun der Sanitätsrath dem
Justizdepartement folgendes mit: die Geschwister Albert, Maria und
Emilie Vogel seien von ihm mehrmals zum Untersuche nach Luzern
vorgeladen worden, allein Emilie Vogel habe sich jedesmal wegen
Krankheit entschuldigt, obwohl durch ärztliches Zeugniß konstatirt
sei, daß sie nicht krank gewesen und ohne Beschwerde die Reise
nach Luzern hätte machen können; so sei sie an jenem Tage, an
welchem der Amtsgehülfe sie in Muri besuchen wollte, angeblich
nach Aarau verreist. Der Sanitätsrath verzichte daher darauf,
die Geschwister Vogel noch weiter vorzuladen, da deren Ausbleiben
offenbar schlechtem Willen zuzuschreiben sei. Damit sei konstatirt,
daß die Rekurrenten die Einholung des sanitätsräthlichen Gutachtens vereiteln wollen; sie haben daher auch die Folgen ihrer
Renitenz zu tragen, welche darin bestehen, daß die Bevormundung
so lange aufrecht erhalten werden müsse, bis sie sich dem Sanitätsrathe stellen oder über die Unmöglichkeit, dies zu thun, sich
ausweisen.

C. Gegen diesen Entscheid ergriffen Albert, Maria und Emilie
Vogel mit Eingabe vom 9./18. November 1891 den staatsrechtlichen Rekurs an das Bundesgericht, beantragend: Das Bundesgericht wolle die am 26. November 1890 und 23. Oktober 1891
über die Rekurrenten verfügte Bevogtigung aufheben, eventuell
mindestens für Albert und Maria Vogel, unter Kostenfolge, indem

fie im Wesentlichen ausführen: Der Gemeinderath von Entlebuch
habe die Bevogtigung über die Rekurrenten in völlig gesetzwidriger
Weise ausgesprochen, ohne sie zu hören und ohne, wie § 15 des
kantonalen Vormundschaftsgesetzes dies vorschreibe, das Gutachten
zweier patentirter Aerzte über ihre Fähigkeit zu eigener Vermögens=
verwaltung einzuholen. Der Regierungsrath sei über dieses von
ihnen gerügte, gesetzwidrige Verfahren in willkürlicher Weise hin=
weggegangen und sei auch seinerseits gesetzwidrig und willkürlich
verfahren; er habe zunächst eine Untersuchung durch den Amts=
gehülfen von Entlebuch veranstaltet, der gar nicht Fachmann sei,
und sei sodann, indem er Untersuchung durch den Sanitätsrath
angeordnet habe, so verfahren, wie nach dem Gesetze hätte ver=
fahren werden müssen, wenn zwei (bestrittene) ärztliche Gutachten
für die Bevogtigung vorgelegen, oder die ärztlichen Gutachten
nicht mit einander übereingestimmt hätten. Wenn der Regierungs=
rath die ungesetzlich verfügte Bevogtigung der Rekurrenten als
eine Art Strafe für ihr Nichterscheinen vor Sanitätsrath fort=
dauern lasse, so sei diese Strafe ungerecht. Denn in That und
Wahrheit könne die Emilie Vogel nicht reisen. Völlig unzulässig
sei es, wenn der Regierungsrath die drei Rekurrenten als eine
einzige Person behandle und die Rekurrenten Albert und Maria
Vogel, welche jederzeit bereit gewesen seien, sich in Luzern zur
Untersuchung zu stellen, für die angebliche Renitenz der Emilie
Vogel büßen lasse. Die angefochtene Entscheidung verletze in dop=
pelter Richtung das Bundesrecht. Zuerst dadurch, daß der Regie=
rungsrath das Vorhandensein körperlicher und geistiger Gebrechen
ohne Beweis, ja entgegen dem geführten Beweise, entgegen dem
Gesetze annehme; sodann dadurch, daß der Regierungsrath schließ=
lich die Fortdauer der Bevogtigung nicht auf geistige oder körper=
liche Gebrechen der Rekurrenten sondern auf ihre angebliche Reni=
tenz, vor dem Sanitätsrath zu erscheinen, basire. Denn damit sei
ein offenbar falscher, gesetzwidriger Bevormundungsgrund statuirt
und so Art. 5 des Bundesgesetzes über die persönliche Handlungs=
fähigkeit verletzt.

D. Der Regierungsrath des Kantons Luzern bemerkt nach
Mittheilung der Beschwerde zur Vernehmlassung: Abgesehen davon,
daß der Rekurs die in Betracht fallenden Verhältnisse und That=

sachen ganz unrichtig wiedergebe, sei derselbe in einem die luzer=
nischen Behörden im höchsten Maße beleidigenden Tone abgefaßt;
der Regierungsrath müsse es ablehnen, auf solche Eingaben zu
antworten; er sende daher die Rekursschrift unbeantwortet zurück,
wobei er immerhin einen vom Sanitätsrathe des Kantons Luzern
am 11. Dezember 1891 erstatteten Bericht über die Befähigung
der Rekurrenten zur Wahrnehmung ihrer ökonomischen Interessen
beilege. Dieser Bericht werde das Bundesgericht in den Stand
setzen, über den Rekurs der Geschwister Vogel auch ohne besondere
Vernehmlassung zu entscheiden. Aus dem Berichte des Sanitäts=
rathes ergibt sich, daß derselbe die Rekurrenten am 20. November
1890 in Muri untersucht und sodann am 10. Dezember in Luzern
eine theilweise Nachuntersuchung vorgenommen hat. Der Sani=
tätsrath gelangt zu den Schlüssen: Albert Vogel sei schwachsinnig;
immerhin wäre er im Stande, die Zinsen (nicht aber das Kapital)
seines Vermögens richtig zu verwenden; er sollte daher verbei=
ständet, aber nicht bevogtet werden. Maria Vogel sei gänzlich
außer Stande, ihre Sachen zu besorgen. Die (taubstumme)
Emilie Vogel sei in dem Sinne blödsinnig, daß sie die Folgen
ihrer Handlungen nicht zu übersehen vermöge und sei daher gänz=
lich unfähig, ihre Sachen zu besorgen.

E. Mit nachträglicher Eingabe vom 26. Januar 1892 er=
klärten die Rekurrenten, daß sie den Bericht des Sanitätsrathes
nicht anerkennen können, sondern um Anordnung einer neuen
Expertise auf ihre Kosten nachsuchen, eventuell suchen sie um An=
setzung einer Frist zu Einreichung einer Kritik des sanitätsräth=
lichen Gutachtens nach.

Das Bundesgericht zieht in Erwägung:

1. Der sanitätsräthliche Bericht vom 11. Dezember 1891 fällt
bei Beurtheilung der vorliegenden Beschwerde völlig außer Betracht.
Dieselbe richtet sich gegen den Beschluß des Gemeinderathes von
Entlebuch vom 20. November 1890 und des Regierungsrathes
des Kantons Luzern vom 23. Oktober 1891. Diese Schluß=
nahmen sind aber nicht auf Grundlage des erst später eingeholten
sanitätsräthlichen Berichtes gefaßt worden; es hat auch der Re=
gierungsrath des Kantons Luzern nicht etwa nach Einlangen des
sanitätsräthlichen Gutachtens einen neuen, auf dieses Gutachten

sich stützenden, Entmündigungsbeschluß gefaßt, so daß seine frühere
Schlußnahme dahin gefallen und durch einen neuen Entscheid
ersetzt wäre. Es muß sich aber bei Beurtheilung der gegenwärtigen
Beschwerde einfach fragen, ob die angefochtenen Beschlüsse, so wie
sie gefaßt wurden, mit dem Bundesrechte vereinbar seien. Der
nachträgliche Beweisantrag der Rekurrenten ist demnach unerheblich.

2. Nun stellt die angefochtene Entscheidung des Regierungs=
rathes des Kantons Luzern einen bundesrechtlich zuläßigen Ent=
mündigungsgrund nicht fest. Sie läßt es dahingestellt, ob die Re=
kurrenten an körperlichen oder geistigen Gebrechen leiden, welche
sie zu eigener Vermögensverwaltung unfähig machen und spricht
die provisorische Entmündigung derselben aus einem ganz andern
Grunde (wegen Renitenz gegen die sanitätsräthliche Untersuchung)
aus. Art. 5 des Bundesgesetzes betreffend die persönliche Hand=
lungsfähigkeit kennt nun aber einen derartigen Entmündigungs=
grund nicht; unter den in dieser Gesetzesbestimmung limitativ
aufgezählten Gründen, aus welchen die kantonale Gesetzgebung die
Entmündigung oder Beschränkung der Handlungsfähigkeit Voll=
jähriger anordnen kann, figurirt die Renitenz gegen amtliche An=
ordnungen im Entmündigungsverfahren nicht und es ist daher
eine Entmündigung aus diesem Grunde bundesrechtlich unzulässig.
Ueberdem ist klar, daß wegen der Renitenz der Emilie Vogel, sich
der sanitätsräthlichen Untersuchung zu unterziehen, niemals die
beiden andern Rekurrenten hätten entmündigt werden können. Der
Entmündigungsbeschluß des Gemeinderathes von Entlebuch seiner=
seits führt allerdings an, die Rekurrenten könnten wegen körper=
licher und geistiger Gebrechen die ihnen angefallene Erbschaft nicht
zu ihrem Vortheile verwalten. Allein diese Begründung ist in die
oberinstanzlichen Entscheidung des Regierungsrathes nicht aufge=
nommen worden und es könnte übrigens in der fraglichen ganz
allgemeinen, jeder nähern Bezeichnung der in Betracht fallenden
körperlichen und geistigen Gebrechen und ihrer Einwirkung auf
die Fähigkeit zur Vermögensverwaltung ermangelnden Bemerkung
die Feststellung eines bundesrechtlich zulässigen Entmündigungs=
grundes nicht erblickt werden (vergl. Entscheidungen des Bundes=
gerichtes in Sachen Broger, Amtliche Sammlung XIV, S. 566,
Erw. 2).

Ist demnach die Beschwerde für begründet zu erklären, so ist damit selbstverständlich nicht ausgeschlossen, daß nicht die Entmündigung der Rekurrenten ausgesprochen werden könne, wenn durch ein neues Entmündigungsverfahren ein bundesrechtlich zulässiger Entmündigungsgrund festgestellt wird.

Demnach hat das Bundesgericht

erkannt:

Die Beschwerde wird für begründet erklärt und es wird mithin den Rekurrenten ihr Rekursbegehren zugesprochen.

IX. Haftpflicht
für den Fabrik- und Gewerbebetrieb.

Responsabilité
pour l'exploitation des fabriques, etc.

25. *Arrêt du 26 Mars 1892 dans la cause Grivel.*

Par arrêt du 6 Février 1891, le Tribunal fédéral a alloué à Joseph Grivel, à Lausanne, une indemnité de 600 francs en vertu de la loi de 1881 sur la responsabilité civile des fabricants, indemnité due par Jean Lienhard, maître scieur à Lausanne, ensuite d'accident survenu au dit Grivel alors qu'il travaillait pour le compte de Lienhard.

Pour parvenir au paiement de cette valeur, outre les frais d'une précédente saisie-arrêt et d'une saisie immobilière infructueuse, Grivel a, par exploits notifiés le 10 Juin 1891, imposé saisie en mains de Heer-Cramer et Cⁱᵉ, à Lausanne, sur tout ce qu'ils peuvent devoir à Lienhard, et notamment sur le prix du travail exécuté par ce dernier pour leur compte.

A l'audience de l'assesseur vice-président de la justice de paix de Lausanne, remplaçant le juge de paix, le 16 Juillet 1891, le tiers saisi a déclaré devoir à Lienhard la somme de 107 fr. 60.

A la dite audience, l'assesseur vice-président a adjugé à Grivel, pour être appliqué à tant moins de sa créance, la somme susmentionnée.

Par exploits du 23 Juillet 1891 et pour parvenir au paiement de diverses sommes dues par Grivel, le procureur-juré Grec, à Lausanne, agissant au nom de Charles Vuagniaux, à Oron-la-Ville, a pratiqué au préjudice du dit Grivel, en mains de Heer-Cramer et Cᴵᵉ, une saisie sur tout ce que ceux-ci peuvent devoir à Grivel et notamment sur la somme de 107 fr. 60 qu'ils lui doivent ensuite de l'ordonnance d'adjudication du 16 Juillet 1891.

Par ordonnance du 27 Août suivant, le juge de paix du cercle de Lausanne a prononcé l'adjudication en faveur de Vuagniaux de la somme de 107 fr. 60 due par Heer-Cramer et Cᴵᵉ à Grivel en vertu de l'ordonnance du 16 Juillet 1891.

Grivel recourut au Tribunal cantonal lequel, par arrêt du 29 Septembre 1891, après avoir rejeté d'abord un moyen préjudiciel de procédure, opposé par la partie Vuagniaux, et consistant à dire que le recourant aurait dû faire valoir par voie d'opposition la disposition de l'art. 7 de la loi fédérale sur la responsabilité des fabricants, a écarté le recours au fond et maintenu l'ordonnance du 27 Août 1891, par le motif que, pour que Grivel pût invoquer valablement la disposition de l'art. 7 précité, il faudrait qu'il existât un rapport entre la somme saisie en mains de Heer-Cramer et Cᴵᵉ et l'indemnité due par Lienhard, tandis que ce n'est pas le cas en l'espèce, attendu que les fonds que Heer-Cramer et Cᴵᵉ ont reconnu devoir à Lienhard ne proviennent point de l'indemnité allouée à Grivel.

C'est contre cet arrêt que Grivel recourt au Tribunal fédéral, concluant à ce qu'il lui plaise :

1° Annuler l'ordonnance du juge de paix du 27 Août et l'arrêt du Tribunal cantonal du 29 Septembre 1891.

2° Adjuger au recourant contre Charles Vuagniaux les frais de son recours au Tribunal cantonal contre l'ordonnance du 27 Août.

3° Lui adjuger contre Vuagniaux les frais qui lui sont occasionnés par le recours au Tribunal fédéral.

Le recours se fonde sur ce qu'il n'a pas été fait application
en faveur de Grivel de l'art. 7 déjà cité, de la loi fédérale sur
la responsabilité civile des fabricants, du 25 Juin 1881 et sur
ce que ce refus d'appliquer une disposition légale claire et
précise constitue un déni de justice.

Invité à présenter ses observations sur le recours, le Tribunal cantonal, par office du 3 Novembre 1891, déclare se réfé-
rer simplement aux considérants de son arrêt.

Dans sa réponse, Vuagniaux conclut au rejet du recours.
Il estime que le moyen tiré de l'art. 7 de la loi fédérale a
été présenté trop tard et qu'en tout cas le point soumis à
l'appréciation des autorités judiciaires vaudoises étant con-
troversable, il ne saurait être question, en l'espèce, de déni
de justice.

Statuant sur ces faits et considérant en droit :

1° L'art. 7 de la loi fédérale sur la responsabilité civile des
fabricants, du 25 Juin 1881, stipule que « les créances des
» personnes ayant droit à une indemnité contre celui qui est
» tenu de la payer ne peuvent être ni cédées à des tiers, ni
» saisies valablement. »

C'est là une disposition protectrice et d'ordre public, impé-
rative et sans restrictions, édictée par la loi en faveur des employés et ouvriers blessés dans les locaux d'une fabrique et
par son exploitation, et dont l'application doit s'imposer dès le
moment où ses conditions se trouvent réalisées.

2° Or tel est bien le cas dans l'espèce, puisqu'il est évident
que la créance de Lienhard contre Heer-Cramer et C^{le} est de-
venue, ensuite de sa saisie par Grivel à défaut de toute autre
valeur saisissable, une partie intégrante de l'indemnité allouée
au dit Grivel contre Lienhard par l'arrêt du Tribunal de céans
du 6 Février 1891, et que cette somme litigieuse de 107 fr.
60 se trouvait dès lors investie du privilège de l'incessibilité
et de l'insaisissabilité, assuré par l'art. 7 précité. En autorisant la saisie postérieure du sieur Vuagniaux sur la même
somme, le juge de paix de Lausanne et, après lui, le Tribunal
cantonal ont méconnu un droit garanti au recourant par la législation fédérale, et dont la violation donne ouverture à un

recours de droit public au Tribunal fédéral aux termes de
l'art. 59 litt. a de la loi sur l'organisation judiciaire.

3° C'est sans aucun fondement que la partie opposante au
recours soutient que, pour être recevable, le recours eût dû
être précédé d'une opposition à la saisie dans le délai de
30 jours mentionné à l'art. 573 du C. p. c. vaudois. En effet,
conformément à la pratique constante du Tribunal fédéral, il
importe peu en matière de violation de droits garantis par la
constitution ou par la législation fédérales que le recourant
ait épuisé tous les moyens de procédure cantonaux et qu'il ait
gardé le silence à l'audience du juge de paix du 27 Août 1891.
Dans l'espèce, le recours est dirigé en première ligne contre
l'arrêt du Tribunal cantonal et comme il a été interjeté dans
le délai de 60 jours fixé à l'art. 59 de la loi sur l'organisation
judiciaire fédérale, aucune exception de tardiveté ne saurait
lui être opposée.

Par ces motifs,

Le Tribunal fédéral

prononce :

Le recours est admis et l'arrêt du Tribunal cantonal de
Vaud, du 29 Septembre 1891, maintenant l'ordonnance d'adjudication du juge de paix de Lausanne du 27 Août précédent,
est déclaré nul et de nul effet. En conséquence, la saisie pratiquée par Grivel en mains de Heer-Cramer et Cie demeure en
force, ainsi que l'adjudication de l'assesseur vice-président en
faveur du dit Grivel, du 16 Juillet même année.

X. Urheberrecht an Werken der Kunst und Literatur. — Droit d'auteur pour œuvres d'art et de littérature.

26. Urtheil vom 10. Juni 1892 in Sachen Synnberg und Rüttger.

A. Gebrüder Eglin haben im Jahre 1867 eine lithographische Reproduktion der Giebelbilder auf der Spreuerbrücke in Luzern veranstaltet; diese Giebelbilder sind im Anfange des 17. Jahrhunderts von Kaspar Meglinger gemalt und stellen einen „Todtentanz" dar. Gebrüder Eglin hatten vom Stadtrathe die Bewilligung erwirkt, die Bilder successive von ihren Standorten wegnehmen zu dürfen, um sie dem Zeichner in seinem Atelier zur Verfügung zu stellen. Neben der ersten Ausgabe der lithographischen Bilder in 56 Blättern zum Preise von 25 Fr. gaben sie im Jahre 1883 eine zweite kleinere Ausgabe in 58 Blättern zum Preise von 8 Fr. heraus. Zu Anfang des Jahres 1889 gaben nun auch Synnberg und Rüttger in Luzern eine Reproduktion der Meglingerschen Bilder heraus, ebenfalls in zwei Albums, das eine zum Preise von 20 Fr., das andere zum Preise von 12 Fr. Während die Eglinschen Bilder in Konturenzeichnungen ausgeführt sind, wurden diejenigen von Synnberg und Rüttger in Kreidemanier mit Abschattirung gezeichnet, sodann photographisch aufgenommen und im Lichtdruck vervielfältigt. Synnberg und Rüttger hatten sich ebenfalls an den Stadtrath von Luzern mit dem Gesuche gewendet, die Bilder zum Zwecke der Vervielfältigung herunternehmen zu dürfen; der Stadtrath hatte indeß diese Bewilligung mit Rücksicht auf das von den Gebrüdern Eglin herausgegebene Werk verweigert. Gebrüder Eglin erhoben nun gegen Synnberg und Rüttger Privatstrafklage wegen Verletzung des Urheberrechts, indem sie behaupteten, das Werk von Synnberg und Rüttger sei eine bloße Kopie der von ihnen herausgegebenen Bilder. Durch zweitinstanzliche Entscheidung des Obergerichtes des Kan-

tons Luzern vom 31. Dezember 1891 wurden die Beklagten der
Uebertretung des Bundesgesetzes betreffend Urheberrecht an Werken
der Literatur und Kunst für schuldig erklärt und kostenfällig zu
einer Geldbuße von 50 Fr. sowie grundsätzlich zur Entschädigung
an die Privatkläger verurtheilt; die Ausmittlung der Größe der
Entschädigung wurde an den Civilrichter verwiesen und es wurde
gleichzeitig die Vernichtung der für die Anfertigung der Lichtbruck=
bilder vorliegenden Zeichnungen und Clichés angeordnet. In der
Begründung dieses Urtheils wird ausgeführt: Die Beklagten be=
streiten, daß das Werk der Kläger überhaupt des Urheberrechts=
schutzes genieße, da dasselbe kein Originalwerk, sondern eine bloße
Reproduktion der Meglingerschen Gemälde sei. Dies sei aber nicht
richtig. Die Reproduktion von Gemälden von Meistern in Form
eines guten Kupferstichs u. drgl. sei ein selbständiges Werk,
dem der Urheberrechtsschutz zu statten komme; nach den einge=
holten Expertengutachten qualifiziren sich aber die Bilder der
Kläger als eine Reproduktion dieser Art. Sobann bestreiten die
Beklagten, daß ihre Bilder bloße Kopien der klägerischen Bilder
seien; sie behaupten, die letzteren seien bei Anfertigung der erstern
blos theilweise, zum Vergleiche, benutzt worden und es seien übri=
gens ihre Bilder auch ihrer Ausführung nach etwas anders als
die klägerischen, nicht eine bloße Wiedergabe derselben. Allein nach
dem eingeholten Expertengutachten verleihe nun die Schattirung,
welche den Bildern der Beklagten gegenüber der nur leichte Schatten=
angaben enthaltenden klägerischen Reproduktion eigen sei, den ersteren
nicht das Gepräge einer selbständigen künstlerischen Schöpfung. Die
Hauptsache sei die genaue Form der Details, welche dem Bilde das
individuelle Gepräge verleihen. Was die Entstehung der beklagtischen
Bilder betreffe, so bestätigen allerdings auch die Experten, daß
der Zeichner derselben genöthigt gewesen sei, für die Abschattirung
die Originalbilder auf der Spreuerbrücke direkt in Mitbenutzung
zu ziehen. Hievon abgesehen jedoch erweise sich die Behauptung
der Beklagten, ihre Bilder seien so gut wie jene der Kläger eine
Kopie der Meglingerschen Originalgemälde, als eine unrichtige.
Die Experten konstatiren übereinstimmend, daß die Abzeichnung
dieser Bilder mit dem Stifte oder gar eine photographische Ab=
nahme ohne Entfernung derselben von ihrem Standorte, wenigstens

theilweise, d. h. bei einzelnen Bildern, durchaus unmöglich ge=
wesen·wäre. So bleibe nur die Annahme übrig, es seien die be=
klagtischen Zeichnungen eine Reproduktion der klägerischen Bilder.
Das gehe denn auch schlagend aus der von den Experten konsta=
tirten Thatsache hervor, daß eine Reihe von Abweichungen gegen=
über den Originalgemälden, welche die klägerischen Bilder auf=
weisen, in gleicher Weise auch in denjenigen der Beklagten sich
vorfinden. So liege der Thatbestand einer unerlaubten Verviel=
fältigung beziehungsweise Nachbildung eines Werkes der Kunst im
Sinne des Art. 12 des Urheberrechtsgesetzes vor. Ueber die sub=
jektive Voraussetzung des Vorsatzes beziehungsweise grober Fahr=
lässigkeit könne kein Zweifel obwalten. Es gehe diese schuldhafte
Willensrichtung namentlich aus dem Umstande deutlich hervor, daß
die Beklagten seiner Zeit beim Stadtrathe mit dem Gesuche um Ueber=
lassung der Originalgemälde behufs Vervielfältigung eingekommen,
damit aber, mit Rücksicht auf die seiner Zeit den Privatklägern
ertheilte Bewilligung und das von ihnen geschaffene Werk, abge=
wiesen worden seien.

B. Gegen dieses Urtheil ergriffen Synnberg und Rüttger den
staatsrechtlichen Rekurs an das Bundesgericht mit dem Antrage:
Das angefochtene Urtheil des Obergerichtes des Kantons Luzern
in Sachen Synnberg und Rüttger sei aufzuheben unter Kostenfolge
für die Privatkläger. Sie machen im Wesentlichen die aus dem
angefochtenen Urtheile ersichtlichen Gründe geltend. Insbesondere
bemerken sie: Sie halten grundsätzlich fest, daß Art. 1 des Ur=
heberrechtsgesetzes in concreto keine Anwendung finden könne.
An dem Inhalte (sujet) der Gemälde auf der Spreuerbrücke stehe
den Gebrüdern Eglin kein Recht zu. Die Herstellungsart der
klägerischen Bilder dagegen sei von den Beklagten durch ihre Aus=
gabe des Todtentanzes weder vervielfältigt noch dargestellt worden.
Die klägerische Ausgabe sei von den Beklagten einfach mitbenutzt
worden; dies sei aber völlig erlaubt. Allerdings sei es für die
Beklagten, nachdem der Stadtrath die Herabnahme der Original=
bilder verweigert habe, bequemer und zur Erzielung möglichst ge=
treuer Konturen förderlicher gewesen, für einzelne Konturen, die
auf der Spreuerbrücke so sehr im Dunkel liegen, daß sie ohne
Herabnahme der Bilder nicht getreu nachgezeichnet werden können,

die Eglin'schen Bilder zu Rathe zu ziehen und zu benutzen. Allein
dies sei nicht einmal nöthig gewesen; hätten die Beklagten die Eglin=
schen Bilder nicht besessen, so hätten sie die betreffenden Konturen
einfach von sich aus nach Maßgabe des Hauptinhaltes der Bilder
ergänzt. Ueberhaupt sei diese ganze Frage der Konturen durchaus
unerheblich. Entscheidend sei, daß die Beklagten gegenüber den
Eglin'schen Bildern ein plus an künstlerischer Produktion geleistet
haben. Die Meglinger'schen Bilder wirken durch Plastik, herge=
stellt durch das Kolorit. Die Eglinbilder haben keine Plastik; es
seien bloße Konturenzeichnungen. Der künstlerische Zweck der Be=
klagten sei nun der gewesen, die Plastik wieder herzustellen, statt
der todten Strichzeichnungen dem Publikum lebensvolle Bilder zu
bieten. Sie haben diesen Zweck wesentlich dadurch erreicht, daß sie
das Kolorit der Originalbilder durch Schattirung ersetzt haben.
Die Synnbergerschen Bilder seien in mancher Hinsicht z. B. in
der Behandlung der Perspektive, hauptsächlich aber in der Plastik,
wesentlich vollkommenere, ja unvergleichlich bessere und dem mo=
dernen Kunstgeschmack entsprechendere Bilder als die Eglinschen.
Selbst das Obergericht müsse übrigens anerkennen, daß die beid=
seitigen Leistungen verschiedene seien, womit es denn freilich in
krassem Widerspruche stehe, daß es die Bilder der Beklagten als
bloße Reprodution der Eglinschen bezeichne. Wie im Werthe, so
stehen im Preise die Bilder der Beklagten höher als die der Kläger,
was natürlich ausgeschlossen wäre, wenn sie sich als bloße Re=
produktion der letzteren qualifizirten. Die Bilder der Kläger seien
Zeichnungen beziehungsweise Abbildungen; inwieweit solche gesetz=
lichen Schutz genießen, sei in Art. 8 des Urheberrechtsgesetzes in
limitativer Weise festgesetzt. Die klägerischen Bilder fallen aber
nicht unter den Art. 8, genießen also keinen gesetzlichen Schutz.
Die Expertengutachten, auf welche das Obergericht sich berufe,
seien den Beklagten keineswegs durchweg ungünstig; dieselben
greifen übrigens in das Gebiet der richterlichen Entscheidung hin=
über und können für den Richter um so weniger maßgebend sein,
als dieser sich auch in den in Betracht kommenden Fragen techni=
scher und künstlerischer Natur als hinreichend unterrichtet betrachten
dürfe. Der Rekurs wäre übrigens schon deßhalb wegen Verletzung
des Art. 12 des Urheberrechtsgesetzes begründet, weil die Beklagten
nicht vorsätzlich oder grob fahrlässig gehandelt haben. Die Beklagten

haben bona fide gehandelt, indem sie von der Rechtsanschauung ausgegangen seien, die Eglinsche Ausgabe als bloße Reproduktion genieße keines Urheberrechtsschutzes. Auch das Gericht erster Instanz habe lange geschwankt, ob nicht diese Rechtsanschauung die richtige sei. Bei dieser Sachlage sei dolus oder culpa lata ausgeschlossen. Wenn das Obergericht nichtsdestoweniger das subjektive Verschulden der Rekurrenten angenommen habe, so habe es das Gesetz in ganz andrem Sinne angewendet, als in dem von ihm beurtheilten Markenrechtsfalle Walbaum-Luling Goulden & Cie. gegen Schmid, wo es den Beklagten wegen Unklarheit des subjektiven Verschuldens freigesprochen habe, trotzdem derselbe offenbar schuldig gewesen sei. Es liege hierin eine ungleiche Behandlung vor dem Gesetze. In prozessualer Hinsicht werde Anordnung einer Replik und Gestattung einer mündlichen Schlußverhandlung beantragt.

C. Die rekursbeklagten Gebrüder Eglin beantragen: 1. Der Rekurs sei als unbegründet abzuweisen. 2. Die Rekurrenten tragen die sämmtlichen Kosten und haben den Rekursbeklagten eine Kostenentschädigung von 50 Fr. zu bezahlen. Sie führen aus: Einzige Voraussetzung des Urheberrechtsschutzes sei, daß ein Werk der Kunst vorliege. Anspruch auf diese Bezeichnung können auch Reproduktionen machen, wenn sie sich in Auffassung und Ausführung als originelle Werke darstellen, die also ein selbständiges geistiges Schaffen des Künstlers erfordern. Diese Voraussetzung treffe hier zu, da, wie die Experten übereinstimmend konstatiren, den Eglinschen Bildern die Qualifikation eines Kunstproduktes zukomme. Es könne sich danach nur noch fragen, ob die Beklagten durch die Nachbildung sich einer Verletzung des klägerischen Urheberrechts schuldig gemacht haben. Diese Frage sei zu bejahen. Allerdings könne Jedermann die Gemälde auf der Spreuerbrücke beliebig reproduziren, dagegen seien die Kläger berechtigt zu verlangen, daß ihr Werk von Dritten nicht nachgebildet, vervielfältigt und in den Handel gebracht werde. Nun haben Synnberg und Rüttger durchaus nicht wie die Gebrüder Eglin, die Meglingerschen Gemälde auf der Spreuerbrücke selbständig reprobuzirt, sondern ihre Reproduktion sei durch Nachbildung der Eglinschen Bilder entstanden. Die Thatsache, daß Synnberg und Rüttger die Eglinschen Bilder nachgezeichnet haben und ihre Ausgabe nur in dieser Weise habe entstehen können, sei durch die Experten konstatirt. Die von

Synnberg und Rüttger birekt nach den Originalgemälden beige=
fügte Schattirung sei sehr untergeordneter und nebensächlicher
Natur und stemple ihre Bilder nicht zu einem selbständigen, auf
künstlerischer, formgebender Thätigkeit beruhenden Kunstwerke. Die
Hauptsache, welche den Eglinschen Bildern das künstlerische und
charakteristische Gepräge verleihe, sei die sorgfältige, von einem
begabten Künstler (dem bekannten Kunstmaler Schwegler) vor=
trefflich ausgeführte Umrißzeichnung und diese haben die Rekur=
renten nachgebildet. Die Rekurrenten haben dolos gehandelt. Sie
haben die Eglinschen Bilder kopirt, obschon sie wohl gewußt haben,
daß die Gebrüder Eglin, weil sie selbst den Tobtentanz zum Gegen=
stande ihres Kunstverlages gemacht haben, bies niemals gestatten
würden. Die Behauptung der Rekurrenten, sie haben nicht ge=
wußt, daß das Eglinsche Werk den Schutz des Urheberrechtsge=
setzes genieße, sei rechtlich ohne Bedeutung, da hier der Rechtssatz
error juris nocet gelte. Der Vergleich mit dem von den Rekur=
renten angerufenen Falle Walbaum=Luling Goulden & Cie. gegen
Schmid müsse gerade zum Nachtheile der Rekurrenten ausfallen. Die
Rekurrenten haben nicht nur, wie Schmid, eine fremde Sache benutzt,
ohne sich vorerst die nöthige Aufklärung über ihre Berechtigung
hiezu zu verschaffen, sondern sie haben das Werk der Gebrüder
Eglin benützt, obwohl sie gewußt haben, daß sie dazu nicht be=
berechtigt seien und hierauf vom Stadtrathe noch besonders seien
aufmerksam gemacht worden. Die Gestattung einer Replik oder die
Anordnung einer mündlichen Verhandlung sei nicht nöthig.

D. Das Obergericht des Kantons Luzern, welchem zur Ver=
nehmlassung ebenfalls Gelegenheit gegeben worden ist, verweist
einfach auf die Motivirung seines angefochtenen Urtheils, indem
es beifügt, es müsse den in der Rekursschrift ihm gemachten Vor=
wurf ungleicher Behandlung vor dem Gesetze entschieden zurück=
weisen.

Das Bundesgericht zieht i n Erwägung:

1. Die Sache ist vollständig spruchreif. Die Anordnung eines
weitern Schriftenwechsels ist daher vom Instruktionsrichter mit Recht
unterlassen worden und eine mündliche Verhandlung überflüssig.

2. Die Beschwerde rügt die Verletzung des Bundesgesetzes be=
treffend das Urheberrecht an Werken der Litteratur und Kunst;
wenn sie nebenbei auch eine Verletzung der Gleichheit vor dem

Gesetze behauptet, so kommt dieser Beschwerde keine selbständige Bedeutung zu. Liegt eine Verletzung des Bundesgesetzes nicht vor, so kann auch von einer Verletzung der Gleichheit vor dem Gesetze nicht die Rede sein. Die Kompetenz des Bundesgerichtes, welche von keiner Partei bestritten worden ist, aber von Amtes wegen geprüft werden muß, hängt also davon ab, ob gegen das angefochtene Urtheil der staatsrechtliche Rekurs wegen Verletzung des Urheberrechtsgesetzes statthaft ist. Dies ist aber, soweit es sich um die strafrechtlichen Dispositive des angefochtenen Urtheils handelt, aus den gleichen Gründen zu bejahen, aus welchen das Bundesgericht in konstanter Praxis den staatsrechtlichen Rekurs gegen kantonale Entscheidungen in Markenstrafsachen zugelassen hat (siehe insbesondere Entscheidung in Sachen Schärer & Cie. vom 26. Oktober 1883, Amtliche Sammlung IX, S. 473 ff.). Festzuhalten ist aber, daß das Bundesgericht als Staatsgerichtshof nur befugt ist, zu prüfen, ob das angefochtene Urtheil prinzipiell gegen das Bundesgesetz verstoße, daß es dagegen nicht kompetent ist, in der Sache selbst materiell zu entscheiden, und insbesondere die thatsächlichen Feststellungen des angefochtenen Urtheils nicht zu überprüfen hat.

3. In erster Linie muß sich fragen, ob die Annahme des kantonalen Gerichts, daß die Eglinsche lithographische Reproduktion des Meglingerschen „Todtentanzes" ein schutzfähiges Kunstwerk sei, gegen das Gesetz verstoße. Dabei ist vor allem klar, daß Art. 8 des Urheberrechtsgesetzes völlig außer Betracht fallen muß; Art. 8 handelt von Zeichnungen und Abbildungen, welche wissenschaftliche Zwecke verfolgen, während hier ein Werk ästhetischen Charakters in Frage steht. Ebenso klar ist, daß die Originalgemälde Meglingers (auch abgesehen von ihrer bleibenden Aufstellung auf einem öffentlichen Platze) von Jedermann beliebig vervielfältigt werden dürfen, da sie längst Gemeingut geworden sind und daß daher die Gebrüder Eglin aus der ihnen vom Stadtrathe von Luzern ertheilten Bewilligung keinerlei Recht ausschließlicher Reproduktion dieser Gemälde herleiten können. Fraglich kann in der That nur sein, ob die Eglinsche lithographische Nachbildung selbst als Werk der Kunst im Sinne des Art. 1 des Urheberrechtsgesetzes erscheine und somit (nach Maßgabe der Art. 2 und 19 ibid.) selbständigen Urheberrechtsschutzes genieße.

4. Das Bundesgesetz enthält nun keine ausdrückliche Bestimmung darüber, ob die rechtmäßige Nachbildung eines Werkes der bildenden Kunst vermittelst eines andern Kunstverfahrens des Urheberrechtsschutzes genieße. Die Frage ist aber zu bejahen; denn derartige Nachbildungen erscheinen allerdings als Werke der Kunst im Sinne des Art. 1 des Urheberrechtsgesetzes. Der Kupferstecher, Lithograph u. drgl., welcher eine Zeichnung nach einem Gemälde anfertigt, und auf Platte oder Stein überträgt, entfaltet eine selbständige künstlerische Thätigkeit; allerdings ist diese, da sie der Komposition des Originalwerkes folgt, eine vorwiegend reproduktive, allein sie ist eine Thätigkeit reproduktiver Kunst, bei welcher der Künstler manches aus Eigenem gestaltet und eigene künstlerische Auffassung und künstlerisches Können zu bethätigen hat. Kupferstichen u. drgl., nach Oelgemälden, kommt demgemäß ein eigener, manchmal hoher Kunstwerth zu und es qualifiziren sich daher dieselben als Werke der Kunst (siehe Wächter, Urheberrecht, S. 53 ff., Daude, Lehrbuch des deutschen Urheberrechts, S. 107). Speziell den Eglinschen lithographischen Bildern kann, wie die erhobenen Sachverständigen-Gutachten darthun und übrigens die Bilder selbst ohne Weiteres zeigen, selbständiger künstlerischer Werth sicher nicht abgesprochen werden.

5. Ist somit das Eglinsche Werk als Kunstwerk geschützt, so kann auch darin, daß das angefochtene Urtheil die Publikation der Rekurrenten als unbefugte Nachbildung dieses Werkes qualifizirt, eine Verletzung des Gesetzes nicht gefunden werden. Das angefochtene Urtheil nimmt an, die Rekurrenten haben im Wesentlichen nicht die Originalgemälde, sondern die Zeichnungen des Eglinschen Werkes kopirt und die Originalgemälde nur wegen der Abschattirung zu Rathe gezogen. Diese thatsächliche Feststellug unterliegt der Nachprüfung des Bundesgerichtes nicht. Haben aber danach die Rekurrenten die zeichnerische Wiedergabe der Konturen der Originalgemälde einfach aus dem Eglinschen Werke entlehnt, so haben sie die künstlerische Arbeit des Urhebers dieses Werkes unbefugterweise sich angeeignet, dasselbe unberechtigt nachgebildet. Freilich ist diese Nachbildung keine unveränderte, da die Rekurrenten die im Eglinschen Album nur angedeutete Vertheilung von Licht und Schatten durch Abschattirung zum Ausdruck gebracht

haben. Allein, wenn auch freilich dies, wie ja überhaupt die Kopie der Eglinschen Zeichnungen ohne einige eigene künstlerische Fertig= keit nicht ausgeführt werden konnte, so wird doch dadurch die Publikation der Rekurrenten nicht zu einem neuen selbständigen, künstlerischen Werke. Das Wesentliche bleibt immerhin, wie die kantonalen Gerichte im Anschlusse an die Expertengutachten aus= führen, die zeichnerische Wiedergabe der Konturen der Original= gemälde, welche die Rekurrenten den Eglinschen Bildern ent= nommen haben. Eine Nachbildung aber wird dadurch nicht zu einer erlaubten, daß der Nachbildner, sei es selbst nicht ohne Geschick, einige Abänderungen vornimmt, sofern nur eben diese keine wesentlichen sind, also der Nachbildung den Stempel eines Kunstwerkes von selbständigem Werth nicht aufdrücken. Die Ar= beit desjenigen, welcher einen nach dem Originalgemälde gefertigten Kupferstich u. s. w. reproduzirt, bleibt, auch wenn dabei einige Abänderungen vorgenommen werden, immerhin gegenüber der Thä= tigkeit des Künstlers, welcher nach dem Originalgemälde gearbeitet hat, eine untergeordnete, mehr mechanische oder Handwerksarbeit.

6. Wenn endlich die Rekurrenten noch behaupten, es liege in der Annahme, es falle ihnen dolus oder grobe Fahrlässigkeit zur Last, eine Gesetzes= oder Verfassungsverletzung, so ist auch dies durchaus unbegründet. Es dürfte vielmehr klar sein, daß für die Rekurrenten der Zweifel nahe liegen mußte, ob es erlaubt sei, das Eglinsche Werk, so wie sie es festgestelltermaßen gethan haben, für sich auszubeuten und daß sie daher die bringendste Veranlassung hatten, sich danach näher zu erkundigen. Sie haben dies nicht gethan, sondern unbekümmert darum, ob ihrem Ver= halten, nicht das Urheberrecht der Gebrüder Eglin entgegenstehe, das von letztern herausgegebene Werk nachgebildet. Es ist daher nicht rechtsirrthümlich, wenn die kantonalen Gerichte angenommen haben, es treffe die Rekurrenten zum Mindesten der Vorwurf grober Fahrlässigkeit.

Demnach hat das Bundesgericht

erkannt:

Der Rekurs wird als unbegründet abgewiesen.

Dritter Abschnitt. — Troisième section.

Kantonsverfassungen. — Constitutions cantonales.

———

I. Uebergriff in das Gebiet
der gesetzgebenden Gewalt. — Empiétement
dans le domaine du pouvoir législatif.

27. Urtheil vom 12. März 1892 in Sachen
Arnold und Genossen.

A. Die Verfassung des Kantons Uri vom 6. Mai 1888 bestimmt in Art. 11 : „Die Seen und Flüsse werden als Staats= gut erklärt, Privatrechte vorbehalten." Am 27. Oktober erließ der Landrath des Kantons Uri „in Ausführung des Art. 11 der Verfassung, auf Antrag des Regierungsrathes", eine Verordnung betreffend Feststellung „des Staatseigenthums an Seen und Flüssen und Benutzung öffentlicher Gewässer." Diese Verordnung zählt in Art. 1 und 2 die Gewässer auf, welche als Seen und Flüsse im Sinne der Verfassung zu betrachten sind und normirt sodann eingehend die Benutzung der öffentlichen Gewässer. Nach Art. 3 ist jede besondere Benutzung öffentlicher Gewässer an eine Bewilligung zu knüpfen, dieselbe wird für den Bezug von Sand, Kies, Steinen und Eis, für die Anlage von Bad=, Schiff= und Waschhütten, für Tränken, gewöhnliche Triebwerke, Ableitungen, u. s. w. vom Regierungsrathe unter Ansetzung einer angemessenen Staatsgebühr ertheilt. Doch ist der Bezug von Steinen, Kies und Sand zum gewöhnlichen Privatgebrauche sowie für die Wuhren, sowie das Tränken und Waschen unentgeltlich und

wird auch den Kantonsbürgern und gesetzlich Niedergelassenen
die Gewinnung von Eis für den eigenen Bedarf in allen
Seen und fließenden Gewässern, welche sich hiezu eignen,
unentgeltlich gestattet (Art. 4). Die Konzession für Ableitung
von Wasserkräften für Wasserwerke u. dgl., sowie die Verpachtung
von Seen und Flußstrecken fällt in die Kompetenz des Landrathes
(Art. 5). Alle Konzessionen und Bewilligungen müssen zeitlich
begrenzt sein und dürfen 80 Jahre nicht überschreiten (Art. 6).
Für jede konzessionirte Wasserkraft ist dem Staate ein jährlicher
Zins von 50 Rp. = 3 Fr. pro Pferdekraft zu entrichten; diese
Abgaben sind alle 10 Jahre einer Revision zu unterstellen (Art.
11). Bestehende Wasserrechte an öffentlichen Gewässern bleiben
auf eine Konzessionsdauer von 80 Jahren gewährleistet und sind
innert Jahresfrist mit den Vorschriften der Verordnung in Ein=
klang zu bringen. Dieselben sind für die ersten 20 Jahre mit
dem Minimum der Gebühr zu belegen (Art. 15). Allfällige
Privatrechte an denjenigen Seen und Flüssen, welche in dieser
Verordnung aufgezählt sind, müssen innert 3 Monaten beim
Regierungsrathe angemeldet und gerichtlich geltend gemacht werden
(Art. 16, Abs. 1). Den Gemeinden bleibt überlassen, die Bestim=
mungen festzustellen, unter welchen sie die Benutzung der ihnen
gehörigen Gewässer, insbesondere auch der sogenannten Dorfbäche
gewähren wollen, unter Vorbehalt allfälliger Privatrechte an
denselben.

B. Gegen diese Verordnung ergriffen Martin Arnold in
Bürglen und Genossen den staatsrechtlichen Rekurs an das
Bundesgericht, mit dem Antrage: Es sei die vom Landrathe des
Kantons Uri den 27. Oktober 1891 erlassene Verordnung betref=
fend Feststellung des Staatseigenthums an Seen und Flüssen und
Benutzung öffentlicher Gewässer als verfassungswidrig und daher
als ungültig und aufgehoben zu erklären. Sie führen aus:

1. Nach Art. 52 litt. b der urnerschen Kantonsverfassung
stehe der Erlaß aller Gesetze der Landsgemeinde zu, während der
Landrath nach Art. 59 ibidem nur zum Erlasse von Verordnungen
und Vollziehungsverordnungen kompetent sei. Nun qualifizire sich
die angefochtene Verordnung in That und Wahrheit nicht als
bloße Verordnung, sondern als ein wichtiger gesetzgeberischer Akt,

wie sich aus ihrem Inhalte ohne weiteres ergebe. Der Landrath
sei daher zu deren Erlaß verfassungsmäßig nicht befugt gewesen.
Zum Ueberflusse definire Art. 53 der urnerschen Verfassung, was
als Gesetz zu betrachten sei; diesem Artikel gegenüber könne nicht
ernstlich behauptet werden, die angefochtene Verordnung sei kein
Gesetz.

2. Die Verordnung verletze auch die Art. 10 und 11 der
Kantonsverfassung. Art. 11 behalte Privatrechte an Seen und
Flüssen ausdrücklich vor und Art. 10 gewährleiste die Unverletz=
lichkeit des Eigenthums. Mit diesen Gewährleistungen stehe es
im Widerspruch, wenn der Landrath seine Verordnungen auch auf
schon bestehende Wasserrechte ausdehne, dieselben mit einer Abgabe
an den Staat belaste und einer zeitlichen Beschränkung unterwerfe,
ja sogar die Forderung aufstelle, daß Inhaber von Privatrechten
dieselben bei Strafe des Rechtsverlustes beim Regierungsrathe
anzumelden und gerichtlich geltend zu machen haben.

3. Die Rekurrenten besitzen Privatrechte an öffentlichen Ge=
wässern des Kantons Uri, wofür sie eventuell den Beweis
anerbieten. Uebrigens richte sich ihre Beschwerde gegen eine gesetz=
geberische Verfügung, gegen welche jedem einzelnen Bürger ohne
Rücksicht darauf, ob er Privatrechte an öffentlichen Gewässern
besitze oder nicht, das Beschwerderecht wegen Verfassungswidrigkeit
zustehe.

C. In seiner Vernehmlassung auf diese Beschwerde bemerkt der
Regierungsrath des Kantons Uri:

1. Art. 53 der Kantonsverfassung stelle fest, daß als Gesetz
diejenigen Erlasse aufzufassen seien, welche allgemein verbindlich
seien und solche Rechte und Pflichten normiren, welche die Ge=
sammtheit oder einen erheblichen Bruchtheil des Volkes berühren.
Vorbehalten bleiben die in der Verfassung selbst gemachten Aus=
nahmen. Diese Bestimmung sei für die Entscheidung darüber
maßgebend, was im Kanton Uri als Gesetz aufzufassen sei. Im
Zweifelsfalle überwiege stets das Recht des Volkes dasjenige
der Behörden; im vorliegenden Falle aber habe im Landrathe
entschieden die Meinung obgewaltet, daß der Erlaß in seinen
Kompetenzkreis gehöre. Die Verordnung zerfalle in zwei Theile:
in die Aufzählung der kantonalen Gewässer einerseits und in die

Feststellung der Bedingungen der Benutzung dieser Gewässer andererseits. Der erste Theil sei einfach als Auslegung des Art. 11 der Kantonsverfassung aufzufassen. Diese Auslegung stehe aber nach Art. 59 litt. c der Verfassung dem Landrathe zu, welcher überhaupt nach altem urnerschem Rechte der authentische Ausleger aller Landsgemeindebeschlüsse, somit auch der Verfassung sei. Der zweite Theil der Verordnung beziehe sich wesentlich auf die Gebühren, welche für die Benutzung öffentlicher Gewässer zu entrichten seien. Nach Art. 59 litt. c der Kantonsverfassung sei aber der Landrath befugt, nicht nur die Gebühren festzustellen, welche dem Staate zu entrichten seien, sondern auch die Vorschriften aufzustellen, welche mit denselben in Verbindung gebracht werden müssen. Die hauptsächlichsten Bestimmungen der Verordnung beziehen sich hierauf und enthalten im Grunde genommen nichts anderes, als was bisher von Fall zu Fall in den stets vom Landrathe ertheilten Konzessionen niedergelegt worden sei. Die Behauptung, daß der Landrath seine verfassungsmäßigen Kompetenzen überschritten habe, sei also unbegründet. Uebrigens wäre den Rekurrenten nach der urnerschen Verfassung ein viel leichteres Mittel zu Gebote gestanden, die angefochtene Verordnung vor das Forum der gesetzgebenden Behörde des Kantons Uri, der Landsgemeinde zu bringen, als der staatsrechtliche Rekurs an das Bundesgericht. Nach Art. 26 der Kantonsverfassung nämlich stehe 20 stimmfähigen Einwohnern das Recht zu, alle landräthlichen Verordnungen vor die Landsgemeinde zu ziehen. Dieser Instanzenzug wäre im vorliegenden Falle wohl der richtige gewesen und zweifellos wäre auch die Landsgemeinde der kompetenteste Richter darüber, ob der Landrath seine Befugnisse überschritten habe oder nicht.

2. Ebensowenig sei die verfassungsmäßige Eigenthumsgarantie oder Art. 11 der Kantonsverfassung verletzt. Wenn allerdings der Landrath die Seen und Flüsse aufgezählt und als unbedingtes Staatsgut erklärt hätte, so wäre der verfassungsmäßige Vorbehalt der Privatrechte mißachtet. Allein dies sei nicht geschehen; es sei vielmehr den Ansprechern von Privatrechten an öffentlichen Gewässern Gelegenheit gegeben, ihre Rechte geltend zu machen und zur richterlichen Anerkennung zu bringen. Die bloße Behaup-

tung eines Privatrechts genüge nicht; es müsse dessen Bestand
dargethan werden. Der Staat spreche die öffentlichen Gewässer
als sein freies Eigenthum an. Wer an denselben ein privates
Recht zu haben glaube, möge dasselbe innert der gesetzlichen Frist
geltend machen. Durch Ansetzung einer solchen Frist strebe die
Verordnung an, allfällige Eigenthumsansprüche Dritter klar zu
stellen und jedem sein Recht werden zu lassen. Der Staat gehe
dabei in gleicher Weise vor, wie ein anderer Eigenthümer, welcher
allfällige Servituten, die auf seinem Eigenthum haften, ausmitteln
wolle und dafür einen Termin ansetze. Uebrigens sei der Regie=
rungsrath überzeugt, daß keiner der Rekurrenten ein Privatrecht
an den kantonalen Gewässern besitze. Wasserrechte an solchen Ge=
wässern mögen einzelnen von ihnen zustehen. Diese seien aber
öffentlich=rechtlicher Natur. Die Verordnung hebe zudem auch die
bestehenden Wasserrechte nicht auf, sondern wolle dieselben blos
näher normiren und zeitlich begrenzen, was durchaus im öffent=
lichen Interesse liege und ein Gebot vorsorglicher Staatsverwal=
tung sei.

3. Einzelne der Rekurrenten (Müeßli in Altorf, Bauhofer in
Schattdorf, Baumann in Altorf, J. J. Arnold=Gisler in Bürglen,
Josef Imfanger in Altorf und Martin Arnold in Spiringen)
werden von der landräthlichen Verordnung absolut nicht betroffen,
da ihre Wasserwerksanlagen an Gemeindegewässern liegen, auf
welche die Verordnung sich nicht beziehe.]

Es werde daher auf Abweisung des Rekurses angetragen.

Das Bundesgericht zieht in Erwägung:

1. Soweit die Beschwerde darauf begründet wird, die ange=
fochtene Verordnung enthalte einen verfassungswidrigen Eingriff
des Landrathes in das Gesetzgebungsrecht der Landsgemeinde, sind
die sämmtlichen Rekurrenten zur Beschwerde legitimirt. Denn zur
Beschwerde über behauptete Eingriffe in das verfassungsmäßige
Recht des Volkes zur Mitwirkung bei der Gesetzgebung ist jeder
einzelne Bürger berechtigt (s. Entscheidung des Bundesgerichtes,
Amtliche Sammlung XVI, S. 52 Erw. 2). Soweit dagegen der
Rekurs eine Verletzung der in Art. 10 der Kantonsverfassung
niedergelegten Gewährleistung der Unverletzlichkeit des Eigenthums
oder des in Art. 11 ibidem ausgesprochenen Vorbehaltes von Privat=

rechten an Seen und Flüssen behauptet, sind nur diejenigen Re=
kurrenten zur Beschwerde legitimirt, welche ein Privatrecht an Ge=
wässern beanspruchen, welche durch die angefochtene Verordnung
betroffen werden, nicht dagegen diejenigen, deren Wasserwerke an
Dorfbächen liegen, welche durch die angefochtene Verordnung gar
nicht berührt werden. Denn es ist klar, daß ein Eingriff in Privat=
rechte nur gegenüber den erstern, nicht dagegen gegenüber den letz=
tern in Frage kommen kann. Da indeß unbestrittenermaßen ein Theil
der Rekurrenten Wasserwerke an öffentlichen (kantonalen) Gewässern
besitzt und für dieselben private Wassernutzungsrechte beansprucht,
so muß die Beschwerde mit Rücksicht auf diese Rekurrenten auch
bezüglich des zweiten Beschwerdepunktes materiell geprüft werden.

2. Die urnersche Kantonsverfassung kennt ein Beschwerderecht
an die Landsgemeinde gegen verfassungswidrige Schlußnahmen
des Landrathes nicht. Allerdings bestimmt Art. 26 derselben, daß
jedem stimmfähigen Einwohner oder einer Mehrzahl derselben das
Recht zustehe, Anträge zu Handen der Landsgemeinde zu stellen
und daß auf Begehren von 20 stimmberechtigten Einwohnern der
Landsgemeinde alle landräthlichen Verordnungen, Beschlüsse und
Erlasse allgemeiner Natur vorzulegen seien. Allein damit ist nicht
ein Beschwerderecht des Einzelnen gegen verfassungswidrige Ver=
fügungen des Landrathes statuirt, sondern sind vielmehr politische
Volksrechte geordnet: das Recht der Initiative einerseits, des
Referendums gegen landräthliche Verordnungen andrerseits. Dies
folgt schon daraus, daß die fraglichen Befugnisse nicht jedem der
sich durch eine landräthliche Schlußnahme in verfassungsmäßigen
Rechten verletzt glaubt, zustehen, sondern nur stimmberechtigten
Einwohnern. Die Landsgemeinde hat, wenn die Vorlage landräth=
licher Schlußnahmen an sie von der geforderten Zahl von Stimm=
berechtigten verlangt worden ist, nicht als Richter über die Ver=
fassungsmäßigkeit dieser Schlußnahmen, speziell die verfassungs=
mäßige Kompetenz des Landrathes zu entscheiden, sondern als
souverainer, gesetzgebender Körper, über deren Annahme oder
Ablehnung abzustimmen. Da danach die Landsgemeinde nicht
oberste kantonale Beschwerdeinstanz für Rekurse wegen Ver=
fassungsverletzung ist, so ist von einer Verweisung der Sache an
dieselbe Umgang zu nehmen.

3. Bei Beurtheilung der Frage, ob die angefochtene Verordnung einen Eingriff in die gesetzgeberischen Befugnisse der Landsgemeinde involvire, ist selbstverständlich von dem Gesetzesbegriffe des urner= schen Verfassungsrechtes auszugehen. Nach Art. 48 der urnerschen Kantonsverfassung ist nun die Landsgemeinde die „souveraine und gesetzgebende" Behörde; ihr steht nach Art. 52 ibidem der Erlaß aller Gesetze zu. Der Landrath ist nach Art. 54 ibidem die „stellvertretend gesetzgebende und die oberste Verwaltungs= behörde." Es steht ihm nach Art. 59 litt. c und e die „Aus= legung der Landsgemeindebeschlüsse" und der Erlaß von Verord= nungen und der Vollziehungsverordnungen zu den Bundes= und kantonalen Gesetzen zu. Nach Art. 53 sind als Gesetze im Sinne des Art. 52 litt. b diejenigen Vorschriften zu verstehen, welche allgemein verbindlich sind und solche Rechte oder Pflichten fest= stellen, welche die Gesammtheit oder einen erheblichen Bruchtheil des Volkes berühren, vorbehältlich der von der Verfassung selbst gemachten Ausnahmen. Zu letztern gehört, daß nach Art. 59 litt. f der Kantonsverfassung der Erlaß der Straf=, Civilprozeß=, Hypothekar= und Fallimentsordnung dem Landrathe zusteht, also im Verordnungs- nicht im Gesetzgebungswege erfolgt. Fragt sich, ob danach die angefochtene Verordnung Rechtsvorschriften ent= halte, welche nach urnerschem Verfassungsrechte in Gesetzesform erlassen werden müssen, so ist zu bemerken : Insoweit als die Verordnung bestimmt, welche Gewässer als Seen oder Flüsse im Sinne des Art. 11 K.=V. zu betrachten seien, erscheint dieselbe als bloße Ausführungsverordnung zu der erwähnten Verfassungs= bestimmung, welche deren Sinn und Tragweite feststellt. Im Uebrigen dagegen, insoweit die Verordnung Entstehung, Wirkung und Untergang der Wassernutzungsrechte an öffentlichen Ge= wässern regelt, qualifizirt sie sich nicht als bloße Ausführungs= verordnung, sondern enthält selbständige, allgemein verbindliche Rechtsvorschriften. Denn allgemein verbindlich im Sinne des Art. 53 der urnerschen Kantonsverfassung sind offenbar diejenigen Vorschriften, welche nicht nur einen oder mehrere individuell be= stimmte Thatbestände regeln und daher nur einzelne individuell bestimmte Personen betreffen, sondern unter den gleichen Voraus= setzungen, bei Zutreffen ihres allgemein bestimmten Thatbestandes,

Jedermann verbinden. Allein nach der urner'schen Verfassung
bedürfen nun eben nicht alle allgemein verbindlichen Rechtsvorschriften der Aufstellung in Gesetzesform, sondern nur diejenigen,
welche Rechte und Pflichten feststellen, welche die Gesammtheit oder
einen erheblichen Bruchtheil des Volkes berühren. Allgemein verbindliche Rechtsvorschriften, bei welchen dies nicht zutrifft, bedürfen
also der Gesetzesform nicht, sondern können im Verordnungswege
aufgestellt werden. Zweifelhaft ist nun allerdings, welches die
Bedeutung der gedachten Voraussetzung der Nothwendigkeit der
Gesetzesform ist, ob dieselbe das räumliche Geltungsgebiet der
Rechtsnorm im Auge hat, also die Gesetzesform nicht fordert für
Rechtsvorschriften, welche nur für einen (nicht erheblichen) Theil
des Kantonsgebietes (eine oder mehrere einzelne Gemeinden u. s. w.)
erlassen werden, oder aber ob sie darauf abstellt, ob die thatsächlichen Voraussetzungen der Rechtsnorm bei einem erheblichen
Theile des Volkes zutreffen oder nicht. Der Wortlaut der Verfassung spricht nicht für die erstere Auffassung; im Gegentheil
erscheint diese nach dem Wortlaute der Verfassung wohl als ausgeschlossen. Denn wenn zwischen kantonalen und blos lokalen
Rechtsnormen hätte unterschieden werden wollen, so wäre dies
wohl unzweideutig ausgesprochen worden; es wäre alsdann nicht
von Rechtsvorschriften gesprochen worden, die Rechte oder Pflichten
aufstellen, welche das gesammte Volk oder einen erheblichen Bruchtheil desselben berühren, sondern von Normen, welche für das gesammte Kantonsgebiet oder einen erheblichen Theil desselben gelten.
Es wird demnach die Verfassung dahin verstanden werden müssen,
daß als Gesetze im Sinne des urner'schen Verfassungsrechtes nur
diejenigen allgemein verbindlichen Rechtsvorschriften zu behandeln
sind, deren thatsächliche Voraussetzungen bei der Gesammtheit oder
einem erheblichen Theile des Volkes zutreffen. Zu verkennen ist
allerdings nicht, daß damit die Unterscheidung zwischen Gesetz und
Verordnung an ein sehr schwankendes, der verschiedensten Auffassung im Einzelfalle fähiges, Kriterium geknüpft wird. Allein die
Auslegung des Art. 53 der urner'schen Kantonsverfassung führt
eben zu dieser Auffassung und es ist übrigens dieselbe für das
urner'sche Verfassungsrecht um deßwillen weniger bedenklich, weil
nach Art. 26 der Kantonsverfassung den Bürgern leicht gemacht

ist, die Vorlage von Verordnungen des Landrathes an die Lands=
gemeinde zu bewirken. Es sind denn auch sonst, wie Art. 59
litt. f der Kantonsverfassung zeigt, nach urnerschem Rechte der
Regelung im Wege landräthlicher Verordnungen Materien zuge=
wiesen, deren Ordnung anderwärts durchgängig der Gesetzgebung
vorbehalten ist. Nun haben die Rekurrenten in keiner Weise unter=
nommen, darzuthun, daß die angefochtene Verordnung Rechtssätze
enthalte, deren thatsächliche Voraussetzungen bei einem erheblichen
Theile des Volkes zutreffen und es kann dies nicht ohne weiters
als festgestellt gelten. Vielmehr dürfte klar sein, daß diejenigen,
welche besondere Wassernutzungsrechte an öffentlichen Gewässern
für den Betrieb von Wasserwerken u. s. w. besitzen, jedenfalls
nur einen kleinen Bruchtheil der urnerschen Bevölkerung bilden
und daß auch die sonstige gebührenpflichtige Benutzung der öffentli=
chen Gewässer nur einen kleinen Theil der Bevölkerung interessirt.
Die Regelung des Gemeingebrauches öffentlicher, im Staatseigen=
thum stehender Gewässer mit Bezug auf die Wegnahme von Kies,
Steinen, Sand u. s. w. dagegen steht dem Staate eben als Ausfluß
seines Eigenthums zu und kann daher aus diesem Gesichtspunkte
im Verordnungswege erfolgen. (S. Entscheidungen, Amtliche
Sammlung XIV, S. 432 Erw. 3.)

4. Es ist danach nicht dargethan, daß der Landrath durch den
Erlaß seiner angefochtenen Verordnung seine verfassungsmäßigen
Befugnisse überschritten habe. Ebensowenig liegt eine Verletzung
der verfassungsmäßigen Eigenthumsgarantie vor. Denn: Die
Gesetzgebungen beantworten bekanntlich die Frage, ob besondere
Wassernutzungsrechte an öffentlichen Gewässern dem Privat= oder
dem öffentlichen Rechte angehören, verschieden. Aus der angefoch=
tenen Verordnung geht nun hervor, daß der Staat den Bestand
privatrechtlicher Wassernutzungsrechte an den für öffentlich erklärten
Gewässern bestreitet und den betreffenden Wasserrechten nur den
Charakter öffentlich=rechtlicher Befugnisse beimißt. Allein dieselbe
behält denjenigen, welche privatrechtliche Wassernutzungsrechte be=
haupten, den Rechtsweg vor, um ihr behauptetes Privatrecht
richterlich feststellen zu lassen. Werden behauptete private Wasser=
nutzungsrechte vom Richter als bestehend anerkannt, so anerkennt,
wie die Vernehmlassungsschrift des Regierungsrathes bestätigt, der

Staat auch nach Erlaß der Verordnung deren Fortbestand in dem vom Richter festgestellten Umfange, so daß dieselben den zeitlichen, durch die Verordnung eingeführten Beschränkungen und dem Wasserzinse nicht unterstehen. Die angefochtene Verordnung hebt also nicht wohlerworbene Privatrechte ohne Entschädigung auf, sondern sie spricht nur aus, daß der Staat den Bestand solcher Privatrechte bestreitet und von den Ansprechern deren Nachweis verlangt. Hierin, in dieser bloßen Bestreitung des Bestandes eines Privatrechts unter Offenhaltung des Rechtsweges, liegt eine Verletzung der verfassungsmäßigen Eigenthumsgarantie offenbar nicht. Speziell enthält auch die Präklusivklausel des Art. 16 der Verordnung keine Verfassungsverletzung. Dieselbe statuirt lediglich eine Regel des objektiven Rechts, einen Erlöschungsgrund subjektiver Privatrechte, zu dessen Aufstellung der Landrath nach dem oben Ausgeführten kompetent war.

5. Ist danach die Beschwerde als unbegründet abzuweisen, so ist dagegen selbstverständlich, daß den Rekurrenten unbenommen bleibt, von dem nach Art. 26 Absatz 2 der Kantonsverfassung den Bürgern eingeräumten Rechte Gebrauch zu machen.

Demnach hat das Bundesgericht

erkannt:

Die Beschwerde wird im Sinne der Erwägungen als unbegründet abgewiesen.

---

28. Urtheil vom 22. April 1892 in Sachen Lerch.

A. Rudolf Lerch, Handelsmann, in Kirchberg, hat im Jahre 1890 unter zwei Malen von der chemischen Fabrik Schweizerhall in Basel 15000 Kilos Düngsalz bezogen und zum Theil an Bauern der Gegend weiter verkauft. Letztere verwendeten die Waare als Düngsalz; vereinzelte Versuche, das Salz zur Viehfütterung zu gebrauchen, wurden bald aufgegeben, da dasselbe sich zu dieser Verwendung nicht eignete. Lerch wurde wegen Uebertretung der das Salzmonopol betreffenden kantonalen Gesetzesvorschriften in Strafuntersuchung gezogen; er wendete ein, das Salzmonopol be-

ziehe sich nicht auf das Düngsalz, sondern beschränke sich auf das
Kochsalz. Diese Einwendung wurde indeß von beiden Instanzen
als unbegründet zurückgewiesen. Die zweite Instanz, die Polizei=
kammer des Appellations= und Kassationshofes des Kantons
Bern hat am 7. Oktober 1891 erkannt: I. Rudolf Lerch ist
schuldig erklärt der Widerhandlung gegen die Salzmonopolvor=
schriften des Kantons Bern. II. Derselbe ist in Anwendung des Ge=
setzes vom 4. Mai 1798 „Ausschließlicher Handel des Salzes in der
ganzen Republik auf Rechnung des Staates", des Verbotes des
Schleichhandels mit Salz vom 6. Januar 1804, des Dekretes
des Großen Rathes über die Umwandlung der Bußen von der
alten in die neue Währung vom 2. März 1853, Art. 22 des
Strafgesetzbuches und 468 und 358 des Strafverfahrens verur=
theilt: 1. Polizeilich zu einer Geldbuße von 1 Fr. 50 Cts. per
Pfund des eingeführten Salzes, zusammen also zu einer Geld=
buße von 45,000 Fr.; 2. Zur Konfiskation des eingeführten
Düngsalzes, soweit dasselbe noch im Besitze des Lerch vor=
handen ist; 3. Zu den Kosten des Staates u. s. w. Die Be=
gründung des Urtheils führt in Bezug auf die Frage, ob objektiv
eine Verletzung des Salzmonopols vorliege, im Wesentlichen aus:
Die maßgebenden Gesetze vom 4. Mai 1798 und 6. Januar 1804
behalten das „Salz" ohne weitere Bezeichnungen oder Unterschei=
dungen dem ausschließlichen Handel des Staates vor. Dasjenige
Mineral nun, welches sowohl in dem Volksmunde als auch in
der Sprache der Wissenschaft schlechthin als Salz bezeichnet werde,
sei im Wesentlichen eine chemische Verbindung von Chlor und
Natrium; da dasselbe meist zu Zubereitung der Speisen verwendet
werde, so werde es auch mit dem Namen „Kochsalz" belegt. Ent=
scheidend für die Frage, ob ein Mineral als Salz im Sinne
der bernischen Monopolvorschriften anzusehen sei, sei demnach die
Beantwortung der andern Frage, ob dasselbe seiner stofflichen
Zusammensetzung nach wesentlich aus Chlornatrium bestehe. Dies
sei nun für das von Lerch eingeführte Düngsalz zu bejahen. Die
Vertheidigung wende ein, in den dem Gesetze von 1791 voran=
geschickten Erwägungen sei unter anderm gesagt: „Ebenso ist es
auch eine seiner (des Staates) unerläßlichen Pflichten, darüber
zu wachen, daß das Volk immer diesen unentbehrlichen Gegenstand

seiner Lebensbedürfnisse im wohlfeilsten Preise erhalte und niemals
von der Habsucht der Händler abhange;" dabei sei in der französischen Ausgabe das Wort „Lebensbedürfnisse" durch denrée
wiedergegeben, woraus folge, daß nur der Handel mit solchem
Salze unter das Monopol gestellt werde, welches den Menschen
oder dem Vieh zur Nahrung diene. Allein abgesehen davon, daß
nach § 88 der bernischen Kantonsverfassung für die Auslegung
der Gesetze der deutsche Text maßgebend sei und daß man unter
Lebensbedürfnissen im weitern Sinne alles dasjenige verstehen
könne, was, wie das Salz in seiner Verwendung als Düngmittel,
auf indirektem Wege das Wohlbefinden des Menschen bedinge, so
könne diesem Passus der Sinn einer Beschränkung des Salzmonopols auf bestimmte Salzarten deßhalb nicht beigelegt werden,
weil der Gesetzgeber offenbar eine solche Beschränkung nicht habe
statuiren wollen. Der citirte Satz stehe nämlich unter den Erwägungen des Gesetzes; er habe also lediglich den Zweck, die
Einführung des Salzmonopols in den Augen des Volkes zu
rechtfertigen; es solle durch denselben die Statuirung des Salzmonopols als Ausfluß der landesväterlichen Fürsorge der Regierung dargestellt werden. Sicher sei, daß wenn der fiskalische Zweck
des Gesetzes, der ebenfalls unter den Erwägungen des Gesetzgebers
und im Gesetze selbst seinen Ausdruck gefunden habe, erreicht werden
solle, dann auch der Handel mit Düngsalz dem Monopol unterstellt werden müsse, weil sonst die Möglichkeit geboten sei, das
Gesetz durch falsche Deklarirung der Waare zu umgehen. Im Dispositiv des Gesetzes, und dies sei das entscheidenste, sei denn auch
der Handel mit „Salz" schlechthin, ohne irgend welche Beschränkung
rücksichtlich der Zweckbestimmung des letztern, als Monopol erklärt.
Es möge richtig sein, daß der Gesetzgeber bei Erlaß des Gesetzes
von 1798 nicht auch speziell an das Düngsalz gedacht habe, da
das Salz erst in neuerer Zeit in ausgedehntem Maße zur
Düngung verwendet werde; allein es wäre verfehlt, eine Gesetzes-
und zwar auch eine Strafgesetzesnorm, welche ihrem Wortlaute
nach einen vorliegenden Fall beschlage, aus dem Grunde auf
diesen Fall nicht anzuwenden, weil der Gesetzgeber an denselben
nicht speziell gedacht habe; wenn der Gesetzgeber, obgleich die
Lebensverhältnisse und mit ihnen die Lebensbedürfnisse fortwährend

neue Formen annehmen, gleichwohl bleibende Gesetze aufstelle, so müsse es auch in seinem Willen liegen, daß diese Gesetze auf die neugestalteten Lebensverhältnisse, die er nicht voraussehen könne, Anwendung finden. Es sei denn auch in den seitherigen Beschlüssen und Erlassen der bernischen Regierung das Düngsalz stets als unter das Salzmonopol fallend behandelt worden. In den Verhandlungen des Regierungsrathes sei am 4. Juni 1838 zum ersten Male die Rede von Düngsalz, indem an diesem Tage beschlossen worden sei, 1000 Zentner Düngsalz in Schweizerhall zu bestellen. Am 22. Mai 1839 habe der Regierungsrath den Antrag seines Finanzdepartementes, den Verkauf von Düngsalz freizugeben, abgelehnt, weil das Salzmonopol durch nachherige Purifizirung des Düngsalzes leicht umgangen werden könnte. Am 30. Januar 1840 endlich sei das Düngsalz vom Regierungsrathe als zum Salzmonopol gehörend erklärt worden, und am 12. November 1862 habe der Regierungsrath die Regierungsstatthalter angewiesen, auf die genaue Befolgung des Verbotes der Einbringung von fremdem Koch=, Vieh= und Düngsalz in den Kanton durch Private ein wachsames Auge zu haben.

B. Gegen dieses Urtheil ergriff R. Lerch den staatsrechtlichen Rekurs an das Bundesgericht. Er führt aus: Die Bestimmungen der Gesetze von 1798 und 1804 beziehen sich offenbar nur auf Koch= nicht auf Düngsalz. Dies ergebe sich schon aus dem Wortlaute der Gesetze, da „Salz" nach allgemeinem deutschem Sprachgebrauche lediglich Kochsalz d. h. diejenige Verbindung von Natrium und Chlor bedeute, welche als Lebensmittel für Mensch und Thier ein unerläßliches Bedürfniß sei. Sodann sprechen dafür die dem Gesetze von 1798 vorangeschickten Erwägungen, insbesondere in ihrer französischen Fassung, welche von denrée, Eßwaaren spreche; die französische Fassung sei aber hier, da es sich nicht um ein unter der Herrschaft der Staatsverfassung von 1846 erlassenes kantonales Gesetz, sondern um ein vom Kanton rezipirtes helvetisches Gesetz handle, als maßgebend zu betrachten. Auch die ratio legis, welche in dem Ingresse zum Gesetze von 1798 deutlich ausgesprochen sei, sei nur mit dieser Auslegung des Gesetzes vereinbar, wie denn auch der Gesetzgeber 1798 und 1804 durchaus keinen Anlaß gehabt habe, Gesetze gegen den Schleich=

Handel mit Düngsalz zu erlassen. Denn damals sei ihm die Bedeutung der Salinenabfallsalze für die Landwirthschaft noch gar
nicht bekannt gewesen; jedenfalls habe der Staat damals noch
keinen Handel mit Düngsalz getrieben. Da der Staat Bern festgestelltermaßen erst seit 31. September 1838 in seinen Salzab-
lagen auch Düngsalz halte, so habe natürlich der Gesetzgeber von
1804 ein Verbot des Privathandels mit Düngsalz unmöglich
beabsichtigen können. Die Annahme des angefochtenen Urtheils,
daß auch Düngsalz „Salz" sei, sei chemisch-technisch unhaltbar.
Das Abfallsalz der Salinen, welches als Düngsalz im Handel
erscheine, könne niemals dem Kochsalz gleichgestellt werden und
es sei keine Gefahr vorhanden, daß aus dem Düngsalz das Kochsalz ausgeschieden und alsbann als solches verwerthet werden
könnte. Es sei daher keine statthafte Gesetzesanalogie sondern ein Bei-
spiel unstatthafter Rechtsanalogie, wenn die bernische Polizeikammer das Salzmonopolgesetz von 1798 auf den Handel mit
Düngsalz ausdehne. Dadurch werde der neue Rechtssatz geschaffen,
daß auch das ausgedehnte Gebiet der Salinenabfallsalze dem
Staatsmonopol unterworfen sei, welches zugestandenermaßen ursprünglich nur das Kochsalz umfaßt habe. Man wolle also eine
Lücke, welche nach Auffassung des Gerichts in der Gesetzgebung
bestehe, auf dem Wege der Rechtsprechung ausfüllen. Das sei
aber nach allgemeinen Prinzipien des Strafrechts durchaus unzulässig und bedeute einen Uebergriff der richterlichen in das Gebiet
der gesetzgebenden Gewalt. Gleichzeitig liege in dem angefochtenen
Urtheile auch eine Rechtsverweigerung. Denn das Gericht gelange
zu seiner Entscheidung nicht auf Grund zulässiger Gesetzesauslegung sondern willkürlicher Interpretation. Es werde ein Thatbestand, der entschieden nicht unter das Gesetz falle, mit Gewalt
demselben subsumirt, um aus Opportunitätsrücksichten eine Lücke
der Gesetzgebung auszufüllen. Dadurch gelange denn auch das
Urtheil zu einem durchaus unzulässigen Ergebnisse, nämlich zu
einer Strafe, welche mit der Strafwürdigkeit der That in gar
keinem Verhältnisse stehe. Wenn die Buße von 45,000 Fr. nicht
erhältlich sein sollte, so gelange man, nach der bernischen Um-
wandlungsscala von 1 Tag Gefängniß gleich 4 Fr. Buße, zu
einer Gefängnißstrafe von circa 30 Jahren. Ein Vergehen, welches

schlimmstenfalls den Staat um einige hundert Franken geschädigt
habe, würde also mit einer schwerern Strafe belegt, als die
schwersten Verbrechen. Die Strafe stehe zudem in vollem Wider=
spruche mit Art. 13 des bernischen Strafgesetzes, wonach das
Maximum der Gefängnißstrafe 60 Tage betrage. Demnach werde be=
antragt: Es sei das angefochtene Urtheil der Polizeikammer des berni=
schen Obergerichtes d. d. 7. Oktober und 26. Dezember 1891 als
verfassungswidrig aufzuheben unter Kostenfolge gegen wen Rechtens.

C. Die Polizeikammer des Appellations= und Kassationshofes
des Kantons Bern verweist in ihrer Vernehmlassung auf diese
Beschwerde einfach auf die Motive ihres angefochtenen Urtheils.

Das Bundesgericht zieht in Erwägung:

1. Die Auslegung und Anwendung kantonaler Gesetze steht
nach Art. 59 O.=G. nicht dem Bundesgerichte als Staatsgerichts=
hof sondern ausschließlich den kantonalen Behörden zu. Dies muß
ohne weiteres zu Abweisung der Beschwerde führen. Denn in
That und Wahrheit handelt es sich bei derselben ausschließlich um
die Auslegung der bernischen Gesetze vom 4. Mai 1798 und
6. Januar 1804. Die angefochtene Entscheidung stellt fest, daß
als Salz im Sinne dieser Gesetze jedes Mineral zu betrachten
sei, welches seiner stofflichen Zusammensetzung nach wesentlich aus
Chlornatrium bestehe, ohne Rücksicht darauf, ob es als Nahrungs=
oder blos als Düngmittel verwendbar ist. Es handelt sich also
nicht, wie der Rekurrent behauptet, um die Ausfüllung einer
Lücke der Gesetzgebung im Wege der Gesetzes= oder Rechtsanalogie
sondern lediglich um Auslegung d. h. um Feststellung des Sinnes
des Gesetzeswortes. Ein Uebergriff der richterlichen in das Gebiet
der gesetzgebenden Gewalt steht demnach nicht in Frage und es
könnte die angefochtene Entscheidung vom Bundesgericht nur dann
aufgehoben werden, wenn die ihr zu Grunde liegende Gesetzesaus=
legung eine willkürliche wäre.

2. Dies ist aber nicht der Fall. Der Rekurrent hat nicht be=
hauptet, daß das Gesetz ihm gegenüber ausnahmsweise anders
als gegenüber andern Bürgern ausgelegt worden sei. Es ergibt
sich im Gegentheil, daß die bernischen Behörden von Anfang an,
seitdem überhaupt Düngsalz in ausgedehntem Maße zur Verwen=
dung kam, daran festgehalten haben, daß dasselbe unter das staat=

liche Salzmonopol falle. Diese Auffassung verstößt auch nicht
etwa wider den klaren Wortlaut des Gesetzes sondern ist mit
demselben durchaus vereinbar. Welche Bedeutung dem Ingresse des
Gesetzes von 1798 für die Auslegung des Gesetzestextes zukomme,
war von dem in der Sache kompetenten Strafrichter zu prüfen
und entzieht sich der Nachprüfung des Bundesgerichtes. Wenn
der Rekurrent speziell darauf hingewiesen hat, daß die Gesetze von
1798 und 1804 unmöglich Düngsalz im Auge haben können,
weil zur Zeit ihres Erlasses die Verwendung von Salinenabfall=
salzen als Düngmittel dem Gesetzgeber überhaupt nicht bekannt
gewesen sei und jedenfalls der Staat mit solchen Salinenabfall=
salzen keinen Handel getrieben habe, so lassen diese Umstände die
Gesetzesauslegung des angefochtenen Urtheils nicht als eine unzu=
läßige und willkürliche erscheinen. Es ist dessenungeachtet keines=
wegs unmöglich, das Gesetz dahin auszulegen, daß dasselbe nicht
nur das zur Zeit seines Erlasses in Verwendung und Handel
befindliche sondern überhaupt alles, auch erst zukünftig für irgend
welche Zwecke in Gebrauch kommende Salz (Chlornatrium) dem
staatlichen Monopole habe unterwerfen wollen. Die Anwendbar=
keit der Gesetze ist in der That nicht auf diejenige Gestaltung der
Lebensverhältnisse beschränkt, welche zur Zeit ihres Erlasses bestand
(vergleiche Entscheidung des Bundesgerichtes in Sachen Lüthy
vom 7. November 1890). Wenn der Rekurrent im Fernern auf
das Mißverhältniß zwischen Verschulden und Strafe hingewiesen
hat, welches im vorliegenden Falle bestehe, so besteht ein solches
Mißverhältniß zwar unverkennbar. Allein es kann dies nicht zu
Begründeterklärung des Rekurses führen, um so weniger, als
diese Erscheinung überhaupt bei Anwendung fiskalischer, wesentlich
auf Abschreckung abzweckender, Strafgesetze nicht selten zu Tage
tritt. Wie es sich eventuell mit der Umwandlung der ausgesprochenen
Geldstrafe in Gefängniß verhalten würde, steht gegenwärtig nicht
in Frage, da eine solche Umwandlung nicht ausgesprochen ist.

Demnach hat das Bundesgericht

erkannt:

Die Beschwerde wird als unbegründet abgewiesen.

II. Uebergriff in das Gebiet der richterlichen Gewalt. — Empiétement dans le domaine du pouvoir judiciaire.

29. Urtheil vom 22. April 1892 in Sachen Haury.

A. In der östlichen Hälfte des Gebäudes „zum Schneggen" in Reinach wird seit Jahren eine Speisewirthschaft betrieben, und zwar seit 1880 von einem Pächter des Rekursbeklagten Franz Karbacher. Im Jahre 1891 eröffnete der Rekurrent Arnold Haury in der ihm gehörigen westlichen Hälfte des Gebäudes „zum Schneggen" ebenfalls eine Speisewirthschaft, für welche er die Bezeichnung „Speisewirthschaft zum Schneggen" führte. Gleichzeitig ließ er als seine Firma in das Handelsregister eintragen: „A. Haury, Speisewirthschaft zum Schneggen in Reinach." Franz Karbacher beschwerte sich nun bei der Finanzdirektion des Kantons Aargau, daß Haury für seine Wirthschaft ungefähr die gleiche Bezeichnung gewählt habe, welche er (Karbacher), der seine Wirthschaft „Restaurant und Bierhalle zum Schneggen" nenne, schon lange gebrauche; er stellte das Gesuch, A. Haury möchte angehalten werden, seine Wirthschaft so zu benennen, daß keine Verwechslung möglich sei. Die Finanzdirektion verfügte am 16. Oktober 1891, um jeden Zweifel und jede Verwechslung zu beseitigen, habe sowohl Karbacher als Haury „seiner Firma noch den vollen Namen beizufügen," so daß die Wirthschaft des Haury „Speisewirthschaft A. Haury, zum Schneggen" und diejenige des Karbacher „Restauration und Bierhalle Franz Karbacher zum Schneggen" heiße; da beide Wirthschaften im sogen. Schneggen-gebäude sich befinden, habe auch jeder der beiden Besitzer das Recht, auf seinem Aushängeschild die Worte „zum Schneggen" anzubringen. Gegen diese Verfügung beschwerte sich A. Haury beim Regierungsrathe des Kantons Aargau, mit dem Antrage, es sei dieselbe insoweit aufzuheben, als sie dem Franz Karbacher gestatte, in seiner Wirthschaftsfirma den Zusatz „zum Schneggen"

zu gebrauchen. Er führte aus, er habe in Folge des Handelsregister=
eintrages das ausschließliche Recht erworben, in Reinach die
Firma „A. Haury, Speisewirthschaft zum Schneggen" zu führen.
Zufolge dieses Firmenrechtes dürfe auch für kein anderes Wirth=
schaftsgewerbe in Reinach die Bezeichnung „zum Schneggen" ge=
braucht werden. Jedenfalls wäre die Frage, ob auch Karbacher
in seiner Wirthschaftsfirma den Zusatz „zum Schneggen" ge=
brauchen dürfe, privatrechtlicher Natur und unterläge prinzipiell
der Kognition des Civilrichters. Den Verwaltungsbehörden fehle
jedenfalls die Kompetenz, ihm den Gebrauch zu gestatten. Die
Kompetenz der Verwaltungsbehörden könne auch nicht mit dem
Hinweise auf das Wirthschaftsgesetz begründet werden. Denn ab=
gesehen davon, daß es sich hier nicht um ein Wirthschaftszeichen
im Sinne des § 5 litt. b des Wirthschaftsgesetzes handle, so
stehen die Firmen jetzt unter dem Bundesrecht und dieses habe
keinen Vorbehalt des kantonalen Rechts rücksichtlich der Wirth=
schaftsfirmen gemacht. Er bestreite dem Franz Karbacher das
Recht, in seiner Firma den Zusatz „zum Schneggen" zu führen
und beabsichtige, ihn gütlich oder nöthigenfalls rechtlich zur Aen=
derung der Firma auf dem Civilwege zu bestimmen. Es sei daher
klar, daß er die Verfügung der Finanzdirektion nicht könne in
Rechtskraft erwachsen lassen. Der Regierungsrath des Kantons
Aargau wies durch Beschluß vom 27. November 1891 den Re=
kurs ab, indem er ausführte: Wenn es wirklich nicht statthaft
wäre, daß beide Wirthschaftsbesitzer ihre Wirthschaft „zum
Schneggen" heißen, so müßte dies doch unzweifelhaft dem Haury
als dem jüngern Konzessionär untersagt werden. Die Sache könne
aber in der von der Finanzdirektion beliebten Weise behandelt
werden, da mit der gemachten Unterscheidung der Vorschrift des
Art. 868 O.=R. ein Genüge gethan sei.

B. Gegen diesen Entscheid ergriff A. Haury den staatsrechtlichen
Rekurs an das Bundesgericht. Er macht die gleichen Argumente
geltend wie in seiner Beschwerde an den Regierungsrath, und
führt aus: Es liege in den angefochtenen Entscheidungen der
Finanzdirektion und des Regierungsrathes ein Uebergriff der
vollziehenden in das Gebiet der richterlichen Gewalt und damit
eine Verletzung der Art. 3, 21 litt. e, 55 litt. a, 53 litt. a und

39 K.-V., und des Art. 58 B.-V. Nur der Richter könne über das vom Rekurrenten beanspruchte Privatrecht, dem Rekursbeklagten den Gebrauch des Zusatzes „zum Schneggen" in seiner Firma zu untersagen, entscheiden. Wenn der Regierungsrath sich zu Begründung seiner Kompetenz auf das aargauische Wirthschaftsgesetz von 1854 berufen sollte, so sei dem gegenüber zu bemerken, daß alsdann eine Verletzung des in Art. 2 der Uebergangsbestimmungen zur Bundesverfassung niedergelegten Grundsatzes vorläge, daß Bundesrecht dem Kantonalrechte vorgehe. Denn Bezeichnungen, wie die „zum Schneggen", unterstehen, sobald sie zum Zusatze einer ins Handelsregister eingetragenen Geschäftsfirma erhoben werden, überhaupt nicht mehr dem kantonalen Wirthschaftsgesetze, sondern dem schweizerischen Obligationenrechte. Demnach werde beantragt: 1. Das Bundesgericht wolle als Staatsgerichtshof die Verfügung der aargauischen Finanzdirektion vom 16. Oktober 1891, soweit sie beim Regierungsrathe angefochten war, und den Entscheid des aargauischen Regierungsrathes vom 27. November 1891, aufheben; 2. Der Rekursit sei schuldig, dem Rekurrenten die Kosten zu ersetzen.

C. Der Regierungsrath des Kantons Aargau bemerkt in seiner Vernehmlassung auf diese Beschwerde: Man hätte sich füglich fragen können, ob nicht Karbacher einzig das Recht besitze, den Zusatz „zum Schneggen" zu führen, da seine Wirthschaft die ältere sei. Allein dem Frieden zu liebe und da sich beide Wirthschaften im sog. Schneggen befinden, habe man beiden Schneggen-Wirthen den Zusatz bewilligt. Dazu seien ohne Zweifel die Finanzdirektion sowohl als der Regierungsrath kompetent gewesen; dies folge aus Art. 5 und 15 des aargauischen Wirthschaftsgesetzes. § 5 laute: „Jede Wirthschaft ist durch ein besonderes Abzeichen „kenntlich zu machen. Dasselbe besteht a) für Tavernen- und „Badwirthschaften in einem Aushängeschild oder in einer die Wirth-„schaft bezeichnenden Tafel. Es dürfen jedoch in derselben Ortschaft „nicht mehrere Aushängeschilde oder Tafeln mit demselben Ab-„zeichen bestehen; b) für Speise-, Bier-, Pinten-, Sommer- und „Kaffeewirthschaften in einer Tafel oder einem Wirthschaftszeichen, „worauf die Art der Wirthschaft beutlich angegeben ist. . . ." § 15 bestimme: „Das Gesuch um eine vom Regierungsrathe zu be-

„willigende neue Wirthschaft soll enthalten. . . . Die Art der „Wirthschaft und wenn eine Tavernen= oder Badwirthschaft nach= „gesucht wird, das Wirthschaftszeichen." Von jeher haben die kantonalen Behörden die Wirthschaftsaushängeschilde und Tafeln genehmigt und es habe, soviel dem Regierungsrath bekannt, noch nie ein aargauischer Wirth seiner Firma einen besondern Zusatz beigefügt, ohne hiezu die Genehmigung der Aufsichtsbehörden über das Wirthschaftswesen einzuholen. Wenn der Rekurrent versuche, die Frage der Firmabezeichnung auf das civilrechtliche Gebiet hinüberzuziehen, so sei dies unzulässig. Nach Art. 31 c K.=B. geschehe die Ausübung des Wirthschaftsgewerbes nach kantonalen Vorschriften. Diese seien im kantonalen Wirthschaftsgesetze ent= halten und es können für die Frage des Wirthschaftszeichens nur die Bestimmungen der §§ 5 und 15 des aargauischen Gesetzes zur Anwendung kommen, wonach der letzte Entscheid dem Regierungs= rathe und nicht dem Civilrichter zustehe. Es liege deßhalb keine Verfassungsverletzung vor. Es bestehe aber auch kein Widerspruch mit den Bestimmungen des Art. 876 O.=R. Gegen den vom Rekurrenten bewirkten Eintrag ins Handelsregister wende der Regierungsrath nichts ein. Die vom Regierungsrathe zugelassene Bezeichnung der Karbacherschen Wirthschaft als Restauration und Bierhalle J. Karbacher zum Schneggen enthalte aber eine ganz andere Firma als diejenige des Rekurrenten, welche mit der letz= tern nicht verwechselt werden könne, während Art. 876 O.=R. nur vom Gebrauche der gleichen Firma durch Unberechtigte handle. Demnach werde beantragt: Das Bundesgericht wolle den Rekurs des Arnold Haury in Reinach abweisen, unter Kostenfolge.

D. Der Rekursbeklagte J. Karbacher bestreitet die Kompetenz des Bundesgerichtes, da es sich um die nähere Bezeichnung und Ueberwachung einer Wirthschaft handle, die Ueberwachung des Wirthschaftswesens aber den kantonalen Behörden überlassen sei. Sachlich stelle sich die Beschwerde als eine Trölerei dar. Es könne im Ernste nicht davon die Rede sein, dem Rekursbeklagten den Gebrauch der seither von ihm geführten Wirthschaftsbezeich= nung zu untersagen. Demnach werde auf Abweisung des Rekurses unter Kostenfolge angetragen.

Das Bundesgericht zieht in Erwägung:

1. Da der Rekurrent eine Verletzung verfassungsmäßiger Be=
stimmungen behauptet, so ist das Bundesgericht unzweifelhaft
kompetent.

2. In der Sache selbst ist richtig, daß das Firmenrecht dem
Privatrechte angehört und durch das Bundesrecht, das eidgenös=
sische Obligationenrecht, geregelt ist, (siehe Entscheidung des Bundes=
gerichtes in Sachen der Tessiner Kantonalbank vom 3. Juli 1891,
Amtliche Sammlung XVII, S. 410 u. ff.). Allein durch die
Bestimmungen des eidgenössischen Privatrechts über das Firmen=
recht sind die polizeilichen Vorschriften der kantonalen Gesetze über
die Wirthshausschilder oder Zeichen keineswegs aufgehoben. Firma
und Wirthshausschild sind, wie das Bundesgericht bereits wiederholt ausgesprochen hat (siehe Entscheidungen, Amtliche Sammlung
XVII, S. 517) verschiedene Begriffe. Die Firma ist der Name,
welche ein Geschäftsinhaber in seinem Geschäftsbetriebe sich bei=
legt; sie enthält die Bezeichnung der Person des Geschäftsinhabers,
nicht des von dieser betriebenen Geschäfts und muß daher gemäß
Art. 867 O.=R. in dem bürgerlichen Namen des Geschäftsin=
habers mit oder ohne Vornamen bestehen, wobei nur Zusätze
zu näherer Bezeichnung der Person oder des Geschäfts statthaft
sind. Das Wirthshausschild oder Zeichen .dagegen dient nicht
dazu, die Person des Geschäftsinhabers im geschäftlichen Ver=
kehre, bei Abschluß von Rechtsgeschäften u. s. w. zu bezeichnen,
sondern es bezeichnet das Geschäft, das vom Wirthe betriebene
Etablissement. Die bundesrechtlichen Normen über Recht und
Pflicht der Firmenführung, Beschaffenheit und Schutz der Ge=
schäftsfirmen finden also auf die Wirthshausschilder keine An=
wendung. Es steht vielmehr den kantonalen Polizeigesetzen frei,
über die Pflicht zur Führung von Schildern oder Zeichen durch
Gastwirthe, deren nothwendige Beschaffenheit u. s. w., im öffent=
lichen Interesse Bestimmung zu treffen, während dagegen allerdings
rücksichtlich der Firmenführung auch für Gastwirthe die Regeln
des eidgenössischen Obligationenrechtes gelten. Nun handelt es sich
in concreto nicht um die Firma, sondern um das Wirthshaus=
schild. Der Regierungsrath des Kantons Aargau hat in That
und Wahrheit, trotzdem er irrthümlicherweise von Firmen spricht,
nicht darüber entschieden, welche Firma die eine oder andere

Partei zu führen habe, sondern er hat darüber Bestimmung ge=
troffen, wie die Wirthshausschilder der beiden Parteien zu ge=
stalten seien. Zu bestimmen nun, wie die Wirthshausschilder der
Parteien beschaffen sein müssen, um nebeneinander als polizeilich
zulässig zu erscheinen, war der Regierungsrath nach der aar=
gauischen Verfassung und Gesetzgebung ohne Zweifel befugt und
es kann somit darin, daß er eine sachbezügliche Anordnung ge=
troffen hat, eine Verfassungsverletzung nicht erblickt werden.
Dagegen steht freilich dem Regierungsrathe die Kompetenz nicht
zu, darüber zu entscheiden, ob die Führung der Geschäfts= oder
Lokalbezeichnung „zum Schneggen" durch den Rekursbeklagten
ein Privatrecht des Rekurrenten verletze, so daß dieser Schaden=
ersatz und Unterlassung weiterer Störung zu verlangen kraft
Privatrechts berechtigt sei. Ueber einen derartigen privatrechtlichen
Anspruch können vielmehr nach den in der aargauischen Ver=
fassung niedergelegten Grundsätzen über die Trennung von Justiz
und Verwaltung nur die Gerichte entscheiden. Es ist demnach
der Rekurs zwar abzuweisen, allein unter dem Vorbehalte, daß
dem Rekurrenten, wenn er glauben sollte, ein Privatrecht zu be=
sitzen, kraft dessen er dem Rekursbeklagten die Benützung der
Bezeichnung „zum Schneggen" verbieten könne, der Rechtsweg
offen bleiben muß.

Demnach hat das Bundesgericht

erkannt:

Der Rekurs wird im Sinne der Erwägungen abgewiesen.

III. Anderweitige Eingriffe in garantirte Rechte.
Atteintes portées à d'autres droits garantis.

30. Urtheil vom 13. Februar 1892 in Sachen Stabelmann und Genossen.

A. Die Korporationsgemeinde Escholzmatt beschloß am 28. Juni 1891, der Kirchgemeinde Escholzmatt an die Kosten der Erbauung einer neuen Pfarrkirche einen freiwilligen Beitrag von 20,000 Fr. zu leisten. Zur Tilgung dieses Beitrages sollte vorab der Jahres- nutzen des Korporationsvermögens während fünf Jahren verwendet werden, so daß während dieser fünf Jahre den Genußberechtigten kein Korporationsnutzen auszuhändigen sei; der Rest sollte durch Holzerlös aus der Korporationskasse gedeckt werden. Gegen diesen Beschluß erhoben Thomas Stabelmann in Flühli und eine An- zahl anderer außerhalb der Gemeinde Escholzmatt wohnhafter Korporationsbürger von Escholzmatt beim Regierungsrathe des Kantons Luzern Einsprache. Der Regierungsrath ertheilte indeß demselben nichtsdestoweniger am 2. November 1891 die von der Korporationsverwaltung nachgesuchte hoheitliche Genehmigung (unter Vorbehalt besonderer Bewilligung des auszuführenden Holz- schlages), indem er ausführte: Es liege kein Grund vor, die Ge- nehmigung zu versagen. Es sei angemessen, daß sich die Korpo- rationsgemeinde von Escholzmatt an dem mit schweren finanziellen Opfern verbundenen, als bringende Nothwendigkeit erkannten Neu- bau der dortigen Pfarrkirche nach Kräften betheilige. Die Geneh- migung dürfe um so eher ertheilt werden, als nur theilweise das Kapitalvermögen der Gemeinde in Anspruch genommen werden solle. Der Beschluß der Korporationsgemeinde liege auch durchaus in der Kompetenz derselben und sei deßhalb für sämmtliche Kor- porationsbürger verbindlich. Derselbe widerspreche keiner Bestim- mung des Reglementes über die Verwaltung und Benutzung des Korporationsgutes von Escholzmatt vom 6. April 1877, da dasselbe das freie Bestimmungsrecht über die Ausgaben innerhalb

der gesetzlichen Bestimmungen nirgends verbiete und eine alljähr=
liche Nutzung nicht garantire. Uebrigens sei die Korporations=
gemeinde nach § 12 des Reglementes auch jederzeit berechtigt,
dasselbe unter Vorbehalt der regierungsräthlichen Genehmigung
abzuändern. Auch unter der Voraussetzung, der genannte Korpo=
rationsgemeindebeschluß sei eine solche Reglementsabänderung, stehe
nichts entgegen, denselben zu genehmigen.

B. Nunmehr ergriffen Th. Stabelmann und Genossen den
staatsrechtlichen Rekurs an das Bundesgericht, mit dem Antrage:
1. Das Bundesgericht wolle den Beschluß der Korporationsge=
meinde von Escholzmatt vom 28. Juni 1891 als verfassungs=
widrig und für die Rekurrenten als unverbindlich erklären ;
2. unter Kostenfolge. Die Rekurrenten führen aus : Sie seien,
obschon Korporationsgenossen der Korporationsgemeinde Escholz=
matt, doch in derselben nicht stimmberechtigt, weil sie außerhalb
der Gemeinde Escholzmatt wohnen ; sie müssen daher ihre Rechte
im Wege Rechtens wahren. Der Beschluß der Korporationsge=
meinde Escholzmatt vom 28. Juni verletze den § 93 K.=V.,
welcher als maßgebend für die Verwaltung der Korporations=
güter das Reglement bezeichne, welches die Korporationsge=
meinde sich unter Vorbehalt der Genehmigung des Regierungs=
rathes gegeben habe. Das Reglement der Korporationsgemeinde
Escholzmatt bestimme nun (in § 2 und 3), daß der ganze Ertrag
des Korporationsvermögens unter die Genossen vertheilt werden
müsse, wie das seit Jahrhunderten geschehen sei. Davon, daß
Geschenke gemacht werden dürfen, welche erhebliche Theile des
Korporationsvermögens seinem Zwecke entziehen, enthalte das
Reglement kein Wort. Wenn der Regierungsrath eine angebliche
Abänderung des Reglementes bestätigen wolle, so sei darauf zu
erwidern, daß die Gemeinde eine Abänderung des Reglementes
gar nicht gewollt und daher auch nicht für eine solche um die
regierungsräthliche Genehmigung nachgesucht habe. Der Beschluß
verstoße gegen die Gleichheit vor dem Gesetze. Der Regierungs=
rath habe der Stadtgemeinde Luzern die Verfügung über ihr
Eigenthum (die Mariahilfkirche) verboten und den Beschluß der
Gemeinde Buchenrain betreffend die Einführung der Unentgeltlich=
keit der Lehrmittel aufgehoben, ohne damit nach seiner Meinung

mit dem Grundsatze der Gemeindeautonomie in Widerspruch zu
gerathen; er könne nun nicht erklären, er besitze keine Kom=
petenz zu Annullirung des Escholzmatterbeschlusses. Im Weitern
verstoße der Regierungsbeschluß gegen § 87 K.=B., welcher
dem Regierungsrathe zur Pflicht mache, für Erhaltung des
Vermögens der Korporationsgemeinden besorgt zu sein. Für die
Rekurrenten speziell falle noch in Betracht: Der Entzug des
Korporationsnutzens stelle sich als eine Steuer für den Kirchen=
bau in Escholzmatt dar. Da die Rekurrenten bereits in ihren
Wohngemeinden Kirchensteuern bezahlen, so entstehe ein Fall
bundeswidriger Doppelbesteuerung. Auch werde der Grundsatz des
§ 11 K.=B. verletzt, wonach für die Besteuerung die Steuerob=
jekte lediglich nach Maßgabe der Bestimmungen des Steuerge=
setzes herbeigezogen werden können. Das Gesetz kenne eine Be=
steuerung durch Entzug des Bürgernutzens, welcher sich als
Kopfsteuer qualifizire, nicht; zudem besitzen die Korporations=
gemeinden kein Besteuerungsrecht und könne eine Gemeinde nur
für innerhalb ihrer Sphäre liegende Zwecke Steuern erheben.

C. In seiner Vernehmlassung auf diese Beschwerde führt
der Regierungsrath des Kantons Luzern aus: § 93 K.=B.
bestimme nur, daß sich die stimmfähigen Korporationsgenossen
ein Reglement zu geben haben, dagegen schreibe er in keiner
Weise vor, in welcher Art der Ertrag des Korporationsver=
mögens Verwendung finden solle. Derselbe sei also nicht ver=
letzt. Es könnte sich nur fragen, ob nicht der Beschluß der Kor=
porationsgemeinde mit dem Reglemente im Widerspruch stehe.
Diese Frage sei aber das Bundesgericht zu prüfen nicht befugt.
Dieselbe sei einzig vom Regierungsrathe als der verfassungs= und
gesetzmäßigen Oberaufsichtsbehörde zu entscheiden gewesen und auch
wirklich entschieden worden. Ebenso wenig liege eine Verletzung
der Gleichheit vor dem Gesetze vor. Die Rekurrenten behaupten
selbst nicht, sie seien anders und ungünstiger behandelt worden, als
ihre übrigen Korporationsgenossen oder die Genossen anderer Kor=
porationen, und es sei dies auch thatsächlich nicht der Fall. Der
Beschluß vom 28. Juni 1891 gelte für alle Korporationsge=
nossen und es sei überhaupt nichts seltenes, daß Korporationsge=
meinden Beiträge für öffentliche Werke, Schulhaus= oder Eisen=

bahnbauten u. brgl., votiren und es habe alsbann jeder Korpora=
tionsgenoffe sich dem Beschlusse zu unterziehen. Solche Verfügungen
entsprechen auch ganz der Zweckbestimmung, mit der seiner Zeit
der Staat Luzern die Korporations= oder Hochwaldgüter den Ge=
meinden des Amtes Entlebuch ausgefolgt habe. Die von den Re=
kurrenten citirten Regierungsbeschlüsse betreffend die Mariahilfkirche
und den Gemeindebeschluß von Buchenrain betreffend Unentgelt=
lichkeit der Lehrmittel betreffen ganz andere Verhältnisse. Allerdings
liege dem Regierungsrathe die Obsorge für die Erhaltung des
Gutes der Korporationsgemeinden ob. Allein der Beschluß der
Korporationsgemeinde Escholzmatt vom 28. Juni 1891 lasse nun
das Korporationsvermögen selbst intakt und verfüge blos über
dessen Nutzungen. Freilich habe der Regierungsrath auch über die
bestimmungsgemäße Verwendung und Benutzung des Korporations=
gutes zu wachen. Allein dem Regierungsrathe stehe eben der Ent=
scheid darüber zu, welche Benutzungsart dieses Gutes mit seiner
Zweckbestimmung im Einklange stehe. Im vorliegenden Falle habe
der Regierungsrath gefunden, der Gemeindebeschluß vom 28. Juni
1891 sei mit den Zwecken des öffentlichen Korporationsver=
mögens vereinbar, ja sei geradezu ein Ausfluß der Zweckbe=
stimmung, die jenem Gute zur Zeit der Austheilung gegeben
worden sei. Hierin liege offenbar keine Verfassungsverletzung. Der
Gemeindebeschluß vom 28. Juni 1891 sei kein Steuerbeschluß,
sondern dekretire eine freiwillige Leistung, ein Geschenk zu einem
öffentlichen Zwecke. Schon aus diesem Grunde könne von einer
verfassungswidrigen Doppelbesteuerung keine Rede sein. Uebrigens
beziehe sich der bundesrechtliche Schutz gegen Doppelbesteuerung
nur auf interkantonale Steuerkonflikte, während die Rekurrenten
sämmtlich im Kanton Luzern wohnen, und erhebe überhaupt keine
andere Steuerbehörde einen Anspruch auf die Besteuerung des
Korporationsnutzens von Escholzmatt. Auch wenn der ange=
fochtene Gemeindebeschluß eine Steuer wirklich dekretirte, so stände
doch die Befugniß, über deren Gesetzmäßigkeit zu entscheiden, nur
dem Regierungsrathe und nicht dem Bundesgerichte zu. Denn der
staatsrechtliche Rekurs beziehe sich nicht auf kantonale Gesetze,
selbst wenn diese in Ausführung der kantonalen Verfassung er=
lassen worden seien. Eine Verletzung des § 11 K.=V. sei in keiner
Weise glaubhaft gemacht worden.

Das Bundesgericht zieht in Erwägung:

1. Die luzernischen Korporationsgemeinden haben keine Zweige
der öffentlichen Verwaltung zu besorgen, sondern nur das Kor=
porationsgut zu verwalten und zu verwenden; sie sind indessen
nichtsdestoweniger aus dem Gemeindeverbande hervorgegangene
öffentlich=rechtliche Korporationen. Ihre Organisation, das Stimm=
recht der Genossen u. s. w. werden durch das Gesetz bestimmt
und die Nutzung des Korporationsgutes ist der Regelung durch
die korporative Gesetzgebung unterworfen. Ein Nutzungsrecht der
einzelnen Genossen besteht nur insoweit und insolange, als die
korporative Gesetzgebung (das Reglement der Korporation) es
anerkennt, wogegen allerdings während des Bestehens eines Regle=
mentes die Genossen ein Recht auf diejenigen Bezüge besitzen,
welche ihnen nach demselben zukommen. Das Reglement der
Korporationsgemeinde Escholzmatt war demnach im vorliegenden
Falle in erster Linie dafür maßgebend, ob diese Gemeinde zu ihrer
angefochtenen Verfügung berechtigt oder durch entgegenstehende
Rechte der Korporationsgenossen gehindert war. Dieses Regle=
ment bildet nun aber keinen Bestandtheil des luzernischen Ver=
fassungsrechtes und es ist daher das Bundesgericht gemäß
Art. 59 O.=G. nicht befugt, zu untersuchen ob der Regierungs=
rath des Kantons Luzern dasselbe richtig ausgelegt und an=
gewendet habe. Art. 93 K.=V., auf welchen die Rekurrenten
sich berufen, bestimmt einfach, daß die stimmfähigen Korpo=
rationsgenossen sich unter Vorbehalt der Ratifikation durch den
Regierungsrath ihr „Reglement" geben. Dadurch wird selbstver=
ständlich nicht bewirkt, daß die Bestimmungen des Gemeinde=
reglementes zu Bestandtheilen des Verfassungsrechtes erhoben
würden; es ist auch nicht richtig, daß Art. 93 die Autonomie
der Korporationen nur innerhalb der Schranken der Reglemente
gewährleiste. Vielmehr ist klar, daß den Korporationen neben den
reglementarischen auch die gesetzlichen Befugnisse zustehen, sie ins=
besondere zu Abänderung ihrer Reglemente befugt sind. Eine
Verletzung des Art. 93 K.=V. liegt also nicht vor, während
das Bundesgericht nicht zu untersuchen hat, ob die angefochtene
Entscheidung auf richtiger Auslegung des Korporationsregle=
mentes oder der kantonalen Gesetzgebung beruhe.

2. Ebensowenig ist der Grundsatz der Gleichheit der Bürger

vor dem Gesetze verletzt. Der Regierungsrath hat es nicht etwa
abgelehnt, über die Genehmigung des streitigen Korporations=
beschlusses zu entscheiden, sondern er hat diesen Beschluß geprüft
und die Genehmigung desselben ausgesprochen. Daß er in ähn=
lichen Fällen gegenüber andern Korporationsgemeinden anders
verfahren, diesen eine Vermögensverwendung zu öffentlichen Zwecken
untersagt habe, behaupten die Rekurrenten selbst nicht und es
kann daher von einer ungleichen Behandlung von vornherein nicht
die Rede sein. Eine solche folgt natürlich nicht daraus, daß der
Regierungsrath gewissen, ganz andere Dinge betreffenden, Be=
schlüssen von Einwohnergemeinden die Genehmigung versagt oder
dieselben aufgehoben hat.

3. Nach Art. 87 K.=V. ist der Regierungsrath allerdings
nicht nur berechtigt, sondern auch verpflichtet, die Oberaufsicht
über die Gemeinden, speziell die Obsorge über die Erhaltung
ihres Gutes zu üben. Allein die ungeschmälerte Erhaltung
des Kapitalstockes der Korporationsgüter schreibt die Kantons=
verfassung keineswegs vor, vielmehr ist (wie aus § 291 des
kantonalen Organisationsgesetzes hervorgeht), eine Vertheilung oder
Veräußerung von Korporationsgut mit regierungsräthlicher Geneh=
migung zulässig. Ueberdem ist in concreto gar nicht erwiesen, daß
ein Angriff des Kapitalstockes des Korporationsvermögens stattfinde.

4. Wenn die Rekurrenten noch eine bundeswidrige Doppel=
besteuerung und eine Verletzung des § 11 K.=V. behaupten,
so sind diese Beschwerden offenbar unbegründet. Durch den
angefochtenen Korporationsbeschluß ist nicht den einzelnen Kor=
porationsgenossen eine Steuer auferlegt worden, sondern es hat
dadurch die Korporationsgemeinde über die Erträgnisse ihres
Vermögens zu Gunsten des Kirchenbaues von Escholzmatt
schenkungsweise verfügt. Ob sie zu dieser Verfügung berechtigt
war, ist, wie oben dargelegt, eine der Nachprüfung des Bundes=
gerichtes entzogene Frage der Reglements= und Gesetzesauslegung;
eine Besteuerung der Rekurrenten liegt überall nicht vor.

Demnach hat das Bundesgericht

erkannt:

Die Beschwerde wird als unbegründet abgewiesen.

31. Urtheil vom 11. März 1892
in Sachen Manser.

A. Gegen den Sohn Johann des Rekurrenten war wegen
Körperverletzung, begangen gegenüber Johann Weißhaupt, Straf=
untersuchung eingeleitet worden. Gemäß Beschluß der Standes=
kommission des Kantons Appenzell Innerrhoden hinterlegte hierauf
der Rekurrent Kapitaltitel im Nominalbetrage von 12,180 Fr.
zur Sicherheit „für den Fall einer Flucht seines der Körperver=
„letzung angeklagten Sohnes vor Ausspruch des Strafrichters."
Der Sohn Manser wurde in Folge dessen auf freien Fuß gesetzt;
derselbe stellte sich den Gerichten und wurde durch Urtheil des
Kantonsgerichtes Appenzell Innerrhoden vom 5./16. November
1891 zu einer Geldstrafe von 2000 Fr., zu den Rechtskosten und
zu einer Entschädigung an den Vulneraten von 1000 Fr. ver=
urtheilt. Nachträglich faßte das Gericht, ohne Anhörung der
Parteien, am 6. November 1891 den Beschluß: „Es seien die
„Bußen und Kosten, sowie die Entschädigung an Johann Weiß=
„haupt innert vier Wochen zu bezahlen, eventuell die von Vater
„Manser auf der Landeskanzlei deponirten Kapitalien versteigert
„und sämmtliche 4493 Fr. gesprochenen Bußen und Gelder aus
„dem Erlös gedeckt werden müssen."

B. Der Rekurrent stellte gegenüber diesem Beschlusse beim Land=
ammannamte das Begehren, ihm die hinterlegten Kapitalien wieder
zur Hand zu stellen. Die Standeskommission des Kantons Ap=
penzell Innerrhoden erwiderte hierauf gemäß Beschluß vom 13.
November 1891: Es könne in dem Nachtragsbescheide sowohl ein
Formfehler als auch ein Eingriff in die administrativen Ver=
fügungen erblickt werden. Es stehe sonach dem Vater Manser
das Recht offen, um Kassation des Urtheils einzukommen. Der=
selbe werde jedoch darauf aufmerksam gemacht, daß bei einer all=
fälligen Kassation es dem Richter zustehen müsse, Bestimmungen
iu dem Sinne zu treffen, daß falls die gesprochenen Gelder und
Bußen nicht innert kurzer Frist bezahlt werden, Sohn Manser
solche mit Arbeitshaus beziehungsweise in dem Korrektionsspital
abzuverdienen habe. Auf erneuertes Begehren des Rekurrenten

um Herausgabe der Kaution, beschloß die Standeskommission am 27. November 1891, der Rekurrent werde mit seinem Begehren in dem Sinne an das Kantonsgericht gewiesen, daß solches die Haftpflicht des Vaters für den Sohn als erloschen erklären möge.

C. Hierauf wendete sich der Rekurrent an das Kantonsgericht mit dem Begehren: Es möge auf das Urtheil vom 6. November in dem Sinne zurückgekommen werden, daß die von Vater Manser der Standeskommission gemachte Hinterlage, weil nur für den Fall der Entweichung des Sohnes Manser vor dem Urtheile bestimmt, ohne weiteres herausgegeben werde. Gleichzeitig wurde das Begehren gestellt, es möge dem Sohn Manser bewilligt werden, die über ihn verhängten Bußen und Kosten in halbjähr= lichen Raten von 500 Fr. abzuführen, unter Leistung annehm= barer Bürgschaft. Das Kantonsgericht entschied indeß am 11. De= zember 1891, es finde sich nicht veranlaßt, auf den Beschluß vom 6. November zurückzukommen; dagegen stehe dem Petenten frei, mit seinem Begehren bei der Standeskommission als derjenigen Behörde, welcher die Exekution über alle richterlichen Urtheile zu= stehe, einzukommen.

D. Nunmehr ergriff J. A. Manser den staatsrechtlichen Re= kurs an das Bundesgericht, indem er mit Eingabe vom 2./19. Ja= nuar 1892 den Antrag stellt: Es sei unter Aufhebung des Nach= tragsbeschlusses des Kantonsgerichtes vom 6. November und des Beschlusses der Standeskommission vom 13. und 27. November 1891 der Stand Appenzell Innerrhoden pflichtig zu erklären, dem Rekurrenten die unterm 27. August deponirten Werthschriften unbeschwert auszuhinzugeben. Er bemerkt: Indem Kantonsgericht und Standeskommission das unbestrittene Eigenthum des Rekur= renten, der in dem Straffalle des Johann Manser in keiner Weise betheiligt gewesen sei, kurzer Hand zur Bezahlung der dem verurtheilten Sohn Manser überbundenen Geldstrafe und Civil= entschädigung verwenden wollen, verletzen sie den Art. 4 K.=V., welcher dem Rekurrenten die Unverletzlichkeit seines Eigenthums gegenüber solchen Eingriffen garantire. Der, ohne Beizug und Vorwissen der Parteien gefaßte, Nachtragsbeschluß des Kantons= gerichtes vom 6. November 1891 verletze den Grundsatz, daß Niemand ungehört verurtheilt werden dürfe. Er verstoße auch

gegen die in Art. 38 Ziff. 2 K.-V. aufgestellte Kompetenzvor-
schrift, nach welcher das Kantonsgericht als Strafinstanz nur
gegenüber dem Angeklagten habe urtheilen, nicht aber einen dritten
Unbetheiligten zu Bezahlung der Geldbuße und zum Ersatze des
durch den Verurtheilten verschuldeten Schadens habe anhalten
können.

E. In ihrer Vernehmlassung auf diese Beschwerde bemerkt die
Standeskommission des Kantons Appenzell Innerrhoden : Dem
Rekurrenten wäre freigestanden, gegen den Entscheid des Kantonsgerichtes vom 6. November 1891 das Rechtsmittel der Kassationsbeschwerde an die Standeskommission zu ergreifen; er sei
darauf auch ausdrücklich hingewiesen worden. Nichtsdestoweniger
habe er davon keinen Gebrauch gemacht. Es sei daher nichts anderes übrig geblieben, als ihn an das Gericht selbst zu weisen,
um bei diesem eine Wiedererwägung des Nachtragsbeschlusses zu
begehren. Das Gericht habe sein sachbezügliches Begehren zwar
abgewiesen, ihm jedoch freigestellt, mit seinem Gesuche bei der
Standeskommission einzukommen; statt von dieser Begünstigung
Gebrauch zu machen, habe der Rekurrent den Rekurs an das
Bundesgericht ergriffen. Die Standeskommission überlasse es dem
Bundesgerichte, zu entscheiden, ob ihre Stellungnahme nach der
ganzen Sachlage nicht die richtige gewesen sei; nachdem der Rekurrent bei der Standeskommission kein förmliches Kassationsge-
such eingelegt habe, sei die Standeskommission kaum veranlaßt
gewesen, von sich aus gegen den Beschluß des Gerichtes Stellung
einzunehmen. Das Kantonsgericht des Kantons Appenzell Innerrhoden seinerseits bemerkt, der Rekurs bezwecke eine muthwillige
Verzögerung der Bezahlung der dem Sohne Manser auferlegten
Geldstrafen und Entschädigungen. Vor dem kantonsgerichtlichen
Urtheile habe kein Richter und habe auch der Rekurrent selbst
nicht daran gedacht, daß das Depositum vor Bezahlung der Buße
und Entschädigung zurückgezogen werden solle. Der Rekurrent
habe am Morgen vor der Verhandlung beim Präsidenten des
Kantonsgerichtes darum nachgesucht, daß ihm der Vorstand vor
Kantonsgericht gestattet werde, da voraussichtlich nur er werde „den
Fuß in den Bach setzen müssen." Auch aus dem Vortrage des
Rekurrenten vor Kantonsgericht habe jeder Richter die Ueberzeugung

schöpfen müssen, daß die Bezahlung zu sprechender Bußen und
Entschädigungen auf den Schultern des Rekurrenten lasten werde.
Hätte auch nur ein einziger Richter hieran gezweifelt, so wäre
muthmaßlich das Urtheil ein anderes geworden. Auf die Anfrage
des Klägers Weißhaupt an den Präsidenten des Kantonsgerichtes,
wann er die Entschädigung beziehen könne, habe sodann das
Kantonsgericht einfach dasjenige bestätigt, was in allen früheren
ähnlichen Fällen in Betreff der Zahlungen ausgesprochen worden
sei, nämlich daß durch das Landessäckelamt die Gelder vor Aus=
händigung des Depositums sofort eingezogen werden müssen, oder
daß gegen anderweitige Bürgschaft das Depositum ausgehändigt
werde dürfe und der Standeskommission überlassen bleibe, Zah=
lungstermine zu bewilligen.

F. Gleichzeitig mit seinem staatsrechtlichen Rekurse hat der Re=
kurrent beim Bundesgerichte auch eine Civilklage gegen den Kan=
ton Appenzell Innerrhoden eingereicht, in welcher er den Antrag
stellt: Es sei der Stand Appenzell Innerrhoden pflichtig zu er=
klären, die vom Kläger bei der Landeskanzlei unterm 27. August
1891 deponirten Werthschriften im Gesammtbetrage von 12,180
Franken unbeschwert herauszugeben, unter Kostenfolge.

Das Bundesgericht zieht in Erwägung:

1. Es ist nicht bestritten, sondern von der Standeskommission
des Kantons Appenzell Innerrhoden ausdrücklich anerkannt, daß
der Rekurrent die von ihm durch Hinterlegung von Werthschriften
geleistete Kaution der Standeskommission dafür bestellt hat, daß
sein Sohn sich nicht der strafgerichtlichen Beurtheilung durch die
Flucht entziehe. Im Weitern steht fest, daß diese Bedingung, un=
ter welcher der Rekurrent sich verpflichtete, nicht in Erfüllung
gegangen ist, da der Sohn des Rekurrenten sich der strafgericht=
lichen Beurtheilung nicht durch die Flucht entzogen, sondern im
Gegentheil sich dem Gerichte gestellt hat und auch gegenwärtig
noch im Kantonsgebiete von Appenzell Innerrhoden sich aufhält.
Die Kaution ist danach mit der Stellung des Angeschuldigten
vor Gericht frei geworden und darf nicht zur Sicherheit von Buße
und Kosten, für welche sie gar nicht geleistet war, zurückbehalten
oder zu deren Zahlung verwendet werden. Ein Rechtssatz des
appenzell=innerrhodischen Rechtes, daß strafprozeßuale Kautionen

ohne weiters für Geldstrafe, Kosten und Entschädigung haften,
ist nicht angeführt worden, ein sachbezügliches Gesetz besteht offen=
bar nicht; ebensowenig ein Gewohnheitsrechtssatz. Zwar bemerkt
das Kantonsgericht, es sei in ähnlichen Fällen stets in diesem
Sinne verfahren worden. Allein es führt solche ähnliche Fälle
nicht an und es ist nun klar, daß wenn es im Kanton Appen=
zell Innerrhoden Gewohnheitsrecht wäre, daß die strafprozeßualen
Kautionen nicht nur für die Stellung des Angeschuldigten vor
Gericht, sondern unabhängig hievon, zu Sicherung von Buße,
Kosten und Entschädigung bestellt werden müßten, der Kautions=
besteller eben angehalten würde, auch hiefür zu caviren, nicht
aber, wie dies im vorliegenden Falle geschehen ist, nur dafür,
daß der Angeschuldigte nicht vor der strafgerichtlichen Beurthei=
lung die Flucht ergreife. Wenn das Kantonsgericht des Kantons
Appenzell Innerrhoden andeutet, daß der Rekurrent vor Kantons=
gericht eine weitergehende Verpflichtung übernommen habe, als
bei der Kautionsbestellung gegenüber der Standeskommission, so
ist dies nicht dargethan. Die behauptete Aeußerung des Rekur=
renten, voraussichtlich werde nur er „den Fuß in den Bach setzen
müssen," enthält die Eingehung einer solchen weitergehenden Ver=
pflichtung natürlich nicht; sie sagt ja durchaus nicht, daß die
Kautionsbestellung ausgedehnt werde auf die Sicherung von
Buße, Kosten und Entschädigung. Richtig mag sein, daß die
Mitglieder des Kantonsgerichtes nach dem Verhalten des Rekur=
renten erwarteten, derselbe werde freiwillig für seinen Sohn ein=
stehen und Buße, Kosten und Entschädigung bezahlen. Allein dies
ist offenbar gleichgültig. Rechtlich entscheidend ist einzig, daß der
Rekurrent eine Verpflichtung, für die Buße zu haften, nicht ein=
gegangen hat. Die angefochtenen Beschlüsse des Kantonsgerichtes
vom 6. November und 11. Dezember 1891, welche die vom Re=
kurrente geleistete Hinterlage für die Bußen u. s. w. in Anspruch
nehmen wollen, machen demnach den Rekurrenten ohne jeden
rechtlichen Grund für eine fremde Schuld verantwortlich, für
welche derselbe sich nicht verpflichtet hat; sie enthalten einen völlig
willkürlichen Eingriff in dessen Vermögen und erscheinen daher
als verfassungswidrig. Dieselben müssen also aufgehoben werden.
Wenn angedeutet worden ist, der Rekurrent habe den kantonalen

Instanzenzug nicht erschöpft, da er insbesondere gegen den Ent=
scheid des Kantonsgerichtes vom 6. November 1891 die Kassa=
tionsbeschwerde an die Standeskommission hätte ergreifen können,
so ist darauf zu erwidern, daß, nach feststehender bundesrecht=
licher Praxis, der Rekurrent zu Erschöpfung der kantonalen In=
stanzen nicht verpflichtet war, vielmehr sich direkt beim Bundes=
gerichte beschweren konnte.

2. Dagegen könnte sich fragen, ob nicht der Rekurrent mit
seinem Begehren, es sei der Stand Appenzell Innerrhoden zu
unbeschwerter Aushingabe der hinterlegten Werthschriften zu ver=
pflichten, auf den Civilweg zu verweisen sei. Allein es ist auch
dies zu verneinen. Zwar ist allerdings das zwischen dem Rekur=
renten als Kautionsbesteller und dem Staate Appenzell Inner=
rhoden begründete Rechtsverhältniß ein privatrechtliches. Allein es
ist nun wohl anzunehmen, daß die vom Kantonsgerichte als
Strafgericht getroffene Entscheidung über die Haftung der Kau=
tion für Buße, Kosten u. s. w. nach dem kantonalen Rechte,
nachdem gegen dieselbe die Kassation nicht ergriffen worden ist,
als eine definitive und für den Civilrichter verbindliche zu be=
trachten wäre, so daß der Rekurrent durch eine Civilklage nicht
zum Ziele hätte gelangen können. Es ist denn auch weder seitens
der Standeskommission noch seitens des Kantonsgerichtes von
Appenzell Innerrhoden ein sachbezüglicher Antrag gestellt worden;
ja diese Behörden haben überhaupt einen Antrag auf Abweisung
der Beschwerde, wenigstens ausdrücklich, gar nicht gestellt.

Demnach hat das Bundesgericht
erkannt:

Der Rekurs wird als begründet erklärt und es wird mithin
dem Rekurrenten sein Rekursbegehren zugesprochen.

32. Urtheil vom 1. April 1892 in Sachen Schärer.

A. Während ihr Ehemann eine längere Freiheitsstrafe in der Strafanstalt Lenzburg verbüßte, wurde die Rekurrentin Frau Schärer geb. Peter, welche eine Wirthschaft und Fähre in Biber=stein betrieb, von ihrem Fährknechte Samuel Dietiker von Thal=heim im Januar 1891 geschwängert. Am 5. August 1891 schrieb der Direktor der Strafanstalt Lenzburg an das Bezirksamt Aarau: Der Ehemann Schärer habe durch seine Schwester er=fahren, daß Dietiker, welcher zeitweise Biberstein verlassen hatte, sich wieder dort aufhalte und auch die Fährwirthschaft besuche. Daraufhin sei Schärer momentan in einen Zustand von Wahn=sinn verfallen, so daß seine ganze Umgebung gefährdet gewesen sei. Nachher habe derselbe wieder lichte Augenblicke gehabt. Er (der Direktor) habe ihm dann erklärt, er habe dafür Anstalt ge=troffen, daß Dietiker Biberstein werde verlassen müssen. „Wenn dieses nun vorsorglich bewirkt werden könnte, so wäre es offen=bar gut und zwar nach mehr als einer Richtung." Hierauf leitete das Bezirksamt Aarau eine Untersuchung ein, in welcher sowohl die Frau Schärer als Dietiker eingestanden, im Januar 1891 einmal mit einander geschlechtlichen Umgang gepflogen zu haben. Die Staatsanwaltschaft überwies in Folge dessen dieselben dem Be=zirksgerichte Aarau zur zuchtpolizeilichen Beurtheilung unter der Anklage, sie haben sich des Ehebruchs schuldig gemacht und seien daher wegen Vergehens gegen die öffentliche Ordnung und Sitt=lichkeit angemessen zu bestrafen. Durch das Gerichtspräsidium von Aarau wurde der, inzwischen wegen Geisteskrankheit in die Irren=anstalt Königsfelden verbrachte, aber wieder völlig hergestellte Ehemann Schärer einvernommen. Derselbe sagte aus : Er könne sich nicht erinnern, in welchem Sinne er s. Z. dem Strafhaus=direktor Mittheilungen gemacht habe. Er verlange weder Be=strafung des Dietiker noch seiner Frau; dagegen wünsche er, es möchte dem Dietiker verboten werden, sein Haus fernerhin zu be=treten. Durch Urtheil vom 5. September 1891 sprach das Be=zirksgericht Aarau (mit Mehrheit) die Beanzeigten von Schuld

unb Strafe frei, untersagte bagegen von Amteswegen bem Samuel
Dietiker ben Aufenthalt in Biberstein. Zur Begründung wirb
ausgeführt: Nachdem ber Ehemann Schärer erklärt habe, er verlange weber bie Bestrafung bes Dietiker noch seiner Ehefrau,
könne bie besondere Stellung ber Beanzeigten als Ehefrau nicht
mehr in Betracht kommen. Wenn aber biese Stellung nicht in
Berücksichtigung gezogen werbe, so liege in ber Handlungsweise
ber Beanzeigten auf keinen Fall ein Vergehen gegen bie öffent=
liche Ordnung unb Sittlichkeit, weil burch biese Handlungsweise
öffentliches Aergerniß nicht erregt worden sei. Auf Appellation
ber Staatsanwaltschaft hin hob bas Obergericht bes Kantons
Aargau burch Entscheidung vom 15. Januar 1892 bas erstin=
stanzliche Urtheil auf unb erkannte: 1. Die Beanzeigten Frau
Schärer=Peter zur Aarfähre in Biberstein unb Samuel Dietiker
von Thalheim sinb bes Vergehens gegen bie öffentliche Ordnnng
unb Sittlichkeit schulbig unb es wirb Frau Schärer sowohl wie
Dietiker hiefür zu einer Gefängnißstrafe von je vierzehn Tagen
verfällt. 2. Die Beanzeigten haben unter solibarischer Haftbarkeit
bie Kosten beiber Instanzen zu tragen unb zu Handen bes Staates
eine Spruchgebühr von 20 Fr. zu bezahlen. 3. Bei Dispositiv
3 bes untergerichtlichen Urtheils betreffenb Untersagung bes Auf=
enthaltes in Biberstein gegenüber Samuel Dietiker hat es sein
Verbleiben. Das Obergericht führt aus: Die rechtliche Qualifi=
kation ber Handlungsweise ber beiden Beklagten könne nicht
zweifelhaft sein. Die in rechtsgültiger Ehe lebenbe Frau Schärer
habe mit bem Beanzeigten Dietiker zugestandenermaßen Geschlechts=
umgang gehabt, ber ihre Schwängerung zur Folge gehabt habe.
Daburch haben sich beibe bes Ehebruchs schulbig gemacht. Aller=
bings kenne nun, wie schon in einem obergerichtlichen Urtheile vom
17. Juli 1883 ausgeführt sei, bas aargauische Zuchtpolizeigesetz
ben speziellen Thatbestanb bes Ehebruches nicht. Da bas genannte
Gesetz aber überhaupt barauf verzichte, Definitionen ber einzelnen
Vergehen aufzustellen unb sich barauf beschränke, bestimmte Kate=
gorien von strafbaren Vergehen zu bezeichnen, so sei biefer Um=
stanb an unb für sich kein Grund, ben Ehebruch nach aargaui=
schem Rechte straflos zu erklären, sofern nur berselbe unter eine
ber aufgestellten Verbrechensgruppen subsummirt werben könne.

Dies sei nun in der That der Fall, denn es müsse doch gewiß als ein Vergehen gegen die öffentliche Ordnung und Sittlichkeit betrachtet werden, wenn eine Ehefrau mit einem Dritten Geschlechtsumgang habe und außerehelich geschwängert werde. Allerdings werde nach anderen Gesetzen der Ehebruch nur auf Antrag verfolgt und mangle es hier an einem Strafantrage des Ehemannes Schärer. Allein da die Handlungsweise der Beanzeigten nach aargauischem Rechte sich als Vergehen gegen die öffentliche Ordnung und Sittlichkeit darstelle, dieses Vergehen aber nicht auf Antrag, sondern von Amtes wegen zu verfolgen sei, so sei es auch völlig gleichgültig, ob der Ehemann Schärer seine Zustimmung zu Bestrafung seiner Ehefrau ertheilt habe oder nicht.

B. Gegen dieses Urtheil ergriff Frau Schärer-Peter den staatsrechtlichen Rekurs an das Bundesgericht, mit dem Antrage: Es sei das in Beilage enthaltene Urtheil des aargauischen Obergerichtes vom 15. Januar 1892 als ein verfassungswidriges aufzuheben, eventuell sei dieses Urtheil, soweit dadurch die Rekurrentin verurtheilt ist, aufzuheben. Sie macht geltend: Es sei der in Art. 19 K.-V. niedergelegte Grundsatz nulla pœna sine lege verletzt. Wie das Obergericht selbst zugebe, qualifizire sich die Handlungsweise der Rekurrentin rechtlich einfach als Ehebruch. Das aargauische Strafgesetz kenne aber ein Vergehen des Ehebruchs nicht. Dieser dürfe nicht unter den Begriff des Vergehens gegen die öffentliche Ordnung und Sittlichkeit subsumirt werden; er sei ein delictum sui generis und nur dann strafbar, wenn er speziell mit Strafe bedroht sei. Einzelne Gesetze bestrafen den Ehebruch überhaupt nicht; diejenigen Gesetze, welche ihn mit Strafe bedrohen, behandeln ihn durchgängig als Antragsdelikt; einzelne Gesetze machen die Strafbarkeit des Ehebruchs sogar noch von andern Voraussetzungen (Auflösung der Ehe) abhängig. Daraus, daß der aargauische Gesetzgeber des Ehebruchs überhaupt nicht erwähne, folge, daß derselbe nach aargauischem Rechte nicht strafbar sei. Es sei nicht behauptet, daß der Ehebruch im vorliegenden Falle unter Umständen vollzogen worden sei, welche öffentliches Aergerniß erregt oder die öffentliche Sicherheit verletzt hätten.

C. Das Obergericht des Kantons Aargau verweist in seiner

Vernehmlassung auf die Motive seines angefochtenen Urtheils sowie seiner (im Jahresberichte für das Jahr 1883 S. 64 u. ff. abgedruckten) Entscheidung vom 17. Juli 1883.

Das Bundesgericht zieht in Erwägung:

1. Art. 19 der aargauischen Kantonsverfassung enthält den Grundsatz nulla pœna sine lege und es darf daher im Kanton Aargau eine Strafe nur auf Grund eines Rechtssatzes des geschriebenen Rechtes ausgesprochen werden. Wie das Bundesgericht schon wiederholt entschieden hat, ist mit diesem Grundsatze die Anwendung des § 1 des aargauischen Zuchtpolizeigesetzes, welcher die zuchtpolizeilich strafbaren Thatbestände nur durch ganz allgemein gehaltene Verbrechensbegriffe bezeichnet an sich nicht unvereinbar und ist auch das Bundesgericht nicht befugt zu prüfen, ob Strafurtheile, welche in Anwendung dieses Gesetzes erlassen werden auf richtiger Anwendung desselben beruhen. Dagegen hat das Bundesgericht allerdings zu untersuchen, ob solche Urtheile nicht thatsächlich über die bloße Gesetzesanwendung hinausgehen, indem sie unter das Gesetz Thatbestände subsumiren, welche darunter auch bei weiter Auslegung nicht subsumirt werden können (siehe u. a. Entscheidungen, Amtliche Sammlung XV, S. 214 u. ff., Erw. 1).

2. Der Ehebruch, wegen welchen Vergehens die Rekurrentin verurtheilt wurde, ist nun durch keine besondere aargauische Gesetzesbestimmung mit Strafe bedroht. Es muß sich daher fragen, ob derselbe unter den Begriff eines Vergehens gegen die öffentliche Ordnung oder Sittlichkeit im Sinne des § 1 des aargauischen Zuchtpolizeigesetzes subsumirt werden könne. Als Vergehen gegen die öffentliche Ordnung nun kann der Ehebruch gewiß nicht qualifizirt werden. Denn als Vergehen gegen die öffentliche Ordnung dürfen, wenn nicht über das Gesetz hinausgegangen werden soll, doch nur solche Handlungen bestraft werden, welche die Störung der Ruhe und Ordnung im Staate bezwecken oder zur Folge haben oder doch mindestens die regelmäßige Wirksamkeit staatlicher Einrichtungen (wie der Rechtspflege u. s. w.) beeinträchtigen (siehe Entscheidungen, Amtliche Sammlung XV, S. 216). Es kann daher nur in Frage kommen, ob der Ehebruch als Delikt gegen die öffentliche Sittlichkeit auf Grund des aargauischen Zuchtpolizei-

gesetzes bestraft werden könne. Hierüber ist zu bemerken: Der
Ehebruch enthält wie eine Verletzung des Treurechts des andern
Ehegatten, so auch einen Verstoß gegen die (geschlechtliche) Sitt=
lichkeit; er wird gesetzgeberisch, jedenfalls von der weitaus über=
wiegenden Zahl der Strafgesetze, zumal der schweizerischen (siehe die
Zusammenstellung bei Stooß, Die schweizerischen Strafgesetz=
bücher S. 442 u. ff.), als besonderes Sittlichkeitsdelikt behandelt
und unter Strafe gestellt, zumeist aber nur auf Antrag des belei=
digten Ehegatten, nicht von Amtes wegen, verfolgt. Das aargauische
Strafrecht kennt, wie bemerkt, einen besondern strafrechtlichen
Thatbestand des Ehebruchs nicht; das Vergehen gegen die öffent=
liche Sittlichkeit im Sinne des § 1 des Zuchtpolizeigesetzes da=
gegen ist, wie aus § 32 dieses Gesetzes hervorgeht, von Amtes
wegen verfolgbar. Fragt sich, ob es hienach mit dem verfassungs=
mäßigen Grundsatze nulla pœna sine lege vereinbar sei, den
Ehebruch als solchen dem Begriffe des Vergehens gegen die
öffentliche Sittlichkeit unterzuordnen, so ist dies zu verneinen. Es
ist mit dem verfassungsmäßigen Grundsatze unvereinbar, jeden
Verstoß gegen die geschlechtliche Sittlichkeit ohne weiters als von
Amtes wegen verfolgbares Delikt zu behandeln. Soll nicht dem
Gesetze eine Ausdehnung gegeben werden, welche mit der Anfor=
derung, daß die Strafbarkeit einer That aus dem Gesetze selbst
ersichtlich sein müsse, unvereinbar ist, so muß daran festgehalten
werden, daß nicht Verstöße gegen die geschlechtliche Sittlichkeit
überhaupt, sondern nur Verletzungen der öffentlichen Sittlich=
keit als Zuchtpolizeivergehen bestraft werden dürfen, d. h. es muß
zum Thatbestande des Vergehens gegen die öffentliche Sittlichkeit
gefordert werden, daß die That öffentliches Aergerniß erregt und
dadurch das allgemeine Sittlichkeitsgefühl verletzt habe. Unter
dieser Voraussetzung allerdings ist der Ehebruch als Vergehen
gegen die öffentliche Sittlichkeit nach dem aargauischen Zuchtpoli=
zeigesetze von Amtes wegen zu verfolgen und zu bestrafen. Mangelt
es dagegen an derselben, so ist eine Bestrafung des Ehebruches
nach aargauischem Rechte unmöglich, da es eben an einer beson=
dern Strafsatzung gegen den Ehebruch als solchen mangelt und
die aargauische Kantonsverfassung den Grundsatz nulla pœna
sine lege enthält, also verbietet, daß gesetzlich nicht mit Strafe

bedrohte Handlungen vom Richter mit Rücksicht auf ihre sittliche Verwerflichkeit oder Gemeinschädlichkeit mit Strafe belegt werden. Wenn der aargauische Gesetzgeber den Ehebruch, auch abgesehen von der Erregung öffentlichen Aergernisses hätte unter Strafe stellen wollen, so hätte er eine besondere strafrechtliche Norm auf- stellen müssen; in diesem Falle hätte er dann wohl ohne Zweifel, wie dies die weitaus überwiegende Zahl der Gesetze mit Rücksicht auf das Interesse der Familie thut, den Ehebruch nicht als Of- fizial-, sondern als Antragsbelikt behandelt. Dies scheint um so eher klar zu sein, als das aargauische Kriminalstrafgesetzbuch in Art. 106 die Entführung einer Ehefrau oder eines noch nicht sechszehnjährigen Mädchens als Antragsbelikt behandelt.

3. Danach muß denn der Rekurs für begründet erklärt werden; denn das angefochtene Urtheil stellt in keiner Weise darauf ab, daß in casu öffentliches Aergerniß erregt worden sei. Dagegen ist selbstverständlich, daß das angefochtene Urtheil nur gegenüber der Rekurrentin, nicht aber gegenüber dem Samuel Dietiker, der gegen dasselbe sich gar nicht beschwert hat, aufzuheben ist.

Demnach hat das Bundesgericht

erkannt:

Der Rekurs wird dahin für begründet erklärt, daß das ange- fochtene Urtheil des Obergerichtes des Kantons Aargau vom 15. Januar 1892, soweit dadurch die Rekurrentin verurtheilt wird, aufgehoben wird.

IV. Verwaltung von Stiftungsgütern.
Administration de fondations.

33. Urtheil vom 22. Januar 1892 in Sachen Verwaltung der Friedrich'schen Kaplaneistiftung.

A. Durch Testament vom 25. Juli 1844 und Nachtrag dazu vom 27. August 1845 setzte alt Regierungsrath Josef Friedrich von Laufenburg „zum Erben alles ⟨Vermögens in Schuldtiteln,

„Zinsen und baarem Geld, was nach meinen bisherigen Legaten
„übrig bleiben wird, eine zu errichtende Pfründe zum heiligen
„Johann Baptist ein, deren Benefiziat in Großlaufenburg seinen
„Sitz haben solle." Ueber die Besetzung der Pfründe und die Pflich=
ten des Benefiziaten, sowie über die Verwaltung des Stiftungs=
vermögens bestimmt das Testament Folgendes: „Sobald ein Zög=
„ling eines (im gleichen Testamente gestifteten) Stipendiums zum
„Priesterstande gelangt ist, so hat er das Recht, auf diese Pfründe
„durch den hochwürdigsten Bischof eingesetzt zu werden. Er soll
„zwar in der Kirche Großlaufenburg zu keinen Kaplaneidiensten
„verpflichtet sein, aber von seinem Eifer erwarte ich, daß soviel
„es ihm seine Bestimmung zuläßt, er auch zur Feierlichkeit und
„zur Aushülfe in dieser Kirche beitragen soll. Seine Bestimmung
„soll aber sein, sowohl im Frickthal als auch auf dem Schwarz=
„wald, in den Pfarreien Luttingen, Hochsal, Henner, Niederwyl,
„Rickenbach, Herrenschried und Murg die Einladungen zu Pre=
„digten zu übernehmen und auch im Beichtstuhle auf das Herz
„der reuigen Sünder als denkender Morallehrer einzuwirken. In
„dieser Uebernahme der pfarrlichen Aushülfe hängt er ganz von
„sich ab und steht unter keines Obern Befehlen. Nur wenn er
„gegen alles Vermuthen in seiner angehenden geistlichen Laufbahn
„für den Weinberg des Herrn keinen Eifer hätte, so soll er
„vom frickthalischen Herrn Dekan zu seinen Pflichten ermahnt
„werden und wenn die Ermahnungen keinen Erfolg hätten, von
„dem Benefizium abgerufen werden können. . . . Nach oberfläch=
„licher Berechnung meines Vermögens wird für diese Pfründe mehr
„nicht als beiläufig 4000 Fl. übrig bleiben. Diese Summe ist für
„das Benefizium lange nicht genug. Es soll vermehrt werden
„durch die Zinsen, bis ein Stipendiat in den geistlichen Stand
„getreten ist. Wenn der Stipendiat nach einigen Jahren eine
„Pfarrpfründe erhält, so sollen die Zinsen wieder zum Kapital
„geschlagen werden, bis ein anderer Stipendiat das Recht hat,
„die Pfründe zu beziehen und so fort, bis das Kapital aus
„11,000 Fl. besteht und auch dazu ein kleines Haus zur Wohnung
„des Benefiziaten in der Nähe der Kirche erworben worden ist.
„Mit Erreichung der besagten Summe und mit Erwerbung eines
„Häuschens kann bei Abgang eines Benefiziaten, der ein Sti=

„penbiat ist, ein anderer junger Geistlicher provisorisch darauf ge=
„setzt werden, bis wieder ein neuer herangebildeter Stipendiat
„Anspruch auf die Pfründe macht. Der provisorische Benefiziat
„soll seine Amtsthätigkeit nach dem an die Stipendiaten ergan=
„genen Auftrage ausüben. Dieser provisorisch angestellte junge
„Geistliche soll von dem frickthalischen Herrn Dekan und den
„zween ältesten Würdenträgern des Kapitels ernannt werden.
„Diese hochwürdigen Herren werden auch ersucht, für die Ver=
„waltung der Stiftung zu sorgen und soll er einen Pfleger hiefür
„ernennen.“ An einer andern Stelle des Testamentes wird aus=
gesprochen, „daß wenn die redliche und gewissenhafte und fleißige
„Verwaltung der Altvordern wieder zurückkehre, der frickthalische
„Herr Dekan und Juraten bewogen werden mögen, den Fonds
„eines Benefiziums dem Gemeinderathe zur Verwaltung zu über=
„geben.“

B. Diese Stiftung erhielt nach dem im Jahre 1847 erfolgten
Tode des Testators die Genehmigung sowohl des aargauischen
Regierungsrathes als des Bischofs von Basel und (mit Rücksicht
auf die betheiligten badischen Gemeinden) diejenige des Erzbischofs
von Freiburg. Da indeß das Dotationskapital noch ein unge=
nügendes war, so konnte sie nicht sofort ins Leben treten. Erst
am 8. Juli 1864 erließ der Bischof von Basel die Erektionsur=
kunde, welche ausspricht: „Die Kaplanei von St. Johann Baptist
in Großlaufenburg, gestiftet durch Testament des sel. Regierungs=
rathes Friedrich von Großlaufeuburg, sei als kirchliches und ka=
nonisches Benefizium von dato an errichtet und anerkannt.“ Als
Kollator der Kaplaneipfründe wird in dieser Urkunde der Bischof
bezeichnet, jedoch mit der Verpflichtung, denjenigen Geistlichen auf
sie zu ernennen und zu instituiren, der sich als gewesener Nutz=
nießer des Friedrichschen Stipendiums ausweise, wofern er sonst
die erforderlichen kanonischen Eigenschaften habe. In Fällen pro=
visorischer Besetzung der Pfründe (durch einen Geistlichen, der
nicht Nutznießer des Friedrichschen Stipendiums war) ist eine
einfache Admissionsakte zu ertheilen und die Ernennung dem frick=
thalischen Dekan und den zwei ältesten Würdenträgern des Ka=
pitels übertragen. Der Pflichtenkreis des Kaplanes wird in Ueber=
einstimmung mit dem Testamente festgesetzt, wogegen die Abberufung

eines kanonisch instituirten Pfründinhabers dem Bischofe vorbehalten wird, der nicht ermangeln werde, sich dabei mit der Regierung des Kantons Aargau ins Einvernehmen zu setzen. Durch
Beschluß vom 23. August 1864 ertheilte der Regierungsrath des
Kantons Aargau dieser Erektionsurkunde die hoheitliche Genehmigung. Der Regierungsrath übte auch fortwährend die Oberaufsicht
über die Verwaltung des Vermögen, welche von dem Dekan und den
zwei ältesten Würdenträgern des frickthalischen Kapitels geführt
wurde, durch Genehmigung der Rechnuugen aus.

C. Seit dem Jahre 1869 traten in den Verhältnissen der
Friedrichschen Kaplaneistiftung verschiedene Veränderungen ein :
Der katholische Kirchenrath des Kantons Aargau erließ mit regierungsräthlicher Genehmigung in den Jahren 1869 und 1872
Regulative, welche den Pflichtenkreis des Kaplans in einer von
den Bestimmungen des Testamentes theilweise abweichenden Weise
bestimmen : Dem Kaplan wurden gegenüber dem Pfarramte
Großlaufenburg alle Pflichten eines Subsidiargeistlichen überwiesen und insbesondere dem Pfarramte von Großlaufenburg das
Recht eingeräumt, dem Kaplan einen Theil des religiösen Jugend-
unterrichtes zu überweisen; später sei der Kaplan auch zur Ertheilung regelmäßigen Unterrichtes an der Bezirksschule Laufenburg verhalten worden (an welcher der gegenwärtige Benefiziat
als Hauptlehrer wirkt). Die Gemeinde Laufenburg beanspruchte,
gestützt auf das kantonale Pfarrwahlgesetz, das Wahlrecht zu der
Kaplanstelle für sich und es wurde dieser Anspruch vom Regierungsrathe des Kantons Aargau trotz des Einspruchs der
geistlichen Behörden und der Stiftungsverwaltung anerkannt, so
daß thatsächlich — jedenfalls seit 1872 — die Gemeinde das
Wahlrecht ausgeübt hat. Ferner schloß die Gemeinde Laufenburg
sich in den 1870er Jahren der christkatholischen Richtung an
und es trat dieser Richtung auch der von ihr gewählte Benefiziat
bei, während dagegen die übrigen betheiligten Gemeinden römisch-
katholisch blieben und daher die seelsorgerische Aushülfe des Kaplans
zurückwiesen.   .

D. Nach dem Inkrafttreten der revidirten Verfassung des Kantons Aargau vom 23. April 1885 beauftragte der Große Rath
des Kantons Aargau den Regierungrath, zu untersuchen, welches
die Fonds seien, über deren Erträgniß nach Art. 69 litt. g dieser

Verfassung künftighin die Synodalbehörden der beiden katholischen
Konfessionen zu verfügen haben. In der daraufhin erstatteten
Botschaft des Regierungsrathes vom 17. September 1886 ist
rücksichtlich des Friedrich'schen Kaplaneifonds bemerkt: Beide
Synoden (sowohl die römisch-katholische als die christkatholische),
verlangen, daß auch dieser Fonds unter denjenigen aufgeführt
werde, deren Verwaltung den kirchlichen Behörden zufalle. Allgemein genommen hätte die Staatsbehörde keine Veranlassung,
diesem Begehren entgegen zu treten; indessen dürften in Bezug auf
diesen Fonds Schwierigkeiten entstehen, wenn es sich darum handeln werde, die Quoten festzustellen, welche aus den Erträgnissen
der religiösen Fonds den dermalen bestehenden beiden Abtheilungen
der katholischen Bevölkerung zur Verfügung gestellt werden sollen.
Die Kaplanei sei vom Regierungrathe als eine der Kirchgemeinde
Laufenburg inkorporirte erklärt; die Kirchgemeinde gehöre gegenwärtig der christkatholischen Richtung an; neben derselben bestehe
eine römisch-katholische Genossenschaft; es sei nun sehr zu befürchten, daß dieses Verhältniß in Bezug auf die Kaplanei zu
Anständen führen würde. Es läge daher im Interesse des kirchlichen Friedens, wenn dieser Kaplaneifonds der Einmischung der
Synoden entzogen würde. Der Regierungsrath sei in Folge dessen
der Ansicht, daß der Friedrich'sche Kaplaneifonds nicht unter diejenigen Fonds gezählt werden solle, welche der Art. 69 der
Staatsverfassung im Auge habe. Durch Beschluß vom 17. Mai
1887 beauftragte hierauf der Große Rath des Kantons Aargau
den Regierungsrath: 1. Zu begutachten, ob der Staat, nachdem
sich die Verhältnisse, wie sie zur Zeit der Stiftung vorhanden
waren, wesentlich verändert haben, berechtigt sei, die Kaplanei
aufzuheben und über den betreffenden Fonds zu verfügen. 2. Im
Falle der Bejahung der unter 1 gestellten Frage, dem Großen
Rathe auf diese Kaplanei und deren Fonds bezügliche Anträge
zu unterbreiten. In seinem gemäß diesem Auftrage erstatteten Berichte vom 5. Juli 1889 gelangte der Regierungsrath zu den
Schlüssen: 1. Der Zweck der Stiftung ist in Folge der verän-
derten Verhältnisse nicht mehr erfüllbar und es rechtfertigt sich
daher, die Stiftung einem andern verwandten Zwecke zuzuführen;
2. Dies kann am besten in der Weise geschehen, daß das Pfrund-
vermögen der Friedrich'schen Kaplanei an den Bezirksschulfonds

der Gemeinde Laufenburg herausgegeben wird mit der Verpflich=
tung, daraus einen Lehrer der Bezirksschule zu besolden und all=
fällig sich einstellende Schüler aus den sieben interessirten Ge=
meinden des Großherzogthums Baden ohne Bezahlung eines
Schulgeldes in die Bezirksschule Laufenburg aufzunehmen. Der
Regierungsrath führte wesentlich aus, in Folge der in der katho=
lischen Kirche, speziell in den bei der Friedrich'schen Stiftung in=
teressirten Gemeinden, eingetretenen Glaubensspaltung sei der haupt=
sächliche Stiftungszweck, die seelsorgerische Aushülfe durch den
Kaplan, nicht mehr in einer Weise erfüllbar, welcher die sämmt=
lichen betheiligten Gemeinden befriedige.

E. Bevor dieser Antrag im Großen Rathe zur Behandlung
kam, wandte sich anläßlich einer Pfarrwahl die Mehrheit der
Gemeinde Laufenburg der römisch=katholischen Kirche zu. Unter
Berufung auf diese Thatsache, nach welcher der Stiftungszweck
wieder als erfüllbar erscheine, beantragte die großräthliche Vor=
berathungskommission dem Großen Rathe, auf den Antrag des
Regierungsrathes nicht einzutreten, dagegen den Regierungsrath
zu beauftragen, unter den Interessenten eine Verständigung darüber
herbeizuführen, in welcher Weise der Pflichtenkreis des Benefiziaten
den gegenwärtigen Verhältnissen anzupassen und insbesondere mit
Rücksicht auf die Schulbedürfnisse der Gemeinde Laufenburg zu
umschreiben sei. Der Große Rath trat indeß diesem Antrage nicht
bei, sondern beschloß am 23. Februar 1891 : In grundsätzlicher
Zustimmung zum Antrage des Regierungsrathes sei diese Behörde
beauftragt, über die Vertheilung des Friedrich'schen Kaplanei=
fonds einerseits an den frickthalischen Religionsfonds und anderer=
seits an die frickthalischen Bezirksschulen einen Vorschlag einzu=
bringen.

F. Mit Rekursschrift vom 19. Mai 1891 stellte nunmehr die
Verwaltung der Friedrich'schen Kaplaneistiftung beim Bundesgericht
den Antrag : Es solle dieser Beschluß als verfassungswidrig auf=
gehoben und der rekursbeklagte Staat in die Kosten dieses Ver=
fahrens gefällt werden. Zur Begründung wird im Wesentlichen
geltend gemacht : Der Friedrich'schen Kaplaneistiftung komme ju=
ristische Persönlichkeit zu und es sei die rekurrirende Verwaltungs=
kommission zu Wahrung der Rechte derselben befugt. Der Beschluß,
die Friedrich'sche Kaplaneistiftung nicht zu den unter Art. 69 g

K.=V. fallenden Fonds zu zählen, sondern zu untersuchen, ob nicht
die Stiftung aufgehoben und ihr Vermögen für andere Zwecke
als die stiftungsgemäßen verwendet werden könne, sei mit der
Pflicht der Staatsbehörde begründet worden, über den Frieden
zwischen den verschiedenen Konfessionen zu wachen. Allein wenn
nun über die Ansprüche auf die Stiftung zwischen altkatholischen
und römisch=katholischen, schweizerischen und badischen Gemeinden
u. dgl. Streit entstanden sei, so sei es Aufgabe des Staates ge=
wesen, den streitenden Parteien vor dem kompetenten Richter Recht
zu gewähren, dagegen sei dadurch dem Staate niemals ein Recht
erwachsen, das Stiftungsvermögen einfach zu staatlichen Zwecken
sich anzueignen, wie dies durch dessen Zuwendung an die Be=
zirksschulen und den (zu Unterstützung der staatlich angestellten
Geistlichkeit bestimmten) frickthalischen Religionsfonds geschehe.
Eine derartige Maßregel enthalte einen willkürlichen Eingriff in
das Privateigenthum und verletze daher die auch für Stiftungen
in § 22 K.=V. ausgesprochene Garantie der Unverletzlichkeit des
Eigenthums. Die frühere aargauische Kantonsverfassung vom
22. Februar 1852 habe der Staatsbehörde ausdrücklich das Recht
der Oberaufsicht über die frommen Stiftungen vorbehalten. An=
genommen nun auch, dieses Recht stehe derselben auch nach der
neuen Verfassung in gleichem Umfange zu und es sei die Fried=
richsche Stiftung zu den frommen Stiftungen zu zählen, so be=
rechtige das Oberaufsichtsrecht die Staatsbehörde doch nie zu
willkürlichen Eingriffen in die Substanz der Stiftung. Die
Friedrichsche Kaplaneistiftung biene allerdings einem öffentlichen
Zwecke, allein sie sei doch nicht den übrigen öffentlichen Pfründen
oder öffentlich=rechtlichen Stiftungen gleichzustellen. Sie habe ihre
Verfassung und Normirung durch einen Privatwillen, den Willen
des Stifters, und nicht durch staatliches Gesetz oder Anordnung
der aargauischen Staatsverwaltung empfangen. Nach der Stiftungs=
urkunde stehe weder die Besetzung der Pfründe noch die Ver=
waltung des Pfrundvermögens Organen des Staates oder der
Gemeinde zu; die Pfründe erscheine rechtlich viel eher als eine
Privatpfründe, denn als eine öffentliche Pfründe; sie sei den
juristischen Personen des Civilrechts gleichzustellen. Rücksichtlich
solcher privatrechtlicher juristischer Personen stehen den Staatsbe=
hörden als solchen keinerlei Kompetenzen zu. Streitigkeiten über

beren Verwaltung, über die Verwendung des Stiftungsvermögens
und dessen Schicksal nach Aufhebung der Stiftung seien nach
Civilrecht und vom Civilrichter zu entscheiden. Die Einmischung
der staatlichen Organe in die Verwaltung der Stiftung und die
Wahl des Benefiziaten, sowie schließlich die Aneignung des Pfrund=
vermögens zu Staatszwecken erscheine daher als eine Kette von
Verletzungen der verfassungsmäßigen Eigenthumsgarantie. Selbst
wenn man übrigens annehmen wollte, es handle sich um eine
fromme Stiftung öffentlich=rechtlicher Natur, die unter staatliche
Aufsicht falle, so stehe dieses Aufsichtsrecht nach der neuen aar=
gauischen Kantonsverfassung den politischen Behörden, Regierungs=
rath und Großer Rath, nicht mehr in gleicher Weise zu, wie
unter der Verfassung von 1852. Die neue aargauische Kantons=
verfassung führe den Gedanken durch, daß es den kirchlichen Or=
ganen überlassen werden müsse, ihre gesammten Angelegenheiten,
rein kirchliche Angelegenheiten sowohl als die kirchliche Ver=
mögensverwaltung, selbständig zu ordnen. Sie übertrage in
Art. 69 g den Synoden die stiftungsgemäße Verwaltung der in
der Hand des Staates befindlichen besondern religiösen Fonds;
in Art. 70 bestimme sie, daß die Verfügung über alle übrigen
Pfrundgüter, mögen sie sich noch in der Hand des Staates be=
finden oder nicht, den betreffenden Verwaltungsorganen überlassen
sei und der Regierung dabei nur eine ganz beschränkte Mitwirkung
gestattet werde. Die Regierung habe nur darüber zu wachen, daß
die kirchlichen Verwaltungsorgane die Kirchengüter stiftungsgemäß
verwalten und von einer andern Verwendung als einer stiftungs=
gemäßen dürfe nur dann die Rede sein, wenn die betreffende
Verwaltung dieselbe beantrage und die Regierung ihre Einwilli=
gung ertheile. Möge man nun die Friedrichsche Kaplaneistiftung
als besondern religiösen Fonds im Sinne des Art. 69 g oder
als Pfrundgut im Sinne des Art. 70 K.=V. auffassen, so stehe
jedenfalls die Entscheidung über die Verwendung verfassungs=
mäßig den kirchlichen Behörden (Synoden oder sonstigen kirchlichen
Verwaltungsorganen) und nicht dem Regierungsrathe oder Großen
Rathe zu. Nur dann sei der Regierungsrath oder Große Rath
zum Einschreiten verfassungsmäßig befugt, wenn es sich darum
handle, kraft des ihm zustehenden Oberaufsichtsrechtes für eine
stiftungsgemäße Verwendung zu sorgen oder auf Antrag der Ver=

waltung eine nicht stiftungsgemäße Verwendung zu bewilligen.
Nun handle es sich vorliegend offenbar nicht um eine dem Stif=
tungszwecke entsprechende Verfügung. Jede administrative Maß=
nahme in Betreff eines Pfrundgutes aber, die nicht nach Maß=
gabe von Art. 69 und 70 K.=V. getroffen werde, sei ver=
fassungswidrig, da sie das den Konfessionen verfassungsmäßig zu=
gesicherte Selbstverwaltungsrecht verletze. Deßhalb sei es auch nicht
nöthig, zu untersuchen, ob die angefochtene Verfügung nicht auch
deßhalb ungerechtfertigt wäre, weil nicht behauptet werden könne,
daß der Stiftungszweck nicht mehr erfüllbar sei oder kein Interesse
mehr für die betheiligten Gemeinden darbiete. Allerdings stehe dem
Großen Rathe die Kompetenz zu, zu bestimmen, welche Stiftungen
unter Art. 69 g K.=V. zu fallen haben und welche Pfründen
unter Art. 70 verstanden werden können. Allein bei dieser Fest=
stellung dürfe nicht offensichtlich die Verfassung verletzt werden.
Der angefochtene Beschluß sei ein Verwaltungsakt und als solcher
ermangle er der formellen und materiellen Verfassungsgrundlage.
Wäre er übrigens selbst als Gesetz zu betrachten, so wäre er doch
verfassungswidrig. Allerdings stehe im Allgemeinen der staatlichen
Gesetzgebung die Befugniß zu, Stiftungen durch Entziehung der
juristischen Persönlichkeit aufzuheben. Allein die neue aargauische
Verfassung enthalte nun eben eine Garantie des Fortbestandes der
bestehenden frommen Stiftungen in dem Sinne, daß nur auf
Vorschlag der Verwaltungsorgane derselben deren Zweckbestim=
mung abgeändert werden könne. Diese Garantie ergebe sich aus
Art. 69 und 70 K.=V., wie auch die Entstehungsgeschichte
der Verfassung klar zeige. Unter allen Umständen wäre der zweite
Theil des angefochtenen Großrathsbeschlusses verfassungswidrig.
Dieser Beschluß sei, wie gesagt, kein Gesetz; sollte nun auch an=
genommen werden, die Staatsbehörden seien befugt, Stiftungen
durch bloßen Verwaltungsakt aufzuheben, so können sie dagegen
jedenfalls nicht durch administrativen Entscheid bestimmen, wem
das Vermögen zufalle. Dies sei eine Frage der privatrechtlichen
Gesetzgebung. Daß das Vermögen aufgehobener juristischer Per=
sonen an den Staat falle, verstehe sich keineswegs von selbst und
es bestehe im Kanton Aargau kein Gesetz, welches dies anordne
oder vorschreibe, daß den politischen Behörden die Entscheidung
über dessen Schicksal zustehe. Rücksichtlich des Vermögens können

ja erworbene Rechte in Frage kommen. Ganz eventuell werde daher
die Aufhebung des zweiten Theiles des Großrathsbeschlusses be=
antragt, welcher über die Zweckbestimmung des Vermögens ver=
füge, in dem Sinne, daß hierüber alle Rechte der Betheiligten
vorbehalten bleiben sollen.

G. Der Regierungsrath des Kantons Aargau beantragt, es
sei die Rekursbeschwerde des Verwaltungsrathes der Friedrich'schen
Kaplaneistiftung als in allen Theilen unbegründet abzuweisen,
unter Kostenfolge, indem er ausführt: Die Stiftung der Kaplanei
zum Heiligen Johannes dem Täufer in Laufenburg sei öffentlichen
und nicht privaten Charakters. Ihr Zweck (die Aushülfe in der
öffentlichen Seelsorge) wie ihre Organisation (die Verbindung der
Pfründe mit der Pfarrkirche zum Heiligen Johannes in Laufenburg,
die Einsetzung des Benefiziaten durch den Diözesanbischof, seine Be=
aufsichtigung durch Dekan und Aelteste des Kapitels Siß= und
Frickgau) seien öffentlich=rechtlicher Art. Ueberhaupt sei das Rechts=
verhältniß einer öffentlichen Kaplanei, so lange wenigstens der
Staat nicht die Kirchen als bloße Privatgesellschaften betrachte,
seiner Natur nach öffentlichen Rechtens. Im Kanton Aargau habe
der Staat von Anfang an bis heute alle der öffentlichen Seelsorge dienenden Pfründen, also nicht nur die Pfarreien, sondern
auch alle Kaplaneien und Hülfspriesterstellen in den Gemeinden
geordnet und beaufsichtigt; noch konsequenter als der Staat halte
die Kirche an der öffentlich=rechtlichen Natur aller Seelsorgerstellen
fest. Nach der kirchlichen Lehre gebe es überhaupt keine Privat=
pfründen, welche lediglich bestimmten Individuen angehören und
der Aufsicht und Regierung der Kirche entzogen sein könnten;
alle geistlichen Aemter, bloße Schloßkaplaneien sowohl wie Orts=
pfarreien, seien in ihrer Organisation, ihrer Leitung und ihrem
Schicksal von der Regierung der Kirche abhängig. Wer nun ein
öffentlich=rechtliches Verhältniß schaffen wolle, der müsse sich nach
den Bedingungen richten, welche das öffentliche Recht dafür auf=
stelle, sonst bleibe sein Wille entweder überhaupt machtlos oder werde
von der öffentlichen Gewalt von selbst in jene Normen hinüber=
geleitet. Dies habe sich gerade im vorliegenden Falle gezeigt. Der
Testator habe hier einen Kaplan ohne Gemeinde und einen Hülfs=
priester mit Pfründe schaffen wollen, ein Gebilde, das weder

dem staatlichen noch dem kirchlichen Rechte entspreche. Sobald daher die Stiftung wirklich ins Leben habe treten und ein erster
provisorischer Benefiziat habe gewählt werden sollen, habe der
Staat sich veranlaßt gesehen, ein Regulativ zu erlassen, das die
Kaplanei in viel nähere Verbindung mit der Pfarrei Laufenburg
gebracht habe, als es der Stifter gethan habe. Als endlich die
Zeit der definitiven Wahl gekommen sei, habe der Staat der Gemeinde Laufenburg gestattet, den Kaplan zu wählen, weil inzwischen ein Gesetz den Gemeinden das Wahlrecht für ihre Seelsorgepfründen übertragen und das kantonale Staatskirchenrecht nur
Seelsorgepfründen gekannt habe, welche einer bestimmten Gemeinde
zugetheilt seien. Dabei sei es auch trotz wiederholter Proteste der
Kapitelsgeistlichkeit geblieben und die Wahlart niemals zum Gegenstande einer Beschwerde beim Großen Rath oder zu demjenigen
gerichtlicher Schritte gemacht worden. Es habe eben offenbar
Jedermann sich sagen müssen, daß der Stiftungsakt keine praktisch
ausführbare Wegleitung für die Wahl des Kaplans gebe. Dieses
Eingreifen der Staatsgewalt habe nicht eine Einmischung in die
Privatrechtssphäre des Stifters enthalten, sondern im Gegentheil
die Abwehr einer Einmischung des Stifters in Gebiete, die ihrer
innern Natur nach der staatlichen Hoheit unterstehen, durch die
staatliche Gesetzgebung geordnet werden müssen und die daher kein in-
dividueller Wille noch persönliche Willkür regeln können. Mit dieser
Abwehr habe der Staat nicht den Zweck verfolgt den Willen des
Stifters einfach zu vernichten; er habe im Gegentheil ihn dadurch
bestmöglichst zu erhalten gesucht, daß er es unternommen habe,
ihn den Formen der staatlichen Ordnung anzupassen. Dieses Be-
streben sei aber an der Glaubensspaltung gescheitert, welche einige
Zeit nach dem vatikanischen Konzil speziell im Frickthal eingetreten sei. Seither seien im Frickthale zwei Bekenntnisse. Der
Friedrichsche Kaplan könne nur für das eine, nicht auch für das
andere Seelsorgerdienste leisten. Der Inhaber der Kaplanei (und
die Gemeinde Laufenburg) haben sich dem Altkatholizismus angeschlossen. Vor kurzem sei die Wahlgemeinde zwar zur alten
Richtung zurückgekehrt; aber mit einem Wechsel in der Person
wäre ja nicht geholfen. Gleichviel, ob der Benefiziat der alten
oder der neuen Richtung angehöre, immer werde die eine von

beiden ihn nicht verwenden können, die Stiftung ihr also verloren
gehen. Den Grundsatz nun aber, daß die Mehrheit entscheide und
Alles für sich nehme, könne die Regierung nicht anerkennen; das
schweizerische Staatsrecht, speziell auch die neue aargauische Kan=
tonsverfassung und deren Vollziehung, seien vielmehr stets davon
ausgegangen, daß beide Theile im Verhältnisse ihrer Stärke auf
das früher gemeinsame Gut berechtigt seien. Auch wäre ja im
vorliegenden Falle mit Sicherheit gar nicht zu entscheiden, ob der
Testator, wenn er die kirchliche Bewegung, welche das vatikanische
Konzil hervorgerufen habe, erlebt hätte, zu der römisch=katholischen
oder der christkatholischen Konfession sich bekannt hätte. Deßhalb
sei heute, möge nun der Benefiziat dieser oder jener Konfession
angehören, der Zweck der Stiftung schlechterdings nicht mehr zu
erreichen. Denn auch eine Theilung helfe ihm nicht zum Fort=
bestande, da die Quoten, welche jeder Theil erhielte, zu gering
wären, um die Stiftung fortzusetzen. Der Aufhebungsbeschluß
des Großen Rathes entspreche daher durchaus der wirklichen Sach=
lage. Derselbe sei in schonender Weise und in Berücksichtigung des
Zweckes der Stiftung erfolgt. Der sogenannte frickthalische Reli=
gionsfonds (welcher noch aus der österreichischen Zeit her datire)
diene zur Besoldung der Hülfspriester und zur Ausrichtung von
Alterszulagen und Ruhegehalten an alte oder gebrechliche Geistliche.
Dieser Fonds leistete also die Dienste, welche der Stifter im Auge
gehabt habe und erfülle daneben einen denselben verwandten, jeden=
falls wohlthätigen und löblichen Zweck. Diesem Fonds solle daher
von vornherein ein erheblicher Theil des Stiftungsvermögens zu=
fallen. Den Rest wolle der Staat den frickthalischen Bezirksschulen
zuwenden, mit Rücksicht u. a. auch darauf, daß die Bezirksschule
Laufenburg, deren Bedenkung hauptsächlich beabsichtigt werde, aus
den bei der Stiftung betheiligten badischen Gemeinden starken
Besuch erhalte, die Bedenkung dieser Schule, welche eine Er=
mäßigung oder Aufhebung des Schulgeldes ermögliche, also auch
den fraglichen badischen Gemeinden Vortheil bringe. Der Große
Rath sei also nicht mit Willkür, sondern unter Berücksichtigung
aller berechtigten Interessen vorgegangen. Daß er zu seinem Vor=
gehen berechtigt gewesen sei, lasse sich nicht bezweifeln. In Doktrin
und Praxis, wie in der Gesetzgebung sei von jeher anerkannt, daß

die Staatsgewalt befugt sei, eine Stiftung aufzuheben, die ihren
Zweck nicht mehr erfülle; dies gelte sogar für private, um so
mehr dann natürlich für öffentliche Stiftungen. Daß die Auf=
hebung durch ein Gesetz erfolge, sei durchaus nicht erforderlich;
wenigstens in der Schweiz werde durchweg ein Beschluß des
Kantonsrathes als genügend angesehen. Die Behauptung, daß die
aargauische Kantonsverfassung von 1885 diesem Hoheitsrechte
des Staates mit Bezug auf geistliche Stiftungen ein Ende ge=
macht habe, sei durchaus unrichtig, ja kaum ernst gemeint. Nach
dieser Verfassung behalte der Staat ausdrücklich die Verwaltung
der Pfrundgüter und religiösen Fonds in seiner Hand; für die
Besetzung der Pfründen erkläre er ausdrücklich die bisherigen
Staatsgesetze als maßgebend. Daneben sei ganz undenkbar, daß
der Staat auf das viel wichtigere, primordiale Hoheitsrecht der
Errichtung und Aufhebung verzichtet habe. Die Kirchgemeinden
die Träger der Pfründen, bezeichne die Verfassung ausdrücklich
als öffentliche Korporationen; jede öffentliche Korporation könne
aber anerkanntermaßen durch den Staat verändert oder aufge=
hoben werden. Das Gleiche, was von ihr gelte, müsse aber
offenbar auch von bloßen Pfründen gelten. Die Rekurrentin
scheine denn auch weniger behaupten zu wollen, der Staat dürfe
kirchliche Stiftungen nicht aufheben, sondern vielmehr, er dürfe
über das Gut einer aufgehobenen Stiftung nicht verfügen. Allein
auch das sei unrichtig. In der Doktrin habe darüber, daß das
Vermögen öffentlicher Stiftungen im Falle ihrer Aufhebung als
bonum vacans an den Staat falle, so viel wie kein Streit ge=
herrscht. Natürlich können am Vermögen einer Stiftung bestimmte
Personen Privatrechtsansprüche haben und diese seien dann, wie
jedes Privatrecht, zu berücksichtigen. Allein darum handle es sich
hier nicht. Die Friedrichsche Stiftung gebe (abgesehen von dem
einmal gewählten Benefiziaten) keiner bestimmten Person einen
Anspruch auf den Genuß am Vermögen, wäre es auch nur während
des Bestandes, geschweige denn nach Aufhebung der Kaplanei; denn
sie sei öffentlicher Art, für eine ganze Bevölkerung bestimmt.
Art. 70 und Art. 69 g der revidirten Kantonsverfassung haben
an dem im Kanton Aargau von jeher geltenden Grundsatze, daß
das Vermögen aufgehobener Stiftungen an den Staat falle, so=

weit daran keine Privatrechte haften, nichts geändert. Die Ver=
fassung handle von den bestehenden Korporationen und Stiftungen,
nicht von den aufgelösten. Ein Verzicht auf das Gut der aufge=
lösten Stiftungen sei darin so wenig ausgesprochen, als derjenige
auf ihre Auflösung selbst. Art. 70 beziehe sich auf die Friedrichsche
Kaplaneistiftung überall nicht. Die Kirchen= und Pfrundgüter
von denen derselbe spreche, seien das Vermögen der ordentlichen,
der Gemeinde gehörigen Pfarreien und Subsidiarpfründen. Das
Vermögen der Friedrichschen Kaplaneistiftung gehöre also nicht
dazu; dasselbe erscheine vielmehr als besonderer religiöser Fonds
im Sinne des Art. 69 g K.=V. Aus Art. 69 g cit. sei aber
über die Verwendung des Vermögens aufgehobener Stiftungen
von vornherein nichts zu entnehmen. Wäre übrigens Art. 70
K.=V. auch anwendbar, so enthalte derselbe doch keine Be=
stimmung, wonach das Vermögen aufgehobener kirchlicher Stif=
tungen nur zu kirchlichen Zwecken verwendet werden dürfte.
Art. 70 cit. bestimme zweierlei. Einerseits verlange er vom
Staate die Ausscheidung, urkundliche Sicherstellung und getrennte
Verwaltung des Pfrundvermögens und die Verwendung seiner
Erträgnisse für die Pfründen. Diese Vorschrift (von der lediglich
das Verlangen getrennter Verwaltung neu sei) habe mit der
Verwendung des Vermögens aufgehobener Pfründen nichts zu
thun; sie beziehe sich eben auf bestehende, nicht auf untergehende,
wegfallende Pfründen. Eine Vorschrift darüber, wie der Staat
Kirchengut zu verwalten habe, könne den Staat natürlich nicht
hindern, über das Kirchenvermögen von Gemeinden, die etwa
wegen Rückgangs der Bevölkerung u. dgl. aufgehoben werden
müßten, in angemessener Weise zu verfügen. Sodann verlange
der Art. 70 von den Gemeinden, daß sie weder Hauptgut noch
Zinsen der in ihren Händen liegenden Kirchengüter zu andern als
den Stiftungszwecken verwenden sollen. Er verlange dies von
den Gemeinden und nicht vom Staate und handle wiederum vom
bestehenden, nicht von aufgehobenen Pfründen. Der Regierunsrath
könne ja von dem Verbote stiftungswidriger Verwendung Dispens
ertheilen; sich selbst brauche er aber gewiß keinen zu geben. Dies
zeuge deutlich, daß Art. 70 nur bestehende, nicht aufgehobene
Pfründen im Auge habe. Denn der Regierungsrath habe die

Kompetenz nicht, Pfründen aufzuheben und könne dieselbe natür=
lich noch weniger den Gemeinden ertheilen. Demnach sei der Re=
kurs in allen Theilen als unbegründet abzuweisen. Eine Auf=
hebung des Vorbehaltes, daß der Große Rath sich die Entschei=
dung über das Schicksal des Vermögens der aufgehobenen Stif=
tung vindizire in dem Sinne, daß über allfällige Privatrechtsan=
sprüche der Richter zu entscheiden habe, ließe sich nicht rechtfertigen.
Denn die Rekurrentin behaupte keine solchen Privatrechtsansprüche
und könnte keine solchen behaupten, da die Eigenschaft als Mit=
glied des Stiftungsrathes kein solcher Anspruch sei. Für andere
als für sich und für die Stiftung selbst könne aber die Re=
kurrentin das Wort gar nicht führen.

Das Bundesgericht zieht in Erwägung:

1. Soweit die Beschwerde sich gegen die Aufhebung der Fried=
richschen Kaplaneistiftung richtet, ist die Stiftungsverwaltung
welche die Rechte der Stiftung wahrzunehmen berufen ist, zur
Beschwerde legitimirt und es ist denn auch in dieser Richtung
ihre Legitimation nicht bestritten.

2. Die Friedrichsche Kaplaneistiftung ist nicht eine privatrecht=
liche, sondern eine öffentlich=rechtliche Stiftung. Allerdings ist die
Stiftung nicht durch öffentlich=rechtlichen Akt (durch Gesetz oder
Verwaltungsanordnung) sondern durch Privatwillenserklärung ge=
gründet worden. Allein über den öffentlich=rechtlichen oder privat=
rechtlichen Charakter einer Stiftung entscheidet nicht die Natur des
Begründungsaktes, sondern ihr Zweck. Soweit eine Stiftung
öffentlich=rechtliche Zwecke verfolgt, gehört sie dem öffentlichen
Rechte an, mag auch immerhin ihre Entstehung auf eine Privat=
willenserklärung zurückzuführen sein. Eine Stiftung mit öffent=
licher Zweckbestimmung kann ja eben nur insoweit entstehen und
bestehen, als sie mit dem geltenden öffentlichen Rechte im Ein=
klange steht, deren Rechtsverhältnisse unterliegen nothwendigerweise
den Normen des öffentlichen Rechts. Mag immerhin der Be=
gründungsakt dem Privatrecht angehören, die Anstalt selbst ist
eine öffentlich=rechtliche, welche aus dem Rahmen des Privatrechts
heraustritt. Durch den Privatwillen des Stifters (mit hinzutreten=
der Staatsgenehmigung) ist hier ein Institut öffentlich=rechtlicher
Natur geschaffen. Der Zweck der Friedrichschen Kaplaneistiftung

nun ist ein öffentlicher; derselbe ist auf Begründung einer Kaplanei=
pfründe bei der Pfarrkirche St. Johann in Laufenburg zur Aushülfe
in der öffentlichen Seelsorge gerichtet. Dieser Zweck ist, da nach
aargauischem Staatsrechte die Seelsorge der anerkannten Kirchen
als Gegenstand des öffentlichen Rechtes behandelt wird, ein öffent=
lich=rechtlicher. Die Stiftung ist denn auch von Anfang stets und
von allen Seiten, sowohl seitens der Stiftungsverwaltung als der
staatlichen und kirchlichen Behörden als eine öffentliche behandelt
worden, wie am besten der Umstand zeigt, daß die Regulative für
die Stiftung von Anfang an durch die öffentlichen staatlichen und
kirchlichen Behörden erlassen und von diesen über den Zeitpunkt
des Inslebentretens der Stiftung entschieden wurde.

3. Ist somit die Stiftung eine öffentliche, so kann für die
Entscheidung des vorliegenden Rekurses dahingestellt bleiben, ob
der Große Rath des Kantons Aargau berechtigt wäre, auch pri=
vate Stiftungen aufzuheben, weil ihr Zweck nicht mehr erfüllbar
sei (oder ob hierüber eventuell von den Gerichten zu entscheiden
wäre). Das Recht dagegen, öffentliche Stiftungen aus dem ge=
dachten Grunde aufzuheben, steht dem Großen Rathe jedenfalls
zu. Die verfassungsmäßige Eigenthumsgarantie schließt das Recht
des Staates, eine Stiftung durch Entziehung der juristischen Per=
sönlichkeit aufzuheben, nicht aus. Dieselbe gewährleistet allerdings
das Vermögen juristischer wie physischer Personen gegen will=
kürliche Eingriffe der Staatsgewalt; dagegen enthält sie keine
Garantie der Unantastbarkeit der Existenz juristischer Personen.
Die Frage, unter welchen Voraussetzungen juristische Personen
gewisser Art von der Staatsgewalt aufgehoben werden können,
ist vielmehr nach dem übrigen Inhalte des geltenden Staatsrechtes
zu beurtheilen. Nun enthält das aargauische Recht keine ausdrück=
lichen Bestimmungen über die Aufhebung öffentlicher Stiftungen.
Allein es muß auch für dasselbe festgehalten werden, daß öffent=
liche Stiftungen, welche ihren Zweck nicht mehr erfüllen können,
von der Staatsgewalt aufzuheben sind. In der That verliert ja
die Stiftung, wenn ihr Zweck unerfüllbar geworden ist, ihre
Daseinsberechtigung und ihre Lebenskraft und muß daher er=
löschen. Sache der Staatsgewalt, welche über die Wirksamkeit der
öffentlichen Stiftungen zu wachen hat, ist es, in solchen Fällen

das Erlöschen der Stiftung auszusprechen. Sofern, wie im Kanton
Aargau, besondere Bestimmungen hierüber nicht bestehen, wird
allerdings zu einem solchen Ausspruche nur die höchste Staats=
behörde nach aargauischem Verfassungsrechte (Art. 29 K.=V.),
also der Große Rath, befugt sein. Dagegen ist dazu ein Gesetz
nicht erforderlich. Die Aufhebung einer öffentlichen Stiftung wegen
Unmöglichwerdens ihres Zweckes ist vielmehr ebensowohl wie die
Genehmigung einer solchen ihrer Natur nach ein Verwaltungakt.
Wenn die Rekurrentin behauptet, daß bezüglich kirchlicher Stif=
tungen aus Art. 69 g und 70 K.=V. folge, es dürfen solche
nur auf Antrag der bestehenden kirchlichen Verwaltungsorgane
aufgehoben werden, so ist dies nicht richtig. Art. 69 g K.=V.
weist den Synoden die stiftungsgemäße Verwendung der Erträg=
nisse der in der Hand des Staates befindlichen besondern religiösen
Fonds zu. Er bezieht sich also auf die Verwendung der Erträg=
nisse bestehender Stiftungen; dagegen enthält er über die Befugniß
zur Aufhebung solcher Stiftungen keine Bestimmung. Eine Ga=
rantie, daß dieselben gar nicht oder nur auf Antrag der Synoden
dürfen aufgehoben werden, spricht er, wie die Regierung von
Aargau richtig ausführt, weder ausdrücklich noch folgeweise aus.
Daraus, daß die stiftungsgemäße Verwendung der Erträgnisse be=
stehender Stiftungsfonds den kirchlichen Behörden überlassen wird,
folgt in der That durchaus nicht, daß der Staatsgewalt die Be=
fugniß entzogen oder doch nur bei Einwilligung der kirchlichen
Behörden eingeräumt werde, kirchliche Stiftungen wegen Uner=
füllbarkeit ihres Zweckes u. dgl. aufzuheben. Eine Garantie letz=
tern Inhalts ist von der in der Verfassung wirklich enthaltenen
Bestimmung, welche den kirchlichen Behörden blos ein Verwaltungs=
recht an bestehenden Stiftungen einräumt, durchaus verschieden
und kann um so weniger aus derselben abgeleitet werden, als
die aargauische Kantonsverfassung das staatliche Oberaufsichts=
recht in betreff aller öffentlichen Stiftungen durchaus vorbehält.
Art. 39 litt. 1 K.=V.) Art. 70 K.=V. sodann bezieht sich auf
den Friedrich'schen Kaplaneifonds überhaupt nicht, da dieser nicht
als Kirchen= oder Pfrundgut im Sinne dieses Artikels (als kirch=
liches Gemeindegut) sich qualifizirt. Auch abgesehen hievon aber
ist aus den Vorschriften, welche Art. 70 über die Verwaltung,

Sicherung und Verwendung der bestehenden Kirchen= und Pfrund=
güter aufstellt, für die Frage nichts abzuleiten, inwiefern die
Staatsgewalt zu Aufhebung der Subjekte dieser Güter befugt sei.
Auch Absatz 2 des Art. 70 bestimmt nur über die Verwendung
des Vermögens bestehender Eigenthumssubjekte, nicht dagegen über
die Voraussetzungen, unter welchen letztere von der Staatsgewalt
aufgehoben werden können. Danach erscheint denn die Beschwerde,
soweit sie sich gegen die Aufhebung der Stiftung richtet, als un=
begründet. Denn nach dem Bemerkten war der Große Rath ver=
fassungsmäßig befugt, die Stiftung wegen Unerfüllbarkeit ihres
Zweckes aufzuheben. Ob dagegen der Stiftungszweck wirklich zu=
folge der eingetretenen Glaubensspaltung nicht mehr erfüllt werden
könne, ist das Bundesgericht, wie auch die Rekurrentin anzuer=
kennen scheint, zu prüfen nicht befugt. Denn diese Frage ist nicht
eine solche des Verfassungsrechtes und entzieht sich daher gemäß
Art. 59 O.=G. der bundesgerichtlichen Nachprüfung.

4. Insoweit sich die Beschwerde gegen denjenigen Theil des
Großrathsbeschlusses richtet, welcher dem Großen Rath die Ver=
theilung des Stiftungsvermögens zwischen dem frickthalischen
Religionsfonds und den frickthalischen Bezirksschulen vorbehält,
ist die rekurrirende Stiftungsverwaltung zur Beschwerde nicht
legitimirt. Sie war wohl befugt, die Rechte der Stiftung zu
wahren, insbesondere deren vermeintliches Recht auf Existenz
gegenüber dem Aufhebungsbeschlusse zu vertheidigen. Ist aber, wie
ausgeführt, der Aufhebungsbeschluß gültig gefaßt, die Stiftung
also rechtswirksam aufgehoben, so fällt das Vertretungsrecht der
Stiftungsverwaltung ohne weiteres dahin. Ein eigenes Recht am
Vermögen der aufgehobenen Stiftung haben die rekurrirenden
Mitglieder der Stiftungsverwaltung nicht behauptet. Zu Wahrung
allfälliger Rechte Dritter in Bezug auf dasselbe, sind sie nicht
befugt, sondern es muß die Geltendmachung solcher Rechte den
allfälligen Berechtigten selbst vorbehalten bleiben.

Demnach hat das Bundesgericht

erkannt:

Die Beschwerde ist abgewiesen.

Vierter Abschnitt. — Quatrième section.

Staatsverträge der Schweiz mit dem Auslande
Traités de la Suisse avec l'étranger.

I. Auslieferung. — Extradition.

1. Vertrag mit Deutschland. — Traité avec l'Allemagne.

34. Urtheil vom 30. April 1891 in Sachen Wittig.

A. Durch Urtheil des kaiserlich-deutschen Landgerichtes Mühlhausen i./E. vom 20. März 1882 wurde Ernst Wittig, von Tiefhartmannsdorf, Grenzaufseher zu Lürborf, für überführt erklärt, am
15. Oktober 1881 bei Benborf mit der am 12. März 1869 geborenen Melanie Meister unzüchtige Handlungen vorgenommen zu
haben und wurde in Folge dessen in Anwendung des § 176³ des
deutschen Reichsstrafgesetzbuches zu einer Gefängnißstrafe von
sechs Monaten sowie in die Kosten verurtheilt; gleichzeitig wurden
ihm die bürgerlichen Ehrenrechte auf die Dauer von fünf Jahren
abgesprochen. Die Entscheidungsgründe stellen fest, der Ange-
klagte habe die Melanie Meister zu sich gerufen, sie um den
Leib gefaßt, zu sich herabgezogen, ihr unter die Röcke an die
Geschlechtstheile gegriffen und eine Zeit lang daran herumgetastet;
dann habe er seine Hose geöffnet. In diesem Augenblicke sei es
dem Kinde gelungen zu entspringen.

B. Wittig entzog sich der Vollstreckung dieses Urtheils durch
die Flucht nach Basel. Am 15. Juni 1892 theilte das baslerische
Polizeidepartement der Staatsanwaltschaft Mühlhausen mit, daß
Wittig sich mit seiner Familie in Basel aufhalte und ihr anheim-

gegeben werde, die Auslieferung desselben auf diplomatischem
Wege zu verlangen. Die Staatsanwaltschaft Mühlhausen erwi=
derte hierauf am 19. Juni gleichen Jahres, sie beabsichtige nicht
die Auslieferung Wittigs zu beantragen; der Steckbrief sei für
die Schweiz revozirt. Am 2. März 1892 ersuchte nun aber die
Staatsanwaltschaft Mühlhausen das Polizeidepartement des Kan=
tons Baselstadt, unter Berufung auf Art. 1 Ziff. 8 des schwei=
zerisch=deutschen Auslieferungsvertrages, um vorläufige Verhaftung
des Wittig, indem sie ausführte, es habe inzwischen eine aus=
dehnende Auslegung der erwähnten Vertragsbestimmung die Zu=
stimmung der beidseitigen Regierungen gefunden, derzufolge unter
Nothzucht auch das in § 176 Ziff. 3 des deutschen Reichsstraf=
gesetzbuches unter Strafe gestellte Verbrechen zu verstehen sei.
Nachdem die provisorische Verhaftung des Wittig erfolgt war,
stellte die kaiserlich=deutsche Gesandtschaft in Bern mit Note vom
1. April 1892 beim schweizerischen Bundesrathe das Gesuch um
Bewilligung der Auslieferung desselben; sie legte eine Ausferti=
gung des Urtheils des Landgerichtes Mühlhausen vom 20. März
1882, sowie eine Bescheinigung vom 22. März 1882 vor, wo=
nach eine Unterbrechung der Verjährung stattgefunden habe, in=
dem am 24. April 1882 ein Steckbrief erlassen und am 21. April
1887 erneuert worden sei.

C. Der Requirirte erhob gegen seine Auslieferung Einsprache.
Mit Eingabe vom 11. April 1892 stellt sein Anwalt Dr. Elias
Burckhardt in Basel den Antrag: Es sei dem Seitens der
deutschen Regierung gestellten Begehren um Auslieferung des
Ernst Wittig nicht zu entsprechen und letzterer sofort in Freiheit
zu setzen. Er macht geltend:

1. Die Strafe sei in Gemäßheit des § 70 Ziff. 5 des deutschen
Reichsstrafgesetzbuches verjährt. Denn nach der angeführten
Gesetzesbestimmung verjähre die Vollstreckung einer rechtskräftig
erkannten Strafe, wenn auf Festungshaft oder Gefängniß bis zu
zwei Jahren oder auf Geldstrafe von mehr als 150 bis 6000
Mark erkannt sei, in fünf Jahren. Allerdings sei im Elsaß=Loth=
ringer Polizeianzeiger vom 27. April 1887 der Steckbrief gegen
Wittig erneuert und dadurch nach Ansicht der Mühlhauser Staats=
anwaltschaft die Verjährung unterbrochen worden. Selbst wenn

man nun zugeben wollte, daß durch eine bloße Ausschreibung im
Fahndungsblatte die Verjährung unterbrochen werde und daß
eine solche Unterbrechung für das deutsche Gebiet wirklich statt=
gefunden habe, so müsse doch die Frage aufgeworfen werden, ob
nicht Wittig die Bestimmungen des Art. 3 Ziff. 1 des schwei=
zerisch=deutschen Auslieferungsvertrages für sich in Anspruch nehmen
dürfe, wonach eine Auslieferung nicht stattzufinden habe, wenn
die von einer deutschen Regierung reklamirte Person wegen der=
selben strafbaren Handlung, wegen deren die Auslieferung bean=
tragt werde, in Untersuchung gewesen und außer Verfolgung ge=
setzt worden sei. Denn, wenn auch Wittig im Jahre 1882 in
Basel nicht persönlich einvernommen oder in Haft gezogen wor=
den sei, so habe doch zwischen den zuständigen Behörden ein
Schriftenwechsel stattgefunden, welcher sich als in das Gebiet der
Untersuchung einschlägig qualifizire und sei Wittig auf direkte
Weisung der Mühlhauser Staatsanwaltschaft außer Verfolgung
gesetzt und der gegen ihn erlassene Steckbrief für das schweizerische
Gebiet revozirt worden; wenn die Mühlhauser Staatsanwaltschaft
die Verjährungsfrist rechtskräftig auch für das schweizerische Ge=
biet habe unterbrechen wollen, so hätte sie vor Ablauf der fünf
Jahre den Steckbrief für das Gebiet der Eidgenossenschaft er=
neuern sollen. Da sie dies nicht gethan, könne Wittig die Ver=
jährung, wenigstens soweit es das Gebiet der Eidgenossenschaft
betreffe, für sich in Anspruch nehmen.

2. Die Auslieferung werde auf Grund des Art. 1 Ziff. 8
des Auslieferungsvertrages beantragt, welcher die Auslieferungs=
pflicht wegen des Delikts der Nothzucht statuire. Wittig sei nun
aber nicht wegen Nothzucht, sondern wegen unzüchtiger Hand=
lungen verurtheilt worden. Nothzucht und unzüchtige Handlungen
seien durchaus verschiedene selbständige Verbrechensbegriffe, sowohl
nach dem deutschen Reichsstrafgesetzbuche als nach dem baslerischen
Strafrechte und überhaupt den meisten schweizerischen Strafgesetz=
büchern. Das deutsche Reichsstrafgesetz behandle die Nothzucht in
Art. 177, während Wittig in Anwendung des Art. 176 Ziff. 3
sei verurtheilt worden, welcher nur von unzüchtigen Handlungen
spreche und damit gerade den Gegensatz mit der Nothzucht als
einem selbständigen Delikt betonen wolle. Das Auslieferungsbe=

gehren beziehe sich also auf ein im Auslieferungsvertrag nicht
vorgesehenes Delikt. Wenn die Mühlhauser Staatsanwaltschaft
behaupte, Art. 1 Ziff. 8 des Auslieferungsvertrages habe mit
Zustimmung der beidseitigen Regierungen eine ausdehnende Auslegung gefunden, so sei darauf zu erwidern, daß ein Zusatz oder
Nachtrag zu Art. 1 niemals vereinbart worden sei. Der Vertrag,
welcher eine Anzahl ganz bestimmter Delikte aufzähle, welche eine
Auslieferung rechtfertigen, habe daher in seiner wörtlichen Fassung
zur Anwendung zu kommen. Derselbe sei, wie strafrechtliche Bestimmungen überhaupt, strikte zu interpretiren; die Analogie sei ausgeschlossen. Es würde dem Sinn und der Tragweite des Vertrages durchaus widersprechen, wenn außer den in demselben genau und präzis aufgezählten 23 Delikten, noch andere, im
Vertrage nicht genannte Vergehen im Wege der konstruktiven
Analogie als Auslieferungsdelikte erklärt würden.

D. Der Regierungsrath des Kantons Baselstadt erklärt, daß
er gegen die Auslieferung keine Einwendung erhebe, sofern Art. 1
Ziff. 8 des Vertrages auf die von Wittig begangene Handlung
anwendbar erscheine. Rücksichtlich der Frage, ob die Strafe nach
baslerischem Rechte verjährt sei, bemerkt er: Nach § 42 und 43
des baslerischen Strafgesetzbuches verjähre die gerichtliche Verfolgung des von Wittig begangenen Verbrechens in 10 Jahren und
werde die Verjährung durch jede wegen des begangenen Verbrechens und wegen der Strafvollstreckung durch die zuständige
Behörde vorgenommene Handlung unterbrochen. Danach bestehe
kein Zweifel, daß nach baslerischem Strafrecht die am 20. März
1882 über Wittig verhängte Strafe nicht verjährt wäre, da
schon am 2. März 1892 ein auf die Vollstreckung dieser Strafe
gerichtetes Gesuch in Basel eingegangen sei.

E. Mit Schreiben vom 20. April 1892 übermittelt der Bundesrath gemäß Art. 58 O.-G. die Akten dem Bundesgerichte zur
Entscheidung.

Das Bundesgericht zieht in Erwägung.

1. Nach Art. 5 des schweizerisch-deutschen Auslieferungsvertrages ist die Auslieferung wegen Verjährung dann zu verweigern wenn die Verjährung der strafgerichtlichen Verfolgung oder
der erkannten Strafe nach den Gesetzen des ersuchten Staates

eingetreten ist. Dagegen hat der erfuchte Staat nicht zu prüfen, ob die Verjährung der Strafverfolgung oder Strafe nach dem Rechte des erfuchenden Staates eingetreten fei. In diefer Rich=tung haben vielmehr ausfchließlich die Behörden des letztern Staates zu entfcheiden. Demnach ist denn in casu nicht, wie der Requirirte meint, zu unterfuchen!, ob die Verjährung nach deutfchem, fondern ob fie nach fchweizerifchem (bafelftädtifchem) Rechte eingetreten fei. Dies ift aber, gemäß den Ausführungen des Regierungsrathes des Kantons Bafelftadt, ohne Zweifel zu verneinen.

2. Ebenfowenig ist die Einwendung begründet, daß die Aus=lieferung mit Rückficht auf Art. 3 des Auslieferungsvertrages ausgefchloffen fei. Die Vorausfetzungen diefer Vertragsbeftim=mung treffen ganz offenbar nicht zu. Es ist ja wegen der Hand=lung, wegen deren die Auslieferung begehrt wird, gegen den Re=quirirten niemals in der Schweiz eine ftrafrechtliche Unterfuchung eingeleitet und derfelbe daher auch nicht außer Verfolgung gefetzt worden.

3. Als fraglich kann in der That nur erfcheinen, ob die Hand=lung wegen welcher die Auslieferung verlangt wird, unter Art. 1 Ziff. 8 des Auslieferungsvertrages fubfumirt werden könne und daher als Auslieferungsdelikt erfcheine. Es ift dies aber zu be=jahen. Wie das Bundesgericht bereits in feiner Entfcheidung in Sachen Straßburger vom 5. März 1886 (Amtliche Sammlung XII, S. 140) ausgefprochen hat, ift der Begriff der Nothzucht im Sinne des Auslieferungsvertrages nicht auf die Nothzucht im engern Sinne zu befchränken, fondern in derjenigen weitern Be=deutung aufzufaffen, in welcher er auch den (vollendeten oder verfuchten) Mißbrauch unreifer Mädchen zum Beifchlafe umfaßt und wie er einer Mehrzahl fchweizerifcher Gefetze, insbefondere auch der Gefetzgebung des Kantons Bafelftadt (f. Art. 91 des bafelftädtifchen Strafgefetzbuches) zu Grunde liegt. Bei Annahme der entgegengefetzten Auslegung würden, wie in der citirten Ent=fcheidung in Sachen Straßburger ausgeführt ift, fehr fchwere Sittlichkeitsdelikte thatfächlich der ftrafrechtlichen Ahndung ent=gehen, was im Zweifel nicht als im Sinne der Kontrahenten des Auslieferungsvertrages gelegen erachtet werden kann, um fo

weniger als der Vertrag für das weniger schwere Delikt der Kuppelei mit Minderjährigen in Art. 9 die Auslieferungspflicht ausdrücklich statuirt. Nun ist der Requirirte allerdings nicht wegen Nothzucht im engern Sinne (stuprun violentum) bestraft wor= den, allein aus dem Urtheile des Landgerichtes Mühlhausen ergibt sich, daß er sich des versuchten Mißbrauchs eines unreifen (noch nicht 14 Jahre alten) Mädchens zum Beischlafe schuldig gemacht hat und diese That ist unter den Begriff der (versuchten) Noth= zucht im Sinne des Auslieferungsvertrages zu subsumiren.

Demnach hat das Bundesgericht

erkannt:

Die Auslieferung des Ernst Wittig von Tiefhartmannsdorf in Basel an die kaiserlich=deutsche Regierung wird bewilligt.

---

35. Urtheil vom 6. Mai 1892 in Sachen Emanuel.

A. Durch Haftbefehl des großherzoglich=hessischen Amtsgerichtes Offenbach vom 6. April 1892 wird der Gaukler Samuel Emanuel, Neger, aus Demarara, beschuldigt, am 17. März 1892 die minderjährige unverehelichte Elisabetha Konrad von Ackersdorf mit ihrem Willen, jedoch ohne Einwilligung ihrer Mutter, ent= führt zu haben, um sie zur Unzucht zu bringen (Vergehen gegen § 237 des deutschen Reichsstrafgesetzbuches). Gestützt auf diesen Haftbefehl stellte die kaiserlich=deutsche Gesandtschaft in Bern durch Note vom 16. April 1892 auf Grund des Art. 1 Ziff. 5 des schweizerisch=deutschen Auslieferungsvertrages beim schweizerischen Bundesrathe das Ersuchen um Auslieferung des (in Basel vor= läufig verhafteten) Samuel Emanuel.

B. Der Requirirte hat gegen seine Verhaftung protestirt, mit der Erklärung, es liege keine Entführung vor, er habe die Elise Konrad mit ihrem Willen, aber ohne Wissen ihrer Mutter, mit sich genommen; er beabsichtige, das Mädchen zu heirathen. Die Elise Konrad, welche am 26. März 1873 geboren ist, sagte aus, sie habe schon seit vorigem Sommer mit dem Neger Bekanntschaft;

ihre Mutter und Geschwister haben dies aber nicht leiden wollen
und sie habe daher mit ihrem Geliebten die heimliche Abreise ver=
abredet. Eine Entführung liege nicht vor; sie sei freiwillig mit
ihm gegangen, sei aber nun bereit, wieder heim zu ihrer Mutter
zu gehen.

C. Der Regierungsrath des Kantons Baselstadt erklärt mit
Zuschrift an den Bundesrath vom 23. April 1892, der Requi=
rirte habe eine Handlung begangen, die sich zwar nach dem
deutschen Strafgesetze als Entführung qualifizire, aber nach dem
baslerischen Strafgesetze nicht als solche aufgefaßt werden könne,
wie sich aus §§ 123 und 124 des Strafgesetzbuches ergebe. Ob
bei dieser Sachlage die Auslieferung zu bewilligen sei, stelle der
Regierungsrath dem Bundesrathe anheim.

D. Mit Zuschrift vom 26. April 1892 übermittelt der Bun=
desrath gemäß Art. 58 O.=G. die Akten dem Bundesgerichte zur
Entscheidung.

Das Bundesgericht zieht in Erwägung:

1. Art. 1 Ziff. 5 des schweizerisch=deutschen Auslieferungs=
vertrages statuirt die Auslieferungspflicht für das Vergehen „der
Entführung einer minderjährigen Person." Der Haftbefehl des
Amtsgerichtes Darmstadt behauptet nun, da die Elise Konrad nach
deutschem wie übrigens auch nach schweizerischem Rechte minder=
jährig ist und die sämmtlichen übrigen Thatbestandsmerkmale der
Entführung angeführt sind, unzweifelhaft eine Handlung, welche
nach deutschem Rechte unter diesen Deliktsbegriff fällt. Der Um=
stand, daß die Entführte in die Entführung eingewilligt hat,
schließt den Thatbestand nicht aus; das Delikt der Entführung
Minderjähriger setzt nicht voraus, daß die Entführung ohne oder
gegen den Willen der Entführten, sondern blos, daß sie ohne
Einwilligung ihrer Gewalthaber (Eltern oder Vormund) erfolgt
sei. Richtig ist nun allerdings, daß im vorliegenden Falle nach
baslerischem Strafrechte eine strafbare Handlung nicht vorliegt.
Denn das baslerische Strafgesetzbuch bedroht die Entführung einer
Frauensperson mit ihrer Einwilligung, jedoch ohne Einwilligung
ihrer Eltern oder ihres Vormundes nur dann mit Strafe, wenn
die Entführte noch nicht achtzehn Jahre alt war und in concreto
hatte nun die Elise Konrad das achtzehnte Altersjahr überschritten.

Dies kann indeß nicht zur Verweigerung der Auslieferung führen. Freilich ist, nach der gewöhnlichen Regel des Auslieferungsrechtes, die Auslieferung nur dann zu bewilligen, wenn die That nach dem Rechte des ersuchten Staates strafbar ist. Allein, wie nun das Bundesgericht bereits wiederholt entschieden hat (siehe Entscheidung in Sachen Hartung, vom 29. März 1878, Amtliche Sammlung IV, S. 124 u. ff., Erw. 2; in Sachen von Walbenburg und Siele, vom 18. Juli 1887, ibid. XIII, S. 302), gilt nach dem schweizerisch-deutschen Auslieferungsvertrage diese Regel nicht, sondern ist nach diesem Vertrage die Auslieferungspflicht für diejenigen Vergehen, für welche sie nicht ausdrücklich davon abhängig gemacht ist, daß die That nach dem Rechte beider kontrahirenden Staaten strafbar sei, eine unbedingte und nicht davon abhängig, daß die That auch im ersuchten Staate mit Strafe bedroht ist.

2. Danach muß denn die Auslieferung bewilligt werden. Denn die Frage, ob der Thatbestand der Entführung wirklich vorhanden, oder (etwa, weil nicht der Requirirte, sondern seine Geliebte die Entfernung der letztern aus dem elterlichen Hause betrieben habe u. dgl.) mangle, ist der Auslieferungsrichter zu prüfen nicht befugt. Zur Begründung der Auslieferungspflicht genügt es, daß die That, wie sie dem Requirirten im Haftbefehle zur Last gelegt wird, sich als Auslieferungsdelikt qualifizirt. Darüber, ob die behaupteten Thatbestandsmerkmale nachgewiesen seien, hat nicht der Auslieferungsrichter, sondern der in der Sache selbst kompetente Strafrichter zu entscheiden.

Demnach hat das Bundesgericht
erkannt:

Die Auslieferung des Samuel Emanuel, Negers, aus Demarara, geb. 1867, zur Zeit in Basel verhaftet, an das großherzoglich-hessische Amtsgericht Offenbach, wegen Entführung einer minderjährigen Person, wird bewilligt.

36. Urtheil vom 17. Juni 1892 in Sachen Stübler.

A. Durch Haftbefehl des Untersuchungsrichters beim königlich-württembergischen Landgerichte Ulm vom 16. Mai 1892 wird Friedrich Wilhelm Felix Stübler, Buchbinder, von Leipzig, geb. 16. November 1854, beschuldigt, er habe im März 1892 theils in Italien, theils in der Schweiz, dem wegen Verbrechens der Urkundenfälschung und des schweren Diebstahls in Rom verhafteten und auf dem Transporte nach Deutschland befindlichen Schreiber Karl Klein von Blaubeuren wissentlich Beistand geleistet, um denselben der Bestrafung zu entziehen und um sich selbst einen Vortheil zu verschaffen, er habe gegen das Versprechen einer Belohnung mit dem Karl Klein, mit dem er, der nur des Landes verwiesen war, gemeinsam aus Italien her transportirt wurde, den Namen getauscht, in der Hoffnung, daß in Folge dessen Klein an der Grenze in Freiheit gesetzt werde. Angerufen werden die §§ 25 Ziff. 2, 257 Ziff. 3 verb. mit § 4 Ziff. 3 des deutschen Reichsstrafgesetzbuches.

B. Gestützt auf diesen Haftbefehl und unter Berufung auf den schweizerisch-deutschen Auslieferungsvertrag ersucht das königlich-württembergische Ministerium der auswärtigen Angelegenheiten mit Note vom 27. Mai 1892 den schweizerischen Bundesrath um Auslieferung des (in Frauenfeld vorläufig verhafteten) F. W. F. Stübler, indem es ausführt: Die strafbare Handlung, wegen deren die Auslieferung des Stübler beantragt werde, sei zwar in der Schweiz beziehungsweise in Italien verübt. Es werde aber anzunehmen sein und vorausgesetzt, daß in der Schweiz wegen dieser strafbaren Handlung keine Untersuchung eingeleitet worden sei und daß hienach der Art. 1 Abs. 1 des deutsch-schweizerischen Auslieferungsvertrages vom 24. Januar 1874 der Bewilligung der Auslieferung des Stübler nicht im Wege stehe. Ein Bedenken gegen die Bewilligung der Auslieferung dürfte auch darin nicht zu finden sein, daß Stübler wegen Begünstigung verfolgt werde, in dem Art. 1 des Auslieferungsvertrages aber die Begünstigung nicht erwähnt sei. Der Begünstigte habe im vorliegenden Falle u. a. einen schweren Diebstahl verübt, und der Begünstiger wäre, da er seines Vortheils wegen sich der Begünstigung schuldig gemacht habe, gemäß § 258 des deutschen Strafgesetzbuches als „Hehler" zu bestrafen. Nun sei in frühern Fällen schon mehrfach seitens des schweizerischen Bundesrathes der württembergischen Regierung die Auslieferung eines bei den württembergischen Gerichten wegen Hehlerei in Untersuchung stehenden Angeschuldigten bewilligt worden, wobei davon ausgegangen worden sei, daß die Hehlerei als eine Form der Theilnahme sich charakterisire. Ebenso sei auch württembergischerseits kein Anstand genommen worden, an die Schweiz die Auslieferung einer wegen Hehlerei verfolgten Person zu bewilligen. Es sei daher anzunehmen, daß die Auslieferung des Stübler von dem Gesichtspunkte der Theilnahme aus im Hinblick auf Art. 1 Ziff. 11 des Auslieferungsvertrages keinem Anstand begegnen werde.

C. Bei seiner Einvernahme protestirte der Requirirte gegen die Auslieferung, weil er sich der Begünstigung eventuell der Hehlerei nicht schuldig gemacht habe. Er sei allerdings auf den ihm im Gefängnisse zu Livorno gemachten Vorschlag des Klein, dessen Namen anzunehmen und die Kleider mit ihm zu tauschen, eingegangen. Allein. er habe nichts davon gewußt, daß Klein ein Verbrechen begangen, sondern habe nach den Angaben des Klein geglaubt, dieser sei blos wegen sozialistischer Umtriebe verhaftet worden. Sie seien überall glücklich durchgekommen und schließlich in Schaffhausen entlassen worden. Erst nachdem er (nach Entdeckung der Verwechslung) wieder verhaftet worden sei, habe er erfahren, daß Klein ein Verbrecher sei, worauf er sofort wahrheitsgetreuen Aufschluß ertheilt und dadurch die (einige Tage nach seiner Entlassung in Konstanz erfolgte) Verhaftung des Klein wesentlich erleichtert habe. Er sei Sachse und lasse sich von den Ulmergerichten durchaus nicht beurtheilen. In der Schweiz habe er gar kein Verbrechen begangen; was er gethan, sei in Italien (Livorno) geschehen. Irgend welche Belohnung habe ihm Klein nicht versprochen und er habe keine solche erhalten.

D. Der Bundesrath hat am 7. Juni 1892 beschlossen, die Akten dem Bundesgerichte zu übermitteln, damit dasselbe gemäß Art. 23 und 24 des Auslieferungsgesetzes vom 24. Januar 1892 über die Bewilligung der Auslieferung entscheide; der Verfolgte

habe zwar nur Einwendungen geltend gemacht, die sich weder auf
das Auslieferungsgesetz noch auf den schweizerisch=deutschen Aus=
lieferungsvertrag vom 24. Januar 1874 stützen, immerhin habe
er gegen die Auslieferung ausdrücklich Einspruch erhoben und es
bestehen nun über die Anwendbarkeit des schweizerisch=deutschen
Auslieferungsvertrages auf das Vergehen der Begünstigung,
welches im Vertrage nicht vorgesehen sei, und auf eine Handlung,
welche in der Schweiz begangen worden sei, Zweifel, die von
Amtes wegen zu prüfen seien.

E. Der Generalanwalt der Eidgenossenschaft, welcher gemäß
Art. 23 Abs. 4 des Auslieferungsgesetzes erklärt hat, sich an der
Voruntersuchung und Hauptverhandlung betheiligen zu wollen,
spricht sich mit Eingabe vom 7. Juni 1892 dahin aus, daß
seiner Auffassung nach der Auslieferung kein gesetzliches Hin=
derniß entgegenstehe. Die Frage, ob Stübler sich des ihm zur
Last gelegten Vergehens schuldig gemacht habe, unterliege der
Kognition des Bundesgerichtes nicht, dagegen habe dasselbe, nach=
dem ihm die Akten vom Bundesrathe seien übermittelt worden, von
Amtes wegen zu prüfen, ob ein gesetzliches Auslieferungshinder=
niß vorliege. Nun sei allerdings die Begünstigung im schweizerisch=
deutschen Auslieferungsvertrage nicht als Auslieferungsdelikt be=
sonders bezeichnet und erscheine es in der That als eine etwas
weitgehende Interpretation, wenn man die Begünstigung als eine
Art von Theilnahme auffasse. Allein diese Frage sei bereits durch
gegenseitige Erklärungen der vertragschließenden Staaten gelöst,
wofür speziell auf den Geschäftsbericht des eidgenössischen Justiz=
departementes vom Jahre 1888 — Auslieferungswesen Nr. 5 —
verwiesen werde. Von Seite der Schweiz sei die Auslieferung eines
Flüchtigen wegen Begünstigung eines Diebstahls verlangt worden,
mit der Begründung, Art. 1 des Vertrages schließe jede Art von
Theilnahme in sich. Die Auslieferung sei von den deutschen Be=
hörden bewilligt worden mit dem Beifügen, daß, nachdem von
Seiten der Schweiz die Gegenseitigkeit als verbürgt erscheine, kein
Bedenken obwalte, das Wort „Theilnahme" im Eingang von
Art. 1 des Auslieferungsvertrages in diesem weitern Sinne zu
verstehen. Es bestehe also eine verbindliche Gegenseitigkeitserklärung,
die auch im Einklange stehe mit dem Auslieferungsgesetz vom 22.

Januar 1892, welches in Art. 3 Lemma 2 die Begünstigung ausdrücklich als Auslieferungsdelikt vorsehe. Nach Art. 12 des citirten Auslieferungsgesetzes müßte dagegen die Auslieferung deßhalb verweigert werden, weil die strafbare Handlung, wegen der sie verlangt werde, offenbar auf dem Gebiete der Eidgenossenschaft begangen worden sei. Der schweizerisch-deutsche Auslieferungsvertrag gehe aber nicht so weit; nach Art. 3 Lemma 1 desselben solle die Auslieferung nicht stattfinden, wenn das reklamirte Individuum wegen der gleichen Handlung in der Schweiz in Untersuchung gewesen sei, oder sich befinde, oder bestraft worden sei, was Alles in concreto nicht zutreffe. Diese Vertragsbestimmung sei durch das Auslieferungsgesetz nicht aufgehoben, sondern bleibe so lange bestehen, bis der Vertrag im gegenseitigen Einverständnisse als dahin gefallen erklärt werde. Rücksichtlich des Verfahrens bemerkt der Generalanwalt, daß seines Erachtens eine mündliche Verhandlung nicht stattzufinden habe. Nach Art. 23 Lemma 3 des Auslieferungsgesetzes vom 22. Januar 1892 sei es in das Ermessen des Bundesgerichtes gelegt, das persönliche Erscheinen Verhafteter anzuordnen und nach Art. 61 O.-G. erfolgen die staatsrechtlichen Entscheidungen des Bundesgerichtes in der Regel auf Grundlage eines schriftlichen Verfahrens.

Das Bundesgericht zieht in Erwägung:

1. Es ist weder die Anordnung einer Aktenvervollständigung noch eine mündliche Verhandlung nothwendig. In letzterer Beziehung bewendet es auch nach Inkrafttreten des Auslieferungsgesetzes vom 22. Januar 1892 bei der Vorschrift des Art. 61 O.-G., daß die Entscheidungen des Bundesgerichtes wie in allen andern staatsrechtlichen Sachen, so auch in Auslieferungssachen, in der Regel auf Grundlage eines rein schriftlichen Verfahrens ergehen und eine mündliche Verhandlung nur ausnahmsweise anzuordnen ist.

2. Wenn der Requirirte einwendet, er habe sich des ihm zur Last gelegten Deliktes nicht schuldig gemacht, so ist diese Frage vom Auslieferungsrichter nicht zu prüfen; vielmehr muß der Angeschuldigte seine hierauf sich beziehenden Behauptungen, er habe um das von Klein begangene Verbrechen nicht gewußt, und eine Belohnung weder zugesichert erhalten noch empfangen, vor

dem in der Sache selbst kompetenten Strafrichter geltend machen. Dagegen hat das Bundesgericht, nachdem ihm die Sache vom Bundesrathe zur Entscheidung ist zugewiesen worden, allerdings von Amtes wegen zu prüfen, ob das Auslieferungsgesuch nach Staatsvertrag und Gesetz begründet sei.

3. Ohne Weiters anzuerkennen ist nun, daß die Auslieferungs=pflicht nicht beßhalb ausgeschlossen ist, weil das Delikt nicht im Gebiete des ersuchenden Staates begangen wurde. Denn der schweizerisch=deutsche Auslieferungsvertrag beschränkt die Aus=lieferungspflicht nicht auf den Fall, wo die Strafthat im Gebiete des ersuchenden Staates begangen worden ist, sondern erstreckt sie (die im Vertrage selbst enthaltenen Ausnahmen vorbehalten) auf alle Personen, die sich im Gebiete des requirirten Staates auf=halten und welche im ersuchenden Staate wegen eines Aus=lieferungsdeliktes verfolgt werden. Vorausgesetzt ist dabei selbst=verständlich, daß die Verfolgung des im Auslande begangenen Verbrechens im requirirenden Staate nach dessen Gesetzgebung überhaupt statthaft sei; hieran ist aber im vorliegenden Falle ge=wiß nicht zu zweifeln. Dagegen muß sich allerdings fragen, ob nicht die Auslieferung beßhalb verweigert werden müsse, weil das Delikt im Gebiete des ersuchenden Staates, der Schweiz, selbst begangen, eine Auslieferung wegen im Inlande verübter Delikte aber nicht zulässig sei. In dieser Beziehung ist nun richtig, daß der Beistand, welchen der Verfolgte dem W. Klein geleistet hat, um denselben der Bestrafung zu entziehen, in letzter Linie in der Schweiz, dadurch, daß der Verfolgte den schweizerischen Behörden gegenüber sich für Klein ausgegeben hat, geleistet wurde und daß also die That in der Schweiz begangen oder doch vollendet worden ist. Richtig ist im Fernern, daß im allgemeinen die Auslieferung wegen eines auf dem eigenen Gebiete des ersuchten Staates be=gangenen Deliktes nicht gewährt wird und daß Art. 12 des Aus=lieferungsgesetzes vom 22. Januar 1892 diese Regel ausdrücklich ausspricht. Allein das Auslieferungsgesetz hat nun widersprechenden Bestimmungen der bestehenden Staatsverträge weder derogiren wollen, noch, ohne Verletzung völkerrechtlicher Pflichten, derogiren können. Der schweizerisch=deutsche Auslieferungsvertrag aber statuirt in Art. 3 Abs. 1 eine Ausnahme von der in Art. 1 ganz all=

gemein, ohne alle Rücksicht auf den Thatort, aufgestellten Auslieferungspflicht nur für den Fall, daß der Requirirte im ersuchten
Staate wegen der nämlichen strafbaren Handlung, wegen welcher
die Auslieferung beantragt wird, sich in Untersuchung befindet
oder in Untersuchung gewesen oder bereits bestraft worden ist
(siehe Lammasch, Auslieferungspflicht und Asylrecht,
S. 461 u. ff.). Dies trifft aber hier nicht zu und es muß daher
die Auslieferung bewilligt werden, sofern das Auslieferungsgesuch
sich auf ein Auslieferungsdelikt bezieht.

4. Hierüber ist zu bemerken: Der schweizerisch-deutsche Auslieferungsvertrag spricht nicht ausdrücklich aus, daß die Auslieferung auch für die Begünstigung von Auslieferungsdelikten
statthabe, sondern erwähnt nur den „Urheber, Thäter oder Theilnehmer." Es ist auch wohl nicht ganz zutreffend, wenn die Bundesanwaltschaft annimmt, es sei in dem von ihr erwähnten Falle
durch verbindliche Gegenrechtserklärung der beidseitigen Regierungen
die Auslieferungspflicht auf die Begünstigung von Auslieferungsdelikten ausgedehnt worden. Denn der schweizerische Bundesrath
hat in dem gedachten Falle die Auslieferung gestützt auf den bestehenden Staatsvertrag, welcher seiner Ansicht nach auch die Begünstigung umfaßt, beantragt, nicht dagegen eine über den Staatsvertrag hinausgehende Erklärung abgeben wollen. Allein es darf
nun allerdings angenommen werden, daß der Ausdruck „Theilnehmer" im Sinne des Art. 1 des Auslieferungsvertrages im
weiteren Sinne zu verstehen sei, so daß darunter auch der „Begünstiger" fällt. Es ist zwar wissenschaftlich sehr bestritten, ob
die Begünstigung unter den Begriff der „Theilnahme" falle, oder
nicht vielmehr als selbständiges Delikt zu betrachten sei, und es
wird dieselbe gesetzgeberisch verschieden behandelt (siehe in Betreff
des deutschen Strafrechts u. a.: H. Meyer, Lehrbuch des
deutschen Strafrechts, 3. Aufl. S. 371 u. ff.; in Betreff
der Behandlung der Begünstigung in den schweizerischen Strafge-
setzbüchern Stooß: Grundzüge des schweizerischen Strafrechts I, S. 239 u. ff.). Allein so viel ist jedenfalls richtig,
daß zwischen dem Delikte des Begünstigers und demjenigen des
Thäters des Hauptverbrechens ein naher Zusammenhang besteht,
indem beide die nämlichen Interessen verletzen und die Schwere

des Hauptverbrechens für die größere oder geringere Strafwürdig=
keit der That des Begünstigers keineswegs ohne Bedeutung ist.
Selbst wenn daher die Begünstigung, weil nicht in kausalem Zu=
sammenhange mit der Herbeiführung des Thatbestandes des Haupt=
verbrechens stehend, nicht als Theilnahme im engeren Sinne sollte
aufgefaßt werden können, so kann doch in einem weiteren Sinne
der Begünstiger als Mitschuldiger des Thäters des Hauptver=
brechens bezeichnet, die Begünstigung als Theilnahme in einem
weiteren Sinne des Wortes aufgefaßt werden (siehe Entscheidung
des Bundesgerichtes in Sachen Fähndrich, vom 4. Juni 1880,
Amtliche Sammlung VI, S. 217 u. ff. Erw. 2). Wenn nun
in der Praxis der Staatsbehörden der Begriff der Theilnahme
nach Art. 1 des Auslieferungsvertrages in diesem weitern Sinne
aufgefaßt worden ist, so liegt ein Grund, dieser Auslegung ent=
gegenzutreten, um so weniger vor, als auch das Auslieferungs=
gesetz vom 22. Januar 1892 in Lemma 2 des Art. 3 die Be=
günstigung der Theilnahme gleichstellt. Danach ist denn die
Auslieferung zu bewilligen, da sie wegen Begünstigung eines
Auslieferungsdeliktes begehrt wird.

Demnach hat das Bundesgericht

erkannt:

Die nachgesuchte Auslieferung des Friedrich Wilhelm Felix
Stübler, Buchbinders, von Leipzig, zur Zeit in Frauenfeld ver=
haftet, an das königlich=württembergische Landgericht Ulm wird
bewilligt.

---

2. Vertrag mit Italien. — Traité avec l'Italie.

37. Sentenza del 18 marzo 1892 nella causa Guerrini.

A. A richiesta del Consolato italiano, il Dᵣₑ Cesare
Guerrini del fu Giulio, nativo di Ravenna, venne arrestato
a Ginevra il 27 gennaio 1892. La domanda d'arresto era
stata motivata sopra due mandati di cattura, spiccati dal
Giudice Istruttore del Tribunale di Ravenna, l'uno in data

del 19 maggio 1891 — per tentata esplosione di bomba e per delitto contro la libertà individuale, — l'altro in data del 23 gennaio 1892 per « avere il Guerrini, quale mandante, « nella notte dal 18 al 19 gennaio 1892 in Ravenna collocato « a una delle finestre del palazzo di Rivolta Silverio in via « Mariani, una scatola esplodente, all'effetto di causare un « danno al medesimo, con distruzione almeno parziale di « esso ; ed altra non esplosa, allo stesso effetto, al palazzo « Spreti » — delitto contemplato all'art. 301 del codice penale italiano. Informato dell'avvenuto arresto il Consiglio federale, questi ne rese edotta la Legazione italiana a Berna, la quale con nota del 6 febbraio 1892 richiese l'estradizione del Guerrini appoggiandosi all'art. 2, N° 5, della convenzione italo-svizzera del 22 luglio 1868. Il Dᵣₑ Guerrini vi si oppose, prima con protesta al Consiglio federale del 30 gennaio 1892, poi di nuovo nel suo interrogatorio del 13 febbraioᵢ u. sc. In base perciò all'art. 58 della legge sull'organizzazione giudiziaria, il Consiglio federale trasmise con ufficio del 12 marzo 1892 gli atti al Tribunale federale per un relativo giudizio.

B. Le ragioni accampate dall'opponente contro l'ammissibilità della domanda avanzata della Legazione italiana consistono in ciò, che ambedue i mandati di arresto si riferiscono ad esplosione di bombe, il quale delitto non si trova previsto nel trattato 22 luglio 1868. Che d'altronde il detto trattato non è applicabile ai semplici tentativi, ma solo ai delitti consumati.

C. A queste obbiezioni la Legazione italiana risponde: la sua domanda di estradizione doversi ritenere limitata al tentativo d'incendio commesso nella notte dal 18 al 16 gennaio, a tenore del mandato di cattura 23 gennaio 1892. La questione, se per l'applicabilità del trattato basti o meno un semplice tentativo, essere già stata evasa dal Tribunale federale in altri casi anteriori : che poi il delitto imputato al Guerrini si qualifichi realmente di tentativo d'incendio e sia perciò compreso nell'art. 2, N° 5, del trattato 22 luglio 1868, risultare tanto dalle circostanze che accompagnarono il delitto, quanto dalle disposizioni del codice penale stesso. L'esplosione tentata contro il palazzo Rivolta, aver prodotto realmente l'incendio delle cortine di una finestra; l'impiego poi di materie esplodenti a scopo di distruzione parziale o totale di un edificio, essere riguardato dall'art. 301 del codice penale come una forma vera e propria d'incendio.

Il Tribunale federale ha preso in considerazione :

1° Riguardo all'eccezione sollevata dal ricorrente, che nel caso concreto non si tratti di un delitto consumato, ma di un semplice tentativo, il Tribunale federale si è già pronunciato più volte nel senso, che in merito all'applicabilità del trattato di estradizione svizzero-italiano non vi è motivo di distinguere tra delitto consumato e tentato (vedi Racc. vol. 8, pag. 83 e vol. 17, pag. 459). Che poi la domanda della Legazione italiana soddisfi quanto alla forma alle prescrizioni sancite dall'art. 9 del detto trattato, è fuori di questione, per cui non resta ad esaminare che l'obbiezione del ricorrente desunta dalla specialità del delitto imputatogli.

2° Qui il mandato di cattura del 23 gennaio 1892, su cui è basata unicamente la domanda di estradizione, menziona come titolo d'accusa la tentata distruzione di edifici a mezzo di materie esplosive. Visto dunque la natura diversa del mezzo impiegato, un tentativo d'incendio nello stretto senso della parola non esiste. Ciò nondimeno l'estradizione deve essere accordata in base appunto all'art. 2, N° 5 del più volte menzionato trattato. Di fatti l'incendio propriamente detto, da una parte, e i delitti di esplosione dell'altra offrono sostanzialmente gli stessi criteri ; in ambedue i delitti l'oggetto passivo è il medesimo, l'intensità del pericolo e la perversità del dolo la stessa. Il codice penale italiano (art. 300 e 301) li parifica perciò fra di loro, e così pure le altre legislazioni penali più recenti, (codice penale tedesco § 311), non escluse le svizzere (vedi Ginevra, art. 222, Neuchâtel, art. 254, Berna, art. 197, Glarona, art. 119, Zurigo art. 201, Basilea, art. 165, Zugo, art. 105, San-Gallo, art. 101

Vaud, art. 322, Vallese, art. 322, Ticino, art. 398). È dunque da ritenersi che l'art. 2, N° 5 del trattato svizzero-italiano 22 luglio 1868 impiega il vocabolo incendio nel suo senso più lato, comprendendo così anche i delitti commessi a mezzo di materie esplosive. Non vi è difatti motivo di presumere altrimenti, tanto più che l'esplosione di bombe può avere spessissimo per effetto mediato un incendio, effetto certamente non estraneo neppure alle intenzioni dell'agente.

Perciò il Tribunale federale

pronuncia :

L'estradizione del D^re Cesare Guerrini alle Autorità italiane è accordata.

II. Uebereinkunft zwischen dem Kanton Aargau und dem Grossherzogthum Baden.

Convention entre le canton d'Argovie et le Grand-Duché de Bade.

Uebereinkunft vom 21. Mai 1867. — Convention du 21 Mai 1867.

38. Urtheil vom 30. Januar 1892 in Sachen Schmid.

A. Die Ehefrau des Georg Senn in Zofingen war bis zu ihrem im Jahre 1884 erfolgten Tode Inhaberin der Firma G. Breitenstein in Zell (Großherzogthums Baden) gewesen; sie war als solche im Firmenregister des großherzoglichen Amtsgerichtes Schönau am 7. Juli 1879 mit dem Bemerken eingetragen worden, daß sie dermalen durch ihren Ehemann Georg Senn vertreten werde. Am 30. Juni 1880 fand zwischen Georg Senn Namens der Firma G. Breitenstein und dem Rekurrenten Edmund Schmid, welcher während längerer Zeit Prokurist der Firma G. Breitenstein gewesen war, in Zell eine Ausrechnung statt, aus

welcher letzterer ein Restguthaben von 819 M. 50 Pf. sammt
Zins zu 5 % vom 30. Juni 1880 herleitet. Im Jahre 1887
wurde die Firma G. Breitenstein im badischen Handelsregister
gelöscht. In der Folge belangte Edmund Schmid den Georg Senn
beim großherzoglich-badischen Landgerichte zu Freiburg i. B. auf
Bezahlung des Restguthabens von 819 M. 50 Pf. sammt Zins
und Kosten. Georg Senn war im Jahre 1883 in Zofingen unter
Pflegschaft gestellt worden. In der mündlichen Verhandlung verweigerte der Rechtsanwalt Marbe in Freiburg i. B., welcher mit
einer Vollmacht des Pflegers des Georg Senn, des Apothekers
Fischer-Siegwart in Zofingen, für den Beklagten erschien, die
Einlassung auf die Hauptsache, indem er die Einrede der Unzuständigkeit des Gerichtes erhob. Das Landgericht Freiburg i. B.
hat durch Zwischenurtheil vom 13. Februar 1890 diese Einrede
kostenfällig abgewiesen; das Gericht nimmt an, es sei der Gerichtsstand des § 29 der deutschen Reichscivilprozeßordnung gegeben. Gemäß Art. 324, Abs. 2 des deutschen Handelsgesetzbuches
habe der Verpflichtete an dem Orte zu erfüllen, an welchem er
zur Zeit des Vertragsabschlusses seine Handelsniederlassung gehabt
habe. Die Firma G. Breitenstein habe nun zur Zeit der Abrechnung vom 30. Juni 1880 ihre Handelsniederlassung in Zell
gehabt und es sei daher die auf diese Abrechnung begründete Verpflichtung von der genannten Firma beziehungsweise ihrem jeweiligen Inhaber in Zell zu erfüllen. Nun sei allerdings der
gegenwärtige Beklagte niemals eigentlicher Inhaber der Firma
G. Breitenstein gewesen; allein er hafte, gestützt auf den Register-
eintrag vom 7. Juli 1879 für die Geschäftsschulden der Firma
G. Breitenstein deßhalb, weil er, nach dem hiefür maßgebenden
aargauischen Rechte, Inhaber des gesammten Vermögens seiner
Frau sei, so daß er auch für die Geschäftsschulden des ihr angefallenen Geschäftes verantwortlich geworden sei. Nach dieser Entscheidung wurde in einem Termin vom 12. Juni 1890 zur Hauptsache verhandelt und über die vom beklagten Vertreter aufgeworfene
Einrede der Zahlung Beweisbeschluß erlassen. Bevor dieser Beweisbeschluß erledigt war, richtete der Pfleger des Georg Senn, Apo-
theker Fischer-Siegwart, an das Landgericht Freiburg i. B. eine
Zuschrift vom 6. August 1890, in welcher er bestritt, den Rechts-

anwalt Marbe zur Prozeßführung vor dem Landgerichte bevoll=
mächtigt zu haben, und gegen die Kompetenz des letztern pro=
testirte. In Folge dessen ließ der klägerische Vertreter am 15. Ok=
tober von Neuem, auf den 13. November 1890, zur Verhandlung
in der Hauptsache vorladen. Die Ladung wurde einerseits am
18. Oktober 1890 dem Rechtsanwalt Marbe, andererseits dem
Pfleger H. Fischer=Siegwart zugestellt. Letzterer verweigerte, als
ihm die Ladung durch das Bezirksgericht Zofingen insinuirt
werden wollte, deren Annahme, worauf ihm dieselbe durch die
Post zugestellt wurde. Am 26. Oktober 1890 kündigte der Rechts=
anwalt Marbe seiner Partei die Vollmacht. Im Verhandlungs=
termine vom 13. November 1890 ließ der Beklagte sich nicht
vertreten und wurde daraufhin durch Versäumnißurtheil gemäß
dem Klageantrage verurtheilt. Das Gericht nahm an, nach dem
aargauischen Rechte habe der bestellte Pfleger die der Pflegschaft
unterstellte Person bei Vornahme von Rechtshandlungen sowohl
als vor Gericht zu vertreten. Die Klage sei daher mit Recht dem
Pfleger des Beklagten zugestellt worden und es habe dieser die
unbeschränkt lautende Prozeßvollmacht rite ausgestellt. Diese
Prozeßvollmacht sei auch zur Zeit der Zustellung der Ladung
vom 15. Oktober 1890 noch rechtswirksam gewesen, da die Kündi=
gung der Vollmacht erst am 26. Oktober 1890, also nach Zu=
stellung der Ladung, erfolgt sei. Sie sei sogar jetzt noch gültig,
da dem Gegner gegenüber die Kündigung des Vollmachtvertrages
erst durch die Anzeige der Bestellung eines andern Anwaltes recht=
liche Wirksamkeit erlange. Der Beklagte sei daher rechtsgültig vor=
geladen. Durch Beschluß des Landgerichtes Waldshut vom 11.
Juli 1891 wurden die Kosten des Rechtsstreites, welche der Be=
klagte dem Kläger zu ersetzen habe, auf 152 M. 35 Pf. nebst
1 M. für den Beschluß festgesetzt.

B. Nunmehr suchte E. Schmid beim Obergerichte des Kantons
Aargau um Ertheilung der Vollstreckungsbewilligung für das
Urtheil des Landgerichtes Freiburg i. B. vom 13. November 1890
und den Kostenfestsetzungsbeschluß des Bezirksgerichtes Waldshut
vom 11. Juli 1891 nach. Der Pfleger des Georg Senn trug
auf Abweisung dieses Begehrens unter Kostenfolge an, indem er
im Wesentlichen ausführte: Der Gemeinderath von Zofingen als

Waisenbehörde habe niemals die Autorisation zu dem Prozesse ertheilt; nach §§ 331 und 332 des aargauischen bürgerlichen Gesetzbuches dürfe aber der Pfleger für seinen Mündel keinen Prozeß ohne ausdrückliche Autorisation der Waisenbehörde führen. Es sei daher das ergangene Urtheil für den Mündel über= haupt nicht verbindlich. Nach der Uebereinkunft zwischen dem Kanton Aargau und dem Großherzogthum Baden betreffend die gegenseitige Vollstreckbarkeit der Urtheile u. s. w. vom 21. Mai 1867 sei die Frage der Zuständigkeit des Gerichtes nach den Ge= setzen desjenigen Staates zu prüfen und zu entscheiden, in welchem das Erkenntniß zum Vollzuge gelangen solle. Nach aargauischem Rechte sei nun aber das Landgericht Freiburg i. B. nicht zu= ständig gewesen. Das aargauische Recht anerkenne den Gerichts= stand des Erfüllungsortes gemäß § 11 der Civilprozeßordnung nur dann, wenn in „einem Vertrage zu dessen Vollzug ein Ort bestimmt" worden sei. Dies treffe hier nicht zu, da die Ab= machung vom 30. Juni 1880 einen Erfüllungsort nicht bezeichne. Daher habe hier die Klage gemäß der allgemeinen Regel des § 8 der aargauischen Civilprozeßordnung am Wohnorte des Beklagten in Zofingen angebracht werden müssen. Eine Handelsniederlassung in Zell habe der Beklagte zur Zeit der Klageanhebung längst nicht mehr besessen. Derselbe könne sich als aufrechtstehender Schweizerbürger mit festem Domizil auch auf den Art. 59 Abs. 1 B.=V. berufen, welcher für persönliche Klagen den Gerichtsstand des Wohnortes ohne alle Einschränkung garantire. Das Ober= gericht des Kantons Aargau erkannte durch Entscheidung vom 24. Oktober 1891: Die nachgesuchte Vollstreckung wird nicht be= willigt und Edmund Schmid verfällt, dem Impetraten Senn die Kosten des vorwürfigen Verfahrens mit 60 Fr. 40 Cts. zu ersetzen. Das Gericht schließt sich rücksichtlich der Frage der Kompetenz der badischen Gerichte den Ausführungen des Vollstreckungsbe= klagten an, während es dahin gestellt bleiben läßt, ob Georg Senn als „im Streite gesetzlich vertreten betrachtet werden könne, „nachdem Rechtsanwalt Marbe in Freiburg gar nicht gehörig be= „vollmächtigt gewesen."

C. Gegen diesen Entscheid ergriff Edmund Schmid unter Be= rufung auf die Uebereinkunft zwischen dem Kanton Aargau und

dem Großherzogthum Baden vom 21. Mai 1867 den staatsrecht=
lichen Rekurs an das Bundesgericht mit dem Antrage: Das Bundes=
gericht wolle das obergerichtliche Urtheil aufheben und die nachge=
suchte Vollstreckung bewilligen, eventuell das aargauische Obergericht
anweisen, die Vollstreckung zu gewähren, unter Kostenfolge. Er
führt aus: Es könne keinem Zweifel unterliegen, daß Zell für den
Beklagten Erfüllungsort sei. Richtig sei allerdings, daß seine Firma
im Jahre 1887 im badischen Handelsregister gelöscht worden sei,
allein nach Art. 146—149 des deutschen Handelsgesetzbuches hafte
Senn als Inhaber der Firma noch 5 Jahre lang für die Ge=
schäftsschulden am Sitze der erloschenen Firma. Es seien ferner
auch die Vorschriften des Art. 84 O.=R. über den Erfüllungsort .
zu berücksichtigen. Wenn der Pfleger des G. Senn den Prozeß
wirklich ohne vormundschaftliche Autorisation aufgenommen habe,
so könne die Folge davon nur die sein, daß der Pfleger dem
Mündel schadenersatzpflichtig werde, dagegen könne sich Senn auf
diesen Mangel dem gutgläubigen Prozeßgegner gegenüber nicht
berufen. Ebenso wenig könne Senn den Art. 59 Abs. 1 B.=V.
anrufen, nachdem feststehe, daß er in Zell für sein dort betriebenes
Geschäft 'ein Domizil gehabt habe und nachdem gemäß dem Ab=
rechnungsvertrage Zell als Erfüllungsort zu betrachten sei. Unter
allen Umständen sei die angefochtene Entscheidung in Bezug auf
den Kostenpunkt zu kassiren, weil weder die aargauische Prozeß=
ordnung noch der Staatsvertrag mit Baden über die Kosten eine
Bestimmung enthalte und anzunehmen sei, das Obergericht habe
die Frage der Zulässigkeit einer anbegehrten Urtheilsvollstreckung
von Amtes wegen und kostenfrei zu prüfen.

D. Der Rekursbeklagte G. Senn beantragt: Die Gegenpartei
sei mit ihrem Begehren um Aufhebung des obergerichtlichen Ur=
theils vom 24. Oktober 1891, beßgleichen mit ihrem Begehren
um Bewilligung der Vollstreckung für die vorgelegten Urtheile
der großherzoglich=badischen Gerichte abzuweisen unter Kostenfolge.
Sie führt im Wesentlichen, unter Bekämpfung der gegnerischen
Rekursschrift, die in ihrer Eingabe an das aargauische Obergericht
geltend gemachten Gründe weiter aus.

Das Bundesgericht zieht in Erwägung:

1. Die Beschwerde behauptet eine Verletzung des Ueberein=

kommens zwischen dem Kanton Aargau und dem Großherzogthum
Baden vom 21. Mai 1867 betreffend die gegenseitige Vollstreck=
barkeit der Urtheile u. s. w. in bürgerlichen Rechtssachen. Fragt
sich in erster Linie, ob derartige, nicht zwischen der Eidgenossen=
schaft, sondern zwischen einem einzelnen Kanton und einem aus=
ländischen Staate abgeschlossene Verträge überhaupt zu den Staats=
verträgen mit dem Auslande gehören, wegen deren Verletzung nach
Art. 59 litt. b O.=G. der staatsrechtliche Rekurs an das Bundes=
gericht ergriffen werden kann, so ist diese Frage zu bejahen. Aller=
dings sind solche Verträge einzelner Kantone mit ausländischen
Staaten nicht Staatsverträge der Eidgenossenschaft, sondern von
den Kantonen, gemäß der ihnen in Art. 9 B.=V. vorbehaltenen
Befugniß, kraft eigener Staatshoheit abgeschlossen. Allein ihr Ab=
schluß ist doch der Einwirkung der Bundesgewalt nicht entzogen,
da sie einerseits gemäß Art. 10 B.=V. durch Vermittlung des
Bundesrathes abzuschließen sind und andererseits ihnen die Bundes=
versammlung gemäß Art. 85 Ziff. 5 B.=V. die Genehmigung
versagen kann. Da durch Verletzungen solcher Verträge auch die
Stellung der Eidgenossenschaft berührt werden kann, so liegt es
durchaus in der Natur der Sache, daß deren Handhabung der
Kontrole der Bundesgewalt untersteht. Danach läßt denn auch
Art. 59 litt. b O.=G. den staatsrechtlichen Rekurs an das Bun=
desgericht wegen Verletzung aller Staatsverträge mit dem Aus=
lande zu, ohne zwischen Staatsverträgen der Eidgenossenschaft und
Verträgen einzelner Kantone zu unterscheiden. Die Uebereinkunft
vom 21. Mai 1867 besteht auch noch in Kraft, da sie weder
endgültig gekündigt (siehe Amtliche Gesetzessammlung X, S. 729),
noch etwa durch das Inkrafttreten einer einheitlichen Civilprozeß=
ordnung für das deutsche Reich dahingefallen ist. Es ist vielmehr
in Deutschland allgemein anerkannt, daß derartige Verträge, welche
von einzelnen deutschen Bundesstaaten mit ausländischen Staaten
über Verbürgung gegenseitiger Urtheilsvollstreckung abgeschlossen
wurden, auch nach Inkrafttreten der deutschen Reichscivilprozeß=
ordnung in Gültigkeit geblieben sind (vergl. z. B. Seuffert,
Kommentar zur deutschen Reichscivilprozeßordnung
ad § 660).

2. Nach Art. 1 der Uebereinkunft vom 21. Mai 1867 ist

die Verpflichtung zur Vollstreckung eines Urtheils davon ab=
hängig, daß das urtheilende Gericht zuständig gewesen sei und
nach Art. 2 derselben wird die Frage der Zuständigkeit nach den
Gesetzen desjenigen Staates geprüft und entschieden, in welchem
das Erkenntniß zum Vollzuge gelangen soll. Danach muß sich
denn hier fragen, ob die Zuständigkeit der badischen Gerichte nach
dem Prozeßrechte des Kantons Aargau, nicht ob sie nach dem
im Großherzogthum Baden geltenden deutschen Reichsprozeßrechte
gegeben waren.

3. Dies muß nun, nach der Entscheidung des Obergerichtes
des Kantons Aargau, verneint werden. Das Obergericht führt,
indem es den § 11 der aargauischen Civilprozeßordnung in zu=
lässiger, der Nachprüfung des Bundesgerichtes entzogener Weise
auslegt, aus, das aargauische Prozeßrecht kenne das forum contractus nur in weit beschränkterem Sinne als das gemeine Recht,
nämlich nur dann, wenn im Vertrage selbst ein bestimmter Er=
füllungsort (ausdrücklich) bezeichnet sei. Ist dem aber so, so war
hier der Gerichtsstand des Erfüllungsortes in Zell, soweit wenig=
stens den Akten zu entnehmen, nicht begründet. Ob nach den
Bestimmungen des (deutschen oder schweizerischen) Gesetzes der
Vertrag in Zell zu erfüllen war, ist danach für die hier ent=
scheidende Frage der gerichtlichen Kompetenz nach aargauischem
Rechte gleichgültig. Denn nach der Entscheidung des Obergerichtes
kennt eben das aargauische Recht den Gerichtsstand des Erfüllungs=
ortes bei blos gesetzlicher (oder stillschweigender) Bestimmung des=
selben nicht. Wenn der Rekurrent scheint andeuten zu wollen,
der Rekursbeklagte sei, mit Rücksicht auf seine frühere Handels=
niederlassung in Zell fortwährend als dort domizilirt zu be=
trachten, so ist dies offenbar unrichtig. Von einem Wohnsitze oder
auch nur einer Geschäftsniederlassung des Rekursbeklagten in Zell
kann, nachdem dieser seine dortige Handelsniederlassung längst
aufgegeben hatte und die Firma im Handelsregister gelöscht wor=
den war, gewiß keine Rede mehr sein. Die vom Rekurrenten an=
gerufenen Art. 146—149 des deutschen Handelsgesetzbuches haben
auf die Frage gar keinen Bezug. Dieselben handeln von der
Verjährung der Klagen gegen die Gesellschafter bei Auflösung
einer Kollektivgesellschaft oder bei Ausscheiden oder Ausschluß

eines Gesellschafters aus einer solchen; es ist daher in der That nicht einzusehen, inwiefern aus denselben etwas für die vorliegende Frage folgen sollte. Daß ein anderweitiger Gerichtsstand, etwa der Gerichtsstand der Prorogation, in Baden begründet gewesen sei, ist nicht behauptet und braucht daher nicht weiter untersucht zu werden.

4. Ist somit davon auszugehen, daß nach der aargauischen Civilprozeßordnung die badischen Gerichte nicht kompetent waren, so bedarf es für den vorliegenden Fall einer Erörterung der Frage nicht, ob Art. 59 Abs. 1 B.-V. blos interkantonale Bedeutung besitze, oder ob derselbe auch im internationalen Rechtsverkehr den in der Schweiz wohnenden aufrechtstehenden Schuldnern, unter Beseitigung entgegenstehender kantonaler Vorschriften, für alle persönlichen Klagen den Gerichtsstand des Wohnortes (mit Ausschluß des forum contractus) gewährleiste (vergl. über diese Frage übrigens Entscheidungen des Bundesgerichtes in Sachen Kobelt, Entscheidungen, Amtliche Sammlung IV, S. 229 u. ff.). Ebenso wenig ist nöthig zu untersuchen, ob der Rekursbeklagte im Rechtsstreit gehörig vertreten war.

5. Die eventuelle Behauptung des Rekurrenten, es hätte jedenfalls das Obergericht des Kantons Aargau die Frage der Urtheilsvollstreckung kostenlos behandeln sollen, ist ebenfalls unbegründet. Denn der Staatsvertrag enthält eine Vorschrift, daß Vollstreckungsstreitigkeiten kostenfrei zu behandeln seien, nicht; ob die kantonale Gesetzgebung dies vorschreibe, hat das Bundesgericht nicht zu untersuchen.

Demnach hat das Bundesgericht
erkannt:

Die Beschwerde wird als unbegründet abgewiesen.

B. CIVILRECHTSPFLEGE

ADMINISTRATION DE LA JUSTICE CIVILE

I. Abtretung von Privatrechten.
Expropriation.

39. Urtheil vom 8. April 1892 in Sachen
Bergschaft Wärgisthal gegen Wengernalpbahn.

A. Durch Entscheidung vom 20. November 1891 hat die eid=
genössische Schatzungskommission für die Wengernalpbahn erkannt:

I. Die Expropriantin hat der Alpgenossenschaft Wärgisthal zu
bezahlen :

  1. An Bodenentschädigung :

    a. Für 10,540 Quadratmeter Waldboden
      à 10 Cts. . . . . Fr. 1,054

    b. Für 42,460 Quadratmeter Gesträuch-
      boden à 10 Cts. . . . . „ 4,246

    c. Für 26,500 Quadratmeter Weidboden
      à 20 Cts. . . . . „ 5,300

  2. An Inkonvenienzentschädigungen :

    a. Für die Alpparzellen (50 Fr. Nach=
      zahlung für zwei Rothtannen vorbe=
      halten) . . . . „ 3,916

    b. Für den übrigen Waldboden . . . „ 12,000

  3. Für Einräumung des Benutzungsrechtes an
brei Quellen im Sinne der Erwägungen . . „ 1,000

Summa: Fr. 27,516

4. Eventuell weitere 150 Fr. für Wegerschwerung im Sinne der Erwägung sub VII.

II. Die Schatzungssumme ist vom 31. Juli 1891 an — dem Tage der Jnangriffnahme des Terrains — à 5 % zu verzinsen und nach Mitgabe der Art. 43 u. ff. des eidgenössischen Expropriationsgesetzes abzubezahlen.

III. Bei der Vereinbarung betreffend die Bahnübergänge (Ziff. 6 der thatsächlichen Darstellung) hat es unter dem Vorbehalte der Genehmigung seitens der zuständigen Administrativbehörde sein Verbleiben.

IV. Die Bahngesellschaft ist bei ihren protokollirten Erklärungen betreffend Ueberlassung genügenden Wassers für den alpwirthschaftlichen Bedarf, Einfriedigung der gefährdeten Stellen, Uebernahme der Verantwortlichkeit für Unglücksfälle und Terrainrutschungen behaftet.

V. Mit ihren weitergehenden Forderungen und Ansprüchen ist die Expropriatin abgewiesen.

VI. Die Verifikation der Maßangaben für die Abtretungsflächen bleibt vorbehalten.

Am 10. Januar 1892 schlossen die Anwälte der Wengernalpbahngesellschaft und der Expropriatin miteinander folgende Konvention:

„Im Expropriationsprozesse der Aktiengesellschaft der Wengernalpbahn, in Bern, gegen die Bergschaft Wärgisthal, in Grindelwald, wird hiemit die der letzteren als Expropriatin gemäß Art. 35 des eidgenössischen Expropriationsgesetzes zustehende und mit dem 17. dieses Monats auslaufende Frist zur Einreichung ihrer Rekursbeschwerde gegen den Entscheid der eidgenössischen Schatzungskommission konventionsweise erstreckt bis und mit dem 15. März 1892.

„Diese Fristverlängerung erfolgt in Rücksicht auf schwebende Vergleichsverhandlungen und vorliegende Verhinderung des Anwaltes der Bergschaft Wärgisthal. Uebrigens könnte die in der Sache nothwendige Augenscheinsverhandlung wegen der Höhenlage des Expropriationsterrains nicht vor dem Sommer stattfinden. Das erwähnte Expropriationsgeschäft erleidet somit durch die gegenwärtige Uebereinkunft keinerlei Verzögerung."

B. Unter Berufung auf diese Konvention reichte die Expro=
priatin ihre Rekursschrift gegen den Entscheid der eidgenössischen
Schatzungskommission dem Bundesgerichte erst am 8./12. März
laufenden Jahres ein. Sie bemerkt rücksichtlich der Wahrung der
Rekursfrist, unter Berufung auf ein beigelegtes Gutachten der
Advokaten Dr. Brunner und Sahli in Bern: Die Frist des
Art. 35 des Expropriationsgesetzes sei eine Frist des Bundes=
prozeßrechtes, es finde daher Art. 65 der eidgenössischen Civil=
prozeßordnung auf sie Anwendung; sie könne also durch Ueber=
einkunft der Parteien erstreckt werden. Jedenfalls müsse Art. 65
cit. analog angewendet werden; er spreche ein Prinzip aus,
welches auch für die Frist des Art. 35 cit. Anwendung finden
müsse.

Das Bundesgericht zieht in Erwägung:

1. Es muß von Amtes wegen geprüft werden, ob die Rekurs=
frist gewahrt sei. Die Entscheidung hierüber hängt davon ab,
ob eine Verlängerung der Frist des Art. 35 des eidgenössischen
Expropriationsgesetzes durch Uebereinkunft der Parteien statthaft
ist oder nicht.

2. Richtig ist nun, daß die Frist des Art. 35 eine bundes=
rechtliche Prozeßfrist ist. Allein daraus folgt nicht, daß Art. 65
der eidgenössischen Civilprozeßordnung auf sie Anwendung finde.
Die Bestimmungen der Art. 63 u. ff. der eidgenössischen Civil=
prozeßordnung gelten vielmehr nur für die Fristen, welche dieses
Gesetz festsetzt, d. h. für die Fristen in den vom Bundesgerichte
instruirten Prozessen. Für Rechtsmittelfristen, welche andere
Bundesgesetze festsetzen, gelten sie direkt unzweifelhaft nicht, son=
dern könnten auf sie nur analog angewendet werden. Allein der
analogen Anwendung des Art. 65 der eidgenössischen Civilprozeß=
ordnung auf die Beschwerdefrist des Art. 35 des eidgenössischen
Expropriationsgesetzes steht nun die Natur der letztern Frist
engegen. Dieselbe ist eine Nothfrist, welche nicht nur im Interesse
der Parteien, sondern auch im öffentlichen Interesse aufgestellt
ist; sie ist daher, da das Gesetz eine solche nicht ausdrücklich zu=
läßt, der Abänderung durch Parteidisposition entzogen (siehe Ent=
scheidungen des Bundesgerichtes, Amtliche Sammlung XIII, S.
37); eine analoge Anwendung der Regel des Art. 65 der eid=

genössischen Civilprozeßordnung erscheint als ausgeschlossen. Denn
die Frist des Art. 35 des eidgenössischen Expropriationsgesetzes
ist den durch die eidgenössische Civilprozeßordnung normirten
Fristen keineswegs gleichartig; sie qualifizirt sich als Frist für
Einlegung eines der Appellation ähnlichen Rechtsmittels, während
die eidgenössische Civilprozeßordnung, welche das Verfahren vor
dem Bundesgerichte als einziger Instanz regelt, naturgemäß der=
artige Fristen nicht enthält. Bei Rechtsmittelfristen ist denn auch
nach der weitaus überwiegenden Mehrzahl der Gesetze, welche diese
Frage ausdrücklich entscheiden, eine Verlängerung durch Partei=
vereinbarung ausgeschlossen. Daß die bernische Gesetzgebung und
Praxis in entgegenstehendem Sinne entscheiden, ist allerdings
richtig; allein es kann dies für die Auslegung des Bundesge=
setzes nicht maßgebend sein. Danach kann denn auf die Beschwerde
als verspätet nicht eingetreten werden.

Demnach hat das Bundesgericht
erkannt:
Auf den Rekurs wird als verspätet nicht eingetreten.

II. Organisation der Bundesrechtspflege.
Organisation judiciaire fédérale.

40. Urtheil vom 9. Januar 1892 in Sachen
Gebrüder Aschwanden gegen Masse Aschwanden.

A. Durch Urtheil vom 23. September 1891 hat das Ober=
gericht des Kantons Uri erkannt:

Es sei die Appellation begründet und das erstinstanzliche Ur=
theil dahin abgeändert, daß die klägerische Forderung im Betrage
von 4595 Fr. 16 Cts. begründet und das Pfand entsprechend zu
Recht bestehend erklärt wird.

B. Gegen dieses Urtheil erklärten die Beklagten die Weiter=
ziehung an das Bundesgericht, indem sie den Antrag anmeldeten:
Es sei gemäß Citation vom 14./15. Januar 1891 die klägerische

Forderung total abzuweisen. Bei der heutigen Verhandlung wird, nachdem der Anwalt der Kläger und Rekursbeklagten angemeldet hat, daß er die Kompetenz des Bundesgerichtes zu bestreiten ge= denke, beschlossen, die Verhandlung über die Kompetenzfrage von derjenigen über die Hauptsache zu trennen. Der Anwalt der Kläger begründet darauf hin den Antrag, es wolle das Bundes= gericht sich in Sachen inkompetent erklären und daher auf die Weiterziehung der Gegenpartei nicht eintreten. Dagegen beantragt der Anwalt der Beklagten und Rekurrenten, das Bundesgericht wolle sich in Sachen kompetent erklären.

Das Bundesgericht zieht in Erwägung:

1. Durch Kaufvertrag vom 9. Juni 1886, verkaufte Franz Aschwanden von Seelisberg seinen Söhnen zweiter Ehe, Julian, Johann, Josef und Anton Aschwanden seine im erwähnten Kauf= vertrage näher bezeichneten Liegenschaften. Nachdem Franz Aschwan= den gestorben war, ohne, außer einigen Kleidungsstücken, Ver= mögen zu hinterlassen, belangten einerseits die Erbschaft, andrerseits die Liquidationsmasse des F. Aschwanden die Brüder Johann, Josef und Anton Aschwanden, (welche den Bruder Julian aus= gekauft haben) aus dem erwähnten Kaufvertrage auf Bezahlung einer Kaufrestanz von 6590 Fr. eventuell 4595 Fr. 16 Cts. Die Beklagten beriefen sich dem gegenüber darauf, daß sie zufolge einer dem Kaufvertrage nachgetragenen Bescheinigung des Land= schreibers Lauener, d. d. 12. Juni 1886, eine Abschlagszahlung von 2000 Fr. geleistet und zufolge einer weitern Bescheinigung des Gemeindeweibels von Seelisberg vom 25. November 1887 überhaupt die gesammte Kaufpreisschuld abbezahlt haben. Sie machten vor erster Instanz geltend, die „genannten Quittungen müssen als vollständige Schuldbefreiung im Sinne von Art. 16 O.=R. behandelt werden. Vater Aschwanden sei berechtigt gewesen, unter der Form von Quittungen den Söhnen die ganze Aus= zahlung zu schenken." Die erste Instanz (Kreisgericht Uri) hat die Klage abgewiesen, dagegen hat die zweite Instanz dieselbe bis zum Betrage von 4595 Fr. 16 Cts. für begründet erklärt, indem sie im Wesentlichen ausführte: Die von Landschreiber Lauener bescheinigte Zahlung von 2000 Fr. müsse allerdings als erwiesen gelten. Dagegen ergebe sich (aus verschiedenen Thatumständen), daß eine weitere Zahlung thatsächlich nicht geleistet worden sei.

Ebenso wenig sei erwiesen, daß Vater Aschwanden die Absicht ge=
habt habe, den Söhnen die restirende Kaufpreiszahlung zu schenken.

2. In rechtlicher Beziehung könnte bezweifelt werden, ob der
gesetzliche Streitwerth gegeben sei. Es liegt nämlich offenbar eine
subjektive Klagenhäufung vor und es ist nun zweifelhaft, ob für
jeden einzelnen der Kläger (speziell jeden einzelnen der klagenden
Erben des F. Aschwanden) der gesetzliche Streitwerth gegeben sei.
Allein es mag dies dahin gestellt bleiben. Denn die Kompetenz
des Bundesgerichtes ist aus einem anderen Grunde zu verneinen.
Es ist nämlich in der Sache nicht eidgenössisches, sondern kanto=
nales Recht anwendbar. Die einzige Einwendung, welche die Be=
klagten der Klageforderung, soweit dieselbe noch aufrechterhalten
wird, ernstlich entgegengestellt haben, ist die, Vater Aschwanden
habe ihnen dieselbe schenkungsweise nachgelassen. Nun bestimmt
aber Art. 141 O.=R. ausdrücklich, daß der schenkungsweise Nach=
laß durch das kantonale Recht bestimmt werde. Nach kantonalem
und nicht nach eidgenössischem Recht beurtheilt sich also, ob die
Voraussetzungen eines schenkungsweisen Nachlasses vorliegen,
speziell ob die Absicht zu schenken auf Seiten des Gläubigers der
angeblich schenkungsweise nachgelassenen Forderung erwiesen sei.
Die sachbezügliche Entscheidung der Vorinstanz entzieht sich also
der Nachprüfung des Bundesgerichtes. Uebrigens ist klar, daß
wenn die Beklagten (was nach ihrem Vorbringen vor den kan=
tonalen Instanzen nicht anzunehmen ist) der Klageforderung auch
für den noch aufrecht erhaltenen Theil derselben neben der Ein=
rede des Erlasses noch diejenige der Zahlung entgegenstellten,
dann das Bundesgericht zwar kompetent, allein die Beschwerde
von vornherein aussichtslos wäre. Denn es stünde alsdann der=
selben die thatsächliche Feststellung der kantonalen Instanz ent=
gegen, daß eine Zahlung in Wirklichkeit nicht stattgefunden habe.

Demnach hat das Bundesgericht

erkannt:

Auf die Weiterziehung der Beklagten wird wegen Inkompetenz
des Gerichtes nicht eingetreten und es hat demnach in allen
Theilen bei dem angefochtenen Urtheile des Obergerichtes des Kan=
tons Uri sein Bewenden.

41. Urtheil vom 26. März 1892 in Sachen Meyer gegen Pfeiffer-Elmiger.

A. Durch Urtheil vom 23. Januar 1892 hat das Obergericht des Kantons Luzern erkannt:

Der Beklagte sei gehalten an Kläger zu bezahlen 350 Fr. nebst Verzugszins seit 15. September 1890 und sei dem Kläger gestattet, das Depositum beim Herrn Gerichtspräsidenten von Luzern zur Hand zu nehmen.

B. Gegen dieses Urtheil ergriff der Beklagte die Weiterziehung an das Bundesgericht. Seine Weiterzugserklärung d. d. 12. März 1892 richtet sich gleichzeitig gegen das weitere, zwischen den gleichen Parteien am gleichen Tage ergangene Urtheil; in derselben ist bemerkt, sie geschehe in kumulativer Anrufung der Art. 29 und 30 sowie der Art. 59 u. f. des Bundesgesetzes über Organisation der Bundesrechtspflege vom 27. Juni 1874." Der kumulativ eingelegte staatsrechtliche Rekurs werde innert der gesetzlichen sechzigtägigen Frist 'in besonderer Eingabe dem Bundesgerichtspräsidenten eingereicht, mit dem Ersuchen, vorerst den staatsrechtlichen Rekurs und nach dessen Erledigung — ohne Rückweisung an die kantonalen Vorinstanzen — auch sofort materiell die Sache definitiv abzuwandeln.

Das Bundesgericht zieht in Erwägung:

1. Der vom Rekurrenten in Aussicht gestellte staatsrechtliche Rekurs kann zu einer Verschiebung der Behandlung der civilrechtlichen Weiterziehung hier so wenig wie in der andern heute beurtheilten Sache des Rekurrenten gegen Pfeiffer-Elmiger führen.

2. In erster Linie und von Amtes wegen ist die Kompetenz des Bundesgerichtes zu prüfen. Darüber ist nun zu bemerken: Der Kläger hat gegen den Beklagten eine Miethzinsforderung von 350 Fr. sammt Verzugszins seit 15. September 1890 eingeklagt. Der Beklagte bestritt diese Forderung an sich nicht, machte aber Gegenforderungen geltend, nämlich: a. Mehrbetrag der im ersten Prozesse gegen die Miethzinsschuld auf 15. März 1890 geltend gemachten Gegenforderungen 258 Fr. 90 Cts.;

b. Kostenforderung aus seinem „Abrechnungsprozesse" mit dem Kläger 119 Fr. 30 Cts.; c. Kostenforderung aus seinem gegen den Kläger erhobenen Strafprozeß 84 Fr. 15 Cts.; d. Kosten= forderung aus dem Streite mit dem Beklagten betreffend Reten= tionsrecht 12 Fr. 45 Cts.; e. Kostenforderung aus der „An= meldung" seiner Forderung in der Liquidation der katholischen Gesellschaft für kaufmännische Bildung 35 Fr. 35 Cts.; f. Kosten= forderung für Rechnungsstellung 21⸗Fr.; g. Entschädigung wegen widerrechtlicher, Ehre und Kredit schädigender Aeußerungen und Handlungen des Klägers 3000 Fr. (zusammen 3531 Fr. 05 Cts.) Aus diesen Daten ergibt sich, daß der gesetzliche Streitwerth von 3000 Fr. nicht gegeben ist. Allerdings erreicht die eine der vom Beklagten zur Kompensation gestellten Forderungen den Betrag von 3000 Fr. Allein dies ist für die Streitwerthsberechnung gleichgültig. Der Streitwerth beurtheilt sich nach den von den Parteien gestellten Anträgen. Nun hat der Beklagte seine frag= liche Forderung von 3000 Fr. nicht etwa widerklagsweise geltend gemacht, sondern er hat sie lediglich zur Kompensation verstellt und demnach einfach darauf angetragen, es sei die eingeklagte Miethzinsforderung als durch Verrechnung getilgt zu erklären. Es kommt daher, wie das Bundesgericht bereits in der Ent= scheidung in Sachen Weil gegen Leihkasse Eschlikon (Amtliche Sammlung XV S. 604 Erw. 2) anerkannt hat, für die Streit= werthberechnung im gegenwärtigen Prozesse die Gegenforderung nur bis zur Höhe der Klageforderung in Betracht und es ist somit die Kompetenz des Bundesgerichtes in keiner Richtung gegeben.

Demnach hat das Bundesgericht

erkannt:

Auf die Weiterziehung des Beklagten wird wegen Inkompetenz des Gerichtes nicht eingetreten.

42. Urtheil vom 8. April 1892 in Sachen Gerber und Bürgi gegen Tessinische Kantonalbank.

A. Durch Urtheil vom 15. Januar 1892 hat der Appellations= und Kassationshof des Kantons Bern erkannt:

1. Die Beklagten Gerber und Bürgi sind mit ihrer peremtorischen Einrede abgewiesen.

2. Der Klägerin, Tessinische Kantonalbank, sind ihre Klagsbegehren zugesprochen.

B. Gegen dieses Urtheil ergriff die Beklagte die Weiterziehung an das Bundesgericht. Bei der heutigen Verhandlung beantragt ihr Anwalt: Es sei in Abänderung des vorinstanzlichen Urtheils die peremtorische Einrede zuzusprechen, eventuell, es sei die Klägerin mit ihrem Antrage abzuweisen.

Dagegen beantragt der Anwalt der Klägerin, es sei wegen mangelnden Streitwerthes auf die Beschwerde nicht einzutreten, eventuell, es sei dieselbe als unbegründet abzuweisen. Der Anwalt der Beklagten trägt auf Abweisung der Kompetenzeinrede der Gegenpartei an.

Das Bundesgericht zieht in Erwägung:

1. Die Klägerin hat beantragt, die Beklagte sei zu verurtheilen, der Klägerin den derselben schuldigen Rechnungssaldo zu bezahlen, nämlich denjenigen auf der Frankenrechnung mit 994 Fr. 20 Cts. nebst Verzugszins seit 15. Dezember 1889, denjenigen auf der Lirenrechnung mit 2019 Lire 90 Co. nebst Verzugszins seit 15. Dezember 1889, zahlbar nach Wahl der Beklagten in italienischen Liren oder in Franken zu demjenigen Kurse, welchen italienische Liren im Zeitpunkte der Zahlung haben werden, unter Kostenfolge. Bei der heutigen Verhandlung hat der Anwalt der Beklagten eingewendet, die Klage erreiche den gesetzlichen Streitwerth nicht; denn einmal seien in dem eingeklagten Saldo Zinsen während des zweiten Semesters 1889 inbegriffen und sodann betrage der Kurswerth der italienischen Lire 95 bis höchstens 97 Cts.

2. Die Klage macht einen Saldo aus Kontokurrentverkehr geltend. Während der Dauer des Kontokurrentverkehrs waren die Zinsen vertragsmäßig zum Kapital zu schlagen; diese Zinsen bilden somit

einen Bestandtheil der Hauptforderung und fallen daher bei Berech=
nung des Streitwerthes mit in Betracht. Dagegen ist der Streit=
werth allerdings deßhalb nicht gegeben, weil der Kurswerth der
italienischen Lire 97 Cts. jedenfalls nicht übersteigt. Gefordert
sind einerseits 994 Fr. 20 Cts.; andrerseits 2019 Lire 90 Co.,
zahlbar in italienischen Liren oder in Franken zum Tageskurse
zur Zeit der Zahlung. Die Beklagte hat es nun unterlassen, über
den Werth dieser letzteren Leistung irgendwelche Beweise beizu=
bringen; dagegen hat die Klägerin dargethan, daß der heutige
Tageskurs der Lire 97 nicht erreicht, überhaupt diesen Betrag seit
langer Zeit nicht überschritten hat. Die Leistung, mit welcher sich
die Beklagte von der Forderung der Klägerin befreien kann, er=
reicht also, — und dies muß für die Streitwerthsberechnung
maßgebend sein, — den Werth von 3000 Fr. nicht.

Demnach hat das Bundesgericht

erkannt:

Auf die Weiterziehung der Beklagten wird wegen Inkompe=
tenz des Gerichtes nicht eingetreten und es hat demnach ein allen
Theilen bei dem angefochtenen Urtheile des Appellations= und
Kassationshofes des Kantons Bern sein Bewenden.

---

43. Urtheil vom 25. Juni 1892
in Sachen Berner Handelsbank und Genossen
gegen Bucher und Genossen.

A. Segesser & Cie. in Luzern, Eigenthümer des Hotels Rigi=
Kaltbad, schlugen ihren Gläubigern einen Nachlaßvertrag vor,
welcher im Wesentlichen darauf basirt, daß die Inhaber von
Obligationen mit I. Hypothek auf Rigi=Kaltbad die Aktiven und
Passiven der Firma Segesser & Cie. nach der aufgestellten Ueber=
nahmsbilanz übernehmen, während die übrigen pfandversicherten
Gläubiger ihr Pfand übernehmen und von dem nach der Schätzung
des Sachwalters nicht gedeckten Betrag ihrer Forderung 33 $\frac{1}{3}$%
gegen Verzichtleistung auf den Rest erhalten und ebenso die Chiro=

graphargläubiger mit 33 ⅓ % ihrer Forderung in Baar gegen Verzichtleistung auf den Rest abgefunden werden. Zum Zwecke der Uebernahme des Geschäftes war eine Konstituirung der Obligationäre als Aktiengesellschaft vorgesehen, wobei jeder In=haber einer (auf 1000 Fr. lautenden) Partialobligation eine Aktie von 600 Fr. erhalten sollte. Obligationäre, welche der Ge=sellschaft nicht sollten beitreten wollen, sollten nach dem Entwurfe der Statuten der zu gründenden Aktiengesellschaft, entweder eine Partiale von 400 Fr. mit hypothekarischer Sicherheit im bisheri=gen Range oder 400 Fr. in Baar erhalten. Zu bemerken ist, daß nach der nicht angefochtenen Schatzung des Sachwalters die Partiale von 1000 Fr. bis auf den Betrag von 400 Fr. durch das Pfand gedeckt, für den Rest dagegen nicht gedeckt sind. Der Nachlaßvertrag erhielt die Zustimmung von ⅔ der Obligationäre und ⅔ der Chirographargläubiger, sowohl der Zahl als dem Forderungsbetrage nach. Dagegen trat eine Minderheit von Obli=gationären, die gegenwärtigen Rekursbeklagten, demselben nicht bei und opponirte gegen dessen behördliche Bestätigung. Die erst=instanzliche Nachlaßbehörde, der Gerichtsausschuß des Bezirks=gerichtes von Luzern, hat am 18. Mai 1892 den Nachlaßvertrag bestätigt. Hiegegen rekurrirten die gegenwärtigen Rekursbeklagten an die zweitinstanzliche Nachlaßbehörde, die Justizkommission des luzernischen Obergerichtes, und diese hat durch Erkenntniß vom 11. Juni 1892 ausgesprochen: 1. Der vorliegende Nachlaßver=trag sei nicht genehmigt; 2. Tragen die Opponenten die Kosten dieses Entscheides (10 Fr.). Das Uebrige sei unter den Parteien wettgeschlagen. Zur Begründung wird im Wesentlichen aus=geführt: Die Ansicht der ersten Instanz, daß die Obligationäre mit I. Hypothek für das Zustandekommen des Nachlaßvertrages eine besondere Gruppe bilden, welche für sich nach Zahl der Gläubiger und Größe der Forderung mit ⅔ die renitenten Obli=gationäre zur Annahme des ganzen Nachlaßvertrages zwingen könne, sei nicht zu billigen. Denn: Für die durch das Pfand gedeckten 400 Fr. fallen die Partialen (weil pfandversichert) für den Abschluß des Nachlaßvertrages nicht in Berechnung; für die nicht gedeckten 600 Fr. dagegen seien sie wie die andern chirogra=pharischen Forderungen zu behandeln und zwar gegenüber der

Firma Segesser & Cie., welche als Schuldnerin den Nachlaßvertrag abschließe. Der Umstand, daß eine aus Obligationären zu
bildende Aktiengesellschaft an der Stelle dieser Firma die Erfüllung
des Nachlaßvertrages übernehme, könne das Rechtsverhältniß der
renitenten Obligationäre nicht ändern. Die Bildung der Aktiengesellschaft beruhe auf einem neuen Vertrage, dem die Obligationäre beitreten können oder nicht. Nun müssen sich allerdings die
renitenten Obligationäre mit dem ihnen in den Statuten der
Aktiengesellschaft eventuell für den Fall des Nichtbeitretens zur
Aktiengesellschaft anerbotenen 400 Fr. mit Bezug auf den pfandgedeckten Theil ihrer Forderung begnügen. Dagegen können sie
nicht gezwungen werden, auf den restirenden Theil der nicht gedeckten Forderung von 600 Fr. per Partiale zu verzichten. In
dieser Beziehung seien sie den andern nicht privilegirten und nicht
pfandgedeckten Gläubiger gleichzustellen. Diese aber erhalten von
ihrer nicht gedeckten Forderung 33 $\frac{1}{3}$ %, während die renitenten
Obligationäre nichts erhalten sollen. Ein Nachlaßvertrag aber,
der die Gläubiger der gleichen II. Klasse so ungleich behandle,
könne nach Art. 320 Abs. 7 B.-G. nicht genehmigt werden. Es
sei gleichgültig, ob diese Einwendung schon erstinstanzlich geltend
gemacht worden sei oder nicht. Denn der Richter habe von Amteswegen zu prüfen, ob die im Gesetze aufgestellte Kollokation der
verschiedenen Klassen beobachtet und den Gläubigern der nämlichen
Klasse gleiches Recht gehalten worden sei.

B. Gegen diesen Entscheid erklärte Advokat Dr. Weibel in
Luzern, Namens der Berner Handelsbank und Mithaften als
Vertreter der Mehrheit der Obligationäre, der Wittwe R. Lingg-
Kuhn in Luzern und der Firma Segesser & Cie. zum Rigi-
Kaltbad die Weiterziehung an das Bundesgericht mit der Er-
klärung, er werde den Antrag stellen, der Nachlaßvertrag der
Firma Segesser & Cie. sei als gültig zu erklären.

Das Bundesgericht zieht in Erwägung:

1. Es ist in erster Linie und von Amtes wegen zu prüfen,
ob das Bundesgericht zu Beurtheilung der Beschwerde zuständig
sei.

2. Dies hängt davon ab, ob die angefochtene Schlußnahme der
Justizkommission des Obergerichtes des Kantons Luzern als letzt-

instanzliches kantonales Haupturtheil in einer von kantonalen
Gerichten nach eidgenössischen Gesetzen zu beurtheilenden Privatrechtsstreitigkeit erscheint und somit die Voraussetzungen der bundesgerichtlichen Kompetenz gemäß Art. 29 O.-G. gegeben sind.
Das Bundesgesetz über Schuldbetreibung und Konkurs· enthält
keinerlei Bestimmung, wodurch dem Bundesgerichte eine Kompetenz in Nachlaßvertragssachen eingeräumt würde. Die Zuständigkeit des Bundesgerichtes zu Beurtheilung der vorliegenden Beschwerde ist daher nur dann begründet, wenn die allgemeinen
durch das Organisationsgesetz festgesetzten Voraussetzungen seiner
Kompetenz als Oberinstanz in Civilsachen zutreffen, welche durch
das Bundesgesetz über Schuldbetreibung und Konkurs nicht
geändert worden sind. Die Beschwerde wird denn auch in der
That als Weiterziehung in einer Civilsache im Sinne des Art.
29 O.-G. eingeführt.

3. Die angefochtene Schlußnahme erscheint nun aber nicht als
Haupturtheil in einer Privatrechtsstreitigkeit. Durch die Entscheidung
der Nachlaßbehörde über Ertheilung oder Verweigerung der Genehmigung eines Nachlaßvertrages wird nicht ein Civilprozeß
über Bestand oder Nichtbestand eines streitigen Privatrechtsan-
spruches oder Privatrechtsverhältnisses beurtheilt, sondern einer zu
Abwendung oder Aufhebung des Konkurses angestrebten Abmachung zwischen einem Schuldner und seiner Gläubigerschaft die
zu deren Perfektion gesetzlich erforderliche behördliche Genehmigung ertheilt oder verweigert. Die sachbezüglichen Entscheidungen
erscheinen demnach nicht als richterliche Urtheile in einer streitigen
Rechtssache, sondern als Akte der sogenannten freiwilligen Gerichtsbarkeit. Daß bei Prüfung der Frage, ob die gesetzlichen
Voraussetzungen des Nachlaßvertrages gegeben seien, Rechtsfragen zu lösen sind, ändert hieran offenbar nichts. Das gleiche
ist ja auch bei andern Akten der freiwilligen Gerichtsbarkeit z. B.
im Gebiete der Verwaltung des Hypothekarwesens, bei etwa vor-
behaltener behördlicher Bestätigung von Verträgen oder Testamen-
ten u. drgl. der Fall. Sofern die Nachlaßbehörde für Abgabe
ihrer Entscheidung sich über den Bestand oder Nichtbestand bestrittener Privatrechte eine vorläufige Ansicht bilden muß, kommt
derselben keine Rechtskraft zu, sondern bleibt die Entscheidung des

Richters vorbehalten (arg. Art. 305 Abs. 1 des Bundesgesetzes über Schuldbetreibung und Konkurs). Es hat denn auch das Bundesgesetz über Schuldbetreibung und Konkurs die Bestätigung von Nachlaßverträgen nicht den Gerichten zugewiesen, sondern die Bestimmung der Nachlaßbehörden und des Instanzenzuges in Nachlaßsachen der kantonalen Gesetzgebung überlassen, welche also als Nachlaßbehörden auch Administrativstellen bezeichnen kann, ein Umstand, welcher deutlich zeigt, daß das Gesetz die sachbezüglichen Entscheidungen nicht als richterliche Urtheile in streitigen Privatrechtssachen auffaßt. Anläßlich der geplanten Revision des Bundesgesetzes über Organisation der Bundesrechtspflege ist allerdings angeregt worden, dem Bundesgericht eine Kompetenz als Beschwerdeinstanz in Nachlaßsachen einzuräumen. Allein diese Anregung ist vorläufig abgelehnt worden und es waren sich bei deren Behandlung die gesetzesberathenden Faktoren darüber völlig klar, daß es sich dabei nicht etwa um eine schon aus dem Grundsatze des Art. 29 des gegenwärtigen Organisationsgesetzes folgende Kompetenz, sondern um eine beabsichtigte Erweiterung des bisherigen Zuständigkeitskreises des Bundesgerichtes handle.

Demnach hat das Bundesgericht

erkannt:

Auf die Weiterziehung des Rekurrenten wird wegen Inkompetenz des Gerichts nicht eingetreten.

III. Civilstand und Ehe. — Etat civil et mariage.

44. Urtheil vom 6. Mai 1892 in Sachen Schuhmacher gegen Kistler und Genossame Reichenburg.

A. Durch Urtheil vom 18./19. Februar 1892 hat das Kantonsgericht des Kantons Schwyz erkannt:

Das in Sachen ergangene Urtheil des Bezirksgerichtes March ist aufgehoben und die klägerische Rechtsfrage bejaht.

B. Gegen dieses Urtheil ergriffen die Beklagten Eheleute Schuh=
macher=Kistler die Weiterziehung an das Bundesgericht. Bei der
heutigen Verhandlung erklärt der Anwalt der Kläger, daß er die
Kompetenzeinrede aufzuwerfen gedenke und separate Behandlung der=
selben beantrage. Das Gericht beschließt indeß, die Behandlung von
Kompetenzfrage und Hauptsache zu verbinden. Hierauf beantragt
der Anwalt der Beklagten: Es sei, unter Aufhebung des Urtheils
des Kantonsgerichtes Schwyz vom 18./19. Februar 1892 die
gegen die Legitimation des Friedrich Wilhelm Kistler erhobene Be=
streitung abzuweisen und die Weiterziehung der Eheleute Schuh=
macher begründet zu erklären, eventuell sei eine Aktenvervollstän=
digung in dem Sinne anzuordnen, daß der von den Eheleuten
Schuhmacher anerbotene Zeugenbeweis abgenommen und die Ehe=
leute Schuhmacher über ihre Eidesofferten abgehört werden sollen.
Der Vertreter der Kläger dagegen beantragt, es sei auf das Akten=
vervollständigungsbegehren der Gegenpartei, sowie auf die Haupt=
sache wegen Inkompetenz des Gerichtes nicht einzutreten, eventuell
es sei die gegnerische Beschwerde als unbegründet abzuweisen. Der
Anwalt der Beklagten trägt auf Abweisung der von der Gegen=
partei erhobenen Kompetenzeinrede an.

Das Bundesgericht zieht in Erwägung:

1.. Am 4. Juli 1869 gebar die unverehelichte Antonie Kistler
einen Sohn Friedrich Wilhelm. In dem am gleichen Tage mit
ihr aufgenommenen Genießverhör gab sie (unter Eidesanerbieten)
an, daß sie den Vater des Kindes nicht kenne; sie sei am 21.
September 1868 auf dem Heimwege vom Lichtensteigermarkt von
einem unbekannten Herrn zur Mitfahrt in seiner Kutsche einge=
laden, dann aber von diesem in dem Fuhrwerk angepackt und ge=
schwängert worden; Andern habe sie den Beischlaf nicht gestattet.
Das Bezirksgericht March sprach in seiner Entscheidung vom 17.
Dezember 1869 aus, von einer Prosequirung der Vaterschafts=
klage könne, da die Antonie Kistler angebe, von einem ihr unbe=
kannten Manne geschwängert worden zu sein, keine Rede sein,
verurtheilte dagegen die Kistler wegen Unzucht zu einer Geldbuße.
Am 4. Dezember 1874 verstarb Katharina Barbara geb. Kistler,
die erste Ehefrau des gegenwärtigen Mitbeklagten Josef Laurenz
Schuhmacher, mit welcher dieser bereits im Jahre 1869 verehe=

licht gewesen war; am 27. September 1875 verehelichte sich
daraufhin Josef Laurenz Schuhmacher mit der Maria Antonie
Kistler. Bei der Verehelichung wurde eine Erklärung über Legi=
timation eines vorehelichen Kindes nicht abgegeben; dagegen er=
schienen die Eheleute Schuhmacher=Kistler am 15. September 1889
vor dem Civilstandsamte Reichenburg und erklärten, daß das von
der Maria Antonie geb. Kistler am 4. Juli 1869 geborene Kind
Friedrich Wilhelm ihr Kind sei und daß sie dasselbe hiemit als
solches anerkennen, behufs seiner Legitimation durch die zwischen
ihnen am 27. September 1875 abgeschlossene Ehe. Nachdem
diese Erklärung gemäß der schwyzerischen Verordnung über die
Legitimation vorehelicher Kinder im schwyzerischen Amtsblatte
publizirt worden war, erhoben Vermittler Erhard Kistler Namens
seiner Ehefrau Barbara geb. Schuhmacher, eine Tochter erster
Ehe des Josef Laurenz Schuhmacher, sowie die Genossame Reichen=
burg Einsprache gegen dieselbe, indem sie gegen die Eheleute
Schuhmacher=Kistler Klage dahin erhoben, es sei die von den Be=
klagten den 8. Mai 1889 verlangte und im Amtsblatt vom 20.
September 1889 publizirte Legitimation des von der Frau Maria
Antonie Schuhmacher geb. Kistler am 4. Juli 1869 außerehelich
geborenen Sohnes Friedrich Wilhelm Kistler zu annulliren, unter
Entschädigungs= und Kostenfolge. Sie machten geltend, die Vater=
schaft, zu welcher sich Josef Laurenz Schuhmacher heute bekenne
und welche seine Mitbeklagte Maria Antonie geb. Kistler heute
behaupte, dürfe nicht angenommen werden, da laut Genießverhör,
welches eine amtliche, unanfechtbare Urkunde im Prozesse bilde,
ein Anderer der Schwängerer sei und dadurch der aktenmäßige
Gegenbeweis gegen die angebliche Vaterschaft geleistet sei und da
zudem die Beklagten bei ihrer Trauung eine Legitimationserklärung
nicht abgegeben, sondern dies erst viel später, im Mai 1889,
gethan haben. Die Beklagten wendeten in erster Linie ein, die
Klage sei, weil nicht innert der durch die schwyzerische Verord=
nung betreffend die Legitimation vorehelicher Kinder (§ 5) fest=
gesetzten einjährigen Nothfrist erhoben, verjährt. In der Sache
selbst machten sie geltend, der Beweis für die Unwahrheit der
Vaterschaftsanerkennung liege den Klägern ob. Zur Bekräftigung
der Richtigkeit der Anerkennung beriefen sie sich auf Zeugen=

beweis für verschiedene Thatsachen, insbesondere dafür, daß Josef
Laurenz Schuhmacher der Maria Antonie Kistler in den Jahren
1868/1869 und später häufig Besuche abgestattet habe, daß er sie
speziell während ihres Wochenbettes häufig besucht und die Kosten
einer nöthig gewordenen augenärztlichen Untersuchung des Kindes
bestritten habe, daß die erste Ehefrau des Schuhmacher schon zwei
Jahre vor ihrem Ableben dessen Haus verlassen habe und daß
daraufhin die Maria Antonie Kistler mit ihrem Sohne zu dem=
selben gezogen sei und bei ihm gewohnt habe, daß in der Ge=
meinde Reichenburg allgemein die Ansicht geherrscht habe und
ausgesprochen worden sei, Schuhmacher sei der Vater des außer=
ehelichen Kindes der Maria Antonie Kistler, daß letzteres im
Hause des Schuhmacher erzogen worden sei und daß Schuhmacher
schon vor circa 15 Jahren einen Anwalt in Betreff der Legi=
timation dieses Kindes berathen habe. Ferner anerbot Josef Lau=
renz Schuhmacher den Eid dafür, daß er die Maria Antonie
Kistler anläßlich der Geburt des J. W. Kistler bestimmt habe,
ihn als Vater des Kindes zu verschweigen, daß er alle Kosten
und Auslagen anläßlich der Geburt des Kindes bezahlt und seit=
her für dessen Unterhalt und Erziehung Sorge getragen und sich
immer als Vater des Kindes betrachtet habe; die Ehefrau Schuh=
macher geb. Kistler ihrerseits anerbot sich zum Eide dafür, daß
J. L. Schuhmacher und kein Anderer ihr beigewohnt habe und
somit Vater des von ihr außerehelich geborenen Kindes sei. Die
erste Instanz, Bezirksgericht March, wies die Klage wegen ver=
säumter Nothfrist ab. Dagegen erklärte die zweite Instanz die
sachbezügliche Einwendung für unbegründet und hieß das Klage=
begehren gut. Den von den Beklagten beantragten Zeugenbeweis
schloß sie, auf Antrag der Kläger, aus, weil das Genießverhör
eine öffentliche Urkunde im Sinne des Art. 125 C.=P.=O. sei,
gegen deren Inhalt ein Zeugenbeweis nach Art. 129 ibid. nicht
statthaft sei. Der Ausschluß der Zeugen rechtfertige sich um so
mehr, als „die abzugebenden Zeugnisse überhaupt nicht von be=
sonderer Relevanz für den Prozeß erscheinen.“ Im Uebrigen führt
die Vorinstanz im Wesentlichen aus: Die Legitimation durch nach=
folgende Ehe setze voraus, daß das zu legitimirende Kind von
den betreffenden Ehegatten wirklich erzeugt worden sei, was die

Kläger im vorliegenden Falle bestreiten. Es erscheinen nun wirklich in den Akten und in den geführten Prozeßverhandlungen Gründe, welche den Werth der von den Beklagten erst nach 20 Jahren anläßlich des Legitimationsbegehrens abgegebenen Vaterschaftser=klärung in den Augen des Kantonsgerichtes so sehr reduziren, daß sie kaum mehr gewürdigt werden könne. Einmal liege ein amtlich aufgenommenes Genießverhör vor, worin die Beklagte mit der positiven Erklärung, daß sie ihren Schwängerer nicht kenne, jede Vaterschaft des Laurenz Schuhmacher, der ihr doch wohl be=kannt gewesen sei, negire. Zum Andern haben auch weder Laurenz Schuhmacher selbst noch seine Frau vor Jahren bei der Trauung das Vorhandensein eines von ihnen außerehelich erzeugten Kindes angezeigt und auch später während einer langen Reihe von Jahren bis zum Legitimationsprozeß nicht zur Geltung gebracht. Wenn sie nun heute, nach 20 Jahren, eine solche Erklärung behufs Er=langung der Legitimation abgeben, so scheine sie denn doch gegen=über der gleich nach der Geburt ausdrücklich gemachten und Jahre lang festgehaltenen gegentheiligen Erklärung des amtlichen Genieß=verhörs nicht mehr in dem Maße genügend, um dem Richter die volle Ueberzeugung ihrer Wahrheit und innern Begründung bei=zubringen. Es müsse im Gegentheil durch das bis in die neueste Zeit unangefochten gebliebene Genießverhör der Nachweis einer zur Erlangung der Legitimation unwahren Vaterschaftsanerkennung als erbracht betrachtet werden.

2. Die Kompetenz des Bundesgerichtes ist deßhalb bestritten worden, weil in der Sache nicht eidgenössisches Privatrecht, son=dern ausschließlich kantonales Prozeßrecht entscheidend sei. Aller=dings sei der Grundsatz, daß durch die nachfolgende Ehe der Eltern vorehelich geborene Kinder derselben legitimirt werden, in Art. 54 Abs. 5 B.=V. und Art. 25 und 41 C.=St.=G. niedergelegt und daher ein Grundsatz eidgenössischen Rechts. Allein in concreto stehe nicht die Anwendung dieses Grundsatzes selbst, sondern das Vorhandensein seiner thatsächlichen Voraussetzungen, die Abstam=mung des Kindes von dem angeblichen Vater, in Frage; hierüber sei aber, da das Bundesrecht keine Bestimmungen über den Be=weis der Abstammung, speziell den Gegenbeweis gegen eine Vater=schaftsanerkennung, enthalte, ausschließlich nach kantonalem Pro=

zeßrechte zu entscheiden. Diese Einwendung ist indeß nicht be=
gründet. Das Bundesrecht normirt die Legitimation vorehelicher
Kinder durch nachfolgende Ehe der Eltern in ihren Voraussetzungen
und Wirkungen. Streitigkeiten darüber sind also Streitigkeiten
eidgenössischen Rechtes. Soweit allerdings Thatfragen in Betracht
kommen, welche ausschließlich nach Beweisregeln des kantonalen
Rechtes sich beurtheilen, ist das Bundesgericht in Legitimations=
sachen wie in andern Rechtsstreitigkeiten gemäß Art. 30 O.=G.
an den vom kantonalen Richter festgestellten Thatbestand gebunden;
eine Beschwerde, welche ausschließlich gegen derartige thatsächliche
Feststellungen der kantonalen Gerichte gerichtet ist, muß also er=
folglos bleiben b. h. ohne weiters als unbegründet abgewiesen
werden. Die Kompetenz des Bundesgerichtes dagegen ist nichts=
destoweniger begründet; es handelt sich ¦nichtsdestoweniger um
einen aus dem eidgenössischen objektiven Rechte abgeleiteter An=
spruch, über welchen nach Bundesrecht, wenn auch gestützt auf
den vom kantonalen Gerichte verbindlich festgestellten Thatbestand
zu entscheiden ist (siehe z. B. Entscheidungen des Bundesgerichtes
in Sachen Weiller und Picard gegen Dukas & Cie. vom 15.
Mai 1886, Amtliche Sammlung XII, S. 315 Erw. 2; anders
allerdings, aber irrig, Amtliche Sammlung VIII, S. 514 u. ff.).
Speziell über die Frage allerdings, ob die Anfechtungsklage recht=
zeitig erhoben oder vielmehr wegen Verabsäumung der Anfechtungs=
frist verspätet sei, wäre nicht nach eidgenössischem, sondern nach
kantonalem Rechte zu entscheiden. Denn die Kantonalgesetzgebung
ist ohne Zweifel befugt, Verjährungs= oder Verwirkungsfristen
für die Anfechtnngsklage aufzustellen und es handelt sich in der
gedachten Richtung ausschließlich um die Anwendung der sachbe=
züglichen kantonalgesetzlichen Bestimmungen. Allein rücksichtlich der
Verjährungs= oder Verwirkungsfrage ist nun die vorinstanzliche
Entscheidung gar nicht angefochten worden; die Beschwerde richtet
sich vielmehr einzig gegen die Entscheidung in der Sache selbst.

3. Ist bemnach auf die Beschwerde einzutreten, so ist zunächst
zu bemerken: Die Anfechtungsklage betrifft den Familienstand des
Kindes F. Wilhelm Kistler; sie stellt zur Entscheidung, ob dem=
selben, als durch nachfolgende Ehe seiner Eltern legitimirt, der
Stand eines ehelichen Kindes zukomme, oder ob es als unehelich

zu betrachten sei. Hierüber konnte aber nur gegenüber dem Kinde, in einem Verfahren, in welchem dieses selbst als Partei ins Recht gefaßt und ihm daher die Vertheidigung seiner Rechte möglich war, gültig entschieden werden. In einem Verfahren, in welchem der nächstbetheiligte, das Kind, nicht Partei war, konnte diese Statusfrage nicht in gültiger, für Jedermann, insbesondere für das Kind selbst, verbindlicher Weise beurtheilt werden; denn es liegt doch in der Natur der Sache, daß eine Statusfrage demjenigen gegenüber entschieden werden muß, um dessen Familienstand es sich handelt, während ein zwischen andern Personen ergangenes Urtheil seinen Rechten nicht zu präjudiziren vermag. Nun ist in casu die Anfechtungsklage ausschließlich gegen die Eltern Schuhmacher-Kistler, nicht aber gegen das Kind gerichtet und durchgeführt worden. Das Kind war, da es nicht mehr unter elterlicher Vormundschaft steht, sondern volljährig ist, auch nicht etwa durch die Eltern, resp. den Vater vertreten; es war also in dem Verfahren in keiner Weise Partei. Danach müßte denn das angefochtene Urtheil schon deßhalb aufgehoben und die Anfechtungsklage schon deßhalb abgewiesen werden, weil der richtige Beklagte nicht ins Recht gefaßt war.

4. Auch abgesehen hievon übrigens erscheint die Beschwerde als begründet. Wie das Bundesgericht bereits wiederholt ausgesprochen hat, genügt die einfache Anerkennung vorehelicher Kinder, um diesen die Rechte ehelicher zu verschaffen, vorbehältlich einzig der Anfechtung einer erweislich unwahren Anerkennung (siehe u. a. Entscheidungen, Amtliche Samlung III, S. 835 u. ff.). Das Anerkenntniß ist allerdings nicht Dispositivakt, sondern Beweismittel für die Abstammung des Kindes von den Eheleuten, speziell vom Ehemann, und es ist daher der Gegenbeweis zulässig; allein so lange dieser nicht erbracht ist, muß die Anerkennung als richtig gelten und ist dadurch die Vaterschaft des Ehemannes rechtlich festgestellt. Wenn die Anerkennung nicht als beweiskräftig erachtet, sondern ein von derselben unabhängiger Beweis der Erzeugung des vorehelichen Kindes durch den Ehemann der Mutter gefordert würde, so würde offenbar das bundesrechtliche Prinzip der Legitimation durch nachfolgende Ehe in seiner praktischen Durchführung wesentlich gefährdet. Deßhalb ist denn auch nach Art. 41 des Bun=

desgesetzes über Civilstand und Ehe die Legitimationserklärung der
Eltern vom Civilstandsbeamten ohne vorgängige causæ cognitio,
ohne daß derselbe einen weiteren Beweis der Vaterschaft fordern
dürfte, einzutragen. Im Weitern bestimmt Art. 41 Abs. 1 des
Civilstandsgesetzes allerdings, daß die Eltern voreheliche Kinder,
welche durch den Eheabschluß legitimirt werden, bei der Trauung
oder spätestens innerhalb dreißig Tagen nach derselben dem Civilstandsbeamten ihres Wohnortes anzuzeigen haben. Allein in
Abs. 2 wird ausdrücklich beigefügt, daß aus der Unterlassung
dieser Eintragung den vorehelichen Kindern und ihren Nachkommen in ihren Rechten kein Nachtheil erwachsen dürfe. Die
Vorschrift des Art. 41 Abs. 1 ist also eine bloße Ordnungsvor-
schrift, deren Uebertretung nach Art. 59 Ziff. 1 leg. cit. Strafe
nach sich zieht; dagegen wird durch ihre Nichtbeobachtung weder
die Legitimation überhaupt ausgeschlossen, noch auch die Beweiskraft der Anerkennung geschwächt. Gegen diese Grundsätze des
eidgenössischen Rechtes nun ist in der angefochtenen Entscheidung
verstoßen. Wenn der Vorderrichter darauf abstellt, daß die Anerkennung angesichts der Umstände nicht mehr in dem Maße als
genügend erscheine, um dem Richter die „volle Ueberzeugung ihrer
Wahrheit und innern Begründung beizubringen," so liegt darin
doch wohl, daß er thatsächlich den bundesrechtlichen Grundsatz
verkennt, wonach nicht den Anfechtungsbeklagten der Beweis für
die Richtigkeit der Anerkennung, sondern den Anfechtungsklägern
der Gegenbeweis obliegt. Jedenfalls aber ist der Vorderrichter zu
dem Schlusse, es sei durch das Genießverhör der Nachweis „einer
unwahren Vaterschaftserklärung erbracht," lediglich auf Grund der
rechtsirrthümlichen Annahme gelangt, daß die Beweiskraft der
Anerkennung deßhalb geschwächt sei, weil sie nicht bei der Trauung
oder innerhalb dreißig Tagen nach derselben, sondern erst lange
nachher dem Civilstandsamte angezeigt wurde. Beruht daher die
vorderrichterliche Entscheidung auf unrichtiger Anwendung bundesrechtlicher Grundsätze, so hat das Bundesgericht selbständig zu
prüfen, ob der den Anfechtungsklägern obliegende Gegenbeweis erbracht sei. Dies ist aber ohne Weiters zu verneinen. Die Verspätung der Legitimationserklärung fällt nach dem Ausgeführten
nicht in Betracht; übrigens ist auch zu bemerken, daß zur Zeit

des Eheabschlusses der Eheleute Schuhmacher-Kistler das Bundesgesetz betreffend Civilstand und Ehe noch gar nicht in Kraft getreten war, so daß bei der Trauung eine Legitimationserklärung
auf Grund dieses Gesetzes noch gar nicht möglich war. Im
Uebrigen haben sowohl das kantonale Gericht als die Anfechtungs-
kläger blos noch die Angabe der Ehefrau Schuhmacher im Genießverhör angeführt. Diese Angabe ist aber ihrem Inhalte nach
offenbar unglaubwürdig und ihr Beweiswerth wird dadurch nicht
erhöht, daß sie in ein öffentliches Protokoll aufgenommen ist.
Solche öffentliche Einvernahmsprotokolle erbringen ja allerdings
vollen Beweis dafür, daß der Abgehörte die im Protokolle enthaltenen Aussagen wirklich gemacht hat, dagegen selbstverständlich
nicht auch dafür, daß das Ausgesagte wahr sei, sonst müßten ja
allen Partei- oder Zeugenaussagen in Civil- oder Strafprozessen,
sofern sie amtlich protokollirt worden sind, volle Beweiskraft beigemessen werden, was natürlich nicht der Fall ist; deren Glaubwürdigkeit beurtheilt sich nicht nach den Regeln über die Beweiskraft öffentlicher Urkunden, sondern nach den Regeln über die
Beweiskraft der Partei- oder Zeugenaussagen. Durch die Aussagen der Ehefrau Schuhmacher im Genießverhör wird also der
Beweis für die Unrichtigkeit der Anerkennung keineswegs erbracht.
Im Gegentheil ergibt dieselbe geradezu, daß die Geschwängerte
den Schwängerer nicht nennen wollte und spricht im Uebrigen
alles dafür, daß der damals nicht genannte Schwängerer der
heutige Beklagte Josef Laurenz Schuhmacher war.

Demnach hat das Bundesgericht

erkannt:

Die Weiterziehung der Beklagten wird für begründet erklärt
und es wird, in Abänderung des angefochtenen Urtheils des
Kantonsgerichtes des Kantons Schwyz die Klage abgewiesen.

IV. Transport auf Eisenbahnen. — Transport par chemin de fer.

45. Urtheil vom 15. Januar 1892 in Sachen Danzas & Cie. gegen Great Eastern Railway.

A. Durch Urtheil vom 29. Oktober 1891 hat das Appellations= gericht des Kantons Baselstadt erkannt: Es wird das erstinstanz= liche Urtheil bestätigt. Das erstinstanzliche Urtheil des Civilge= richtes des Kantons Baselstadt ging dahin: Kläger sind mit ihrer Klage abgewiesen.

B. Gegen dieses Urtheil ergriff die Klägerin die Weiterziehung an das Bundesgericht. Bei der heutigen Verhandlung beantragt ihr Anwalt: Es sei in Aufhebung der vorinstanzlichen Urtheile die Beklagte gemäß dem Klageantrage zu verurtheilen, der Klä= gerin den Betrag von 3132 Fr. 35 Cts. nebst Zins zu 6 % seit 24. Dezember 1890 zu bezahlen; eventuell sei die Beklagte zu Vergütung des im Frachtbriefe angegebenen Werthes zu ver= urtheilen.

Dagegen trägt der Anwalt der Beklagten darauf an, es sei in Bestätigung des vorinstanzlichen Urtheils die Klage abzuweisen.

Das Bundesgericht zieht in Erwägung:

1. Am 20. Dezember 1890 beauftragte die Firma Adolf Rannacher & Cie. in St. Gallen die Klägerin, die Firma Danzas & Cie. in Basel, mit der Spedition eines Collo Baum= wollwaaren an die Adresse von J. Stephens & Cie. in London. Danzas & Cie. übergaben dasselbe zur Verfrachtung der beklagten Agentur des Great Eastern Railway in Basel. Am 21. Februar 1891 zeigten Rannacher & Cie. der Klägerin an, der Adressat habe die Waare nicht angenommen, sie möge daher dafür sorgen daß dieselbe zurückgesandt werde, andernfalls werde sie für deren Werth belastet werden. Danzas & Cie. reklamirten sofort bei der beklagten Agentur. Diese erwiderte, der Adressat habe zwar aller= dings die Kiste nicht angenommen, es sei aber dieselbe in dessen Auftrag einem gewissen J. Jungins in London abgeliefert worden.

Hierauf forderte die Klägerin von der Beklagten Aushändigung
der vom Adressaten angeblich ausgestellten schriftlichen Decharge.
Da die Beklagte eine solche zu produziren nicht im Stande war,
und die Klägerin ihrerseits von Rannacher & Cie. mit dem Fakturawerth der Waare belastet wurde, so belangte die Klägerin die Agentur des Great Eastern mit Klage vom 8. Juni 1891 auf Bezahlung
von 3132 Fr. 35 Cts. nebst Zins à 6 % seit 24. Dezember 1890.
Sie führte aus, die Beklagte sei schadenersatzpflichtig, da sie das
Frachtgut weder an den Adressaten abgeliefert habe, noch im
Stande sei, dasselbe an den Versender zurückzugeben. Der Schaden
belaufe sich auf den Fakturawerth der Waare mit £ 123. 16. 2
oder zum Kurse von 25. 30 auf 3132 Fr. 35 Cts. Die Beklagte
trug auf Abweisung der Klage an; sie behauptete, die Waare
sei dem Adressaten ordnungsmäßig abgegeben worden. Derselbe
habe aber den Camioneur durch schriftliche Ordre beauftragt,
dieselbe dem Jungins zu überbringen. Die schriftliche Ordre finde
sich nicht mehr; allein sie berufe sich dafür, daß ein solcher Auftrag gegeben worden sei, auf den Adressaten Stephens und J.
Jungins als Zeugen. Durch diese Verfügung über die Waare
habe der Adressat dieselbe angenommen und es sei der Frachtführer
entlastet. Eventuell verlangte die Beklagte Beweis für den eingeklagten Werth des Collo und beanstandete auch den Zinsfuß von
6 %. Der durch Vermittlung des schweizerischen Geschäftsträgers
in London einvernommene Zeuge Th. Stephens sagte aus: Es
sei richtig, daß versucht worden sei, eine von Rannacher & Cie.
an seine Firma adressirte Kiste (an deren Nummern er sich indeß
nicht mehr erinnere) der letztern abzuliefern. Einen schriftlichen
Auftrag, dieselbe Jemand anders abzuliefern, habe er nicht ertheilt;
er thue das in solchen Fällen nie. Dagegen unterliege keinem
Zweifel, daß der Camioneur mündlich beauftragt (instructed)
worden sei, die Kiste dem J. Jungins abzuliefern. „Nachdem wir
uns geweigert hatten," deponirt der Zeuge nach der amtlichen
Uebersetzung des Zeugenprotokolles weiter, „die Kiste anzunehmen,
ist es sehr wahrscheinlich, daß der Camioneur uns gefragt hat,
an wen man die Waare abliefern müsse und in gutem Glauben
sage ich, daß er in diesem Falle beauftragt war, sie dem Herrn
Jungins als Vertreter der Herren Rannacher & Cie. abzuliefern."

Der Zeuge Jungins sagte aus, er sei bei Ablieferung der Waare nicht zu Hause gewesen; Stephens habe ihm später gesagt, daß er die Kiste nicht angenommen habe und den Auftrag ertheilt habe, sie an seine (Jungins) Firma zu senden. Die Vorinstanzen haben gestützt auf diese Zeugenaussagen die Klage abgewiesen, mit der Begründung: Es sei Pflicht der Beklagten gewesen, die ihr als Frachtführer übergebene Waare an die aufgetragene Adresse abzuliefern. Diese Pflicht habe die Beklagte dadurch erfüllt, daß sie die Waare zu dem Adressaten Stephens & Cie. und dann in dessen Auftrag zu Jungins gebracht habe. Darin nämlich, was von den Zeugen über die Instradirung der Waare von Stephens & Cie. an Jungins gesagt werde, sei keine Annahmeverweigerung, sondern eine förmliche Verfügung der Firma Stephens & Cie. über die Waare zu erblicken. Daß eine solche Verfügung schriftlich geschehe, sei zur Entlastung der Bahn nicht nothwendig.

2. Die Parteien sind im Prozesse beidseitig davon ausgegangen, es sei schweizerisches Recht anwendbar; auf die Anwendung fremden, insbesondere englischen, Rechtes haben sie sich nicht berufen. Grundsätzlich erscheint denn auch, da beide Parteien in der Schweiz eine Handelsniederlassung besitzen, der Vertrag in der Schweiz abgeschlossen worden ist und von dort aus die Versendung stattfand, schweizerisches Recht als anwendbar. Danach ist die Kompetenz des Bundesgerichtes gegeben.

3. Zur Anwendung kommen, da es sich um einen von der Beklagten unternommenen Eisenbahn= resp. Eisenbahn= und Dampfschifftransport handelt, die Regeln des Eisenbahnfrachtverkehrs. Danach war die Beklagte (da eine spätere Anweisung des Versenders nicht behauptet ist) verpflichtet, das Gut an den im Frachtbriefe bezeichneten Adressaten abzuliefern. Sie behauptet, diese Pflicht dadurch erfüllt zu haben, daß sie das Frachtgut zwar nicht dem Adressaten selbst körperlich ausgehändigt, wohl aber kraft seiner Verfügung einem Dritten an seiner Stelle übergeben habe. Wenn nun erwiesen wäre, daß der im Frachtbrief bezeichnete Adressat Stephens & Cie., gleichviel ob mündlich oder schriftlich, den Auftrag ertheilt habe, das Frachtgut statt bei ihm bei einem Dritten an seiner Stelle abzuladen, so wäre der Frachtführer durch die Uebergabe des Gutes an den Dritten zweifellos entlastet.

Denn alsdann hätte der Adressat eben die Waare angenommen und wäre durch das Abladen derselben bei dem bezeichneten Dritten i h m abgeliefert. Wenn die Klägerin unter Berufung auf Art. 106 des Transportreglementes für die schweizerischen Eisenbahnen meint, die Bahngesellschaft könnte nur durch eine schriftliche Empfangs= bescheinigung des Adressaten entlastet werden, so ist dies gewiß nicht richtig. Zunächst kommen für die Förmlichkeiten der Ab= lieferung des Gutes in London doch wohl nicht die Bestimmungen des schweizerischen Eisenbahntransportreglementes, sondern die für die abliefernde englische Bahnverwaltung geltenden Reglements= bestimmungen zur Anwendung. Sodann aber hat die fragliche Bestimmung des Art. 106 des Transportreglementes überhaupt nicht die ihm von der Klägerin beigelegte Bedeutung. Aus der= selben folgt allerdings, daß die Bahnverwaltung nur gegen schrift= liche Empfangsbescheinigung abzuliefern verpflichtet ist, keineswegs dagegen, daß die Ablieferung den Frachtführer nur dann entlaste, wenn er sich dieselbe schriftlich hat bestätigen lassen. Wenn die Klägerin behauptet hat, eine Weisung des Empfängers, daß die Waare statt bei ihm, bei einem Dritten an seiner Stelle abzu= laden sei, enthalte eine Abänderung des Frachtvertrages und müsse deßhalb schriftlich geschehen, so trifft dies in keiner Weise zu. Der zwischen dem Absender und dem Frachtführer abgeschlossene Fracht= vertrag wird ja durch eine derartige vom Empfänger ertheilte Weisung offenbar durchaus nicht berührt. Allein es ist nun der Beweis nicht erbracht, daß der im Frachtbriefe bezeichnete Em= pfänger Stephens & Cie. schriftlich oder mündlich den Auftrag ertheilt habe, das Frachtgut an seiner Stelle bei einem Dritten (Jungins) abzuladen. Die Vorinstanzen gehen in thatsächlicher Beziehung offenbar davon aus, es sei dasjenige richtig, was die Zeugen, insbesondere der Zeuge Stephens, über den Hergang bei der (versuchten) Ablieferung des Gutes bekunden. Die von den Zeugen bekundeten Thatsachen ergeben nun aber nicht eine An= nahme des Gutes durch den Empfänger, verbunden mit der Ver= fügung, dasselbe bei einem Dritten abzuladen. Die Entscheidung der Vorinstanzen, welche aus der Zeugenaussage diese rechtliche Schlußfolgerung zieht, beruht vielmehr auf einem Rechtsirrthum. Denn: Der Zeuge Stephens sagt ausdrücklich und unmißver=

ſtändlich aus, daß er die Annahme der Waare, die man ihm abzuliefern verſuchte, verweigert habe. Wenn er beifügt, er habe
allerdings den Camioneur dahin inſtruirt, die Waare an Jungins abzuliefern, ſo ſteht dies hiemit nicht im Widerſpruche. Denn
der Zeuge erklärt nicht etwa, daß er den Auftrag ertheilt habe,
die Waare dem Jungins an ſeiner Stelle auszuhändigen, ſo daß
er die Waare in That und Wahrheit angenommen und nur deren
Uebergabe bei einem Dritten angeordnet hätte; er behauptet vielmehr die Ueberführung der Waare an Jungins als an den Vertreter der Firma Rannacher & Cie. veranlaßt zu haben. Eine
Verfügung des Empfängers über die Waare, aus welcher die
Annahme derſelben folgen würde, iſt alſo nicht dargethan und
die Beklagte hat ſomit den ihr obliegenden Beweis der Ablieferung
des Gutes an den Adreſſaten nicht erbracht. Vielmehr muß, wie
das engliſche Original der Zeugenausſagen deutlich ergibt, davon
ausgegangen werden, daß der Adreſſat Stephens & Cie. die Annahme der Waare verweigert hat. In dieſem Falle war er aber
zu irgend welcher Verfügung über die Waare nicht befugt. Die
Bahngeſellſchaft hatte nicht nach ſeinen Anweiſungen zu handeln,
ſondern vielmehr nach Art. 22 des Eiſenbahntransportgeſetzes vor-
zugehen, d. h. den Abſender zu benachrichtigen und einſtweilen
für die Aufbewahrung der Waare zu ſorgen. That ſie dies nicht,
ſondern ließ ſie ſich durch den die Annahme verweigernden Adreſſaten beſtimmen, das Gut an unrichtiger Stelle abzuliefern, ſo
machte ſie ſich dadurch ſchadenerſatzpflichtig. Uebrigens gibt nach
dem Zuſammenhange ſeiner Ausſagen der Zeuge nicht zu, dem
Camioneur einen imperativen Auftrag gegeben zu haben, die
Waare an Jungins abzuliefern, ſondern er ſtellt die Sache ſo
dar, als ob er demſelben blos, auf ſein Befragen, einen Rath
gegeben habe.

4. Da danach die Bahngeſellſchaft das Frachtgut nicht dem im
Frachtbriefe bezeichneten Adreſſaten abgeliefert hat und außer
Stande iſt, dasſelbe dem Abſender zurückzugeben, ſo muß das
Frachtgut als verloren oder abhanden gekommen im Sinne des
Art. 24 des Eiſenbahntransportgeſetzes betrachtet werden. Denn
als verloren oder abhanden gekommen muß jedes Frachtgut be-
trachtet werden, welches der Frachtführer dem Empfangsberechtigten

nicht abzuliefern im Stande ist, ohne Rücksicht darauf, worin
dies seinen Grund hat (siehe Entscheidung des Bundesgerichtes
in Sachen Racine gegen Schweizerische Centralbahn, Amtliche
Sammlung V, S. 578). Die Beklagte ist somit zum Schaden=
ersatze für das zur Abfertigung übernommene Collo als für ein
abhanden gekommenes verpflichtet. Da im Frachtbriefe eine Werth=
deklaration enthalten ist, so ist gemäß Art. 26 Abs. 1 des Eisen=
bahntransportgesetzes der deklarirte Werth (mit 3087 Fr.) zu
ersetzen, sammt 6 % Zinsen seit dem Tage, wo die Ablieferung
hätte erfolgen müssen. Denn einerseits ist die Klägerin, nach dem
klaren Wortlaute des Art. 26 Abs. 1 cit. nicht befugt, den bie
Werthdeklaration übersteigenden Fakturawerth ersetzt zu verlangen,
anbrerseits ist, wie ebenfalls aus dem Gesetze unzweibeutig sich
ergibt, nicht die Klägerin verpflichtet, bie Richtigkeit der Werth=
angabe nachzuweisen, sondern wäre es Sache der Beklagten ge=
wesen, deren Unrichtigkeit barzuthun, wenn sie dieselbe nicht gegen
sich wollte gelten lassen.

Demnach hat das Bundesgericht

e r k a n n t:

Die Weiterziehung der Klägerin wird als begründet erklärt
und es wird, in Abänderung der angefochtenen Urtheile, die Be=
klagte verurtheilt, der Klägerin eine Entschädigung von 3087 Fr.
sammt Zins à 6 % seit dem 24. Dezember 1890 zu bezahlen.

V. Haftpflicht
der Eisenbahn- und Dampfschiffunternehmungen
bei Tödtungen und Verletzungen.
Responsabilité des entreprises de chemins de fer
et de bateaux à vapeur
en cas d'accident entraînant mort d'homme
ou lésions corporelles.

46. Urtheil vom 16. Januar 1892 in Sachen
Lehmann gegen Gotthardbahn.

A. Durch Urtheil vom 31. Oktober 1891 hat das Obergericht des Kantons Luzern erkannt:

Die Beklagte habe dem Kläger eine Totalentschädigung von 1500 Fr. nebst Verzugszins seit 11. März 1890 zu leisten; mit der Mehrforderung sei der Kläger abgewiesen.

B. Gegen dieses Urtheil ergriffen beide Parteien die Weiter-ziehung an das Bundesgericht. Der Anwalt des Klägers bean-tragt zunächst, es sei dem Kläger im Sinne des Art. 7 der Haftpflichtnovelle das Armenrecht zu ertheilen und derselbe daher von jeder Gebührenzahlung zu befreien. In der Hauptsache stellt er den Antrag: Es sei der Klageschluß gutzuheißen und danach die Beklagte zu verurtheilen, dem Kläger zu bezahlen:

a. Eine Entschädigung für Heilungskosten von 350 Fr. sammt Verzugszins seit 11. März 1890;

b. Eine jährliche lebenslängliche Rente von 1200 Fr., zahlbar jeweilen auf 17. Mai oder eine einmalige Entschädigung von 6000 Fr. sammt Verzugszins seit 11. März 1890.

Er will eine Anzahl neuer Belege und Zeugnisse produziren.

Dagegen trägt der Anwalt der Beklagten darauf an, es sei in Abänderung des vorinstanzlichen Urtheils die Klage gänzlich ab-zuweisen. Im Laufe seines Vortrages gibt er die Erklärung ab, daß, sofern dem Kläger irgend welche Haftpflichtentschädigung zu-gesprochen werde, demselben jeder Anspruch an die Unterstützungs-

und Pensionskasse für die Beamten und Angestellten der Gotthardbahngesellschaft bestritten werde und beantragt, es sei ihm von
dieser Erklärung Akt zu geben.

Das Bundesgericht zieht in Erwägung:

1. Der am 29. Juni 1855 geborene Kläger A. Lehmann war
seit circa acht Jahren bei der Gotthardbahngesellschaft als Loko-
motivheizer, zuletzt mit einem Jahreseinkommen von 2380 Fr.,
angestellt. Im Winter 1888/1889 verspürte er heftige Schmerzen in
der Kreuz- und Lendengegend; er wurde im März 1889 deßhalb
vom Bahnarzte Dr. Steiger an Lumbago (Hexenschuß) behandelt.
Am 26. April 1889, nachdem Lehmann eine Kur durchgemacht
hatte, erklärte ihn der Bahnarzt für hergestellt und arbeitsfähig;
er fügte jedoch bei: Da die Krankheit Lehmanns bei sofortiger
Aufnahme eines Dienstes, der ihn zu Anstrengungen in gebückter
Stellung zwinge, eventuell rezidiviren könnte, so wäre es wünschenswerth, wenn ihm vorläufig ein Dienst zugewiesen würde, in dem
er in mehr aufrechter Stellung arbeiten könne. In Folge dessen
wurde Lehmann provisorisch als Lokomotivführer auf der Linie
nach Luino verwendet. Am 16. Mai wurde er wieder zum Heizerdienste beordert. Am 17. Mai 1889 fuhr er als Heizer Morgens
früh von Biasca nach Airolo, um von da sofort wieder nach
Biasca zurückzukehren. In Airolo mußte die Lokomotive auf der
Drehscheibe gewendet werden, wobei der Kläger mitzuwirken hatte.
Zuerst versuchten zwei Mann, worunter der Kläger, die Maschine
zu drehen; da sie damit nicht zu Stande kamen, so mußten zwei
weitere Arbeiter zugezogen werden. Auf der Rückfahrt nach Biasca
beklagte sich Lehmann gegenüber dem Maschinisten über Schmerzen
in der Leistengegend. Nachmittags, auf einer zweiten Fahrt von
Biasca nach Airolo, beschwerte sich Lehmann wiederum über heftige Schmerzen in der Leistengegend; er krümmte sich, preßte die
Hand gegen die schmerzende Stelle, kurz, wurde derart unwohl, daß
er in Giornico als dienstunfähig ersetzt werden mußte. Am 19.
Mai 1889 konstatirte der Bahnarzt (außer einem Rückfalle des
Lumbago) einen beginnenden rechtseitigen Leistenbruch. Seit dieser
Zeit war Lehmann nicht mehr im Stande, seine Arbeit aufzu-
nehmen. Er wurde am 9. August 1889 auf den 10. November
gleichen Jahres seines Dienstes entlassen; dagegen wurde er auf

Kosten der Gotthardbahngesellschaft in der Zeit vom 7. Oktober
bis 4. November 1889 im Inselspitale zu Bern ärztlich behan=
delt und wurde ihm von der Verwaltungskommission der Unter=
stützungs= und Pensionskasse für die Beamten und Angestellten
der Gotthardbahn für die Zeit vom 11. November 1889 bis
31. März 1890 eine Unterstützung von 50 % des zuletzt be=
zogenen Gehaltes (also à raison von 1190 Fr. per Jahr) be=
willigt; diese Bewilligung ist seither jeweilen von Vierteljahr zu
Vierteljahr erneuert worden. Der Kläger belangte nunmehr die
Beklagte, gestützt auf das Eisenbahnhaftpflichtgesetz, auf Entschädi=
gung, indem er die aus Fakt. B ersichtlichen Anträge stellte und
ausführte: Der Leistenbruch, an welchem er leide, sei durch die
übermäßige Anstrengung bei Bedienung der Drehscheibe herbeige=
führt worden; derselbe sei daher als eine durch den Betrieb der
Eisenbahn verursachte Körperverletzung anzusehen. Als Folge des
Unfalles sei eine vollständige und voraussichtlich bleibende Erwerbs=
unfähigkeit nachgewiesen; jedenfalls sei in Folge des Unfalles die
Arbeitsfähigkeit des Klägers erheblich gemindert. Die geforderte
Entschädigung erscheine als eine mäßige, zumal da darin auch der
Betrag inbegriffen sei, welcher dem Kläger nach Art. 7 des Eisen=
bahnhaftpflichtgesetzes deßhalb zugesprochen werden müsse, weil er
entgegen ärztlicher Vorschrift zum Heizerdienste beordert worden sei.
Die Beklagte wendete im Wesentlichen ein: Der Kläger habe nicht
beim Drehen der Lokomotive am 17. Mai 1889 den Leistenbruch
erlitten, sondern es habe sich dieser allmälig ausgebildet. Das
Drehen einer Lokomotive gehöre nicht zum Betriebe, sondern es
könnte diese Arbeit nur als Hülfsarbeit im Sinne des Art. 4 des
erweiterten Haftpflichtgesetzes qualifizirt werden. Die Erwerbsun=
fähigkeit des Klägers sei nicht die Folge eines Leistenbruches, son=
dern die Folge anderer Krankheitszustände, an welchen der Kläger
leide. Eine Haftpflicht der Beklagten bestehe also nicht. Wäre übri=
gens eine solche begründet, so wäre die Beklagte gemäß Art. 9
des Fabrikhaftpflichtgesetzes berechtigt, den dem Verletzten aus der
Unterstützungskasse zukommenden Betrag an der Entschädigung in
Abzug zu bringen und es erhalte nun der Kläger aus der Unter=
stützungskasse bereits eine höhere Rente, als wie sie seiner eigenen
Kapitalforderung entspreche. Endlich ließe sich der Leistenbruch

durch eine Operation leicht heben; wenn der Kläger sich hiezu mit Rücksicht auf seine anderweitigen Leiden nicht entschließen wolle, so sei das lediglich seine Sache.

2. Die Vorinstanz führt aus, es sei als erwiesen zu erachten, daß der Leistenbruch durch die übermäßige körperliche Anstrengung herbeigeführt worden sei, welcher der Kläger am 17. Mai 1889 beim Drehen der Lokomotive auf der Station Airolo sich unter= zogen habe. Sie folgert dies unter Berufung auf Art. 11 des Eisen= bahnhaftpflichtgesetzes aus dem in Erw. 1 dargestellten durch die Zeugen bekundeten Hergange, in Verbindung mit dem Umstande, daß nach dem eingeholten sanitätsräthlichen Gutachten die Ent= stehung eines Leistenbruches aus körperlicher Anstrengung, zumal bei vorhandener Bruchdisposition des Betreffenden, nicht ausge= schlossen sei und im vorliegenden Falle gar keine Anhaltspunkte für eine anderweitige Ursache des Uebels vorliegen. Diese Ent= scheidung ist als eine thatsächliche für das Bundesgericht verbind= lich. Sie beruht nicht etwa auf rechtsirrthümlicher, sondern auf richtiger Auffassung des Begriffes des Kausalzusammenhanges. Zwar spricht sich das derselben zu Grunde liegende sanitätsräth= liche Gutachten dahin aus, die plötzliche Entstehung eines Bruches auf traumatischem Wege, d. h. ohne vorgängige Bruchanlage, sei undenkbar und ist somit anzunehmen, daß bei dem Kläger schon vor dem 17. Mai 1889 die Bruchanlage gegeben war. Allein dies schließt nicht aus, daß nichtsdestoweniger die Ueberanstrengung des Klägers beim Drehen der Lokomotive als Ursache des Leisten= bruches betrachtet werden muß, sofern eben durch sie verursacht ist, daß aus der Anlage zu einem Leistenbruche ein Leistenbruch geworden, d. h. der Bruch ausgetreten (ein Theil der Eingeweide durch den Leistenkanal aus der Unterleibshöhle hervorgetreten) ist (vergl. Entscheidungen des deutschen Reichsgerichtes in Civilsachen, VI, S. 1 u. ff.; Schmitz, Sammlung der Bescheide, u. s. w. des Reichsversicherungsamtes I, S. 75 u. ff.) Ein solches plötzliches Austreten eines Leistenbruches in Folge ungewöhnlicher Anstrengung ist anerkanntermaßen möglich und im vorliegenden Falle von der Vorinstanz thatsächlich festgestellt. Demnach liegt denn hier ein Unfall und nicht eine bloße Krankheit vor. Der Leistenbruch hat sich nicht in Folge einer durch die normale Be=

rufsthätigkeit des Klägers gegebene Kette von größern und kleinern,
im einzelnen nicht mehr bestimmbaren, Anstrengungen allmälig
entwickelt, sondern sein Austreten ist auf ein einzelnes, zeitlich
bestimmbares Ereigniß zurückzuführen und erscheint eben deßhalb
als Unfall (vergl. Schmitz, a. a. O. und Entscheidungen des
Reichsgerichtes XXI, S. 78). Ebenso ist der Vorinstanz darin
beizutreten, daß der Unfall beim Betriebe der Eisenbahn der Beklagten sich ereignet hat. Zum Eisenbahnbetriebe im Sinne des
Art. 2 des Eisenbahnhaftpflichtgesetzes gehört allerdings nur der
Betrieb der Eisenbahnanlage im technischen Sinne des Wortes,
d. h. der Schienenanlage; allein dieser umfaßt nicht nur die
Beförderung von Personen oder Sachen auf dem Schienengeleise,
sondern auch deren Vorbereitung und Abschluß (vergl. Entscheidungen des Bundesgerichtes, Amtliche Sammlung IX, S. 526).
Nun wurde in concreto die unter Dampf stehende Lokomotive
auf der Drehscheibe gewendet, um mit derselben sofort die Rückfahrt anzutreten. Das Wenden der Lokomotive qualifizirt sich also
als ein Rangirmanöver, welches als nothwendiger Bestandtheil
die Rückreise einleitete. Rangirmanöver gehören aber, wie in der
Praxis stets anerkannt wurde (vergl. Eger, Reichshaftpflicht-
gesetz, 3. Aufl. S. 29), zum Betriebe, wie sie denn auch den
eigenthümlichen Anforderungen des Eisenbahnbetriebes, rücksichtlich
besonders prompter Ausführung u. drgl., unterliegen und daher
an der besondern Gefährlichkeit desselben theilnehmen.

.3. Die Beklagte ist daher dem Kläger zum Schadenersatze verpflichtet, insofern durch den Leistenbruch, d. h. die Umwandlung
der Disposition zu einem Leistenbruche in einen Leistenbruch, seine
Arbeitsfähigkeit aufgehoben oder gemindert wurde. Dabei ist davon
auszugehen, daß die Beeinträchtigung der Erwerbsfähigkeit des
Klägers durch den Leistenbruch, insofern eine solche vorliegt, als
eine dauernde zu erachten ist. Allerdings wäre der Bruch nach
den vorliegenden ärztlichen Gutachten durch eine Radikaloperation
heilbar; allein der Kläger weigert sich nun, einer solchen sich zu
unterwerfen und es kann ihm dies nicht zugemuthet werden. Freilich darf der Verletzte seine Heilung nicht absichtlich oder leicht-
fertig vereiteln und kann, sofern er dies thut, der Haftpflichtige
für die Folgen nicht verantwortlich gemacht werden, da es sich

eben alsbann nicht mehr um Folgen des Unfalles, sondern eige=
nen Verschuldens des Verletzten handelt. Allein nach dem sanitäts=
räthlichen Gutachten ist nun die Operation, welcher der Kläger
zum Zwecke radikaler Heilung seines Leistenbruches sich zu unter=
ziehen hätte, keine ganz unbedenkliche; es kann daher dem Ver=
letzten nicht zum Verschulden angerechnet werden, wenn er sich
derselben nicht unterwerfen will, sondern es muß seinem eigenen
Ermessen anheimgestellt bleiben, ob er sich der Operation unter=
ziehen will oder nicht. Dagegen wendet nun die Beklagte ein, der
Kläger habe zufolge des Leistenbruches eine Verminderung seiner
Erwerbsfähigkeit überhaupt nicht erlitten, sondern wenn er zur
Zeit völlig arbeitsunfähig sei, so sei dies nicht auf den Leisten=
bruch, sondern auf andere von demselben ganz unabhängige Krank=
heitszustände zurückzuführen. In dieser Richtung ist zu bemerken:
Aus den vorliegenden ärztlichen Gutachten ergibt sich, daß der
Kläger, abgesehen von dem Leistenbruche, mit einer ganzen Reihe
von demselben unabhängiger körperlicher Gebrechen behaftet ist,
insbesondere mit Lungenemphysem, Herzhypertrophie, spontanen
Druckschmerzen vor und seitlich am Kreuzbein, chronischer Nieren=
entzündung, und es ist insbesondere nach dem amtsärztlichen Gut=
achten anzunehmen, daß die gegenwärtige Invalidität des Klägers
nicht auf den Leistenbruch, sondern wesentlich auf die Kreuzschmerzen
zurückzuführen ist. Wäre nun anzunehmen, die Arbeitsfähigkeit des
Klägers sei durch diese andern Gebrechen, unabhängig vom Leisten=
bruch, dauernd gänzlich aufgehoben worden, so bestände allerdings
eine Entschädigungspflicht der Beklagten nicht; denn alsdann wäre
eben durch den Unfall eine Verminderung der, durch andere Ge=
brechen bereits völlig aufgehobenen, Arbeitsfähigkeit des Ver=
letzten nicht eingetreten. Allein das sanitätsräthliche wie das amts=
ärztliche Gutachten erkennen doch an, daß der Leistenbruch eine
gewisse, wenn auch nicht erhebliche, Verminderung der Arbeitsfähig=
keit des Klägers bedinge. Es muß daher angenommen werden,
sie gehen davon aus, die gegenwärtige Invalidität des Klägers
zufolge der Kreuzschmerzen, sei voraussichtlich keine dauernde und
es werde demzufolge in Zukunft eine durch den Leistenbruch be=
dingte Verminderung der Arbeitsfähigkeit des Klägers sich geltend
machen. Hievon ausgegangen, gebührt dem Verletzten für den da=

durch erlittenen Nachtheil Entschädigung. Dabei kann denn aber
natürlich keine Rede davon sein, diese auf Grund der Annahme
zu bemessen, als wäre der Kläger durch den Leistenbruch dauernd
arbeitsunfähig geworden. Sie ist vielmehr zu bemessen nach Maß=
gabe des Nachtheils, welcher dem Kläger durch den Leistenbruch
erwachsen muß, wenn er im Uebrigen wieder arbeitsfähig gewor=
den ist. Dieser Nachtheil kann nicht sehr hoch angeschlagen werden;
er ist vielmehr durch die vorinstanzliche Entscheidung von 1500 Fr.
vollständig ausgeglichen. Der Leistenbruch ist kein schwerer, son=
dern leicht repouirbar und durch ein passendes Bruchband zurück=
zuhalten; es ist auch nach dem sanitätsräthlichen Gutachten nicht
richtig, daß er dem Kläger Schmerzen verursache, welche ihn am
Arbeiten verhindern. Allerdings bedingt nun ein Leistenbruch eine
gewisse Beschränkung eines (auf körperliche Arbeit angewiesenen)
Arbeiters in der Ausnutzung seiner Erwerbsfähigkeit, indem der
Arbeiter zum Tragen eines passenden Bruchbandes und, wegen
der drohenden Gefahr, daß der Bruch sich einklemmen könnte,
zu fortwährender Aufmerksamkeit darauf, daß dasselbe den Bruch
zurückhalte, genöthigt ist. Es ist auch bekannt, daß manche Unter=
nehmungen (speziell auch die Eisenbahngesellschaften) bruchleibende
Arbeiter nicht anstellen. Allein als sehr erheblich kann die aus
einem gewöhnlichen Bruche sich ergebende Beschränkung der Arbeits=
fähigkeit immerhin nicht betrachtet werden, angesichts der Thatsache,
daß häufig bruchleibende Arbeiter schwere Arbeiten ohne sichtbaren
Nachtheil verrichten und überhaupt ihrer Beschäftigung im Wesent=
lichen unbehindert wie andere nachgehen. Werden diese Momente
erwogen und überdies noch in Berücksichtigung gezogen, daß die
Arbeitsfähigkeit des Klägers schon vor dem Unfalle durch seine
verschiedenen Krankheiten in ihrer Intensität und ihrer muthmaß=
lichen Dauer zum Mindesten erheblich beschränkt war, so erscheint
die vorinstanzlich gesprochene Entschädigung als genügend. Daß
der Kläger für den Leistenbruch andere Heilungskosten aufgewendet
habe, als die von der Beklagten bezahlten, hat er nicht dargethan;
den Ersatz sonstiger, für seine anderweitigen Uebel aufgewendeter
Heilungskosten kann er von der Beklagten nicht verlangen. Von
Anwendung des Art. 7 des Eisenbahnhaftpflichtgesetzes kann von
vornherein keine Rede sein. Denn es ist nicht richtig, daß die

Beklagte den Kläger ärztlicher Vorschrift zuwider zum Dienste als
Heizer verwendet habe. Der Bahnarzt hatte den Kläger nicht als
untauglich für den Heizerdienst erklärt, sondern nur empfohlen,
ihn während einiger Zeit (zur Nachkur) in einem andern Dienste
zu verwenden. Dieser Empfehlung ist die Beklagte denn auch während mehreren Wochen nachgekommen.

4. Eine totale oder partielle Abrechnung der Leistungen der
Unterstützungs= und Pensionskasse auf die Haftpflichtentschädigung
ist ausgeschlossen. Denn die dem Kläger aus der Unterstützungs=
und Pensionskasse gewährte Unterstützung ist demselben nicht als
Entschädigung für die Minderung seiner Erwerbsfähigkeit durch
den Unfall (den Leistenbruch), sondern mit Bezug auf seine Krank=
heit (Empfindlichkeit des Lendenwirbels und chronische Nierenent=
zündung) gewährt worden. Dies ist in dem Schreiben der Gott=
hardbahndirektion an den Kläger vom 8./9. Januar 1890 aus=
drücklich ausgesprochen, da in demselben die Direktion (allerdings
ohne Anerkennung einer Rechtspflicht) zu Unterhandlungen über
eine mäßige Aversalentschädigung für den von einem Unfalle her=
rührenden Leistenbruch neben der mit Bezug auf die Krankheit
aus der Pensionskasse gewährten Unterstützung sich bereit erklärt.
Es entspricht dies denn auch durchaus den Statuten der Unter=
stützungs= und Pensionskasse, nach welchen letztere für die mate=
riellen Schadensfolgen von Betriebsunfällen (welche von der Gott=
hardbahngesellschaft zu vertreten sind) überhaupt nicht einsteht,
sondern Unterstützungen nur bei gänzlicher oder theilweiser Er=
werbsunfähigkeit zufolge andauernder Krankheit, bei Dienstun=
fähigkeit in Folge vorgerückten Alters, und beim Tode in Folge
unverschuldeter Krankheit gewährt (vergl. Art. 3 und 10 der
Statuten).

Demnach hat das Bundesgericht
erkannt:

Die Weiterziehung beider Parteien wird als unbegründet ab=
gewiesen und es hat demnach in allen Theilen bei dem angefoch=
tenen Urtheile des Obergerichtes des Kantons Luzern sein Be=
wenden.

47. Urtheil vom 18. März 1892 in Sachen Leu gegen Schweizerische Centralbahngesellschaft.

A. Durch Urtheil vom 19. November/19. Dezember 1891 hat der Appellations= und Kassationshof des Kantons Bern erkannt: Der Kläger Albert Leu ist mit seinem Klagebegehren abgewiesen.

B. Gegen dieses Urtheil ergriff der Kläger die Weiterziehung an das Bundesgericht. Bei der heutigen Verhandlung beantragt sein Anwalt, indem er gleichzeitig um Gewährung des Armen= rechts für seinen Klienten nachsucht: es sei die Schweizerische Centralbahngesellschaft für den Schaden haftbar zu erklaren, wel= chen Albert Leu durch den ihm am 26. Januar 1889 auf dem Bahnhofe zu Burgdorf zugestoßenen Unfall erlitten habe und es sei das Maß dieses Schadens richterlich festzustellen.

Der Anwalt der Beklagten trägt auf Abweisung der gegneri= schen Beschwerde und Bestätigung des angefochtenen Urtheils an.

Das Bundesgericht zieht in Erwägung:

1. Albert Leu, geb. 1861, war seit 1881 bei der Schweizeri= schen Centralbahngesellschaft als Konbukteur angestellt, zuletzt mit einem Diensteinkommen von ca. 1740 Fr. (nämlich 1200 Fr. an firem Gehalt und 540 Fr. an Nebenbezügen). Zeitweise hatte er als „Zugführerablöser" Zugführerdienste zu besorgen. So erhielt er am 26. Januar 1889 den Auftrag, den Güterzng Nr. 220 der Schweizerischen Centralbahngesellschaft von Olten über Burgdorf nach Bern zu führen. Er traf mit diesem Zuge fahr= planmäßig um 4 Uhr 23 Minuten Nachmittags in Burgdorf ein und sollte um 5 Uhr 41 Minuten von bort gegen Bern ab= fahren. Während des Aufenthaltes in Burgdorf wurde der Güter= zug Nr. 220 durch den Personenzug Nr. 22 überholt, welcher fahrplanmäßig 5 Uhr 22 Minuten in Burgdorf eintraf, um 5 Uhr 28 Minuten wieder abzufahren. Der Güterzug befand sich auf einem Geleise beim Güterschuppen, welcher in der Rich= tung nach Bern hin gelegen ist. Leu, welcher vorerst einige Schrebereien im Lokale für das Zugspersonal besorgt hatte, wollte vor Abfahrt seines Zuges seinen Stundenpaß in Ordnung brin= gen lassen. Da der Stationsvorstand abwesend war, so wurden

deſſen Geſchäfte durch den Güterexpedienten Rutſchmann und die
Stationsgehülfen Dreyer und Bläſi beſorgt. Letzterer befand ſich
an derjenigen Stelle, wo gewöhnlich der mit der Abfertigung des
Zuges Nr. 220 beauftragte Beamte ſich aufzuhalten pflegte,
nämlich gegenüber dem Güterſchuppen, von demſelben durch mehrere
Geleiſe getrennt, auf deren erſtem der Güterzug ſich befand,
während auf dem zweiten, auf ungefähr gleicher Höhe wie die
Maſchine des Güterzuges, zwei Gepäckwagen ſtationirt waren
und das dritte für die Ausfahrt des Perſonenzuges Nr. 22 frei
war; Bläſi leitete die Manöver zweier Züge der Emmenthalbahn.
Leu wollte ſich zum Zwecke der Viſirung ſeines Stundenpaſſes
an Bläſi wenden. Er ging zu dieſem Zwecke auf der Güterrampe
ſeinem Güterzug entlang und überſchritt unmittelbar vor der Lo=
komotive deſſelben ſowie vor den beiden Gepäckwagen die beiden
erſten Geleiſe; als er ſodann in das Ausfahrtsgeleiſe des Zuges
Nr. 22 hineintrat, erreichte ihn ein Warnungsruf des Bläſi:
„Halt, zurück, Zug 22 kommt." Er wollte zurückweichen, ſtolperte
aber und wurde von der Maſchine des fahrplanmäßig um 5 Uhr
28 Minuten ausgefahrenen Zuges Nr. 22 am rechten Fuße er=
faßt. Dabei wurden ihm die fünf Zehen deſſelben abgeſchnitten.
Es wurde in Folge deſſen eine Amputation und längere Spital=
pflege nöthig. Nach Heilung der Wunde am Fuße ſtellte ſich eine
Herzkrankheit, ſpäter eine Vergrößerung der Lymphdrüſen, ſowie
ein Rückenmarkleiden ein und zwar ſtehen, wie die Vorinſtanz
feſtſtellt, dieſe Krankheitserſcheinungen in kauſalem Zuſammen=
hange mit der Verletzung. Leu war in Folge deſſen bis Ende
1889 gänzlich, ſodann bis Ende 1890 theilweiſe arbeitsunfähig;
ſeither iſt er wieder gänzlich erwerbsunfähig und es iſt dieſe In=
validität eine dauernde. Leu hat die beklagte Centralbahngeſellſchaft
geſtützt auf Art. 2 des Eiſenbahnhaftpflichtgeſetzes auf Entſchädi=
gung belangt, indem er als angemeſſene Entſchädigung den Be=
trag von 15,000 Fr. bezeichnete. Die Beklagte hat zwar die
Spital= und Arztkoſten ſowie die Koſten eines künſtlichen Fußes
freiwillig bezahlt, beſtreitet aber grundſätzlich ihre Haftpflicht wegen
eigenen Verſchuldens des Klägers.

2. Die · erſte Inſtanz (Amtsgericht Bern) hat angenommen, es
treffe ſowohl den Kläger als die Beklagte ein Verſchulden; der

Kläger sei allerdings berechtigt und dienstlich veranlaßt gewesen, die Geleise zu überschreiten, um seinen Stundenpaß durch den Stationsgehülfen Bläst visiren zu lassen. Dagegen sei er nicht genöthigt gewesen, dies gerade in demjenigen Augenblicke zu thun, wo er es versucht habe. Da letzterer Moment in die Abfahrts= zeit des Personenzuges Nr. 22 gefallen sei, so hätte er alle Ur= sache gehabt, sich umzusehen, um das dritte Geleise erst zu betre= ten, nachdem er sich von der Gefahrlosigkeit des Ueberschreitens überzeugt habe. Daß er dies unterlassen, sei ihm zum Verschul= den anzurechnen. Denn es dürfe auch Eisenbahnbediensteten zuge= muthet werden, beim Betreten oder Ueberschreiten von Fahrgeleisen sich danach umzusehen, ob dieselben frei seien, zumal in einem ziemlich belebten Bahnhofe, in welchem häufig manövrirt werde. Das Verschulden des Klägers sei aber immerhin kein schweres und es stehe ihm ein Verschulden der Bahngesellschaft zur Seite. Das unvorsichtige Benehmen des Klägers sei einerseits übergroßem Diensteifer, andrerseits einem entschuldbaren Irrthum entsprungen. Leu habe nämlich offenbar geglaubt, Zug 22 sei bereits ausge= fahren und sei zu diesem Irrthum wahrscheinlich durch unrich= tigen Gang seiner Uhr, welche nach seiner Behauptung bereits 5 Uhr 31 Minuten gezeigt habe, vielleicht auch durch Differiren der Bahnhofuhr veranlaßt worden. Sein Irrthum wäre wahr= scheinlich vermieden worden, wenn er im Besitze einer von der Bahnverwaltung beschafften Dienstuhr sich befunden hätte und wenn der Bahnhof Burgdorf mit einer Uhr ausgestattet gewesen wäre, auf deren Präzision das Fahrpersonal sich verlassen konnte. Zudem sei ihm, bei dem von ihm gewählten Wege, die Aussicht auf das dritte Geleise durch seinen Güterzug und durch die zwei auf dem zweiten Geleise stationirenden Wagen verdeckt gewesen; er habe das dritte Geleise erst überblicken können, nachdem er das zweite schon überschritten hatte. Ferner habe der Unfall sich in der Abenddämmerung ereignet und haben jenseits des dritten Ge= leises zu jener Zeit Manöver stattgefunden, welche offenbar so= wohl die Abfahrtssignale für Zug 22 als auch das Geräusch des herannahenden Zuges übertönt haben. Es dürfe nun aber doch wohl verlangt werden, daß die Ausfahrtssignale aus einem Bahn= hofe so deutlich gegeben werden, daß die auf dem Bahnhof beschäf=

tigten Bahnangestellten sie unter allen Umständen hören und ver=
stehen können. Ferner sei zu bezweifeln, daß der Bahnhof Burgdorf
völlig genügende Raumverhältnisse dargeboten habe. Zwar spreche
der einvernommene Experte sich dahin aus, der Bahnhof Burg=
dorf sei zur Zeit des Unfalles nicht besser und nicht schlechter ein=
gerichtet gewesen als andere Bahnhöfe. Allein dies sei nicht
schlüssig. Wäre der Bahnhof Burgdorf für den dortigen Verkehr
geräumig genug gewesen, so hätte man wohl kaum die zwei sta=
tionirenden Güterwagen auf dem zweiten Geleise d. h. mitten im
Bahnhofe und zwischen ein= und ausfahrenden Zügen, wo sie
den freien Ueberblick über die Geleise hinderten, stehen lassen.
Hätten die Wagen anderswo untergebracht werden können, so liege
ein Fehler darin, daß dies nicht geschehen sei. Wäre es geschehen,
so wäre der Unfall vermieden worden. Aus diesen Gründen ge=
langt die erste Instanz zu Zuspruch einer reduzirten Entschädi=
gung von 12,000 Fr. Die zweite Instanz dagegen (Appellations=
und Kassationshof des Kantons Bern) hat die Klage wegen
Selbstverschuldens abgewiesen. Sie führt aus: Es sei zwar nicht
richtig, daß der Kläger die Geleise ohne dienstlichen Anlaß über=
schritten habe oder daß ihn deßhalb der Vorwurf der Pflicht=
widrigkeit treffe, weil er seinen Stundenpaß etwas zu früh habe
visiren lassen wollen. Allein Leu habe nun gewußt, daß der Per=
sonenzug Nr. 22 in die Station Burgdorf eingefahren sei und
vor seinem Güterzug um 5 Uhr 28 Minuten wieder abfahren
müsse; irgendwelche objektive Veranlassung für die Annahme, daß
der Personenzug im kritischen Momente bereits abgefahren gewe=
sen, habe er nicht gehabt. Selbst wenn es, was übrigens nicht
einmal bewiesen sei, richtig sein sollte, daß seine Uhr damals be=
reits 5 Uhr 31 Minuten gezeigt habe, so habe er doch bei der
geringen Differenz von blos 3 Minuten nicht von vornherein
annehmen dürfen, der 5 Uhr 28 Minuten fällige Zug sei jeden=
falls schon abgefahren. Leu, welchem die Verhältnisse im Bahn=
hofe Burgdorf genau bekannt sein mußten, habe ferner gewußt,
daß die nach Bern fahrenden Züge das Geleise benutzten, welches
er zu überschreiten hatte und es sei ihm die freie Aussicht auf
dieses Geleise durch die zwei stationirenden Gepäckwagen verdeckt
gewesen. Unter solchen Umständen sei es ein Gebot der allerein=

fachsten, jedem Bahnbediensteten zuzumuthenden Sorgfalt gewesen,
sich zu überzeugen, ob das zu überschreitende Geleise frei sei, zu=
mal da eine bringende dienstliche Veranlassnng, dasselbe gerade in
diesem Momente zu überschreiten nicht vorgelegen habe. Diese ele=
mentare Diligenz habe Leu außer Acht gelassen und dadurch
seinen Unfall selbst verschuldet. Ein Mitverschulden der Bahn=
gesellschaft oder ihrer Leute liege nicht vor. Daß Zug 22 ver=
spätet ausgefahren oder die Bahnhofuhr in Burgdorf unrichtig
gegangen, sei thatsächlich unrichtig. Der Bahnhof Burgdorf sei
nach dem Expertengutachten nicht zu eng und sei übrigens dem
Kläger vollständig bekannt gewesen. Weßhalb gerade die Abfahrts=
signale eines Zuges stärker sein sollten als die übrigen, sei nicht
einzusehen und ebenso sei unerfindlich, warum die Stationirung
von Gepäckwagen auf dem betreffenden Geleise unzulässig sein
sollte. Die Einführung von Dienstuhren durch die Eisenbahnge=
sellschaften möge sich aus betriebstechnischen Gründen empfehlen.
Doch schließe deßhalb das Fehlen von solchen nicht ein schuld=
haftes Verhalten in sich. Zudem hätte der Unfall auch begegnen
können, wenn Leu eine Dienstuhr besessen hätte.

3. Es ist der zweiten Instanz, aus den von ihr angeführten
Gründen, darin beizutreten, daß ein Verschulden der Bahngesell=
schaft oder ihrer Leute nicht vorliegt. Was dagegen die Frage des
eigenen Verschuldens des Klägers anbelangt, so ist zu bemerken:
Der Kläger hat nicht etwa in blinder oder muthwilliger Nicht=
achtung der Gefahr, es unternommen, noch kurz vor einem, von
ihm bemerkten, heranfahrenden Zuge die Geleise zu überspringen.
Er hat vielmehr, als er die Geleise zu überschreiten versuchte,
offenbar nicht daran gedacht, daß im nächsten Momente ein Zug
ausfahren werde. In Folge des Geräusches der Rangirmanöver
hat er die Ausfahrtssignale sowie den Lärm des herannahenden
Zuges überhört. Der Güterzug sowie die auf dem nächsten Ge=
leise stehenden Gepäckwagen verdeckten ihm die Aussicht auf das
Ausfahrtsgeleise; er hat daher den ausfahrenden Zug auch nicht
gesehen und, bevor er in die unmittelbare Nähe des Geleises
getreten war, nicht sehen können. Durch keinen unmittelbaren
Sinneseindruck gewarnt, bemerkte daher der Kläger die Gefahr
nicht, welche ihm bei sofortiger Ausführung des Ganges über

bie Geleise brohte. Nun kann von Bahnbediensteten nicht das gleiche Verhalten gegenüber den Gefahren des Eisenbahnbetriebes verlangt werden, wie von dritten, dem Eisenbahndienste fremden Personen. Die Bahnbediensteten kommen tagtäglich mit dem Eisenbahnbetriebe und dessen Gefahren in Berührung. Ihr Beruf stellt Anforderungen, welche mit der Beobachtung ängstlicher Vorsicht unvereinbar sind und die tägliche Gewöhnung stumpft sie gegen die Gefahr ab. Es ist daher Eisenbahnbediensteten nicht zuzumuthen, daß sie bei ihrer Diensterfüllung auf den Schienengeleisen stetsfort mit gespannter Aufmerksamkeit auf ihre Sicherung gegen Betriebsgefahren bedacht seien. Die menschliche Natur läßt, nach psychologischen Gesetzen, eine solche fortgesetzte Anspannung der Aufmerksamkeit bei täglichem Umgange mit der Gefahr nicht zu. Wenn daher ein Eisenbahnbediensteter während der Erfüllung dienstlicher Verrichtungen auf dem Schienengeleise eine ihm brohende Gefahr übersieht, welche er bei Aufwendung ängstlicher Vorsicht entdecken konnte, so kann darin nicht ohne Weiteres ein Verschulden gefunden werden. Im vorliegenden Falle war nun der Kläger, wie die beiden Vorinstanzen richtig ausgeführt haben, dienstlich berechtigt und veranlaßt, die Schienengeleise zu überschreiten, um seinen Stundenpaß durch den Stationsgehülfen Bläsi visiren zu lassen. Seine Aufmerksamkeit war auf die Erfüllung dieser dienstlichen Aufgabe gerichtet. Da er den Stationsgehülfen jenseits der Geleise erblickte, so schickte er sich ohne Weiteres an, die Geleise zu überschreiten, womit eine, von seinem Standpunkte aus, augenscheinliche Gefahr nicht verbunden war Richtig ist nun allerdings, daß er dabei unterließ, sich vorher durch. spezielles Nachsehen oder Nachfragen zu vergewissern, ob der Personenzug Nr. 22 bereits ausgefahren sei. Allein |hierin kann doch ein zurechenbares Verschulden nicht erblickt werden. Der Kläger mag vielleicht, durch unrichtige Zeitangabe seiner Uhr oder durch irrthümliche Auffassung des Geräusches der manövrirenden Züge veranlaßt, geglaubt haben, der Personenzug müsse bereits ausgefahren sein, oder er mag auch, in Folge der ausschließlichen Richtung seiner Aufmerksamkeit auf die Erfüllung seiner Dienstpflicht, augenblicklich an den Personenzug überhaupt nicht gedacht sondern sich einfach durch den Eindruck haben leiten lassen, der

dienstthuende Stationsgehülfe sei mit wenigen, scheinbar gefahr=
losen, Schritten zu erreichen. Diese Handlungsweise involvirt aller=
dings eine gewisse, durch irrthümliche Auffassung oder augenblick=
liche Vergeßlichkeit bedingte, Uebereilung. Allein diese erscheint
nicht als eine schuldhafte, sondern als eine zufällige, wie sie auch
sorgsamen Bahnbediensteten, wenn deren Aufmerksamkeit durch ihre
Dienstpflicht absorbirt wird, bei der tagtäglichen Beschäftigung
auf den Schienengeleisen hie und da unvermeiblich vorzukommen
pflegt.

4. Die Einrede des Selbstverschuldens ist somit als unbegrün=
det abzuweisen. Danach muß denn die Klage und zwar in ihrem
ganzen Umfange gutgeheißen werden. Denn da dauernde gänz=
liche Erwerbsunfähigkeit des Klägers angenommen werden muß,
diesem somit ein jährlicher Einkommensausfall von circa 1740 Fr.
auf Lebenszeit entsteht, ist die klägerische Forderung von 15,000
Franken nicht übersetzt. Bei dem Alter des Klägers würde ein
dem erwähnten Einkommensausfall entsprechendes Rentenkapital
den geforderten Betrag erheblich übersteigen.

Demnach hat das Bundesgericht
erkannt:

Die Weiterziehung des Klägers wird für begründet erklärt
und es wird in Abänderung des angefochtenen Urtheils die Be=
klagte verurtheilt, dem Kläger eine Entschädigung von 15,000
Franken zu bezahlen.

---

48. Urtheil vom 19. März 1892 in Sachen
Lüscher gegen Schweizerische Centralbahngesellschaft.

A. Durch Urtheil vom 25. Januar 1892 hat das Appella=
tionsgericht des Kantons Baselstadt erkannt: Es wird das erstin=
stanzliche Urtheil bestätigt. Das erstinstanzliche Urtheil des Civil=
gerichtes des Kantons Baselstadt ging dahin: Beklagte ist zu
Zahlung von 14,019 Fr. verurtheilt. Mit der Mehrforderung
sind die Kläger abgewiesen.

B. Gegen das appellationsgerichtliche Urtheil ergriffen die

Kläger die Weiterziehung an das Bundesgericht. Bei der heuti=
gen Verhandlung beantragt ihr Anwalt: Es sei in Aufhebung
des appellationsgerichtlichen Urtheils die Beklagte nach dem Klage=
antrage zu einer Entschädigung von 30,019 Fr. zu verfällen,
nebst Zins vom 29. März 1891. Dagegen beantragt der An=
walt der Beklagten, es sei in Abweisung der gegnerischen Be=
schwerde das angefochtene Urtheil in allen Theilen zu bestätigen.

Das Bundesgericht zieht in Erwägung:

1. Der am 15. April 1861 geborene Alfred Lüscher, welcher
bei der Beklagten als Souschef auf dem Rangirbahnhofe Basel
mit einem Jahreseinkommen von 2100 Fr. angestellt war, ver=
unglückte am Ostersonntag den 29. März 1891 in folgender
Weise: Er hatte dem Zugführer Emil Mey, welcher den um 12
Uhr 57 Mittags in den Rangirbahnhof einfahrenden Güterzug
606 der Elsaß=Lothringerbahn führte, den Fahrbericht abgenom=
men und unterzeichnet. Um sich zum Dienstgebäude zurückzube=
geben, wollte er das nebenan liegende Geleise überschreiten. Auf
demselben befand sich eine stillstehende Wagenreihe, in welcher
eine Lücke von einigen Metern offen war. Während Lüscher diese
durchschritt, gerieth ein Theil der Wagen in Bewegung, und zwar
wie die Kläger behaupten, in Folge von Manövern, welche zum
Zwecke des Rangirens des Güterzuges Nr. 323 bis der Schwei=
zerischen Centralbahn vorgenommen wurden. Lüscher kam zwischen
die Puffer und erlitt Verletzungen, an denen er noch gleichen
Tages starb. Er hinterläßt eine im zweiunddreißigsten Jahre
stehende Wittwe und zwei, am 8. September 1887 und 17. Sep=
tember 1889 geborene Kinder. Dieselben fordern, gestützt auf
Art. 7 und 5 des Eisenbahnhaftpflichtgesetzes, für den ihnen durch
den Tod ihres Ernährers entstandenen Schaden eine Entschädi=
gung von 30,000 Fr., daneben Ersatz der Beerdigungskosten mit
219 Fr., von welcher Summe eine Abschlagszahlung von 200 Fr.
in Abzug komme. Die Schweizerische Centralbahngesellschaft hatte
gütlich eine Entschädigung von 14,000 Fr. anerboten; im Pro=
zesse hat sie darauf angetragen, es sei das klägerische Rechtsbe=
gehren, insoweit dasselbe über Zahlung eines Betrages von
14,019 Fr. hinausgehe, abzuweisen.

2. Die Anwendbarkeit des Art. 7 des Eisenbahnhaftpflichtge=

setzes wird von den Klägern darauf begründet, die Beklagte habe
am Tage des Unfalles das Verbot des Güterdienstes an Sonn=
tagen, wie es in dem Bundesgesetze betreffend die Arbeitszeit beim
Betriebe der Eisenbahnen vom 27. Juni 1890 niedergelegt sei,
übertreten; sowohl das Einfahren der Güterzüge aus dem Elsaß
als das Rangiren und Einstellen des Güterzuges Nr. 323 bis
falle unter den durch Art. 5 des citirten Gesetzes untersagten
Güterdienst. Es liege somit eine Verletzung der Sonntagsruhe der
Arbeiter vor und damit sei auch der Kausalzusammenhang zwi=
schen dieser Gesetzesübertretung und dem Unfalle hergestellt, indem
die Sonntagsentheiligung zur Folge habe, daß die überanstreng=
ten Arbeiter nicht die geistige Frische besitzen, um mit gehöriger
Sorgfalt ihren Dienst zu versehen. Diese Ausführungen sind von
den Vorinstanzen mit Recht zurückgewiesen worden. Angenommen
auch, es sei am Tage des Unfalles das Verbot des Güterdienstes
an Sonntagen von der Beklagten übertreten worden, so würde es
doch, wie die Vorinstanzen richtig ausführen, an dem Kausalzu=
sammenhang zwischen dieser Uebertretung und dem Unfalle völlig
mangeln. Der Unfall steht in keinem Zusammenhange mit einer
den Arbeitern, speziell dem Verunglückten, gesetzwidrig zugemuthe=
ten Ueberanstrengung; es liegt gar nichts dafür vor, daß er durch
einen auf Ueberermüdung zurückzuführenden Mangel an Auf=
merksamkeit und geistiger Spannkraft verursacht worden sei; viel=
mehr erscheint dies nach dem ganzen Hergange geradezu als aus=
geschlossen. Ein rechtlicher Zusammenhang zwischen einer allfälli=
gen Uebertretung des Verbotes sonntäglichen Güterdienstes und
dem Unfalle besteht also nicht. Sollte daher auch die Beklagte
dieses Verbot übertreten haben und somit insoweit ein Verschulden
derselben vorliegen, so stände dieses Verschulden doch nicht in kau=
salem Zusammenhange mit dem Unfalle. Uebrigens liegt jeden=
falls in dem Einfahren des Güterzuges der Elsaß=Lothringerbahn
eine Uebertretung des Bundesgesetzes vom 27. Juni 1890 nicht.
Denn, wie aus dem Geschäftsberichte des Bundesrathes für 1890
(Bundesblatt 1891 II, S. 452) hervorgeht, hat der Bundesrath
der Elsaß=Lothringerbahn gemäß der ihm nach Art. 6 des Ge=
setzes zustehenden Befugniß, bis auf Weiteres bewilligt, mit ihren
Güterzügen auch an Sonntagen im Bahnhofe Basel zu verkehren.

3. Von einer mit dem Unfalle in kausalem Zusammenhange
stehenden groben Fahrlässigkeit der Beklagten oder ihrer Leute
kann daher keine Rede sein. Die Kläger können daher nur Ersatz
des ihnen durch den Tod ihres Ernährers erwachsenen materiellen
Schadens nach Maßgabe des Art. 5 des Eisenbahnhaftpflichtgesetzes verlangen. Bei Bemessung dieses Schadens sind die Vorinstanzen, in Anlehnung an die Praxis des Bundesgerichtes, davon ausgegangen, der Getödtete habe für den Unterhalt seiner
Familie circa 1200 Fr. jährlich verwendet, wovon die Hälfte auf
die Frau, die Hälfte auf die beiden Kinder entfalle. Bei dem Alter
der Frau von 32 Jahren entspreche eine Rente von 600 Fr. einem
Kapital von 11,028 Fr. Gegenüber den Kindern wäre der Vater
nur bis zu erlangter eigener Erwerbsfähigkeit, d. h. bis zum zurückgelegten 16. Altersjahre, alimentationspflichtig gewesen, sodaß für
dieselben bei einer jählichen Leistung von 300 Fr. für jedes Kind
sich ein Kapital von 7800 Fr. ergebe. Danach ergäbe sich ein
Gesammtbetrag der Entschädigung von 18,828 Fr. Mit Rücksicht
jedoch auf die Vortheile, welche die Kapitalabfindung gegenüber
einer Rentenleistung gewähre, erscheine der dem Kläger erwachsene
Vermögensnachtheil mit 14,000 Fr. als gedeckt. Dazu kommen
noch die Beerdigungskosten mit 219 Fr., während die Abschlagszahlung von 200 Fr. in Abrechnung falle. Die Kläger haben
gegen diese Berechnung der Entschädigung heute eingewendet, es
seien dabei die Leistungen des Getödteten für seine Frmilie zu gering veranschlagt worden; es sei irrthümlich wenn bei Ausmittlung der der Ehefrau gebührenden Entschädigung i h r Alter und
nicht vielmehr das Alter des alimentationspflichtigen Ehemannes
zu Grunde gelegt worden sei. Die eigene Erwerbsfähigkeit der
Kinder trete nicht schon mit dem 16. sondern erst mit dem 18.
oder doch mit dem 17. Altersjahre ein und endlich rechtfertige
sich ein Abzug wegen angeblicher Vortheile der Kapitalabfindung
nicht. Diese Angriffe sind indeß unbegründet. Die Annahme über
den Betrag der Leistungen des Getödteten für seine Familie ist
keineswegs rechtsirrthümlich, sondern entspricht der bisherigen
Praxis. Hinsichtlich der Dauer der Alimentationspflicht des
Vaters gegenüber den Kindern sind das kantonale Recht und die
konkreten Verhältnisse maßgebend (siehe Entscheidungen des Bundes-

gerichtes in Sachen Meyer gegen Suisse-Occidentale-Simplon,
Amtliche Sammlung XVI, S. 340). Wenn die kantonalen In=
stanzen in casu das 16. Altersjahr als Grenze der Versorgung
angenommen haben, liegt danach hierin eine Verletzung des Bun=
desgesetzes überall nicht, sondern eine mit dem Bundesgesetze durch=
aus vereinbare kantonalrechtliche und thatsächliche Entscheidung.
Wenn ferner bei Berechnung der Entschädigung für die Ehefrau
deren Alter und nicht das Alter des (jüngern) Ehemannes zu
Grunde gelegt wurde, so ist dieß nicht nur nicht rechtsirrthümlich
sondern ganz offenbar richtig. Denn der Ehemann hat der Frau
den Unterhalt natürlich nur während der Dauer ihres und seines
Lebens zu gewähren. Bei Berechnung derartiger Entschädigungen
muß daher jeweilen das Alter des ältern Ehetheils zu Grunde
gelegt werden. Was endlich den Abzug wegen der Vortheile der
Kapitalabfindung anbelangt, so ist zu bemerken: In concreto
war ein Abzug schon deßhalb gerechtfertigt, weil die Vorinstanzen
zu der Annahme eines Kapitals von 7800 Fr. für die Kinder
einfach durch Zusammenrechnung der sämmtlichen einzelnen Jahres=
renten gelangt sind, auf welche die Kinder während 14 und 12
Jahren Anspruch gehabt hätten. Dieses Kapital durfte aber ge=
wiß nicht voll gesprochen, vielmehr mußte bei Zubilligung einer
Kapitalentschädigung dem Zwischenzinse Rechnung getragen, die Ka=
pitalentschädigung daher in der Art reduzirt werden, daß sie dem
gegenwärtigen Werthe einer Rente von je 300 Fr. auf die Dauer
von 12 und 14 Jahren entspricht. Sodann aber fällt in Betracht:
Eine Aversalentschädigung bleibt der Familie definitiv erworben,
ohne Rücksicht auf die thatsächliche Lebensdauer der einzelnen Glieder
derselben; den Hinterlassenen, speziell der für ihre ganze Lebens=
dauer alimentationsberechtigten Ehefrau, war ein Unterhaltungs=
beitrag von bestimmter Höhe keineswegs dauernd und unbedingt
zugesichert, sondern es hing dessen Gewährung und Höhe von dem
Leben und der fortdauernden Erwerbsfähigkeit des Familienhauptes
ab und es ist nun erfahrungsgemäß nicht anzunehmen, daß
dieses während seiner ganzen, nach den Mortalitätstabellen wahr=
scheinlichen Lebensdauer unvermindert arbeitsfähig geblieben wäre.
Endlich liegt, wie die Vorinstanz zutreffend hervorhebt, in der
Regel in einer Kapitalabfindung an sich ein erheblicher Vortheil

gegenüber einer Entschädigung in Rentenform, da der Besitz eines
Kapitals regelmäßig die Begründung einer festen Lebensstellung
erleichtert. Alle diese Momente lassen es als gerecht erscheinen,
daß als Aversalentschädigung nicht das volle, nach den Grund=
sätzen der Rentenanstalten berechnete Rentenkapital zugesprochen,
sondern davon ein angemessener Abstrich gemacht wird. Dazu
kommt denn noch, daß in den Rentenkapitalien, wie sie aus den
Tabellen der Rentenanstalten sich ergeben, auch der Gewinn der
Versicherungsanstalt, resp. ein Beitrag an die Verwaltungskosten
inbegriffen ist. Danach ist denn der vorinstanzlichen Feststellung
der Entschädigung beizutreten. Dagegen ist die Entschädigungs=
summe vom Tage des Unfalles an verzinslich zu erklären. Rich=
tig ist zwar, daß die Beklagte sich nicht im Verzuge befunden
hat. Allein die Entschädigungssumme ist auf den Tag des Un=
falles berechnet und es sind daher die Zinsen als Bestandtheil
der Entschädigung gutzuheißen. Die Beklagte wird dadurch nicht
beschwert, da sie die von ihr gütlich und im Prozesse anerbotene
Entschädigungssumme nicht etwa deponirt sondern in Händen be=
halten und also den Zins von derselben bezogen hat.

Demnach hat das Bundesgericht

erkannt:

Das angefochtene Urtheil des Appellationsgerichtes des Kan=
tons Baselstadt wird bestätigt, indeß mit dem Zusatze, daß die
Beklagte die Entschädigungssumme von 14,019 Fr. seit dem Tage
des Unfalles, 29. März 1891, zu 5 % zu verzinsen hat.

----

49. Urtheil vom 29. April 1892
in Sachen Herger gegen Gotthardbahngesellschaft.

A. Durch Urtheil vom 9. Januar 1892 hat das Obergericht
des Kantons Luzern erkannt:

Die Beklagte sei gehalten, an den Kläger außer den anerkann=
ten 5000 Fr. weitere 7000 Fr., abzüglich schon erhaltene 1000
Franken, nebst Verzugszins seit 10. September 1890 zu be=
zahlen. Mit der Mehrforderung sei der Kläger abgewiesen.

B. Gegen dieses Urtheil ergriffen beide Parteien die Weiterziehung an das Bundesgericht. Bei der heutigen Verhandlung
beantragt der Anwalt des Klägers, es sei in Abänderung des
vorinstanzlichen Urtheils die Beklagte zu verurtheilen, dem Kläger
als Entschädigung den Betrag von 20,000 Fr., abzüglich schon
erhaltener 1000 Fr., sowie für rückständiges Lohn- und Kilo-
metergeld 34 Fr. 55 Cts., alles nebst Verzugszins seit 10. September 1890 zu bezahlen.

Dagegen beantragt der Anwalt der Beklagten, es sei die vorinstanzlich gesprochene Entschädigung wegen Mitverschuldens des
Klägers erheblich zu reduziren, eventuell es sei auch ohne Annahme eines Mitverschuldens die Entschädigung auf 8500 Fr.
oder höchstens 10,000 Fr. zu reduziren.

Das Bundesgericht zieht in Erwägung:

1. Der Kläger Karl Herger, geb. 20. Juni 1862, war bei
der Gotthardbahngesellschaft als Bremser angestellt; er bezog ein
fixes Gehalt von 95 Fr. und circa 30—40 Fr. an Kilometergeldern monatlich. Am 10. September 1889 hatte er den fakul-
tativen Güterzug Nr. 303 zu bedienen, welcher ungefähr um
3 Uhr Nachmittags von Erstfeld aufwärts fuhr. Auf der Station Gurtnellen wies ihn der Zugführer an, den gedeckten Brems-
sitz eines sogenannten R. A. (Rete Adriatica) Wagens einzunehmen, um in den Kehrtunneln gegen den Rauch besser geschützt
zu sein. Als der Zug den oberhalb Gurtnellen gelegenen Leggisteintunnel passirte fiel der Kläger aus nicht ermittelter Ursache
von seiner Bremsstelle auf das Geleise; ein Wagenrad ging über
seinen rechten Arm weg und er erlitt auch Verletzungen am linken
Fuße. Der Arm mußte (im obersten Drittel des Oberarms) amputirt werden. Die Folgen der Verletzungen am linken Fuße sind
genauer nicht nachgewiesen; doch stellt die zweite Instanz als zugestanden fest, daß eine Heilung der betreffenden Wunden auch
heute insofern nicht eingetreten sei, daß der Kläger sich noch einer
ungefährlichen Operation zu unterziehen hätte.

2. Der auf Art. 2 und 5 des Eisenbahnhaftpflichtgesetzes ge-
stützten Entschädigungsforderung des Klägers hat die Beklagte die
Einrede des Selbstverschuldens entgegengestellt, immerhin mit der
Erklärung, daß sie dieselbe nur theilweise geltend machen wolle,

indem sie freiwillig eine Entschädigung von 5000 Fr. anerkenne. Wenn ein Bremser aus seinem sichern Häuschen herunterfalle, ohne daß seine außerordentliche Zugserschütterung stattgefunden habe, so sei gar keine andere Erklärung möglich, als daß es in Folge eines Selbstverschuldens geschehen sei, sei es, daß der Betreffende eingeschlafen oder sonst äußerst nachläßig und unvorsichtig gewesen sei. Diese Einwendung ist nach dem vorinstanzlich festgestellten Thatbestande nicht begründet. Die Vorinstanz führt aus, der Kläger habe allerdings bei seiner Einvernahme vor Verhöramt Uri die Möglichkeit zugegeben, daß er momentan auf seinem Posten vom Schlafe übermannt worden sein möge. Allein er habe dort auch nur die Möglichkeit zugegeben, nicht aber daß er thatsächlich eingeschlafen war und auch sonst liege hiefür ein Nachweis nicht vor. Die Behauptung dagegen daß ein Herunterfallen von solchen Bremshäuschen ohne schuldhafte Unachtsamkeit nicht möglich sei, erscheine nicht als richtig. In seinem Schlußberichte konstatire das Verhöramt Uri an der Hand mehrerer Zeugenaussagen, daß das Bedienen der Bremsen der sog R. A.- Wagen nicht ganz ungefährlich sei; man könne beim Sitzen leicht ausglitschen u. s. w. Auch die obergerichtliche Prozeßkommission, welche sich an Ort und Stelle mit der Konstruktion der fraglichen Bremshäuschen vertraut gemacht, habe dabei die Ueberzeugung gewonnen, daß allerdings bei fortwährend gespannter Aufmerksamkeit ein Ausglitschen kaum stattfinden werde, daß aber ein momentanes Nachlassen dieser gespannten Aufmerksamkeit solches leicht möglich machen könne. Bloßes momentanes Nachlassen in andauernd gespannter Aufmerksamkeit könne aber dem Betreffenden unmöglich sofort zum Verschulden angerechnet werden. Dieser Auffassung ist durchaus beizutreten. Es liegt in der menschlichen Natur, daß bei andauernder, zumal gleichförmiger und gewohnter, Beschäftigung ein Arbeiter nicht stetsfort, ohne Unterbrechung gespannte Aufmerksamkeit aufwenden kann; vielmehr tritt während andauernder gleichmäßiger Thätigkeit bei Jedermann, auch bei sorgsamen Arbeitern, unvermeidlich ein zeitweiliges Nachlassen der Aufmerksamkeit ein, welches aber eben seiner in psychologischen Gesetzen begründeten Unvermeidlichkeit wegen nicht zum Verschulden angerechnet werden kann. Ein Verschulden des Klägers ist

also nicht dargethan, denn etwas Weiteres, als daß der Kläger
ohne zeitweiliges Nachlassen gespannter Aufmerksamkeit nicht wohl
von seinem Bremssitze heruntergestürzt sein könne, ist nicht er=
wiesen. Demnach braucht auch nicht untersucht zu werden, ob einem
Verschulden des Klägers nicht ein Mitverschulden der Bahnge=
sellschaft (begangen durch dienstliche Ueberanstrengung des Klägers
oder durch Verwendung gefährlichen Materials) zur Seite stünde.
Denn der Kläger hat seine sachbezüglichen Behauptungen blos
eventuell aufgestellt für den Fall, daß ein Verschulden seinerseits
angenommen würde.

3. Bei Bemessung des Quantitativs der Entschädigung sind die
Vorinstanzen davon ausgegangen, der Jahresverdienst des Klä=
gers vor dem Unfalle sei auf circa 1350 Fr. anzuschlagen, da
neben dem fixen Gehalt noch die Hälfte des Kilometergeldes als
reiner Verdienst zu betrachten sei. Diese Annahme ist von beiden
Parteien als rechtsirrthümlich angefochten worden. Der Kläger
behauptet, die Kilometergelder seien ihrem ganzen Betrage nach
zu dem reinen Einkommen des Klägers zu rechnen. Die Beklagte
dagegen, dieselben kommen überhaupt nicht in Betracht, da sie
ausschließlich als Vergütung für die Mehrauslagen erscheinen,
welche dem Kläger durch seinen Aufenthalt auswärts entstanden
seien. Beide Angriffe sind verfehlt. Die Kilometergelder sind aller=
dings zunächst als Vergütung für die Mehrauslagen zu betrach=
ten, welche den Bahnangestellten in Folge der dienstlichen Reisen
entstehen; allein sofern sie nun eben derart bemessen sind, daß
sie Ersparnisse ermöglichen, erscheinen sie als Gehaltszuschüsse,
welche im Verhältnisse der Inanspruchnahme durch dienstliche
Fahrten gewährt werden. Wenn nun die Vorinstanz annimmt,
in concreto sei die Hälfte der Kilometergelder erspart worden
und sei daher als Gehaltszuschuß zu betrachten, so ist dies nicht
rechtsirrthümlich, sondern beruht auf rechtlich durchaus zulässiger
Würdigung der konkreten Verhältnisse. Im Weitern haben die
Vorinstanzen angenommen, durch den Unfall sei die Arbeitsfähig=
keit des Klägers um zwei Dritttheile gemindert worden, so daß
ihm ein Einkommensausfall von ca. 900 Fr. per Jahr entstehe.
Auch diese Feststellung beruht auf keinem Rechtsirrthum sondern
entspricht im Gegentheil den Thatsachen. Durch den völligen

Berluft des rechten Armes ist die Arbeitsfähigkeit des Klägers ohne Zweifel sehr wesentlich vermindert worden, da er dadurch zu jeder Thätigkeit unfähig geworden ist, welche größere körperliche Gewandtheit und Anstrengung erfordert. Immerhin indeß darf wohl angenommen werden, daß er trotz dieser Verstümmelung und der Verletzung am linken Fuße, noch fähig sein werde, eine seinen Kräften angemessene Beschäftigung zu finden, welche einen Erwerb von annähernd einem Drittheil seines frühern Verdienstes einbringt, insbesondere wenn erwogen wird, daß die ihm zu gewährende Kapitalentschädigung ihm die Begründung einer neuen Lebensstellung erleichtert. Sind demnach die Grundlagen, auf welchen die Entschädigungsfestsetzung der Vorinstanz beruht, als richtig anzuerkennen, so erscheint auch die von derselben gesprochene Entschädigung von 12,000 Fr., bei dem Alter des Klägers, als eine angemessene, auf Würdigung sämmtlicher maßgebender Faktoren beruhende.

Demnach hat das Bundesgericht
erkannt:

Die Weiterziehung beider Parteien wird als unbegründet abgewiesen und es hat demnach in allen Theilen bei dem angefochtenen Urtheile des Obergerichtes des Kantons Luzern vom 9. Januar 1892 sein Bewenden.

---

50. Urtheil vom 27. Mai 1892 in Sachen
Mutti gegen Jura = Simplonbahngesellschaft.

A. Durch Entscheid vom 26. Februar 1892 hat der Appellations= und Kassationshof des Kantons Bern erkannt:

Dem Kläger Alphons Emil Mutti sind seine Klagebegehren im Sinne der Erwägungen zugesprochen und es wird die Entschädigung, welche ihm die Beklagte, Jura=Simplonbahngesellschaft von daher zu bezahlen hat, festgesetzt auf zehntausend Franken sammt Zins von dieser Summe à 5 % seit 22. Juli 1890.

B. Gegen dieses Urtheil ergriff der Kläger und, seiner Weiter=

ziehung sich anschließend, auch die Beklagte die Weiterziehung an
das Bundesgericht. Der Anwalt des Klägers beantragt Erhöhung
der Entschädigung auf 15,000 Fr. eventuell 12,000 Fr. Dagegen beantragt der Vertreter der Beklagten angemessene Reduktion der Entschädigung eventuell Bestätigung des angefochtenen
Urtheils.

Das Bundesgericht zieht in Erwägung:

1. Der 19 Jahre alte Kläger war bei der Beklagten mit einem,
zugestandenermaßen auch auf die Sonn= resp. Feiertage berech=
neten, Taglohn von 3 Fr. als Manövrist angestellt. Am 22. Juli
1890 war er auf dem Bahnhofe Delsberg damit beschäftigt,
zwischen zwei auf dem Geleise stehenden Wagen, deren einer durch
die Maschine weiter gestoßen werden sollte, die Kuppelung zu
lösen. Als er nach Ausführung dieser Arbeit unter den Puffern
durchschlüpfen wollte, um aus dem Geleise herauszutreten, auch
schon mit dem Oberkörper und dem rechten Beine zwischen den
Wagen hervorgetreten war, blieb er mit dem linken Fuße zwischen
den Schienen hängen, so daß er das linke Bein nicht sofort nach=
ziehen konnte. Der das Manöver leitende Rangirmeister Santschi,
welcher neben der Manöverleitung gleichzeitig, in einer Entfernung
von etwa 50 Meter, eine Weiche bediente, hatte nun aber, so=
bald er den Kläger mit Oberkörper und einem Bein heraustreten
sah, das Signal zur Bewegung des Zuges gegeben. Dieser setzte
sich in Bewegung, erfaßte und überfuhr das linke Bein des
Klägers, welches in Folge dessen im Oberschenkel amputirt werden
mußte. Der Kläger hat für die Folgen dieses Unfalles, gestützt
auf Art. 2, 5 und 7 des Eisenbahnhaftpflichtgesetzes, von der
Beklagten eine Entschädigung von 15,000 Fr. verlangt, mit der
Behauptung, der Unfall sei durch grobe Fahrläßigkeit verursacht
worden. Die Beklagte hat ihre Haftpflicht grundsätzlich anerkannt,
dagegen das Vorhandensein grober Fahrläßigkeit, sowie überhaupt
das Quantitativ der klägerischen Forderung bestritten.

2. Fragt sich in erster Linie, ob der Unfall auf grobe Fahr=
läßigkeit der Beklagten oder ihrer Leute zurückzuführen sei, so ist
dies in Uebereinstimmung mit den Vorinstanzen zu verneinen.
Allerdings hat der Rangirmeister Santschi dem Art. 54 des all=
gemeinen Fahrdienstreglementes der schweizerischen Eisenbahnen

vom 16. Juli 1880 zuwider gehandelt, wonach es allen Angestellten verboten ist, einen Befehl zur Ingangsetzung eines Zuges
zu geben, bevor alle beim Manöver und beim Kuppeln der Wagen
Betheiligten aus den Puffern herausgetreten sind, und wäre ohne
diese Reglementsübertretung der Unfall nicht eingetreten. Allein
der Rangirmeister glaubte nun offenbar, als er den Kläger mit
dem Oberkörper und dem einen Beine zwischen den Wagen hatte
heraustreten sehen, es sei die Bewegung des Manövristen unter
den Puffern durch so gut wie vollendet, die reglementarische Voraussetzung für das Signal zur Bewegung des Zuges sei also der
Sache nach gegeben. Nun liegt allerdings eine Uebereilung darin,
daß der Rangirmeister das Signal ertheilte, bevor er absolut sicher
war, daß der Manövrist vollständig zwischen den Puffern herausgetreten sei. Bei umsichtigster, alle möglichen Eventualitäten sorg-
sam berücksichtigender Ueberlegung konnte der Rangirmeister sich
sagen, daß außerordentliche Zwischenfälle nicht ausgeschlossen seien,
welche · den Manövristen noch im letzten Augenblicke hindern, die
anscheinend so gut wie vollendete Bewegung völlig zu beendigen
und daß es daher nach dem Reglemente nicht angehe, das vermeintlich soeben sich vollendende Heraustreten des Manövristen
aus den Puffern schon als vollendete Thatsache zu behandeln.
Allein grobe Fahrlässigkeit liegt doch nicht vor. Nach der Art des
Auftauchens des Manövristen außerhalb der Puffer war die Annahme, von welcher aus der Rangirmeister handelte, im ordentlichen Verlaufe der Dinge, sofern kein außerordentliches Ereigniß
dazwischen trat, begründet. Normalerweise war ja das Nachziehen
des linken Fußes durch den Kläger Sache eines Momentes,
während dagegen zwischen dem Ertheilen des Signals durch den
Rangirmeister, der Erwiderung desselben durch den Lokomotivführer und dem Beginn der Bewegung des Zuges eine gewisse
Zeit verstreichen mußte und thatsächlich etwa fünf Sekunden ver-
strichen sind. Nur der außergewöhnliche, unglückliche Zufall, daß
er mit dem linken Beine hängen geblieben war, hat den Manövristen verhindert, gleichzeitig mit dem Ertheilen des Signales
oder doch im ersten Augenblick nachher das Geleise vollständig zu
verlassen. Wenn nun der Rangirmeister in der Eile des Dienstes
sich durch den Gesichtseindruck, verbunden mit der Vorstellung

vom normalen, gewöhnlichen Laufe der Dinge, dazu bestimmen
ließ, das Heraustreten des Manövristen aus den Puffern als
bereits vollendet zu betrachten, ohne an die Möglichkeit eines
außerordentlichen Zwischenfalles zu denken, so kann hierin eine
leichtfertige Handlungsweise oder ein Mangel an gewöhnlicher
Achtsamkeit nicht erblickt werden und liegt daher eine grobe Fahr=
lässigkeit nicht vor, sondern lediglich eine Uebereilung, welche nur
durch ein Zusammentreffen nicht leicht vorauszusehender Umstände
einen Unfall herbeiführte. Ebenso wenig kann eine grobe Fahr=
lässigkeit darin gefunden werden, daß der Rangirmeister während
der Manöverleitung gleichzeitig noch eine Weiche bediente. Es mag
dies zwar, da dadurch der Rangirmeister gehindert wird, seine
ganze Aufmerksamkeit dem Manöver zu widmen, mit gutem
Grunde dienstlich verboten werden. Allein ein bestimmtes regle=
mentarisches Verbot ist nun nicht dargethan, ja nach dem Resul=
tate der Beweisaufnahme soll sich überhaupt eine Verwendung
des Rangirmeisters sowohl als seiner Arbeiter zu Bedienung der
Weichen selbst auf größeren Bahnhöfen nicht immer vermeiden
lassen. Unter diesen Umständen könnte in der fraglichen Thatsache
ein grobes Verschulden nur dann gefunden werden, wenn durch
die Bedienung der Weiche der Rangirmeister überhaupt an rich=
tiger Erfüllung seiner Pflicht der Ueberwachung und Leitung des
Manövers gehindert und dadurch der Unfall herbeigeführt worden
wäre. Allein dies ist nun nicht der Fall. Der Rangirmeister
konnte von seinem Standpunkte bei der Weiche aus das Manöver
überblicken; er hat auch demselben seine Aufmerksamkeit gewidmet
und es steht zudem nach der vorinstanzlichen Entscheidung gar
nicht fest, daß die Postirung des Rangirmeisters bei der Weiche
für den Eintritt des Unfalles von Bedeutung war.

3. Ist demnach die Entschädigung lediglich auf Grund des
Art. 5 des Eisenbahnhaftpflichtgesetzes zu bemessen, so ist rück=
sichtlich des Quantitativs derselben der vorinstanzlichen Entschei=
dung beizutreten. Die Vorinstanz geht davon aus, der Kläger
sei durch den Unfall in seiner Erwerbsfähigkeit um die Hälfte ge=
mindert worden. Diese Annahme beruht auf keinem Rechtsirrthum,
sondern entspricht gegentheils den Verhältnissen. Nach dem von
der Vorinstanz eingeholten ärztlichen Gutachten ist der Kläger

(von der Amputation des Beines abgesehen) vollständig gesund,
der Stumpf in gutem Zustande, der Gang mit der, gut ange=
paßten, Prothese (künstlichem Bein) ein durchaus normaler. Der
Experte spricht sich dahin aus, daß Mutti selbstverständlich für alle
Arbeiten, die eine normale Leistungsfähigkeit der Beine erfordern,
untauglich sei; gänzlich arbeitsunfähig sei er jedoch keineswegs, da
ihm bei seinem jugendlichen Alter noch verschiedene Berufe offen
stehen, Schreiber, Schneider, Buchbinder 2c., auch der Erlernung
des Uhrenmacherberufes stände nichts im Wege. Die Erfahrung
aus den Spitälern lehre, daß solche Verletzte für derartige Arbeits=
zweige vollkommen tauglich seien, sofern im Uebrigen ihre Ge=
sundheit intakt geblieben sei. Immerhin sei ein am Oberschenkel
Amputirter ungleich ungünstiger daran, als ein am Unterschenkel
oder Fuß Amputirter und bewirke der Verlust eines Beines einen
sehr bedeutenden Ausfall in der Dispositionsfähigkeit eines Indi=
viduums. Angesichts dieser Verhältnisse geht die Annahme einer
Verminderung der Erwerbsfähigkeit um die Hälfte jedenfalls weit
genug. Allerdings sind dem Kläger hinfort eine ganze Reihe von
Berufszweigen verschlossen und kann er insbesondere seinen bis=
herigen Beruf nicht weiter ausüben und wird er auch in der
Ausübung der ihm noch möglichen Berufsarten durch seine Ver=
stümmelung einigermaßen behindert sein. Allein bei seinem jugend=
lichen Alter ist ihm, da er im Uebrigen gesund und mit normaler
Intelligenz begabt ist, die Erlernung eines passenden Berufes noch
sehr wohl zuzumuthen und leicht möglich; es darf auch unbedenk=
lich angenommen werden, daß er durch Ausübung eines solchen
Berufes mindestens die Hälfte desjenigen Betrages zu erwerben
im Stande sei, welchen er ohne den Unfall in seiner Stellung
als Eisenbahnarbeiter verdient hätte. Im Weitern geht die Vor=
instanz davon aus, es sei die Entschädigung auf Grund der Er=
werbslage zur Zeit des Unfalles zu bemessen; auch hierin ist
ist ihr beizutreten, da eine Verbesserung der Erwerbslage des Ver=
letzten durch Beförderung nicht in sicherer und naher Aussicht
stand. Die Vorinstanz berechnet demnach den dem Kläger ent=
stehenden jährlichen Einkommensausfall auf circa 550 Fr., was
bei dem Alter des Klägers einem Rentenkapitale von 11,473 Fr.
entspreche. Sie führt im Fernern aus, daß der Kläger als Be=

standtheil der Heilungskosten Ersatz für die Kosten der erstmaligen
Anschaffung, der Unterhaltung und zeitweilig nöthig werdenden
Neuanschaffung eines künstlichen Beines zu verlangen berechtigt
sei. Auf Grund der Annahme, daß der Anschaffungspreis eines
künstlichen Beines 340 Fr. betrage, der jährliche Unterhalt auf
30 Fr. zu veranschlagen sei und je nach sechs Jahren die Er=
setzung des Beines durch ein neues nöthig werde, berechnet die
Vorinstanz die dem Kläger hiefür gebührende Kapitalentschädigung
auf 1814 Fr. 72 Cts., die Gesammtentschädigung somit auf
13,287 Fr. 22 Cts. Diese Summe könne jedoch nicht ganz zu=
gesprochen werden, sondern sei mit Rücksicht auf den für den
Kläger im Zuspruche einer Aversalsumme liegenden Vortheil um
mindestens 20 % zu rebuziren und es rechtfertige sich daher,
zumal die Annahme eines Ausfalles von der Hälfte des bis=
herigen Einkommens angesichts der durch das jugendliche Alter
des Mutti erleichterten Erlernung eines Berufes eine immerhin
etwas weitgehende sei, die Festsetzung der Gesammtentschädigung
auf 10,000 Fr., zinsbar zu 5 % seit dem Tage des Unfalles.
Gegen diese Entscheidung kann eingewendet werden, daß die Zu=
sammenfassung der, wie die Vorinstanz richtig bemerkt, unter den
Begriff der Heilungskosten fallenden, Entschädigung für An=
schaffung, Unterhalt und Erneuerung des künstlichen Beines
(welche in ihrem Betrage von den Parteien an sich anerkannt
ist) mit der Entschädigung für Verminderung der Erwerbsfähigkeit
insofern nicht als zulässig erscheine, als von dem ersten Ent=
schädigungsbetrage ein Abstrich wegen des Vortheils der Kapital=
abfindung nicht gemacht werden dürfe. Diese Einwendung ist an
sich richtig; nichtsdestoweniger indeß ist die vorinstanzliche Ent=
scheidung einfach zu bestätigen, denn einerseits ist der von der Vor=
instanz auf der Entschädigung für die Heilungskosten irrthümlich
gemachte Abzug offenbar ein unerheblicher, andrerseits ist gerade
im vorliegenden Falle der Vortheil der Kapitalabfindung jedenfalls
ein besonders großer und ist auch das von der Vorinstanz der
Entschädigungsfestsetzung zu Grunde gelegte Rentenkapital auf
Grund der dem Kläger sehr günstigen Annahme eines Zinsfußes
von bloß 3 1/2 % berechnet. Wenn der klägerische Anwalt heute
eine Erhöhung der Entschädigung mit Rücksicht auf den seit dem

Unfalle verstrichenen Zeitraum von zwei Jahren beantragt hat, so ist dieß nicht richtig. Denn die Entschädigung wird ja auf den Zeitpunkt des Unfalles, nach dem damaligen Alter des Klägers berechnet und ist auch vom Tage des Unfalles an verzinslich.

Demnach hat das Bundesgericht

erkannt:

Die Weiterziehung beider Parteien wird als unbegründet abgewiesen und es hat demnach in allen Theilen bei dem angefochtenen Urtheile des Appellations= und Kassationshofes des Kantons Bern vom 26. Februar 1892 sein Bewenden.

---

51. Urtheil vom 4. Juni 1892 in Sachen
Truninger gegen Vereinigte Schweizerbahnen.

A. Durch Urtheil vom 23. April 1892 hat die Appellations= kammer des Obergerichtes des Kantons Zürich erkannt:

1. Die Beklagte ist verpflichtet, an den Kläger 7560 Fr. sammt Zins à 5 % vom 16. November 1891 an zu bezahlen.

2. Dieselbe ist ferner verpflichtet, demselben die Heilungskosten zu bezahlen und die Kosten eines künstlichen Auges zu ersetzen. Mit seiner Mehrforderung wird der Kläger abgewiesen.

B. Gegen dieses Urtheil ergriff die Beklagte die Weiterziehung an das Bundesgericht. Bei der heutigen Verhandlung beantragt ihr Anwalt, es sei die dem Kläger gesprochene Entschädigung auf 3000 Fr. eventuell 5000 Fr. zu reduziren, indem er eventuell dafür Beweis anerbietet, daß bei rechtzeitiger ärztlicher Behandlung das Sehvermögen des Auges wäre gerettet worden. Dagegen trägt der Anwalt des Klägers und Rekursbeklagten auf Bestätigung des vorinstanzlichen Urtheils an.

Das Bundesgericht zieht in Erwägung:

1. Der im Jahre 1863 geborene Kläger war bei der Gesellschaft der Vereinigten Schweizerbahnen als Kondukteur angestellt; er bezog in dem Jahre vom April 1890 bis März 1891 an firem Gehalt 1062 Fr. 48 Cts., an Kilometergeldern 828 Fr.

97 Cts. und an Uebernachtgeld 206 Fr. 70 Cts., zusammen
2098 Fr. 15 Cts. Am 16. April 1891 fuhr er mit dem 8 Uhr 22
in St. Gallen abgehenden Zuge nach St. Margarethen, wo das
Zugspersonal zu übernachten hatte. Zwischen Staad und Rheineck
flog ihm, während er vorschriftsgemäß auf dem Trittbrette des
ihm zugewiesenen Wagens stand, ein Kohlenpartikelchen ins rechte
Auge. Er erzählte hievon in St. Margarethen dem Zugführer
Tschierily und dem Kondukteur Quadri; ersterer behauptet, ihn
ermahnt zu haben, lieber jetzt noch nach Rheineck zum Arzte zu
gehen, als die Sache zu vernachläßigen. Der Kläger maß aber
der Sache weiter keine Bedeutung bei, da ihm schon mehrmals
Kohlenstäubchen ins Auge geflogen seien, ohne ihm etwas zu
schaden. Am 17. April trat er seinen Dienst wieder an und ver=
sah denselben wie gewöhnlich; da ihn aber sein Auge mehr und
mehr schmerzte, so setzte er am 18. April den Dienst aus und
begab sich von Altstätten aus, wohin ihn sein Dienst am vorigen
Abend geführt hatte, nach St. Gallen, wo er sich durch den
Augenarzt Dr. Diem untersuchen ließ. In Behandlung dieses
Arztes blieb er bis zum 20. Juli. Die Sehkraft des verletzten
Auges ging vollständig verloren. Dr. Diem spricht sich dahin aus,
die centrale Partie der Hornhaut habe einen Epithelverlust von
circa 4 Millimeter gezeigt, was zweifellos auf eine vorange=
gangene Verletzung habe schließen lassen. Durch den Verlust des
Hornhautepithels sei eine offene Wunde geschaffen und dadurch
jeder Infektion Thür und Thor geöffnet worden. Der weitere
Verlauf des Krankheitsprozesses, welcher trotz aller ärztlichen Be=
handlung zu völligem Verluste des Sehvermögens führte, habe
daran, daß eine Infektion wirklich stattgefunden habe, kaum mehr
zweifeln lassen. „Sehr zu bedauern war es, daß Herr Truninger
„anfangs der Verletzung fast gar keine Beachtung schenkte, so daß
„die offene Hornhautwunde fast zwei Tage lang allen äußern
„Einflüssen ausgesetzt war." Durch Dekret des Direktors des
Betriebsdepartementes der Vereinigten Schweizerbahnen vom 30.
Juni 1891 wurde der Kläger auf diesen Tag aus seiner Stellung
als Kondukteur entlassen, „wegen Dienstuntauglichkeit in Folge
Verlustes eines Auges." Er belangte nunmehr die Vereinigten
Schweizerbahnen, gestützt auf Art. 2 des Eisenbahnhaftpflichtge=
setzes auf eine Entschädigung von 10,000 Fr.

2. Grundsätzlich ist die Haftpflicht der Beklagten nicht mehr bestritten; letztere hat die von ihr ursprünglich erhobene Einrede der höhern Gewalt (mit Recht) fallen lassen. Dagegen hat sie geltend gemacht, es sei die in Folge des Unfalles eingetretene Verminderung der Erwerbsfähigkeit des Klägers von der Vorinstanz, welche dieselbe zu ¹/₃ annahm, rechtsirrthümlich zu hoch veranschlagt worden; dieselbe betrage höchstens 25 %; im Fernern wäre, wenn der Kläger, wie dies gemäß Circular der Direktion der Vereinigten Schweizerbahnen vom 14. Juli 1890 seine Pflicht gewesen sei, von seiner Verletzung rechtzeitig Anzeige gemacht hätte und zum Arzte gegangen wäre, die Folge des Verlustes der Sehkraft nicht eingetreten. Es sei daher der eingetretene Schaden zu einem wesentlichen Theile auf Verschulden des Verletzten zurückzuführen.

3. Zunächst ist nicht zu bezweifeln, daß zwischen der Hornhautverletzung, welche der Kläger beim Bahnbetriebe durch ein ins Auge gedrungenes Kohlenstäubchen erlitten hat, und dem Verluste der Sehkraft des verletzten Auges der Kausalzusammenhang besteht. Allerdings steht nach dem Befunde des Dr. Diem fest, daß diese Folge nicht durch die Hornhautverletzung für sich allein, sondern durch dieselbe in Verbindung mit einer dazu kommenden Infektion der Wunde herbeigeführt wurde. Allein hiedurch wird der Kausalzusammenhang nicht ausgeschlossen. Die Hornhautverletzung ist allerdings nicht die einzige und unmittelbare Ursache des eingetretenen Schadens; allein sie ist deßwegen, weil neben ihr noch andere Umstände zum Eintreten des Erfolges mitwirkten, nicht weniger kausal. Wenn freilich die Hornhautverletzung erwiesenermaßen nur in Folge schuldhaften Verhaltens des Verletzten zu dem schädigenden Erfolge geführt hätte, so wäre der Kausalzusammenhang unterbrochen und der eingetretene bleibende Nachtheil vom Verletzten selbst verursacht und verschuldet. Allein dies ist nun in der That nicht der Fall. Das Eindringen eines kleinen Stäubchens ins Auge ist bekanntlich eine Erscheinung, welche beim Eisenbahnbetriebe recht häufig vorkommt und zumeist ohne nachtheilige Folgen bleibt. Wenn daher der Kläger wegen des ihm unbedeutend erscheinenden Vorkommnisses nicht noch am späten Abend des 16. April, nachdem er in St. Margarethen angekommen war, den entfernt, in Rheineck, wohnenden Arzt auf-

suchte, so kann ihm dies gewiß nicht zum Verschulden angerechnet
werden. Ja, selbst daß er am folgenden Tage noch zuwartete, ob
nicht der Zustand von selbst sich bessere, erscheint noch nicht als
schuldhafte Vernachläßigung. Gegen das Circular der Bahndirek=
tion vom 14. Juli 1890 hat der Kläger nicht verstoßen; denn
dieses Circular bezieht sich gar nicht auf Fälle der vorliegenden
Art, sondern spricht von „unbedeutenden Verletzungen, wie Schür=
fungen, Kontusionen (Quetschungen), offene Hautwunden u. dgl.",
während es sich hier nicht um eine Verletzung dieser Art, eine
äußerlich sichtbare Verwundung handelte, sondern um eine Schädi=
gung, welche dem Kläger gar nicht als Verletzung erscheinen
mochte. Selbst wenn übrigens angenommen würde, es liege darin,
daß der Kläger nicht wenigstens am Vormittage des 17. April
sich an einen Arzt wandte, ein schuldhaftes Verhalten desselben,
so wäre doch nicht dargethan, daß dasselbe in kausalem Zusammen=
hange mit dem eingetretenen bleibenden Nachtheile stehe. Die
zweite Instanz spricht zwar aus, es sei kaum zu bezweifeln, daß
wenn der Kläger mindestens am Vormittag des 17. April einen
Arzt aufgesucht hätte, die Folgen des Unfalles minder schwere ge=
wesen wären. Allein sie erkennt selbst und gewiß mit Recht an,
es lasse sich nicht mehr feststellen, wann die, für die Zerstörung
der Sehkraft entscheidende, Verunreinigung der Wunde stattgefun=
den habe. Es ist daher nicht festgestellt und nicht festzustellen,
ob dies nicht schon vor dem Vormittag des 17. April geschah
und daher in der That nicht erwiesen, daß die Säumniß des
Klägers, an diesem Tage einen Arzt beizuziehen von irgendwelchem
Einflusse auf den Verlauf des Krankheitsprozesses war. Eine
Unterbrechung des Kausalzusammenhanges durch schuldhaftes Ver=
halten des Klägers ist also keinenfalls dargethan.

4. Ist somit die Bahngesellschaft für den eingetretenen, nach
dem Gesetze erstattungsfähigen Schaden in seinem ganzen Um=
fange verantwortlich, so ist rücksichtlich des Quantitativs der Ent=
schädigung die vorinstanzliche Entscheidung zu bestätigen. Die Vor=
instanz hat angenommen, das Netto=Einkommen des Klägers sei
auf 1400 Fr. zu veranschlagen, da zum fixen Gehalte noch ein
Theil der Kilometergelder zu rechnen sei, während allerdings der
größte Theil der Kilometergelder und das Uebernachtgeld nicht in

Betracht fallen, da sie zu Bestreitung der außerordentlichen Ausgaben für Unterhalt und Beköstigung des Klägers außerhalb seines Wohnortes haben verausgabt werden müssen. Diese Annahme ist nicht rechtsirrthümlich; es ist jedenfalls das Einkommen des Klägers nicht zu hoch veranschlagt worden. Sodann berechnet die Vorinstanz die Verminderung der Arbeitsfähigkeit des Klägers zufolge des Unfalls auf ⅓. Auch dieser Entscheidung ist beizutreten. Dieselbe ist nicht rein thatsächlicher Natur, da dabei eben die Anwendung des gesetzlichen Begriffs der Erwerbsfähigkeit und ihrer Minderung in Frage steht. Wenn nun aber die Beklagte ausgeführt hat, die Vorinstanz habe sich lediglich durch eine abstrakte Durchschnittsregel leiten lassen und habe die individuellen Verhältnisse, nach welchen die Verminderung der Arbeitsfähigkeit eine erheblich geringere sei, nicht gewürdigt, so ist dies nicht richtig. Der Verletzte ist in Folge des Unfalles zu Ausübung seines bisherigen Berufes, der ihm ein gesichertes Einkommen gewährte, unfähig geworden; er wird eine angemessene Beschäftigung im Eisenbahndienste kaum mehr finden können und es werden ihm überhaupt eine Reihe von Erwerbsthätigkeiten, welche seinen Fähigkeiten und seiner bisherigen Thätigkeit entsprächen, verschlossen. Er muß sich einen neuen Beruf mit ständigem Einkommen erst schaffen, dies wird ihm allerdings nicht unmöglich sein, ist aber immerhin mit Schwierigkeiten verbunden, zumal die Konkurrenzfähigkeit des Klägers auf dem Arbeitsmarkte auch für die ihm noch möglichen Beschäftigungen durch den Verlust des einen Auges beschränkt ist. Bei dieser Sachlage geht es gewiß nicht zu weit, wenn die Vorinstanz eine Verminderung der Erwerbsfähigkeit um ein Dritttheil angenommen hat. Danach ergibt sich ein lebenslänglicher Einkommensausfall von 466 Fr. 67 Cts., welchem bei dem Alter des Klägers ein Rentenkapital von circa 8800 Fr. entspricht. Wenn bei diesen Verhältnissen die zweite Instanz die Entschädigung auf 7500 Fr. oder mit Inbegriff des nicht mehr streitigen rückständigen Lohnes von 60 Fr. für die Zeit vom 30. Juni bis 20. Juli 1891 auf 7560 Fr. festgesetzt hat, so entspricht dies den Umständen; es ist insbesondere den Vortheilen, welche eine Abfindung durch Kapital- statt Rentenzahlung dem Kläger durch Erleichterung der Begründung einer neuen Existenz

u. f. w. gewährt, ebenso wie der Thatsache, daß im höhern Alter auch ohne den Unfall die Erwerbsfähigkeit des Klägers natur-gemäß sich vermindert hätte, angemessene Rechnung getragen.

Demnach hat das Bundesgericht

erkannt:

Die Weiterziehung der Beklagten wird als unbegründet abge-wiesen und es hat demnach in allen Theilen bei dem angefochtenen Urtheile der Appellationskammer des Obergerichtes des Kantons Zürich vom 23. April 1892 sein Bewenden.

---

52. Urtheil vom 11. Juni 1892 in Sachen Konrad gegen Jura-Simplonbahngesellschaft.

A. Durch Urtheil vom 8./24. März 1892 hat das Obergericht des Kantons Unterwalden ob dem Wald erkannt:

Die vorliegende Rechtsfrage wird dahin entschieden, daß die Jura=Simplonbahngesellschaft gehalten ist, dem Johann Konrad für den von ihm unterm 8. Januar 1890 in ihrem Dienst er-littenen Unfall und die damit verbundenen Folgen eine Entschä-digung von 3900 Fr. zu leisten. Von dieser Summe kommen jedoch in Abzug 200 Fr., welche dem Kläger vorschußweise aus-bezahlt wurden. Dagegen können ihm die seit dem 8. Januar 1890 bezogenen Lohnbeträge von der Beklagten an obige Ent=schädigungssumme nicht angerechnet werden.

Die Summe von 3900 Fr. ist zu 5 % zu verzinsen vom 14. August 1890 bis 15. April 1891; vom 15. April 1891 bis zur Auszahlung ist der Zins von 3700 Fr. à 5 % zu be-rechnen.

B. Gegen dieses Urtheil ergriff der Kläger, und daraufhin auch die Beklagte, die Weiterziehung an das Bundesgericht. Bei der heutigen Verhandlung beantragt der klägerische Anwalt, es sei die dem Kläger zu sprechende Entschädigung auf 9000 Fr. zu erhöhen; eventuell sei ein Vorbehalt im Sinne des Art. 6 Abs. 2 des Eisenbahnhaftpflichtgesetzes aufzunehmen.

Dagegen beantragt der Vertreter der Beklagten, es sei in Ab=
änderung des vorinstanzlichen Urtheils die Klage des Gänzlichen
abzuweisen; eventuell sei dem Kläger eine Entschädigung von
1000 Fr. zuzusprechen.

Das Bundesgericht zieht in Erwägung:

1. Der am 3. Oktober 1859 geborene Kläger war bei der
Beklagten mit einem Jahresverdienst von 1080 Fr. als Bahn=
arbeiter an der Brünigbahnstrecke angestellt. Am 8. Januar 1890
war er in Gemeinschaft mit zwei andern Arbeitern, Stauffer und
Imfeld, beschäftigt, einen leeren Bahndienstwagen von der Station
Alpnach auf der Bahnlinie nach Hergiswyl zu schieben. Dabei
verunglückte er, indem er von der zunächst dem südlichen Eingang
des Lopperbergtunnels über einen Holzdurchlaß führenden kleinen
Brücke in den Holzdurchlaß hinunterstürzte. Die Brückenbreite
beträgt einschließlich des Schienengeleises 1,15 Meter, der Außen=
raum auf jeder Seite 0,15 Meter; außerhalb des Schienengeleises
auf den Schwellenköpfen befanden sich keine Laden und es war
die Brücke nicht eingefriedigt. Der Raum zwischen den Schienen=
geleisen der Bahn ist zu eng, als daß drei Arbeiter neben einander
gehen könnten; die seitwärts gehenden zwei Arbeiter (deren einer
Konrad war) oder wenigstens einer derselben gingen daher auf
den Schienen oder vielleicht, bevor sie auf die Brücke kamen,
außerhalb derselben. Die Ursache des Absturzes des J. Konrad
— ob er, auf den Schienen gehend, ausglitt, oder aus andern
Gründen, z. B. weil er auch auf der Brücke versucht hätte, außer=
halb der Schienen zu gehen, abstürzte — ist nicht ermittelt. Nach
dem Sturze verfügte sich Konrad in das nächstgelegene Wärter=
häuschen, von wo ihn seine Kameraden, nachdem sie vorher den
Transport des Bahndienstwagens nach Hergiswyl beendigt hatten,
zu Wagen nach Hause führten. Dr. Imfeld, welcher ihn am
gleichen Tage untersuchte und bis 28. Januar behandelte, kon=
statirte: Kontusionen der Rückengegend, commotio cerebri, Haut=
wunde des Schädels. Am 23. Januar nahm Konrad, welcher von
Dr. Imfeld als geheilt erklärt wurde, seine Arbeit wieder auf,
mußte dieselbe aber schon am 28. gleichen Monats wieder auf=
geben. Er wurde hierauf bis zum 20. September 1890 von den
Bahnärzten Dr. Stockmann und Dr. Stocker behandelt, welche

systematisch, theils täglich, theils mit Unterbruch Massage und
Elektrizität anwendeten. Während dieser ärztlichen Behandlung,
nachdem Konrad soweit wieder hergestellt war, daß er leichtere
Arbeiten hätte verrichten können, wurden seitens der Bahngesell=
schaft verschiedene Versuche gemacht, ihm eine leichtere passende
Beschäftigung anzuweisen. Konrad ging aber auf die ihm gemachten
Anerbietungen nicht ein; er wurde daher, nachdem ihm bereits
auf Ende Juli die Hälfte seines Gehaltes war entzogen worden,
auf 15. September des Dienstes entlassen und verhalten, seine
Dienstwohnung zu räumen. Damit verlor auch seine Frau, welche
eine Barriere bedient hatte, ihre daherige Stellung. Nachdem so=
dann Konrad bei der Bahngesellschaft das Begehren um eine
Entschädigung von 9000 Fr., gestützt auf das eidgenössische Haft=
pflichtgesetz, gestellt hatte, verlangte die Gesellschaft, daß er sich
vorerst der Begutachtung und Beobachtung seines Leidens im
Inselspitale zu Bern unterziehe. Konrad trat in das Inselspital
ein, mußte aber, bevor die dortigen Aerzte ihre Beobachtungen
abschließen konnten, dasselbe wegen Familienverhältnissen wieder
verlassen und nach Hause zurückkehren. Später begab er sich, auf
weiteres Begehren der Bahngesellschaft, in das Spital „Salem"
zu Bern. Der ihn dort behandelnde Arzt Dr. Dumont sprach
(nach sechswöchentlicher Beobachtung) am 10. Mai 1891 seine
Meinung dahin aus, Konrad leide an traumatischer Hysterie.
Eine von dem Gesellschaftsarzte, Dr. Collon vorgeschlagene elek=
trische Kur könne von Nutzen sein; doch möchte er (Dr. Dumont)
nicht dafür garantiren, daß nach einer mehrwöchentlichen Kur
der Patient geheilt werde und zwar dies um so weniger, als der
Patient schon massirt und elektrisirt worden sei, aber ohne Erfolg.
Die Erfahrung lehre, daß bei solchen Verletzungen ein langes
Hin= und Herziehen des Falles für den Patienten nur von
Schaden sein könne. Die Bahndirektion forderte hierauf den Konrad
auf, sich in die Behandlung des Dr. Collon zu begeben; Konrad
lehnte dies aber ab und erhob in der Folge gerichtliche Klage.
Im Prozesse ist über die Folgen des Unfalles das Expertengut=
achten des Professors Dr. Immermann in Basel eingeholt worden.
Dieser spricht sich in seinem eingehend begründeten Gutachten vom
13. Dezember 1891 im Wesentlichen dahin aus: Es liegen

keinerlei Anzeichen dafür vor, daß Konrad eine Verletzung vom
Gehirn oder Rückenmark erlitten habe. Es habe sich bei dem Unfalle aller Wahrscheinlichkeit nach nur um eine Erschütterung wie
des ganzen Körpers so auch des Gehirns und Rückenmarkes gehandelt. Der Experte wolle nicht bestreiten, daß nach dem erlittenen Unfalle die Erscheinungen einer traumatischen Hysterie
bei Johann Konrad aufgetreten sein und eine Weile hindurch
bestanden haben können; im Gegentheil könne er sich der Meinungsäußerung des Dr. Dumont anschließen (deren selbständige Ueberprüfung ihm allerdings, da eine ausführliche Darlegung der damaligen Krankheitserscheinungen mangle, nicht möglich sei). Dagegen sei mit Bestimmtheit zu verneinen, daß Konrad noch jetzt
an deutlichen Spuren traumatischer Hysterie oder gar an einem
höhern Grade dieser Krankheit leide. Weder ein irgendwie erhebliches Nervenleiden überhaupt, noch insbesondere eine ausgesprochene
traumatische Hysterie dürfe bei Konrad gegenwärtig mehr angenommen werden; keine einzige hierauf deutende Erscheinung liege
vor. Nach den Aeußerungen des Dr. Dumont sei zu vermuthen,
und nach dem eigenen negativen Befunde des Experten zu schließen,
daß bei Konrad ein Fall von abgelaufener traumatischer Hysterie
vorliege. Seine Arbeitsfähigkeit sei zur Zeit nicht mehr wesentlich
geschmälert. Der Experte halte Konrad nicht für unfähig, Handarbeit zu verrichten, dagegen halte er es für wünschbar, daß ihm
schwerere Handarbeit, bei der er erneuten Unfällen leicht ausgesetzt
wäre, vorerst erspart bleibe, mit Rücksicht auf die Möglichkeit von
Rückfällen in den Zustand traumatischer Hysterie. Solche Rück-
fälle treten bei erneuten Unfällen leicht ein und können außerdem
auch durch bloße immer wiederkehrende Erinnerung an den ersten
Unfall mitunter provozirt werden. Der Experte halte es in Folge
dessen auch für zweckmäßig, wenn Johann Konrad hinfort seinen
Dienst auf einer andern Strecke der Brünigbahn, nicht aber an
der Stelle, wo er den Unfall erlitt und wo er durch deren An-
blick ja immer wieder an denselben erinnert würde, verrichten
könnte. Eine völlige Unthätigkeit und Enthaltung vom Dienste
sei dagegen in keiner Weise nöthig und wäre voraussichtlich sogar
direkt schädlich.

2. Wenn der Anwalt des Klägers heute behauptet hat, die

Weiterziehung der Beklagten sei, weil nicht rechtzeitig eingelegt unzuläßig, so ist dies unbegründet. Nach konstanter bundesrecht= licher Praxis ist der Anschluß an die Weiterziehung statthaft und die Weiterziehung der Beklagten ist daher selbst dann zuläßig, wenn sie nicht binnen der zwanzigtägigen Frist des Art. 29 O.=G. eingelegt worden sein sollte.

3. Die von der Bahngesellschaft in erster Linie aufgeworfene Einrede des Selbstverschuldens ist unbegründet. Die Ursache des Sturzes des Klägers ist nicht ermittelt und es ist nicht richtig, daß ohne eigenes Verschulden der Kläger überhaupt gar nicht habe stürzen können. Der Sturz kann vielmehr, insbesondere wenn der Kläger auf den Schienen ging, sehr wohl durch irgend einen unglücklichen Zufall, wie durch Nässe oder Glätte einer Schienen= stelle verursachtes Ausglitschen u. drgl., ohne irgend welches Ver= schulden des Klägers verursacht sein. Das Gehen auf den Schienen aber wäre dem Kläger keinenfalls zum Verschulden anzurechnen, da ein Verbot dieser von den Bahnangestellten bekanntlich häufig geübten Praxis nicht nachgewiesen ist und übrigens in concreto die Arbeiter zufolge der Enge des Zwischenraumes zwischen den Geleisen mehr oder weniger darauf angewiesen waren, auf den Schienen zu gehen.

4. Ebensowenig aber kann hier davon gesprochen werden, daß der Unfall, wie der Kläger heute behauptet hat, durch grobe Fahrläßigkeit der Bahngesellschaft oder ihrer Leute verursacht sei und daher Art. 7 E.=H.=G. Anwendung finde. Zunächst hat, soweit ersichtlich, der Kläger vor den kantonalen Instanzen grobes Verschulden gar nicht behauptet und eine Entschädigung lediglich für den ihm verursachten ökonomischen Schaden ver= langt. Sodann aber ist zwar richtig, daß der Unfall wäre ver= mieden worden, wenn die Brücke mit einer Einfriedigung versehen gewesen wäre und daß die Einfriedigung sämmtlicher Brücken als eine wünschenswerthe Sicherungsmaßregel erscheint. Allein eine grobe Fahrläßigkeit kann in dem Mangel einer Einfriedi= gung hier doch sicher nicht erblickt werden. Die Brücke befindet sich nicht im Gebiete eines Bahnhofes, sondern auf offener Linie; sie wird demnach regelmäßig nicht zu Manövern u. drgl. benutzt, sondern muß nur vom Bahnpersonal hie und da begangen

werden; dieses kann sie aber, auch ohne Einfriebigung, in aller Regel ohne irgend welche Gefahr begehen. Auch in der Anordnung daß der Bahndienstwagen über die Brücke nach Hergiswyl zu schieben sei, liegt eine grobe Fahrläßigkeit nicht. Es kann hievon um so weniger gesprochen werden, als diese Arbeit nicht etwa die unausgesetzte Kraftanstrengung der drei damit beschäftigten Arbeiter erforderte, sondern sehr wohl auch von bloß zwei Männern bewältigt werden konnte. Die Arbeiter waren daher nicht genöthigt, fortwährend, auch auf geländerlosen Brücken, alle drei nebeneinander an dem Wagen zu stoßen, sondern konnten sehr wohl sich zeitweise ablösen; sie waren also nicht genöthigt, sich beim Ueberschreiten von Brücken einer Gefahr auszusetzen.

5. Ist somit die Entschädigung lediglich auf Grund des Art. 5 E.=H.=G. zu bemessen, so ist rücksichtlich des Quantitativs derselben die zweitinstanzliche Entscheidung einfach zu bestätigen. Die Vorinstanz nimmt an, daß der Kläger durch den Unfall circa einen Fünftheil seiner bisherigen Arbeitsfähigkeit dauernd eingebüßt habe. Diese Annahme erscheint nicht als rechtsirrthümlich und geht jedenfalls. angesichts des gerichtlichen Sachverständigengutachtens, weit genug. Man könnte sich angesichts dieses Gutachtens sogar fragen, ob hier von einer dauernden Erwerbsbeschränkung überhaupt die Rede sein könne, ob nicht vielmehr die Beschränkung nach einiger Zeit bei passendem Verhalten des Verletzten sich verlieren werde. Allein es ist nun doch gemäß den Ausführungen der Vorinstanz anzunehmen, daß eine dauernde Beschränkung der Arbeitsfähigkeit insoweit festgestellt sei, als der Verletzte, wenn auch zur Zeit völlig hergestellt, doch vorsichtshalber, um nicht Rückfällen ausgesetzt zu sein, besonders anstrengende und leicht zu Unfällen Anlaß gebende Arbeiten besser vermeidet. Dem Verletzten entsteht demnach ein jährlicher dauernder Einkommensausfall von circa 216 Fr. Dazu kommt, daß er während längerer Zeit offenbar gänzlich arbeitsunfähig war, also für diese Zeit seinen ganzen Erwerb verlor. Wird dieses letztere Moment mit in Berücksichtigung gezogen, so erscheint die zweitinstanzlich gesprochene Entschädigung als wenn auch reichlich bemessen, so doch nicht zu hoch. Dagegen ist mit derselben der durch den Unfall dem Kläger entstandene Schaden jedenfalls

vollständig ausgeglichen und ist ein Vorbehalt im Sinne des Art. 6 E.-H.-G. daher nicht zu machen. Wenn der Kläger darauf hingewiesen hat, daß in Folge seiner Dienstentlassung auch seine Frau ihren Verdienst als Barrierenwärterin einge- büßt habe, so ist klar, daß hierauf überall nichts ankommen kann. Die Bahngesellschaft war ja natürlich berechtigt, der Frau des Klägers ihre Stellung vertragsgemäß zu kündigen und haftet, wenn sie dies gethan hat, nicht auf Schadenersatz. Wenn die Beklagte ihrerseits behauptet hat, der Kläger habe durch seine Weigerung, sich in die Behandlung des Dr. Collon zu begeben, seine Heilung selbst vereitelt, so kann hierauf schon deßhalb nichts ankommen, weil gar nicht feststeht, daß eine neue elektrische Kur von irgend welchem Einfluß auf das Befinden des Klägers ge- wesen wäre, übrigens könnte die Weigerung des Klägers, sich einer solchen Kur zu unterziehen, da über deren Zweckmäßigkeit offenbar verschiedene Ansichten möglich waren, auch nicht als eine schuldhafte Handlung bezeichnet werden.

Demnach hat das Bundesgericht
erkannt:

Die Weiterziehung beider Parteien wird als unbegründet abge- wiesen und es hat demnach in allen Theilen bei dem angefochtenen Urtheile des Obergerichtes des Kantons Unterwalden ob dem Wald sein Bewenden.

VI. Fabrik- und Handelsmarken.
Marques de fabrique.

53. *Arrêt du 22 Janvier 1892 dans la cause Schœffer contre Brandt et fils.*

Par jugement des 6/29 Octobre 1891, communiqué au recourant le 12 Décembre suivant, le tribunal cantonal de Neuchâtel, prononçant en la cause pendante entre parties, a débouté le sieur P. Schœffer des conclusions de sa demande.

Par acte du 15 Décembre 1891, Paul Schæffer a déclaré recourir au Tribunal fédéral contre ce jugement.

A l'audience de ce jour, les deux parties ont déclaré reprendre les conclusions qu'elles avaient formulées devant les premiers juges, et reproduites ci-après.

Statuant et considérant :

En fait :

1° Le 26 Septembre 1887, Paul-Léon Schæffer, fabricant d'horlogerie à la Chaux-de-Fonds, a fait à Berne, au Bureau fédéral des marques de fabrique et de commerce, le dépôt d'une marque destinée à figurer sur des boîtes de montres ; cette marque, enregistrée sous N° 2053, a été rendue publique dans le N° 93 de la *Feuille officielle du Commerce* du 5 Octobre 1887, à page 772 ; elle consiste dans la reproduction frappée, et adaptée en relief, sur les boîtes de montre, de la Tour Eiffel.

P. Schæffer, ayant appris qu'il se vend des montres, sur la boîte desquelles est reproduite la Tour Eiffel, et que la maison L. Brandt et fils à Bienne est l'auteur ou l'un des auteurs de cette reproduction, a fait saisir, le 2 Juillet 1890, ensuite d'ordonnance du président du tribunal de la Chaux-de-Fonds du 30 Juin précédent, une douzaine de montres similaires à celles de P. Schæffer, vendues le 6 Juin 1890 par la maison Brandt et fils à la maison Picard & Cie à la Chaux-de-Fonds pour le prix de 9 fr. 75 c. la pièce. Il résulte, en outre, des pièces du dossier, qu'en 1889 et 1890, la maison L. Brandt et fils a fabriqué 486 montres, avec le fond frappé Tour Eiffel, et la marque « Jura » sur le mouvement.

Sous date du 21 Juillet 1890, Paul Schæffer a ouvert à la maison L. Brandt et fils, devant le tribunal civil de la Chaux-de-Fonds, une action concluant à ce qu'il lui plaise condamner la dite maison à reconnaître :

1° Qu'en apposant ou faisant apposer sur les produits de sa fabrication la marque Tour Eiffel, elle a usurpé et contrefait, avec intention dolosive, la marque du demandeur, enregistrée et publiée suivant la loi.

2° Qu'en vendant, mettant en vente et en circulation ses

produits revêtus de la marque du demandeur, elle a porté atteinte à la propriété de ce dernier.

3º Qu'elle doit payer à Paul Schæffer, demandeur, à titre d'indemnité, pour réparation du préjudice causé jusqu'à ce jour par les faits ci-dessus d'usurpation et de contrefaçon et par le fait d'une concurrence déloyale, la somme de 5000 fr. ou telle autre somme à connaissance du juge avec les intérêts à 5 %, l'an dès le jour de l'introduction de l'instance.

4º Interdire à la maison L. Brandt et fils de faire, dès ce jour et à l'avenir, usage des poinçons et autres outils destinés aux actes d'usurpation et de contrefaçon de la marque de Paul Schæffer, ainsi que de vendre ou de faire vendre, par eux-mêmes ou par autrui, les produits de leur fabrication revêtus de la marque usurpée ou contrefaite, et ce sous les peines prévues par la loi, ainsi que sous peine de tous dommages-intérêts ultérieurs.

5º Prononcer la destruction des marques illicites et des outils et instruments destinés à la contrefaçon, et à la confiscation des montres saisies à compte des dommages-intérêts.

6º Ordonner que le jugement sera publié en tout ou en partie, aux frais de la maison défenderesse, dans tels journaux que désignera le tribunal.

Dans leur réponse, Brandt & Cⁱᵉ, estimant que la Tour Eiffel enregistrée par Schæffer ne peut constituer une marque de fabrique dans le sens de la loi fédérale du 19 Décembre 1879, et que dès lors les défendeurs n'ont ni usurpé ni cherché à contrefaire avec intention dolosive la marque de Paul Schæffer, ont conclu à ce qu'il plaise au tribunal débouter ce dernier des conclusions de sa demande, et subsidiairement donner acte à P. Schæffer de la déclaration de L. Brandt et fils, énoncée dans la réponse, et par laquelle cette maison s'engage à ne plus faire frapper sur aucun de ses fonds de boîte la Tour Eiffel.

Dans son jugement des 6 et 29 Octobre 1891, le tribunal cantonal de Neuchâtel a, ainsi qu'il a été dit, écarté les conclusions de la demande. Cette sentence est motivée comme suit :

Le certificat d'enregistrement de la marque de Paul Schæffer, représentant une vue de la Tour Eiffel, porte simplement que cette marque est destinée à figurer sur « boîtes de montres » sans autre explication. La Tour Eiffel dans la montre de Paul Schæffer est en relief et rapportée, en métal doré, à l'extérieur de la boîte, sur fond poli, et dans la montre de L. Brandt et fils, elle est frappée sur fond azuré et entourée de rayons de soleil. Il est d'un usage constant en horlogerie de faire figurer la marque de fabrique sur le mouvement même ou sur le cadran, ou dans l'intérieur de la boîte, mais jamais à l'extérieur. Le dessin de grande dimension remplisant toute la largeur du fond à l'extérieur de la boîte ne peut pas être envisagée comme constituant une marque de fabrique dans l'esprit de la loi et ne peut être considéré que comme ornement ou décor de la boîte.

C'est ensuite de ce jugement et du recours du sieur Schæffer que les parties ont conclu comme il est dit plus haut.

En droit :

2° La seule question que fasse surgir l'espèce est celle de savoir si le dépôt, à titre de marque, par le demandeur, du motif de la Tour Eiffel, destiné à être appliqué sur des boîtes de montre, peut être considéré comme conférant au sieur Schæffer un droit d'appropriation privative du dit motif, exclusif de l'emploi qu'en voudrait faire des tiers, en d'autres termes, si cet élément figuratif apparaît comme une marque de fabrique dans le sens de la loi fédérale du 19 Décembre 1879 sur la matière, applicable au litige actuel.

3° L'art. 2 de cette loi ne considère comme marques de fabrique ou de commerce que les raisons de commerce et les signes figurant, en remplacement de celle-ci, sur les produits ou marchandises, afin de les distinguer et d'en constater la provenance.

Il résulte de cette définition même que la marque de fabrique ne doit avoir, pour le produit sur lequel elle est apposée ou insculpée, d'autre rôle que celui de le différencier, de le distinguer suffisamment des produits similaires, de manière à

ce que le public puisse se rendre compte de son origine d'une
manière certaine et authentique. La marque de fabrique ne
doit pas sortir de ce rôle pour revêtir une importance tech-
nique, telle que la fonction d'ornement par exemple, puisque
le droit à son usage exclusif ne confère au déposant que le
monopole de sa force opérante comme signe distinctif.

La marque de fabrique peut sans doute présenter un
caractère esthétique, mais elle ne saurait être employée dans
le but de communiquer à la marchandise ou au produit une
valeur esthétique ou commerciale, sinon le déposant de la
marque s'approprierait ainsi également le monopole de la
transformation esthétique du produit, ce qui ne peut faire
l'objet de la protection des marques de fabrique, mais seulement de celle attribuée par la loi aux dessins et modèles
(voir Kohler, *Das Recht des Markenschutzes*, pages 159 et
161).

4° Or il est bien certain que si l'on applique ces principes
au litige actuel, le motif de la Tour Eiffel, déposé par le
recourant au Bureau fédéral, comme destiné à figurer sur
boîtes de montres, ne saurait être considéré comme une
marque de fabrique dans le sens de la loi, et propre à bénéficier de la protection qu'elle assure. Il saute aux yeux, en
effet, que l'application, sur toute la largeur de la boîte des
montres du demandeur, de l'estampage de la Tour Eiffel n'a
point pour but de documenter la provenance de cette marchandise, mais qu'elle apparaît au premier chef comme un
dessin ou motif d'ornement destiné à en rehausser la valeur
esthétique. Le demandeur lui-même, dans sa correspondance,
ainsi que dans la convention conclue avec la maison Picard
& Cⁱᵉ, désigne d'ailleurs ce motif sous la dénomination de
dessin et non point de marque de fabrique. A cela s'ajoute la
circonstance que la prétendue marque de fabrique de
P. Schæffer ne figure point, conformément à l'usage universel
de l'horlogerie, sur le mouvement ou, tout au moins, à l'intérieur de la montre ou sur le cadran, mais à l'extérieur de la
boîte.

5° Il suit de ce qui précède que le motif dont il s'agit se

caractérise, par son mode d'emploi, non point comme une marque de fabrique, mais comme un ornement ou décor, lequel ne saurait bénéficier de l'appropriation privative garantie par la loi fédérale du 19 Décembre 1879. Il est, dans cette situation, superflu d'examiner si le motif semblable que la maison Brandt et fils a fait frapper sur un certain nombre de ses montres, se différencie suffisamment de la Tour Eiffel employée par le demandeur, pour exclure le fait d'imitation illicite. Il convient toutefois de relever que la maison Brandt et fils était loin d'envisager comme illicite et comme impliquant une contrefaçon dolosive, l'usage de la Tour Eiffel sur ses produits, puisqu'il est établi qu'elle a fait munir toutes les montres prétendues imitées de sa marque de fabrique « Jura », laquelle figure, sans exception, sur leur mouvement.

En estimant, dès lors, que l'usage de la Tour Eiffel par la défenderesse n'impliquait pas, dans les circonstances de la cause, une atteinte portée à un droit, à une marque de fabrique protégée par la loi, le jugement dont est recours a sainement interprété les dispositions légales applicables à l'espèce.

Par ces motifs,

Le Tribunal fédéral

prononce :

Le recours est écarté et le jugement rendu entre parties, les 6/29 Octobre 1891, par le Tribunal cantonal de Neuchâtel, est maintenu tant au fond que sur les dépens.

VII. Obligationenrecht. — Droit des obligations.

54. *Arrêt du 23 Janvier 1892*
dans la cause Union vaudoise du Crédit contre Garcin.

Au début de sa plaidoirie, l'avocat Dubois présente, au nom de sa cliente, les conclusions subsidiaires dont suit la teneur :

« L'Union vaudoise ayant été reconnue créancière par le liquidateur de la discussion de Tony Garcin de 26 436 fr. 50 c. pour capital et accessoires, au 26 Novembre 1889, de la cédule du 1er Janvier 1885, — et le liquidateur ayant imputé lui-même, sur cette somme totale, le produit de la police d'assurance par 12 776 fr. 40 c. — la recourante conclut, subsidiairement à sa conclusion principale, à ce que la somme de 12 776 fr. 40 c. demeure imputée sur les deux parties de sa créance, dont l'une est contestée par 10 000 francs et l'autre admise par 16 436 fr. 50 c. — cette imputation devant se répartir au prorata de ces deux derniers chiffres.

» L'imputation proposée donnerait :
1° sur la partie de la créance contestée. . . Fr.   4 830 —
2°   »   »   non contestée   »   7 946 40

Somme égale au produit du gage . . . . . . Fr. 12 776 40

» L'Union vaudoise offre en conséquence aux frères Garcin, subsidiairement, de réduire d'une somme de 7946 fr. 40 c., déjà payée par la réalisation du gage, la somme de 15 390 fr. 68 c., indiquée par les frères Garcin eux-mêmes, en demande, comme formant le solde de compte redû par eux au 31 Décembre 1889. Intérêts dès lors étant réservés. »

Par jugement du 19 Novembre 1891, la Cour civile du canton de Vaud a prononcé ce qui suit dans le litige pendant entre parties :

La Cour admet les conclusions des demandeurs, repousse les conclusions libératoires de la défenderesse et condamne cette dernière aux dépens. Il est donné acte à la défenderesse de l'offre faite par les demandeurs. C'est contre ce jugement que l'Union vaudoise recourt au Tribunal fédéral, reprenant ses conclusions libératoires, en leur ajoutant les conclusions subsidiaires transcrites ci-dessus.

Statuant et considérant :

En fait :

1° Le 1er Janvier 1885, feu Antoine Garcin, père des demandeurs, en son vivant chapelier à Lausanne, a souscrit en faveur de l'Union vaudoise du Crédit une cédule du capital de 22 848 fr. 75 c., cautionnée solidairement par ses fils Robert et Charles Garcin, demandeurs. Cette cédule était souscrite à titre de remboursement de diverses créances dont l'Union vaudoise déclarait donner quittance au débiteur. Parmi ces créances figurait entre autres un compte courant de 16 573 fr. 85 c., au 15 Juin 1884, réduit, du consentement de l'Union vaudoise du Crédit, à 10 000 francs et sur lequel celle-ci déclarait ne pas réclamer d'intérêt.

Antoine Garcin étant décédé à Lausanne le 20 Décembre 1888, la succession a été répudiée par ses enfants et soumise à discussion.

Dans la discussion des biens du défunt Garcin, l'Union vaudoise du Crédit a été reconnue créancière de l'entier de la cédule du 1er Janvier 1885, avec privilège sur une police de 500 livres sterling souscrite par Antoine Garcin à la société « l'Union de Londres » et remise par lui en nantissement à l'Union vaudoise du Crédit, lors de la création de la cédule.

L'Union vaudoise du Crédit a reçu divers acomptes, entre autres une somme de 12 865 fr. 90 c. touchée ensuite du décès d'Antoine Garcin et représentant la valeur de la police par lui souscrite à « l'Union de Londres. »

L'Union vaudoise du Crédit étant restée à découvert de la somme de 12 661 fr. 54 c. sur la cédule souscrite en sa faveur, elle a réclamé aux demandeurs ce solde, et ceux-ci ont répondu qu'ils estimaient n'être pas responsables de la partie de ce solde qui, à leur dire, provient de dettes de jeu faites par leur père.

C'est alors que les frères Garcin ont introduit devant la Cour civile du canton de Vaud une action concluant à ce qu'il lui plaise prononcer que moyennant le solde de 2661 fr. 54 c. avec intérêts légaux dès le 31 Janvier 1891, les demandeurs sont libérés du cautionnement solidaire qu'ils ont signé en faveur de leur père au pied de la cédule du 1er Janvier 1885. L'Union vaudoise du Crédit, sans contester le chiffre des acomptes payés et intérêts, s'est refusée à la déduction de 10 000 francs comme dette de jeu.

Par jugement du 19 Novembre 1891, la Cour civile a statué ainsi qu'il est dit plus haut. Ce jugement repose, en substance, sur les motifs suivants :

Les opérations qui ont abouti au compte courant arrêté entre la défenderesse et feu Antoine Garcin, et réduit à 10 000 francs, n'avaient d'autre but que de spéculer sur les différences. Les 10 000 francs, actuellement litigieux, constituent donc bien une dette de jeu, entachée de nullité par les art. 512 et suivants du Code des obligations.

L'exception de novation ne peut être opposée aux demandeurs, puisqu'il n'a pas été établi qu'ils aient su que la cédule cautionnée par eux provenait en partie d'une ancienne dette de jeu. En présence des art. 512 et 518 C. O., la reconnaissance du 1er Janvier 1885 n'a aucune force légale pour autant qu'elle a été souscrite comme couverture d'une ancienne dette de jeu. On ne saurait davantage régulariser cette dette de jeu en envisageant la cédule du 1er Janvier 1885 comme une transaction sur ce point. Aucune contestation ne s'était en effet élevée entre parties au sujet de la validité de la dette d'Antoine Garcin, et, au surplus, une transaction sur une dette de jeu ne saurait être invoquée en présence des principes posés par les art. 17, 502 et suivants du Code des obligations. C'est à tort aussi que la défenderesse voudrait imputer sur la dette de 10 000 francs les 12 865 fr. 90 c. provenant de la police d'assurance réalisée, aucune imputation ne pouvant être faite sur une dette qui ne donne pas d'action en justice ; donc les acomptes reçus doivent être imputés uniquement sur la partie valable de la cédule. Il ne s'agit pas, du reste, du paiement volontaire d'une dette de jeu par les demandeurs.

C'est ce jugement que l'Union vaudoise du Crédit a porté, par voie de recours, devant le Tribunal de céans.

En droit :

1° Dans sa plaidoirie de ce jour, le conseil de la recourante n'a plus sérieusement contesté, mais a au contraire reconnu que le premier poste, du montant originaire de 16 573 fr. 85 c., solde débiteur du compte courant de A. Garcin à l'Union vaudoise du Crédit, et réduit du consentement de cette dernière à 10 000 francs sans intérêt, a pour origine une dette de jeu, soit, ainsi que le constate le jugement cantonal, des opérations qui n'avaient d'autre but que de spéculer sur les différences, les parties n'ayant jamais eu l'intention de livrer ni de lever les titres achetés par l'Union vaudoise au nom et pour le compte de son prédit client.

. Il en résulte qu'aux termes des art. 512 et 513 rapprochés de l'art. 17 du Code des obligations, le poste de 10 000 francs en question ne pouvait conférer aucun droit d'action à la recourante ni, par conséquent, donner lieu à une novation ou à une transaction valable, et que la clause insérée sous chiffre 2° de la cédule du 1er Janvier 1885, portant que les versements acompte du capital seront tout d'abord imputés au remboursement de ces dix mille francs, doit être considérée comme n'engendrant pas davantage un droit d'action. Il en résulte, en outre, que le débiteur Antoine Garcin eût été en droit, de son vivant, malgré la clause susvisée, de s'opposer à l'imputation de ses paiements sur la dite somme, à moins qu'il ne les eût volontairement effectués dans l'intention d'éteindre la dette de jeu (C. O., art. 514).

2° Or ce paiement volontaire n'a, ainsi que le constate le jugement cantonal, pas eu lieu de la part du débiteur principal. Il s'ensuit que la nullité prononcée par les art. 512 et 513 C. O. précités n'est pas couverte, en l'espèce, et que les cautions ont, aux termes de l'art. 505 du même Code, le droit d'opposer à l'Union vaudoise toutes les exceptions qui appar-

tenaient au débiteur principal, et par conséquent l'exception
de jeu, en ce qui a trait à la partie de la cédule frappée de
nullité. Un paiement valable de la dite dette de jeu, par imputation du produit de la police sur le poste de 10 000 francs
n'eût pu être effectué, après l'ouverture de la faillite, que
moyennant le consentement des cautions. Or, il n'est, ainsi
que le constate le jugement cantonal, point établi à satisfaction de droit que les cautions aient connu, au moment où
elles se sont engagées, le vice entachant une partie de la
cédule du 1er Janvier 1885, et elles se sont évidemment
obligées dans la pensée qu'en cas de décès de leur père, le
montant réalisé de la police ne devrait être appliqué qu'à
l'extinction d'une dette valable. Il en résulte qu'elles ne peuvent être considérées comme ayant consenti à ce qu'une portion quelconque du produit de la police d'assurance payée
par l'Union de Londres soit imputée sur le solde de 10 000
francs provenant de la dette de jeu.

C'est dès lors avec raison que la Cour cantonale, accueil-
lant l'exception de jeu invoquée par les demandeurs jusqu'à
concurrence des 10 000 francs contestés, a prononcé leur
libération, moyennant le paiement du solde de 2661 fr. 54 c.
avec intérêts légaux dès le 31 Janvier 1891, de l'entier du
cautionnement solidaire qu'ils ont consenti en faveur de leur
défunt père.

3° Dès le moment où, ainsi qu'il a été dit, aucune imputation de paiement ne pouvant avoir lieu sur le poste de
10 000 francs provenant d'opérations de jeu, il ne saurait
être entré en matière sur les conclusions subsidiaires formulées par la recourante à l'audience de ce jour.

Par ces motifs,

Le Tribunal fédéral

prononce :

Le recours est écarté et le jugement rendu entre parties
par la Cour civile du canton de Vaud, le 26 Novembre 1891,
est maintenu tant au fond que sur les dépens.

55. Arrêt du 29 Janvier 1892 dans la cause Barraud contre commune de Mathod.

L'avocat Paschoud a contesté, en première ligne, au sieur Barraud, qui n'avait pas recouru dans le délai de l'art. 30 de la loi sur l'organisation judiciaire fédérale, le droit de le faire par voie d'adhésion au recours interjeté par la commune de Mathod.

Par jugement du 19 Novembre 1891, la Cour civile du canton de Vaud, statuant sur la demande civile en dommages-intérêts dirigée par Henri Barraud, à Villars-Tiercelin, contre la commune de Mathod et contre Benjamin Décoppet, à Suscévaz, a prononcé comme suit :

« La Cour écarte les conclusions prises par Barraud contre
» B. Décoppet ; elle admet, par contre, les conclusions prises
» en demande contre la commune de Mathod, tout en les
» réduisant à la somme de deux mille cinq cents francs avec
» intérêt au 5 % dès le 11 Mars 1891. »

C'est contre ce jugement que la commnne de Mathod a recouru, le 7 Décembre 1891, au Tribunal fédéral, reprenant ses conclusions libératoires de la réponse, et demandant subsidiairement une réduction de l'indemnité à laquelle elle a été condamnée.

Par lettre du 18 Janvier 1892, le sieur Barraud a déclaré se joindre, par voie d'adhésion, au recours interjeté par la commune de Mathod, et reprendre ses conclusions primitives formulées devant la Cour civile du canton de Vaud.

Statuant en la cause et considérant :
En fait :

1° Henri Barraud est né le 11 Mai 1872 ; jusqu'à sa première communion, soit jusqu'au printemps 1888, la commune de Villars-Tiercelin, dont il est ressortissant, a payé sa pension et ne s'est plus occupée de lui dès lors.

Après avoir occupé diverses places de domestique, Barraud

entra en Février 1890 chez les frères Louis et Alphonse Décoppet, à Suscévaz, qui le recueillirent par pitié.

A partir de Mai de la même année, ils lui ont donné, outre son entretien, un salaire de 5 francs par mois, l'engageant comme domestique.

Le 3 Octobre 1890, Barraud, dont les services ont été loués à cet effet par ses maîtres, a travaillé à la machine à battre de Mathod pour le compte de Benjamin Décoppet, à Suscévaz; cette machine est la propriété de la commune, qui se charge du battage pour les particuliers, moyennant une finance déterminée; la direction et la surveillance de la dite machine sont exercées par un employé au service de la commune, lequel est entre autres chargé d'introduire les épis dans la batteuse. Cet employé, appelé engreneur, est payé par la commune, dont la caisse perçoit la finance de battage.

Le dit 3 Octobre 1890, l'engreneur communal Charles-François Marendaz dirigeait et surveillait la manœuvre, il engrenait comme d'habitude. C'est Adolphe Décoppet, fils majeur de Benjamin, qui a conduit en lieu et place de son père empêché, les ouvriers à la machine à battre de Mathod et qui leur a réparti leurs fonctions; Barraud devait délier les gerbes et les porter sur la table, à portée du « dégrenilleur », qui à son tour devait les transmettre à l'engreneur; la machine est mue par l'eau.

La place où Barraud devait exécuter son travail se trouvait à un peu moins de trois mètres de l'orifice de la machine, dont Barraud était séparé par le dégrenilleur Paul Décoppet et par l'engreneur Marendaz.

Le travail commença le 3 Octobre de grand matin; à 4 $^{1}/_{2}$ heures il a été distribué aux batteurs, suivant l'usage, une certaine quantité d'eau-de-vie; il en a été de même vers cinq heures et demi; Barraud en a bu chaque fois un petit verre, et il est constaté qu'il n'était pas ivre.

Vers 8 heures et demie du matin, les diverses personnes qui travaillaient à la machine à battre ont mangé du pain et bu du cidre non fermenté. Peu après, Barraud quitta sa place à l'extrémité de la table et se rendit vers l'orifice de la machine. Il a introduit de la paille dans l'entonnoir et a laissé prendre son bras droit par les cylindres batteurs.

Il résulte du témoignage de l'engreneur Marendaz, entendu le 13 Octobre 1890 par le juge de paix du cercle de Champvent, que l'accident s'est produit dans les circonstances ci-après :

« Nous venions de prendre le pain : chaque ouvrier reprenait son poste pour continuer le battage. Barraud était occupé à délier les gerbes et à les placer sur la table ; pendant que je mettais l'eau sur la roue, Barraud s'est occupé à engrener, et comme il ne connaissait pas ce genre de travail, il s'est laissé prendre le bras. Je n'étais pas encore à ma place que j'entendis Barraud pousser un grand cri ; je courus aussitôt détourner l'eau pour arrêter le battoir ; il était trop tard : l'avant-bras droit de Barraud était broyé presque jusqu'au coude. »

Barraud, transporté à l'infirmerie d'Orbe, y a subi l'amputation du bras droit au-dessous du coude.

La veille de l'accident, Louis Décoppet, le patron de Barraud, lui avait rappelé les dangers que présentent les machines à battre et lui avait recommandé d'y prendre garde le lendemain. Barraud avait, d'ailleurs, déjà travaillé une fois à cette machine.

Le 8 Novembre 1890, Barraud est rentré au service de ses anciens patrons, et il en fut retiré plus tard.

Quel que soit le particulier qui fasse usage de la machine, « l'engreneur » doit être présent, diriger et surveiller la manœuvre et engrener seul. C.-F. Marendaz est « engreneur » communal à Mathod depuis quinze ans.

Ensuite de l'accident du 3 Octobre 1890, le juge de paix du cercle de Champvent a instruit une enquête pénale au cours de laquelle Barraud a déclaré que le dit accident n'était dû qu'à sa propre imprudence, et cette enquête a abouti à une ordonnance de non-lieu.

De son côté, le préfet du district d'Yverdon a instruit une enquête administrative de laquelle il résulte que la machine à battre de Mathod était en règle le 3 Octobre 1890, mais

que l'accident survenu ce jour-là provient du fait que les
« engreneurs » ayant trouvé que l'entonnoir de sûreté les
gênait, l'avaient presque entièrement enlevé.

L'expert Paillard, chargé d'examiner la machine à battre
de Mathod, a constaté que l'entonnoir de sûreté exigé par
l'arrêté du Conseil d'Etat de Vaud du 23 Octobre 1866 était
beaucoup trop court et devait être allongé d'au moins 20 centimètres. Ensuite de cette constatation, le préfet du district
d'Yverdon a condamné la commune de Mathod à une amende
de 50 francs pour avoir contrevenu à l'article 7 a du prédit
arrêté, en négligeant de veiller au bon état d'entretien de sa
machine à battre.

L'expert désigné par la Cour civile et les personnes qui
ont assisté à l'accident ont exprimé l'opinion que si l'entonnoir
de sûreté, posé dès lors, et dont la longueur actuelle atteint
47 centimètres, avait existé le 3 Octobre 1890, l'accident
survenu à Barraud aurait pu avoir lieu malgré cela, mais moins
facilement cependant.

Après l'accident, un tuteur fut donné à Barraud. C'est à la
suite de ces faits que celui-ci, par l'organe de son tuteur, a
introduit une demande en dommages-intérêts devant la Cour
civile du canton de Vaud, concluant à ce qu'il lui plaise prononcer par sentence avec dépens contre la commune et contre Benjamin Décoppet, à Suscévaz, qu'ils sont ses débiteurs
solidaires et doivent lui faire prompt paiement de la somme
de 10 000 francs, à titre de dommages-intérêts, avec intérêt
au 5 % dès le 11 Mars 1891.

A l'appui de cette conclusion, le demandeur invoque, en
substance, les considérations suivantes :

La commune de Mathod est responsable de l'état défectueux dans lequel se trouvait sa machine, dépourvue, entre
autres, d'un entonnoir de sûreté suffisant pour empêcher la
main de l'engreneur d'atteindre le cylindre batteur. La contravention commise par la commune a déjà fait l'objet d'une
répression administrative. La défenderesse doit au demandeur une réparation civile en vertu des principes généraux
du droit (art. 50 C. O.); le rapport de cause à effet entre la

faute commise par la commune, propriétaire de la machine, et le dommage causé à Barraud est d'ailleurs évident et incontestable.

La responsabilité de Benjamin Décoppet, le patron de Barraud, n'est pas moins évidente; il a conduit le demandeur à la machine à battre et lui a donné l'ordre d'aider l'engreneur; il l'a laissé seul dans le local renfermant l'appareil batteur, sans prendre aucune précaution. Décoppet est en outre responsable comme locataire de la machine à battre. Enfin la commune de Mathod et B. Décoppet sont responsables de l'accident, comme patrons de l'engreneur Marendaz, aux termes de l'art. 62 C. O.

Dans sa réponse, la commune de Mathod conclut à libération des fins de la demande.

Elle estime que l'accident est dû à la faute de Barraud seul, qui l'avoue d'ailleurs lui-même; elle déclare avoir pourvu suffisamment à la sécurité des particuliers qui utilisent sa machine à battre, en chargeant de l'engrenage trois fonctionnaires spéciaux; c'est là une garantie plus sérieuse que la simple planche dont se compose l'appareil de sûreté appelé entonnoir.

Par écriture du 22 Juin 1891, B. Décoppet conclut également à libération, et subsidiairement à ce qu'il soit prononcé que sa codéfenderesse, la commune de Mathod, est condamnée à lui rembourser en capital, intérêt et frais toutes sommes qu'il serait condamné lui-même à payer à Henri Barraud. B. Décoppet conteste avoir encouru une responsabilité quelconque, soit au point de vue de l'arrêté cantonal du 23 Octobre 1866, soit aux termes de l'article 60 C. O. B. Décoppet n'a jamais ordonné à Barraud d'aider l'engreneur, et Barraud ne s'est jamais trouvé seul dans le local de la machine. Enfin, en ce qui concerne la responsabilité que le demandeur veut déduire de l'article 62 C. O., soit d'une faute commise par l'engreneur Marendaz, il suffit de répondre que Marendaz n'était pas l'employé, ni l'ouvrier de Décoppet. L'accident, d'ailleurs, n'est imputable qu'à la victime elle-même.

Prononçant sur le litige, la Cour civile a statué ainsi qu'il a

été dit plus haut, par les motifs qui peuvent être résumés
comme suit :

Aux termes de l'arrêté du 23 Octobre 1866, toute machine
à battre doit être pourvue d'un entonnoir de sûreté; elle doit
être conduite de manière à préserver autant que possible les
ouvriers employés à son maniement. Les propriétaires de ces
machines doivent veiller au maintien des entonnoirs de sûreté et faire diriger leurs machines par un homme habitué à
ce genre de travail; les propriétaires et locataires des machines à battre sont responsables de l'exécution du prédit
arrêté, selon que l'exploitation est le fait du propriétaire ou
d'un locataire dûment reconnu.

Dans l'espèce, la commune de Mathod, propriétaire de la
machine, l'exploitait elle-même moyennant finance et par les
soins d'un « engreneur » payé par elle. Les particuliers ne
sont donc pas responsables des défectuosités de la machine
en question. La convention passée entre B. Décoppet et la
commune de Mathod constitue non un bail, mais un contrat
de louage d'ouvrage. Il en résulte que B. Décoppet ne peut
être rendu responsable de l'accident à teneur de l'art. 9 de
l'arrêté du 23 Octobre 1866. Décoppet n'a d'ailleurs commis
aucune faute en employant Barraud, le 3 Octobre 1890, au
poste et au travail, sans danger, qui lui avaient été confiés;
il n'a commis, au reste, aucune faute, imprudence ou négligence de nature à engager sa responsabilité aux termes des
articles 50 et suivants C. O.

L'entonnoir de sûreté était, aux termes du rapport de l'expert, insuffisant pour protéger efficacement les personnes
occupées au battage; en outre il avait été enlevé presque
complètement par les engreneurs, qu'il gênait. La contravention commise par la commune a, tout au moins, contribué à
l'accident dont Barraud a été la victime; en ne vérifiant pas
l'état de sa machine à battre et en ne faisant pas rétablir
l'entonnoir de sûreté, elle a commis une faute et une négligence; elle est aussi responsable du fait de ses employés, qui
ont laissé subsister cet état de choses. Elle a causé ainsi sans
droit, par son imprudence et sa négligence, un dommage à
Barraud, et elle doit le réparer. D'un autre côté, en quittant

sa place et en introduisant de la paille dans la machine, travail qui ne lui incombait aucunement, Barraud a commis une
grave imprudence, d'autant plus impardonnable que la veille
de l'accident il avait été rendu attentif aux dangers que présentent ces machines. Cette faute toutefois, pas plus que son
aveu par son auteur, ne saurait mettre à néant la faute grave
signalée plus haut à la charge de la commune de Mathod. Il
y a donc lieu d'allouer à Barraud une indemnité, mais dimi-
nuée, dans le sens de l'art. 51 C. O.

En droit :

2° Le Tribunal fédéral n'a pas à se préoccuper de l'action
dirigée contre Benjamin Décoppet ; le demandeur Barraud a
succombé entièrement dans ses conclusions de ce chef, et il
a été condamné aux frais, sans qu'aucun recours au Tribunal
fédéral ait été interjeté contre cette partie du jugement de la
Cour civile. La commune de Mathod n'avait, de son côté, pris
aucune conclusion contre le prédit Décoppet ; le jugement de
la Cour cantonale est dès lors, en ce qui concerne ce dernier,
tombé en force de chose jugée.

3° La partie Décoppet étant ainsi entièrement hors de
cause, le procès ne continuait, ensuite du recours de la défenderesse, qu'entre celle-ci et le demandeur Barraud, lequel
était en droit de reprendre, par voie d'adhésion au recours
de sa partie adverse, ses conclusions primitives contre la
commune de Mathod. Ainsi, en effet, que le Tribunal de céans
l'a prononcé à différentes reprises, la loi fédérale sur l'organisation judiciaire n'exclut point un semblable procédé, admis
par le droit commun (voir Arrêts du Tribunal fédéral en les
causes époux Coray, *Recueil officiel* II, p. 166 ; Stacher contre Compagnie du chemin de fer National, *ibid.* VI, p. 156 ;
Felber contre Central, *ibid.* IX, 529 ; Christen contre France
industrielle, *ibid.* XII, p. 584). L'exception d'entrée de
cause, soulevée par la commune défenderesse à l'audience
de ce jour, ne saurait donc être accueillie.

4° Au fond, la commune de Mathod apparaît sans contredit
comme un maître ou patron dans le sens de l'art. 62 C. O. ;
l'industrie qu'elle exploite est celle du battage des grains, et
sa responsabilité en vertu du dit article, pour le dommage

causé par ses ouvriers ou employés dans l'accomplissement de leur travail, ne saurait être révoquée en doute.

En revanche, ni la loi sur la responsabilité civile des fabricants du 25 Juin 1881, ni celle du 26 Avril 1887 sur la même matière, ne sont applicables en la cause, puisqu'il ne s'agit pas, dans l'espèce, de l'exploitation d'une fabrique ou d'une des industries mentionnées à l'art. 1er de la loi de 1887 précitée.

L'arrêté du Conseil d'Etat de Vaud du 23 Octobre 1866 n'a pas davantage une importance décisive en la cause, puisque, en ce qui touche la question de la responsabilité civile, il se trouve abrogé par l'art. 881 C. O. La matière dont il s'agit se trouve en effet, de par l'entrée en vigueur du dit code, exclusivement régie par les dispositions de celui-ci, à l'exclusion des législations cantonales.

Le prédit arrêté conserve toutefois sa signification et sa force en ce qui concerne les mesures de protection ou de sécurité qu'il prescrit pour l'exploitation des machines à battre, et contre le danger inhérent à l'exploitation de ces engins ; c'est donc en vain que les propriétaires de ces machines, pour contester leur responsabilité en cas d'accident, tenteraient de s'abriter derrière leur ignorance de ces dispositions, qu'ils sont censés connaître et auxquelles ils sont tenus de se conformer.

5° L'accident dont le sieur Barraud a été la victime est dû en première ligne et essentiellement à sa propre imprudence, soit au fait que, sans en avoir reçu l'ordre d'aucune part, sans aucun motif raisonnable, et après avoir été rendu spécialement attentif au danger d'une semblable opération, il a, en profitant du moment où l'engreneur était empêché de le surveiller, volontairement introduit de la paille dans l'orifice de la machine en mouvement, alors que ce travail rentrait dans les attributions de l'engreneur seul, et que l'occupation confiée au demandeur, à près de trois mètres de l'endroit dangereux, ne comportait aucun péril quelconque.

Une pareille immixtion dans le travail réservé à l'engreneur était d'autant plus imprudente et inconsidérée qu'il est établi que Barraud avait déjà travaillé précédemment à la

machine à battre, qu'il en connaissait le danger, contre lequel
il avait, la veille encore, été particulièrement mis en garde.

6° La Cour cantonale constate, sur le vu des expertises
intervenues, que l'existence d'un entonnoir de sûreté conforme aux prescriptions de l'arrêté du 23 Octobre 1866 n'eût
pas absolument empêché l'accident de se produire, mais que
cette mesure de précaution eût pu le rendre plus difficile, et
qu'ainsi la contravention commise par la commune défenderesse a tout au moins contribué à l'accident dont il s'agit.
Même si cette constatation de fait ne liait pas le Tribunal de
céans aux termes de l'art. 30 de la loi sur l'organisation judiciaire fédérale, il y aurait lieu d'y souscrire, car il est évident
que la présence d'un entonnoir de sûreté de longueur suffisante devait avoir pour effet de retenir la main de l'engreneur à une distance assez considérable des cylindres de la
machine, pour faire disparaître presque tout danger pendant
l'opération de l'engrenage. C'est également avec raison que
les premiers juges ont estimé que l'absence de cette mesure
de sûreté constituait une défectuosité à laquelle il eût dû être
remédié, même abstraction faite des prescriptions impératives de l'arrêté de 1866 à cet égard.

7° La commune de Mathod ne saurait répudier sa responsabilité en prétendant que l'enlèvement presque total de l'entonnoir de sûreté a été une des causes de l'accident, mais
que ce fait doit être imputé à la faute exclusive de l'engreneur Marendaz. En effet, bien qu'il doive être reconnu que
l'enlèvement de cet entonnoir, d'ailleurs trop court pour remplir son but, doive être attribué à l'intervention arbitraire et
injustifiée du prédit employé, la commune défenderesse n'en
a pas moins à répondre des conséquences de cette imprudence, constituant une faute lourde, en rapport direct de
cause à effet avec le dommage causé au demandeur. Cette
responsabilité résulte, pour la commune de Mathod, aux termes de l'art. 62 C. O., de sa qualité de maître ou de patron
de l'engreneur Marendaz, et de personne morale exerçant
une industrie, à moins qu'elle ne justifie avoir pris toutes les
précautions nécessaires pour prévenir le dit dommage.

Or la défenderesse n'a point
et elle n'était pas en mesure (
pas exigé de son engreneur l'us
sûreté, dont l'enlèvement par c
causes de l'accident.

En revanche, c'est à tort que
la charge de la défenderesse un
sultant d'une prétendue insuffisan
l'engreneur eût dû exercer sur le
mentanée de Marendaz lors de l'acc.
fiée par les nécessités de son service

8° Il suit de tout ce qui précède que
bre 1890 doit être attribué à une co
dont les plus graves doivent être attribu
même, et dont une partie demeure à la c.
deresse, qui doit en subir les conséquences
touche la quotité de l'indemnité, et si l'on
dération, d'une part, l'âge du demandeur, son
la gravité de la lésion par lui soufferte, et, d'au
que l'accident a été causé en majeure partie p
faute, la somme de 2500 francs allouée au f
apparaît comme tenant un juste compte des circonstances, et
comme une compensation suffisante de la portion du dommage
attribuable aux agissements de la défenderesse, soit de son
employé.

Les recours doivent dès lors être écartés.

Par ces motifs,

Le Tribunal fédéral

prononce :

Les recours de la commune de Mathod et de Henri Barraud
sont écartés; le jugement rendu entre ces parties par la Cour
civile du canton de Vaud, le 19 Novembre 1891, est maintenu
tant au fond que sur les dépens.

56. Urtheil vom 27. Februar 1892 in Sachen Fankhauser gegen Käsereigesellschaft Gerbehof.

A. Durch Urtheil vom 27. November 1891 hat der Appellations- und Kassationshof des Kantons Bern erkannt:

Der Kläger Gottfried Fankhauser ist mit seinem Klagebegehren abgewiesen.

B. Gegen dieses Urtheil ergriff der Kläger die Weiterziehung an das Bundesgericht. Bei der heutigen Verhandlung beantragt sein Anwalt: Es sei in Abänderung des vorinstanzlichen Urtheils die Beklagte schuldig und zu verurtheilen, dem Kläger wegen Nichterfüllung eines zwischen Parteien am 12. Oktober 1889 abgeschlossenen Milchkaufvertrages angemessenen Schadenersatz zu leisten und es sei das Maß der bezüglichen Schadenersatzforderung des Klägers gerichtlich festzusetzen, alles unter Kostenfolge. Es beziffert die von ihm geforderte Entschädigungssumme auf 4000 Fr.

Der Anwalt der Beklagten trägt darauf an, es sei das angefochtene Urtheil in allen Theilen zu bestätigen.

Das Bundesgericht zieht in Erwägung:

1. Der Kläger verlangt von der beklagten Käsereigesellschaft Gerbehof Schadenersatz wegen Vertragsbruchs; er behauptet, er habe derselben durch mündlichen, am 12. Oktober 1889 abgeschlossenen Vertrag die Wintermilch für 1889/1890 und die Sommermilch für 1890 abgekauft. Die Beklagte habe aber die Haltung dieses Vertrages, zu dessen Erfüllung er seinerseits bereit gewesen sei, verweigert. In Bezug auf den Vertragsabschluß hat er in seiner Klageschrift behauptet: Bei einer Versammlung der Hüttengemeinde der beklagten Gesellschaft vom 12. Oktober 1889 sei ihm (nach vorangegangenen längeren Verhandlungen) durch den Sekretär der Gesellschaft folgender von dieser gefaßter Beschluß eröffnet worden, um sich über Annahme oder Ablehnung desselben auszusprechen: „Auf einen bezüglichen Antrag des Friedrich „Zürcher auf dem Gerbehof hat die Käsereigenossenschaft Gerbe-„hof beschlossen, dem Käser Fankhauser zu verkaufen: a. Die „Wintermilch um sein gethanes Angebot von 21 Cts. per 2 Kilo

„für die Monate November und Dezember 1889 und um 20 Cts.
„für die Monate Januar, Februar, März und April 1890
„Käser Fankhauser hat 6000 Fr. Sicherheit zu leisten und die
„bisherigen Zahlungsbedingungen auf 15. Januar und 15. Mai
„1890 zu erfüllen. b. Die Sommermilch pro 1890 um den
„Preis von 24 Cts. per Kilo fix und 600 Fr. Hüttenzins unter
„Vorbehalt der Zufriedenheit des Käsers, ansonst der Hüttenzins
„auf 500 Fr. ermäßigt wird. Zahlung auf 15. August 1500 Fr.,
„die Hälfte des Milchgeldes auf 1. November 1890, wobei die
„im August bezahlten 1500 Fr. angerechnet werden können; die
„zweite Hälfte ist auf Lichtmeß 1891 zu bezahlen. Die bei der
„Wintermilch geleistete Sicherheit ist auch bei der Sommermilch
„zu leisten.“ Nachdem ihm dieser Beschluß eröffnet worden sei,
habe ihn der Sekretär vor versammelter Hüttengemeinde angefragt,
ob er damit einverstanden sei. Er (Kläger) habe hierauf erklärt:
Ja, ich bin damit einverstanden, worauf Schluß der Verhand=
lungen erklärt worden sei. Für diesen in Art. 13 und 14 der
Klageschrift erzählten Hergang trat der Kläger den Beweis durch
Eideszuschiebung an die Gegenpartei an. Er bestritt anticipando,
daß für den Vertragsschluß die schriftliche Form vorbehalten wor=
den sei und behauptete eventuell, für den Fall, daß die Gegen=
partei doch den Beweis eines solchen Vorbehaltes erbringen sollte,
die Parteien haben sich auch ohne Erfüllung der schriflichen Form
verpflichten wollen. Für diese letztere Behauptung berief er sich
auf Schlußfolgerungen aus seinen sämmtlichen Anbringen und
Ergänzungseid, insbesondere auf Schlußfolgerungen aus einer
Reihe in Art. 16 u. ff. der Klageschrift angeführter Thatum=
stände, für welche er Beweis durch Zeugen, Sachverständige und
Ergänzungseid antrug. Die beklagte Käsereigesellschaft gab zu,
daß in der Versammlung der Hüttengemeinde vom 12. Oktober
1889 ein Beschluß über den Verkauf der Milch an Fankhauser
gefaßt und diesem eröffnet worden sei; sie bestritt aber, daß ein
gültiger Vertrag zu Stande gekommen sei. Der Kläger gebe den
Beschluß der Hüttengemeinde verstümmelt wieder. Wie sich nämlich
aus dem als Beweismittel angerufenen Protokolle der Gesellschaft
ergebe, enthalte der Beschluß in Betreff der Wintermilch die Be=
stimmung: „Das Nähere wird im Vertrage bestimmt werden“,

und in Betreff der Sommermilch sei gesagt: Sonst sollen die
Bedingungen und das Nähere auch im Vertrage mit demselben
bestimmt werden." Der Natur der Sache nach könne damit nur
ein schriftlicher Vertrag gemeint sein und es sei also festgestellt,
daß für den Vertrag die schriftliche Form vorbehalten worden sei.
„Darüber werden ad Art. 14 die Eidesdelaten Auskunft geben."
In seiner Replik bestritt der Kläger die Beweiskraft des Protokolls
der beklagten Gesellschaft und bemerkte im Uebrigen: Die Beklagte
gebe den vom Kläger behaupteten Vertragsinhalt im Wesentlichen
zu. Für ihre Einwendung, daß schriftliche Abfassung vorbehalten
worden sei, treffe sie die Beweislast, da es sich dabei um eine
selbständige Schutzbehauptung handle, welche keineswegs zu der
Beweisführung in Art. 14 der Klageschrift gehöre, über welche
der Kläger ihr den Eid zugeschoben habe. Die Beklagte habe aber
einen Beweis nicht einmal angeboten, geschweige denn erbracht;
sie könnte den ihr obliegenden Beweis nicht mit dem eigenen Eide,
sondern höchstens mit dem Eide des Gegners erbringen. Es werde
daher dagegen protestirt, daß die als Eidesdelaten bezeichneten
Mitglieder der beklagten Gesellschaft über die fragliche selbständige
Schutzbehauptung unter dem Eide einvernommen werden. Bei der
Einvernahme der Eidesdelaten fügten diese, indem sie im Uebrigen
die klägerische Darstellung als richtig zugaben, in ihrer großen
Mehrzahl bei, es sei an der Versammlung der Hüttengemeinde
vom 12. Oktober 1889 beschlossen worden, daß der Vertrag in
Schrift verfaßt werden müsse und es sei dies mit dem übrigen
Inhalte des Beschlusses dem Kläger eröffnet worden. Der Kläger
protestirte gegen die Aufnahme dieser Ergänzung, da dieselbe über
den Beweissatz hinausgehe. In seiner angefochtenen Entscheidung
führt der Appellations= und Kassationshof des Kantons Bern
aus: Es sei zu entscheiden, ob die Berufung der Beklagten auf
den Vorbehalt der Schriftlichkeit als Schutzbehauptung oder aber
lediglich als negative Litiskontestation sich darstelle. Im erstern
Falle würde selbstverständlich der Beklagten der Beweis des frag=
lichen Vorbehalts obliegen. In der That liege aber nicht sowohl
eine Schutzbehauptung als vielmehr eine litis contestatio negativa
vor. Indem die Beklagte behaupte, es sei die schriftliche Abfassung
des Vertrages vorbehalten worden, bestreite sie das Zustande=

kommen eines gültigen Vertrages; sie bestreite das Vorhandensein
derjenigen Voraussetzungen, von denen die Willenseinigung der
einen Vertragsabschluß beabsichtigenden Kontrahenten abhängig
gemacht werden sollte, und bränge dadurch der Gegenpartei die
Beweislast bezüglich der Thatsache auf, daß die Gültigkeit des
Vertrages unter keinen derartigen Vorbehalt bedingt worden sei.
Soviel stehe von vornherein fest, daß Derjenige, welcher einen
Andern auf Schadenersatz wegen Nichterfüllung eines Vertrages
belange, das Bestehen eines perfekten Vertrages beweisen müsse;
mit der Behauptung, es sei die Anwendung der schriftlichen Form
vorbehalten worden, stelle nun aber der Kläger die Existenz eines
gültigen Vertrages in Abrede und nöthige den Kläger, auch
darüber den Beweis anzutreten, daß der Vertrag vorbehaltlos
abgeschlossen worden sei. Das Prinzip der Formlosigkeit der Verträge dürfe nicht hiegegen angeführt werden, denn gemäß Art. 14
O.=R. werde eben dieses Prinzip da durchbrochen, wo von den
Parteien die Anwendung einer Form vorbehalten worden sei, in=
dem das Gesetz an einen derartigen Vorbehalt die nur durch
Gegenbeweis zu entkräftende Vermuthung knüpfe, es haben die
Parteien vor Erfüllung der Form nicht verpflichtet sein wollen.
Die Mehrzahl der unter dem Eide abgehörten Mitglieder der be=
klagten Gesellschaft habe nun bestätigt, daß schriftliche Abfassung
des Vertrages vorbehalten worden sei und es müsse dies daher
als konstatirt gelten. Es könne sich danach nur noch fragen, ob
dem Kläger der Gegenbeweis dafür gelungen sei, daß die Parteien
schon vor Erfüllung der schriftlichen Form vertraglich verpflichtet
sein wollten. Dies sei aber, wie des Nähern ausgeführt wird, zu
verneinen.

2. Die Beschwerde des Klägers ist in erster Linie darauf be=
gründet worden, die angefochtene Entscheidung beruhe auf einer
unrichtigen Vertheilung der Beweislast. Der Anwalt der Beklagten
hat heute hiegegen eingewendet, die Grundsätze über die Verthei=
lung der Beweislast gehören nicht dem materiellen, sondern dem
Prozeßrechte an; die Frage, ob der Einwand des Vorbehaltes
schriftlicher Form sich als indirektes Leugnen des Klagegrundes,
oder aber als Schutzbehauptung (Einrede im prozeßualischen
Sinne) qualifizire und welchen Theil daher die Beweislast treffe,

sei nach kantonalem Prozeßrechte zu beurtheilen und es sei daher
die kantonale Entscheidung für das Bundesgericht verbindlich.
Dies erscheint indeß nicht als zutreffend. Die Grundsätze über
die Vertheilung der Beweislast sind nicht ausschließlich prozeßua=
lischer Natur, sondern haben auch eine materiellrechtliche Seite.
Nur nach materiellem Privatrechte kann die für die Beweislast
entscheidende Frage beurtheilt werden, welche Thatsachen in einem
Privatrechtsstreite als rechtsbegründende oder aber rechtshindernde
oder rechtsaufhebende beziehungsweise hemmende erscheinen. Denn
es hängt dies eben von der Gestaltung ab, welche das materielle
Recht dem Privatrechtsverhältnisse gegeben hat (vergl. Wach,
Handbuch des deutschen Civilprozesses, S. 125 u. ff.)

3. Fragt sich demnach, ob die Vorinstanz mit Recht ange=
nommen habe, es müsse der Kläger behaupten und beweisen, daß
der Vertrag vorbehaltlos, ohne Vereinbarung einer gewillkürten
Form, abgeschlossen worden sei, so ist zu bemerken: Nach Art. 10
O.=R. bedürfen die Verträge nur dann einer besonderen Form,
wenn das Gesetz eine solche vorschreibt; für den Kaufvertrag ist
eine besondere Form gesetzlich nicht vorgeschrieben und es ist der=
selbe demnach nach der gesetzlichen Regel formlos gültig. Wenn
also mündlicher Austausch der dem Kaufe wesentlichen gegen=
seitigen Zusicherungen stattgefunden hat, so liegt der Regel nach
ein perfekter Kaufvertrag vor. Wer daher einen solchen münd=
lichen Austausch von Zusicherungen behauptet und nachweist,
hat einen Thatbestand behauptet und nachgewiesen, welcher nach
der gesetzlichen Regel den Schluß auf das Vorhandensein eines
bindenden Kaufvertrages gestattet. Damit hat er seiner Beweis=
pflicht Genüge geleistet. Wenn der Gegner dem gegenüber be=
hauptet, es sei die Erfüllung einer bestimmten Form für die
Gültigkeit des Vertrages vorbehalten worden, so behauptet er eine
die regelmäßige Wirksamkeit der mündlichen Willenserklärung aus=
schließende besondere Thatsache; er macht geltend, daß die normale,
regelmäßige Wirkung der mündlichen Abrede hier zufolge einer
getroffenen besonderen Vereinbarung nicht eintrete. Damit macht
er eine rechtshindernde Thatsache geltend, deren Nachweis grund=
sätzlich ihm obliegt, während dem Kläger nicht zugemuthet werden
kann, neben dem Beweise für das Vorhandensein des nach der

gesetzlichen Regel rechtsbegründenden Thatbestandes noch den Be=
weis für die Abwesenheit einer besonderen Thatsache zu erbringen,
welche, wenn vorhanden, die normale Wirksamkeit des Thatbe=
standes ausschließen würde. Die gegentheilige Meinung der Vor=
instanz ist allerdings in der Doktrin vertreten worden (siehe ins=
besondere Wetzell, System des ordentlichen Civilprozesses,
3. Auflage, S. 175). Allein sie kann wohl nicht als die herrschende
bezeichnet werden (vergl. dagegen den Entwurf eines bürgerlichen
Gesetzbuches für das deutsche Reich, § 194 und die Motive zu
diesem Entwurfe, I, S. 382 u. ff.) und es ist ihr aus den an=
geführten Gründen nicht beizutreten. Wenn der Anwalt der Be=
klagten heute insbesondere geltend gemacht hat, mit dem Einwande,
es sei die schriftliche Form für den Vertragsabschluß vorbehalten
worden, werde überhaupt der Abschluß eines gültigen Vertrages
negirt, so ist dies zwar richtig. Allein es liegt nun eben dem
Kläger nur ob, einen Thatbestand nachzuweisen, welcher der Regel
nach als ein rechtserzeugender sich darstellt; dagegen hat er,
nicht die Abwesenheit besonderer rechtshindernder Umstände darzu=
thun; er hat so wenig darzuthun, daß nicht eine gewillkürte
Vertragsform vereinbart worden sei, als er nachzuweisen braucht,
daß der Vertragsgegner handlungsfähig und nicht etwa, zufolge
Geisteskrankheit u. dgl., der Handlungsfähigkeit beraubt gewesen
sei. Der rechtsgeschäftliche Vorbehalt einer besonderen Form für
die Gültigkeit eines Vertrages erscheint gegenüber der Regel der
Wirksamkeit der formlosen Willenserklärung als eine Ausnahme,
welche von demjenigen, welcher sich darauf beruft, insoweit nach=
gewiesen werden muß, als er die Vereinbarung der besonderen
Form darzulegen hat. Erst wenn dieser Beweis erbracht ist, greift
die Vermuthung des Art. 14 O.=R. Platz, daß die Parteien vor
Erfüllung der Form sich nicht haben verpflichten wollen.

4. Beruht demnach die vorinstanzliche Entscheidung auf einer
unrichtigen Vertheilung der Beweislast, so ist dieselbe aufzuheben.
Dagegen kann das Bundesgericht nicht heute zu Ausfällung eines
Endurtheils schreiten; es ist vielmehr die Sache an die Vorinstanz
zurückzuweisen, zu erneuter Beurtheilung auf Grund des gegen=
wärtigen Urtheils d. h. der Feststellung, daß die Beweislast für
den Vorbehalt schriftlicher Form die Beklagte treffe, nicht umge=

lehrt der Kläger den vorbehaltlosen Vertragsschluß darzuthun habe. Es ist nämlich für das Endurtheil nicht nur eidgenössisches Privatrecht, sondern auch kantonales Prozeßrecht maßgebend, welches sachgemäß von dem kantonalen Gerichte angewendet werden muß. Die Vorinstanz hat sich, von der Ansicht ausgehend, daß der Beweis für vorbehaltlosen Vertragsabschluß dem Kläger ob= liege, immerhin positiv dahin ausgesprochen, es sei der Vorbehalt schriftlicher Abfassung des Vertrages konstatirt. Es ist nun von ihr zu entscheiden, ob, auch bei entgegengesetzter Vertheilung der Beweislast die Vereinbarung schriftlicher Abfassung des Vertrages als zu Gunsten der Beklagten (durch die Aussage der Eides= delaten) festgestellt zu gelten habe, oder ob, nachdem die Beklagte die Beweislast trifft, dieselbe aber einen Beweis ihrerseits nicht angetreten hat, sie sich auf die sachbezüglichen Aussagen der Eidesdelaten nicht berufen kann, diese vielmehr als unerheblich außer Betracht zu bleiben haben. Im Weitern ist dann materiell natürlich über das Quantitativ des geforderten Schadensersatzes zu entscheiden.

Demnach hat das Bundesgericht

erkannt:

Die Weiterziehung des Klägers wird dahin für begründet er= klärt, daß das angefochtene Urtheil aufgehoben und die Sache zu erneuter Beurtheilung auf Grund der gegenwärtigen Ent= scheidung an den Appellations= und Kassationshof des Kantons Bern zurückgewiesen wird.

---

57. Urtheil vom 11. März 1892 in Sachen Bühler gegen Bühler.

A. Durch Urtheil vom 26. Dezember 1891 hat die Appella= tionskammer des Obergerichtes des Kantons Zürich erkannt:

Die Klägerin ist berechtigt, im Nachlaß des verstorbenen Arnold Bühler 2400 Fr. sammt Zins à 5 % vom 1. September 1889 an zu beanspruchen; im Weitern wird die Klage abgewiesen.

B. Gegen dieses Urtheil ergriff die Klägerin die Weiterziehung an das Bundesgericht. Bei der heutigen Verhandlung beantragt ihr Anwalt:

1. Es seien der Klägerin sämmtliche in ihrem Besitze befind- liche resp. im Inventar über den Nachlaß des Arnold Heinrich Bühler von Hombrechtikon verzeichnete Mobilien und ebenso die Police der Assekuranz=Societät=Union in London Nr. 31,743 resp. der fällige Betrag von 10,000 Fr. nebst Zinsen als Eigen- thum zuzusprechen, eventuell

2. Es sei die Forderung der Klägerin an der Verlassenschaft des A. Bühler sel. im Betrage 10,950 Fr. gutzuheißen.

Dagegen trägt der Anwalt der Beklagten darauf an: Es sei die gegnerische Beschwerde abzuweisen und das vorinstanzliche Ur- theil zu bestätigen.

Das Bundesgericht zieht in Erwägung:

1. Der Sohn der Klägerin, Arnold Heinrich Bühler, war seit 1886 mit der Beklagten verheirathet. Im Jahre 1889 leitete die Ehefrau die Scheidungsklage ein; bevor indeß der Prozeß zur Entscheidung kam, am 21. Mai 1889, starb der Ehemann. Am 9. März 1889 hatte Arnold Bühler seiner Mutter durch Kauf- vertrag sein sämmtliches Mobiliar abgetreten, wobei er den Kauf- preis von 4000 Fr. als durch Verrechnung beglichen erklärte. Am 22. März 1889 trat er derselben im fernern eine Lebens- versicherungspolice über 10,000 Fr. auf die Assekuranz=Societät= Union in London ab. Nach dem Tode des Arnold Bühler schlug der Gemeinderath von Hombrechtikon Namens eines hinterlassenen Sohnes die Erbschaft aus. An Stelle des Sohnes trat hierauf die heutige Beklagte, welcher die Frist zu Abgabe einer Erklärung über Antritt oder Ausschlagung der Erbschaft bis nach Erledigung des gegenwärtigen Prozesses erstreckt wurde; die Mutter des Ar- nold Bühler machte nämlich Eigenthumsansprüche an den Mo- bilien sowie an der Lebensversicherungspolice geltend; eventuell für den Fall, daß diese Ansprüche nicht geschützt werden sollten, meldete sie eine Forderung von 13,000 Fr. für verschiedene Dar- lehen an, die sie ihrem Sohne gemacht habe und für welche sie eben durch jenen Kauf und Abtretungsvertrag habe (theilweise) gedeckt werden sollen. Die Beklagte bestritt die Gültigkeit des Ver-

laufs des Mobiliars und der Abtretung der Police deßhalb, weil
Arnold Bühler bei Abschluß dieser Geschäfte geisteskrank gewesen
sei und daher keinen bewußten Willen gehabt habe; sie bestritt,
daß die Klägerin dem Arnold Bühler die behaupteten Darlehen
gemacht habe, wozu dieselbe gar nicht in der Lage gewesen wäre.

2. Die Vorinstanzen haben übereinstimmend, gestützt auf die
von ihnen eingeholten irrenärztlichen Gutachten, den Beweis dafür
als erbracht erachtet, daß Arnold Bühler zur Zeit des Abschlusses
des Mobiliarverkaufs und der Abtretung der Versicherungspolice
geistig gestört gewesen sei und ohne bewußten Willen gehandelt
habe. Diese Annahme beruht auf keinem Rechtsirrthum. Es liegt
derselben keine unrichtige Auffassung des Rechtsbegriffes der
Willensfähigkeit zu Grunde; die Vorinstanz betrachtet vielmehr
als durch die medizinischen Gutachten festgestellt, daß Arnold
Bühler zur kritischen Zeit an einer geistigen Krankheit gelitten
habe und zieht daraus in rechtlich zutreffender Weise den Schluß,
daß derselbe willensunfähig gewesen sei. Die fragliche Annahme
ist also gemäß Art. 30 O.-G. für das Bundesgericht verbindlich.
Demnach muß es denn rücksichtlich des prinzipalen Rechtsbe=
gehrens der Klage ohne Weiters bei der angefochtenen Ent=
scheidung sein Bewenden haben.

3. Was das eventuelle Begehren der Klage anbelangt, so ist,
da die Beklagte gegen die zweitinstanzliche Entscheidung sich nicht
beschwert, nicht mehr bestritten, daß der Klägerin eine Forderung
von 2400 Fr. laut Obligo vom 28. Oktober 1887 zusteht. Im
Uebrigen hat die Klägerin heute ihre sachbezüglichen Forderungen
auf 10,950 Fr. oder nach Abzug der anerkannten 2400 Fr. auf
8550 Fr. reduzirt. Sie fordert nämlich: a. 7000 Fr., gestützt auf
eine Urkunde vom 1. Juni 1888; b. 800 Fr., welche sie für die
Pflege ihres Sohnes während dessen Krankheit vorgestreckt habe;
c. 750 Fr. für Uebernahme einer (durch Faustpfand versicherten)
Schuld des Arnold Bühler an O. Nabholz von diesem Betrage.

4. Was nun vorerst die auf die Urkunde vom 1. Juni 1888
gestützte Forderung von 7000 Fr. anbelangt, so geht die Vor=
instanz davon aus, es enthalte die Urkunde kein Schuldversprechen
des Sohnes Bühler zu Gunsten seiner Mutter; gestützt auf diese
Annahme gelangt die Vorinstanz zu Abweisung der Forderung

da nach dem Ergebnisse der Beweisführung die Klägerin nicht im
Stande gewesen sei, dem Sohne eine solche Summe aus eigenen
Mitteln als Darlehen zu gewähren. Diese Entscheidung erscheint als
rechtsirrthümlich. Die „Zürich 1. Juni 1888" datirte und von Ar=
nold Bühler unterzeichnete Urkunde lautet folgendermaßen: „Unter=
„zeichneter bescheint von seinem Onkel in Uzwil im Namen seiner
„Mutter 7000 Fr. (siebentausend) empfangen zu haben und diese
„Summe bis zur Rückzahlung à 4 %/0 zu verzinsen." Durch
diese Urkunde bekennt demnach Arnold Bühler von seinem Onkel
in Uzwyl Namens seiner Mutter den Betrag von 7000 Fr.
unter der Verpflichtung der Rückzahlung empfangen zu haben und
verspricht diese Rückzahlung, sowie die Verzinsung des Schuld=
betrages. Die Urkunde qualifizirt sich also in der That als Schuld=
bekenntniß zu Gunsten der Mutter und nicht nur, wie die zweite
Instanz annimmt, als eine dem Onkel des Ausstellers gegebene
Empfangsbescheinigung. Die Angabe, daß die Summe durch den
Onkel ausbezahlt worden sei, ändert hieran nichts; dieselbe er=
scheint als ein bloßes geschichtliches Referat; das Versprechen der
Rückzahlung und Verzinsung der Schuld wird, da ausdrücklich
bemerkt ist, der Onkel habe Namens der Mutter gehandelt, der
Mutter abgegeben. Demgemäß befand sich denn auch der Schuld=
schein im Besitze der Mutter und ist aus den Akten gar nicht
ersichtlich, daß derselbe jemals in der Verwahrung des Onkels sich
befunden habe. Qualifizirt sich aber demgemäß die Urkunde vom
1. Juni 1888 als Schuldschein, so erscheint die klägerische For=
derung als begründet. Denn durch den Schuldschein hat die
Klägerin den ihr obliegenden Beweis erbracht; ein Beweis dafür,
daß sie im Stande gewesen sei, ein Darlehen im Betrage von
7000 Fr. aus eigenen Mitteln zu gewähren, kann ihr daneben
gewiß nicht zugemuthet werden. Das Schuldbekenntniß beweist
den Bestand der Schuld; darauf, ob die Klägerin die Summe von
7000 Fr. aus ursprünglich eigenen Mitteln, oder aber vielleicht
aus Mitteln, welche ihr Sohn ihr aus ihm angefallenen Erb=
schaften freiwillig überlassen hatte, gewährt habe, kann nichts an=
kommen. Wenn die Beklagte hätte behaupten wollen, es liege dem
Schuldbekenntniß ein rechtlich unzulässiges Geschäft zu Grunde,
so lag ihr der Beweis hiefür ob; einen solchen Beweis hat sie

aber nicht einmal angeboten. Die vorinstanzliche Entscheidung, welche in dem Schuldschein einen bloßen, dem Onkel ausgestellten Empfangschein erblickt und demselben die Beweiskraft für den Bestand eines Schuldverhältnisses abspricht, beruht auf einer Verletzung der Art. 15 und 16 O.-R.

5. Ist somit die Weiterziehung rücksichtlich dieses Punktes für begründet zu erklären, so ist dagegen bezüglich der weitern Forderungen von 800 Fr. und 750 Fr. auf dieselbe nicht einzutreten. Da die Forderungen von 800 Fr. und 750 Fr. auf besondere selbständige Rechtsgeschäfte begründet werden, so liegt eine objektive Klagenhäufung vor. Gemäß konstanter Praxis ist somit das Bundesgericht nur insoweit kompetent, als für jeden einzelnen der verbundenen Ansprüche der gesetzliche Streitwerth gegeben ist, was für die in Frage liegenden Forderungen nicht zutrifft.

Demnach hat das Bundesgericht

erkannt:

Die Weiterziehung der Klägerin wird dahin für begründet erklärt, daß die Klägerin für berechtigt erklärt wird, in dem Nachlasse des verstorbenen Arnold Bühler 2400 Fr. sammt Zins à 5 % vom 1. September 1889 an, sowie 7000 Fr. sammt Zins à 4 % vom 1. Juni 1888 an zu beanspruchen. Im Uebrigen hat es bei dem angefochtenen Urtheile sein Bewenden.

---

58. Urtheil vom 26. März 1892 in Sachen
Fischer-Gautschy gegen Siegrist-Jenny.

A. Durch Urtheil vom 15. Februar 1892 hat das Handelsgericht des Kantons Aargau erkannt:

1. Der Beklagte Fischer-Gautschy wird verurtheilt, dem Kläger Siegrist zu bezahlen an Salär für die drei Quartale der Anstellung 2625 Fr. und zwar mit Zins à 5 % von 575 Fr. vom 11. August 1891, von 575 Fr. vom 11. November 1891 und von 575 Fr. vom 11. Februar 1892 an bis zur Zahlung, abzüglich der bereits ausbezahlten 900 Fr.

2. Der Widerkläger Fischer wird mit seinem Widerklagebegehren abgewiesen.

3. Der zwischen den Parteien bestehende Vertrag wird im Sinne der Erwägungen aufgehoben und Fischer-Gautschy verfällt, dem F. Siegrist-Jenny eine Entschädigung von 5000 Fr. zu bezahlen.

B. Gegen dieses Urtheil ergriff der Beklagte und Widerkläger die Weiterziehung an das Bundesgericht, indem er die Anträge anmeldete:

a. Es sei in Abänderung des handelsgerichtlichen Urtheils:

1. Dem Beklagten der gezogene Antworts- und Widerklageschluß zuzusprechen;

2. Es sei Dispositiv 3 des handelsgerichtlichen Urtheils aufzuheben,

eventuell,

es sei sowohl das Salär als die Entschädigung angemessen zu reduziren.

b. Eventuell sei vor Ausfällung des Urtheils eine Aktenvervollständigung anzuordnen und dabei folgende Thatsachen und Beweise zu berücksichtigen:

I. In der Antwort:

1. Parteibefragung über die ad 1 a b c und e (Seite 22, 23, 24 und 26) ad 2 a und b (Seite 35—37) aufgestellten Behauptungen;

2. Sachverständigenbeweis über die ad 2 a b und c (Seite 29 und 30) aufgestellten Behauptungen und die auf Seite 37—39 bezüglich der Leistungsunfähigkeit und des wirklichen Verdienstes des Klägers gemachten Anbringen.

3. Zeugenbeweis durch Anselmo Ferrazzini über die Behauptung ad 4 (Seite 41).

II. In der Widerklage:

Sachverständigenbeweis über die Behauptungen sub I (Seite 51).

III. In der Replik zur Widerklage:

Parteibefragung über die von den Zeugen nicht wahrgenommenen Thatsachen ad 4 a b c und d der Replik im Zusammenhange mit ben bezüglichen Behauptungen der Antwort (Seite 106—109).

Bei der heutigen Verhandlung hält der Anwalt des Beklagten und Widerklägers die schriftlich angemeldeten Anträge aufrecht, indem er beifügt, er melde gegen Dispositiv 3 des handelsgericht= lichen Urtheils, d. h. dagegen, daß das Handelsgericht den nach= träglich gestellten klägerischen Antrag auf Aufhebung des Ver= trages gegen Entschädigung in Behandlung gezogen habe, eventuell den staatsrechtlichen Rekurs zu Protokoll an.

Der Vertreter des Klägers und Widerbeklagten erklärt, daß er sich der Weiterziehung insoweit anschließe, als er beantrage, es sei die durch Dispositiv 3 des angefochtenen Urtheils dem Kläger zugesprochene Entschädigung von 5000 Fr. auf 6000 Fr. zu erhöhen; im Uebrigen sei das handelsgerichtliche Urtheil zu bestätigen.

Das Bundesgericht zieht in Erwägung:

1. Am 3./7. Februar 1891 wurde zwischen den Parteien ein Anstellungsvertrag abgeschlossen, wonach der Kläger sich gegen ein in vierteljährlichen Raten zahlbares Jahressalär von 3500 Fr. verpflichtete, spätestens Anfangs Juni 1891 in das Strohhut= geschäft des Beklagten in Meisterschwanden einzutreten, „um da= „selbst die Strohhutfabrikation mit Fleiß und Gewissenhaftigkeit „mit zu besorgen, sowie auch einen Theil der jährlichen Geschäfts= „reisen.“ Die Dauer der Anstellung war auf 5 Jahre festgesetzt Der Anstoß zu diesem Vertragsabschlusse war vom Beklagten aus= gegangen und es waren demselben mehrfache persönliche Bespre= chungen und Korrespondenzen vorangegangen, u. a. hatte der Be= klagte dem Kläger am 25. Januar 1891 geschrieben: „Ihr Alter „weiß ich zu schätzen und verspreche es Ihnen hiemit zu berück= „sichtigen.“ Der Kläger war vorher seit sieben Jahren in dem Strohhutgeschäfte D. Marti in Othmarsingen mit einer Jahres= besoldung von 2500 Fr. angestellt gewesen; er gab diese An= stellung auf und trat mit 11. Mai 1891 in das Geschäft des Beklagten ein. Nachdem nun aber am 11. August 1891 von der Besoldung des Klägers eine erste Quartalsrate von 875 Fr. fällig geworden war, weigerte sich der Beklagte, dieselbe voll aus= zubezahlen und leistete nur eine Zahlung von 300 Fr., indem er

behauptete, der Kläger sei unfähig, seine Stellung auszufüllen
und verdiene nicht mehr als 100 Fr. per Monat. Der Kläger
erhob hierauf beim Handelsgericht des Kantons Aargau am 25.
Oktober 1891 Klage auf Zahlung des rückständigen Besoldungs-
betrages für das erste Quartal mit 575 Fr., sowie der auf 11.
November 1891 fällig werdenden zweiten Quartalsrate mit 875 Fr.
sammt entsprechendem Verzugszins. Der Beklagte beantragte dem
gegenüber (indem er auch für das zweite Quartal der Anstellung
einen Betrag von 300 Fr. zahlen zu wollen erklärte): Es sei
die Klage ganz, eventuell bis auf denjenigen Betrag abzuweisen,
welchen der Kläger in seiner Anstellung beim Beklagten nach sach-
verständigem, eventuell richterlichem Ermessen wirklich verdient
hat. Gleichzeitig machte er geltend, er sei in Folge der Leistungsunfähigkeit des Klägers gemäß Art. 346 O.-R. zu vorzeitiger
Auflösung des Dienstvertrages berechtigt und beantragte widerklagsweise: Es sei der zwischen dem Kläger und Beklagten abgeschlossene Anstellungsvertrag aufzuheben und es sei Beklagter
nicht pflichtig, dem Kläger bis zur faktischen Auflösung des
Dienstverhältnisses mehr als 100 Fr. per Monat (zahlbar vierteljährlich) beziehungsweise ein durch richterliche Feststellung bestimmtes Salär zu entrichten. Im Schriftenwechsel verlangte der
Kläger Abweisung der Widerklage; bei der mündlichen Hauptverhandlung vor Handelsgericht erweiterte er, nachdem inzwischen
drei Quartalsraten seiner Besoldung verfallen seien, sein Klagbegehren auf Bezahlung sämmtlicher drei Quartalsraten sammt
Verzugszins, jedoch unter Abrechnung der erhaltenen 900 Fr.
Im Weitern erklärte er sich bei dieser Verhandlung mit der Auflösung des Vertrages einverstanden, verlangte aber, daß ihm in
Gemäßheit des Art. 346 Abs. 3 O.-R. eine Entschädigung von
8000 Fr. zugesprochen werde, da das vertragswidrige Verhalten
des Beklagten, nämlich die Nichtbezahlung des Gehaltes, den
Grund der Auflösung bilde. Der Beklagte bestritt, daß letzteres
Begehren in diesem Stadium des Verfahrens prozeßualisch statt-
haft sei.

2. In rechtlicher Beziehung muß sich in erster Linie fragen,
ob das Bundesgericht zu Beurtheilung der Beschwerde in Betreff
der Vorklage kompetent sei oder ob nicht vielmehr diese Beschwerde

wegen Mangels des gesetzlichen Streitwerthes von 3000 Fr. sich
der bundesgerichtlichen Nachprüfung entziehe. Die Kompetenz des
Bundesgerichtes ist indeß auch rücksichtlich der Vorklage gegeben.
Allerdings erreicht dieselbe, für sich allein genommen, den gesetzlichen
Streitwerth nicht. Allein zwischen ihr und der Widerklage besteht
ein Präjudizialverhältniß und, da letztere den gesetzlichen Streit=
werth erreicht, so ist gemäß feststehender Praxis (siehe Entschei=
dungen, Amtliche Sammlung XVI, S. 360 Erw. 3) die bundes=
gerichtliche Kompetenz auch rücksichtlich der Vorklage begründet.

3. Dem eventuellen Aktenvervollständigungsbegehren des Be=
klagten und Widerklägers ist nicht zu entsprechen. Das Handels=
gericht hat die betreffenden, vom Beklagten beantragten Beweise durch
Parteibefragung und Sachverständige deßhalb abgelehnt, weil die
Streitsache hinlänglich klar gestellt sei, um beurtheilt zu werden.
Speziell den vom Beklagten beantragten Sachverständigenbeweis
dafür, daß der Kläger, wie eine Prüfung seiner bisherigen Arbeit
und eine Beobachtung desselben bei der Arbeit ergeben werde,
nicht im Stande sei, die ihm obliegenden Pflichten richtig zu er=
füllen, lehnt das Handelsgericht deßhalb ab, weil es ohne Bei=
ziehung von Sachverständigen im Stande sei, zu beurtheilen, ob
der Kläger unfähig sei, seine Stelle auszufüllen, sofern ihm That=
sachen glaubhaft gemacht werden, die mit der richtigen Erfüllung
der Vertragspflicht nicht vereinbar seien. Das Gericht lehnt also
die fraglichen Beweise nicht deßhalb ab, weil das Beweisthema
nach materiell=rechtlichen Grundsätzen unerheblich, sondern deßhalb,
weil der Thatbestand für das Gericht bereits hinlänglich klar ge=
stellt sei, so daß eine weitere Beweisaufnahme daran nichts än=
dern könne. Die Entscheidung ist danach prozeßualischer Natur
und somit für das Bundesgericht verbindlich. Die Voraussetzungen
unter welchen das Bundesgericht nach Art. 30 Abs. 4 O.=G. zu An=
ordnung einer Aktenvervollständigung befugt ist, liegen nicht vor.
Denn Art. 30 Abs. 4 cit. berechtigt das Bundesgericht zu An=
ordnung einer Aktenvervollständigung nur für den Fall, daß das
kantonale Gericht Beweise wegen Unerheblichkeit des Beweisthemas
abgelehnt hat; nur in diesem Falle steht die Anwendung von
Grundsätzen des eidgenössischen Privatrechts, welche einzig der
Nachprüfung des Bundesgerichtes unterstehen, in Frage (vergl.

Entscheidungen des Bundesgerichtes, Amtliche Sammlung VIII,
S. 821 Erw. 8; XII, S. 595 u. f. Erw. 2).

4. In der Sache selbst hat der Beklagte in erster Linie, aller=
dings ohne daran einen entsprechenden Antrag zu knüpfen, be=
hauptet, der Anstellungsvertrag sei für ihn wegen „wesentlichen
Irrthums", speziell wegen Irrthums über die Person im Sinne
der Art. 18 und 20 O.=R. unverbindlich. Er habe sich, veran=
laßt durch das Benehmen des Klägers, über dessen Leistungs=
fähigkeit getäuscht; während er geglaubt habe, der Kläger sei geistig
und körperlich noch rüstig und zu selbständiger Leitung der Stroh=
hutfabrikation in hervorragender Weise befähigt, sei derselbe in
That und Wahrheit hiezu gänzlich unfähig; er sei kurzsichtig,
schwerhörig und geistig schwach, habe kein Gedächtniß mehr und
sei gleichgültig im Geschäfte, daher nicht im Stande, die dem
Leiter der Strohhutfabrikation obliegenden Funktionen, das Fest=
stellen der Muster, die Prüfung der Arbeit und die Magazinirung
der Waare, zu besorgen. Es ist nun aber klar, daß, selbst wenn
all' dies richtig sein sollte, ein wesentlicher, die Verbindlichkeit des
Anstellungsvertrages affizirender Irrthum doch nicht vorläge. Irr=
thum über die Person ist Irrthum über die Identität der Person;
er setzt voraus, daß der Vertrag mit einer andern Person abge=
schlossen wurde, als der Irrende ihn abschließen wollte. Davon
ist hier keine Rede; der Beklagte wollte den Anstellungsvertrag
mit dem Kläger und mit keiner andern Person abschließen. Sollte
er hiezu durch irrige Vorstellungen über die geschäftliche Tüchtig=
keit des Angestellten bestimmt worden sein, so liegt darin ein
bloßer Irrthum im Beweggrund, kein wesentlicher Irrthum, ins=
besondere kein Irrthum über die Person.

5. Aus den gleichen Momenten, gestützt auf welche er Unver=
bindlichkeit des Vertrages wegen wesentlichen Irrthums behauptet,
leitet der Beklagte im Fernern ab, daß er zu Erfüllung des
Vertrages deßhalb nicht verpflichtet sei, weil auch der Kläger
seinerseits ihn nicht erfüllt habe und nicht erfüllen könne. Auch
diese Einwendung ist unbegründet. Der Kläger hat die über=
nommene Anstellung angetreten und mit der Leistung der vertraglich
versprochenen Dienste begonnen. Der Beklagte kann selbst nicht be=
haupten, daß der Kläger, etwa wegen gänzlicher Unkenntniß des

Geschäftszweiges, für welchen er sich hatte anstellen lassen, nicht
im Stande gewesen sei, seine Funktionen zu beginnen; vielmehr
behauptet er nur, der Kläger habe seinen Dienst, weil er zu dessen
richtiger, befriedigender Erfüllung untauglich sei, mangelhaft versehen. Wäre dies richtig, wäre dargethan, daß der Kläger zu ordentlicher Bekleidung der von ihm übernommenen Stelle untauglich
sei, so läge hierin allerdings ein „wichtiger Grund", welcher den
Beklagten gemäß Art. 346 O.-R. zu sofortiger Auflösung des
Dienstvertrages berechtigte. Immerhin wäre auch in diesem Falle
fraglich, ob der Beklagte berechtigt war, dem Kläger, ohne das
Vertragsverhältniß zu lösen, einfach die vertraglich versprochene
Gegenleistung theilweise vorzuenthalten, also dem wirklich abgeschlossenen Dienstvertrag einen solchen andern Inhaltes einseitig
zu substituiren. Allein es braucht hierauf nicht weiter eingegangen
zu werden. Denn, nach dem Thatbestande der Vorinstanz, ist überhaupt nicht festgestellt, daß der Kläger zu Erfüllung seiner Dienstpflicht unfähig sei. Vorerst steht fest, daß er es an gutem Willen
und Fleiße nicht fehlen ließ. Wenn der Beklagte in dieser Richtung den Vorwurf erhoben hat, der Kläger habe die Geschäftsbriefe nicht gelesen, so hat die Vorinstanz dies mit Recht zurückgewiesen, da nur so viel richtig ist, daß der Kläger nicht sämmtliche eingehenden Geschäftsbriefe von sich aus durchsah, während
er die speziell seine Branche betreffenden Briefe, sobald sie ihm
übergeben wurden, durchlas und sich danach richtete. Im Uebrigen
ist allerdings festgestellt, daß die Magazinirung der Hüte hie und
da etwas zu wünschen übrig ließ, daß der Kläger hie und da
Nummern verwechselte, nicht so viele Damenhutmuster erstellte,
als der Beklagte gewünscht zu haben scheint u. dgl. Allein hierin
liegen durchaus keine so schweren Verstöße, daß deßhalb von
einer Untauglichkeit des Klägers zu seinem Dienste, welche den
Beklagten zu vorzeitiger Lösung des Dienstverhältnisses berechtigte,
gesprochen werden könnte. Wenn dem Kläger die Arbeit nicht so
rasch von der Hand scheint gegangen zu sein, wie der Beklagte
erwartet haben mag, so kann sich derselbe hierüber um so weniger
beschweren, als er dem Kläger, um dessen Dienste zu gewinnen,
ausdrücklich zugesichert hatte, er werde auf sein vorgerücktes Alter
Rücksicht nehmen. Richtig mag allerdings sein, daß der Beklagte

vom Kläger eine ganz außergewöhnliche geschäftliche Befähigung
und außergewöhnliche Leistungen erwartete; allein, wenn er sich
auch in dieser Erwartung getäuscht haben mag, so berechtigt ihn
dies doch nicht zum Bruche des Dienstvertrages. Denn daß ihm
etwa der Kläger bei dessen Abschluß in dieser Richtung bestimmte
Zusicherungen gemacht hätte, die nicht erfüllt worden wären, ist
nicht dargethan. Alles, was daher der Beklagte zu erwarten und
zu fordern berechtigt war, waren normale Befähigung und normale Leistungen und daß nun der Kläger nicht im Stande gewesen
sei seiner Stelle in normaler Weise vorzustehen, ist nicht dargethan und, angesichts der günstigen Zeugnisse des Klägers aus früheren Stellungen, nicht anzunehmen.

6. Danach ist denn in Uebereinstimmung mit der Vorinstanz
die Vorklage gutzuheißen, die Widerklage dagegen abzuweisen.
Was das zur Widerklage erst bei der handelsgerichtlichen Hauptverhandlung gestellte Begehren des Klägers um Auflösung des
Vertrages zu seinen Gunsten anbelangt, so ist die Entscheidung
des Handelsgerichtes, daß dieses Begehren prozeßualisch statthaft
sei, für das Bundesgericht ohne Weiters verbindlich. Wenn der
Anwalt des Beklagten hiegegen einen staatsrechtlichen Rekurs an-
gekündigt hat, so kann hierauf für die heutige Entscheidung des
Bundesgerichtes als Civilgerichtshof nichts ankommen; bemerkt
werden mag nur, daß ein staatsrechtlicher Rekurs nicht durch einfache Anmeldung zu Protokoll gültig eingelegt werden kann,
sondern daß hiezu die Einreichung der Rekursschrift erforderlich
ist. Ist somit auf Behandlung dieses Begehrens einzutreten, so
erscheint dasselbe grundsätzlich ohne Weiters als begründet. Denn
in der grundlosen Vorenthaltung des vertraglichen Gehaltes durch
den Dienstherrn liegt ohne Zweifel für den Dienstverpflichteten
ein wichtiger Grund, die Auflösung des Dienstvertrages zu verlangen. Rücksichtlich des Quantitativs der Entschädigung geht die
Vorinstanz im Anschlusse an die Praxis des Bundesgerichtes
davon aus, der zu erstattende Schaden bestehe in der Differenz
zwischen dem vertraglichen Gehalte des Klägers und demjenigen
Erwerbe, welchen dieser mit seiner freigewordenen Arbeitskraft
während der Vertragsdauer zu machen in der Lage sei. Es sei
nun mit Rücksicht auf das Einkommen, welches mit der frühern

von ihm zu voller Zufriedenheit seines Prinzipals versehenen
Stelle des Klägers verbunden war, anzunehmen, der Kläger
werde in Zukunft einen Erwerb von jährlich 2500 Fr. zu machen
in der Lage sein. Es entstehe ihm also auf die Dauer von fünf
Jahren ein Einkommensausfall von 1000 Fr. jährlich, so daß ihm
eine Entschädigung von 5000 Fr. zuzusprechen sei. Die Annahme
nun, daß der Kläger in Zukunft einen Erwerb von 2500 Fr.
jährlich zu machen in der Lage sein werde, beruht auf keinem
Rechtsirrthum; sie ist daher vom Bundesgerichte ohne Weiters
seiner Entscheidung zu Grunde zu legen. Hievon ausgegangen,
ist die vorinstanzliche Entscheidung zu bestätigen. Zwar ist bei derselben übersehen, einerseits, daß der Kläger das vertragliche Gehalt
für drei Quartale des ersten Dienstjahres, gemäß der Entscheidung über die Vorklage, voll erhält und andrerseits, daß das Ent-
schädigungskapital von 5000 Fr. sofort auszubezahlen ist, während
das vertragliche Gehalt nur successive hätte ausbezahlt werden
müssen, so daß der Kläger den Zwischenzins lukrirt. Allein diese
Momente können, während sie allerdings einer Erhöhung der
Entschädigung entgegenstehen, doch nicht zu einer Herabsetzung
derselben führen, da auf der andern Seite in Betracht fällt, daß
der Kläger nicht sofort, von heute auf morgen, eine neue angemessene Stellung finden, vielmehr wohl während einiger Zeit
beschäftigungs- und erwerbslos bleiben wird.

Demnach hat das Bundesgericht

erkannt:

Die Weiterziehung beider Parteien wird als unbegründet abgewiesen und es hat demnach in allen Theilen bei dem angefochtenen Urtheile des Handelsgerichtes des Kantons Aargau sein
Bewenden.

59. Urtheil vom 30. April 1892
in Sachen Unfallversicherungsgesellschaft Le Soleil
gegen Jura=Simplon=Bahngesellschaft.

A. Durch Urtheil vom 12. Februar 1892 hat der Appellations=
und Kassationshof des Kantons Bern erkannt:

Die Klägerschaft, Unfallversicherungsgesellschaft Le Soleil ist
mit ihren Klagsbegehren abgewiesen.

B. Gegen dieses Urtheil ergriff die Klägerin die Weiterziehung
an das Bundesgericht. Bei der heutigen Verhandlung beantragt
ihr Anwalt, es sei, in Abänderung des angefochtenen Urtheils,
der Klägerin das Rechtsbegehren ihrer Klage zuzusprechen.

Dagegen beantragt der Anwalt der Beklagten, es sei die gegne=
rische Beschwerde und damit auch die Klage abzuweisen.

Das Bundesgericht zieht in Erwägung.

1. Der Bauunternehmer Christian Rungger=Walt war bei der
Versicherungsgesellschaft Le Soleil in Paris laut Police Nr. 163
d. d. St. Moritz, 8. September 1883 gegen Unfall versichert
und zwar für den Fall des Todes zu Gunsten von Frau und
Kindern mit einer Summe von 20,000 Fr. Am Abend des
14. März 1887 begab sich Rungger von Nidau aus auf den
Rückweg nach seiner in Alfermee liegenden Wohnung, zu welchem
Zwecke er ordnungsgemäß einen Straßenübergang der Linie Biel=
Neuenstadt zu überschreiten hatte. Als nun am 14. März der
fahrplanmäßig um 6 Uhr 33 M. Abends von Biel nach Neuenburg
abfahrende, an diesem Tage indeß etwas verspätete Zug Nr. 68
der Jura=Bern=Luzern=Bahn in die Station Twann einfuhr,
wurde Rungger dort, in der Weiche eines Nebengeleises einge=
klemmt, schwer verletzt aufgefunden; es steht fest, daß er auf
irgend einer Stelle zwischen Biel und Twann vom Bahnzuge
erfaßt und bis zu dem Orte, wo er aufgefunden wurde, geschleppt
worden sein muß. Er erlag bald nach seiner sofort bewerkstelligten
Ueberführung nach dem Spital in Biel seinen Verletzungen. Die
Hinterlassenen, die Wittwe Josephine geb. Walt und die Tochter
Menga Alice Rungger, belangten nunmehr die Versicherungs=

gesellschaft Le Soleil aus der Police vom 8. September 1883
auf Bezahlung der Versicherungssumme von 20,000 Fr. Die
Versicherungsgesellschaft bestritt ihre Schuldpflicht, weil Rungger
in bahnpolizeiwidriger Weise den Bahnkörper betreten haben
müsse und dadurch seinen Tod verschuldet habe; eventuell erhob
sie Widerklage mit den Begehren: 1. Die Kläger seien schuldig,
anzuerkennen, daß mit der Bezahlung der ihnen zugesprochenen
Versicherungssumme bis zu ihrem Belaufe die Entschädigungs=
ansprüche, welche ihnen wegen des Unfalles des C. Rungger
gegenüber Dritten und speziell gegenüber der Bahngesellschaft
zustehen mögen, auf die Beklagte übergehen; 2. Eventuell: Die
Kläger seien schuldig, der Beklagten gegen Bezahlung der ihnen
vom Gerichte zugesprochenen Versicherungssumme bis zu ihrem
Belaufe die Entschädigungsansprüche abzutreten, welche ihnen
wegen des Unfalles des C. Rungger gegenüber Dritten und
speziell gegenüber der Bahngesellschaft zustehen mögen. Die Wider=
klage stützt sich auf Art. 10 der allgemeinen Versicherungsbe=
bingungen, welche in der Police (und zwar neben einander in fran=
zösischer und deutscher Sprache) abgedruckt sind. In französischer
Sprache lautet der Art. 10: « Subrogation. La Compagnie est
subrogée, pour poursuivre comme elle l'entendra, jusqu'à
concurrence des sommes qu'elle aura payées à l'assuré, le
recours qui lui appartient contre les auteurs et les personnes
responsables de l'accident. » In deutscher Sprache dagegen:
„Subrogation. Die Gesellschaft ist subrogirt, um nach ihrem
Gutdünken bis zum Betrag der von ihr dem Versicherten ausbe=
zahlten Summen, den Rekurs zu verfolgen, der ihr gegen die
Urheber des Unfalles oder die dafür ·verantwortlichen Personen
zusteht." Die Erben Rungger gaben in ihrer Replik über die
Widerklagsbegehren die folgende „Erklärung" ab: „Die Kläger
„anerkennen die in Art. 10 der Versicherungsbedingungen er=
„wähnte Subrogation der Gesellschaft für den Fall des Zuspruches
„des Klagbegehrens in dem Sinne, daß die Gesellschaft nach
„ihrem Gutdünken bis zum Betrage der von ihr den Erben
„Rungger ausbezahlten Summe den ihr gegen die Urheber des
„Unfalles oder die dafür verantwortlichen Personen zustehenden
„Regreß verfolgen mag; sie übernimmt jedoch in dieser Richtung

„keine Garantie. Sollte sich die Beklagte mit dieser Erklärung
„nicht begnügen, so wird das Begehren gestellt, es seien die zwei
„eventuellen Widerklagsbegehren, soweit sie ein Mehreres verlangen,
„abzuweisen." In seiner Duplik behaftete der Soleil die Erben
Rungger bei ihrer Erklärung. Dagegen nahm er die von den=
selben gemachte Einschränkung, daß sie in dieser Beziehung keinerlei
Garantie zu übernehmen hätten, nicht an und sagte weiter: „Der
„Soleil ist zwar damit einverstanden, daß die Erben Rungger
„eintretendenfalls nicht für die Zahlungsfähigkeit der Urheber des
„Unfalles einzustehen haben und macht auf nichts anderes Anspruch,
„als auf die Exekution des Versicherungsvertrages d. h. er ver=
„langt einfach die Subrogation in die Entschädigungsansprüche,
„welche den Erben Rungger gegenüber den allfälligen Urhebern
„des Unfalles zustehen mögen, in ihrem Werth oder Unwerth,
„immerhin in dem selbstverständlichen Sinne, daß der Soleil von
„den Erben Rungger in die Lage gesetzt wird, diese Entschädi=
„gungsansprüche in gleicher Weise geltend machen zu können, wie
„die Klägerin im Falle wäre es zu thun und daß demnach die
„Klägerin der Beklagten für die nachtheiligen Folgen jeder durch
„das Verhalten der Klägerin allfällig herbeigeführten Beeinträch=
„tigung des Regresses gegen die angeblichen Urheber des Unfalles
„haftet, sei es z. B. daß sie den Entschädigungsanspruch ver=
„jähren läßt, sei es, daß sie sich mit den angeblichen Urhebern
„des Unfalles ohne Zustimmung der Beklagten abfindet, sei es,
„daß sie selbständig den Prozeß gegen die angeblichen Urheber
„erhebt und denselben unordentlich und in Folge dessen ganz
„unglücklich oder doch nicht in befriedigender Weise durchführt, sei
„es daß sie gegen die vermeintlichen Urheber des Unfalles den
„Abstand erklärt, und dergleichen. — Die hierseitigen Widerklags=
„begehren wurden nie anders verstanden. Die Klägerin hat sich nun=
„mehr in unumwundener Weise auszusprechen, ob sie sich denselben
„unterziehen will oder nicht. Geschieht dies nicht in befriedigender
„Weise, so werden die Gerichte die beiden Widerklagsbegehren zu
„beurtheilen haben." Hierauf entgegneten die Erben Rungger in
in ihrer Schlußvorkehr: „Die von uns im Eingang der Replik
„abgegebene Erklärung ist deutlich genug. Die Subrogation ist
„zugegeben und damit ist dem Verlangen der Gegenpartei Genüge

„gethan. Wir wüßten nicht, was wir noch zu sagen hätten. Die
„Gerichte mögen bereinst prüfen, ob noch ein Weiteres nöthig
„wäre." Durch Urtheil vom 26. Juli 1888 sprach der Appella=
tions= und Kassationshof des Kantons Bern den Klägern ihr
Klagebegehren zu, wies dagegen die Beklagte „mit den Rechts=
begehren der Widerklage, so weit sie streitig sind und im Sinne
der Erwägungen ab." In den Erwägungen ist rücksichtlich der
Widerklagebegehren ausgeführt: Die Beklagte verlange vom Ge=
richte, daß dasselbe die Bedeutung, welche dem Art. 10 der Police=
bestimmungen zukomme, jetzt schon feststellen solle. Allein die
Beklagte habe in der Begründung dieser Feststellungsklage ein
rechtliches Interesse, welches sie daran habe, daß das Gericht jetzt
schon den Art. 10 der Policebestimmungen interpretire und dessen
Bedeutung feststelle, weder behauptet noch nachgewiesen. Da es
somit an der ersten wesentlichen Voraussetzung für die Zulässig=
keit einer Feststellungsklage fehle, so müsse die Widerklage, so
weit streitig, abgewiesen werden. Dieses Urtheil wurde von
der Versicherungsgesellschaft an das Bundesgericht gezogen, von
diesem aber durch Entscheidung vom 8. Dezember 1888 bestätigt.
Bei Auszahlung der Versicherungsumme im Jahre 1889 suchte
der Anwalt der Versicherungsgesellschaft von den Erben Rungger
die Unterzeichnung einer von ihm redigirten Quittung und Ab=
tretung auszuwirken, in welcher gesagt war, die Versicherungs=
gesellschaft sei nach Maßgabe der Versicherungsbedingungen bis
zum Betrage der den Erben Rungger ausbezahlten Summe und
der Prozeßkosten in die letztern gegenüber den Urhebern des
Unfalles oder den dafür verantwortlichen Personen zustehenden
Entschädigungsansprüche subrogirt und es treten die Erben Rungger
dem Soleil alle daherigen Ansprüche ohne Gewähr ab. Der
Anwalt des Soleil bemerkte dabei: „Der Akt muß in dieser
Form redigirt werden, damit sich der Soleil im Regreßpro=
zeße gegen die Bahngesellschaft als Rechtsnachfolger der Erben
Rungger bezüglich der Ersatzansprüche dieser letztern gegenüber den
Personen resp. der Eisenbahn, welche den Unfall nach Mitgabe
der ergangenen Urtheile verschuldet haben, ausweisen kann." Die
Erben Rungger ertheilten indeß die verlangten Unterschriften
nicht. Nunmehr klagte die Versicherungsgesellschaft Le Soleil

gegen die Jura=Simplon=Bahngesellschaft (als Rechtsnachfolgerin
der Jura=Bern=Luzern=Bahn) auf Ersatz des Schadens, welcher
den Erben Rungger durch die Tödtung ihres Ehemannes und
Vaters entstanden sei. Sie führte aus: Die Tödtung des C.
Rungger sei beim Betriebe der Bahn der Beklagten erfolgt, diese sei
also den Hinterlassenen schadenersatzpflichtig. Der Schaden sei auf
23,000 Fr. zu taxiren. Der Soleil habe den Erben Rungger an
Versicherungssumme sammt Zins 21,679 Fr. 45 Cts. und an
Prozeßkosten 1400 Fr., zusammen also 23,079 Fr. 45 Cts. be=
zahlt. Nach dem Art. 10 der Versicherungsbedingungen der Rung=
gerschen Police und nach der von den Erben Rungger in ihrer
Replik vom 28. Dezember 1888 abgegebenen Erklärung sei der
Soleil für die von ihm diesen Erben bezahlten Beträge in die
Ansprüche subrogirt, welche den Hinterlassenen Rungger gegenüber
der Bahngesellschaft zustehen. Danach fordere der Soleil von der
letztern die Bezahlung einer Summe von 23,079 Fr. 45 Cts.
sammt Zins à 5 % vom 30. Januar, eventuell vom 4. März
1889 hinweg.

2. Die klagende Versicherungsgesellschaft verfolgt nicht einen
eigenen sondern einen von den Hinterlassenen des C. Rungger
abgeleiteten Schadenersatzanspruch. Sie behauptet nicht, durch die
Tödtung des C. Rungger als eine von der Bahngesellschaft be=
gangene oder zu vertretende unerlaubte Handlung in eigenen
Vermögensrechten geschädigt und daher gemäß Art. 50 O.=R.
jure proprio ersatzberechtigt zu sein; sie macht vielmehr als be=
hauptete Rechtsnachfolgerin der Hinterlassenen des C. Rungger
diejenigen Schadenersatzansprüche geltend, welche diesen letztern
gemäß Art. 2 und 5 des Eisenbahnhaftpflichtgesetzes gegenüber
der Bahngesellschaft zustehen. Einer Prüfung der Frage, ob dem
Versicherer bei körperlicher Verletzung oder Tödtung des Versicherten durch schuldhafte That eines Dritten selbständige Schadenersatz=
ansprüche gegen letztern oder den für seine That Verantwortlichen
zustehen, bedarf es also nicht. Dagegen muß sich fragen, ob, was
von der Beklagten bestritten wird, die Schadenersatzansprüche der
Hinterlassenen des C. Rungger auf die Versicherungsgesellschaft
übergegangen seien.

4. Diese Frage ist unzweifelhaft nach schweizerischem und nicht

etwa nach dem französischen, am Gesellschaftssitze geltenden Rechte
zu beurtheilen. Da das bernische Recht besondere Bestimmungen
über den Versicherungs= speziell den Unfallversicherungsvertrag
nicht enthält, so sind die allgemeinen Grundsätze des eidgenössi=
schen Obligationenrechtes maßgebend. Nun kann zunächst kein
Zweifel darüber obwalten, daß hier keiner der Fälle vorliegt, wo
nach ausdrücklicher Vorschrift des Obligationenrechtes eine For=
derung von Gesetzes wegen auf einen Dritten übergeht. Der Ver=
sicherer, welcher die Versicherungssumme bezahlt, erfüllt damit
lediglich seine eigene vertragliche Verpflichtung, nicht aber leistet
er für einen Dritten. Es kann somit weder die Anwendung des
Art. 126 Ziff. 3 noch etwa diejenige der Art. 79 und 168 O.=R.
in Frage kommen. Dagegen könnte behauptet werden, daß nach
einem in der Natur der Sache begründeten und daher in der
Rechtsgewohnheit anerkannten allgemeinen Grundsatze des Asse=
kuranzrechts, welcher auch für das Herrschaftsgebiet des Obliga=
tionenrechts gelten müsse, der Versicherer mit der Bezahlung
der Versicherungssumme von Rechtswegen in die Rechte des
Versicherten oder seiner Hinterlassenen gegen den Thäter oder
die für diesen verantwortlichen Personen eintrete. Allein ein der=
artiges allgemeines Prinzip des Assekuranzrechts besteht in der
That nicht. Allerdings bestimmen manche Gesetze, daß der Ver=
sicherer, welcher den Schaden bezahlt habe, iu alle Rechte eintrete,
welche der Versicherte aus solchem Schaden gegen Tritte haben
möge (siehe z. B. die Citate bei Lewis, Lehrbuch des Ver=
sicherungsrechts, S. 219) und ist dieser Satz in Doktrin und
Praxis als ein aus der Natur der Versicherung fließender und
daher auch abgesehen von einer positiven Gesetzesbestimmung ge=
wohnheitsrechtlich geltender vertreten worden (vergleiche Lewis
am angeführten Orte, S. 217 u. f.). Allein dieses Prinzip ist
nicht einmal für das Gebiet der Sachversicherung ein allgemein
anerkanntes (vergleiche dagegen z. B. für die Feuerversicherung
Fuzier-Herrmann, *Répertoire général alphabétique du droit
français,* V; Assurance contre l'incendie, Nr. 486 u. ff.;
Bonneville de Marsangy, *Jurisprudence générale des assurances terrestres,* II. Theil, S. 316, Anmerkung 3 und Table des
matières s. v. Subrogation; Rivière, *Pandectes françaises,* X;

Assurance contre l'incendie, Nr. 1609 u. ff.), und noch weniger
kann es für die Personenversicherung als selbstverständlicher,
auch ohne spezielle gesetzliche Vorschrift geltender Grundsatz betrachtet werden (vergleiche darüber Rölli, „Die Rechte des Versicherers
bei Tödtung und Körperverletzung des Versicherten gegen den
Thäter oder verantwortlichen Dritten," in Zeitschrift des
bernischen Juristenvereins, XXVIII, S. 25 u. ff.; Vivante,
Il contratto di assicurazione, III, Nr. 215). Bei der Personenversicherung, wo die Versicherung in unbeschränkter Höhe
statthaft ist, kann gewiß nicht ohne Weiteres gesagt werden,
daß der Versicherungsnehmer oder dessen Hinterlassene, wenn sie
neben der Entschädigungsleistung des Thäters noch die Versicherungssumme beziehen, in unzulässiger Weise mehrfachen Ersatz
desselben Schadens erhalten.

4. Ebensowenig wie ein gesetzlicher Uebergang der Ansprüche
der Hinterlassenen des C. Rungger auf die Versicherungsgesellschaft hat eine Uebertragung dieser Ansprüche durch richterliches
Urtheil stattgefunden; es wurden im Gegentheil, wie die Vorinstanz zutreffend bemerkt, die auf Anerkennung des Uebergangs,
resp. der Pflicht zur Uebertragung gerichteten Widerklagsbegehren
der Versicherungsgesellschaft in ihrem Rechtsstreite gegen Wittwe
und Kind Rungger, soweit darüber überhaupt disponirt wurde,
durch das vom Bundesgerichte einfach bestätigte Urtheil des Appel-
lations- und Kassationshofes des Kantons Bern, abgewiesen. Es
kann sich also nur fragen, ob nicht eine vertragliche Uebertragung
der Ansprüche, d. h. eine rechtsgültige vertragliche Abtretung derselben stattgefunden habe.

5. In dieser Beziehung kommt zunächst die Subrogationsklausel
des Art. 10 der allgemeinen Bedingungen der Versicherungspolice
in Betracht. Wenn der Anwalt der Beklagten heute behauptet
hat, es handle sich bei der Feststellung der Bedeutung und Tragweite dieser Klausel um eine Feststellung rein thatsächlicher Natur,
so daß die vorinstanzliche Entscheidung in dieser Richtung der
Kognition des Bundesgerichtes entzogen sei, so erscheint dies
nicht als richtig. In der That steht die rechtliche Qualifikation
und Wirkung der in Art. 10 der Versicherungsbedingungen enthaltenen Willenserklärung in Frage. Unbedenklich anzuerkennen

ist nun, daß in Art. 10 nicht, wie die Beklagte behauptet, eine bloße Verwahrung eigener Rechte des Versicherers, ein Regreß= vorbehalt, ausgesprochen ist, sondern daß die Subrogationsklausel eine (bedingte) Abtretung eventueller zukünftiger Entschädigungs= ansprüche des Versicherungsnehmers gegen Dritte enthält. Allerdings ist der deutsche Text des Art. 10 inkorrekterweise derart abgefaßt, daß derselbe zu der erstern Auffassung Veranlassung geben kann. Allein es ist doch völlig klar, daß Art. 10 diesen Sinn nicht haben kann. Denn ein bloßer Regreßvorbehalt wäre gänzlich zwecklos und es hätte bei Vereinbarung eines solchen nicht von „Subrogation" gesprochen werden können, da man sich ja in eigene Rechte nicht subrogiren zu lassen braucht und nicht subrogiren lassen kann. Zweifelhafter erscheint, ob die Subrogationsklausel auch Ansprüche gegen Personen umfaßt, welche für die Schadens= folgen des die Ausbezahlung der Versicherungssumme bedingenden Ereignisses lediglich kraft gesetzlicher Haftpflicht einstehen, oder ob dieselbe sich, wie die Vorinstanz andeutet, auf Ersatzansprüche beschränkt, welche auf schuldhafte Verursachung des Ereignisses sich gründen; ebenso ob die Klausel sich blos auf Ansprüche des Versicherungsnehmers bezieht oder aber auch Ansprüche betrifft, welche dem aus dem Versicherungsvertrage zum Bezuge der Ver= sicherungssumme berechtigten Dritten, dem Benefiziaten der Police, zustehen. Die Vorinstanz beantwortet letztere Frage mit Bestimmt= heit in ersterm Sinne, wonach denn die Klage schon aus diesem Grunde abgewiesen werden müßte. Denn die Versicherungsgesell= schaft macht nicht Rechte geltend, welche dem Versicherungsnehmer E. Rungger zugestanden hätten, sondern Ansprüche, welche den im Versicherungsvertrage bedachten Hinterlassenen desselben kraft eigenen Rechts in Folge der Tödtung ihres Ernährers erwachsen seien. Es ist nun aber nicht unzweifelhaft, ob die gedachte Auf= fassung des Vorderrichters zutrifft. Für dieselbe spricht allerdings, daß die Police wiederholt zwischen assuré und bénéficiaire unter= scheidet, indem sie unter assuré den Versicherungsnehmer versteht, während der dritte Bedachte als bénéficiaire bezeichnet wird. Dagegen könnte entgegen gehalten werden, daß als assuré „Ver= sicherter" derjenige erscheine, welchem die Leistung des Versicherers zu Gute kommen solle, da dieser gegen die aus den versicherten

Gefahren drohenden Nachtheile sichergestellt, versichert werde (siehe
Lewis am angeführten Orte, S. 315), daß danach in casu
für den Fall der Körperverletzung der Versicherungsnehmer, für
den Fall der Tödtung dagegen dessen im Versicherungsvertrage
bezeichnete Angehörige „als Versicherte" zu betrachten und in
Art. 10 der Versicherungsbedingungen unter diesem Ausdrucke
verstanden seien; dies um so mehr, als nicht recht einzusehen sei,
warum die Versicherungsgesellschaft den Uebergang der Entschädigungsansprüche gegen den Thäter sich (wie bei der gegentheiligen
Auslegung angenommen werden müßte) nur für den Fall der
Körperverletzung, nicht aber für den Fall der Tödtung hätte aus=
bedingen sollen. Allein es mag dahingestellt bleiben, ob die eine
oder andere Auslegung zutrifft. Denn selbst wenn die Subroga=
tions= respektive Cessionsklausel sich auch auf die Ansprüche der
dritten Bedachten beziehen, eine Abtretung dieser Ansprüche also
von den Kontrahenten des Versicherungsvertrages gewollt sein
sollte, so sind, wie die Vorinstanz richtig ausführt, diese Ansprüche
durch die Cessionsklausel doch nicht wirklich auf die Versicherungs=
gesellschaft übertragen worden. Der Versicherungsvertrag nämlich
ist einzig durch den Versicherungsnehmer C. Rungger abgeschlossen
worden; Frau und Kind sind in der Police als dritte Be=
günstigte bezeichnet; dagegen haben sie bei Abschluß des Versiche=
rungsvertrages nicht mitgewirkt. Durch den Versicherungsvertrag
konnten also ihre Rechte nicht wirksam abgetreten werden. Viel=
mehr konnte durch den Versicherungsvertrag höchstens stipulirt
werden, daß die Versicherungsgesellschaft den Begünstigten die
Versicherungssumme nur gegen Abtretung ihrer Rechte gegen den
Thäter und den für die That Verantwortlichen auszubezahlen ver=
pflichtet sei, so daß die Begünstigten, wenn sie den Anspruch aus
dem Versicherungsvertrage geltend machen wollen, gegen Bezahlung
der Entschädigungssumme ihre Rechte abzutreten verbunden seien.
Sollte nun aber auch eine derartige Stipulation in Art. 10 der
Versicherungsbedingungen wirklich enthalten sein, so würde dieselbe
doch nicht bewirken, daß mit der Bezahlung der Entschädigungs=
summe die Rechte der begünstigten Hinterlassenen ohne Weiters
auf den Versicherer übergehen; vielmehr wäre dadurch nur eine
Pflicht der Hinterlassenen begründet, ihre Rechte gegen den Em=

pfang der Entschädigungssumme abzutreten. Die wirkliche Ueber=
tragung der Rechte könnte nur durch eine in Ausführung dieser
Verpflichtung von den Hinterlassenen in rechtsgültiger Form aus=
gesprochene Abtretung erfolgen.

6. Da es nun im gegenwärtigen Prozesse nicht darauf an=
kommt, ob die Versicherungsgesellschaft von den Hinterlassenen
des C. Rungger die Abtretung ihrer Rechte gegen die Bahnge=
sellschaft zu fordern berechtigt wäre, sondern ob diese Rechte wirk=
lich auf sie übergegangen seien, die Cessionsklausel der Police
aber, wie gezeigt, einen solchen Uebergang nicht bewirkt, so muß
sich fragen, ob eine Abtretungserklärung der Hinterlassenen
Rungger, außerhalb der Cessionsklausel, dargethan sei. Eine solche
könnte nur in den von den Hinterlassenen Rungger in dem
Prozesse gegen die Versicherungsgesellschaft auf die Widerklage der
letztern abgegebenen Erklärungen gefunden werden. Allein diese
Erklärungen enthalten, wie mit der Vorinstanz anerkannt werden
muß, eine Willenserklärung der Hinterlassenen Rungger, daß sie
ihre Rechte an die Versicherungsgesellschaft abtreten, nicht. Die
Hinterlassenen Rungger haben die Widerklagsbegehren der Ver=
sicherungsgesellschaft nicht anerkannt, sondern nur in allgemeinen
Ausdrücken und unter Wiedergabe des völlig inkorrekten, deutschen
Textes des Art. 10 der Versicherungsbedingungen ausgesprochen,
daß sie die Subrogation, wie sie in diesem Artikel angeordnet sei,
zugeben, dabei in ihrer Schlußvorkehr beifügend, die Gerichte
mögen dereinst prüfen ob noch ein Weiteres nöthig wäre. Daraus
kann, insbesondere bei der unklaren und ungenügenden Redaktion
des Art. 10 der Versicherungsbedingungen ein Schluß darauf,
daß die Hinterlassenen Rungger damit ihnen zustehende, eigene
Rechte der Versicherungsgesellschaft abtreten wollen, nicht gezogen
werden. Die bloße Anerkennung der im Versicherungsvertrage
stipulirten Subrogation enthält nicht eine Abtretungserklärung
der Hinterlassenen, welche einzig deren Rechte übertragen könnte.
Deßhalb hat denn auch bei Auszahlung der Versicherungssumme
die Versicherungsgesellschaft den Versuch gemacht, eine wirkliche
Abtretungserklärung zu erlangen; die Hinterlassenen Rungger
haben dieselbe aber verweigert. Es sind somit die Rechte der
Hinterlassenen Rungger nicht wirklich auf die Versicherungsgesell=

ſchaft übergegangen und es iſt daher die Klage wegen mangelnder
Aktivlegitimation abzuweiſen.

Demnach hat das Bundesgericht
erkannt:

Die Weiterziehung der Klägerin wird als unbegründet abge=
wieſen und es hat demnach in allen Theilen bei dem angefochtenen
Urtheile des Appellations= und Kaſſationshofes des Kantons
Bern vom 12. Februar 1892 ſein Bewenden.

---

60. *Arrêt du 25 Mai 1892 dans la cause*
Torche contre hoirs Peytrignet.

Par jugement des 8/10 Mars 1892, la Cour civile du canton de Vaud, statuant sur le litige pendant entre parties, a
prononcé ce qui suit :

« La Cour repousse les conclusions de la demanderesse,
» admet les conclusions libératoires et reconventionnelles
» des défenderesses, prononce, en conséquence, la nullité de
» la reconnaissance du 1er Août 1889, souscrite par Jules
» Peytrignet en faveur de Julie Torche, et condamne la de-
» manderesse à tous les dépens du procès. »

Par écriture du 25 Mars 1892, Julie Torche a recouru au
Tribunal fédéral en réforme de ce jugement, concluant à ce
que les conclusions prises par elle en demande lui soient
allouées avec dépens.

A l'audience de ce jour, Julie Torche a repris cette conclusion, et la partie hoirs Peytrignet a, de son côté, conclu au
maintien du jugement attaqué.

Statuant et considérant :

En fait :

1° Jules fils de Frédéric Peytrignet, de Mollondins, est
décédé à Donneloye le 23 Janvier 1890, à l'âge de 40 ans,
laissant pour héritières Aline-Louise née Peytrignet, femme
de Louis Magnenat, et Clémence-Augusta Mingard.

Julie Torche, de Cheiry (Fribourg), est intervenue au bénéfice d'inventaire de la succession Peytrignet, pour être payée
d'une reconnaissance de 3000 francs, du 1ᵉʳ Août 1889,
souscrite par Jules Peytrignet et libellée en ces termes :

« Le sousigné reconnais devoir à Julie Torche de Cheiry,
» la somme de trois milles francs sur l'arrangement que j'ai
» prix avec elle le 1ᵉʳ Août de la présente année pour motif
» grave du 29 Juillet, pour compte réglé entre nous cette
» somme sera payable au 1ᵉʳ Février 1890.... »

Dans cette reconnaissance, l'échéance primitive du 1ᵉʳ Novembre 1889 a été biffée et remplacée par celle du 1ᵉʳ Février
1890.

Sur le refus de reconnaître la validité du titre invoqué,
Julie Torche, en date du 2 Mars 1891, a ouvert action aux
héritières de feu Peytrignet devant la Cour civile vaudoise,
en payement de la dite reconnaissance.

Dans son mémoire introductif d'instance, Julie Torche qua-
lifie l'écrit du 1ᵉʳ Août 1889 de transaction.

Déjà en 1886, Jules Peytrignet avait eu des relations avec
Julie Torche, dont la conduite était notoirement légère ; elle
a fait, notamment, souscrire des engagements pécuniaires
par plus d'un individu ayant eu des relations avec elle.

Dès avant le 1ᵉʳ Août 1889, Jules Peytrignet était malade ;
son intelligence avait notablement baissé et il avait perdu la
mémoire ; depuis l'automne 1888 il se livrait habituellement
à la boisson. Le 25 Novembre 1888, le Dʳ Alfred Secretan,
à Lausanne, qui avait eu Peytrignet en traitement dans sa
clinique, écrivait à son sujet ce qui suit :

« C'est un homme qui commence fortement à perdre son
intelligence, et j'estime qu'il ne faut pas tarder à le soigner,
si on veut encore le sauver, sans quoi il dépensera toute sa
fortune, et sera bientôt complètement abruti. On devrait
même le faire interdire. »

Vers la fin de juillet 1889, Jules Peytrignet s'est rendu à
Combremont et de là à Cheiry, chez Julie Torche. A ce moment il venait de passer une quinzaine de jours à boire hors
de la maison, et il s'est montré à Cheiry en compagnie de la

fille Torche ; on les a vus ensemble à l'auberge, et ils paraissaient être dans les meilleurs termes.

Au dire de la demanderesse, la cause du titre souscrit par Peytrignet serait une tentative de viol dont Julie Torche aurait été la victime de la part de Peytrignet le 29 Juillet 1889, celui-ci ayant consenti, le 1er Août suivant, à signer la reconnaissance de 3000 francs pour éviter une plainte pénale. La demanderesse a toutefois échoué dans la preuve testimoniale par elle entreprise dans le but d'établir cette cause.

Les défenderesses, alléguant la faiblesse d'esprit de leur auteur, la conduite légère de la demanderesse, ses relations avec Peytrignet dès 1886, ont conclu devant la Cour civile à la nullité de la cédule, à raison de l'incapacité du débiteur de contracter à l'époque où il aurait signé, et à raison de la cause de l'engagement allégué.

Au cours du procès une expertise médicale a été faite par le Dr Pachoud, directeur de l'Asile de Cery, sur l'état de santé de Peytrignet au moment de la reconnaissance, et, dans son rapport, l'expert conclut comme suit :

« De l'exposé qui précède nous concluons :

» 1° Que le 1er Août 1889, Jules Peytrignet était atteint depuis assez longtemps déjà, en tout cas depuis le 25 Novembre 1888, date de la lettre du Dr Secretan, d'un affaiblissement progressif des facultés intellectuelles et morales, dû à l'abus des boissons alcooliques.

» 2° Que dans ces conditions Peytrignet devait subir très facilement l'influence d'autrui. »

Dans son jugement des 8/10 Mars 1892, la dite Cour a statué, comme il est dit plus haut, par les motifs dont suit la substance :

La demanderesse a complètement échoué dans sa preuve testimoniale relative à la prétendue cause de la cédule souscrite par Peytrignet; en présence de la procédure suivie par Julie Torche, il n'y a pas lieu de s'arrêter aux énonciations du titre lui-même concernant la prétendue cause de l'obligation; la demanderesse n'a donc pas réussi à établir la cause du titre dont elle réclame le paiement et, par suite, l'acte du

1er Août doit être annulé pour défaut de cause. Au surplus, les défenderesses étaient fondées à critiquer cet acte en présence des constatations de l'expert sur l'état mental de Peytrignet au moment de la souscription de la dite cédule (C. O. art. 31, loi fédérale sur la capacité civile, art. 4). Il n'y a toutefois pas lieu de s'arrêter à cette question en l'espèce, le défaut de cause suffisant à ôter toute valeur juridique à l'acte du 1er Août 1889.

C'est à la suite de ce jugement que Julie Torche a recouru au Tribunal fédéral, et que les parties ont pris les conclusions plus haut mentionnées.

En droit :

2° Le Tribunal cantonal estime qu'en présence de la preuve testimoniale entreprise par la demanderesse pour établir la cause de l'obligation du 1er Août 1889, il n'y a pas lieu de s'arrêter aux énonciations du titre à cet égard, soit au prétendu « arrangement par motif grave » conclu par Peytrignet avec Julie Torche, et que dès lors le titre dont celle-ci réclame le paiement doit être annulé pour défaut de cause, sans qu'il soit nécessaire de s'arrêter à la question de savoir si, au moment de la signature de la cédule, le prédit Peytrignet se trouvait dans un état mental qui lui permette de contracter valablement.

3° Ce point de vue apparaît toutefois comme erroné en présence du prescrit de l'art. 15 C. O., lequel dispose que la reconnaissance d'une dette est valable, encore que la cause de l'obligation ne soit pas exprimée. C'est donc à tort que la Cour a fait à la demanderesse un grief d'avoir échoué dans la preuve de la cause par elle alléguée, puisque, aux termes de l'art. 15 précité, cette cause était présumée par la loi.

4° Cette présomption se trouve toutefois paralysée dans l'espèce par la circonstance que la seule et unique cause de l'acte, indiquée par la demanderesse elle-même, c'est-à-dire la tentative de viol à laquelle elle aurait été en butte, se trouve exclue par les faits établis au procès.

En effet cette cause est inadmissible en présence des constatations, figurant dans le jugement cantonal, que la demande-

resse avait eu des relations avec le sieur Peytrignet depuis
1886 déjà, qu'elle est de mœurs légères et a donné nais-
sance, en 1883, à un enfant illégitime, et, surtout, qu'elle a
fait signer à diverses reprises des billets par plusieurs individus, pour prix de ses faveurs. Il est en outre démontré qu'à
la fin de Juillet 1889, époque de la signature de la cédule
litigieuse et de la prétendue tentative de viol, la fille Torche
s'est montrée dans les rues et dans l'auberge de Cheiry en
compagnie du sieur Peytrignet, avec lequel elle paraissait
être dans la plus grande intimité.

La cause indiquée par la demanderesse devant être écartée par les motifs qui précèdent, il ne subsisterait, en présence de la nature des allégués de Julie Torche, comme
cause de la cédule que la rétribution des relations charnelles
entretenues par elle avec Peytrignet (*pretium stupri*). Or
une semblable cause apparaît comme contraire aux bonnes
mœurs, et l'engagement du 1ᵉʳ Août 1889 ne saurait être
considéré comme valable en présence de l'art. 17 C. O., cela
d'autant moins qu'au moment de la signature de la cédule
litigieuse, Peytrignet se trouvait, — à teneur des déclarations
concordantes du médecin qui l'a soigné pour alcoolisme, et
de l'aliéniste auteur du rapport médical produit au dossier, —
dans un état d'affaiblissement physique et mental qui devait
en faire la facile victime de pareilles tentatives.

Par ces motifs,

Le Tribunal fédéral

prononce :

Le recours est écarté, et le jugement rendu par la Cour
civile du canton de Vaud, les 8/10 Mars 1892, est maintenu
tant au fond que sur les dépens.

61. Urtheil vom 3. Juni 1892 in Sachen Bättig gegen Staub.

A. Durch Urtheil vom 16. März 1892 hat das Obergericht des Kantons Zug erkannt:

Es sei unter Abweisung der beiden Appellationsbeschwerden das kantonsgerichtliche Urtheil vom 11. Dezember 1891 bestätigt.

Das erstinstanzliche Urtheil des Kantonsgerichtes Zug ging dahin:

Der Beklagte sei pflichtig, für die durch seinen Hund am 13. April 1890 dem Kläger beigebrachten Verletzungen und bleibenden Nachtheile demselben eine Entschädigung von 800 Fr. zu bezahlen; mit der Mehrforderung sei der Kläger abgewiesen.

B. Gegen das Urtheil des Obergerichtes ergriffen beide Parteien die Weiterziehung an das Bundesgericht. Bei der heutigen Verhandlung beantragt der Anwalt des Klägers: Es sei in theilweiser Abänderung des angefochtenen Urtheils die Klage in vollem Umfange gutzuheißen und demnach der Beklagte zu einer Entschädigung von 5000 Fr. zu verurtheilen unter Vorbehalt einer Mehrforderung für den Fall, daß später schlimmere Folgen der Verletzung sich ergeben sollten.

Dagegen trägt der Anwalt des Beklagten darauf an, es sei das klägerische Rechtsbegehren abzuweisen, eventuell nach richterlichem Ermessen zu reduziren.

Das Bundesgericht zieht in Erwägung:

1. Am 13. April 1890 ging der Kläger, Zimmermeister Bättig, einen öffentlichen Fußweg benützend, durch die Stockmatte des Beklagten Negotianten Staub. In der untern Hälfte des Fußweges standen Staub und sein Schwager Waltisbühl. Als Bättig vorbeiging, grüßte ihn Staub mit den Worten „Guten Abend, Herr Bättig." Bättig erwiderte den Gruß nicht, da er annahm, Staub, mit welchem er auf gespanntem Fuße stand, wolle ihn blos „furen" und setzte seinen Weg fort. Da der Fußweg eine Strecke weit grob bekiest war, verließ er den Weg und trat in das Land des Staub hinaus. Staub rief ihm nach, er solle im Wege gehen. Bättig folgte dieser Aufforderung nicht, sondern rief

zurück, er gehe da durch, wo er am Morgen durchgegangen sei; darauf entspann sich ein Wortwechsel. Dabei sprang der Hund des Staub, welcher sich bei seinem Herrn befand, knurrend und bellend auf Bättig zu; letzterer drehte sich um, griff wiederholt Steine auf und warf sie nach dem Hunde, welchem er einige Schritte weit nachfolgte. Staub rief dem Bättig zu, er solle auf= hören, Steine zu werfen, ging dann auf ihn los und warf ihn zu Boden; während Bättig am Boden lag, wurde er von dem Hunde angepackt und erhielt eine schwere Bißwunde am rechten Unterschenkel. Die Klage behauptet, Staub habe den Hund auf Bättig gehetzt und zwar wiederholt, sowohl während des Wort= wechsels als nachdem Bättig am Boden gelegen habe. Staub be= streitet dies; doch hat er im Verhör zugegeben, daß er, als Bättig zum zweiten Male Steine aufhob, gesagt habe: „Nimme nur," oder „es ist recht, wenn er dich nimmt." Bättig war in Folge der erlittenen Bißwunde, welche Lymphenentzündung und Rothlauf zur Folge hatte, bis in die zweite Hälfte August 1890 völlig arbeitsunfähig; nach den gerichtlichen Gutachten vom 12. Januar und 6. Oktober 1891 ist er wieder hergestellt und für leichtere Arbeit vollständig arbeitsfähig; doch hat sich die Musku= latur des verletzten Beines nicht mehr in ihrem vollen Umfange entwickelt und ist eine leichte Beschränkung der Beugung des Knies, sowie wahrscheinlich eine gewisse Disposition zu Krampf= zuständen eingetreten. Die Arbeitsfähigkeit des Klägers als Zimmer= mann ist nach der Aussage des Gerichtsarztes bleibend in mäßigem Grade beeinträchtigt, so daß, wenn nach den Prinzipien einer Unfallversicherungsgesellschaft geurtheilt werden müßte, Invalidität dritten d. h. leichtesten Grades anzunehmen wäre. Gegen den Beklagten war Strafuntersuch wegen vorsätzlicher Körperverletzung erhoben worden. Durch Urtheil des Strafgerichtes Zug vom 21. Februar 1891 wurde er indeß freigesprochen, da nicht völlig er= wiesen sei, daß er den Hund gehetzt habe, der Zweifel aber dem Angeklagten zu Gute kommen müsse. Im gegenwärtigen Civil= prozesse hat der Kläger unter Berufung auf Art. 50 u. ff. und Art. 65 O.-R. eine Entschädigung von 5000 Fr. gefordert.

2. In rechtlicher Beziehung ist klar, daß es sich um eine Be= schädigung durch ein vom Beklagten gehaltenes Thier handelt und

daß demnach der Beklagte nach Art. 65 O.-R. grundsätzlich schadenersatzpflichtig ist, sofern er nicht beweist, daß er alle erforderliche Sorgfalt in der Verwahrung und Beaufsichtigung angewendet habe. Wenn heute der klägerische Anwalt betont hat, daß der Beklagte, auch abgesehen von Art. 65 O.-R., aus Art. 50 ibidem hafte, so ist nicht erforderlich, hierauf einzugehen, denn die Schadenersatzpflicht des Thierhalters für Beschädigung durch Thiere aus Art. 65 O.-R. untersteht mit Bezug auf Inhalt und Umfang den allgemeinen Grundsätzen der Deliktsobligationen; die Haftpflicht aus Art. 50 ist also nicht etwa eine weitergehende als diejenige aus Art. 65 O.-R., während dagegen letztere Gesetzesbestimmung für den Verletzten insofern günstiger ist, als sie ein Verschulden des Thierhalters präsumirt und daher dem Geschädigten nicht den Belastungs-, sondern dem Thierhalter den Entlastungsbeweis auferlegt. Den ihm obliegenden Entlastungsbeweis hat nun der Beklagte nicht erbracht. Nicht nur hat er nicht dargethan, daß er alle Sorgfalt angewendet habe, um seinen Hund von Beschädigung des Klägers abzuhalten, sondern er hat erwiesenermaßen das Thier selbst zum Angriffe gereizt; er hat seinen Hund, als er auf den Kläger los sprang, nicht nur nicht zurückgerufen oder zurückgehalten, sondern, durch die von ihm selbst zugegebenen Aeußerungen „Nimme nu" oder „es ist recht, wenn er dich nimmt" zum Angriffe ermuntert. Als er dann selbst zu Thätlichkeiten gegen den Kläger überging, war der Angriff des Hundes die ganz natürliche und leicht vorauszusehende Folge seines ganzen Verhaltens. Richtig mag sein, daß der Beklagte den Hund nicht „gehetzt" d. h. nicht die gewöhnlichen Hetzlaute ausgestoßen hat, allein durch sein ganzes Benehmen hat er das Thier offenbar zum Angriffe aufgefordert und aufgereizt. Wenn dem gegenüber der Beklagte geltend gemacht hat, der Kläger habe seine Verletzung selbst verschuldet, so ist allerdings richtig, daß auch den Kläger ein gewisses Verschulden trifft. Zwar kann ein solches nicht darin gefunden werden, daß der Kläger, wie die Vorinstanzen als erwiesen annehmen, den Hund des Beklagten früher verschiedentlich gereizt habe. Denn am 13. April 1890 selbst hat er dies nicht gethan, sondern hat ihn das Thier, ohne vorherige Anreizung von seiner Seite, angegriffen. Ebenso-

wenig liegt, wie die Vorinstanzen anzunehmen scheinen, ein Ver=
schulden des Klägers darin, daß er den Gruß des Beklagten nicht
erwiderte. Dieser Gruß, mit der Anrede als Herr, entsprach
wohl kaum der Landessitte und es ist jedenfalls begreiflich, wenn
der Kläger denselben als ironisch gemeint auffaßte und daher un=
beantwortet ließ. Dagegen ist ein Verschulden des Klägers darin
zu finden, daß er unberechtigterweise den öffentlichen Fußweg
verließ und in das Land des Beklagten hinaustrat, auch auf die
Aufforderung des Beklagten sich nicht in den Weg zurück begab.
Es mag zwar richtig sein, daß dadurch dem Beklagten ein Scha=
den kaum entstand und daß viele andere Fußgänger das Gleiche
thaten, ohne daß der Beklagte dagegen einschritt. Allein dies be=
gründete selbstverständlich für den Kläger kein Recht, das Land
des Beklagten, außerhalb des öffentlichen Weges, als Passage zu
benützen und darauf, auch gegen das ausdrückliche Verbot des
Eigenthümers, zu beharren. Durch dieses Verhalten des Klägers
ist denn allerdings zu dem nachfolgenden Wortwechsel Veran=
lassung gegeben worden und es trifft also insofern den Kläger
ein Verschulden. Allein zu einer Abweisung der Klage kann dies
nicht führen. Denn dem Verschulden des Klägers steht das weit
größere Verschulden des Beklagten gegenüber, welcher seinen Hund
von Angriffen auf den Kläger nicht nur nicht abhielt, sondern
ihn dazu geradezu durch Wort und That anreizte. Dies war nicht
etwa durch die Nothwendigkeit einer Vertheidigung gegen Angriffe
des Klägers gerechtfertigt. Denn die Steinwürfe des Klägers
richteten sich nicht gegen den Beklagten, sondern gegen den, den
Kläger mit Bellen u. s. w. verfolgenden Hund. Diesen Stein=
würfen hätte daher der Beklagte sehr einfach dadurch ein Ende
machen können, daß er den Hund zurückrief; sie rechtfertigten in
keiner Weise, daß der Beklagte zu Thätlichkeiten gegen den Kläger
überging und dadurch auch dem Hunde das Zeichen zum Angriffe
gab. Es war dies um so gefährlicher und unentschuldbarer, als
der Hund des Beklagten festgestelltermaßen ein bissiges Thier ist,
welches schon wiederholt Menschen angegriffen hatte und welches
daher der Beklagte nicht anreizen durfte, sondern im Gegentheil
wohl zu verwahren hatte.

3. In Bezug auf das Quantitativ der Entschädigung, so hat

der Kläger nach Art. 53 O.-R. Anspruch auf Ersatz der Heilungs=
kosten und auf Entschädigung für die Nachtheile gänzlicher oder
theilweiser Erwerbsunfähigkeit. Die Heilungskosten belaufen sich
festgestelltermaßen auf 417 Fr. 20 Cts. Was die Nachtheile gänz=
licher oder theilweiser Arbeitsunfähigkeit anbelangt, so fällt in Be=
tracht: Der Kläger ist im Jahre 1841 geboren; er arbeitete als
Zimmermann mit einigen Gesellen. Sein persönlicher Arbeits=
verdienst ist für die Wintermonate auf circa 1 Fr. 70 Cts., für
die Sommermonate auf circa 2 Fr. 50 Cts. per Tag nebst der
Kost, oder (die Kost zu 1 Fr. per Tag berechnet) im Jahre
durchschnittlich auf 900 Fr. zu veranschlagen. Während circa
120 Tagen des Sommerhalbjahres 1890 war er gänzlich arbeits=
unfähig. Der daherige Erwerbsausfall beträgt circa 420 Fr.
Durch die Verletzung ist im Fernern der Kläger in seiner Arbeitsfähigkeit dadurch dauernd beschränkt worden, daß seine Fähigkeit,
persönlich schwere Arbeiten zu verrichten, geschmälert worden ist,
während er dagegen in Ueberwachung der Arbeit seiner Gesellen
und in Verrichtung leichterer Arbeiten nicht gehindert ist. Nach
den Angaben des Gerichtsarztes, wonach gemäß dem Sprach=
gebrauche der Unfallversicherungsgesellschaften eine Invalidität
leichtesten Grades vorliege, ist diese Verminderung der Arbeits=
fähigkeit auf circa 10—15 %, der dem Kläger entstehende dau=
ernde Einkommensausfall also auf rund circa 100 Fr. per Jahr
zu veranschlagen. Diesem jährlichen Einkommensausfalle entspräche
bei dem Alter des Klägers ein Rentenkapital von circa 1300 Fr.
und die Gesammtentschädigung (Heilungskosten inbegriffen) würde
sich also auf ungefähr 2100 Fr. belaufen. Allein dieser Betrag
kann nun nicht voll zugesprochen werden. Vielmehr ist zu berück=
sichtigen, daß die Abfindung durch Kapital= statt Rentenzahlung
für den Kläger vortheilhaft ist, daß bei dem Alter des Klägers
auch ohne die Verletzung, die Fähigkeit zu Verrichtung schwerer
Arbeiten naturgemäß in nicht ferner Zeit abgenommen hätte
und endlich hat eine Reduktion der Entschädigung auch· mit
Rücksicht auf das etwelche Mitverschulden des Klägers gemäß
Art. 51 Abs. 2 O.-R. Platz zu greifen. Werden alle diese Mo=
mente gewürdigt, so erscheint es als angemessen, die Entschädigung
auf 1500 Fr., verzinslich seit dem Tage der Klageanhebung, fest=

zusetzen. Eine weitergehende Reduktion der Entschädigung dagegen
wäre nicht gerechtfertigt. Das Mitverschulden des Klägers, welches
die Vorinstanzen bei ihrer Entschädigungsfeststellung wesentlich
geleitet hat, ist in der That, wie gezeigt, kein großes, sondern
ein verhältnißmäßig geringes.

4. Der vom Kläger beantragte Vorbehalt der Nachklage für
den Fall einer Verschlimmerung des Gesundheitszustandes des
Klägers ist nicht aufzunehmen. Da die Folgen der Verletzung
hinlänglich klar vorliegen, liegt hiezu ein Grund überall nicht
vor und es braucht daher nicht untersucht zu werden, ob ein
solcher Vorbehalt überhaupt statthaft wäre.

Demnach hat das Bundesgericht

erkannt:

Die Weiterziehung des Beklagten wird als unbegründet abge=
wiesen; dagegen wird diejenige des Klägers dahin für begründet
erklärt, daß, in Abänderung des angefochtenen Urtheils des Ober=
gerichtes des Kantons Zug, die vom Beklagten dem Kläger zu
bezahlende Entschädigung auf 1500 Fr., sammt Zins à 5 %
seit 18. August 1891, erhöht wird.

---

62. Urtheil vom 4. Juni 1892 in Sachen
Thomann gegen Sennereigesellschaft Hegnau.

A. Durch Urtheil vom 3. Mai 1892 hat die Appellations=
kammer des Obergerichtes des Kantons Zürich erkannt:

Die Klage wird abgewiesen; demzufolge wird die provisorische
Rechtsöffnung vom 22. Januar dies Jahres als eine endgültige
erklärt.

B. Gegen dieses Urtheil ergriff der Kläger die Weiterziehung
an das Bundesgericht. Bei der heutigen Verhandlung beantragt
der Vertreter des Klägers Gutheißung des Rekurses und der
Klage, indem er rücksichtlich des Quantitativs der Entschädigung
alle vor den kantonalen Instanzen aufgestellten Behauptungen
und gemachten Beweisanerbieten aufrecht hält. Dagegen beantragt

der Anwalt der Beklagten Abweisung der gegnerischen Beschwerde
und Bestätigung des angefochtenen Urtheils.

Das Bundesgericht zieht in Erwägung:

1. Der Kläger hatte die Sommermilch der beklagten Käserei=
gesellschaft Hegnau für 1891 gekauft und deren Sennhütte, sowie
eine Wohnung gemiethet. Die von ihm erhobene Schadenersatz=
forderung von 3200 Fr. stützt sich darauf, daß die Beklagte
ihn im November 1891 rechtswidrig gehindert habe, die von
ihm im Sommer und Herbst 1891 produzirten und bereits ver=
kauften Käse abzuführen, bevor er den Werth derselben deponirt
habe. In Folge dessen sei sein Käufer vom Vertrage zurückge=
treten und sei ihm zufolge des nachher eingetretenen Sinkens der
Käsepreise und der Nöthigung weiterer Besorgung der Käse ein
Schaden im angegebenen Betrage erwachsen.

2. Die Klage ist aus den bereits von den Vorinstanzen an=
geführten Gründen ohne Weiters abzuweisen. Nach den that=
sächlichen Feststellungen der Vorinstanzen liegt nicht vor, daß
die beklagte Sennereigesellschaft gegenüber einem Versuche des
Klägers, seine Käse abzuführen, thätlichen Widerstand geleistet
oder angedroht hätte, es liegt vielmehr einzig vor, daß die Be=
klagte gemäß ihrem Schreiben vom 13. November 1891 an den
Kläger am 12. gleichen Monats beschlossen hat, dem Kläger
die Käseabfuhr zwar zu gestatten, jedoch müsse, bevor die Käse=
abfuhr geschehen könne, der Betrag des Werthes der Käse bei
dem Gesellschaftskassier deponirt werden. Heute hat zwar der An=
walt des Klägers eine andere Darstellung der Sache gegeben,
wonach der Kläger durch die thätliche Dazwischenkunft einiger
handfester Angehöriger der beklagten Gesellschaft an der Abfuhr
der Käse verhindert worden wäre. Allein diese Darstellung findet
in den Feststellungen der Vorinstanzen und überhaupt in den
Akten keinen Anhalt. Die beklagte Gesellschaft hat also einfach
der rechtlichen Meinung Ausdruck gegeben, daß der Kläger ohne
Bezahlung oder Sicherstellung seiner Milchschuld nicht befugt
sei, seine Käse abzuführen. Darin liegt, auch wenn diese Meinung
eine rechtlich nicht begründete gewesen sein sollte, offenbar keine
widerrechtliche unerlaubte Handlung. Der Kläger war durch die
Erklärung der Gesellschaft in keiner Weise gebunden; hielt er

dieselbe für eine rechtlich unbegründete, so konnte er sie bestreiten
und mit der Abfuhr der Käse beginnen, wobei sich denn heraus=
stellen mußte, zu welchen rechtlichen oder thatsächlichen Maß=
nahmen die Gesellschaft schreiten werde. That er dies nicht, son=
dern verhielt er sich einfach passiv, so kann er für die Folgen
dieses Verhaltens die Beklagte nicht verantwortlich machen. Ist
die Klage schon aus diesem Grunde abzuweisen, so bedarf es eines
Eingehens auf die weitern von der Beklagten erhobenen Ein=
wendungen nicht. Wenn der klägerische Anwalt heute noch ange=
deutet hat, der klägerische Anspruch sei als ein vertraglicher be=
gründet, so ist dieser Gesichtspunkt nicht näher ausgeführt worden
und es ist denn auch klar, daß es sich in der That nur um einen
Deliktsanspruch handeln kann. Denn die ihr aus dem Milchkauf
und Miethvertrage obliegenden Pflichten hat die beklagte Gesell=
schaft unzweifelhaft erfüllt.

Demnach hat das Bundesgericht

erkannt:

Die Weiterziehung des Klägers wird als unbegründet abge=
wiesen und es hat demnach in allen Theilen bei dem angefochtenen
Urtheile der Appellationskammer des Obergerichtes des Kantons
Zürich vom 3. Mai 1892 sein Bewenden.

---

63. Urtheil vom 10. Juni 1892 in Sachen
Dormann gegen Hochstraßer.

A. Durch Urtheil vom 1. März 1892 hat das Kantonsgericht
von Graubünden erkannt:

1. Die Appellation wird gutgeheißen und es ist Dr. Dormann
demgemäß verpflichtet, dem J. Hochstraßer eine Entschädigung von
3000 Fr. zu bezahlen.

2. Die Widerklage wird abgewiesen.

B. Gegen dieses Urtheil ergriff der Beklagte die Weiterziehung
an das Bundesgericht. Bei der heutigen Verhandlung beantragt
sein Anwalt:

1. Es sei die Sache an das Kantonsgericht zur Vervollständigung der Akten zurückzuweisen;

2. Es sei die Klage abzuweisen und

3. Die Widerklage in dem Sinne gutzuheißen, daß dem Beklagten für den erlittenen Angriff auf seine Berufsehre von Ge-
richtswegen volle Genugthuung ertheilt werde.

In seinem Vortrage begehrt er eine Aktenvervollständigung in
folgenden Richtungen:

1. Einholung von Zeugnissen über die wissenschaftliche Tüchtig-
keit und den Ruf des Beklagten als gewissenhafter Arzt;

2. Konstatirung der seit der Ueberführung des Klägers in das
Spital eingetretenen Thatsachen, speziell Einholung eines Berichtes
über seine dortige Behandlung;

3. Vervollständigung des Expertengutachtens des Professors
Krönlein in dem Sinne, daß ein Gutachten darüber eingeholt
werde, ob nicht durch die Art des vom Kläger erhaltenen Schlages
eine Quetschung der Arterien und Nerven verursacht worden sei,
was eine, die eingetretene Folge erklärende, Neuritis hervorgerufen
habe.

Dagegen beantragt der Anwalt des Klägers, es sei die gegnerische Beschwerde abzuweisen und das angefochtene Urtheil in
allen Theilen zu bestätigen.

Das Bundesgericht zieht i n E r w ä g u n g :

1. Am 17. August 1889 erhielt der Kläger Hochstraßer von
einem Zuchthengste des Chr. Möhr in Maienfeld einen Hufschlag
auf den rechten Oberarm. Der herbeigerufene Arzt, der Beklagte
Dr. Dormann, konstatirte eine Fraktur des Oberarmknochens
ungefähr in der Mitte desselben, sowie am obern Drittel des
Oberarmes eine runde wunde Stelle von der Größe eines Zwanzig-
rappenstückes, die etwas blutete, aber ganz flach war und mehr
eine bloße Hautabschürfung darstellte. Er desinfizirte zunächst die
kleine Hautwunde mit Sublimatlösung und bedeckte sie mit Baumwolle. Sodann schritt er zur Einrichtung des Armes und, nachdem diese glücklich vollzogen war, zu Anlegung eines Gypsverbandes. Er verband den Vorderarm in Extension und legte um
denselben, sowie um den Oberarm zwei Lager Gazebinden, über
welche die Gypsbinde zu liegen kam, welche oben und unten mit

Baumwolle belegt war. Gepolstert wurde der Gypsverband nicht;
auch wurden Schulter und Handgelenk nicht in denselben einbe=
zogen. Dr. Dormann verließ den Kranken am Abend, ohne daß
dieser sich über den Verband beklagt hätte. In der Nacht vom
17./18. August wurde er zu dem Kranken gerufen; dieser hatte
plötzlich einen heftigen Schmerz im Arm, dazu starken Schüttel=
frost und Fieber bekommen; an der Radialarterie konnte der Puls
nicht gefühlt werden. Dr. Dormann stellte die Diagnose auf
Embolie und Thrombose (Verstopfung der Brachialarterie) und
verabreichte dem Kranken gegen das Fieber und zur Beruhigung
Chinin und Morphium, während er an dem Verbande nichts
änderte. Am Morgen des 18. August fand Dr. Dormann die
Hand ödematös angeschwollen, kühl und gefühllos; er hielt an
seiner Diagnose fest und ordnete Warmwasserumschläge um die
Hand zwecks Hebung der Blutzirkulation und Erwärmung der
Hand an. Im Verlaufe des Tages besuchte er den Kranken noch
zweimal, Mittags und Abends, wobei er den Zustand ziemlich
gleich wie am Morgen fand und an dem Verbande gleichfalls
nichts änderte. Am 19. August besuchte Dr. Dormann den Kran=
ken Vormittags 7 Uhr wieder; er konstatirte, daß die Geschwulst
des Vorderarmes und der Hand zugenommen und auf dem Daumen
die Oberhaut sich zu einer Blase erhoben hatte, während der
Oberarm nicht angeschwollen war. Nunmehr erkannte Dr. Dor=
mann, daß eine Abnahme des Verbandes geboten sei. Allein
Hochstraßer verlangte nun, in das Spital nach Chur übergeführt
zu werden. Da dieser Transport ohne Verband als unthunlich
erschien, so beließ Dr. Dormann den Verband wie er war und
verabschiedete sich von dem Kranken, da er eine ärztliche Beglei=
tung nach Chur für unnöthig erachtete. Die Angehörigen des
Hochstraßer holten sodann an demselben Morgen um 8 Uhr den
Dr. Franz in Maienfeld herbei, welcher den Verband als kon=
stringirend erkannte und daher durch Einschnitte lockerte. Ferner
begab sich Dr. Franz Mittags nach Chur, wo er für die sofortige
Aufnahme des mit einem späteren Eisenbahnzuge nachfolgenden
Hochstraßer in das Spital besorgt war. Nachdem Hochstraßer in
dem Spital eingetroffen war, wurde er dort von den Aerzten
Dr. Köhl und Dr. Franz in Behandlung genommen. Dieselben
schritten sofort Nachmittags circa 3 Uhr zu Entfernung des Ver=

bandes, den sie aus der vollständigen motorischen und sensiblen
Lähmung, dem fehlenden Puls und der Brandblasenbildung als
konstringirend erkannten. Hochstraßer blieb während circa 4 Wochen
im Spital in Behandlung. Der Knochenbruch ist in der normalen
Zeit geheilt. Dagegen ist eine totale oder fast totale und irrepa-
rable Lähmung im Gebiete der Nerven und Muskeln des rechten
Vorderarmes und der Hand mit Neigung zur Kontraktur (Greifen-
klaue) geblieben. Eine Verschlimmerung dieses Zustandes ist nach
dem Gutachten des Oberexperten Professor Krönlein ebensowenig
zu erwarten wie eine Besserung. Da Hochstraßer die Schuld an
seiner Verstümmelung der ärztlichen Behandlung des Dr. Dormann
beimaß, so hat er gegen diesen eine Schadenersatzforderung von
3000 Fr. eingeklagt. Der Beklagte hat widerklagsweise Genugthuung und in erster Instanz auch eine Entschädigung von 4000 Fr.
für die ihm durch die Behauptung fahrläßiger Behandlung zugefügte Ehrenkränkung und Schädigung verlangt. Die erste Instanz
(Bezirksgericht Unterlandquart) hat die Klage abgewiesen, dagegen die Widerklage, soweit sie auf Genugthuung gerichtet war,
gutgeheißen. Dagegen hat das Kantonsgericht des Kantons Graubünden, gestützt auf das von ihm eingeholte Obergutachten des
Professor Dr. Krönlein in Zürich durch sein Fakt. A erwähntes
Urtheil die Klage gutgeheißen und die Widerklage abgewiesen.

2. Das Aktenvervollständigungsbegehren des Beklagten ist abzulehnen. Soweit dasselbe auf Einholung von Berichten über den
ärztlichen Ruf des Beklagten und die Behandlung des Klägers
im Spitale zu Chur sich richtet, ist dasselbe schon deßhalb unzuläßig, weil derartige Beweisanträge vor der zweiten kantonalen
Instanz nicht gestellt waren. Soweit sodann eine Ergänzung der
Expertise resp. eine neue Oberexpertise beantragt wird, ist das
Begehren deßhalb unstatthaft, weil dasselbe nicht eine Erhebung
von Beweisen bezweckt, welche die Vorinstanz wegen vermeintlicher
Unerheblichkeit des Beweisthemas abgelehnt hätte, sondern vielmehr
die Widerlegung thatsächlicher Feststellungen der Vorinstanz, zu
welchen diese auf Grund der Würdigung der von ihr erhobenen
Beweise gelangt ist. In der That stellt die Vorinstanz, wesentlich
gestützt auf das Obergutachten des Professors Krönlein, fest, daß
die Lähmung im Muskel- und Nervengebiete des Vorderarms und
der Hand des Hochstraßer durch den Druck des Verbandes herbei-

geführt worden und die Annahme einer Neuritis ausgeschlossen
sei. Diese Feststellung ist rein thatsächlicher Natur und daher für
das Bundesgericht gemäß Art. 30 Abs. 4 O.=G. verbindlich. Die
Voraussetzungen, unter denen das Bundesgericht zu Anordnung
einer Aktenvervollständigung befugt ist, liegen nicht vor.

3. Wenn der Beklagte eingewendet hat, aus fahrläßiger Körper=
verletzung, worauf die Forderung des Klägers sich stütze, sei eine
Civilklage erst nach vorangegangenem strafrechtlichem oder doch
disziplinarischem Verfahren und Urtheil statthaft, so ist diese Ein=
wendung völlig unbegründet. Zunächst spricht das Kantonsgericht
aus, es sei dem graubündnerischen Rechte ein Zwang zur An=
hebung der Kriminalklage vor einer denselben Thatbestand be=
schlagenden Civilklage ganz unbekannt. Sodann aber wäre über=
haupt eine derartige Norm mit dem Bundesrechte unvereinbar.
Die Entschädigungsansprüche aus Delikt wie aus Vertragsver=
letzung sind durch das Bundesrecht erschöpfend geregelt, ihre
Geltendmachung kann nicht durch das kantonale Recht von der
Verfolgung eines auf den gleichen Thatbestand sich stützenden
staatlichen Strafanspruches als einer weitern Voraussetzung der
Entschädigungspflicht abhängig gemacht werden.

4. In der Sache selbst besteht zwischen einem Kranken und
dem Arzte, welcher (wie hier) auf dessen Ersuchen seine Behand=
lung gegen Honorar übernommen hat, ein Vertragsverhältniß,
das gemäß Art. 348 O.=R. nach den Regeln über den Dienst=
vertrag zu beurtheilen ist. Der Arzt ist somit zu sorgfältiger
Behandlung vertraglich verpflichtet und haftet für Verschulden
nach Maßgabe der Art. 110 u. f. speziell des Art. 113 O.=R.
Mit dieser vertraglichen Haftpflicht konkurrirt übrigens, sofern der
Arzt vorsätzlich oder fahrlässig eine Körperverletzung des Kranken
herbeigeführt hat, auch die Haftpflicht aus unerlaubter Handlung
gemäß Art. 50 u. ff. O.=R. Ein Verschulden des Arztes nun
liegt dann vor, wenn derselbe entweder die Behandlung vernach=
läßigt, derselben nicht die pflichtgemäße Aufmerksamkeit schenkt,
oder aber in leichtfertiger Weise gewagte Versuche anstellt, oder
endlich Kunstfehler begeht, welche gegen feststehende wissenschaft=
liche Grundsätze verstoßen. Dagegen liegt in einer irrthümlichen
Diagnose, einer unrichtigen Auslegung verschiedener Deutung
fähiger Symptome, an sich kein Verschulden, selbst wenn viel=

leicht einem besonders scharfsichtigen oder erfahrenen Fachmanne
der wahre Stand der Dinge von vornherein erkennbar gewesen
sein sollte; ebenso wenig kann von einem Verschulden dann gesprochen werden, wenn es sich um ärztliche Maßnahmen handelt,
welche Gegenstand wissenschaftlicher Kontroverse sind. Nur dann,
wenn gegen wirklich feststehende, allgemein anerkannte und zum
Gemeingute gewordene Grundsätze der medizinischen Wissenschaft
verstoßen wird, kann von einem Verschulden des Arztes die Rede
sein. Bei sonstigen ärztlichen Fehlgriffen handelt es sich um Irr-
thümer, welche bei der Ausübung eines so vielgestaltigen und
verschiedenartigen Auffassungen Raum bietenden Berufes, wie der
ärztliche es ist, unvermeidlich sind und daher dem Arzte nicht zum
Verschulden können angerechnet werden.

6. Im vorliegenden Falle nun kann dem Beklagten nicht zum
Vorwurfe gemacht werden, daß er die Behandlung des Kranken
vernachläßigt, auf dieselbe nicht den nöthigen Fleiß angewendet
habe. Dagegen muß, nach den thatsächlichen, auf das Obergutachten des Professor Krönlein begründeten Feststellungen der Vorinstanz allerdings angenommen werden, daß er bei der Behandlung gegen allgemein anerkannte, feststehende wissenschaftliche
Grundsätze verstoßen habe. Zwar kann der vom Kläger angelegte
Verband, nach dem Obergutachten, nicht schlechthin als ein kunst-
widriger bezeichnet werden, wie dies der Kläger behauptet hatte.
Dagegen steht fest, daß der Beklagte, indem er auf jegliche Pol-
sterung seines primären Gypsverbandes verzichtete, eine werthvolle
und als solche allgemein anerkannte Sicherheitsmaßregel außer
Acht ließ und daher, wie der Oberexperte ausführt, verpflichtet
war, mit größter Aengstlichkeit den Verlauf zu überwachen und
sofort den Verband zu entfernen, sobald sich Erscheinungen ein-
stellten, welche darauf hindeuteten, daß durch das Anschwellen der
in den Gypsverband eingeschlossenen Weichtheile und den Druck
des unnachgiebigen, steinharten Gypsverbandes eine Konstriktion
des Gliedes eingetreten sei. Beim ersten Auftreten der betreffenden,
unmißverständlichen Symptome sei sofortige Abnahme des Verbandes unerläßlich gewesen, wenn nicht Nerven, Gefäße und
Muskeln unter einem abnormen Drucke ihre Funktionen haben
einstellen und Brand des Gliedes habe eintreten sollen. Im Weitern
stellt die Vorinstanz fest, daß die prägnanten Symptome der

Konstriktion, welche weder vom Arzte noch vom Kranken über=
sehen werden können, — heftige andauernde Schmerzen im ganzen
Gliede, Taubwerden, starke Anschwellung und blaue Verfärbung
der den Gypsverband überragenden Theile, Blasenbildung der
Haut in diesen Körpertheilen, — in concreto (mit Ausnahme
der Verfärbung) sämmtlich, zum Theil einige Stunden nach An=
legen des Verbandes, zum Theil im Verlaufe des folgenden Tages
aufgetreten seien. Angesichts dieser Thatsachen erscheint es aller=
dings als ein Verstoß gegen feststehende, allgemein anerkannte
Grundsätze der medizinischen Wissenschaft, daß der Beklagte beim
Auftreten der erwähnten Symptome und ihrer Steigerung den
Verband nicht entfernte. Daß der Beklagte die Symptome un=
richtig, auf Embolie und Thrombose, deutete, ändert hieran um
soweniger etwas, als er nach dem Gutachten des Oberexperten,
selbst wenn er von dieser Vermuthung ausging, den Verband doch
hätte entfernen sollen, um sich durch diese, in keinem Falle schäd=
liche, Maßnahme, Gewißheit über den Grund der beunruhigenden
Erscheinungen zu verschaffen. In der That hat demnach der Be=
klagte sich ausschließlich von einem vorgefaßten, auf seine Berech=
tigung nicht weiter geprüften Gedanken leiten lassen und darüber
Maßnahmen außer Acht gelassen, welche allgemein bekannte und
anerkannte Grundsätze dem Arzte zur unabweislichen und unver=
kennbaren Pflicht machten. Er hat sich somit zwar nicht einer
leichtfertigen oder gewissenlosen Handlungsweise, wohl aber eines
ärztlichen Kunstfehlers schuldig gemacht und da nach dem That=
bestande der Vorinstanz feststeht, daß dieser die Verstümmelung
des Klägers herbeigeführt hat, so ist die (in ihrem Quantitativ
eventuell mit Recht nicht bestrittene) Klage ohne Weiteres gut=
zuheißen.

Demnach hat das Bundesgericht

erkannt:

Die Weiterziehung des Beklagten wird als unbegründet ab=
gewiesen und es hat demnach in allen Theilen bei dem ange=
fochtenen Urtheile des Kantonsgerichtes des Kantons Graubünden
sein Bewenden.

64. Urtheil vom 18. Juni 1892 in Sachen Beck gegen Bucher.

A. Durch Urtheil vom 5. April 1892 hat das Obergericht des Kantons Luzern erkannt:

1. Es seien verurtheilt: Alois Beck zu einer Zuchthausstrafe von zwei Jahren und zum Ehrenverluste; Lorenz Huber zu einer Arbeitshausstrafe von einem Monat.

2. Alois Beck habe den Hinterbliebenen des Lorenz Bucher sechstausend Franken zu bezahlen; der Civilpartei seien die Civilansprüche gegenüber Lorenz Huber gewahrt.

B. Gegen Dispositiv 2 dieses Urtheils ergriff Alois Beck die Weiterziehung an das Bundesgericht. Bei der heutigen Verhandlung beantragt sein Anwalt:

1. Es sei die Klage des gänzlichen abzuweisen, eventuell,

2. Sei die vorinstanzlich gesprochene Entschädigung entsprechend zu ermäßigen und auf höchstens 2000 Fr. festzusetzen, subeventuell;

3. Es sei eine Ergänzung der Akten in dem Sinne anzuordnen, daß zu den Akten erhoben werden:

a. Die Konkursakten und Rechnungsbücher des verstorbenen Lorenz Bucher;

b. Der Todtenschein für das seit dem vorinstanzlichen Urtheile verstorbene Kind Albert Bucher.

Er legt diesen Todtenschein sowie einige Auszüge aus den Rechnungsbüchern des Lorenz Bucher und aus dessen Konkursverhandlungen vor und produzirt im Fernern eine Bescheinigung der Staatskanzlei des Kantons Luzern über die in diesem Kanton anerkannten katholischen Feiertage, sowie eine Zuschrift des Direktors des eidgenössischen statistischen Bureau sammt Beilagen betreffend Fragen der durchschnittlichen Dauer des Lebens und der Arbeitsfähigkeit der schweizerischen männlichen Bevölkerung, speziell des Handwerkerstandes.

Der Anwalt der Kläger und Rekursbeklagten erklärt, sich dem von der Gegenpartei ergriffenen Rechtsmittel anschließen zu wollen und beantragt, es sei in Abweisung der sämmtlichen gegnerischen Begehren den Klägern eine Entschädigung von 12,000 Fr. zuzusprechen.

Das Bundesgericht zieht in Erwägung:

1. Da nach wiederholten Entscheidungen des Bundesgerichtes die Weiterziehung auch gegen im Abhäsionsverfahren, in Verbindung mit einem Strafurtheile, ausgefällte civilrechtliche Entscheidungen der kantonalen Gerichte statthaft ist, so ist die Kompetenz des Bundesgerichtes, da deren übrige Voraussetzungen zweifellos vorliegen, gegeben.

2. Wie das Bundesgericht ebenfalls schon wiederholt ausgesprochen hat (siehe z. B. Entscheidung in Sachen Attenhofer gegen Krüger, Amtliche Sammlung XIV, S. 91, Erw. 2) sind neue thatsächliche Vorbringen und Beweisanerbieten in der bundesgerichtlichen Instanz grundsätzlich schlechthin ausgeschlossen, ohne Rücksicht darauf, ob es sich um neu entdeckte Behauptungen oder Beweismittel handelt oder nicht. Dies hindert freilich der Natur der Sache nach nicht, daß Aenderungen in der Person der Parteien, welche seit dem kantonalen Urtheile durch Tod, Handlungsunfähigkeit u. dgl. eingetreten sind, vom Bundesgerichte berücksichtigt werden (siehe Entscheidung in Sachen Pugin gegen Pugin, Amtliche Sammlung XIII, S. 190, Erw. 3). Danach ist denn in concreto die vom Beklagten neu vorgebrachte Behauptung, daß der eine der Kläger, der Knabe Albert, seit dem Urtheile des kantonalen Obergerichtes gestorben sei, zu berücksichtigen. Einer Rückweisung der Sache zur Aktenvervollständigung bedarf es indeß deßwegen nicht, da die Thatsache heute von den Klägern zugegeben worden ist. Im Uebrigen ist das beklagtische Aktenvervollständigungsbegehren, da es sich auf neue Beweisanerbieten bezieht, zu verwerfen und sind die vom Beklagten neu produzirten Aktenstücke auszuschließen.

3. In der Sache selbst ist durch die Vorinstanzen thatsächlich festgestellt, daß der Beklagte in der Nacht vom 26./27. Dezember 1891 in einer Rauferei dem Ehemann und Vater der Kläger L. Bucher mit einem „Schemelhorn" einen Schlag auf den Kopf versetzt hat, an dessen Folgen derselbe gestorben ist. Der Beklagte war am Abend des 26. Dezember mit dem, ihm vorher unbe-

kannten, Lorenz Bucher in einer Wirthschaft, der „Kreuzhalle,“ zu Surfee zufällig zusammengetroffen. Der stark angetrunkene Lorenz Bucher hatte mit ihm einen Wortwechfel angefangen, welcher durch Dazwischenkunft des Wirthes beendigt wurde; sie hatten sich hierauf scheinbar ausgesöhnt, indem sie zusammen Gesundheit tranken. Als indeß Beck (mit seinem Gefährten Huber) das Lokal verließ, äußerte er bereits die Absicht, dem Bucher auf dessen Heimweg aufzulauern, um ihn durchzuprügeln; er stellte sich mit Huber an einem Orte auf, wo Bucher auf seinem Heimwege durchkommen mußte und legte sich das Schemelhorn zurecht. Da ihnen die Sache zu lange dauerte, suchten Beck und Huber den Bucher in der Kreuzhalle und folgten ihm, als sie ihn dort nicht mehr fanden, in die „Krone“. Dort führte Bucher wieder einige aufreizende Redensarten. Nachdem sodann Bucher sich auf seinen Heimweg begeben, folgten ihm Beck und Huber und es kam nunmehr zu der Rauferei, bei welcher Beck den verhängnißvollen Schlag führte. Bucher hatte dabei sein Messer gezogen und den Beck damit bedroht. Heute hat der Anwalt des Beklagten in erster Linie bestritten, daß der Kausalzusammenhang zwischen den Thätlichkeiten des Beck und dem Tode des Bucher dargethan sei und sodann geltend gemacht, Beck habe in Nothwehr gehandelt. Weder die eine noch die andere dieser Einwendungen sind begründet. Nach den für das Bundesgericht verbindlichen thatsächlichen Feststellungen der Vorinstanzen ist der Kausalzusammenhang unzweifelhaft hergestellt und ist es völlig ausgeschlossen, daß der Tod des Bucher, wie der beklagtische Annwalt angedeutet hat, etwa durch die Thätigkeit des Huber herbeigeführt sein könnte. Ebensowenig liegt (was das Bundesgericht selbständig zu prüfen hat) Nothwehr vor. Es ist ja allerdings richtig, daß Beck nicht verpflichtet war, die Flucht zu ergreifen, um einem allfälligen rechtswidrigen Angriffe des Bucher aus dem Wege zu gehen. Allein in der That ist nun gar nicht festgestellt, daß der (schwer betrunkene) Bucher, wenn er auch freilich sein Messer gezogen hatte, einen gefährlichen, rechtswidrigen Angriff auf Beck oder dessen Gefährten Huber unternommen habe. Vielmehr liegt die Sache so, daß Beck einen Angriff auf Bucher geplant und vorbereitet hatte und schließlich ausführte, so daß von Nothwehr viel

eher auf Seite des Bucher als des Beck gesprochen werden könnte.
Richtig ist dagegen allerdings, daß Bucher zu dem Streite durch
sein früheres beleidigendes Benehmen gegen Beck Veranlassung
gegeben hat und daß ihn daher ein Mitverschulden trifft,
welchem freilich ein weit schwereres Verschulden des Beck gegen=
über steht.

4. In Bezug auf das Quantitativ des Entschädigungsanspruches
fällt in Betracht: Lorenz Bucher, geb. 1847, betrieb zu Lebzeiten
in Seuensee das Wagnerhandwerk; er hinterließ eine Wittwe
und fünf unmündige Kinder, von welchem das jüngste am Todes=
tage des Vaters getauft worden war und deren eines, der 1888
geborene Knabe Albert, seit dem kantonalen Urtheile gestorben
ist. Der Beklagte hat nun behauptet, Lorenz Bucher habe über=
haupt nicht für seine Familie gesorgt, sondern es habe für diese
die öffentliche Wohlthätigkeit in Anspruch genommen werden
müssen; die Kläger haben daher in ihm nicht ihren „Ver=
sorger" im Sinne des Art. 52 O.=R. verloren. Dies ist
indeß durch den Thatbestand der Vorinstanz widerlegt. Aus den
von den Vorinstanzen eingezogenen amtlichen Erkundigungen
wie aus den Aussagen der Zeugen Walpert und Karusselhalter
Bucher geht denn auch in der That hervor, daß der Getödtete
ein fleißiger Arbeiter war, welcher für seine Familie sorgte und
sie durchaus nicht der öffentlichen Wohlthätigkeit zur Last
fallen ließ. Die Hinterlassenen sind somit unzweifelhaft aus
Art. 52 O.=R. entschädigungsberechtigt. Nun läßt sich aller=
dings der ihnen hieburch entstandene ökonomische Schaden
nicht ganz genau bestimmen, da über den Arbeitsverdienst des
Klägers und die Summe, welche er demnach auf den Unterhalt
seiner Familie verwenden konnte, bestimmte Daten nicht vorliegen,
auch das Alter der Wittwe und mehrerer Kinder nicht ersichtlich
ist. Es wird indeß nach dem, was dem Gerichte über den Erwerb
von Meistern des Wagnerhandwerks in Landsgegenden mit ähn=
lichen Verhältnissen bekannt ist, angenommen werden dürfen, der
Jahresverdienst des Getödteten habe sich zwischen 900—1200 Fr.
bewegt. Von diesem Verdienst würde er wohl annähernd die
Hälfte für so lange bis das jüngste Kind erwerbsfähig geworden
sein würde, d. h. bis zum zurückgelegten 16. Altersjahre desselben

auf den Unterhalt seiner Familie verwendet haben, während er von da an vielleicht einen Drittheil auf den Unterhalt seiner Frau verwendet, den Rest dagegen für sich verbraucht hätte. Es wird im Fernern ohne Weiters angenommen werden dürfen, daß die Alimentationspflicht des Getödteten gegenüber seiner Frau voraussichtlich während der ganzen Dauer des Lebens des Ehemannes (d. h. gemäß der wahrscheinlichen Lebensdauer desselben noch während circa 21 Jahren) fortbestanden hätte, während allerdings auch in Berücksichtigung fällt, daß die Arbeitsfähigkeit des Getödteten naturgemäß mit dem höhern Alter sich vermindert hätte. Neben dem danach sich ergebenden materiellen Schaden fällt noch in Betracht, daß den Hinterlassenen auch in Anwendung des Art. 54 O.-R. eine angemessene Geldsumme für das durch den Tod des Familienhauptes erlittene moralische Leid gebührt. Denn der Tod des L. Bucher ist, wenn auch vom Beklagten Beck nicht vorsätzlich herbeigeführt, doch die Folge einer von ihm vorsätzlich begangenen schweren Mißhandlung und es erscheint daher als gerechtfertigt, bei Bemessung der Entschädigung der Störung der Familienverhältnisse durch den Tod des Ehemannes und Vaters Rechnung zu tragen. Auf der andern Seite dagegen ist zu berücksichtigen, daß den Getödteten ein Mitverschulden trifft. Derselbe war festgestelltermaßen in angetrunkenem Zustande ein streitsüchtiger Mann und hat durch die von ihm ohne Veranlassung gebrauchten beleidigenden und herausfordernden Redensarten den Beklagten gereizt. Diesem Momente ist beim Ausmaße der Entschädigung Rechnung zu tragen. Der Entschädigungsanspruch der Hinterlassenen ist allerdings nicht ein vom Getödteten abgeleiteter, sondern ein eigener Anspruch der Versorgungsberechtigten, welcher im Momente des Todes ihres Versorgers unmittelbar in ihrer Person zufolge der ihnen durch das Delikt zugefügten Schädigung entsteht. Allein nach dem in Art. 51 O.-R. aufgestellten allgemeinen Grundsatze ist doch auch den Versorgungsberechtigten gegenüber darauf Rücksicht zu nehmen, ob das Verschulden des Thäters durch ein Mitverschulden des Getödteten gemindert ist oder nicht. Werden alle diese Momente gewürdigt, so erscheint die zweitinstanzlich gesprochene Entschädigung als eine den Verhältnissen angemessene, auf zutreffender freier Würdigung des gesammten Inhaltes der Verhandlungen beruhende und ist daher zu bestätigen.

5. Wenn der beklagtische Anwalt heute für seinen Klienten um Ertheilung des Armenrechts nachgesucht hat, so ist diesem Begehren nicht zu entsprechen. Denn ein Anhaltspunkt dafür, daß der Beklagte zu arm sei, um die Kosten des Prozesses zu tragen, ergibt sich aus den Akten nicht. Es ergibt sich vielmehr, daß der Beklagte, ein junger, unverheiratheter, rüstiger Mann, einiges, wenn auch allerdings nicht erhebliches Vermögen besitzt.

Demnach hat das Bundesgericht

erkannt:

Die Weiterziehung beider Parteien wird als unbegründet abgewiesen und es hat demnach in allen Theilen bei dem angefochtenen Urtheile des Obergerichtes des Kantons Luzern sein Bewenden.

----

65. Urtheil vom 24. Juni 1892 in Sachen Tschurtschenthaler gegen Baumgartner.

A. Durch Urtheil vom 7./8. April 1892 hat das Kantonsgericht des Kantons St. Gallen erkannt:

Das Rechtsbegehren des Klägers ist abgewiesen und die Widerklage des Beklagten im Betrage von 755 Fr. 65 Cts. geschützt.

B. Gegen dieses Urtheil ergriff der Kläger die Weiterziehung an das Bundesgericht. Bei der heutigen Verhandlung beantragt sein Anwalt: Es sei, in Abänderung des kantonsgerichtlichen Urtheils, das erstinstanzliche Urtheil des Bezirksgerichtes St. Gallen wieder herzustellen, demnach der Beklagte gemäß dem Klageantrage zu verurtheilen, die ihm vom Kläger laut Faktur vom 22. Mai 1891 gelieferte Waare zu übernehmen und den Fakturabetrag von 3570 Fr. mit Zins zu 5 % seit 22. August 1891 an den Kläger zu bezahlen, die Widerklage dagegen abzuweisen.

Dagegen beantragt der Vertreter des Beklagten, es sei in Abweisung der gegnerischen Beschwerde die zweitinstanzliche Entscheidung in allen Theilen zu bestätigen.

Das Bundesgericht zieht in Erwägung:

1. Am 19. Mai 1891 verkaufte der Kläger dem Beklagten durch Vermittlung seines Agenten O. Buchenhorner in St. Gallen 10,200 Kilo Cesme-Rostnen, 1890ger Ernte nach Muster. Nach der vom Kläger am 22. Mai gleichen Jahres ausgestellten Faktur beträgt der Kaufpreis (für 152 Ballen) 3570 Fr. und reist die Waare ab Triest auf Rechnung und Gefahr des Empfängers; die Faktur enthält im Fernern den Vormerk, daß Reklamationen längstens zwei Tage nach Empfang der Waare anzubringen seien. Am 25. Mai sandte der Beklagte seine Versandtdisposition nach Triest, indem er anordnete, daß die Waare ins Lagerhaus nach Buchs zu liefern sei; gleichzeitig verlangte er zwei weitere Ausfallsmuster. Am 27. Mai wurde die Waare in Triest verladen; am 3. Juni kam sie in Buchs an, wovon die Lagerhausverwaltung den Beklagten am gleichen Tage benachrichtigte. Der Beklagte lieferte am 8. Juni 10 Säcke der Waare an den Konsumverein von Wartau. Dieser erhob am 11. Juni Reklamation, weil die Waare alt und schlecht gelagert sei. Darauf stellte der Beklagte mit Schreiben vom 12. Juni an den Agenten Buchenhorner die Waare zur Verfügung, da eine vorläufige Prüfung der 152 Ballen ergeben habe, daß zwar ein Theil der Säcke musterkonform sei, ein anderer Theil dagegen graue, ältere, nicht musterkonforme Waare enthalte. Der Kläger protestirte mit Schreiben vom 15. Juni hiegegen. Am 16. und 18. Juni fand eine Expertise über die Beschaffenheit der Waare statt und es wurde dieselbe in der Folge versteigert, wobei sich ein Nettoerlös von 1730 Fr. ergab. Der Kläger klagte nunmehr gegen den Beklagten auf Uebernahme der Waare und Bezahlung des Fakturapreises, indem er in erster Linie geltend machte, die Mängelrüge sei verspätet. Der Beklagte bestritt dies und trug auf Abweisung der Klage an, weil die Waare dem Muster nicht entspreche; widerklagsweise verlangte er Erstattung der ihm für Fracht, Zoll, Lagerspesen, Kosten der Expertise und Reisespesen erwachsenen Auslagen mit 755 Fr. 05 Cts· Die erste Instanz hat die Mängelrüge für verspätet erklärt und demnach die Klage gutgeheißen, die Widerklage dagegen abgewiesen· Dagegen hat die zweite Instanz, das Kantonsgericht St. Gallen· in der aus Fakt. A ersichtlichen Weise erkannt.

2. Der Anwalt des Beklagten hat angedeutet, es erscheine die Kompetenz des Bundesgerichtes als zweifelhaft, ohne indeß, da das Bundesgericht seine Kompetenz von Amtes wegen zu prüfen habe, eine sachbezügliche Einrede zu erheben oder auch nur anzugeben, aus welchem Grunde er die Zuständigkeit des Gerichtes bezweifle. Richtig ist nun, daß das Bundesgericht seine Kompetenz von Amtes wegen zu prüfen hat. Allein deren sämmtliche Voraussetzungen sind gegeben. Der Streitwerth der Vorklage übersteigt den Betrag von 3000 Fr. Wie das Bundesgericht schon wiederholt entschieden hat, (vergl. u. A. Entscheidung in Sachen Hauser gegen Sobotka, Amtliche Sammlung XVII, S. 276 Erw. 2) bemißt sich bei Klagen auf Erfüllung gegenseitiger Verträge der Streitwerth nach der eingeklagten Leistung, ohne daß der Werth der dem Kläger obliegenden Gegenleistung in Abrechnung zu bringen wäre. Der Streitwerth der Vorklage bemißt sich demnach nach dem gesammten Betrage der eingeklagten Kaufpreisforderung, ohne Abrechnung des Erlöses, welcher durch die Versteigerung der zur Verfügung gestellten Waare erzielt worden ist. Im Ferneru ist nicht bestritten, daß die Sache nach eidgenössischem und nicht etwa nach ausländischem (österreichischem) Rechte zu beurtheilen ist und es könnte dies auch mit Grund nicht bestritten werden, da der Kauf in der Schweiz abgeschlossen und zu erfüllen, auch der beklagte Käufer in der Schweiz wohnhaft ist. Ist aber somit das Bundesgericht zu Beurtheilung der Vorklage unzweifelhaft kompetent, so zieht dies, gemäß konstanter Praxis, auch die Kompetenz zur Beurtheilung der für sich allein allerdings den gesetzlichen Streitwerth nicht erreichenden Widerklage nach sich, da diese zu der Vorklage in einem Präjudizialverhältnisse steht.

3. In der Sache selbst ist in erster Linie zu untersuchen, ob die Mängelrüge rechtzeitig erstattet wurde. Ist dies zu verneinen, so gilt, da es sich unbestrittenermaßen um Mängel handelt, welche bei übungsgemäßer Untersuchung erkennbar waren, die Waare gemäß Art. 246 O.-R. als genehmigt. Die Behauptung des Beklagten, Verspätung der Mängelrüge hätte gemäß Art. 248 Abs. 2 O.-R. nur zur Folge, daß den Käufer die Beweislast dafür treffe, daß die behaupteten Mängel schon zur Zeit der Empfangnahme vorhanden gewesen seien, ist offenbar unbegründet.

Art. 248 cit. regelt nicht die Folgen der Verspätung der Mängel=
rüge. Diese sind vielmehr in Art. 246 normirt, Art. 248 dagegen
handelt von den besondern Pflichten, welche dem die Waare bean=
standenden Käufer beim Distanzkaufe neben der allgemeinen, für
den Platz= und für den Distanzkauf gleichmäßig geltenden, Anzeige=
pflicht obliegen.

4. Die erste Instanz hat ausgeführt, es handle sich um eine
Waare, welche der Veränderung leicht unterworfen, deren Lieferung
auch zu einer Zeit erfolgt sei, in der die Veränderung schnell
vor sich gehe, was dem Beklagten als Fachmann habe bekannt
sein müssen; mit Rücksicht hierauf, sowie auf die Usance sofortiger
Prüfung von Waaren dieser Art erscheine die Mängelrüge als
verspätet. Der Beklagte hätte die Prüfung der Waare um so
eher vornehmen sollen und es wäre solche um so leichter gewesen,
als dieselbe nach Aussehen und Geruch der Waare sofort ergeben
hätte, daß die letztere verdorben sei. Die zweite Instanz dagegen
macht geltend: Nachdem der Beklagte die Bestellungs= und die
Ausfallsmuster übereinstimmend gefunden, habe er wohl voraus=
setzen dürfen, daß Waare und Muster mit einander übereinstimmen;
sodann seien im kaufmännischen Geschäftsverkehr auch längere
Fristen zur Prüfung empfangener Waaren zulässig, als der Zeit=
raum betrage, innert welchem der Beklagte die Prüfung vorge=
nommen habe; in keinem Falle sei der Beklagte an die in der
Faktur vom Verkäufer einseitig festgesetzte zweitägige Frist gebunden
gewesen. Die Mängelrüge sei daher nicht verspätet.

5. Die zweitinstanzliche Entscheidung beruht auf einem Rechts=
irrthum. Zweifellos zwar ist der vom Verkäufer einseitig aufge=
stellte Fakturavermerk über die Dauer der Rügefrist für den
Käufer nicht verbindlich und ist daher die Mängelrüge rechtzeitig
erfolgt, sofern sie innerhalb der gesetzlich hiefür eingeräumten
Frist geschehen ist. Allein dies ist eben zu verneinen. Nach
Art. 246 O.=R. hat die Untersuchung der Waare sobald zu ge=
schehen, als /dies nach dem üblichen Geschäftsgange thunlich ist,
und ist dem Verkäufer von entdeckten Mängeln sofort Anzeige
zu machen. Der Käufer darf also die Prüfung der Waare nicht
beliebig, nach Rücksichten seiner persönlichen Konvenienz u. s. w.,
hinausschieben, sondern er ist verpflichtet, dieselbe sobald vorzu=

nehmen, als der übliche d. h. bei ordentlichen Kaufleuten übliche
Geschäftsgang dies gestattet. Dies ist, wie gesetzliche Regel, so
auch ein im Interesse beider Theile, des Käufers wie Verkäufers,
liegendes Postulat der bona fides des Verkehrs. Dieser Pflicht
rechtzeitiger Prüfung der Waare selbst wird der Käufer dadurch
nicht enthoben, daß er sich Ausfallsmuster hat geben lassen und
diese geprüft hat. Das Gesetz fordert Prüfung der Waare selbst
und es ist denn auch in der That klar, daß die Untersuchung
von Ausfallsmustern diejenige der Waare selbst nicht ersetzen kann
(vergl. Entscheidungen des deutschen Reichsoberhandelsgerichtes
VII, S. 428). Es ist danach rechtsirrthümlich, wenn die Vor=
instanz die eingetretene Verzögerung der Mängelrüge deßhalb ent=
schuldigt, weil der Käufer habe annehmen dürfen, daß die Waare
gleich sei, wie das, dem Kaufmuster entsprechende, sogenannte Aus=
fallsmuster. Diese Erwägung würde konsequenterweise dazu führen,
den Käufer der Pflicht zu rechtzeitiger Untersuchung der Waare
allemal dann zu entbinden, wenn nach Muster gehandelt und
erklärt worden ist, das Muster sei der nämlichen bestimmten
Waarenmenge entnommen, aus welcher geliefert werde. Dies wider=
spräche aber durchaus dem Gesetze, welches die Untersuchungs=
resp. Rügepflicht auch für den Kauf nach Muster statuirt. Kann
somit auf die Prüfung der Ausfallsmuster durch den Käufer
nichts ankommen, so erscheint hier die Mängelrüge als verspätet.
Die Untersuchung der Waare erforderte keinerlei besondere Vor=
bereitungen oder umständliche Veranstaltungen; weder mußte die
Waare nach dem Transporte einige Zeit gelagert bleiben, noch
war zu ihrer Untersuchung etwa eine versuchsweise Verarbeitung
oder Konsumtion einzelner Theile u. s. w. erforderlich. Die Unter=
suchung konnte vielmehr in der allereinfachsten Weise durch bloßes
Oeffnen der Säcke und Besehen der Waare geschehen, was aller=
dings, da es sich um eine größere Lieferung handelte, einige Zeit
in Anspruch nehmen mußte, aber immerhin keine besonders zeit=
raubende Aufgabe war. Sobann handelte es sich um eine Waare,
welche rascher Veränderung ausgesetzt war, deren Natur also eine
unverweilte Untersuchung erforderte. Unter diesen Verhältnissen
kann eine erst acht Tage nach Ablieferung erfolgte Mängelanzeige
nicht mehr als rechtzeitig erachtet werden. Bei rascher Veränderung

ausgesetzten Südfrüchten, deren Prüfung durch bloße Besichtigung
geschieht, ist gewiß nach dem üblichen Geschäftsgang ordentlicher
Kaufleute eine Untersuchung im Laufe der allernächsten Tage nach
der Ablieferung thunlich und geboten und erscheint eine Verzögerung
der Mängelrüge um acht volle Tage als eine unmotivirte. Wenn
die Vorinstanz darauf hinweist, daß im kaufmännischen Verkehr
noch längere Rügefristen als die hier beanspruchten, zulässig seien,
so ist dies zwar gewiß richtig, allein nicht entscheidend. Die zu=
lässige Untersuchungs= und Rügefrist kann nicht abstrakt bestimmt
sondern es muß jeweilen auf die konkreten Verhältnisse, insbe=
sondere die Natur der Waare, um die es sich handelt, und die
dadurch bedingte Verschiedenheit des nach dem üblichen Geschäfts=
gange ordentlicher Kaufleute Thunlichen und Gebotenen Rücksicht
genommen werden. Wenn der Anwalt des Beklagten heute aus=
geführt hat, der Beklagte sei durch den Umstand, daß die Waare,
entfernt von seiner Handelsniederlassung in Buchs eingelagert ge=
wesen sei, sowie durch den Mangel an Personal an früherer
Prüfung derselben verhindert worden, so kann hierauf nichts an=
kommen. Nachdem der Beklagte Buchs als Ablieferungsort der
Waare bestimmt hatte, war es seine Sache, Veranstaltung zu
treffen, daß dieselbe dort rechtzeitig geprüft werde ; ebenso war es
natürlich auch seine Sache, genügendes Personal einzustellen, um
die bestellte Waare gemäß dem allgemeinen üblichen Geschäftsgang
rechtzeitig prüfen zu können.

Demnach hat das Bundesgericht

erkannt:

Die Weiterziehung des Klägers wird für begründet erklärt und
es wird mithin der Beklagte, in Abänderung des angefochtenen
Urtheils des Kantonsgerichtes des Kantons St. Gallen verurtheilt,
die laut Faktur vom 22. Mai 1891 gelieferte Waare zu über=
nehmen und dem Kläger den Fakturapreis der gekauften Waare
mit 3570 Fr. sammt Zins zu 5 % seit 22. August 1891 zu
bezahlen ; die Widerklage ist abgewiesen.

VIII. Haftpflicht für den Fabrik- und Gewerbebetrieb.
Responsabilité pour l'exploitation des fabriques.

66. *Arrêt du 4 Mars 1892 dans la cause*
Disdier contre Schnider.

Statuant en la cause civile pendante entre parties, la Cour d'appel et de cassation du canton de Berne a, par jugement du 20 Novembre 1891, prononcé ce qui suit :

« La Cour adjuge à Jean Disdier les conclusions de sa de-
» mande, fixe à 3500 fr. l'indemnité à payer par C.-L. Schnider
» au demandeur, et déclare que cette somme est productive
» d'intérêts à 4 % dès le 2 Mai 1889. »

Les deux parties ont recouru au Tribunal fédéral contre ce jugement. Disdier conclut à ce que l'indemnité à lui allouée soit portée à 5000 francs ; Schnider conclut au rejet de la demande, ainsi que des conclusions qui précèdent.

Statuant en la cause et considérant :

En fait :

1° Charles-Louis Schnider, ingénieur, est propriétaire d'une fabrique de machines à Neuveville. Jean Disdier, Fran-çais, travaille depuis longtemps chez Schnider ; son salaire était ces dernières années de 4 fr. 50 c. par jour.

Le 2 Mai 1889, Disdier, sur l'ordre du défendeur Schnider, montait avec l'ouvrier Emile Türler, dans une tourbière, une machine à Pfrungenried (Wurtemberg) pour une société de cet endroit. Cette machine, destinée à triturer et à creuser la tourbe, avait été construite et livrée par Schnider.

Pendant ce travail, le soir du dit jour, un accident arriva à Disdier. Son pied, glissant du godet en tôle sur lequel il était monté, Disdier lâcha la broche qui, tournant en arrière par le poids de la drague, le frappa de bas en haut, lui fen-dant la joue gauche en lui faisant de graves blessures aux os qui entourent l'œil gauche, et à cet œil lui-même.

Le demandeur Disdier fut soigné en premier lieu par le Dr Muller, médecin de district à Wilhelmsdorf. Rentré à Neuveville, Disdier se rendit auprès du Dr Jeanneret à St-Blaise, qui lui donna un certificat pour entrer à l'hôpital de l'Isle à Berne. Il y fut admis au commencement de Juin et y resta jusqu'au 4 Juillet 1889; il y reçut les soins du prof. Pflüger. De retour de Berne, il resta en traitement à Neuveville, en ce sens qu'il se rendait tous les quinze jours à Berne auprès du prof. Pflüger, qui soumit le malade à un sérieux examen le 6 Décembre 1889.

Le 14 Avril 1890, Disdier se fit encore examiner par le Dr Borel, à Neuchâtel.

Un arrangement entre parties ne put être conclu, malgré de nombreuses tractations entre Disdier, d'une part, Schnider et la Compagnie d'assurance contre les accidents « Zurich », d'autre part, et, sous date du 13 Janvier 1891, le demandeur ouvrit à Schnider une action civile en dommages-intérêts, dans laquelle il expose, en résumé, ce qui suit :

L'accident tombe sous le coup de la loi fédérale sur la responsabilité; l'établissement du défendeur est une fabrique dans le sens de la loi. Le dit accident a entraîné pour le demandeur la perte totale de l'œil gauche; il y a du danger pour l'œil droit. En outre, toute la constitution de Disdier a considérablement souffert, et ses ressources ont diminué beaucoup, sans espoir de retour. Disdier a une femme et trois enfants, âgés de 3, 12 et 14 ans. Le demandeur a subi une incapacité de travail absolue depuis le 2 Mai 1889 au 25 Janvier 1890, date à laquelle il a commencé à pouvoir s'occuper de travaux faciles, mais pendant la moitié du temps seulement. Le demandeur conclut à ce qu'il lui soit alloué, à titre de dommages-intérêts :

a) Pour incapacité de travail pendant 239
jours à 4 fr. 50 . . . . Fr. 1075 50

b) Pour frais de traitement et de guérison .   »   345 —

c) Pour la diminution, à futur, de la capacité de travail du demandeur . . .   »   3500 —

Ensuite des exceptions opposées par le défendeur, la procédure sur preuves fut introduite devant le tribunal de Neuveville, où il fut procédé à l'audition de divers témoins; d'autres témoins furent entendus à Pfrungen (Wurtemberg) par voie de rogatoire.

A l'audience du prédit tribunal, du 28 Juillet 1891, les parties ont convenu de porter la cause directement devant la Cour d'appel et de cassation de Berne.

A l'audience de cette Cour, du 20 Novembre 1891, le demandeur a repris ses conclusions, fondé sur les faits qui précèdent et sur les pièces du dossier.

Le défendeur, de son côté, a conclu au déboutement des conclusions de la demande, par les motifs dont suit la substance :

L'accident en question ne tombe pas sous le coup des lois fédérales sur la responsabilité civile; il s'est produit en Wurtemberg, et les lois fédérales ne peuvent avoir trait qu'aux accidents qui se sont produits en Suisse; cela résulte du principe général de la territorialité des lois.

On ne saurait, d'ailleurs, raisonnablement prétendre que la loi fédérale du 23 Mars 1877 sur les fabriques, — dont les lois spéciales sur la responsabilité civile ne forment que le complément, — soit applicable au delà des frontières de la Suisse.

Il ressort de toutes ces lois que le législateur a voulu en restreindre l'application aux accidents survenus en Suisse. Le défendeur conteste en outre que les suites de l'accident soient aussi graves que le prétend Disdier; si des complications ultérieures sont réellement à craindre pour l'œil droit, elles ne devraient en tout cas être prises en considération que dans le sens de l'art. 8 de la loi sur la responsabilité civile du 25 Juin 1881. Enfin, le défendeur prétend que, d'après les circonstances dans lesquelles l'accident s'est produit, il faut l'attribuer à la faute du demandeur ou à un accident fortuit.

C'est à la suite de ces conclusions que la Cour d'appel et de cassation a prononcé comme il a été dit plus haut, et que les parties ont l'une et l'autre recouru au Tribunal de céans.

En droit :

2° La Cour d'appel a écarté d'abord l'exception principale opposée par le défendeur, et consistant à prétendre que les lois fédérales sur la responsabilité civile des fabricants ne sauraient être appliquées à des accidents survenus en dehors du territoire suisse. La dite Cour a estimé, à cet égard, que lorsqu'un fabricant soumis aux dispositions des lois susvisées prend un ouvrier à son service, il est responsable civilement, pendant toute la durée du contrat, du dommage causé à cet ouvrier par l'exploitation de sa fabrique ou en exécution de travaux en corrélation avec son exploitation, à moins qu'il ne puisse s'abriter derrière une des causes de libération prévues à l'art. 2 de la loi du 25 Juin 1881 ; que la responsabilité du patron existe ainsi, en exécution du contrat, quel que soit le lieu où l'accident s'est produit.

3° Cette appréciation ne peut être considérée comme impliquant une fausse application du droit fédéral.

En effet, il est certain que le but de la législation spéciale en vigueur en Suisse sur cette matière, a été de protéger efficacement les ouvriers contre les suites des accidents survenus pendant leur travail dans des établissements industriels, dont l'exploitation a paru présenter un degré particulier de danger. Cette responsabilité civile spéciale, dont l'effet est, entre autres, de faire supporter au fabricant, alors même qu'il n'y aurait aucune faute de sa part, — et sauf les exceptions prévues à l'art. 2 de la loi du 25 Juin 1881 précitée, — le dommage causé à son ouvrier tué ou blessé par l'exploitation de sa fabrique, a été étendue par la loi du 26 Avril 1887 à tous les travaux et services qui sont en corrélation avec l'exploitation de la fabrique, alors même qu'ils ne s'effectueraient pas dans les locaux fermés de la fabrique, et à tous les travaux accessoires ou auxiliaires qui, sans être compris sous la désignation « exploitation » dans l'art. 2 de la loi du 25 Juin 1881, sont en rapport avec cette exploitation. La loi de 1887 ne subordonne donc plus la responsabilité du fabricant à la condition que l'accident ait eu lieu dans les bâtiments de la fabrique, ni même dans la localité où celle-ci se trouve.

Or il est incontestable qu'en promulguant ces dispositions, le but du législateur a été de faire de ces principes protecteurs une partie constitutive du contrat de louage de services stipulé entre le fabricant et son ouvrier ou employé, d'astreindre les fabricants dont le siège des affaires est en Suisse à répondre d'une manière générale de tous les accidents qui se produisent dans l'exploitation de leur fabrique. Il n'existe, dès lors, aucun motif plausible pour restreindre cette responsabilité aux accidents survenus en Suisse, et pour frustrer de ce bénéfice de la loi les ouvriers lésés au cours de travaux d'exploitation exécutés, exceptionnellement, en dehors du territoire de la Confédération, par ordre et pour le compte d'un fabricant suisse. Cette responsabilité doit être soumise aux lois qui régissent l'établissement industriel auquel est attaché l'ouvrier, et la circonstance, toute fortuite, que l'accident, cause du litige, a eu lieu en Wurtemberg, lors du montage d'une machine provenant de la fabrique du défendeur en Suisse, est impuissante pour exonérer ce dernier des conséquences auxquelles la loi a voulu le soumettre pendant toute la durée du contrat, sans statuer de différence en considération du lieu où l'accident, générateur de la dite responsabilité, s'est produit.

Or il est établi que dans l'espèce le contrat de louage d'ouvrage était régi dans son ensemble par la loi suisse, et il doit en conséquence l'être aussi en ce qui concerne la question accessoire de responsabilité en cas d'accident survenu au cours d'un travail constituant et continuant, bien que sur territoire étranger, l'activité et l'exploitation de la fabrique de Neuveville, et non celle d'une fabrique wurtembergeoise.

4° Les conditions d'application de la législation fédérale sur la responsabilité des fabricants existent d'ailleurs en ce qui concerne le cas actuel, attendu que la machine, dont le montage a déterminé l'accident, provenait de la fabrique de Neuveville, que le demandeur, ouvrier de cette fabrique, exécutait ce travail ensuite d'ordre et aux risques et périls du défendeur, et, enfin, parce que le dit accident a eu lieu dans des circonstances entraînant la responsabilité du patron

aux termes des lois de 1881 et de 1887, déjà citées, sur la
matière. En effet, la propre faute du lésé, alléguée par la
partie défenderesse, qui n'a pas cherché à en démontrer
l'existence, n'a nullement été établie, pas plus que la force
majeure, et l'appréciation de la Cour cantonale, laquelle
attribue exclusivement le sinistre en question à l'effet d'un
hasard malheureux, soit à un accident fortuit engageant la
responsabilité du défendeur dans le sens de l'art. 5 *litt.* a de
la loi du 25 Juin 1881, apparaît comme de tout point justi-
fiée.

5° En ce qui touche la quotité de l'indemnité à allouer au
demandeur, si l'on prend en considération, d'une part, son
âge de 41 ans, la durée de sa vie probable, soit 26 ans, et
son salaire de 1350 francs, — d'autre part, la diminution dura-
ble de la capacité de travail de Disdier, que l'expertise cantonale évalue au 20 % de la capacité normale, l'on arrive,
de ce chef, à une somme ronde de 4000 francs en capital,
qu'il convient de réduire d'un quart, conformément à la disposition de l'art. 5 *litt.* a précité, en considération de ce que
l'accident a été fortuit. Il y a lieu de fixer ainsi à 3000 francs
l'indemnité du chef de la diminution de la capacité de travail
de la victime . . . . Fr. 3000 —

En revanche, il y a lieu d'ajouter à cette
somme, mais sans les soumettre à aucune
réduction (voir arrêt du Tribunal fédéral en
la cause Digel contre Vogel, *Recueil* XIII,
p. 63, consid. 5), les montants ci-après, al-
loués au demandeur par la Cour cantonale, à
savoir :

a) Pour incapacité de travail totale pendant 239 jours. . . . . Fr. 1075 70

b) Pour incapacité de travail partielle pendant sept semaines . . . . » 94 50

c) Pour frais de traitement et de guérison　» 300 —

ce qui porte le total de l'indemnité à accorder
au demandeur à . . . . Fr. 4470 20

Par ces motifs,

Le Tribunal fédéral

prononce :

1° Le recours du défendeur Schnider est écarté.

2° Le recours du demandeur Disdier est admis en ce sens que ses conclusions lui sont adjugées jusqu'à concurrence de la somme de quatre mille quatre cent soixante-dix francs vingt centimes (4470 fr. 20 c.) que Schnider est condamné à lui payer à titre de dommages-intérêts, avec intérêts à 4 % dès le 2 Mai 1889, jour de l'accident.

---

67. Urtheil vom 5. März 1892 in Sachen Gribi gegen Haßler.

A. Durch Urtheil vom 11./12. Dezember 1891 hat der Appellations= und Kassationshof des Kantons Bern erkannt:

Dem Kläger Johann Ulrich Haßler ist das gestellte Klags= begehren zugesprochen. Die Entschädigung, welche die Beklagten Hans und Fritz Gribi dem Kläger Johann Ulrich Haßler zu bezahlen haben, wird festgesetzt auf die Summe von 5500 Fr. sammt Zins davon à 4 % seit dem Tage des Unfalles, 16. Ok= tober 1889. Ferners haben die Beklagten dem Kläger einen Betrag von 96 Fr. für Heilungskosten zu bezahlen.

B. Gegen dieses Urtheil ergriffen die Beklagten die Weiter= ziehung an das Bundesgericht. Bei der heutigen Verhandlung beantragt ihr Anwalt: Es sei in Abänderung des vorinstanzlichen Urtheils die Klage abzuweisen, eventuell sei jedenfalls die vor= instanzlich gesprochene Entschädigung zu reduziren. Dagegen bean= tragt der Anwalt des Klägers, es sei das angefochtene Urtheil zu bestätigen.

Das Bundesgericht zieht in Erwägung:

1. Die Beklagten, die Bauunternehmer Hans und Fritz Gribi, hatten von der Eisenbahngesellschaft Langenthal=Huttwyl die Aus= führung der Eisenbahnlinie von Langenthal nach Huttwyl in Unterbau, Oberbau und Hochbau übernommen. Am 28. Septem=

ber 1888 trat der im Jahre 1864 geborene Kläger, Johann
Ulrich Hasler, welcher bisher seinen Beruf als Wagner im Dorfe
Madiswyl ausgeübt hatte, in den Dienst der Beklagten; er wurde
zuerst als Wagner beim Bahnbau in der bei Madiswyl errichteten
Arbeishütte beschäftigt; nachdem Ende August 1889 keine Wagner=
arbeit mehr vorhanden war, wurde er als Arbeiter beim Ober=
bau der Bahn angestellt. In dieser Stellung bezog er einen Lohn
von 28 Cts. per Stunde, während er, vor seiner Anstellung, auf
seinem Berufe als Wagner circa 4 Fr. per Tag verdient hat.
Als der Bahnbau schon vorgerückt, insbesondere die Schienen ge=
legt waren und im obern Theile der Linie (bei Huttwyl) gearbeitet
wurde, reklamirten die Arbeiter, welche in den thalabwärts gele=
genen Ortschaften Madiswyl, Lotzwyl u. s. w. wohnten, die
Entfernung zwischen den Arbeitsplätzen und ihren Wohnungen
sei zu groß, um den Weg zu Fuß zurückzulegen; sie können in
ihrem Dienste nur verbleiben, wenn sie geführt werden, oder
müßten doch andernfalls höhern Lohn verlangen. Die Bauunter=
nehmer trafen daher die Anordnung, daß die Arbeiter Morgens
auf mit einer Lokomotive bespannten Rollwagen auf den Sta=
tionen Lotzwyl, Madiswyl u. s. w. abgeholt und zu ihren Arbeits=
plätzen thalaufwärts geführt wurden; Abends, nach Beendigung
der Arbeiten, wurden sie in gleicher Weise, jedoch ohne Lokomotive,
welche wegen des Gefälles nicht nöthig war, zurückgeführt. Dabei
wurden, wenn nöthig, auch die beim Bahnbaue zur Verwendung
kommenden Werkzeuge mitgeführt und an Ort und Stelle nieder=
gelegt. Die Rückfahrt geschah jeweilen unter der Leitung des
Bauaufsehers Born. Die Arbeiter wurden dabei auf zwei Roll=
wagen so vertheilt, daß auf dem vordern diejenigen sich befanden,
welche am weitesten thalabwärts wohnten, während der hintere
Wagen solche Arbeiter enthielt, welche unterwegs in der Gegend
von Madiswyl abzusteigen hatten, um zu ihren Wohnungen zu
gelangen. Der hintere Wagen wurde regelmäßig etwas oberhalb
Madiswyl losgekuppelt, gebremst und zum Halten gebracht, wo=
rauf die Arbeiter ihn verließen und auf das Nebengeleise zu stellen
hatten. Das Bremsen des hintern Wagens besorgte gewöhnlich,
nach einem allgemeinen Auftrage des Bauaufsehers Born, der
Kläger, welcher vorn auf dem hintern Wagen zu sitzen pflegte.

Am 16. Oktober 1889, etwa um 7 Uhr Abends, als es bereits
dunkel war, fuhren die Rollwagen mit den Arbeitern, wie gewöhnlich, thalabwärts. Nachdem unterwegs Werkgeschirr für den
Bahnbau ausgeladen worden war, löste etwas oberhalb Madiswyl ein auf dem vordern Wagen stehender Arbeiter die Kuppelung
zwischen den beiden Wagen; der Kläger versuchte hierauf nach
seiner Darstellung, den Wagen zu bremsen und wollte zu diesem
Zwecke, in der Meinung, die Bremsvorrichtung befinde sich, wie
dies meistens, aber nicht immer der Fall war, vorn, über die
vordere Brüstung des Rollwagens auf das unter der Bremsvorrichtung befindliche Trittbrett steigen. Nun befand sich aber
die Bremsvorrichtung nicht vorn sondern hinten; es fand sich
daher vorn kein Trittbrett vor und der Kläger, welcher dies in der
Dunkelheit nicht bemerkte, verlor den Halt, fiel auf das Geleise
und wurde von dem Wagen überfahren. Dabei erlitt er einen
Bruch eines Lendenwirbelfortsatzes und zugleich eine Zermalmung
des rechten Ellenbogengelenkes, welche die Amputation des rechten
Oberarms zwischen oberm und mittlerem Drittel nöthig machte
Der Kläger belangte hierauf die Bauunternehmer auf Schaden-
ersatz für Heilungskosten und dauernde Verminderung der Arbeits-
fähigkeit, indem er sich auf alle drei Haftpflichtgesetze, sowohl das
Eisenbahn- als das Fabrikhaftpflichtgesetz als endlich das erweiterte
Haftpflichtgesetz berief.

2. Wie die Vorinstanz richtig ausgeführt hat, sind weder das
Eisenbahn- noch das Fabrikhaftpflichtgesetz anwendbar. Denn die beklagten Bauunternehmer betreiben weder eine Fabrik, noch sind sie die
konzessionirte Unternehmung, für welche die Eisenbahn gebaut wird
und auf welche einzig Art. 1 des Eisenbahnhaftpflichtgesetzes sich bezieht. Dagegen sind sie als Eisenbahnbauunternehmer gemäß Art. 1
litt. d und Art. 2 des erweiterten Haftpflichtgesetzes diesem Gesetze
unterworfen. Sie haben den Bau der Eisenbahnlinie Langenthal-
Huttwyl in seinen verschiedenen Bestandtheilen auf eigene Rechnung
und Gefahr übernommen, erscheinen daher als der Unternehmer dieser
Arbeiten im Sinne des Art. 2 des erweiterten Haftpflichtgesetzes.
Der Anwalt der Beklagten hat nun allerdings heute wie vor der
kantonalen Instanz eingewendet, es sei in der Klage gar nicht
behauptet, daß die Beklagten bei fraglicher Bauarbeit durchschnittlich mehr als fünf Arbeiter beschäftigt haben und es mangle also

an der Behauptung einer für die Unterstellung der Beklagten
unter das erweiterte Haftpflichtgesetz nothwendigen thatsächlichen
Voraussetzung. Die Vorinstanz hat indeß diese, erst in der münd=
lichen Verhandlung vorgebrachte, Einrede als verspätet zurückge=
wiesen. Sie führt aus: Die Natur der Sache bringe es mit sich,
daß bei einem derartigen Eisenbahnbauunternehmen die normale Zahl
der Arbeiter mehr als fünf betragen müsse. Die Beklagten hätten
daher allen Grund gehabt, den Kläger dabei zu behaften, daß er
nirgends ausdrücklich behauptet habe, die Zahl der beschäftigten
Arbeiter belaufe sich auf mehr als fünf; hierauf haben sie aber
nicht abgestellt, sondern vielmehr den Art. 5 der Klage, welcher
offenbar eine Anzahl von mehr als fünf Arbeitern zur Voraus=
setzung habe, in einer Weise beantwortet, welche eine indirekte
Anerkennung der Thatsache in sich schließe. Bei dieser prozeßualen
Entscheidung der Vorinstanz muß es ohne weiters sein Bewenden
haben und es ist daher davon auszugehen, daß die Beklagten dem
erweiterten Haftpflichtgesetze unterstehen.

3. Im Weitern haben die Beklagten eingewendet, der Unfall
habe sich außerhalb der Arbeitszeit ereignet und seien sie daher
für denselben nicht verantwortlich. Allein diese Einwendung ist
unbegründet. Entscheidend für die Haftpflicht der Beklagten ist, ob
der Unfall durch den Betrieb ihres haftpflichtigen Unternehmens
herbeigeführt wurde. Ist dies zu bejahen, so besteht die Haft=
pflicht der Beklagten auch dann, wenn der Unfall außerhalb der
Arbeitszeit des verletzten Arbeiters erfolgte, sofern nur der letztere
in Folge seiner Stellung als Arbeiter in befugter Weise in Be=
rührung mit dem Unternehmen geblieben ist. Die Beförderung der
Rollwagenzüge, auf welchen die Hin= und Rückfahrt der Arbeiter
stattfand, gehörte nun aber zum Betriebe der Eisenbahnbauunter=
nehmung der Beklagten. Der Begriff des Betriebes und Betriebs=
unfalls ist, wie das Bundesgericht in seiner Entscheidung in
Sachen Good gegen Schuhmacher vom 28. November 1891
(Amtliche Sammlung XVII, S. 743) ausgeführt hat, nicht im
engern, sondern im weitern Sinne aufzufassen, wonach zum Be=
triebe auch konnexe Hülfsarbeiten gehören. Nun hat im vorliegen=
den Falle die Bauunternehmung die Arbeiterzüge von und nach
den Arbeitsplätzen, im Interesse des Baubetriebs, selbst organisirt;
es wurden dieselben durch einen ihrer Angestellten, den Bauaufseher

Born, der dazu dienstlich beordert war, geleitet. Die Beförderung vermittelst dieser Züge gehörte zu den Leistungen, welche der Arbeitgeber den Arbeitern hatte versprechen müssen; sie bildeten also einen Theil der den Arbeitern zu leistenden Vergütung. Im Fernern wurden mit den Rollwagen, speziell am Tage des Unfalles, nicht nur die Arbeiter, sondern es wurde damit auch zu Bauzwecken erforderliches Arbeitsmaterial befördert. Die Rollwagenfahrten dienten also auch dem Materialtransporte. Danach kann denn kein Zweifel darüber obwalten, daß diese Fahrten zum Mindesten als konnere Hülfsarbeiten zum Betriebe des Eisenbahnbauunternehmens gehörten. Sie bildeten einen Bestandtheil der für den Eisenbahnbau vom Unternehmer aufgewendeten wirthschaftlichen Thätigkeit, waren in die Organisation des Baubetriebes einbezogen.

4. Eventuell haben die Beklagten der Klage die Einrede des Selbstverschuldens entgegengestellt. Die Vorinstanz hat diese Einrede einfach damit zurückgewiesen, die Beklagten haben zu deren Begründung keine selbständigen Thatsachen angeführt, sondern nur bemerkt, wenn die klägerische Darstellung richtig sei, so müsse dann jedenfalls Selbstverschulden angenommen werden. Auf diese Weise könne sich aber der Haftpflichtige nicht befreien; es liege ihm vielmehr ob, seinerseits solche Thatsachen zu behaupten und zu beweisen, aus welchen das Verschulden des Verletzten sich ergebe. Dies erscheint nicht als richtig. Allerdings liegt der Beweis des Haftbefreiungsgrundes des Selbstverschuldens dem Beklagten ob; allein er kann sich für diesen Beweis gewiß auch auf die eigenen Behauptungen des Klägers berufen. Bringt der Kläger selbst solche Thatsachen vor, aus welchen sein Verschulden sich ergibt, so kann doch dem Beklagten nicht zugemuthet werden, seinerseits einen weitern Beweis zu führen. Wird demnach geprüft, ob nach der klägerischen (durch das Beweisverfahren im Wesentlichen bestätigten) Sachdarstellung ein Selbstverschulden des Klägers gegeben sei, so ist klar, daß ein solches weder in der Benutzung des Rollwagens zur Rückfahrt, noch an sich, in dem Versuche des Klägers, den Wagen zu bremsen, liegt. Zu Beidem war vielmehr der Kläger völlig befugt. Dagegen muß sich allerdings fragen, ob nicht ein Verschulden darin liege, daß der Kläger seinen Bremsversuch unternahm, ohne sich vorher vergewissert zu haben,

auf welcher Seite des Wagens, ob vorn oder hinten, die Brems=
vorrichtung sich befinde. Allein es ist dies doch zu verneinen. Es
ist festgestellt, daß der Kläger am Tage des Unfalles 10 ½ bis
11 ½ Stunden gearbeitet hatte; es ist im Fernern festgestellt,
daß er gewöhnlich das Bremsen des hintern Wagens von seinem
gewohnten Sitze, vorn auf diesem Wagen, aus besorgte und daß
meist die Bremsvorrichtung sich vorn befand. Bei dieser Sachlage
erscheint als naheliegend, daß der Kläger von der langen und
anstrengenden Arbeit erschöpft, nach der Loskuppelung der beiden
Wagen, einfach maschinenmäßig die gewohnten Bewegungen vor=
nahm, von der Voraussetzung ausgehend, es befinde sich alles in
gewohnter Ordnung. Ein Mangel an Ueberlegung liegt hierin
nun allerdings, allein es erhellt nach den feststehenden Umständen
nicht, daß dieser Mangel an Ueberlegung dem Kläger zum Ver=
schulden angerechnet werden könne, dies um so weniger, als der
Bauaufseher es an jedem Hinweise darauf hatte fehlen lassen, daß
am Unglücksabende die Dinge sich nicht in gewohnter Ordnung
befinden, mithin ausnahmsweise nicht der Kläger die Bremsvor=
richtung zu bedienen habe oder dies jedenfalls nicht in gewohnter
Weise thun dürfe.

5. Ist danach die Entschädigungsforderung des Klägers prin=
zipiell begründet, so ist rücksichtlich des Maßes der Entschädigung
die vorinstanzliche Entscheidung einfach zu bestätigen. Die Vor=
instanz geht mit Recht davon aus, es sei bei Bemessung des
durch Verminderung der Erwerbsfähigkeit eingetretenen Schadens
nicht der zufällige und vorübergehende Verdienst von 28 Cts.
per Stunde, welchen der Kläger im Momente des Unfalles bezog,
zu Grunde zu legen, sondern der regelmäßige Tagesverdienst von
4 Fr., der ihm bei der nur zeitweise unterbrochenen Ausübung
des erlernten Wagnerberufes sicher war. Sie nimmt im Fernern
an, die Erwerbsfähigkeit des Klägers sei durch den Verlust des
rechten Armes um mindestens die Hälfte vermindert worden und
es sei somit bei einem Jahresverdienste von 1200 Fr. ein jähr=
licher Einkommensausfall von 600 Fr. eingetreten. Diese An=
nahme geht jedenfalls nicht zu weit. Allerdings ergibt sich aus
den Akten, daß der Kläger seit dem Unfalle zum Hülfsbriefträger
von Madiswyl erwählt worden ist. Allein abgesehen davon, daß
nicht erhellt, welches Einkommen mit dieser Stelle verbunden ist,

so ist jedenfalls, wie der einvernommene ärztliche Sachverständige
bemerkt, richtig, daß jeder Zufall, welcher den Kläger für diese
anstrengende Berufsart untauglich machen sollte, ihn wieder mit
nur einem Arme auf den Arbeitsmarkt wirft, wo er alsdann
einer sehr beschränkten Auswahl für seine Thätigkeit gegenüber=
steht. Die dem Kläger noch verbleibende Arbeitskraft ist nach
ihrem gemeinen Werthe zu schätzen und danach ist die Annahme,
es sei dieselbe nach dem Unfalle um mindestens die Hälfte geringer
als vor demselben, gewiß nicht übertrieben, wenn erwogen wird,
daß nach dem Verluste des rechten Armes der Kläger zur Aus=
übung des erlernten Wagnerberufes und aller ähnlichen, eine Be=
thätigung beider Arme erfordernden, Berufsarten unfähig geworden
ist. Einem jährlichen Einkommensausfall von 600 Fr. entspricht
nun bei dem Alter des Klägers ein Rentenkapital von annähernd
11,000 Fr. Da indeß gemäß Art. 1 des erweiterten Haftpflichtgesetzes
in Verbindung mit Art. 6 des Fabrikhaftpflichtgesetzes das gesetzliche
Entschädigungsmaximum 6000 Fr. beträgt, so kann selbstverständ=
lich über dieses Maximum nicht hinausgegangen werden; es muß
vielmehr, gemäß Art. 5 litt. a des Fabrikhaftpflichtgesetzes, da die
Verletzung als eine zufällige zu erachten ist, auch innerhalb dieses
Maximums noch eine billige Reduktion der Entschädigung Platz
greifen. Allein der von der Vorinstanz mit Rücksicht auf die Zu=
fälligkeit der Verletzung gemachte Abstrich von 500 Fr. erscheint
als genügend. Denn der wirkliche Schaden übersteigt in concreto
das gesetzliche Entschädigungsmaximum um ein Beträchtliches und
nun muß der Abstrich von letzterm (bei Gleichheit der sonstigen
erheblichen Verhältnisse) um so geringer bemessen werden, je mehr
der eingetretene wirkliche Schaden das gesetzliche Maximum über=
steigt (siehe Entscheidung des Bundesgerichtes in Sachen Meinweg
gegen Linder, Amtliche Sammlung XVII, S. 542, Erw. 3).

Demnach hat das Bundesgericht

erkannt:

Die Weiterziehung der Beklagten wird als unbegründet abge=
wiesen und es hat demnach in allen Theilen bei dem angefochtenen
Urtheile des Appellations= und Kassationshofes des Kantons
Bern vom 11./12. Dezember 1891 sein Bewenden.

68. *Arrêt du 28 Mai 1892 dans la cause*
Délez contre Desfayes et consorts.

Par arrêt du 10 Février 1892, la Cour d'appel du canton
du Valais, statuant en la cause qui divise les parties, a prononcé ce qui suit :

« MM. E. Desfayes, P.-J. Cheseaux et consorts, domiciliés
» à Leytron, sont condamnés à payer aux hoirs de Joachim
» Délez, à Dorénaz : une indemnité de trois mille francs, avec
» intérêt dès la demande judiciaire. »

Sous date du 4 Avril écoulé, la partie Délez a recouru
contre le prédit arrêt. Elle a déclaré reprendre devant le
Tribunal fédéral les conclusions qu'elle a formulées devant la
Cour d'appel, tendant à faire élever à 6000 francs l'indemnité
à payer par Desfayes, Cheseaux et consorts solidairement.

Par écriture du 10 Mai courant, les intimés ont conclu à la
confirmation de l'arrêt du 10 Février 1892.

A l'audience de ce jour, les parties ont repris ces conclusions.

Statuant et considérant :

En fait :

1° Les défendeurs et intimés E. Desfayes, Pierre-Joseph
Cheseaux, F⁵-Jacques et Jean-Pierre Martinet, à Leytron
(Valais), exploitent les carrières d'ardoises qui existent dans
la montagne de l'Ardévoz, sise au territoire de cette commune; ils occupent en moyenne plus de cinq ouvriers.

Au nombre de ces ouvriers se trouvait, pendant les premiers mois de 1888, Joachim Délez, à Dorénaz, époux et père
des demandeurs, en qualité de contremaître; sa journée était
payée à raison de 4 fr. 50 c. et de 5 francs. Il habitait et avait
son ménage à Dorénaz, ce qui ne l'empêchait pas de faire
en moyenne une vingtaine de journées par mois à la carrière.

Le 7 Mai 1888, Délez a été, vers 8 heures du matin, atteint
mortellement à la tête par une pierre, au moment où il con-
duisait la brouette sur le chantier : cette pierre ne provenait
pas de la carrière, et les parties admettent d'un commun
accord qu'elle est descendue de la montagne, et probablement mise en mouvement par les moutons qui pâturaient sur

les communaux situés au-dessus des carrières. Il est d'ailleurs
établi que le jour de l'accident des moutons pâturaient effectivement dans ces parages : qu'une partie d'entre eux appar-
tenaient au défendeur Desfayes ; que celui-ci, avisé précédemment de ce fait par un témoin, avait répondu qu'il enverrait
quelqu'un pour les faire descendre, mais que rien n'a été fait.

Une délégation de la Cour d'appel, laquelle a procédé à
une inspection locale, a constaté de plus qu'il n'existe aucun
ouvrage destiné à protéger contre la chute des pierres venant
de la montagne les ouvriers travaillant à découvert en dehors
de la carrière, d'ailleurs il n'a pas paru possible à la délégation d'y établir des ouvrages pouvant protéger d'une manière
efficace et sûre les manœuvres employés au déblai des maté-
riaux hors des galeries, de sorte qu'à son avis le danger
existant de ce chef est inhérent à l'exploitation des carrières.

C'est à la suite de ces faits que la veuve de Délez, dame
Faustine née Michellod, et son enfant mineur Robert, repré-
senté par son tuteur, ont ouvert action à Desfayes et consorts
en payement d'une indemnité de 6000 francs, avec intérêt
dès la demande judiciaire, en se fondant sur les lois fédérales de 1881 et 1887 concernant la responsabilité civile, et
sur le fait que le défunt, né le 20 Septembre 1859, avait en-
viron 28 $\frac{1}{2}$ ans lors de l'accident, sa veuve 25 $\frac{1}{2}$ ans, et l'enfant mineur 3 ans et quelques mois à la même époque.

Les défendeurs ont contesté leur responsabilité et conclu
à libération des fins de la demande : ils nient toute faute à la
charge de la société défenderesse, estimant que Délez, lorsqu'il a été atteint, faisait un travail de manœuvre qui ne lui
incombait pas; ils prétendent en outre que l'accident n'est
pas survenu au cours de l'exploitation de la carrière, mais par
un fait non imputable à la société; qu'il n'est pas établi que
la société des carrières ait occupé plus de cinq ouvriers ;
qu'en tout cas l'indemnité devrait être très notablement réduite, d'autant plus que Délez avait refusé de se faire assurer.

Les deux instances cantonales, soit le tribunal du district
de Martigny et la Cour d'appel, ont admis en principe la demande, en réduisant toutefois l'indemnité allouée à 3000 fr.,
avec intérêt dès la demande en justice.

C'est contre ce jugement que les demandeurs ont recouru au Tribunal fédéral, et que les parties ont conclu comme il est dit plus haut.

En droit :

2° Les défendeurs ont conclu à la confirmation pure et simple de l'arrêt dont est recours, et ont ainsi implicitement admis en principe leur responsabilité civile ensuite de l'accident dont le sieur Délez a été la victime. Il n'y a donc plus lieu de rechercher si cette responsabilité est encourue aux termes de la loi, en présence des faits admis par l'instance cantonale.

3° Pour déterminer la quotité de l'indemnité à allouer à la partie demanderesse, on doit partir de l'idée que l'accident est dû à un cas fortuit. Cet accident ne saurait, en effet, être attribué à la faute de l'un ou de l'ensemble des défendeurs. Il est vrai que Desfayes, après avoir été avisé de la présence des moutons dans la région dominant la carrière, a eu tort de ne pas éloigner cette cause de péril, mais il n'en demeure pas moins certain que le danger n'eût pas entièrement disparu ensuite de cette mesure, et que l'éventualité d'une chute spontanée de pierres sur la carrière subsistait malgré cette précaution. Il résulte, en effet, de la déposition d'un témoin, que lors même qu'il n'y avait pas de moutons au pâturage, les pierres descendaient néanmoins, attendu que la montagne présente des pentes abruptes, peu boisées, et des surfaces mouvantes. Il suit de là, d'une part, que les entrepreneurs ont établi leur exploitation dans un endroit dangereux, et, d'autre part, que les ouvriers connaissaient le danger, sans que, toutefois, ni les uns ni les autres n'eussent à leur disposition des moyens suffisants pour le faire disparaître ; un accident survenu dans des conditions semblables présente dès lors incontestablement les caractères d'un cas fortuit.

4° En prenant en considération l'âge de la victime lors de l'accident, la durée probable de sa vie à cette époque, et la circonstance qu'il eût pu vraisemblablement consacrer pendant cette durée de 35 ans une somme annuelle de 400 fr. à l'entretien de sa femme, et 200 fr. à celui de son enfant pendant 13 ans, après lesquels celui-ci eût pu suffire à son en-

tretien, — en consultant, d'autre part, les tarifs des Caisses
de rentes, il y a lieu d'admettre que la continuation de ces
prestations après le décès de Délez exigerait un capital de
rente de 9400 francs environ. En tout cas, le préjudice
éprouvé par les demandeurs dépasse le chiffre maximum de
6000 francs qui peut être accordé en réparation du dommage
aux termes de l'art. 6 de la loi fédérale du 25 Juin 1881 sur
la responsabilité des fabricants.

Vu le fait que l'accident doit être attribué à un cas fortuit,
il y a toutefois lieu de réduire ce maximum, et cela, ainsi
que le Tribunal de céans l'a admis à diverses reprises, dans
une mesure d'autant moins forte que le préjudice réel causé
excède davantage le maximum légal. Il convient, dans l'espèce, pour l'évaluation de l'indemnité, de tenir compte également, soit de l'avantage que le paiement d'un capital au lieu
d'une rente procurera aux demandeurs, soit de la possibilité,
pour la veuve Délez, qui n'a pas encore trente ans, de con-
voler en secondes noces.

En présence de tous ces facteurs, une réduction d'un sixiè-
me du maximum légal apparaît comme équitable, d'où il suit
qu'il se justifie de porter à 5000 francs l'indemnité accordée
aux demandeurs par les instances cantonales. Le paiement
de cette somme doit être mis à la charge des défendeurs solidairement, conformément à la conclusion expresse de la partie défenderesse. Le principe de cette solidarité n'a en effet
point été contesté par les défendeurs, et il découle au surplus de l'art. 544 C. O.

Par ces motifs,

Le Tribunal fédéral

prononce :

Le recours est admis en ce sens que les sieurs Emile
Desfayes, Pierre-Joseph Cheseaux, Jaques-François et Jean-
Pierre Martinet, tous à Leytron, sont condamnés solidairement à payer à la partie Délez : a) une somme de cinq mille
francs (5000 fr.) à titre d'indemnité, avec intérêt à 5 % dès
le 16 Octobre 1888, date de la demande juridique ; b) tous les
frais de la procédure devant les instances cantonales.

IX. Civilstreitigkeiten
zwischen Kantonen einerseits und Privaten oder Korporationen anderseits.

Différends de droit civil
entre des cantons d'une part et des particuliers ou des corporations d'autre part.

69. Urtheil vom 8. Januar 1892 in Sachen Solothurn und Zürich gegen Tugginer.

A. Am 5. April 1890 starb in Solothurn der dort als Kauf=
mann niedergelassene Theodor Heß, Jakob Theodors sel. Sohn,
Bürger der Stadt Zürich, unter Hinterlassung eines eigenhändigen
Testamentes d. d. Solothurn 10. Januar 1890, welches folgender=
maßen lautet: „Ich Theodor Heß, Patrizier von Zürich, verfüge
„über mein Eigenthum wie folgt: Mein Siegelring soll mir ins
„Grab mitgegeben werden. Meine goldene Uhr sammt dem Dia=
„mantring soll mein lieber Freund Peter Felber, zur Zeit Gas=
„direktor hier zum Andenken bekommen. Ebenso erhält derselbe
„meine sämmtlichen Bücher.

„Dem Kunstverein Solothurn, dessen Mitglied ich bin, sind
„folgende Bilder zu überweisen: 1. u. s. w.

„Ferner erhält Fräulein Henriette Lehmann, Schwägerin von
„Herrn Professor Seewert hier 5000 Fr.

„Mein Baarvermögen, das Inventar des Geschäfts, Mobiliar,
„Silberzeug, Wäsche, Kleider u. s. w. soll meinem Hausherrn,
„Herrn Ludwig Tugginer, resp. seinen Rechtsnachfolgern zu=
„kommen.

„Meinen Freund Herrn Peter Felber betraue ich mit der rich=
„tigen Ausführung dieses meines letzten Willens und sollen ihm
„für seine Mühe in dieser Sache 1000 Fr. zufallen."

Das am 15. April 1890 von der Amtsschreiberei Solothurn
aufgenommene Inventar über den Nachlaß des Th. Heß erzeigte
folgenden Vermögensbestand:

1. Werthschriften im Werthe von . . . . . . Fr. 55,625 —
2. Fahrhabe:
   a. Gold= und Silbergeräthe . Fr. 1846 15
   b. Mobiliar und Hausgeräthe „ 5478 10
   c. Lingerie und Leibwäsche . „ 407 30
   d. Kleider . . . . . „ 177 50 Fr. 7,909 05
3. Waarenvorrath im Werthe von . . . „ 17,660 87
4. Buchforderungen, gewerthet auf . . . „ 1,068 15
5. Bibliothek . . . . „ 150 —
6. Wein . . . . „ 197 —
7. Baarschaft . . . . „ 2,691 45

Summa: Fr. 85,301 52
abzüglich der Schulden . . . . „ 6,139 17

Reines Vermögen, Fr. 79,162 35

Th. Heß war unverheirathet und kinderlos; er hat nur Ver=
wandte der urgroßelterlichen Parentel hinterlassen, welche nach
zürcherischem Erbrechte nicht erbfähig sind. Auf den vom Amts=
gerichtspräsidenten von Solothurn publizirten Erbenaufruf hin
meldete sich Ludwig Tugginer in Solothurn, welcher den Nachlaß
als Testamentserbe beanspruchte. Zwei Verwandte des Erblassers
aus der urgroßelterlichen Parentel erklärten auf alle Ansprüche
endgültig zu verzichten. Der Amtsschreiber von Solothurn händigte
hierauf dem Kunstverein von Solothurn die ihm vermachten Bilder,
dem Peter Felber die ihm vermachten Schmuckgegenstände und
Bücher aus, überließ dagegen den ganzen übrigen Nachlaß dem
Ludwig Tugginer, unter Auflegung des in Baar auszurichtenden
Vermächtnisses an Fräulein Henriette Lehmann und unter Ueber=
bindung der Nachlaßschulden. Tugginer hat das Legat ausge=
richtet, die Nachlaßschulden, sowie das Honorar an den Testa=
mentsvollstrecker bezahlt. Am 20. Dezember 1890 trat nun aber
der Fiskus des Kantons Solothurn durch eine bei dem Amts=
schreiber von Solothurn abgegebene Erklärung mit dem Anspruche
hervor, die Verlassenschaft des Theodor Heß sei als eine erblose
ihm angefallen; insbesondere gebühren ihm die zum Nachlasse
gehörigen Werthschriften. Tugginer sei durch das Testament nicht
zum Erben eingesetzt worden, sondern sei nur Legatar für die ihm

speziell vermachten Gegenstände, zu welchen die Werthschriften nicht gehören. Da Tugginer diesen Anspruch bestritt, so erhob der Fiskus des Kantons Solothurn mit Klageschrift vom 25. März 1891 beim Bundesgerichte Klage gegen denselben.

B. In der Klageschrift stellt er die Anträge:

1. Der Beklagte hat dem Staate Solothurn die Erbschaft des Herrn Theodor Heß, gestorben in Solothurn, herauszugeben, ge-mäß dem in Art. 20 hievor angegebenen Gülten= und Forderungs=bestande, eventuell

2. Sofern die bezeichneten Werthtitel sollten vom Beklagten ganz oder theilweise versilbert worden sein, hat derselbe dem Staate Solothurn den im Inventar vom 2. August 1890 angegebenen Schatzungswerth zu vergüten mit 55,625 Fr. für die Gülten und 1068 Fr. 15 Cts. für die Buchausstände.

3. Der Beklagte hat dem Staate Solothurn die Nutzungen zu vergüten, welche er von den in Art. 20 genannten Titeln bezogen hat oder noch beziehen wird, vom 2. August 1890 an; oder, wenn der Beklagte die Titel ganz oder theilweise versilbert haben sollte, ist er verpflichtet, von den gemäß Rechtsbegehren II zur Vergütung gelangenden Summen 5 % Zins zu bezahlen seit dem 2. August 1890, eventuell seit 20. Dezember 1890.

Rechte Dritter überall vorbehalten.

Zur Begründung wird ausgeführt: Theodor Heß habe nach dem konkordatsmäßig für seine Beerbung ab intestato maßgeben-den zürcherischen Rechte keine erbfähigen Verwandten hinterlassen. Das Testament vom 10. Januar 1890 (dessen Gültigkeit im Uebrigen anerkannt werde) enthalte keine Erbeinsetzung, speziell nicht eine solche des Beklagten Tugginer. Sowohl das solothur-nische als das zürcherische Recht unterscheiden zwischen Erbein=setzung und Vermächtniß; beide Gesetze fordern zur Erbeinsetzung eine ausdrückliche Einsetzung auf den ganzen oder einen verhält-nißmäßigen Theil des Nachlasses. An einer solchen Erbeinsetzung mangle es hier. Es liege auch nicht etwa eine Art von Universal=vermächtniß (nach Analogie des legs universel des französischen Rechts) zu Gunsten des Beklagten Tugginer vor. Den hauptsäch-lichsten Theil seines Nachlasses, seinen Werthschriftenbesitz, benenne der Testator in seiner letzten Willensverordnung nicht ausdrücklich;

er könnte denselben also nur bei einer seiner Dispositionen oder vermittelst aller derselben mitverstanden haben. Das hätte aber Tugginer zu beweisen. Von den einzelnen Dispositionen könnte nur in Betracht kommen diejenige, durch welche dem Beklagten das „Baarvermögen" und das „Mobiliar" des Testators vermacht werde. Allein weder der eine noch der andere dieser Ausdrücke könne auf den Werthschriftenbestand bezogen werden. Der Begriff Baar= vermögen enthalte offenbar eine nicht unerhebliche Einschränkung gegenüber dem einfachen Begriffe „Vermögen;" überhaupt bedeute Baarvermögen nach allgemeinem Sprachgebrauche Vermögen in gemünztem Gelde. Im Nachlasse des Theodor Heß habe sich nun ein Baarvermögen im Betrage von 2691 Fr. 45 Cts. vorge= funden; auf dieses sei daher der Ausdruck des Testamentes offen= bar zu beziehen. Der Begriff „Mobiliar" sodann bedeute nach allgemeinem Sprachgebrauche und der Terminologie der Gesetze nicht etwa Mobilien, bewegliche Sachen, überhaupt, sondern die Gesammtheit der Geräthe, welche zum Dienste der Haushaltung, zum Gebrauche und zur Verzierung des Wohnsitzes gehören. Auch aus dem Zusammenhange des Testamentes ergebe sich nicht, daß der Testator dem Beklagten sein ganzes Vermögen, mit Aus= nahme der speziell andern Legataren zugewendeten Sachen, habe hinterlassen wollen. Der Eingang: „Ich .... verfüge über mein Eigenthum wie folgt" besage nicht nothwendig: „Ich verfüge über all mein Eigenthum." Gesetzt übrigens auch, er hätte diese Bedeutung, so schlösse das doch nicht aus, daß der Testator im Laufe der Niederschrift des Testamentes absichtlich oder unabsichtlich einzelne Theile seines Vermögens übergangen haben könne. Es sei ja auch möglich, an einen Defekt des Intellekts zu denken, welcher den Testator neben den vielen kleinern Verfügungen gerade die Hauptsache, die Disposition über sein eigentliches Vermögen, die Werthschriften hätte vergessen lassen. In der zu Gunsten des Tugginer getroffenen Verfügung seien die einzelnen Begriffe, Baarvermögen, das Inventar des Geschäfts, Mobiliar, Silber= zeug, Wäsche, Kleider u. s. w. nach Satzstellung und Interpunktion einander koordinirt und nicht etwa seien einzelne Begriffe andern, z. B. dem eingangs genannten Begriffe des Baarvermögens unter= geordnet. Wenn der Testator am Schlusse die Abkürzung u. s. w.

beifüge, so könne dies im Zusammenhange mit den vorausgehenden Ausdrücken nur bedeuten: „Wäsche, Kleider und was etwa dergleichen Kleinigkeiten mehr sind," nicht aber habe der Testator dadurch den wesentlichsten Theil seines Vermögens, die Werthschriften, bezeichnen wollen. Sei daher der Beklagte nicht testamentarisch zum Erben eingesetzt, noch ihm durch Universallegat das gesammte Vermögen des Erblassers (abzüglich der Partikularvermächtnisse) hinterlassen worden, so sei die Verlassenschaft eine erblose und falle nach § 553 des solothurnischen Civilgesetzes kraft Erbrechtes oder nach § 712 ibid. zufolge des staatlichen Hoheitsrechtes, wonach herrenlose Sachen dem Staate gehören, an den Staat Solothurn. Dieser verlange mithin die Erbschaft, soweit nicht über einzelne Theile derselben durch Legat zu Gunsten des Beklagten verfügt worden sei, nämlich die Werthschriften und die Buchforderungen, vom Beklagten heraus, wogegen er auch die Erbschaftsschulden übernehmen resp. sich anrechnen lassen werde.

C. Nachdem diese Klage dem Beklagten zur Vernehmlassung mitgetheilt worden war, reichte der Kanton Zürich beim Bundesgerichte eine sowohl gegen Ludwig Tugginer als gegen den Kanton Solothurn gerichtete Klage ein, in welcher er die Anträge stellt:

1. Der Beklagte Ludwig Tugginer hat dem Stande Zürich die Verlassenschaft des am 5. April 1890 in Solothurn verstorbenen Theodor Heß von Zürich, soweit sie laut Inventar in Gülten und Forderungsansprüchen besteht, herauszugeben, eventuell

2. Im Falle die Titel und Forderungen liquidirt sein sollten, hat der Beklagte dem Stande Zürich das Liquidationsergebniß, eventuell den durch Expertise zu ermittelnden Kurswerth zur Zeit der Liquidation und eventuell den Schatzungswerth laut Inventar vom 2. August 1890 zu vergüten und zwar mit 55,625 Fr. für die Gülten und 1068 Fr. für die Buchguthaben.

3. Der Beklagte Tugginer hat dem Staate Zürich die Nutzungen, welche er von den in Art. 20 der Klage Solothurns genannten Titeln bezogen hat oder bis zur Rückgabe noch bezieht, zu vergüten und soweit die Gülten und Forderungen liquidirt sind, vom Liquidationsergebnisse, eventuell von den sub. II genannten Beträgen Zinsen à 5 % seit der Liquidation eventuell seit dem 20. Dezember 1890 und ganz eventuell seit dem 17. Januar 1891.

4. Der Fiskus des Kantons Solothurn hat keinen Rechtsan=
spruch auf die Verlassenschaft Theodor Heß.

In formeller Beziehung wird bemerkt: Der Kanton Zürich
glaube am Streitgegenstande ein besseres, beide Parteien aus=
schließendes Recht zu haben und trete deßhalb als Hauptinter=
venient selbst klagend gegen Ludwig Tugginer und gegen den
Kanton Solothurn auf, wobei er beantrage, es seien die beiden
Prozesse zu vereinigen. In rechtlicher Beziehung wird ausgeführt:
Für die Beerbung des Theodor Heß gelte konkordatsmäßig heimat=
liches, also zürcherisches Recht; nach diesem (§§ 906 und 907)
des zürcherischen privatrechtlichen Gesetzbuches) stehe nun dem
Staate gegenüber seinen Kantonsbürgern, wenn keine erbfähigen
Verwandten vorhanden seien, ein eigentliches Erbrecht im privat=
rechtlichen Sinne zu, welches sich von dem Rechte der übrigen
Erben nur dadurch unterscheide, daß der Staat für die Erbschafts=
schulden stets nur bis zum Betrage der Nachlaßaktiven hafte.
Dieses Erbrecht des Kantons Zürich schließe jeden Anspruch des
Kantons Solothurn auf die Heß'sche Verlassenschaft aus. Gegen=
über dem Beklagten Tugginer werde auf die bereits in der Klage
des Kantons Solothurn geltend gemachten Gründe verwiesen und
überdem ausgeführt: In Bezug auf den Inhalt des Testaments
komme nach dem Erbrechtskonkordate zürcherisches Recht zur An=
wendung, wie denn auch nach diesem Konkordate die Liquidation
der Erbschaft den zürcherischen Behörden hätte überlassen werden
sollen. Nach zürcherischem Rechte könne der Erblasser im Testa=
mente auch nur über einen Theil seines Nachlasses verfügen,
wobei der Rest den gesetzlichen Erben anfalle. Soweit nicht aus=
drücklich und unzweifelhaft über den ganzen Nachlaß verfügt sei,
trete daher die gesetzliche Erbfolge ein; es werden denn auch im
Kanton Zürich testamentarisch thatsächlich meist nur einzelne Ver=
mächtnisse ausgesetzt, im Uebrigen dagegen die gesetzliche Erbfolge
vorbehalten. Ein Universalvermächtniß sei dem zürcherischen Rechte
unbekannt; dasselbe kenne nur das gewöhnliche Vermächtniß.
Der Bedachte werde nicht Universalsuccessor; er hafte insbesondere
nicht für die Erbschaftsschulden, sondern er erhalte nur eine be=
stimmte Sache, einen bestimmten Betrag oder eine bestimmte For=
derung oder mehrere solche Dinge zugeschieden. Ein solches Ver=

mächtniß liege hier vor. Der Erblasser habe bestimmte Nachlaß=
sachen genannt, welche dem Beklagten zukommen sollen; nirgends
habe er dagegen erklärt, Tugginer solle sein Erbe sein oder sein
ganzer übriger Nachlaß solle dem Tugginer zufallen. Das eine
oder andere wäre nahe gelegen und hätte jede Spezifikation
überflüssig gemacht, so daß man, da der Testator es nicht aus=
gesprochen habe, annehmen müsse, sein Wille sei eben nicht dahin
gegangen. Es liege denn auch nichts vor, was eine Erbeinsetzung
des Tugginer gerechtfertigt hätte. Der Testator habe offenbar dem
Tugginer sein Waarenlager und Geschäft zuwenden wollen, damit
er dasselbe fortsetzen könne. Dazu habe er ihm auch seinen Haus=
rath, Linge und Kleider zugetheilt und einen kleinen Betriebsfonds
in Gestalt des vorhandenen baaren Geldes. Damit sei der Haupt=
zweck des Legates, die Fortsetzung des Geschäftes zu sichern, er=
reicht. Unter Baarvermögen verstehe man im gewöhnlichen Leben
und auch in der Rechtssprache die Baarschaft, gemünztes Metall.
Dagegen seien darunter Gülten, Schuldbriefe, Aktien, Obliga=
tionen, Forderungen nicht verstanden. Jedermann und besonders
ein Kaufmann wisse, daß zwischen baarem Gelde und Forderungs=
rechten ein gewaltiger Unterschied sei. Wer von Baarvermögen
spreche, denke daneben an anderes Vermögen, das er ausnehme.
Gerade der Umstand, daß der Erblasser spezifizire und dabei den
Haupttheil des Vermögens, die Werthschriften, nicht nenne, spreche
dafür, daß er keine Erbeinsetzung, sondern ein Legat gewollt habe.

D. In seiner Antwort auf die Klage des Kantons Solothurn
bringt der Beklagte vorerst einige Berichtigungen bezüglich des
ihm zugekommenen Nachlaßbetrages an. In Bezug auf die Trag=
weite des Testamentes bemerkt er: Der Kläger behaupte, daß dem
Beklagten durch das Testament weder die Werthschriften des
Testators noch die Buchforderungen hinterlassen worden seien.
Beides sei unrichtig. Dem Beklagten werde „das Inventar des
Geschäftes" zugewendet. Zu diesem gehören auch die Buchforde=
rungen, die sammt und sonders aus dem Geschäftsverkehre des
Erblassers herrühren und somit nicht minder als der Waaren=
vorrath einen Bestandtheil des Geschäftsinventares bilden. Die
Werthschriften des Testamentes sodann haben sämmtlich aus In=
haberpapieren bestanden, welche (mit einer einzigen unbedeutenden

Ausnahme) an der Börse cotirt seien und somit jeden Augenblick
ohne Umständlichkeiten realifirt werden können. Nach dem Wort=
laute des Testamentes sowohl als nach der offenbaren Absicht des
Testators seien diese Werthtitel in der Verfügung zu Gunsten
des Beklagten inbegriffen und zwar unter der Bezeichnung „Baar=
vermögen." Grammatikalisch sei das Wort baar synonim mit
„frei" „ledig" „rein." Baarvermögen sei somit gleichbedeutend
mit unbelastetem, liquidem, reinem Vermögen; es bedeute auch
disponibles Vermögen im Gegensatz zu anwartschaftlichem, solches
das stets realifirbar sei. In diesem Sinne werde das Wort auch
im gewöhnlichen Sprachgebrauche und im Geschäftsverkehr ver=
wendet. Man begegne ihm in diesem Sinne sehr häufig in der
Unterhaltungslitteratur, in Zeitungspublikationen, aber auch in
der Gerichtssprache. Aus dem ganzen Inhalte des Testamentes
gehe unzweideutig hervor, daß der Testator den Ausdruck in diesem
Sinne gebraucht habe. Er habe sich im Jahre 1889 durch eine
Anfrage in Zürich vergewissert, daß er keine erbfähigen Ver=
wandten aus dem Geschlechte Heß mehr besitze und habe daher
die ganze Succession in seinen Nachlaß testamentarisch feststellen
wollen. Diese Absicht spreche er denn auch im Eingange des
Testamentes so deutlich als möglich aus. Nachdem er sodann eine
Anzahl einzelner Dispositionen getroffen, folge als letzte und um=
fassendste, an die sich nur noch die Bestellung des Testaments=
vollstreckers anschließe, die Verfügung zu Gunsten Tugginers.
Während bei allen übrigen Bedachten die betreffenden Sachen in=
dividuell bezeichnet seien, werden die dem Tugginer bestimmten
Vermögenstheile nur in Gattungsbegriffen aufgeführt; daraus
und auch aus dem angehängten „u. s. w." gehe der Wille des
Testators hervor, daß Tugginer eben alles erhalten solle, was
vorher nicht speziell ausgenommen worden sei und damit habe
der Testator, seiner am Anfang ausgesprochenen Absicht ent=
sprechend, über sein ganzes Vermögen disponirt. Es sei allerdings
richtig, daß nicht eine ausdrückliche Erbeinsetzung vorliege. Allein
darüber könne kein Zweifel sein, was dem Beklagten aus dem
Nachlasse zukommen solle. Ob man aus allen Umständen des
Falles auf eine Erbeinsetzung schließen wolle, oder dem Beklagten
die Nachlaßobjekte als Universalvermächtniß zukommen, brauche

nicht weiter untersucht zu werden, da dies die Rechte des Be=
klagten nicht berühre. Das Motiv der Zuwendung an Tugginer
habe darin gelegen, daß der Testator, der früher ein Familienleben
nie gekannt habe, sich in seinen letzten Jahren enger an seinen
Hausherrn Tugginer und dessen Familie angeschlossen und von
dieser während seiner häufigen Krankheiten verpflegt worden sei;
daneben wohl auch noch darin, daß Tugginer wie der Testator
einer patrizischen Familie angehört, sich aber in ziemlich dürftigen
Verhältnissen befunden habe. Bemerkt werden möge auch, daß
von der im Inventar aufgenommenen „Baarschaft" von 2691 Fr.
45 Cts. 2500 Fr. in Banknoten bestanden haben. Diese können
nicht als gemünztes Geld betrachtet werden, sondern seien gewöhn=
liche Inhaberpapiere. Konsequenterweise müßte daher der Kläger von
seinem Standpunkte aus dieselben von dem Begriffe „Baarver=
mögen" ausschließen, wonach denn die Hauptzuwendung an Tug=
giner, das demselben in erster Linie zugedachte Baarvermögen, sich
auf 191 Fr. 40 Cts. reduziren würde. Demnach werde beantragt:
Es sei die Klage des Staates Solothurn vom 25. März 1891
in vollem Umfange abzuweisen. Den gleichen Antrag stellt der
Beklagte auch gegenüber der Klage des Staates Zürich vom 28.
April 1891, deren Behandlung im Einverständniß der Parteien
mit derjenigen der Klage des Kantons Solothurn verbunden
worden ist.

E. Der Staat Solothurn trägt auf Abweisung der Klage des
Kantons Zürich unter Kosten= und Entschädigungsfolge an,
während er an seiner Ansprache gegenüber dem Beklagten Tugginer
replicando festhält. Der Kanton Zürich hält replicando sowohl
gegenüber L. Tugginer als gegenüber dem Kanton Solothurn
seine Klage aufrecht. Tugginer und der Kanton Solothurn tragen
duplicando auf Abweisung des Begehrens des Kantons Zürich an.

F. Vom Instruktionsrichter ist über den Bestand des Nachlasses
des Th. Heß auf Begehren der Parteien in verschiedenen Rich=
tungen Beweis erhoben worden.

G. Bei der heutigen Verhandlung wird im Einverständnisse der
Parteien beschlossen, es sei zunächst nur darüber zu verhandeln,
ob der Vindikationsanspruch gegen Tugginer prinzipiell begründet
sei. Die Anwälte der Kantone Solothurn und Zürich einigen

sich dahin, daß rücksichtlich dieser Frage der Vertreter des Kantons
Solothurn den ersten, der Vertreter des Kantons Zürich dagegen
den Replikvortrag übernimmt. Die Vertreter der Parteien halten
hierauf die im Schriftenwechsel gestellten Anträge aufrecht, wobei
immerhin der Vertreter des Kantons Zürich ausdrücklich erklärt,
daß er auf die ziffermäßige Ausrechnung nicht eintrete, sondern
deren Feststellung, gestützt auf die Ergebnisse des Beweisverfahrens,
dem Gerichte überlasse.

Das Bundesgericht zieht in Erwägung:

1. Es ist unbestritten, daß das Testament des Th. Heß gültig
ist; bestritten ist dagegen Sinn und Tragweite desselben. Die
Kläger behaupten, daß dasselbe dem Beklagten Tugginer nur einzelne Nachlaßbestandtheile zuwende, zu welchen weder die Werthschriften des Erblassers noch die Buchforderungen gehören; über
diese sei also testamentarisch nicht verfügt und es fallen dieselben
daher, in Ermangelung erbfähiger Verwandter, an den Staat.
Dagegen behauptet der Beklagte, es sei ihm, sei es als Erben,
sei es als Universallegatar, der gesammte Nachlaß, mit Ausnahme
der speziell andern Personen zugewendeten Gegenstände, hinterlassen. Es handelt sich also lediglich um die Interpretation des
Testaments.

2. Fragt sich zunächst, welcher Sinn dem vom Testator gebrauchten Ausdrucke „Baarvermögen" beizumessen sei, so kann der
Meinung der Kläger, darunter falle nur der zur Zeit des Todes
des Erblassers vorhandene Kassabestand an gemünztem Gelde und
Banknoten, nicht beigetreten werden. Unter Baarvermögen wird
im Sprachgebrauche des Lebens — und auf diesen kommt es für
die Auslegung des Testamentes in erster Linie an — in der
Regel nicht nur das in gemünztem Gelde bestehende Vermögen,
sondern überhaupt reines, freies, sofort verfügbares und leicht
realisirbares Vermögen verstanden. Wenn von Jemandem behauptet
wird, er besitze ein bedeutendes Baarvermögen, es sei ihm ein
großes Baarvermögen zugebracht worden u. dgl., so will damit
sicher nicht gesagt werden, er besitze große Summen in gemünztem
Gelde oder Banknoten, sondern er besitze bedeutendes freies, liquides,
leicht in Geld umzusetzendes Vermögen. Die Beifügung „baar"
wird hier nicht gebraucht, um anzudeuten, daß das Vermögen in

„baarem Gelde" bestehe, sondern um auszudrücken, daß dasselbe freies, verfügbares, liquides Vermögen, im Gegensatze zu etwa blos anwartschaftlichem oder illiquidem, nicht verfügbarem, sei. Dieser Sprachgebrauch steht denn auch mit der Bedeutung des Wortes „baar" (nackt, blos, ledig, siehe Grimm, Wörterbuch I, S. 1055 u. ff.; Sanders, Deutsches Wörterbuch I, S. 81 u. ff.) nicht im Widerspruch, sondern im Einklang. Dafür nun, daß im vorliegenden Falle der Testator den Ausdruck „Baarvermögen" nicht in dem gebräuchlichen, sondern in dem engern, von den Klägern behaupteten Sinne gebraucht habe, liegt nicht das Mindeste vor. Es ist im Gegentheil wohl klar, daß er, um letztere Meinung auszudrücken, nicht von seinem Baarvermögen, sondern von dem vorhandenen baaren Gelde gesprochen hätte. Unter dem Ausdrucke Baarvermögen hat demnach der Testator gewiß seine Werthschriften mitverstanden, da diese eben, im Gegensatze zu dem zum Gebrauche bestimmten Mobiliar u. s. w., einen jederzeit leicht in Geld umzusetzenden Vermögensbestandtheil repräsentiren. Diese Auslegung wird vollends außer Zweifel gesetzt, wenn das Testament in seinem Zusammenhange aufgefaßt wird. Ja aus dem Zusammenhange des Testamentes ergibt sich überhaupt, daß der Testator dem Beklagten seinen gesammten Nachlaß mit Ausnahme der speziell andern Personen vermachten Sachen, hinterlassen wollte. Nach dem Eingange des Testamentes unterliegt keinem Zweifel, daß der Testator durch dasselbe über seinen ganzen Nachlaß zu verfügen gedachte, daß also die nachfolgenden Verfügungen den gesammten Nachlaß erschöpfen sollten. Da der Erblasser, wie ihm bekannt war, erbfähige Verwandte nicht besaß, so konnte denn auch sein Wille kaum ein anderer sein. Denn daß er etwa stillschweigend einen durch das Testament nicht betroffenen Theil seines Nachlasses dem Fiskus zuzuwenden gedacht habe, ist doch offenbar nicht anzunehmen. Hätte er an eine Zuwendung zu öffentlichen Zwecken gedacht, so hätte er dies wohl zweifellos ausdrücklich ausgesprochen. In der Absicht nun also, über sein ganzes Vermögen zu verfügen, vermacht der Testator zuerst einzelne bestimmte Sachen und Geldsummen; hieran schließt er die Hauptverfügung des Testamentes zu Gunsten des Beklagten, wonach diesem nicht nur einzelne bestimmte Gegenstände oder Beträge

vermacht werden, sondern wonach ihm oder seinem Rechtsnach=
folger zukommen soll: „Mein Baarvermögen, das Inventar des
Geschäfts, Mobiliar, Silberzeug, Wäsche, Kleider u. s. w." Diese
Verfügung läßt, im Zusammenhange und im Hinblick auf die
Zusammensetzung des Vermögens des Testators aufgefaßt, bei
unbefangener Betrachtung eine andere Auslegung nicht zu, als
die, daß dadurch der Testator über den ganzen Rest seines Nach=
lasses habe disponiren wollen. Der Testator zählt die einzelnen Be=
standtheile seines Vermögens, über welche er nicht bereits verfügt
hat, auf, und spricht durch die Beifügung „u. s. w." aus, daß die
gleiche Verfügung auch für solche Gegenstände gelten solle, welche
ihm etwa bei der Aufzählung entgangen sein sollten. Der Wille,
dadurch über den gesammten Rest des Nachlasses zu verfügen,
tritt unverkennbar zu Tage. Der Testator beabsichtigt offenbar,
dem Beklagten nicht nur einzelne Sachen oder einzelne Vermögens=
komplexe als einzelne zu vermachen, sondern er will demselben
sein ganzes übriges Vermögen zuwenden. Richtig ist allerdings,
daß er dies einfacher in abstrakter Form, durch die Erklärung,
daß der Beklagte sein gesammtes übriges Vermögen erhalten solle,
hätte aussprechen können; allein auch in der gewählten Form
tritt der Wille des Testators klar zu Tage. Die konkrete Auf=
zählung einzelner Vermögensbestandtheile soll die Verfügung nicht
auf die genannten Vermögenskomplexe als einzelne beschränken,
sondern sie geschieht in der Meinung, daß dadurch das gesammte
Vermögen erschöpft werde, weßhalb sie sich denn auch nicht als
eine limitative gibt, sondern ihr vorsorglich beigefügt wird „u. s. w."
Die Verfügung zu Gunsten des Beklagten ist danach rechtlich
nicht als Vermächtniß, sondern als Erbeinsetzung aufzufassen.
Das zürcherische Recht, welches zufolge des Erbrechtskonkordates
maßgebend ist, fordert (wie übrigens auch das solothurnische) für
die Erbeinsetzung keine bestimmten Ausdrücke; es ist nicht erfor=
derlich, daß der Bedachte ausdrücklich zum Erben ernannt werde,
sondern eine Erbeinsetzung ist stets gegeben, wenn eine Person
gleichviel in welchen Ausdrücken, zur Nachfolge in die Gesammt=
heit des Nachlasses oder in einen aliquoten Theil desselben berufen
wird. Dies ist nun aber in concreto geschehen. Denn, wie oben
ausgeführt worden, hat der Testator den Beklagten zur Nachfolge

in seinem Nachlaß als Gesammtheit berufen, woran es selbstver=
ständlich nichts ändert, daß einzelne Sachen Dritten vermacht
wurden (vergl. Unger, Oesterreichisches Erbrecht, § 8).

Demnach hat das Bundesgericht

erkannt:

Die Klage des Kantons Solothurn gegen den Beklagten Tug=
giner wird abgewiesen, ebenso diejenige des Kantons Zürich.

---

70. Urtheil vom 19. Februar 1892 in Sachen K. gegen Baselstadt.

A. Albert K. trat am 12. September 1890 in die Irren=
anstalt Basel ein. Das Aufnahmsgesuch war, in seinem Einver=
ständnisse, von seiner Schwester Frau M. K. und dem Gemeinde=
ammann der Stadt G. gestellt worden. Die Aufnahme erfolgte
auf Grund eines Einführungsberichtes der Direktion des Kantons=
spitals G., in welchem A. K. während kurzer Zeit untergebracht
gewesen war, und nachdem Frau M. K. den vorgeschriebenen
Garantieschein für die Verpflegungskosten unterzeichnet hatte. Am
6. Februar 1891 stellte A. K., da er sich als geheilt betrachtete,
bei der Direktion der Irrenanstalt das Begehren um sofortige Ent=
lassung. Da die Direktion diesem Begehren nicht entsprach, richtete
A. K. sachbezügliche schriftliche Eingaben an die baselstädtische
und seine heimatliche Regierung; nach der Erklärung der Di=
rektion der Irrenanstalt sind diese Eingaben übungsgemäß den
Verwandten des Klägers übermittelt worden. Am 16. Februar
erhielt A. K. die Bewilligung, mit einem Genossen ohne Aufsicht
in die Stadt zu gehen; er kehrte nicht wieder in die Anstalt zu=
rück, sondern benutzte den Anlaß, um in seine Heimat zurück=
zukehren, von wo aus er Tags darauf der Direktion der Anstalt
und dem Regierungsrathe des Kantons Baselstadt Anzeige machte
Am 6. März 1891 stellte er bei der Direktion der Irren=
anstalt Basel das Gesuch um Zustellung einer Behandlungsge=
schichte, enthaltend: 1. Kenntnißgabe derjenigen Akten nicht

ausschließlich ökonomischer Art, auf welche hin er in die Anstalt
aufgenommen worden sei, besonders des begleitenden Berichtes des
Kantonsspitalarztes; 2. Kenntnißgabe des Eintrittsbefundes (so=
fern neben obigem Berichte ein solcher aufgenommen worden sei)
und der sämmtlichen Mittel und Maßregeln, die in Bezug auf
ihn in der Anstalt zur Anwendung gebracht worden seien, mit
Konstatirung ihres jeweiligen Effektes. Die Anstaltsdirektion wei=
gerte sich, diesem Gesuche zu entsprechen. In Folge dessen richtete
A. K. an den Regierungsrath des Kantons Baselstadt am
24. April 1891 eine Eingabe, in welcher er folgende Ansprüche
erhob: I. 3000 Fr. Ersatz für widerrechtliche Freiheitsvorenthaltung
vom 6. bis 16. Februar; II. Weisung an die Anstaltsleitung,
ihm die oben näher bezeichneten Aufklärungen unter ausdrücklicher
Erklärung der Vollständigkeit zu Theil werden zu lassen. — Der
Regierungsrath überwies diese Eingabe dem Sanitätsdepartement
zum Bericht. Dieses sprach sich am 1. Mai 1891 dahin aus:
Aus dem anläßlich des Briefes des A. K. vom 17. Februar 1891
eingeholten Berichte des Direktors Wille sei hervorgegangen, daß
K. an Geisteskrankheit (Verfolgungswahn) leide; die heute bei
Direktor Wille mündlich eingezogene Erkundigung bestätige diese
Thatsache. Direktor Wille füge bei, die Krankheit erscheine als
unheilbar und er halte dafür, daß K. als gemeingefährlich ver=
sorgt werden sollte. K. habe auch seit seiner Entlassung aus der
Anstalt verschiedene Personen, worunter Direktor Wille selbst,
mit dem Revolver bedroht. Vor circa drei Wochen sei die Anstalt
von der heimatlichen Polizeibehörde des K. angefragt worden, ob
sie geneigt sei, im Nothfalle K. wieder aufzunehmen. Unter diesen
Umständen werde beantragt, auf die Begehren des Petenten nicht
einzutreten, sondern für dieses Mal die Kanzlei zu beauftragen,
ihm mitzutheilen, daß seinem Verlangen nicht entsprochen werden
könne. Der Regierungsrath nahm diesen Antrag am 2. Mai
1891 an.

B. Mit Eingabe vom 24. Juni 1891 erhob nunmehr A. K.
beim Bundesgerichte Klage gegen den Kanton Baselstadt als
Inhaber der dortigen Irrenanstalt, indem er folgende Begehren
stellte: I. Begehren von 3000 Fr., eventuell gemäß richter=
licher Moderation; II. a. Einsichtsbegehren derjenigen Akten (nicht

ausſchließlich ökonomiſcher Art), auf welche hin Kläger in die
beklagtiſche Anſtalt aufgenommen wurde, beſonders des begleitenden
Berichtes der Kantonsſpitalbirektion; b. Kenntnißgabe des Ein=
trittsunterſuchungsbefunbes (ſofern neben bem sub II a ange=
führten Begleitberichte ein ſolcher notirt wurde) unb der ſämmt=
lichen Mittel unb Maßregeln, bie in Bezug auf ben Kläger
bort zur Anwendung gebracht wurden, mit Konſtatirung des
jeweiligen Effektes. — Zur Begründung wird im Weſentlichen
folgendes angeführt: Der Kläger ſei vollſtänbig eigenen Rechtens
unb er ſei ſtets zurechnungsfähig geweſen unb freiwillig, weil er
einer Ruhezeit beburft habe, in bie baslerische Irrenanſtalt einge=
treten, wo er auf ſeine eigenen Koſten verpflegt worden ſei.
Trotzdem ſei er vom 6. bis 16. Februar 1891 gewaltſam in der
Anſtalt zurückgehalten worden. Darin liege zunächſt eine birekte
materielle Schäbigung, ba er zu Hauſe billiger gelebt unb zugleich
beruflichen Verbienſt gehabt hätte. Dieſe Schäbigung ſei indeß
theils unbebeutend, theils ziffermäßig ſchwer zu fixiren. Es werbe
baher Erſatz nur wegen Verletzung ſeiner perſönlichen Verhältniſſe
verlangt. Dieſe Verletzung ſei eine erhebliche. Daß das Publikum
nicht viel von der Sache erfahren habe, ſei gleichgültig. Es
genüge das Wiſſen der Direktion ſelbſt, welche fortwährend auf
ihrem Unrechte beharrt habe. Daß ſeine Heimkehr mit einer
Gefahr für ſeine Geſundheit verbunden geweſen wäre, werbe
ſchwerlich zur Entſchulbigung geltend gemacht werden können, da
ihm der Direktor bei ſeinem Entlaſſungsbegehren erklärt habe,
man hätte ihn ſchon vierzehn Tage früher gehen laſſen, wenn
ſeine Schweſter ihr Einverſtändniß erklärt hätte unb halte auch
jetzt nur an bieſer Vorausſetzung feſt. Eine Einwilligung ſeiner
Schweſter habe nun freilich nicht vorgelegen, ebenſowenig aber
ein Widerſpruch berſelben ; ſeine Schweſter ſei ſich vollſtänbig
bewußt geweſen, baß ihr gar keine Entſcheidungskompetenz zuſtehe
unb ſie ſei um ihre Einwilligung in bie Entlaſſung des Klägers auch
gar nie befragt worden. Angenommen übrigens auch, wenn auch nicht
zugegeben, der Kläger ſei geiſtig noch nicht völlig normal geweſen,
ſo wäre er boch nicht verpflichtet geweſen, ſich ärztlich behanbeln
unt ſich gerabe in der baslerischen Anſtalt ärztlich behanbeln zu
laſſen. So wenig wie bei körperlichen beſtehe bei ſog. geiſtigen

Leiden, sofern nur die Zurechnungsfähigkeit nicht aufgehoben sei, eine derartige Pflicht. Die Freiheit stehe über der Gesundheit; erstere sei ein absolutes sittliches, zum menschenwürdigen Dasein nöthiges Gut. Der Tendenz, mittelst des Axioms „Gesundheit geht vor Freiheit" die Menschen einer wohlfahrtsausschüßlerischen Vehme der Mediziner zu unterwerfen, müsse entschieden Widerstand geleistet werden. Was das zweite Rechtsbegehren anbelange, so beziehe sich dasselbe auf die Zeit, wo Kläger ohne Widerstand in der Anstalt verweilt habe; es werde damit Rechenschaft darüber verlangt, was seitens der beklagten Partei damals mit dem Kläger vorgenommen worden sei. Einzelnes, so daß er Chloral= hydrat und Brom zum Einnehmen erhalten habe, sei ihm münd= lich von Seiten der Wärter mitgetheilt worden; allein damit sei nichts Erschöpfendes von maßgebender Seite gesagt. Rechenschaft über die ihm zu Theil gewordene Behandlung sei aber der Kläger zu verlangen berechtigt. Das zwischen dem Kläger und dem Kanton Baselstadt durch den freiwilligen Eintritt des erstern in die Anstalt begründete Rechtsverhältniß qualifizire sich als Dienst= vertrag; gegen die Bezahlung des Pensionsgeldes habe der Staat Basel die Verpflegung und ärztliche Behandlung des Klägers übernommen. Nun bestimme allerdings das Obligationenrecht nir= gends ausdrücklich, daß beim Dienstvertrag der Dienstverpflichtete dem Dienstherrn über die geleisteten Dienste rechenschaftspflichtig sei. Allein der Dienstvertrag sei ein wesentlich auf guter Treue beruhendes Verhältniß und involvire daher weitere Detailverpflich= tungen je nach Vorkommen von ernsthaften Parteiinteressen, die anders nicht befriedigt werden können. Beim ärztlichen Honorar= dienstvertrag nun, um welchen es sich hier handle, gebe es für den Dienstherrn (den Patienten) neben dem Erfolge der Heilung gewiß kein wichtigeres Interesse, als das, vor, neben oder nach der Anwendung von Mitteln Aufklärung über dieselben zu erhalten. In den Irrenanstalten könne diese Rechenschaft nicht vor oder gleichzeitig mit der Anwendung von Mitteln gegeben werden; dagegen stehe nicht das Mindeste entgegen, daß dieselbe gegenüber von Zurechnungsfähigen, wieder in das freie Leben eingebürgerten Personen nachträglich geschehe. Ein Interesse der= selben sei in verschiedenen Richtungen begründet. Zunächst um überhaupt die Art und den Werth der Leistung der andern Partei beurtheilen zu können, sodann um Schlüsse auf die Ursachen der Entstehung eines anormalen psychischen Zustandes zu ziehen und Anhaltspunkte für passendes zukünftiges Verhalten zu erlangen, endlich auch um beurtheilen zu können, ob nicht gerechter Grund zur Klage über schädliche Behandlung vorliege. Gewisse Vorgänge in der Anstalt lassen es dem Kläger, wenn er auch daran nicht glaube, doch als möglich erscheinen, daß mit ihm hypnotische Heilversuche seien angestellt worden. Es müsse ihm nun daran gelegen sein, hierüber Gewißheit zu erhalten. Es sei auch möglich, durch kleinere toxische Einwirkungen einem Menschen Symptome gewisser Geisteskrankheiten beizubringen. Selbstverständlich bestehe ein rechtliches Interesse daran, über allfällige derartige Versuche unterrichtet zu werden. Er besitze ein gutes Recht, so viel als möglich über die in der Anstalt Basel verbrachte Lebensphase zu erfahren.

C. Der beklagte Kanton Baselstadt beantragt: Abweisung der Klage in Bezug auf Klagebegehren 1. (Entschädigungsforderung von 3000 Fr. nach Art. 55 O.-R.) wegen mangelnder Passivlegitimation, eventuell wegen Mangels einer nachgewiesenen Schädigung; in Bezug auf Klagebegehren 2 (Gewährung der Einsicht in den Einweisungsbericht der Kantonalspitaldirektion und Erstattung eines irrenärztlichen Berichtes) wegen Mangels der Kompetenz des Bundesgerichtes, eventuell wegen materieller Unstatthaftigkeit dieses Begehrens. Er macht geltend: Der Regierungsrath habe von dem Wunsche des Klägers, die Anstalt zu verlassen, vor dessen Abreise gar keine Kenntniß gehabt; er sei schon deßhalb nicht der richtige Beklagte. Er könne auch nachträglich nicht für Handlungen der Anstaltsdirektion verantwortlich gemacht werden, da letztere innerhalb ihrer gesetzlichen Befugnisse gehandelt habe. Nach § 15 des kantonalen Gesetzes über Organisation der Irrenanstalt vom 5. Februar 1886 finde die Entlassung aus der Anstalt statt: 1. Wenn Heilung eingetreten ist . . . 3. Wenn diejenigen Behörden oder Verwandten, welche die Versorgung veranlaßt haben, die Entlassung verlangen, auch wenn keine Heilung stattgefunden hat. Nun sei in concreto weder der Kläger geheilt gewesen, noch haben dessen Verwandt

ober Heimatbehörde die Entlassung verlangt. Daraus, daß der
Kläger ohne Zwang in die Anstalt eingetreten und nicht ent=
mündigt sei, folge noch nicht, daß der Irrenarzt ihn auf sein
Begehren ohne weiters, ohne Verständigung mit Verwandten und
Heimatbehörde, hätte entlassen sollen. Die Bestimmungen des
kantonalen Gesetzes gelten nicht nur für Angehörige des Kantons
Baselstadt, sondern es haben sich ihnen auch außerkantonale und
auswärtige Insassen der Anstalt zu unterziehen. Die Direktion
sei demnach, zumal wenn es sich um gemeingefährliche Geistes=
kranke handle, verpflichtet, sich über die Zeit und Art der Ent=
lassung vorher mit denjenigen Angehörigen zu benehmen, welche
die Versorgung veranlaßt haben. Eventuell werde durchaus be=
stritten, daß dem Kläger durch die Verlängerung seines Auf=
enthaltes in der Irrenanstalt irgend ein pekuniärer oder morali=
scher Schaden entstanden sei. Der Kläger stelle ausschließlich
darauf ab, die Handlungsweise des Direktors sei ihm gegenüber
eine persönliche Kränkung. Es sei nun in der That unerfindlich,
wie der Kläger für eine ihm angeblich vom Direktor der Irren=
anstalt persönlich zugefügte Ehrbeleidigung oder Kränkung den Re=
gierungsrath des Kantons Baselstadt verantwortlich machen wolle.
Das zweite Rechtsbegehren des Klägers falle nicht in die Kompetenz
des Bundesgerichtes. Es handle sich dabei nicht um einen civil=
rechtlichen Anspruch sondern um administrative Maßregeln, welche
in die Kompetenz der kantonalen Behörden fallen. Ebensowenig
werde der Kläger sein Begehren auf Verletzung verfassungsmäßiger
Rechte oder eine ihm widerfahrene Rechtsverweigerung gründen
wollen. Inwiefern es zweckmäßig oder zulässig sei, einem Geistes=
kranken Einsicht in die Berichte, noch dazu auswärtiger Behörden,
über seinen Gesundheitszustand zu gewähren, müsse selbstverständ=
lich dem Ermessen des Irrenarztes überlassen bleiben und es
können sich die der Anstalt vorstehenden Behörden in solche
Einzelheiten nicht einmischen, abgesehen davon, daß es fraglich
sei, ob überhaupt die Direktion die Befugniß hätte, Berichte
anderer Anstalten oder Kantone zur Verfügung zu stellen. Ueber
die Behandlung in der Irrenanstalt Basel selbst habe sich der
Kläger dem Regierungsrathe gegenüber nie beschwert. Seine An=
deutungen über hypnotische Behandlung u. s. w. seien grundlose

Vermuthungen, die in Form und Inhalt das Gepräge krankhafter Einbildungen an sich tragen.

D. In seiner Replik hält der Kläger daran fest, daß er kraft eigenen Willensentschlusses in die Anstalt eingetreten sei und daß weder seine Verwandten noch eine Behörde jemals das Recht beansprucht haben, ihn dort zu versorgen. Er bestreitet, jemals an einer eigentlichen Geisteskrankheit, insbesondere an Verfolgungs= wahn, gelitten zu haben. Auch wenn der Regierungsrath von seinem Entlassungsbegehren vor dem 17. Februar keine Kenntniß sollte erhalten haben, so hafte der Beklagte doch gemäß Art. 62 O.=R. als Geschäftsherr für die Handlungen des Direktors der Anstalt. Die Irrenanstalt gehöre dem Staat und es werde mit derselben, jedenfalls insoweit es die der Anstalt freigestellte ent= geltliche Aufnahme von Nichtkantonsangehörigen anbelange, ein mit Pension verbundenes ärztliches Gewerbe betrieben. Der Staat erscheine demnach als Geschäftsherr, welcher für die gewerb= lichen Handlungen seiner sämmtlichen Angestellten hafte. Der Entlastungsbeweis, daß er alle erforderliche Sorgfalt aufgewendet habe, um einen Schaden zu verhüten, sei nicht einmal angetragen worden. Er sei dadurch ausgeschlossen, daß keine Veranstaltung getroffen sei, wonach Beschwerden gegen die Direktion sofort und unabhängig von ihr an den Regierungsrath gelangen können. Eine persönliche Ehrverletzung durch den Direktor habe er nicht behauptet, wohl aber eine von diesem in seiner amtlichen Stellung geschehene kränkende Verletzung des Rechtes der freien Bewegung Wenn der Beklagte behaupte, daß die Anstaltsdirektion innerhalb ihrer gesetzlichen Kompetenz gehandelt habe, so sei diese Einwen= dung irrelevant, weil der Beklagte dem ersten Rechtsbegehren der Klage nur die Einwendung der mangelnden Passivlegitimation und des mangelnden Nachweises eines Schadens entgegengestellt habe. Uebrigens stehe bei nichtentmündigten, daher vollständig handlungsfähigen Personen, welche nicht geistes= sondern blos nervenkrank seien, die Entscheidung darüber, ob Heilung einge= treten sei, dem Betreffenden selbst zu; es könne auch bei solchen Personen, welche freiwillig in eine Anstalt eingetreten seien, keine Rede davon sein, deren Entlassung von einer Einwilligung von Ver= wandten oder einer Behörde abhängig zu machen. Die dem zweiten

Rechtsbegehren der Klage entgegengestellte Kompetenzeinrede sei
verspätet, weil sie nicht gemäß Art. 95 der eidgenössischen Civil=
prozeßordnung innerhalb drei Wochen angemeldet worden sei.
Die Sache sei übrigens civilrechtlicher Natur. Denn der Anspruch
stütze sich auf den ärztlichen Honorardienstvertrag; es sei auch der
gesetzliche Streitwerth gegeben. Sei die Sache civilrechtlicher Natur
so können der Klage Rücksichten der Verwaltung nicht entgegen=
gehalten werden, sondern es bedürfte dazu civilrechtlich begründeter
Einreden. Der vertraglichen Rechenschaftspflicht gegenüber dem
Kläger könnte sich der Beklagte nur etwa dann entziehen, wenn
er den Beweis erbringen würde, der Kläger sei zur Zeit geistes=
krank oder würde es, wenn seinem Gesuche entsprochen werde,
mit höchster Wahrscheinlichkeit werden. Ein solcher Beweis sei
nicht anerboten. Die Kantonsspitaldirektion habe sich einer Mit=
theilung ihres Berichtes überhaupt nicht widersetzt; derselbe sei
übrigens in das Eigenthum und Dispositionsrecht der Adressatin
übergegangen, wenn die letztere denselben nicht gar für den
Kläger erworben habe.

E. In seiner Duplik hält der Beklagte in allen Theilen an
den Ausführungen seiner Vernehmlassungsschrift fest.

F. Der Beweis ist von beiden Theilen lediglich durch Urkunden
geführt worden. Vom Kläger war über verschiedene Beweissätze
Beweis durch Zeugen und Eid angetragen worden. Der Instruk=
tionsrichter hat indeß diese Beweisanträge theils wegen Unerheb=
lichkeit der zum Beweise verstellten Thatsachen, theils weil dieselben
zugestanden sind, durch Verfügung vom 22. Oktober 1891 abgelehnt
und durch Verfügung vom 8. Dezember 1891 das Vorverfahren
als geschlossen erklärt.

Das Bundesgericht zieht in Erwägung:

1. Wie das Bundesgericht schon wiederholt entschieden hat,
sind die Art. 92 und 95 der eidgenössischen Civilprozeßordnung
durch das Bundesgesetz betreffend die Organisation der Bundes=
rechtspflege vom 27. Juni 1874 gemäß Art. 2 der Uebergangs=
bestimmungen zur Bundesverfassung und Art. 64 des erwähnten
Gesetzes aufgehoben (siehe u. A. Entscheidungen, Amtliche
Sammlung V, S. 559). Die Kompetenzeinrede des Beklagten
ist daher nicht verspätet. Uebrigens ist nach bekanntem Grundsatze

die Frage der Kompetenz des Bundesgerichtes von Amteswegen zu prüfen. Nun behauptet der Kläger einen zwischen ihm und dem beklagten Staate abgeschlossenen Dienstvertrag; beide Rechtsbegehren der Klage werden in erster Linie auf diesen Dienstvertrag gestützt. Mit dem ersten Rechtsbegehren wird Schadenersatz wegen vertragswidrigen Zurückbehaltens des Klägers in der Irrenanstalt, mit dem zweiten Erfüllung einer vertraglichen Rechenschaftsbericht verlangt. Der Kläger macht also Ansprüche aus einem privatrechtlichen Rechtsverhältnisse geltend. Das Bundesgericht ist demnach gemäß Art. 27, Ziff. 4 O.=G. insoweit kompetent, als es zu prüfen hat, ob das behauptete privatrechtliche Rechtsverhältniß bestehe und aus demselben die eingeklagten Ansprüche hervorgehen. Der gesetzliche Streitwerth von 3000 Fr. nämlich ist, da eben die beiden Rechtsbegehren des Klägers als Vertragsklage aus dem gleichen Vertrage sich qualifiziren, unzweifelhaft gegeben.

2. Ein Dienstvertrag zwischen dem beklagten Staate und dem Kläger ist nun aber nicht geschlossen worden. Bei der Aufnahme des Klägers in die staatliche Irrenanstatlt ist ein privatrechtlicher Vertrag nur insoweit zu Stande gekommen, als die Schwester des Klägers sich dem Staate gegenüber verpflichtet hat, für die Verpflegungskosten aufzukommen. Dagegen ist ein privatrechtlicher Vertrag zwischen dem Kläger selbst und dem Staate nicht abgeschlossen worden. Zunächst ist thatsächlich die Aufnahme des Klägers in die Anstalt gar nicht zufolge seiner eigenen Willenserklärung sondern auf das von seiner Schwester und dem Gemeindeammann von G. gestellte, ärztlich belegte Aufnahmsgesuch hin bewilligt worden; mag immerhin der Kläger mit dem Eintritte in die Anstalt einverstanden gewesen sein, bestimmend für die Aufnahme war nicht sein Wille. Sodann gehört überhaupt die staatliche Irrenpflege dem öffentlichen Rechte an. Der Staat, welcher einen Kranken nach Erfüllung der gesetzlichen Bedingungen in eine öffentliche Irrenanstalt aufnimmt, schließt nicht einen privatrechtlichen Vertrag mit demselben oder seinen Gewalthabern ab; er verpflichtet sich nicht zu einer privatrechtlichen Leistung gegenüber dem Kranken oder seinen Verwandten, sondern er gewährt in Kraft der bestehenden Gesetze, welche die Irrenpflege zur Staatsaufgabe erheben, öffentlich=rechtliche Fürsorge. Der

Aufnahmebeschluß enthält nicht die Eingehung eines privatrecht=
lichen Dienstvertrages sondern qualifizirt sich als ein Akt der
öffentlichen staatlichen Verwaltung. Dabei bleibt es sich gleich, ob
es sich um die Aufnahme eigener oder fremder Angehöriger
handelt, ob der Kranke zustimmt oder nicht zustimmt. Im einen,
wie im andern Falle erfolgt die Aufnahme kraft hoheitlicher
Schlußnahme der Staatsbehörde und nicht zufolge eines von
dieser eingegangenen Dienstvertrages. Es richten sich denn auch
die Voraussetzungen des Eintrittes in eine öffentliche Irrenanstalt
und der Entlassung aus einer solchen nicht nach privatrechtlichen
Grundsätzen sondern nach den Regeln des bestehenden Verwaltungs=
rechtes. Daraus folgt, daß der Kläger seine Schadenersatzforderung
wegen verspäteter Entlassung nicht auf eine Vertragsverletzung
stützen kann. Fraglich könnte nur sein, ob diese Forderung nicht
auf eine widerrechtliche Freiheitsberaubung, also auf eine unerlaubte
Handlung im Sinne der Art. 50 u. ff. begründet werden könne.
Der Kläger behauptet eine solche, wie sich aus seiner Bezugnahme
auf Art. 55 und 62 O.-R. ergibt. Allein in dieser Richtung ist
nun zu bemerken, daß die Klage eine widerrechtliche Handlung
nicht des beklagten Staates selbst sondern seines Angestellten, des
Direktors der kantonalen Irrenanstalt behauptet. Sie richtet sich
also nicht gegen den angeblichen Schädiger selbst, sondern gegen
den Staat, welcher für letztern als dessen Geschäftsherr gemäß
Art. 62 O.-R. verantwortlich sei. Dies trifft aber nicht zu. Die
Verantwortlichkeit des Art. 62 O.-R. trifft juristische Personen,
speziell also auch den Staat, nur dann, wenn sie ein Gewerbe
betreiben. Die kantonale Irrenanstalt aber ist kein gewerbliches
Unternehmen. Deren Zweck ist ein öffentlicher, einerseits humani=
tärer und polizeilicher, andrerseits wissenschaftlicher. Sie ist zur
Erfüllung der Staatsaufgabe der Irrenpflege begründet; ihr Be=
trieb bezweckt nicht die Erzielung eines Gewinnes. Allerdings ist
für die Pfleglinge, insoweit sie nicht auf unentgeltliche Aufnahme
Anspruch haben, ein Kostgeld zu bezahlen. Allein dies stempelt
die Anstalt nicht zu einem gewerblichen Unternehmen. Denn wie
sich aus den Bestimmungen des kantonalen Gesetzes vom 8. Fe=
bruar 1886 (insbesondere § 4) deutlich ergibt, ist dessenungeachtet
nicht etwa die Erzielung eines Gewinnes auf dem Anstaltsbetriebe

beabsichtigt, sondern soll nur ein Theil der Betriebskosten der
öffentlichen Anstalt durch die Benutzer derselben getragen und
damit der Gesammtheit abgenommen worden. Die Kostgelder
haben nicht die Natur eines Gewerbegewinnes sondern mehr diejenige einer Abgabe für die Benutzung einer öffentlichen Anstalt.
Trifft aber danach Art. 62 O.-R. nicht zu, so besteht eine Haftbarkeit des beklagten Staates für allfällige rechtswidrige Handlungen des Direktors der Irrenanstalt nicht. Denn nach eidgenössischem Rechte besteht, wie das Bundesgericht schon häufig
ausgesprochen hat, eine Haftung des Staates für Delikte, welche
kantonale Staatsbeamte in Besorgung öffentlicher Verwaltungs-
zweige begehen, nicht, es bewendet vielmehr, sofern nicht das
kantonale Civil- oder Staatsrecht gemäß der ihm durch Art. 64
O.-R. ertheilten Kompetenz etwas anderes statuirt, bei dem
Grundsatze, daß einzig der Schädiger haftet (siehe Entscheidungen
des Bundesgerichtes XII, S. 233 Erw. 2). Daß nun nach
baselstädtischem Rechte der Staat für unerlaubte Handlungen
seiner Beamten allgemein oder doch in Fällen der vorliegenden
Art hafte, hat der Kläger nicht behauptet und nicht dargethan,
während ihm nach Art. 3 der eidgenössischen Civilprozeßordnung
die Anführung der betreffenden kantonalen Rechtssätze obgelegen
hätte. Die Schadenersatzforderung des Klägers ist demnach wegen
mangelnder Passivlegitimation des Beklagten abzuweisen. Selbst
wenn übrigens eine Verantwortlichkeit des Staates für den Direktor
der Irrenanstalt bestünde, so könnte doch die Klage nicht gutgeheißen werden. Denn es ist in der That eine schuldhafte rechtswidrige Handlung des Direktors nicht dargethan; es erhellt nicht,
daß derselbe am 6. Februar 1891 nach dem Gesetze verpflichtet
gewesen sei, den Kläger ohne weiters zu entlasten.

3. Was das zweite Rechtsbegehren der Klage anbelangt, so
ist dasselbe, soweit es auf einen Dienstvertrag begründet werden
will, nach dem oben Bemerkten ohne weiters unbegründet, da
eben ein Dienstvertrag zwischen den Parteien nicht abgeschlossen
wurde. Im Uebrigen kann auf dasselbe wegen Inkompetenz des
Gerichtes nicht eingetreten werden. Denn nachdem eine privatrechtliche Rechenschaftspflicht des Staates gegenüber dem Kläger,
mangels eines zwischen den Parteien bestehenden privatrechlichen

Rechtsverhältnisses nicht besteht, erscheint die Frage, ob dem
Kläger Mittheilungen über seine Behandlung in der Anstalt
u. s. w. zu machen seien, lediglich als eine solche der Anwendung
von Verwaltungsgrundsätzen, über welche das Bundesgericht ge=
mäß Art. 27, Ziff. 4, O.=G. zu entscheiden nicht kompetent ist.

Demnach hat das Bundesgericht

erkannt:

Das erste Rechtsbegehren der Klage wird abgewiesen; auf das
zweite wird Mangels Kompetez des Gerichtes nicht eingetreten.

---

71. Urtheil vom 26. Februar 1892 in Sachen Madörin gegen Basellandschaft.

A. Am 30. Dezember 1890, gegen Mittag, ließ der Staat
Basellandschaft im Bachbette der Birs bei Birsfelden Nagelfluh=
felsen, welche aus dem Bachbette vorstanden, sprengen, um Steine
zum Hinterpflastern der Querschwellen im Birsbette zu gewinnen.
Bei Ausführung dieser Arbeit befand sich der Wuhrmeister Jourdan
in Muttenz in der Nähe; dieselbe wurde von dessen Sohn Albert
geleitet und in Verbindung mit zwei Arbeitern, Jauslin und
Laubscher, ausgeführt. Nachdem ein erster Sprengschuß bloß Risse
hervorgebracht hatte, wurde durch einen zweiten Schuß der Felsen
gesprengt. Dabei flogen einige Stücke über die in der Nähe be=
findlichen Häuser des Dorfes Birsfelden hinweg; eines derselben
traf die 32jährige Ehefrau des Holzhackers Madörin, welche auf
dem Heimwege aus der Fabrik, in welcher sie arbeitete, in einer
Entfernung von circa 150 Meter auf der Straße beim Oekono=
miegebäude des Gasthauses zum „Bären" vorbeiging, so unglück=
lich an den Kopf, daß sie nach kurzer Zeit starb. Durch ein
anderes Sprengstück wurde eine Katharina Stark, die vor einem
Hause sich befand, am rechten Beine verletzt. Bei der Spreng=
arbeit waren keine besondern Vorsichtsmaßregeln, wie Auflegen
von Holz oder Ausstellen von Wachen, getroffen worden. Der
Staat Basellandschaft (welcher die Katharina Stark mit 300 Fr.

entschädigte) anerbot dem im Jahre 1851 geborenen Ehemann Madörin im Wege der Güte eine Entschädigung von 2000 Fr.; Madörin wies indessen dieses Anerbieten zurück und betrat den Rechtsweg.

B. Mit Klageschrift vom 9. Mai 1891 stellt er beim Bundes= gerichte den Antrag: Beklagter (der Staat Baselland) soll zur Bezahlung von 10,048 Fr. sammt Zins zu 5 % seit 30. De= zember 1890 verfällt werden, indem er wesentlich geltend macht: Für die fragliche Sprengarbeit habe ein plausibler Grund nicht vorgelegen. Bei deren Ausführung sei weder der Wuhrmeister noch der Wasserbauinspektor, denen die Leitung solcher Wasserbauarbeiten obliege, anwesend gewesen und es habe dabei an der allergewöhn= lichsten Sorgfalt gefehlt. Es sei überhaupt grob fahrlässig gewesen, daß auf so geringe Entfernung von menschlichen Wohnungen und einer, zumal um die Mittagszeit, sehr belebten öffentlichen Straße Sprengarbeiten vorgenommen worden seien. Sodann seien offen= bar zu starke Schüsse geladen worden und liege eine grobe Fahr= lässigkeit jedenfalls darin, daß alle, auch die primitivsten Sicher= heitsmaßregeln verabsäumt worden seien; nämlich das Zudecken des Schußlagers mit einer Faschine u. dgl., um die Steine zu= sammenzuhalten und ihre Fluggeschwindigkeit zu schwächen. Die einzige Erklärung des Unfalles liege überhaupt darin, daß die drei beim Sprengen beschäftigten Arbeiter ihrer Aufgabe völlig unkundig gewesen seien und es an sachverständiger Aufsicht und Leitung gefehlt habe. Der Staat Basellandschaft hafte für seine Angestellten, da er nach dem Bemerkten nicht nur den ihm nach Art. 62 O.=R. obliegenden Entlastungsbeweis nicht erbracht habe, sondern gegentheils erwiesen sei, daß es an jeder Sorgfalt gefehlt habe. Der Beklagte sei daher für den vollen Schaden nach Art. 51 und 54 O.=R. verantwortlich. Der Kläger sei nun als Holz= hacker auf einen bescheidenen Verdienst angewiesen und sei je nach den Witterungsverhältnissen oft 14 Tage bis 3 Wochen ohne Verdienst. Die Ehefrau, mit der er seit 1882 verheirathet ge= wesen, habe als Fabrikarbeiterin einen Durchschnittsverdienst von 13 Fr. 60 Cts. per Woche gleich 707 Fr. 20 Cts. per Jahr gehabt. Außerdem habe sie ihm die Haushaltung und Wäsche be= sorgt, die Kleider geflickt, das Essen bereitet u. s. w. Auf diese

Weise, unter Mitwirkung seiner Frau, wäre es ihm mit der Zeit möglich gewesen, Ersparnisse zu machen, wie sie denn schon bis jetzt sich einen ordentlichen Hausrath haben anschaffen und etwas Weniges bei Seite legen können. Den materiellen Vortheil, welcher dem Kläger durch die Thätigkeit seiner Frau erwachsen sei, könne man wenigstens auf 500 Fr. per Jahr veranschlagen; dem ent= spreche ein Rentenkapital von circa 8700 Fr. Ganz abgesehen hievon aber glaube der Kläger hauptsächlich deßhalb eine Ent= schädigung von 10,000 Fr. beanspruchen zu können, weil er an seiner Frau eine treue, liebende Gattin verloren habe, mit welcher er stets im besten Frieden gelebt und welche in aufopferungsvoller Weise für ihren Mann besorgt gewesen sei und das Hauswesen in musterhafter Ordnung gehalten habe. Zu der Entschädigung von 10,000 Fr. kommen noch 48 Fr. für Beerdigungskosten.

C. In seiner Vernehmlassung auf diese Klage macht der Re= gierungsrath des Kantons Basellandschaft geltend: Obschon der Kausalzusammenhang zwischen den durch einen Staatsbeamten an= geordneten Sprengungen und dem Tode der Frau des Klägers vorhanden sei, anerkenne der Staat doch keine Entschädigungs= pflicht. In erster Linie fehle ihm die Passivlegitimation. Nach der basellandschaftlichen Verfassung und dem kantonalen Verantwort= lichkeitsgesetze sei jeder Beamte für seine Amtsführung persönlich haftbar. Art. 62 beziehungsweise 64 O.=R. finde im vorliegenden Falle keine Anwendung, da der dem Staate obliegende Unterhalt der Bäche nicht als „Gewerbebetrieb" könne aufgefaßt werden. Wenn daher eine Schadenersatzklage überhaupt statthaft wäre, so wäre sie nicht gegen den Staat, sondern gegen diejenige Person zu richten, welche die Schädigung verursacht habe. Es liege aber überhaupt eine unerlaubte Handlung im Sinne der Art. 50 u. ff. O.=R. nicht vor, sondern es handle sich um einen unglücklichen Zufall, welcher nicht habe vorausgesehen werden können. Nach den örtlichen Verhältnissen und bei den gebrauchten schwachen Sprengladungen habe nicht angenommen werden können, daß Personen, welche sich auf der Straße befinden, irgendwie gefährdet werden. Eventuell, wenn Fahrlässigkeit angenommen werden sollte, so könnte dieselbe offenbar nicht als eine grobe im Sinne von Art. 54 O.=R. bezeichnet werden. Der Beklagte wäre daher gemäß Art. 52 O.=R. nur mit den Arzt= und Beerdigungskosten zu belaſten. Eine Entſchädigung für den Verluſt ſeiner Frau könne Kläger nicht beanſpruchen, da er im beſten Manneßalter ſtehe und er keineßwegß auf den Verdienſt ſeiner Frau angewieſen geweſen ſei. Kinder ſeien keine vorhanden. Ganz eventuell werde die geforderte Entſchädigung alß eine übertriebene bezeichnet und unter allen Umſtänden verlangt, daß dieſelbe ganz bedeutend reduzirt werde. Eß werde darauf hingewieſen, daß der Kläger ſelbſt den Verdienſt ſeiner Frau vor Statthalteramt Arleßheim auf 20 biß 25 Fr. für 10 Tage angegeben habe, während die Klage von 13 Fr. 60 Ctß. per Woche ſpreche. Eß werde beſtritten, daß der Kläger auf einen ſehr beſcheidenen Verdienſt angewieſen und oft wochenlang ohne Verdienſt geweſen ſei; eventuell wenn der Kläger alß Holzhacker zeitweilig keine Beſchäftigung hatte, wäre eß ihm ein Leichteß geweſen, in Baſel andere Arbeit zu finden, ſofern er überhaupt arbeiten wolle.

D. In Replik und Duplik halten beide Parteien an ihren Außführungen feſt, ohne weſentlich neueß vorzubringen.

E. Auß dem vom Inſtruktionßrichter erhobenen Zeugen= und Sachverſtändigenbeweiſe iſt hervorzuheben: Die Zeugen Verwalter Bertſchinger und Landjäger Wirz in Birßfelden bezeugen, daß die Holzhacker in Birßfelden im Winter zeitweiſe wochenlang keinen Verdienſt haben; Landjäger Wirz auch, daß zeitweiſe Taglöhner keine Arbeit finden. Die darüber einvernommenen Zeugen ſchildern die getödtete Frau Madörin alß eine brave, fleißige und ſparſame Frau; Verwalter Bertſchinger meint, dieſelbe habe auß ihrem klei= nen Verdienſte regelmäßig für Bezahlung deß Haußzinſeß geſorgt, auch im Winter 1886/1887, alß die Holzhacker in Birßfelden keinen Verdienſt hatten, habe ſie ihren Miethzinß bezahlt. Die Sachverſtändigen ſprechen ſich dahin auß: Auß den Zeugenauß= ſagen gehe hervor, daß die beim Sprengen beſchäftigten Leute, außer Jourdan, Sohn, in dergleichen Arbeiten keine Erfahrung hatten. Gegen Art und Weiſe der Bohrung und Ladung ſei nichtß einzuwenden, dagegen ſei in Anbetracht der Beſchaffenheit deß Geſteinß (Nagelfluh) und der Nähe der menſchlichen Wohnungen und Verkehrßwege die Anordnung von Vorſichtßmaßregeln (Auf= legen von Holz ꝛc., Aufſtellen von Wachen) unbedingt geboten geweſen. Die Diſtanz zwiſchen der Sprengſtelle und dem Ver= letzungßorte ſei durchauß nicht eine ſo große, daß man hätte an=

nehmen können, die Steine werden nicht bis zur Straße geschleu=
bert werden.

F. Bei der heutigen Verhandlung beantragt der Vertreter des
Klägers Zuspruch seines im Schriftenwechsel gestellten Rechts=
begehrens unter Kosten= und Entschädigungsfolge.

Der Vertreter des Beklagten erklärt, nach dem Expertengut=
achten halte letzterer an der grundsätzlichen Bestreitung der Klage
nicht mehr fest, sondern erkenne prinzipiell die Schadenersatzpflicht
an, beantrage dagegen, die Klageforderung sei bedeutend zu re=
duziren.

Das Bundesgericht zieht in Erwägung:

1. Nachdem der Beklagte heute im Prinzipe die Entschädigungs=
pflicht anerkannt hat, ist nicht mehr zu untersuchen, ob derselbe
auch abgesehen von dieser Anerkennung für Verschulden der mit
Anordnung und Leitung der Sprengarbeiten betrauten staatlichen
Angestellten gemäß Art. 62 O.=R. verantwortlich wäre. Es ist
vielmehr ohne Weiters davon auszugehen, daß er diese obliga-
tionenrechtliche Haftpflicht anerkannt hat und es sich daher nur
noch um Feststellung des Quantitativs der Entschädigung han=
deln kann.

2. Nach Art. 52 O.=R. ist der Beklagte vorab zu Vergütung
der Beerdigungs= und Arztkosten mit 48 Fr. zu verpflichten.
Zweifelhafter erscheint, ob durch den Tod seiner Ehefrau der Kläger
einen „Versorger" verloren habe und daher für einen hiedurch ihm
entstandenen Schaden Ersatz, gemäß Art. 52 cit., verlangen könne.
Wie das Bundesgericht bereits in seiner Entscheidung in Sachen
Liechti gegen Burgergemeinde Aarberg (Amtliche Sammlung XVI,
S. 816, Erw. 5; vergl. auch Entscheidung in Sachen Mühle=
mann gegen Christen, ibid. XVII, S. 642) ausgesprochen hat,
ist als Versorger einer Person nicht nur derjenige zu betrachten,
welcher derselben den gesammten Unterhalt gewährt, sondern auch
derjenige, welcher zu ihrer angemessenen Subsistenz blos beiträgt
oder im ordentlichen Laufe der Dinge in Zukunft beigetragen
hätte, und ist im Fernern gleichgültig, ob der Unterhalt oder
Unterhaltsbeitrag zufolge rechtlicher Verpflichtung oder ohne solche
gewährt wird. Hievon ausgegangen erscheint nach den konkreten
Verhältnissen nicht als ausgeschlossen, daß hier die Ehefrau als
(theilweise) Versorgerin des Ehemannes betrachtet werde. In der

Regel ist zwar nicht die Ehefrau die Versorgerin des Ehemannes,
sondern umgekehrt der Ehemann Versorger der Frau und kann
daher der Ehemann bei Tödtung seiner Frau aus Art. 52 O.=R.
eine Entschädigung (außer dem Ersatze der Begräbniß= und
Heilungskosten) regelmäßig nicht verlangen. Allein ausnahmsweise
kann ja allerdings die Ehefrau die Versorgerin des Mannes sein,
wenn letzterer z. B. krank und erwerbsunfähig, die Ehefrau da=
gegen arbeitsfähig ist. In concreto nun ist zwar der Ehemann
völlig arbeitsfähig und befindet sich noch in rüstigem Alter, hat
auch ohne Zweifel in der Regel seinen Unterhalt selbst erworben
und nicht von der Arbeit der Ehefrau gelebt. Allein es ergibt sich
nun aus den Zeugenaussagen, daß er auf seinem Beruf zeitweise
arbeitslos ist und es ist anzunehmen, daß in dieser Zeit der Ar=
beitslosigkeit die Frau aus ihrem Arbeitsverdienste zu seinem
Unterhalte beitrug, auch in Zukunft beigetragen haben würde.
Insoweit kann also allerdings von einer zeitweisen theilweisen Ver=
sorgung des Ehemannes durch die Frau und von einem daherigen
Schaden gesprochen werden. Dieser Schaden kann aber selbstver=
ständlich nur gering — auf einige hundert Franken — veranschlagt
werden, da es sich nicht um eine ordentliche, fortwährende Ver=
sorgung, sondern nur um zeitweilige Leistungen handelt. Wenn
der Ehemann seiner Entschädigungsforderung den nach den Grund=
sätzen der Rentenanstalten kapitalisirten Betrag des angeblichen
Ueberschusses des Erwerbes der Ehefrau über die Ausgaben für
deren Lebensunterhalt zu Grunde legt, so kann eine derartige
Forderung auf Art. 52 O.=R. nicht begründet werden. Denn
dieser behauptete Ueberschuß des Erwerbes der Ehefrau entspricht
nicht Leistungen, welche diese für die Versorgung des Ehemannes
gemacht hätte.

3. Dagegen ist allerdings eine weitere Entschädigung im vor=
liegenden Falle gestützt auf Art. 54 O.=R. zu sprechen. Der
Ehemann gehört ohne Zweifel zu den „Angehörigen," welchen
nach der citirten Gesetzesbestimmung, auch abgesehen von dem
Ersatze erweislichen Schadens, unter Würdigung der besondern
Umstände, insbesondere in Fällen von Arglist oder grober Fahr=
lässigkeit, eine angemessene Geldsumme zugesprochen werden kann.
Nun ist in concreto der Unfall durch grobe Fahrlässigkeit herbei=
geführt worden. Nach dem Expertengutachten waren bei Vornahme

der Sprengarbeiten Sicherheitsvorkehren mit Rücksicht auf die Nähe
menschlicher Wohnungen und Verkehrswege absolut geboten, da
die Entfernungen keine solche waren, daß hätte angenommen werden dürfen, die Steine werden nicht bis auf die Straße geschleu-
dert werden. Dessenungeachtet sind alle Vorsichtsmaßregeln unterlassen worden. Dies erscheint gewiß als ein grobes Verschulden
derjenigen Angestellten, welchen die Leitung der Sprengarbeit oblag
Denn diese mußten bei auch nur einiger Aufmerksamkeit wahr-
nehmen, daß hier Vorsichtsmaßregeln geboten seien und mußten
daher die ausführenden Arbeiter in diesem Sinne instruiren. Wird
demnach bei Bemessung der Entschädigung in Betracht gezogen,
daß dem Kläger durch die Tödtung seiner Ehefrau eine getreue
und tüchtige Hausfrau entzogen und er dadurch in seinen persönlichen Verhältnissen schwer verletzt wurde, so erscheint es in Würdigung aller Umstände als angemessen, die Entschädigung im
Ganzen (abgesehen von den Beerdigungs- und Arztkosten) auf
2000 Fr. festzusetzen. Die klägerischen Behauptungen über den
Betrag des Verdienstes der Ehefrau können zu Festsetzung einer
höhern Entschädigung nicht führen. Selbst wenn dieselben im
Wesentlichen als richtig vorausgesetzt werden, so ist doch klar,
daß es sich hier nicht um einen Erwerb handelte, welcher der Ehefrau auch für die Zukunft gesichert war oder welchen dieselbe zu
Unterhaltung des Ehemannes zu suchen verpflichtet gewesen wäre.
Vielmehr war es ja an sich Sache des Ehemannes, die Frau zu
unterhalten und nicht umgekehrt, und ist wohl ohne Weiters anzunehmen, daß auf die Dauer bei fortschreitendem Alter, Vermehrung der Familie u. s. w., die Ehefrau höchstens ihren eigenen
Lebensunterhalt zu gewinnen in der Lage gewesen wäre.

Demnach hat das Bundesgericht

erkannt:

Die Klage wird dahin für begründet erklärt, daß der Beklagte
dem Kläger eine Entschädigung von 2048 Fr. (zweitausend und
achtundvierzig Franken) sammt Zins zu 5 % (fünf Prozent)
seit 30. Dezember 1890 zu bezahlen hat; mit seiner Mehrforderung
ist der Kläger abgewiesen.

72. Urtheil vom 13. Mai 1892 in Sachen Hanf und Genossen gegen Bern.

A. Emil Edwin Hanf, Uhrenmacher, geb. 1852, Karl Griffith, geb. 1855, Mühlenbesitzer und Franz Ludwig Baker, geb. 1850, Superintendent, sämmtliche in Wilmington, Staats Delaware, (Vereinigte Staaten von Amerika), sowie Georg Mumford, stud. jur. aus New-York und Karl Eduard Coates, stud. chem. aus Baltimore, beabsichtigten am 8. August 1889, auf einer Vergnügungsreise in der Schweiz begriffen, mit dem ersten Nachmittagszuge von Bern nach Thun zu verreisen. Als sie im Begriffe waren, den Bahnzug zu besteigen, wurden sie von den auf dem Bahnhofe stationirten bernischen Polizeiangestellten Landjägerkorporal Uhlmann und Landjäger Jost als des Taschendiebstals verdächtig, verhaftet. Auf dem Bahnhofe in Bern herrschte um jene Zeit in Folge der Reisesaison sowie des Winzerfestes in Vevey und des kantonalbernischen Turnfestes ein großer Menschenandrang und es waren mehrfach Taschendiebstähle vorgekommen. Am 5. August 1889 hatte William G. Brabant aus London die Anzeige erstattet, daß ihm an jenem Tage Vormittags im Wartsale erster Klasse oder auf dem Perron im Bahnhofe eine Brieftasche mit näher angegebenem Inhalte im Werthe von 1400 Fr. entwendet worden sei. Am Vormittag des 8. August erstattete der kgl. preußische Generalkonsul Spiegelthal aus Berlin die Anzeige, es sei ihm um 10 1/2 Uhr Vormittags im Wartsaale 1. Klasse seine schwarzlederne Brieftasche mit drei Einhundertmarkscheinen der Preußischen Bank und mehreren Adreßkarten gestohlen worden. Die Thäter dieser Taschendiebstähle hatten nicht entdeckt werden können. Am 8. August Nachmittags zwischen 1 und 2 Uhr wurde den auf dem Bahnhofe stationirten Polizeiangestellten mitgetheilt, daß wiederum ein Herr sein Portefeuille vermisse und daß einem andern bei der Kasse eine Hundertfrankennote abhanden gekommen sei; Anzeige wurde indeß hierüber von den Betreffenden, die ohne weiters abreisten, nicht erstattet. Nach diesen Mittheilungen schritten Korporal Uhlmann und Landjäger Jost zur Fest-

nahme der fünf amerikanischen Bürger; sie führten dieselben zuerst
in ein im Bahnhofe befindliches Zimmer, wo sie dieselben vorläufig
nach ihrem Namen u. s. w. befragten, hernach wurden die Ver=
hafteten (einzeln) durch die Stadt nach der Landjägerhauptwache
geführt, wo ihre Durchsuchung stattfand und ihnen ihre Effekten
abgenommen wurden; alsdann wurden sie nach Anordnung des dienst=
thuenden Unteroffiziers in das Untersuchungsgefängniß abgeführt.
Gleichzeitig erstatteten Korporal Uhlmann und Landjäger Jost dem
Regierungsstatthalter von Bern Bericht. In ihrem vom 8. August
1889 datirten Rapporte ist u. a. gesagt: „Nach dem Diebstahle (an
„Generalkonsul Spiegelthal) wurden zwei verdächtige Individuen
„auf dem Perron bemerkt, welche, als sie sich von den Unterzeichneten
„beobachtet sahen, sich schleunigst nach dem Ausgang beir Heiligen=
„geistkirche entfernten. Dort gesellten sich noch zwei andere zu
„ihnen, welche, wie es den Anschein hatte, ihnen dort gewartet
„hatten. Von da gingen dieselben, sich links und rechts umsehend,
„in die Wirthschaft Bühler an der Spitalgasse, woselbst sie etwas
„genossen und sich dann, beir Heiligen Geistkirche eine Drotschke
„Nr. 35 nehmend, in der Richtung nach dem Bernerhof entfernten.
„Mittags 1 Uhr wurden dieselben, am Mittagessen sich befindend,
„wieder bemerkt. Der eine derselben (Baker) entfernte sich von
„denselben und gesellte sich zu einem ebenfalls verdächtigen Indi=
„viduum (Hanf), welches schon einige Zeit den Wartsaal 1. Klasse,
„Gepäcklokal, sowie die beiden Perrons durchstöbert hatte, un=
„zweifelhaft in diebischer Absicht. Circa um 1½ Uhr als nun
„das Gedränge am größten wurde, entfernten sich auch die andern
„drei und begaben sich in die Halle, allwo sich der Einte (Griffith)
„von den andern trennte. Das Gedränge in sämmtlichen Räumen
„wurde nun so stark, daß wir bald den Einten oder den Andern aus
„den Augen verloren.“ Nachdem sodann der nunmehr erfolgten
Mittheilungen über weitere in diesem Momente vermeintlich begangene
Taschendiebstähle Erwähnung gethan worden ist, fährt der Bericht
fort: „Nun wurden die vorgenanten fünf Personen alle auf
„dem Perron bemerkt, welche sich nur durch Augenzwinkern Zeichen
„gaben und sich nun anschickten, den Thunerzug zu besteigen. Da
„unzweifelhaft die vorgekommenen Diebstähle durch den Einten
„oder den Andern der fünf obgenannten Personen verübt worden
„sind, so wurden dieselben arretirt und auf die Hauptwache ge=

„geführt. . . . . . Alle fünf behaupten, noch niemals in Bern ge=
„wesen zu sein, obschon ich (Korporal Uhlmann) drei oder vier
„der Vorgenannten am letzten Dienstag den 6. dies Abends im
„hiesigen Cirkus gesehen habe. Auch will Dienstmann Reuter
„einen der nunmehr Verhafteten nach dem Bernerhofe (und zwar
„gestern Abend den 7. dies) geführt haben. Hanf, unzweifelhaft
„der Abgefeimteste, erklärt auf die Frage, warum er sich den
„ganzen Mittag im dichtesten Gewühle und Gedränge herumge=
„trieben habe, er habe seine andern Kollegen gesucht, was aber
„unrichtig ist, indem er verschiedene Male den Vorhang beir
„Büffetthür zur Seite schob und nach seinen am Tische sitzenden
„Gefährten schaute; ob derselbe hiebei mit denselben durch Zeichen=
„geben verkehrte, können wir nicht sagen, weil er uns den Rücken
„kehrte. Bei ihrem steten Herumstreichen in sämmtlichen Räumlich=
„keiten sind dieselben auch den Bahnhofportiers Gerber älter,
„Peter und Bänninger höchst verdächtig vorgekommen. Auch Land=
„jäger Guye will dieselben schon anfangs dieser Woche auf dem
„Bahnhofe bemerkt haben. Im Gewimmel der Passagiere haben
„sich diese arretirten Personen sämmtlich sehr auffallend benommen,
„so daß wir annehmen mußten, hier mit einer sehr routinirten
„internationalen Taschendiebsbande zu thun zu haben, deren Mit=
„glieder nicht alle verhaftet werden konnten.“ Der Rapport zählt
sodann die den Angeklagten abgenommenen Gegenstände auf, unter
welchen sich nach dem Vormerke des Wachtchefs auch vier Reise=
pässe befanden. Am 9. August 1889 überwies der Regierungsstatt=
halter den Rapport sammt Beilagen sowie die fünf Arrestanten dem
Untersuchungsrichter, welchem die Akten am gleichen Tage Nach=
mittags 3½ Uhr zukamen.

B. Der Untersuchungsrichter unterzog am 10. August Vor=
mittags die Effekten der Arrestanten einer Durchsuchung und
prüfte die Akten; dabei fanden sich keine der als entwendet bezeich=
neten Gegenstände oder Werthpapiere vor, dagegen neben den
vier Reisepässen für Hanf, Baker, Griffith und Mumford ein
Frachtbrief und verschiedene Hotelrechnungen, welche über die
von den Verhafteten verfolgte Reiseroute einigen Aufschluß
gaben. Am 10. August Nachmittags wurden Hanf und Mum=
ford verhört und wurde nach Genf, Lausanne und Paris
telegraphirt, um Erkundigungen einzuziehen, ob die Angaben der

Verhafteten über ihren dortigen Aufenthalt richtig seien. Am
12. August — der 11. August war ein Sonntag — wurde Ch.
Coates abgehört und wurden die Landjäger Jost, Guye, Schöne=
mann sowie die im Rapporte vom 8. August und einem nachträg=
lichen Rapporte des Landjägerkorporals Uhlmann vom 9. August
als Belastungszeugen angegebenen Personen einvernommen und
theilweise mit den Verhafteten konfrontirt. Gestützt auf das Ergebniß
dieser Einvernahmen und der gemachten Erhebungen wurden am
13. August zunächst Mumford und Coates gemäß Beschluß des
Untersuchungsrichters der Haft entlassen, weil die gegen sie erhobene
Anschuldigung ohne Zweifel nicht begründet sei. Am gleichen
13. August wurden auch Griffith und Baker abgehört, wobei
der Untersuchungsrichter verbalisirt, daß deren Abhörung schon
am 10. August hätte stattfinden sollen, aber habe verschoben
werden müssen, weil sich herausgestellt habe, daß dieselben nur
der englischen Sprache mächtig seien, so daß ein Dollmetscher
zugezogen werden müsse. Nach diesem Verhöre, sowie nach einer
nochmaligen Einvernahme des Hanf, wurden auch Hanf, Griffith
und Baker noch am 13. August gemäß Beschluß des Untersuch=
ungsrichters der Haft entlassen. Die Untersuchung hatte ergeben,
daß, wie die Verhafteten von Anfang an ausgesagt hatten, Hanf,
Griffith und Baker gemeinsam aus Wilmington nach Europa
abgereist, nach einem Aufenthalte in England und an der Welt=
ausstellung in Paris am 6. August Abends Paris verlassen und
am 7. Vormittags in Lausanne eingetroffen waren; die Nacht
vom 7./8. August hatten sie im Hotel Richemont in Lausanne
verbracht. Am 8. August war Hanf, seinen Reisegefährten voraus,
mit dem ersten Zuge nach Bern abgereist mit der Verabredung,
dort wieder zusammenzutreffen und Nachmittags 1 Uhr 50 Min.
gemeinsam nach Thun und Interlaken weiterzufahren. Griffith
und Baker, welche mit dem zweiten Zuge nachfolgten, machten
unterwegs die Bekanntschaft der beiden Studenten Mumford und
Coates, welche von Heidelberg aus eine Vergnügungsreise nach
der Schweiz unternommen und dabei über Basel, Neuenburg,
Lausanne nach Genf sowie an das Winzerfest nach Vevey gereist
waren und die Nacht vom 7./8. August ebenfalls in Lausanne
verbracht hatten. Griffith, Baker, Mumford und Coates über=
gaben, in Bern 10½ Uhr Vormittags angelangt, ihr Gepäck

dem Bahnhofportier, machten gemeinsam eine Fahrt durch die
Stadt und begaben sich sodann zwischen 12 und 1 Uhr in das
Bahnhofrestaurant, wo sie speisten. Hanf erschien während dieser
Zeit auf dem Bahnhofe, lehnte es aber ab, mitzuspeisen, da er
schon gespeist habe, und entfernte sich wieder. Als er kurz vor
dem Abgang des Thunerzuges gegen den Bahnhof zukam, lief
ihm Baker entgegen und sagte ihm, er müsse sich beeilen, es sei
die höchste Zeit. Hanf begab sich nun noch in ein Magazin, um
Cigarren zu kaufen und kehrte dann in größter Eile nach dem
Bahnhofe zurück und durchlief dort das Gepäcklokal und den
Wartesaal nach dem Perron, um sein Gepäck beim Portier zu
erheben. Dabei wurde er von der Polizei angehalten. Seine Reise=
gefährten, welche sein Fehlen bemerkt hatten, als das Zeichen zum
Abgang des Zuges gegeben wurde, suchten ihn in den verschie=
denen Lokalitäten des Bahnhofes, wobei sie eilig hin und her
liefen. Als Hanf auf dem Perron erschienen war, wurden sie mit
ihm verhaftet. Hanf hat in seiner Einvernahme erklärt, er gebe
zu, daß sein Benehmen, namentlich die Eile, in welcher er alles
vornahm, etwas Auffälliges haben konnte. Die Behauptungen
des Landjägers Uhlmann und die, weniger bestimmten, Angaben
des Landjägers Guye, des Dienstmanns Rauber und des Hotel=
kutschers Thomann, einzelne der Verhafteten schon vor dem 8. Au=
gust in Bern gesehen zu haben, stellten sich als vollständig irr=
thümlich heraus. Die Bahnhofportiers Gerber, Bänninger und
Peter sagten aus, sie seien von der Polizei auf die Amerikaner
aufmerksam gemacht worden, Bänninger und Gerber fügten bei,
dieselben seien ihnen nicht verdächtig vorgekommen, während da=
gegen Peter deponirte, das Benehmen der Fremden sei wirklich
auffällig gewesen, da sie sich häufig in den Räumen des Bahnhofes
herumbewegt haben. Beizufügen ist, daß in den Untersuchungs=
akten als Nr. 30 a und 66 a eingeschoben sich motivirte Haftbe=
lassungsbeschlüsse des Untersuchungsrichters vorfinden, von denen
der eine betreffend Hanf und Mumford vom 10. August, der
andere betreffend die drei andern Verhafteten vom 12. August
1889 datirt ist; beide Beschlüsse zeigen im Jahresdatum eine
Korrektur. Durch Beschluß der Anklagekammer des Kantons
Bern vom 19. März 1890 wurde die Untersuchung gegenüber
allen fünf Angeklagten mit einer Entschädigung von je 30 Fr.

zusammen 150 Fr., aufgehoben und Kosten und Entschädigung dem Staate auferlegt.

C. Mit Klageschrift vom 17. Juli 1891 stellten E. Hanf, H. Mumford, Karl Eduard Coates, Karl Griffith und F. L. Baker, nachdem sie sich mit einem Entschädigungsbegehren vergeblich an den Regierungsrath des Kantons Bern gewendet hatten, beim Bundesgerichte die Anträge:

1. Der beklagte Staat des Kantons Bern sei gerichtlich zu verurtheilen, den Klägern vollständige Entschädigung zu leisten für denjenigen Schaden, der ihnen dadurch entstanden ist, daß sie am 8. August 1889 durch Angestellte und Beamte des Staates Bern in ungesetzlicher Weise verhaftet und in Haft behalten wurden.

2. Es sei diese Entschädigung gerichtlich zu bestimmen.

Zur Begründung machen sie, indem sie für den Hergang bei ihrer Verhaftung und ihre Behandlung im Gefängnisse von ihnen vor einem öffentlichen Notar ihres Wohnortes abgegebene eidliche Erklärungen einlegten, im Wesentlichen geltend: Bei ihrer Fest= nahme im Bahnhofe Bern seien sie in ein Zimmer verbracht worden, wo sie dem zahlreichen anwesenden Publikum, worunter sich auch mehrere Amerikaner befunden haben, als Schaustück gedient haben. Es sei ihnen dort, wie bei ihrer Durchsuchung auf der Landjägerhauptwache, der Grund ihrer Verhaftung nicht angegeben und ihnen, trotz ihres Begehrens, keine Gelegenheit gegeben worden, ihre Identität nachzuweisen. Der Transport von dem Bahnhofe nach der Landjägerhauptwache und von da nach dem Untersuchungsgefängniß sei in roher und beschämender Weise erfolgt; sie seien durch uniformirte Landjäger auf offener Straße, zum Gaudium der Straßenjugend und des sonstigen neugierigen Publikums transportirt worden. Im Gefängniße seien sie während der ersten Tage genöthigt gewesen, die gewöhnliche schlechte Ge= fängnißkost zu genießen; erst am vierten Tage haben sie die Be= willigung erhalten, sich durch Vermittlung des Gefängnißwärters bessere Nahrung zu verschaffen. Die Zellen und die Betten, die ihnen angewiesen waren, seien nicht einmal ordentlich gereinigt sondern voll Ungeziefer gewesen. Ihre Verhaftung durch die Land= jäger Uhlmann und Jost sei eine völlig ungesetzliche gewesen, da diese Polizeisoldaten sich weder im Besitze eines Haftbefehls befun=

den haben, noch auch ein Fall der Betretung auf frischer That
vorgelegen habe, in welchem Fall einzig nach Art. 49 der berni=
schen Strafprozeßordnung Angestellte der gerichtlichen Polizei auch
ohne Haftbefehl zur Festnahme schreiten dürfen. Ferner habe auch
der Regierungsstatthalter von Bern keinen motivirten Haftbeschluß
erlassen, wozu er nach Art. 145 der bernischen Strafprozeßordnung
verpflichtet gewesen wäre und auch der Untersuchungsrichter habe
das Gesetz verletzt, indem er zwei der Verhafteten (Griffith und
Baker) nicht, wie Art. 190 der bernischen Strafprozeßordnung
vorschreibe, längstens binnen der zwei ersten der Inhaftirung
folgenden Tage sondern erst am fünften Tage nach ihrer Verhaf=
tung einvernommen habe. Auch habe er, wie sich aus den
betreffenden, in die Untersuchungsakten eingeschobenen Beschlüssen,
insbesondere aus der im Jahresdatum angebrachten Korrektur,
ergebe, die motivirten Haftbelassungsbeschlüsse, welche er nach
Art. 145 St.=P.=O. sofort hätte treffen sollen, erst nachträglich,
im Jahre 1890 redigirt und den Akten einverleibt. Für den
Schaden, welchen die Kläger durch die ungesetzliche Verhaftung
und Haftbelassung erlitten haben, sei ihnen der Staat Bern zu=
folge des Art. 12 der bernischen Staatsverfassung ersatzpflichtig.
Nun seien sämmtliche fünf Kläger ehrenhafte und sehr geachtete
Bürger ihrer Heimat, welche zu den angesehensten Bewohnern
ihres Wohnorts gehören. Die Nachricht von ihrer Verhaftung
habe rasch die Runde durch die schweizerischen, außerschweizerischen
und namentlich auch die amerikanischen Zeitungen gemacht. Die
Schande der Verhaftung wegen Taschendiebstahls sei dadurch weit
verbreitet und der gute Ruf der Kläger empfindlich geschädigt
worden. Tausende von Personen haben ohne Zweifel den Bericht
von der Verhaftung der Kläger in den Zeitungen gelesen, ohne
je von ihrer Rechtfertigung etwas zu hören, und Tausende werden
daher immer glauben, daß doch etwas Wahres an. der Sache
gewesen sein müsse. Für ihren guten Ruf und die Schädigung,
welche derselbe durch die Verhaftung erlitten haben, berufen sich
die Kläger auf notarielle und beschworene Erklärungen (Affidavits)
von 13 Bürgern ihrer verschiedenen Wohnorte. Auch die Ge=
sundheit der Kläger habe durch die ausgestandene ungesetzliche
Haft gelitten; insbesondere gelte dies für den Kläger Griffith,
wofür ein Affidavit seines Arztes Leonard Kittiger in Wilming=

ton produzirt werde. Der Schaden, welcher Jedem der fünf
Kläger erwachsen sei, werde auf 25,000 Fr. gewürdigt; diese
Summe sei, wofür auf die Erklärungen der 13 amerikanischen
Bürger und auf richterliches Ermessen abgestellt werde, den Ver=
hältnissen angemessen uud nicht übertrieben. Hiefür falle auch in
Betracht, daß die sämmtlichen Angaben, auf welche die Polizei=
bediensteten Uhlmann und Jost die Verhaftung der Kläger gestützt
haben, sich als vollständig falsch erwiesen haben. Die fünf Kläger
seien nach Art. 6, eventuell nach Art. 43 der eidgenössischen
Civilprozeßordnung zu gemeinsamer Verfolgung ihrer Rechte
berechtigt.

D. In seiner Vernehmlassung auf diese Klage beantragt der
Beklagte: Es seien die Rechtsbegehren der Klage abzuweisen.
Eventuell: Es seien die geforderten Entschädigungen sehr erheblich
herabzusetzen und die Kläger wegen Ueberforderung zu den Kosten
des Prozesses zu verurtheilen. Er bemerkt im Wesentlichen: Die
Kläger stützen sich auf ungesetzliche Verhaftung. Ungesetzliche Ver=
haftung, welche stets eine Amtspflichtverletzung eines Beamten
oder Angestellten voraussetze, sei aber nicht zu verwechseln mit
Verhaftung eines Unschuldigen. Die Verhaftung eines Unschuldigen
könne freilich auch einen Entschädigungsanspruch gegen den Staat
begründen, über welchen jeweilen die Anklagekammer oder das
urtheilende Strafgericht zu entscheiden habe; allein es sei dieß
kein Entschädigungsanspruch wegen gesetzwidriger Verhaftung
durch einen Beamten oder Angestellten sondern lediglich ein An=
spruch auf Vergütung für eine irrthümliche Verhaftung oder
Haftbelassung, wie sie auch der aufmerksamsten Polizei und Justiz
passiren könne. Für die vorliegende Klage sei daher nicht ent=
scheidend, daß die fünf Verhafteten unschuldig gewesen seien,
sondern müsse sich fragen, ob ihre Verhaftung eine ungesetzliche
gewesen sei. Nun habe Anfangs August 1889 auf dem Bahnhofe
Bern ein sehr starker Menschenandrang geherrscht. Taschendiebe
aller Länder haben die Gelegenheit benutzt, um die Reisenden
möglichst unmerklich auszuplündern. Die Dienstinstruktion für die
bernischen Landjäger mache die Landjäger auf die Operationsweise
der Taschendiebe aufmerksam, weise sie speziell daraufhin, daß
häufig mehrere Taschendiebe zusammenwirken, welche sich so
benehmen, als ob sie sich gegenseitig gar nicht kennten, während

der erfahrene Landjäger doch bald sehen werde, daß sie ihr Dieb=
stahlsgewerbe im Komplotte betreiben und gegebenenfalls nicht
nur eine Person festnehmen, sondern die Verhaftung der ganzen
Gesellschaft zu bewerkstelligen suchen werde. Die Schwierigkeit für
die Polizei, alle Diebe dingfest zu machen, dabei aber Mißgriffe
zu vermeiden, sei niemals größer als beim Taschendiebstahle in
gedrängten Menschenmassen und auch der erfahrenste Polizist sei
dabei vor Mißgriffen nicht sicher. Die Verhaftung der Kläger
sei nun mit möglichster Schonung vorgenommen worden, — die
beiden dabei handelnden Landjäger seien in Civil gekleidet gewesen,
und ebenso habe der Transport nach der Landjägerhauptwache
und von da nach dem Untersuchungsgefängnisse mit möglichster
Schonung und ohne alles Aufsehen stattgefunden. Der Unter=
suchungsrichter habe seine Haftbelassungsbeschlüsse rechtzeitig gefaßt
und überhaupt die Untersuchung nach Möglichkeit gefördert. Der
Regierungsstatthalter habe einen Haftbelassungsbeschluß nicht zu
fassen brauchen, sondern es habe die sofortige Ueberweisung der
Sache an den Untersuchungsrichter genügt. Unrichtig sei, daß die
Gefangenschaftskost schlecht und Zellen und Betten nicht gereinigt
gewesen seien. Die Kläger haben übrigens nicht während 4 son=
dern nur während 1 1/2 Tagen die gewöhnliche Gefängnißkost
genießen müssen. Die Verhaftung selbst sei eine gesetzliche gewesen.
Art. 49 der bernischen Strafprozeßordnung gestatte eine Fest=
nahme ohne Haftbefehl nicht nur wenn die strafbare Handlung
noch im Begehen begriffen sei, sondern auch nach eben erst be=
gangener strafbarer Handlung. Die nähern Voraussetzungen dieses
Verhaftungsrechts der Polizei können gesetzlich nicht festgestellt
werden, so wenig als die Verdachtsgründe bei Verbrechen. Es
müsse hier naturgemäß vieles der Entschlossenheit und dem Takte
der betreffenden Polizeibediensteten überlassen werden und es wäre
völlig unrichtig, die Zulässigkeit einer solchen Verhaftung von
dem spätern Entscheide über Schuld oder Unschuld des Verhafteten
abhängig zu machen. In concreto habe die Verhaftung stattge=
funden, nachdem eben erst mehrere bedeutende Taschendiebstähle seien
begangen worden und unter Umständen, welche in ihrem Zusam=
mentreffen dem Polizeipersonal die Ueberzeugung haben aufdrängen
müssen, daß die fünf verhafteten Amerikaner, welche sich in so
auffallender Weise auf dem Bahnhofe hin und herbewegt haben,

die Thäter dieser Diebstähle seien. Dies habe sich freilich nach=
träglich als unrichtig herausgestellt; allein nach der Sachlage,
wie sie zur Zeit der Verhaftung sich präsentirt habe, seien
belastende Momente wirklich gegeben gewesen. Wenn die Polizei
Taschendiebe nur auf Grund regelrechter Haftbefehle verhaften
dürfte, so könnte sie solche überhaupt niemals dingfest machen.
Für die unschuldig ausgestandene Haft haben die Kläger die ihnen
gebührende Genugthuung durch den Beschluß der kompetenten
Behörde, der Anklagekammer, erhalten. Liege danach eine unge=
setzliche Verhaftung oder Haftbelassung nicht vor, so bestehe auch
eine Entschädigungspflicht des Staates nicht, während dieser da=
gegen nicht bestreite, daß er für ungesetzliche Handlungen seiner
Beamten und Angestellten allerdings verantwortlich wäre. Eventuell
wäre die Entschädigungsforderung der Kläger jedenfalls weit übersetzt.
Es werde zugegeben, daß die fünf Kläger ehrenhafte und geachtete
Bürger ihrer Heimat seien. Allein sie haben durch die Verhaftung
in der öffentlichen Achtung offenbar nicht das Mindeste eingebüßt.
Die von den Klägern produzirten schriftlichen Zeugnisse entbehren
jeder Beweiskraft. Dieselben enthalten keine Zeugnisse über That=
sachen, sondern bloße Plädoyers zu Gunsten der Kläger; ganz
besonders werde die Beweiskraft des Zeugnisses des Dr. Kittiger
bestritten. Mit Veröffentlichungen in der Presse habe der Kläger
Coates selbst begonnen. Wenn unter Umständen, wie den vor=
liegenden, für eine annähernd fünf Tage dauernde Verhaftung
25,000 Fr. bezahlt werden müßten, so würden die Verhafteten
nicht nur Satisfaktion erhalten, sondern ein glänzendes Geschäft
machen. Gegen die Zulässigkeit gemeinschaftlicher Prozeßführung
der Kläger werde eine Einwendung nicht erhoben.

E. In Replik und Duplik halten die Parteien, unter Bestrei=
tung der gegnerischen Anbringen, an den Aufstellungen der Klage
und Antwort fest, ohne etwas wesentlich Neues anzubringen.

F. Am Rechtstage hat der Beklagte erklärt, er halte an seiner
Bestreitung der Beweiskraft der von den Klägern produzirten
eidlichen Bescheinigungen fest, gebe indeß zu, daß die Zeugniß=
aussteller, wenn sie als Zeugen einvernommen würden, das
nämliche aussagen würden, was in den schriftlichen Bescheini=
gungen gesagt sei. Aus dem vom Instruktionsrichter erhobenen
Zeugenbeweise ist hervorzuheben: Der Untersuchungsrichter Schenk

erklärte, er erinnere sich nicht mit Bestimmtheit daran, ob die vom 10. und 12. August 1889 datirten Haftbelassungsbeschlüsse wirklich bereits an diesem Tage redigirt worden seien, könne sich aber auch nicht mit Bestimmtheit erinnern, daß dieselben erst später nachgetragen worden seien. Der Gefängnißwärter Portner hat u. a. ausgesagt, die Verhafteten haben anfangs die regle= mentarische Gefängnißkost erhalten, welche in Morgens und Abends einer Maß Suppe und Brob, Mittags Wasser und Brob bestehe; für die Suppenrationen erhalte der Gefängniß= wärter vom Staate 36 Cts. per Kopf und Tag; das Brob liefere der Staat. Nach dem Verhör, — er glaube am 12. oder 13. Au= gust, — haben die Verhafteten sich selbst beköstigen dürfen. Daß Zellen und Betten unreinlich gewesen seien, bestreite er; er habe die Verhafteten in den bessern, ordentlich gehaltenen Zellen unter= gebracht.

G. Bei der heutigen Verhandlung halten beide Parteien an ihren im Schriftenwechsel gestellten Anträgen fest.

Das Bundesgericht zieht in Erwägung:

1. Es liegt eine subjektive Klagenhäufung vor, deren Zuläßig= keit vom Beklagten nicht bestritten ist und gemäß Art. 43 der eidgenössischen Civilprozeßordnung nicht hätte bestritten werden können, da die Ansprüche der einzelnen Kläger aus der nämlichen Thatsache abgeleitet und auf die gleichen Rechtsgründe gestützt werden. Ebenso ist die Kompetenz des Bundesgerichtes unzweifel= haft gegeben.

2. Die Klage stützt sich auf ungesetzliche Verhaftung. Der beklagte Staat bestreitet nun grundsätzlich nicht, daß er, wenn eine ungesetzliche Verhaftung wirklich vorliege, für die Handlungen seiner Beamten hafte und den Klägern schadenersatzpflichtig sei; er behauptet auch, und gewiß mit Recht, nicht, daß der Schaden= ersatzanspruch aus ungesetzlicher Verhaftung durch die Schluß= nahme der Anklagekammer endgültig beurtheilt sei, sondern macht diesen Standpunkt nur für die den Klägern wegen unschuldig erlittenen Verhaftes gebührende Entschädigung geltend. In grund= sätzlicher Beziehung ist daher einzig streitig, ob die Verhaftung der Kläger eine ungesetzliche gewesen sei.

3. Dies ist nun ohne Weiters zu bejahen. Die Landjäger Uhlmann und Jost befanden sich am 8. August 1889 nicht im

Besitze eines Haftbefehls; sie waren daher nach den Bestimmungen
der bernischen Strafprozeßordnung zur Festnahme nur dann
berechtigt, wenn die Voraussetzungen des Art. 49 der bernischen
Strafprozeßordnung vorlagen, d. h. ein Fall der Ergreifung auf
frischer That gegeben war. Davon kann aber keine Rede sein.
Nach Art. 49 der bernischen Strafprozeßordnung gehören zu der
Betretung auf frischer That „jede in der Begehung begriffene
„oder eben erst begangene strafbare Handlung", ferner die Fälle,
„wo der Angeschuldigte durch das öffentliche Geschrei verfolgt
„wird, sowie derjenige, wenn er kurz nach begangener That im
„Besitze von Effekten, Waffen, Werkzeugen oder Papieren betreten
„wird, welche vermuthen ließen, daß er Urheber oder Mitschuldiger
„sei." Keiner dieser Fälle trifft hier zu. Als konstatirt kann aller=
dings gelten, daß im Bahnhofe Bern am 5. August 1889 ein
Taschendiebstahl zum Nachtheile des William J. Brabant aus
London und am 8. August 1889 ein solcher zum Nachtheile des
Konsuls Spiegelthal aus Berlin verübt wurde; dagegen steht die
Verübung weiterer Taschendiebstähle am 8. August 1889 nicht fest,
da rücksichtlich solcher eine eigentliche Anzeige seitens der angeblich
Bestohlenen nicht erfolgt ist. Nun ist aber gar nicht behauptet,
daß die Kläger sich im Besitze von Gegenständen befunden haben,
welche irgendwie einen Schluß auf ihre Betheiligung an den
konstatirten Diebstählen vom 5. oder 8. August 1889 gestattet
hätten und ebenso wenig kann davon gesprochen werden, daß sie
durch das öffentliche Geschrei als Urheber dieser Diebstähle verfolgt
worden seien. Es mag allerdings unter Verfolgung des Ange=
schuldigten durch das öffentliche Geschrei, im Sinne der bernischen
Strafprozeßordnung, nicht nur die Verfolgung des Thäters durch
Nacheile und Nachruf sondern auch der Fall zu verstehen sein,
daß Jemand durch die öffentliche Stimme unmittelbar laut und
bestimmt als Thäter einer eben begangenen strafbaren Handlung
bezeichnet wird (vrgl. darüber Entscheidung des Bundesgerichtes
in Sachen Wenger gegen Bern; Entscheidungen, Amtliche Samm=
lung XIV, S. 353 u. f., Erw. 2). Allein auch in diesem Sinne
liegt hier eine Verfolgung durch das öffentliche Geschrei nicht
vor. In der That hat nicht die öffentliche Stimme die Kläger
der Thäterschaft der begangenen Taschendiebstähle bezichtigt, sondern
es waren lediglich die Polizeibediensteten selbst, welche gestützt auf

völlig trügerische, schwankende Anzeigungen, hauptsächlich das ihnen auffällig vorkommende Benehmen der Kläger, hin Verdacht schöpften und denselben dritten Personen mittheilten. Auf Grund solcher bloßer persönlicher Vermuthungen hin durften aber die Polizeibediensteten nach der bernischen Gesetzgebung nicht zur Festnahme schreiten. Das bernische Gesetz gestattet, im Interesse des Schutzes der bürgerlichen Freiheit, den Polizeibediensteten nur dann eine Verhaftung ohne Haftbefehl einer zuständigen Stelle vorzunehmen, wenn die Voraussetzungen des Art. 49 St.=V. vorliegen, wenn also die Möglichkeit eines Irrthums erfahrungsgemäß regelmäßig ausgeschlossen ist. In allen andern Fällen soll eine Verhaftung nur gestützt auf einen Haftbefehl des zuständigen Beamten, nachdem das Gewicht der Verdachtsmomente von diesem und nicht von einem bloßen Polizeibediensteten gewürdigt worden ist, erfolgen. Diese Grundsätze gelten für alle Verbrechen, daher selbstverständlich auch für Taschendiebstähle. Die bernische Landjäger=instruktion, welche übrigens natürlich dem Gesetze nicht zu derogiren vermöchte, steht damit nicht im Widerspruch. Richtig mag ja sein, daß durch eine gesetzwidrige Verhaftung hie und da ein wirklicher Taschendieb gefaßt wird und in diesem Falle kann natürlich von einem Entschädigungsanspruche des Verhafteten nicht die Rede sein, da diesem materiell ein Unrecht nicht geschehen ist. Allein dies vermag natürlich die gesetzwidrige Verhaftung Unschuldiger nicht zu rechtfertigen; die Polizeibediensteten sind bei Ausübung ihres Dienstes an die gesetzlichen, ihrer Thätigkeit im Interesse der bürgerlichen Freiheit gezogenen, Schranken gebunden und es kann dienstlicher Uebereifer die Ueberschreitung dieser Schranken nicht rechtfertigen.

4. War demnach die Festnahme der Kläger durch die Landjäger Uhlmann und Jost eine ungesetzliche, so ist auch in der Folge das Gesetz insofern nicht beobachtet worden, als die Festgenommenen nicht, wie dies Art. 49 der bernischen Strafprozeßordnung ausdrücklich vorschreibt, vor ihrer Verbringung in das Untersuchungsgefängniß dem Regierungsstatthalter zugeführt, sondern nach ihrer Durchsuchung auf der Landjägerhauptwache auf Anordnung des dienstthuenden Unteroffiziers ohne Weiters in das Untersuchungsgefängniß verbracht wurden, während der Regierungsstatthalter am folgenden Tage einfach den ihm eingereichten Rapport der

Polizeisoldaten sammt Belegen sowie die im Untersuchungsgefäng=
nisse bereits untergebrachten Arrestanten dem Untersuchungsrichter
überwies. Diese Unterlassung ist nicht bedeutungslos; denn es ist
keineswegs ausgeschlossen, daß der Regierungsstatthalter, wenn
ihm die Festgenommenen zugeführt worden wären und er geprüft
hätte, ob ein Grund vorliege, sie in das Untersuchungsgefängniß
überführen zu lassen, zu einer verneinenden Entscheidung dieser
Frage gelangt wäre. Sodann sind durch den Untersuchungsrichter
nicht alle Verhafteten binnen der durch Art. 190 der bernischen
Strafprozeßordnung vorgeschriebenen Frist (d. h. längstens binnen
der zwei ersten ihrer Inhaftirung folgenden Tage) verhört worden.
Hiezu mag allerdings der Umstand, daß für das Verhör ein
Dolmetscher zugezogen werden mußte, sowie die Geschäftsüber=
häufung des Untersuchungsrichters mitgewirkt haben. Allein nach=
dem die Untersuchung des Gepäckes der Verhafteten dem Unter=
suchungsrichter gezeigt hatte, daß diese sich nicht im Besitze von
Gegenständen verdächtiger Herkunft befinden, dagegen Pässe oder
sonstige Ausweisschriften besitzen, nachdem dadurch sowie durch die
eingezogenen Erkundigungen über die Reiseroute der Verhafteten
die Möglichkeit nahegelegt war, daß die Polizei einen Mißgriff
begangen habe, wäre es gewiß geboten gewesen, die Verhöre zu
beschleunigen und dadurch eine möglichst rasche Aufklärung des
Sachverhalts für alle Angeschuldigten herbeizuführen. Ebenso sind
die durch Art. 145 der bernischen Strafprozeßordnung vorge=
schriebenen motivirten Haftbelassungsbeschlüsse des Untersuchungs=
richters, wenn sie überhaupt nicht erst nachträglich ausgefertigt
wurden, jedenfalls in Betreff der Angeschuldigten Coates, Griffith
und Baker verspätet, nämlich erst am 12. August 1889, gefaßt
worden, während nach dem citirten Art. 145 der bernischen Straf=
prozeßordnung der Untersuchungsrichter, nachdem ihm ein von
der gerichtlichen Polizei vorläufig festgenommener Angeschuldigter
zur Verfügung gestellt worden ist, so rasch als möglich zu prüfen
und durch motivirten Beschluß darüber zu entscheiden hat, ob der
Verhaft fortzudauern habe (vrgl. Entscheidung des Bundesgerichtes
in Sachen Wenger, Amtliche Sammlung XIV, S. 355).

5. Grundsätzlich ist danach die Schadenersatzpflicht des beklagten
Staates begründet. In Bezug auf das Quantitativ der Entschädi=
gung dagegen fällt in Betracht: Ein materieller Schaden ist für

keinen der Kläger nachgewiesen; die Kläger behaupten zwar, daß in Folge der über ihre Verhaftung verbreiteten Zeitungsnachrichten ihr Ruf und Kredit gelitten haben und die Aussteller der von ihnen eingelegten Affidavits sprechen ihre Meinung in gleichem Sinne aus, wenigstens soweit es den Ruf der Kläger bei denjenigen Personen anbelange, welche jene nicht persönlich gekannt haben. Allein die bloße Meinung dieser Zeugen ist nun in der That nicht beweisend; in Wirklichkeit ist gar nicht wahrscheinlich, daß der gute Ruf und Kredit der Kläger irgend geschädigt worden sei. Denn die Kläger haben nicht dargethan, daß sie in irgend einer Zeitung als des Taschendiebstahls wirklich verdächtig genannt worden seien; sie haben es insbesondere unterlassen, was ihnen doch ein leichtes gewesen wäre, Zeitungen ihres Heimatlandes zu produziren, welche den Vorfall besprechen und es ist daher nicht erwiesen, daß diese Zeitungen andere Darstellungen der Sache gebracht haben, als wie sie der Beklagte zugegeben hat, d. h. Darstellungen, welche durch Publikationen der Kläger veranlaßt waren und diese als das Opfer eines groben polizeilichen Mißgriffes hinstellten. Für die Wirkung solcher Publikationen aber kann der Beklagte gewiß nicht verantwortlich gemacht werden und es ist übrigens nicht einzusehen, wie dieselben den Klägern hätten schaden können. Ebensowenig ist dargethan, daß einer der Kläger in Folge der Verhaftung einen seine Erwerbsfähigkeit beeinträchtigenden, oder die Aufwendung von Heilungskosten erfordernden, gesundheitlichen Nachtheil erlitten habe. Die persönlichen Erklärungen der Kläger über die nachtheilige Einwirkung der Haft auf ihr Nervensystem u. s. w. beweisen, insbesondere nach dem Beweisrechte der eidgenössischen Civilprozeßordnung, derartige Nachtheile nicht. Im Uebrigen hat einzig der Kläger Griffith ein Zeugniß seines Hausarztes Bernard Kittinger über gesundheitliche Schädigungen zufolge der Verhaftung beigebracht. Allein dieses bloße Zeugniß eines Hausarztes beweist nun doch eine gesundheitliche Schädigung durch die Verhaftung nicht; es ist insbesondere nicht geeignet, den Kausalzusammenhang zwischen der Haft und einem nervösen Leiden des Klägers Griffith darzuthun, welches ja sehr wohl auch durch andere Ursachen, insbesondere die Reise als solche, verursacht sein kann. Es hat denn auch der Kläger Griffith den Schaden, der ihm durch gesundheitliche Schädigung verursacht

worden sei, nicht näher substanziirt und überhaupt lediglich die
gleiche Entschädigungsforderung, wie die übrigen Mitkläger gestellt,
worin doch wohl die Anerkennung liegt, daß für ihn keine andern
Schadensfaktoren in Betracht kommen, als für die übrigen Mitkläger. Liegt somit eine materielle Schädigung der Kläger nicht
vor, so ist dagegen anzuerkennen, daß dieselben durch ihre Festnahme und die ausgestandene ungesetzliche Haft ein moralisches
Leid erlitten haben, für welches ihnen Genugthuung gebührt. Es
ist in der That nicht zu verkennen, daß die Verhaftung, der polizeiliche Transport durch die Stadt nach der Polizeihauptwache
und nach dem Untersuchungsgefängnisse, die polizeiliche Durchsuchung, der mehrtägige Aufenthalt in den, jedenfalls mehr nach
Rücksichten der Sicherheit als der Bequemlichkeit eingerichteten,
Gefängnißzellen bei der kärglichen Gefängnißkost Männern von
der bürgerlichen Stellung der Kläger empfindliche seelische Qual
verursachen mußten, daß sie den Aufenthalt in den Gefängnißzellen
als eine peinliche Unterbrechung der beabsichtigten Vergnügungsreise empfinden und durch die Einsperrung in einem fremden
Lande, dessen Einrichtungen und Sprache ihnen fremd waren,
trotz des Bewußtseins ihrer Schuldlosigkeit, in Unruhe und Angst
gerathen mußten. Angesichts dieser Momente rechtfertigt es sich,
die Entschädigung für jeden der Kläger auf 600 Fr. festzusetzen.
Höher zu gehen dagegen und Entschädigung in dem von den
Klägern beantragten Maße auszusprechen, würde sich mit Rücksicht auf die von den schweizerischen Gerichten überhaupt und dem
Bundesgerichte insbesondere in ähnlichen Fällen und gegenüber
eigenen Landesangehörigen gesprochenen Entschädigungen nicht
rechtfertigen und den Anschauungen des Landes nicht entsprechen,
um so weniger als durch die Festnahme und fünftägige Haft die
Kläger zwar wohl vorübergehend in ihren persönlichen Verhältnissen ernstlich verletzt wurden, nicht aber ihre Stellung in der
bürgerlichen Gesellschaft irgend erschüttert worden ist.

Demnach hat das Bundesgericht
erkannt:

Die Klage wird in dem Sinne gutgeheißen, daß der Beklagte
jedem der Kläger eine Entschädigung von 600 Fr. zu bezahlen hat.

X. Civilstreitigkeiten zwischen Bund und Privaten. — Différends de droit civil entre la Confédération et des particuliers.

73. Urtheil vom 29. April 1892 in Sachen Barfuß gegen Bund.

A. Mit Klageschrift vom 23. Dezember 1891 und 1. Januar 1892 stellt Christian Barfuß, Landwirth in Uebeschi bei Thun, beim Bundesgericht folgende Anträge: Das Bundesgericht möge erkennen:

1. Die schweizerische Eidgenossenschaft (mit Handen sie handelt) sei nicht berechtigt, auf die dem Kläger eigenthümlich zugehörenden Liegenschaften in Uebeschi und Höfen mit Geschossen, welcher Art auch solche sein mögen, zu schießen und die über den betreffenden Liegenschaften sich erhebende Luftsäule bei Anlaß von Schieß= übungen oder auch sonst irgendwie für sich in Anspruch zu nehmen und zu gebrauchen.

2. Die dem Christian Barfuß eigenthümlich zugehörenden Liegenschaften in Uebeschi und Höfen seien demnach frei von einer Dienstbarkeit zu Schießzwecken, überhaupt aber frei von jeglicher, nicht titelsgemäßer Dienstbarkeit zu Gunsten der schweizerischen Eidgenossenschaft.

3. Eine Beschränkung eventuell Entziehung der dem Christian Barfuß gehörenden obgenannten Liegenschaften durch die schwei= zerische Eidgenossenschaft dürfe nur erfolgen gegen vollständige Entschädigung auf dem Wege der Expropriation.

4. Die schweizerische Eidgenossenschaft sei verpflichtet, fernere Störungen und überhaupt jegliche Handlungen, welche den Christian Barfuß in der Ausübung seines Eigenthumsrechtes irgendwie be= schränken und stören könnten, zu unterlassen.

5. Das schweizerische Bundesgericht möge demgemäß diejenigen Maßnahmen treffen, welche eine weitere Störung und Beschrän= kung der dem Christian Barfuß eigenthümlich zugehörenden Liegen= schaften in Höfen und Uebeschi durch die schweizerische Eidge= nossenschaft unmöglich machen und die Folgen bestimmen, welche weitere Störungen und Beschränkungen des klägerischen Eigenthums

durch die schweizerische Eidgenossenschaft für dieselbe haben sollen.

6. Die schweizerische Eidgenossenschaft sei schuldig, dem Kläger für die Störung und Beschränkung seines Eigenthums seit dem 1. Januar 1886 und die dadurch zugefügte ernstliche Verletzung seiner persönlichen Verhältnisse angemessene, durch das Gericht zu bestimmende Entschädigung zu leisten.

Zur Begründung dieser Begehren wurde angeführt: In Folge der auf dem Artillerieschießplatz auf der Thuner Allmend gemäß Anordnung der Bundesbehörden vorgenommenen Artillerieschieß= übungen und Schießversuche, welche, mit kurzer Unterbrechung im Winter, fast das ganze Jahr hindurch dauern, werden die Liegen= schaften des Klägers in Uebeschi und Höfen, welche ganz oder theilweise in der Schußlinie resp. der Verlängerung derselben, jeden= falls aber im Bereiche der möglichen Abweichungen von Geschossen und Sprengstücken, liegen, fortwährend gefährdet. Artilleriegeschosse oder Sprengstücke durchschneiden die Luftlinie und es sei auch ein Einschlagen von Geschossen oder Sprengschüssen stets zu befürchten. Seit dem Jahre 1875 bis auf die jüngste Zeit haben zu ver= schiedenen Malen Geschosse oder Sprengstücke im Lande des Klä= gers, sogar bei dessen Wohnhaus oder doch in unmittelbarer Nähe desselben, eingeschlagen, wiederholt in der unmittelbaren Nähe von Personen und einmal inmitten einer weidenden Viehheerde. Durch diese Eingriffe habe die Eidgenossenschaft den Kläger in der nach Satz 377 und 378 des bernischen Civilgesetzes ihm zustehenden willkürlichen und ausschließlichen Verfügung über seine Liegen= schaften gestört und beschränkt, auch ihn durch beständige Gefähr= dung von Leben und Gesundheit seiner selbst und seiner Ange= hörigen in seinen persönlichen Verhältnissen ernstlich verletzt, ohne daß ihr ein Recht hiezu zuständte. Für die Zeit vom 1. Januar 1883 bis 31. Dezember 1885 zwar habe die Eidgenossenschaft (gegen Entschädigung im Wege der Expropriation) eine Dienst= barkeit erworben gehabt, wonach sie berechtigt gewesen sei, während bestimmter Tagesstunden und zu bestimmten Zeiten ungestört zu schießen. Seit Ende 1885 sei aber diese Dienstbarkeit erloschen und nicht wieder erneuert worden.

B. Nach Mittheilung der Klageschrift stellte die schweizerische Eidgenossenschaft mit Zwischengesuch vom 15. März 1892 den Antrag: Der hohe Gerichtshof wolle erkennen, es sei die Beur=

theilung der sämmtlichen Klagsbegehren seinerseits wegen Inkompe=
tenz von der Hand zu weisen und dem Kläger zu überlassen, den
Entscheid der zuständigen Administrativbehörden des Bundes an=
zurufen, indem sie ausführte: Die Klagebegehren Ziff. 1—5
zielen darauf ab, der Eidgenossenschaft die Berechtigung zu Schieß=
übungen auf der Thuner Allmend ganz oder theilweise aberkennen
zu lassen, weil diese Schießübungen die Liegenschaften des Klägers
gefährden. Derartige Begehren seien unzulässig. Thun sei in Folge
Beschlusses der Bundesversammlung eidgenössischer Waffenplatz;
das eidgenössische Militärdepartement halte sich bei Anordnung
der alljährlich auf diesem Waffenplatze stattfindenden militärischen
Uebungen strenge an die Bestimmungen der Militärorganisation
von 1874 und der dieselbe modifizirenden Bundesbeschlüsse. Die
beanstandeten Schießübungen finden daher ihre Rechtfertigung in
gültigen Erlassen der Bundesbehörden und seien als unanfechtbarer
Ausfluß der Militärhoheit des Bundes zu betrachten. Das Bundes=
gericht sei daher formell und materiell nicht kompetent, die fünf
ersten Rechtsbegehren des Klägers zu beurtheilen. Denn über die
Statthaftigkeit militärischer Maßnahmen haben zweifellos einzig
die Administrativbehörden des Bundes zu entscheiden. Was das
Rechtsbegehren Ziffer 6 anbelange, wodurch der Kläger Entschä=
digung für erlittenen tort moral verlange, so sei dasselbe nicht
als selbständige Klage, sondern in Verbindung mit Schlüssen
dinglicher Natur beim Bundesgerichte anhängig gemacht worden.
Können letztere nicht Gegenstand einer gerichtlichen Erörterung
bilden, so entziehe sich die Beurtheilung des Rechtsbegehrens
Ziffer 6 um so mehr der Kompetenz des Bundesgerichtes, als in
diesem Falle der Streitwerth den Betrag von 3000 Fr. nicht
übersteige. Zudem sei es nach Maßgabe der Art. 280 und 284
des Verwaltungsreglementes für die schweizerische Armee vom
27. März 1885, dem durch Bundesbeschluß vom gleichen Tage
Gesetzeskraft verliehen worden sei, Sache der für den Waffenplatz
Thun bestellten Expertenkommission, den Betrag einer dem Kläger
allfällig zukommenden Entschädigung festzusetzen. Es sei evident,
daß auch die im Klagebegehren Ziffer 6 erwähnte Störung und
Beschränkung des klägerischen Eigenthums als ein durch Aus=
führung militärischer Anordnungen verursachter Schaden im Sinne
des Verwaltungsreglementes aufzufassen sei, dessen Fixirung aus=

schließlich der erwähnten Expertenkommission zustehe. Damit sei die Einrede der Inkompetenz auch für den letzten Klageschluß begründet.

C. In seiner Entgegnung auf dieses Zwischengesuch macht der Kläger geltend: Die Kompetenzeinrede sei, weil nicht innert drei Wochen, von Mittheilung der Klageschrift an, angebracht, verspätet. Dieselbe sei aber auch unbegründet. Die bernische, vom Bunde gewährleistete, Kantonsverfassung, garantire in § 83 die Unverletzlichkeit jeglichen Privateigenthums. Wenn die Eidgenossenschaft für ihre Schießübungen die Luftsäule über den klägerischen Grundstücken in Anspruch nehme und sogar in die Bodenfläche selbst Geschosse sende, so liege darin die Anmaßung einer Servitut, welche, sofern eben eine Dienstbarkeit in Wirklichkeit nicht bestehe, sich als widerrechtlicher Eingriff in das Eigenthum des Klägers qualifizire. Zum Schutze gegen derartige widerrechtliche Eingriffe in Privatrechte seien die Gerichte eingesetzt; diese haben darüber zu entscheiden, ob die Servitut, welche die Eidgenossenschaft sich thatsächlich anmaße, rechtlich bestehe. Die Klage sei in der Hauptsache eine actio negatoria. Dieselbe gehe durchaus nicht dahin, der Eidgenossenschaft die Berechtigung zu Schießübungen auf der Thuner Allmend aberkennen zu lassen, sondern habe in erster Linie den Zweck, die Anerkennung der Freiheit des klägerischen Eigenthums zu konstatiren, dann aber auch Maßnahmen zum Schutze dieses Eigenthums zu erwirken. Das Gericht habe somit nicht über die Statthaftigkeit militärischer Maßnahmen zu entscheiden, sondern einzig und allein über Fragen privatrechtlicher Natur. Ob nach Entscheidung dieser privatrechtlichen Fragen die bis jetzt angeordneten militärischen Maßnahmen noch statthaft seien, möge dann der Bundesrath von sich aus prüfen. Bestritten werde, daß die Eidgenossenschaft kraft ihrer Militärhoheit berechtigt sei, Privatrechte zu verletzen. Sollte aber auch ein derartiges Recht der Eidgenossenschaft bestehen, so könnte dies doch nicht zu Zuspruch der Kompetenzeinrede, sondern nur zu Abweisung der Klage führen. Wenn das Gericht finden sollte, der Eigenthümer sei zu Folge der Militärhoheit der Eidgenossenschaft verpflichtet, Eigenthumsverletzungen der hier in Rede stehenden Art zu dulden, so müßte alsdann die Klage abgewiesen werden. Dagegen habe über die civilrechtliche Frage, ob eine derartige Eigenthumsbeschränkung bestehe, der Civilrichter zu entscheiden. Der Kläger habe am 9.

Januar 1891 beim Richteramt Thun das Begehren gestellt, dasselbe möchte gegen die schweizerische Eidgenossenschaft eine den Verhältnissen angemessene provisorische Verfügung erlassen, dahingehend, daß Christian Barfuß durch das Schießen mit Artilleriegeschossen auf dem der Eidgenossenschaft gehörigen Artilleriewaffenplatze in Thun in seinem Besitzstande nicht bedroht werde. Die Eidgenossenschaft habe gegenüber diesem Gesuche die Zuständigkeit des bernischen Richters mit der Begründung bestritten, sie sei in der Hauptsache Beklagte und es handle sich um den Schutz im Besitze von Liegenschaften, deren Werth 3000 Fr. weit übersteige; ebenso um die Abwendung von Schaden, der unter Umständen 3000 Fr. weit übersteigen könnte. Auch ein später folgender allfälliger Hauptprozeß würde in die Kompetenz des Bundesgerichtes fallen, da der Hauptwerth 3000 Fr. übersteigen würde. Daraufhin haben sich die bernischen Gerichte für inkompetent erklärt. Die Eidgenossenschaft habe somit ausdrücklich anerkannt, daß der Hauptprozeß, wie er nun eingeleitet sei, in die Kompetenz des Bundesgerichtes falle. Was das Klagebegehren sub 6 anbelange, so sei dasselbe, nach den Grundsätzen über objektive Klagenhäufung, unzweifelhaft zulässig. An sich könnte dieses Begehren, auch wenn die übrigen Klagebegehren wegen Inkompetenz von der Hand gewiesen würden, doch noch als selbständiges Begehren aufrecht erhalten werden. Um indeß die Sache zu vereinfachen, unterziehe sich der Kläger für den Fall, daß die Inkompetenzeinrede gegenüber Ziffer 1—5 der Klagebegehren zugesprochen werden sollte, dem bezüglichen Begehren auch hinsichtlich des Klagebegehrens sub Ziffer 6. In Zusammenfassung des Angebrachten werde beantragt, das Bundesgericht möge erkennen: Die schweizerische Eidgenossenschaft sei mit dem Rechtsbegehren ihres Zwischengesuches abzuweisen.

D. Bei der heutigen Verhandlung halten beide Parteien die im Schriftwechsel gestellten Anträge aufrecht.

Das Bundesgericht zieht in Erwägung:

1. Die Einwendung, die Kompetenzeinrede der Beklagten sei verspätet, hat der Kläger heute fallen lassen und zwar mit Recht. Denn wie das Bundesgericht schon wiederholt entschieden hat, sind die Art. 92 und 95 der eidgenössischen Civilprozeßordnung durch das Bundesgesetz betreffend die Organisation der Bundesrechtspflege vom 27. Juni 1874 aufgehoben und ist übrigens die Frage der

Kompetenz des Bundesgerichtes von Amtes wegen zu prüfen.

2. Der Kläger verlangt Anerkennung der Freiheit seines Eigenthums von einer Dienstbarkeit zu Schießzwecken der Eidgenossenschaft (so lange eine solche nicht im Wege der Expropriation gegen Entschädigung auferlegt sei), Verpflichtung der Beklagten zu Unterlassung weiterer Störungen, richterlichen Schutz gegen solche durch Anordnung geeigneter Maßnahmen und endlich (Rechtsbegehren 6) Schadenersatz für die Störung und Beschränkung seines Eigenthums seit 1. Januar 1886 und dadurch zugefügte ernstliche Verletzung seiner persönlichen Verhältnisse. Die Klage qualifizirt sich demnach als actio negatoria und zwar darf auch das Rechtsbegehren 6 als Bestandtheil dieser Klage betrachtet werden. Dasselbe macht nicht einen selbstständigen, von dem Fundamente der Negatorienklage unabhängigen Ersatzanspruch geltend, sondern es verlangt Ersatz für den Schaden, welcher durch die als widerrechtlich bezeichneten Eingriffe der Beklagten in das Eigenthum des Klägers verursacht worden sei. Daß dabei auch eine durch die fraglichen Eingriffe zugefügte ernstliche Verletzung der persönlichen Verhältnisse des Klägers behauptet wird, ändert hieran nichts.

3. Bildet somit das sechste Klagebegehren lediglich einen Bestandtheil der Negatorienklage, so ist der gesetzliche Streitwerth für die Klage in ihrem ganzen Umfange zweifellos gegeben und es ist daher das Bundesgericht gemäß Art. 27 Ziffer 2 O.=G. kompetent, sofern die Streitigkeit als eine civilrechtliche erscheint. Nun verlangt der Kläger nach den Klagebegehren und deren Begründung Schutz eines Privatrechtes; er behauptet, daß die Beklagte sich durch die Art und Weise der Benützung ihres Artillerieschießplatzes auf der Thuner Allmend den Inhalt einer Dienstbarkeit an den klägerischen in der Schußrichtung gelegenen Grundstücken zu Unrecht anmaße. Wenn trotz dieser unzweifelhaft privatrechtlichen Begründung der Klage die Beklagte die privatrechtliche Natur der Streitsache leugnet, so beruft sie sich darauf, die Artillerieschießübungen auf der Thuner Allmend beruhen auf hoheitlichen Anordnungen der Militärbehörde, über deren Statthaftigkeit einzig die Administrativbehörden des Bundes zu entscheiden haben. Diese Einwendung ist indeß nicht geeignet, die aufgeworfene Kompetenzeinrede zu begründen. Die Klagebegehren gehen nicht dahin, es sei der Beklagten die Vornahme von Schieß=

übungen auf ihrem Artilleriewaffenplatze Thun zu untersagen,
sondern sie bezwecken einzig und allein den Schutz des klägerischen
Eigenthums. Sie streben nicht ein Verbot der Schießübungen,
sondern lediglich der servitutenähnlichen Jnanspruchnahme des
klägerischen Eigenthums an. Nun mag dahingestellt bleiben, ob
nicht dann, wenn die Beklagte, gestützt auf ein Gesetz, eine
Eigenthumsbeschränkung des Inhaltes behauptete, daß die Grund=
eigenthümer, speziell die Anlieger eidgenössischer Waffenplätze, sich
die dauernde Jnanspruchnahme ihres Eigenthums zu militärischen
Schießübungen, gegen den Ersatz körperlicher dadurch herbeige=
führter Beschädigungen, gefallen lassen müssen, die Kompetenz
des Civilrichters zu materieller Entscheidung der vorliegenden
Klage ausgeschlossen wäre. In diesem Falle könnte gesagt werden,
es liege trotz der auf Schutz eines Privatrechts gerichteten Fassung
der Klagebegehren, doch nicht ein Streit über Privatrecht, sondern
über öffentliches Recht vor, da die Klage in Wirklichkeit nicht
gegen den Bestand einer von der Beklagten gar nicht bean=
spruchten privatrechtlichen Eigenthumsbeschränkung sich richte,
sondern auf Feststellung der Nichtexistenz einer öffentlich=recht=
lichen Eigenthumsbeschränkung, eines öffentlichen Rechtes der Be=
klagten, gehe. Allein dieser Fall liegt hier nicht vor. Die Be=
klagte behauptet in That und Wahrheit gar nicht, daß eine
gesetzliche Eigenthumsbeschränkung des erwähnten Inhaltes bestehe.
Sie hat eine sachbezügliche Gesetzesbestimmung nicht angeführt
und eine solche besteht auch nicht. Die Militärorganisation ver=
pflichtet in Art. 226 die Kantone, Gemeinden, Korporationen
und Privaten, im Kriegsfalle ihr bewegliches und unbewegliches
Eigenthum zum Zwecke der Ausführung militärischer Anord=
nungen auf Verlangen der kompetenten Militärkommandanten zur
Verfügung zu stellen. Dagegen enthält sie für den Friedensdienst
eine derartige Anordnung nicht. Das von der Beklagten gegen=
über der Schadenersatzforderung des Klägers angeführte Ver=
waltungsreglement für die schweizerische Armee vom 27. März
1885 sodann ist einerseits kein Gesetz, da es zwar wohl durch
Bundesbeschluß genehmigt, aber nicht im Wege der Gesetzgebung,
als Gesetz oder allgemein verbindlicher Bundesbeschluß, unter
Referendumsvorbehalt oder Dringlichkeitserklärung erlassen worden
ist; andererseits spricht dasselbe eine Eigenthumsbeschränkung des

in Rede stehenden Inhaltes ebenfalls nicht aus. Die Bestim=
mungen seines VIII. Abschnittes über „Kultur= und Eigenthums=
beschädigungen" beziehen sich, wie ihr Zusammenhang und Inhalt
deutlich zeigen, nur auf bestimmte vorübergehende Störungen
und Schädigungen durch Truppenübungen, nicht dagegen auf
dauernde Beeinträchtigung fremden Eigenthums durch bleibende
Veranstaltungen der Kriegsverwaltung. In ersterer Richtung moch=
ten in dem Verwaltungsreglemente die nöthigen Anordnungen ge=
troffen werden, da es sich hier um vorübergehende und unver=
meidliche Wirkungen der gesetzlich vorgesehenen Truppenübungen
handelt, bei welchen auch eine vorgängige Expropriation der
Grundeigenthümer unmöglich ist. Dagegen konnte und wollte das
Verwaltungsreglement gewiß für die bleibenden Einrichtungen der
Kriegsverwaltung kein ausnahmsweises Recht schaffen, nicht zu
deren Gunsten für die eidgenössischen Waffenplätze u. dgl., unter
Abweichung von den allgemeinen privatrechtlichen Grundsätzen,
das Privateigenthum mit Beschränkungen belegen, wie sie für die
Anlagen anderer Zweige der öffentlichen Verwaltung unzweifel=
haft nicht bestehen. Steht somit eine öffentlich-rechtliche gesetzliche
Eigenthumsbeschränkung nicht in Frage, so vermag der bloße
Hinweis der Beklagten darauf, daß sie die Schießübungen kraft
ihres Hoheitsrechtes anordne, die richterliche Kompetenz nicht aus=
zuschließen. Der Zuspruch der Klage schließt die Ausübung des
militärischen Hoheitsrechtes nicht aus, sondern es würde durch
deren Gutheißung nur bewirkt, daß die Kriegsverwaltung, sofern
sie für ihre Zwecke fremdes Eigenthum dauernd beanspruchen will,
wie jeder andere Verwaltungszweig, das entsprechende Privatrecht
zu erwerben hat. In diesem Sinne ist denn auch die Militär=
verwaltung selbst in andern Fällen zu Werke gegangen, wie
gerade auch das von derselben in frühern Jahren gegenüber dem
Kläger beobachtete Verfahren zeigt.

Demnach hat das Bundesgericht
erkannt:

Die von der Beklagten aufgeworfene Einrede der Inkompetenz
des Gerichtes wird abgewiesen.

Lausanne. — Imprimerie Georges Bridel & Cⁱᵉ

A. STAATSRECHTLICHE ENTSCHEIDUNGEN
ARRÊTS DE DROIT PUBLIC

Erster Abschnitt. — Première section.

Bundesverfassung. — Constitution fédérale.

I. Gleichheit vor dem Gesetze.
Egalité devant la loi.

74. *Arrêt du 1er juillet 1892, dans la cause*
Syndicat des maîtres bouchers du Locle.

Le 18 Novembre 1891, le syndicat des maîtres bouchers du Locle adressait au Conseil général de la commune une pétition demandant la modification de l'art. 17 du règlement sur le commerce de la viande et la police intérieure des abattoirs, du 16 Octobre 1877 ; cette pétition concluait à ce que le Conseil général veuille décider :

1° Que les taxes d'abatage payées jusqu'ici par les maîtres bouchers et charcutiers du Locle seront réduites de 13 francs à 8 francs par tête de gros bétail.

2° Que les taxes frappant le petit bétail continueront à être perçues sur le même pied que précédemment, sauf en ce qui concerne l'abatage des porcs, dont la taxe sera réduite de 2 francs à 1 fr. 50 cent.

3° Que ces réductions trouvent place dans le budget de l'année 1892, les choses pour l'année courante restant en l'état.

A l'appui de ces conclusions, les pétitionnaires faisaient valoir, en substance :

Les taxes d'abatage perçues par la commune du Locle sont très élevées, comparativement à celles exigées dans les principales villes de la Suisse, où elles n'atteignent que 3 à 8 francs par tête de gros bétail.

La taxe d'abatage au Locle est hors de toute proportion avec le capital dépensé pour la construction des abattoirs, lequel est d'ailleurs sur le point d'être entièrement amorti. Le Comité requérant ne conteste pas aux autorités locales le droit de percevoir une taxe, en principe, mais celle-ci, pour être légitime, doit être équitable et juste. Or, dans la mesure où les bouchers sont frappés par les taxes d'abatage actuelles, celles-ci constituent à leur égard un véritable impôt spécial et indirect interdit par la constitution et par la loi. Non seulement, en effet, les abattoirs ne coûtent ainsi rien à la commune, mais ils produisent une somme de 8 à 10 mille francs qui rentre purement et simplement dans la caisse communale, sans être représentée par aucun service quelconque comme contre-valeur. C'est là un impôt indirect frappant une industrie particulière et non l'ensemble des contribuables ; il est contraire aux art. 4 de la constitution fédérale, 5 de la constitution neuchâteloise, 1, 4, 5 et 6 de la loi du 29 Octobre 1885 sur les impositions municipales.

Dans sa séance du 11 Décembre 1891, le Conseil général du Locle a décidé de ne pas prendre la demande du syndicat en considération. Comme lors d'une requête précédente de Mars 1887, il a estimé que le tarif appliqué n'établit pas un impôt sur le commerce de la viande, mais qu'il procure seulement à la commune la compensation des charges qui lui incombent pour la police des abattoirs ainsi que pour l'entretien et la surveillance de l'établissement. En 1888 déjà le Conseil d'Etat avait rejeté, par arrêté du 6 janvier, un recours adressé à cette autorité sur la même question. Les mêmes

motifs subsistent aujourd'hui, surtout en présence du fait que
la commune du Locle vient de voter une augmentation d'impôt ; elle ne peut renoncer à aucune partie de ses recettes.

Cette décision fut communiquée au syndicat des maîtres
bouchers le 24 Décembre 1891.

Dans son recours du 22 Février 1892 le dit syndicat conclut à ce qu'il plaise au Tribunal fédéral annuler la décision
du Conseil général du 11 Décembre précédent et prononcer
que les tarifs d'abatage de la commune du Locle devront être
établis de manière que leur produit ne dépasse pas, d'après
les prévisions budgétaires, une somme de 11 000 francs, cette
somme étant considérée comme le maximum des charges
pouvant incomber annuellement à la commune pour l'entretien et l'administration des abattoirs, ainsi que pour le service
annuel du capital de construction, et cela dès 1893.

Le syndicat reproduit, d'une manière générale, à l'appui
de ces conclusions, les arguments déjà résumés ci-dessus. Les
recourants allèguent de nouveau que le droit d'abatage cesse
d'être équitable dès le moment où son produit dépasse notablement la somme des frais qu'il est censé compenser ; qu'il
devient alors un véritable impôt indirect, frappant une corporation particulière au mépris de la constitution et de la loi
(voir articles précités). Les abattoirs du Locle, construits en
1877, ont coûté 130 225 francs. L'intérêt de cette somme,
avec léger amortissement annuel, plus les frais généraux
d'entretien et de surveillance ne s'élèvent pas à plus de
11 000 francs au maximum, tandis que le produit de la taxe
d'abatage est de 16 000 francs en moyenne par an, ce qui
implique un bénéfice de 5000 francs par an pour la commune,
payé par une douzaine de bouchers, frappés ainsi chacun
d'un impôt supplémentaire et arbitraire de 400 francs.

Dans sa réponse du 15 Mars 1892 la commune du Locle
signale d'abord une erreur d'addition de 1000 francs dans les
supputations des recourants, ce qui réduit le bénéfice allégué
à 4000 francs par an. En outre la commune fait remarquer
entre autres :

En y comprenant l'eau, le capital de construction des

abattoirs se monte à 145 000 francs. Les dépenses pour intérêt, amortissement, traitements, fournitures et assurances, etc. dépassent 13 200 francs par an, tandis que la taxe produit 15 800 francs ; il ne reste ainsi qu'un bénéfice annuel de 2600 francs environ, représentatif du droit de police, lequel produisait 5800 francs à la commune avant la construction des abattoirs. Le droit d'abatage actuel est loin d'être exagéré, aucune des villes indiquées, si ce n'est Genève, n'offrant des installations aussi parfaites que le Locle.

Les réclamations réitérées des bouchers ont toujours été écartées, en 1881 déjà, puis en 1885 et en 1887; l'arrêté, susmentionné, du Conseil d'Etat, en date du 6 Janvier 1888, a débouté de nouveau les requérants, et les mêmes motifs subsistent aujourd'hui.

Les recourants admettent le principe de la taxe d'abatage, ce qui exclut la violation prétendue des art. 4 de la constitution fédérale et 5 de la constitution neuchâteloise. Le chiffre de l'impôt est seul en cause; il est de droit administratif, et le Tribunal fédéral est incompétent sur ce point. L'art. 16 de la constitution cantonale, fixant la proportionnalité de l'impôt pour tous les citoyens, n'est d'aucune application en l'espèce. De même les art. 1, 4, 5 et 6 de la loi sur les impositions municipales du 29 Octobre 1885 prévoient l'impôt direct et proportionnel à la fortune et aux ressources de chaque contribuable, mais ils n'excluent nullement les autres ressources des communes. D'ailleurs la taxe en question a été établie par la commune dans un règlement du 16 Octobre 1877, édicté dans les limites des attributions communales et revêtu de la sanction de l'Etat. La commune conclut en première ligne à ce que le Tribunal fédéral se déclare incompétent, et, subsidiairement, au rejet du recours.

Statuant sur ces faits et considérant en droit :

1. La compétence du Tribunal fédéral pour examiner le recours est indéniable, puisque celui-ci allègue en première ligne la violation du principe de l'égalité devant la loi, garanti aux art. 4 de la constitution fédérale et 5 de la constitution neuchâteloise, et qu'il s'appuie en outre sur une prétendue

atteinte portée à l'art. 16 de cette dernière constitution, stipulant la proportionnalité des impôts.

Le Tribunal de céans n'a en revanche pas compétence pour trancher la question de savoir si la décision attaquée implique une violation des articles invoqués de la loi cantonale du 29 Octobre 1885 sur les impositions municipales, l'interprétation et l'application des lois cantonales étant demeurées, en dehors des cas de déni de justice, dans le domaine exclusif des autorités des cantons.

2. La décision dont est recours se fonde sur l'art. 17 du règlement sur le commerce de la viande et la police intérieure des abattoirs, du 16 Octobre 1877, sanctionné par le Conseil d'Etat de Neuchâtel le 3 Novembre de la même année, conformément à l'art. 64 de la constitution cantonale.

L'art. 17 susvisé dispose que comme prix de location des abattoirs et des appareils et ustensiles que la municipalité y entretient, il est perçu un droit de 12 francs par pièce de gros bétail, et de 1 à 2 francs par pièce de petit bétail.

La décision incriminée, se bornant à appliquer cette disposition, n'est donc point inconstitutionnelle en la forme.

3. Cette décision n'emporte pas davantage une violation des articles constitutionnels cités par les recourants. Ainsi que le Tribunal de céans l'a reconnu dans de nombreux arrêts, le principe de l'égalité devant la loi n'est pas absolu, mais il y a lieu de l'entendre seulement dans ce sens qu'un traitement égal doit être assuré aux citoyens se trouvant dans les mêmes circonstances et conditions. Il n'est pas contestable, et les recourants admettent expressément, que l'autorité municipale est en droit de percevoir des bouchers une taxe d'abatage comme correspectif de l'usage des abattoirs, et des autres services communaux ; or il n'est pas même allégué que les divers membres du syndicat recourant aient été traités, en ce qui concerne l'application du tarif, d'une manière inégale.

En outre ils ont tous été soumis à la taxe au prorata des têtes de bétail par eux abattues, et le principe de proportionnalité inscrit à l'art. 16 de la constitution cantonale, a été en conséquence respecté. Ainsi tombent les griefs tirés d'une prétendue inégalité de traitement.

4. Enfin la décision dont est recours n'apparaît pas davantage, ainsi que le prétend le syndicat des maîtres bouchers, comme un impôt arbitraire ou exorbitant. Déjà dans son arrêté du 6 Janvier 1888, le Conseil d'Etat a constaté que le produit moyen annuel des abattoirs, évalué à 4000 francs, ne peut être considéré comme un bénéfice net, mais qu'il représente dans une forte mesure la part afférente aux dépenses générales que doit faire la municipalité pour les divers services de police des boucheries et de la salubrité des viandes. Il n'est d'ailleurs pas possible de calculer la taxe d'abatage en rapport exact avec le rendement annuel des abattoirs, et il va de soi qu'une certaine marge doit être laissée à cet égard à l'autorité municipale, pour la mettre à l'abri des éventualités de perte qui pourraient se produire. Dans les circonstances du cas, la taxe exigée, dont le produit ne dépasse que de 2600 francs environ les frais directs occasionnés par le service des abattoirs, ne peut nullement être assimilée à un impôt d'exception, dont la perception arbitraire équivaudrait à un déni de justice.

5. Si les recourants estimaient que la décision du Conseil général est en contradiction avec l'art. 31 de la constitution fédérale, en ce qu'elle porterait atteinte à la garantie de la liberté du commerce et de l'industrie, le Tribunal fédéral ne serait point compétent pour se nantir d'un semblable grief, lequel relève, aux termes de l'art. 59 chiffre 3° de la loi sur l'organisation judiciaire fédérale, de la juridiction du Conseil fédéral, soit de l'Assemblée fédérale.

Par ces motifs,

Le Tribunal fédéral

prononce :

Le recours est écarté.

II. Doppelbesteuerung. — Double imposition.

75. *Arrêt du 15 Juillet 1892, dans la cause*
Cornaz frères & Cie.

La maison de commerce Cornaz frères & Cie, marchands
de vins, a son siège social à Lausanne et a été inscrite au
registre du commerce dans le canton de Vaud. Elle fait aussi
des affaires dans d'autres cantons, et notamment dans celui
de Fribourg ; elle y a, de son propre aveu, depuis de nombreuses années, un représentant, employé de la maison, et
demeurant dans la ville de Fribourg ; il est chargé spécialement des opérations dans ce canton.

La maison Cornaz frères a loué également à Fribourg une
cave, qu'elle a placée sous la direction d'un tonnelier spécial ;
elle y vend du vin à l'emporté, par quantité de 2 litres et
au-dessus. Ce tonnelier est sous les ordres du représentant
de la maison domicilié à Fribourg.

La maison Cornaz a son centre principal à Lausanne, c'est
de Lausanne que se font tous les achats, et là aussi que se
trouve la direction de la maison ; les profits et pertes ne
concernent que la maison établie à Lausanne.

L'Etat de Vaud émet la prétention de percevoir l'impôt
sur le produit entier du travail de la maison de Lausanne,
évalué à 7000 francs pour 1891, faisant pour le dit impôt la
somme de 126 francs.

De son côté, le canton de Fribourg réclame de la maison
Cornaz frères, pour les affaires qu'elle fait dans le dit canton,
les impôts ci-après, sur le revenu pour l'année 1891 :

1° Pour droit minimum . . . . Fr. 80 —
2° Pour droit proportionnel . . . . . . » 122 50
  Plus l'impôt communal . . . . . . » 165 40

Total . . Fr. 367 90

La maison voit dans cette double prétention une double

imposition, interdite par le droit fédéral, et elle recourt au
Tribunal fédéral, concluant à ce qu'il lui plaise prononcer :

1° Que l'impôt qu'entend percevoir l'Etat de Fribourg sur
le revenu des recourants, tant pour l'année 1891 que pour
les années suivantes, doit être déduit de l'impôt perçu ou à
percevoir par l'Etat de Vaud pour les mêmes années.

2° Subsidiairement, que l'Etat de Fribourg n'est pas en
droit de réclamer des recourants l'impôt sur le revenu, tant
pour l'année 1891 que pour les années suivantes.

A l'appui de ces conclusions les recourants font valoir,
outre les faits qui précèdent :

Deux cantons réclament à la maison Cornaz le même impôt
pour la même année ; il s'agit dans chacun de ces cantons
d'un impôt sur le revenu ou le produit du travail. Cet impôt
frappe la même partie de la fortune des recourants ; Vaud
frappe l'ensemble du revenu, et Fribourg une partie de ce
revenu, compris dans le revenu imposé par le canton de Vaud.
Il y a donc double imposition, contraire à l'art. 46 de la constitution fédérale. Les deux cantons perçoivent l'impôt sur le
revenu sur les personnes domiciliées en dehors du canton,
mais y exerçant une industrie. Le canton de Vaud ne saurait
donc contester à celui de Fribourg le droit de percevoir,
comme il le fait lui-même, un impôt sur le travail ou le revenu
de la part de personnes domiciliées hors du canton. Les
recourants citent à ce propos l'arrêt rendu par le Tribunal
fédéral en la cause Etat de Vaud contre Rommel & Cⁱᵉ ; ils
disent vouloir payer, mais à un endroit seulement pour le
même produit du travail, et demandent d'être autorisés, en
première ligne, à opérer une défalcation dans le canton de Vaud.

Dans sa réponse, l'Etat de Vaud conclut au rejet du
recours, par les considérations dont suit la substance :

L'Etat de Vaud n'a pas à se déterminer sur la conclusion
N° 2, laquelle concerne l'Etat de Fribourg seul. La première
conclusion du recours ne peut être admise ; si l'on voulait déduire l'impôt payé par les recourants à Fribourg de celui
qu'ils acquittent dans le canton de Vaud, il resterait moins
que rien à ce dernier, sur le territoire duquel la maison recou-

rante a pourtant son siège principal. Dans le cas le plus favorable et conformément à l'arrêt Rommel précité, les recourants ne pourraient défalquer de la valeur totale qu'ils doivent déclarer dans le canton où ils ont leur principal établissement, que la part de cette valeur qui provient des affaires faites par leur agence ou leur succursale dans le canton de Fribourg, s'ils paient un impôt sur la dite part dans ce dernier canton.

Mais même cette défalcation ne saurait être tolérée ; la maison Cornaz frères est domiciliée à Lausanne et n'est inscrite au registre du commerce que dans le canton de Vaud ; elle ne possède pas à Fribourg une agence ou succursale, mais seulement un employé, placier ou commis, et non un agent proprement dit, traitant les affaires au nom de la maison ; cet employé ne fait que recevoir et transmettre les commandes ; les opérations ultérieures, et notamment les expéditions, se font directement par la maison ; en outre, la prétendue succursale de Fribourg n'est pas inscrite au registre du commerce, et la cave de Fribourg ne contient que des échantillons. Les recourants doivent donc payer leurs impôts à Lausanne, où ils résident et exercent leur commerce. Le canton de Fribourg exigeant le paiement d'un droit sur la profession de représentant de commerce, s'il s'en suit une double imposition, c'est ce canton qui la cause, et non le canton de Vaud ; c'est donc contre les procédés fiscaux de la commission d'impôt de Fribourg que Cornaz frères & Cⁱᵉ doivent réclamer, s'ils estiment payer un double impôt.

L'objet frappé par l'impôt n'est, enfin, pas le même dans les deux cantons ; l'impôt payé à Fribourg par les recourants est prélevé sur leur commerce, et constitue non point un impôt au sens propre du mot, mais un droit spécial analogue aux patentes sur l'exercice de certaines professions, une taxe extraordinaire qui ne frappe que certaines catégories de personnes. Au contraire, l'impôt mobilier vaudois repose sur la base du gain, du produit du travail, et il atteint tout le monde également. Il n'y a donc pas, dans l'espèce, de double imposition.

L'Etat de Fribourg, de son côté, déclare adhérer à la conclusion N° 1 du recours et conclut à libération de la conclusion subsidiaire formulée sous N° 2. Il invoque, en résumé, les moyens ci-après :

Les recourants font depuis nombre d'années un commerce de vins considérable dans le canton de Fribourg. Ils ont à Fribourg un employé qui représente la maison comme agent, fait toutes les opérations qui sont de la compétence habituelle d'un agent ou d'un chef de succursale ; il vend les vins, fait les expéditions, au moins celles qui sortent des caves de Fribourg et perçoit le prix de vente ; il possède un bureau et des locaux. Cornaz frères possèdent à Fribourg de vastes caves ; leur agent lie des contrats en leur nom, et ils ont, en outre, dans cette ville un sommelier attitré pour le service du petit gros de leur cave. Aussi les recourants se considèrent-ils eux-mêmes comme astreints au paiement de l'impôt fribourgeois pour la succursale qu'ils entretiennent à Fribourg. Le canton de Vaud n'est pas autorisé à percevoir sur la maison Cornaz un impôt sur les affaires faites par la succursale de Fribourg. Le revenu de la maison Cornaz frères, imposable à Fribourg, fixé à 3525 francs a été arrondi à 3500 francs, faisant à 3 $\frac{1}{2}$ % le montant de 122 fr. 50 c.

Statuant sur ces faits et considérant en droit :

1. Conformément à la définition résultant de la jurisprudence constante du Tribunal de céans, il y a double imposition, incompatible avec les dispositions du droit fédéral, lorsque deux ou plusieurs cantons veulent frapper du même impôt la même personne pour le même objet.

Or, dans l'espèce, l'Etat de Vaud reconnaît qu'il soumet à l'impôt sur le produit du travail la totalité du gain réalisé par la maison Cornaz frères. Si donc, ainsi que les recourants le prétendent, le canton de Fribourg perçoit l'impôt sur une partie de ce même revenu, il existe une double imposition en ce qui concerne cette dite partie.

Il est vrai que l'Etat de Vaud conteste, en première ligne, que l'impôt exigé des recourants par le canton de Fribourg se caractérise comme un impôt sur le revenu ; selon lui, cet impôt apparaît bien plutôt comme une taxe ou droit de patente perçu des commerçants pour l'exercice de leur négoce, d'où il résulterait que la double imposition prétendue n'existerait pas en réalité.

2. Cette objection est dénuée de fondement. L'Etat de Fribourg se prétend en droit de soumettre à l'impôt le revenu du commerce de vins de la maison recourante sur le territoire de ce canton. Il est indifférent, au point de vue de la double imposition, que l'Etat de Fribourg perçoive en réalité l'impôt dont il s'agit ; le seul point décisif à cet égard est celui de savoir si le dit Etat est ou non en droit de frapper de cet impôt l'exploitation commerciale des recourants dans le dit canton (voir arrêts du Tribunal fédéral en la cause Wanner, *Rec.* VII, p. 445 s., s. ; Ruepprecht & C¹ᵉ, *ibidem* X, 16 consid. 2). Il n'est d'ailleurs pas douteux que l'impôt de 122 fr. 50 c., perçu pour droit proportionnel par l'Etat de Fribourg présente, aux termes des dispositions des lois cantonales sur la matière, tous les caractères d'un impôt sur le revenu (voir loi du 20 Septembre 1848 art. 54 ; art. 1ᵉʳ et 3 de la loi du 20 Décembre 1862 sur l'impôt sur les revenus, le commerce et l'industrie ; art. 1 et 25 de la loi du 22 Mai 1869 sur l'établissement du droit proportionnel). Il ressort, en effet, de tous ces textes que l'impôt susvisé est perçu sur les bénéfices, soit sur le revenu provenant du commerce exercé par les recourants.

3. En présence de la double imposition signalée, il y a lieu de rechercher lequel des deux cantons en présence apparaît comme fondé dans ses prétentions, et la solution de cette question dépend elle-même de la circonstance de l'existence, ou de la non-existence à Fribourg d'une succursale de la maison recourante ; en effet, dans le cas de l'affirmative, et à teneur de la jurisprudence du Tribunal de céans, le revenu provenant de la dite succursale devrait être soumis à l'impôt au lieu où celle-ci a son siège (voir arrêts du Tribunal fédéral en les causes Gerber, *Recueil officiel* V, p. 147 consid. 5 ; Konsumverein Aarau, *ibidem* VIII, p. 160 ; Ruepprecht & Cⁱᵉ, *ibidem* X, p. 16 consid. 3 ; Dampfschiffahrtsgesellschaft

des Vierwaldstättersees, *ibidem* XII, p. 252, consid. 2 ; Rommel & Cie, *ibidem* XV, p. 33, consid. 2).

Pour qu'un établissement commercial dépendant de la maison principale puisse être considéré comme succursale, il est indispensable qu'il soit autorisé à conclure des affaires d'une manière autonome, et qu'il jouisse d'une indépendance relative, bien que demeurant dans des rapports de subordination avec le siège commercial proprement dit, et n'ayant pas une existence séparée de ce dernier ; il doit apparaître, considéré en lui-même, comme un centre d'affaires distinct de l'établissement principal et être placé sous la direction d'une personne munie de pouvoirs à cet effet, notamment en vue de la conclusion autonome de contrats concernant les transactions commerciales proprement dites (voir Endemann, *Handelsrecht* I, p. 185.)

Il ressort de ce qui précède que, pour démontrer l'existence d'une succursale des recourants à Fribourg, il ne suffit pas que l'établissement des frères Cornaz & Cie, dans cette ville, ait pu conclure quelques affaires, et qu'il se trouve géré par un employé de la maison, mais il faut, de plus, qu'il se caractérise comme un organisme doué de quelque autonomie vis-à-vis du siège commercial principal, qu'il constitue le centre permanent d'une subdivision ou d'une portion déterminée des affaires sociales, et qu'à cet effet la personne préposée à sa direction ait le droit de traiter d'une manière indépendante des affaires, non seulement secondaires, mais intéressant la sphère d'activité proprement dite de la maison.

4. Or bien que les pièces du dossier ne fournissent pas des détails complets et circonstanciés sur l'organisation de la maison Cornaz frères, il n'en est pas moins certain que ses chefs sont domiciliés à Lausanne, où elle a son siège principal ; que c'est à Lausanne que se font les achats, et que les vins sont encavés et soignés. Les offres d'achat sont transmises à Lausanne par l'employé de Fribourg, et c'est à Lausanne que les commandes sont effectuées ; c'est aussi là que se trouvent la comptabilité générale, le centre et les risques de l'entreprise commerciale dans son ensemble ; c'est l'éta-

blissement de Lausanne seul qui encaisse les profits et supporte les pertes.

Le préposé à l'établissement de Fribourg est un simple employé; il n'a point été allégué qu'il participât aux bénéfices et aux pertes de la maison, ce qui d'ailleurs ne serait point décisif en l'espèce. En revanche, il visite les clients fribourgeois, enregistre les commandes, et conclut des ventes, non point au nom de la succursale de Fribourg, mais exclusivement de Cornaz frères & Cⁱᵉ, à Lausanne, auxquels les ordres sont transmis, et qui les exécutent. Le rôle de l'employé de Fribourg ne diffère ainsi point essentiellement de celui d'un commis-voyageur, et la circonstance qu'il est domicilié à Fribourg ne saurait modifier la nature de ses rapports avec la maison de Lausanne. Rien ne démontre ainsi, à la réserve de ce qui concerne la cave, que l'établissement de Fribourg ait une existence autonome, distincte de la maison principale; rien n'établit que le commis domicilié à Fribourg soit un fondé de pouvoirs de la maison, autorisé à diriger, d'une façon indépendante, une subdivision des affaires de celle-ci.

Dans ces circonstances, il ne saurait être admis que les demandeurs possèdent une succursale à Fribourg, et l'Etat de Fribourg n'est dès lors point autorisé à percevoir l'impôt sur les affaires conclues et traitées dans cette ville par la maison recourante.

5. Il en est toutefois autrement en ce qui concerne les vins encavés à Fribourg, et qui y sont détaillés par quantités supérieures à 2 litres. C'est là un commerce en quelque mesure autonome; les tractations relatives à des quantités de quelques litres doivent évidemment être conclues sur place, sans qu'il doive être référé à Lausanne de ce chef; elles ont lieu, en outre, dans un local déterminé, affecté exclusivement à ce but. Il y a donc lieu d'admettre l'existence, de ce chef, d'un établissement spécial de la maison Cornaz frères & Cⁱᵉ à Fribourg, et le fisc fribourgeois doit être autorisé à en percevoir l'impôt sur le revenu. Il est indifférent qu'un permis d'établissement n'ait pas été délivré en ce qui concerne le commerce des vins de la cave en question, puisque c'est l'établissement

de fait, c'est-à-dire le lieu où le commerce est exercé, qui est
seul décisif à cet égard.

Par ces motifs,

Le Tribunal fédéral

prononce :

1. Le recours est admis, en ce sens que l'Etat de Vaud
est autorisé à percevoir l'impôt sur la totalité du revenu de
la maison Cornaz frères & Cie, à l'exception de la part de ce
revenu representée par le produit du commerce de vins
exercé par la dite maison, par les soins d'un employé spécial,
dans la cave qu'elle a louée à Fribourg.

2. Le canton de Fribourg n'est en droit de soumettre à
l'impôt la maison Cornaz frères que pour ce qui concerne ce
dernier commerce.

III. Gerichtsstand. — Du for.

Verfassungsmässiger Gerichtsstand. Unzulässigkeit von Ausnahmegerichten.

For naturel. Inadmissibilité de tribunaux exceptionnels.

76. Urtheil vom 16. Juli 1892 in Sachen Eheleute Riebi.

A. Am 8. April 1890 erstattete Banquier J. Tönbury beim
Kreisamte Oberengabin gegen Frau Menga Riebi=Cabisch Straf=
anzeige wegen falscher Anklage; am 19. August gleichen Jahres
dehnte er diese Anzeige auch auf den Ehemann Julius Riebi aus.
In einem Civilprozesse der nämlichen Eheleute Riebi=Cabisch gegen
die Erben des Majors P. Candrian überwies das Bezirksgericht
Plessur am 17. Februar 1892 die erstern wegen Verdachtes der
Urkundenfälschung an das Kantonsgericht des Kantons Grau=
bünden. Inzwischen war am 30. Oktober 1891 gemäß einem
Volksbeschlusse vom 9. November 1890 eine neue Strafprozeß=

ordnung in Kraft getreten, nach welcher die Beurtheilung des
Delikts der falschen Anklage, wie es den Eheleuten Riedi zur Last
gelegt wurde, nicht mehr in die Kompetenz der Kreisgerichte,
sondern ausschließlich in die Kompetenz des Kantonsgerichtes fällt.
Die Eheleute Riedi stellten nunmehr beim Kantonsgerichtspräsidium
das Gesuch, die Strafanzeige des Banquiers Tönbury als in die
Kompetenz des Kantonsgerichtes fallend zu erklären. Der Kantons=
gerichtsausschuß wies dieses Gesuch an Hand einer Vernehm=
lassung des Kreisamtes Oberengadin mit der Begründung ab,
daß die fragliche Strafanzeige noch unter der Herrschaft des alten
Strafverfahrens vom kompetenten Gerichte an Hand genommen
und so weit gediehen sei, daß dermalen eine Herziehung weder
gesetzlich noch zweckmäßig wäre. Gegen diesen Beschluß rekurrirten
die Eheleute Riedi an den Kleinen Rath des Kantons Grau=
bünden. Dieser wies durch Entscheidung vom 15. Juni 1892 die
Beschwerde kostenfällig ab, mit der Begründung: Da das neue
Gesetz keine ausdrücklichen Bestimmungen enthalte, so sei die Frage,
ob Straffälle, die vor Inkrafttreten dieses Gesetzes bereits an=
hängig waren, nach den Grundsätzen des neuen oder des alten
Strafverfahrens zu behandeln seien, nach allgemeinen Grundsätzen
zu entscheiden. Allgemein geltend sei nun der Satz, daß einem
Gesetze keine rückwirkende Kraft beigemessen werden könne. Daraus
folge, daß alle Fälle, die vor dem 30. Oktober 1891 bereits an=
hängig waren, bei demjenigen Forum zu verbleiben haben, bei
dem sie in gesetzmäßiger Weise pendent gemacht worden seien,
gleichgültig, in welchem Stadium der Prozeß zur Zeit des In=
krafttretens des neuen Gesetzes stehe. Damit sei gleichzeitig die
Frage erledigt, ob das Kantonsgericht, nachdem ihm ein Straffall
unter der Herrschaft des neuen Gesetzes überwiesen worden, pflich=
tig sei, auch frühere Anzeigen an andern Orten mit in Unter=
suchung zu ziehen und laut § 5 des Strafverfahrens zu behan=
deln; die nach dem alten Gesetze normirte Gerichtskompetenz bleibe
für alle unter jenes Gesetz fallenden Anzeigen bestehen und es
sei auch diese Frage zu verneinen, indem es sich dabei niemals
um eine Konkurrenz gleichzeitig in verschiedenen Kreisen be=
gangener Verbrechen handeln könne, die zusammenzuziehen und
je nach ihrer Größe vom zuständigen Richter auszutragen wären.

B. Gegen diesen Entscheid ergriffen die Eheleute Riedi=Cadisch den staatsrechtlichen Rekurs an das Bundesgericht, mit der Behauptung, sie werden durch denselben in Verletzung des Art. 58 B.=V. und 9 K.=V. ihrem verfassungsmäßigen Richter entzogen. Sie führen wesentlich aus: Die Ansicht des Kleinen Rathes, daß Straffälle, die unter dem alten Gesetze bereits anhängig gemacht waren, fortwährend nach den Vorschriften dieses Gesetzes zu behandeln seien, sei unrichtig. Neue absolut zwingende Gesetze seien sofort in allen Fällen anzuwenden und das neue, die Gerichtskompetenzen ändernde, Gesetz über das Strafverfahren qualifizire sich nun als ein solches Gesetz absolut zwingenden Charakters. Selbst wenn übrigens das alte Strafverfahren fortwährend anwendbar sein sollte, so müßte doch das Kantonsgericht, nachdem die Rekurrenten demselben wegen Urkundenfälschung seien überwiesen worden, auch die frühere Anschuldigung wegen falscher Anklage in Behandlung ziehen; denn § 7 des alten Strafverfahrens mache es dem Kantonsgerichte zur Pflicht, wenn ein Angeschuldigter ihm überwiesen sei, auch alle weiter sich ergebenden oder einlaufenden Anzeigen oder Anschuldigungen gegen den Inquisiten zu untersuchen und seine dadurch an den Tag kommenden Vergehen oder Verbrechen zu bestrafen. Der Angeschuldigte habe ein Recht auf gleichzeitige Behandlung und Beurtheilung verschiedener ihm zur Last gelegter Delikte, zumal er daran mit Rücksicht auf die Strafzumessung und die Prozeßkosten ein großes Interesse habe. Demnach wird in der Hauptsache beantragt: Das Bundesgericht wolle den kleinräthlichen Entscheid vom 15. Juni 1892 kassiren und den Straffall betreffend die von Banquier Tönbury gegen die Eheleute Riedi=Cadisch benunzirte falsche Anklage als in die Kompetenz des Kantonsgerichtes Graubünden fallend erklären.

C. Der Kleine Rath des Kantons Graubünden verweist in seiner Vernehmlassung auf diese Beschwerde im Wesentlichen auf die Begründung seiner angefochtenen Entscheidung, indem er beifügt: Eine Verletzung des Art. 58 B.=V. liege nicht vor. Denn dieser Artikel beziehe sich, wie das Bundesgericht bereits mehrfach ausgesprochen habe, nur auf civilrechtliche Fälle. Ebensowenig sei Art. 9 K.=V. verletzt. Es handle sich um die Frage, ob das

Gesetz betreffend das Gerichtsverfahren in Straffällen vom 9. No=
vember 1890 rückwirkend sei. Die Anwendung kantonaler Gesetze
sei aber ausschließlich Sache der kantonalen Gerichte und Behör=
den und unterliege nicht der cognitio des Bundesgerichtes. Dem=
nach sei das Bundesgericht nicht kompetent, auf die Beschwerde
der Eheleute Riedi=Cadisch einzutreten, weßhalb deren Abweisung
beantragt werde.

Das Bundesgericht zieht in Erwägung:

1. Da die Rekurrenten eine Verletzung der bundes= und kanto=
nalverfassungsmäßigen Gewährleistung des verfassungsmäßigen
Richters behaupten, so ist das Bundesgericht zu Beurtheilung
der Beschwerde insoweit kompetent, als es zu untersuchen hat,
ob eine Verletzung dieser verfassungsmäßigen Garantie vorliege.

2. Art. 58 B.=V. bezieht sich nicht nur, wie der Kleine Rath
des Kantons Graubünden meint, auf civilrechtliche Streitigkeiten,
sondern stellt ein allgemeines, für Straf= wie Civilsachen geltendes
Prinzip auf. Dies ist denn auch vom Bundesgerichte stets an=
erkannt worden (während es dagegen allerdings häufig ausge=
sprochen hat, Art. 59 Abs. 1 B.=V. beziehe sich nur auf civilrecht=
liche Ansprachen). Dagegen hat, wie das Bundesgericht konstant
festgehalten hat, die Gewährleistung des verfassungsmäßigen Rich=
ters, wie sie in Art. 58 B.=V. und in den Kantonalverfassungen,
speziell in Art. 9 der graubündnerischen Kantonsverfassung nieder=
gelegt ist, nicht die Bedeutung, daß dadurch die kantonalgesetzlichen
Bestimmungen über Gerichtsbarkeit und Gerichtsstand in Civil=
und Strafsachen zu Bestandtheilen des Verfassungsrechtes erhoben
würden; vielmehr schließt die verfassungsmäßige Gewährleistung
nur aus, daß für einen oder mehrere Einzelfälle Ausnahme=
gerichte aufgestellt oder daß die bestehenden gesetzlichen Normen
über Gerichtsbarkeit und Gerichtsstand im Einzelfalle willkürlich
bei Seite gesetzt werden und so der Gerichtsstand nicht auf Grund
der gesetzlichen Regel, sondern durch behördliche Willkür be=
stimmt wird.

3. Die Rekurrenten sind nun weder vor ein Ausnahmegericht
gestellt, noch sind ihnen gegenüber die bestehenden gesetzlichen
Normen über Gerichtsbarkeit und Gerichtsstand willkürlich bei
Seite gesetzt worden; sie behaupten dies selbst nicht und könnten

es offenbar mit Grund nicht behaupten. Demnach liegt benn eine Verletzung der Garantie des verfassungsmäßigen Richters nicht vor und es ist daher der Rekurs als unbegründet abzu= weisen. Die andere, von den Rekurrenten in ihrer Rekursschrift erörterte Frage, ob die kleinräthliche Entscheidung auf richtiger Auslegung und·Anwendung des kantonalen Gesetzesrechtes beruhe, entzieht sich nach bekanntem Grundsatze der Nachprüfung des Bundesgerichtes. Es mag allerdings zweifelhaft sein, ob es richtig ist, den für das Privatrecht ausgebildeten Grundsatz von der so= genannten Nichtrückwirkung der Gesetze in der Art, wie der Kleine Rath dies gethan hat, auch auf das Gebiet des Straf= prozeß= und Gerichtsverfassungsrechtes anzuwenden. Allein weder die Bundes= noch die Kantonsverfassung enthalten nun Regeln über die zeitliche Rechtsanwendung überhaupt oder speziell im Strafprozeßrechte. Es handelt sich daher in der gedachten Richtung ausschließlich um eine der Nachprüfung des Bundesgerichtes ent= zogene Frage der Anwendung des kantonalen Gesetzesrechtes.

Demnach hat das Bundesgericht

erkannt:

Die Beschwerde wird als unbegründet abgewiesen.

IV. Vollziehung kantonaler Urtheile. — Exécution de jugements cantonaux.

77. Urtheil vom 16. September 1892 in Sachen Erben Keller.

A. Frau Elisabeth Keller=Schweizer, Wittwe des Gottfried Keller, Malers, von Unterhallau, in Bern hat am 21. Mai 1888 ein Testament errichtet, in welchem sie, unter Aussetzung verschie= dener Legate, Fräulein Rosa Meyer, Lehrerin in Bern, zur Haupterbin einsetzte. Nach dem im Dezember 1889 erfolgten Tode der Testatorin erhoben die Intestaterben des vorverstorbenen Ehe= mannes derselben (Geschwister und Geschwisterkinder) gegen die

eingesetzte Erbin Fräulein Rosa Meyer in Bern beim Bezirksge=
richt Unter=Klettgau Klage mit dem Antrage, es sei die Gesammt=
verlassenschaft der verstorbenen Frau Keller geb. Schweizer in
Bern den Klägern zuzusprechen und seien die letztwilligen Ver=
fügungen der Verstorbenen gerichtlich aufzuheben, eventuell soweit
dieselben die Rechte der Intestaterben betreffen, bis auf die Hälfte
der Hinterlassenschaft von 15,383 Fr. 70 Cts. Zur Begründung
der Klage wurde im Wesentlichen geltend gemacht: Die Eheleute
Keller=Schweizer haben sich im Jahre 1844 verehelicht. Im Jahre
1872 sei der Mann gestorben. Bei dessen Tode sei ein Inventar
nicht errichtet worden. Es haben aber die Eheleute während der
Ehe ein Vermögen erworben, das wohl über 100,000 Fr. be=
tragen habe. Die Art und Weise, wie Frau Keller den jetzt noch
im Irrenhause lebenden Mann ihrer (vorverstorbenen) Tochter
unterstützt habe, bestätige dies. Dagegen weise das nach dem Tode
der Ehefrau aufgenommene Inventar an Aktiven nur 23,093 Fr.
50 Cts. auf, welchen ein Gesammtschuldenstand, einschließlich von
7000 Fr. an Legaten, von 14,700 Fr. 65 Cts. gegenüberstehe.
Von dem beim Tode des Ehemannes Keller vorhandenen Ver=
mögen habe nur die Hälfte der Ehefrau gehört, während sie die
andere Hälfte nur zur Nutznießung erhalten habe und nicht habe
schmälern dürfen. Die Erben des Ehemannes Keller seien berech=
tigt, die Hälfte des zur Zeit des Todes des Ehemannes vorhan=
denen Vermögens, somit den ganzen Betrag des nach der Inventur
noch vorhandenen Gutes herauszuverlangen, oder doch eventuell
die Hälfte dieses Gutes, unter Kassirung der letztwilligen Ver=
fügungen. Die Kläger erklärten ausdrücklich: „Wir klagen nicht
„auf Grund des Pflichttheilsgesetzes, sondern weil die Frau Keller
„über Vermögen verfügte, das nicht ihr war." Die Beklagte gab
den verschiedenen an sie gerichteten Vorladungen keine Folge.
Dagegen hatte sie, nach Empfang der Ladungen des Friedens=
richteramtes Hallau und Bezirksgerichtes Unter=Klettgau, am 25.
Juni 1890 ihrerseits eine Provokations=Kundmachung mit Ladung
an die Erben Keller erlassen, in welcher sie darauf antrug, es
sei diesen durch den Gerichtspräsidenten von Bern eine Frist zur
Geltendmachung ihrer Rechte anzusetzen. Da die Erben Keller
beim Termine ausblieben, hat der Gerichtspräsident von Bern der

Rosa Meyer durch Entscheid vom 17. Juni 1890 ihr Rechtsbe=
gehren zugesprochen und die Klagefrist auf zwei Monate festge=
setzt. Das Bezirksgericht Unter=Klettgau fällte am 14. Juli 1890
ein Kontumazialurtheil dahin aus: 1. „Es sei die Hälfte des bei
„der Inventur nach dem Tode der Frau Keller vorhanden ge=
„wesenen Vermögens den Klägern als ihr rechtmäßiges Erbtheil
„zugesprochen. 2. Die Beklagte bezahle die Kosten des ersten und
„zweiten Vorstandes; die übrigen Kosten bezahlen beide Parteien
„gemeinsam und zu gleichen Theilen.“ Seine Kompetenz stützt
das urtheilende Gericht auf Art. 3 Abs. 3 des Konkordates über
Testirungsfähigkeit und Erbrechtsverhältnisse, welchem die Kantone
Schaffhausen und Bern beigetreten seien; in der Sache selbst führt
es aus: Die Erblasserin habe durch ihr Testament über Ver=
mögen verfügt, über welches sie nach schaffhauserischem Rechte
nicht habe verfügen können. Da beim Tode des Ehemannes ein
Inventar nicht errichtet worden sei, der damalige Bestand der
Verlassenschaft also nicht mehr ermittelt werden könne, so müsse
das beim Ableben der Frau in Bern aufgenommene Inventar
für das Gesammtvermögen der Eheleute Keller maßgebend sein,
so daß die eine Hälfte zum Frauengut, die andere Hälfte zum
Mannesgute zu schlagen sei; über jenes habe Frau Keller ver=
fügen können, über dieses dagegen nicht, weil es nach Schaff=
hauserrecht den Erben des Mannes angefallen sei und ihnen un=
verkürzt zugesprochen werden müsse.

B. Die Erben des Gottfried Keller stellten hierauf beim Appel=
lations= und Kassationshofe des Kantons Bern das Begehren,
es möchte das erwähnte Urtheil des Bezirksgerichtes Unter=Klett=
gau für den Kanton Bern vollstreckbar erklärt werden. Die Voll=
streckungsbeklagte Rosa Meyer trug auf Abweisung dieses Be=
gehrens an, indem sie wesentlich vorbrachte, sie sei zu den Ver=
handlungen vor Bezirksgericht Unter=Klettgau nicht richtig vor=
geladen worden und es sei das Bezirksgericht Unter=Klettgau zu
Ausfällung seines Urtheils nicht kompetent gewesen. Durch Ent=
scheidung vom 3. Dezember 1891 erkannte der Appellations= und
Kassationshof des Kantons Bern: 1. Die Impetranten werden
mit ihrem Exequaturgesuche abgewiesen. 2. Dieselben werden zur
Tragung der ergangenen Kosten verurtheilt. Die Kosten der

Rosa Meyer werden bestimmt auf 15 Fr. und die Gerichtskosten
auf 7 Fr. 70 Cts. Zur Begründung dieser Entscheidung wird
ausgeführt: Es ergebe sich, daß die Beklagte zu den zwei vor
Friedensrichteramt Unterhallau am 23. April und 7. Mai 1890
stattgefundenen Vermittlungsvorständen einfach durch rekomman=
dirte Postsendung sei vorgeladen worden; in gleicher Weise seien
die Ladungen zu den folgenden Verhandlungen vor dem Bezirks=
gerichte Unter=Klettgau vom 2. und 23. Juni 1890 erfolgt. End=
lich bescheinige die Kanzlei des Bezirksgerichtes Unter=Klettgau
noch, daß der Rosa Meyer eine Abschrift der Verhandlungen des
letztern Termins vom 23. Juni 1890 nebst Mittheilung des
nächsten d. h. des Urtheilstermins durch Vermittlung des Stadt=
präsidiums Bern am 24. Juni 1890 zugestellt worden sei. Die
Impetratin bestreite den Empfang dieser Zustellungen nicht, wohl
aber die Rechtsverbindlichkeit derselben. Nun regle § 21 der revi=
dirten bernischen Civilprozeßordnung das Verfahren, das aus=
ländische Gerichte behufs Einleitung eines gerichtlichen Verfahrens
gegen Personen, die im hiesigen Staatsgebiete wohnen, zu beob=
achten haben. Die schaffhauserischen Gerichtsbehörden seien nicht
nach diesen Vorschriften vorgegangen. Allein auch wenn die
Frage der Rechtsverbindlichkeit der an Rosa Meyer ergangenen
Ladungen in erster Linie nach schaffhauserischem Rechte zu beur=
theilen wäre, so wäre die Vorschrift des § 84 der schaffhauserischen
Civilprozeßordnung nicht beobachtet. Dieselbe schreibe für Ediktal=
ladungen außer der Verrichtung durch den Gerichtsweibel die=
jenige „durch Vermittlung der betreffenden Stelle“ vor. Die Im=
petranten behaupten allerdings, es sei auch die direkte Citation
mittelst chargirter Postzusendung von den schaffhauserischen Gerich=
ten konsequent als richtige Citation anerkannt worden. Allein mit
dieser bloßen Bemerkung sei eine maßgebende Interpretation des
§ 84 litt. c von Seite der Schaffhausergerichte nicht dargethan.
Das Prozeßgesetz des Kantons Schaffhausen sehe in erster Linie
die Verrichtung durch den Gerichtsweibel vor, worunter offenbar
ein Gerichtsbeamter des Kantons Schaffhausen zu verstehen sei.
Wenn dasselbe nun bei Ediktalladungen d. h. in Fällen, wo die
Mitwirkung eines solchen in der Regel nicht möglich sein werde,
der Vermittlung der betreffenden Stelle rufe, so scheine es auf

diejenigen Einrichtungen abstellen zu wollen, welche am Orte der
Verrichtung für diese gesetzlicherweise in Betracht fallen. Ein
rechtlicher Charakter komme nun im Kanton Bern einer in einfach
rekommandirter Postsendung übermittelten gerichtlichen Ladung
nicht zu. Die Impetranten glauben sich darauf berufen zu können,
daß die Impetratin sich freiwillig dem gegen sie im Kanton
Schaffhausen eingeleiteten Verfahren unterworfen · habe. Allein in
der Provokationsvorkehr der letztern vom 25. Juni 1890 sei der
nackten Thatsache der erlassenen Ladungen nur Erwähnung gethan,
um daraus eine der Voraussetzungen der Aufforderung zur Klage,
die Bedrohung mit einem Civilanspruche, abzuleiten. Die Em=
pfangsbescheinigung vom 25. Juni 1890 sodann, die zudem von
einem bloßen Angestellten des Anwalts der Impetratin, nicht
einmal von dem Anwalte selbst unterzeichnet worden sei, bekunde
bloß, daß der letztere durch Vermittlung des Stadtpräsidiums von
Bern ein Aktenstück (Protokollabschrift vom 23. Juni 1890 d. d.
24. Juni 1890) empfangen habe, ohne daß es einen Anhaltspunkt
für das Verhalten der Impetratin zu dem gegen sie eingeleiteten
Prozeßverfahren böte. Der Umstand sodann, daß Rosa Meyer
das gegen sie ergangene Urtheil nicht vermittelst eines Rechts=
mittels angefochten habe, könne nicht als eine Anerkennung der
Verbindlichkeit desselben ausgelegt werden.

C. Gegen diese Entscheidung ergriffen die Intestaterben des
Gottfried Keller den staatsrechtlichen Rekurs an das Bundesge=
richt. Sie behaupten, es liege sowohl eine Verletzung des Kon=
kordates vom 15. Juli 1822 als des Art. 61 B.=V. vor. Die
Streitigkeit sei eine erbrechtliche. Denn den Gegenstand des
Streites bilde die Frage, ob den Klägern in ihrer Eigenschaft
als Intestaterben des Ehemannes Keller ein erbrechtlicher Anspruch
auf dasjenige Vermögen zustehe, welches Frau Keller bei ihrem
Tode hinterlassen habe und die Beklagte verweigere die Heraus=
gabe dieses Vermögens aus erbrechtlichem Rechtsgrunde. Der
Appellations= und Kassationshof des Kantons Bern scheine denn
auch anzuerkennen, daß die Streitigkeit erbrechtlicher Natur und
daß demgemäß nach Art. 3 des Konkordates vom 15. Juli 1822
das schaffhauserische Gericht, als Gericht des Heimatortes des Erb=
lassers, kompetent sei. Die Annahme, daß die Impetratin nach

bernischem Rechte nicht gültig vorgeladen worden sei, sei unbe=
gründet. Das in § 22 der revidirten bernischen Civilprozeßordnung
rücksichtlich der Vorladung vor ein außerkantonales schweizerisches
Gericht vorgeschriebene Verfahren müsse nur dann beobachtet
werden, wenn der Vorzuladende sich der Entgegennahme der Vor=
ladung nicht freiwillig unterziehe, sondern dagegen in irgend
welcher Form Einspruch erhebe. Nehme er dagegen die Vorladung,
gleichviel ob ihm dieselbe von der außerkantonalen Gerichtsstelle
durch die Post oder direkt durch einen Weibel zugestellt werde,
ohne Bemerkung und Vorbehalt an, so liege hierin die freiwillige
Anerkennung der Ladung und sei ein weiteres Verfahren nicht
nöthig. Es würde gegen Treu und Glauben verstoßen, wenn einer
Partei freistände, ihr zugestellte Ladungen eines außerkantonalen
Gerichtes ohne Einwendung entgegenzunehmen und dadurch bei
dem Gerichte den Glauben zu erwecken, die Partei sei mit dem
eingeleiteten Verfahren einverstanden, um dann hintendrein bei
ungünstigem Urtheile, das Verfahren wegen angeblich ungültiger
Citation anzufechten. Habe daher die Beklagte, wie sie selbst zu=
gebe, alle Ladungen des Friedensrichters von Unterhallau und des
Bezirksgerichtes Unter=Klettgau rechtzeitig erhalten, und ohne Be=
merkung entgegengenommen, so sei sie auch verpflichtet gewesen, ihnen
Folge zu geben. Darüber, ob die Form der Ladung dem schaffhau=
serischen Gesetze entsprochen habe, haben zunächst die schaffhauseri=
schen Gerichte zu entscheiden. Aus einer Bescheinigung des Ober=
gerichtes des Kantons Schaffhausen vom 1. Februar 1892 ergebe
sich nun, daß nicht nur die schaffhauserischen Untergerichte, sondern
auch das Obergericht davon ausgehen, Ladungen an Personen,
welche außerhalb des Kantons, aber in der Schweiz wohnen,
können in rechtsgültiger Weise durch die Post erfolgen. Habe die
Beklagte diese weniger auffällige Art der Vorladung nicht aner=
kennen wollen, so habe sie die Postsendung einfach refüsiren müssen.
Nachdem sie dies nicht gethan, haben die schaffhauserischen Be=
hörden annehmen müssen, daß sie den Ladungen sich freiwillig
unterziehe. Die Hauptsache sei, daß die Partei die Ladung recht=
zeitig erhalte, die Art, wie die Zustellung geschehen, sei nicht
wesentlich. Sei demnach die Ladung in rechtsgültiger Weise erfolgt,
und das schaffhauserische Gericht zuständig gewesen, so sei das von

letzterm ausgefällte Urtheil rechtskräftig und es liege daher in der
angefochtenen Entscheidung eine Verletzung des Art. 61 B.=V.
Demnach werde beantragt: Es sei, unter Aufhebung des Ent=
scheides des Appellations= und Kassationshofes des Kantons Bern
vom 3./17. Dezember 1891, demselben die Weisung zu ertheilen,
das Urtheil des Bezirksgerichtes Unter=Klettgau in Sachen der
Erben des Gottfried Keller von Hallau, Kantons Schaffhausen,
gegen Fräulein Rosa Meyer, Lehrerin in Bern, vom 14. Juli
1890 für den Kanton Bern vollstreckbar zu erklären.

D. In ihrer Vernehmlassung auf diese Beschwerde beantragt
die Rekursbeklagte Rosa Meyer: 1. Das Bundesgericht wolle
nicht darauf eintreten. 2. Eventuell: Der Gerichtshof wolle die
Erben des Gottfried Keller sel. mit ihrem Begehren abweisen. Zur
Begründung des ersten Antrages wird bemerkt: Das Bundesgericht
könne einem kantonalen Gerichte nicht vorschreiben, einen Rechts=
fall nach seinen Intentionen und nicht anders zu beurtheilen.
Gegentheils habe jedes Gericht nach eigenem Befund der Sach=
lage zu entscheiden. Das Verlangen der Rekurrenten, das Bundes=
gericht solle dem Appellations= und Kassationshof des Kantons
Bern eine Weisung ertheilen, involvire mithin ein Gesuch um
gesetz= und verfassungswidrige Rechtshülfe. Im Uebrigen wird aus=
geführt: Eine Verletzung des Erbrechtskonkordates vom 15. Juli
1822 liege nicht vor, weil das schaffhauserische Gericht seine Kom=
petenz zu Unrecht aus diesem Konkordate herleite. Thatsächlich sei
zunächst festzustellen, daß Gottfried Keller bei seinem Ableben
außer seiner Gattin eine Tochter hinterlassen habe, die ihn beerbt
habe. Diese sei in zweiter Ehe mit einem Luzerner verheirathet
gewesen und am 12. November 1887 ohne Leibeserben verstorben.
Nach Mitgabe des bürgerlichen Gesetzbuches des Kantons Luzern
sei vom Nachlaßvermögen $1/4$ dem Ehemann, $3/4$ der Mutter der
Erblasserin zugefallen. Frau Keller geb. Schweizer sei also auf
durchaus legalem Wege in den Besitz eines Theiles des von ihrem
Ehemanne hinterlassenen Vermögens gelangt und befugt gewesen,
darüber durch Testament zu disponiren. Allein auch abgesehen hie=
von, handle es sich hier nicht um eine Erbstreitigkeit. Da nach
Schaffhauserrecht das Vermögen der Ehegatten bei unbeerbter Ehe
an ihre Stämme zurückfalle, dem überlebenden Theile dagegen

ein lebenslängliches Nutznießungsrecht an der ganzen Verlassen=
schaft zustehe, so könne allerdings der Fall eintreten, daß der über=
lebende Ehegatte von Todeswegen über Vermögen verfüge, welches
de jure den Intestaterben des vorverstorbenen Gatten gehöre.
Eine derartige letztwillige Verfügung sei selbstverständlich ungültig
und allfällig darauf basirende Besitzergreifungen können von den
betheiligten Intestaterben mittelst reivindicatio angefochten werden.
Allein ein sachbezüglicher Prozeß sei kein Erbschaftsstreit. Im vor=
liegenden Falle handle es sich um eine ganz analoge Frage. Die
Rekurrenten behaupten, die Testatorin habe über Vermögen ver=
fügt, welches in seiner Totalität oder eventuell zur Hälfte als
Mannesgut zu betrachten sei und daher der Disposition der Testa=
torin nicht unterstanden habe. Dabei handle es sich um keine erb=
rechtliche Frage. Die Rekurrenten beanspruchen kein Erbrecht im
subjektiven Sinne am Nachlasse der Frau Keller=Schweizer; sie
beanspruchen nicht, Erben der Testatorin zu sein und beanstanden
die Erbenqualität der Rekursbeklagten nicht. Die letztere hinwiederum
prätendire keine Erbberechtigung auf das Mannesgut des Gottfried
Keller. Der Streit drehe sich einzig um die Frage, ob nicht die
Gesammtheit oder ein Theil des Vermögens, welches sich die Re=
kursbeklagte gestützt auf testamentarische Verfügung der Wittwe
Keller=Schweizer angeeignet habe, von Rechts wegen Eigenthum
der Kläger und daher diesen letztern auszufolgen sei. Es handle
sich also nicht um einen Erbrechts= sondern um einen gewöhnlichen
Forderungs= oder Vindikationsstreit. Daß sich die Kläger zum
Nachweise ihrer Aktivlegitimation auf ihre Eigenschaft als Erben
des Gottfried Keller stützen, die Beklagte dagegen auf ihre Eigen=
schaft als Erbin der Frau Keller, sei gleichgültig, da eben nicht
das Erbrecht des einen oder andern Theils im Streite liege. Wenn
die Erben des A von den Erben des B Herausgabe einer Sache
verlangen und beide Theile behaupten, die betreffende Sache gehöre
zum Nachlasse ihres Erblassers, so liege ein Erbschaftsstreit, trotz=
dem beide Parteien sich ex jure hereditario legitimiren, offenbar
nicht vor. Gerade so liege die Sache im vorliegenden Falle.
Gegenstand des Prozesses sei weder das Erbrecht der Kläger noch
dasjenige der Beklagten; im Streite liege vielmehr einzig, ob ein
Vermögenskomplex dem Erblasser der Kläger oder aber demjenigen

der Beklagten gehört habe. Danach sei denn in casu das Bezirks=
gericht Unter=Klettgau nicht kompetent gewesen, da das Konkordat
vom 15. Juli 1822 den Gerichtsstand der Heimat nur für Erb=
schaftsstreitigkeiten statuire. Ferner sei auch richtig, daß die Rekurs=
beklagte nicht in gehöriger Weise vorgeladen worden und daher
das Urtheil des Bezirksgerichtes Unter=Klettgau ihr gegenüber null
und nichtig sei. Die Auslegung, welche die Rekurrenten dem § 21
Abf. 2 der bernischen Civilprozeßordnung geben, sei völlig falsch.
Diese Gesetzesbestimmung setze, wie ihr Wortlaut und Zusammen=
hang deutlich ergeben, für Zustellung ausländischer Gerichte an
bernische Einwohner stets ein an den Richter des Wohnortes des
Betreffenden gerichtetes Gesuch des auswärtigen Gerichtes voraus.
Die Zustellung habe stets durch Vermittlung des einheimischen
Richters zu geschehen, während allerdings nur dann, wenn der
Insinuat die vom erstinstanzlichen Richter vorläufig bewilligte Zu=
stellung nicht freiwillig annehme, die Entscheidung des Appellations=
und Kassationshofes eingeholt werden müsse. Uebrigens sei das
Bundesgericht nicht befugt, die Auslegung, welche der bernische
Richter den kantonalen Vorschriften über die Förmlichkeiten der
Ladung gegeben habe, zu überprüfen und wäre zudem auch den
Formvorschriften der schaffhauserischen Civilprozeßordnung nicht
genügt. Das Ausbleiben der Rekursbeklagten habe das vorladende
Gericht darüber hinlänglich belehren müssen, daß letztere die La=
bungen nicht anerkenne. Zudem habe der Gerichtspräsident von
Unter=Klettgau dies auch aus der von ihm bewilligten Provoka=
tionsladung der Rekursbeklagten ersehen müssen.

Das Bundesgericht zieht in Erwägung:

1. Die Einwendung der Rekursbeklagten, es sei auf den Re=
kurs deßhalb nicht einzutreten, weil der Rekursantrag auf Ge=
währung einer unzuläßigen Rechtshülfe gerichtet sei, ist unbegründet.
Die Beschwerde stützt sich auf Verletzung eines Konkordates und
einer Bestimmung der Bundesverfassung; sie ist daher unzweifel=
haft statthaft und es ist ohne Weiteres klar, daß, sofern in der
angefochtenen Entscheidung des bernischen Appellations= und Kassa=
tionshofes eine Konkordats= oder Verfassungsverletzung wirklich
enthalten wäre, diese Entscheidung, wie die Rekurrenten dies eben=
falls beantragen, vom Bundesgerichte aufgehoben werden müßte;

daraus würde bann, sofern nicht das Bundesgericht selbst die Be=
willigung des Vollstreckungsgesuches aussprüche, für das kantonale
Gericht ohne Weiteres, auch ohne ausbrückliche barauf gerichtete
Verfügung des Bundesgerichtes, die Verpflichtung folgen, in Nach=
achtung des bundesgerichtlichen Entscheid=s, seinerseits die Voll=
streckungsbewilligung zu ertheilen. Denn die bundesgerichtlichen
Entscheidungen in staats= wie in civilrechtlichen Sachen sind na=
türlich für die kantonalen Gerichte verbinblich.

2. In der Sache selbst aber erscheint die Beschwerde als un=
begründet und zwar in doppelter Hinsicht. Zunächst ist unzweifel=
haft, daß Urtheile, welche auf ein Verfahren hin ergangen sind,
zu welchen der Beklagte nicht regelrecht vorgeladen wurde, nicht
als rechtskräftige Urtheile im Sinne des Art. 61 B.=V. zu be=
trachten sind, daß vielmehr der Beklagte, welcher aus einem ber=
artigen außerkantonalen schweizerischen Urtheile belangt wird, ein=
zuwenden befugt ist, es sei das Urtheil, mangels rechtsgültiger
Labung, für ihn nicht verbinblich (vergl. Art. 81 Abs. 2 des
Bundesgesetzes über Schuldbetreibung und Konkurs). Für die
Frage nun, ob eine Labung in gültiger Weise angelegt worden
sei, ist nach allgemein anerkanntem Grundsatze, das Recht des=
jenigen Ortes maßgebend, wo die betreffende Prozeßhandlung zu
geschehen hat, in casu also bernisches Recht. Nach bernischem
Rechte aber kann, wie der bernische Appellations= und Kassations=
hof ausgesprochen hat, die Labung eines Kantonseinwohners vor
ein auswärtiges Gericht nicht einfach durch chargirte Postsendung
geschehen, sondern ist die Mitwirkung des bernischen Richters er=
forderlich. Diese Entscheidung beruht auf Auslegung des kanto=
nalen Gesetzesrechtes und entzieht sich daher, nach bekanntem Grund=
satze, der Nachprüfung des Bundesgerichtes. Dieselbe ist übrigens
wohl offenbar richtig. § 21 Abs. 2 der bernischen Civilprozeßord=
nung setzt, seinem Wortlaute und Zusammenhange nach, für die
Labung von Kantonseinwohnern vor ausländische Gerichte durch=
aus ein bei dem inländischen Richter gestelltes Rechtshülfegesuch
voraus (wie ja übrigens nach bernischem Prozeßrechte Labungen
überhaupt vom zuständigen Richter bewilligt werden müssen, § 77
der bernischen Civilprozeßordnung). Wenn die Rekurrenten meinen,
die stillschweigende Nichtbeachtung einer rechtsungültigen Labung

involvire eine Anerkennung derselben, so ist dieß gewiß unrichtig. Wer eine rechtsungültige Ladung einfach nicht befolgt, gibt ja in keiner Weise zu erkennen, daß er dieselbe als verbindlich anerkenne.

3. Ist somit schon aus diesem Grunde die Beschwerde als unbegründet abzuweisen, so ist übrigens im Weitern auch richtig, daß es sich im vorliegenden Falle nicht um eine Erbrechtsstreitigkeit handelte und daher der konkordatsmäßige Gerichtsstand der Heimat des Erblassers nicht begründet, das schaffhauserische Gericht daher nicht kompetent war. Als Erbstreitigkeiten im Sinne des Art. 3 des Konkordates vom 15. Juli 1822 erscheinen, wie das Bundesgesetz schon wiederholt ausgesprochen hat, einerseits Streitigkeiten über die erbrechtliche Nachfolge in den Nachlaß, eine Nachlaßquote oder einen Nachlaßbestandtheil, andererseits Erbtheilungsstreitigkeiten. Dagegen sind Streitigkeiten über die Erbschaftsqualität eines Vermögensobjektes, d. h. darüber, ob dieses Vermögensobjekt dem Erblasser gehört habe und mithin einen Bestandtheil des Nachlasses desselben bilde, nicht als Erbstreitigkeiten zu betrachten, sondern als gewöhnliche Vindikations- oder Forderungsstreitigkeiten (vergl. Amtliche Sammlung XV, S. 550 u. ff. und die dort citirten Entscheidungen); speziell erscheinen als Erbstreitigkeiten auch nicht Streitigkeiten über die aus dem ehelichen Güterrechte hervorgehenden Ansprüche der Ehegatten am ehelichen Gut (siehe Entscheidungen, Amtliche Sammlung IX, S. 505 ff. Erw. 3). Im vorliegenden Falle nun dreht sich der Streit zwischen den Parteien weder um die Theilung des Nachlasses des Ehemannes oder der Ehefrau Keller, noch um die erbrechtliche Nachfolge; vielmehr ist gänzlich unbestritten, daß der Nachlaß des Ehemannes Keller den Klägern, als dessen Intestaterben gebührt, dagegen denselben ein Erbrecht am Nachlasse der Ehefrau Keller nicht zusteht. Streitig ist einzig, ob die Vermögensobjekte, welche die Rekursbeklagte gestützt auf das Testament der Ehefrau Keller, als zu deren Nachlaß gehörig, in Besitz genommen hat, wirklich ganz oder theilweise im Eigenthum, im weitern Sinne, der Ehefrau Keller gestanden haben und daher zu deren Nachlaß gehören, oder ob dieselben vielmehr kraft des zwischen den Eheleuten Keller bestandenen ehelichen Güterrechts dem Ehemanne resp. dessen Erben ganz oder theilweise gehören

und der Ehefrau Keller nur die Nutznießung daran zugestanden
habe. Ein Erbtheilungsstreit oder ein Streit über erbrechtliche
Nachfolge liegt also überall nicht vor; vielmehr lediglich ein Streit
über die ehegüterrechtliche Auseinandersetzung der Eheleute Keller.
Daß dieser Streit nicht von den Eheleuten Keller selbst, sondern
von deren Erben geführt wird, ändert daran nichts. Denn da=
durch wird ja nichts daran geändert, daß nicht [die erbrechtliche
Nachfolge oder die Theilung des Nachlasses des einen oder andern
Ehegatten bestritten ist, sondern blos die Frage, was nach ehe=
güterrechtlichen Grundsätzen zum Vermögen des einen oder andern
Ehetheils gehört habe. Fragen der erbrechtlichen Succession liegen
hier so wenig in Frage, als dann, wenn Erben verschiedener Per=
sonen sich darüber streiten, ob eine bestimmte einzelne Sache dem
Erblasser des einen oder andern Theils gehört habe und demnach
auf dessen Erben übergegangen sei.

Demnach hat das Bundesgericht

erkannt:

Die Beschwerde wird als unbegründet abgewiesen.

Zweiter Abschnitt. — Deuxième section.

Bundesgesetze. — Lois fédérales.

————•————

I. Bau und Betrieb der Eisenbahnen.
Construction et exploitation des chemins de fer.

78. Urtheil vom 19. Juli 1892 in Sachen
Jura-Simplonbahn.

A. Am 14. Juni 1891 wollte die in Basel auf Besuch weilende Frau Elise Reith-Billian, Ehefrau des mit seiner Familie damals in Mannheim wohnenden Modellmachers Friedrich Reith, einen Ausflug nach Arlesheim machen. Sie löste am Schalter der Jura-Simplonbahngesellschaft in Basel ein Retourbillet Basel-Dornach und bestieg den Zug, der durch Einsturz der Mönchensteinerbrücke verunglückte. Bei diesem Unfalle wurde sie schwer verletzt. Mit Klage vom 29. Januar 1892 belangte ihr Ehemann, der seither seinen Wohnsitz nach Herderhütten-Kappel bei Freiburg i. B. (Baden) verlegt hat, unter eingehender Begründung die Jura-Simplonbahn gestützt auf Art. 5 und 7 des Eisenbahnhaftpflichtgesetzes auf Entschädigung. Zur Begründung der Kompetenz des baslerischen Gerichtes berief er sich auf § 3 der Konzession des Kantons Baselstadt an die Jurabahngesellschaft, die Rechtsvorgängerin der Beklagten, vom 31. Dezember 1872. Dieser Paragraph lautet: „Die Gesellschaft kann für Verbindlichkeiten, welche „im Kanton Baselstadt eingegangen werden, oder in demselben zu „erfüllen sind, in Basel belangt werden, und nimmt zu diesem „Behufe daselbst Domizil. Für dingliche Klagen gilt der Gerichts-

„stand der belegenen Sache." Dieser Konzession ist durch Bundes=
beschluß vom 13. Januar 1873 die Genehmigung ertheilt worden.
Art. 4 dieses Beschlusses enthält die Bestimmung : „Es sollen
„alle Vorschriften der Bundesgesetzgebung über den Bau und
„Betrieb der schweizerischen Eisenbahnen genaue Beachtung finden
„und es darf denselben durch die Bestimmungen der gegenwärtigen
„Konzession in keinerlei Weise Eintrag geschehen." Der Kläger
behauptete, die Klageforderung sei eine Folge des Vertrages,
welcher von seiner Ehefrau am 14. Juni 1891 durch Lösung
des Billets mit der Beklagten abgeschlossen worden sei. Die Be=
klagte bestritt die Kompetenz der baslerischen Gerichte, indem sie
geltend machte : Maßgebend sei die Bestimmung des Art. 8 des
Bundesgesetzes über den Bau und Betrieb der Eisenbahnen vom
23. Dezember 1872, welche laute : „Der Sitz der Gesellschaft
„wird jeweilen in der Konzession bestimmt. Die Gesellschaften
„haben aber in jedem durch ihre Unternehmung berührten Kantone
„ein Domizil zu verzeigen, an welchem sie von den betreffenden
„Kantonseinwohnern belangt werden können." Laut Art. 6 Lemma 3
desselben Gesetzes seien die Bestimmungen desselben, soweit die
staatshoheitlichen Rechte von den Kantonen an den Bund über=
gehen, auch für die bisher von den Kantonen ertheilten Kon=
zessionen maßgebend. Für die durchaus staatsrechtliche Frage der
Gerichtszuständigkeit bilde daher lediglich das Eisenbahngesetz Norm
und nicht die davon abweichende kantonale Konzession. Die in § 3
der baselstädtischen Konzession erwähnte Domizilserwählung sei nicht
eine gegenüber einem Dritten eingegangene vertragliche Verpflich=
tung, in bestimmten Fällen in Basel Recht zu nehmen (prorogatio
fori) sondern eine durch den hoheitlichen Akt der Konzession der
Beklagten auferlegte Bestimmung im lediglich öffentlichen Interesse.
Eventuell, falls die kantonale Konzession als maßgebend erachtet
werden sollte, sei die eingeklagte Forderung weder eine Folge des durch
die Lösung der Fahrkarte zwischen den Parteien abgeschlossenen Ver=
trags, noch sei sie im Kanton Baselstadt zu erfüllen. Der alleinige
Grund der Klageforderung sei vielmehr die Verletzung, die im Kanton
Baselland eingetreten sei. Das Civilgericht des Kantons Baselstadt
erklärte sich durch Entscheidung vom 5. April 1892 für inkompe=
tent. Es führte aus : Sofern lediglich Art. 8 des Bundesgesetzes

über den Bau und Betrieb der Eisenbahnen maßgebend sei, unter=
liege keinem Zweifel, daß dem baslerischen Gerichte die Kompetenz
fehle. Denn es sei unbestritten, daß der Kläger sowohl zur Zeit
des Unfalles, als zur Zeit der Einreichung der Klage seinen
Wohnsitz nicht im Kanton Baselstadt, sondern im Auslande hatte
und der Sitz der beklagten Gesellschaft sei nicht in Basel. In
Bezug auf die Bedeutung des Art. 8 des Eisenbahngesetzes und
sein Verhältniß zur kantonalen Konzession müsse nun den Aus=
führungen der Beklagten beigetreten werden. Der citirte Art. 8
setze eine Ausnahme fest, von dem allgemeinen Gerichtsstand des
Wohnsitzes, wie er in Art. 59 B.=V. normirt sei und der auch
den Eisenbahnen gewährleistet sei. Diese Ausnahme könne durch
einen Akt der kantonalen Gesetzgebung nicht weiter ausgedehnt
werden. Daß die kantonale Konzession vor Inkrafttreten des
Bundesgesetzes ertheilt wurde, könne hieran nichts ändern. Denn
der durch die Konzession der Beklagten auferlegte Gerichtsstand
könne nicht als ein dem Kanton vertraglich erworbenes Recht
privatrechtlicher Natur angesehen werden, das nach Art. 41 des
Eisenbahngesetzes unverändert in Kraft bleibe, sondern sei eine
Bestimmung des öffentlichen Rechtes, für die nach Art. 6 des
Eisenbahngesetzes die Bestimmungen des letztern auch für die bisher
von den Kantonen ertheilten Konzessionen maßgebend seien. Auf
Rekurs des Klägers erkannte das Appellationsgericht des Kantons
Baselstadt durch Erkenntniß vom 16. Mai 1892 abändernd dahin:
„Die hiesigen Gerichte werden in dieser Sache kompetent erklärt
und die Parteien werden zur einläßlichen Verhandlung an die
erste Instanz zurückgewiesen. Die Beklagte trägt sämmtliche Kosten
beider Instanzen mit einer Urtheilsgebühr von 50 Fr." In der
Begründung dieses Urtheils wird ausgeführt: Da ein Bundes=
gesetz nichts von der Bundesverfassung Abweichendes aufstellen
könne, so sei schon damit gegeben, daß Art. 8 des Eisenbahn=
gesetzes nicht einen gesetzgeberischen Inhalt betreffend Schaffung
eines dem Art. 59 B.=V. widersprechenden Gerichtsstandes haben
könne das heißt keinen kraft Gesetzgebungsrecht (staatlichen
Hoheitsrechtes) aufgestellten Rechtssatz ausspreche, wodurch für
die Eisenbahnen ein spezieller Gerichtsstand gesetzlich begründet
würde, oder, was juristisch gleichbedeutend wäre, einen gesetzlichen

Zwang zur Domizilerwählung. In dieser Beziehung sei der Bund durch die Bundesverfassung ebenso sehr gebunden als die Kantone, und daher könne auch der Art. 8 des Bundesgesetzes keinen anders gearteten Inhalt als die entsprechende Bestimmung der frühern kantonalen Konzessionen haben. Bei diesen letztern werde Niemand daran zweifeln, daß sie nicht kraft Gesetzgebungsrechtes einen von Art. 59 B.-V. abweichenden Gerichtsstand für die Eisenbahnen geschaffen, sondern kraft Vereinbarung über die Bedingungen, unter denen die Konzession ertheilt werden solle, die Eisenbahnen zur Domizilserwählung verpflichtet haben. Diese Domizilserwäh=lung sei eine der vertraglichen Gegenleistungen gewesen, welche die Eisenbahnen für Erlangung des Privilegs (der Konzession) haben übernehmen müssen. Denn sei auch die Konzession als Privileg=ertheilung ein staatshoheitlicher Akt, so seien doch die Bedingungen, unter denen sie angeboten und angenommen werde, vertragsmäßiger Natur. Im völlig gleichen Sinne verlange auch Art. 8 des Bundesgesetzes nur, daß die Eisenbahnen Domizil verzeigen sollen, d. h. er schreibe ein für allemal vor, daß solche Domizilserwäh=lung als unerläßliche Bedingung für Ertheilung einer Konzession gefordert werden solle. Daraus folge, daß es sich hiebei um kein staatshoheitliches Recht handle, so wenig in den alten Konzes=sionen als in denen des Bundes. Art. 8 des Bundesgesetzes sei nur eine Weisung an die Bundesgewalt, keine Konzessionen zu ertheilen, ohne daß die betreffende Eisenbahn diese Verpflichtung auf sich nehme, und indem die Bundesbehörden gegebenen Falls der Eisenbahn diese Pflicht überbinden, vollziehen sie keinen Akt der Staatshoheit, sondern lassen sich das als eine der Gegenlei=stungen gegen die Konzessionsertheilung versprechen, gerade so, wie eine Privatperson sich von einer andern eine Domizilserwählung ausbedinge. Darum sei auch die Berufung der Beklagten auf Art. 6 des Bundesgesetzes unzutreffend; im Gegentheil spreche dieser Art. 6 nun direkt gegen sie, nachdem feststehe, daß überhaupt kein staatshoheitliches Recht einer Gerichtsstandsnormirung von den Kantonen an den Bund habe übergehen können, weil vorher von den Kantonen kein solches geübt war. Und übrigens wäre ein solches, auch wenn es in § 3 der baselstädtischen Konzession ausgeübt worden wäre, durch Art. 6 erst nicht auf den Bund

übertragen worden. Denn dieser Art. 6 lasse das Gesetz auf schon
ertheilte Konzessionen nur rückwirken, soweit durch dieses Gesetz
die Eisenbahnhoheit auf den Bund übergehe, also nur in den
Fragen, welche den Bau und den Betrieb der Eisenbahnen betreffen, nicht aber in Fragen, welche sonst staatshoheitlicher Natur
seien, dem Bunde aber durch dieses Gesetz nicht anheimfallen, wie
das in der Diskussion über dieses Gesetz in der Bundesversammlung allgemein anerkannt und namentlich vom Berichterstatter
der nationalräthlichen Kommission ausdrücklich hervorgehoben
worden sei, indem dieser erklärt habe, der Bund trete an die Stelle
der Kantone „natürlich mit Ausnahme der Polizei=, Justiz= und
Steuersachen.“ Diese gehören eben der den Kantonen verbleibenden
Polizei=, Justiz= und Finanzhoheit an und darunter müßte auch
die „staatsrechtliche Frage der Gerichtszuständigkeit“ fallen, wenn
eine solche überhaupt vorläge. Danach bestehe kein Grund, den
§ 3 der Konzession von Baselstadt an die Jurabahnen als durch
den Art. 8 des Bundesgesetzes aufgehoben zu erklären. Der Bund
habe auch kein Interesse daran, den Kantonen bezüglich der
Domizilserwählung der Eisenbahnen eine Aenderung des früher
Vereinbarten aufzulegen, weder so, daß er ihnen ein Mehreres
gewähre, noch so, daß er ihnen etwas abschneide, was sie
seiner Zeit von den Eisenbahnen verlangt und erhalten haben.
Daher sei auch die Konzession von Baselstadt an die Jurabahn
mit ihrem § 3 vom Bundesrathe zu einer Zeit genehmigt worden,
da das Bundesgesetz schon erlassen war. In Kraft getreten sei
das Bundesgesetz erst später mit 1. April 1873; aber es sei doch
schwer zu glauben, daß der Bundesrath diesen § 3 ohne Einwendung hätte passiren lassen, wenn er der Meinung gewesen
wäre, daß er wenige Wochen später durch das Bundesgesetz außer
Kraft gesetzt werde, vielmehr weise die Genehmigung daraufhin,
daß die Meinung bestanden habe, gemäß Art. 41 des Bundes=
gesetzes bleibe der § 3 der Konzession unverändert in Kraft. Sei
also § 3 der baselstädtischen Konzession maßgebend, so sei die
Kompetenz der baslerischen Gerichte begründet, denn, wie des
Nähern ausgeführt wird, die angestellte Klage sei Kontraktsklage
aus Transportvertrag und dieser sei im Kanton Baselstadt abge=
schlossen worden.

B. Gegen diese Entscheidung ergriff die Jura=Simplonbahn=
gesellschaft mit Eingabe vom 11. Juni 1892 den staatsrechtlichen
Rekurs an das Bundesgericht mit dem Antrage: Es sei der
Entscheid des Appellationsgerichtes Baselstadt aufzuheben und das
Dispositiv des Civilgerichtes Basel vom 5. April 1892 in ange=
führter Sache dadurch als in Rechtskraft getreten zu erklären.
Sie macht in ihrer Rekursschrift die aus der Motivirung der
kantonalen Gerichte (siehe Fakt. A oben) ersichtlichen Gesichtspunkte
geltend, indem sie gegenüber den Ausführungen des Appellations=
gerichtes namentlich betont: Art. 8 des Bundesgesetzes vom
23. Dezember 1872 enthalte keine Weisung an den Bundesrath,
sondern ein Gesetz und zwar ein Gesetz, welches die Materie
allgemein und durchgreifend regle und gegen welches weder eine
ältere noch eine neuere Konzession aufkommen könne, sobald sie
abweichende Bestimmungen enthalte. Der Bund habe durch Art. 8
des Eisenbahngesetzes die Gerichtsstandsfrage einheitlich regeln
wollen. Die Bundesbehörden haben denn auch die Vorschrift des
Art. 8 cit. bisher stets als eine zwingende, auch auf älterkonzedirte
Gesellschaften anwendbare Rechtsnorm behandelt, wofür auf die
Botschaften des Bundesrathes betreffend Konzession der Regionalbahn
Val de Travers vom 3. Juni 1881 (Bundesblatt 1881, III, S. 60)
und betreffend Uebertragung der Konzession für die Bahn Rigi=
Kaltbad - Rigi=Scheidegg (Bundesblatt 1876, IV, S. 886) verwiesen
werde. Mit Art. 59 Abs. 1 B.=V. stehe ein Gesetz mit dem In=
halte des Art. 8 des Eisenbahngesetzes keineswegs im Widerspruch,
da die bundesrechtliche Praxis stets anerkannt habe, daß Gesell=
schaften, welche ihre Thätigkeit über mehrere Kantone ausdehnen,
unerachtet des Art. 59 Abs. 1 B.=V., gesetzlich verhalten werden
können, neben ihrem Hauptdomizile noch Spezialdomizile zu
wählen. Die vorbehaltlose Genehmigung der baselstädtischen Kon=
zession durch die Bundesbehörden zu einer Zeit, wo das Eisen=
bahngesetz bereits erlassen gewesen sei, beweise angesichts des
allgemeinen Vorbehaltes des Art. 4 des Genehmigungsbeschlusses
nichts zu Gunsten der Ansicht des Appellationsgerichtes. Die
Konzession sei, wie schon ihre Form ergebe, kein Vertrag, sondern
ein Staatsakt, eine gesetzgeberische Kundgebung des Staates
Baselstadt; auch die Gerichtsstandsklausel der Konzession sei nicht

vertraglicher sondern staatshoheitlicher Natur und daher durch das
Eisenbahngesetz abgeändert. In der vom Appellationsgerichte
angeführten Aeußerung des Berichterstatters der nationalräthlichen
Kommission könne unter den Justizsachen, welche als den Kan=
tonen vorbehalten bezeichnet werden, unmöglich die Normirung
des Gerichtsstandes mitverstanden sein. Denn jedenfalls für die
Zukunft regle ja gemäß Art. 8 des Eisenbahngesetzes der Bund
den Gerichtsstand der Eisenbahnen und sei dieß nicht den Kantonen
überlassen. Unrichtig sei auch, wie des nähern ausgeführt wird,
die Ausführung des Appellationsgerichtes, daß die Klage des
Rekursbeklagten eine Kontraktsklage sei, dieselbe mache nicht eine
vertragliche Verpflichtung, sondern eine obligatio ex lege aus
dem Haftpflichtgesetze geltend. Die Rekurrentin wäre daher selbst
nach Art. 3 der Konzession nicht verpflichtet, im vorliegenden
Falle in Basel Recht zu nehmen. Die angefochtene Entscheidung
verletze demnach einerseits den Art. 8 des Eisenbahngesetzes, andrer=
seits, da sie die Rekurrentin ohne rechtlichen Grund dem Richter
ihres Wohnortes entziehe, den Art. 59 Abs. 1 B.=V.

C. Das Appellationsgericht des Kantons Baselstadt verweist
auf die Begründung seiner angefochtenen Entscheidung. Der Re=
kursbeklagte F. Reith beantragt: Es sei der Rekurs als unbe=
gründet abzuweisen. Er macht wesentlich die in der Begründung
des appellationsgerichtlichen Urtheils enthaltenen Erwägungen
geltend, indem er speziell bemerkt: Art. 8 des Eisenbahngesetzes
komme nicht zur Anwendung. Wie sich schon aus dem Wortlaute
dieses Artikels (vrgl. Abs. 1 „Der Sitz der Gesellschaft wird jeweilen
in der Konzession bestimmt") ergebe, schreibe derselbe einfach eine
unerläßliche Bedingung für Ertheilung künftiger Konzessionen vor
oder treffe, was auf's Gleiche hinauskomme, eine gesetzliche Bestim=
mung, welche immer als allgemeine Voraussetzung, unter welcher
zukünftige Konzessionen ertheilt werden, zu gelten habe. Er enthalte
nichts, wodurch Art. 3 der baselstätischen Konzession aufgehoben
würde. Eine Aenderung des letztern könnte nach der ganzen An=
lage des Eisenbahngesetzes nur durch Art. 6 oder Art. 41 dieses
Gesetzes herbeigeführt worden sein. Daß aber diese Gesetzesbestim=
mungen nicht für die Rekurrentin sprechen, sei bereits vom
Appellationsgerichte dargethan worden. Die von der Rekurrentin

angeführten bundesräthlichen Botschaften treffen den vorliegenden
Fall nicht. Art. 8 des Eisenbahngesetzes enthalte nicht die gesetzliche
Normirung eines Geschäftsdomizils, sondern schreibe blos eine
Bedingung zukünftiger Konzessionen vor. Wenn übrigens auch
ersteres der Fall wäre, so würde dies doch nicht ausschließen, daß
Art. 3 der baselstädtischen Konzession neben Art. 8 fortbestehe.
Denn Art. 3 cit. enthalte eine prorogatio fori. Möge die recht=
liche Natur der Eisenbahnkonzessionen wie immer bestimmt werden,
so gehen jeder Konzession doch immer Verhandlungen zwischen
Staat und Konzessionär voraus. Bei den Verhandlungen über
die baselstädtische Konzession der Jurabahnen sei u. a. die prorogatio fori des § 3 der Konzession vereinbart worden. Die Jura=
bahn habe die Konzession akzeptirt und demgemäß in Basel
Gerichtsstand erwählt. Diese eingegangene Verpflichtung, welcher
wohlerworbene Rechte des Kantons Baselstadt und des in Basel
mit der Bahn verkehrenden Publikums entsprechen, könne nicht
durch Berufung auf Art. 8 des Eisenbahngesetzes nachträglich
illusorisch gemacht werden. Dieß habe auch unmöglich in der
Absicht des Bundesgesetzes liegen können, welches ja gegentheils
die Tendenz verfolge, im Interesse des Verkehrs den Eisenbahnen
eher weitergehende Verpflichtungen gegenüber früher aufzuerlegen.
Ebenso unzutreffend sei, wie des Nähern ausgeführt wird, die
Behauptung der Rekurrentin, daß die Klage des Rekursbeklagten
nicht eine Kontraktsklage und daher auch nach Art. 3 der Kon=
zession für dieselbe in Basel ein Gerichtsstand nicht begründet sei.
 Das Bundesgericht zieht in Erwägung:
 1. Wenn Art. 8 Abs. 2 des Bundesgesetzes betreffend den
Bau und Betrieb der Eisenbahnen vom 23. Dezember 1872 zur
Anwendung kommt, so ist ein Gerichtsstand in Basel unzweifel=
haft nicht begründet. Ist dagegen Art. 3 der baselstädtischen Kon=
zession maßgebend, so ist die Kompetenz der baslerischen Gerichte
dann begründet, wenn es sich um eine Vertragsklage aus einem
im Kanton Baselstadt abgeschlossenen Vertrage handelt. In erster
Linie ist daher das Verhältniß des Eisenbahngesetzes zu Art. 3
der baselstädtischen Konzession zu untersuchen, d. h. ist zu unter=
suchen, ob letzterer durch Art. 8 Abs. 2 des erstern aufgehoben
und ersetzt worden sei. Ist diese Frage zu bejahen, so ist es nicht

erforderlich, die rechtliche Natur der Klage zu prüfen, vielmehr erscheint alsdann die Beschwerde wegen Verletzung des Art. 8 Abs. 2 des Eisenbahngesetzes und des Art. 59 Abs. 1 B.=V. ohne Weiteres als begründet.

2. Das Rechtsverhältniß zwischen Staat und Eisenbahngesell- schaften war unter der Herrschaft des Bundesgesetzes über Bau und Betrieb der Eisenbahnen vom 28. Juli 1852 vorbehältlich der Bestimmungen dieses Gesetzes, wesentlich nicht durch Gesetz, sondern durch die Konzessionen geordnet. In den Kantonen, welche damals in der Hauptsache die Träger der Eisenbahnhoheit waren, bestanden umfassende Eisenbahngesetze (soviel wenigstens dem Bundesgericht bekannt) nirgends; die Kantone begnügten sich vielmehr damit, die Rechtsstellung der Konzessionäre jeweilen für das einzelne Unternehmen, durch die Konzession, zu ordnen. Durch das Bundesgesetz vom 23. Dezember 1872 nun wurde dieser Rechtszustand geändert; die Ertheilung und der Inhalt der Konzessionen wurden von Bundeswegen gesetzlich geregelt. Die Bestimmungen dieses Gesetzes, insbesondere auch Art. 8 Abs. 2 gelten daher von Gesetzeswegen, also auch dann, wenn sie in die einzelne Konzession nicht aufgenommen sind. Freilich enthalten sie, insbesondere die Vorschriften des II. Titels des Gesetzes, Konzessionsbedingungen, allein sie stellen die Konzessionsbeding= ungen gesetzlich allgemein, mit unmittelbarer Verbindungskraft für die Konzessionäre, fest, und schreiben nicht nur vor, daß die Bundes= behörden Bestimmungen des betreffenden Inhalts jeweilen bei der Konzessionsertheilung sich ausbedingen sollen. Demgemäß sind denn auch die gesetzlichen Vorschriften über den Konzessionsinhalt in die seit Inkrafttreten des Eisenbahngesetzes vom 23. Dezember 1872 ertheilten Konzessionen durchaus nicht etwa vollinhaltlich aufgenommen worden; insbesondere ist die Vorschrift des Art. 8 Abs. 2 des Eisenbahngesetzes weder in die sogenannte Normal= konzession aufgenommen, noch enthalten die einzelnen seit 1872 ertheilten Konzessionen ihrer großen Mehrzahl nach irgendwelche Bestimmung über die von den Eisenbahnen zu verzeigenden kanto= nalen Spezialdomizile; nur vereinzelt sind in den seit 1872 vom Bunde ertheilten Konzessionen Bestimmungen hierüber enthalten (s. Hürlimann, Die Eisenbahngesetzgebung des Bundes, S. 47

und die Eisenbahnaktensammlung, N. F. passim). Die Ansicht des Appellationsgerichtes, daß Art. 8 Abs. 2 des Eisenbahngesetzes nur eine Weisung an die Bundesbehörden enthalte, bei Ertheilung zukünftiger Konzessionen die Verzeigung eines Domizils in jedem durch die Unternehmung berührten Kantone sich auszubedingen, ist daher weder mit Natur und Zweck des Gesetzes, welches eine allgemeine gesetzliche Ordnung der Rechtsstellung der Eisenbahn= konzessionäre anstrebt, noch mit der seitherigen Anwendung des= selben durch die Bundesbehörden vereinbar. Richtig ist allerdings, daß Art. 59 Abs. 1 B.=V. auch für den Bundesgesetzgeber ver= bindlich ist. Allein die Gewährleistung des Art. 59 Abs. 1 B.=V. ist verzichtbar und ein Gesetz des in Art. 8 Abs. 2 des Eisen= bahngesetzes festgestellten Inhalts verletzt daher den Art. 59 Abs. 1 B.=V. nicht. Denn Annahme und Ausübung einer Eisenbahn= konzession, woran die Unterwerfung unter den Gerichtsstand des Art. 8 Abs. 2 des Eisenbahngesetzes sich knüpft, steht ja im freien Willen des Konzessionärs. Gesetze, wodurch Inhaber von Unter= nehmungen mit ständigem Gewerbebetrieb in verschiedenen Kan= tonen verhalten wurden, als Korrelat der Gewerbebewilligung, ein Rechtsdomizil in den betreffenden Kantonen zu verzeigen, sind denn auch stets als mit Art. 59 Abs. 1 B.=V. vereinbar erachtet worden (vrgl. z. B. auch Art. 2 Ziff. 4 des Bundesgesetzes be= treffend die Beaufsichtigung von Privatunternehmungen im Gebiete des Versicherungswesens vom 25. Juni 1885). Wenn der Rekurs= beklagte auf Art. 8 Abs. 1 des Eisenbahngesetzes hinweist, wonach der Sitz der Gesellschaft jeweilen in der Konzession bestimmt wird, so beweist diese Bestimmung nichts dafür, daß Art. 8 Abs. 2 blos eine Weisung an die Bundesbehörden darüber enthalte, was in künftige Konzessionsurkunden aufgenommen werden solle. Das Gesetz hat der Natur der Sache entsprechend darauf verzichtet, den Eisenbahngesellschaften vorzuschreiben, wo sie ihren Sitz wählen sollen; es fordert nur, daß die Bestimmung des Sitzes, welche naturgemäß für jede Gesellschaft besonders erfolgen muß, in der Konzession geschehe (und somit der Genehmigung der Bundesbe= hörden unterstellt werde). Dagegen enthält Art. 8 Abs. 2 eine vom Gesetze selbst aufgestellte allgemeine Gerichtsstandsregel, nicht eine Vorschrift, daß über die von den Eisenbahngesellschaften zu

verzeigenden Spezialdomizile jeweilen in der Konzession Bestim=
mung zu treffen sei.

3. Enthält somit Art. 8 Abs. 2 des Eisenbahngesetzes eine
gesetzliche Gerichtsstandsnorm, so muß sich fragen, wie diese Norm
sich zu den Gerichtsstandsklauseln verhalte, wie die ältern Kon=
zessionen sie aufstellen. Wenn nun letztere Klauseln nicht in
Konzessionen sondern in kantonalen Eisenbahngesetzen enthalten
wären, so dürfte wohl von Niemanden bezweifelt werden, daß sie
durch das Bundesgesetz aufgehoben und ersetzt wurden, gerade so
wie die gegenwärtige bundesgesetzliche Gerichtsstandsnorm bei einer
Abänderung des Gesetzes vom 23. Dezember 1872 durch das
neue Gesetz ersetzt würde. Die derogatorische Kraft des Bundes=
gesetzes wird aber dadurch nicht beschränkt, daß vor seinem In=
krafttreten die Rechtsstellung der Eisenbahnkonzessionäre in den
Kantonen nicht allgemein durch Gesetz, sondern durch Einzelver=
fügungen der Staatsgewalt, durch Konzession, bestimmt war. Der
bundesräthliche Entwurf zum Eisenbahngesetze hatte eine Ueber=
gangsbestimmung über das Verhältniß der Vorschriften des neuen
Gesetzes zu dem Inhalte der ältern Konzessionen nicht enthalten.
Auf Beschluß des Nationalrathes wurde alsdann als solche die
Regel des Art. 6 Abs. 3 des Gesetzes beigefügt, daß soweit durch
gegenwärtiges Gesetz die staatshoheitlichen Rechte von den Kan=
tonen an den Bund übergehen, die Bestimmungen desselben auch
für die bisher von den Kantonen ertheilten Konzessionen maß=
gebend seien. Nun enthält Art. 8 Abs. 2 des Eisenbahngesetzes,
wie gezeigt, eine staatshoheitliche Normirung des Gerichtsstandes.
Ein Ausfluß des gleichen staatshoheitlichen Rechtes waren auch
die Gerichtsstandsklauseln der Konzessionen, speziell der Art. 3
der baselstädtischen Jurabahnkonzession. Denn die Feststellung der
Konzessionsbedingungen, möge nun der typische, nothwendige
Konzessionsinhalt ein für allemal durch Gesetz bestimmt oder
möge die Rechtsstellung der Konzessionäre jeweilen ausschließlich
durch Einzelverfügung geregelt werden, ist immer ein staatshoheit=
licher Akt; sie ist ein Ausfluß der Eisenbahnhoheit, kraft welcher
der Staat zu bestimmen hat, unter welchen Bedingungen im
Staatsgebiete Eisenbahnen gebaut und betrieben werden dürfen.
Mögen immerhin der Konzessionertheilung Unterhandlungen

zwischen Staat und Konzessionär vorangehen, so ist doch die
Feststellung der Konzessionsbedingungen ein staatshoheitlicher Akt,
welcher nur vom Staate als solchem, als Träger der Eisenbahn=
hoheit, ausgehen kann. Die Konzession ist kein Vertrag, der
Konzessionsinhalt nicht Vertragsinhalt, sondern staatshoheitliche
Vorschrift. Einen Rechtssatz freilich enthält Art. 3 der baselstädti=
schen Konzession nicht, schon deßhalb nicht, weil die Konzession
nicht von der gesetzgebenden Behörde ausgeht, wohl aber ist diese
Bestimmung, wie gesagt, eine Vorschrift staatshoheitlicher Natur,
welche von der mit der Verwaltung der Eisenbahnhoheit betrauten
Staatsbehörde erlassen worden ist. Ein Privatrecht des Kantons
Baselstadt oder Dritter statuirt Art. 3 nicht, er enthält nicht
einen zu Gunsten des Staates oder bestimmter Privaten abge=
schlossenen Prorogationsvertrag, sondern legt vielmehr einfach, im
Interesse eines unbestimmten Personenkreises, dem Konzessionär
der Eisenbahn eine Verpflichtung auf, welche. aufzuerlegen der
Staat kraft seines Hoheitsrechtes befugt war. Demnach handelt
es sich denn hier in der That um einen Gegenstand staatshoheit=
licher Natur, in betreff dessen das staatliche Hoheitsrecht durch
das Eisenbahngesetz von den Kantonen auf den Bund übertragen
worden ist. Wenn die appellationsgerichtliche Entscheidung letzteres
bezweifelt, weil die Justizhoheit den Kantonen verblieben sei, so
ist darauf zu erwidern, daß die Bestimmung des Art. 8 Abs. 2
des Eisenbahngesetzes deutlich beweist, daß die Regelung des Ge=
richtsstandes der Eisenbahngesellschaften hinfort als Bundessache
sollte erklärt werden. Als wesentlicher Gegenstand der Eisen=
bahnhoheit, welcher bei bundesgesetzlicher Regelung der Rechts=
stellung der Konzessionäre nothwendig eine einheitliche Normirung
erfahren mußte, erscheint diese Materie freilich nicht. Vielmehr
hätte der Bund von einer einheitlichen bundesgesetzlichen Regelung
absehen und es den Kantonen überlassen können, jeweilen bei
Ertheilung der Konzessionen die Aufstellung der nöthigen Vor=
schriften zu veranlassen. Allein dies hat nun eben das Bundes=
gesetz nicht gethan; es hat in Art. 8 Abs. 2 vielmehr die
Materie gesetzlich normirt und dadurch der Anschauung unverkenn=
baren Ausdruck gegeben, daß es sich um einen Gegenstand handle,
welcher in den Bereich der auf den Bund übergehenden Eisen=

bahnhoheit falle. Es erscheint dieß denn auch, da eine einheitliche
Ordnung der Gerichtsstandsverhältnisse der Eisenbahnen gewiß
wünschbar war, als begreiflich. Demnach ist denn die Bestimmung
des Art. 3 der baselstädtischen Konzession |gemäß Art. 6 Abs. 3
des Eisenbahngesetzes durch Art. 8 Abs. 2 dieses Gesetzes aufge=
hoben worden. Wenn dem gegenüber noch auf die vorbehaltslose
Genehmigung der Konzession durch die Bundesbehörden (zu
einer Zeit, wo das Eisenbahngesetz vom 23. Dezember 1872
bereits erlassen, wenn auch noch nicht in Kraft getreten war) ist
hingewiesen worden, so kann diesem Umstande irgendwelche Be=
deutung nicht beigemessen werden. Art. 42 des Eisenbahngesetzes
bestimmt, daß Konzessionen, welche bei Erlassung dieses Gesetzes
von den Kantonen ertheilt, aber vom Bunde noch nicht genehmigt
seien, in Bezug auf die Bundesgenehmigung den Bestimmungen
des bisherigen Gesetzes unterliegen, sofern die Ratifikation bis
zum 15. Juni 1873 nachgesucht werde. Vom Standpunkte des
Eisenbahngesetzes vom 28. Juli 1852 aus nun lag ein Grund
zu Beanstandung des Art. 3 der Konzession nicht vor. Die Verein=
barkeit dieser Konzessionsbestimmung mit dem noch nicht in Kraft
getretenen Gesetze vom 23. Dezember 1872 hatten die Bundes=
behörden nicht zu prüfen; sie konnten (und wußten wohl) dieß,
wie überhaupt die Prüfung der Einwirkung des neuen Gesetzes
auf die Bestimmungen der ältern Konzessionen der Zukunft über=
lassen. Seit dem Inkrafttreten des Bundesgesetzes vom 23. De=
zember 1872 nun aber sind die Bundesbehörden wiederholt (siehe
neben den von der Rekurrentin angeführten Botschaften des
Bundesrathes auch die bundesgerichtlichen Entscheidungen in
Sachen Saglio V, S. 172 und in Sachen Hugoniot XII, S. 49)
ohne Weiteres davon ausgegangen, daß Art. 8 Abs. 2 des Eisen=
bahngesetzes auch auf älterkonzedirte Eisenbahngesellschaften An=
wendung finde.

Demnach hat das Bundesgericht
erkannt:

Der Rekurs wird als begründet erklärt und es wird mithin
der Rekurrentin ihr Rekursbegehren zugesprochen.

II. Persönliche Handlungsfähigkeit.
Capacité civile.

79. Urtheil vom 24. September 1892
in Sachen Steffen.

A. Dem Othmar Steffen von Escholzmatt, wohnhaft in Cannada de Gomez, Argentinien, 67 Jahre alt, ledig, ist aus dem Nachlaß eines Jakob Steffen in Kriens ein Erbe im Betrage von 5000 Fr. angefallen. Bei diesem Anlaß wurde ihm vom Gemeinderath Escholzmatt, da er landesabwesend war, unter Hin= weis auf § 3, litt. f, des luzernischen Vormundschaftsgesetzes vom 7. März 1871, ein Beistand ernannt. Am 27. Juni 1892 stellte sich nun ein Bevollmächtigter des verbeiständeten Steffen in der Person des Jakob Augsburger dem Gemeinderath Escholzmatt vor und verlangte, gestützt auf eine, von Steffen unterzeichnete und vom schweizerischen Vice=Konsulat in Rosario vidimirte Voll= macht die Aushändigung des dem Steffen gehörenden Vermögens. Diesem Begehren wurde aber keine Folge geleistet und Jakob Augsburger reichte daher am 30. Juni gegen den Gemeinderath Escholzmatt einen Rekurs an den luzernischen Regierungsrath ein. Inzwischen aber faßte der Gemeinderath Escholzmatt einen zweiten Beschluß, d. d. 16. Juli, worin er auf Begehren der in Kriens wohnhaften Verwandten des Steffen nicht bloß die Herausgabe des Vermögens verweigerte, sondern den Steffen in Anwendung von § 3, litt. d des luzernischen Vormundschaftsgesetzes „unter gesetzliche Beistandschaft" stellte und den frühern Vertreter J. Stu= ber zu seinem „Vormund" ernannte. Als Grund dafür wird im Beschluß angegeben: „Daß gewisse Umstände dafür sprechen, welche die Berücksichtigung des Wunsches der Verwandten (nämlich Nichtherausgabe des Vermögens und Stellung unter Vormund= schaft) rechtfertigen, um so mehr als O. Steffen bereits 67 Jahre alt sei und fragliche Vollmacht sehr wahrscheinlich in etwas un= überlegter Weise ausgestellt haben dürfte." Der Regierungsrath von Luzern erkannte nun am 18. Juli, es sei der Beschwerde des Jakob Augsburger wegen Vorenthaltung des Vermögens keine Folge zu geben, bis und solange die Frage der Zuläßigkeit der Bevormundung nicht entschieden sei, bezüglich welcher keine Beschwerde vorliege.

B. Nach diesem Erkenntniß wandte sich Jakob Augsburger nicht mehr an den Regierungsrath von Luzern um Aufhebung des Bevogtigungsbeschlusses, sondern direkt an das Bundesgericht. In seiner Rekurseinlage vom 8. August führt er aus, daß die vom Gemeinderath von Escholzmatt verhängte Bevogtigung im Widerspruch mit Art. 5 des Bundesgesetzes über die persönliche Handlungsfähigkeit stehe, und verlangt, es solle der Gemeinderath Escholzmatt, unter Aufhebung des regierungsräthlichen Erkenntnisses, zur Herausgabe des dem Steffen gehörenden Vermögens angehalten werden.

C. In seiner Vernehmlassung vom 18. August beharrt der Gemeinderath auf seinem Beschluß und erklärt, der Rekurrent Steffen sei auf das bestimmte Verlangen seiner Verwandten hin, welche ihm die nöthigen Eigenschaften der persönlichen Handlungsfähigkeit absprechen, unter Vormundschaft gestellt worden. Es sei nicht ausgeschlossen, daß er einmal wieder in die Heimat zurückkehre und den Verwandten und der Heimatgemeinde zur Last falle. Ueberhaupt könne nun, da Steffen bevogtiget sei, eine Aushändigung des Vermögens nicht mehr stattfinden, es sei denn, daß seinerseits der Nachweis geleistet werden sollte, daß er auf das schweizerische Bürgerrecht verzichtet habe und amerikanischer Bürger geworden sei.

D. Der Regierungsrath des Kantons Luzern, der ebenfalls eine Vernehmlassung einreichte, stellt den Antrag auf Abweisung des Rekurses und begründet denselben folgendermaßen: Das Bundesgericht sei zur Entscheidung des Rekurses nicht kompetent. Gemäß Art. 5 letztem Absatz des Bundesgesetzes über die persönliche Handlungsfähigkeit richte sich das Entmündigungsverfahren nach dem kantonalen Gesetze. In concreto sei nun das vom luzernischen Gesetze vorgeschriebene Verfahren, wonach gegen die Entmündigung Steffens innert 20 Tagen an den Regierungsrath hätte rekurrirt werden sollen, nicht eingehalten worden. Das

Bundesgericht könne also über die materielle Zuläßigkeit der Be=
vogtigung keinen Beschluß fassen, denn die Frage, ob ein Bevog=
tigungsgrund vorhanden sei oder nicht, falle nach bundesgericht=
licher Praxis den kantonalen Behörden zu und in concreto sei
dem Regierungsrath kein Anlaß geboten worden, sich mit der
Frage zu befassen. Bei dem an den Regierungsrath ergriffenen
Rekurs habe es sich lediglich um die Frage der Herausgabe des
Vermögens gehandelt; diese Frage habe nun der Regierungsrath
nicht unbedingt verneint, sondern der bezüglichen Beschwerde nur
insolange keine Folge gegeben, als nicht über die Rechtsbeständig=
keit der Bevogtigung ein Entscheid der kompetenten Behörde vor=
liegen würde. Unter obwaltenden Umständen habe nicht anders
entschieden werden können und der nunmehrige Rekurs des Jakob
Augsburger sei daher in dieser Beziehung ein offenbar unbegrün=
deter. Im Uebrigen werde nach luzernischer Praxis die Aus=
händigung von Vermögen an Bevormundete, die auswärts wohnen,
nicht etwa an die Bedingung geknüpft, daß der Berechtigte auf
sein schweizerisches Bürgerrecht Verzicht leiste, wie dies aus den
Aeußerungen des Gemeinderathes Escholzmatt gefolgert werden
könnte, sondern es gelte vielmehr der Grundsatz, daß wenn ein
Verzicht auf das schweizerische Bürgerrecht vorliege, die im In=
land errichtete Vormundschaft eben nicht mehr als zu Recht be=
stehend angesehen werde und das Vermögen daher ohne Weiters
auszuhändigen sei. Was den Bevogtigungsbeschluß anbelange, so
müsse der Regierungsrath, da er in Sachen niemals angegangen
worden sei, dessen Rechtfertigung dem Gemeinderath Escholzmatt
überlassen.

Das Bundesgericht zieht in Erwägung:

1. Es handelt sich gegenwärtig nicht mehr um die zuerst ver=
hängte bloße Abwesenheitspflegschaft, welche keine Schmälerung
der Handlungsfähigkeit enthält (Entscheidungen des Bundesgerichtes
XV, S. 130) und zu deren Anordnung allerdings der Gemeinde=
rath Escholzmatt als Heimatbehörde, nach Art. 30 des Bundes=
gesetzes über die civilrechtlichen Verhältnisse der Niedergelassenen
befugt war, sondern in Frage steht die über den Rekurrenten am
16. Juli verhängte Beistandschaft, welche auf § 3 litt. d des
luzernischen Vormundschaftsgesetzes sich stützt, wonach ein Beistand

benjenigen Perſonen beſtellt werden müſſe, von welchen in Bezug
auf Beſorgung ihres Vermögens ſolche Handlungen bekannt ſind,
die noch nicht eine Vogtſchaft hinlänglich begründen, deren Wieder=
holung aber eine ſolche herbeiführen müßte. Bezüglich dieſer Bei=
ſtandſchaft des luzerniſchen Rechtes hat das Bundesgericht ſchon
früher erklärt, daß dieſelbe, wenn auch eine bloß theilweiſe Ent=
mündigung enthaltend, nur aus einem bundesrechtlich zuläßigen
Grunde verhängt werden kann. Thatſächlich ſodann wird dem
Beſchluß des Gemeinderathes Eſcholzmatt, d. d. 16. Juli, auch
vom Regierungsrath von Luzern und vom Gemeinderath ſelber,
die Bedeutung einer wirklichen Entmündigung beigelegt, wie denn
auch für die Beſtellung einer Abweſenheitspflegſchaft, nachdem der
Abweſende ſeinen Aufenthalt und ſeinen Willen durch Beſtellung
eines Bevollmächtigten kund gegeben hatte, kein Raum mehr war

2. Nun iſt das Bundesgericht, wie es ſchon häufig ausge=
ſprochen hat, in Entmündungsſachen inſofern kompetent, als es
zu prüfen hat, ob eine Entmündigung aus einem bundesrechtlich
zuläſſigen Grunde verhängt oder aufrechterhalten wordenſiſt. Inſo=
weit handelt es ſich um die Anwendung eidgenöſſiſchen Rechtes,
des Art. 5 des Bundesgeſetzes über die perſönliche Handlungs=
fähigkeit, während dagegen allerdings die andere Frage, ob im
gegebenen Falle ein Entmündigungsgrund nach Maßgabe der
kantonalen Geſetzgebung und der feſtgeſtellten Thatſachen vorhanden,
ſowie ob das kantonalrechtlich vorgeſchriebene Verfahren eingehalten
worden ſei, ſich ſeiner Kognition entzieht (Entſcheidungen des
Bundesgerichtes XIV, S. 200, 566).

3. Iſt demnach die Kompetenz des Bundesgerichtes inſoweit
begründet, ſo iſt auf den Rekurs einzutreten trotz der mangelnden
Erſchöpfung des kantonalen Inſtanzenzuges. Denn nach feſtſtehen=
der Praxis des Bundesgerichtes iſt das vorhergehende Anrufen
aller kantonalen Inſtanzen nicht unbedingte Vorausſetzung der
Zulaſſung eines ſtaatsrechtlichen Rekurſes an das Bundesgericht,
wenn es ſich um Verletzung der Bundesverfaſſung oder eines
Bundesgeſetzes handelt. Auch hier iſt daher der Umſtand, daß
Rekurrent gegen den Entmündigungsbeſchluß des Gemeinderathes
Eſcholzmatt die kantonalen Oberbehörden nicht angerufen hat,
kein genügender Grund zur Rückweiſung ſeiner Beſchwerde.

4. In der Sache selbst ist klar, daß der Gemeinderathsbeschluß vom 16. Juli einen bundesrechtlich zuläßigen Entmündungsgrund nicht feststellt. Weder der bloße Antrag der Verwandten, noch ein höheres Alter ist ein nach Art. 5 des Bundesgesetzes über die persönliche Handlungsfähigkeit zuläßiger Entmündungsgrund. Auf einen andern Grund aber wurde hier die Entmündigung nicht gestützt, insbesondere ist nicht festgestellt, daß der Rekurrent zufolge seines hohen Alters an solchen körperlichen oder geistigen Gebrechen leide, welche ihn zur eigenen Vermögensverwaltung unfähig machen, und ebensowenig werden Thatsachen angeführt, auf welche gestützt die Behörde zu der Annahme gekommen wäre, O. Steffen setze sich durch die Art und Weise seiner Vermögens= verwaltung der Gefahr eines künftigen Nothstandes aus.

Demnach hat das Bundesgericht

erkannt:

Der Rekurs wird als begründet erklärt und daher die vom Gemeinderath Escholzmatt über den Rekurrenten verhängte Beistand= schaft aufgehoben.

III. Civilrechtliche Verhältnisse der Niedergelassenen und Aufenthalter.

Rapports de droit civil des citoyens établis ou en séjour.

80. Urtheil vom 16. Juli 1892 in Sachen Vormundschaftsbehörde Wieblisbach.

Das Bundesgericht hat in Erwägung:

Daß die Vormundschaftsbehörde Wieblisbach unter Berufung auf Art. 15 des Bundesgesetzes betreffend die civilrechtlichen Ver= hältnisse der Aufenthalter und Niedergelassenen vom 25. Juni 1891 beim Bundesgerichte beantragt, es sei die über Marie Kopp von Wieblisbach, in der Gemeinde Neuenburg angeordnete Vor=

mundschaft, welche bisher neben einer von der Heimatbehörde eingesetzten Vormundschaft bestand, an die Heimatbehörde abzugeben;

Daß nun aber dieses Begehren nicht direkt beim Bundesgericht angebracht werden kann;

Daß nämlich das Bundesgericht gemäß Art. 36 litt. a des Bundesgesetzes vom 25. Juni 1891 über derartige Streitigkeiten nur dann als erste und letzte Instanz zu entscheiden hat, wenn die Kantone keine kantonale Behörde hiefür bezeichnet, sondern die Entscheidung in erster und letzter Instanz dem Bundesgerichte anheimgestellt haben;

Daß dies hier nicht zutrifft, da sowohl der Kanton Bern (in § 6 seines Vollziehungsdekretes zum Bundesgesetze vom 25. Juni 1891) als auch, was hier, wo die Bevogtete im Kanton Neuenburg niedergelassen ist und die Heimatbehörde als Impetrantin auftritt, entscheidend ist, der Kanton Neuenburg kantonale Behörden zu erstinstanzlicher Beurtheilung von interkantonalen Vormundschaftsstreitigkeiten eingesetzt haben, nämlich der Kanton Bern den Regierungsrath; der Kanton Neuenburg (durch Art. 1 seines Vollziehungsdekrets vom 18. Mai 1892), als Instruktionsbehörde das Bezirksgericht, als urtheilende Behörde dagegen das Kantonsgericht;

erkannt:

Auf die Eingabe der Impetrantin wird nicht eingetreten.

Dritter Abschnitt. — Troisième section.

Kantonsverfassungen. — Constitutions cantonales.

————

Kompetenzüberschreitungen kantonaler Behörden.
Abus de compétence des autorités cantonales.

1. Uebergriff in das Gebiet der gesetzgebenden Gewalt. — Empiétement dans le domaine du pouvoir législatif.

81. Urtheil vom 16. Juli 1892 in Sachen Bopp und Keller.

A. Im Kanton Zürich besteht seit dem Jahre 1858 eine vom Staate unterstützte Wittwen- und Waisenkasse für die Volksschullehrer und seit 1860 eine gleiche, ebenfalls vom Staate unterstützte, Anstalt für die Lehrer an den höhern Unterrichtsanstalten und die reformirte Geistlichkeit. Der Beitritt zu diesen Kassen ist, wie in Betreff der Lehrer durch § 310 des kantonalen Unterrichtsgesetzes von 1859 bestimmt ist, für die Betheiligten obligatorisch. Im Jahre 1888 richteten 180 Beamte und Angestellte der kantonalen Verwaltung und Rechtspflege an den zürcherischen Kantonsrath das Gesuch um Gestattung des Beitritts zur Wittwen- und Waisenstiftung der Geistlichkeit und höhern Lehrerschaft. Die Einreihung der Verwaltungs- und Gerichtsbeamten in die eine oder die andere der beiden alten Stiftungen erschien indeß als unthunlich. Der Regierungsrath beantragte in Folge dessen, für die Verwaltungs- und Gerichtsbeamten eine besondere Stiftung zu errichten, welche für die Beamten und Angestellten mit einem Amtseinkommen von mindestens 1500 Fr. per Jahr obligatorisch sein sollte. Dieser Antrag wurde vom Kantonsrathe an den Regierungsrath zurückgewiesen, u. a. deßhalb weil die Kompetenz des Kantonsrathes zu Auferlegung des Beitrittszwanges bezweifelt wurde. Im Januar 1892 reichte der Regierungsrath dem Kantonsrathe einen neuen Antrag ein, nach welchem die neue Stiftung auf dem Fuße der Freiwilligkeit errichtet werden sollte. Dieser Antrag wurde vom Kantonsrathe am 25. April 1892 durch Genehmigung des für die neue Stiftung vorgelegten Statutenentwurfes angenommen; der Regierungsrath wurde mit der Vollziehung beauftragt und es wurde zu diesem Zwecke für das Jahr 1892 ein Kredit von 8000 Fr. in das Staatsbudget eingestellt. Aus den Statuten für diese Stiftung ist folgendes hervorzuheben: Die Stiftung besteht für die Beamten und Angestellten der kantonalen und Bezirksverwaltung, sowie der Kantonalbank und der Rechtspflege, mit Einschluß der Notare (§ 1). Mitglieder der Stiftung sind alle (nicht bereits bei einer der ältern Stiftungen betheiligten) Beamten und ständigen Angestellten, welche sich verpflichten, der Staatskasse des Kantons Zürich für jedes Jahr ihrer Anstellung in vierteljährlichen Raten den Betrag von 40 Fr. zu bezahlen, bezw. sich denselben von ihrer Besoldung abziehen zu lassen (§ 2 der Statuten). Für jeden betheiligten Beamten und Angestellten der kantonalen und Bezirksverwaltung, sowie der Rechtspflege mit Einschluß der Notare wird von der Staatskasse ein gleicher Betrag eingeschossen. Dieselben Beträge leisten die Kantonalbank und die Brandassekuranzverwaltung für ihre sich betheiligenden Beamten und Angestellten (§ 3). So lange die Anstellung des Beamten und Angestellten dauert, ist der Austritt unzuläßig (§ 5). Die Stiftung bezahlt den Wittwen oder Waisen ihrer Mitglieder, gemäß den nähern Bestimmungen der Statuten, eine Jahresrente von 400 Fr. (§ 7). Die Verwaltung der Stiftung wird durch die Finanzdirektion in Verbindung mit der Kantonalbank unentgeltlich besorgt. § 10 litt. e der Statuten bestimmt: „Würde der anzulegende Reservefond durch allfällige „Verluste aufgebraucht werden, so wären dem Regierungsrathe „zu Handen des Kantonsrathes die erforderlichen Anträge zu „unterbreiten."

B. Gegen den Kantonsrathsbeschluß vom 25. April 1892 ergriffen F. Bopp, Landwirth in Dielsdorf und K. Keller, Land-

wirth in Oberglatt mit Eingabe vom 8./13. Juni 1892 den
staatsrechtlichen Rekurs an das Bundesgericht. Sie beantragen:
„Es möchte der im beiliegenden Amtsblatte vom 6. Mai 1892
„p. 17 mitgetheilte Beschluß des zürcherischen Kantonsrathes,
„d. d. 25. April 1892 betreffend Gründung einer Wittwen- und
„Waisenstiftung für Verwaltungs- und Gerichtsbeamte als eine
„Kompetenzüberschreitung des Kantonsrathes, b. h. als eine Ver-
„letzung von Art. 30 Abf. 2, 1 und 2 und von Art. 31 Abf. 5
„der zürcherischen Staatsverfassung vom 18. April 1869 und
„demgemäß als aufgehoben erklärt werden.‟

Sie führen aus:

1. Nach Art. 31 Abf. 5 K.-V. stehe dem Kantonsrathe die
endgültige Entscheidung über neue einmalige Ausgaben für einen
bestimmten Zweck, welche den Betrag von 250,000 Fr. nicht
übersteigen, sowie über neue jährlich wiederkehrende Ausgaben bis
auf den Betrag von 20,000 Fr. zu. Beschlüsse, welche größere
Ausgaben nach sich ziehen, seien nach Art. 30 Abf. 2 K.-V. der
Volksabstimmung zu unterstellen. Um nun die jährliche Ausgabe
zu ermessen, welche die angefochtene Schlußnahme des Kantonsrathes für den Staat nach sich ziehe, komme es nicht auf den
erstmaligen Budgetansatz an, welcher auf einer bloßen Muth-
maßung über die ungefähre Inanspruchnahme der Stiftung im
ersten Jahre beruhe. Man müsse vielmehr auf die Zahl der Beitrittsberechtigten abstellen, da einzig diese die Ausgabe ergebe,
welche für den Staat möglicherweise erwachsen könne und zu
welcher dieser sich verpflichte. Eine auf Grund der Staatsrechnung
von 1890 vorgenommene Berechnung der Zahl der Beamten und
ständigen Angestellten ergebe nun (einschließlich der Polizeimacht
von 130 Mann) eine Ziffer der Beitrittsberechtigten von 488.
Dazu kommen noch eine den Rekurrenten näher nicht bekannte,
jedenfalls aber circa 200 betragende Anzahl von, zweifellos beitrittsberechtigten, Staatsförstern und Straßenwärtern und die
Beamten der Kantonalbank und Brandassekuranzverwaltung, von
welchen mindestens 25 beitrittsberechtigt seien. Die Beamten
dieser Institute müssen mitgezählt werden, da beide Institute vom
Staate gegründet und geleitet werden und die von ihnen für ihre
Beamten auszurichtenden Beiträge daher den Staat belasten. Diese

Zahlen ergeben, daß der Kantonsrath seinem Beschlusse Dimen=
sionen gegeben habe, die seine Kompetenz weit überschreiten können,
zumal wenn auch das künftige Anwachsen des Beamtenpersonals
mit in Betracht gezogen werde. Eine Steigerung der für den
Zweck der Stiftung bestimmten Staatsausgabe, in dem Betrage
nach unberechenbarem Maße, lasse auch § 10 e der Statuten zu,
denn es sei, trotzdem die Fassung dieses Paragraphen die Thatsache
verschleiere, doch völlig klar, daß die allfällige Deckung eines
Defizits aus Staatsmitteln zu geschehen hätte.

2. Der Kantonsrath besitze aber auch grundsätzlich das Recht
nicht, eine Reihe von Stiftungen gleichen Namens und gleicher
Organisation nur je für verschiedene Beamtenklassen zu gründen
und für die an jede einzelne dieser Stiftungen dekretirte Ausgabe
sich kompetent zu erklären. Die Staatsbeiträge an die verschiedenen
Stiftungen zusammengerechnet übersteigen die Kompetenz des
Kantonsrathes um ein Beträchtliches; jeder derselben sei aber
mit Umgehung der Volksabstimmung eingeführt worden.

3. Auch abgesehen vom Finanzpunkte sei die Gründung der=
artiger Stiftungen, welche ein zusammenhängendes Ganzes bilden,
eine eigentlich gesetzgeberische Materie, die nicht als bloßer Ver=
waltungsakt qualifizirt werden könne. Dieselbe könne daher nicht
durch Dekret des Kantonsrathes geschehen, sondern sei nach
Art. 30 K.=V. der Volksabstimmung zu unterstellen, wie ja auch
die Besoldung fast aller Beamten, insbesondere aller vom Volke
gewählter Beamten durch Gesetz regulirt sei.

C. In seiner Vernehmlassung auf diese Beschwerde führt der
Regierungsrath des Kantons Zürich im Wesentlichen aus: Auf
wiederholte Veröffentlichung und Einladung hin haben sich innert
der angesetzten Frist 324 Beamte und Angestellte, wovon 52 auf
die Kantonalbank, 11 auf die Brandassekuranzanstalt, 261 auf
die Staatsverwaltung und Rechtspflege im engern Sinne entfallen,
zum Beitritte zu der neuen Stiftung gemeldet. Bei dieser Anzahl
von Mitgliedern übersteige der Staatsbeitrag die Kompetenz des
Kantonsrathes nicht. Allein auch die Zahl der Beitrittsberechtigten
betrage nicht über 500. Die Angestellten der Kantonalbank und
der Brandassekuranzanstalt seien nicht mitzuzählen, da für die
betreffenden Beitragsquoten nicht die Staatskasse, sondern die

Kassen der beiden Institute aufzukommen haben. Die Brandasse=
kuranzanstalt sei ein auf Gegenseitigkeit gegründetes besonderes
Institut, das ökonomisch ganz selbständig bastehe und alle seine
Auslagen selbständig zu bestreiten habe; die Ausgabe, welche
diesem Institut für die Unterstützung der Wittwen= und Waisen=
versicherung seiner Beamten aufgeladen werde, berühre das Staats=
budget nicht im Mindesten. Dasselbe gelte von der Kantonalbank.
Ein Budgetrecht des Kantonsrathes existire gegenüber der Kantonal=
bank, welche z. B. auch die Besoldungen ihrer Beamten und An=
gestellten ganz selbständig bestimme, nicht. Vom Standpunkte der
Rekurrenten aus, daß Art. 31 K.=B. auf die Kantonalbank
anwendbar sei, müßte man konsequenterweise dazu gelangen, daß
über jedes Geschäft, bei welchem die Kantonalbank mehr als
250,000 Fr. aufwende, in einer Volksabstimmung entschieden
werden müsse. In einem neuesten Entscheid habe übrigens der
Kantonsrath einstimmig gefunden, daß für die Bemessung, ob er
in Bewilligung von Ausgaben innerhalb der Schranken des
Art. 31 Abs. 5 K.=B. geblieben sei, nur der auf das Staatsbudget
fallende Theil der Ausgaben in Betracht zu ziehen sei, nicht aber
ein Zuschuß aus der Kasse der Kantonalbank. So habe er am
17. November 1891 für die Frost= und Hagelbeschädigten des
Kantons Zürich 350,000 Fr. bewilligt, davon 250,000 Fr. auf
Budget des Staates, 100,000 Fr. aus der Kasse der Kantonal=
bank. In diesem Beschlusse, bei welchem es sich um eine Zuwen=
dung an die Bauern gehandelt habe, sei von Niemandem, auch
nicht von den gegenwärtigen Rekurrenten, eine Verfassungsver=
letzung erblickt worden. Für die Bemessung der Kompetenz des
Kantonsrathes sei also nur der in den „Voranschlag der Ein=
nahmen und Ausgaben des Kantons Zürich" einzustellende Be=
trag maßgebend und hiefür kommen nur die Beamten und
ständigen Angestellten der Verwaltung und Rechtspflege in Be=
tracht. Die Rekurrenten beziffern nun diese auf 488. Das seien
aber nicht 500, mit welcher Zahl erst die Kompetenzsumme des
Kantonsrathes erreicht wäre. Freilich wollen die Rekurrenten dann
zu den Beitrittsberechtigten noch die Straßenwärter und Staats=
förster gezählt wissen. Allein weder die Straßenwärter noch die
Staatsförster seien „ständige" Angestellte des Staates. Die

„Staatsförster" seien, wie ihr bis auf 90 Fr. herabgehendes
Jahreseinkommen zeige, Bauern, welche nebenbei eine Staats=
waldparzelle besorgen. Die Straßenwärter haben nur an einzelnen
Tagen, die jeweilen besonders festgestellt werden, auf der Straße
zu arbeiten und die angewiesene Straße zu begehen; sie seien
nicht auf bestimmte Amtsdauer sondern auf Kündigung angestellt
und beziehen gewissermaßen als Lohn für Akkordarbeit ein Pau=
schale. Ihr jährliches Einkommen bleibe durchschnittlich erheblich
unter 400 Fr. An eine Einbeziehung der Straßenwärter und
Staatsförster in die Wittwen= und Waisenstiftung für Beamte
und Angestellte habe daher Niemand denken können. Es habe sich
denn auch kein einziger Staatsförster oder Straßenwärter zum
Beitritte angemeldet. Die Zahl der Beitrittsberechtigten bleibe also
wie bemerkt, unter 500. Dazu komme: Es sei von vornherein
klar gewesen, daß bei blos fakultativem Beitritte nicht alle Be=
rechtigten beitreten werden, sei es aus Mangel an Interesse (Un=
verheiratete und ältere Wittwer), sei es aus Mangel an Sparsinn
und Opfersinn. Nun gestatte die Kantonsverfassung dem Kantons=
rathe ausdrücklich eine wirkliche Ausgabe von jährlich 20,000 Fr.
Die wirkliche Ausgabe bemesse sich aber nach der Zahl der Bei=
getretenen, nicht der Beitrittsberechtigten. Die Gesammtzahl der
hier in Betracht kommenden Angemeldeten belaufe sich nun auf
nur 261. Von den jetzt in Amt und Anstellung stehenden Per=
sonen werden sicher nur wenige mehr sich melden. Ein Zuwachs
sei wesentlich nur zu gewärtigen, wenn neue Amtsstellen errichtet
werden oder wenn neue junge Leute in Stellen einrücken, die von
ältern Nichtbetheiligten besetzt waren. Dieser Zuwachs werde aber
ein sehr langsamer sein; es können Jahre vergehen, bis er
auch nur 20 betrage. Nun müßte aber die gegenwärtige Zahl,
damit die verfassungsmäßige Grenze erreicht werde, um 240
steigen, also sich nahezu verdoppeln, und man dürfe wohl
behaupten, daß die Grenze nie werde erreicht werden. Die Be=
hörden dürfen sich daher dagegen verwahren, daß ihr verfassungs=
mäßiges Recht, jährlich wiederkehrende wirkliche Ausgaben bis
auf 20,000 Fr. zu betretiren, annullirt werden wolle. Aus § 10 e
der Statuten der neuen Stiftung folge eine Ueberschreitung der
kantonsräthlichen Kompetenz durchaus nicht. § 10 e lasse für
die zu stellenden Anträge zu allfällig nöthiger Sanirung der

Stiftung freieste Hand; eine Erhöhung der Beiträge, eine Ver=
minderung der Rente sei keineswegs ausgeschlossen. Uebrigens sei
auch die Gefahr eines Defizits eine äußerst geringe. Wenn die
Rekurrenten dem Kantonsrathe das Recht bestreiten, eine Reihe
gleichartiger Stiftungen nur je für verschiedene Beamtenklassen
zu begründen, so sei darauf zu erwidern, daß das Erziehungs=
gesetz selbst zwei besondere Stiftungen für die Volksschullehrerschaft
und die höhere Lehrerschaft vorgesehen habe und daß die Verdäch=
tigung, als habe der Kantonsrath den Weg der Gründung ver=
schiedener Stiftungen gewählt, um die Volksabstimmung umgehen
zu können, durch die Thatsache in ihr Nichts zurückgeführt werde,
daß zwei dieser Stiftungen schon zehn Jahre vor der Zeit
gegründet worden seien, da das Referendum in Wirksamkeit ge=
treten sei. Von „zusammenhängenden" Stiftungen sei nach der
ganzen Entwickelung der Sache überall keine Rede. Daß die
Gründung der neuen Stiftung für sich allein ein Akt sei, der
nur auf dem Gesetzeswege erfolgen dürfte, behaupten die Re=
kurrenten eigentlich selbst nicht und es wäre dies auch offenbar
unrichtig. Demnach werde auf Abweisung des Rekurses angetragen.

Das Bundesgericht zieht in Erwägung:

1. Die Beschwerde behauptet einerseits, der Kantonsrath habe
durch die angefochtene Schlußnahme eine jährlich wiederkehrende
neue Ausgabe von über 20,000 Fr. dekretirt und dadurch seine
Kompetenz zu Beschließung von Staatsausgaben überschritten;
andrerseits macht sie geltend, es falle ein Erlaß, wie er in der
angefochtenen Schlußnahme enthalten ist, an sich in das Gebiet
der Gesetzgebung und unterstehe aus diesem Grunde der Volks=
abstimmung.

2. In ersterer Beziehung ist vor allem klar, daß, wenn im
Kanton Zürich statt einer einheitlichen Wittwen= und Waisen=
stiftung für sämmtliche Staatsbeamte, deren mehrere für verschie=
bene Beamtenkategorien gegründet wurden, dies nicht etwa deßhalb
geschehen ist, um die Volksabstimmung zu umgehen. Eine derartige
Absicht ist völlig ausgeschlossen, da die beiden Wittwen= und
Waisenkassen für die Volkslehrerschaft einerseits und die Geistlich=
keit und höhere Lehrerschaft andrerseits schon seit Jahrzehnten
bestehen, ja schon vor Einführung des Referendums als besondere
Kassen bestanden. Demnach kann denn von vornherein keine Rede

davon sein, daß hier zum Zwecke der Umgehung der Volksabstimmung eine, einen und denselben Gegenstand betreffende, Schlußnahme künstlich in mehrere Beschlüsse zerlegt worden sei. In
Frage kommen kann einzig, ob durch den Beschluß der Gründung
und Unterstützung der neu errichteten Wittwen- und Waisenkasse
für die Verwaltungs- und Justizbeamten eine wiederkehrende Ausgabe von über 20,000 Fr. dekretirt worden sei.

3. Nun steht fest, daß zur Zeit der Staatsbeitrag an die
fragliche Wittwen- und Waisenkasse den Betrag von 20,000 Fr.
nicht erreicht. Dies kann indeß allerdings nicht ohne weiters zur
Abweisung der Beschwerde führen. Denn der beschlossene Staatsbeitrag ist kein fixer, sondern wandelt sich mit der Zahl der
Mitglieder der Kasse und es mag nun zugegeben werden, daß
eine Kompetenzüberschreitung des Kantonsrathes dann vorläge,
wenn die angefochtene Schlußnahme im ordentlichen Laufe der
Dinge bei normaler Entwickelung der Kasse in Zukunft zu einer
wiederkehrenden jährlichen Ausgabe des Staates von über
20,000 Fr. führen müßte. Allein dies ist nicht nur nicht dargethan, sondern es ist vielmehr vom Regierungsrathe des Kantons
Zürich in überzeugender Weise dargelegt worden, daß in absehbarer
Zeit der Staatsbeitrag die Summe von 20,000 Fr. nicht übersteigen wird. Es ist zunächst dem Regierungsrathe des Kantons
Zürich aus den von ihm angeführten Gründen darin beizutreten,
daß die Beiträge, welche für die Beamten und Angestellten der
Kantonalbank und der Brandversicherungsanstalt von diesen Instituten zu bezahlen sind, bei Berechnung des Staatsbeitrages
nicht in Betracht fallen, ebenso darin, daß die Staatsförster und
Straßenwärter nicht zu den beitrittsberechtigten ständigen Staats-
angestellten gehören. Demnach überstiege denn der Staatsbeitrag,
auf Grund der gegenwärtigen Verhältnisse, die Summe von
20,000 Fr. selbst dann nicht, wenn sämmtliche Beitrittsberechtigte
der Kasse auch wirklich beiträten. Allein bei Beurtheilung der
finanziellen Tragweite der angefochtenen Schlußnahme ist überhaupt nicht einfach auf die Zahl der Beitrittsberechtigten abzu-
stellen, sondern die Zahl der gegenwärtig wirklich Beigetretenen
und in Zukunft voraussichtlich weiter Beitretenden zu berücksichtigen, da ja durch diese, nicht durch die Zahl der Beitrittsberechtigten, die wirkliche Ausgabe des Staates bestimmt wird. Dabei

ist denn aber erfahrungsgemäß klar, daß niemals die sämmtlichen Beitrittsberechtigten der Kasse auch wirklich beitreten werden und es wird in Folge dessen, wie bemerkt, in absehbarer Zeit der versprochene Staatsbeitrag die Summe von jährlich 20,000 Fr. nicht übersteigen. Wenn die Rekurrenten sich noch auf § 10 litt. e der Statuten der Wittwen= und Waisenstiftung berufen haben, so ist klar, daß diese Bestimmung überall keine Ausgabe des Staates und noch weniger eine jährlich wiederkehrende dekretirt, also für die vorliegende Beschwerde gar nicht in Betracht kommt.

4. Auch die weitere Beschwerde, es falle die beschlossene Grün= dung und Unterstützung einer Wittwen= und Waisenkasse für Verwaltungs= und Justizbeamte an sich in das Gebiet der Gesetz= gebung, ist unbegründet. Die Rekurrenten haben dieselbe nicht näher begründet; es könnte indeß zu deren Begründung etwa angeführt werden, darin daß den Beamten von Staatswegen ein Zuschuß zum Zwecke der Wittwen= und Waisenversorgung ge= währt werde, liege eine Aufbesserung ihrer Besoldung und es involvire daher die angefochtene Schlußnahme eine Modifikation der Besoldungsgesetze. Allein dies erschiene doch nicht als richtig. Die Besoldungsansätze werden durch die angefochtene Schlußnahme nicht abgeändert; das Amtseinkommen der Beamten und Ange= stellten bleibt vielmehr unverändert. Der Staat leistet dem Be= amten selbst nicht mehr als die gesetzliche Besoldung ; er gründet lediglich eine gemeinnützige (Wittwen= und Waisen=) Stiftung, an welche er für diejenigen Beamten, die ihr beitreten wollen, einen Beitrag leistet. Die Gründung gemeinnütziger Anstalten aber kann zweifellos, sofern die dafür zu verausgabende Summe die Kompetenz des Kantonsrathes nicht übersteigt, im Verwal= tungswege durch den Kantonsrath geschehen ; daß die Destinatäre der Stiftung die Angehörigen von Beamten und Angestellten des Staates sind und nicht, wie bei andern vom Staate gegründeten oder unterstützten Anstalten, andern Bevölkerungsklassen angehören, ändert hieran nichts.

Demnach hat das Bundesgericht

erkannt:

Die Beschwerde wird als unbegründet abgewiesen.

2. Uebergriff in das Gebiet der richterlichen Gewalt. — Empiétement dans le domaine du pouvoir judiciaire.

82. Urtheil vom 16. Juli 1892 in Sachen Binz.

A. Urs Josef Binz, von Kammersrohr, welcher vom Regierungs=
rathe des Kantons Solothurn am 1. Dezember 1882 das Patent
zu Ausübung des Berufes als Fürsprecher und Notar erhalten
hatte, bekleidete das Amt eines Amtsschreibers von Dorneck. Bei
einer am 9. Dezember 1891 auf der Amtsschreiberei vorgenom=
menen Kassarevision ergab sich ein Fehlbetrag von 613 Fr. 18 Cts.,
welcher indeß von Binz noch am gleichen Tage ersetzt wurde. Der
Regierungsrath des Kantons Solothurn verfügte, nachdem er
den Sachverhalt durch eine Administrativuntersuchung festgestellt
hatte, gestützt auf § 12 des kantonalen Verantwortlichkeitsgesetzes,
die Amtseinstellung des Binz und stellte beim Kantonsrathe den
Antrag: „Josef Binz in Dornach wird in Anwendung von
§§ 7 und 8 des Verantwortlichkeitsgesetzes von seinem Amte
enthoben." Die zu Vorberathung dieses Antrages niedergesetzte
kantonsräthliche Kommission beantragte, den Antrag des Regierungsrathes anzunehmen; mit Rücksicht auf eine von Binz an
die Mitglieder des Kantonsrathes gerichtete gedruckte Zuschrift,
welche nach den Ausführungen des Berichterstatters der Kommission
freche und verleumderische Ausfälle gegen den Regierungsrath des
Kantons Solothurn und andere Beamte enthielt, stellte indeß die
Kommission den weitern Antrag, es sei der gewesene Amtsschreiber
Binz der Beurtheilung durch die kompetenten Behörden (wegen
Veruntreuung von Staatsgeldern) zu unterstellen. Im Laufe der
Diskussion wurde aus dem Schooße des Kantonsrathes der even-
tuelle Antrag gestellt, es sei, falls der Strafantrag nicht durch=
gehen sollte, der Regierungsrath zu beauftragen, Binz das Patent
als Fürsprecher und Notar zu entziehen. Der Kantonsrath faßte
hierauf am 10. März 1892 den Beschluß: „Herr Urs Josef
„Binz in Dornach wird in Anwendung von §§ 7 und 8 des
„Verantwortlichkeitsgesetzes von seinem Amte als Amtsschreiber

„von Dorneck enthoben. Demselben ist durch den Regierungsrath
„das Patent als Fürsprecher und Notar zu entziehen. Ueber seine
„gedruckte Zuschrift an die Mitglieder des Kantonsrathes wird
„zur Tagesordnung geschritten.“ Am 15. März 1892 beschloß
sodann der Regierungsrath: „In Nachachtung des Beschlusses
„des h. Kantonsrathes vom 10. März 1892 wird Herr Urs
„Josef Binz in Dornach das mit Regierungsrathsbeschluß vom
„4. (recte 1.) Dezember 1882 ertheilte Patent als Fürsprech
„und Notar entzogen.“

B. Nunmehr ergriff U. J. Binz mit Eingabe vom 25. April
1892 den staatsrechtlichen Rekurs an das Bundesgericht, mit dem
Antrage: „Das Bundesgericht möchte die Beschlüsse des solo=
„thurnischen Kantonsrathes vom 10. März abhin, wonach mir
„das unterm 4. Dezember 1882 ertheilte Patent als Fürsprech
„und Notar entzogen wird, weil mit der Verfassung und den
„Gesetzen im Widerspruch stehend, aufheben.“ Er macht geltend:
Das solothurnische Gesetz über die Verantwortlichkeit der Beamten
und Angestellten des Staates vom 24. Dezember 1870 kenne als
zuläßige Strafarten blos Ordnungsbußen, Amtseinstellung auf
bestimmte Dauer und Abberufung, welche Strafe vom Kantons=
rathe, in einzelnen Fällen auch vom Regierungsrathe, zu ver=
hängen seien. Eine weitergehende Strafkompetenz besitze in dieser
Materie weder der Kantonsrath noch der Regierungsrath; die=
selben seien speziell auch nicht befugt, einem Bürger die Ausübung
eines bestimmten Berufes oder Gewerbes zu untersagen. Nur der
Strafrichter könne nach §§ 22 und 23 des solothurnischen Straf=
gesetzbuches durch Verhängung einer Zusatzstrafe zur Zuchthaus=
oder Einsperrungsstrafe das Recht, einen bestimmten Beruf oder
ein Gewerbe zu betreiben, auf die Dauer von einem bis zehn
Jahren entziehen. Nach Art. 4 K.=V. seien die gesetzgebende, voll=
ziehende und richterliche Gewalt getrennt und nach Art. 17 Ziff. 1
K.=V. bedürfe die Abänderung und auch die authentische Inter=
pretation bestehender Gesetze der Genehmigung des Volkes, während
der Kantonsrath gemäß Art. 31 Ziff. 1 K.=V. in Gesetzgebungs=
sachen nur vorberathende Behörde sei. Nach Art. 3 K.=V. haben
im Kanton Solothurn nur diejenigen rechtlichen Normen Gel=
tung, welche auf verfassungsmäßigem Wege entstanden seien.

Wenn nun der Kantonsrath oder der Regierungsrath sich in Er=
weiterung der Bestimmungen des Verantwortlichkeitsgesetzes oder
des Strafgesetzbuches das Recht vindiziren wollen, ihrerseits einem
Bürger das Recht zur Betreibung eines Berufes zu entziehen, so
können sie das nur auf dem Wege der authentischen Interpretation
thun. Für eine solche wäre aber die Sanktion des Volkes erfor=
derlich. Die angefochtenen Schlußnahmen verletzen daher, wie die
Bestimmungen des Strafgesetzes, so den verfassungsmäßigen Grund=
satz der Trennung der Gewalten und involviren einen Uebergriff
in das Gebiet der gesetzgebenden Gewalt. Ferner sei der Grundsatz
der Gleichheit vor dem Gesetze verletzt. Denn die solothurnischen
Behörden haben, wofür Beispiele angeführt werden, in den letzten
Jahren wiederholt Verantwortlichkeitsfälle behandelt, aber es sei
ihnen nie eingefallen, den Versuch zu machen, den Betheiligten
ihre wissenschaftlichen Berufspatente zu entziehen oder eine Be=
handlung der Sache durch den Strafrichter zu versuchen. Endlich
sei Art. 33 B.=V. verletzt. Nach dieser Verfassungsbestimmung
seien die Kantone blos berechtigt, die Ausübung wissenschaftlicher
Berufsarten von einem Ausweise abhängig zu machen. Sei aber
das Patent einmal ertheilt, so habe dessen Inhaber gemäß Art. 15
K.=V. Anspruch auf den Schutz in seiner Berufsausübung als in
einem wohlerworbenen Privatrechte.

C. In seiner Vernehmlassung auf diese Beschwerde führt der
Regierungsrath des Kantons Solothurn aus: Die Advokatur
d. h. die berufsmäßige Vertretung Dritter in Rechtssachen sei im
Kanton Solothurn von Alters her an den Besitz eines Patentes
geknüpft. Nach dem gegenwärtig geltenden Gesetze vom 5. März
1859 und den bestehenden Prüfungsreglementen werde dieses Pa=
tent, nach bestandener Prüfung und nachdem der Beamte sich u. a.
über seine bürgerliche Rechtsfähigkeit und guten Leumund ausge=
wiesen habe, vom Regierungsrathe ertheilt. Das Patent als Für=
sprecher schließe auch dasjenige als Notar und Gerichtsschreiber
in sich. Die Fürsprecher haben für getreue Erfüllung ihrer Be=
rufspflichten eine Kaution zu leisten und werden, vor Beginn
ihrer Berufsausübung, beeidigt. Sie stehen unter der Aufsicht
des Regierungsrathes. Dieser müsse daher nothwendigerweise das
von ihm ertheilte Patent unter gewissen Voraussetzungen auch

wieder entziehen können, und zwar vornehmlich dann, wenn der
Inhaber des Patentes sich eine Handlung habe zu Schulden kom=
men lassen, welche, wie in casu die vom Rekurrenten begangene
Unterschlagung von Amtsgeldern, sich mit der dem Advokaten=
stande durch die Gesetzgebung eingeräumten Stellung nicht ver=
trage. Hieran ändere die Thatsache nichts, daß eine positive ge=
setzliche Vorschrift nicht bestehe, zumal da man es stets als
selbstverständlich betrachtet habe, daß solche Patente dem Träger
vom Regierungsrathe wieder entzogen werden können. Ein Fall,
wo dies thatsächlich vorgekommen, sei dem Regierungsrathe nicht
bekannt; dagegen habe dieser am 7. Juni 1867 einem Fürsprecher
wegen eines bei Ausübung seiner Praxis begangenen groben Ver=
stoßes einen Verweis ertheilt und hieran die Drohung geknüpft,
daß ihm im Wiederholungsfalle das Patent entzogen würde. Be=
langlos sei selbstverständlich, daß im vorliegenden Falle der Im=
puls zur Entziehung des Patentes vom Kantonsrathe ausge=
gangen sei; dieser sei als Träger der obersten Gewalt im Namen
des Volkes hiezu, gemäß Art. 21 K.=V., zweifellos befugt ge=
wesen. Die Anwendung des Art. 33 B.=V. stehe nicht in Frage.
Diese Verfassungsbestimmung erkläre es als Sache der Kantone,
die Ausübung der wissenschaftlichen Berufsarten von einem Be=
fähigungsausweise abhängig zu machen; um die nähere Regelung
dieses Ausweises bekümmere der Bund sich nicht. Der Rekurrent
habe durch seine Patentirung danach auch kein wohlerworbenes
Privatrecht erlangt, sondern eine bloße Bewilligung seitens des
Staates, welche bei Vorliegen bestimmter Umstände widerrufen
werden könne. Nach dem Gesagten könne auch von einer Ver=
letzung der Gewährleistung der Gleichheit vor dem Gesetze nicht
die Rede sein. Das Gesetz vom 21. Dezember 1870 über die
Verantwortlichkeit der Beamten und Angestellten des Staates be=
treffe, wie dies sein Titel deutlich zeige, nur diese letztern und
keineswegs die Fürsprecher. Die Fürsprecher stehen vielmehr unter
der gesetzlich nicht geregelten Disziplinargewalt des Regierungs=
rathes. Demnach werde auf Abweisung des Rekurses angetragen.

Das Bundesgericht zieht in Erwägung:

1. Das Bundesgericht ist, wie übrigens nicht bestritten, zu
Beurtheilung der Beschwerde kompetent. Wenn allerdings die An=

wendung des vom Rekurrenten mitangerufenen Art. 33 B.-V.
oder eines zu dessen Ausführung erlassenen Bundesgesetzes in
Frage stände, so wäre nicht das Bundesgericht, sondern wären
gemäß Art. 59 Abs. 2 Ziff. 8 O.-G., Bundesrath und Bundesversammlung zuständig. Allein es handelt sich nun in Wirklichkeit
nicht darum, inwieweit die Kantone bundesrechtlich befugt seien,
die Ausübung wissenschaftlicher Berufsarten, speziell des An-
waltsberufes, von Erfüllung gewisser Vorbedingungen abhängig
zu machen, insbesondere ob sie bundesrechtlich befugt seien, einem
Anwalte die Berechtigung zu Ausübung seines Berufes wegen
strafbarer oder verwerflicher Handlungen u. dgl. zu entziehen.
In Frage steht vielmehr, ob nach dem Verfassungsrechte des
Kantons Solothurn Kantonsrath oder Regierungsrath
hiezu berechtigt seien. Diese Frage ist ausschließlich nach dem kantonalen Staatsrechte zu beurtheilen und untersteht daher der
Kognition des Bundesgerichtes.

2. Nun ist dem Rekurrenten sein Patent als Fürsprecher und
Notar in That und Wahrheit nicht zufolge Verfügung des Regierungsrathes, sondern des Kantonsrathes entzogen worden.
Der Regierungsrath hat seinen Beschluß vom 15. März 1892
nicht kraft eigener freier Entschließung, sondern einfach „in Nachachtung" des Kantonsrathsbeschlusses vom 10. März 1892 gefaßt. Er hat nicht etwa in Folge einer bloßen Anregung des
Kantonsrathes, die Sache zu prüfen, auf Grund eigener Untersuchung der maßgebenden That- und Rechtsfragen, einen Diszi-
plinarentscheid gefällt, sondern er hat lediglich die ihm durch den
Kantonsrathsbeschluß vom 10. März 1892 gegebene bestimmte
Weisung vollzogen. Durch Ertheilung dieser Weisung hat nun
der Kantonsrath die verfassungsmäßigen Schranken seiner Kompetenz überschritten. Weder Verfassung noch Gesetz bezeichnen den
Kantonsrath als Disziplinarbehörde über die Rechtsanwälte; vielmehr ist zweifellos und vom Kantonsrathe selbst indirekt, durch
die Rückweisung der Sache an den Regierungsrath, anerkannt
worden, daß soweit eine Aufsichts- und Disziplinarbehörde über
die Rechtsanwälte im Kanton Solothurn überhaupt besteht, diese
jedenfalls nicht der Kantonsrath, sondern der Regierungsrath ist.
Danach durfte denn der Kantonsrath dem Regierungsrathe die

von diesem in einer solchen Disziplinarsache zu fällende Entscheidung nicht vorschreiben. Allerdings übt der Kantonsrath gemäß Art. 21 K.-V. im Namen des Volkes die oberste Gewalt
aus, sofern sie nicht ausdrücklich dem Volke vorbehalten ist. Allein
dies berechtigt ihn nicht, dem Regierungsrathe (oder den Gerichten)
die Entscheidungen vorzuschreiben, welche diese Behörden in Sachen
zu treffen haben, die nach Verfassung und Gesetz ausschließlich
in ihre Zuständigkeit fallen. Der Grundsatz der Trennung der
Gewalten will derartige Einmischungen der obersten Gewalt in
die Funktionen der andern Gewalten (speziell in die Verwaltung
der Rechtspflege im weitesten Sinne des Wortes), gerade ausschließen.

3. Schon aus diesem Grunde müßte die Beschwerde für begründet erklärt werden. Allein es fällt des Weitern noch in Betracht: Die Entziehung des Rechts zum Betriebe eines bestimmten
Berufes oder Gewerbes kann, wie in der Natur der Sache liegt,
nur auf Grund eines Rechtssatzes geschehen. Nun enthält die
solothurnische Gesetzgebung, — abgesehen etwa von der Bestimmung des § 30 i. f., des Civilgesetzbuches, wonach ein Ver-
geltstagter gerichtliche Handlungen für Dritte nicht vornehmen
kann, — besondere Vorschriften hinsichtlich des Entzuges des
Rechtes zur Anwalts- oder Notariatspraxis zugestandenermaßen
nicht. Daraus kann aber ein anderer Schluß nicht gezogen werden, als der, daß in dieser Richtung im Kanton Solothurn für
Fürsprecher und Notare das gemeine Recht gelte, d. h. die Regeln
der §§ 22 und 23 des solothurnischen Strafgesetzbuches, wonach
die Entziehung des Rechtes zur Ausübung eines bestimmten Berufes oder Gewerbes nur durch gerichtliches Strafurtheil und
unter den im Strafgesetze bestimmten Voraussetzungen geschehen
darf. Denn daß etwa durch Gewohnheitsrecht hinsichtlich der Fürsprecher und Notare besonderes Recht geschaffen worden sei, erscheint, nach dem eigenen Vorbringen des Regierungsrathes des
Kantons Solothurn, von vornherein als ausgeschlossen. Die
bloße Behauptung, man habe die Befugniß des Regierungsrathes,
Anwälten und Notaren in gewissen Fällen ihr Patent zu entziehen, stets als selbstverständlich betrachtet, vermag natürlich den
Beweis eines Gewohnheitsrechtes nicht zu erbringen. Indem daher

die solothurnischen Verwaltungsbehörden durch disziplinäre Schluß=
nahme dem Rekurrenten sein Fürsprecherpatent entzogen, haben sie
sich eine Befugniß beigelegt, welche kein Gesetz ihnen verleiht und
über den Rekurrenten einen Rechtsnachtheil verhängt, welcher nach
dem geltenden solothurnischen Rechte nur als Strafe, durch ge=
richtliches Strafurtheil, ausgesprochen werden darf. Es liegt dem=
nach ein verfassungswidriger Eingriff der Verwaltungsbehörden
in das Gebiet der richterlichen Gewalt vor. Der Rekurrent mag
einer strafrechtlich verfolgbaren Handlung sich schuldig gemacht
haben und es mag ihm vielleicht durch den Strafrichter in ge=
ordnetem Rechtsgange, die Berechtigung zur Anwalts= und Notar=
praxis für bestimmte Dauer abgesprochen werden können. Da=
gegen waren die Verwaltungsbehörden nicht befugt, eine derartige
Maßnahme zu verhängen, nachdem keine Rechtsnorm sie hiezu
ermächtigt und es danach auch an jeder gesetzlichen Regelung der
Voraussetzungen einer Entziehung des Anwaltspatentes im Dis=
ziplinarwege mangelt.

Demnach hat das Bundesgericht
erkannt:

Der Rekurs wird für begründet erklärt und es wird demnach
dem Rekurrenten sein Rekursbegehren zugesprochen.

---

3. Anderweitige Eingriffe in garantirte Rechte. — Atteintes portées
à d'autres droits garantis.

83. Urtheil vom 16. Juli 1892 in Sachen
Gemeinderäthe von Stansstaad und Wolfenschießen
und Genossen.

A. Der Landrath des Kantons Unterwalden nid dem Wald
beschloß am 6. April 1892 unter den vom Regierungsrathe auf=
gestellten Bedingungen die Bewilligung für Erstellung der pro=
jektirten elektrischen Straßenbahn Stans=Stansstaad zu ertheilen.

B. Gegen diesen Beschluß rekurriren mit Eingabe vom 4. Juni

1892 die Gemeinderäthe von Stansstaad und Wolfenschießen, sowie Rathsherr A. Barmettler in Buochs und 16 andere Bürger des Kantons Unterwalden nid dem Wald an das Bundesgericht mit dem Antrage: Der angefochtene Beschluß des Landrathes vom 6. April abhin sei im Sinne unserer Rekursausführungen aufzuheben. Sie bemerken:

1. Der angefochtene, mit 30 gegen 16 Stimmen gefaßte, Beschluß sei durch eine Art von Ueberraschung zu Stande gekommen. Der Gegenstand habe ungefähr ein halbes Jahr vor der Sitzung vom 6. April auf der Traktandenliste des Landrathes gestanden; auf der Traktandenliste mehrerer späterer Sitzungen, insbesondere auch der Sitzung vom 6. April, habe er nicht mehr figurirt. Es sei auch der Bestimmung, daß wichtigere Vorlagen den Mitgliedern vorerst schriftlich mitzutheilen seien, nicht nachgelebt worden.

2. Der Landrath sei nur oberste Verwaltungs= und zum Theil Wahlbehörde; die gesetzgebende Gewalt dagegen stehe nach Art. 37 und 39 K.=V. der Landsgemeinde zu. Die Kompetenzen des Landrathes seien in Art. 48 K.=V. festgesetzt; nirgends aber sei dort eine Bestimmung enthalten, welche dem Landrathe das Recht gäbe, in der Weise, wie es durch den Beschluß vom 6. April geschehen, über die Kantonsstraßen zu verfügen. Dagegen führe Art. 39 litt. d K.=V. unter den Befugnissen der Landsgemeinde an: „Die Ertheilung der nöthigen Vollmacht an den Landrath für außerordentliche Ausgaben und Veräußerung von Staatsgut.“ Nach der Natur der Sache, sowie dem überall geltenden Rechtsbegriffe und Sprachgebrauch sei als „Veräußerung“ nicht nur die Abtretung des Eigenthums, sondern auch die dingliche Belastung eines Gutes (Verpfändung, Servitutsbestellung) zu betrachten; eine solche Belastung sei in der That eine theilweise Veräußerung des Vollinhaltes des Eigenthums. Die Einräumung der Landstraßen für ein Bahnunternehmen bedeute nun die Bestellung einer immerwährenden Servitut auf derselben, qualifizire sich also als eine der Landsgemeinde vorbehaltene Veräußerung von Staatsgut. Die Bestellung einer Servitut sei niemals eine bloße Verwaltungsmaßregel. Der Verwalter eines Landgutes z. B. sei zweifellos zu Einräumung einer Servitut auf demselben nicht befugt. Der Landrath aber sei nach dem klaren Wortlaute der Verfassung bloßer

Verwalter des Staatsgutes. Es sei denn auch wohl noch nirgends vorgekommen, daß eine Verwaltungsbehörde, wenn ihr nicht etwa ein Gesetz ausdrücklich die Ermächtigung hiezu eingeräumt habe, über Kantonsstraßen zu Gunsten einer Eisenbahnunternehmung zu verfügen versucht habe. Im Kanton Luzern z. B. haben, als es sich darum gehandelt habe, die Kantonsstraße für die See=thalbahn herzugeben, die gesetzgebenden Organe darüber gesprochen und es sei das bezügliche Dekret konsequenterweise dem Referendum des Volkes unterstellt worden.

3. Nach Art. 41 K.=V. habe jeder Kantonseinwohner das Recht, Anträge an die Landsgemeinde zu bringen. Die Rekur=renten wahren sich dieses Recht auch hinsichtlich der Benutzung der Straße Stans=Stansstaad für eine Eisenbahn. Es würde nun, da, wenn eine außerordentliche Einberufung durch den Land=rath nicht stattfinde, eine Landsgemeinde erst im Frühjahr 1893 wieder zusammentrete, dieses Recht für die vorliegende Angelegen=heit illusorisch, wenn der Beschluß des Landrathes ohne Weiters in Rechtskraft erwachsen und in Vollzug gesetzt werden könnte.

4. Der Wortlaut der Verfassung spreche, wie gezeigt, klar zu Gunsten der Kompetenz der Landsgemeinde. Allein auch im Zweifel wäre zu Gunsten der Kompetenz der obern, nicht der untern Kantonalbehörde zu entscheiden.

C. In seiner Vernehmlassung auf diese Beschwerde bemerkt der Regierungsrath des Kantons Unterwalden nid dem Wald im Wesentlichen :

Ad 1. Das Geschäft sei in üblicher Weise auf die Traktanden=liste des Landrathes gesetzt worden. Als es in der ersten Sitzung nicht erledigt worden sei, sei es bei den spätern Veröffentlichungen der Traktandenliste im Amtsblatte nicht mehr speziell aufgeführt worden, sondern es seien übungsgemäß unter den Traktanden nur die „nicht erledigten Traktanden früherer Sitzungen“ genannt worden. Jedes Landrathsmitglied habe wissen müssen, daß der nicht erledigte Punkt in der nächsten Sitzung zur Verhandlung komme. Von einer Ueberraschung könne also nicht die Rede sein. Rück=sichtlich des Druckes der Vorlagen an den Landrath, so beschließe der Regierungsrath jeweilen, welche Vorlagen zu drucken und den Landrathsmitgliedern auszutheilen seien ; wenn der Landrath

es für angezeigt erachte, so könne er die Drucklegung von Vor=
lagen, welche der Regierungsrath nicht habe austheilen lassen,
beschließen und das betreffende Geschäft einstweilen verschieben.
Dies sei im vorliegenden Falle nicht geschehen und es sei auch
im Landrathe kein sachbezüglicher Antrag gestellt worden.

Ad 2. Zu Ertheilung der in Rede stehenden Konzession wäre
gemäß Art. 50 Ziffer 10 K.=V. schon der Regierungsrath, wel=
chem die Aufsicht über das Straßenwesen zustehe, kompetent ge=
wesen; er habe die Sache nur deßhalb vor den Landrath gebracht
weil es sich um eine Eisenbahnangelegenheit gehandelt habe; nichts=
destoweniger übrigens habe der Regierungsrath und nicht der
Landrath mit den Konzessionären unterhandelt und habe der Land=
· rath die Straßenbahn unter den vom Regierungsrathe aufgestellten
Bedingungen bewilligt. Von einer Veräußerung von Staatsgut
könne hier nicht die Rede sein; wie die vom Regierungsrathe auf=
gestellten Bedingungen deutlich ergeben, werde nur eine außerordent=
liche Benutzung der Staatsstraße gestattet, dagegen kein Zoll von
derselben veräußert. Ob in Luzern das Konzessionsgesuch für die
Seethalbahn dem Volksentscheide unterbreitet worden sei, wisse der
Regierungsrath nicht; jedenfalls aber können luzernische Gesetze
und Beschlüsse hier nicht maßgebend sein.

Ad 3 und 4. Nachdem der Landrath die Konzession ertheilt
habe, sei die Sache von der obersten kantonalen Verwaltungsbe=
hörde in kompetenter Weise erledigt. Vor die Landsgemeinde ge=
höre das Konzessionsgesuch in keinem Falle. Die Landsgemeinde
sei gemäß Art. 37 K.=V. die höchste souveräne Wahl= und gesetz=
gebende Behörde und Art. 39 litt. a, b, c K.=V. bestimme ganz
genau, welche Verhandlungsgegenstände der Landsgemeinde zu
unterbreiten seien. Nun bilde aber das Konzessionsgesuch zweifel=
los keinen Gegenstand der Gesetzgebung und falle die Bewilligung,
die Landstraße mit elektrischen Wagen befahren zu dürfen, auch
unter keinem andern Titel in die Kompetenz der Landsgemeinde.
Der Staat habe in Folge dieser Bewilligung keinerlei Ausgaben
zu machen, gegentheils haben die Konzessionäre ihm einen be=
trächtlichen Theil des Straßenunterhaltes zu vergüten. Demgemäß
werde beantragt: Der angehobene Rekurs sei als unbegründet
abzuweisen.

Das Bundesgericht zieht in Erwägung:

1. Es mag dahingestellt bleiben, ob die Gemeinderäthe von Stansstaad und Wolfenschießen zur Beschwerde legitimirt seien; denn selbst wenn dies zu verneinen sein sollte, so müßte der Rekurs doch sachlich geprüft werden, da die übrigen Rekurrenten zur Beschwerde unzweifelhaft berechtigt sind.

2. In der Sache selbst kann es sich nur darum handeln, ob die angefochtene Schlußnahme des Landrathes deßhalb verfassungswidrig sei, weil dieselbe eine Veräußerung von Staatsgut statuire, welche verfassungsmäßig ohne Vollmacht seitens der Landsgemeinde nicht geschehen könne. Die Ausführungen der Rekurrenten, es sei der Verhandlungsgegenstand nicht in gehöriger Weise in das Traktandenverzeichniß des Landrathes aufgenommen und die Vorlage den Landrathsmitgliedern nicht gedruckt mitgetheilt worden, fallen von vornherein außer Betracht. Denn die nidwaldensche Kantonsverfassung enthält keine Bestimmung über die Art, wie die Verhandlungsgegenstände den Mitgliedern des Landrathes bekannt zu geben sind; es steht also in dieser Beziehung jedenfalls nicht eine Verfassungsverletzung in Frage. Deßhalb braucht denn auch nicht untersucht zu werden, ob, wenn die nidwaldensche Kantonsverfassung Vorschriften über die Art der Bekanntgabe der Verhandlungsgegenstände an die Landrathsmitglieder enthielte, zu Rüge von Verstößen gegen diese geschäftsordnungsmäßigen Regeln nur Mitglieder des Landrathes oder aber alle Bürger berechtigt wären.

3. Fragt sich demnach einzig, ob die angefochtene Schlußnahme eine Veräußerung von Staatsgut im Sinne des Art. 39 litt. d der nidwaldenschen Kantonsverfassung enthalte, so ist dies zu verneinen. Allerdings wird in der juristischen Doktrin unter den Begriff der Sachveräußerung im weitern Sinne nicht nur das Weggeben oder Aufgeben des Eigenthums an der Sache (die Sachveräußerung im engern Sinne) sondern auch jede Minderung oder Beschränkung des Eigenthums durch Auferlegung dinglicher Lasten u. dgl. subsumirt (vergl. z. B. Wächter, Pandekten I, S. 325). Allein es ist nun nicht dargethan und nicht anzunehmen, daß die nidwaldensche Kantonsverfassung in Art. 39 litt. d den Ausdruck „Veräußerung" in diesem weitern Sinne und nicht vielmehr in

der engern Bedeutung des Weggebens des Eigenthums gebrauche.
In diesem engern Sinne wird der Ausdruck „Veräußerung" in
manchen neuern Gesetzen und im täglichen Leben verwendet. In
der That pflegt man im Sprachgebrauche des Lebens unter Ver=
äußerung einer Sache nur die Uebertragung des Eigenthums an
Dritte, nicht aber die Begründung eines dinglichen Rechtes an
derselben, bei unverändert bleibendem Eigenthum, zu verstehen.
Die Belastung einer Sache mit einer Dienstbarkeit u. dgl. wird
nicht unter dem Ausdrucke „Veräußerung" mitverstanden, sondern
im Gegensatze zu der „Veräußerung" gebraucht. Gemäß diesem
Sprachgebrauche nun ist die nidwaldensche Kantonsverfassung aus=
zulegen. Denn Anhaltspunkte für eine gegentheilige Auslegung
liegen nicht vor; es spricht nichts dafür, daß die Genehmigung
der gesetzgebenden Behörde, der Landsgemeinde, nicht nur für die
Veräußerung von Staatseigenthum im engern Sinne des Wortes,
sondern auch für bloße Verfügungen über die Benutzung des
Staatsgutes, sofern diese durch Einräumung eines dinglichen Rechts
geschehen, habe vorbehalten werden wollen. Die Natur der Sache
fordert dies nicht. Die angefochtene Schlußnahme speziell bewilligt
die Benutzung der im Staatseigenthum stehenden, aber dem Ge=
meingebrauche des öffentlichen Verkehrs gewidmeten, Straße zum
Betriebe einer Straßenbahn. Durch diese Bewilligung wird weder
das Eigenthum an der Straße weggegeben, noch wird deren Wid=
mung zum Gemeingebrauche aufgehoben; es wird lediglich ein
Recht auf eine besondere, mit dem Gemeingebrauche durchaus ver=
einbare, Art der Straßenbenutzung begründet. Die Einräumung
derartiger Rechte auf eine besondere Benutzung öffentlichen Gutes
nun ist prinzipiell gewiß Verwaltungssache. Die Kompetenz dazu
muß daher, sofern nicht unzweideutig das Gegentheil bestimmt ist,
den Verwaltungsbehörden, denen überhaupt die Regulirung des
Gebrauchs öffentlicher Sachen zusteht, zugeschrieben werden. Nach
Art. 50 Ziffer 10 K.=V. ist der Regierungsrath die Aufsichts=
behörde im Bau= und Straßenwesen; ihm steht daher die Er=
theilung der bau= und wegpolizeilichen Bewilligung für Benutzung
öffentlicher Straßen zu. Sofern derselbe nicht befugt sein sollte,
ein Recht auf dauernde besondere Benutzung des Straßenkörpers
zu verleihen, sondern hiezu ein weiterer Konsens des Staates in

seiner Eigenschaft als Straßeneigenthümer erforderlich sein sollte,
so ist zu dessen Ertheilung jedenfalls der Landrath in seiner ver=
fassungsmäßigen Eigenschaft als oberste Verwaltungsbehörde be=
fugt; die Genehmigung der gesetzgebenden Behörde, der Landsge=
meinde, für diesen Verwaltungsakt ist, da die Verfassung dieselbe
nicht ausdrücklich vorschreibt, nicht erforderlich. Wenn die Re=
kurrenten meinen, anderwärts sei die Bewilligung der Benutzung
öffentlicher Straßen zu Straßenbahnen überall im Wege der Ge=
setzgebung ausgesprochen werden, so ist dies vollständig irrig; die
sachbezüglichen Bewilligungen sind vielmehr wohl beinahe durch=
gängig im Verwaltungswege ertheilt worden. Wenn speziell das
luzernische Dekret betreffend Subvention der Seethalbahn vom
9. März 1882 dem Referendum unterstellt wurde, so ist dies
wohl unzweifelhaft nicht wegen der Bewilligung der Benutzung
der Kantonsstraße, sondern wegen der in demselben der Seethal=
bahn gewährten Subvention geschehen.

4. Ist somit anzuerkennen, daß der Landrath zu Erlaß seiner
angefochtenen Verfügung verfassungsmäßig kompetent war, so ist
die Beschwerde als unbegründet abzuweisen. Das durch Art. 41
K.=V. gewährleistete Recht der Bürger, Anträge an die Lands=
gemeinde zu bringen, bezieht sich selbstverständlich nur auf An=
träge über Gegenstände, welche verfassungsmäßig in die Kompetenz
der Landsgemeinde fallen und kann daher zur Begründeterklärung
des Rekurses nicht führen.

Demnach hat das Bundesgericht

e r k a n n t :

Die Beschwerde wird als unbegründet abgewiesen.

Vierter Abschnitt. — Quatrième section.

Staatsverträge der Schweiz mit dem Auslande.
Traités de la Suisse avec l'étranger.

———

Auslieferungsvertrag mit Deutschland. — Traité d'extradition avec l'Allemagne.

84. Urtheil vom 8. September 1892 in Sachen Grüter.

A. Durch Haftbefehl des Untersuchungsrichters beim kgl. preußischen Landgerichte in Duisburg vom 4. Juni 1892 wird der Stellmacher Heinrich Grüter, von Bruch, Regierungsbezirk Münster (Westphalen) beschuldigt „im Jahre 1878 zu Duisburg eine „solche Privaturkunde, welche zum Beweise von Rechten von Er„heblichkeit ist, nämlich den Wechsel vom 15. Februar 1878 in „rechtswidriger Absicht und in der Absicht, sich einen Vermögens„vortheil zu verschaffen, gefälscht und von demselben zum Zwecke „der Täuschung Gebrauch gemacht und sich durch diese Handlung „des in den §§ 267 und 268 Nr. 1 des Strafgesetzbuches für „das deutsche Reich unter Strafe gestellten Verbrechens der Ur„kundenfälschung schuldig gemacht zu haben." Gestützt auf diesen Haftbefehl suchte die kaiserlich deutsche Gesandtschaft in Bern mit Note vom 18. Juni 1892 beim schweizerischen Bundesrathe, unter Berufung auf Art. 1 Ziffer 17 des schweizerisch-deutschen Auslieferungsvertrages, um Auslieferung des Heinrich Grüter nach, welcher sich seit Jahren mit seiner Familie in Außersihl (Zürich) aufhält.

B. Am 23. Juni 1892 vorläufig verhaftet, bestritt Grüter eine Wechselfälschung begangen zu haben; übrigens müßte, wenn die Beschuldigung begründet wäre, wohl schon die Verjährung

eingetreten sein; er protestire gegen seine Auslieferung. Der Re=
gierungsrath des Kantons Zürich, vom Bundesrathe zur Bericht=
erstattung hierüber eingeladen, erklärte: Die kantonale Staats=
anwaltschaft spreche sich dahin aus, daß eine Verjährung der
strafgerichtlichen Verfolgung noch nicht eingetreten sei, da nach
zürcherischem Strafrecht das eingeklagte Vergehen im Maximum
mit Zuchthaus von 5 Jahren bedroht sei und bei solchen Ver=
gehen die Strafklage erst nach 15 Jahren verjähre (Art. 52 und
183 des zürcherischen Strafgesetzbuches). Es müsse daher zuge=
geben werden, daß nach dem Wortlaute des zürcherischen Straf=
gesetzbuches die Strafbarkeit der Handlung, wegen welcher der
Haftbefehl gegen Grüter erlassen worden sei, kaum als verjährt
betrachtet werden könne. Dagegen sei auf das für den Requirirten
günstigere Recht des die Auslieferung verlangenden Staates selbst
zu verweisen, um so mehr als die inkriminirte Handlung zeitlich
so weit zurückliege, und das Leben des Requirirten während der
ganzen langen seither verflossenen Zeit durchaus unbelastet erscheine.
Nach dem deutschen Strafgesetzbuche nämlich stehen auf Urkunden=
fälschung auch in ihrer schwersten Form höchstens 10 Jahre
Zuchthaus (§ 268) und verjähre die Strafverfolgung für Ver=
brechen, die mit keiner längern Freiheitsstrafe bedroht seien, bereits
in 10 Jahren (§ 67). Das Recht zur Verfolgung Grüters wäre
also schon im Jahre 1888 dahingefallen; von Unterbrechung der
Verjährung sei nirgends die Rede.

C. Die kaiserlich deutsche Gesandtschaft in Bern bemerkt mit
Note vom 1. August 1892: Nach Art. 5 des schweizerisch=deutschen
Auslieferungsvertrages sei die Auslieferung nur dann unstatthaft,
wenn die Verjährung nach den Gesetzen des ersuchten Staates
eingetreten sei. Der ersuchte Staat habe, wie auch schon in dem
Urtheile des schweizerischen Bundesgerichtes in Sachen der Aus=
lieferung des ehemaligen Grenzaufsehers Ernst Wittig vom
30. April 1892 anerkannt sei, nicht zu prüfen, ob die Verjäh=
rung der Strafverfolgung oder Strafvollstreckung nach dem Rechte
des ersuchenden Staates eingetreten sei. Die Prüfung dieser Frage
sei den Gerichten des ersuchenden Staates zu überlassen. Im vor=
liegenden Falle sei daher von der Schweiz nur zu prüfen, ob eine
Verjährung nach dem Strafrecht des Kantons Zürich eingetreten
sei. Dies sei zu verneinen. Dagegen könne die Auslieferung des

Grüter wegen Urkundenfälschung nicht davon abhängig gemacht
werden, ob nach deutschem Strafrechte eine Verjährung der Straf=
verfolgung anzunehmen sei. Uebrigens sei nach deutschem Rechte
die Verjährung wirksam unterbrochen worden.

D. Mit Schreiben vom 9./11. August 1892 übermittelte der
Bundesrath die Akten dem Bundesgerichte zur Entscheidung. Mit
Eingabe vom 22. August spricht sich der Generalanwalt der Eid=
genossenschaft über das Auslieferungsbegehren dahin aus: Die
Behauptung des Grüter, daß er sich des ihm zur Last gelegten
Verbrechens überhaupt nicht schuldig gemacht habe, könne nicht
gehört werden. Die Frage der Schuld sei nicht vom Auslieferungs=
richter sondern von den Gerichten des ersuchenden Staates zu
beurtheilen. Was die Frage der Verjährung anbelange, so wäre
die Verjährung nach dem deutschen Strafrechte eingetreten. Allein
nach Art. 5 des schweizerisch=deutschen Auslieferungsvertrages sei
die Auslieferung nur dann unstatthaft, wenn die Verjährung nach
den Gesetzen des ersuchten Staates, eingetreten sei. Diese Ver=
tragsbestimmung sei einzig maßgebend, da, wie das Bundesgericht
bereits in seiner Entscheidung in Sachen Stübler vom 17. Juni
1892 ausgesprochen habe, das Auslieferungsgesetz widersprechenden
Bestimmungen der bestehenden Staatsverträge weder habe derogiren
wollen, noch, ohne Verletzung völkerrechtlicher Verpflichtungen,
habe derogiren können. Nach zürcherischem Strafrechte, das in
concreto zur Anwendung komme, aber sei, wie aus den gesetz=
lichen Bestimmungen (Art. 52 und 183 des zürcherischen Straf=
gesetzes) sowie aus der Erklärung des Regierungsrathes von
Zürich sich ergebe, die Verjährung noch nicht eingetreten. Nach
der Auffassung der Bundesanwaltschaft stehe deßhalb der Bewilli=
gung der Auslieferung kein Hinderniß entgegen.

Das Bundesgericht zieht in Erwägung:

1. Die Schuldfrage ist, wie das Bundesgericht schon häufig
ausgesprochen hat, nicht vom Auslieferungsrichter, sondern von
den in der Sache selbst kompetenten Strafgerichten des ersuchenden
Staates zu prüfen und zu entscheiden.

2. Es kann sich daher nur fragen, ob nicht der Bewilligung
der Auslieferung das Hinderniß der Verjährung entgegenstehe.
Nach dem schweizerisch=deutschen Auslieferungsvertrage (Art. 5)
nun ist der ersuchte Staat nur befugt, die Frage der Verjährung

nach seinen eigenen Gesetzen zu prüfen; dagegen hat derselbe auf
eine Prüfung der Frage, ob die Verjährung der Strafverfolgung
oder Strafvollstreckung nach den Gesetzen des ersuchenden Staates
eingetreten sei, nicht einzugehen. Die Untersuchung und Entscheidung dieser Frage ist vielmehr den zuständigen Behörden des
ersuchenden Staates vorbehalten. Richtig ist zwar natürlich, daß
eine Auslieferung für Delikte, welche nach dem Rechte des requirirenden Staates verjährt sind und welche daher von diesem gar
nicht mehr bestraft werden können, zwecklos ist. Allein der schwei-
zerisch=deutsche Auslieferungsvertrag geht nun eben davon aus,
daß die Entscheidung der oft zweifelhaften Frage, ob die Verjährung nach den Gesetzen des ersuchenden Staates wirklich eingetreten
sei, den Behörden dieses Staates überlassen bleiben müsse, welche
einerseits ein Interesse daran, die Auslieferung für offenbar ver-
jährte Delikte zu verlangen, nicht besitzen können, andrerseits
besser als die Behörden des requirirenden Staates in der Lage
seien, ihr eigenes Recht anzuwenden. An diesem vertragsmäßigen
Grundsatze ist durch das Bundesgesetz vom 22. Januar 1892
nichts geändert worden, wie denn dieses Gesetz überhaupt widersprechenden Grundsätzen bestehender Staatsverträge nicht derogiren
wollte (siehe Entscheidungen des Bundesgerichtes in Sachen Stübler
vom 17. Juni 1892).

3. Ist demnach die Frage der Verjährung der Strafverfolgung
vom Bundesgerichte ausschließlich nach schweizerischem (zürcherischem) Rechte zu prüfen, so muß die Auslieferung bewilligt
werden. Denn nach zürcherischem Rechte ist die Verjährung der
Strafverfolgung unzweifelhaft nicht eingetreten. Dagegen bleibt
natürlich dem Requirirten vorbehalten, den Einwand, es sei die
Strafverfolgung nach deutschem Rechte verjährt, vor dem zuständigen deutschen Strafgerichte geltend zu machen.

Demnach hat das Bundesgericht

erkannt:

Die Auslieferung des Heinrich Grüter an das königlich
preußische Landgericht Duisburg wegen Urkundenfälschung wird
bewilligt.

B.   CIVILRECHTSPFLEGE

ADMINISTRATION DE LA JUSTICE CIVILE

———— •♦• ————

I. Abtretung von Privatrechten. — Expropriation.

85. Beschluß vom 16. September 1892 in Sachen Wunderli gegen Nordostbahn.

A. Für den Bau der rechtsufrigen Zürichseebahn wird Grund=
eigenthum des Johann Wunderli, Gerbers in Meilen (Parzellen
Nr. 65, 68 und 68 a des Situationsplanes) beansprucht, und es
ist gegen den Eigenthümer das Expropriationsverfahren eingeleitet
worden. Durch Beschluß vom 5. August 1892 ertheilte die eid=
genössische Schatzungskommission, nachdem sie vorher den Augen=
schein eingenommen und den Zustand zu beseitigender Mauern
und Sockel durch einen Fachmann hatte feststellen lassen, der
Nordostbahn die Bewilligung gegen Leistung einer Kaution von
15,000 Fr. die Bauarbeiten in den genannten Grundstücken zu
beginnen.

B. Gegen diesen Beschluß beschwerte sich Johann Wunderli
beim schweizerischen Bundesrathe mit dem Antrage, der Bundes=
rath wolle denselben aufheben und der Exproprriantin die Bewilli=
gung versagen, die Bauarbeiten zu beginnen, bevor konstatirt ist,
daß der Schatzungsbericht genügenden Aufschluß über den Gegen=
stand der Abtretung ertheile. Mit Schreiben des schweizerischen
Post= und Eisenbahndepartementes vom 26. August 1892 über=
mittelt der Bundesrath die Beschwerde dem Bundesgerichte zur
Entscheidung, da nach Art. 28 und 35 des eidgenössischen Expro=

priationsgesetzes die Schatzungskommissionen unter der Aufsicht
des Bundesgerichtes stehen und allfällige Beschwerden gegen deren
Entscheide von diesem zu beurtheilen seien.

C. Die eidgenössische Schatzungskommission für die rechtsufrige
Zürichseebahn führt in ihrer Vernehmlassung auf diese Beschwerde
aus, die thatsächlichen Verhältnisse seien durch den Augenschein
und durch die Experteninstruktion nach allen Richtungen festgestellt,
derart, daß auch nach Beginn der Arbeiten und trotz des noch
mangelnden Schatzungsberichtes die Größe der Entschädigung mit
aller Sicherheit ermittelt werden könne.

Das Bundesgericht zieht in Erwägung:

Da der Rekurrent bestreitet, zu Gestattung der Bauinangriff=
nahme verpflichtet zu sein, so liegt eine Streitigkeit über die An=
wendung des Art. 46 des eidgenössischen Expropriationsgesetzes
vor. Ueber derartige Streitigkeiten entscheidet nach Maßgabe der
citirten Gesetzesbestimmung der Bundesrath. Die Schatzungskom=
mission ist nicht berechtigt, die sofortige Besitznahme zu gestatten,
wenn der Eigenthümer dieselbe verweigert; sie hat vielmehr nur
die Kaution zu bestimmen, welche der Bauunternehmer im Falle
der Gestattung der sofortigen Besitzergreifung zu leisten hat,
während die Ertheilung der Bewilligung zur Besitzergreifung im
Streitfalle nicht ihr sondern einzig dem Bundesrathe zusteht; an
diesen hat sich mithin der Bauunternehmer mit sachbezüglichen
Begehren zu wenden. Die Schatzungskommission für die rechts=
ufrige Zürichseebahn hat danach durch den angefochtenen Be=
schluß ihre Kompetenzen überschritten und es muß mithin derselbe
aufgehoben werden.

Demnach hat das Bundesgericht

erkannt:

Der angefochtene Beschluß der eidgenössischen Schatzungskom=
mission für die rechtsufrige Zürichseebahn wird aufgehoben.

II. Organisation der Bundesrechtspflege.
Organisation judiciaire fédérale.

86. Urtheil vom 9. September 1892 in Sachen Eheleute Müller gegen Luzern.

A. Martin Müller von Zell, in Dagmersellen und dessen Ehefrau Bertha geb. Beck waren durch Urtheil des Obergerichtes des Kantons Luzern vom 24. Dezember 1889 der qualifizirten Brandstiftung, der falschen Anklage und der Anstiftung zu falschem Zeugnisse, begangen im Komplotte, für schuldig erklärt und je zu dreijähriger Zuchthausstrafe, zum Ehrenverluste, sowie zu Entschädigung und Kosten verurtheilt worden. Nachdem der Vollzug der Strafe begonnen hatte, am 18. März 1890, bewilligte das Obergericht die Revision dieses Urtheils und ordnete die Sistirung des Strafvollzuges an. Nach durchgeführtem Verfahren wurden durch letztinstanzliches Urtheil des Obergerichtes des Kantons Luzern vom 13. Mai 1892 die Eheleute Müller-Beck von der Anklage freigesprochen und demnach das obergerichtliche Urtheil vom 24. Dezember 1889 aufgehoben. Dagegen wurde Anna Bisang geb. Bürkli der Brandstiftung, der Falschklage und verschiedener anderer Delikte für schuldig erklärt; ferner wurden der Ehemann der Anna Bisang, Anton Bisang, mit Rücksicht auf eine in dem ersten Verfahren gegen die Eheleute Müller gemachte Aussage der falschen Angabe, Maria Stirnimann, Barbara Purtschert, Maria Birrer wegen im gleichen Verfahren gemachter Aussagen des falschen Zeugnisses, Xaver Meier des fahrlässig falschen Zeugnisses für schuldig erklärt. Ebenso wurde der Landjägerwachtmeister Josef Kaufmann mit Rücksicht auf seine im ersten Verfahren gegen die Eheleute Müller entwickelte Thätigkeit der fahrlässigen Amtspflichtverletzung für schuldig erklärt. Die Eheleute Müller hatten gegen die genannten Beklagten sowie gegen den Fiskus des Kantons Luzern Entschädigungsansprüche erhoben und solidarische Verurtheilung der sämmtlichen Beklagten beantragt. Rücksichtlich dieser Entschädigungsansprüche ist in Dispositiv B 2 und 3 des obergerichtlichen Urtheils vom 13. Mai 1892 erkannt:

„2. Der Staat Luzern habe dem Martin Müller eine Entschädi=
gung von 10,000 Fr. auszurichten. 3. Den Eheleuten Müller
sei die Geltendmachung weiterer Entschädigungsansprüche gegen
folgende Schuldigbefundene gewahrt, als: Anna Bisang, Anton
Bisang, Maria Stirnimann, Barbara Purtschert, Maria Birrer,
Xaver Meier und Josef Kaufmann, je nach Maßgabe ihres Ver=
schuldens, jedoch seien diese eventuellen Entschädigungsansprüche
an den Civilrichter gewiesen." Die Verurtheilung des Staates
gegenüber dem Ehemann Martin Müller stützt sich auf § 313
des luzernischen Strafrechtsverfahrens. Die Entschädigungsforde=
rung der Ehefrau Müller gegenüber dem Staate wurde, gestützt
auf die gleiche Gesetzesbestimmung, wegen inkorrekten Verhaltens
der Klägerin in der Untersuchung, abgewiesen.

B. Gegen die Dispositive B 2 und 3 des obergerichtlichen
Urtheils erklärten sowohl Martin Müller für sich und Namens
seiner Ehefrau als auch der Fiskus des Kantons Luzern die
Weiterziehung an das Bundesgericht. Die Weiterzugserklärung
der Eheleute Müller richtet sich gegen 1. den Staat Luzern,
2. Anton Bisang, 3. Maria Stirnimann, 4. Maria Birrer=
Hunkeler, 5. Xaver Meier, 6. Josef Kaufmann; es wird in der=
selben der Antrag angemeldet: die Beklagten haben den Klägern
in solidarischer Haftbarkeit 50,000 Fr. nebst Verzugszins seit
9. April 1891 als Schadenersatz zu leisten und alle Kosten zu
tragen. Der Fiskus des Kantons Luzern dagegen meldet den An=
trag an: Es sei die Entschädigung, welche der Staat an Müller
auszurichten habe, auf dreitausend Franken herunterzusetzen.

Das Bundesgericht zieht in Erwägung:

1. Es ist in erster Linie und von Amteswegen zu prüfen, ob
das Bundesgericht zu Beurtheilung der Beschwerde kompetent sei.

2. Soweit nun die Beschwerde der Eheleute Müller gegen die
Beklagten Anton Bisang, Maria Stirnimann, Maria Birrer,
Xaver Meier, und Josef Kaufmann sich richtet, erscheint dieselbe
deßhalb als unstatthaft, weil gegen diese Beklagten ein Haupt=
urtheil nicht vorliegt. Ueber die Entschädigungsansprüche der Ehe=
leute Müller gegen diese Beklagten ist in dem angefochtenen Urtheile
gar nicht materiell entschieden, sondern es ist deren Geltendmachung
an den Civilrichter verwiesen worden. Diese Entscheidung ist eine
rein prozeßuale, kein die Sache selbst materiell erledigendes Haupt=

urtheil und entzieht sich daher nach Art. 29 O.-G. der Nach=
prüfung des Bundesgerichtes.

3. Was den Entschädigungsanspruch der Eheleute Müller
gegen den Staat Luzern anbelangt, so ist die Weiterziehung deß=
halb unstatthaft, weil in dieser Beziehung nicht eidgenössisches,
sondern kantonales Recht maßgebend ist. Der Entschädigungsan=
spruch stützt sich auf § 313 des luzernischen Strafrechtsverfahrens,
welcher die Entschädigung unschuldig Verhafteter regelt, also auf
eine kantonale Rechtsnorm. Selbst wenn daneben ein Verschulden
kantonaler Beamten, für welches der Staat einzustehen hat, be=
hauptet sein sollte, so wäre doch nicht eidgenössisches sondern
kantonales Recht maßgebend. Denn die Verantwortlichkeit des
Staates für (nicht einem Gewerbebetrieb angehörige) rechtswidrige
Handlungen seiner Beamten richtet sich, wie das Bundesgericht
schon häufig entschieden hat (siehe unter anderm Entscheidung in
Sachen der Eheleute Berchtold gegen Genf vom 3. April 1891),
nicht nach dem eidgenössischen Obligationenrecht, sondern nach
dem kantonalen öffentlichen Rechte. Ist aber kantonales und nicht
eidgenössisches Recht maßgebend, so ist das Bundesgericht gemäß
Art. 29 O.-G. nicht kompetent. Richtig mag zwar sein, daß der
Entschädigungsanspruch gegen den Staat gemäß Art. 27 O.-G.
direkt beim Bundesgerichte hätte anhängig gemacht werden können,
und in diesem Falle, als einzige Instanz, wäre das Bundesgericht
ohne Rücksicht auf die Anwendbarkeit kantonalen oder eidgenössi=
schen Rechtes kompetent gewesen. Allein die Sache ist nun eben
zunächst bei den kantonalen Gerichten anhängig gemacht und
lediglich im Wege der Weiterziehung an das Bundesgericht ge=
bracht worden. Für die Kompetenz des Bundesgerichtes als Ober=
instanz in Civilsachen aber ist in allen Fällen, auch wenn die
eine Partei ein Kanton ist, Art. 29 O.-G. maßgebend, d. h. die
Kognition des Bundesgerichtes beschränkt sich auf Sachen eidge=
nössischen Rechtes.

Demnach hat das Bundesgericht
erkannt:

Auf die Weiterziehung beider Parteien wird wegen Inkompetenz
des Gerichtes nicht eingetreten.

87. Urtheil vom 30. September 1892 in Sachen
v. Grenus und Genossen gegen Eidgenössische Bank.

Mit einer als Beschwerde bezeichneten Eingabe vom 16./17. September 1892 stellen Oberst v. Grenus, Albert Lang und Spediteur Hirter, sämmtlich in Bern, in ihrer Eigenschaft als Aktionäre der Eidgenössischen Bank die Anträge: Es seien folgende Schlußnahmen der Generalversammlung der Aktionäre der Eidgenössischen Bank vom 20. August 1892 als ungültig zu erklären:

1. Die Schlußnahme betreffend die Verlegung des Gesellschafts=sitzes von Bern nach Zürich;

2. Die Schlußnahme betreffend Abänderung des Gesellschafts=zweckes;

3. Die Schlußnahme betreffend den Gerichtsstand für Streitig=keiten zwischen der Gesellschaft und ihren Organen und Aktionären (Art. 41 der Statuten).

Zur Begründung dieser Anträge wird angeführt: Es seien an der Aktionärversammlung vom 20. August 1892 Gesetzwidrig=keiten und Unregelmäßigkeiten vorgekommen, welche die Ungültig=keit der gefaßten Beschlüsse bedingen und es verletzen diese überdem in mehrfacher Hinsicht erworbene Rechte der Aktionäre. Die Kom=petenz des Bundesgerichtes wird aus Art. 41 der Statuten der Eidgenössischen Bank in Bern vom 24. August 1889 abgeleitet, welcher lautet: „Alle Streitigkeiten, welche bezüglich der gesellschaft=„lichen Verpflichtungen zwischen der Gesellschaft, ihren Organen „und Aktionären, sei es unter einander oder gegen einander, ent=„stehen könnten, sind, sofern der Werth des Streitgegenstandes „den Betrag von 3000 Fr. nicht übersteigt, endgültig vom ber=„nischen Appellations= und Kassationshofe, sonst aber vom schwei=„zerischen Bundesgerichte als Schiedsgericht zu entscheiden." Bei=gefügt wird, die Kläger erklären sich ohne Weiters bereit, die Streitfrage schiedsrichterlich vom bernischen Appellations= und Kassationshofe entscheiden zu lassen, falls die Eidgenössische Bank dies verlangen sollte, mit Rücksicht darauf, daß die Höhe des Streitwerthes nicht in Ziffern ausgedrückt werden könne.

Das Bundesgericht zieht in Erwägung:

1. Die Eingabe wird als „Beschwerde" bezeichnet; sie quali=
fizirt sich aber als Klageschrift in einer Civilsache, einer Streitig=
keit zwischen einer Aktiengesellschaft und einzelnen Aktionären,
welche direkt beim Bundesgerichte anhängig gemacht werden will.
In erster Linie und von Amtes wegen ist nun zu prüfen, ob
das Bundesgericht zu Beurtheilung dieser Klage kompetent sei.

2. Es ist dies aus einem doppelten Grunde zu verneinen.
Zunächst wird das Bundesgericht von den Klägern, in Gemäßheit
des Art. 41 der Statuten der Eidgenössischen Bank, nicht in seiner
Eigenschaft als ordentliches staatliches Gericht, sondern als Schieds=
gericht angerufen. Nun kann aber das Bundesgericht als solches,
als Behörde, wie es bereits in seinem Beschlusse in Sachen der
Firma Zschokke & Cie. gegen Bund vom 15. März 1886 aus=
gesprochen hat, schiedsrichterliche Mandate nicht annehmen, da
Verfassung und Gesetzgebung des Bundes es dazu weder berech=
tigen noch verpflichten; es kann vielmehr nur als ordentliches,
staatliches Gericht in denjenigen Fällen, welche gesetzlich in seine
Kompetenz fallen, thätig werden, wo alsdann z. B. rücksichtlich
des Verfahrens lediglich die Bestimmungen der eidgenössischen
Civilprozeßordnung zur Anwendung kommen und nicht etwa wie
vor einem Schiedsgerichte ein besonderes Verfahren von den Par=
teien vereinbart oder vom Gerichte festgesetzt werden kann, u. s. w.

3. Allein auch abgesehen hievon, auch wenn das Bundesgericht
in seiner Eigenschaft als ordentliches staatliches Gericht angerufen
würde, wäre es im Fragefalle als einzige Instanz nicht kompetent.
Zwar kann nicht gesagt werden, daß der gesetzliche Streitwerth
von 3000 Fr. mangle und das Bundesgericht aus diesem Grunde
nicht kompetent sei. Allein die Streitsache ist unzweifelhaft nach
eidgenössischem Rechte, nach den Bestimmungen des Obligationen=
rechtes, zu beurtheilen und fällt daher gemäß Art. 29 und 30
O.=G. in die Kompetenz des Bundesgerichtes als Oberinstanz.
Nun ist aber, wie das Bundesgericht schon wiederholt ausgesprochen
und begründet hat (siehe Entscheidung in Sachen Blanc gegen
Suisse Occidentale-Simplon vom 9. September 1882, Amtliche
Sammlung VIII, S. 511 u. ff.; in Sachen A. Steiners Söhne
gegen Huwyler vom 29. Juni 1884, Amtliche Sammlung X, S.

244 u. f.) die Prorogation an das Bundesgericht als einzige Instanz in allen Fällen, welche unter Art. 29 O.-G. fallen, insbesondere also in allen nach dem eidgenössischen Obligationenrecht zu beurtheilenden Streitigkeiten, schlechthin ausgeschlossen. Sachen, welche gesetzlich in die Kompetenz des Bundesgerichtes als Oberinstanz fallen, können nicht zufolge Verständigung der Parteien direkt bei demselben anhängig gemacht werden, sondern sie können nur nach vorgängiger Entscheidung durch die kantonalen Gerichte rekursweise an das Bundesgericht gezogen werden, wobei den Parteien blos freisteht, die zweite kantonale Instanz zu umgehen.

Demnach hat das Bundesgericht

erkannt:

Auf die Klage wird nicht eingetreten.

III. Obligationenrecht. — Droit des obligations.

88. Urtheil vom 7. Juli 1892 in Sachen Furrer-Bachmann gegen Streuli.

A. Durch Urtheil vom 9. April 1892 hat die Appellationskammer des Obergerichtes des Kantons Zürich erkannt:

Der Beklagte ist schuldig, an den Kläger 11,182 Fr. 50 Cts. nebst Zins à 5 % seit 15. Oktober 1891 zu bezahlen. Die Mehrforderung des Klägers wird abgewiesen.

B. Gegen dieses Urtheil ergriff der Beklagte die Weiterziehung an das Bundesgericht. Bei der heutigen Verhandlung beantragt sein Anwalt: Es sei das angefochtene Urtheil aufzuheben und die Klage des gänzlichen abzuweisen, eventuell sei die Einvernahme des von ihm angerufenen Zeugen Gottlieb Kappeler in Bülach anzuordnen. Der Anwalt des Klägers und Rekursbeklagten dagegen trägt auf Abweisung der gegnerischen Beschwerde und Bestätigung des angefochtenen Urtheils an. Eventuell, für den Fall, daß eine Aktenvervollständigung angeordnet werden sollte, sei dieselbe auf die von ihm in erster und zweiter Instanz gemachten

Beweisanerbieten auszudehnen, speziell seien einzuvernehmen : 1. Kappeler darüber, daß seine Kaufsofferte vom 25. Juli ernst ge= meint gewesen sei und er sich bei derselben noch am 9. und 15. Oktober hätte behaften lassen ; 2. Notar Rüegg darüber, daß die Anzahlung von 20 % der Kaufsumme und vierjährige Unkünd= barkeit des Kaufrestes bei derartigen Käufen üblich sei und 3. die aus Art. 39—46 ersichtlichen Verkäufer darüber, daß die Litiganten selbst das in Frage stehende Land unter diesen Bedingungen von ihnen gekauft haben.

Das Bundesgericht zieht in Erwägung:

1. Am 24. November 1890 war zwischen C. Weber=Wüest in Unterstraß und dem Beklagten C. Furrer=Bachmann in Oberstraß ein Gesellschaftsvertrag abgeschlossen worden, um auf gemeinsame Rechnung Grundstücke in der Plattenanwand Außersihl zu erwer= ben und damit zu spekuliren. Furrer verpflichtete sich, das erfor= derliche Kapital (wovon ihm bei der Liquidation die erlaufenen Zinsen zu vergüten waren) vorzuschießen, während Weber die Ankaufs= und Verkaufsunterhandlungen (ohne Entschädigung) übernahm; in Gewinn und Verlust war Furrer mit 60 %, Weber mit 40 % betheiligt. In Art. 6 und 7 des Vertrages ist bestimmt: „Art. 6. Der Wiederverkauf der Grundstücke darf selbst= „verständlich nur mit Zustimmung beider Kontrahenten bewerk= „stelligt werden."

„Wenn Angebote von Kaufsliebhabern vorliegen, welche der „eine acceptiren und der andere nicht annehmen will, so hat der= „jenige, welcher darauf nicht eintritt, die Pflicht, auf Begehren „des Andern dessen Eigenthumshälfte gegen Bezahlung des darauf „entfallenden Anlagepreises und gegen Vergütung des durch das „Angebot zu seinen Gunsten sich ergebenden Gewinnantheiles zu „übernehmen. Art. 7. Sollten angekaufte Grundstücke bis Ende „1891 nicht veräußert worden sein, so hat Herr Furrer das Recht, „dieselben zum Anlagepreise auf alleinige Rechnung und zu allei= „nigem Eigenthum zu übernehmen....." In Ausführung dieses Vertrages wurde eine Anzahl Grundstücke erworben. Am 3. Juli 1891 theilte Weber (durch Vermittlung seines Anwaltes Dr. Meili) dem C. Furrer=Bachmann mit, daß er einige Kaufsaner= bieten von soliden Käufern erhalten habe, die er (Weber) anzu=

nehmen bereit sei und forderte Furrer auf, sich bis zum 8. Juli
darüber zu erklären, ob auch er diese Offerten acceptiren wolle;
andernfalls verlange Weber, daß Furrer ihn vertragsgemäß aus=
kaufe. Diese Mittheilung führte zu einer längern Korrespondenz
indem Furrer Mittheilung der Namen der Kaufsliebhaber und
Vorweisung der Offerten verlangte, auch einzelne Klauseln der
ihm mitgetheilten Offerten bemängelte. Am 28. Juli theilte darauf=
hin Dr. Meili dem Furrer mit: Es liege eine schriftliche Offerte
seitens des G. Kappeler, Wirths und Bäckers in Bülach vor,
und er ersuche den Furrer, dieselbe auf seinem Bureau einzusehen.
Kappeler offerire für sämmtliche von Furrer und Weber gemein=
sam gekauften Grundstücke in Außersihl 40 Cts. per Quadrat-
meter unter der einzigen Bedingung, daß die Gemeindeversammlung
Außersihl den Vertrag zwischen Kappeler und der Gemeinde
Außersihl betreffend Landverkauf genehmige. Die betreffende Gemeindeversammlung finde den 16. August statt. Bei der notarialischen Fertigung verpflichte sich Kappeler zu einer Anzahlung von
20 %. Der Kaufrest sei 4 Jahre unaufkündbar und vom Ferti=
gungstage an alljährlich à 4 % zu verzinsen. Wenn Furrer diese
günstige Offerte eines soliden Käufers nicht annehmen wolle,
so habe er den Weber eben vertragsgemäß auszukaufen. Furrer
erwiderte am 1. August, daß er auf die Offerte Kappelers nicht
eintreten könne; er wolle keine „wenn und aber" sondern eine
runde Offerte, damit er eine runde Antwort geben könne. In
keinem Falle könne er auf 4 Jahre unaufkündbar verkaufen, son=
dern er müsse gegenseitige halbjährliche Kündigung verlangen;
ebenso im Fernern mindestens 1/3 Anzahlung. Kappeler habe
also noch Zeit, sich zu besinnen bis nach der Gemeindeversammlung, um dann eine unverklausulirte Offerte zu machen. Immer=
hin bitte er um eine Kopie der jetzigen Offerte, „nicht daß dann
später eine andere fabrizirt werde." Am 4. August schrieb Furrer
an Dr. Meili ferner, er konstatire, daß dieser ihm keine Kopie
der Offerte Kappelers einsenden wolle; er verwahre sich dagegen,
wenn später eine solche eingelegt werden wolle. Zur Stunde liege
ihm absolut keine Offerte vor. Dr. Meili erwiderte am 5. August:
Es sei nicht wahr, wenn Furrer behaupte, es liege ihm zur
Stunde absolut keine Offerte vor; er habe demselben den Inhalt

der Offerte Kappelers am 28. Juli in extenso mitgetheilt. Furrer
habe sich darüber auszusprechen gehabt, ob er diese Offerte an=
nehme. Wäre die Offerte Kappelers andern Inhalts als mitge=
theilt, so wäre dies selbstverständlich für Furrer nicht verbindlich.
Uebrigens befinde sich der Offertbrief Kappelers in seinen (Dr.
Meilis) Händen, so daß ohne sein Vorwissen nichts daran ge=
ändert werden könne. Das einzige Mittel, das außerordentliche
Mißtrauen Furrers zu beseitigen, wäre übrigens wohl gewesen,
daß dieser das Original der Offerte bei ihm (Dr. Meili) einge=
sehen hätte. Eine Kopie zu senden sei um so überflüssiger, als
Furrer eine getreue vollständige Wiedergabe des Inhaltes besitze.
Mit seinem Briefe vom 1. August habe Furrer die Offerte
Kappelers zurückgewiesen. Diese Offerte sei bedingt, allein es sei
dies kein Grund der Annahmeverweigerung. Wenn die Offerte
wieder dahinfallen sollte, so sei damit einfach aus diesem Geschäfte
nichts geworden, weder für Furrer noch für Weber. Gehe aber
die Bedingung in Erfüllung, so habe Furrer durch Nichtannahme
das Nichtzustandekommen des Geschäftes bewirkt. In diesem Falle
gebe der Vertrag mit Weber diesem ein Recht auf Auskauf.
Furrer antwortete auf diese Zuschrift am 7. August, indem er
an seinem frühern Standpunkt festhielt. Mit Brief vom 9. Oktober
1891 theilte Dr. Meili dem Furrer mit, daß die Bedingung, von
welcher Kappeler seiner Zeit die Offerte abhängig gemacht habe,
in Erfüllung gegangen sei, somit nunmehr eine bedingungslose
Offerte vorliege. Die Gemeindeversammlung Außersihl habe den
betreffenden Kauf genehmigt und die Fertigung habe stattgefunden.
Er fordere nunmehr den Furrer auf, innert 6 Tagen eine Er=
klärung abzugeben, ob er die Offerte Kappelers vom 28. Juli
annehmen wolle oder nicht. Stillschweigen würde er als Ablehnung
der Offerte auslegen und im Falle der stillschweigenden oder aus=
drücklichen Verweigerung der Annahme der Offerte werde er ihn
auf Bezahlung der Auskaufssumme belangen. Nach Empfang
dieses Schreibens beauftragte Furrer den Advokaten Dr. Zuppinger
mit Wahrung seiner Rechte. Dieser nahm auf dem Bureau des
Dr. Meili von der Originalofferte Kappelers Einsicht und erhielt
auch Kopie derselben. Der Inhalt der Originalofferte entspricht
den früheren Mittheilungen des Dr. Meili. Bemerkt ist in der=

selben noch, (anläßlich der Firirung der bei der notarialischen Fertigung zu leistenden Anzahlung) daß man die notarialische Fertigung auf 1. September des Jahres festsetzen könnte. Dr. Zuppinger schrieb nunmehr am 16. Oktober im Auftrage des Furrer an Dr. Meili: Wie Furrer schon am 1. August geschrieben, seien die Kaufsbedingungen nicht angemessen, die Anzahlung sollte wenigstens ⅓ des Kaufpreises betragen und der Rest halbjährlich aufkündbar sein. Die Offerte sei an zwei Bedingungen geknüpft, Fertigung 1. September und Genehmigung eines nicht näher be=zeichneten Vertrages mit der Gemeinde Außersihl, von denen die eine nicht mehr erfüllt werden könne und bezüglich der andern Furrer nicht in der Lage sei, zu entscheiden, ob sie eingetreten sei oder nicht; es sei daher völlig unsicher, ob Kappeler heute noch seine frühere Offerte aufrecht halte. Wenn in Art. 6 des Ver=trages vom 24. November 1890 von Kaufsangeboten gesprochen sei, so können selbstverständlich nur ernstliche, annehmbare, unbe=bingte und für den Kaufliebhaber verbindliche Offerten gemeint sein und da eine solche nicht vorliege, so könne Furrer auch nicht angehalten werden, sich darüber auszusprechen, ob er auf die Offerte eintreten wolle oder nicht. Am 15. Oktober 1891 trat hierauf Weber alle seine Rechte aus dem Gesellschaftsvertrag mit Furrer dem gegenwärtigen Kläger Kaspar Streuli von Oberrieden ab. Die Abtretungsurkunde lautet: „Gestützt auf unsere Abmachung „vom 17. August a. c. cedire ich hiemit alle mir aus dem Ver=„trage mit Furrer=Bachmann (d. d. 24. November 1890) auf „das Land in der nassen Anwand Außersihl zustehenden Rechte „und Lasten an Herrn Kaspar Streuli von Oberrieden." Streuli klagte nunmehr gegen Furrer=Bachmann auf Bezahlung einer Summe von 11,187 Fr. 40 Cts. sammt Zins à 5 % seit 15. Oktober 1891. Diese Summe stelle den Gewinnantheil dar, welcher bei Annahme der Offerte des Kappeler sich für Weber ergeben hätte und Furrer=Bachmann sei nach Art. 6 des Gesellschaftsver=trages verpflichtet, den Weber resp. seinen Rechtsnachfolger um diese Summe auszukaufen. Beide Vorinstanzen haben die Klage bis zum Betrage von 11,182 Fr. 50 Cts. sammt Zins gutge=heißen.

2. Der Beklagte hat in erster Linie bestritten, daß der Kläger zur Klage legitimirt sei. Die Urkunde vom 15. Oktober 1891

enthalte nicht eine Cession von Forderungsrechten, sondern es solle durch dieselbe der Kläger dem Weber-Wüest als Gesellschafter in Rechten und Pflichten substituirt werden. Eine derartige Abtretung eines Gesellschaftsverhältnisses sei nach Art. 542 O.-R. unzuläßig. Diese Einwendung ist unbegründet. Durch den Vertrag vom 15. Oktober 1891 hat Weber seinen Antheil an der zwischen ihm und dem Beklagten bestehenden (einfachen) Gesellschaft dem Kläger abgetreten. Nun kann allerdings ein Gesellschafter seinen Gesellschaftsantheil nicht einseitig mit der Wirkung abtreten, daß der Erwerber dadurch an seiner Stelle Mitglied der Gesellschaft würde. Dagegen ist die einseitige Abtretung eines Gesellschafts= antheils insoweit gültig, als es die aus dem Gesellschaftsvertrage entspringenden Forderungsrechte anbelangt. Eine Abtretung dieser Forderungsrechte ist nach den allgemeinen Grundsätzen über Ab= tretung der Forderungen durchaus zuläßig und Art. 542 O.-R. steht ihr nicht entgegen, vielmehr versagt diese Gesetzesbestimmung der einseitigen Abtretung eines Gesellschaftsantheils ausdrücklich nur die Wirkung, daß der Erwerber dadurch Mitglied der Gesell= schaft werde. Nun macht der Kläger lediglich ein seinem Rechts= vorgänger aus dem Gesellschaftsvertrage angeblich zustehendes Forderungrecht geltend, ohne irgend die Rechte eines Gesellschafters zu beanspruchen. Dieses Forderungsrecht aber, soweit es besteht, ist durch die Abtretung des Gesellschaftsantheils gültig auf ihn über= tragen worden. Die Abtretung vom 15. Oktober 1891 konnte denn auch offenbar der ganzen Sachlage nach nichts anderes als die Uebertragung gerade dieses Forderungsrechtes bezwecken. Weber hatte den Anspruch erhoben, daß der Beklagte ihn nach Maßgabe des Art. 6 des Gesellschaftsvertrages für seinen Gesellschaftsantheil auskaufe. Durch die Abtretung vom 15. Oktober 1891 wollte er nun dem Kläger das Recht auf die Auskaufssumme übertragen.

3. Nach Art. 6 des Gesellschaftsvertrages ist derjenige Gesell= schafter, welcher ein von dem Mitgesellschafter genehmigtes Kaufs= angebot nicht annehmen will, verpflichtet, das betreffende Grund= stück auf Begehren des Mitgesellschafters zu dem gebotenen Preise selbst zu übernehmen. Diese Bestimmung will einerseits verhindern, daß ein Gesellschafter, welcher den Moment zur Realisirung für gekommen erachtet, durch den Mitgesellschafter genöthigt werden könne, die Spekulation fortzusetzen ; andererseits steht sie offenbar

mit der Vorschrift des Art. 7 im Zusammenhange. Nach dieser
Bestimmung ist der Beklagte berechtigt, die Ende 1891 noch nicht
verkauften Grundstücke auf eigene Rechnung zu übernehmen.
Durch die Vorschrift des Art. 6 wird nun der Mitgesellschafter
dagegen gesichert, daß der Beklagte bei günstiger Gestaltung der
Konjunkturen durch Zurückweisung aller Kaufsanerbieten bis Ende
1891, den aus der gemeinsam unternommenen Spekulation in
Aussicht stehenden Gewinn ausschließlich sich selbst zuwenden könne.
Danach ist es nicht rechtsirrthümlich, sondern im Gegentheil völlig
zutreffend, wenn die Vorinstanzen ausgeführt haben, der Beklagte
sei nicht berechtigt gewesen, beliebige Zahlungsbedingungen aufzustellen und seine Genehmigung gemachter Kaufsanerbieten von
deren Annahme abhängig zu machen; er habe vielmehr nur insoweit derartige Bedingungen stellen dürfen, als dies zu Sicherstellung des Kaufpreises nöthig war. Diese Auslegung entspricht
den Regeln der bona fides; bei entgegengesetzter Interpretation
würde die den Mitgesellschafter gegen eine mißbräuchliche Ausbeutung des Art. 7 durch den Beklagten sichernde Klausel des
Art. 6 des Gesellschaftsvertrages ihre praktische Bedeutung im
Wesentlichen verlieren; allerdings wird nicht gesagt werden dürfen,
daß der Beklagte verpflichtet gewesen sei, schlechthin alle gemachten
Kaufsanerbieten anzunehmen oder aber das betreffende Grundstück
zu dem gebotenen Preise zu übernehmen. Zwar könnte der Wortlaut des Art. 6 des Gesellschaftsvertrages zu dieser Auffassung
Anlaß geben. Allein der Vertrag ist gemäß den Regeln der guten
Treue auszulegen und mit diesen wäre es unvereinbar, wenn dem
Beklagten zugemuthet werden wollte, jedes schwindelhafte Kaufsanerbieten mit übertrieben hohem Kaufpreise, aber ohne alle genügende Sicherung desselben, entweder anzunehmen, oder aber das
betreffende Grundstück zu dem angebotenen übertriebenen Preise
selbst zu übernehmen. Dagegen ist allerdings, wie bemerkt, festzuhalten, daß der Beklagte Angebote mit annehmbarer Sicherung
des Kaufpreises entweder genehmigen oder aber das Grundstück
selbst übernehmen mußte. Nun stellen die Vorinstanzen fest, daß
durch die von Kappeler anerbotene Baarzahlung von 20 % und
Versicherung des Kaufrestes auf das Land, der Kaufpreis hinlänglich gesichert worden wäre und auch die von Kappeler bedungene Unaufkündbarkeit des Kaufrestes auf 4 Jahre, weder die

Sicherheit des Kaufpreises gefährdet, noch, angesichts der leichten
Realisirbarkeit derartiger Schuldbriefe, den Beklagten an dessen
Realisirung gehindert hätte. Diese Entscheidung beruht auf einem
Urtheile thatsächlicher Natur und ist daher für das Bundesgericht
verbindlich. Das Bundesgericht hat daher ohne Weiters davon
auszugehen, daß die in dem Kaufsangebot des Kappeler aufge=
stellten Zahlungsbedingungen annehmbare waren.

4. Nun hat der Beklagte das Kaufsangebot des Kappeler ab=
gelehnt. Er hat zwar nie geradezu erklärt, daß er dasselbe ab=
lehne; allein indem er Modifikationen desselben verlangte und
allerlei Weiterungen veranlaßte, um sich nicht definitiv erklären
zu müssen, hat er das Angebot, sowie es gestellt war, thatsächlich
abgelehnt. Er kann dies weder damit rechtfertigen, daß ihm das
Angebot nicht in gehöriger Weise mitgetheilt, noch daß ihm nicht
die gehörige Zeit zur Abgabe seiner Erklärung eingeräumt worden
sei. Dies ergibt sich ohne Weiters aus den feststehenden Thatsachen
und ist von den kantonalen Instanzen hinlänglich dargelegt worden.
Das Angebot war ferner schon mit dem 16. August, da an
diesem Tage die Gemeindeversammlung von Außersihl den Kauf=
vertrag mit Kappeler über dessen Land genehmigte, aus einem
bedingten ein unbedingtes geworden; es liegt auch nicht das min=
deste dafür vor, daß, wie der Beklagte eingewendet hatte, das
Angebot überhaupt nicht ernst gemeint gewesen sei. Die erste In=
stanz bemerkt mit Recht, daß der Beklagte nicht deßhalb auf das
Angebot nicht eingegangen sei, weil er es nicht für ernstlich ge=
meint gehalten habe, sondern deßhalb, weil es ihm unbequem ge=
kommen sei; wäre er von ersterer Ansicht ausgegangen, so hätte
er ja einfach auf das Angebot eingehen können, wo sich dann
alsbald hätte herausstellen müssen, ob Kappeler sich dabei be=
haften lasse oder nicht. In zweiter Instanz hat sodann der Be=
klagte noch vorgebracht, Kappeler habe sich im Oktober 1891 an
sein Angebot vom August nicht mehr für gebunden erachtet; er
hat hiefür einen Brief des Kappeler an seinen Anwalt vom 3.
März 1892 produzirt, in welchem ersterer erklärt, er habe dem
Beklagten gesprächsweise mitgetheilt, daß er sich Anfangs Oktober
vorigen Jahres, da er bereits Miteigenthümer eines größern Land=
komplexes in der Nassenwand Außersihl geworden sei, an seine
Offerte vom 25. Juli gleichen Jahres gegenüber dem Beklagten

nicht mehr für gebunden erachtet und hat über diese Thatsachen
Beweis durch die Einvernahme des Kappeler als Zeugen beantragt. Die zweite Instanz hat diesen Beweisantrag abgelehnt mit
der Begründung: Da der Beweisantrag nicht dahin gehe, Kappeler
habe den Rücktritt ausdrücklich erklärt oder er sei von Weber
seines Angebotes entlassen worden, so erscheine es, soweit die vorliegenden Akten über die Unterhandlungen zwischen Weber und
Kappeler Auskunft geben, von vornherein mehr als zweifelhaft,
ob Kappeler schon deßhalb, weil ihm noch keine Zusage gemacht
worden sei, von seiner Offerte entbunden gewesen sei. Indeß
brauche diese Frage hier nicht entschieden zu werden. Denn für
den Beklagten habe damals d. h. nach Empfang des Briefes vom
9. Oktober durchaus nichts Positives zu der Annahme vorgelegen,
daß Kappeler den Vertrag nicht halten werde, vielmehr scheine er
selbst dies nach dem Inhalte seines Schreibens vom 16. Oktober
als zweifelhaft betrachtet zu haben. Es sei deßhalb für die Haftbarkeit des Beklagten völlig unerheblich, wie Kappeler die Sachlage damals aufgefaßt habe. Der Beklagte hätte sich einfach durch
die Zusage, die Offerte anzunehmen, vergewissern können, ob
Kappeler noch halte oder nicht. Hätte Kappeler noch gehalten
oder halten müssen, so wäre die Sache in Ordnung gewesen.
Wäre er des Vertrages entbunden erklärt worden, so hätte es
sich hinwiederum fragen können, ob der Beklagte nicht doch deßhalb haftbar sei, weil er durch seine ablehnende und ausweichende
Haltung den Rücktritt des Kappeler verschuldet habe und hiefür
haftbar sei. Bevor diese Fragen festgestellt waren, habe der Beklagte die Proposition des Kappeler nicht mit der Begründung
ablehnen können, die Offerte sei nicht ernst gemeint oder werde
nicht mehr aufrecht erhalten. Heute nun hat der Anwalt des Beklagten behauptet, Weber habe den Kappeler seines Angebotes ausdrücklich entbunden, weil dieser in der Zwischenzeit zwischen August
und Oktober mit ihm eine neue Gesellschaft zum Zwecke einer
gemeinsamen Landspekulation eingegangen habe. Auf diese völlig
neue Behauptung kann indeß nach Art. 30 Abs. 4 O.=G. nichts
ankommen; es kann sich vielmehr nur fragen, ob die zweitinstanzliche Entscheidung nach den vor zweiter Instanz aufgestellten Par-
teibehauptungen und Beweisanträgen auf einem, der Ueberprüfung

des Bundesgerichtes unterstehenden, Rechtsirrthum beruhe. Dies
ist zu verneinen. Wenn freilich nachgewiesen wäre, daß der Rechts=
vorgänger des Klägers selbst (durch Entbindung des Kappeler
von seinem Angebote) dem Beklagten es verunmöglicht habe, den
Kaufvertrag mit diesem abzuschließen, so wäre die Klage abzu=
weisen. Allein dies ist nicht der Fall. Nach der vorinstanzlichen
Entscheidung steht überhaupt nicht fest, daß das Angebot Kappelers
im Oktober 1891 mangels rechtzeitiger Annahme erloschen war;
hierüber aber war, da es sich um ein Angebot zu einem Liegen=
schaftskaufe handelt, gemäß der konstanten bundesrechtlichen Praxis
nach kantonalem Rechte zu entscheiden und es greift daher eine
Ueberprüfung des Bundesgerichtes nicht Platz. Selbst wenn übri=
gens im Oktober 1891 das Angebot des Kappeler erloschen ge=
wesen wäre, so dürfte sich der Beklagte hierauf kaum berufen
können. Denn das Angebot war ihm schon im Juli und August
mitgetheilt und er bestimmt zu einer Erklärung über dasselbe auf=
gefordert worden; ein allfälliges späteres Erlöschen des Angebotes
wäre nach den vorliegenden Akten lediglich auf das ablehnende
Verhalten des Beklagten zurückzuführen und könnte daher von
diesem kaum als Grund der Befreiung von der in Art. 6 des
Gesellschaftsvertrages normirten Pflicht geltend gemacht werden.
Jedenfalls aber könnte er sich von dieser Pflicht nur durch den
Nachweis befreien, daß auch eine Annahme des Angebotes seiner=
seits zum Abschlusse eines Vertrages nicht geführt hätte. Dieser
Nachweis kann aber durch den zweitinstanzlich anerbotenen Zeu=
genbeweis dafür, daß Kappeler sich im Oktober nicht mehr für
gebunden erachtet habe, nicht erbracht werden. Der Beklagte hat
sich ihn vielmehr dadurch, daß er damals auf das Angebot
Kappelers überhaupt nicht einging, selbst verunmöglicht.

Demnach hat das Bundesgericht

erkannt:

Die Weiterziehung des Beklagten wir als unbegründet abge=
wiesen und es hat demnach in allen Theilen bei dem angefochtenen
Urtheile der Appellationskammer des Obergerichtes des Kantons
Zürich sein Bewenden.

89. Urtheil vom 17. September 1892 in Sachen Kindlimann gegen Marcuard, Krauß & Cie.

A. Durch Urtheil vom 13. Mai 1892 hat das Handelsgericht des Kantons Zürich erkannt: Der Beklagte ist verpflichtet, der Klägerschaft 10,255 Fr. 10 Cts. nebst Zins à 6 % seit 16. Februar 1892 zu bezahlen, in der Meinung, daß dem Beklagten das Recht zusteht, die am 1. Dezember 1891 von Savannah nach Bremen verschifften, von Melchers & Cie. daselbst in Verwahrung genommenen 50 Ballen Baumwolle gegen Zahlung der darauf haftenden Kosten und Spesen zu beziehen.

B. Gegen dieses Urtheil ergriff der Beklagte die Weiterziehung an das Bundesgericht, indem er den Antrag anmeldete: Es sei das citirte Urtheil des Handelsgerichtes aufzuheben und die Klage wegen mangelnder Aktivlegitimation der Kläger gänzlich abzuweisen.

C. Bei der heutigen Verhandlung hält der Anwalt des Beklagten diese Anträge aufrecht; er will eine Reihe von Gutachten und andern Aktenstücken neu einlegen.

Der Anwalt der Kläger trägt auf Abweisung der gegnerischen Beschwerde und Bestätigung des vorinstanzlichen Urtheils an, indem er auch seinerseits zwei Gutachten produziren will und eventuell die vor erster Instanz gestellten Beweisanträge aufrecht hält.

Die Litisdenunziatin des Beklagten hat auf Vertretung bei der mündlichen Verhandlung verzichtet.

Das Bundesgericht zieht in Erwägung:

1. Laut Schlußzeddel vom 21. November 1891 verkauften Paul Reinhart & Cie. in Winterthur, als Agenten von Potter & Cie. in Augusta (Staats Georgia in Nordamerika) für diese an den Beklagten J. Kindlimann-Reifer in Winterthur 50 Ballen Baumwolle Upland midling fair good colour and staple zu 54 Fr. per 50 Kilogramm, Kosten und Assekuranz zu Lasten des Käufers, zu verschiffen im Dezember, mittelst direkten Dampfers nach Bremen, Zahlung durch die Bank in Winterthur. Potter & Cie. ertheilten dem Beklagten am 1. Dezember 1891

Faktur hierüber im Betrage von 10,255 Fr. 10 Cts. Die Faktur enthielt u. a. die Anzeige, daß die Waare mit dem Dampfer Hartington von Savannah nach Bremen verschifft sei, daß die 50 Ballen das Zeichen W. E. L. tragen und daß zur Deckung die Tratte der Verkäufer im Fakturabetrage auf die Bank in Winterthur und zahlbar 60 Tage nach Sicht gezogen sei. Die demgemäß über den Fakturapreis am 1. Dezember 1891 von Potter & Cie. auf die Bank in Winterthur (als Prima, Secunda und Tertia) gezogene Tratte enthält das Valutabekenntniß: « Value received and charge the same to account of W. E. L. 50 B. c. ss. Hartington to Bremen. » („Werth erhalten und stellen denselben auf Rechnung von W. E. L. 50 Ballen Baum= wolle steamer Hartington nach Bremen)." Als Wechselnehmer ist in der Tratte der Makler Alfred Boucher angegeben. Dieser indossirte an Schulz und Ruckgaber in New-York und letztere sodann an die Kläger, die Banquiers Marcuard Krauß & Cie. in Paris, welche den Wechsel zum Inkasso an die Schweizerische Kreditanstalt in Zürich übermittelten. Die Prima war dieser in= zwischen schon von Schulz und Ruckgaber zur Einholung des Akzeptes zugesandt worden. Die Bank in Winterthur als Trassatin, war von Potter & Cie. am 1. Dezember 1891 von der Aus= stellung des Wechsels avisirt worden mit der Anzeige, daß diesem das Konossement über 50 Ballen Baumwolle bezeichnet W. E. L. verschifft per Hartington nach Bremen, angeheftet und die Ver= sicherung in Amerika besorgt sei. Dem Wechsel war ein Exemplar des dreifach ausgefertigten, an die Ordre von Jas. F. Ste-wart & Son ausgestellten und von diesen in blanco indossirten Konossements beigelegt; ferner war dem Wechsel ein ablösbarer Coupon angehängt mit der vom 1. Dezember 1891 datirten Notiz von Potter & Cie., daß der Wechsel gezogen, das Konosse= ment demselben beigegeben und die Versicherung in Amerika besorgt sei. Am 14. Dezember 1891 ließ die schweizerische Kreditanstalt die Tratte unter Beilegung des Konossements der Bank in Winterthur zum Akzept vorweisen; dasselbe wurde jedoch verweigert weil die Firma, für deren Rechnung trassirt worden sei, die Tratte nicht gutheiße und es wurde deßhalb am 16. Dezember Protest erhoben. In der That hatte der Beklagte die Bank in Winterthur

beauftragt das Akzept zu verweigern und zwar, wie er im gegen=
wärtigen Prozesse behauptete, aus folgenden Gründen: Paul
Reinhard & Cie. haben ihm bei Vermittlung des Kaufes aus=
drücklich Garantie für Qualität und Quantität der Waare nach
Faktur geleistet; nachdem sie aber inzwischen in Erfahrung
gebracht haben, daß Potter & Cie. zahlungsunfähig geworden
seien, haben sie diese Garantie zuerst am 14. Dezember mündlich,
dann am folgenden Tage schriftlich, zurückgezogen und gleichzeitig
den Kauf „annullirt". Nachdem die Kläger von der Verweigerung
des Akzeptes Kenntniß erhalten hatten, beauftragten sie am
21. Dezember 1891 die schweizerische Kreditanstalt, bei dem Be=
zogenen auf dem Akzepte zu beharren, indem sie erklärten: Nous
nous déclarons garants de la qualité et des poids indiqués
dans la facture aux susdites 50 balles coton. Die Bank in
Winterthur verblieb indeß bei ihrer Weigerung, da sie, selbst mit
der angebotenen Garantie, nicht ermächtigt sei, die Tratte zu
akzeptiren. Letztere blieb bei Verfall uneingelöst. Am 31. März
1892 zeigten im Auftrage der Kläger J. Melchers & Cie. in
Bremen dem Beklagten an, daß die streitige Waare bei ihnen
lagere und ihm gegen Zahlung des Fakturapreises nebst Zinsen
sowie aller auf der Waare lastenden Kosten und Spesen zur
Verfügung stehe. Der Beklagte antwortete hierauf nicht und
unterließ auch jede Bemusterung der Waare. Die Kläger klagten
nun die Fakturasumme nebst Zins seit dem Verfalltag der Tratte
als Kaufspreis der Waare ein, deren Ueberlassung sie dem Be=
klagten gegen Zahlung aller darauf haftenden Kosten und Spesen
neuerdings anerboten. Sie behaupteten, sie seien in Bezug auf
den Kaufvertrag Rechtsnachfolger von Potter & Cie. geworden.
In erster Linie führten sie aus, die Abtretung der Rechte aus
dem Kaufe liege, nach dem maßgebenden englisch=nordamerikanischen
Wechselrechte, schon in der Begebung der über den Kaufpreis
gezogenen Tratte. In zweiter Linie machten sie geltend: Die
Rechtsnachfolge in den Kauf ergebe sich aus dem Erwerbe der
Tratte und des Konossements, in Verbindung mit der im über=
seeischen Baumwollhandel allgemein üblichen Auffassung, daß der
Erwerber der Tratte und des Konossements als Rechtsnachfolger
des Verkäufers in den jenen Dokumenten zu Grunde liegenden

Kaufvertrag eintrete und als Cessionar des Verkäufers gelte. Be=
kräftigt werde die Abtretung der Rechte aus dem Kauf dadurch,
daß ihnen als Wechselnehmern von Schulz und Ruckgaber und
diesen von Potter & Cie. auch der Originalschlußzeddel vom
21. November 1891 und die Preßkopie der Faktur übergeben
worden seien. Die Kläger produzirten diese Papiere nebst einem,
Augusta, 31. März 1892 datirten, mit „Potter & Cie." unter=
zeichneten Briefe an Schulz und Ruckgaber, worin jene diesen
bestätigen, daß sie letztere als Käufer der in Frage stehenden
Tratte anerkennen und daß mit dieser die „Verschiffungsdokumente
mitgingen". „Durch Uebergabe der Dokumente des Abschlußzeddels
„und der Kopie unserer Faktur an die Herren Käufer unserer
„Tratte übertrugen wir alle unsere Rechte auf die Waare an
„Sie sowie auch alle unsere Rechte und Ansprüche an dem Ver=
„kaufsabschlusse." Der Beklagte machte neben andern hier nicht mehr
in Betracht fallenden Einwendungen geltend, die Kläger seien zur
Sache nicht aktiv legitimirt; eine Abtretung des Kaufes an diese
habe nicht stattgefunden. Er behauptete in thatsächlicher Beziehung,
Schlußzeddel und Kopie der Faktur seien den Klägern nicht bei
ihrem Erwerbe des Wechsels übergeben worden, sondern sie haben
sich dieselben erst nachträglich auf den Prozeß hin von dem ehe=
maligen einzigen Inhaber der Firma Potter & Cie. verschafft
der sich nach der Insolvenz dieser Firma nach New=York begeben
habe. Zu Abgabe einer Erklärung Namens der Firma Potter & Cie.
sei dieser am 31. März 1892 nicht mehr befugt gewesen. Das
Handelsgericht des Kantons Zürich hat den Beklagten gemäß
dem Klageantrage verurtheilt, indem es rücksichtlich der Frage
der Aktivlegitimation ausführte: Es sei nicht die Wechselklage
sondern die Klage aus dem Kaufe erhoben, indem die Kläger
als Cessionare der Verkäufer Potter & Cie. auftreten. In der
Begebung der über den Kaufpreis errichteten Tratte liege eine
Abtretung der Rechte aus dem Kaufe nicht. Dem Wechselnehmer
als solchem stehen keine andere Rechte zu als die aus dem Kon=
texte des Wechsels folgenden; daß es sich in dieser Hinsicht beim
englisch=nordamerikanischen Wechsel anders verhalte, habe nicht
nachgewiesen werden können. Auch die Uebergabe des Konosse=
ments mit dem Wechsel könne, für sich betrachtet, nicht als eine

klare Kundgebung des Willens angesehen werden, die Rechte aus
dem Kaufe dem Empfänger jener Urkunde zu übertragen. Das
Konossement sei zwar ein Waarenpapier in dem Sinne, daß
es dem Inhaber ein selbständiges Recht auf die Waare und den
Rechtsbesitz an derselben übertrage. Dieses Recht falle aber nicht
zusammen mit dem Rechte aus dem Kaufvertrage, welches wesent=
lich in der Kaufspreisforderung bestehe. Aus dem Konossement sei
ja auch, ebenso wie aus dem Wechsel, der Name des Käufers gar
nicht ersichtlich. Wenn, was aber bestritten sei, mit dem Wechsel
gleichzeitig auch Schlußzeddel und Fakturenkopie übergeben worden
sein sollten, so läge hierin ein gewisses Indizium für den Abtre=
tungswillen. Denn die Bedeutung dieser Papiere liege nicht, wie
beim Konossement, in der Sicherstellung des Indossatars durch
das Mittel der Waare sondern in den persönlichen obligatorischen
Beziehungen des Verkäufers zum Kaufschuldner und insofern weise
die Uebergabe jener Dokumente auf die Rechtsnachfolge im Kaufe
hin. Allein dieser Schluß sei kein zwingender. Denn der Wechsel=
nehmer habe mit Rücksicht auf das noch einzuholende Akzept ein
Interesse daran, zu wissen, ob der Tratte ein richtiges Geschäft
zu Grunde liege; auch hierin könne somit die Beilegung jener
Papiere, welche dem Verkäufer die Begebung des Wechsels erleich=
tern, ihre Erklärung finden. Für die Bedeutung, welche der
Uebergabe aller dieser Urkunden beizulegen sei, komme aber ferner
wesentlich die Art des in Frage stehenden Geschäftsverkehrs in
Betracht. In dieser Hinsicht habe das Handelsgericht auf Grund
der Fachkenntniß einzelner seiner Mitglieder gemäß § 545 des
Rechtspflegegesetzes folgendes festzustellen: Beim überseeischen
Baumwollkaufe gelte der Käufer allgemein als verpflichtet, gegen
Auslieferung der Verschiffungsdokumente, nämlich des Konossements
und, sofern die Versicherung vom überseeischen Verkäufer besorgt
werde, ferner des Assekuranzzeddels, die vom Verkäufer für den
Fakturabetrag ausgestellte Tratte zu akzeptiren bezw. für das
Akzept des Bezogenen zu sorgen. Die früher übliche, ausdrückliche
Bestätigung des Trattenkredits an den Verschiffer erfolge heute,
als selbstverständlich, regelmäßig nicht mehr. Bezüglich allfälliger
Mängel der Waare, sogenannte Qualitäts= und Gewichtsdifferenzen,
— der Wandelungsanspruch sei in diesem Verkehr überhaupt aus=

geschlossen, — habe der Verkäufer also keine besondere Garantie, sondern es sei dies Sache des Vertrauens gegenüber dem Lieferanten. Es bestehe indeß eine allgemein anerkannte und geübte Usanz, wonach der Nehmer des für die Fakturasumme ausgestellten Wechsels, wenn derselbe, wie es regelmäßig geschehe, das Blankokonossement über die Waare erhalte, mit Bezug auf alle Rechte und Pflichten aus dem Kaufvertrage als Rechtsnachfolger des Verkäufers und demselben völlig gleichgestellt gelte, ohne irgendwelche Einschränkung. Gemäß der den kaufmännischen Usanzen zukommenden rechtlichen Bedeutung sei nun davon auszugehen, daß der Beklagte den Inhalt dieser Handelsgewohnheit gekannt und sich derselben bei Abschluß des Kaufes von vornherein unterworfen habe. Hieraus folge, daß mit der Indossirung des Wechsels an die Kläger, unter Uebergabe des Konossements an dieselben, die Abtretung aller Rechte verbunden gewesen sei, welche Potter & Cie. aus dem Kaufsabschluß gegen den Beklagten zustanden. Hiebei sei auch das durch Art. 184 O.-R. zur Wirksamkeit der Cession gegenüber dritten Personen verlangte Erforderniß der Schriftlichkeit erfüllt, da der vom Verkäufer ausgestellte und dem Cessionar übergebene Wechsel in Verbindung mit dem Konossement und jener Usanz den Abtretungswillen beurkunde; es genüge in dieser Hinsicht, daß der Wechsel unter den vorliegenden Umständen die Cessionsabsicht klar erkennen lasse, da lediglich Schriftlichkeit, nicht aber eine besondere Form, für die Abtretung vorgeschrieben sei.

2. Die von den Parteien heute neu produzirten Aktenstücke sind nach Art. 30 Abs. 4 O.-G. unstatthaft und daher nicht zu den Akten zu nehmen.

3. Der Beklagte hat seine Weiterziehung gemäß dem gestellten Rechtsbegehren auf die Frage der Aktivlegitimation der Kläger beschränkt. Auf die übrigen von ihm vor der kantonalen Instanz vorgebrachten Einwendungen ist daher vom Bundesgerichte nicht mehr einzutreten.

4. Die Klage ist nicht eine Wechselklage, sondern eine solche aus Kaufvertrag. Die Kläger machen nicht einen Anspruch aus der Tratte vom 1. Dezember 1891 sondern die ursprünglich der Firma Potter & Cie. zugestandene Kaufpreisforderung geltend,

indem sie behaupten, es sei diese Forderung durch Abtretung an
sie übergegangen. In erster Linie ist zu prüfen, nach welchem
Rechte die Frage zu beurtheilen ist, ob die fragliche Kaufpreis=
forderung an die Kläger übergegangen sei. Diejenigen Handlungen
nun, in welchen die Kläger eine Abtretung der Forderung an sie
erblicken, die Indossirung des Wechsels und die Uebersendung des
Konossements u. s. w. von Potter & Cie. durch Vermittlung des
Maklers Boucher an Schulz und Ruckgaber und von diesen an
das klägerische Bankhaus, sind in den Vereinigten Staaten von
Amerika vorgenommen worden und es sind die Cedenten, von
welchen die Kläger ihre Rechte herleiten, in den Vereinigten
Staaten von Amerika domizilirt. Demnach ist denn aber die
streitige Frage nicht nach schweizerischem sondern nach amerikani=
schem Rechte zu beurtheilen. Denn: Die Abtretung von Forderungen
berührt einerseits die zwischen dem Cedenten und dem Schuldner der
abzutretenden Forderung begründete Obligation, andrerseits erscheint
sie als selbständiges Rechtsgeschäft zwischen Cedenten und Cessionar.
In ersterer Richtung muß offenbar dasjenige Recht maßgebend
bleiben, welches die ursprüngliche Obligation beherrscht. Als selb=
ständiges Rechtsgeschäft zwischen Cedenten und Cessionar dagegen
untersteht die Abtretung nicht schlechthin dem Ortsrechte der abzu=
tretenden Obligation sondern es entscheidet über ihre Voraus=
setzungen und Wirkungen (z. B. über die Haftung des Cedenten
u. dgl.) dasjenige Ortsrecht, unter dessen Herrschaft eben das
selbständige Cessionsgeschäft steht, d. h. in der Regel das Recht,
des Wohnortes des Cedenten; es gilt auch rücksichtlich ihrer
Form der Grundsatz locus regit actum. Es darf hiefür darauf
hingewiesen werden, daß nach Art. 882 Abs. 3 O.=R. die Ueber=
tragung älterer Forderungen in der Zeit nach Inkrafttreten des
Obligationenrechtes sich nach neuem Rechte richtet, so daß also
hier das Gesetz die Abtretung als selbständiges Rechtsgeschäft, als
selbständige juristische Thatsache, behandelt. Demnach ist denn
Vorhandensein und Gültigkeit einer angeblich am Wohnorte des
Gläubigers vorgenommenen Abtretung einer Forderung, welche
einem ausländischen Gläubiger an einen inländischen Schuldner
zusteht, nach ausländischem und nicht nach einheimischem Rechte
zu beurtheilen. Dagegen darf allerdings durch eine solche Cession

die Stellung des Schuldners der abgetretenen Forderung in keiner
Weise erschwert werden. Die Stellung des Schuldners bleibt,
insoweit derselbe ein rechtliches Interesse daran besitzt, auch nach
stattgefundener Cession durch dasjenige Recht beherrscht, welches
für die abzutretende Forderung von Anfang an maßgebend
war. Eine nach einheimischem Rechte gültige Zahlung an den
ursprünglichen Gläubiger z. B. welche der Schuldner vor Em=
pfang der Cessionsanzeige in gutem Glauben geleistet hat, bleibt
gültig, auch wenn sie dies nach dem ausländischen Rechte nicht
sein sollte (vergleiche v. Bar, Theorie und Praxis des inter=
nationalen Privatrechts II, S. 79; Lehrbuch des inter=
nationalen Privat= und Strafrechts, S. 116 u. ff.). Im
vorliegenden Falle nun liegt einzig im Streite, ob eine wirksame
Abtretung der Forderung des ursprünglichen Gläubigers an die
Kläger stattgefunden habe, diese also zur Sache legitimirt seien;
irgendwelche Erschwerung der Stellung des Schuldners in Folge
der behaupteten Cession steht gar nicht in Frage. Demnach ist
denn, wie bemerkt, amerikanisches und nicht schweizerisches Recht
maßgebend.

5. Wie nun das Bundesgericht schon häufig entschieden hat,
steht ihm nach Art. 29 O.=G. die Nachprüfung der richtigen
Anwendung des ausländischen Rechtes nicht zu. Das Bundesgericht
kann demnach nicht untersuchen, ob das Handelsgericht mit Recht
angenommen habe, es ergebe sich hier aus der Gesammtheit der
Umstände, daß eine wirksame Abtretung der dem Hause Potter & Cie.
gegenüber dem Beklagten zustehenden Kaufpreisforderung an die
Nehmer des von Potter & Cie. auf die Bank in Winterthur
gezogenen Wechsels stattgefunden habe. In Frage kommen könnte
nur, ob nicht das handelsgerichtliche Urtheil deßhalb aufzuheben
und die Sache zu neuer Beurtheilung an das Handelsgericht
zurückzuweisen sei, weil das Handelsgericht in der gedachten Rich=
tung zu Unrecht schweizerisches und nicht amerikanisches Recht
angewendet habe. Allein ein sachbezüglicher Parteiantrag ist von
der Partei nicht gestellt worden und wohl mit Recht nicht. Denn
das Handelsgericht, wenn es auch allerdings schweizerisches Recht
grundsätzlich als anwendbar zu erachten scheint, stützt doch seine
Entscheidung keineswegs auf besondere Bestimmungen des schweize=

rischen Gesetzes, sondern vielmehr auf allgemeine Erwägungen, insbesondere den von ihm angenommenen Handelsgebrauch.

6. Demnach muß denn die Beschwerde als unbegründet abgewiesen werden, denn nach dem Ausgeführten ist die Aktivlegitimation der Kläger als festgestellt zu erachten und weitere Einwendungen hat der Beklagte in der bundesgerichtlichen Instanz nicht mehr festgehalten.

Demnach hat das Bundesgericht
erkannt:

Die Weiterziehung des Beklagten wird als unbegründet abgewiesen und es hat demnach in allen Theilen bei dem angefochtenen Urtheile des Handelsgerichtes des Kantons Zürich sein Bewenden.

***

90. Urtheil vom 24. September 1892 in Sachen Braunschweig gegen Dukas & Cie.

A. Durch Urtheil vom 4. April 1892 hat das Appellationsgericht des Kantons Baselstadt erkannt: Klage und Widerklage werden abgewiesen.

B. Gegen dieses Urtheil ergriffen die Beklagten und Widerkläger die Weiterziehung an das Bundesgericht mit dem Antrage auf Abänderung des appellationsgerichtlichen Urtheils und Zuspruch der Widerklage; die Klage sei in der appellationsgerichtlichen Verhandlung fallen gelassen worden, eventuell werde auf Abweisung derselben und zwar Namens J. Braunschweig eventuell auch Namens J. Braunschweig jun. Kinder angetragen.

C. Bei der heutigen Verhandlung hält der Anwalt der Beklagten und Widerkläger die schriftlich angemeldeten Anträge aufrecht.

Der Anwalt der Kläger und Widerbeklagten trägt auf Abweisung der Beschwerde und Bestätigung des appellationsgerichtlichen Urtheils an, indem er beifügt, durch den Rückzug der Klage habe er nicht auf irgend eine Einrede gegen die Widerklage verzichtet.

Das Bundesgericht zieht in Erwägung:

1. In thatsächlicher Beziehung ist aus den Akten folgendes hervorzuheben: Die Kläger und Widerbeklagten S. Dukas & Cie. standen seit längerer Zeit in lebhafter Geschäftsverbindung mit dem Beklagten J. Braunschweig jun. in Hottingen-Zürich, für den sie Börsenaufträge ausführten. Ende Januar 1889 trat in Folge einer Differenz eine vorübergehende Unterbrechung dieses Geschäftsverkehrs ein. Dabei ließ J. Braunschweig bei den Klägern durch den Basler Bankverein folgende Aktien gegen Zahlung von 338,000 Fr. auf seine Rechnung beziehen: 100 Stück Union Suisse, 325 Stück Nordostbahn, 50 Stück Winterthurer Bank, 50 Stück Banque foncière, 35 Stück Chemische Industrie, 25 Stück Arth-Rigi. Schon im Februar 1889 wurde der Geschäftsverkehr zwischen den Parteien wieder aufgenommen. Nachdem die Kläger bisher die Aufträge des J. Braunschweig ohne Deckung besorgt hatten, ließen sie sich am 29. Mai 1889 eine „Faustpfandbestellung für Kontokorrent-Vorschüsse und Eigenwechsel sowie für andere Forderungen" ausstellen. In diesem Aktenstücke räumt J. Braunschweig den Klägern für alle Forderungen, die sie an ihn zu stellen haben, ein Faustpfandrecht ein an allen Werthpapieren, die er jeweilen bei ihnen liegen habe. Weiter heißt es: „Falls diese Werthpapiere oder einzelne derselben, oder falls meine „bei denselben eingegangenen Engagements in Aktien, Obligationen „rc. in ihrem Kurswerth um 5 % zurückgehen sollten, bin ich „gehalten, auf einfache Aufforderung der Herren S. Dukas & Cie. „das Faustpfand um den betreffenden Betrag zu verstärken, resp. „die auf meinen laufenden Engagements entstandene Kursdifferenz „durch Baaranschaffung oder den entsprechenden Betrag in Werth- „papieren zu decken. Für den Fall, daß ich dieser Pflicht nicht „nachkommen sollte, so ermächtige ich die Herren S. Dukas & Cie. „jetzt schon unter Verzicht auf jede spätere Einwendung selbst „dann, wenn eine spätere resp. weitere Anzeige an mich unter- „lassen worden wäre, die verpfändeten Werthpapiere ganz oder „theilweise durch einen öffentlichen Sensal zu verkaufen; eben- „so räume ich denselben das Recht zum gleichen Verfahren „bezüglich meiner bei denselben laufenden Engagements ausdrück- „lich ein. Aus dem Erlös der so verkauften Werthpapiere können

„sich S. Dukas & Cie. bezahlt machen für ihr Guthaben an
„Kapital, Zinsen und Spesen, 2c. Für den Mindererlös bleibe ich
„haftbar, während ein Mehrerlös mir zu vergüten ist. Für die
„Abwickelung der daherigen Forderungen erwähle ich mein Do=
„mizil bei den Herren S. Dukas & Cie. und unterwerfe mich dem
„Basler Gerichtsstand." Die monatlichen Liquidationsrechnungen
wurden dem Beklagten jeweilen zugesandt und von ihm anerkannt.
Am 3. März 1890 übersandten die Kläger dem Beklagten die
Liquidationsrechnung per Ende Februar und schrieben ihm gleich=
zeitig: „Bezugnehmend auf beiliegende Liquidationsnote finden
„wir, daß Ihr Konto auf Grundlage der heutigen Kurse mit
„etwa 20,000—25,000 Fr. ungedeckt ist und erwarten wir daher
„Ihre gefällige sofortige Anschaffung dieses Betrages und ferner
„eine Deckung von 50,000 Fr. bis auf Weiteres gegen eventuelle
„fernere Kursrückgänge, sofern Sie wünschen, daß wir Ihre
„Engagements weiter führen. Sollten Sie wider Erwarten un=
„serem Gesuch nicht entsprechen, so müssen wir uns veranlaßt
„sehen, Ihre sämmtlichen Engagements bestmöglichst für Sie zu
„lösen und Ihnen hienach Endabrechnung zuzustellen." Der Be=
klagte erwiderte umgehend, wenn man sein Depot in Betracht ziehe,
so sei er keine Differenz schuldig; wenn sie trotzdem zur Exekution
schreiten, so geschehe das auf ihren Risiko und er mache sie für
den Schaden verantwortlich. Die Kläger wiederholten jedoch ihr
Begehren und, als Beklagter auf seiner Weigerung, weitere Deckung
zu geben, beharrte, liquidirten sie seine Engagements und ver=
kauften auch seine faustpfändlich hinterlegten Titel. Sie stellten
sodann Abrechnung auf, welche mit einem Saldo von 5991 Fr.
20 Cts., Werth 10. Mai 1890, zu Lasten des Beklagten schließt
und klagten diesen Betrag sammt Zins zu 5 % am 23. Juni
1890 beim Civilgerichte Basel ein. Der Beklagte trug auf Ab=
weisung der Klage an und stellte widerklagsweise das Begehren:
2. Die Kläger seien als Widerbeklagte zu verfällen zur Heraus=
gabe von a. 75 Aktien der badischen Anilin= und Sodafabrik nebst
sämmtlichen dermalen noch unverfallenen Coupons; b. 5 Aktien
der Anglo Swiss Milk Company nebst sämmtlichen am 6. März
1890 noch unverfallen gewesenen Coupons, gegen Zahlung seitens
des Widerklägers J. Braunschweig jun. von 149,625 Fr. 30 Cts.

nebst Zins zu 4 % vom 31. März 1890 bis zum Tage der
Klage. 3. Widerbeklagte S. Dukas & Cie. seien haftbar zu erklären für einen allfälligen Kursrückgang, den die Aktien der
badischen Anilin= und Sodafabrik oder der Anglo Swiss Milk
Company von dem Tage der Einreichung der Klage bis zu dem
Zeitpunkte der Auslieferung an den Widerkläger Braunschweig
erleiden sollten, alles unter Kostenfolge. Er führte aus: Nachdem
die Kläger Ende Februar seine Engagements ohne Weiters auf
Ende März reportirt haben, sei ihr Begehren um Deckung unter
Androhung sofortiger Exekution ein unzulässiges gewesen. Die
vertraglichen Voraussetzungen dieser Maßregel (für welche die
Kläger beweispflichtig wären) haben nicht vorgelegen. Weder auf
seinen Engagements noch auf seinen im Depot liegenden Titeln
sei ein Kursrückgang von 5 % eingetreten. Seine Engagements
haben Ende Januar Titel im Gesammtbetrage von 623,536 Fr.
25 Cts. umfaßt; der Kursrückgang derselben pro Ende Februar
habe 11,211 Fr. 25 Cts., somit nicht ganz 2 % betragen oder
bei Berechnung eines bis 3. März eingetretenen weitern Kurs=
rückganges von 4390 Fr., im Ganzen 15,601 Fr. 25 Cts. oder
circa 2 1/2 %, also jedenfalls nicht 5 %. Die Kläger haben bei
der Liquidation die durch den Schein vom 29. Mai 1889 vorge=
schriebene Form des Verkaufs durch einen öffentlichen Sensal nicht
beobachtet und entgegen dem Wortlaute des Scheines nicht eine
Verstärkung des Faustpfandes, sondern nur Deckung für den
Kursrückgang verlangt. Die Bestimmung des erwähnten Scheines
daß die Kläger nicht nur die laufenden Engagements des Beklagten, sondern auch dessen Faustpfänder ohne Inanspruchnahme
der kompetenten Behörden verkaufen laffen können, stehe im Wider=
spruch mit Art. 233 O.=R. und § 33 des kantonalen Betrei=
bungsgesetzes und sei daher ungültig. Selbst wenn die Kläger
am 3. März befugt gewesen wären, etwelche weitere Deckung zu
verlangen, so hätte diese eine dem Kursrückgange entsprechende
sein müffen, also nicht 75,000 Fr. betragen dürfen. Die Exekution sei daher eine durchaus unberechtigte gewesen und die
Kläger dem Beklagten für die widerrechtliche Liquidation seiner
Engagements schadenersatzpflichtig. Schon am 10. März hätte er
diese zu viel günstigeren Kursen abwickeln können. Nach seiner

Aufstellung hätte die Differenz zu seinen Gunsten an diesem Tage 10,112 Fr. 50 Cts. betragen, deren Ersatz er verlangt. Ferner verlangt er Rückgabe der bei den Klägern faustpfändlich deponirten Titel, nämlich 75 Aktien der badischen Anilin= und Sodafabrik von nominell 600 Mark nebst den betreffenden Coupons von 1889, welche jedoch, da sie eingezogen und ihm gutgeschrieben seien, außer Betracht fallen; 5 Aktien der **Anglo Swiss Milk Company**, 5 Aktien West Stamm. Da letztere Gattung Aktien nicht mehr existire, verlangt er Schadenersatz auf Grund des Kurses vom 10. März. Auf Grund dieser Erörterungen stellte der Beklagte einen Kontokorrent auf, welcher unter Weglassung des Erlöses der verkauften 5 Chamer= und 75 Anilin-Aktien und unter Einstellung seiner Schadenersatzforderung einen Saldo von 149,625 Fr. 32 Cts., Werth 31. März 1890, zu Gunsten der Kläger ergibt. Er anerbot Zahlung dieses Betrages sammt 5 % Zins bis zum Tage der Einreichung der Widerklage gegen Rück= gabe der 5 Chamer= und 75 Anilin=Aktien sammt sämmtlichen am 6. März 1890 noch nicht verfallenen Coupons. Endlich machte der Beklagte die Kläger für den Kursrückgang verantwortlich, der auf obigen Titeln vom Tage der Widerklage bis zur Herausgabe derselben eintreten könne. Die Kläger und Widerbeklagten ver= langten Abweisung der Widerklage, indem sie im Wesentlichen ausführten: Sie haben am 3. März nur 20,000—25,000 Fr. für Deckung der bisherigen Situation verlangt, die weitern 50,000 Fr. ausdrücklich nur für den Fall neuer Aufträge. 20,000—25,000 Fr. aber habe damals die Schuld des Wider=. klägers betragen. Nach dem Scheine vom 29. Mai 1889 sei der Rückgang nicht auf der gesammten Position zu berechnen, sondern seien sie berechtigt gewesen, Deckung zu verlangen, sobald einzelne Titelsorten um 5 % oder mehr im Kurse gesunken seien. Dieß sei am 3. März 1890 bei drei Werthen der Fall gewesen, nämlich bei Anilin=Aktien, welche seit deren Ankauf um 17 %, bei Dis= konto=Aktien, welche um 12 1/8 % und bei Kredit=Aktien, welche um 19,45 und 8,5 % gesunken seien. Der Rückgang habe im Ganzen 24,567 Fr. 10 Cts. betragen. Die Exekution sei somit berechtigt gewesen. Im Briefe vom 3. März 1890 liege durchaus nicht das Begehren um Baarschaft, sondern um Deckung, die Beklagter ganz wohl durch Verstärkung des Faustpfandes hätte geben können. Der Vorschrift des Scheines vom Mai 1889, daß die Verkäufe durch einen öffentlichen Sensal geschehen müssen, sei Genüge geleistet, wenn die richtigen, von den öffentlichen Sensalen in den amtlichen Kursblättern verzeichneten Kurse berechnet werden, was geschehen sei. Die Behauptung des Klägers, daß der Verkauf der Faustpfänder ohne Inanspruchnahme der kompetenten Behörden gegen das Gesetz verstoße, sei unrichtig; diese Art und Weise der Liquidation sei bei Börsengeschäften zwischen Banquier und Spekulant die übliche und auch wenn nicht ausdrücklich vereinbart, selbstverständliche. Eventuell sei der Termin des 10. März, auf welchen der Widerkläger seine Schadensberechnung basire, ein willkürlicher und in keiner Weise begründeter. Schon am 20. März würde die Liquidation einen weitern Schaden von 7471 Fr. und am 29. März einen weitern von 5166 Fr. ergeben haben. Im Vorverfahren vor erster Instanz haben die Parteien sich u. a. über folgende Punkte geeinigt: a. Die Kursrückgänge per Ende Februar 1890 haben (gemäß der Berechnung des Beklagten) 11,211 Fr. 25 Cts. betragen; dazu kommen aber zu Lasten des Beklagten noch an Spesen ꝛc. circa 2000 Mark. b. In dem von den Klägern richtig berechneten Ankaufspreis von 44,409 M. 35 Pf. für 25 Anilin-Aktien ist der Coupon pro 1889 mit 3000 M. inbegriffen, während die Kurse Ende Februar und 3. März exklusive Coupon berechnet sind, trotzdem der abgetrennte Coupon als Pfand in den Händen des Gläubigers geblieben war. Der Beklagte behauptet nun, bei Berechnung des Kursrückganges seien diese Coupons zu berücksichtigen, so daß sich ein wirklicher Kursrückgang von nur 404 M. 85 Pf. oder circa 1 % des Ankaufspreises ergebe. Die Kläger dagegen behaupten, dieser Coupon komme für sie nicht in Betracht, weil er zwar schon abgetrennt, aber erst am 10. Mai fällig gewesen sei. c. Die Kläger anerkennen, daß der Kursrückgang auf den Diskonto-Aktien, welcher von ihnen der Summe nach richtig angegeben worden ist, in Prozenten des Ankaufspreises zu berechnen sei und danach etwas über 9 % betragen habe. d. Die Kläger anerkennen, daß gemäß der Berechnung des Beklagten der Kursrückgang auf KreditAktien nur 1416 M. 50 Pf. oder nicht ganz 5 % des Ankaufspreises von 28,728 Fr. 50 Cts.

betragen habe. e. Die Kläger anerkennen ferner, daß, sofern man
auf den 10. März 1890 abrechnen wolle, die Rechnung des Be=
klagten richtig sei; umgekehrt gibt der Beklagte zu, daß sich am
20. März und Ende März ein größerer Verlust ergeben haben
würde, als bei der von den Klägern vorgenommenen Liquidation.
Im Verlaufe des Prozesses ist der Beklagte und Widerkläger an
seinem Wohnsitz in Zürich in Konkurs gerathen. Durch Eingabe
in die Konkursmasse hatten die Kläger erklärt, daß sie auf ihre
Klage verzichten, unter der Voraussetzung, daß die Masse auch
den mit der Widerklage erhobenen Anspruch des Falliten nicht
geltend mache. Sowohl der Konkursrichter als Vertreter der Kon=
kursmasse, als der Kribar persönlich verzichteten auf Fortsetzung
des Prozesses; dagegen haben die Kinder des Beklagten, in ihrer
Eigenschaft als Konkursgläubiger, die Fortführung des Prozesses
für eigene Rechnung übernommen. Die Kläger machten hierauf
geltend, der Prozeß sei dahingefallen, wurden indeß mit ihrer
sachbezüglichen Einwendung durch Zwischenurtheil des Civilgerichtes
von Baselstadt vom 24. November 1891 abgewiesen. Durch Haupt=
urtheil vom 12. Februar 1892 hat das Civilgericht erkannt: Die
Kläger sind mit ihrer Klage abgewiesen und als Widerbeklagte
verurtheilt, an den Widerkläger gegen Bezahlung von 149,625 Fr.
32 Cts. nebst Zins à 5 % vom 31. März 1890 bis 16. Sep=
tember 1890 75 Aktien der badischen Anilin= und Sodafabrik
mit sämmtlichen am 16. September 1890 noch nicht verfallen
gewesenen Coupons und 5 Aktien der Anglo Swiss Milk Company
nebst sämmtlichen am 6. März 1890 noch nicht verfallen gewe=
senen Coupons herauszugeben. Sie sind ferner haftbar erklärt für
einen vom 16. September 1890 (Tag der Widerklage) an sich all·
fällig ergebenden Kursrückgang auf den genannten Aktien bis zum
Tag der Herausgabe an den Widerkläger. Kläger und Rekurs=
beklagte tragen die ordinären und extraordinären Kosten des Pro=
zesses mit Einschluß einer Urtheilsgebühr von 200 Fr. In der
Begründung dieses Urtheils wird im Wesentlichen ausgeführt:
Die Einrede der Kläger und Widerbeklagten, der Prozeß sei dahin=
gefallen, sei unbegründet. Die Klage sei nicht vorbehaltlos, sondern
nur unter dem Vorbehalte zurückgezogen worden, daß auch die
Gegenpartei die Widerklage fallen lasse. Dies sei aber nicht ge=

schehen. Allerdings haben sowohl die Konkursbehörde als der Kri=
dar selbst auf die Weiterführung des Prozesses verzichtet, dagegen
seien an die Stelle derselben Dritte getreten. Ob diese zu Weiter=
führung des Prozesses berechtigt seien, sei eine konkursrechtliche
Frage und müsse nach den Gesetzen des Konkursortes, also nach
zürcherischem Rechte entschieden werden. Nach dem Zürcher Kon=
kursgesetz aber seien die Gläubiger, sofern der Konkursrichter
die Fortführung eines anhängigen Prozesses auf Rechnung der
Masse ablehne, berechtigt, den Prozeß auf ihre Kosten weiterzu=
führen; sie treten an Stelle der Konkursmasse und vertreten die
Rechte derselben. Die Einwendung, es sei unzuläßig, daß als
Widerkläger ein anderer auftrete, als derjenige, welcher im Falle
der Zusprechung der Klage haftbar sei, treffe nicht zu. Wäre dies
richtig, so könnte eine widerklagsweise geltend gemachte Forderung
während der Dauer des Prozesses überhaupt nicht gültig cedirt
werden; hiefür liege aber weder ein prozeßualer noch ein anderer
rechtlicher Grund vor. Die Stellung der Kläger und Widerbe=
klagten werde dadurch in keiner Weise alterirt. Siegen sie im
Rechtsstreite ob, so haben sie nach wie vor denselben Schuldner;
unterliegen sie, so haben sie an seinen Rechtsnachfolger zu zahlen
und werden gegenüber dem Widerkläger liberirt. Unter diesen Um=
ständen brauche nicht untersucht zu werden, welchen Einfluß der
vorbehaltlose Rückzug der Klage in demjenigen Stadium des
Prozesses, in welchem er erfolgte, auf den Gang des Prozesses
gehabt hätte. Die Frage, ob gültig habe vereinbart werden können,
die Kläger dürfen bei Verzug des Beklagten ihr Faustpfand ohne
gerichtliches Verfahren durch öffentliche Sensalen liquidiren, sei
nach dem zur Zeit der Liquidation geltenden kantonalen Gesetze
über Schuldbetreibung und Konkurs zu entscheiden. Nach diesem
Gesetze sei sie, wie des Nähern ausgeführt wird, zu bejahen, da
dasselbe ein entgegenstehendes ausdrückliches Verbot nicht enthalte
und die vertragliche Normirung einer außergerichtlichen Unter=
pfandsliquidation an und für sich nicht unsittlich sei. Allein die
vertraglichen Voraussetzungen der Liquidation des Pfandes haben
in casu nicht vorgelegen. Nach dem Wortlaute des Vertrages,
welcher im Zweifel zu Gunsten des Beklagten auszulegen sei,
habe ein, 5 % erreichender oder übersteigender, Kursrückgang auf

bloß einer Gattung der reportirten Titel die Liquidation nicht ge=
rechtfertigt, sondern habe zu dieser nur geschritten werden dürfen,
wenn auf den gesammten laufenden Engagements ein Kursrück=
gang von 5 % eingetreten sei. Dieß sei aber nicht der Fall ge=
wesen, vielmehr habe nach den im Prozesse festgestellten Thatsachen
der Kursrückgang auf den gesammten laufenden Engagements nicht
ganz 3 % betragen. Bezüglich der Faustpfandtitel behaupten die
Kläger einen Kursrückgang der Anilin=Aktien zu 17 %. Dieser
Kursrückgang ergebe sich aber nur dadurch, daß beim Ankaufs=
preis die Titel inklusive, die Kurse Ende Februar dagegen exklusive
laufendem Coupon berechnet seien, während, wenn man den ab=
getrennten Coupon zu dem Werthe in Rechnung bringe, zu dem
er nachher eingelöst worden sei, sich ein Kursrückgang von nur
circa 1 % ergebe. Die Berechnung der Kläger wäre unzweifelhaft
richtig, wenn sie den abgetrennten Coupon dem Beklagten ausge=
händigt hätten ; sie haben ihn jedoch als Pfand behalten und bei
Verfall einkassirt. Wenn nun auch allerdings, vor Festsetzung der
Dividende durch die Generalversammlung, der Werth des Coupons
nicht genau festgestanden habe, so habe er doch eine Verstärkung
des Faustpfandes repräsentirt, welche den mit seiner Abtrennung
entstandenen Kursrückgang der Aktie im Wesentlichen kompensirt
habe und bei Berechnung des Werthes des Faustpfandes berechnet
werden müsse. Auch bezüglich der Faustpfandtitel haben daher die
vertraglichen Voraussetzungen der Liquidation nicht vorgelegen.
Die Kläger seien demnach dem Beklagten für allen ihm aus der
widerrechtlichen Liquidation entstandenen Schaden ersatzpflichtig.
Es sei nun zugestanden, daß wenn der Beklagte am 10. März
liquidirt hätte, die Liquidation das von ihm berechnete, erheblich
günstigere Ergebniß gehabt hätte, während andererseits feststehe,
daß eine spätere Liquidation, speziell eine solche Ende März, noch
ungünstiger ausgefallen wäre, als die von den Klägern (am 6.
und 7. März 1890) vorgenommene. Es sei allerdings richtig,
daß der Termin vom 10. März ein willkürlich gewählter sei, aber
ebenso willkürlich sei jeder andere Termin, denn nichts berechtige
zu der Annahme, daß Beklagter zu Abwickelung seines Engagements das Ende des Monats abgewartet hätte. Die Wahrscheinlich=
keit, daß er einen günstigen Moment im Verlaufe des Monats be=

nutzt hätte, liege vielmehr um so näher, als er gewußt habe, daß die
Kläger ihm ohne weitere Deckung nicht weiter als bis Ende März
kreditiren wollen. Da ihm die Kläger sonach durch ihre unberechtigte
Liquidation die Möglichkeit benommen haben, hiezu den ihm günstig
scheinenden Zeitpunkt auszusuchen, so rechtfertige es sich, zur Berechnung des Schadenersatzes auf den dem Beklagten günstigsten
Zeitpunkt innerhalb des Monates März, d. h. den 10. März, ab-
zustellen und den Schadenersatz somit auf den vom Beklagten berechneten Betrag zu fixiren. Ueber die Verzinsung des Saldo zu
5 % seien die Parteien einig; der Zins sei jedoch nur bis zum Tage
der Widerklage zu berechnen, an welchem Tage der Beklagte die
Kläger in Verzug gesetzt habe. Die Verpflichtung zu Herausgabe
der Faustpfänder folge aus der Thatsache, daß die Kläger sie ohne
Berechtigung liquidirt haben. Gegen dieses Urtheil ergriffen die
Kläger die Appellation an das kantonale Appellationsgericht. In
der appellationsgerichtlichen Verhandlung beantragte ihr Anwalt
Abänderung des erstinstanzlichen Urtheils im Sinne der Abweisung
der Widerklage, unter Kostenfolge, indem er beifügte: Das Klage-
petitum zu stellen, sei nicht mehr der Mühe werth. Der Beklagte
und Widerkläger beantragte Bestätigung des erstinstanzlichen Urtheils. Durch sein Fakt. A erwähntes Urtheil hat das Appellationsgericht sowohl Klage als Widerklage abgewiesen, indem es
im Wesentlichen von folgenden Erwägungen ausging: Der Verkehr, der zwischen den Parteien stattgefunden habe, kennzeichne
sich als eine Kette von Differenzgeschäften, indem nach der Willensmeinung der Parteien die wirkliche Lieferung und Abnahme der
gekauften und verkauften Papiere nicht beabsichtigt gewesen sei,
sondern blos die auf Ende eines jeden Monats ermittelte Kursdifferenz habe in Rechnung gestellt und reportirt werden sollen.
Einzig von den das Depot bildenden Aktien der badischen Anilin-
und Sodafabrik, der Anglo Swiss Milk Company und der West-
bahn stehe fest, daß sie geliefert und wirklich vorhanden waren;
alles andere, um das sich der Prozeß eigentlich drehe, auch die
wenigen Titelposten, die bei frühern Abschlüssen vorübergehend im
Depot lagen, beruhe, wie aus dem ganzen Zusammenhange der
Operationen und dem hohen Betrage der Abrechnungen sich unzweideutig ergebe, auf Differenzgeschäften per Ende Monats und

Reportirung. Es falle somit dieser Verkehr unter die Geschäfte,
die nach Art. 512 O.-R. als Spiel zu betrachten seien. Aus der
Spielnatur des Geschäftes folge nun zunächst, daß der Richter
Klagen aus solchem Verkehr kein Recht zu halten habe, auch
wenn die Parteien selber die Einrede des Spiels nicht vorgeschützt
haben; sobald der Richter aus dem Thatbestande die Ueberzeugung
gewonnen habe, daß Spiel vorliege, sei er berechtigt und verpflichtet
solche Klagen von Amtes wegen zurückzuweisen. Sei dies bei reinen
Spiel- und Wettschulden wohl unzweifelhaft und durch den Wortlaut des Art. 512 „Aus Spiel und Wette entsteht keine Forderung" mit Nothwendigkeit gegeben, so müsse es auch bei Differenzgeschäften gelten, weil diese dem Spiel eben rechtlich gleichgestellt seien. Es ergebe sich vollends aus dem gesetzgeberischen
Motive dieser Bestimmung, das darin liege, daß das Recht keine
Veranlassung habe, solchen Geschäften Rechtswirkung zu gewähren,
weil sie keinem Interesse dienen, das eines Rechtsschutzes werth
sei, somit außerhalb der Rechtsordnung und des Rechtsgebietes
liegen. Es entstehe nun aber die Frage, ob das der Widerklage
zu Grunde liegende und ihre Rechtsbegehren begründende Faust-
pfandverhältniß auch an dieser Spielnatur theilnehme, oder nicht
für sich besonders als reelles Verpfändungsgeschäft zu betrachten
und zu beurtheilen sei. Eine solche Loslösung der Pfandrechtsfrage
aus dem ganzen Zusammenhange der Operation erscheine aber als
unzulässig. Wenn Jemand für eine reine Spiel- oder Wettschuld
ein Pfand gebe, werde seiner Klage auf Rückerstattung des Pfandes
sicherlich kein Recht gehalten, sondern die Pfandhingabe mit allen
ihren Folgen sei als ein von dem Spielgeschäft untrennbarer Theil
zu behandeln. Das müsse auch für dem reinen Spiel gleichgestellte
Geschäfte gelten. Die Unstatthaftigkeit einer Loslösung der Pfandrechtsfrage aus dem Ganzen des Gesammtgeschäftes müsse im vorliegenden Falle um so mehr einleuchten, als die Pfandbestellung
die von den Klägern verlangte, nothwendige Bedingung für den
bezüglichen Geschäftsverkehr gebildet habe und rechtlich betrachtet
auf gleicher Linie mit einer wissentlich zum Behufe des Spiels
gemachten Vorausleistung stehe, was juristisch mit dem in Art. 512
O.-R. ausdrücklich genannten Falle eines Vorschusses gleichwerthig
sei. Das Pfandverhältniß könne nur aus einer Würdigung des

gesammten Geschäftsverkehrs unter den Parteien beurtheilt werden und der Anspruch des Widerklägers hange vollständig von dem Resultate dieses Geschäftsverkehrs ab. Ja, im Grunde genommen, seien der eigentliche Streitgegenstand nicht das Faustpfand und dessen Rückgabe, sondern die Kursdifferenzen und die Abrechnung dieser Differenzen auf einen bestimmten Tag und die Parteien streiten sich darüber, ob dieser Tag auf den 6. oder auf den 10., oder den 31. März zu setzen sei; gerade diese, aus Rechtsgründen gar nicht zu beantwortende, Frage zeige, wie auch dieses Depot nur zur Ausgleichung der Differenzen dienen solle, wie vollständig also auch die Widerklage auf dem Boden des als Spiel betrachteten Differenzgeschäftes stehe. Wenn somit Klage und Widerklage auf Grund von Art. 512 O.-R. abzuweisen seien, so brauche nicht weiter auf die Frage eingetreten zu werden, wiefern die Kinder des in Konkurs gerathenen Widerklägers zur Aufnahme des Prozesses an seiner Stelle berechtigt seien, obschon jedenfalls daran festzuhalten wäre, daß sie nicht blos die allfälligen Rechte ihres Vaters aus dem Geschäftsverkehr mit dem Widerbeklagten für sich in Anspruch nehmen, eine allfällige Haftpflicht aus demselben aber auf die Konkursmasse wälzen könnten, sondern in Bezug auf das gesammte Rechtsverhältniß mit Rechten und Pflichten au die Stelle des Konkursiten treten müßten. Wer einen Prozeß aufnehme, trete dadurch in das durch den Prozeß konstituirte Prozeßverhältniß mit der Gegenpartei nach allen Seiten ein und so liege auch in casu in der Aufnahme der Widerklage durch die Kinder des Konkursiten ihr Eintritt in die Beklagtenrolle bezüglich der Hauptklage.

2. In rechtlicher Beziehung ist es, nachdem die Kläger die Klage haben fallen lassen, gleichgültig, ob man annimmt, es haben die Kinder Braunschweig die Widerklage nur unter gleichzeitiger Uebernahme der Haftpflicht gegenüber der Hauptklage aufnehmen können. Es wäre dies übrigens mit dem Civilgerichte zu verneinen. Die Frage, ob nach ausgebrochenem Konkurse nur die Konkursverwaltung, oder ob unter gewissen Voraussetzungen auch einzelne Konkursgläubiger zu Geltendmachung der Rechte des Gemeinschuldners befugt seien, ist ohne Zweifel eine solche des Konkursrechtes und daher nach dem Rechte des Konkursortes, hier also nach zürcherischem Rechte, zu beurtheilen. Nach dem

zürcherischen Konkursgesetze nun sind die Gläubiger berechtigt, Prozesse des Gemeinschuldners, deren Fortsetzung auf Rechnung der Masse der Konkursrichter ablehnt, auf ihre Kosten fort- zusetzen, wobei sie, sofern sie obsiegen, einen allfälligen Ueberschuß über ihre Forderungen und Prozeßkosten in die Masse abzugeben haben (§ 38 und 62 des zürcherischen Konkursgesetzes, vrgl. auch Art. 260 B.-G. über Schuldbetreibung und Konkurs). Die ein- zelnen Konkursgläubiger, welche die Fortsetzung eines Prozesses des Gemeinschuldners übernehmen, machen demnach in ganz gleicher Weise die Rechte des Gemeinschuldners geltend, wie dies die Konkursverwaltung thut, wenn sie die Fortsetzung des Pro- zesses auf Rechnung der Masse beschließt. Die rechtliche Stellung des Prozeßgegners bleibt sich gleich, mag nun an Stelle des Gemeinschuldners die Konkursverwaltung oder mögen einzelne Gläubiger den Prozeß führen. Im einen wie im andern Falle handelt es sich um die Rechte und Pflichten des Gemeinschuldners und bleibt (abgesehen von der Prozeßkostenersatzpflicht) letzterer bezw. die Konkursmasse ihm gegenüber verpflichtet.

3. In der Sache selbst ist dem Appellationsgerichte darin bei- zutreten, daß der Richter Klagen aus Lieferungs- oder Differenz- geschäften, die den Charakter eines Spiels oder einer Wette haben, von Amtes wegen, auch wenn die Partei die Einrede des Spiels nicht erhoben hat, zurückzuweisen berechtigt und verpflichtet ist. Die Ausführung des Appellationsrichters ist in dieser Richtung vollständig zutreffend. Das Gesetz (Art. 512 O.-R.) versagt Ansprüchen aus Spiel und Wette den Rechtsschutz und stellt solche Lieferungs- und Differenzgeschäfte über Waaren oder Börsenpapiere, welche den Charakter eines Spiels oder einer Wette haben, trotz ihrer Einkleidung in die Form eines Kauf- geschäftes, dem reinen Spiele gleich. Wie nun zweifellos der Richter eine Klage aus reinem Spiel, auch ohne Antrag einer Partei, zurückzuweisen hat, so muß er das Gleiche auch dann thun, wenn das Geschäft in die Form eines Kaufvertrages gekleidet worden ist, aus dem Thatbestande aber erhellt, daß in That und Wahrheit ein Kauf nicht gewollt war, sondern es sich um ein bloßes Spiel- und Wettgeschäft handelte. Es liegt alsdann ein Geschäft, welchem das Gesetz rechtlichen Schutz gewährt, überhaupt

nicht vor. Dabei muß aber der Richter natürlich sorgfältig prüfen, ob im Einzelfalle ein reines Differenzgeschäft mit Spiel- oder Wettecharakter wirklich vorliege, ob also die gewählte Form des Kaufvertrages wirklich sich nur als Maske eines Spiel- oder Wettgeschäftes darstelle.

4. Nun hat das Bundesgericht in Auslegung des Art. 512 O.-R. stets festgehalten, daß diese Gesetzesbestimmung nicht alle Zeitgeschäfte in Waaren oder Börsenpapieren als klaglos erkläre, sondern nur die reinen Differenzgeschäfte, welche den Charakter eines Spiels oder einer Wette an sich tragen; es hat im Fernern das Kriterium des klaglosen reinen Differenzgeschäftes stets darin gefunden, daß nach übereinstimmender, ausdrücklich oder stillschweigend erklärter Willenseinigung der Parteien Recht und Pflicht wirklicher Lieferung und Abnahme der gekauften oder verkauften Waaren oder Börsenpapiere ausgeschlossen sein müsse, so daß blos die Kursdifferenz den Gegenstand des Vertrages bilde (siehe in diesem Sinne Entscheidung in Sachen Titzck & Cie. contre Post & Lappé vom 1. Mai 1886, Amtliche Sammlung XII, S. 382 u. ff., Erw. 2 u. f.; Entscheidung in Sachen Rüegger und Knörr gegen Kreditanstalt Luzern vom 24. Juli 1886, ibidem S. 461 u. f., Erw. 4; Entscheidung vom 16. Dezember 1887 in Sachen Biadi contre Burat, ibidem XIII, S. 505, Erw. 5; Entscheidung vom 20. Februar 1891 in Sachen Clason & Cie. gegen Metzger & Cie., ibidem XVII, S. 144 u. ff., Erw. 3 u. ff.; ferner die nicht abgedruckten Entscheide in Sachen Clason & Cie. gegen Häring vom gleichen Tage, in Sachen Dürsleu-Siegfried gegen Scholder vom 6. Juni 1891, in Sachen Siegfried gegen Rohner vom 13. November 1891). An dieser Auffassung, welche sich an die deutsche Praxis, insbesondere die Praxis der deutschen Reichsgerichte (siehe die bei Fuchsberger, Entscheidungen auf dem Gebiete des Handelsrechtes, 2. Auflage, S. 1097 u. f. citirten Entscheidungen; vergleiche im Fernern Zeitschrift für französisches Civilrecht XXII, S. 368 u. f.) anschließt, ist auch heute festzuhalten. Ausdrücklich nun ist im vorliegenden Falle, wie in der Regel, die Pflicht zu wirklicher Lieferung und Abnahme der gekauften und verkauften Papiere nicht ausgeschlossen worden. Es kann sich daher nur

fragen, ob dies stillschweigend geschehen sei. Das Appellations=
gericht führt in dieser Richtung aus, es sei nach der Willens=
meinung der Parteien die wirkliche Lieferung und Abnahme der
gekauften und verkauften Papiere nicht beabsichtigt gewesen, sondern
es habe blos die auf Ende eines jeden Monats ermittelte Kurs=
differenz in Rechnung gestellt und reportirt werden sollen; nur
von den das Depot bildenden Papieren stehe fest, daß sie geliefert
worden und wirklich vorhanden gewesen seien. Hieraus zieht das
Appellationsgericht den Schluß, es handle sich um klaglose reine
Differenzgeschäfte. Diese Schlußfolgerung beruht aber auf einer
rechtsirrthümlichen Auffassung des Begriffes des reinen Differenz=
geschäftes. Nach derjenigen Auffassung dieses Begriffes, wie er in
der bundesgerichtlichen Praxis ist angenommen worden, wird ein
Zeitgeschäft über Waaren oder Börsenpapiere nicht schon dadurch
zum klaglosen reinen Differenzgeschäft, daß einer oder beide
Kontrahenten bei dessen Abschluß von der Annahme sich leiten
lassen, es werde am Stichtage wirkliche Lieferung nicht statt=
finden sondern nur die Preisdifferenz vergütet werden. Es ist
vielmehr erforderlich, daß vertraglich in erkennbarer Weise Recht
und Pflicht der wirklichen Lieferung und Abnahme ausdrücklich
oder stillschweigend ausgeschlossen worden ist. Ist dies nicht ge=
schehen, so ist keiner der Vertragstheile verhindert, am Stichtage
wirkliche Erfüllung zu verlangen; die bloße unausgesprochene
Absicht, welche beim Geschäftsabschlusse bestanden haben mag, das
Geschäft nicht durch effektive Lieferung und Abnahme sondern
durch Vergütung der Preisdifferenz abzuwickeln, steht dem nicht
entgegen und stempelt das Geschäft nicht zu einem klaglosen reinen
Differenzgeschäfte (siehe Entscheidungen des Reichsoberhan=
delsgerichtes VI, S. 224 u. f.; Zeitschrift für französisches
Civilrecht XXII, S. 388 u. f., Zeitschrift für das ge=
sammte Handelsrecht XXXVIII, S. 222 u. ff.). Wenn also
das Appellationsgericht einfach darauf abstellt, es sei die wirkliche
Lieferung der gekauften und verkauften Papiere nicht beabsichtigt
gewesen, so genügt dies nicht, um den Schluß zu begründen, daß
es sich um reine Differenzgeschäfte handle. Es muß vielmehr
gefragt werden, ob Recht und Pflicht effektiver Lieferung und
Abnahme vertraglich in erkennbarer Weise ausgeschlossen war.

Dies spricht nun das Appellationsgericht nicht aus und konnte
es, nach den feststehenden Thatsachen, nicht aussprechen. Zuzugeben
ist, daß Braunschweig thatsächlich in der Regel nicht beabsichtigte,
die gekauften Papiere wirklich zu übernehmen, sondern daß er
gedachte, sie weiter zu verkaufen und daß den Klägern dies
bekannt war. Allein das Recht des Beklagten, wirkliche Lieferung
zu begehren, war gewiß nicht ausgeschlossen. Es steht, nach den
eigenen Ausführungen des Appellationsgerichtes fest, daß die
gekauften Papiere theilweise wirklich geliefert und als Eigenthum
des Braunschweig in dessen Depot genommen wurden. Ferner
stand offenbar der Verkehr zwischen den Parteien von Anfang
an unter den gleichen Regeln. Bei der zeitweisen Unterbrechung
dieses Verkehrs im Januar 1889 nun aber hat Braunschweig
die für ihn gekauften Papiere auf seine Rechnung durch den
Basler Bankverein wirklich beziehen lassen. Es kann also nicht
angenommen werden, daß hier Recht und Pflicht, auf wirklicher
Erfüllung zu bestehen, ausgeschlossen gewesen sei; der Thatbestand
eines reinen Differenzgeschäftes liegt also nicht vor.

5. Ist demnach davon auszugehen, daß hier nicht klaglose
Differenzgeschäfte, sondern klagbare Zeitgeschäfte vorliegen, so fällt
die weitere, vom Appellationsgerichte erörterte Frage, ob das
Pfandrechtsverhältniß an der Klaglosigkeit des reinen Differenz=
geschäftes Theil nehmen würde, dahin, und kann es sich nur noch
fragen, ob die von den Klägern durchgeführte Liquidation der
Engagements und der Faustpfänder des Beklagten eine berechtigte
gewesen sei, sowie welche Konsequenzen sich aus einer Verneinung
dieser Frage ergeben. Auf eine Beurtheilung dieser Fragen kann
aber das Bundesgericht heute nicht eintreten. Denn das Appella=
tionsgericht ist, von der Ansicht ausgehend, daß der gesammte
Verkehr zwischen den Parteien sich überhaupt außerhalb des durch
die Rechtsordnung geschützten Gebietes bewege, auf eine Würdi=
gung der von den Parteien angebrachten Angriffs= und Verthei=
digungsmittel gar nicht eingetreten; es liegt also rücksichtlich dieser
Angriffs= und Vertheidigungsmittel ein zweitinstanzliches Urtheil
nicht vor. Nun haben aber die Parteien doch ein Recht auf
zweitinstanzliche Sachentscheidung; es muß daher das zweitinstanz=
liche Urtheil aufgehoben und der Prozeß zu sachlicher Entscheidung

über die vorgebrachten Angriffs= und Vertheidigungsmittel an
das Appellationsgericht zurückgewiesen werden, — dies um so
mehr als für die Entscheidung auch Fragen des kantonalen
Rechts in Betracht kommen, welche von den kantonalen Gerichten
endgültig zu beurtheilen sind und rücksichtlich welcher nunmehr,
nachdem die zweite Instanz das civilgerichtliche Urtheil aufgehoben,
sich ihrerseits dagegen über dieselben nicht ausgesprochen hat, eine
kantonale Entscheidung gar nicht vorliegt.

Demnach hat das Bundesgericht

erkannt:

Die Weiterziehung der Beklagten und Widerkläger wird dahin
für begründet erklärt, daß das Urtheil des Appellationsgerichtes
des Kantons Baselstadt vom 4. April 1892 aufgehoben und die
Widerklage zu sachlicher Beurtheilung an das Appellationsgericht
zurückgewiesen wird.

----

91. Urtheil vom 30. September 1892 in Sachen Böppli gegen Burkhardt & Cie.

A. Durch Urtheil vom 3. Mai 1892 hat die Appellations=
kammer des Obergerichtes des Kantons Zürich erkannt:

Der Beklagte ist verpflichtet, an den Kläger 30,220 Fr.
35 Cts. nebst Zins à 6 % vom 31. Oktober 1891 an zu
bezahlen.

B. Gegen dieses Urtheil ergriff die Beklagte die Weiterziehung
an das Bundesgericht. Mit Eingabe vom 8. September 1892
hat derselbe vier neue Aktenstücke eingereicht, nämlich: 1. Abschrift
eines Briefes, gezeichnet „Allgemeine Kreditbank Wüest, C. Kling"
an den Untersuchungsrichter Dr. Frey in Basel, d. d. 13. No=
vember 1891, und ein Schreiben des Untersuchungsrichters Dr.
Frey an den Beklagten, d. d. 8. Juni 1892; 2. Abschrift einer
Zuschrift der Kläger an die Allgemeine Kreditbank in Basel, d. d.
30. Oktober 1891; 3. Abschrift eines Urtheils des Strafgerichts
des Kantons Baselstadt vom 11. Mai 1892 in Sachen Burk=

harbt & Cie. gegen Wackernagel; 4. Abschrift einer von der Allgemeinen Kreditbank in Basel zu Gunsten der Kläger unterm 4. Dezember 1891 ausgestellten Bürg- und Selbstzahlerschafts-verpflichtung. Er führte aus, daß er die betreffenden Thatsachen und Beweismittel auch bei angemessener Thätigkeit vor dem ober-gerichtlichen Urtheile nicht habe kennen und anrufen können, und daß dieselben daher als eigentliche Revisionsthatsachen auch vor Bundesgericht noch müssen geltend gemacht werden können.

C. Bei der heutigen Verhandlung beantragt der Anwalt des Beklagten und Rekurrenten Gutheißung der Weiterziehung und gänzliche Abweisung der Klage, eventuell wenigstens Reduktion des Zinsfußes von 6 % auf 5 %, weiter eventuell sei jedenfalls dem Gegner auch für die bundesgerichtliche Instanz keine Partei-entschädigung zuzusprechen. Dagegen trägt der Anwalt der Kläger und Rekursbeklagten auf Abweisung der gegnerischen Beschwerde an; er erklärt sich der Weiterziehung insofern anschließen zu wollen, als er Zuspruch einer angemessenen Parteientschädigung nicht nur für die bundesgerichtliche Instanz, sondern auch für die beiden kantonalen Instanzen beantrage. Eventuell hält er seine sämmt-lichen Beweisanträge aufrecht; er bestreitet die Zulässigkeit der vom Gegner neu produzirten Aktenstücke.

Das Bundesgericht zieht in Erwägung:

1. Am 28. August 1891 kauften die Kläger vom Beklagten auf Grund der Statuten und Usanzen der Basler Börse als Selbstkontrahenten

25 Basler Chek- und Wechselbankaktien à 740 .	Fr.	18,500	—
25 „ „ „ „ à 741 .	„	18,525	—
¼ % Courtage in Basel, Zürich davon ab . .	„	92	55

Werth Liquidation August Fr. 36,932 45

25 Basler Chek- Wechselbahnkaktien à 742 .	Fr.	18,550	—
25 „ „ „ „ à 745 . .	„	18,575	—
¼ % Courtage in Basel	„	92	80

Werth Liquidation September Fr. 37,052 20

Die ersten 50 Stück wurden vom Beklagten Ende August prolongirt, d. h. er kaufte sie von den Klägern zurück und ver-kaufte sie wieder per Ende September, so daß nunmehr alle 100

Wechsel- und Chekbankaktien per ultimo September vom Beklagten an die Kläger zu liefern waren. Der Beklagte, welcher
auf ein Sinken der Kurse der Basler Chek- und Wechselbankaktien
spekulirte, hatte à découvert verkauft. Anfangs September be-
gannen nun aber diese Aktien rapid zu steigen. Die Allgemeine
Kreditbank in Basel hatte einen corner (eine „Schwänze") in
diesen Aktien eingeleitet; sie hatte eine Zahl von Chek- und
Wechselbankaktien gekauft, welche diejenige der wirklich vorhandenen
Aktien dieser Gesellschaft überstieg und beherrschte daher zeitweise
den Markt. Der Beklagte beauftragte nunmehr die Kläger mit
der Allgemeinen Kreditbank ein Reportgeschäft abzuschließen, d. h.
die 100 Chek- und Wechselbankaktien von derselben anzukaufen
und auf einen spätern Termin ihr wieder zu verkaufen. Um
Mitte September schlossen die Kläger ein solches Reportgeschäft
mit der Allgemeinen Kreditbank wirklich ab; sie nahmen, wie
sie dem Beklagten mit Schreiben vom 12. September 1891
anzeigten, auf Rechnung und Gefahr des Beklagten von der
Allgemeinen Kreditbank für denselben 100 Aktien Basler Chek-
und Wechselbank zum Kurse von 1200 Fr. von Ende September
bis Ende Oktober glatt mit Courtage in Report. Die Kreditbank
lieferte den Klägern im September die Titel und bezog den Preis
für dieselben durch Verrechnung. Die Kläger haben alsdann im
Einverständnisse mit dem Beklagten die Aktien als Deckung für
diejenigen Stücke benutzt, welche der Beklagte ihnen auf Grund
des Ende August abgeschlossenen Kaufvertrages ultimo September
zu liefern hatte; andrerseits haben sie den Beklagten für ihre
an die Kreditbank gemachte Auslage von 120,000 Fr. belastet.
Der Beklagte hat die Differenz zwischen dieser Summe und dem
aus dem Verkaufe von Ende August sich ergebenden Kaufpreise
mit 46,037 Fr. 80 Cts. den Klägern bezahlt. Zu erledigen blieb
danach noch das ultimo Oktober zu erfüllende Verkaufsgeschäft,
kraft dessen der Kreditbank Ende Oktober auf Rechnung des
Beklagten 100 Aktien der Chek- und Wechselbank gegen Bezahlung
von 120,000 Fr. zu liefern waren. Nach längern, von den Parteien unter sich und mit der Allgemeinen Kreditbank gepflogenen
Unterhandlungen wurde dieses Geschäft dadurch erledigt, daß die
Kläger, mit ausdrücklicher Zustimmung des Beklagten, die der

Allgemeinen Kreditbank zu liefernden Titel von dieser Ende Ok=
tober zum Kurse von 1500 Fr. ankauften; in Folge dessen hatte
die Kreditbank aus diesem Geschäfte Ende Oktober die Differenz
zwischen dem Kurse von 1200 Fr. und demjenigen von 1500 Fr.
also für 100 Aktien eine Summe von 30,000 Fr. zu fordern.
Die Kläger haben diesen Betrag (abzüglich Courtage) beglichen,
d. h. mit der Allgemeinen Kreditbank verrechnet, wie die zweite
Instanz dies ausdrücklich feststellt. Sie verlangten nun vom Be=
klagten Bezahlung dieses Saldo zuzüglich 220 Fr. 35 Cts. an
Spesen.

2. Wie das Bundesgericht schon wiederholt ausgesprochen hat,
und übrigens aus dem Wortlaute des Art. 30 O.=G. sich un=
zweideutig ergibt, sind neue thatsächliche Vorbringen und Beweis=
mittel in der bundesgerichtlichen Instanz schlechthin ausgeschlossen,
ohne Rücksicht darauf, ob es sich um neu entdeckte Behauptungen
oder Beweismittel handelt oder nicht (siehe Entscheidung in
Sachen Attenhofer gegen Krüger vom 4. Februar 1888, Amtliche
Sammlung XVI, S. 91, Erw. 2). Die vom Beklagten in der
bundesgerichtlichen Instanz neu produzirten Beweismittel sind
daher nicht zu berücksichtigen.

3. Der Beklagte hat der Klage in erster Linie die Einwendung
entgegengestellt, die Kläger seien zur Sache nicht legitimirt, da
das Reportgeschäft von Mitte September direkt zwischen ihm und
der Allgemeinen Kreditbank in Basel abgeschlossen worden sei und
die Kläger blos als seine Stellvertreter gehandelt haben. Beide
Vorinstanzen haben diese Einwendung zurückgewiesen und zwar
offenbar mit Recht. Wie die zweite Instanz richtig ausführt,
ergibt sich aus der Ausdrucksweise der zwischen den Klägern und
der Kreditbank gewechselten Korrespondenzen (geben Ihnen in
Report, haben von Ihnen wieder abzunehmen, aus diesen Posten
bleiben Sie bei uns per Ende Oktober Käufer von 100 Chek=
bankaktien) unzweideutig, daß die Kläger in eigenem Namen, und
nicht im Namen des Beklagten, mit der Allgemeinen Kreditbank
kontrahirt haben. Die Thatsache, daß die Kläger den Versuch
machten, das Recht zu erlangen, die Kreditbank für den Fall,
daß das Geschäft zu einem Verluste führen sollte, direkt an den
Beklagten verweisen zu dürfen, beweist nichts für das Gegentheil

und zwar schon deßhalb nicht, weil, wie die Vorinstanz feststellt,
die Kreditbank hierauf niemals eingegangen ist, gegentheils stets
daran festgehalten hat, daß ihr gegenüber die Kläger haftbar
seien. Ebensowenig beweist der Umstand, daß über die Abwicklung
des Geschäfts Ende Oktober 1891 direkt zwischen dem Direktor
der Allgemeinen Kreditbank, Wüest, und dem Beklagten verhandelt
worden sein mag. Es ist richtig, wenn die zweite Instanz aus=
führt, daß die Kläger das Reportgeschäft von Mitte September
nicht, wie das frühere zwischen den Parteien Ende August abge=
schlossene Geschäft auf eigene Rechnung, sondern als Kommissio=
näre für Rechnung des Beklagten, abgeschlossen haben und daß
sie also sehr wohl dem letztern die Abwicklung des Geschäftes
überlassen konnten. Dafür, daß sie nicht in eigenem Namen,
sondern im Namen des Beklagten kontrahirt haben, beweist dies
nichts.

4. Im Weitern hat der Beklagte eingewendet, er habe den
Klägern ausdrücklich erklärt, das Geschäft müsse auf seinen
Namen abgeschlossen werden, er wolle direkt mit der Allgemeinen
Kreditbank, welcher er eventuell die Einrede des Betrugs entgegen=
stellen könne, kontrahiren; er habe also den Klägern einen Auf=
trag zu den von ihnen wirklich abgeschlossenen Geschäften nicht
ertheilt. Auch rücksichtlich dieser Einwendung ist den Ausführungen
der Vorinstanz beizutreten, daß, selbst wenn die Kläger durch den
Abschluß des Reportgeschäftes in eigenem Namen dem ursprüng=
lichen Auftrage des Beklagten zuwidergehandelt haben sollten,
darauf nichts ankommen könnte, weil der Beklagte das Abgehen
vom Auftrage jedenfalls nachträglich genehmigt habe. In der
That ist ja richtig, daß der Beklagte von der Art und Weise der
Ausführung des Auftrages, speziell von dem Abschlusse des Ge=
schäftes auf den Namen der Kläger, sofort nach dem Geschäfts=
abschlusse durch Schreiben der Kläger vom 12. September unter=
richtet, und daß ihm auch später von den Klägern mitgetheilt
wurde, daß die Kreditbank den Uebertrag der Reportposition auf
seinen Namen, welchen sowohl er als auch die Kläger allerdings
anstrebten, noch nicht bestätigt habe. Durch diese Mittheilungen
nun sah sich der Beklagte damals zu einer Bemerkung nicht ver=
anlaßt. Wenn er aber das Geschäft, so wie es von seinen Be=

auftragten war abgeschlossen worden, nicht als richtige Ausführung
seines Auftrages und daher nicht als auf seine Rechnung gehend,
wollte gelten lassen, so war er offenbar verpflichtet, damals eine
Monitur zu erheben. In seinem Stillschweigen auf die betreffenden
Mittheilungen des Beauftragten, ist die Genehmigung des Vorgehens
des Letztern zu erblicken.

5. Des Fernern hat der Beklagte geltend gemacht, das Reportgeschäft sei für ihn unverbindlich, weil der Direktor der Allgemeinen Krebitbank, Wüest, bei dessen Abschluß betrügerisch gehandelt
habe. Abgesehen nun von der Frage, ob der Beklagte diese Einrede den Klägern gegenüber überhaupt erheben könne und ob er
mit derselben nicht deßhalb ausgeschlossen sei, weil er sie bei Abwicklung des Geschäftes nicht erhoben habe, erscheint diese Einrede
als unbegründet. Der vom Direktor der Allgemeinen Krebitbank
geübte Betrug könnte nur darin gefunden werden, daß die Allgemeine Krebitbank beim Abschlusse des Geschäftes im Besitze der
sämmtlichen vorhandenen Aktien der Chek- und Wechselbank gewesen sei, diese erhebliche Thatsache aber dem Gegenkontrahenten
arglistig verschwiegen habe. Wie nun aber der Beklagte selbst
behauptet hat, war die fragliche Thatsache bei Abschluß des Reportgeschäftes am 12. September sowohl den Klägern als auch ihm
bekannt; demnach kann denn aber offenbar von einem Betruge
hier nicht die Rede sein.

6. Was die vom Beklagten im Weitern erhobene Einrede
anbelangt, das ganze Geschäft sei in Wirklichkeit nichts anderes
als ein Spiel gewesen und daher nach Art. 512 O.-R. nicht
klagbar, so ist dieselbe von der ersten Instanz für begründet erklärt, von der zweiten Instanz dagegen verworfen worden. Die
zweite Instanz geht davon aus, Art. 512 O.-R. beziehe sich nur
auf solche Börsengeschäfte, bei denen nach übereinstimmender, —
ausdrücklich oder stillschweigend erklärter — Willensmeinung der
Parteien, Recht und Pflicht wirklicher Lieferung und Abnahme
der Waare ausgeschlossen sei, so daß nur die Kursdifferenz den
Gegenstand des Vertrages bilde. Der einzige Grund nun, welcher
hier für die Annahme eines eigentlichen Differenzgeschäftes angeführt werden könne, sei der, daß sich die Allgemeine Krebitbank
am 12. September 1891 schon im Besitze aller Chek- und

Wechselbankaktien befunden habe und daß daher weder die heutigen Litiganten, — welche von dieser Thatsache Kenntniß gehabt, — noch die Kreditbank an eine effektive Rücklieferung der Titel haben denken können. Nun habe aber natürlich die ganze Spekulation der heutigen Parteien auf dem Gedanken beruht, daß die Allgemeine Kreditbank ihre Position in Chek= und Wechselbankaktien nicht werde bis Ende Oktober 1891 halten können, daß sie die Titel vielmehr nach Lage der Dinge vorher auf den Markt bringen müsse. In diesem Falle hätte dann aber die Klägerschaft (bezw. der Beklagte als ihr Committent) Gelegenheit genug gehabt die Papiere anderwärts zu erwerben und sie der Kreditbank (zum Reportkurs von 1200 Fr. per Stück) zurückzuliefern. Es erweise sich daher das angeführte Argument für die Annahme eines Differenzgeschäftes keineswegs als genügend, und es liege kein Grund vor, in dem Vertrage etwas anderes zu erblicken, als das was in jedem Reportgeschäft liege, nämlich die Verbindung zweier gewöhnlicher Kaufverträge. Die Kläger (als Kommissionäre des Beklagten) kaufen von der Kreditbank per Ende September 100 Aktien der Chek= und Wechselbank zum Preise von 1200 Fr. per Stück und verkaufen gleichzeitig an die Kreditbank die gleiche Anzahl Chek= und Wechselbankaktien zum gleichen Preise von 1200 Fr. per Stück mit Lieferungstermin von ultimo Oktober. Diese Entscheidung geht von dem richtigen, in der bundesrechtlichen Praxis stets festgehaltenen Begriffe des klaglosen, reinen Differenz= geschäftes aus; wenn die Vorinstanz sodann mit Rücksicht auf die Thatsache des vorliegenden Falles feststellt, daß hier die Merk= male dieses Begriffes nicht gegeben seien, so hat sie dabei einen Rechtsirrthum nicht begangen. Die Entscheidung erscheint vielmehr als eine zutreffende, da eben nicht festgestellt werden kann, daß hier Recht und Pflicht effektiver Lieferung haben ausgeschlossen werden wollen.

7. Erscheinen demnach die vom Beklagten der Klage entgegen= gestellten Einwendungen als unbegründet, so ist der Beklagte gemäß Art. 439 O.=R. verpflichtet, den Klägern die für ihn gemachte Auslage von 30,000 Fr. sammt 220 Fr. 35 Cts. an Spesen zu ersetzen, sofern nicht etwa die von ihm eventuell erhobene Kompensationseinrede begründet ist. Diese Einrede ist

darauf gestützt worden, der Beklagte sei durch betrügerische Hand=
lungen der Kläger zum Abschlusse des mit diesen direkt im
August 1891 vereinbarten Kaufgeschäftes (über 100 Chek= und
Wechselbankaktien lieferbar ultimo September) verleitet worden ;
es stehe ihm daher gegenüber den Klägern ein Anspruch auf
Vergütung des Verlustes von 46,037 Fr. 80 Cts. zu, welchen
er bei der Abwicklung des fraglichen Geschäftes erlitten habe.
Dieser Einrede mangelt die thatsächliche Grundlage. Denn nach
der Feststellung der Vorinstanz liegt, wenn auch richtig sein
möge, daß der Beklagte bei Abschluß dieses Geschäftes von dem
durch die Allgemeine Kreditbank in's Werk gesetzten corner in
Chek= und Wechselbankaktien noch keine Kenntniß hatte, anbrer=
seits auch nichts dafür vor, daß die Kläger damals von dem
wahren Sachverhalte unterrichtet waren. Ein von dem Beklagten
gestellter Aktenvervollständigungsantrag, auf Beiziehung der in
Basel gegen den Direktor der Kreditbank geführten Strafunter=
suchung, ist von der Vorinstanz aus prozeßualen Gründen ver=
worfen worden.

8. Der von den Klägern für ihre Forderung beanspruchte
Zinsfuß von 6 % ist vom Beklagten vor den kantonalen In=
stanzen nicht ausdrücklich bemängelt worden. Da indeß der Beklagte
die klägerische Forderung ihrem ganzen Umfange nach bestritten
hatte und eine eventuelle Anerkennung der Verzinslichkeit der
Forderung zu 6 % doch kaum kann augenommen werden, so ist
der Beklagte als berechtigt zu erachten, auch heute noch den
Zinsfuß zu bestreiten. Allein diese Bestreitung ist unbegründet.
Wie die Abrechnung zwischen den Klägern und der Allgemeinen
Kreditbank beweist, war durch Vertrag für die Forderung der
Letztern, welche die Kläger auf Rechnung des Beklagten bezahlt
haben, 6 prozentige Verzinsung vereinbart und es kann daher dieser
höhere Zins nach Art. 119 Abs. 2 O.=R. auch während des
Verzugs gefordert werden.

9. Demnach ist das vorinstanzliche Urtheil in der Hauptsache
in allen Theilen zu bestätigen. Ist dem aber so, so steht dem
Bundesgerichte eine Ueberprüfung der, lediglich auf Anwendung
des kantonalen Prozeßrechtes beruhenden, Kostendekretur dieses
Urtheils nicht zu und es ist also auch die mit Bezug auf den

Koſtenpunkt eingelegte Anſchlußbeſchwerbe ber Kläger zurückzu=
weiſen.

           Demnach hat das Bundesgericht
                erkannt:

    Die Weiterziehung wird als unbegründet abgewieſen und es
hat demnach in allen Theilen bei bem angefochtenen Urtheile der
Appellationskammer des Obergerichtes des Kantons Zürich vom
3. Mai 1892 ſein Bewenden.

IV. Haftpflicht für den Fabrik- und
Gewerbebetrieb
Responsabilité pour l'exploitation des fabriques.

      92. Urtheil vom 1. Juli 1892 in Sachen
             Hauſer gegen Lutz.

    A. Durch Urtheil vom 29. April 1892 hat das Obergericht
des Kantons Thurgau erkannt:

    Es ſei bie appellantiſche Forberung im Betrage von 1500 Fr.
unter Abzug ber erhaltenen 150 Mark, gleich 200 Fr. berechnet,
nebſt Zins à 5 % ſeit 1. Januar 1891 gerichtlich geſchützt.

    B. Gegen dieſes Urtheil ergriff der Kläger die Weiterziehung
an das Bundesgericht. Mit Eingabe vom 10. Mai 1892 hat er
folgende Anträge angemelbet:

    I. a. In Aufhebung ber obergerichtlichen Urtheile vom 4. Ja=
nuar und 29. April 1892 ſei bem Kläger nach Abnahme des
Zeugenbeweiſes:

    Daß dem eibgenöſſiſchen Fabrikinſpektor bei der Beſichtigung
des Lutz'ſchen Etabliſſements v o r dem Unfalle biejenige Lokalität,
in ber ſich an ber u n v e r ſ c h a l t e n Banbſäge ber Unfall ereignete,
nicht gezeigt worden ſei (Art. 1, Art. 6 Alinea 3 des Bundes=
geſetzes vom 25. Juni 1881),

    eine Haftpflichtentſchäbigung im Betrage von 6000 Fr. nebſt
Zins à 5 % vom 10. Auguſt 1891 zuzuſprechen.

b. Eventuell sei dem Kläger in Aufhebung des obergerichtlichen Urtheils vom 29. April 1892 eine Haftpflichtentschädigung nach richterlichem Ermessen, jedoch wesentlich mehr als 1300 Fr. nebst Zins à 5 % vom 22. August 1890 zuzusprechen und demgemäß, eventuell auf dem Wege der Aktenvervollständigung durch ärztliche Expertise zu erheben, daß die Erwerbsfähigkeit des Klägers um die Hälfte, eventuell um einen Drittel vermindert worden sei,

eventuell Vorbehalt des Nachklagerechtes im Sinne des Art. 8 des Haftpflichtgesetzes vom 25. Juni 1881.

II. Zusprache sämmtlicher Kosten.

III. Bewilligung des Armenrechtes zu Lasten des thurgauischen Fiskus.

Gleichzeitig meldete der Anwalt des Rekurrenten noch folgende Begehren betreffend Protokoll und Akten beim Obergerichtspräsidenten des Kantons Thurgau zu Handen des Bundesgerichtes an: „1. Beizug des ersten Appellationsbriefes, auf den sich das „obergerichtliche Urtheil vom 4. Januar 1892 gründet. 2. Vor-„merk von meinem Protokollberichtigungsbegehren betreffend der „obergerichtlichen Annahme, S. 81 der Akten: „Allein es ist „unbestritten, daß der Fabrikinspektor beim Besuche des appellati=„schen Etablissementes trotz des Mangels einer Schutzvorrichtung „zu keiner Rüge oder Bemerkung sich veranlaßt sah.“ Diese that=„sächliche Feststellung ist unrichtig. 3. Protokollarische Feststellung, „daß Zeuge Fackelmann den Vertrag (Akt. 8) zuerst blanko dem „Kläger zur Unterschrift vorgewiesen und daß ich gegenüber Fackel=„mann Anhebung der Strafklage wegen unberechtigten Ausübens „medizinischer Funktionen vorbehalten habe. 4. Protokollberichti=„gung in den obergerichtlichen Ergebnissen vom 29. April a. c. „pag. 3 unten des Rezesses: statt zwanzigtägige soll es heißen „zweihunderttägige, vergleiche Akten, pag. 97—99 und oberge=„richtliche Feststellung, pag. 8 des Rezesses „diese Nachtheile „bestehen in einer 2c. — —.“ 5. Die Feststellung auf pag. 9 „des obergerichtlichen Urtheils vom 29. April 1892, daß Hauser „jetzt einen Wochenlohn von 7 Mark 50 Pfennig beziehe, halte „ich mit Rücksicht auf unbestrittenes Akt. 41 für einen Verschrieb „(es soll heißen Wochenlohn 7 Fr. 50 Cts.) oder richtiger einen „thatsächlichen Irrthum!“

Das Obergerichtspräsidium des Kantons Thurgau hat das sub 1 dieser Begehren bezeichnete Aktenstück den Akten beigefügt und die sub 4 und 5 bezeichneten Schreibfehler in der Ausferti=gung des obergerichtlichen Urtheils berichtigen lassen, im Uebrigen dagegen bemerkt, daß Begehren um Berichtigung und Ergän=zung des Protokolls beim Gesammtobergerichte gestellt werden müßten.

C. Bei der heutigen Verhandlung hält der Anwalt des Klägers und Rekurrenten die von ihm schriftlich angemeldeten Anträge aufrecht. Der Anwalt des Beklagten und Rekursbeklagten dagegen beantragt, es sei in Abweisung der gegnerischen Beschwerde das zweitinstanzliche Urtheil zu bestätigen, eventuell könnte es sich nur um eine ganz geringe Erhöhung der Entschädigung handeln und wären dem Rekursbeklagten jedenfalls nicht die gesammten Kosten des Verfahrens aufzuerlegen. Der Litisdenunziat ist nicht ver=treten.

Das Bundesgericht zieht in Erwägung:

1. Der Kläger Gottfried Hauser, geb. 1870, welcher den Gärtnerberuf erlernt hatte, war seit dem 10. August 1890 in der dem Fabrikgesetze unterstellten Möbelschreinerei des Beklagten in Kreuzlingen als Hülfsarbeiter mit einem Taglohn von 2 Mark 75 Pfennig (3 Fr. 40 Cts.) angestellt. Am 22. August 1890 erlitt er einen Unfall, indem er mit dem linken Arme in die Bandsäge gerieth, was eine Verletzung des linken Ellbogengelenkes, mit Oeffnung desselben am Gelenke des Radiusköpfchens, zur Folge hatte. Die nähern Verumständungen des Unfalles haben nicht ermittelt werden können. Nach dem Unfalle begab sich der Kläger in Begleitung des Beklagten nach Konstanz um ärztliche Hülfe in Anspruch zu nehmen. Da er zwei von ihm in erster Linie aufgesuchte Aerzte nicht antraf, ging er zu dem Chirurgen Fackelmann, dem Unteragenten des Allgemeinen deutschen Unfall=versicherungsvereins, bei welchem der Beklagte seine Arbeiter hatte versichern lassen. Fackelmann wusch die Wunde aus, nähte sie zu und verband sie, indem er dem Kläger bemerkte, es wäre das Beste, wenn er sich in das Spital begäbe. Der Kläger lehnte dies ab, da er Eltern zu Hause habe, worauf ihm Fackelmann erwiderte, sobald er größere Schmerzen verspüre, müsse er aber

Eis auflegen; er solle folgenden Tages wieder kommen. Als der Kläger am folgenden Tage nicht kam, suchte Fackelmann ihn in seiner Wohnung auf, wobei er sah, daß der Kläger statt der Eiskompressen Umschläge mit nassen Tüchern machte. Der Zustand der Wunde veranlaßte den Fackelmann (welcher sich blos zur Ausübung der niederen Chirurgie berechtigt hält), den Kläger zu mahnen, nun sofort in das Spital einzutreten und sich ärztlicher Behandlung und Pflege zu unterziehen. Am Nachmittag oder Abend des 23. August trat der Kläger auch wirklich in das Spital zu Konstanz ein. Bei seiner Aufnahme war die Wunde und deren Umgebung (nach dem Zeugniße der Aerzte Medizinal= rath Dr. Honsell und Dr. Werner) stark entzündet, die Umge= bung inflammirt und geschwollen und zwar in größerer Ausdeh= nung gegen den Vorder= und Oberarm zu. Die Haut war hier überall geröthet und schmerzhaft. Später bildete sich eine Eiterung, welche längere Zeit andauerte und die Röthung der Haut und der Weichtheile ging langsam zurück. Nach der Aussage des Medizinalrathes Dr. Honsell war der Zustand der Wunde jeden= falls eine Folge einer Verunreinigung derselben und ist die Hei= lung der Verletzung durch diesen Umstand sehr wesentlich verzögert worden. Der Kläger blieb im Spitale in Konstanz in Behandlung bis zum 27. Dezember 1890 und war auch nachher noch während circa drei Monaten völlig arbeitsunfähig. Als bleibender Nachtheil der Verletzung ist eine theilweise Steifigkeit des linken Ellbogengelenks zurückgeblieben. Zu deren Entstehung hat, nach der Aussage des Dr. Honsell, die Entzündung der Wunde sowie der Umstand bei= getragen, daß der Verletzte, als die Wunde beinahe geheilt war, nicht dazu gebracht werden konnte, den Arm im Ellbogengelenk zu bewegen. Nach dem Gutachten des Physikatsarztes Dr. Nägeli ist an eine Besserung der vorhandenen Gelenksteifigkeit außer durch Operation (partielle Resection) nicht zu denken. Daß eine Operation eine bedeutende Besserung bringen werde, bezeichnet der Physikatsarzt nicht als sicher, aber doch als sehr wahrscheinlich. Derselbe bemerkt im Weitern, erfahrungsgemäß trete im Laufe der Jahre eine Angewöhnung des Verletzten an seinen Zustand ein, wodurch die Leistungsfähigkeit successive erhöht werde. Der Beklagte hat dem Kläger den Taglohn von 2 Mark 75 Pfennig

per Tag, für 126 Tage d. h. bis zu dem Austritte aus dem
Spital berechnet, davon indeß die Verpflegungskosten im Spital
zu Konstanz mit 222 Mark 25 Pfennig und den Betrag der
Rechnung des Chirurgen Fackelmann mit 3 Mark 40 Pfennig,
welche Ausgaben er (Beklagter) bestritten habe, in Abzug gebracht.
Dazu hat er dem Kläger gemäß Vertrag vom 26. Dezember 1890
für Erwerbsverlust eine Entschädigung von 150 Mark bezahlt,
wogegen der Kläger auf alle weiteren Ansprüche verzichtet hat.
In der Folge hat indeß der Kläger eine Entschädigung von
6000 Fr. eingeklagt, indem er den Vertrag vom 26. Dezember
1890 gestützt auf Art. 9 Abs. 2 des erweiterten Haftpflichtgesetzes
als unverbindlich anfocht, weil die dadurch gewährte Entschädigung
eine offenbar ungenügende sei. Gegenwärtig ist der Kläger bei
der Ackermann'schen Fabrik in Emmishofen als Hausknecht oder
Ausläufer, sowie zu Besorgung des Gartens angestellt, in welcher
Stellung er nebst freier Station (Kost und Wohnung) einen
Wochenlohn von 7 Fr. 50 Cts. bezieht. Die kantonalen Instanzen
haben dem Kläger übereinstimmend eine Entschädigung von
1500 Fr. zugesprochen, nachdem sie vorher durch Beweisurtheil
eine Beweiserhebung darüber, ob der Kläger durch Vernachläßigung
der Wunde zu Verschlimmerung der Folgen der Verletzung erheblich beigetragen habe, angeordnet hatten.

2. Die Anträge des klägerischen Anwaltes „betreffend Protokoll
und Akten" können zu einer Schlußnahme des Bundesgerichtes
keine Veranlassung geben. Die sämmtlichen Akten, welche den
kantonalen Instanzen vorgelegen hatten, sind dem Bundesgerichte
übersandt worden; Begehren um Berichtigung oder Ergänzung
der Protokolle der kantonalen Instanzen dagegen sind nicht vom
Bundesgerichte, sondern von den kantonalen Gerichten zu behandeln. Die beiden offenbaren Schreibfehler, welche in der Ausfertigung des obergerichtlichen Urtheils enthalten waren, sind übrigens
bereits berichtigt worden.

3. In erster Linie hat der Kläger behauptet, der Beklagte habe
sich einer strafrechtlich verfolgbaren Handlung schuldig gemacht;
es falle daher gemäß Art. 6 des Fabrikhaftpflichtgesetzes das
Entschädigungsmaximum von 6000 Fr. weg und es seien überhaupt alle Einreden des Beklagten ausgeschlossen. Er hat hiefür

angeführt, der Beklagte habe verschiedene Widerhandlungen gegen
das Fabrikgesetz begangen; es habe bei der Bandsäge an jeder
Schutzvorrichtung gefehlt, der Beklagte habe den Unfall nicht zur
Anzeige gebracht, gegenüber der Versicherungsgesellschaft unwahre
Angaben zu machen versucht, keine Lohnbücher geführt und den
Lohn in deutschem Gelde ausbezahlt. Es ist nun aber von der
Vorinstanz mit Recht bemerkt worden und übrigens ohne Weiteres
klar, daß Art. 6 des Fabrikhaftpflichtgesetzes nur solche strafrecht=
lich verfolgbare Handlungen des Betriebsunternehmers im Auge
hat, durch welche die Verletzung des Arbeiters herbeigeführt
worden ist; es kann sich daher einzig fragen, ob darin, daß der
Betriebsunternehmer das Anbringen von Sicherheitsvorkehren bei
der Bandsäge unterlassen hatte, eine strafrechtlich verfolgbare
Handlung desselben liege. Die Vorinstanz hat dies deßhalb ver=
neint, weil unbestrittenermaßen der Fabrikinspektor bei Besichtigung
des Etablissements des Beklagten trotz des Mangels einer Schutz=
vorrichtung sich zu keinen Bemerkungen veranlaßt gesehen habe,
woraus zu schließen sei, daß eine Schutzvorrichtung überhaupt
nicht als unumgänglich nöthig erscheine und so die Nichtanbrin=
gung einer solchen dem Beklagten nicht als strafbare Gefährdung
der Sicherheit seiner Arbeiter anzurechnen sei. Wenn der Kläger
heute beantragt hat, es sei Zeugenbeweis darüber zu erheben, daß
dem Fabrikinspektor bei dessen Besichtigung des Etablissements des
Beklagten das Lokal, wo die Bandsäge sich befinde, nicht gezeigt
worden sei, so bezweckt dieser Beweisantrag offenbar die Annahme
des Vorderrichters zu entkräften, daß der Fabrikinspektor dieses
Lokal gesehen und sich dennoch zu einer Bemerkung nicht veran=
laßt gefunden habe. Der Beweisantrag ist aber schon deßhalb
unstatthaft, weil er vor den kantonalen Gerichten gar nicht gestellt
worden war; allerdings hat der Kläger vor der ersten Instanz
die fragliche Behauptung aufgestellt, allein irgend welchen Beweis
hat er dafür nicht anerboten und er kann dieß nun gemäß Art. 30
Alinea 4 O.=G. nicht erst in der bundesgerichtlichen Instanz
nachholen. Ist somit auf Grund des vorinstanzlich festgestellten
Thatbestandes zu entscheiden, so kann eine strafrechtlich verfolgbare
Handlung des Beklagten, welche mit der Verletzung in kausalem
Zusammenhange stände, nicht angenommen werden. In der That

ist nicht ersichtlich, daß der Beklagte, zum Schutze von Leben und Gesundheit der Arbeiter übliche und durch die Erfahrung gebotene Sicherheitsmaßregeln, welche geeignet gewesen wären, den Unfall zu verhüten, vernachläßigt habe. Der Kläger hat es überhaupt unterlassen, die fehlenden, seiner Ansicht nach gebotenen, Sicherheits= vorkehren irgend näher zu bezeichnen.

4. Vor den kantonalen Instanzen hatte der Beklagte einge= wendet, der Kläger habe den Unfall durch eigenes Verschulden herbeigeführt. Diese Einrede hat er heute nicht festgehalten und zwar mit Recht. Denn es hat etwas Näheres über den Hergang des Unfalles nicht festgestellt werden können und der dem Beklagten obliegende Beweis eigenen Verschuldens des Klägers ist also nicht erbracht. Die Ursache des Unfalls ist unaufgeklärt und es ist dieser daher als ein zufälliger zu behandeln.

5. Ebenso hat der Beklagte heute die auf den Vertrag vom 26. Dezember 1890 gestützte Einrede des Vergleiches und des Verzichtes nicht mehr aufrecht erhalten. Es erscheint denn auch in der That, wie aus dem weiterhin auszuführenden sich ergibt die durch den Vertrag vom 26. Dezember 1890 dem Kläger ge= währte Entschädigung als eine offenbar ungenügende und war der Vertrag daher gemäß Art. 9 des erweiterten Haftpflichtgesetzes anfechtbar.

6. Dagegen hat der Beklagte auch heute festgehalten, daß den Kläger an der Verschlimmerung der Folgen der Verletzung ein Mitverschulden treffe, da er sich entgegen dem Rathe des Chirurgen Jackelmann nicht sofort in das Spital begeben, die Anordnungen des Jackelmann nicht genau befolgt habe und auch während der Behandlung im Spitale der Weisung der Aerzte, den Arm im Ellbogengelenke zu bewegen, nicht gefolgt sei. Nun steht fest, daß die verspätete Beiziehung der Hülfe wissenschaftlich gebildeter Aerzte den Heilungsprozeß wesentlich verzögert und daß die Nichtbefol= gung der ärztlichen Anordnung, den Arm im Ellbogengelenke zu bewegen, dazu beigetragen hat, daß eine Steifigkeit im Ellbogen= gelenke zurückgeblieben ist. In letzterer Beziehung trifft den Kläger jedenfalls ein Verschulden. Er hat die Bewegungsübungen deßhalb verweigert, weil dieselben schmerzhaft seien. Allein es kann nun jedenfalls keine Rede davon sein, daß diese Bewegungen etwa

mit unerträglichen Schmerzen verbunden gewesen wären; eine, an
den Leidensmuth des Verletzten übergroße Anforderungen stellende
Zumuthung lag in deren ärztlicher Anordnung gewiß nicht. Der
Verletzte hätte daher dieser Anordnung Folge geben sollen, denn
es darf einem Verletzten doch gewiß zugemuthet werden, daß er
sich der zu seiner völligen Herstellung nöthigen Behandlung
unterziehe, auch wenn dieselbe mit einigen nicht unerträglichen
Schmerzen verbunden ist, und es kann der Verletzte, wenn er
dieß verweigert und dadurch selbst seine Heilung vereitelt, hiefür
den Haftpflichtigen nicht verantwortlich machen. Auf der andern
Seite steht aber allerdings nicht fest, daß wenn der Kläger die
Armbewegungen vorgenommen hätte, die Steifigkeit des Ellbogen=
gelenkes gänzlich verschwunden wäre; es ist vielmehr nur soviel
erwiesen, daß die Nichtbefolgung der ärztlichen Anordnung zu der
verbleibenden Steifigkeit beigetragen hat. Daher ist der Haftpflich=
tige nicht etwa von der Verantwortlichkeit für den eingetretenen
bleibenden Nachtheil gänzlich zu befreien, sondern es ist vielmehr
nur dessen Ersatzpflicht verhältnißmäßig, mit Rücksicht auf das
mitwirkende Verschulden des Verletzten, zu reduziren. Auch an der,
durch Verunreinigung der Wunde herbeigeführten Verzögerung
des Heilungsprozeßes trifft den Verletzten ein gewisses, wenn
auch nicht erhebliches Verschulden. Ein solches kann zwar darin,
daß der Kläger nicht sofort nach der Verletzung in das Spital
sich begab, nicht gefunden werden; denn die unbedingte Noth=
wendigkeit einer Behandlung im Spital war ihm nach der eigenen
Aussage des Chirurgen Fackelmann von diesem nicht nahe gelegt
worden. Ebensowenig kann es dem Verletzten zum Verschulden
angerechnet werden, daß er sich schließlich, nachdem er zwei Aerzte
nicht angetroffen hatte, an den Chirurgen Fackelmann wendete,
dieß um so weniger als dieser Schritt anscheinend im vollen
Einverständnisse mit dem Beklagten geschah. Dagegen liegt aller=
dings ein Verschulden des Klägers insofern vor, als er auch die
Anordnungen Fackelmanns nicht genau befolgte und speziell am
Tage nach der Verletzung, als die Wunde sich nicht besserte, son=
dern verschlimmerte, nicht sofort weitere ärztliche Hülfe in Anspruch
nahm. Damit hat der Kläger durch Vernachläßigung der Wunde, zu
Verzögerung des Heilungsprozesses in gewissem Maße beigetragen.

7. Ist somit davon auszugehen, daß der Kläger zu Verschlim=
merung der Folgen der Verletzung durch schuldhaftes Verhalten
in gewissem Maße beigetragen hat, so ist rückssichtlich des Quanti=
tativs der Entschädigung zu bemerken: Der Beklagte hat dem
Kläger für die Zeit seiner Behandlung im Spitale den vollen
Taglohn, indeß unter Abrechnung der von ihm (dem Beklagten)
bestrittenen Heilungs= speziell Spitalkosten ausbezahlt. Nun hat
der Verletzte grundsätzlich Anspruch auf Ersatz der Heilungskosten
und des durch vorübergehende gänzliche Erwerbsunfähigkeit wäh=
rend der Krankheit verursachten Schadens; es ist daher prinzipiell
nicht richtig, daß der Beklagte von dem Taglohn des Klägers
einfach den Betrag der Heilungs= speziell der Spitalkosten in
Abrechnung gebracht hat; ein derartiger Abzug war vielmehr nur
insoweit statthaft, als dem Verletzten durch seine Verpflegung im
Spital die Kosten anderweitigen Unterhaltes, welche er ohne den
Unfall aus seinem Verdienste hätte bestreiten müssen, erspart
worden sind. Allein es kann nun doch, mit Rücksicht auf das
Verschulden des Verletzten an der Verzögerung des Heilungspro=
zesses die Entschädigung für die Zeit bis zum Austritte des
Klägers aus dem Spitale als durch die Leistung des Beklagten
ausgeglichen gelten. Was sodann die spätere Zeit anbelangt, so
war der Kläger noch während circa 3 Monaten, also ungefähr
78 Arbeitstagen völlig arbeitsunfähig (was bei einem Taglohn
von 3 Fr. 40 Cts. einen Erwerbsausfall von 265 Fr. 20 Cts.
ergibt) und es mag nun diese Einbuße, unter Berücksichtigung
des Mitverschuldens des Verletzten als durch die, gemäß Vertrag
vom 26. Dezember 1890, vom Beklagten geschehene Bezahlung
von 150 Mark als ausgeglichen gelten. Im Fernern hat der
Kläger eine dauernde Beschränkung seiner Erwerbsfähigkeit erlitten,
diese darf wohl auf ungefähr $1/6$ veranschlagt werden. Höher zu
gehen würde sich nicht rechtfertigen. Denn die Verletzung hat den
linken Arm getroffen; dieser ist nicht gänzlich unbrauchbar ge=
worden, vielmehr, da insbesondere die Hand durchaus brauchbar
geblieben ist, in seiner Leistungsfähigkeit nur beschränkt. Der
Kläger ist demgemäß auch zu Ausübung des von ihm ursprüng=
lich erlernten Gärtnerberufes nicht untauglich sondern nur in

seiner Leistungsfähigkeit als Gärtner in gewissem Maße beschränkt
worden. Andrerseits dagegen darf bei Beurtheilung der Vermin=
derung der Erwerbsfähigkeit des Klägers auch nicht unbedingt
auf den Verdienst abgestellt werden, welchen der Kläger momentan,
in seiner Stellung als Ausläufer und Gärtner, bezieht. Dieser
ist allerdings nicht wesentlich geringer als der Verdienst vor dem
Unfalle. Allein seine jetzige Stellung ist dem Kläger ja nicht für
alle Zukunft gesichert und wenn er dieselbe je verlieren sollte, so
ist keineswegs gewiß, daß er leicht wieder eine ähnliche, seinen
Fähigkeiten angemessene Stellung finden würde. Es muß daher
darauf Rücksicht genommen werden, daß bei einem Manne von
der Stellung des Klägers die Konkurrenzfähigkeit auf dem
Arbeitsmarkte, der gemeine Werth der Arbeitskraft, durch eine
Störung der Bewegungsfähigkeit des linken Armes immerhin
nicht unerheblich vermindert wird; denn ein Arbeiter mit einem
derartigen Defekte, welcher z. B. zum Heben schwerer Lasten un=
fähig macht, wird sich beim Wettbewerbe auf dem Arbeitsmarkt
einem unverletzten, die volle Herrschaft über beide Arme besitzenden
Konkurrenten gegenüber, immer im Nachtheile befinden. Wird
somit eine dauernde Verminderung der Erwerbsfähigkeit um $1/6$ an=
genommen, so ergibt sich ein jährlicher dauernder Einkommens=
ausfall von circa 170 Fr., was bei dem Alter des Klägers nach
dem Grundsatze der Rentenanstalten einem Kapitale von circa
3400 Fr. entspricht. Dieses Kapital kann indeß nicht voll zuge=
sprochen werden, vielmehr ist dasselbe erheblich zu reduziren; zu=
nächst fällt in Betracht, daß die Abfindung durch Kapitalzahlung
statt Rentenleistung für den Kläger vortheilhafter ist. Sodann aber
hat eine Reduktion der Entschädigung gemäß Art. 5 litt. a des
Fabrikhaftpflichtgesetzes deßhalb Platz zu greifen, weil der Unfall
durch Zufall herbeigeführt wurde und endlich ist auch zu berück=
sichtigen, daß der Kläger durch eigenes schuldhaftes Verhalten zu
Verschlimmerung der Folgen der Verletzung beigetragen hat.
Werden alle diese Momente berücksichtigt, so erscheint es als
angemessen, die Entschädigung für dauernde Beschränkung der
Erwerbsfähigkeit auf 2000 Fr. sammt Zins seit 1. Januar 1891
festzusetzen. Ein Vorbehalt der Nachklage zu Gunsten des Klägers

ist nicht zu machen, da absolut nichts dafür vorliegt, daß dessen
Zustand sich verschlimmern könnte, vielmehr eher eine gewisse
Besserung in Aussicht steht.

Demnach hat das Bundesgericht

erkannt:

Die Weiterziehung des Klägers wird dahin für begründet erklärt,
daß in Abänderung des Dispositivs 1 des angefochtenen Urtheils,
die vom Beklagten dem Kläger zu bezahlende Entschädigung auf
2000 Fr. nebst Zins à 5 % seit 1. Januar 1891 erhöht wird.
In Bezug auf die kantonalen Kosten hat es bei dem angefochtenen
Urtheile sein Bewenden.

93. Urtheil vom 2. Juli 1892 in Sachen Sameli
gegen Schweizerische Telegraphenverwaltung.

A. Durch Urtheil vom 4. Mai 1892 hat das Kantonsgericht
des Kantons St. Gallen erkannt:

1. Die klägerische Mehrforderung für vorübergehende Arbeitsunfähigkeit wird auf 160 Fr. angesetzt.

2. Die Beklagte hat ferner dem Kläger eine Aversalentschädigung von 800 Fr. zu leisten.

B. Gegen dieses Urtheil ergriff der Kläger die Weiterziehung an
das Bundesgericht. Bei der heutigen Verhandlung beantragt sein
Anwalt: Es habe die Beklagte dem Kläger 6000 Fr. sammt 5 %
Verzugszins ab 1. April 1891 zu bezahlen, eventuell sei zu
Gunsten des Klägers das Nachklagerecht gemäß Art. 8 des Fabrik-
haftpflichtgesetzes vorzubehalten.

Dagegen beantragt der Vertreter der Beklagten, es sei, unter
Abweisung der gegnerischen Beschwerde, die vorinstanzliche Entscheidung zu bestätigen.

Das Bundesgericht zieht in Erwägung:

1. Der am 12. April 1840 geborene Kläger stand seit 1866
als Linienarbeiter (Zugführer) im Dienste der schweizerischen Telegraphenverwaltung, zuletzt mit einem Taglohn von 4 1/2 Fr. Am

12. November 1890 war er zwischen Berneck und Heerbrugg damit beschäftigt, die Telegraphenleitung von der alten auf die neue Straße hinüber zu bringen. Bei einbrechender Dämmerung stieg er, um die Leitung loszulösen, auf eine mit einem Noth= anker befestigte Telegraphenstange und löste den Draht. Dabei fiel die Stange, welche blos drei Fuß tief in die Erde gesteckt war, mit dem Kläger um; letzterer erlitt einen Bruch der 4. und 6. Rippe, mit Bluterguß in den Brustfellraum und einen Bruch des linken Schambeines. Nachdem er vom 12. bis 22. November 1890 in Berneck, von da an bis März 1891 in Weinfelden verpflegt und ärztlich behandelt worden war, nahm er am 11. April seine Arbeit als Aufseher beim Baue der Linienstrecke Mosnang=Mühl= rüti wieder auf; am 23. April kehrte er indes nach Weinfelden zurück, weil er wegen Schmerzen den Dienst nicht mehr versehen könne. Er wurde hierauf an Dr. Kappeler in Münsterlingen ge= wiesen, um sich durch denselben einer Untersuchung, eventuell weiterer Behandlung zu unterziehen; er stellte sich zwar zur Untersuchung, weigerte sich aber, sich weiterer Behandlung zu unterziehen, weil er vor allem von der Telegraphenverwaltung entschädigt sein wolle.

2. Die Entschädigung für vorübergehende gänzliche Erwerbs= unfähigkeit ist, nachdem die Beklagte gegen die vorinstanzliche Entscheidung sich nicht beschwert, nicht mehr bestritten. Im Streite liegt einzig, ob und welche Entschädigung dem Kläger wegen der behaupteten dauernden Beschränkung seiner Arbeitsfähigkeit gebühre. Die Beklagte hat aus freien Stücken eine Aversalentschädigung von 800 Fr. anerkannt, bestreitet aber jede weitere Entschädigungspflicht.

3. Nun führt die Vorinstanz gestützt auf die eingeholten ge= richtlichen Sachverständigengutachten aus: Der Kläger habe durch lügenhafte Vorgaben und wahrhaft betrügliche Simulationshand= lungen den Experten die Ermittelung eines vollständigen wahr= haften Befundes außerordentlich erschwert und es ihnen geradezu unmöglich gemacht, seinen subjektiven Angaben, soweit sich solche nicht an der Hand rein objektiver Erscheinungen als wahr haben kontrolliren lassen, irgend welchen Glauben beizumessen. Die be= zirksgerichtlichen Experten vermögen in objektiver Hinsicht eine bleibende Verminderung der Erwerbsfähigkeit des Klägers in

Folge des Unfalles nicht zu konstatiren, und die kantonsgericht=
lichen Experten finden keinerlei objektive Belege für die vom
Kläger behaupteten Schmerzen und Beschwerden und sehen sich
außer Stande zu beweisen, warum er für seine bisherige Berufs=
arbeit untauglich sein solle, ausgenommen das Klettern mit den
Fußeisen, bei welcher Arbeit es sich herausstellen könnte, daß die
knöcherne Vereinigung des geheilten Schambeinbruches nicht von
normaler Stärke wäre, was in diesem Alter zuweilen vorkomme.
Die hypothetische Fassung dieses Ausnahmesatzes gegenüber der
positiven Verneinung aller objektiven Anhaltspunkte für Annahme
einer dauernden Verminderung der Erwerbsfähigkeit im ersten und
im zweiten Gutachten biete dem Gerichte keine genügende Grund=
lage zur Annahme einer solchen und zu Zuerkennung einer da=
herigen Entschädigung. Das zweite Gutachten enthalte allerdings
noch die Bemerkung: Niemand werde es für eine Kleinigkeit
nehmen, zwei Rippen zu brechen und einen innern Bluterguß zu
haben, ferner einen Beckenbruch; auch wenn er von alledem glück=
lich genesen und wieder so leistungsfähig sei, wie er gewesen, so
habe er doch eine, allerdings nicht in Prozenten auszudrückende,
Einbuße an Lebenskraft und Lebensanwartschaft erlitten und das
um so mehr, je älter er sei; Sameli sei durch den Unfall um
einige Jahre älter geworden. Allein für eine Einbuße an Lebens=
kraft und Lebensanwartschaft, für das um einige Jahre älter ge=
worden sein in Folge des Unfalles, sei im Haftpflichtgesetz eine
Entschädigung nicht vorgesehen. Dem Kläger sei daher für die
angeblich erlittene dauernde Minderung seiner Erwerbsfähigkeit eine
andere Entschädigung als die von der Beklagten als freiwillige
Leistung anerbotenen 800 Fr. nicht zu sprechen.

4. Nach diesen Feststellungen der Vorinstanz ist der Nachweis
nicht erbracht, daß der Kläger in Folge des Unfalles seine frühere
Leistungsfähigkeit gegenwärtig theilweise eingebüßt habe, es muß
vielmehr angenommen werden, daß er gegenwärtig völlig wieder=
hergestellt ist und zu Wiederaufnahme seiner früheren Beschäfti=
gung im Stande wäre. Dagegen kann der Ausführung der kan=
tonsgerichtlichen Experten, der Kläger sei in Folge des Unfalles
um einige Jahre älter geworden, wohl kaum eine andere Bedeutung
beigemessen werden als die, die Folgen höheren Alters werden für

ben Kläger zufolge des Unfalles um einige Jahre früher ein=
treten, als dies sonst geschähe. Zu den naturgemäßen Folgen
höheren Alters gehört nun aber auch die Abnahme der Erwerbs=
fähigkeit; es ist daher anzunehmen, daß zufolge des Unfalles die
Verminderung der Erwerbsfähigkeit, wie sie im höheren Alter
einzutreten pflegt, beim Kläger um einige Jahre früher sich gel=
tend machen wird, als dies sonst der Fall wäre. Insoweit ist also
wirklich eine Schmälerung der Erwerbsfähigkeit des Klägers durch
den Unfall, zwar nicht für die Gegenwart, wohl aber für die Zu=
kunft, für die späteren Jahre seines Lebens, gegeben, und hiefür
gebührt dem Kläger nach Maßgabe des Art. 6 litt. b des Fabrik=
haftpflichtgesetzes Ersatz. Indem das kantonsgerichtliche Urtheil dies
verkennt, beruht es auf einem Rechtsirrthum. Dagegen kann aller=
bings auf die von den kantonsgerichtlichen Experten ebenfalls be=
tonte Einbuße an Lebensanwartschaft nichts ankommen. Eine
derartige Einbuße involvirt keine Verminderung der Arbeitsfähig=
keit, überhaupt keine ökonomische Schädigung des Verletzten selbst
und es ist daher nach dem Haftpflichtgesetze demselben hiefür keine
Entschädigung zu leisten. Wenn nun aber auch, nach dem Be=
merkten, dem Kläger eine Entschädigung für die Schmälerung
seiner Erwerbsfähigkeit in späteren Lebensjahren gebührt, so kann
dies doch nicht zu einer Erhöhung des vorinstanzlich gesprochenen
von der Beklagten anerkannten Entschädigungsbetrages führen.
Der erstattungsfähige Schaden läßt sich mit Sicherheit nicht ziffer=
mäßig abschätzen; als erheblich aber ist er nicht zu erachten, da
es sich nur um eine gewisse erst später sich geltend machende
Schmälerung der Erwerbsfähigkeit während weniger Jahre handeln
kann. Er erscheint vielmehr durch die jetzt schon auszurichtende
zweitinstanzlich gesprochene Aversalentschädigung als völlig aus=
geglichen. Dies um so mehr, als der Unfall als ein zufälliger er=
scheint, also von der Entschädigung gemäß Art. 5 litt. a des Fabrik=
haftpflichtgesetzes ein Abzug zu machen ist. Heute hat allerdings
der Anwalt des Klägers behauptet, der Sturz der Telegraphen=
stange sei auf ein Verschulden der Beklagten oder ihrer Leute
zurückzuführen. Allein hierauf kann schon deßhalb nichts ankommen,
weil vor den kantonalen Instanzen ein Beweis in dieser Richtung
weder geführt noch anerboten worden ist.

5. Ist somit die zweitinstanzlich gesprochene Entschädigung ein=
fach zu bestätigen, so muß dagegen allerdings, gemäß dem even=
tuellen Antrage des Klägers, demselben das Recht der Nachklage
gemäß Art. 8 Abs. 1 des Fabrikhaftpflichtgesetzes vorbehalten wer=
den. Denn es ist immerhin nicht ausgeschlossen, daß der Gesund=
heitszustand des Verletzten zufolge des Unfalles sich noch ver=
schlimmern könnte.

Demnach hat das Bundesgericht

erkannt:

Das angefochtene Urtheil des Kantonsgerichtes des Kantons
St. Gallen wird in allen Theilen bestätigt, indeß mit dem Bei=
fügen, daß dem Verletzten das Recht der Nachklage gemäß Art. 8
Abs. 1 des Fabrikhaftpflichtgesetzes vorbehalten bleibt.

94. Urtheil vom 17. September 1892 in Sachen Deucher gegen Thurgau.

A. Dr. Deucher, Advokat in Kreuzlingen, hat als Anwalt des
Arbeiters Willibald Rebholz von Sigmaringen in Emmishofen
einen Haftpflichtprozeß gegen die Ziegel= und Thonwaarenfabrik
Emmishofen durchgeführt, wobei seinem Klienten auf ein von
Dr. Deucher gestelltes Gesuch sowohl vor Bezirksgericht Kreuz=
lingen als vor dem Obergerichte des Kantons Thurgau das
Armenrecht im Sinne des erweiterten Haftpflichtgesetzes bewilligt
wurde. Beide kantonalen Instanzen haben die Klage abgewiesen;
für seine Anwaltsthätigkeit vor den kantonalen Instanzen wurde
Dr. Deucher, gemäß den kantonalen Entscheidungen, vom thur=
gauischen Fiskus entschädigt. Gegen die klageabweisende Entschei=
dung des Obergerichtes ergriff Dr. Deucher die Weiterziehung an
das Bundesgericht; er suchte auch beim Bundesgerichte um Er=
theilung des Armenrechtes nach und legte bei der mündlichen
Verhandlung eine Anwaltsrechnung für das Verfahren vor
Bundesgericht im Betrage von 305 Fr. 65 Cts. vor. Das
Bundesgericht hat durch Urtheil vom 28. November 1891 die

klageabweisende Entscheidung der Vorinstanz bestätigt und rück=
sichtlich der Kosten in Dispositiv 2 seines Urtheils erkannt: Die
bundesgerichtlichen Kosten werden wegen nachgewiesener Armuth
des Klägers nachgelassen; dagegen wird derselbe verpflichtet, die
Beklagte für den heutigen Vorstand vor Bundesgericht mit 200 Fr.
außerrechtlich zu entschädigen.

    B. Nunmehr wandte sich Dr. Deucher an den Regierungsrath
des Kantons Thurgau mit dem Gesuche um Bezahlung seiner
Kostennote für Vertretung des Rebholz vor Bundesgericht. Das
Justiz= und Polizeidepartement des Kantons Thurgau fragte
hierauf einerseits das Präsidium des Bundesgerichtes, andrerseits
das Obergericht des Kantons Thurgau an, ob Präjudizien betref=
fend die Frage der Ausdehnung des Armenrechts auf die Vertre=
tung vor Bundesgericht vorhanden seien und wie es sich rücksicht=
lich der Kompetenz zu Festsetzung der Anwaltskosten vor Bundes=
gericht sowie der materiellen Tragweite des durch das erweiterte
Haftpflichtgesetz gewährten Armenrechts verhalte. Das Präsidium
des Bundesgerichts erwiderte am 12. März 1892, Armenanwälte
in Haftpflichtfällen, die vor das Bundesgericht gelangen, seien
bis jetzt noch nie aus der Bundes= respektive Bundesgerichtskasse
bezahlt worden und es sei dies auch offenbar nicht die Meinung
des Ausdehnungsgesetzes. Es sei denn auch noch nie ein solches
Ansinnen an das Bundesgericht gestellt worden. Die Bestellung
der Armenanwälte sei in solchen Fällen Sache der Kantone und
deren Gesetzgebung entscheide daher auch über ihre Honorirung.
Die Bedeutung des bundesgerichtlichen Armenrechtes sei in Art. 27
der eidgenössischen Civilprozeßordnung festgestellt. Dagegen erwiderte
das Obergericht des Kantons Thurgau: Die Kompetenz zur Fest=
setzung der Anwaltsentschädigung für Vertretung vor Bundesgericht
stehe jedenfalls nicht dem Obergerichte zu. Die kantonalen Instanzen
haben, soweit sie sich mit dem Rebholz'schen Prozesse zu befassen gehabt
haben, dem Kläger das Armenrecht gewährt und es seien demzu=
folge gemäß Großrathsbeschluß vom 5. März 1888 für die Ver=
handlungen vor den kantonalen Instanzen auch die klägerischen
Anwaltsgebühren dem Staate auferlegt worden. Damit sei der
durch Art. 6 des erweiterten Haftpflichtgesetzes den Kantonen
überbundenen Pflicht volles Genüge geschehen, weil alle durch

ben genannten Art. 6 den Kantonen auferlegten Verpflichtungen,
also auch die Pflicht, für unentgeltlichen Rechtsbeistand zu sorgen,
sich nur auf das Prozeßverfahren vor den kantonalen Instanzen
beziehen. Für die Gewährung und die Tragweite des Armenrechts
in solchen Fällen, welche zum Entscheide des Bundesgerichtes ge=
langen, sei nicht der Art. 6 cit. sondern seien die Art. 7 des erweiterten
Haftpflichtgesetzes und § 27 der eidgenössischen Civilprozeßordnung
maßgebend. Nach diesen Gesetzesbestimmungen werde das Armenrecht
vom Bundesgericht bewilligt, nachdem letzteres selbst eine eigene Vor=
prüfung des Falles, welche von der bereits durch die kantonalen
Instanzen veranstalteten Vorprüfung ganz unabhängig sei, vor=
genommen habe. So wenig nun die kantonalen Instanzen das
Armenrecht für die Prozeßführung bis vor Bundesgericht ge=
währen können, ebensowenig erwachse dem Kanton aus dem durch
das Bundesgericht bewilligten Armenrechte irgend welche Verpflich=
tung ; es sei vielmehr der Bund, welcher alle Konsequenzen des
vom Bundesgerichte gewährten Armenrechts, somit auch die Ent=
schädigung für die Verbeiständung vor Bundesgericht, — sofern
das eidgenössische Armenrecht ebenso weit gehe, wie das kantonale
— zu tragen habe. Der Entscheid der Frage wie weit das vom
Bundesgericht ertheilte Armenrecht sich erstrecke, bezw. ob auch die
Entschädigung für die Vertretung vor Bundesgericht darunter
falle, gehöre nun aber nicht in die Kompetenz eines kantonalen
Obergerichtes und wohl auch nicht des Regierungsrathes, sondern
nach der Natur der Sache in die Kompetenz des Bundesgerichtes.
Der Regierungsrath des Kantons Thurgau trat hierauf durch
Entscheidung vom 16. April 1892 auf das Gesuch des Dr. Deucher
„im Sinne der Motive nicht ein", indem er wesentlich ausführte:
Er schließe sich der Auffassung des thurgauischen Obergerichtes
an, um so mehr, als nicht einzusehen sei, warum das vom Bun=
desgerichte im vorliegenden Falle ertheilte Armenrecht sich nicht
auch, wie in § 6 des erweiterten Haftpflichtgesetzes für die Kan=
tone vorgeschrieben, auf unentgeltlichen Rechtsbeistand, also auf
Honorirung des Anwaltes der dürftigen klagenden Partei aus=
dehnen sollte, die im vorliegenden Falle einzig noch in Frage
stehe; es sei danach in erster Linie Sache des Petenten, seine
Ansprüche in definitiver Weise beim Bundesgerichte geltend zu

machen und einen eigentlichen Entscheid zu provoziren. Selbst wenn übrigens der Petent vom Bundesgerichte abgewiesen werden sollte, müßte sich der Regierungsrath vorbehalten, neben der Frage des Quantitativs der gestellten Rechnung auch noch die zu prüfen, ob nicht der Petent, auch wenn grundsätzlich der Kanton als an und für sich aus dem Titel des Armenrechts zahlungspflichtig erklärt würde, vor Beschreitung der bundesgerichtlichen Instanz eine ausdrückliche Ermächtigung hiezu von einer kantonalen thur= gauischen Behörde hätte einholen müssen, was unbestrittenermaßen nicht geschehen sei.

C. Mit Eingabe vom 12. Mai 1892 stellt nunmehr Dr. Deucher beim Bundesgerichte die Anträge:

„1. Die thurgauische Regierung sei pflichtig zu erklären, mir „meine Ihrem hohen Forum (unterm 28. November 1891) in „Sachen Rebholz gegen Ziegel= und Thonwaarenfabrik Emmis= „hofen eingereichte Deservitennote im Betrage von 305 Fr. 65 Cts. „nebst Zins à 5 % vom 6. März 1892 ab zu bezahlen.

„2. Die thurgauische Regierung sei pflichtig zu erklären, die „von ihr unterm 21. April a. c. in der gleichen Sache ver= „rechneten Schreibgebühren im Betrage von 2 Fr. 30 Cts. „zurückzuerstatten.

„Eventuell mit Bezug auf Punkt 1, die thurgauische Regierung „sei pflichtig zu erklären, mich für die Vertretung des Rebholz „vor dem Bundesgerichte in der Haftpflichtsache gegen Ziegel= und „Thonwaarenfabrik Emmishofen nach Ihrem richterlichen Ermessen „angemessen zu entschädigen, alles unter Kosten= und Entschä= „digungsfolge."

Er führt wesentlich aus : Der thurgauische Staat habe durch Bewilligung des Armenrechts und Bezahlung der Anwaltsgebühren für die kantonalen Instanzen anerkannt, daß er dem Rebholz einen unentgeltlichen Rechtsbeistand beizuordnen verpflichtet ge= wesen und, soweit es den Kostenpunkt anbelange, gegenüber dem bestellten Armenanwalte an die Stelle der Partei getreten sei. Zwischen dem Anwalte und dem thurgauischen Staate, als „debitor cessus ex lege", sei nun eine Uebereinkunft über die dem Anwalte für die Vertretung vor Bundesgericht zu zahlende Entschädigung nicht abgeschlossen worden, gegentheils sei die Ent=

schädigungspflicht sogar prinzipiell streitig geworden. Deßhalb
treffe Art. 17 in fine des Bundesgesetzes vom 25. Juni 1880
betreffend die Kosten der Bundesrechtspflege zu und deßhalb
bitte er, das Bundesgericht möchte diese Entschädigung festsetzen,
seine Anträge also gutheißen. Die Erwägungen des thurgauischen
Regierungsrathes treffen überall nicht zu. Formell könnte in
Zweifel gezogen werden, ob die Frage nach der formellen und
materiellen Tragweite des Armenrechts im Allgemeinen und speziell
in Haftpflichtsachen wirklich der Prüfung des Bundesgerichtes
und nicht vielmehr derjenigen des Bundesrathes unterstehe, für
welch' letztere Meinung Art. 59 Ziffer 8 O.-G. mit Rückbe-
ziehung auf Art. 102 Ziffer 2 und Art. 113 Abs. 2 B.-V.
spreche. Speziell sei zu betonen, daß eine formelle Ratifikation
von in Vollziehung des erweiterten Haftpflichtgesetzes getroffenen
kantonalen Schlußnahmen nicht erfolgt sei, vielmehr das Recht
auf fortwährende Kontrolle der Gerichts- und Administrativpraxis
dem Bundesrathe vorbehalten worden sei. Materiell sei offenbar
die vom Bundesgerichtspräsidenten ausgesprochene Ansicht die allein
richtige und die gegentheilige Meinung des thurgauischen Obergerichtes und Regierungsrathes unrichtig. Art. 27 der eidgenössischen
Civilprozeßordnung und Art. 7 des erweiterten Haftpflichtgesetzes haben
nur solche Fälle im Auge, welche, sei es weil die Klage gegen einen
Kanton sich richte oder aus einem andern Grunde, direkt beim Bundesgerichte seien anhängig gemacht worden. Die Andeutung, daß der Impetrant vor Beschreitung der bundesgerichtlichen Instanz die Ermächtigung einer kantonalen Behörde hätte einholen sollen, sei unzutreffend. Sowohl nach den Beschlüssen des thurgauischen Großen
Rathes betreffend Vollziehung des erweiterten Haftpflichtgesetzes
vom 5. März 1888 als nach § 3 und 8 litt. h des thurgauischen Anwaltsgesetzes vom 11. April 1880 sei die Benutzung
von Rechtsmitteln in das freie Ermessen des Anwaltes, respektive
der durch Armenrecht privilegirten Partei gestellt. Der Impetrant
bitte daher um Gutheißung seiner Anträge, eventuell ersuche er,
vor Entscheidung der Angelegenheit noch die Ansicht des Bundesrathes einholen zu wollen.

D. In seiner Vernehmlassung auf diese Eingabe bemerkt der
Regierungsrath des Kantons Thurgau im Wesentlichen: Er be-

streite die Kompetenz des Bundesgerichtes. Es handle sich um
eine civilrechtliche Forderung, die auf dem gewöhnlichen Civil=
prozeßwege zu entscheiden sei und welche den Betrag der bundes=
gerichtlichen Kompetenz nicht erreiche. Es bleibe daher dem
Rekurrenten nichts anderes übrig, als den thurgauischen Fiskus
vor den kantonalen Instanzen zu belangen. Eine eventuelle Kom=
petenz des Buudesrathes anerkenne der Regierungsrath gleichfalls
nicht, da weder Art. 58 Ziffer 8 O.=G. noch Art. 102 und 113
Abs. 2 B.=B. irgend in Betracht kommen können. In der Haupt=
sache verweise der Regierungsrath auf die Motive seines ange=
fochtenen Beschlusses. Der Umstand, daß für die Weiterführung
von Armenrechtsfällen vor Bundesgericht keine kantonalgesetzlichen
Bestimmungen bestehen, beweise, daß kein Mensch daran gedacht
habe, daß eine sachbezügliche Verpflichtung des Kantons bestehe.
Der Rekurrent habe ja denn auch selbst für nöthig erachtet, um
das Armenrecht neuerdings beim Bundesgerichte selbst nachzusuchen,
was unter der gegentheiligen Annahme ganz nutzlos gewesen
wäre. Eventuell könnte es sich jedenfalls nur um einen grund=
sätzlichen Entscheid handeln und allereventuellst bestreite der
Regierungsrath den Betrag der Deservitenrechnung des Impe=
tranten.

Das Bundesgericht zieht in Erwägung:

1. Die vom Impetranten gestellten Anträge gehen nicht dahin,
es sei seine Deservitenrechnung aus der Bundesgerichtskasse zu
bezahlen, sondern sie richten sich gegen den Fiskus des Kantons
Thurgau. Ueber ein Begehren ersterer Art ist also das Bundes=
gericht zu entscheiden nicht berufen. Wäre übrigens ein solches
auch gestellt, so könnte demselben nicht entsprochen werden. Das
erweiterte Haftpflichtgesetz statuirt nirgends eine Pflicht des
Bundes, für unentgeltliche Verbeiständung von Haftpflichtklägern
in Sachen, die zur Entscheidung des Bundesgerichtes gelangen,
zu sorgen. Art. 6 desselben legt vielmehr den Kantonen die
Pflicht zu Bestellung von Armenanwälten auf. Wird in einer
Haftpflichtstreitigkeit, die zum Entscheide des Bundesgerichtes ge=
langt, vom Bundesgericht das Armenrecht gewährt, so hat dies
lediglich die in Art. 7 leg. cit. genau normirten Folgen.

2. Gegenüber dem Fiskus des Kantons Thurgau nun beab=

sichtigt der Impetrant offenbar nicht die Einleitung eines Civil=
prozesses; seine Eingabe qualifizirt sich nicht als Klageschrift in
einem gemäß Art. 27 O.=G. direkt beim Bundesgerichte anhängig
zu machenden Civilprozesse, wie denn ja auch die gesetzlichen Vor=
aussetzungen der Kompetenz des Bundesgerichtes als einzige
Instanz in Civilsachen augenscheinlich nicht gegeben wären. Ebenso
wenig beabsichtigt der Impetrant einen staatsrechtlichen Rekurs
im Sinne des Art. 59 O.=G.; ein solcher wäre auch gewiß
völlig aussichtslos. Denn Art. 6 des erweiterten Haftpflichtgesetzes
gewährleistet nicht ein dem Schutze des Bundesgerichtes unterstelltes
Recht des als Rechtsbeistand in einer Haftpflichtsache amtlich be=
stellten Anwaltes auf Honorirung seiner Dienste durch die Kan=
tonskasse sondern er statuirt nur eine staatsrechtliche Pflicht der
Kantone, für unentgeltlichen Rechtsbeistand an bedürftige Haft=
pflichtkläger Vorsorge zu treffen. Sache der kantonalen Gesetze
oder Verordnungen ist es, zu bestimmen, ob hiemit eine besondere
Amtsstelle, ein ständiger staatlicher Armenanwalt zu betrauen sei
und ob, wenn dies nicht der Fall ist, der als Rechtsbeistand in
einem Einzelfalle bezeichnete Anwalt ein Recht auf Honorirung
seiner Dienste durch die Kantonskasse und in welchem Umfange
besitze oder ob er seine Funktionen unentgeltlich auszuüben
habe.

3. Der Impetrant stützt die Kompetenz des Bundesgerichtes
zur Entscheidung über seine Eingabe vielmehr auf Art. 17 in
fine des Bundesgesetzes betreffend die Kosten der Bundesrechts=
pflege vom 25. Juni 1880. Allein die Voraussetzungen dieser
Gesetzesbestimmungen treffen offenbar nicht zu. Es liegt ja nicht
ein Streit zwischen einer Partei und ihrem Anwalte über den
Betrag der dem letztern für seine Prozeßführung gebührenden Ent=
schädigung vor; vielmehr handelt es sich prinzipiell um die ganz
andere Frage, ob und unter welchen Voraussetzungen die Kantone
verpflichtet seien, für unentgeltliche Verbeiständung bedürftiger
Haftpflichtkläger auch für die bundesgerichtliche Instanz zu sorgen.
Hierüber mag eine Beschwerde an den Bundesrath statthaft sein,
welchem nach Art. 11 des erweiterten Haftpflichtgesetzes die Kon=
trolle über die Vollziehung der Bestimmungen dieses Gesetzes
zusteht. Dagegen besteht keine Gesetzesbestimmung, welche derartige

Streitigkeiten zwischen einem Kantone und einem Bürger dem Bundesgerichte zur Entscheidung zuwiese.

Demnach hat das Bundesgericht
erkannt:
Die Eingabe des Impetranten ist abschlägig beschieden.

V. Erfindungspatente. — Brevets d'invention.

95. *Arrêt du 8 Juillet 1892, dans la cause Société suisse de distributeurs automatiques de papiers, contre Adam.*

Par arrêt du 24 Mai 1892, la Cour de cassation pénale du canton de Vaud, statuant sur le litige pendant entre parties, a prononcé ce qui suit :

La Cour admet le recours et réforme le jugement du Tribunal de police de Lausanne du 4 Mai 1892, en ce sens que Oscar Adam est libéré de toute condamnation à une indemnité civile et aux frais.

C'est contre cet arrêt que la Société prénommée recourt au Tribunal fédéral, concluant à la réforme et à l'adjudication d'une somme de 600 francs à titre de dommages-intérêts pour réparation du dommage constaté par la première instance cantonale, outre la somme supplémentaire que le Tribunal fédéral croira devoir allouer pour les frais occasionnés par les instances postérieures au 4 Mai 1892.

Le sieur Adam a conclu au rejet du recours et au maintien de l'arrêt attaqué.

Statuant en la cause et considérant :
En fait :

1° Le 24 Janvier 1889, Claudius Tixidre, à Paris, a obtenu sous N° 253 un brevet d'invention suisse pour un distributeur automatique de papier et, le 5 Juin suivant, il lui a été délivré un brevet additionnel N° 19 pour la même invention.

Ces brevets, d'abord cédés à la Société française des bascules automatiques, l'ont été ensuite à la Société suisse de distributeurs de papiers, dont le siège est à Vevey, et ils conféraient à cette Société, conformément à l'art. 3 de la loi fédérale sur les brevets d'invention, du 29 Juin 1888, le droit exclusif de fabriquer en Suisse l'objet breveté et d'en faire le commerce.

Le défendeur O. Adam, chef de la maison « P.-L. Adams Verlag », à Munich, a, dès le mois de Juin 1891, placé par l'intermédiaire de son voyageur Edouard Kolb, au Grand-Hôtel du Lac, à Vevey, à l'hôtel Beau-Rivage et à l'hôtel d'Angleterre, à Ouchy, un certain nombre de boîtes destinées, comme celles brevetées en faveur de la Société suisse de distributeurs de papiers, à laisser passer du papier feuille par feuille. La même maison a aussi placé dans les dits hôtels environ 90 kilogrammes de ce papier.

Les boîtes vendues par Adam sont, ainsi que le constate l'arrêt dont est recours, semblables à celles de la Société suisse ; en particulier elles présentent le même mode de pliage, lequel constitue l'invention.

La Société suisse, fondée sur les art. 3, 24 chiffre 1, 2, 3, 25, 26 et 29 de la loi fédérale sur les brevets d'invention précitée, a ouvert au voyageur de commerce Kolb et à la maison Adam, à Munich, une action pénale et une action civile en dommages-intérêts.

Par jugement du 3 Mars 1892, le Tribunal de police du district de Lausanne a condamné par défaut Adam à 200 francs et Kolb à 50 francs d'amende, et tous deux solidairement aux frais pour avoir, le premier, vendu une certaine quantité de boîtes et de papiers pour water-closets, pliés suivant le modèle des brevets suisses Nᵒˢ 253 et 19, propriétés de la Société suisse de distributeurs automatiques de papiers, à Vevey, les boîtes et le papier vendus étant une contrefaçon du papier visé dans les brevets susmentionnés, — et le second pour avoir, avec dol, coopéré sciemment aux actes dommageables dont Adam est l'auteur, et d'en avoir facilité ou favorisé l'exécution.

Adam ayant demandé et obtenu le relief de ce jugement, le même tribunal, statuant à nouveau le 4 Mai 1892, a maintenu son premier prononcé en ce qui concerne Kolb, et, touchant Adam, estime que celui-ci n'avait pas agi avec dol et ne pouvait dès lors être poursuivi et condamné en vertu des art. 24 et 25 al. 3 de la loi fédérale précitée. En revanche, le Tribunal de police a condamné les deux défendeurs solidairement à payer à la Société plaignante à titre de dommages-intérêts une somme de 600 francs ; le tribunal autorise, en outre, la demanderesse à faire publier le dit jugement dans deux journaux, et ordonne la destruction des boîtes et des papiers séquestrés comme contrefaits.

Adam recourut contre ce jugement à la Cour de cassation pénale, par les motifs ci-après :

Le Tribunal n'a pas constaté que Adam avait contrefait en Suisse les objets brevetés : dès lors il ne tombe pas sous le coup de la loi suisse. C'est donc à tort que le Tribunal a mentionné dans les articles applicables le chiffre 1 de l'art. 24 ; cela étant, c'est donc à tort aussi que, le dol étant écarté, le Tribunal a condamné le recourant à une indemnité civile, celle-ci ne pouvant être la suite d'une négligence que dans le cas prévu à l'art. 24, chiffre 1, à teneur du dernier alinéa de l'art. 25.

Par arrêt du 24 Mai 1892, la Cour de cassation pénale a admis le recours, et réformé le jugement de première instance. Cet arrêt repose, en substance, sur les considérations suivantes :

Le Tribunal a constaté que les actes relevés à la charge de O. Adam étaient dépourvus de toute intention dolosive, et qu'ils se caractérisaient seulement comme l'imprudence ou la négligence prévus à l'art. 25 de la loi fédérale. Ces faits tombent sous le coup des dispositions de l'art. 24 chiffre 2 de cette loi ; Adam a été exonéré de la pénalité en vertu de l'art. 26 dernier alinéa *ibidem*, lequel, dans le texte français, seul applicable par des tribunaux de langue française, dispose que l'indemnité civile demeurera réservée dans les cas seulement prévus au chiffre 1 de l'article 24 ; or les faits relevés à la

charge du recourant ne renferment aucun des caractères
constitutifs du délit réprimé par cette dernière disposition.

C'est donc à tort que le tribunal de police a condamné
Adam à payer une indemnité civile à la Société plaignante.

C'est contre cet arrêt que la Société suisse des distributeurs de papiers recourt au Tribunal fédéral, concluant ainsi
qu'il a été dit plus haut. A l'appui de ses conclusions, elle
fait valoir.

En première ligne, l'art. 25, dernier alinéa, de la loi fédérale du 29 Juin 1888, doit s'entendre, conformément aux
textes allemand et italien, dans ce sens que l'indemnité civile
demeure réservée, quand il y a simplement faute, imprudence
ou négligence, non seulement dans le cas prévu au chiffre 1
de l'art. 24, comme le dit le texte français, mais dans *tous
les cas* prévus à cet article.

Subsidiairement, et même si le texte français devait l'em-
porter, l'indemnité réclamée par la Société suisse à Adam serait encore due, soit parce que Adam a en réalité commis les
actes prévus aux chiffres 1, 2 et 3 de l'art. 24, soit parce
qu'il serait civilement responsable des conséquences civiles
des actes délictueux commis par son employé Kolb dans
l'exercice de ses fonctions, soit en vertu des principes généraux du droit.

Le défendeur appuie sa conclusion tendant au rejet du recours par les considérations dont suit le résumé :

Il est constaté que les contrefaçons des distributeurs automatiques brevetés en faveur de la Société suisse n'ont pas été
perpétrées en Suisse; il s'en suit que l'art. 24 chiffre 1 de
la loi fédérale sur les brevets d'invention ne peut être appliqué au défendeur, puisque les lois pénales, essentiellement
territoriales, ne peuvent recevoir leur application en dehors
du territoire de l'Etat qui les a édictées.

Il a été également constaté par un arrêt ayant passé en
force de chose jugée que les actes délictueux relevés contre
le défendeur, à savoir la vente d'objets contrefaits, n'ont pas
été commis avec dol, mais seulement par faute, négligence
ou imprudence ; ces actes tombent ainsi sous le coup de

l'art. 24 chiffre 2 de la loi ; la responsabilité civile qui en découle est régie par l'art. 25 al. 3 *ibidem,* lequel, dans son texte français, exclut toute indemnité civile.

Enfin, en présence de la contradiction existant entre les textes officiels, français d'une part, allemand et italien d'autre part, ce n'est pas aux tribunaux de faire un choix, de dire ce qui est la loi. C'est là une attribution qui n'appartient qu'au législateur. Le texte français doit faire règle, en pays de langue française, jusqu'à ce que l'autorité compétente ait déclaré que ce texte est inexact ; il doit d'autant plus en être ainsi dans l'espèce, que ce texte est le plus favorable à celui qui était prévenu.

En droit :

2° La compétence du Tribunal fédéral ne saurait être déniée, vu l'art. 30 al. 2 de la loi fédérale du 29 Juin 1888 sur les brevets d'invention, statuant qu'il pourra y avoir appel à ce Tribunal, quelle que soit l'importance du procès. En revanche cette compétence n'existerait pas pour autant qu'il y aurait lieu de faire application à la cause du Code fédéral des obligations, puisque la somme en litige est évidemment inférieure à 3000 francs. Cette question est d'ailleurs sans importance, attendu que l'on se trouve en présence d'une loi spéciale qui déroge à la loi générale, lorsqu'il s'agit des droits privatifs résultant des brevets d'invention (voir par analogie, en matière de marque de fabrique l'arrêt du Tribunal fédéral en la cause Patek, *Rec.* XVII, pag. 133 et 134, consid. 2).

La circonstance que, contrairement à la disposition du 1er alinéa de l'art. 30 précité, le présent procès a été jugé, aussi en°ce qui concerne la demande civile, par deux instances cantonales successives, ne peut infirmer la compétence du Tribunal de céans ; il ne rentre en effet point dans ses attributions de veiller à ce que les cantons se conforment à des prescriptions organiques de cette nature.

3° Au fond, il est constant qu'aucun des actes délictueux relevés contre le sieur Adam ne tombe sous le coup de l'article 24 chiffre 1 de la loi fédérale du 29 Juin 1888 sur les brevets d'invention, disposant que seront poursuivis, au civil

ou au pénal, « ceux qui auront contrefait les objets brevetés
ou qui les auront utilisés illicitement; » or il n'a point été
établi que les actes de contrefaçon reprochés au défendeur
aient été commis en Suisse.

Les actes délictueux constatés à la charge d'Adam rentrent,
ainsi que le constate d'ailleurs l'arrêt dont est recours, exclusivement dans la catégorie de ceux prévus sous chiffre 2 du
prédit article 24, lequel menace de poursuite au civil ou au
pénal « ceux qui auront vendu, mis en vente ou en circulation
des objets contrefaits, ou qui les auront introduits sur territoire suisse. » Aussi le jugement du Tribunal de police de
Lausanne n'a-t-il point retenu le chef de contrefaçon, mais
seulement celui de la mise en vente et de l'introduction en
Suisse par le défendeur, et ce sans dol, des objets contrefaits.

4° Il suit de ce qui précède que le sieur Adam doit être
libéré de toute indemnité civile, si l'on s'en tient au texte
français de l'art. 25 al. 3 de la loi, stipulant que « l'indemnité
civile demeurera réservée dans les cas prévus au *chiffre 1er*
de l'art 24. »

Le texte allemand de ce dernier alinéa, auquel se rattache
le texte italien, diffère toutefois de la manière la plus essen-
tielle du texte français, en ce qu'il réserve l'indemnité civile,
non plus seulement dans les cas prévus au *chiffre 1er* de
l'art. 24, mais généralement, sans restriction ni distinction
aucune « dans les cas prévus à l'art. 24 » (« in den in Art. 24
erwähnten Fällen »). Selon ces derniers textes la condamnation du défendeur Adam à des dommages-intérêts devrait aussi
être prononcée pour les faits prévus à l'art. 24 chiffre 2, et
constatés à sa charge.

5° Cette contradiction est absolue, inconciliable, et comme
un seul des deux textes peut être la loi, le Tribunal fédéral
doit décider lequel d'entre eux apparaît comme tel. A cet
effet, il y a lieu de rechercher laquelle de ces deux versions
doit être admise comme l'expression vraie de la volonté du
législateur.

Comme aucune des langues nationales n'a, aux termes de
l'art. 116 de la Constitution fédérale, la prééminence sur les

autres, c'est, en première ligne, à l'historique, à la genèse de
la loi, et en particulier à sa discussion devant les Chambres
fédérales, qu'il convient de demander la solution de l'antinomie signalée.

A cet égard, il y a lieu de constater d'abord que, dans le
projet du Conseil fédéral, la disposition dont il s'agit se
trouve rédigée dans les deux langues d'une manière identique,
à savoir dans le sens du texte français de l'art. 25 al. 3 de
la loi actuelle (voir *Feuille fédérale* 1888, I, p. 213. *Bundesblatt* 1888, I, p. 270). Dans le texte des propositions de la
commission du Conseil national, sous date du 17 Février 1888,
l'art. 22 (devenu l'art. 25 de la loi), continue à figurer, dans
les deux langues, également dans le sens du texte français
actuel. Sous date du 16 Mars suivant, le texte français relatant les décisions du Conseil national constate que le prédit
art. 22 (devenu l'art. 23 du projet ensuite d'un changement
de numérotation), n'a subi aucune modification, et a été par
conséquent maintenu dans le même sens ; il en est de même
du texte français rapportant la décision du Conseil des Etats,
du 7 Juin 1888. Il faut ainsi constater que le texte français
de l'art. 25 al. 3 de la loi actuelle a constamment concordé
soit avec le message et le projet du Conseil fédéral, soit avec
toutes les mentions qu'en font les comptes rendus des décisions des Chambres en langue française. C'est à la date du
16 Mars 1888 seulement, que le texte allemand commence à
présenter la variante « Art. 22 » en lieu et place de « Art. 22,
Ziffer 1 » ; cette rédaction se perpétue dans tous les textes
allemands relatifs aux débats ultérieurs de la loi, et elle figure
dans le texte allemand officiel de celle-ci (art. 25).

6° Quelle que soit la cause de cette modification inexpliquée, il n'en demeure pas moins certain que les textes, soit
allemand, soit français, du message, du projet et des propositions de la Commission contiennent l'art. 25, al. 3 actuel
dans la teneur de la rédaction française, tandis que la modification apportée à cet article dans le texte allemand ne l'a
été que plus tard, sans que l'on voie comment elle s'y est
glissée, et, surtout, sans qu'il apparaisse qu'elle soit l'ex-

pression d'un changement résultant d'une décision des Chambres fédérales. Cela est si vrai que non seulement les diverses pièces et imprimés produits en la cause ne portent pas trace d'aucune discussion relative à ce point, que les principaux journaux de l'époque n'en font aucune mention, mais qu'il résulte des protocoles originaux du Conseil national, séance du 16 Mars, et du Conseil des Etats, séance du 6 Juin 1888, que l'article dont il s'agit a été adopté sans aucune opposition ni discussion, conformément aux propositions de la Commission; or il n'est pas admissible qu'une modification aussi importante ait été apportée au projet sans discussion.

7° Dans cette situation, il faut admettre qu'il n'est pas démontré qu'une modification quelconque ait été apportée, par décision des Chambres, au projet primitif du Conseil fédéral relatif au prédit article, tel qu'il s'est maintenu d'une manière constante dans le texte français. Or comme une loi ne peut prendre force qu'ensuite d'une décision conforme des deux Chambres, il existe une présomption en faveur de l'admission de la rédaction du projet, et par conséquent du texte français, qui lui est conforme ; il convient donc de donner à ce dernier la préférence.

8° A ces motifs s'ajoute la considération tirée de la *ratio legis*, que la loi du 19 Décembre 1879 sur les marques de fabrique (art. 18 et 19), et la loi du 21 Décembre 1888 sur les dessins et modèles industriels (art. 18 et 20), — cette dernière postérieure à celle sur les brevets d'invention, — contiennent, en matière d'indemnité civile ensuite de contrefaçon, le principe identique à celui consacré par le texte français de l'art. 25 al. 3 en question. La circonstance que la loi du 26 Septembre 1890 sur la protection des marques de fabrique, art. 24 et 25, a réservé l'indemnité civile dans tous les cas, n'infirme nullement ce qui précède, mais démontre que c'est à partir de 1890 seulement que le législateur fédéral s'est placé, à cet égard, sur un autre terrain.

Enfin il y a lieu de relever que si le texte allemand du 3° alinéa de l'art. 26 avait voulu dire ce qu'il signifie dans sa teneur actuelle, cet article entier eût dû être modifié, puisque, à l'alinéa 1er *ibidem,* les indemnités civiles ne sont prévues que dans les cas de dol, tandis que, d'après l'alinéa 3 du texte allemand, elles seraient dues non seulement lorsque les actes énumérés à l'art 24 ont été commis dolosivement, mais dans tous les cas ; l'alinéa 3 n'était nécessaire que si l'on voulait statuer une exception parmi les actes susvisés.

9° Il ressort de tout ce qui précède qu'en refusant, dans les circonstances de la cause, de condamner le défendeur au paiement d'une indemnité civile en application de l'art. 25 al. 3 de la loi fédérale du 29 Juin 1888 sur les brevets d'invention, la Cour de cassation n'a point fait une fausse application de cette disposition à l'espèce, et que le recours ne saurait être accueilli.

Par ces motifs,

Le Tribunal fédéral

prononce :

Le recours est écarté, et l'arrêt rendu par la Cour de cassation pénale du canton de Vaud, jugeant au civil, le 24 Mai 1892, est maintenu tant au fond que sur les dépens.

VI. Civilstreitigkeiten
zwischen Kantonen einerseits und Privaten oder Korporationen anderseits.

Différends de droit civil
entre des cantons d'une part et des particuliers ou des corporations d'autre part.

96. Urtheil vom 8./9. September 1892 in Sachen Solothurn gegen Riggli und Genossen.

A. Durch solothurnisches Gesetz vom 21. November 1868 wurde die Gründung einer Hypothekarbank auf Aktien, der Hypothekarkasse des Kantons Solothurn, mit einem Grundkapital von zunächst 3 Millionen Franken, beschlossen. Der Staat betheiligte sich bei dieser Gesellschaft mit der Hälfte des Aktienkapitals und gewähr=

leistete den Privataktionären das einbezahlte Aktienkapital sowie eine Minimaldividende von 4 $\frac{1}{4}$ %. Die Hypothekarkasse ist als Anstalt des öffentlichen Nutzens erklärt und steht als solche unter dem Schutze und der besondern Aufsicht des Staates (§ 3 des Gesetzes). Ihre wesentlichen Organe und Beamten sind: Die Generalversammlung der Aktionäre, der Direktor, der Verwaltungsrath, die Verwaltungskommission und die Rechnungsrevisoren. Die oberstleitende und entscheidende Behörde, welche die Gesammtheit der Aktionäre vertritt, ist die Versammlung der Aktionäre (§ 38); ihr steht u. a. die Wahl der Mitglieder des Verwaltungsrathes und der Rechnungsrevisoren zu; sie prüft den Jahresbericht des Verwaltungsrathes über die Geschäftsführung der Hypothekarkasse, den Bericht der Rechnungsrevisoren über die Jahresrechnung und entscheidet über die bei diesem Anlasse gestellten Anträge, sowie über die definitive Genehmigung und Feststellung der Dividende. Der erste Angestellte der Hypothekarkasse „und der eigentliche verantwortliche Geschäftsführer derselben," welcher (mit Ausnahme der Ausstellung von Aktien und Obligationen) einzig die für die Bank verbindliche Unterschrift führt, ist der Direktor. Derselbe wird vom Verwaltungsrathe auf die Dauer von fünf Jahren gewählt und kann wegen Dienstverletzung vor Ablauf seiner Anstellungszeit auf den Vorschlag der Verwaltungskommission vom Verwaltungsrathe von seiner Stelle abberufen werden (§ 53 u. f.). Die „unmittelbare Aufsicht und Leitung" der Geschäfte steht der (dreigliedrigen, vom Verwaltungsrathe aus seiner Mitte gewählten) Verwaltungskommission zu, welche nach § 51 des Gesetzes u. a. über Darlehensgesuche und Annehmbarkeit von Hinterlagen zu entscheiden, das Bankpersonal zu beaufsichtigen, sich vom Direktor fortlaufend Bericht erstatten zu lassen und hierauf, sowie auf ihre eigenen Untersuchungen gestützt, vierteljährlich dem Verwaltungsrathe Bericht zu erstatten hat. Nach § 26 des Verwaltungsreglementes vom 25. April 1876 hat sie die vom Direktor vorzulegende Monatsrechnung zu prüfen, mit den Büchern, Titeln und Belegen zu vergleichen und die Richtigkeit derselben zu bescheinigen. Der Verwaltungsrath besteht aus 9 Mitgliedern, wovon die Versammlung der Aktionäre fünf und der Regierungsrath Namens des Staates vier ernennt. Neben der Wahl der Verwaltungskommission

steht dem Verwaltungsrath insbesondere die Wahl sämmtlicher Angestellten, die Entwerfung des Verwaltungsreglementes (welches dem
Regierungsrathe zur Genehmigung vorzulegen ist), die Entscheidung
über die Einführung und Verwaltung der verschiedenen, der Hypo=
thekarkasse gestatteten Geschäftszweige zu; er prüft die Rechnungs=
abschlüsse, genehmigt den Verwaltungsbericht und die Jahres=
rechnung zur Vorlage an die Aktionärversammlung und stellt
seine Anträge über Feststellung der Dividende und die Vertheilung
derselben; überhaupt entscheidet er über alle Geschäfte, deren Be=
handlung durch das Gesetz nicht einer andern Behörde oder Be=
amtung zugewiesen ist und bereitet alle Vorschläge und Berichte
vor, welche vor die Versammlung der Aktionäre gehören oder dem
Regierungsrathe zu übermitteln sind (§ 48 des Gesetzes). Nach
§ 27 des Verwaltungsreglementes vom 25. April 1876 geschieht
die stete Ueberwachung der Geschäftsführung der Hypothekarkasse
durch den Verwaltungsrath und die Verwaltungskommission. Diese
Reglementsbestimmung sieht überdem vor, daß der Verwaltungs=
rath aus seiner Mitte zwei Mitglieder, die Delegirten des Ver=
waltungsrathes, zu bezeichnen habe, welche die Geschäftsführung
der Hypothekarkasse in jedem Semester einmal zu prüfen und dem
Verwaltungsrathe in seiner nächsten Sitzung schriftlich Bericht zu
erstatten haben. Die Rechnungsrevisoren (drei an der Zahl) wer=
den von der Aktionärversammlung jeweilen in ihrer ordentlichen
Jahresversammlung für die Dauer eines Jahres gewählt. „Sie
„prüfen den Geschäftsbericht des Verwaltungsrathes und die
„Jahresrechnung, vergleichen dieselbe mit den Büchern und über=
„dieß die in der Bilanz erzeigten Summen mit der Kasse, mit
„den Titeln und sonstigen Werthpapieren der Anstalt; sie sind
„berechtigt, auch während des Jahres, ohne Voranzeige an die
„Verwaltung, eine gleiche Untersuchung vorzunehmen. Sie haben
„alljährlich der Versammlung der Aktionäre in der ordentlichen
„Jahresversammlung darüber Bericht zu erstatten und die von
„ihnen nöthig erachteten Bemerkungen und Anträge zu eröffnen.“
(§ 62 des Gesetzes). Nach § 27 des Verwaltungsreglementes
haben die Rechnungsrevisoren die Jahresrechnung und die ge=
sammte Geschäftsführung zu prüfen. Ueber die Oberaufsicht des
Staates bestimmt das Gesetz, daß der Verwaltungsrath verpflich=

tet sei, dem Regierungsrathe alle sechs Monate einen Bericht über
den Betrieb der Hypothekarkasse zu erstatten, ihm von wesentlichen
Beschlüssen Kenntniß zu geben und ihm die Jahresrechnung so=
wie seinen Geschäftsbericht an die Generalversammlung vor der
Einberufung der letztern mitzutheilen. „Dem Regierungsrath steht,
„so bestimmt § 65 des Gesetzes, zu jeder Zeit das Recht zu, über
„den Stand der Verwaltung Bericht zu verlangen und dieselbe
„sowie die Titel, die Werthpapiere und den Stand der Kasse unter=
„suchen zu lassen. Sollte er hiebei finden, daß das Gesetz beim
„Geschäftsbetriebe der Hypothekarkasse außer Acht gesetzt würde
„oder sonstige Uebelstände in der Verwaltung vorhanden seien, so
„wird er der Verwaltungskommission und dem Verwaltungsrathe
„davon Kenntniß geben, oder sofort die erforderlichen Weisungen
„an dieselben erlassen und da, wo er es nöthig erachtet, an den
„Kantonsrath Bericht erstatten. Diese Untersuchung muß alljähr=
„lich wenigstens einmal stattfinden." Nach § 66 des Gesetzes ist
der Regierungsrath im Fernern verpflichtet, am Schlusse jeden
Jahres dem Kantonsrathe über die Vollziehung dieser Vorschriften
sowie über den Geschäftsgang der Hypothekarkasse im Allgemeinen
einen umfassenden Bericht zu erstatten. Der Geschäftskreis der
Hypothekarkasse war ursprünglich auf das eigentliche Hypothekar=
geschäft, auf Vorschüsse gegen Faustpfänder und den An= und
Verkauf von Werthpapieren beschränkt. Durch Abänderungsgesetz
vom 18. Juli 1874 wurde derselbe dahin erweitert, daß der Hypo=
thekarkasse neben dem Hypothekargeschäfte Vorschüsse an Private,
Korporationen und Gemeinden, Kontrahirung und Emission von
Anleihen von Korporationen, Gemeinden u. s. w., Ankauf und Ver=
kauf von Obligationen inländischer solider Aktiengesellschaften und
die Skontirung von Wechseln gestattet wurde. Indeß darf die
Hypothekarkasse sich mit diesen Geschäften nur befassen, sofern ge=
nügender Geldvorrath vorhanden ist und es ohne Beeinträchtigung
des Hypothekargeschäftes geschehen kann, sowie bei genügender, im
Gesetze näher bestimmter, Sicherheit (§ 6 und 7 des Abänderungs=
gesetzes). § 8 des Abänderungsgesetzes bestimmt: „Die Gesammt=
„summe der nach § 6 und 7 zu verwendenden Gelder darf den
„vierten Theil des einbezahlten Aktienkapitals nicht übersteigen.
„Eine größere Anlage darf mit Rücksicht auf eigene, von der

„Hypothekarkasse auf längere Zeit emittirte Titel nur mit Zu=
„stimmung des Verwaltungsrathes und des Regierungsrathes ge=
„macht werden." In § 17 des Verwaltungsreglementes sodann
ist vorgeschrieben: „Wechsel dürfen nur solche scontirt werden,
„welche die Unterschriften von wenigstens zwei zahlungsfähigen, im
„Kantone angesessenen Personen tragen, oder solche, welche durch
„solide Werthpapiere versichert sind."

B. Die Hypothekarkasse des Kantons Solothurn wurde (gleich
wie die ähnlich organisirte Solothurnische Bank) durch kantonales
Gesetz vom 10. Januar und 8. Februar 1885 aufgehoben und
es gingen deren Aktiven und Passiven zufolge dieses Gesetzes und
eines vom Staate mit der Aktiengesellschaft am 22. Dezember
1885 abgeschlossenen Vertrages auf Neujahr 1886 an die Solo=
thurnische Kantonalbank, ein reines Staatsbankinstitut, über. Der
Staat bezahlte den Aktionären auf Neujahr 1886 das Aktien=
kapital sammt Minimalzins pro 1885 mit zusammen 521 Fr.
25 Cts., gegen Rückgabe der quittirten Aktientitel, aus. Dabei
war vereinbart, daß die Feststellung, Prüfung und Genehmigung
der Jahresrechnung pro 1885 noch in bisheriger Weise durch die
Verwaltungsorgane der Hypothekarkasse erfolge. Während des
Bestandes der Hypothekarkasse waren jeweilen alljährlich Geschäfts=
bericht und Rechnung von den bestellten Rechnungsrevisoren ge=
prüft und auf deren Bericht von der Generalversammlung der
Aktionäre ohne Einsprache oder Vorbehalt genehmigt worden.
Insbesondere sind auch Bericht und Rechnung über das letzte
Geschäftsjahr der Hypothekarkasse (1885) von der Generalver=
sammlung am 18. Juli 1886, nach Anhörung des Berichtes der
Rechnungsrevisoren ohne Einspruch genehmigt worden. In den
Berichten der Rechnungsrevisoren aus den frühern Jahren ist
u. a. auch jeweilen bemerkt, daß das Wechselportefeuille von den
Revisoren genau geprüft worden sei und zu Bemerkungen keine
Veranlassung gebe. In dem letzten Censorenberichte vom 25. Juni
1886 ist gesagt, daß die Censoren über die Kasse, Wechsel, Hypo=
theken, Vorschüsse und Valoren keine Untersuchungen angestellt
haben, weil mit 1. Januar 1886 Aktiven und Passiven der An=
stalt an den Staat zu Handen der Solothurner Kantonalbank
übergegangen seien. Die Jahresberichte des Verwaltungsrathes an

die Generalversammlung enthielten jeweilen Angaben über den Bestand des Wechselportefeuilles und Wechselkonto, über die Summe der Scontirungen, den Ertrag des Wechselgeschäftes u. s. w. Ebenso sind in den Jahresrechnungen, in den Bilanzen und Geschäfts= übersichten die das Wechselgeschäft betreffenden Pauschalsummen angeführt; aus den Berichten und Rechnungen ergibt sich, daß der Bestand des Wechselkonto betrug: auf 31. Dezember 1879 3,032,057 Fr. 70 Cts.; auf 31. Dezember 1880 4,076,165 Fr. 40 Cts.; auf 31. Dezember 1881 4,868,628 Fr. 56 Cts.; auf 31. Dezember 1882 5,690,165 Fr. 08 Cts.; auf 31. Dezem= ber 1883 6,172,321 Fr. 77 Cts.; auf 31. Dezember 1884 5,826,135 Fr. 08 Cts.; auf 31. Dezember 1885 4,507,481 Fr. 97 Cts. Es war somit ersichtlich, daß auf das Wechselgeschäft er= heblich viel größere Summen verwendet wurden, als § 8 des Abänderungsgesetzes dieß gestattete. Dagegen war in den Jahres= berichten oder Rechnungen der einzelnen, den Wechselverkehr be= treffenden Geschäftsverhältnisse keine besondere Erwähnung gethan. Im letzten Geschäftsberichte für 1885 ist im Allgemeinen be= merkt: „Die Hypothekarkasse scontirte Lokalwechsel mit Faustpfand „oder mindestens zwei Unterschriften, und Waarenwechsel auf das „In= und Ausland. Die überflüssigen, auf andern Geschäfts= „zweigen nicht verwendbaren, Gelder wurden in schweizerischem „und fremdem Discontopapier angelegt, deßhalb der große Ver= „kehr auf dem Wechselkonto.“

C. Beim Uebergange der Aktiven und Passiven der Hypothekar= kasse des Kantons Solothurn an die Solothurnische Kantonal= bank war die Hypothekarkasse des Kantons Solothurn im Besitze von Wechseln der Uhrenfabrikations= und Handelsfirma J. Roth & Cie. in Solothurn (deren Theilhaber damals J. Roth=Bloch und J. Adler in Solothurn waren), im Belaufe von 1,717,253 Fr. 20 Cts. Die eingetretenen und drohenden Verluste der aufgeho= benen Hypothekarkasse und Solothurnischen Bank wurden damals auf einem sogenannten Liquidationskonto gebucht. Die Wechsel= engagements von J. Roth & Cie. wurden auf diesen Konto nicht aufgetragen. Die Direktion der neuen Kantonalbank hatte dagegen die Weisung ertheilt, die bestehenden Engagements nicht zu ver= größern und eine Prüfung des Inventars von J. Roth & Cie.

auf 31. Dezember 1885 angeordnet, welche sich namentlich auf Vorhandensein und richtige Werthung der Aktiven, die Stellung des Hauptgeschäftes zu den Depots in Deutschland, die rechtliche Gültigkeit der Belehnungen dieser Depots und die Berechnung der Rentabilität des ganzen Geschäftes erstrecken sollte. Der vorläufige Bericht der Untersuchungskommission, welche aus dem Bankpräsidenten Munzinger und dem Direktor der Kantonalbank (früheren Präsidenten der Verwaltungskommission der Hypothekarkasse) Urs Heutschi bestand, lautete nicht ungünstig. Die Kommission schloß in einem von ihr der vom Kantonsrathe des Kantons Solothurn zur Untersuchung der Bankverhältnisse niedergesetzten Untersuchungs= kommission erstatteten Berichte vom 10. April 1886 dahin, wenn die weitere Untersuchung die vollständige Richtigkeit der aufge= stellten Bilanz pro 1885 ergebe, so dürfe gesagt werden, daß das Geschäft ein gutes sei, dem bei festem ruhigem Kredite eine schöne Zukunft bevorstehe. Die kantonsräthliche Bankuntersuchungskom= mission erwähnte daher in ihrem Berichte an den Kantonsrath der großen Engagements des Hauses J. Roth & Cie. nicht na= mentlich und mit Zahlen, sondern bemerkte nur im Allgemeinen: „Im Uebrigen konstatirt die Kommission, daß auf beiden Insti= „tuten bei einzelnen Firmen Kredite vorhanden sind, namentlich „im Wechselkonto, welche gegenüber dem vorhandenen Betriebs= „kapital als viel zu hoch und daher als gefahrdrohend betrachtet „werden müssen. Eine Geschäftskrisis irgend welcher Art, von „welcher die Schuldner betroffen werden, könnte der Bank erheb= „liche Verluste beibringen. Die gegenwärtige Bankverwaltung hat „sich große Mühe gegeben, die Vermögens= und Geschäftsverhält= „nisse, sowie die Leistungsfähigkeit der betreffenden Debitoren ge= „nau kennen zu lernen. Sie hat ihre Arbeit noch nicht beendigt. „Der vorläufige Bericht, den sie an die Untersuchungskommission „abgegeben hat, lautet beruhigend. Sie glaubt Vorkehren treffen „zu können, welche geeignet sind, die Kantonalbank vor weiteren „Verlusten zu bewahren." Im Laufe des Jahres 1886 faßte die Verwaltung der Solothurnischen Kantonalbank wiederholt Be= schlüsse, welche auf eine Reduktion der Engagements des Hauses J. Roth & Cie. abzweckten, allein ohne Erfolg; es trat im Gegen= theil bis 13. April 1887 eine Erhöhung des Kontokorrentkredites

der Firma Roth & Cie. um 74,343 Fr. 70 Cts. ein; noch An=
fangs des Jahres 1887 nahm die Bankkommission die Umwand=
lung des Hauses J. Roth & Cie. in eine Aktien= oder Aktien=
kommanditgesellschaft als möglich in Aussicht. Allein bei weitern
kaufmännischen und technischen Untersuchungen über den Stand
der Firma J. Roth & Cie., die seitens der Bankverwaltung und
seitens anderer Kreditoren der Firma Roth & Cie. veranstaltet
wurden, stellte sich nun im April 1887 heraus, daß sich Wechsel
dieser Firma für viel größere Summen in Cirkulation befinden,
als von derselben je angegeben worden waren und daß die Bücher
und die Bilanzen der Firma auf Ende 1884 und 1885, welche
den Beauftragten der Hypothekarkasse und der Kantonalbank waren
vorgelegt worden, um erhebliche Beträge gefälscht seien. Der Zu=
sammenbruch der Firma J. Roth & Cie. war daher unvermeidlich.
Im Einverständnisse der sämmtlichen Gläubiger wurde das Vermögen der Gesellschaft J. Roth & Cie. außergerichtlich liquidirt,
während dagegen gegen die Theilhaber der Firma, J. Roth=Bloch und
J. Adler, der Konkurs durchgeführt wurde. Gegen J. Roth=Bloch
und J. Adler, sowie gegen den gewesenen Direktor der Hypothe=
karkasse des Kantons Solothurn, Leo Niggli und den Regierungs=
rath Sieber, welcher gleichzeitig Buchhalter der Firma J. Roth
& Cie. gewesen war und als solcher die falschen Bucheinträge
vorgenommen hatte, wurde überdem Strafklage wegen Betrugs
und Fälschung eingeleitet und es wurden auch wirklich in der
Folge die Angeklagten strafrechtlich verurtheilt. Bei Ausbruch der
Katastrophe über Roth & Cie. am 28. April 1887 betrugen die
Gesammtengagements bei der Kantonalbank 2,146,288 Fr. 65 Cts.
Der Gesammtverlust der Kantonalbank wurde von der Kantonal=
bankverwaltung im März 1888 auf 1,350,000 Fr. berechnet;
nach einer, nach Schluß der Liquidation gemachten, Aufstellung
der Kantonalbank vom 21. Dezember 1891 beläuft er sich auf
1,406,882 Fr. 49 Cts. mit Zinsen seit 15. März 1888.

D. Zufolge Beschlusses des Kantonsrathes des Kantons Solo=
thurn vom 30. April 1887 wurde ein Gutachten des Bankdirek=
tors Yersin in Bern und des Advokaten Dr. Lutz in Thal über
die Verantwortlichkeit der Beamten und Aufsichtsbehörden für die
an der Firma Roth & Cie. eingetretenen Verluste eingeholt. Diese

Sachverständigen sprachen sich mit Gutachten vom 19. März
1888 für die solidarische Verantwortlichkeit des Direktors der
Hypothekarkasse, der Mitglieder der Verwaltungskommission und
des Verwaltungsrathes dieser Anstalt aus den Geschäftsperioden
1879—1886 (mit Ausnahme indeß der Delegirten des Verwaltungsrathes) aus; überdem für Verantwortlichkeit des Direktors der Solothurnischen Kantonalbank aus dem Jahre 1886
für weitere fahrlässige Kreditirung im Betrage von circa 80,000 Fr.
Der Kantonsrath des Kantons Solothurn beschloß hierauf am
11. April 1888 die Anhebung der Schadenersatzklage gegen den
Direktor und sämmtliche Mitglieder der Verwaltungskommission
und des Verwaltungsrathes der Hypothekarkasse aus den Jahren
1879—1886, sowie gegen den Direktor der Solothurnischen Kantonalbank vom Jahre 1886.

E. Demgemäß trat der Regierungsrath des Kantons Solothurn
beim Bundesgericht mit einer Civilklage auf, welche gegen folgende
Personen gerichtet ist: 1. Leo Niggli, als Direktor der Hypothekarkasse des Kantons Solothurn während der Jahre 1879 bis
Ende 1885. 2. Urs Heutschi, alt Regierungsrath, in Münster
als Präsident des Verwaltungsrathes und der Verwaltungskommission der Hypothekarkasse während der Jahre 1879 bis Ende
1885 und als Direktor der Solothurner Kantonalbank während
des Jahres 1886. 3. B. Baumgartner, als Mitglied des Verwaltungsrathes und der Verwaltungskommission der Hypothekarkasse von 1879 bis 4. März 1884 resp. dessen Erben. 4. A.
Kaufmann, in Solothurn, als Mitglied des Verwaltungsrathes
und der Verwaltungskommission der Hypothekarkasse von 1879
bis Ende 1885. 5. Albert Jäggi, Kantonsrath in Balsthal als
Mitglied des Verwaltungsrathes von 1879 bis Ende 1885. 6.
Ferdinand Lüthi, Kreisthierarzt in Solothurn, in gleicher Eigenschaft. 7. A. Roth, Oberst in Wangen a. A. und 8. F. Trog,
Oberamtmann in Olten, in gleicher Eigenschaft und überdem als
Delegirte des Verwaltungsrathes. 9. Wilhelm Zepfel, Major, als
Mitglied des Verwaltungsrathes von 1879 bis 17. März 1885
resp. dessen Erben. 10. H. Burkhardt-Eckenstein in Basel als
Mitglied des Verwaltungsrathes von 1879 bis 18. März 1885.
11. W. Güggi, Staatskassier in Solothurn, als Mitglied des

Verwaltungsrathes und der Verwaltungskommission vom 29. Juli 1884 bis Ende 1885. In der Klageschrift werden folgende An=
träge gestellt: 1. Die sämmtlichen Beklagten seien solidarisch ver=
pflichtet, an die Klägerschaft 1,350,000 Fr. nebst Verzugszinsen
vom 25. April 1888 an zu bezahlen. 2. Der Beklagte Heutschi
sei überdies noch verpflichtet, 80,000 Fr. nebst 5 % Zinsen vom
23. April 1888 an, an die Klägerschaft zu entrichten. Zur Be=
gründung werden im Wesentlichen folgende thatsächlichen und recht=
lichen Gesichtspunkte geltend gemacht: 1. Zu Rechtsbegehren 1:
Die Theilhaber des Hauses J. Roth & Cie., Roth=Bloch und J.
Adler, haben in den Jahren 1879 und 1880 in London, wo sie
gemeinsam mit A. Schläfli=Schild unter der Firma Roth, Schläfli
& Cie. Uhrenfabrikation und Uhrenhandel betrieben haben, immense
Verluste erlitten, in Folge deren die Firma J. Roth & Cie., sowie
ihre sämmtlichen Theilhaber, schon seit Anfangs 1881 materiell
insolvent gewesen seien. Diese Verhältnisse haben nicht geheim
bleiben können; die Organe der Hypothekarkasse hätten bei pflicht=
gemäßer Aufmerksamkeit davon Kenntniß erlangen müssen. Von
andern solothurnischen Bankgeschäften seien Roth & Cie., sowie
Schläfli=Schild schon im Jahre 1882 und 1883 die Kredite ge=
kündigt und deren Wechsel, wenn sie nicht mit soliden Indossa=
menten versehen gewesen seien, zurückgewiesen worden; in den
benachbarten bernischen Geschäftskreisen habe man schon 1880 und
1881 deren Solvenz bezweifelt. Einzig die Hypothekarkasse des
Kantons Solothurn habe, wohl in Folge persönlicher Beziehungen,
dieser Firma ungemessenen Kredit gewährt, obschon die stets stei=
genden Diskontobegehren und die ganze Art des Geschäftsverkehrs
die von den Associés getriebene Wechselreiterei, die Nothwendigkeit
wiederholter Mahnungen um Regulirung des Kontokorrentkredites ꝛc.,
deutlich auf die finanziellen Schwierigkeiten hingewiesen haben und
daher die Verwaltung hätten stutzig machen müssen. Die unverfallenen
Wechselengagements von Roth & Cie. und der einzelnen Theilhaber
dieser Firma, sowie der frühern Firma Roth=Schläfli & Cie. bei
der Hypothekarkasse (und später der Kantonalbank) haben nach
den Ermittlungen des Gutachtens Persin und Lutz approximativ
betragen: auf 31. Dezember 1879 180,934 Fr. 35 Cts.; auf
31. Dezember 1880 414,296 Fr.; auf 31. Dezember 1881

787,150 Fr.; auf 31. Dezember 1882 874,897 Fr.; auf 31.
Dezember 1883 1,673,047 Fr.; auf 31. Dezember 1884 1,714,771
Fr. 70 Cts.; auf 31. Dezember 1885 1,830,851 Fr. und auf
31. Dezember 1886 1,406,366 Fr. Das Gesammtengagement
habe bei Ausbruch der Katastrophe 2,146,288 Fr. 65 Cts.
betragen. Was die Entstehung der enormen, vorwiegend aus
Wechseldiskontirungen stammenden Engagements anbelange, so sei
zu bemerken: Das Gesetz habe nirgends ausdrücklich bestimmt,
wer über die Diskontirung von Wechseln zu entscheiden habe. Am
23. September 1879 habe der Verwaltungsrath einen Antrag der
Verwaltungskommission gutgeheißen, dahin gehend, es seien bezüglich der Skontirung von Wechseln keine beschränkenden Bestimmungen aufzustellen, sondern es sei in dieser Angelegenheit
der Verwaltungskommission freie Hand zu lassen. In der Begründung dieses Antrages habe die Verwaltungskommission u. a. bemerkt, sie werde nicht ermangeln, oem Diskontogeschäft die größt-
mögliche Aufmerksamkeit zuzuwenden und der Direktion die nöthigen
Weisungen zu ertheilen. In jeder Sitzung werde sie sich über die
skontirten Wechsel Bericht erstatten lassen. Ueber die jeder einzelnen
Firma scontirten Papiere, seien es Eigenwechsel Dritter oder
direkte Eigenwechsel, werde eine Kontrolle geführt, welche jeden
Augenblick über die Höhe der einer Firma skontirten Papiere
Aufschluß gebe. Allein in That und Wahrheit habe der Direktor
über die Diskontogesuche allein und eigenmächtig entschieden. Die
Verwaltungskommission habe ihm hierin freie Hand gelassen; hie
und da habe sie allerdings einen Anlauf genommen und ein-
schränkende Bestimmungen über Diskontirungen aufgestellt, allein
sie habe diese Bestimmungen niemals durchgeführt und die Geschäftsführung des Direktors auch in durchaus ungenügender
Weise überwacht. Die Wechselkontrolle sei unregelmäßig erfolgt
ebenso seien die vorgeschriebenen monatlichen Geschäftsprüfungen
meist verspätet und nicht mit gehöriger Gründlichkeit vorgenommen worden. Die Delegirten des Verwaltungsrathes (während
der ganzen Geschäftsperiode Oberamtmann Trog in Olten und
Oberst Roth in Wangen a. A.) haben die Geschäftsführung
alljährlich einmal geprüft und darüber dem Verwaltungsrathe
Bericht erstattet. In diesen Berichten sei schon 1879 und 1880

auf die allzuhohen Engagements von Roth & Cie. und Schläfli=
Schild aufmerksam gemacht und auf die Nothwendigkeit einer
Reduktion hingewiesen worden. Die Verwaltungskommission und
der Verwaltungsrath haben sich hiemit grundsätzlich einver=
standen erklärt und die Verwaltungskommission habe am 3.
Februar 1880 als (normales) Maximum der Skontirung für ein
einzelnes Haus 100,000 Fr. bezeichnet. Allein diesen Beschlüssen
sei nie nachgelebt worden; die Engagements Roth & Cie. seien
vielmehr stetig gewachsen. Als die Delegirten des Verwaltungs=
rathes im Berichte vom 23. Oktober 1881 abermals die Be=
merkung gemacht haben, daß die vielen Eigen= und Waarenwechsel
der Firma Roth & Cie. einige Besorgniß einflößten, so habe die
Verwaltungskommission (ohne daß sie über die Verhältnisse der
Firma J. Roth & Cie. irgend welche Informationen eingezogen
hätte) erwidert, die Skontirung dieser Wechsel erscheine, da die
Firma gut geleitet sei und mit beträchtlichen eigenen Mitteln ar=
beite, als nicht gefährlich. Wenn der Verwaltungsrath es wünsche,
so sei die Verwaltungskommission bereit, den Verkehr mit dieser
Firma zu reduziren. Der Verwaltungsrath habe hierauf einen
sachbezüglichen Beschluß nicht gefaßt. Auf die späteren, mit immer
größerer Entschiedenheit die Gefahr der stets wachsenden enormen
Kredite an Roth & Cie. darlegenden und auf Reduktion bringen=
den jährlichen Berichte der Delegirten des Verwaltungsrathes hin,
haben Verwaltungsrath und Verwaltungskommission zwar wohl
Beschlüsse gefaßt, auch eine Revision des Verwaltungsreglementes
im Sinne der Normirung des Maximums des einer Person oder
Firma zu gewährenden Kredites u. s. w. angestrebt und (durch
Beschluß der Verwaltungskommission vom 31. März 1883) an=
geordnet, es seien die diskontirten Wechsel in jeder Sitzung vor=
zulegen und größere Begehren vorher dem Entscheide der Ver=
waltungskommission zu unterbreiten. Allein ernsthaft durchgeführt
seien diese Beschlüsse nie worden. Es sei vielmehr die Kontrolle
über den Direktor Niggli in so mangelhafter Weise ausgeübt
worden, daß derselbe wiederholt die Bankorgane über den Betrag
der Wechselverpflichtungen der Firma Roth & Cie. habe täuschen
und die Kredite stetsfort habe erhöhen können. Am 29. November
1884 habe der Verwaltungsrath nach Kenntnißnahme eines die

Uebelstände schonungslos aufdeckenden Berichtes seiner Delegirten vom 18. November 1884 ferner beschlossen, die beiden Firmen J. Roth & Cie. und A. Schläfli-Schild anzuhalten, ihre Bilanz der Verwaltung der Hypothekarkasse zur Einsicht zu unterbreiten und habe mit dieser Prüfung die Herren Heutschi und Roth betraut. Diese haben am 20. Mai 1885 ihren Bericht an den Verwaltungsrath erstattet, welcher allerdings den Verkehr mit der Hypothekarkasse als entschieden zu groß bezeichnet, allein im Uebrigen die Verhältnisse des Hauses J. Roth & Cie. nicht ungünstig beurtheilt habe. Die Beauftragten haben sich nämlich (wie in dem Berichte erwähnt) damit begnügt, die vorgelegte Bilanz mit den Hauptkonti eines mit 1. Januar 1885 neu angefangenen Hauptbuches zu prüfen, mit dem Beifügen, sie können nicht beurtheilen, ob die Uebertragungen vom alten ins neue Hauptbuch richtig seien, zweifeln aber nicht an deren Richtigkeit. Hieburch sei bewirkt worden, daß damals der von der Firma Roth & Cie. getriebene Schwindel noch nicht aufgedeckt worden sei. In rechtlicher Beziehung stütze sich die Legitimation des Staates Solothurn zur Klage darauf, daß derselbe in alle Rechte und Pflichten der Hypothekarkasse eingetreten sei. In materieller Beziehung hafte zunächst der Direktor der Hypothekarkasse, kraft des zwischen ihm und der Aktiengesellschaft bestandenen Honorarvertrages für omnis culpa; ebenso haften die Mitglieder des Verwaltungsrathes und der Verwaltungskommission sowie speziell die Delegirten des Verwaltungsrathes als Mandatare der Aktiengesellschaft für jedes Verschulden, um so mehr als ihre Dienstleistungen im vorliegenden Falle, in Folge der von ihnen bezogenen, allerdings mäßigen Taggelder, entgeltliche gewesen seien. Die Klage sei eine solche ex contractu. Der Kläger habe daher nur nachzuweisen, daß den Beklagten gewisse Kontrollpflichten obgelegen haben und daß zwischen diesen Pflichten und dem eingetretenen Schaden ein Kausalzusammenhang bestehe. Den Beklagten liege ob darzuthun, daß sie ihre Verpflichtungen entweder erfüllt haben oder daß ihnen deren Erfüllung unmöglich gewesen sei. Die allgemeine Genehmigung der Geschäftsführung durch die Generalversammlung habe im vorliegenden Falle eine Entlastung der Beklagten nicht bewirkt, weil die Generalversamm-

lung nach den ihr gemachten Vorlagen keinen Grund zu Erklä=
rungen oder Beschlüssen gehabt habe. Die Decharge wirke, wie
auch das deutsche Reichszericht wiederholt anerkannt habe, nur so
weit als die Kenntniß der Aktionäre von der Geschäftsführung
reiche. Statutenwidrigkeiten und überhaupt Pflichtverletzungen,
welche sich aus den der Generalversammlung gemachten Vor=
lagen nicht klar und deutlich ergeben, werden durch die allge=
meinen Genehmigungsbeschlüsse der Generalversammlung nicht ge=
deckt. Nach allgemeinen Rechtsgrundsätzen sei es Pflicht des
Vorstandes und der übrigen Organe, die Generalversammluug
über vorgefallene Statutenwidrigkeiten aufzuklären; sein Schweigen
sei eine weitere Pflichtwidrigkeit, welche eine Berufung auf die
ertheilte Decharge von vornherein ausschließe. Auch von einer
culpa der Generalversammlung könne nicht gesprochen werden.
Die Generalversammlung sei der souveräne Ausdruck der Aktien=
gesellschaft, daher den Aktionären nicht verantwortlich. Uebrigens
würde es auch an dem Nachweise einer Fahrlässigkeit der General=
versammlung fehlen, da die Generalversammlung angesichts der hier
erfolgten Verschleierung der Geschäftsgebahrung keine Ursache zu Re=
klamationen gehabt habe. Nach gemeinem Rechte, wie nach § 982
des solothurnischen Civilgesetzes und Art. 673 O.=R. haften die
Beklagten solidarisch für den Schaden, welcher sich auf 1,350,000 Fr.
belaufe. Was die einzelnen Beklagten anbelange, so habe der ge=
wesene Direktor Riggli strafbare Handlungen begangen, für welche
er auch civilrechtlich verantwortlich sei. Er habe die Bücher der
Hypothekarkasse gefälscht; in doloser Weise den 30. August 1885
die Höhe der Engagements von Roth & Cie. zu 1,119,482 Fr.
angegeben, während dieselben damals schon 1,500,000 Fr. er=
reicht haben und überhaupt versucht, seine Vorgesetzten die Mit=
glieder der Verwaltungskommission, durch verschiedene Mani=
pulationen über den Stand der Engagements von J. Roth & Cie.
zu täuschen. Ferner habe Direktor Riggli eine Reihe kulposer Hand=
lungen begangen, für welche er civilrechtlich verantwortlich sei. Sein
ganzes geschäftliches Vorgehen dürfe füglich als eine dem Dolus ganz
nahe stehende Nachläßigkeit bezeichnet werden. Riggli habe die ihm
wiederholt ertheilten Weisungen, die Engagements Roth & Cie. zu
reduziren, beständig mißachtet und anstatt sie zu befolgen, im

Gegentheil durch Erhöhung jener Engagements denselben direkt entgegen gearbeitet. Dieses ganze Gebahren des Niggli sei um so staunenswerther, als er nach den vorliegenden Verhältnissen habe wissen müssen, daß die Firmen Roth schon längst sehr schlecht standen. Niggli habe ferner Weisungen der Verwaltungskommission betreffend die Höhe des einer einzelnen Firma zu gewährenden Diskontokredites, die Berichterstattung über die Skontirungen und die vorgängige Vorlage größerer Begehren an die Verwaltungs= kommission theils gar nicht, theils nur sehr mangelhaft befolgt. Er habe Roth & Cie. viel zu langsichtiges Papier diskontirt; ebenso Wechsel, die zum Theil gar nicht, zum Theil ungenügend versichert gewesen seien; als Protokollführer der Verwaltungs= kommission und des Verwaltungsrathes habe er nicht für regel= mäßige Unterzeichnung der Protokolle und Berichte gesorgt. End= lich habe er sehr häufig verfallene Wechsel von Roth & Cie. viel länger behalten lassen, als dies mit einer korrekten Geschäfts= führung vereinbar sei und am 4. Juni 1883 eine Erklärung und Cession der Firma Roth & Cie., wodurch diese der Hypothekarkasse die sämmtlichen Aktiven ihres von August Döling in Berlin ver= walteten Kommissionsgeschäftes verschreiben und abtreten, als eine reale Sicherheit angenommen, ohne die Verwaltungskomnission zu befragen und ohne die gesetzlichen Vorschriften, von denen die Wirksamkeit des Geschäftes abgehangen habe, zu beobachten, so daß die ganze Verschreibung werthlos sei. Direktor, Verwaltungs= rath und Verwaltungskommission haben den § 17 des Verwaltungs= reglementes verletzt, wonach nur Wechsel hätten skontirt werden dürfen, welche die Unterschriften von wenigstens zwei zahlungs= fähigen, im Kanton angesessenen Personen tragen, und ebenso die Vorschrift des § 8 des Gesetzes vom Jahre 1874, wonach die nach §§ 6 und 7 des nämlichen Gesetzes zu verwendenden Gelder den vierten Theil des Aktienkapitals nicht übersteigen dürfen. So= dann haben sämmtliche Beklagte ihre Pflicht dadurch verletzt, daß sie die Kreditirung an Roth & Cie. nicht verhindert haben, trotz= dem sie schon seit dem Jahre 1880 aus den Umständen hätten schließen können und sollen, daß Roth & Cie. und die einzelnen Antheilhaber dieser Firma schlecht stehen. Die Verwaltungskom= mission speziell habe ihr gesetzlich obliegende Pflichten in gröb=

lichster Weise verletzt, insbesondere habe es an der Aufsicht und
Leitung mit Bezug auf Wechseldiskontirungen gemangelt, rücksichtlich welcher die Kommission entgegen ihrer eigenen Erklärung vom
23. September 1879 den Direktor vollständig habe gewähren
lassen. Um die Befolgung ihrer von Zeit zu Zeit erlassenen ein-
schränkenden Bestimmungen habe sie sich nicht bekümmert und
ebenso habe sie ihrerseits die durch die Delegirtenberichte veran-
laßten Beschlüsse des Verwaltungsrathes nicht befolgt. Sie habe
es zugelassen, daß die Engagements von Roth & Cie., welche
zur Zeit der ersten Rüge der Delegirten des Verwaltungsrathes
blos 142,000 Fr. betragen haben, schließlich auf die schwindelhafte Höhe von über 2 Millionen angewachsen seien. Die Verwaltungskommission habe ferner nicht für regelmäßige Anfertigung
und Vorlegung der Monatsrechnungen gesorgt; es wäre, bei der
steten Nichtbefolgung ihrer Weisungen durch den Direktor, längst
ihre Pflicht gewesen, gegen denselben einzuschreiten und dessen
Abberufung zu beantragen und ebenso dem Verwaltunsrathe von
der Verschreibung des Berliner Waarenlagers sofort Kenntniß zu
geben und denselben entscheiden zu lassen, wie hoch dasselbe zu
belehnen sei. Der Verwaltungsrath als Gesammtbehörde habe
jede ernsthafte Kontrollirung unterlassen; obschon er durch die
Berichte seiner Delegirten von der Sachlage unterrichtet gewesen
sei, habe er gar keine ernsthafte Anstrengung gemacht, die von
ihm wiederholt verlangte Reduktion der Kredite an Roth & Cie.
zu erzwingen und sich überhaupt außerordentlich energielos gezeigt.
Die Delegirten des Verwaltungsrathes treffe als Mitglieder des
Verwaltungsrathes die gleiche Verantwortlichkeit wie die übrigen
Mitglieder dieser Behörde. Allerdings haben sie in ihren Berichten
wiederholt die unerhörten Geschäftsmanipulationen aufgedeckt und
gegen dieselben protestirt und sich dadurch ein nicht zu bestreitendes
Verdienst erworben. Allein damit haben sie ihrer Pflicht doch nicht
Genüge geleistet; ihre Aufgabe wäre es gewesen, gegen die von
ihnen am besten durchschaute Mißwirthschaft energisch aufzutreten,
beim Verwaltungsrathe Abhülfe zu beantragen oder die Sache
vor die Generalversammlung zu bringen, speziell auch die Abberufung des Direktors zu betreiben. Ferner wären die Delegirten
verpflichtet gewesen, die Geschäftsführung der Hypothekarkasse in

jedem Semester einmal zu prüfen. Statt dessen haben sie sich mit
einer einmaligen Untersuchung im Jahre begnügt und dadurch die
Fortsetzung der Mißwirthschaft ermöglicht. Speziell die Beklagten
Roth und Heutschi haben dadurch außerordentlich fahrläßig ge=
handelt, daß sie bei der von ihnen vorgenommenen Untersuchung
der Bücher der Firma Roth & Cie. sich mit der Vorlage des neuen
Hauptbuches begnügt haben.

2. Zu Rechtsbegehren 2: Der Beklagte Heutschi sei eine der=
jenigen Personen gewesen, welchen die mißlichen Verhältnisse der
Firma Roth & Cie. am genauesten haben bekannt sein müssen.
Bei dem Uebergange der Hypothekarkasse an die Kantonalbank
sei er daher verpflichtet gewesen, in seiner Stellung als Direktor
der letztern Anstalt die Abwickelung der Schuldverhältnisse ernst=
haft an die Hand zu nehmen. Er habe es nicht gethan und der
Kantonalbank durch Unthätigkeit sowohl als durch weitere grob
fahrläßige Kreditirungen im Kontokorrentkredit der Firma J.
Roth & Cie. einen Schaden von 80,000 Fr. zugefügt.

F. Der Beklagte Leo Niggli hat die Klage nicht beantwortet.
Die übrigen Beklagten tragen sämmtlich auf Abweisung der Klage
an ; sie haben einerseits, zu Wahrung ihrer gemeinsamen Interessen
einen gemeinsamen Anwalt, den Advokaten Urs von Arx bestellt,
welcher eine Generalvertheidigung eingereicht hat, andererseits
haben sie zu Wahrung je ihrer speziellen Stellung, theils einzeln,
theils in Gruppen vereinigt, besondere Anwälte bestellt und zwar
Urs Heutschi den Advokaten Urs von Arx, F. Trog und A. Roth
den Advokaten Dr. Brunner, B. Baumgartners Erben den Advo=
katen Dr. Weibel, A. Kaufmann den Advokaten Sahli, H. Burk=
hardt=Eckenstein den Advokaten Dr. Christ, A. Jäggi, F. Lüthi,
die Erben Zepfel und Viktor Güggi den Advokaten Kurz. Die
sämmtlichen Beklagten machen geltend: Es sei nicht richtig, daß
die Firma J. Roth & Cie. (ebenso wie A. Schläfli=Schild in
Solothurn, und Roth, Schläfli & Cie. in London) und deren
Theilhaber schon 1880 oder 1882 und 1883 bei andern Bank=
instituten als bei der Hypothekarkasse, sowie in der Geschäftswelt
keinen Kredit mehr genossen haben ; vielmehr habe speziell die Firma
Roth & Cie. nicht blos in den Jahren 1882 und 1883, sondern
noch viel später, bis zum Ausbruche der Katastrophe, bei Banken

und Uhrenfabrikanten eines ausgedehnten Kredites genossen und
sei speziell in den Jahren 1882 und 1883 ihr Kredit durchaus
unerschüttert gewesen. Die Höhe des in England erlittenen Verlustes habe bis zum Jahre 1885 außer den Betheiligten Niemand
als vielleicht der gewesene Direktor Niggli gekannt, speziell die
Aufsichtsorgane der Hypothekarkasse haben davon keine Ahnung
gehabt, noch haben können. Die Anknüpfung des Diskontover-
kehrs mit J. Roth & Cie. könne daher den Organen der Hypothekarkasse nicht zum Vorwurfe gemacht werden; im Gegentheil
sei dieselbe durchaus gerechtfertigt gewesen, zumal J. Roth & Cie.
früher wirklich ein solides Haus gewesen sei. Die Aufsichtsbehörden
der Hypothekarkasse haben Vertrauen in die Kreditwürdigkeit dieses
Hauses gehabt, wie ja denn auch nach der Uebernahme der Hypothekarkasse durch die Kantonalbank die Bankdirektion sich über den
Stand des Geschäftes günstig ausgesprochen habe. Daß der Verkehr mit dem Hause Roth & Cie. einen so enormen Umfang angenommen habe, sei neben der herrschenden Geldabondanz, welche
zu Erhöhung des Wechselportefeuilles geradezu genöthigt habe,
dem eigenmächtigen und unbotmäßigen Verfahren des Direktors
Niggli zuzuschreiben; diesen treffe die ganze Schuld. Die Auf-
sichsorgane seien nicht in der Lage gewesen, seinem Treiben wirksam entgegenzutreten. In Ermangelung einer jeden gesetzlichen
Ausscheidnng der Kompetenzen zwischen Direktor und Verwaltungskommission oder Verwaltungsrath rücksichtlich des Diskontogeschäftes sei es bei der solothurnischen Hypothekarkasse von jeher
Praxis gewesen, daß das Wechselgeschäft dem Direktor einzig
überlassen worden sei. Erst in einer späteren Sitzung habe die
Verwaltungskommission davon durch die Verlesung der Wechsel
aus der Wechselkontrolle Kenntniß erhalten. Dadurch sei die Ueber-
sicht über den Geschäftsbetrieb erschwert worden, weil beim Verlesen des Wechselkontos der Verwaltungskommission über die Höhe
der Engagements der einzelnen Firmen keine Mittheilungen gemacht worden seien. Nachdem die Delegirten des Verwaltungsrathes zuerst auf die außerordentlichen Kreditgewährungen an
einzelne Firmen und das konstante Anwachsen des Wechselportefeuilles hingewiesen haben, habe der Verwaltungsrath auf deren
Antrag am 29. Dezember 1882 beschlossen, es sei das Verwal-

tungsreglement einer Revision zu unterstellen, wobei namentlich
das Maximum der an eine und dieselbe Person oder Firma zu
kreditirenden Summe festgesetzt werden solle. Dieses Reglement sei
vom Verwaltungsrathe am 23. Mai 1883 angenommen und dem
Regierungsrathe zur Genehmigung vorgelegt worden. Der Regierungsrath habe aber diesem Reglemente die Genehmigung nicht
ertheilt, sondern dessen Berathung bis nach Erledigung der Bank-
frage verschoben. In Folge dieser Nichtgenehmigung des Reglementes sei die von Verwaltungskommission und Verwaltungsrath
angestrebte Einschränkung der Kompetenzen des Direktors nicht
zu Stande gekommen. Deßhalb seien auch die spätern zahlreichen
Beschlüsse des Verwaltungrathes und der Verwaltungskommission
welche auf Einschränkung der Roth'schen Engagements hinzielten,
ohne Erfolg geblieben. Es habe daher auch die Verwaltungskommission am 29. November 1884, als es sich herausgestellt habe,
daß die beanstandeten Kredite anstatt vermindert erhöht worden
seien, beschlossen, ihre Verantwortlichkeit für dieses Vorgehen des
Direktors abzulehnen und es dem Direktor zu überlassen, sich gegenüber dem Verwaltungsrathe zu rechtfertigen. Die Schuld daran,
daß es nicht gelungen sei, Ordnung zu schaffen, treffe also nicht
die Aufsichtsbehörden der Hypothekarkasse, sondern den Regierungsrath. Wie sich aus der Klage selbst ergebe, haben sowohl Verwaltungskommission als Verwaltungsrath zahlreiche Beschlüsse gefaßt, welche eine Verminderung der Roth'schen Engagements vor-
schrieben. Wenn dieselben ohne Erfolg geblieben seien, so sei dies
auf das unbotmäßige, auf sträflicher Konnivenz beruhende Vorgehen des Direktors Niggli einerseits, auf den Mangel jeder gesetzlichen Handhabe, um den Direktor in der Verwaltung des
Diskontogeschäftes zu beschränken andererseits, zurückzuführen. Die
Zumuthung, daß die Aufsichtsbehörden die Amtsentsetzung des
Direktors Niggli hätten herbeiführen sollen, lasse sich hintendrein
leicht aufstellen. Allein in That und Wahrheit wäre zur Zeit eine
Absetzung des Direktors nicht durchzusetzen gewesen, da dieser
(in Verbindung mit dem Associé des Hauses Roth & Cie., J.
Adler) eine bedeutende, auch politische, Machtstellung eingenommen
habe. Uebrigens seien die Aufsichtsbehörden der Hypothekarkasse
wie die Klage selbst anerkenne, von Niggli über die Sachlage stets-

fort getäuscht worden; auf Betrug und Fälschung von dieser
Seite haben sie aber nicht gefaßt sein können, zumal Niggli all=
gemein als ein Ehrenmann gegolten habe und ihn Niemand ver=
brecherischer Handlungen für fähig gehalten hätte; sein unbot=
mäßiges Vorgehen habe man einfach auf seinen allgemein bekannten
autoritären Charakter zurückgeführt. Die Sachlage habe daher den
Aufsichtsbehörden der Hypothekarkasse nicht als so bedrohlich er=
scheinen können, um so außerordentliche, auch für die Anstalt
selbst gefährliche, Maßnahmen, wie einen Abberufungsantrag
gegenüber dem Direktor oder die eigene Demission zu erfordern,
wie ja denn auch die Organe der Solothurnischen Kantonalbank
nach dem Uebergang der Hypothekarkasse an die Kantonalbank
die Lage des Hauses J. Roth & Cie. noch während längerer Zeit
günstig beurtheilt haben. Von einem zum Schadenersatze verpflich=
tenden Verschulden der Verwaltungsorgane der Hypothekarkasse
(mit Ausnahme des Direktors) könne daher nicht die Rede sein,
um so weniger als die Beklagten der kleinen Sitzungsgelder wegen
nicht als besoldete Mandatare betrachtet werden können, sondern
ihre Dienste unentgeltlich geleistet haben und jedenfalls nicht für
omnis culpa haften. Was speziell die Uebertretung des § 8 des
Abänderungsgesetzes von 1874 anbelange, so sei die Vorschrift,
daß auf Vorschüsse, Valoren und Wechselkonto nicht mehr als der
vierte Theil des einbezahlten Aktienkapitals verwendet werden dürfe,
absolut undurchführbar gewesen, weil der stete bedeutende Zufluß
von Obligationsgeldern eine prompte und lohnende Anlage und
Verwendung gefordert habe, welche im Hypothekargeschäfte nicht
habe gefunden werden können. Der Verwaltungsrath habe, in Folge
dieses unabweislichen Bedürfnisses, schon am 15. Februar 1878
beschlossen, es sei die Verwaltungskommission zu ermächtigen, auf
Vorschüsse, Valoren und Wechselkonto den vierten Theil der vor=
handenen Betriebsmittel (nicht blos des einbezahlten Aktienkapitals)
zu verwenden. Der Verwaltungsrath habe damals dem Regierungs=
rathe ein Memorial eingereicht, worin er gemäß § 8 des Abän=
derungsgesetzes um dessen Zustimmung zu dieser Maßregel nach=
gesucht habe. Der Regierungsrath habe diese Denkschrift nicht be=
antwortet. In diesem Verhalten desselben müsse eine stillschweigende
Gutheißung des Vorgehens der Hypothekarkasseverwaltung um so

mehr gefunden werden, als aus allen Jahresberichten und Rech=
nungen die Ausdehnung des Wechselgeschäftes klar ersichtlich gewesen
sei und nichtsdestoweniger der Regierungsrath niemals eine Einsprache erhoben habe. Die Generalversammlung der Aktionäre
habe durch die jeweilige, vorbehaltslose Genehmigung von Jahres=
bericht und Rechnung die große Ausdehnung des Wechselgeschäftes
stillschweigend genehmigt, da ja diese aus den Vorlagen klar er=
kenntlich gewesen sei. Was die behauptete Uebertretung des § 17
Alinea 4 des Verwaltungsreglementes vom 25. April 1876 anbelange,
so sei diese Vorschrift, wonach die zu diskontirenden Wechsel we=
nigstens zwei kantonale zahlungsfähige Unterschriften tragen
müssen, sowohl bei der Hypothekarkasse als bei der solothurnischen
Bank stets dahin interpretirt worden, daß dieselbe sich nur auf
die eigentlichen Vorschußwechsel beziehe, nicht aber auf Waaren=
und Bankwechsel. Bei einer andern Auslegung der Bestimmung
hätte das Wechselgeschäft überhaupt nicht geführt, ein zweckent=
sprechendes Wechselportefeuille gar nicht gebildet werden können.
In den Jahresberichten des Verwaltungsrathes sei auf den regen
Verkehr im Diskontogeschäft beständig hingewiesen und im Jahres=
berichte von 1885 sei speziell bemerkt worden, die überflüssigen
auf andern Geschäftszweigen nicht verwendbaren Gelder seien in
schweizerischen und fremden Diskontopapieren angelegt worden.
Diese Geschäftspraxis sei also den Aktionären und insbesondere
dem Regierungsrathe bekannt gewesen und es haben dieselben
durch ihre vorbehaltlose Genehmigung der Jahresberichte und
Rechnungen Decharge ertheilt. Ueberhaupt erheben die Beklagten
die Einrede, daß alle Schadenersatzansprüche gegen sie eventuell
durch Ertheilung der Decharge Seitens der Generalversammlung
untergegangen wären. Zur Begründung wird theils in der Gene=
ralvertheidigung, theils in den Spezialvertheidigungen wesentlich
bemerkt : Die Genehmigung von Jahresbericht und Rechnung durch
die Generalversammlung entlaste die Verwaltung für ihre Ge=
schäftsführung rücksichtlich alles dessen, was bei gehöriger Prüfung
habe entdeckt werden können, oder doch insoweit als die Geschäfts=
führung aus den der Generalversammlung gemachten Vorlagen
erkennbar gewesen sei. Als Wissen der Generalversammlung müsse
auch das Wissen der von ihr bestellten Rechnungsrevisoren gelten.

Die Rechnungsrevisoren, welche alljährlich das Wechselportefeuille untersuchten, haben nun vom Stande der Engagements der Firma Roth & Cie. ohne allen Zweifel Kenntniß gehabt und haben müssen. Wenn nichtsdestoweniger die Jahresberichte und Rechnungen vorbehaltlos seien genehmigt worden, so liege darin die Entlastung der Verwaltung. Der Staat Solothurn speziell habe schon im Jahre 1883 von den hohen Engagements der Firma Roth & Cie. Kenntniß erlangt; der Regierungsrath habe nämlich damals eine Untersuchung der Hypothekarkasse durch sein Finanzdepartement vornehmen lassen, bei welcher natürlich die Engagements der Firma Roth & Cie. nicht haben verborgen bleiben können. Schon damals sei übrigens in Solothurn allgemein bekannt gewesen, daß die Hypothekarkasse einzelnen Firmen, speziell der Firma Roth & Cie. hohe Kredite eröffnet habe. Zur Zeit der letzten Generalversammlung (vom 18. Juli 1886), denn gar sei die Höhe der Wechselengagements von J. Roth & Cie. jedem Aktionär, insbesondere auch dem Staate, bekannt gewesen. Denn vor dieser Generalversammlung sei der Bericht der vom Kantonsrathe niedergesetzten Bankuntersuchungskommission erstattet und veröffentlicht worden, welcher die Ausdehnung des Wechselgeschäftes auf der Hypothekarkasse und damit implicite auch die Engagements von Roth & Cie. klargestellt habe. Gleichwohl habe weder der Vertreter des Staates noch sonst ein Aktionär gegen die Genehmigung der Rechnung von 1885 Einsprache erhoben. In dieser bei voller Kenntniß der Sachlage ausgesprochenen Genehmigung liege ein rechtsgültiger Verzicht auf die Behaftung der Aufsichtsorgane. Im Fernern erheben die Beklagten die Einrede, der Schaden sei auf Verschulden der Generalversammlung und des Staates Solothurn resp. seines Organes, des Regierungsrathes, zurückzuführen und der Staat habe einen allfälligen Schadenersatzanspruch verwirkt und es wäre ein solcher auch zufolge Novation untergegangen. Der Generalversammlung habe die Prüfung der Geschäftsführung als Pflicht obgelegen; es wäre den Aktionären ein Leichtes gewesen, sich von dem Verkehr der Hypothekarkasse mit Roth & Cie. zu unterrichten; wenn dieses Verhältniß zum Gegenstande einer Bemerkung in der Generalversammlung gemacht worden wäre, so wäre ohne Zweifel der Schaden nicht eingetreten. Der Regierungsrath des Kantons Solothurn habe

die ihm gesetzlich obliegende Pflicht jährlicher Untersuchung der
Hypothekarkasse durchaus vernachläßigt, indem er während der
Periode 1879—1886 nur ein einziges Mal, im Jahre 1883,
eine solche Untersuchung (und zwar nicht durch besonders be=
stellte Sachverständige, sondern durch sein Finanzdepartement,
welchem der Präsident der Verwaltungkommission und des Ver=
waltungsrathes der Hypothekarkasse vorstand) habe vornehmen
lassen. Hiedurch, sowie durch die Weigerung, den vom Verwal=
tungsrathe vorgelegten Reglementsentwurf zu genehmigen, habe
der Regierungsrath den Schaden selbst verschuldet. Ein allfälli=
ger Schadenersatzanspruch gegen die Beklagten wäre auch da=
durch verwirkt, daß der Staat in eigenmächtiger und überstürz=
ter Weise, ohne den Beklagten zur Wahrung ihrer Rechte Ge=
legenheit zu geben, die Auflösung und außergerichtliche Liqui=
dation der Firma J. Roth und Cie. herbeigeführt habe, welche
Liquidation nur ein sehr geringes, den Verhältnissen nicht ent=
sprechendes Resultat ergeben habe. Endlich seien die sämmtlichen
Verpflichtungen der Firma J. Roth & Cie. nach dem Uebergange
der Hypothekarkasse an die Solothurner Kantonalbank von dieser,
auf ihren eigenen Namen erneuert worden. Die Schuld der Firma
J. Roth & Cie. gegenüber der Hypothekarkasse sei also durch
Novation untergegangen. Für die an Stelle der alten Schuld ge=
tretenen neuen Verpflichtungen gegenüber der Kantonalbank, auf
welchen der Verlust eingetreten sei, können die Verwaltungsorgane
der Hypothekarkasse nicht verantwortlich gemacht werden. Neben
diesen für sämmtliche Beklagten (mit Ausnahme des Beklagten
Niggli) geltend gemachten Einwendungen führen die beklagten
Mitglieder des Verwaltungsrathes noch speziell aus, daß dem
Verwaltungsrathe kein Theil an der unmittelbaren Leitung der
Geschäfte zugestanden habe, sondern seine Stellung diejenige eines
bloßen Aufsichtsrathes gewesen sei. Er habe seine Beschlüsse nicht
selbst ausführen können, sondern die Exekution habe der Ver=
waltungskommission zugestanden. Der Verwaltungsrath habe auf
die Berichte der Verwaltungskommission abstellen und dieser die
Geschäftsführung, insbesondere die unmittelbare Beaufsichtigung
des Direktors überlassen müssen und dürfen. Er habe in den
wenigen Sitzungen, zu denen er alljährlich einberufen worden sei,
sich nur mit den ihm vorgelegten Geschäften auf Grund der ihm

gemachten Vorlagen beschäftigen können und habe gestützt auf
diese Vorlagen jeweilen die sachentsprechenden Beschlüsse gefaßt.
Von einer Verantwortlichkeit der Mitglieder des Verwaltungs=
rathes könne daher jedenfalls nicht die Rede sein. Die Delegirten
des Verwaltungsrathes führen speziell aus, daß sie ihre Pflicht
in vollem Umfange erfüllt haben; sie haben die ihnen obliegenden
Untersuchungen jeweilen gründlich vorgenommen, die von ihnen
entdeckten Uebelstände schonungslos dargelegt und am rechten
Orte, da, wo sie zu reden berufen gewesen seien, nämlich im Ver=
waltungsrathe, die zweckdienlichen Anträge gestellt. Daß sie statt
zweier jährlichen Untersuchungen nur Eine vorgenommen haben,
sei durchaus unerheblich. Eine gründliche Untersuchung im Jahre
habe vollständig genügt und sei wiederholten oberflächlicheren Prü=
fungen vorzuziehen gewesen. Wenn speziell dem Beklagten Roth
vorgeworfen werde, daß er bei seiner in Gemeinschaft mit dem
Beklagten Heutschi vorgenommenen Untersuchung der Bücher der
Firma Roth & Cie. die Richtigkeit des Uebertrags aus dem alten
in das neue Hauptbuch nicht geprüft habe, so könne diese That=
sache ihm nicht zum Verschulden angerechnet werden. Der Ueber=
trag aus dem alten (nicht vorliegenden) Hauptbuche in das neue
einzig vorgelegte, sei von der Hand des damaligen solothurnischen
Landammanns Sieber, welcher als Buchhalter von Roth & Cie.
funktionirt habe, geschrieben gewesen und Sieber habe dessen Rich=
tigkeit versichert. Dieser Versicherung des ersten kantonalen Be=
amten, der auch hohe militärische Ehrenstellen bekleidet und all=
gemein das größte Vertrauen genossen habe, zu mißtrauen, habe
offenbar ein Grund nicht vorgelegen. Niemand habe damals ver=
muthen können, daß der Landammann Sieber ein Verbrecher sei,
welcher die Bilanz von Roth & Cie. gefälscht und zu Verdeckung
dieser Fälschung das alte Hauptbuch zurückgehalten habe. Die
Beklagten bestreiten sämmtlich ihre solidarische Haftbarkeit; die
Beklagten Erben Baumgartner, Erben Zepfel, Burckhardt=Ecken=
stein und Güggi weisen dabei speziell darauf hin, daß sie resp.
ihre Rechtsvorgänger der Verwaltung 'nicht während der ganzen
in Betracht fallenden Periode, sondern nur während eines Theils
derselben angehört haben.

   G. Auf das ausschließlich gegen ihn in seiner Stellung als

gewesener Direktor der Solothurnischen Kantonalbank gerichtete
Rechtsbegehren 2 der Klage, erwidert der Beklagte Urs Heutschi
im Wesentlichen: Es sei richtig, daß der Saldo des Kontokorrentkredites der Firma Roth & Cie. am 13. April 1887
109,671 Fr. betragen habe, was einer Mehrbelastung des Kontos gegenüber dem Stande vom 1. Januar 1886 von 74,343 Fr.
70 Cts. gleichkomme; es sei auch richtig, daß er (Beklagter), in
seiner Stellung als Direktor der solothurnischen Kantonalbank
am 10. Februar, 5. März und 30. März 1887 neue Auszahlungen an J. Roth & Cie. von 10,000 Fr., 11,000 Fr. und
4700 Fr., zusammen also von 25,700 Fr. angeordnet habe.
Allein für diese neuen Auszahlungen seien am 24. Februar 1887
Faustpfänder bestellt worden, deren Erlös den Betrag der neuen
Auszahlungen übersteige. Die Faustpfandverschreibung laute allerdings allgemein, sie spreche von Sicherung aller Forderungen,
welche der Solothurner Kantonalbank an Roth & Cie. zustehen,
allein es sei dabei verstanden gewesen, daß aus dem Pfanderlöse
vorerst die vom Direktor über den bisherigen Kredit hinaus bewilligten Zahlungen gedeckt werden. Im Uebrigen, abgesehen von
den angegebenen neuen Auszahlungen von 25,700 Fr. stamme
die Erhöhung des Kontokorrentkreditsaldos seit 1. Januar 1886
nicht von neuen Bewilligungen an Roth & Cie. her, sondern
stelle vielmehr den Zinsenlauf der alten Kontokorrentschuld von
Roth & Cie., sowie Skonto und Provisionen dar, welche auf den
frühern Verpflichtungen der Firma Roth & Cie. während des
Jahres 1886 und des ersten Trimesters 1887 erwachsen seien
und welche, da Roth & Cie. sie nicht haben bezahlen können,
auf das Debet des Kontokorrentkredites haben gebracht werden
müssen. Für diese Beträge könne der Beklagte nicht verantwortlich
gemacht werden. Aus den neuen Auszahlungen sei für die Bank
ein Schaden nicht entstanden. Uebrigens seien diese Auszahlungen
von den Bankbehörden stillschweigend genehmigt worden und habe
überhaupt die ganze Geschäftsführung des Beklagten den Intentionen der Bankverwaltung entsprochen. Diese habe den Konkurs der
Firma J. Roth & Cie. vermeiden wollen, da sie eine Rekonstruk-
tion des Geschäftes für möglich gehalten habe. Deßhalb haben die
alten Verpflichtungen erneuert werden müssen und sei ein brüskes

Drängen auf Rückzahlung, welches den Konkurs zur unvermeid-
lichen Folge gehabt hätte, ausgeschlossen gewesen. Die Firma
Roth & Cie. wäre übrigens nicht im Stande gewesen, Rück=
zahlungen wirklich zu leisten.

H. In seiner Replik bekämpft der Kläger die Einwendungen
der Beklagten und hält sein erstes Rechtsbegehren aufrecht. Das
zweite, speziell gegen den Beklagten Heutschi gerichtete Rechtsbe=
gehren, reduzirt er auf den Betrag von 74,343 Fr. 70 Cts. Er
bemerkt in dieser Richtung: Die Bankdirektion habe dem Direktor
jede Erhöhung der Engagements von J. Roth & Cie. untersagt,
nicht nur eine solche durch neue Auszahlungen, sondern auch eine
solche durch Belastung mit Zinsen, Provisionen, Spesen ꝛc. an=
läßlich der Erneuerung von Wechseln. Der Direktor hafte daher
für die ganze eingetretene Erhöhung der Engagements. Von einer
Genehmigung seines Vorgehens durch die Bankorgane oder den
Staat sei keine Rede. Es gehe auch nicht an, den Erlös der vom
Direktor neu entgegengenommenen Sicherheiten ausschließlich auf
die von ihm neu gewährten Kredite zu verrechnen. Diese Sicher=
heiten hätten gegentheils für die alten Verbindlichkeiten gefordert
und verwendet werden sollen.

I. Duplikando halten die Beklagten an ihren Anträgen fest,
ohne wesentlich Neues vorzubringen.

K. Der Beweis ist von den Parteien durch Urkunden und
Zeugen geführt worden. Aus den Beweisergebnissen sind folgende
speziell das Rechtsbegehren 2 betreffende, Momente hervorzuheben:
Der Beklagte Heutschi hatte (Seite 5 seiner Beweisantretungs=
schrift) dem Kläger den Eid über die Behauptung zugeschoben,
daß bei der Faustpfandverschreibung vom 24. Februar 1887 J.
Roth=Bloch Namens der Firma darein eingewilligt habe, daß aus
dem Pfanderlöse vorerst die von Direktor Heutschi am 10. Februar
zur Zahlung gewiesenen 10,000 Fr. und dann allfällige weitere
den Kredit überschreitende Auszahlungen zu decken seien. Um
indessen die Bank für alle Eventualitäten an einem Ueberschusse
des Pfanderlöses partizipiren zu lassen, sei der Verschreibung eine
allgemeine Fassung gegeben worden. Am Rechtstage vom 27. Juni
1891 hat der Vertreter des Klägers diese Behauptung anerkannt.
In seiner Zeugeneinvernahme hat Regierungsrath O. Munzinger
(im Jahre 1886 und Anfangs 1887 Bankpräsident) ausgesagt,

es sei unrichtig, daß die Bankdirektion die vom Direktor im Jahre 1887 bewilligten Krediterhöhungen genehmigt habe; er erinnere sich, daß er persönlich dem Direktor Heutschi gesagt habe, neue Kreditertheilungen gehen auf seine Verantwortung. Richtig sei, daß die Pfänder, die Direktor Heutschi anläßlich der neuen Kreditirungen entgegengenommen habe, von ihm unzweifelhaft zu Deckung der neuen auf seine Verantwortlichkeit gehenden Kredite entgegengenommen worden seien. Direktor Heutschi habe in dieser Richtung wie der Zeuge sich erinnere, in der Direktion eine Mittheilung gemacht. Am Schlusse der Zeugeneinvernahme erklärte der Vertreter des Klägers: Er halte „an der Auffassung nicht mehr fest, wonach auch der Zinsenlauf der alten Kontokorrentschuld Roth & Cie. als eine Erhöhung der Engagements betrachtet werden müsse; ebenso nicht Skonto und Provision.“ Nach der auf urkundliche Belege sich stützenden Aussage des Zeugen Ambros Kaufmann, Beamten der Solothurner Kantonalbank, hat die Realisirung der am 24. Februar 1887 bestellten Faustpfänder einen Gesammterlös von 43,420 Fr. 82 Cts. ergeben. Nach einer Aufstellung der Solothurner Kantonalbank belaufen sich die Spesen der Erneuerung von Wechseln der Firma J. Roth & Cie. im Jahre 1886 und ersten Trimester 1887, sowie Zins und Provision der Kontokorrentschuld dieser Firma in der gleichen Zeit auf zusammen 39,314 Fr. 57 Cts.

L. Bei der heutigen Verhandlung ist der Beklagte Niggli nicht vertreten. Der Kläger und die übrigen Beklagten, von welchen der Beklagte Trog auch persönlich anwesend ist, sind durch ihre Anwälte vertreten, mit Ausnahme indeß der Beklagten Erben Baumgartner, deren Anwalt nicht erschienen ist. Die sämmtlichen Anwälte erklären, auf Anfrage des Präsidenten, daß sie, zufolge einer zwischen ihnen getroffenen Verständigung, auf mündliche Vorträge verzichten und einfach, unter Berufung auf die Rechtsschriften und die Ergebnisse der Beweisführung, die im Schriftenwechsel gestellten Anträge aufrecht erhalten.

Das Bundesgericht zieht in Erwägung:

I. In Betreff des ersten Klagebegehrens.

1. Der Beklagte Niggli hat die Klage nicht beantwortet. Gemäß Art. 99 der eidgenössischen Civilprozeßordnung gelten also

ihm gegenüber die thatsächlichen Behauptnngen des Klägers als
anerkannt. Die in der Klage dem Beklagten Niggli zur Last ge=
legten Thatsachen sind nun derart, daß, wenn dieselben richtig sind,
rechtlich die Verwantwortlichkeit des Niggli für den eingetretenen
Schaden grundsätzlich begründet ist. Dies bedarf, da dem Beklagten
Niggli in verschiedenen Richtungen dolose Verletzung seiner Amts=
pflichten, betrügerische Handlungsweise u. s. w. vorgeworfen wird
keiner weitern Ausführung. Da eine Bestreitung nicht vorliegt,
hat auch als anerkannt zu gelten, daß der aus der Amtsführung
des Niggli entstandene Schaden sich auf den eingeklagten Betrag
von 1,350,000 Fr. sammt Zins belaufe. Der Beklagte Niggli
ist daher ohne Weiteres gemäß dem Klageantrage zu verurtheilen.

2. Was die übrigen Beklagten anbelangt, so ist festzuhalten,
daß der Staat Solothurn als Rechtsnachfolger der aufgehobenen
Aktiengesellschaft, Hypothekarkasse des Kantons Solothurn, klagt.
Er macht Schadenersatzansprüche geltend, welche für die Hypothe=
karkasse des Kantons Solothurn gegenüber ihren Organen und
Angestellten aus deren Geschäftsführung entstanden seien; dabei
stützt er seine, mit Recht nicht bestrittene, Legitimation darauf,
daß die sämmtlichen Aktiven und Passiven der aufgehobenen Aktien=
gesellschaft kraft Gesetzes und Vertrages an das vom Staate ver=
tretene reine Staatsbankinstitut, Solothurnische Kantonalbank, über=
gegangen seien und daß zu den Aktiven auch die gedachten Scha=
benersatzansprüche gehören. Die Klage qualifizirt sich also als
Vertragsklage, welche auf das zwischen den Beklagten in ihrer
Eigenschaft als Mitglieder der Verwaltungskommission und des
Verwaltungsrathes der Hypothekarkasse des Kantons Solothurn
und der letztern Aktiengesellschaft bestandene Anstellungsverhält=
niß begründet wird; sie macht nicht ursprünglich eigene Rechte
des Staates, sondern Rechte geltend, welche von der Aktiengesell=
schaft Hypothekarkasse des Kantons Solothurn abgeleitet werden.

3. Demnach ist denn klar, daß dem Kläger alle Einwendungen
entgegengestellt werden können, welche gegenüber der Aktiengesell=
schaft begründet wären, daß insbesondere eine von der General=
versammlung der letztern den Beklagten etwa ertheilte Decharge,
auch dem Staate entgegensteht. In erster Linie ist demgemäß die
von sämmtlichen Beklagten (mit Ausnahme des Beklagten Niggli)

gleichmäßig erhobene Einwendung der Decharge zu prüfen. Ist
diese Einwendung begründet, so ist es nicht erforderlich, auf die
Prüfung der Frage einzutreten, ob eine Schadenersatzpflicht der
Beklagten oder einzelner derselben ursprünglich bestanden habe.

4. Nun steht thatsächlich fest, daß die Generalversammlung der
Aktionäre die sämmtlichen Geschäftsberichte und Jahresrechnungen
der Hypothekarkasse, welche ihr vom Verwaltungsrathe vorgelegt
wurden, nach angehörtem Prüfungsberichte der Rechnungsrevisoren,
jeweilen vorbehaltlos genehmigt hat. Insbesondere hat die letzte
am 16. Juli 1886 abgehaltene Generalversammlung der Aktio=
näre den Geschäftsbericht und die Jahresrechnung für das letzte
Geschäftsjahr 1885 vorbehaltlos genehmigt. Die Generalversamm=
lung war hiezu befugt. Allerdings waren damals Aktiven und
Passiven der Hypothekarkasse bereits an den Kanton resp. die
Solothurner Kantonalbank übergegangen und waren die Privat=
aktionäre für ihre Betheiligung vom Staate bereits ausgelöst
worden, so daß s i e ein ökonomisches Interesse an der Feststellung
des Jahresergebnisses und der Entlastung der Verwaltung nicht
mehr besaßen, der einzige hiebei finanziell Interessirte vielmehr
der S t a a t war. Allein durch den zwischen letzterm und der Ak=
tiengesellschaft am 22. Dezember 1885 abgeschlossenen Vertrag
war nun ausdrücklich vereinbart worden, daß Feststellung, Prüfung
und Genehmigung der Jahresrechnung pro 1885 noch in bis=
heriger Weise durch die Verwaltungsorgane der Hypothekarkasse
erfolge. Die Generalversammlung der Aktionäre war daher un=
zweifelhaft befugt, auch für das Jahr 1885 Jahresrechnung und
Geschäftsbericht zu genehmigen und den Verwaltungsorganen für
ihre Geschäftsführung wirksam die Entlastung zu ertheilen.

5. Muß sich nun fragen, ob durch die vorbehaltlose Genehmi=
gung der sämmtlichen Geschäftsberichte und Jahresrechnungen die
Beklagten der Verantwortlichkeit für die Kreditirungen an die
Firma J. Roth & Cie. enthoben worden seien oder ob sie trotz
der Genehmigung ihrer Geschäftsführung hiefür noch verantwort=
lich seien, weil die Generalversammlung von jenen Kreditirungen
bei ihren Genehmigungsbeschlüssen keine Kenntniß gehabt habe,
so ist zu bemerken: Es ist richtig, daß aus den der Generalver=
sammlung jeweilen vorgelegten Geschäftsberichten und Jahres=

rechnungen nur der, die gesetzliche Norm bei Weitem übersteigende, Gesammtbestand des Wechselkonto u. s. w. ersichtlich war, den= selben dagegen, für sich allein, nicht entnommen werden konnte, daß der einzelnen Firma J. Roth & Cie. in der Höhe und Art, wie dies wirklich geschehen war, kreditirt worden sei. Dagegen ist auf der andern Seite nicht zu bezweifeln, daß den von der Generalversammlung nach Vorschrift des Gesetzes bestellten Rech= nungsrevisoren, auf deren Bericht hin jeweilen die Generalver= sammlung die Genehmigung der Berichte und Rechnungen aus= sprach, die Höhe und Art der Kreditirungen an Roth & Cie. nicht hatte entgehen können. Den Rechnungsrevisoren standen sämmtliche Bücher und Belege zur Verfügung; sie hatten insbe= sondere das Wechselportefeuille zu untersuchen und haben dies, nach der ausdrücklichen Erklärung ihrer Berichte, auch gethan. Dabei konnten ihnen denn die Engagements von Roth & Cie. un= möglich verborgen bleiben. Nimmt man nun, wie dies in der Praxis vertreten worden ist (siehe Entscheidungen des deutschen Reichsoberhandelsgerichtes XXII, S. 278) an, daß die Wahr= nehmungen, welche die von der Generalversammlung als noth= wendiges Kontrolorgan bestellten Rechnungsrevisoren bei Prüfung der Rechnungsaufstellungen und Belege gemacht haben, der Aktien= gesellschaft gegenüber als von ihr selbst gemacht gelten müssen, so ist klar, daß in casu nicht darauf abgestellt werden kann, die Generalversammlung habe von den Kreditirungen an Roth & Cie. keine Kenntniß gehabt; vielmehr muß alsdann die Sache so be= handelt werden, als wenn die Belegstücke, aus welchen die ge= dachten Kreditirungen ersichtlich waren, der Generalversammlung selbst vorgelegen hätten und von ihr selbst geprüft worden wären. Es müßte also schon von diesem Gesichtspunkte aus die Einwen= dung der Decharge für begründet erklärt werden. Allein es mag dahin gestellt bleiben, ob die gedachte Anschauung zutrifft, denn auch wenn dies zu verneinen sein sollte, so ist doch hier die Ein= wendung der Decharge begründet. Allerdings hat die Genehmi= gung der Geschäftsführung der Verwaltungsorgane einer Aktien= gesellschaft durch die Generalversammlung nicht schlechthin den Untergang aller Entschädigungsansprüche der Aktiengesellschaft aus der Geschäftsführung während des betreffenden Zeitraumes zur

Folge; es ist vielmehr festzuhalten, daß entweder die Entlastung überhaupt nur insoweit wirkt, als die Geschäftsführung für die Generalversammlung aus den ihr gemachten Vorlagen und den sonstigen Thatumständen ersichtlich war (siehe Entscheidungen des Bundesgerichtes, Amtliche Sammlung XIV, S. 704, Erw. 12) oder daß doch der Genehmigungsbeschluß wegen Betrugs und Irrthums angefochten werden kann. Allein im vorliegenden Falle ist nun thatsächlich davon auszugehen, daß jedenfalls zur Zeit der letzten Generalversammlung der Aktiengesellschaft, am 16. Juli 1886 die Kreditirungen an Roth & Cie. der Generalversammlung und insbesondere dem Hauptaktionär, dem Staate Solothurn welcher einzig an einer Nichtgenehmigung der Geschäftsführung ein Interesse besessen hätte, durchaus ersichtlich, ja bekannt waren. Dieser Generalversammlung war der Uebergang der Aktiven und Passiven der Hypothekarkasse an den Staat resp. die Kantonal= bank vorangegangen. Dabei waren die Engagements der Firma Roth & Cie. ermittelt worden und zur Kenntniß der staatlichen Organe gelangt. Dies ergibt sich unzweideutig aus den der kan= tonsräthlichen Bankuntersuchungskommission über die Lage der Firma Roth & Cie. erstatteten Berichten der Delegirten der Kan= tonalbank vom 10. April 1886 und dem darauf gestützten Berichte der kantonsräthlichen Bankuntersuchungskommission selbst. Wenn auch dieser letztere Bericht die Firma Roth & Cie., aus leicht begreiflichen geschäftlichen Gründen, nicht namentlich nennt, son= dern nur im Allgemeinen von allzugroßen gefahrdrohenden En= gagements bei verschiedenen Firmen spricht, so ist doch, da er ja auf dem Bericht der Bankdelegirten fußt, völlig unzweifelhaft, daß er in allererster Linie die Firma J. Roth & Cie. im Auge hat. Dieser Bericht der kantonsräthlichen Bankuntersuchungskommission wurde nicht etwa geheim gehalten, sondern veröffentlicht und ge= langte im Kantonsrathe am 13. April 1886 zur öffentlichen Verhandlung. Nach diesen Vorgängen war es zur Zeit der Ab= haltung der Generalversammlung vom 16. Juli 1886 offenkundig, daß bei der Hypothekarkasse übergroße und gefahrdrohende Engage= ments einzelner Firmen bestehen, daß also in den in Geschäfts= bericht und Rechnung angegebenen Gesammtsummen derartige über= triebene Engagements einzelner Firmen enthalten seien. Dem

Staate, als einzig wirklich noch interessirtem Aktionär, war das Verhältniß zu Roth & Cie. in seinem ganzen Umfange durchaus bekannt. Bei dieser Sachlage kann nicht davon gesprochen werden, daß der Generalversammlung vom 16. Juli 1886 die Kreditirung an Roth & Cie. nicht ersichtlich gewesen oder daß dieselbe bei ihrem Genehmigungsbeschlusse von unrichtigen thatsächlichen Voraussetzungen ausgegangen sei. Allerdings war in Geschäftsbericht und Rechnung diese Kreditirung nicht ausdrücklich und besonders erwähnt, allein nach den vorliegenden Verhältnissen war dieselbe nichtsdestoweniger der Generalversammlung erkennbar; darauf aber, ob die Generalversammlung ihr Wissen einzig aus Geschäftsbericht und Rechnung schöpfte oder ob noch andere Umstände dazu traten, um ihr Wissen um die übergroßen, gefährdenden Kreditgewährungen zu begründen, kann gewiß nichts ankommen. Es genügt jedenfalls, daß überhaupt die fraglichen Akte der Geschäftsgebahrung zu ihrer Kenntniß gelangt waren, daß nach den Umständen die Generalversammlung wissen mußte, es seien in den geschäftlichen Operationen, über welche Geschäftsbericht und Rechnung im Allgemeinen Rechenschaft ablegten, solche übermäßige, gefährdende Kreditirungen enthalten. Sobald die Generalversammlung dies wußte, durfte sie gewiß, sofern sie sich Schadenersatzansprüche gegen die Verwaltungsorgane wahren wollte, Bericht und Rechnung nicht einfach und vorbehaltlos genehmigen. Wenn sie dies trotzdem gethan, wenn trotzdem weder der Staat noch ein anderer Aktionär gegen die vorbehaltlose Genehmigung der Geschäftsführung Einsprache erhoben hat, so muß darin unzweifelhaft eine für die Aktiengesellschaft und ihren Rechtsnachfolger den Staat, verbindliche Billigung der Geschäftsführung auch in den nun nachträglich beanstandeten Theilen, gefunden werden. Denn die Generalversammlung ist verpflichtet, gegen Akte der Geschäftsführung, welche zu ihrer Kenntniß gelangen, wenn sie dieselben nicht billigen will, bei Abnahme des Geschäftsberichtes Monitur zu erheben und darf sie nicht etwa unter vorbehaltloser Genehmigung von Bericht und Rechnung passiren lassen, um sie erst später deßhalb nachträglich zu beanstanden, weil ihr Ergebniß schließlich als ein unglückliches sich herausstellt. Irgend ein anderer Grund aber (als eben das unglückliche Ergebniß), welcher in casu zu einer nachträglichen Beanstanbung berechtigen würde, wie etwa boloſes Handeln der Beklagten, iſt vom Kläger ſelbſt nicht behauptet. Wenn ſpeziell darauf iſt hingewieſen worden, daß hinſichtlich des Verhältniſſes der bei der Hypothekarkaſſe zuläſſigen Kapitalanlagen § 8 des Abänderungsgeſetzes fortwährend verletzt worden ſei, ſo iſt darauf zu erwibern, daß hierauf von vornherein nichts ankommen kann, da gerade dieſer Umſtand aus den dem Regierungsrathe und der Generalverſammlung mitgetheilten Geſchäftsberichten und Rechnungen ſtets klar erſichtlich war und daher aus dem Mangel irgendwelcher Einwendung der Generalverſammlung und der ſtaatlichen Aufſichtsbehörden auf eine ſtillſchweigende Billigung ſeitens derſelben, insbeſondere ſeitens des Regierungsrathes, welcher größere Anlagen auf Wechſel, Valoren und Vorſchußkonti geſetzlich bewilligen konnte, geſchloſſen werden muß.

II. Betreffend das zweite Klagebegehren:

6. Nach der vom Kläger auf die Eideszuſchiebung des Beklagten hin abgegebenen Erklärung, ſowie nach der Zeugenausſage des Regierungsrathes und ehemaligen Bankpräſidenten Munzinger ſteht feſt, daß die am 24. Februar 1887 von der Firma J. Roth & Cie. der Solothurniſchen Kantonalbank beſtellten Fauſtpfänder in erſter Linie für die von dem Beklagten Direktor Heutſchi im Jahre 1887 neu bewilligten Krebite beſtellt wurden, ihr Erlös alſo in erſter Linie auf dieſe Krebite zu verrechnen iſt. Nach der vom Kläger am Schluſſe der Beweisverhandlung abgegebenen Erklärung ſteht ferner feſt, daß als Krebiterhöhung, welche vom Beklagten Heutſchi zu vertreten iſt, die im Jahre 1886 und im erſten Trimeſter 1887 erwachſenen Zinſen und Proviſionen der alten Kontokorrentſchuld der Firma J. Roth & Cie. ſowie die Speſen der Erneuerung alter Wechſel während dieſer Zeit, nicht zu betrachten ſind. Demnach muß denn aber die Klage beßhalb abgewieſen werden, weil ein Schaden durch die von Direktor Heutſchi neu bewilligten Krebite nicht entſtanden iſt. Wie von beiden Parteien zugegeben iſt, beträgt die in der Zeit vom 1. Januar 1886 bis April 1887 eingetretene Erhöhung des Kontokorrentſaldos der Firma Roth & Cie. 74,343 Fr. 70 Cts. Davon entfallen, nach

der Aufstellung der Solothurnischen Kantonalbank, 39,314 Fr.
57 Cts. auf Zinsen und Provisionen der alten Kontokorrentschuld, sowie auf Spesen von Wechselerneuerungen. Als vom Direktor Heutschi zu vertretende eigenmächtige Krediterhöhung, ver-
bleibt also ein Betrag von 35,029 Fr. 13 Cts. Dieser Betrag
aber ist, nach den Fakt. K reprobuzirten Beweisergebnissen durch
den Erlös der in erster Linie für die Kreditüberschreitungen haftenden Sicherheiten mehr als gedeckt.

Demnach hat das Bundesgericht
erkannt:

1. Das erste Klagebegehren wird gegenüber dem Beklagten
Niggli zugesprochen und es wird mithin der Beklagte Niggli verurtheilt, dem Kläger 1,350,000 Fr. nebst Verzugszinsen vom
25. April 1888 zu bezahlen. Gegenüber den sämmtlichen übrigen
Beklagten wird das erste Klagebegehren abgewiesen.

2. Das zweite Klagebegehren ist abgewiesen.

——◄█►——

Lausanne. — Imprimerie Georges Bridel & Cie

A. STAATSRECHTLICHE ENTSCHEIDUNGEN
ARRÊTS DE DROIT PUBLIC

Erster Abschnitt. — Première section.

Bundesverfassung. — Constitution fédérale.

I. Rechtsverweigerung. — Déni de justice.

97. Arrêt du 23 Décembre 1892, dans la cause
Chavannes-Burnat.

Lors de l'assemblée générale des actionnaires de la Compagnie Lausanne-Ouchy-Eaux-de-Bret, l'actionnaire F.-G. Chavannes-Burnat, recourant, a formulé diverses propositions qui ont été repoussées.

Chavannes-Burnat, estimant qu'il existait entre lui et la Compagnie du Lausanne-Ouchy un différend au sujet des questions qui ont fait l'objet de ses propositions, s'est, par requête du 30 Juin 1891, adressé au Président du Tribunal fédéral pour obtenir la nomination du tribunal arbitral prévu par l'art. 39 des statuts de la Compagnie Lausanne-Ouchy.

Le 9 Novembre 1891, le Président du Tribunal fédéral a rendu un prononcé, suivant lequel il n'était pas entré en matière, quant à présent, sur la requête de Chavannes-Burnat.

Les parties étaient renvoyées à se pourvoir devant les tribunaux ordinaires pour faire juger préalablement la question de
savoir si les réclamations de Chavannes-Burnat étaient de la
compétence arbitrale et devaient être tranchées par les arbitres prévus à l'art. 39 précité des statuts.

Chavannes-Burnat a alors ouvert, par exploit du 28 Novembre 1891, une action à la Compagnie Lausanne-Ouchy,
lequel exploit fut suivi d'un acte de non-conciliation, soit de
défaut de comparution du 11 Décembre suivant.

Le 22 dit, Chavannes-Burnat a déposé au greffe du tribunal
de Lausanne une demande par laquelle il requérait, entre
autres, que « pour prononcer sur les différends existant entre
lui et la Compagnie Lausanne-Ouchy, il y a lieu de procéder
à la désignation d'arbitres ; que ces arbitres seront désignés
par M. le Président du Tribunal fédéral, conformément à
l'art. 39 des statuts de la Compagnie Lausanne-Ouchy, et
que pour le cas ou pour un motif quelconque M. le Président
du Tribunal fédéral ne voudrait pas ou ne pourrait pas désigner le tribunal arbitral, que les arbitres seront nommés par
le président du tribunal de Lausanne. »

Le 20 Janvier 1892, la Compagnie Lausanne-Ouchy a
déposé une demande exceptionnelle tendant à ce qu'il soit
prononcé par voie d'exception dilatoire que les conclusions
prises par F.-G. Chavannes-Burnat sont préjudiciellement
écartées et qu'il est renvoyé à mieux agir.

Après divers autres procédés des parties, le tribunal civil
du district de Lausanne a rendu, sous date du 17 Mars 1892,
un jugement admettant les conclusions de la Compagnie
Lausanne-Ouchy tendant au renvoi de F.-G. Chavannes-Burnat
à mieux agir.

Le 26 Mars 1892 Chavannes-Burnat a recouru au tribunal
cantonal contre ce jugement, en soulevant, entre autres, un
moyen subsidiaire tiré des art. 93 du Code de procédure
civile et 220 de la loi sur l'organisation judiciaire du 23 Mars
1886, — dispositions suivant lesquelles le juge incompétent
doit, sur réquisition ou d'office, renvoyer l'affaire dans l'état
où elle se trouve au juge compétent.

Par arrêt du 11 Mai 1892, le recours de Chavannes-Burnat
a été écarté par le tribunal cantonal, entre autres par les
motifs dont suit la substance :

Le tribunal de Lausanne n'était à aucun titre appelé à
nommer des arbitres, et n'était pas davantage appelé à statuer sur la question de savoir s'il existe un litige rentrant
dans la compétence des arbitres : ce tribunal n'est pas chargé
de remplacer le Président du tribunal fédéral dans les fonctions attribuées à ce magistrat par une clause compromis-
soire, et il n'est pas non plus une autorité de recours contre
le refus du dit magistrat de désigner des arbitres ; c'est donc
avec raison que le Tribunal de Lausanne a écarté préjudiciellement les conclusions de Chavannes-Burnat.

Les conclusions subsidiaires du recours doivent être également repoussées ; ou ne se trouve pas dans le cas prévu aux
art. 93 du Code de procédure civile et 220 de la loi judiciaire
de 1886 ; ces dispositions visent le cas où un procès régulièrement instruit se trouve porté devant un juge qui s'estime
incompétent. Or, en l'espèce, au contraire le recourant a
procédé irrégulièrement, par voie de citation en conciliation
et de demande comme s'il s'agissait d'un procès ordinaire,
alors que les conclusions de Chavannes-Burnat consistaient
seulement à faire constater l'existence d'un litige et à faire
nommer des arbitres. Le tribunal cantonal n'a pas à trancher
actuellement, comme autorité de recours, la question de savoir
quelle est l'autorité devant laquelle Chavannes-Burnat est
renvoyé ; cette question pourra être soumise ultérieurement
au tribunal cantonal, ensuite de nouveaux procédés des parties ; il suffit ainsi de renvoyer le recourant à mieux agir.

C'est contre cet arrêt, et contre le jugement de première
instance qu'il confirme, que Chavannes-Burnat recourt, pour
déni de justice, au Tribunal fédéral, concluant à ce qu'il lui
plaise casser les dits jugements, et prononcer que la cause
est renvoyée devant le tribunal civil du district de Lausanne
pour que la demande du recourant du 22 Décembre 1891 soit
instruite et jugée conformément aux règles de la procédure
civile du canton de Vaud, — et subsidiairement pour que

cette demande soit instruite et jugée par un tribunal autre,
qui sera déclaré compétent en application des art. 93 du Code
de procédure civile vaudois, et 220 de la loi sur l'organisation
judiciaire du 23 Mars 1886.

A l'appui de ces conclusions, le recourant fait valoir en
résumé :

Chavannes-Burnat est renvoyé à mieux agir devant un juge
ou un tribunal qui n'est pas indiqué, ce qui constitue un déni
de justice. Aux termes de l'art. 434 du Code de procédure
civile un recours au tribunal cantonal ne pouvait pas aboutir
à la réforme du jugement arbitral ; il ne pouvait y avoir de
recours au tribunal cantonal contre le prononcé du Président
du Tribunal fédéral. Ce prononcé est devenu définitif et exécutoire, puisqu'il n'y a eu de recours de part ni d'autre, et
il renvoie les parties à se pourvoir devant les tribunaux ordinaires du canton de Vaud. Chavannes-Burnat devait donc
s'adresser au tribunal civil du district de Lausanne. Peu
importe d'ailleurs l'autorité judiciaire à laquelle Chavannes-
Burnat s'est adressé ; à cette occasion se soulevait la question
de savoir si l'autorité judiciaire nantie était ou non compétente pour trancher le différend renvoyé aux tribunaux ordinaires. Si la cause ainsi renvoyée se trouvait soumise à un
juge incompétent, elle devait être reportée dans l'état où elle
se trouvait devant le tribunal compétent. Si ce tribunal est
un tribunal du canton, il n'est pas admissible de renvoyer
Chavannes-Burnat à mieux agir, sans lui indiquer comment
il doit agir. Les conclusions exceptionnelles de la Compagnie
Lausanne-Ouchy auraient dû être écartées, ou, tout au moins,
les conclusions subsidiaires de Chavannes-Burnat auraient dû
être admises.

Le recourant s'attache ensuite à démontrer l'existence d'un
déni de justice, à d'autres points de vue. En fait les tribunaux vaudois ont refusé au recourant de lui rendre la justice
qu'il demandait, basé sur un prononcé définitif du Président
du Tribunal fédéral. Il a été fait une application abusive et
arbitraire du droit à Chavannes-Burnat, alors qu'il a été renvoyé à mieux agir, sans qu'on lui ait indiqué comment il

devait agir ; une pareille sentence doit être assimilée aux cas
où le juge refuse de statuer sur les causes qui lui sont soumises. Ce refus est d'ailleurs motivé par de vains prétextes.

Dans sa réponse, la Compagnie du Lausanne-Ouchy conclut
au rejet du recours, par les motifs ci-après :

La question de savoir s'il y a lieu de nommer des arbitres
est, en cas d'opposition, tranchée par le magistrat chargé de
procéder à la nomination des arbitres, sous réserve d'un
recours direct au tribunal cantonal. Dans l'espèce, le prononcé du Président du Tribunal fédéral, renvoyant la nomination des arbitres jusqu'à ce que le juge compétent cantonal
eût statué sur l'admissibilité d'arbitres, pouvait et devait être
porté directement au tribunal cantonal ; donc Chavannes ne
s'est pas conformé aux règles de la procédure cantonale, et
il devait être renvoyé à mieux agir. Rien ne s'opposait à ce
que Chavannes, renvoyé par le Président du Tribunal fédéral
à nantir le juge compétent vaudois, nantît de cette question
le tribunal cantonal par la seule voie admise par la procédure
vaudoise, c'est-à-dire par voie de recours direct au tribunal
cantonal : au lieu de cela, Chavannes a intenté une action au
fond et a nanti le tribunal de Lausanne d'une question de
simple procédure qui ne rentre pas dans ses attributions ;
celui-ci et le tribunal cantonal ont estimé qu'une pareille
procédure était inadmissible et contraire aux lois vaudoises,
et le Tribunal fédéral ne voudra pas s'immiscer dans cette
question, qui échappe à sa compétence. Il ne s'agissait pas en
effet, d'un simple déclinatoire (art. 89 à 93 du Code de procédure civile), mais la loi vaudoise prescrivait à Chavannes de
recourir dans les 10 jours au tribunal cantonal de la décision
du Président du Tribunal fédéral refusant, pour le moment,
de nommer des arbitres. Ayant laissé passer ce délai sans
recourir, Chavannes a commis une faute de procédure qu'il
ne peut corriger qu'en citant de nouveau devant le Président
du Tribunal fédéral en nomination d'arbitres.

Dans sa séance du 22 Octobre 1892, le Tribunal fédéral a
désiré qu'il fût provoqué un nouvel échange d'écritures entre
parties, sur la question de savoir si, d'après la législation et

la jurisprudence vaudoises, les présidents des tribunaux de
district ont à eux seuls, — sous réserve du recours au tribunal cantonal, — le droit de décider si la procédure par
arbitres doit avoir lieu ou non, et ce même pour le cas où ces
précédents n'auraient pas à désigner les arbitres.

Dans sa réplique, le recourant estime que, puisque la loi
n'attribue pas expressément au président du tribunal la compétence de juger s'il y a lieu à arbitrage ou pas, cette compétence ne lui appartient pas ; cette question, portant sur
l'existence ou la validité d'une convention (compromis arbitral)
est une question de fond, dont la solution ne pouvait appar-
tenir au président. La loi de 1886, qui la première a accordé
à ce magistrat une compétence sur le fond, ne lui confère
nulle part, ni explicitement, ni implicitement, la compétence
de statuer sur les questions de validité et d'étendue d'un
compromis. Selon le recourant enfin, il n'y a pas de jurisprudence sur la question telle qu'elle est posée, dans l'éventualité
où la désignation des arbitres est confiée à un tiers.

Dans sa duplique, la Compagnie Lausanne-Ouchy déclare
également que dans son opinion, les présidents des tribunaux
de district sont incompétents pour décider s'il y a lieu de
nommer des arbitres, même pour le cas où ils n'auraient pas
la mission de désigner ces arbitres. C'est le magistrat chargé
de nommer les arbitres qui, d'après la jurisprudence vaudoise
est tenu de statuer sur l'admissibilité de la nomination d'arbitres, sous réserve de recours au tribunal cantonal. D'après
cette jurisprudence, lorsque le Président du Tribunal fédéral
accepte de nommer des arbitres, c'est lui qui a mission de
statuer sur toute opposition à cette nomination, sous réserve
de recours au tribunal cantonal vaudois, dans un délai de 10
jours sous peine de nullité. Chavannes a négligé ce moyen,
le seul régulier ; il doit donc être éconduit de son instance,
quitte à reprendre, d'une manière régulière, sa demande en
nomination d'arbitres. Dans le but d'éviter un conflit, la Compagnie déclare enfin que si le jugement du tribunal de Lausanne et l'arrêt du tribunal cantonal sont maintenus, elle offre
à sa partie adverse de remettre au président du tribunal de

Lausanne, en dérogation à l'art. 39 des statuts, la nomination des arbitres requise par Chavannes-Burnat.

Statuant sur ces faits et considérant en droit:

1° La duplique de la Compagnie Lausanne-Ouchy tend à ce que Chavannes-Burnat soit renvoyé à requérir une nouvelle nomination d'arbitres de la part du Président du Tribunal fédéral, et, le cas échéant, à recourir dans les 10 jours au tribunal cantonal.

Cette conclusion est de tout point inadmissible. Les statuts de la Compagnie ont conféré au Président du Tribunal fédéral la mission de désigner les arbitres, mais cette mission a été dévolue à ce magistrat, non point en sa qualité de juge remplissant les obligations de son office, mais comme personnalité investie de la confiance des parties; il ne se trouve point, à cet égard, dans une situation différente de celle d'un homme privé qui aurait reçu le même mandat.

Il s'en suit que le Président du Tribunal fédéral, n'agissant pas ainsi en vertu des attributions de sa charge, ne peut rendre en la cause un jugement au principal. Dès lors un recours contre son prononcé n'était déjà pas possible, puisqu'un pareil recours devait être dirigé contre la décision d'une première instance prévue et instituée par la loi. Il serait, en outre, inadmissible qu'il puisse être recouru, à une autorité judiciaire cantonale, même contre un simple prononcé ou ordonnance du Président du Tribunal fédéral.

Il y a donc lieu de faire entièrement abstraction d'un nouveau renvoi de l'affaire à ce magistrat.

2° Il résulte des dispositions de la procédure civile vaudoise relatives à la procédure devant les arbitres (art. 332 et suivants) que l'arbitrage peut résulter d'une clause insérée dans un contrat, que les parties ont la faculté de désigner elles-mêmes les arbitres, et peuvent par conséquent déléguer ce droit à des tiers, et que la loi ne contient aucune disposition sur la question de savoir qui a à décider s'il y a lieu ou non à procéder par voie arbitrale. L'opposante au recours n'a non plus fait allusion à aucun texte de loi touchant ce point. Il s'en suit qu'il y a lieu de faire application, à cet égard, des règles générales de la procédure sur la matière.

3° La question de savoir s'il y a lieu à procéder devant arbitres est une question de droit matériel, une action personnelle tendant à faire reconnaître l'existence d'un rapport de droit, laquelle doit dès lors être portée devant le juge ordinaire. Un jugement au fond peut seul statuer sur la validité d'un compromis arbitral, sur l'existence des conditions requises pour la mise en œuvre de la procédure arbitrale, et le juge compétent en la matière n'est autre, — ainsi que le Tribunal fédéral l'a déjà déclaré à diverses reprises, où l'art. 59 de la constitution fédérale était en jeu, — que le juge du domicile du défendeur (voir arrêt du Tribunal fédéral en la cause Gerber, du 22 Octobre 1881, *Rec.* VII p. 706 s. consid. 3) soit, dans le cas particulier, et conformément au prescrit de l'art. 65 de la loi vaudoise de 1886 sur l'organisation judiciaire, le tribunal civil du district de Lausanne.

4° Il suit de tout ce qui précède que c'est à tort que le dit tribunal a refusé d'entrer en matière sur l'action ouverte par le recourant, et que ce dernier se trouve, ensuite du jugement du tribunal civil de Lausanne, confirmé par le tribunal cantonal, en butte à un déni de justice, attendu qu'il n'existerait plus, en l'état, aucune autorité en mesure de résoudre la question de savoir s'il y a lieu d'avoir recours à la procédure par arbitres. Le Président du Tribunal fédéral ne peut, ainsi qu'il a été dit, pas trancher cette question civile. Le président du tribunal de district ne le peut pas davantage, d'après les déclarations concordantes des parties, et le tribunal ordinaire a refusé d'entrer en matière, en estimant que le recourant devait s'adresser au Président du Tribunal fédéral.

5° Dans cette situation, qui n'est pas sans analogie avec un conflit négatif de compétence, il est incontestable que Chavannes-Burnat a le droit de faire trancher judiciairement la question dont il s'agit, attendu que l'art. 4 de la constitution fédérale implique la garantie, pour chaque citoyen, de faire statuer par un juge sur des contestations civiles.

6° Il va de soi que le renvoi du recourant au juge ordinaire ne préjuge point la question de la valeur du litige, ni l'exception d'incompétence qui pourrait, le cas échéant, être soulevée de ce chef.

Par ces motifs,

Le Tribunal fédéral :

prononce :

Le recours est admis, et l'arrêt rendu par le tribunal cantonal de Vaud, le 11 Mai 1892, est déclaré nul et de nul effet. La cause est renvoyée au tribunal de district de Lausanne, avec invitation de trancher la question litigieuse de savoir si les réclamations du recourant sont de la compétence arbitrale, et doivent être tranchées par des arbitres.

II. Doppelbesteuerung. — Double imposition.

98. Urtheil vom 15. Oktober 1892 in Sachen Egli=Reinmann & Cie.

A. Die Kollektivgesellschaft Egli=Reinmann & Cie. betreibt den Getreidehandel, als Nebengeschäft auch den Weinhandel. Bis zum Jahre 1888 hatte sie ihren Sitz in Langenthal, Kantons Bern. Im Laufe des Jahres 1888 (1. April) verlegte sie denselben nach Basel, wohin auch die Theilhaber des Geschäftes persönlich übersiedelten. Diese Aenderung des Sitzes wurde im Handelsregister eingetragen. In Langenthal besitzt die Gesellschaft ein Magazingebäude, welches auch seit der Uebersiedelung nach Basel für den Geschäftsbetrieb benutzt wird. Für das Jahr 1888 wurde die Firma von der Bezirkssteuerkommission von Aarwangen für ein reines Einkommen 1. Klasse von 3000 Fr. zur bernischen Staats= und Gemeindesteuer herangezogen. Mit Schreiben an das Regierungsstatthalteramt von Aarwangen vom 14. Juli 1888 erhoben Egli=Reinmann & Cie. gegen diese Besteuerung Einsprache, weil sie in Langenthal weder Domizil noch Filiale besitzen, also dort nicht einkommenssteuerpflichtig seien. Um ihr Einspruchsrecht

nicht zu verlieren, haben sie das ihnen zugestellte Selbstschatzungs=
formular rechtzeitig mit der Erklärung eingereicht, daß sie in
Langenthal keine Einkommensteuer schulden, aber um des Friedens
willen geneigt seien, ein reines Einkommen von 200 Fr. zu ver=
steuern. Sie wiederholen diese Proposition unter Vorbehalt ihrer
Rechte, falls dieselbe nicht angenommen werden sollte. Der Re=
gierungsrath des Kantons Bern wies diese Einsprache ab, da die
Einschätzung nicht nur „die Filiale Langenthal, sondern auch
marchzählig die Thätigkeit des Hauptgeschäftes in Langenthal
während eines Vierteljahres betreffe“ und daher als durchaus
bescheiden erscheine. Im Jahre 1889 gaben Egli=Reinmann & Cie.
als ihnen das Selbsteinschatzungsformular für die bernische Ein=
kommensteuer zugestellt wurde, dem Gemeindeschreiber von Langen=
thal die Erklärung ab, sie seien pro 1889 in Langenthal gar
keine Einkommensteuer schuldig. Ihren Rechten unbeschadet, er=
klären sie sich aber trotzdem bereit, ein reines Einkommen von
200 Fr. zu versteuern. Gegen jede eventuelle Mehreinschätzung
protestiren sie schon jetzt und werden sie sich diesmal energisch
vertheidigen. In dem Begleitbrief, mit welchem diese Erklärung
eingesandt wurde, ist dieselbe als „Schatzungserklärung über das
steuerpflichtige Einkommen pro 1889“ bezeichnet. Die bernischen
Steuerbehörden taxirten das steuerpflichtige Einkommen der Firma
Egli=Reinmann & Cie. für das Jahr 1889 auf 500 Fr. und es
wurde die Steuer an Staat und Gemeinde nach diesem Ansatze
bezahlt. Im Jahre 1890 reichten Egli=Reinmann & Cie. der
Gemeindeschreiberei Langenthal eine Schatzungserklärung ein, welche
als „Schatzungserklärung von Egli=Reinmann & Cie., Getreide=
handlung, Basel und Langenthal, über das steuerpflichtige Ein=
kommen pro 1890“ betitelt ist und das steuerpflichtige reine Ein=
kommen auf 100 Fr. angibt. Auch für dieses Jahr wurde das
steuerpflichtige Einkommen der Gesellschaft Egli=Reinmann & Cie.
von den bernischen Steuerbehörden auf 500 Fr. geschätzt und
wurde die Steuer an Staat und Gemeinde nach diesem Ansatze
bezahlt. Im Jahre 1891 reichten Egli=Reinmann & Cie. eine
Selbstschatzungserklärung ein, in welcher das reine Einkommen
der „Getreidehandlung, Filiale Langenthal“ auf 100 Fr. ange=
geben ist. Die Gemeindesteuerkommission von Langenthal schätzte

dasselbe auf 800 Fr.; die Bezirkssteuerkommission von Aar=
wangen erhöhte die Einschätzung auf 2000 Fr. Gegen diese Ein=
schätzung erhoben Egli=Reinmann & Cie. durch Eingabe an das
Regierungsstatthalteramt Aarwangen vom 17. Juli 1891 Ein=
spruch, indem sie ausführten, sie seien in Langenthal überhaupt
nicht einkommenssteuerpflichtig; wenn sie bis dahin dort 500 Fr.
Einkommen versteuert haben, so sei dies aus freien Stücken ge=
schehen, ohne daß sie jemals eine rechtliche Verpflichtung anerkannt
hätten; im Gegentheil haben sie der Gemeindesteuerkommission
von Langenthal seiner Zeit ausdrücklich erklärt, daß sie eine
Steuerpflicht nicht anerkennen. Gemäß Reskript an das Regierungsstatthalteramt von Aarwangen vom 3. Dezember 1891 (welches
der Rekurrentin durch Schreiben dieser Behörde vom 19. Dezem=
ber 1891 eröffnet wurde) hat der Regierungsrath des Kantons
Bern diese Einsprache abgewiesen, mit der Begründung: Die Re=
kurrentin bestreite grundsätzlich ihre Steuerpflicht im Kanton Bern,
indem sie anführe, der Geschäftssitz befinde sich in Basel und dort
habe sie ihrer Steuerpflicht zu genügen. Der Regierungsrath halte
dagegen an der Steuerpflicht der Rekurrentin fest, indem von
derselben eine Waarenniederlage in einem ihr eigenthümlich an=
gehörenden und zu diesem Zwecke eingerichteten Gebäude zuge=
standen sei, sowie die Anstellung eines ständigen, die Magazin=
arbeiten besorgenden Angestellten. Dieses Geschäft qualifizire sich
somit als eine Succursale des Hauptgeschäftes in Basel und sei,
weil im bernischen Steuergebiete gelegen, für das aus diesem
Zweiggeschäfte resultirende Einkommen auch hier steuerpflichtig.

B. Gegen diesen Entscheid ergriff die Firma Egli=Reinmann
& Cie. den staatsrechtlichen Rekurs an das Bundesgericht, mit
dem Antrage: „Es sei der uns am 19. Dezember 1891 mitge=
theilte Entscheid des Regierungsrathes des Kantons Bern, wo=
durch wir zur Versteuerung eines angeblichen Einkommens aus
einem Geschäftsbetrieb in Langenthal verhalten werden, aufzuheben
und der bernischen Regierung der Bezug jeglicher Einkommens=
steuer zu untersagen." Sie führt aus: Es liege eine bundes=
widrige Doppelbesteuerung vor. Nach dem baselstädtischen Gesetze
betreffend die direkten Steuern vom 31. Mai 1880 habe sie das
gesammte aus ihrem Geschäftsbetriebe resultirende Einkommen in

Basel zu versteuern. Im Kanton Bern werde sie nicht für ihr
dort befindliches Grundeigenthum, sondern für ein angeblich dort
betriebenes Gewerbe zur Einkommenssteuer herangezogen. Der
Entscheid hange also davon ab, ob sie in Langenthal ein selbst=
ständiges Geschäft betreibe, das sich als eine Zweigniederlassung
des Geschäfts in Basel darstelle. Dies sei zu verneinen. Ihr Ma=
gazin in Langenthal diene hauptsächlich der Lagerung leerer Frucht=
säcke, in denen sie das ausländische Getreide, ihren wichtigsten
Handelsartikel, den Kunden in der Schweiz zuführe; ihre Käufer
werden jeweilen angewiesen, die leeren Säcke an ihr Magazin in
Langenthal zu instradiren, da dasselbe zentraler gelegen sei, als
der Platz Basel; von dort werden ebenfalls auf ihre Anweisung
die leeren Säcke nach den verschiedenen Einkaufs= resp. Ablade=
plätzen versandt, wo sie die Waare einkaufe, nach Marseille,
Rotterdam, Mannheim ꝛc. Zur Einlagerung, Sortirung, Repa=
ratur und Versendung dieser Säcke habe sie einen Magazinknecht
in Langenthal angestellt. In zweiter Linie diene das Magazin in
Langenthal zur Einlagerung der wenigen ausländischen Weine,
mit denen sie handle. Sie pflege diese Weine von Basel aus zu
fakturiren, die Versendung besorge der Magazinknecht in Langen=
thal. Dieser nehme keine Bestellungen entgegen, korrespondire auch
mit Niemandem als mit seinen Vorgesetzten; nicht einmal Fracht=
briefe werden von ihm ausgefertigt, sondern alle, auch diese unter=
geordneten Schreibereien, werden auf ihrem Bureau in Basel be=
sorgt. Von einer irgendwie selbständigen Geschäftsführung in
Langenthal sei also niemals die Rede gewesen. Kein einziges
Merkmal einer wirklichen Succursale oder Zweigniederlassung sei
vorhanden; denn es werden dort keine Geschäfte abgeschlossen,
Niemand führe für sie die Unterschrift, auch gehe kein Rappen
Geld in Langenthal ein, sondern alle Fakturen werden in Basel
bezahlt. Mit dem gleichen Rechte, wie in Langenthal, könnte man
sie auch in Genf, Rolle, Romanshorn für ihr Einkommen be=
steuern, weil in den dortigen Lagerhäusern jahraus jahrein Vor=
räthe von Getreide für ihre Rechnung gelagert und von dort an
ihre Käufer spedirt werden. Entscheidend könne doch nicht sein,
daß sie in Langenthal statt eines öffentlichen sich eines privaten
Magazins bediene und zu Besorgung des letztern einen ständigen
Angestellten besolde·

C. In seiner Vernehmlassung auf diese Beschwerde beantragt der Regierungsrath des Kantons Bern: 1. Es sei auf die Beschwerde der Firma Egli-Reinmann & Cie. in Basel nicht einzutreten. 2. Eventuell: Es sei die Beschwerde der Rekurrentin als unbegründet abzuweisen. Er führt im Wesentlichen aus: Die Fassung des Rechtsbegehrens der Rekurrentin sei nicht ganz klar; es sei wohl anzunehmen, der zweite Theil enthalte einfach eine Wiederholung des ersten. Sollte die Rekurrentin dem Petite eine andere Bedeutung beimessen und verlangen, daß das Bundesgericht sie für alle Zeiten von jeder Einkommensteuerpflicht gegenüber dem Kanton Bern freispreche, so wäre ein derartiger Schluß jedenfalls unzuläßig. Das Gericht könne nur auf Grund der thatsächlichen Verhältnisse des Steuerjahres 1891 entscheiden und seine Entscheidung könne nicht präjubizirend für einen spätern, vielleicht ganz andern Thatbestand wirken. Durch die Einreichung ihrer Selbstschatzungserklärungen und ihr ganzes dabei beobachtetes Verhalten habe die Rekurrentin ihre Steuerpflicht gegenüber dem Staate Bern und der Gemeinde Langenthal, speziell auch für das Jahr 1891, ausdrücklich und förmlich anerkannt. Dieser Anerkennung gegenüber sei sie mit einer nachträglichen Beschwerde wegen Doppelbesteuerung nicht mehr zu hören. Der Bundesrath habe in wiederholten Entscheidungen (z. B. Ullmer, Staatsrechtliche Praxis II, Nr. 697) anerkannt, daß, wenn der Besteuerte ausdrücklich oder stillschweigend seine Steuerpflicht in einem Kanton anerkenne, wo sie sonst nach bundesrechtlicher Praxis nicht begründet wäre, eine nachträgliche Beschwerde wegen Doppelbesteuerung unzuläßig sei. Eine Doppelbesteuerung liege übrigens nicht vor. Sowohl das bernische Gesetz betreffend die Einkommensteuer vom 18. März 1865 als das baselstädtische Gesetz vom 31. Mai 1880 unterwerfen die auswärts wohnenden Inhaber im Kanton betriebener Geschäfte für das Geschäftseinkommen der Steuerpflicht im Kanton, wogegen sie Kantonseinwohner für Geschäfte, welche sie außerhalb des Kantons betreiben, nicht zur Einkommensbesteuerung heranziehen. Ein Konflikt zwischen den Steuergesetzgebungen der Kantone Bern und Baselstadt liege also nicht vor. Es sei auch nicht nachgewiesen, daß die Rekurrentin im Kanton Baselstadt überhaupt eine Einkommensteuer bezahle und noch weniger, daß sie dort für ihren ganzen Erwerb, ein-

schließlich des durch das Geschäft in Langenthal erzielten, zur Be=
steuerung herangezogen werde oder gezogen werden könnte. Dies
erscheine nach dem baselstädtischen Gesetze als ausgeschlossen;
übrigens kennen offenbar die baselstädtischen Behörden die Filiale
in Langenthal gar nicht. Die Rekurrentin werde ihnen, gemäß
dem Eintrage im Handelsregister, nur als Getreidehändler bekannt
sein, während man in Basel von dem umfangreichen, in Langen=
thal betriebenen Weinhandel kaum Kenntniß haben werde. Sollte
übrigens auch die Rekurrentin in Baselstadt für ihren ganzen
Erwerb besteuert werden, so stände doch dem Kanton Bern, nach
feststehendem bundesrechtlichem Grundsatze das bessere Recht zu
Besteuerung des Zweiggeschäftes in Langenthal zu und könnte
sich die Beschwerde der Rekurrentin nur gegen den Kanton Basel=
stadt richten. Die Rekurrentin betreibe in Langenthal ein Zweig=
geschäft. In ihren Selbstschatzungserklärungen, speziell in derjeni=
gen für das Jahr 1891, habe sie dies selbst anerkannt. Sie habe
dort im Jahre 1890 an Stelle des alten Lagerhauses ein neues
Gebäude, Lagerhaus mit Wohnung, erstellt, wo sie ein ständiges
Lager von Frucht, Mehl und großen Quantitäten von Weinen
halte; von Langenthal aus werden die Waaren an die Abnehmer
dortiger Gegend sowohl, als nach auswärts spedirt. Der Umsatz
des dortigen Platzes sei ein bedeutender. Zugestandenermaßen stehe
in Langenthal ein ständiger Angestellter der Firma dem Geschäfte
behufs Inempfangnahme und Bergung der eingehenden Waaren
und Versendung von solchen an die Kundschaft vor. Derselbe er=
hebe bei der Güterexpedition die Frachtbriefe und quittire den Em=
pfang der eingehenden Waaren für die Firma. Er verkaufe u. a.
selbstständig Weine in Fässern, Strohflaschen ꝛc. Die Rekurrentin
halte in Langenthal einen eigenen Küfer, welcher die ankommen=
den Weine, — ganze Wagenladungen, — in die Keller der Re=
kurrentin bringe, den Wein besorge und in größern Quantitäten
abgebe und spedire; sie betreibe also in Langenthal ein Handels=
geschäft en gros et en détail. Es liege auf der Hand, daß auch
ein großer Theil der Korrespondenz und namentlich des Rechnungs=
wesens (Führung einer Waarenkontrolle und sonstiger Bücher und
Aufzeichnungen) in Langenthal besorgt werden müsse. Es erscheine
denn auch jede Woche jeweilen einen Tag ein anderer Angestellter
der Firma von Basel in Langenthal, um daselbst „in Frucht und

Wein den Platz zu machen," in Korrespondenz und Buchführung
nachzuhelfen u. s. w. Die Darstellung der Rekurrentin, daß das
Lagerhaus in Langenthal nur für leere Fruchtsäcke diene, sei ent=
schieden unrichtig. Daß die Zweigniederlassung mit dem Haupt=
geschäfte in Basel in Beziehung stehe, sei selbstverständlich. Ein
Zweiggeschäft sei der Natur der Sache nach nicht absolut selbst=
ständig.

D. In ihrer Replik bestreitet die Rekurrentin zunächst, daß sie
seit ihrer Uebersiedelung nach Basel ihre Steuerpflicht im Kan=
ton Bern anerkannt habe. In den Jahren 1888 und 1889 habe
sie dieselbe ausdrücklich bestritten, sich die Besteuerung aber doch
da sie sich in mäßigen Grenzen bewegt habe, gefallen lassen, um
Weiterungen zu vermeiden. Unter der Voraussetzung, daß die Be=
steuerung sich in den bisherigen bescheidenen Grenzen halte und
unter stillschweigender Bezugnahme auf die Proteste der Jahre
1888 und 1889 seien dann in den folgenden Jahren die Selbst=
schatzungen wiederholt worden. Wenn in der Selbstschatzungser=
klärung vom 10. April 1891 das Steuerobjekt in allerdings un=
zutreffender Weise als „Getreidehandlung Filiale Langenthal" an=
gegeben sei, so sei damit nicht mehr zugestanden worden, als wenn
die betreffende Stelle leer gelassen worden wäre, weil ja überhaupt
die Steuerforderung der Gemeinde Langenthal beziehungsweise des
Kantons Bern nach dem eigenen Gesetze dieses Staates blos
unter der Annahme einer daselbst bestehenden wirklichen Handels=
niederlassung möglich gewesen sei. Daß sie eine Selbstschatzungs=
erklärung abgegeben habe, erkläre sich leicht aus der Bestimmung
des bernischen Steuergesetzes, daß bei Unterlassung einer solchen
ein Rekurs gegen die Taxation der erstinstanzlichen Steuerkom=
mission ausgeschlossen sei. Daß sie in Wirklichkeit eine Zweig=
niederlassung in Langenthal nicht besitze, beweise schon der Umstand,
daß eine solche im Handelsregister nicht eingetragen sei. In Lan=
genthal besitze sie als ständigen Angestellten lediglich einen Maga=
zinknecht; einen ständig angestellten Küfer besitze sie dort nicht.
Dagegen sei allerdings richtig, daß der Küfer Lyrenmann in
Langenthal im Taglohn für die Rekurrentin arbeite, d. h. die an=
kommenden Weine in den Keller bringe, die Weine besorge und
spedire. Zum Abschlusse von selbständigen Geschäften mit den
Kunden sei dieser Küfer aber nicht berechtigt. Ebensowenig sei

dies der Magazinknecht, Namens Tschubin. Dieser habe allerdings
die eingehenden Waaren in Empfang zu nehmen, zu lagern und
an die Kunden zu versenden, bei der Güterexpedition die Fracht=
briefe und den Empfang der eingehenden Waaren zu bescheinigen.
Allein die Frachtbriefe für eingehende Waaren werden von ihm
an das Geschäft in Basel abgesandt und auch bei Waarenver=
sendungen erhalte Tschubin die Frachtbriefe von Basel ausgefertigt
zugesandt. Zum Verkaufe von Weinen auf Rechnung der Rekur=
rentin sei Tschubin nicht befugt. In früherer Zeit habe der Ma=
gaziner Tschubin einen kleinen Weinhandel en détail auf eigene
Rechnung betrieben, indem er die Gelegenheit benutzt habe, der
Rekurrentin ein Quantum Wein abzukaufen. Allein seit geraumer
Zeit habe die Rekurrentin ihm dieses kleine Nebengeschäft nicht
mehr gestattet. Eine Waarenkontrolle werde in Langenthal selbst=
verständlich geführt; anderweitige Bücher dagegen nicht. Die Kor=
respondenz beschränke sich auf die Briefe, die zwischen dem Maga=
zinier Tschubin und dem Hause in Basel gewechselt werden. Ein
Lager von Frucht oder Mehl halte die Rekurrentin in Langen=
thal nicht; im Jahre 1891 sei kein Sack von Mehl oder Ge=
treide im Lagerhause zu Langenthal auf Rechnung der Rekurrentin
eingelagert gewesen. Dagegen habe sie allerdings dem Mehlhändler
Geiser in Langenthal gestattet, im Herbste 1891 zwei Wagen=
ladungen Roggen, die er ihr franko Waggon Station Langen=
thal verkauft gehabt habe, vorübergehend in ihrem Lagerhause ein=
zulagern. Ihr Weingeschäft sei klein und werde nicht regelmäßig
betrieben. Die einzige Thätigkeit des Magaziniers in Langenthal
im Weingeschäft bestehe darin, daß er die rationelle Besorgung
der dort eingelagerten Weine übernehme und auf Ordre von Basel
her, die dort oder durch die Reisenden des Geschäftes verkauften
Weine den Käufern ausliefere oder an sie versende. Die übrige
Thätigkeit des Magaziniers beschränke sich auf das Zusammen=
ziehen, Sortiren und Flicken der leeren Getreidesäcke und das Ver=
senden derselben an die Kunden im Auslande, welche die von der
Rekurrentin gekaufte Waare darin einfüllen. Eine Zweignieder=
lassung sei demnach in Langenthal nicht begründet. Der Umstand,
daß zeitweise ein Angestellter des rekurrentischen Hauses nach
Langenthal komme, um dort den Platz zu machen, beweise nicht

für, sondern gegen den Bestand einer Zweigniederlassung in dieser Ortschaft. Nach dem dargestellten Sachverhalte sei es vollständig unmöglich, einen Theil ihres Geschäftserwerbes auszuscheiden und auf Rechnung ihres Lagerhauses in Langenthal zu setzen. Da sie nach baselstädtischem Gesetze ihr gesammtes Einkommen in Basel versteuern müsse und auch versteuere, so sei es eine unzulässige Doppelbesteuerung, wenn der Kanton Bern einen Theil dieses Geschäftseinkommens als Steuerobjekt für sich in Anspruch nehme.

E. In seiner Duplik hält der Regierungsrath des Kantons Bern in thatsächlicher und rechtlicher Beziehung an den Aus= führungen seiner Vernehmlassungsschrift fest. Er behauptet, daß direkte Kaufsabschlüsse über Weine in Langenthal stattgefunden haben.

F. Der Regierungsrath des Kantons Baselstadt, welchem zur Vernehmlassung ebenfalls Gelegenheit gegeben wurde, bemerkt: In thatsächlicher Hinsicht sei festzustellen, daß nach dem basleri= schen Steuergesetze die Kollektivgesellschaften als solche keine direkten Steuern zu bezahlen haben, sondern die Theilhaber der Gesellschaft persönlich. Die Theilhaber der Firma Egli=Reinmann & Cie. zahlen in Basel als an ihrem persönlichen Wohnsitze die staatliche Einkommenssteuer und die staatliche Vermögenssteuer, welche beide auf Selbsttaxation nach Pflicht und Gewissen beruhen. Die Steuer= behörden haben bis jetzt keinen Anlaß gehabt, wegen Entrichtung dieser Steuern gegenüber der Rekurrentin irgend einen Anstand zu erheben. In rechtlicher Beziehung handle es sich um die Frage ob die Einrichtung der Rekurrentin in Langenthal den Charakter einer Geschäftsniederlassung trage, in welchem Falle nach unbe= strittenem Rechtssatze ein Spezialsteuerdomizil im Kanton Bern begründet wäre. Der Regierungsrath des Kantons Baselstadt sei nicht in der Lage, dem Beweismaterial, welches die Parteien zu Entscheidung dieser Frage beigebracht haben, weiteres beizufügen und verzichte auch auf eine rechtliche Würdigung dieses Beweis= materials. Er begnüge sich, den Satz aufzustellen, daß im Zweifel für die Einheit des Steuerdomizils entschieden werden sollte, da die Vertheilung der Steuerpflicht unter verschiedene Steuerhoheiten die richtige Besteuerung einerseits und den freien Gewerbebetrieb anderseits erschweren.

G. Angesichts der entgegenstehenden Behauptungen über die Art des Geschäftsbetriebes der Rekurrentin in Langenthal ist der Instruktionsrichter zu Einnahme eines Augenscheines, sowie zur Einvernahme einiger von den Parteien angerufener Zeugen geschritten. Der Augenschein hat ergeben, daß in dem Lagergebäude der Rekurrentin in Langenthal im Keller eine Anzahl von Weinfässern, im Erdgeschoße eine große Anzahl leerer Getreidesäcke untergebracht sind. Aus den Aussagen der einvernommenen Zeugen ist wesentlich hervorzuheben: Adolf Tschudin, Magazinier der Rekurrentin, sagt aus: Seine Funktionen bestehen wesentlich im Empfange, Flicken und Magaziniren der von den Kunden zurückgesandten leeren Säcke, für welche er die Eisenbahn quittire und deren Eingang er in ein Buch eintrage. In das gleiche Buch trage er auch den Ein= und Ausgang der Weine ein, welche durch das Lagerhaus gehen. Er nehme keine Bestellungen entgegen, fakturire keine Waaren und beziehe den Kaufpreis nicht. All dies vollziehe sich direkt zwischen dem Hause in Basel und den Kunden. Von Zeit zu Zeit komme ein Angestellter der Rekurrentin nach Langenthal, um seine Buchungen zu prüfen, ihm Instruktionen zu ertheilen und gleichzeitig den Platz Langenthal zu machen. Er habe einmal ein Faß Wein von 625 Liter von der Rekurrentin zum Verkaufe auf eigene Rechnung gekauft. Küfer Lyrenmann erklärt, daß er für das Haus Egli=Reinmann & Cie. in gleicher Weise arbeite wie für andere Kunden; er besitze keine Vollmacht dieses Hauses, weder zum Ankauf noch zum Verkauf. Kauf und Verkauf geschehen ausschließlich durch das Haus in Basel, welches auch die Waaren fakturire, die Versendungsaufträge ertheile und die Fakturabeträge einziehe. Barbara Bösiger, Wirthin in Benken, erklärt, sie kaufe seit mehreren Jahren von dem Hause Egli=Reinmann & Cie. in Basel italienische Weine. Ueber diese Ankäufe korrespondire sie stets direkt mit dem Hause in Basel, welches ihr die Weine direkt fakturire und dem sie auch den Kaufpreis direkt bezahle. In gleicher Weise spricht sich auch der Weinverkäufer Herzig in Langenthal aus.

Das Bundesgericht zieht in Erwägung:

1. Es ist selbstverständlich, daß die Beschwerde nur auf Grund des gegenwärtigen Sachverhaltes beurtheilt werden kann. Sollte

dieser später, durch Aenderung der geschäftlichen Einrichtungen der Rekurrentin, eine Aenderung erleiden, so ist das im gegenwärtigen Rekursfalle zu erlassende Urtheil nicht mehr maßgebend. Dieses kann nur darüber entscheiden, ob nach dem gegenwärtigen resp. für das Jahr 1891 ermittelten Thatbestande dem Kanton Bern das Recht, die Rekurrentin seiner Einkommensbesteuerung zu unterwerfen, nach bundesrechtlichen Grundsätzen zustehe oder nicht.

2. Wenn die Regierung des Kantons Bern in erster Linie eingewendet hat, die Rekurrentin sei zur Beschwerde nicht berechtigt, weil sie die Steuerpflicht im Kanton Bern, speziell für das Jahr 1891, anerkannt habe, so ist diese Einwendung unbegründet. In der That hat die Rekurrentin, wie sich aus den Fakt. A erwähnten Thatsachen ergibt, seit ihrer Uebersiedelung nach Basel ihre Steuerpflicht im Kanton Bern niemals unbedingt anerkannt, sondern sie hat dieselbe grundsätzlich stets bestritten und nur erklärt, gegen eine Besteuerung, sofern dieselbe in den von ihr angegebenen Grenzen sich halte, nichts einwenden zu wollen. Es hat denn auch der Regierungsrath in seiner Entscheidung vom 3. Dezember 1891 nicht etwa darauf abgestellt, die Rekurrentin sei nicht berechtigt, ihre Unterwerfung unter die bernische Steuerhoheit grundsätzlich anzufechten, sondern er hat die sachbezügliche Beschwerde der Rekurrentin materiell geprüft. Bei dieser Sachlage braucht nicht untersucht zu werden, ob nicht überhaupt ein Steuerpflichtiger vor Bezahlung der Steuer, auf eine von ihm ausgesprochene Anerkennung der Steuerpflicht einfach zurückkommen könne.

3. Die Entscheidung über die Beschwerde hängt davon ab, ob die Rekurrentin in Langenthal eine Zweigniederlassung ihres Geschäftes besitze. Ist dies zu verneinen, so untersteht sie nach feststehendem bundesrechtlichem Grundsatze für ihr Geschäftseinkommen ausschließlich der Steuerhoheit des Kantons ihres Wohnortes und ihrer Hauptniederlassung, des Kantons Baselstadt, und es involvirt die Besteuerung eines Theiles ihres Geschäftseinkommens im Kanton Bern eine bundeswidrige Doppelbesteuerung. Ob die Rekurrentin im Kanton Baselstadt thatsächlich zur Versteuerung ihres gesammten Geschäftseinkommens herangezogen werde, ist, wie das Bundesgericht schon häufig entschieden

hat (siehe u. A. Entscheidungen, Amtliche Sammlung X, S. 16 Erw.
2) für die prinzipielle Frage der Doppelbesteuerung gleichgültig.

4. Nach den vom Instruktionsrichter erhobenen Beweisen nun
besteht in Langenthal eine Zweigniederlassung der Rekurrentin
beziehungsweise der Kollektivgesellschaft Egli=Reinmann & Cie.
nicht. Es ist in Langenthal kein zweiter örtlicher Mittelpunkt des
Gewerbebetriebes der Gesellschaft begründet. Zum Begriffe einer
Zweigniederlassung gehört, daß von derselben aus solche Geschäfte,
welche den Handels= oder Gewerbebetrieb des Geschäftsherrn kon=
stituiren, gewerbemäßig und mit einer gewissen Selbständigkeit
abgeschlossen werden. Anlagen, welche zwar für den Geschäftsbetrieb, aber nicht zum Zwecke des Abschlusses solcher Geschäfte er=
richtet sind, wie bloße Waarenniederlagen eines Handelshauses
u. drgl., erscheinen nicht als Zweigniederlassung, sondern als
bloße unselbständige Hülfsanlagen. Einen zweiten örtlichen Mittel=
punkt des Gewerbebetriebes begründen derartige Anlagen nicht
(siehe Behrend, Lehrbuch des Handelsrechtes I, S. 222 u. ff.;
vergl. Entscheidung des Bundesgerichtes in Sachen Cornaz frères
& Cie. vom 15. Juli 1892). Im vorliegenden Falle nun steht
fest, daß von Langenthal aus, durch dortige Angestellte des Ge=
schäftes, weder Käufe noch Verkäufe in Getreide oder Wein für
das Geschäft abgeschlossen wurden oder abgeschlossen werden durf=
ten, daß vielmehr dort nur Getreidesäcke und Waarenvorräthe
zeitweise eingelagert und, nach der Weisung des Hauses in Basel,
versandt wurden. Käufe und Verkäufe, welche das Handelsgeschäft
der Rekurrentin konstituiren, wurden nicht von dem Magazin=
knecht oder dem Küfer in Langenthal, sondern ausschließlich von
den Geschäftsinhabern in Basel oder deren dortigen Angestellten
abgeschlossen. Eine Zweigniederlassung des Handelsgeschäftes der
Rekurrentin ist also in Langenthal keineswegs begründet.

Demnach hat das Bundesgericht

erkannt:

Der Rekurs wird für begründet erklärt und es wird mithin
der Rekurrentin ihr Rekursbegehren zugesprochen.

III. **Pressfreiheit.** — **Liberté de la presse.**

99. Urtheil vom 7. Oktober 1892 in Sachen Spühler.

A. In Nr. 63 des in Aarau erscheinenden Zeitungsblattes „Aargauer Nachrichten" vom 15. März 1892 erschien folgender Artikel: „Zur Obergerichtswahl. (Eingesandt). Ihre satyrischen „Bemerkungen zur Wahl und Ablehnung des Herrn Strähl als „Oberrichter schießen nicht neben das Ziel. — Neue Nominationen „aus der freisinnigen Partei dagegen werden Sie wohl mit vielen „andern nur in der Weise einer kleinen Umschau auffassen. Diese „könnte noch auf mehrere freisinnige Juristen gelenkt werden. — „Zur Stunde aber scheint mir etwas Anderes gebieterische Noth= „wendigkeit zu sein. Zu wiederholten Malen ist einer der lang= „jährigen Oberrichter öffentlich aufgefordert worden, sich von dem „Vorwurf der politischen Parteilichkeit zu reinigen. Auch hier „aber wird die Methode des absoluten Schweigens verfolgt. Ebenso „ist darauf hingewiesen worden, der Oberrichter thue seine Pflicht „nicht und wohne den Sitzungen nicht bei. Dieser möge sich „entschließen, abzutreten und dann wird es sich zeigen, ob sieben „Oberrichter mit der nöthigen Arbeitslust und Arbeitskraft die „Geschäfte bewältigen mögen oder nicht. Das scheint mir die „richtige Stellung zu sein, welche der große Rath und die poli= „tischen Parteien der Wahlablehnung Strähl gegenüber einzu= „nehmen haben. — Andernfalls dürfte das Volk die Frage ent= „scheiden. Im Zeitalter, da staatliche Defizite mit ausrangirten „Klavieren ungetreuer Verwalter und mit ausgestopften Vögeln „gedeckt werden wollten, ist vielleicht das Volk etwas besser über „eine zweckentsprechende Verwendung seiner Steuern und zu zah= „lenden Gebühren orientirt." Wegen dieser Einsendung erhob Oberrichter H. Rohr in Aarau gegen den Verleger und Redaktor der „Aargauer Nachrichten", J. J. Spühler in Aarau Injurien= klage, indem er zunächst im „Präliminarverfahren" die Anträge stellte: a. die citirte Einsendung in Nr. 63 der „Aargauer Nach= richten" sei als für den Kläger injuriös zu erklären; b. J. J.

Spühler habe den Verfasser und Einsender derselben zu nennen, die Originaleinsendung vorzulegen und seine bezüglichen Angaben auf Verlangen eidlich zu erhärten. Im Bestreitungsfalle unter Kostenfolge, andernfalls die Kosten zur Hauptsache. Der Beklagte beantragte Abweisung der Klage unter Folge der Kosten. Er gab zu, daß der eingeklagte Artikel sich auf den Kläger beziehe, bestritt dagegen, daß derselbe injuriös sei. Rücksichtlich der Autorschaft des Artikels behauptete der Anwalt des Beklagten, letzterer selbst sei der Verfasser desselben. Der Beklagte präzisirte dies dahin, die beiden ersten Absätze seien, wenn er sich recht erinnere, nicht sein Produkt, sondern Einsendung eines Andern; hingegen von dem Absatze an: „Zur Stunde aber scheint mir etwas anderes u. s. w." sei der Artikel vollständig seine Arbeit und stehe er dazu. Der Kläger erklärte sich mit dieser Angabe über die Autor= schaft nicht einverstanden, sondern hielt an seinem Begehren, daß der Beklagte den Einsender zu nennen, das Manuskript vorzulegen und den Editionseid zu leisten habe, fest. Durch Entscheidung vom 21. Mai 1892 erkannte das Bezirksgericht Aarau: „1. Die „Einsendung in Nr. 63 der „Aargauer Nachrichten" vom 15. März „1892 betitelt „zur Obergerichtswahl" werde als für den Kläger „injuriös erklärt; 2. der Beklagte habe das Manuskript vorzu= „legen und seine bezüglichen Angaben auf Verlangen des Klägers „eidlich zu erhärten; 3. über die Kosten werde im Endurtheil „entschieden werden." In der Begründung dieser Entscheidung wird wesentlich ausgeführt: Nach langjähriger konstanter Praxis zerfalle das Verfahren in Preßinjuriensachen im Kanton Aargau in zwei Stadien, nämlich in dasjenige zur Ermittlung des Ver= fassers und Einsenders und alsdann in dasjenige gegen diese selbst, d. h. in das Hauptverfahren, wo die materiellen Parteianbringen vorzutragen seien. Zunächst müsse aber untersucht werden, ob die bezügliche Einsendung überhaupt für den Kläger injuriöser Natur sei, — abgesehen von der nominatio auctoris, der exceptio veri- tatis und allfälligen andern Einreden. Dies sei zu bejahen. Der Beklagte bestreite es mit der Behauptung, der eingeklagte Artikel enthalte nur einen Hinweis auf frühere dem Kläger in andern Artikeln gemachte Vorwürfe und der Kläger hätte früher wegen jener Artikel klagen können. Allein der vorliegende Artikel enthalte nicht blos einen Hinweis auf jene frühern Vorwürfe, sondern eine Wiederholung derselben und sei damit für den Kläger injuriös. Die Anbringen, welche zu Leistung des Wahrheitsbeweises gemacht werden wollen, können erst im Hauptverfahren berücksichtigt werden. Was sodann das Präliminarbegehren 2 anbelange, so bezeichne sich der Artikel selbst als ein „Eingesandt". Dadurch habe der Redaktor seinen Lesern ausdrücklich zu wissen gegeben, daß eben ein Dritter und nicht er selber der Verfasser sei. Allerdings erkläre er nun, wenn er sich recht erinnere, so seien zwar die beiden ersten Ab= sätze das Produkt eines Andern, das Weitere aber sein eigenes. Da der Kläger aber diese Erklärung nicht acceptirt habe, so müsse Beklagter verhalten werden, das Manuskript vorzulegen und seine Angaben darüber eidlich zu erhärten. Dagegen könne dem weitern Begehren um Nennung des Einsenders nicht entsprochen werden, da der Redaktor die Autorschaft des inkriminirten Ab= schnittes des Artikels übernommen habe. Es sei nämlich nicht außer Acht zu lassen, daß die beiden ersten Absätze sich mit der Person des Klägers nicht beschäftigen und somit im obwaltenden Prozesse nicht von Belang seien. Wären aber nicht nur die beiden ersten Absätze, sondern noch andere Theile des Artikels das Pro= dukt eines Dritten, so hätte der Beklagte bei der Editions- resp. Eidesverhandlung und bei der Vorlage des Manuskriptes hierüber weitere Angaben zu machen.

B. Gegen diese Entscheidung ergriff der Beklagte J. J. Spühler den staatsrechtlichen Rekurs an das Bundesgericht mit dem An= trage: Das angefochtene Urtheil des Bezirksgerichtes Aarau sei als ein mit dem Prinzipe der Preßfreiheit im Widerspruch stehen= des zu erklären und mit allen seinen Folgen aufzuheben, eventuell: Es sei Dispositiv 2 zu streichen bezw. es sei als unstatthaft zu erklären, daß der Beklagte seine eigene Aussage zu beschwören habe. In der Rekursschrift wird zunächst ausgeführt, es sei dem Kläger vor dem Erscheinen des eingeklagten Artikels wiederholt in öffentlichen Blättern politische Parteilichkeit bei Ausübung des Richteramtes und mangelhafte Erfüllung seiner Amtspflichten vorgehalten, er auch aufgefordert worden, sich von dem Vorwurfe der Parteilichkeit zu reinigen. Er habe auf diesen Vorwurf ge= schwiegen. Dieses Stillschweigen habe als Zugeständniß ausgelegt

werden müssen. Ein Redaktor dürfe die Mittheilungen anderer
Blätter und seiner Korrespondenten so lange für wahr halten,
als nicht das Gegentheil bewiesen oder glaubhaft gemacht sei.
Sofern aber wahr sei, was die fraglichen frühern Artikel dem Kläger
vorgehalten haben, so seien Uebelstände in der öffentlichen Ver=
waltung vorhanden, welche zu rügen Recht und Pflicht der Presse
sei. Der eingeklagte Artikel sei nicht in beleidigender Form ge=
schrieben; er halte sich blos darüber auf, daß ein aargauischer
Oberrichter sich politische Parteilichkeit zu wiederholten Malen
vorhalten lasse, ohne sich zu reinigen, ja sogar schweige, nachdem
er öffentlich mehrmals aufgefordert worden sei, sich zu reinigen;
er weise im Fernern blos darauf hin, daß dem fraglichen Ober=
richter auch in anderer Beziehung Vorwürfe gemacht worden
seien und gebe der Ueberzeugung Ausdruck, daß hier Abhülfe am
Platze sei und solche Dinge nicht einfach todtgeschwiegen werden
dürfen. Darin könne niemals eine Injurie gefunden werden,
sondern liege nur eine erlaubte Kritik, deren Bestrafung mit dem
Prinzipe der Preßfreiheit unvereinbar sei. Im Weitern behauptet
der Rekurrent, es sei dasjenige, was dem Kläger in den frühern
Artikeln vorgehalten worden sei, wahr und bei der Gerichtsver=
handlung stillschweigend zugestanden worden. Der Wahrheitsbe=
weis sei also bereits geleistet. Eine weitere inquisitio sei daher
unnütz. Aus dem angefochtenen Urtheile gehe hervor, daß in der
aargauischen Rechtsprechung nicht nach bestehenden festen, vom
Volke genehmigten Normen, sondern nach einer ungesetzlichen
Praxis, Urtheile gefällt werden. Eine solche Rechtsprechung sei
ein Einbruch in die fundamentalsten Grundsätze des Rechts und
der Freiheit. Dispositiv 2 des angefochtenen Urtheils widerspreche
den Grundsätzen der Preßfreiheit, die in dem Satze gipfeln: Ein
wegen Preßvergehens Angeklagter darf nicht nach schlechterem als
dem gemeinen Rechte behandelt werden. Nach dem angefochtenen
Urtheile müßte aber der Rekurrent über seine strafrechtliche Schuld
eidlich aussagen; das sei ungesetzlich. Nirgends werde im aargau=
ischen Strafrechte die eidliche Bestätigung des Geständnisses ver=
langt. Ferner sei es anerkanntermaßen ein Postulat der Preßfrei=
heit, daß gegebenen Falls von allen mitwirkenden Personen nur
eine strafrechtlich verantwortlich gemacht werde und daß, wenn der

Verfasser der Schrift geständig vor den Richter gestellt werde,
dieser allein hafte. Nun habe der Rekurrent erklärt, daß er der
Verfasser sei und damit habe sich die Gegenpartei zu begnügen.

C. In seiner Vernehmlassung auf diese Beschwerde beantragt
der Rekursbeklagte H. Rohr: Es sei die Beschwerde als eine
unbegründete abzuweisen unter Kostenfolge. Er führt aus: Das
Bundesgericht habe die Frage, ob der inkriminirte Artikel eine Ehr=
verletzung im Sinne des aargauischen Zuchtpolizeigesetzes enthalte,
an sich nicht zu prüfen; es könne nur dann einschreiten, wenn
eine offenbar berechtigte, kein Rechtsgut verletzende Meinungs=
äußerung, z. B. eine den staatlichen Behörden mißliebige Kritik
öffentlicher Zustände mißbräuchlich mit Strafe belegt und dadurch
das Prinzip der Preßfreiheit verletzt worden sei. Der Rekurrent
behaupte dieß nun allerdings; allein der einem Obergerichts=
mitgliede gemachte Vorwurf, es thue seine Pflicht nicht und ver=
walte die Rechtspflege politisch parteilich, enthalte offenbar, sofern
dessen Wahrheit nicht bewiesen werde, eine strafbare Injurie.
Darüber lasse sich vernünftigerweise nicht streiten. Der Einwand,
der eingeklagte Artikel enthalte den Vorwurf der Pflichtverletzung
und Parteilichkeit nicht selbst, sei, nach der ganzen Haltung des
Artikels, offenbar unbegründet. Mit der Anrufung anderer Artikel
die das gleiche gesagt haben sollen, könne sich der Rekurrent
nicht rechtfertigen. Der Rekursbeklagte sei berechtigt, jeden Artikel
einzuklagen, der ihn beschule. Die sämmtlichen gegen den Rekurs=
beklagten gerichteten, diesem bis dahin noch meist unbekannt
gewesenen Artikel, entstammen übrigens wohl so ziemlich der
gleichen Quelle. Der Einsender des eingeklagten Artikels sei ent=
weder der Vater aller jener Artikel oder stehe doch mit dem oder
den Verfassern derselben im Bunde. Daß das eingeleitete Vorver=
fahren zulässig sei, habe das Bundesgericht schon wiederholt aner=
kannt. Das Editionsbegehren sei in concreto um so mehr gerecht=
fertigt, als der Rekurrent selbst den eingeklagten Artikel als
„Einsendung" bezeichnet habe. Jedes Strafverfahren habe die
Aufgabe den wahren Schuldigen zur Strafe zu ziehen. Daß die
Preßfreihet postulire, der Beleidigte müsse sich mit einem bloßen
Strohmann begnügen, sei offenbar unrichtig. Auf den Wahrheits=
beweis habe sich der Rekursbeklagte bis jetzt gar nicht eingelassen,

da darüber erst im Hauptverfahren zu entscheiden sei. Er weise
übrigens die ihm gemachten verleumderischen Zulagen energisch
zurück.

Das Bundesgericht zieht in Erwägung:

1. Die angefochtene Entscheidung qualifizirt sich nicht als
Endurtheil; sie spricht nicht aus, daß der Rekurrent wegen des
eingeklagten Artikels einer durch das Mittel der Druckerpresse
begangenen Ehrverletzung schuldig und deßhalb mit Strafe zu
belegen sei; sie enthält nur, einerseits (in Dispositiv 1) den
Ausspruch, daß der eingeklagte Artikel für den Kläger „objektiv
beleidigend" sei und daß somit Grund zur Eröffnung eines gerichtlichen Verfahrens zum Zwecke der Feststellung der Thäterschaft
vorliege; andrerseits (in Dispositiv 2) eine prozeßuale Auflage
an den Beklagten.

2. Wie nun das Bundesgericht bereits in seiner Entscheidung
in Sachen Jäger gegen Lehmann vom 10. Mai 1889 (Amtliche
Sammlung XV, S. 60 Erw. 2) ausgesprochen hat, ist der staatsrechtliche Rekurs wegen Verletzung der Preßfreiheit nicht nur gegen
Endurtheile sondern auch gegen prozeßuale Auflagen statthaft,
welche mit dieser verfassungsmäßigen Gewährleistung im Widerspruche stehen. Insoweit sich also der Rekurs gegen die in
Dispositiv 2 des angefochtenen Entscheides enthaltene Auflage
richtet, ist derselbe nicht verfrüht.

3. Dagegen erscheint in dieser Richtung der Rekurs als unbegründet. Durch Dispositiv 2 des angefochtenen Entscheides wird
dem Rekurrenten nicht, wie dieser unterstellt und wie allerdings
unzulässig wäre, aufgegeben, seine Aussage, daß er der Verfasser
des auf den Kläger bezüglichen Theiles des 'eingeklagten Artikels
sei, zu beschwören; vielmehr wird ihm dadurch nur auferlegt, das
Manuskript vorzulegen und seine bezüglichen Angaben (d. h.
wohl die Identität des Manuskriptes, eventuell die Thatsache, daß
er dasselbe nicht mehr besitze), auf Begehren eidlich zu bekräftigen.
Diese im dispositiven Theile des angefochtenen Urtheils einzig
enthaltene Auflage aber steht mit der verfassungsmäßigen Garantie
der Preßfreiheit nicht im Widerspruch. Eine Androhung irgend
welcher Zwangsmaßregeln für den Fall der Editionsverweigerung
ist mit derselben nicht verbunden. In der bloßen Auflage der

Edition dagegen kann eine Verfassungsverletzung nicht gefunden
werden. Dieß ist vom Bundesgericht bereits in seiner angeführten
Entscheidung in Sachen Jäger gegen Lehmann ausgeführt und
begründet worden und es darf auf die Begründung dieser Ent=
scheidung um so mehr verwiesen werden, als der Rekurrent einen
Versuch, dieselbe zu widerlegen gar nicht gemacht hat. Es mag
daher hier nur wiederholt werden: Die Gewährleistung der
Preßfreiheit fordert nicht, daß der eines Preßvergehens Beklagte
von den allgemein geltenden prozeßualen Parteipflichten befreit
werde. Da nun nach aargauischem Rechte die Editionspflicht der
Parteien in Preßinjuriensachen wie in Injuriensachen über=
haupt sich nach den Bestimmungen der Civilprozeßordnung regelt,
so dürfen dem einer Preßinjurie Beklagten die nämlichen Auf=
lagen hinsichtlich der Edition von Urkunden gemacht werden,
welche nach der Civilprozeßordnung allgemein gegenüber den
Parteien statthaft sind. Eine Verletzung der Preßfreiheit läge
nur dann vor, wenn in einem Preßprozesse die beklagte Partei
denjenigen Zwangsmaßregeln unterworfen würde, welche das
Gesetz gegen widerspenstige Zeugen oder editionspflichtige Dritte,
nicht aber gegen ungehorsame Parteien gestattet und somit der
Beklagte gleichzeitig als Partei und als Zeuge behandelt würde.
Dieser Fall liegt aber hier zur Zeit nicht vor, denn Zwangs=
maßregeln für den Fall der Verweigerung der Edition sind
nicht angedroht und es ist also gar nicht ersichtlich, daß an
die Verweigerung der Edition ein anderes Präjudiz geknüpft
werden wolle, als dasjenige, welches die aargauische Gesetzgebung
der ungehorsamen Partei androht (b. h. nach § 152 litt. a der
aargauischen Civilprozeßordnung die Folge, daß der vom Gegner
behauptete Inhalt der Urkunde als wahr angenommen wird).
Wenn der Rekurrent andeutet, es sei das für Preßinjuriensachen
in der aargauischen Praxis übliche Präliminarverfahren zu Er=
mittlung des wirklichen Verfassers des eingeklagten Preßerzeug=
nisses überhaupt verfassungswidrig, so ist dies offensichtlich unbe=
gründet. Die Gewährleistung der Preßfreiheit verbietet doch gewiß
nicht, daß nach dem wahren Verfasser eines beleidigenden Preß=
erzeugnisses geforscht und der Redaktor der Zeitung, in welcher
dasselbe erschienen ist, darüber amtlich angefragt werde.

4. Insoweit sodann die Beschwerde darauf begründet wird, der eingeklagte Artikel enthalte keine Ehrverletzung sondern lediglich eine berechtigte Kritik, ist dieselbe jedenfalls verfrüht. Denn Dispositiv 1 des angefochtenen Entscheides enthält ja, wie bemerkt, noch gar kein Strafurtheil; seine Bedeutung liegt lediglich darin, daß festgestellt wird, es liege Grund zur Einleitung eines gerichtlichen Verfahrens vor. Die Frage, ob der Thatbestand einer strafbaren Ehrverletzung wirklich gegeben sei, oder ob es sich, nach Gestalt der Sache, um eine berechtigte Meinungsäußerung handle, ist noch gar nicht entschieden, sondern der Erörterung und Entscheidung im Hauptverfahren vorbehalten. Es kann also zur Zeit von vornherein keine Rede davon sein, daß der Rekurrent wegen einer offenbar berechtigten, kein Rechtsgut verletzenden Meinungsäußerung mit Strafe belegt worden sei und somit eine Verletzung der Preßfreiheit vorliege.

Demnach hat das Bundesgericht

erkannt:

Die Beschwerde wird im Sinne der Erwägungen als unbegründet abgewiesen.

---

100. Urtheil vom 22. Oktober 1892 in Sachen Schmiblin und Sauter.

A. Durch eine in Nr. 19 der in Zofingen erscheinenden „Schweizerischen Allgemeinen Volkszeitung" vom 10. Mai 1891 enthaltene Einsendung „Aus Ermatingen", fühlte sich Pfarrer Sulser in Ermatingen beleidigt. Er forderte den Redaktor der Zeitung, S. Schmiblin in Zofingen, zu Nennung des Einsenders auf und als derselbe dem Begehren keine Folge gab, leitete er gegen ihn an seinem Wohnorte in Zofingen, das in Preßinjuriensachen nach der aargauischen Praxis übliche Präliminarverfahren zu Ermittlung des Verfassers und Einsenders ein. S. Schmiblin nannte ihm nunmehr den Otto Sauter, Spengler in Ermatingen als Einsender, indem er ihm gleichzeitig einen Brief des letztern, d. d. 16. Januar übermachte, in welchem Sauter zugab, Mit-

theilungen betreffend Vorgänge in der Gemeinde Ermatingen
gemacht zu haben, gleichzeitig aber behauptete, diese Mittheilungen
seien nicht injuriös gewesen; ihr Text sei auf der Redaktion
umgearbeitet worden und erst dadurch habe die Publikation einen
injuriösen Charakter erlangt. Pfarrer Sulzer zog hierauf die in
Zofingen gegen den Redaktor Schmidlin eingeleitete Klage zurück
und erhob gegen Sauter, an dessen Wohnorte, beim Bezirksgericht
Kreuzlingen, Klage wegen Amtsehrverletzung, begangen durch
das Mittel der Presse, indem er angemessene Bestrafung und
Ersatz der Prozeßkosten, einschließlich der Kosten des aargauischen
Präliminarverfahrens, verlangte. Zum Beweise für die Autorschaft
des Beklagten verlangte er Edition der Originalurkunde von dem
Redaktor Schmidlin in Zofingen, eventuell Editionshandgelübde.
Der Beklagte stellte der Klage eine Reihe von Einreden entgegen;
insbesondere erhob er: 1. Die Einrede der Inkompetenz des Gerichts, da nach thurgauischem Rechte nur das forum delicti
commissi begründet sei; 2. die Einrede unrichtiger Durchführung
des Präliminarverfahrens im Kanton Aargau, da eine blos private
Nennung des Verfassers von Seite des verantwortlichen Heraus-
gebers der Zeitung nicht genüge, sondern ein Richterspruch nothwendig sei; 3. behauptete er, er sei straffrei, da nach aargauischem
Rechte Ehrverletzungen, speziell aber Amtsehrverletzungen, mit Rücksicht auf den Verfassungsgrundsatz nulla poena sine lege und
die dortige mangelhafte Gesetzgebung nicht bestraft werden können;
4. erhob er die Einrede der Klageverjährung, da das aargauische
Recht blos eine halbjährige Frist zur Klageerhebung statuire.
Das Bezirksgericht Kreuzlingen beschloß, ohne auf diese Einwendungen einzutreten, am 16. Mai 1892: 1. Habe bei Ver-
meidung des Editionshandgelübdes Redaktor Schmidlin in Zofingen
den Originalbrief des Beklagten, welcher die Einsendung in Nr. 19
Jahrgang 1891 der „Schweizerischen Allgemeinen Volkszeitung",
betitelt „Aus Ermatingen" zur Folge hatte, innert der Frist von
zehn Tagen ans Recht zu legen; 2. zahle Kläger Gerichtsgebühr
25 Fr., Præsidialia 6 Fr., Kanzlei 2 Fr. 60 Cts., Weibel
— Fr., Summa — Fr. — Cts. und bleiben die Kosten bei
der Hauptsache. 3. Mittheilung an Redaktor Schmidlin.

　　B. Gegen diesen Beschluß ergriff Advokat Dr. Deucher in

Kreuzlingen, Namens des S. Schmiblin und des O. Sauter den staatsrechtlichen Rekurs an das Bundesgericht. Er beantragt: 1. Mit Bezug auf Schmiblin: Der bezirksgerichtliche Beschluß d. d. 16. Mai a. c. ist als verfassungsverletzend aufzuheben. 2. Mit Bezug auf Sauter: Der bezirksgerichtliche Beschluß ist als verfassungsverletzend aufzuheben und das Bezirksgericht Kreuzlingen anzuweisen, unter sofortiger Abweisung der Amtsehrverletzungsklage des Pfarrer Sulser in Ermatingen dem Rekurrenten die nach den kantonalen Gesetzen und Praxis übliche Prozeßentschädigung zuzusprechen, alles unter Folge der Kosten für den Rekursgegner Sulser. Zur Begründung wird ausgeführt: 1. Rücksichtlich des S. Schmiblin: Der thurgauische Richter sei nicht kompetent, gegenüber dem landesfremden Rekurrenten auf eine Zwangsmaßregel der thurgauischen Civilprozeßordnung zu erkennen. Bei Durchführung des angefochtenen Beschlusses würde Rekurrent ungünstiger gestellt als er es im Kanton Aargau wäre. Denn im Kanton Aargau sei die Ehrverletzungsklage verjährt und der Rekurrent könnte es daher ablehnen, auf die Sache überhaupt einzutreten. Es seien demnach Art. 4 und 58 B.=V. verletzt. Nach Art. 12 der thurgauischen Kantonsverfassung dürfe hier überhaupt nicht nach der thurgauischen Civilprozeßordnung verfahren werden. Es sei das zugestandenermaßen nöthige Präliminarverfahren noch nicht abgeschlossen und dieses könnte nur von den aargauischen Behörden durchgeführt werden; diese könnten aber, wegen Klageverjährung, einen Editionsbeschluß nicht mehr erlassen. Er protestire unter Berufung auf Art. 55 B.=V. dagegen, daß ihm der thurgauische Richter eine Rechtspflicht überbinde, die er „nach seinem Staatsrechte nicht mehr habe". Das aargauische Recht kenne kein Handgelübbe und er protestire daher gegen die, wenn auch nur eventuelle, Ueberbindung eines solchen. Uebrigens wäre in casu die Auflage eines Handgelübbes auch nach der thurgauischen Civilprozeßordnung unzuläßig. 2. Rücksichtlich des Rekurrenten Sauter: Durch den angefochtenen Beschluß habe sich das Gericht implicite für kompetent erklärt. Dieß verletze die Vorschriften der thurgauischen Strafprozeßordnung und des thurgauischen Strafgesetzes und damit die Verfassungsgrundsätze über Preßfreiheit. Nach letztern müsse, wie das thurgauische Obergericht durch Entscheidung vom 1. Juli 1886 anerkannt habe, der eines Preßvergehens Beschuldigte da belangt werden, wo sich die Presse, deren er sich bedient habe, befinde. Jedenfalls richte sich die „Frage nach den verantwortlichen Personen nach dem Orte der Begehung" und es sei auch nach thurgauischem Rechte (§ 5 der Strafprozeßordnung in Verbindung mit § 2 litt. b des Strafgesetzbuches) der Ort der Begehung als absolut erster Gerichtsstand festgesetzt und eine Wahl zwischen verschiedenen Gerichtsständen unzuläßig. Sollte übrigens, gemäß der civilprozeßualen Regel, in Ehrverletzungssachen der allgemeine Gerichtsstand des Wohnortes als statthaft erachtet werden, so dürfe doch als Beklagter nur Jemand ins Recht gefaßt werden, der in einem richtigen Präliminarverfahren als Verfasser eines injuriösen Zeitungsartikels ermittelt sei; in concreto sei aber ein richtiges Präliminarverfahren, nach den in der aargauischen Praxis aufgestellten Regeln, nicht durchgeführt worden. Darin, daß der thurgauische Richter die Klage trotzdem an die Hand genommen, liege eine Verletzung der Preßfreiheit. Ebenso liege eine Verletzung der Preßfreiheit und der Art. 4 und 58 B.-V. darin, daß das Gericht die Einrede der Straffreiheit und der Verjährung nicht beachtet habe. Beide Einreden müssen nach aargauischem Rechte, als dem Rechte des Thatortes, beurtheilt werden; nach aargauischem Rechte aber seien einerseits Ehrverletzungen, speziell Amtsehrverletzung, überhaupt nicht strafbar, andrerseits sei die Klage verjährt. Man könne den Einsender eines Zeitungsartikels nicht mehr belangen, nachdem der nach dem Grundsatze der responsabilité par cascades in erster Linie haftende Redaktor oder Herausgeber nicht mehr belangt werden könne.

C. In seiner Vernehmlassung auf diese Beschwerde führt der Rekursbeklagte Pfarrer Sulfer in thatsächlicher Beziehung zunächst aus: Redaktor Schmiblin habe ihn, als er ihn zu Nennung des Einsenders aufgefordert habe, durch allerlei Ausflüchte, wie, er kenne den Einsender selbst nicht, er sei selbst mystifizirt worden u. s. w., bis nach Ablauf der Verjährungsfrist des aargauischen Rechts hinzuhalten gesucht. Schmiblin habe zu diesem Zwecke sogar einen Brief an einen gar nicht existirenden Sekretär Ribi in Ermatingen, als an den Einsender des Artikels geschrieben. Erst

nachdem er bemerkt habe, daß seine Verbindung mit dem wirklichen
Einsender des Artikels konstatirt und sein unwahres Spiel auf=
gedeckt werden könne, habe Schmiblin sich zu Nennung des wirk=
lichen Einsenders herbeigelassen. In rechtlicher Beziehung bemerkt
der Rekursbeklagte im Wesentlichen: Ad 1. Redaktor Schmiblin
werde nicht als Beklagter belangt, sondern er falle nur als Zeuge
resp. editionspflichtiger Dritter in Betracht. Der allgemein für
jeden Bürger geltenden Zeugnißpflicht könne er sich nicht deßhalb
entziehen, weil er in einem andern Kantone wohne, als in
welchem der Prozeß geführt werde. Daß gegen Schmiblin ein
Präliminarverfahren vor den aargauischen Gerichten vorangegangen
sei, sei vollständig gleichgültig. Dieß schließe seine Zeugnißpflicht
in dem Prozeße gegen Sauter, welcher von dem vorangegangenen
Präliminarverfahren ganz verschieden sei, nicht aus. Die thur=
gauische Verfassung verbiete die Verfolgung von Ehrverletzungen
in der Form des Civilprozesses nicht; ob die Auflage eines
Editionshandgelübbes in casu nach der thurgauischen Civilprozeß=
ordnung statthaft sei, habe das Bundesgericht nicht zu untersuchen.
Darüber, daß ihm blos ein Handgelübbe und nicht (wie dieß
nach aargauischem Rechte der Fall wäre) ein solenner Eid aufer=
legt worden sei, könne sich Schmiblin jedenfalls nicht beschweren,
übrigens habe der thurgauische Richter noch gar nicht erklärt, ob
er dieses Handgelübbe abnehmen wolle oder ob die Delegation
an das Gericht in Zofingen geschehen solle. Ad 2. Der Gerichts=
stand des Wohnortes des Beklagten sei nach der thurgauischen
Civilprozeßordnung für Ehrverletzungsfälle begründet. Inwiefern
in der Abweisung der Kompetenzeinrede des Rekurrenten Sauter
eine Verletzung der Preßfreiheit sollte liegen können, sei nicht
einzusehen. Die Bundesbehörden haben ausdrücklich anerkannt,
daß es den kantonalen Gesetzen überlassen bleibe, die Strafklagen
gegen bekannte Verfasser von injuriösen Artikeln vor den Richter
des Druckortes oder den Richter des Wohnortes des Beklagten
zu weisen und auch das thurgauische Obergericht habe diesem
Grundsatze beigepflichtet. Damit seien auch die weitern Einwen
bungen des Rekurrenten erledigt. Wenn einmal der in Er=
matingen domizilirte und gleichzeitig im Kanton Thurgau ver=
bürgerte Beklagte vor seinem thurgauischen Richter Rede stehen

müsse, so sei es auch selbstverständlich, daß er formell und
materiell nach thurgauischem Rechte zu beurtheilen sei. Es sei
für Sauter ganz gleichgültig, auf welche Weise der Rekursbeklagte
dazu gekommen sei, ihn gerichtlich zu belangen; dieß hätte ohne
jedes Präliminarverfahren geschehen können. Entscheidend werde
einzig sein, ob ihm seine Autorschaft des beleidigenden Artikels
vor dem thurgauischen Richter könne nachgewiesen werden. Die
Strafbarkeit der Handlung, über welche das Gericht übrigens
noch gar nicht entschieden habe, beurtheile sich nach thurgauischem
Rechte; übrigens seien auch nach aargauischem Rechte Ehrverletzungen strafbar. Die Klage sei innerhalb Jahresfrist seit Verübung der Ehrverletzung und Kenntniß des Thäters erhoben
worden und daher nach thurgauischem Rechte nicht verjährt. Ob
und welche gütlichen oder rechtlichen Vorkehren der Rekursbeklagte
vorher im Kanton Aargau gegen Schmiblin getroffen habe,
berühre den Rekurrenten Sauter gar nicht. Demnach werde
Abweisung der staatsrechtlichen Rekurse beider Rekurrenten beantragt.

D. Das Bezirksgericht Kreuzlingen, welchem zur Vernehmlassung ebenfalls Gelegenheit gegeben worden ist, macht rücksichtlich des Rekurses des O. Sauter wesentlich die nämlichen Gründe
geltend, wie der Rekursbeklagte. Mit Bezug auf den Rekurs des
S. Schmiblin bemerkt es: Dessen Beschwerde entbehre jeder Begründung. Derselbe sei nicht Partei, nicht einmal Litisdenunziat
oder Intervenient, sondern lediglich ein Dritter, wie ein Zeuge.
Wenn er sich weigere, direkt dem thurgauischen Richter über das
Original der injuriösen Einsendung Auskunft zu geben, so könne
ja der aargauische Richter hiefür angegangen werden.

Das Bundesgericht zieht in Erwägung:

I. Betreffend den Rekurs des S. Schmiblin:

1. Wie sich aus der Vernehmlassung sowohl des Rekursbeklagten
als des Bezirksgerichtes Kreuzlingen ergibt, hat die angefochtene
Schlußnahme des letztern nicht die Bedeutung, daß gegen den
Rekurrenten Schmiblin, wenn er sich weigern sollte, vor dem
thurgauischen Gerichte zu erscheinen und das Original der Einsendung vorzulegen oder das Editionshandgelübbe zu leisten, von

dem thurgauischen Richter Zwangsmaßregeln dürften angeordnet
werden. Vielmehr erkennt das Bezirksgericht Kreuzlingen an,
daß in diesem Falle die Intervention der Behörden des Wohn=
ortskantons des Rekurrenten, des Kantons Aargau, müsse ange=
rufen werden. Danach liegt denn ein verfassungswidriger Eingriff
in die Souveränität des Wohnortskantons nicht vor. Allerdings
ist ein Zwangsverfahren zu Realisirung einer publizistischen Ver=
pflichtung, wie der Zeugnißpflicht und dergleichen, nur gegen
Personen statthaft, welche der Gerichtsgewalt des betreffenden
Kantons unterstehen und erstreckt sich letztere nicht über das
Kantonsgebiet hinaus. Sollen Einwohner eines andern Kantons
zur Zeugnißabgabe oder Edition und dergleichen angehalten
werden, so muß, insofern dieselben nicht freiwillig Folge leisten,
um Leistung der Rechtshülfe bei den Behörden ihres Wohnorts=
kantons nachgesucht werden, wobei dann natürlich, bei rogatorischer
Einvernahme, die Gesetzgebung dieses Kantons darüber entscheidet,
ob zu Bekräftigung einer Aussage ein Eid oder ein Handgelübbe
zu leisten ist, und dergleichen. Dagegen steht selbstverständlich
nichts entgegen, daß der Richter des Prozeßortes ausspreche, es
sei ein Begehren um Einvernahme auswärtiger Zeugen oder
Editionspflichtiger begründet. Eine derartige Entscheidung involvirt,
sofern nur für deren zwangsweise Durchführung die Mitwirkung
des Wohnortskantons angerufen wird, in keiner Weise einen
Eingriff in die Hoheitsrechte des letztern. Danach erscheint denn
der Rekurs des S. Schmiblin ohne weiters als unbegründet.
Wenn der Rekurrent noch behauptet, die Verfolgung von Preß=
injurien nach den Formen des Civilprozesses verstoße gegen
Art. 12 der thurgauischen Kantonsverfassung, so ist dies völlig
unbegründet. Wenn diese Verfassungsbestimmung vorschreibt, daß
der Mißbrauch der Presse den Bestimmungen des Strafgesetzes
unterliege, so ist damit über die Prozeßform, in welcher Preß=
delikte zu verfolgen sind, nichts bestimmt. Ob die durch die ange=
fochtene Entscheidung gemachte Auflage nach dem thurgauischen
Civilprozeßrechte statthaft sei, hat das Bundesgericht nicht zu unter=
suchen. Im Uebrigen beruhen die Beschwerden des Rekurrenten
Schmiblin sämmtlich darauf, daß er vollständig verkennt, daß er
in dem gegen den Rekurrenten Sauter eingeleiteten Injurienpro=

zesse nicht, wie in dem gegen ihn als Redaktor der „Allgemeinen
Schweizerischen Volkszeitung" im Kanton Aargau eingeleiteten
Präliminarverfahren, Beklagter sondern einfach Zeuge oder editionspflichtiger Dritter, seine Stellung somit eine gänzlich verschiedene ist. Für die Pflichten des Rekurrenten, als Zeuge oder
editionspflichtiger Dritter, ist es natürlich völlig gleichgültig, ob
er in seiner Stellung als Redaktor noch belangt werden könnte
und wozu er in der Stellung als Beklagter nach aargauischem
Rechte verpflichtet wäre.

II. Betreffend den Rekurs des O. Sauter.

2. Kein Grundsatz des eidgenössischen oder kantonalen Verfassungsrechtes verbietet, daß der Verfasser eines injuriösen
Zeitungsartikels in Gemäßheit der kantonalen Gesetzgebung an
seinem Wohnorte verfolgt wird. Speziell folgt aus der Gewährleistung der Preßfreiheit ein derartiges Verbot durchaus nicht
(siehe Ullmer, Staatsrechtliche Praxis I, Nr. 242). Allerdings
ist von der Bundesversammlung die Vorschrift, daß Preßvergehen,
nach Wahl des Klägers, entweder da, wo die Schrift herausgekommen oder da, wo sie verbreitet worden sei, verfolgt werden
können, als mit der Gewährleistung der Preßfreiheit unvereinbar
erklärt worden (Ullmer I, Nr. 182). Allein daraus folgt offenbar
durchaus nicht, daß der Verfasser eines injuriösen Preßerzeugnisses
nicht an seinem Wohnorte belangt werden dürfe, sofern die kantonale Gesetzgebung für Injuriensachen den Gerichtsstand des
Wohnortes zuläßt. In einer Norm letzterer Art kann nicht, wie
in einer Vorschrift erstern Inhalts, ein die Presse betreffendes
Ausnahmegesetz gefunden werden. Ebensowenig ist, wie keiner
weitern Ausführung bedarf, die Statuirung des Gerichtsstandes
des Wohnortes für Injuriensachen mit Art. 58 B.-V. unvereinbar. Ob nach der thurgauischen Gesetzgebung der Gerichtsstand
des Wohnortes des Beklagten für Injuriensachen zugelassen sei,
entzieht sich der Nachprüfung des Bundesgerichtes; übrigens wäre
dies nach dem klaren Wortlaute des Art. 9 der Civilprozeßordnung
zu bejahen.

3. Liegt danach darin, daß das thurgauische Gericht durch
seinen angefochtenen Beschluß sich (stillschweigend) als kompetent

erklärt hat, eine Verfassungsverletzung nicht, so ist der Rekurs überhaupt unbegründet. Da über die Strafbarkeit des Rekurrenten vom Gerichte noch nicht entschieden worden ist, so ist die Beschwerde, soweit sie sich darauf stützt, daß die That am Thatorte straflos sei und daß nach dem Gesetze des Thatortes die Strafklage verjährt sei, verfrüht. Sie ist aber auch in allen Theilen materiell unbegründet. Eine Verfassungsverletzung liegt darin, daß der thurgauische Richter in der Sache thurgauisches materielles Strafrecht und thurgauisches Prozeßrecht anwendet, offenbar nicht. Vielmehr ist klar, daß dieß allgemeinen Grundsätzen entspricht. Die Einwendungen des Rekurrenten, daß das Präliminarverfahren im Kanton Aargau nicht richtig durchgeführt worden sei und dergleichen, gehen vollständig fehl und sind kaum verständlich. Gegenüber dem Rekurrenten Sauter handelt es sich ja nicht um dieses, zur Ermittlung des Einsenders, gegen den Redaktor der Zeitung gerichtete Präliminarverfahren, sondern einzig und allein darum, ob ihm, gleichviel mit welchen Beweismitteln, nachgewiesen werden kann, daß er der Einsender des injuriösen Artikels ist. Ob die Strafklage gegen den Redaktor nach aargauischem Rechte verjährt sei oder nicht, ist für die strafrechtliche Verantwortlichkeit des Rekurrenten Sauter nach thurgauischem Rechte augenscheinlich vollständig gleichgültig.

Demnach hat das Bundesgericht

erkannt:

Die Rekurse des S. Schmidlin und des O. Sauter werden als unbegründet abgewiesen.

IV. Gerichtsstand des Wohnortes.
For du domicile.

101. Urtheil vom 7. Oktober 1892 in Sachen Leuthold.

A. Bertha Leuthold von Uetikon (Zürich) und Adolf Schuh=
mann von Ravensburg (Würtemberg) hatten seit 15. März 1884
eine Kollektivgesellschaft zum Zwecke des Handels in Bijouterie=
und Luxusartikeln mit dem Hauptsitze in Interlaken und einer
Zweigniederlassung in Luzern gebildet, welche im Handelsregister
von Interlaken eingetragen war. Am 31. Juli 1888 wurde
zwischen Chr. H. Schuh, Kaufmann, und Iffrig, Coiffeur, in
Interlaken, als Vermiethern einerseits und Bertha Leuthold und
A. Schuhmann, Besitzer von Verkaufsgeschäften in Interlaken und
Luzern, als Miethern andererseits ein Vertrag abgeschlossen, wo=
durch die erstern den letztern ein Verkaufsmagazin, sowie ver=
schiedene andere zum Geschäftsbetriebe erforderliche Räumlichkeiten
des Hauses Nr. 216 am Höheweg zu Interlaken auf 5 Jahre
vom 1. Januar 1889 an vermietheten. Laut Publikation im
Handelsamtsblatt vom 6. April 1891 Nr. 78 ist die Firma
B. Leuthold und Schuhmann in Interlaken wegen Verzicht er=
loschen. „Frau Bertha Leuthold von Uetikon (Kantons Zürich)
„ist Inhaberin der Firma B. Leuthold daselbst, welche Aktiven
„und Passiven der erloschenen Firma übernimmt. Art des Ge=
„schäftes: Handel mit Bijouterie= und Luxusartikeln, Hauptsitz
„in Interlaken; Zweiggeschäft in Luzern.“ Am 28. September
1891 kündigte Chr. H. Schuh, welcher inzwischen Alleineigen=
thümer des Miethobjektes geworden war, der Frau B. Leuthold
den Miethvertrag auf 31. Dezember 1891 auf, indem er aus=
führte: Der Vertrag sei mit der Kollektivgesellschaft B. Leuthold
und Schuhmann abgeschlossen worden; diese sei erloschen und es
sei somit der Fall des Art. 293 O.=R. eingetreten. An die Ueber=
nahme der Aktiven und Passiven der erloschenen Kollektivgesell=
schaft durch Frau Leuthold sei er nicht gebunden. Frau Leuthold
nahm diese Aufkündigung nicht an; die Auflösung einer Kollektiv=

gesellschaft stehe dem in Art. 293 O.-R. vorgesehenen Falle des
Todes des Miethers nicht gleich, da ja trotz der Auflösung der
Gesellschaft die einzelnen Gesellschafter verpflichtet bleiben und für
die Erfüllung der Verträge der Gesellschaft aufkommen müssen;
übrigens sei im Miethvertrage einfach an Frau Leuthold und A.
Schuhmann vermiethet worden, ohne Hervorhebung der Kollektiv=
gesellschaft; Frau Leuthold sei aber immer noch da und wolle
den Vertrag erfüllen. Chr. H. Schuh reichte in Folge dessen beim
Gerichtspräsidenten von Interlaken Klage ein gegen „Frau Bertha
„Leuthold, Inhaberin der Firma B. Leuthold, Handlung mit
„Bijouterie und Luxusartikeln, Hauptsitz in Interlaken, Zweig=
„geschäft in Luzern, zur Zeit in Luzern sich aufhaltend.“ Er be=
antragte: Es sei gerichtlich zu erkennen, der Kläger H. Schuh
sei nicht verpflichtet, mit der Beklagten Frau Bertha Leuthold
denjenigen Miethvertrag fortzusetzen, den die HH. Schuh (Kläger)
und Iffrig am 31. Juli 1888 mit der Kollektivgesellschaft B.
Leuthold und Schuhmann abgeschlossen haben und es sei Frau
Bertha Leuthold daher zu verurtheilen, die durch den genannten
Vertrag vermietheten Objekte auf 1. Januar 1892 zu verlassen
unter Kostenfolge. Er bemerkte dabei: „Es werde eingeklagt, der
„Kläger sei nicht verpflichtet, einen Miethvertrag fortzusetzen und
„die Inhaberin der Miethsache sei zu deren Rückgabe an den
„Kläger verpflichtet. Die Ansprüche sind persönlicher Natur.“ Die
Beklagte bestritt die Kompetenz der bernischen Gerichte, indem sie
anführte: Der Miethvertrag sei von ihr und A. Schuhmann
persönlich und nicht von der Kollektivgesellschaft B. Leuthold und
Schuhmann abgeschlossen worden und bestehe noch fort. Die ein=
geklagten Ansprüche seien persönlicher Natur und rühren nicht von
einem Geschäfte her, welches mit der Haupt= oder Zweignieder=
lassung der Beklagten, sei es unter der Firma B. Leuthold und
Schuhmann oder unter der Firma B. Leuthold in Interlaken ab=
geschlossen worden sei. Die Beklagte sei aufrechtstehend und habe
zur Zeit der Anlegung der Klage (9. Dezember 1891) und schon
längere Zeit vorher und seither ihren Wohnsitz ausschließlich in
der Stadt Luzern. Sie müsse daher gemäß Art. 59 Abs. 1 B.=V.
dort belangt werden. Mit dieser Gerichtsstandseinrede wurde die
Beklagte erst= und oberinstanzlich abgewiesen, vom Appellations=

und Kassationshofe des Kantons Bern durch Entscheidung vom
7. Mai 1892 und wesentlich mit der Begründung: Die Entscheidung hange in erster Linie davon ab, ob in der That ein
persönlicher Anspruch eingeklagt werde oder nicht, was der Richter
nach dem gesammten Klageinhalte selbständig zu prüfen habe.
Nach der Klagebegründung werde nun offenbar nicht ein Anspruch
aus einem Miethverhältnisse geltend gemacht. Es werde im Gegentheil behauptet, daß der Kläger nicht mit der Beklagten, sondern
mit der Kollektivgesellschaft B. Leuthold und Schuhmann einen
Miethvertrag abgeschlossen habe und es werde verneint, daß die
Beklagte berechtigt sei, die Fortsetzung dieses Miethvertrages zu
verlangen. Es wäre denn auch sicherlich ein unbegreifliches Vorgehen, wenn der Kläger, der mit seiner Klage die Beklagte aus
seinem Gebäude austreiben wolle, zur Begründung dieses Anspruchs
sich darauf stützen würde, daß ein Miethvertrag, den er mit einem
Dritten um die fraglichen Lokalitäten abgeschlossen zu haben behaupte, auf Seite der Miethpartei nicht auf die Beklagte übergegangen sei und wenn er auf diese Weise unnöthig ein nach
seiner Ansicht unter andern Parteien abgeschlossenes Rechtsgeschäft
in den Bereich der gerichtlichen Diskussion ziehen und damit die
Beweislast nicht nur dafür, daß der Miethvertrag unter andern
als den Prozeßparteien abgeschlossen, sondern auch dafür, daß ein
Eintritt der Beklagten in das Miethverhältniß nicht stattgefunden
habe, von vornherein übernehmen würde. Aber wenn auch in
dieser Weise vorgegangen werden wollte, so könnte trotzdem
darin nicht die Geltendmachung eines persönlichen Anspruches gefunden werden, da immer noch die Behauptung übrig bleibe,
daß mit der Beklagten ein Vertragsverhältniß nicht bestehe, somit für einen persönlichen Anspruch die Passivlegitimation der
Beklagten durch die eigenen Behauptungen des Klägers ausgeschlossen würde. Vernünftigerweise müsse vielmehr als positiver
Klagegrund die Verletzung des Eigenthums des Klägers betrachtet
werden, deren sich die Beklagte dadurch schuldig machen solle, daß
sie unberechtigterweise einen Theil des dem Kläger zu Eigenthum
gehörenden Gebäudes inne habe. Thatsächlich sei denn auch die
Klage nach dieser Richtung zu substanziren versucht worden, indem
behauptet werde, auf der einen Seite, daß der Kläger Eigenthümer

des fraglichen Gebäudes sei, auf der andern Seite, daß die Be=
klagte ohne Berechtigung die betreffenden Lokalitäten inne habe.
Demgemäß entspreche denn auch das Klagebegehren in seinem
einzig kondemnatorischen, zweiten Theile dem Petitum einer actio
negatoria. Da somit der eingeklagte Anspruch dinglicher Natur
sei, so sei der Gerichtsstand in Interlaken begründet und seien ge=
naue prozeßuale Feststellungen über das Domizil der Beklagten
nicht erforderlich.

B. Gegen diesen Entscheid ergriff Frau Bertha Leuthold mit
Eingabe vom 5./6. Juli 1892 den staatsrechtlichen Rekurs an
das Bundesgericht wegen Verletzung des Art. 59 Abs. 1 B.=V.
Sie führt aus: Die Klage sei keine Eigenthumsfreiheitsklage,
sondern eine Klage auf Feststellung des Bestehens oder Nichtbe=
stehens eines Vertrages, der Kläger fordere richterliche Entschei=
dung dahin, daß zwischen ihm und der Beklagten ein Miethver=
trag, also ein obligatorisches Rechtsverhältniß nicht bestehe. Der=
artige, auf obligatorische Rechtsverhältnisse bezügliche Feststellungs=
klagen seien persönliche Klagen, wofür auf Schoch Art. 59 B.=V.
S. 103 verwiesen werde. Es habe denn auch zwischen den Par=
teien hierüber gar kein Streit geherrscht und es werde die Klage
durchaus nicht als actio negatoria begründet. Bestritten unter
den Parteien sei dagegen die Frage des Domizils; allein in dieser
Richtung habe die Rekurrentin hinlänglich bewiesen, daß sie zur
Zeit der Klageerhebung schon in Luzern domizilirt gewesen sei.
Danach werde beantragt:

I. Die Frau Bertha Leuthold könne nicht gehalten werden, sich
den bernischen Gerichtsbehörden in ihrer Streitsache gegen J. Chr.
Schuh in Interlaken zu unterwerfen und es sei daher der Entscheid
des bernischen Appellations= und Kassationshofes vom 7. Mai
abhin als der Bundesverfassung zuwiderlaufend aufzuheben.

II. Unter Kostenfolge für den Opponenten.

C. Der Rekursbeklagte J. Chr. Schuh trägt darauf an: Der
Rekurs der Frau Leuthold sei abzuweisen unter Kostenfolge. Er
bemerkt: Er klage gegen Frau Leuthold als Inhaberin der Firma
B. Leuthold, Handlung mit Bijouterie- und Luxusartikeln, Haupt=
sitz in Interlaken, in welcher Eigenschaft sie im Handelsregister
von Interlaken eingetragen sei. Unerachtet des Art. 59 B.=V.

nun können Ansprüche gegen ein Handelsgeschäft am Orte der Handelsniederlassung angebracht werden. Das bernische Gericht sei daher kompetent, ohne daß etwas darauf ankäme, ob die Klage eine persönliche oder eine dingliche sei. Ob die Klage, wie sie angestellt sei, den Verhältnissen entspreche, sei bei Beurtheilung der Hauptsache zu entscheiden; wäre dies zu verneinen, so müßte die Klage wegen mangelnder Passivlegitimation abgewiesen werden. Die Klage sei übrigens eine dingliche; der Kläger habe sich bei seiner Bezeichnung der Natur des Klageanspruchs geirrt und es sei diese Bezeichnung vom Appellations= und Kassationshofe mit Recht richtig gestellt worden.

Das Bundesgericht zieht in Erwägung:

1. Nach einem Zeugnisse des Polizeiinspektorates Interlaken vom 7. Dezember 1891 hat die Rekurrentin dort am 20. Juni 1891 ihre Ausweisschriften erhoben und hat ihren Wohnsitz nicht mehr in Interlaken. Nach zwei Zeugnissen des Stadtpolizeiamtes Luzern hat sie ihre Ausweisschriften am 23. Juli 1891 in dieser Stadt eingelegt, hat dort eigene Miethe und wohnt mindestens seit Frühjahr 1891 ununterbrochen in Luzern, wo sie ihre Steuer= pflicht erfüllt. Demnach kann ernstlich nicht bezweifelt werden, daß die Rekurrentin ihren persönlichen Wohnsitz zur Zeit der Klage= erhebung in Luzern hatte. Ebenso ist die Rekurrentin unbe= strittenermaßen aufrechtstehend. Dagegen ist ebenso unzweifelhaft, daß sie in Interlaken eine Handelsniederlassung besitzt. Sie ist dort, als Inhaberin eines Handelsgeschäftes, im Handelsregister eingetragen und betreibt, wenn auch nicht persönlich, sondern durch Dritte, thatsächlich dieses Geschäft. Somit ist denn die Beschwerde auch dann unbegründet, wenn die Klage sich als persönliche und nicht, wie der Appellations= und Kassationshof des Kantons Bern annimmt, als dingliche Klage qualifiziren sollte. Nach fest= stehender bundesrechtlicher Praxis nämlich kann der Inhaber eines Handelsetablissements, des Art. 59 Abs. 1 B.=V. unerachtet, aus den auf den Betrieb dieses |Etablissementes bezüglichen Geschäften am Orte der Handelsniederlassung auch dann belangt werden, wenn er sein persönliches Domizil in einem andern Kanton hat und gilt dies nicht nur für die Hauptniederlassung, sondern auch für Zweigniederlassungen. Im vorliegenden Falle nun aber betrifft

die Klage unzweifelhaft ein auf den Betrieb der Handelsnieder=
lassung in Interlaken bezügliches Geschäft, da ja die Miethe der
Geschäftsräumlichkeiten für dieses Etablissement in Frage steht.

2. Demnach ist für das Schicksal des Rekurses nicht entschei=
dend, ob die Klage als eine dingliche oder als eine persönliche
erscheint. Immerhin mag bemerkt werden, daß in dieser Beziehung
der Auffassung des bernischen Appellations= und Kassationshofes
nicht beizutreten sein dürfte. Der Kläger hatte seine Klage aus=
drücklich als eine persönliche bezeichnet. Nun ist ja wohl richtig,
daß der Richter an diese Bezeichnung nicht gebunden war, wenn
aus dem Klageantrage und seiner Begründung sich klar ergab,
daß dieselbe eine irrthümliche, auf unrichtiger Auffassung des
Begriffs der persönlichen und dinglichen Klagen beruhende, sei.
Dies ist aber doch nicht der Fall. Der Kläger hat nicht auf
Anerkennung der Freiheit seines Eigenthums nnd Unterlassung
weiterer Besitzesstörungen geklagt, wie dies dem Begriffe der nega=
torischen Klage entspricht; sondern er verlangt in erster Linie die
Feststellung, daß er aus einem von ihm als Vermiether abge=
schlossenen Miethvertrage, also einem obligatorischen Rechtsgeschäfte,
der Beklagten gegenüber nicht weiter gebunden sei; in zweiter
Linie Räumung, oder, wie er sich auch ausdrückt, Rückgabe der
Miethsache. Mit andern Worten, er klagt nicht in seiner Eigen=
schaft als Eigenthümer gegen einen ihn widerrechtlich in seinem
Besitze störenden Dritten, sondern verlangt als Vermiether Rück=
gabe der Miethsache durch den Miether resp. dessen Rechtsnach=
folger, nachdem der Miethvertrag zufolge der Auflösung der
Kollektivgesellschaft Leuthold und Schuhmann und der Kündigung
des Vermiethers sein Ende erreicht habe. Nun ist aber unzweifel=
haft, daß der Vermiether auf Rückgabe der Miethsache nach be=
endigter Miethe einen persönlichen Anspruch ex contractu gegen
den Miether und dessen Rechtsnachfolger besitzt und diesen per=
sönlichen Anspruch hat der Rekursbeklagte gegen die Rekurrentin,
welche als Geschäftsübernehmerin denselben an Stelle der aufge=
lösten Kollektivgesellschaft zu erfüllen habe, eingeklagt. Er hat
daher seine Klage ganz mit Recht als eine persönliche bezeichnet.
Ob er statt der persönlichen (Vertrags=) Klage auch eine dingliche
(Vindikations= oder Negatorien=) Klage hätte erheben oder etwa auf

possessorischem Wege hätte vorgehen können, ist gleichgültig. Entscheidend ist, daß er thatsächlich nicht eine dingliche Klage, sondern die Vertragsklage erhoben hat. Wenn der Appellations= und Kassationshof bemerkt, daß hier als positiver Klagegrund vernünftigerweise nur die Verletzung des klägerischen Eigenthums betrachtet werden könne, also davon auszugehen scheint, es sei in derartigen Fällen überhaupt nur eine dingliche Klage juristisch möglich, so ist dies, nach dem Ausgeführten, unrichtig. Die Unrichtigkeit der gedachten Anschauung ergibt sich übrigens zur Evidenz aus der Erwägung, daß ja der Vermiether gar nicht nothwendigerweise Eigenthümer der Miethsache ist, sondern sehr wohl auch seinerseits blos Miether u. dgl. sein kann, wo denn natürlich die Erhebung einer Eigenthumsklage unmöglich ist, während doch selbstverständlich dem Vermiether ein Klagerecht gegen den Miether resp. dessen Rechtsnachfolger zustehen muß.

Demnach hat das Bundesgericht

erkannt:

Die Beschwerde wird als unbegründet abgewiesen.

―――――

102. Urtheil vom 22. Oktober 1892 in Sachen Sutermeister.

A. Am 11. März 1891 erwirkte Hans Sutermeister in Luzern, unter Berufung auf § 59 A Ziff. 3, B Ziff. 3 des luzernischen Schuldbetreibungsgesetzes, beim Gerichtspräsidenten von Luzern für eine, später anläßlich des Friedensrichtervorstandes auf 1580 Fr. 15 Cts. reduzirte, Forderung von 2180 Fr. 15 Cts. Arrest „auf das sämmtliche Guthaben des Wilhelm Sutermeister, zur Zeit in Hottingen, Kantons Zürich, das sich bei Hans Sutermeister dahier und bei Herrn Fürsprech Dr. Weibel hier befindet." Dieser Arrest wurde am 25. März 1891 von Wilhelm Sutermeister bestritten. Nachdem der Friedensrichter von Luzern am 14. April 1891 den Akzeßschein ausgestellt hatte, da die Streitsache wegen beharrlichen Ausbleibens des Beklagten nicht

gütlich habe beigelegt werden können, erhob Hans Sutermeister
am 25. April 1891 beim Bezirksgerichte Luzern gegen Wilhelm
Sutermeister „zur Zeit in Hottingen" Arrestklage mit dem An=
trage: Der am 11. März 1891 vom Kläger auf das Gut=
haben des Beklagten beim Kläger und bei Fürsprech Dr. Weibel
erwirkte Arrest sei gerichtlich zu bekräftigen und dem Kläger die
Forderung von 1580 Fr. 15 Cts. nebst Zins seit 1. Januar
1889 gutzusprechen unter Kostenfolge. In der Klageschrift wird
die Forderung spezifizirt und bemerkt: Der Arrest ist gültig nach
§ 59 Art. 1—3 Betreibungsgesetz. In der Klagebegründung
wird angeführt: Der Beklagte sei völlig und notorisch unzahlbar
und wiederholt erfolglos ausgepfändet worden. In der Rechts=
antwort bezeichnete sich der Beklagte als in Wiedikon, Kantons
Zürich domizilirt und bemerkte, er habe vor Friedensrichtervorstand
nicht erscheinen können, weil die Ladungen erst lange nach dem
Termine in seine Hände gelangt seien. Er bestritt, daß ein Arrest=
grund vorliege, speziell auch daß er zahlungsunfähig sei. Die
einzelnen Forderungsposten der Klage werden Punkt für Punkt
besprochen, theils bestritten, theils anerkannt und es machte der
Beklagte Gegenforderungen geltend. Er stellte die Anträge: 1. Die
Klage sei in allen Theilen abzuweisen; 2. Kläger habe an Be=
klagten zu bezahlen 891 Fr. 30 Cts.; 3. Kläger habe an Beklagten
die bei der Kantonalbank Zürich enthobenen Gegenstände laut
Verzeichniß, klägerisches Beleg 10, herauszugeben; 4. Kläger trage
sämmtliche Kosten. In der Replik des Klägers wird rücksichtlich
der Gültigkeit des Arrestes bemerkt: Der Arrest sei gültig, weil
der Beklagte notorisch unzahlbar sei und kein festes Domizil in
der Schweiz habe; er habe leere Pfandscheine auf sich und halte
sich bald in Außersihl, bald in Riesbach, in Hottingen, Wiedikon
2c. auf; domizilirt sei er nirgends. Der Beklagte erwirkte am
7. September 1891 eine Frist von einem Monat zu Einreichung
der Duplik, reichte eine solche aber nicht ein. Da der Beklagte
bei einer weitern Tagfahrt vom 1. April 1892 nicht erschien,
wohl aber eine aus Fluntern vom 31. März 1892 datirte Zu=
schrift an den Bezirksgerichtspräsidenten gerichtet hatte, in welcher
er anzeigte, daß weder er noch sein ehemaliger Anwalt erscheinen
werden, wurde er in die Tageskosten verurtheilt und dem Kläger

gestattet, ihn auf nächste Tagfahrt in contumaciam zu laden. Bei der nächsten Tagfahrt vom 22. April 1892 eröffnete der Gerichts= präsident, daß die Vorladung den Beklagten nicht erreicht habe, da die Vorladung als unbestellbar zurückgekommen sei. Das Be= zirksgericht gestattete hierauf dem Kläger abermals, den Beklagten auf nächste Tagfahrt in contumaciam zu laden. Diesmal erreichte die Vorladung den Beklagten; derselbe erschien aber nichtsdesto= weniger nicht. Das Bezirksgericht Luzern verurtheilte hierauf den Beklagten durch Urtheil vom 7. Mai 1892 in contumaciam gemäß dem Klageantrage, unter Ansetzung einer Purgationsfrist von 14 Tagen. Der Kläger, welchem die Mittheilung dieses Urtheils an den Beklagten oblag, wandte sich zu diesem Zwecke an das Bezirksgerichts=Präsidium Zürich, welches das Gemeinde= ammannamt Fluntern mit der Insinuation beauftragte. Am 14. Mai 1892 berichtete der Gemeindeammann von Fluntern, daß das Urtheil nicht angelegt werden könne, da Wilhelm Suter= meister schon vor einiger Zeit die Gemeinde verlassen habe, unbekannt, wohin; derselbe habe in Fluntern keine Ausweispapiere eingelegt gehabt. Auf nochmalige direkte Requisition des Klägers beim Gemeindeammann von Fluntern vom 1. Juni 1892 gelang indeß am 6. Juni 1892 die Zustellung. Der Gemeindeammann bescheinigt dabei, daß Wilhelm Sutermeister, den sein Weibel kenne, selbst bei ihm erschienen sei und erklärt habe, er wohne zur Zeit in Unterstraß, Weinbergstraße 43.

B. Mit Eingabe vom 11. Juli 1892 ergriff Wilhelm Suter= meister den staatsrechtlichen Rekurs an das Bundesgericht. Er stellte, indem er gleichzeitig um Sistirung der inzwischen angeord= neten Versilberung der Arrestobjekte beim Bundesgerichtspräsidium nachsuchte, unter Berufung auf Art. 4, 58 und 59 B.=V., den Antrag: Ist nicht der von Hans Sutermeister Luzern sub 11. März 1891 in Luzern angehobene Arrest auf Werthgegen= stände und ein Kontokorrentguthaben wegen Verfassungsbruch aufzuheben und das Urtheil vom Bezirksgericht Luzern de dato 7. Mai a. c. als ein total verfassungswidriges höchstinstanzlich zu erklären, alles unter Entschädigu= ngs und Kostenfolge? Zur Begründung bringt er neben zahlreichen nicht zur Sache gehörigen Ausfällen gegen die Gegenpartei, den Gegenanwalt und die Be=

hörden, an : Er sei aufrechtstehend, da es ihm, wenn auch unter
großen Entbehrungen, gelungen sei, alle seine drängenden Gläu=
biger zu befriedigen. Er habe ferner im Winter 1890/1891,
speziell auch zur Zeit der Arrestnahme am 11. März 1891 in
Rießbach bei Zürich gewohnt; überhaupt habe er seit 1887, mit
einer einzigen Unterbrechung im Jahre 1888, stets im Gerichts=
bezirke Zürich, in der Stadt Zürich und vier Ausgemeinden
gewohnt, wobei er allerdings aus verschiedenen Gründen seine
Wohnung öfters gewechselt habe. Der gegen ihn in Luzern ein=
gelegte Arrest verstoße also gegen Art. 59 Abs. 1 B.=V. und es
sei das luzernische Gericht verfassungsmäßig nicht kompetent. Eine
Schuldbetreibung habe weder im Kanton Luzern noch im Kanton
Zürich stattgefunden und es habe auch eine gehörige Friedens=
richterverhandlung nicht stattgehabt; er sei nämlich zwar im April
1891 nach Luzern citirt worden, aber die Citation habe ihn vor
der Tagfahrt nicht erreicht. Er habe nämlich damals nicht mehr
in Rießbach gewohnt und sei einige Tage abwesend gewesen. Zum
Beweise dafür, daß er zur Zeit der Arrestlegung in Rießbach
gewohnt habe, legt der Rekurrent mit seiner Beschwerdeschrift eine
Bescheinigung des Fr. Boßhardt in Rießbach d. d. 1. April 1891
ein, daß er diesem die Miethe für zwei von ihm bewohnte Zim=
mer an der Kreuzstraße für die Monate Januar—März 1891
(bis auf eine Restanz von 10 Fr.) bezahlt habe. In der gleichen
Bescheinigung bezeugte der Aussteller auch, daß der Rekurrent
pfandbare Gegenstände besessen habe. Im Weitern hat der Re=
kurrent eine Bescheinigung der Bezirksgerichtskanzlei Zürich d. d
9. Juli 1892 eingelegt, daß über ihn im Bezirke Zürich kein
Konkurs durchgeführt worden sei. Neben dem staatsrechtlichen
Rekurse an das Bundesgericht, hat der Rekurrent Beschwerden
an das luzernische Obergericht und dessen Justizkommission ge=
richtet, sowie strafrechtliches Einschreiten der luzernischen Straf=
behörden verlangt.

C. In seiner Vernehmlassung auf diese Beschwerde beantragt
der Rekursbeklagte Hans Sutermeister Abweisung der Rekursbe=
schwerde unter Kostenfolge und angemessene Ahndung der Aus=
fälle des Rekurrenten. Er bemerkt im Wesentlichen: Es seien alle
Rechtsmittel verwirkt, weil gegen den Arrest vom 11. März 1891

im Juni 1892 kein staatsrechtlicher Rekurs mehr statthaft sei
und gegen das Kontumazialurtheil nur das Rechtsmittel der
Purgation bestehe. Der Rekurrent sei nicht im Stande, nachzuweisen, daß er im März 1891 in irgend einer Gemeinde des
Gerichtskreises Zürich ein ordentliches Domizil gehabt habe; er
möge sich im Gerichtskreise Zürich aufgehalten haben, aber so,
daß Niemand ihn habe belangen können. Eine ordentliche Betreibung sei eben mangels eines Domizils des Schuldners nicht
möglich gewesen. Daß der Rekurrent zahlungsunfähig sei, ergebe
sich daraus, daß er schon im Jahre 1889 im Kanton Schwyz
leere Pfandscheine ausgestellt habe. Eine Verletzung des Art. 59
Abs. 1 B.=B. oder eine andere Verfassungsverletzung liegen
nicht vor.

D. Durch Verfügung vom 3. September 1892 setzte der Instruktionsrichter dem Rekurrenten Frist bis zum 18. gl. Mts. an,
um den Nachweis zu leisten, daß er im Monat März 1891 im
Kanton Zürich ein ordentliches Domizil gehabt habe, mit der
Androhung, daß bei unbenutztem Ablauf der Frist angenommen
würde, der Rekurrent sei nicht in der Lage diesen Nachweis zu
erbringen. Mit Eingabe vom 16./17. September reichte hierauf
der Rekurrent eine Reihe von Aktenstücken ein, aus welchen als
zur Sache bezüglich hervorzuheben sind: 1. Bescheinigung des
Kontrollbureaus Außersihl d. d. 17. September 1892, daß der
Rekurrent vom 16. September 1889 bis 20. Juli 1892 einen
Heimatschein zum Zwecke der Niederlassung auf diesem Bureau
gehabt habe. 2. Eine Bescheinigung des Briefträgers Heinrich
Straßer vom 13. September 1892, daß dieser dem Rekurrenten
vom 5. Januar 1891 bis Anfangs April 1891, Briefe, Zeitungen, Packete, Chargézuschriften 2c. in sein Domizil an der
Kreuzstraße 41, Parterre, Riesbach, gebracht habe. 3. Abschrift
eines Rechtsbots des Gemeindeammanns von Riesbach d. d.
24. Februar 1891, wodurch Wilhelm Sutermeister, Kreuzstraße 41
zu Bezahlung einer Forderung der Bezirksgerichtskanzlei Zürich
aufgefordert wird. Er bemerkt dazu: Es sei sowohl dem Gemeindeammann von Riesbach als der Bezirksgerichtskanzlei Zürich, dem
Briefträger und dem Kontrollbureau von Riesbach, sowie dem
Rekursbeklagten und seinem Anwalte bekannt gewesen, daß er im

März 1891 in Riesbach wohnte. Allerdings habe er in Riesbach keine Schriften deponirt gehabt. Er sei nämlich von Außersiehl, wo er seine Schriften eingelegt habe, nicht dauernd fortgezogen, sondern sei nur vorübergehend wegen eines in dem Hause, in dem er in Außersihl wohnte, vorgekommenen Typhusfalles von Außersihl nach Riesbach gezogen und habe daher seine Schriften in Außersihl gelassen. Uebrigens sei nicht sein Domizil vom 13. März 1891 die Hauptsache, sondern die Hauptsache seien die strafbaren Handlungen, welche gegen ihn vor der Arrestlegung verübt worden seien.

Das Bundesgericht zieht in Erwägung:

1. Soweit der Rekurs sich gegen das Urtheil des Bezirksgerichtes Luzern vom 7. Mai 1892 richtet, ist die Beschwerde unzweifelhaft rechtzeitig eingereicht. Allein, insoweit nun dieses Urtheil die Forderung des Rekursbeklagten gutheißt, kann der Rekurrent dasselbe deßhalb nicht anfechten, weil er in seiner Klagebeantwortung die Kompetenz des luzernischen Gerichts nicht bestritten, sondern vorbehaltlos zur Hauptsache verhandelt hat; er hat sich auf die Klage eingelassen und sogar eine Widerklage erhoben. Darin liegt, wie die bundesräthliche Praxis stets festgehalten hat, eine stillschweigende Anerkennung der Kompetenz des Gerichts; eine Partei, welche vorbehaltslos zur Hauptsache verhandelt, kann auf die hierin liegende Anerkennung der Kompetenz des Gerichts nicht nachträglich zurückkommen, wenn das Urtheil in der Hauptsache, welches sie wie ihr Gegner von dem angerufenen Richter verlangt hat, zu ihren Ungunsten ausfällt.

2. Dagegen hat der Rekurrent allerdings die Zulässigkeit des gegen ihn ausgewirkten Arrestes schon in seiner Antwort auf die Arrestklage mit der Begründung bestritten, er wohne im Gerichtskreise Zürich und sei aufrechtstehend; er hat also offenbar schon damals die verfassungsmäßige Zulässigkeit des Arrestes mit Hinsicht auf Art. 59 Abs. 1 B.=V. bestreiten wollen. Eine sachbezügliche Beschwerde ist auch jetzt noch zulässig. Denn, wie das Bundesgericht wiederholt entschieden hat, verliert der Arrestbeklagte dadurch, daß er die verfassungsmäßige Zulässigkeit eines Arrestes zuerst bei der zuständigen kantonalen Behörde bestreitet, das Recht

nicht, einen allfälligen abschlägigen Entscheid dieser Behörde im
Wege des staatsrechtlichen Rekurses an das Bundesgericht zu
ziehen (siehe Entscheidungen, Amtliche Sammlung VIII, S. 32,
Erw. 1). Der Rekurrent ist daher befugt, auch jetzt noch, nach
dem den Arrest bestätigenden Urtheil des Bezirksgerichtes Luzern
vom 7. Mai 1892, die verfassungsmäßige Zulässigkeit des
Arrestes, durch Rekurs an das Bundesgericht, anzufechten. Denn
gegenüber dem Urtheile vom 7. Mai 1892 ist, wie bemerkt, die
Rekursfrist gewahrt.

3. Es muß sich demnach fragen, ob der Rekurrent zur Zeit
der Arrestlegung einen festen Wohnsitz in der Schweiz außerhalb
des Kantons Luzern hatte. Der Rekurrent behauptet dies, dagegen
hat der Rekursbeklagte schon in seiner Arrestklage durch Anführung der Bestimmungen des § 59 Abs. 1—3 des luzernischen
Schuldbetreibungsgesetzes vorgebracht, der Rekurrent besitze keinen
festen Wohnsitz in der Schweiz. Nun ist allerdings erwiesen, daß
der Rekurrent im März 1891 seit einigen Monaten in Riesbach
bei Zürich wohnte und überhaupt seit mehreren Jahren sich abwechselnd in der Stadt Zürich oder der einen oder andern ihrer
Ausgemeinden aufhielt. Allein einen festen Wohnsitz im Sinne
des Art. 59 Abs. 1 B.-V. besaß derselbe doch nicht. Dazu ist
dauernder Aufenthalt, d. h. Aufenthalt mit der Absicht, an einem
bestimmten Orte auf die Dauer zu wohnen, dort den Mittelpunkt
der bürgerlichen Existenz und Thätigkeit zu begründen, erforderlich.
Personen, welche einen derartigen, ständigen Mittelpunkt ihrer
bürgerlichen Existenz und Thätigkeit, wo sie sicher erreichbar sind,
nicht besitzen, haben auf die Gewährleistung des Art. 59 Abs. 1
B.-V. keinen Anspruch. Nun besaß der Rekurrent zur Zeit der
Arrestlegung einen solchen ständigen Mittelpunkt seiner Thätigkeit
nicht. In Riesbach, wo er damals gerade wohnte, hatte er keine
Ausweisschriften eingelegt, und schon dadurch zu erkennen gegeben,
daß er dort nicht dauernd zu bleiben gedenke. Ueberhaupt hat er
vor und nach der Arrestlegung seinen Aufenthalt sehr häufig in
kleinen Intervallen gewechselt, derart, daß er wiederholt, wenn
ihm amtliche Zustellungen gemacht werden wollten, nicht aufgefunden werden konnte. Bei diesem seinem Aufenthaltswechsel hat
er sich allerdings in einem kleinen örtlichen Umkreise bewegt;

allein dies ändert nichts daran, daß er ein festes Centrum seiner Existenz und Thätigkeit, wo er mit Sicherheit belangt werden konnte, nicht besaß, sondern ein Wanderleben, wenn auch in örtlich beschränktem Kreise, führte.

4. Liegt schon aus diesem Grunde eine Verletzung des Art. 59 Abs. 1 B.=V. nicht vor, so braucht nicht untersucht zu werden, ob nicht auch dargethan ist, daß der Rekurrent nicht aufrechtstehend sei. Wenn der Rekurrent sich neben dem Art. 59 Abs. 1 B.=V. noch auf die Art. 4 und 58 dieses Grundgesetzes berufen hat, so ist dies, wie keiner weitern Ausführung bedarf, unzutreffend. Ebenso ist klar, daß das Bundesgericht, als Staatsgerichtshof, nicht prüfen kann, ob die vom Rekursbeklagten gegen den Rekurrenten geltend gemachte Forderung begründet sei u. s. w., daß vielmehr die Entscheidung des Rekurses ausschließlich davon abhängt, ob eine Verletzung des Art. 59 Abs. 1 B.=V. vorliege oder nicht.

Demnach hat das Bundesgericht
erkannt:
Die Beschwerde wird als unbegründet abgewiesen.

---

103. Urtheil vom 25. November 1892
in Sachen Holliger.

A. Eduard Holliger von Boniswyl, Kantons Aargau, war gemäß Lehrvertrag vom 22. Februar 1892 bei Metzgermeister Großenbacher in Chaur=de=Fonds als Lehrling eingetreten. Die Lehrzeit war auf ein Jahr, das Lehrgeld auf 180 Fr. bestimmt. Am 27. Juli 1892 verließ Holliger Chaur=de=Fonds und begab sich nach seinem Heimatsorte Boniswyl, um, wie er behauptet, sich wegen eines bei Ausübung seines Berufes erlittenen Unfalls dort behandeln und verpflegen zu lassen. Am 2. August schrieb ihm Metzger Großenbacher, er habe gehört, Holliger wolle nicht mehr zu ihm zurückkehren und ihm sogar das Lehrgeld nicht bezahlen. Wenn dies richtig sei, so möge Holliger sicher sein, daß er nicht mit Bezahlung des Lehrgeldes durchkomme. Wenn Holliger nicht binnen 6 Tagen Nachricht von sich gebe, so werde er ihn mit Landjägern holen lassen. Holliger erwiderte am 2. August, er habe stets im Sinne gehabt, wieder zurückzukehren; allein sein Fuß sei noch lange nicht gut und nach dem Briefe, welchen ihm Großenbacher geschrieben, habe er nun allerdings keine Lust mehr, einzutreten. Ueberhaupt habe ja Großenbacher gar keine Arbeit für ihn. Wenn er wollte, so müßte Großenbacher ihm sogar für seine Krankheit Entschädigung bezahlen; dieser möge ihm beweisen, daß er zu Jemandem gesagt habe, er komme nicht mehr zurück. Da er indeß keine weitern Schwierigkeiten wolle, so anerbiete er eine Zahlung von 50 Fr. Wenn Großenbacher dies nicht annehmen wolle, so könne er ihn hier (in Boniswyl) belangen. Großenbacher nahm laut Schreiben vom 4. August dieses Anerbieten nicht an, sondern verlangte, sofern Holliger die Lehrzeit nicht aushalten wolle, eine Entschädigung vom dop= pelten Betrag des Lehrgeldes, abzüglich der auf letzteres bereits erhaltenen 90 Fr., also von 270 Fr. Mit Brief vom 7. August erwiderte Holliger, er gedenke den Lehrvertrag nicht länger zu halten, da Großenbacher zu wenig Beschäftigung für ihn habe; sein Anerbieten einer Entschädigung von 50 Fr. ziehe er, da Großenbacher dasselbe nicht angenommen habe, zurück. Großen= bacher möge ihn, wenn er glaube, an ihm noch etwas fordern zu können, hier (in Boniswyl) bei dem zuständigen Richter belangen. Durch Schreiben vom 21. und wieder vom 26. August verlangte Holliger bei der Polizeidirektion in Chaur=de=Fonds seine dort deponirten Schriften heraus, worauf die Polizeidirektion am 26. August meldete, die Schriften werden ihm gegen Ein= sendung seines Permis de domicile und Bezahlung der Staats= und Gemeindesteuer und Gebühren sofort zugesandt werden.

B. Am 22. August reichte Großenbacher beim Tribunal des Prud'hommes, Gruppe 5 in Chaur=de=Fonds Klage gegen Holliger auf Bezahlung des rückständigen Lehrgeldes von 90 Fr. und einer Entschädigung von 180 Fr. für Bruch des Lehrver= trages ein. Holliger, welchem die Ladungen durch die Post in Boniswyl zugestellt wurden, bestritt brieflich und telegraphisch unter Berufung auf Art. 59 Abs. 1 B.=V., die Kompetenz des Gerichtes. Das Gericht erklärte sich indeß durch Entscheidung vom

31. August 1892 für kompetent und verurtheilte den Holliger in contumaciam gemäß dem Klageantrage. Es führt rücksichtlich der Kompetenzfrage aus: Zur Aenderung des Domizils sei eine Erklärung bei der Gemeindebehörde, begleitet vom Rückzug der Papiere,. sowie Anzeige an den Sektionschef zum Zwecke der Visirung des Dienstbüchleins erforderlich; zur Zeit der Ein= reichung der Klage sei keine dieser Förmlichkeiten erfüllt gewesen; die vom Gemeindebureau ausgestellte Aufenthaltsbewilligung sei bei dem Lehrherrn Großenbacher geblieben und Holliger habe seine Gemeindesteuer nicht bezahlt. Als Domizil des Holliger zur Zeit der Einreichung der Klage sei demnach Chaux=de=Fonds zu betrachten.

C. Gegen dieses Urtheil ergriff E. Holliger mit Eingabe vom 14./23. Oktober 1892 den staatsrechtlichen Rekurs an das Bundesgericht. Er beantragt: Es sei das Urtheil des Tribunal des Prud'hommes in Chaux=de=Fonds vom 31. August be= ziehungsweise 1. September 1892 wegen Verletzung des Art. 59 B.=V. aufzuheben. Zur Begründung wird ausgeführt: Der Re= kurrent sei aufrechtstehend und habe seinen Wohnsitz in Bonis= wyl, Kantons Aargau, wo er sich seit 27. Juli 1892 ununter= brochen bei seinem Vater aufhalte; da es sich unstreitig um eine persönliche Forderung handle, so sei durch das angefochtene Urtheil Art. 59 Abs. 1 B.=V. verletzt. Der Rekurrent habe übrigens auch als Lehrling und Minderjähriger sein gesetzliches Domizil am Wohnorte des Vaters als Inhabers der elterlichen Gewalt.

D. Der Rekursbeklagte Metzgermeister E. Großenbacher trägt auf Abweisung des Rekurses an, indem er ausführt: Kompetent sei der Richter des Ortes, wo der Beklagte zur Zeit der Pro= zeßeinleitung seinen Wohnsitz gehabt habe. Der Prozeß sei aber am 22. August 1892 anhängig gemacht worden. Im Monat August nun habe Holliger noch die Absicht gehabt, zu seinem Lehrherrn in Chaux=de=Fonds zurückzukehren. Er spreche dies selbst in seinem Briefe vom 2. August 1892 aus; er habe somit sein Domizil in Chaux=de=Fonds damals und bis zu Einreichung der Klage nicht aufgegeben. Dies werde dadurch bestätigt, daß er seine Aufenthaltsbewilligung noch fortwährend in Chaux=de=

Fonds gelassen und die Bezahlung seiner Gemeindesteuer bis zu seiner bevorstehenden Rückkehr aufgeschoben habe. Auch die Familie des Holliger habe damals nicht an einen Bruch des Lehrvertrages gedacht. Der Rekurrent sei 22—25 Jahre alt; daher mehrjährig.

Das Bundesgericht zieht in Erwägung:

1. Die Behauptung des Rekurrenten, er sei minderjährig, ist durch die von der Gegenpartei zu den Akten gebrachte Aufenthaltsbewilligung, wonach der Rekurrent am 2. April 1867 geboren, also längst volljährig ist, widerlegt. Darauf, daß er als Minderjähriger gesetzlich den Wohnsitz seines Vaters theile, kann sich also der Rekurrent jedenfalls nicht berufen.

2. Da der Rekurrent unbestrittenermaßen aufrechtstehend und die Klage eine persönliche ist, so hängt die Entscheidung über die Beschwerde gemäß Art. 59 Abs. 1 B.-V. davon ab, ob der Rekurrent zur Zeit der Anhebung des Prozesses, am 22. August 1892, noch in Chaux-de-Fonds domizilirt war, oder ob er damals seinen dortigen Wohnsitz bereits, unter Erwerbung eines festen Domizils an seinem Heimatorte Boniswyl, aufgegeben hatte. Thatsächlich nun ist nicht bestritten, daß der Rekurrent bereits am 27. Juli 1892 Chaux-de-Fonds verlassen und sich nach seiner Heimatgemeinde Boniswyl begeben hatte, wo er von da an ununterbrochen bei seiner Familie wohnte. Dabei mag anfänglich der Rekurrent allerdings nicht beabsichtigt haben, Chaux-de-Fonds dauernd zu verlassen, sondern mag er, wie er selbst in seinem Briefe vom 2. August ausspricht, anfänglich nur eine vorübergehende Abwesenheit in Aussicht genommen haben und hernach zu Vollendung seiner Lehrzeit nach Chaux-de-Fonds haben zurückkehren wollen. Allein diese Absicht hat der Rekurrent bald geändert. Schon in seinem Briefe vom 2. August, völlig unzweideutig sodann in demjenigen vom 7. gleichen Monats erklärt er, daß er den Lehrvertrag nicht aushalten und nicht mehr zu seinem Lehrmeister nach Chaux-de-Fonds zurückkehren werde, daß ihn vielmehr letzterer, wenn er von ihm noch etwas fordern zu können glaube, an seinem nunmehrigen Wohnorte, seinem Heimatsorte Boniswyl, suchen müsse. Dadurch hat der Rekurrent den Willen, sein Domizil in Chaux-de-Fonds aufzugeben und

dasselbe nach Boniswyl zu verlegen, in unzweibeutiger Weise
erklärt. Zur Veränderung des Domizils nun aber ist, wie das
Bundesgericht stets festgehalten hat (siehe z. B. Entscheidung in
Sachen Kopp vom 8. März 1884, Amtliche Sammlung X,
S. 43 u. f., Erw. 3) lediglich die thatsächliche Uebersiedelung,
verbunden mit dem Willen, statt des bisherigen Wohnorts den
neuen zum bleibenden Aufenthalte zu wählen, erforderlich. Beide
Momente, sowohl die thatsächliche Uebersiedelung als die entsprechende Willensrichtung, waren im vorliegenden Falle zur Zeit
der Prozeßanhebung gegeben; der Umstand, daß der Rekurrent
nach seiner Abreise von seinem frühern Aufenthaltsorte Chaur-
de=Fonds seine Ausweisschriften noch einige Zeit dort beließ,
genügt für sich allein nicht, um das bisherige Domizil als fort-
dauernd erscheinen zu lassen. Allerdings kann aus der Nichter-
hebung der Ausweisschriften am bisherigen Wohnorte unter Umständen gefolgert werden, daß eine blos vorübergehende Abwesenheit beabsichtigt sei, und das bisherige Domizil, trotz augenblicklicher
Abwesenheit, beibehalten werden wolle. Allein diese Deutung ist
hier für die Zeit des Prozeßbeginnes wie durch die Briefe des
Rekurrenten vom 2. und 7. August, so auch dadurch aufs klarste
ausgeschlossen, daß der Rekurrent noch vor dem Prozeßbeginne
am 21. August, seine Schriften von der Behörde in Chaur=be=
Fonds herausverlangte. Wenn das Tribunal des Prud'hommes
davon ausgeht, zu Aenderung des Wohnortes sei eine Erklärung
bei der Gemeindebehörde, verbunden mit der Erhebung der Schriften, Benachrichtigung des Sektionschefs oder gar Bezahlung der
Gemeindesteuern unumgängliches Erforderniß, so ist dies durchaus unrichtig. Die Erklärung bei der Gemeindebehörde des
Wohnortes, die Erhebung der Schriften u. s. w. sind allerdings
Beweismittel für den Willen der Domizilsveränderung, aber, wie
die bundesrechtliche Praxis stets festgehalten hat, keineswegs die
ausschließlichen.

Demnach hat das Bundesgericht

erkannt:

Der Rekurs wird als begründet erklärt und es wird mithin
dem Rekurrenten sein Rekursbegehren zugesprochen.

104. Urtheil vom 2. Dezember 1892 in Sachen Glaser.

A. Die Kinder des Emil Tschanz sel. von Aarau haben beim
Bezirksgerichte Aarau gegen die Mitglieder der Waisenbehörde
Aarau aus den Jahren 1875—1888 sowie gegen ihre gewesenen
Pfleger Klage auf solidarische Bezahlung von 12,473 Fr. 47 Cts.
wegen in der vormundschaftlichen Verwaltung des Vermögens der
Kläger begangener Pflichtwidrigkeiten erhoben. Der eine der be=
beklagten Pfleger, A. Glaser, von Basel, Gutsverwalter in Horgen,
(Kantons Zürich) bestritt unter Berufung auf Art. 59 Abs. 1
B.=V. die Zuständigkeit der aargauischen Gerichte. Durch Ent=
scheidung vom 20. August (zugestellt am 4. September) 1892,
hat das Bezirksgericht Aarau (mit Mehrheit) erkannt: 1. Der
Einredekläger werde mit seiner Einrede betreffend Nichtzuständig=
keit des Gerichts und seinem Begehren um gesönderte Kosten=
versicherung abgewiesen. 2. Derselbe habe die dieses Zwistenstreites
wegen ergangenen Kosten zu bezahlen und den Einredebeklagten
die ihrigen im richterlich festgesetzten Betrage von 57 Fr. 35 Cts.
zu ersetzen. In der Begründung dieses Urtheils wird ausgeführt:
Zwischen den Beklagten bestehe gemäß §§ 26 und 27 der aar=
gauischen Civilprozeßordnung eine Streitgenossenschaft; sie seien
daher nach § 10 C.=P.=O. bei jenem Gerichte zu belangen, in
dessen Bezirke die größere Zahl der Streitgenossen wohne. Die
größere Zahl der Streitgenossen wohne aber im Bezirke Aarau.
Selbst wenn übrigens eine Streitgenossenschaft nicht bestände, so
wäre der Gerichtsstand in Aarau doch gemäß § 12 litt. c der
aargauischen Civilprozeßordnung begründet, da nach dieser Ge=
setzesbestimmung Streitigkeiten um Ersatz eines nicht auf strafbare
Weise zugefügten Schadens vor dasjenige Gericht gehören, in
dessen Bezirk der Schaden zugefügt worden sei.

B. Gegen dieses Urtheil ergriff A. Glaser mit Eingabe vom
1. November 1892 den staatsrechtlichen Rekurs an das Bundes=
gericht mit dem Antrage: Das Bundesgericht wolle das Urtheil
des Bezirksgerichtes Aarau vom 20. August 1892 als mit Art.
59 B.=V. im Widerspruch stehend mit allen rechtlichen Folgen
aufheben, unter Folge der Kosten. Er führt im Wesentlichen aus:

Eine Streitgenossenschaft zwischen den Beklagten bestehe nicht, da die Verantwortlichkeit der verschiedenen Beklagten nicht aus dem gleichen Verhältnisse abgeleitet werde. § 12 litt. c der aargauischen Civilprozeßordnung gelte blos im Innern des Kantons; im interkantonalen Rechtsverkehr dagegen sei Art. 59 Abs. 1 B.=V. maßgebend, nach welchem, wie das Bundesgericht schon wiederholt entschieden habe, Civilansprüche aus Delikten am Wohn= orte des Schuldners geltend gemacht werden müssen.

C. Die Rekursbeklagten, Kinder Tschanz, tragen auf Abwei= sung des Rekurses unter Kostenfolge an. Sie bemerken: Sie haben sämmtliche Beklagte wegen Außerachtlassung gesetzlicher Vor= schriften solidarisch auf Ersatz des zugefügten Schadens belangt. Es bestehe daher zwischen den Beklagten eine Streitgenossenschaft, wie übrigens durch das bezirksgerichtliche Urtheil, also durch den kantonalen Thatbestand, konstatirt sei. Es gelten die kantonalen Prozeßrechtsbestimmungen, soweit sie nicht durch das Bundesrecht aufgehoben seien. Die Klage sei danach da anzubringen, wo die meisten Beklagten wohnen. Es handle sich um kantonales mate= rielles Recht (Vormundschaftsrecht) und Gründe der Konnexität und Prozeßökonomie sprechen für den aargauischen Gerichts= stand. Es wäre sinnwidrig, wenn sie die einzelnen Pfleger und Mitglieder der Waisenbehörde zersplittert an ihren Wohnorten aufsuchen müßten, wo der Richter das aargauische Vormund= schaftsrecht nicht kenne. Von den einigen zwanzig Beklagten woh= nen außer dem Rekurrenten noch fünf außerhalb des Kantons Aargau; keiner von diesen habe die foridellinatorische Einrede erhoben. Die beklagte „Prozeßgesellschaft" habe nach aargauischem Prozeßrechte ihr Domizil in Aarau und es stehe also der Art. 59 Abs. 1 B.=V. der Belangung dieser Gesellschaft, zu welcher der zufällig seither weggezogene Rekurrent gehöre, nicht entgegen. Alle aargauischen Kantonseinwohner müssen sich der Vorschrift des § 10 der aargauischen Civilprozeßordnung fügen. Auch sie stehen unter dem Schutze der Bundesverfassung; es sei nicht ein= zusehen, warum der aus dem Kanton weggezogene ein Privilegium genießen solle. Dies sei nicht die Absicht des Art. 59 B.=V., so wenig als dieser dem ehemaligen Mündel zumuthen wolle, seinem fahrlässigen Vormund in alle Welt nachzureisen.

Das Bundesgericht zieht in Erwägung:

Die Klage, welche die Rekursbeklagten gegen den Rekurrenten angehoben haben, ist zweifellos eine persönliche, der Rekurrent ist aufrechtstehend und im Kanton Zürich fest niedergelassen. Es sind somit sämmtliche Voraussetzungen gegeben, unter welchen Art. 59 Abs. 1 B.-V. dem Schuldner den Gerichtsstand seines Wohnortes gewährleistet. Der Rekurs erscheint daher ohne Weiteres als begründet. Die Bestimmungen der aargauischen Civilprozeßordnung über den Gerichtsstand mehrerer Streitgenossen und den Gerichtsstand des Vergehens für Civilforderungen aus Delikt können nur innerhalb der Schranken des Art. 59 Abs. 1 B.-V. zur Anwendung kommen; wenn sie Geltung auch gegenüber Schuldnern beanspruchen sollten, die in einem andern Kanton fest niedergelassen und aufrechtstehend sind, so stehen sie mit Art. 59 Abs. 1 B.-V. in Widerspruch und sind daher in so weit ungültig. Daß der Rekurrent solidarisch mit andern, größtentheils im Kanton Aargau wohnhaften, Personen belangt wird, ist gleichgültig. Aus der Solidarität mehrerer Schuldner folgt nicht, daß sie alle vor dem gleichen Richter müssen belangt werden können; vielmehr bleibt auch für Solidarschuldner die verfassungsmäßige Gewährleistung des Gerichtsstandes des Wohnortes bestehen. (Siehe Entscheidungen des Bundesgerichtes in Sachen Sandi-Gilli, Amtliche Sammlung XI, S. 430; in Sachen Marti & Widmer, ibid. XVII, S. 38 Erw. 3). Daß mehrere Streitgenossen eine Gesellschaft mit besonderm Sitze (Domizil) bilden, ist schon nach aargauischem Prozeßrechte offenbar unrichtig; übrigens ist klar, daß die kantonalen Prozeßgesetze nicht in Umgehung der verfassungsmäßigen Gewährleistung des Art. 59 Abs. 1 B.-V., derartige dem materiellen Rechte völlig fremde „Prozeßgesellschaften" schaffen könnten.

Demnach hat das Bundesgericht

erkannt:

Der Rekurs wird als begründet erklärt und es wird mithin das angefochtene Urtheil des Bezirksgerichtes Aarau vom 20. August 1892 als verfassungswidrig aufgehoben.

105. *Arrêt du 5 Novembre 1892, dans la cause Meyer.*

Abraham Meyer, Français, domicilié à la Chaux-de-Fonds, était créancier de Gaspard-Eugène Corbet, propriétaire et négociant, à Genève, de la somme de 15 000 francs pour prêt de pareille somme.

Par acte Flammer, notaire à Genève, du 23 Septembre 1890, Corbet affecte et hypothèque spécialement à la sûreté et garantie du remboursement des 15 000 francs la maison d'habitation qu'il possède à Genève, rue du Conseil général N° 16.

Par acte Page, notaire à Genève, du 28 Novembre 1890, Corbet vend l'immeuble hypothéqué au profit de Meyer au sieur Sachs, et ensuite de cette vente Meyer toucha chez le notaire susnommé, le 27 Décembre 1890, le montant de son hypothèque et intérêt.

Par jugement du tribunal de Saint-Julien (Haute-Savoie), du 15 Janvier 1891, la société en nom collectif Corbet et Ménegoz, dont Gaspard Corbet était l'un des associés, a été déclarée en état de faillite, et le 29 Avril suivant, la cessation de paiements de la dite société a été remontée au 9 Juin 1890.

Meyer demanda au tribunal de Saint-Julien son admission à la faillite en vertu d'une reconnaissance de 45 000 francs signée en sa faveur le 1er Octobre 1890 devant M⁰ Perréaud, notaire à Annemasse, pour prêt de pareille somme, mais il n'intervint pas pour les 15 000 francs qui lui étaient dus en vertu de l'acte Flammer, cette somme lui ayant été remboursée, comme il a été dit, lors de la vente de l'immeuble Corbet.

Sieur Greffier, syndic de la faillite, contesta cette admission, comme basée sur des actes nuls, et reconventionnellement demanda, par devant le tribunal de Saint-Julien : 1° la nullité des actes Flammer et Perréaud, comme constituant des hypothèques conventionnelles sur les biens des faillis pour dettes antérieurement contractées et comme ayant été passés depuis l'époque fixée par le tribunal comme étant celle de la cessation de leurs paiements ; 2° le rapport à la masse par Meyer de la somme touchée chez Page notaire, sur l'immeuble Corbet en vertu de l'acte Flammer.

Par jugement du 30 Juillet 1891, le tribunal de Saint-Julien annula l'acte Perréaud du 1er Octobre 1890, comme constituant une hypothèque nulle, et se déclara incompétent en ce qui concerne l'acte Flammer, du 23 Septembre 1890. Ce jugement se fonde, en ce qui concerne ce dernier point, sur le fait que l'acte du 23 Septembre 1890 est intervenu, non entre le sieur Meyer et la maison Corbet-Ménegoz, mais entre Meyer et Corbet seul, et sur ce qu'en raison de cette circonstance, soit au regard de la nationalité suisse des deux contractants, du lieu et de la forme du contrat, et des droits immobiliers en faisant l'objet, et le dit acte ne se référant pas directement à la faillite Corbet-Ménegoz, le tribunal doit, aux termes de l'art. 7 du traité franco-suisse, déclarer son incompétence.

Par exploit du 12 Février 1892, Greffier, en sa qualité de syndic de la faillite Corbet et Ménegoz, négociants à Annemasse, cite Abraham Meyer, domicilié à la Chaux-de-Fonds, par devant le tribunal de Genève pour :

1° Ouïr déclarer nulle et sans valeur l'obligation à lui consentie par Corbet le 23 Septembre 1890, en tant qu'elle lui conférait un droit d'hypothèque sur ses biens situés à Genève.

2° Ouïr dire et ordonner que Meyer sera tenu de rapporter à la masse de la faillite Corbet et Ménegoz, avec intérêts de droit dès le 27 Décembre 1890, la somme de 15 197 fr. 30 c. qu'il a touchée le dit jour en l'étude du notaire Page à Genève.

A l'audience du tribunal de première instance de Genève, du 13 Mai 1892, Meyer a excipé de l'incompétence de ce tribunal, en vertu de l'art. 59 de la Constitution fédérale ; il ajoute que l'obligation dont la nullité est demandée n'existe plus, et qu'il n'a donc plus la qualité de créancier hypothécaire.

Par jugement du même jour, le dit tribunal s'est déclaré
compétent en ce qui concerne la demande de nullité d'hypothèque consentie par Corbet à Meyer, formée par Greffier
contre ce dernier, et s'est déclaré incompétent en ce qui concerne la demande de Greffier relative au rapport par Meyer
à la masse de la somme de 15 197 fr. 30 c. susmentionnée.
Le tribunal a, en outre, ajourné la cause pour être instruite
au fond, en tant qu'il s'est déclaré compétent.

Meyer ayant appelé de ce jugement, la Cour de Justice
civile l'a confirmé par arrêt du 17 Septembre 1892, en se
fondant, en substance, sur les motifs ci-après :

La seule question soumise à la Cour est celle de la compétence des tribunaux genevois à statuer sur une demande
de nullité d'hypothèque sur un immeuble sis dans le canton
de Genève ; une semblable demande n'apparaît pas comme
une réclamation personnelle dans le sens de l'art. 59 de la
constitution fédérale ; c'est bien plutôt une action immobilière
tendant à obtenir la suppression d'un droit réel sur un immeuble. Aux termes de l'art. 66 de la loi sur l'organisation judiciaire genevoise du 15 Juin 1891, les créanciers hypothécaires
sur les immeubles sis dans le canton de Genève sont justi-
ciables des tribunaux de ce canton à raison d'actions relatives
à ces immeubles. C'est le cas de Meyer, en ce qui a trait à
la demande de nullité de l'hypothèque qu'il possède.

C'est contre cet arrêt que A. Meyer recourt au Tribunal
fédéral, concluant à ce qu'il lui plaise l'annuler, vu les art. 59
de la constitution fédérale et 7 de la convention franco-suisse
du 15 Juin 1869.

A l'appui de cette conclusion, le recourant fait valoir :
Meyer a établi qu'il n'est plus créancier hypothécaire sur un
immeuble sis dans le canton de Genève ; il n'est pas justiciable des tribunaux de Genève à raison d'actions relatives à
ces immeubles. En admettant, pour fonder sa compétence,
que Meyer possède encore l'hypothèque dont il s'agit, la Cour
s'est basée sur une erreur matérielle. Le tribunal de première
instance et la Cour d'appel ayant reconnu que la demande
est une réclamation personnelle, et le droit d'hypothèque

n'existant plus, ces tribunaux devaient se déclarer incompétents et renvoyer le demandeur à mieux agir.

Dans sa réponse, Greffier conclut au rejet du recours et au maintien de l'arrêt attaqué.

L'opposant au recours s'attache à démontrer que les tribunaux genevois sont seuls compétents pour statuer sur la validité ou la nullité de l'acte Flammer, en tant qu'il constitue un droit réel sur un immeuble sis à Genève ; c'est uniquement la qualité de créancier hypothécaire qui a permis à Meyer de toucher la somme de 15 197 fr. 30 c. lors de la vente de l'immeuble Corbet ; il n'y a actuellement dans cette contestation aucune réclamation personnelle. Meyer est dès lors justiciable des tribunaux genevois, bien que domicilié à la Chaux-de-Fonds. Le sieur Greffier, pour obtenir le rapport à la masse de la susdite somme, doit établir d'abord qu'elle a été indûment touchée ; le seul but de l'instance actuelle est de faire prononcer la nullité de l'hypothèque *ab initio*, et non de réclamer à Genève une somme quelconque à Meyer.

Statuant sur ces faits et considérant en droit :

1° La contestation actuelle est pendante entre Français ; le sieur Greffier, lui-même Français, agit au nom de la faillite d'une maison française domiciliée en France, et le sieur Meyer, bien que domicilié à la Chaux-de-Fonds, est également de nationalité française. Le traité du 15 Juin 1869, aux termes de son art. 1er, n'est donc pas applicable en la cause, et il n'y a pas lieu dès lors d'examiner le bien-fondé du moyen tiré par le recourant des dispositions de l'art. 7 de la dite convention.

2. En ce qui concerne le moyen emprunté à la violation de l'art. 59 de la constitution fédérale, au sujet duquel la compétence du Tribunal fédéral ne peut faire l'objet d'un doute, c'est avec raison que le recourant estime qu'il ne s'agit point, en l'état, d'une action réelle. Il va de soi qu'il ne peut être question d'une action en nullité d'une hypothèque, qu'autant que celle-ci n'est pas radiée, mais existe au moins en la forme. Or l'hypothèque dont le demandeur allègue la nullité a déjà été radiée avant l'ouverture de cette action, ensuite

de la vente de l'immeuble et du paiement de la créance du
recourant, que cette hypothèque garantissait ; il ne peut donc
s'agir que de la répétition de la somme payée au dit recourant, et, à propos de cette réclamation, la prétendue nullité
de l'hypothèque en question apparaît uniquement comme
base de cette action personnelle, et elle ne saurait faire
l'objet d'une conclusion indépendante. Il est indifférent que,
dans l'espèce, le demandeur ait cru devoir lui donner la
forme d'un chef spécial de la demande ; en effet la question
de savoir s'il s'agit d'une action réelle ou personnelle, ne
saurait dépendre de semblables artifices des parties, ayant
évidemment pour seul but d'éluder la disposition de l'art. 59
de la constitution fédérale.

Il est également indifférent que le rapport de droit, sur
lequel l'action se fonde, — c'est-à-dire dans le cas actuel la
nullité de l'hypothèque en question, — soit régi par le droit
genevois ou par le droit neuchâtelois. La question de savoir
s'il s'agit ou non d'une réclamation personnelle est seule
décisive pour ce qui a trait à l'application de l'art. 59 précité, et cette question doit indubitablement être résolue dans
le sens de l'affirmative. Or comme il n'est pas contesté que
le recourant est solvable et domicilié à la Chaux-de Fonds,
le recours doit être déclaré fondé, en application de cette
disposition constitutionnelle.

Par ces motifs,

Le Tribunal fédéral

prononce :

Le recours est admis, et l'arrêt rendu par la Cour de Justice civile de Genève, le 17 Septembre 1892, est déclaré nul
et de nul effet.

V. Staatsrechtliche Streitigkeiten zwischen Kantonen.
Différends de droit public entre Cantons.

106. Urtheil vom 21. Oktober 1892 in Sachen Graubünden gegen Tessin.

A. Am 25. August 1885 verfällte der Kleine Rath des Kantons Graubünden die tessinische Alpgenossenschaft Moterasch wegen Mißachtung der viehpolizeilichen Vorschriften bei der am 15. Juli gl. J. stattgefundenen Alpladung in eine Buße von 300 Fr. Gestützt wurde das kleinräthliche Bußdekret auf einen Bericht des Sanitätsrathes von Graubünden vom 18. August, dahingehend, daß die Alp Moterasch, deren Eigenthümerin zwar die Bürgergemeinde Aquila sei, die aber zur Hälfte auf bündnerischem Gebiete liege, mit an Maul= und Klauenseuche krankem Vieh bestoßen und das Alpvieh auf bündnerisches Gebiet zur Weide getrieben worden sei, ohne daß die Alpgenossenschaft den Behörden der bündnerischen Gemeinde Brin die nöthigen Gesundheitsscheine abgegeben, oder von dem Auftreten der Seuche Mittheilung gemacht hätte (Art. 11, 4 und 12 des eidgenössischen Viehseuchengesetzes). Beim Einzug der vom Kleinen Rathe des Kantons Graubünden gesprochenen Buße ergab sich aber bezüglich der Territorialhoheit auf fraglichem Alpgebiete Streit. Während die Regierung des Kantons Graubünden die im Siegfriedatlas (Blatt 412) einge= zeichnete Kantonsgrenze als die richtige geltend machte, bestritt die Bürgergemeinde Aquila, von welcher die Buße verlangt wurde, dieselbe und behauptete, das ganze Greinagebiet, wovon der Sa= nitätsrath von Graubünden einen Theil zur Alp Moterasch gezählt hatte, liege auf tessinischem Boden. In Folge dessen ver= weigerte die tessinische Regierung die Vollstreckung des Bußurtheils. Am 18. August 1886 fand sodann zwischen Abgeordneten beider Kantone ein Augenschein zur Feststellung der Kantonsgrenze statt, mit nachheriger Konferenz in Olivone. Ueber deren Resultat

gehen die Parteien nicht einig. Graubünden behauptet, der Ver=
treter der tessinischen Regierung habe die im Siegfriedatlas einge=
zeichnete Grenze vom Piz Ner zum Piz Coroi und von dort
zum Piz Gaglianera anerkannt. Tessin dagegen bestreitet dies
und will die von seinem Vertreter ausgesprochene Anerkennung
an die Bedingung geknüpft haben, daß sich ein Weg finden lassen
würde, den Eigenthümern von Aquila den friedlichen Besitz ihrer
Alp zu jeder Zeit, namentlich bei Epidemien, zu sichern.

Ueber die Buße haben sich die Parteien, wie beidseitig aner=
kannt wird, nicht verständigt und kurz nachher gab es einen
neuen Anstand. Die Gemeinde Somvix besitzt auf der Greina
die Alp Carpet, die mit Schafen und Rindvieh befahren wird
und nach Angabe von Somvix an die Alp Moterasch stößt.
Ende August 1886 wurden nun vom Gemeindeweibel von Aquila
im Begleite zweier anderer Tessiner ungefähr 150 Schafe wegen
angeblicher Beweidung ihrer Alp auf der Greina weggenommen,
nach Aquila geführt und erst gegen Hinterlegung eines Betrages
von 300 Fr. dem Delegirten der Somvixer Gemeinde abgeliefert.
Hierüber fanden zwischen beiden Gemeinden Verhandlungen statt,
über deren Verlauf die Gemeinde Aquila folgendes berichtet: Die
Gemeinde Somvix habe ihr am 6. September 1886 gemäß einer
frühern Verabredung mit ihrem Delegirten geschrieben, sie sei
bereit, die von Aquila geforderten 250 Fr. aus dem geleisteten
Depositum zu zahlen, sofern ihr der Beweis erbracht werde, daß
die betreffenden Schafe auf Gebiet der Gemeinde Aquila weidend,
als Pfand festgenommen worden seien. Als Beweis habe die Ge=
meinde Aquila die Erklärung des Gemeindeweibels gegeben und
da die Gemeinde Somvix darauf nicht replizirt, so habe man sie
zuerst angefragt, dann peremtorisch aufgefordert, sich bis zum
20. gl. Mts. zu erklären, ob sie die aus dem Depositum restiren=
den 50 Fr. beziehen wolle; erfolge keine Antwort, so würde
Aquila die 50 Fr. zurücksenden und jede weitere Reklamation
als präkludirt betrachten. Am 21. Oktober seien sodann die 50 Fr.
mit der Bemerkung an Somvix zurückgesandt worden, daß der
Streit nun abgethan sei. Somvix habe hierauf erst am 28. jenes
Monats erwidert, daß sie das Depositum intakt lassen wolle, die
50 Fr. indessen nicht zurückgesandt.

Am 6. August 1887 rief die Gemeinde Somwix die Inter=
vention des Kleinen Rathes des Kantons Graubünden an, indem
sie behauptete, die Pfändung der Schafe habe auf ihrem Gemeinde=
gebiet, circa eine Stunde oberhalb der Kantonsgrenze in der Nähe
von Camona stattgefunden; die von Aquila erhobene Forderung
von 250 Fr. habe sie nicht anerkannt und die ihr zurückgesandten
50 Fr. sofort beim Kreisamt Diffentis hinterlegt. Bei dem
hierauf folgenden Schriftenwechsel zwischen der bündnerischen Re=
gierung und dem Staatsrath von Tessin kam der frühere Streit
bezüglich der Territorial= und Gerichtshoheit auf der Greina, wo
nach Angabe von Aquila die Pfändung der Schafe stattgefunden
haben soll, neuerdings zur Sprache. Die Gemeinde Aquila be=
harrte in einer längern Eingabe an das Baudepartement des
Kantons Tessin darauf, die Kantonsgrenze auf der Greina falle
mit ihrem Privateigenthum an den dort bestehenden Alpen zu=
sammen und da auch der Staatsrath des Kantons Tessin diese
Anschauung theilte, so brachte der Kanton Graubünden die Sache
vor das Bundesgericht.

.B. Mit Eingabe vom 2. Mai 1891 stellt nämlich Advokat
Holb Namens der Regierung von Graubünden folgende Be=
gehren:

1. Die im Siegfriedatlas (Blatt 412) bezeichnete Grenze
zwischen Graubünden und Tessin sei als zu Recht bestehend zu
betrachten.

2. Die Gebietshoheitsrechte des Kantons Graubünden haben
sich auch auf dasjenige Privateigenthum zu erstrecken, welches
die tessinische Gemeinde Aquila über diese Grenze hinaus auf
Bündnergebiet besitze.

3. Alle diesem Grundsatze zuwiderlaufenden Handlungen seitens
der Gemeinde Aquila, in casu die Pfändung vom 2. September
1886 seien als rechtswidrig aufgehoben und der biesfalls hinter=
legte Pfandschilling unter Kostenvergütung an Somwix zurück=
zuerstatten.

4. Unter Kostenfolge.

Zur Begründung des ersten Begehrens beruft sich die Eingabe
auf den Siegfriedatlas, auf alte Marken, auf die topographische
Gestaltung, indem im Gebirge überall bezüglich der Kantons=

grenzen das Gesetz der Wasserscheide zur Anwendung komme,
sowie darauf, daß diese Grenze tessinischerseits niemals bestritten,
sondern anno 1886 förmlich anerkannt worden sei. Durch Fest=
stellung der Kantonsgrenze sei sodann die Territorialhoheit fest=
gestellt. Es komme oft vor, daß Privateigenthum auf zwei Kan=
tonsgebieten liege. Dadurch werde die Territorialhoheit nicht
geändert.

C. Namens der Regierung des Kantons Tessin stellt Advokat
Plinio Bolla in Olivone das Begehren, es sei unter Abweisung
der klägerischen Anträge anzuerkennen, daß die Nordgrenze des
Kantons Tessin gegen Graubünden durch den Kamm des Gebir=
ges gezeichnet sei und daß sie demnach gegen Norden vom Piz
Gaglianera, 3122, abweichend bis zur Einmündung des Som=
wixerthales 2235, (beim Augenschein wurde sodann verlangt, bis
zum Piz Atgietschen) zum Piz Diesrut 2424 und gegen Osten
vom Piz Diesrut bis zum Piz Ner 1767 laufe. Ebenfalls unter
Kostenfolge. Zur Begründung wird angeführt: Die vom Kanton
Graubünden behauptete Anerkennung der im Siegfriedatlas ange=
gebenen Grenze durch die tessinischen Behörden sei niemals erfolgt;
auf der Konferenz vom August 1886 habe der tessinische Vertreter
eine solche Anerkennung nur bedingungsweise ausgesprochen, und
da die Bedingung bündnerischerseits nicht erfüllt worden sei, so sei
die Vereinbarung als gescheitert zu betrachten. Der Siegfriedatlas
sei sodann an und für sich nicht entscheidend, da er nicht unter
Mitwirkung der Parteien errichtet worden sei, sondern wahrschein=
lich auf bündnerischen Angaben beruhe. In frühern Karten, so
namentlich in der Karte zur neuen Statistik der Schweiz von
Franscini (Winterthur 1847) finde sich eine andere Grenze, die
dem Gebirgskamm (Piz Gaglianera bis zum Piz Diesrut) folge
und dies sei die einzige natürliche Grenze. Das Gesetz der Wasser=
scheide gelte nicht unbedingt, sondern nur mit Ausnahmen. Mark=
steine seien keine vorhanden, wenigstens keine solche, die sich auf
die Kantonsgrenze beziehen; letztere sei vielmehr durch den Um=
kreis der Berge gebildet. Auch werde bündnerischerseits die Alp
Moterasch mit der Greina verwechselt. Letztere reiche nur bis zur
Höhe des Thales Moterasch und habe schon vor der Greina der
Bürgergemeinde von Aquila angehört. Von dort weg fange bei

Greina an, die von Lugnetz im Jahre 1494 erworben worden fei.

D. Bezüglich dieses Erwerbes ergibt sich aus den von den Parteien beigebrachten Urkunden folgendes:

1. Durch Urkunde vom 23. Oktober 1494 und Revers dazu vom gleichen Tage (Akt. 27 und 57) verliehen Vogt und Ge= schworne und ganze Gemeinde in Lugnetz zu „stätten, ewigen Erblehen" dem Wib Brun und Peter Schogt als Vertreter der Gemeinde zu Egre (jetzt Aquila) im Blenserthal ihres gemeinen Landes Alp Greina, welche Blegnohalb an Ora da Tramain (in der Reversabschrift heißt es Ora de Term) stoßt, Lugnetzerhalb an die Furgel Summerung und Balltanishalb, was zur Greina gehört um 5 Fl. jährlichen Zins an den Vogt von Lugnetz und einen Ehrschatz von 80 Fl., mit Vorbehalt, daß die Lugnetzer ihre nicht zum Handel bestimmten Rosse auf der Alp sömmern dürfen.

2. Am 21. Januar 1503 (Akt. 28, Revers Akt. 58) verkauft Jakob von Mundt, Landvogt in Lugnetz dem Peter Schogt von Dagre und Dumeng de Schyma Daingt im Blenserthal, als Vertreter der Gemeinde Egre die 5 Fl. jährlichen Zins, welche Egre wegen Erblehens der Greina den Lugnetzern schuldete, um 120 Fl.

In dem Revers zu ewiger Urkunde erklären Peter Schogt und Dumeng Schyma, daß sie die Alp Greina von den Lugnetzern zu Erblehen empfangen, diese aber sich das Recht vorbehalten, ihre Rosse in der Greina zu sömmern und daß die Greina bis auf Ura da Term reiche, somit die von Lugnetz das Recht haben, bis dahin mit ihren Rossen zu weiden.

3. Der Loskauf von 1503 scheint indessen in späterer Zeit in Vergessenheit gerathen zu sein, denn im Jahre 1610 verlangten die Leute von Lugnetz in einem Gerichtstag zu Ilanz und unter Vorweisung der Urkunde von 1494, daß die Alp Greina mangels Zahlung des jährlichen Erblehenzinses von Seite derjenigen von Aquila, als ihnen zugefallen erklärt werden solle. Durch Spruch vom 12. November 1610 entschied aber der Vogt von Ilanz dahin, daß nachdem die von Aegra durch Urkunde bewiesen hatten, vor mehr als 100 Jahren den jährlichen Erblehenzins von 5 Fl. abgelöst zu haben, dieselben ewiglich nicht mehr schuldig seien,

solchen Zins zu geben und die Alp Greina denen von Aegra zinsfrei gehöre, vorbehalten die Sömmerung der Rosse von Lugnetz.

Der Vertreter der tessinischen Regierung behauptet nun, daß durch den Vertrag von 1503 das unbeschränkte Eigenthum an der Alp Greina auf die Gemeinde Aquila übergegangen sei und man sich damals in voller Feudalzeit befunden habe, während welcher zwischen dominium und imperium nicht unterschieden worden sei und da die Landschaft Lugnetz damals einen kleinen autonomen Staat gebildet habe, dem auch die Gerichtsbarkeit zu= gestanden sei, so habe die Gemeinde Aquila mit dem Eigenthum auch die volle Herrschaft und die Gerichtsbarkeit erhalten. In der That seien die Hoheitsrechte auf der Greina stets von Tessin aus= geübt worden. Tessin habe die Grundsteuer bezogen und alle Polizeiübertretungen bestraft, wogegen für die Alp Scherboden, welche ebenfalls der Gemeinde Aquila angehöre, aber auf grau= bündnerischem Gebiet liege, die Grundsteuer stets von Graubünden bezogen worden sei.

Jedenfalls müsse das dritte Begehren des Kantons Graubünden verworfen werden. Sommwir habe die Abrechnung für Schaden und Buße auf 250 Fr. anerkannt; unter allen Umständen handle es sich aber um eine privatrechtliche Streitigkeit, die nicht vor Bundesgericht, namentlich wenn dasselbe als Staatsgerichtshof angegangen sei, gehöre.

E. Am 11. August 1891 fand auf der Greina beim soge= nannten großen Stein, an der Stelle, wo (auf dem Siegfried= Atlas) der Weg von Diesrut nach Moterasch die Kantonsgrenze schneidet (Höhenpunkt 2260) ein gerichtlicher Augenschein statt. Die von Tessin behauptete Grenzlinie wurde hiebei im Sinne des in der Klagebeantwortung gestellten Begehrens näher be= schrieben. Ebenso erklärten die tessinischen Abgeordneten auf Be= fragen, daß die im Siegfriedatlas eingezeichnete und nun von Graubünden geltend gemachte Grenzlinie „auch die Grenze gebildet „habe zwischen der ursprünglichen Alp Moterasch und der im „Jahre 1494 resp. 1503 seitens der Korporation Aquila (Egra) „von der Gemeinschaft Lugnetz erworbenen Alp Greina." Vorge= wiesen wurde von bündnerischer Seite ein mehr als mannshoher

Felsblock, den Graubünden als Markstein bezeichnet und auf welchem sich auf der Ost= und Westseite ein ziemlich roh und nicht tief eingegrabenes griechisches Kreuz befindet. Andere Steine, die als Marksteine gelten könnten, sind von keiner Partei vorge= wiesen worden.

F. In der Replik hält der Kanton Graubünden daran fest, daß der große Stein — ura da term oder motta da tierm — ein die Territorialgrenze beider Kantone scheidender Markstein sei. Auf den Marksteinen werden regelmäßig nur Kreuze eingegraben; in concreto sei die Bedeutung dieses Grenzsteines um so größer, als er in Uebereinstimmung mit der von Alters her geltenden An= schauung über die natürlichen Territorialgrenzen der Wasserscheide stehe. Diese Anschauung komme überall, auch bei den ältern Karten von Graubünden, zum Ausdruck. Die von Graubünden behauptete Grenze finde sich sowohl im Dufour= als im Siegfried= Atlas eingezeichnet. Der Kanton Tessin habe niemals dagegen protestirt und somit dieselbe stillschweigend anerkannt. Unrichtig sei, daß im Jahre 1494 zwischen Lugnetz und Degra=Aquila abgeschlossene Erblehensvertrag seit 1503 in einen förmlichen Kaufvertrag umgewandelt worden sei, wonach auch das anno 1494 bei Lugnetz verbliebene Obereigenthum an Aquila überge= gangen sei, — und zwar schon deßhalb unrichtig, weil damals sowohl das Lugnetz als das Bleniothal in feudaler Gewalt ge= standen seien und somit über die Verleihung und den Erwerb von Hoheitsrechten nicht hätten gültig verfügen können. Letztere seien durch die privatrechtlichen Eigenthumsverhältnisse nicht be= rührt worden. Auch figurire das „Ura da term" schon in den ältern Urkunden als Grenzpunkt für die der Gemeinde Aquila in Erblehen abgetretene Alp Greina. Schon damals habe also dieser Stein die Grenze zwischen Aquila und Lugnetz und nach heutigem Begriff zwischen Tessin und Graubünden repräsentirt. Daß dem so sei, beweise auch der Umstand, daß im Jahre 1610, anläßlich des Streites über das Eigenthum an der Alp Greina, die Ge= meinde Aquila sich vor dem Gerichte von Ilanz als forum rei sitae eingelassen habe. Gegenüber solchen Thatsachen könne von Präjudizien, die eine Verrückung der kantonalen Hoheitsgrenzen zur Folge gehabt hätten, nicht die Rede sein. Solche Präjudizien

gebe es mit Bezug auf die Hoheitsrechte eines Staates überhaupt
nicht, ebensowenig wie eine Verjährung. Im Uebrigen sei der
Einzug der kantonalen Grundsteuer nach bündnerischem Gesetz den
Gemeindevorständen überbunden und es könne bei dieser Organi=
sation allerdings ein Steuerobjekt der Kontrolle der kantonalen
Finanzverwaltung entgehen. In casu scheine dies aber nicht der
Fall gewesen zu sein, indem laut Auszug aus dem Steuerregister
der Gemeindevorstand von Brin die Grundsteuer aller auf bünd=
nerischem Gebiet befindlicher Tessineralpen Scherboden und Greina
unter der Bezeichnung Greina zusammengefaßt habe.

G. In der Duplik weist der Kanton Tessin zuerst darauf hin,
daß aus den gleichen Gründen, die für den Markstein bei Punkt
2260 angeführt werden, auch beim Passo Crap gegen Val
Camabra eine solche Marke existiren müßte, falls die von Grau=
bünden behauptete Grenze die richtige wäre. Was den Markstein
gegen Val Moterasch anbelange, so sei derselbe nichts anderes als
die alte Eigenthumsgrenze zwischen der Alp Moterasch und der
Alp Greina vor deren Vereinigung in der Hand eines und des=
selben Eigenthümers. Daß ein solcher Grenzstein — Ura da
term — damals existirt habe, gehe aus der Urkunde von 1494
deutlich hervor; aus derselben sowie aus der bündnerischerseits
eingelegten Urkunde von 1503 ergebe sich aber ferner, daß die
Alp Greina nur bis zum Ura da term, nicht bis zum Passo
Crap, wie sie auf dem Siegfriedatlas eingezeichnet stehe, gereicht
habe. Das Gebiet jenseits von Ura da term bis zum Passo
Crap habe aber schon damals zu Aquila gehört. Zum Beweise
dafür lege Tessin drei Urkunden folgenden Inhaltes vor:

Im Jahre 1548 und noch später, im Jahre 1554 sei zwischen
den tessinischen Gemeinden Semione und Aquila Streit entstanden
wegen Beweidung der Plätze Rialpe und Galinerio, die jede Ge=
meinde für sich beanspruchte. Die von Semione behaupteten hie=
bei, daß Rialpe und Galinerio zum Gebiet der Alp Camabra
gehören; diese Alp sei ihr Eigenthum und erstrecke sich bis zum
orlo da termino (ura da terma) « e abinde ed oltra essi
d'Aquila in termine dei domini della Longaneza e della
pianura della Agrena. » — Die Bürger von Aquila dagegen
behaupteten, daß Rialpe und Galinario zum Gebiete der Greina,

also ihnen angehöre, „als von den Vätern ererbtes Eigenthum
der Vorfahren von Aquila", und daß die Alp Camabra die Höhe
von Crap nicht übersteige. Schon damals hätten sich also die
Aquilesen für die Strecke zwischen Ura da term und Passo Crap
nicht auf ihren Kauf von Lugnez, sondern auf einen vorherigen
Besitz berufen. Der Thalvogt Ulrich Bilberich von Unterwalden,
vor welchen der Streit gebracht worden sei, hätte auch in Wirk=
lichkeit zu Gunsten von Aquila entschieden und somit auch die
Richtigkeit ihrer Behauptungen anerkannt.

Im Jahre 1781 sei sodann zwischen den Gemeinden Aquila
und Semione ein neuer Streit bezüglich der Grenzen zwischen
der Camabra und der Greina ausgebrochen. Darauf habe sich der
Thalvogt sammt einem Schiedsrichterkollegium, denen der Streit
zur Entscheidung übertragen worden sei, an Ort und Stelle be=
geben und auf der Höhe von Crap an einer Stelle, deren Be=
schreibung genau der im Siegfriedatlas eingezeichneten Kantons=
grenze bei Punkt 2360 entspricht, ein Kreuz auf einen Stein
aushauen lassen mit A nach der Greinaseite (gleichbedeutend mit
Aquila) und S nach der Camabraseite, scilicet Semione (Urkunde
Akt. 78). Nach Entdeckung dieser Urkunde sei nunmehr deutlich,
daß die mit der Aufnahme der eidgenössischen topographischen
Karten beauftragten Personen den im Jahre 1781 von einem
Schiedsgericht gesetzten Grenzstein zur Angabe der Grenze zwischen
dem Eigenthum zweier tessinischen Gemeinden, als Grenzstein
zwischen Tessin und Graubünden angesehen haben. Angenommen
daher, die Gebietshoheit des Kantons Graubünden reiche jetzt
noch bis dahin, wo das Eigenthum von Lugnez vor dem Kauf
von 1494 gereicht habe, so wäre die Kantonsgrenze nicht beim
Passo Crap, sondern bei Ura da term, wo die eigentliche Ebene
der Greina ende, anzunehmen. Allein durch den Kauf von 1503
habe Lugnez auch die Gebietshoheit über diesen Theil verloren.
Sollte Lugnez auch damals noch unter einem Herrn gestanden
sein, so habe es sich doch thatsächlich, wie andere Gegenden Rhä=
tiens, selbst regiert (Zschokke, Geschichte der Schweiz,
Kap. 26). Daß die Gemeinde Lugnez das Obereigenthum besessen
habe, beweise ferner der Umstand, daß sie dasselbe anno 1503
an Aquila abgetreten habe. Das Obereigenthum habe aber auch

das imperium involvirt. Um dies recht deutlich zu legen, sei
über den Loskauf der 5 Fl. ein förmlicher Kaufvertrag abgeschlossen
und der Vorbehalt des Pferdeweiberechts nicht in diesen Vertrag
aufgenommen, sondern darüber von Aquila eine besondere Urkunde
errichtet worden. Dazu komme noch ein weiterer Umstand. Laut
einer andern Urkunde (Akt. 79) habe der Landammann und Rath
von Lugnez am 4. August 1554 in dem Streit zwischen Aquila
und Semione an den Vogt im Bleniothale geschrieben, um die
Rechte von Aquila bezüglich der Greina zu unterstützen; damit
habe Lugnez selber jenen Gerichtsstand als forum rei sitae
anerkannt. Daß die Aquilesen im Jahre 1610 nach Jlanz ge=
gangen seien, erkläre sich daraus, daß Lugnez damals den Vertrag
von 1503 nicht gekannt habe. Nur wegen dieser Unkenntniß
hätten die Lugnezer damals behauptet, die Alp Greina liege im
Lugnezerthal. Die Gemeinde Aquila habe auch nie die Grund=
steuer von der Alp Greina an Graubünden bezahlt, dagegen aber
die Polizei auf jener Alp stets ausgeübt. Die von Graubünden
eingelegten alten Karten beweisen nichts, zumal sie ganz andere,
rein phantastische Grenzen angeben. Ebensowenig seien die Dufour=
und Siegfried=Karten öffentliche Urkunden, denen eine Beweis=
kraft zu Gunsten Graubündens beigelegt werden könne. Tessin
habe die darin eingezeichnete Grenze niemals anerkannt. Die
natürliche Grenze könne nur durch die Gebirgskette, welche die
Greinaebene umziehe, gebildet sein.

H. Nach beendigtem Schriftenwechsel wurden die Parteien vom
Jnstruktionsrichter angefragt:

1. Wo der Passo Crap liege, bezw. ob derselbe nicht mit Scaletta
zusammenfalle;

2. Wo die Alp Camadra der Gemeinde Semione liege;

3. Ob der im Jahre 1781 vom Schiedsgericht gesetzte Mark=
stein noch vorhanden sei und wenn ja, wo derselbe sich befinde.

Die Antworten der Parteien auf diese Fragen stimmen nicht
überein.

Ad 1 behauptet Graubünden, Passo Crap (scil. Steintritt) und
Scaletta (d. h. Steintreppe) seien identisch und die Stelle werde
wegen ihrer Gefährlichkeit so genannt. Tessin behauptet dagegen,
Scaletta und Passo Crap seien zwei besondere Stellen. Passo

Crap befinde sich circa 200 Meter höher gegen Osten und zwar gerade beim Punkt 2360 des Siegfried=Atlas, wo ein isolirter Felsblock (Crap heiße Stein, Felsblock) liege.

Ad 2 gibt Graubünden an, die Alp Camabra liege westlich von Scaletta; die Strecke sodann zwischen Scaletta bis zur strei=tigen Kantonsgrenze heiße Giglianera (Steinhühnerweide). Tessin dagegen behauptet, daß Giglianera östlich des Punktes 2360 liege und von demselben noch durch das sogenannte Rialpe getrennt sei. Die Alp Camabra reiche bis zur streitigen Kantonsgrenze und der zwischen letzterer und dem Scalettapaß liegende Theil derselben heiße Campagnôra.

Ad 3 haben sich beide Parteien lediglich auf die Angaben dritter Personen berufen, dagegen wurde namentlich von Tessin das Vorhandensein eines Marksteines in der Nähe von Punkt 2360 behauptet.

I. Ueber die Aufnahme und die hierin eingezeichneten Ortsbe=nennungen um Auskunft ersucht, erklärte das eidgenössische topo=graphische Bureau, die Aufnahme des Blattes 412 sei im Jahre 1858 von Oberst Siegfried besorgt worden. Notizen über die Aufnahme der Kantonsgrenze finden sich bei den Akten nicht vor. Es könne daher nicht gesagt werden, ob für die Verzeigung offi=zielle Delegirte anwesend gewesen, oder dieselbe nach Angabe von Hirten und Alpbewohnern eingezeichnet worden sei. Bei der Ge=wissenhaftigkeit, mit welcher Oberst Siegfried gearbeitet habe, sei immerhin anzunehmen, daß er sich genau über den Verlauf der Grenze erkundigt habe. In der Originalaufnahme fehlen die Namen Piz Medel, Passo Crap, Piz Gaglianera und Piz Vial. Hingegen stehe zwischen Ghiacciaia di Camabra und Ghiacciaia di Greina das Wort „il Gallinario" eingeschrieben. Im Jahre 1873 habe L. Held das Blatt revidirt. Derselbe habe in der Gegend La Greina von Gemsjäger Palli und den Bewohnern der Alp Camabra und Moterasch obige Lokalnamen erhoben, die Kantonsgrenze aber intakt gelassen. Herr Held habe untersucht, ob dieselbe genau nach der Wasserscheide laufe. Von wem die Angabe Passo Crap herrühre, wisse Herr Held nicht mehr.

Das Bundesgericht zieht in Erwägung:

1. Der Grenzlauf zwischen zwei Staaten ist entweder ein ge=

schichtlich hergebrachter oder durch vertragsmäßige Vereinbarung
festgestellt. Allgemein verbindliche Regeln über den Grenzlauf der
Staatsgebiete giebt es nicht. Daß nun in concreto die Grenze
zwischen den Kantonen Tessin und Graubünden auf der Greina
durch Vereinbarung bestimmt worden sei, wurde von keiner Seite
behauptet; dagegen hat Graubünden die Behauptung aufgestellt,
daß die von ihm beanspruchte Grenzlinie auf der Konferenz vom
August 1886 von dem tessinischen Abgeordneten unbedingt anerkannt worden sei. Dieser Behauptung steht aber die ausdrückliche
Erklärung des damaligen tessinischen Abgeordneten entgegen und
ein Beweis ist für dieselbe weder erbracht noch anerboten worden.
Gegen die Annahme, daß damals überhaupt eine definitive Vereinbarung getroffen worden sei, spricht übrigens der Umstand,
daß ein Protokoll über die geführten Verhandlungen, wie dies
bei definitiven Grenzbereinigungen doch regelmäßig der Fall ist,
nicht aufgenommen wurde und im Fernern auch nicht erwiesen
ist, daß der tessinische Delegirte die nöthige Vollmacht besessen
habe, um eine verbindliche Erklärung abzugeben.

2. Somit hängt der Entscheid des vorliegenden Grenzstreites
davon ab, ob die von Graubünden beanspruchte Grenzlinie als
eine geschichtlich hergebrachte anzusehen sei. Hiefür kann nun der
Umstand, daß diese Grenzlinie im Dufour- und im Siegfried-
Atlas seit etwa dreißig Jahren figurirt, ohne daß tessinischerseits
Einsprache dagegen erhoben worden sei, allerdings eine gewisse
Präsumtion zu Gunsten Graubündens begründen; maßgebend
sind aber diese topographischen Aufnahmen für sich allein nicht,
zumal durchaus nicht feststeht, auf welcher Grundlage die darin
eingezeichnete Grenze beruht, insbesondere ob bei der Feststellung
der Grenze Abgeordnete der beiden Kantone mitgewirkt haben.
Noch viel weniger aber kann auf die übrigen Karten und Karten-
pausen, die von beiden Parteien eingelegt worden sind, so namentlich auf die Franscinische Karte abgestellt werden, indem dieselben
als reine Privatarbeiten erscheinen, über deren Grundlagen gar
nichts bekannt ist. Nach den in der Klagbeantwortung enthaltenen
und von den tessinischen Abgeordneten beim Augenscheine abgegebenen
Erklärungen ergibt sich indeß die Entscheidung des vorliegenden
Grenzstreites aus der rechtlichen Würdigung der in den Jahren

1494 und 1503 zwischen Aquila und Lugneӡ abgeschlossenen Rechtsgeschäfte. Denn wie oben angegeben worden, haben die Vertreter des Kantons Tessin beim Augenschein die Erklärung abgegeben, daß die von Graubünden beanspruchte, im Siegfried= Atlas eingezeichnete Kantonsgrenze auch die Grenze gebildet habe zwischen der ursprünglichen, schon früher der Gemeinde Aquila angehörigen Alp Moterasch und der im Jahre 1494 seitens der Korporation Aquila (Egre) von der Gemeinschaft Lugneӡ erwor= benen Alp Greina. Und in der Antwort des Kantons Tessin auf die Klage von Graubünden ist anerkannt, bezw. darauf ab= gestellt, daß zwar bis zum Jahre 1494 resp. 1503 die damals seitens Aquila erworbene Alp Greina zum Gebiete der Landschaft Lugneӡ gehört habe, im Jahre 1503 aber zufolge Loskauf des Erblehenzinfes aus diesem Gebiete ausgeschieden und in dasjenige von Aquila übergegangen sei. Danach ist ӡber offenbar das Schicksal der vorliegenden Klage davon abhängig, ob diese letztere Behauptung des Beklagten richtig sei. Allerdings hat später Tessin in der Duplik die beim Augenschein abgegebene Erklärung theilweise zurücknehmen und gestützt auf die von ihm produzirten Urkunden behaupten wollen, daß die seitens Aquila erworbene Alp Greina nicht blos gegen Süden, sondern auch gegen Westen nur bis zum sog. großen Stein gereicht und der westlich von demselben gelegene Theil der Alp Greina früher schon der Ge= meinde Aquila gehört habe. Allein wie weiter unten zu zeigen ist, kann auf diese neue, von der beim Augenschein in Ueberein= stimmung mit der Antwortschrift von Tessin abgegebenen Erklä= rung abweichende Darstellung nicht abgestellt werden.

3. Werden nun die zwischen Aquila und Lugneӡ in den Jahren 1494 und 1503 abgeschlossenen Rechtsgeschäfte mit Bezug auf ihre rechtlichen Wirkungen näher untersucht, so ist die von Tessin behauptete These einer dadurch eingetretenen Gebietsände= rung zu verneinen. Durch den Vertrag von 1494 wurde nämlich der Gemeinde Aquila nichts anderes als ein beständiges dingliches Nuӡungsrecht gegen einen Ehrschaӡ von 80 Fl. und einen jähr= lichen Zins von 5 Fl. eingeräumt; das nackte Eigenthumsrecht nebst einem gewissen Nuӡungsrecht (Sömmerung der Pferde) behielt sich dagegen die Landschaft Lugneӡ für immer vor. Es ist

dies wie Tessin selbst anerkennt, ein bloßer Erblehensvertrag, der irgendwelche Aenderung der beidseitigen Gebiete, bezw. der Grenze zwischen dem Gebiete der Landschaft Lugnetz und demjenigen der Gemeinde Aquila, resp. der Herrschaft Bellenz, nicht zur Folge haben konnte. Allein auch der Vertrag vom Jahre 1503 hat eine solche Wirkung nicht gehabt. Derselbe ist nichts anderes als ein Loskauf des Erblehenszinses, welcher das nackte Eigenthum und die Lehensherrlichkeit der Landschaft Lugnetz durchaus unangetastet gelassen hat. Es ist dies übrigens im Revers zu diesem Vertrage ausdrücklich anerkannt, indem darin von den Vertretern von Aquila neuerdings bestätigt wird, daß sie die Alp Greina zu Erblehen empfangen und die Lugnetzer sich das Recht vorbehalten haben, ihre Rosse in der Greina zu sömmern. In Uebereinstimmung hiemit sagen auch die Lugnetzer in ihrem Brief an den Thalvogt von Blenio von 1554, daß sie die Alp Greina denen von Aquila zu Erblehen gegeben haben, und etwas anderes, als daß die Alp den Aquilesen 'zinsfrei gehöre, ist auch im Urtheil von 1610 nicht enthalten. Uebrigens steht auch keineswegs fest, daß nach damaligem Rechte der bloße Eigenthumsübergang auch eine Gebietsänderung zur Folge gehabt haben würde, sondern es müßte eine solche Absicht der Parteien wohl durch besondere Momente klargelegt sein. In casu hat nun aber die Gemeinde Aquila sich im Jahre 1610 in ihrem Streit mit Lugnetz ohne Einrede vor dem Gerichte zu Ilanz, als dem Forum der belegenen Sache, eingelassen, trotzdem ihr ja der Loskauf des Erblehenzinses von 1503 genau bekannt war, und damit anerkannt, daß die Alp Greina zum Gebiet der Landschaft Lugnetz gehöre. Der Brief von Lugnetz an den Thalvogt von Blenio ist dagegen für diese Frage ohne Bedeutung. Denn Lugnetz war in dem betreffenden, zwischen den Gemeinden Semione und Aquila obschwebenden Streite gar nicht als Partei betheiligt, sondern ist lediglich als Gewährsperson aufgetreten, konnte somit den Gerichtsstand von Blenio weder ablehnen, noch anerkennen. Haben aber die Verträge von 1494 und 1503 eine Aenderung in der Territorialhoheit nicht bewirkt, so braucht nicht untersucht zu werden, ob diejenigen, welche dieselben abgeschlossen haben, befugt gewesen wären, eine solche Aenderung vorzunehmen.

4. In der Duplik hat die tessinische Regierung eventuell noch geltend gemacht, daß nach den vorliegenden Urkunden die im Jahre 1494 resp. 1503 von Lugnez an Aquila verliehene Alp Greina auch westlich nur bis zum sogenannten großen Stein, Ura da term, gereicht, so daß die Strecke von Uro da term bis zum Piz Coroi schon damals zu Aquila gehört habe. Dies gehe in deutlicher Weise aus der Urkunde von 1554 hervor. In der That wird in dieser Urkunde, im Gegensatze zu denen von Semione, welche behaupteten, ihre Alp Camabra reiche bis zum Orlo di termino, von den Aquilesen gesagt, daß das Gebiet Rialpe und Galinerio ihnen als „von den Vätern ererbtes Eigenthum der Vorfahren von Aquila" angehöre und daß die Alp Camabra die Höhe von Crapo nicht übersteige. Allein so wahrscheinlich es erscheinen mag, daß die von Semione angerufene Grenzmarch (orlo da termino) mit der in der Urkunde vom 23. Oktober 1494 und 16. Januar 1503 enthaltene Grenzbezeichnung Uro da term identisch sei, so mangelt doch jeder bestimmte Anhaltspunkt dafür, daß dieser Markstein mit dem sogenannten großen Stein, bei welchem der Augenschein stattgefunden hat, eins und dasselbe ist. Tessin selbst hat dies anfänglich bestritten. Auch über die Lage von Rialpe und Galinerio und Passo Crap herrscht keine Klarheit. Ebenso wenig ist bewiesen, daß bei der Aufnahme des Siegfried=Atlas der im Jahre 1781 errichtete Grenzstein zwischen der Alp Camabra der Gemeinde Semione und der Alp Greina der Gemeinde Aquila irrthümlich als ein Landesgrenzstein betrachtet worden sei. Wo der betreffende Grenzstein sich befindet, steht überhaupt nicht fest. Keiner der Parteivertreter hat denselben je gesehen, sondern sie berufen sich nur auf Hörensagen und haben eine Feststellung seines Standortes durch Augenschein oder andere Beweismittel nicht verlangt. Die Beschreibung desselben im Dokument von 1781 ist aber keineswegs so klar, daß er ohne Augenschein lediglich auf Grundlage der vorliegenden Akten ermittelt werden könnte. Im Uebrigen war Lugnez bei den Prozessen zwischen Semione und Aquila nicht betheiligt und es können daher die in den bezüglichen Urkunden von 1554 und 1781 enthaltenen Angaben nicht unbedingt Beweiskraft gegen Graubünden besitzen, und zwar abgesehen davon, daß seitens

Tessin niemals behauptet worden ist, daß die Lugnetzer das ihnen
zustehende Pferdeweiderecht, welches sie sich schon im Jahre 1494
vorbehalten haben, nicht auf das ganze Gebiet der Greina, also
auch westlich des sogenannten großen Steins ausgeübt haben.
Alles, was tessinischerseits in der Duplik vorgetragen und beige=
bracht worden ist, ist also nicht geeignet, die beim Augenschein
in Uebereinstimmung mit der Darstellung in der Antwort abge=
gebene Erklärung der tessinischen Abgeordneten, daß das Gebiet
der ursprünglichen lugnetzischen Alp Greina mit der von Grau=
bünden beanspruchten Grenzlinie zusammenfalle, zu entkräften
und dessen Unverbindlichkeit für den Kanton Tessin zu bewirken.

5. Tessin behauptet allerdings noch, auf dem streitigen Gebiet
stets die Polizei ausgeübt und die Grundsteuer bezogen zu haben.
Allein letzteres ist von Graubünden ebenfalls behauptet und keine
Partei hat den rechtsgenüglichen Beweis für ihre Behauptung
geleistet. Und was das erstere anbelangt, so ist kein einziger Fall
namhaft gemacht, in welchem eine auf der Greina begangene
Uebertretung von Tessin bestraft worden wäre und — was erst
entscheidend wäre — mit Wissen der bündnerischen Behörden. —
Das erste und zweite Klagbegehren ist demnach gutzuheißen.

6. Dagegen ist dem weitern Begehren Graubündens, daß Tessin
resp. die Gemeinde Aquila zur Rückerstattung des von der Ge=
meinde Sommvix an Aquila geleisteten Depositums verpflichtet
werde, nicht zu entsprechen. Denn die Frage der Gültigkeit der
betreffenden Pfändung, zu deren Aufhebung das Depositum ge=
leistet wurde, ist rein civilrechtlicher Natur und hängt zudem nach
Art. 66 O.=R. nicht davon ab, ob die Stelle, wo die Pfändung
stattfand, auf graubündnerischem oder tessinischem Gebiete liege,
sondern davon, ob dieselbe im Besitze des Pfändenden sich befinde
oder nicht. Die erste Frage hätte nur für die Bestimmung des
Gerichtsstandes eine Bedeutung; in dieser Beziehung ist aber von
Graubünden ein Antrag nicht gestellt worden.

Demnach hat das Bundesgericht

erkannt:

1. Die im Siegfried=Atlas (Blatt 412) zwischen den Kantonen
Tessin und Graubünden angegebene Kantonsgrenze wird als zu

Recht bestehend erklärt und die Hoheitsrechte Graubündens auf das auf sein Gebiet hinüberragende Privateigenthum der Gemeinde Aquila werden anerkannt.

2. Auf das Begehren um Aufhebung der Pfändung vom 2. September 1886 und Rückerstattung des hinterlegten Pfand=schillings wird nicht eingetreten.

———————

107. Urtheil vom 9. Dezember 1892 in Sachen Aargau gegen Solothurn.

A. Am 31. März 1873 ertheilte der Regierungsrath des Kan=tons Solothurn an Albert Fleiner in Aarau und C. F. Bally in Schönenwerd die Konzession zur Anlage eines, aus der Aare abgezweigten, Kanals vom hohen Borde Erlinsbach bis zur solo=thurnisch=aargauischen Kantonsgrenze, gemäß dem vorgelegten Plane. Am 25. Juni 1873 gestattete der Regierungsrath des Kantons Solothurn die Uebertragung dieser Konzession auf ein Konsortium zu Handen einer zu bildenden Aktiengesellschaft. Auf Nachsuchen des Konsortiums bewilligte der Regierungsrath des Kantons Solothurn am 24. April 1880 eine Ergänzung dieser Konzession und am 12. September 1888 bestätigte er, daß diese Ergänzung ihrem ganzen Inhalte nach auch für allfällige Rechts=nachfolger der gegenwärtigen Eigenthümer des Gewerbekanals bestehen bleibe. Von einer Konzessionsgebühr ist in diesen Kon=zessionsurkunden nicht die Rede. Der konzedirte Gewerbekanal wurde erstellt; derselbe zweigt beim hohen Borde in Erlinsbach auf solothurnischem Gebiete aus der Aare ab und führt, nach Ueberschreitung der solothurnisch=aargauischen Grenze, auf dem Gebiete des letztern Kantons oberhalb der Aarebrücke zu Aarau, wieder in die Aare zurück. Unmittelbar nach Ueberschreitung der aargauischen Grenze, an der Stelle, welche auf dem Plane Akt. 3 als erstes Gefälle bezeichnet ist, sind in der ganzen Breite des Kanals Turbinenkammern erstellt; dagegen sind keine Turbinen=häuser angelegt worden. Die Wasserkräfte sind also zur Zeit dort noch gänzlich unbenützt und es bestehen auch keine Fabrik=

anlagen, für welche dieselben benutzt werden könnten, insbesondere ist eine ursprünglich dort vorgesehene Floretspinnerei bis jetzt nicht erstellt worden. Beim „zweiten Gefälle“ des Planes, (ebenfalls auf aargauischem Territorium) besteht die gleiche Einrichtung wie beim „ersten Gefälle.“ Jedoch ist über der äußersten Turbinen= kammer links ein Turbinenhaus errichtet und darin eine Tur= bine angebracht, welche die Cementfabrik von A. Fleiner in Bewegung setzt und die im Kanale vorhandene Wasserkraft im Umfange von 60 Pferdekräften beansprucht. Für eine umfang= reichere Benutzung des Wassers mangeln die Einrichtungen, indem die übrigen Turbinenkammern zur Zeit, wie beim ersten Gefälle, noch ohne Turbinenhäuser und Turbinen sind. Die Fleiner'sche Cementfabrik steht seit 14. November 1883 in Betrieb. Weitere Fabrikanlagen, für welche die zur Zeit unbenutzte Wasserkraft verwendet werden könnte, sind auch hier nicht vorhanden. Die Firma A. Fleiner hat durch Vertrag mit dem frühern Konsortium den ganzen Gewerbekanal zu Eigenthum erworben. Auf dem Ge= biete des Kantons Solothurn bestehen keinerlei Anlagen für Be= nützung des Wassers des Gewerbekanals.

B. Am 1. Dezember 1891 und 3. April 1892 wurde im Kanton Solothurn ein neues Gesetz betreffend Taxation der staat= lich konzedirten Wasserfallrechte erlassen. Dieses Gesetz bestimmt u. a.: „§ 10. Die Kraftleistung eines Wasserfallrechtes wird be= rechnet, indem die in der gewöhnlichen Arbeitszeit nutzbare mitt= lere sekundliche Wassermenge mit der nutzbaren Fallhöhe derselben, b. h. dem Höhenunterschied zwischen den mittleren Ober= und Unterwasserständen der betreffenden Kraftanlage multiplizirt wird, wobei 100 Meterkilogramme per Sekunde als eine effektive Pferde= kraft in Anschlag gebracht werden.“ § 2. „Für jedes staatlich konzedirte Wasserfallrecht an öffentlichen Gewässern ist zu Handen der Staatskasse eine jährliche Konzessionsgebühr zu bezahlen, die nach der örtlichen Lage und den Verhältnissen der Ausnützung per Effektivpferdekraft 3 bis 6 Fr. beträgt und jeweilen vom Re= gierungsrathe festgesetzt wird. Die Konzessionsgebühren unterliegen innerhalb dieser gegebenen Grenzen alle 10 Jahre einer Revision durch den Regierungsrath, wobei gegen allfällige Aenderungen den Inhabern der Konzession der Rekurs an den Kantonsrath zusteht." § 3. „Den Bestimmungen des § 2 unterliegen auch diejenigen Wasserfallkonzessionen, welche zur Zeit des Inkraft=tretens dieses Gesetzes bereits bestanden haben...." Gestützt auf dieses Gesetz nahm der Regierungsrath des Kantons Solothurn am 30. Mai 1892 eine „Taxation der staatlich konzedirten Wasser=fallrechte im Kanton Solothurn" vor. Dabei wurden Albert Fleiners sel. Erben in Aarau für 435 Pferdestärken zu 4 Fr. per Pferdestärke mit einer jährlichen Konzessionsgebühr von 1740 Fr. veranlagt; da sie binnen der angesetzten Frist diese im solothurnischen Amtsblatte öffentlich bekannt gemachte Taxation nicht bestritten, wurden sie zu Bezahlung der Konzessionsgebühr für 1892 aufgefordert.

C. Mit Eingabe vom Juli 1892 erhoben nunmehr, einerseits die Firma (und Erbschaft) A. Fleiner in Aarau, andrerseits der Regierungsrath des Kantons Aargau, beim Bundesgerichte Be=schwerde gegen den Regierungsrath des Kantons Solothurn, indem sie die Anträge stellten: Das Bundesgericht wolle er=kennen: 1. Daß der Kanton Solothurn nicht berechtigt sei, sein Gesetz über die Wasserfallrechte vom 1. Dezember 1891 auf den Gewerbekanal Aarau anzuwenden und von der nicht auf seinem sondern auf dem Gebiete des Kantons Aargau vorhandenen, da=selbst entweder wirklich benutzten oder benutzbaren Wasserkraft, — im Gegensatz zu seinem frühern Verfahren und zur Konzessions=urkunde — eine Konzessionsgebühr zu erheben. 2. Daß die Ver=fügung der solothurnischen Regierung vom 30. Mai 1892, wo=nach sie die Konzessionsgebühr für die gegenwärtige Eigenthümerin des Gewerbekanals, die Firma A. Fleiner (Alb. Fleiner sel. Erben) auf 1740 Fr. jährlich festsetzt, demnach nicht zu Recht bestehen könne. 3. Daß vielmehr der Kanton Aargau, in dessen Ge=biet die Wasserkraft des Gewerbekanals beziehungsweise das Wasserwerk der Firma Fleiner liegt, wie bisher ausschließlich be=rechtigt sei, die Wasserrechtsabgabe zu erheben. Zur Begründung wird im Wesentlichen ausgeführt: Die solothurnische Konzession sei seiner Zeit nicht für die Erstellung und Ausnützung von Wasserwerken, sondern nur für die Anlegung eines künstlichen Wasserrinnsals verlangt und ertheilt worden. Alle Wasserwerke, die dieses Rinnsal habe treiben sollen, seien auf aargauischen

Boden zu liegen gekommen. Auf solothurnischem Gebiete wäre die
Einrichtung eines Wasserwerkes des fehlenden Gefälles wegen
schlechterdings nicht möglich gewesen. Daher spreche denn auch die
solothurnische Konzession lediglich von der Anlage eines Kanals,
nicht dagegen von Wasserwerken oder von der Wasserkraft und
ihrer Messung. Die solothurnische Konzession sei keine Radrechts=
konzession, sondern die einfache Bewilligung einer Wasserbaute,
die bis zur aargauischen Grenze nichts als ein Kanal sei. Der
Zweck, welchen der Kanalbau auf aargauischem Gebiete habe er=
füllen sollen, sei für die solothurnische Behörde völlig außer Be=
tracht gefallen. Die eigentliche Wasserrechtskonzession habe das Kon=
sortium im Kanton Aargau lösen müssen und auch wirklich ge=
löst. Deßhalb sei die solothurnische Konzession ohne Auflage von
Wasserrechtszinsen oder Radrechtsgebühren erfolgt, während wirkliche
Wasserrechtskonzessionen im Kanton Solothurn von jeher und
insbesondere im Jahr 1873 gemäß einem besondern, seit dem 7.
November 1861 erlassenen Gesetze nur gegen die gleichzeitige Fest=
setzung eines Wasserrechtszinses bewilligt worden seien. Bis zum
Jahre 1892 habe demgemäß auch die solothurnische Regierung nie
versucht, das kantonale Wasserrechtsgesetz auf den Gewerbekanal
Aarau anzuwenden und nachträglich eine Gebühr von den Kon=
zessionären einzufordern. Die Kanaleigenthümerin könne nun dem
Staate Solothurn das Recht nicht zugestehen, entgegen seiner
frühern bedingungslosen Konzession eine Wasserrechtsgebühr von
ihr zu erheben und ein Vermögensobjekt, eine Wasserkraft, die
sich nicht auf solothurnischem, sondern auf aargauischem Gebiete
befinde, mit Abgaben zu belegeu. Ebensowenig sei die Regierung
des Kantons Aargau gewillt, der Regierung des Kantons Solo=
thurn die Ausübung solcher Besteuerungsrechte auf aargauischem
Gebiete zuzugestehen. Jeder Kanton könne die Wasserhoheit, als
einen Theil seiner Souveränität, nur auf seinem Gebiete aus=
üben. Der Kanton, in dessen Gebiete sich der obere Theil eines
Gewässers bewege, könne nicht in Wasserrechtsverhältnisse eingrei=
fen, welche am untern Theile des Gewässers, im Gebiete des
Nachbarkantons, geschaffen werden. Kein Kanton könne daher
Radwerke besteuern, die außer seinen Grenzen liegen, und es sei
somit der Kanton Solothurn nicht berechtigt, sein Wasserrechts=

geſetz über die ſolothurniſchen Grenzen hinaus zur Anwendung zu bringen. Der Umſtand, daß der Anfang des Kanals auf ſolo=thurniſchem Gebiete liege, ändere hieran nichts. Denn der auf ſolothurniſchem Gebiete liegende Theil des Kanals ſei ein bloßer Waſſerlauf; allerdings habe es zu deſſen Anlage einer ſtaatlichen Bewilligung bedurft; allein nicht einer Waſſerrechtskonzeſſion' da eben auf ſolothurniſchem Gebiete ein Waſſerwerk nicht errichtet worden ſei. Die Unzuläßigkeit der von der Regierung von Solo=thurn in Anſpruch genommenen Anwendung des ſolothurniſchen Waſſerrechtsgeſetzes ergebe ſich am beſten daraus, daß dabei als Grundlage die Waſſernutzung genommen werden müſſe, wie ſie auf aargauiſchem Gebiete ſtattfinde. Ja, die Regierung von Solo=thurn gehe ſogar noch weiter; ſie ermittle, wie viele Pferdekräfte der Kanal auf Aargauer Gebiet überhaupt zur Benützung biete und berechne von dieſen die Gebühr, wie wenn ſie benutzt würden, während zur Zeit und wohl noch für lange nur etwa $\frac{1}{9}$ dieſer Geſammtkraft zur Verwendung komme. So komme denn die Re=gierung des Kantons Solothurn zu dem formidablen Waſſerrechts=zins von 1740 Fr. im Jahre, während die aargauiſche Regierung, in deren Kanton die ganze Waſſerkraft liege, nur ungefähr den ſiebenten Theil dieſes Betrages als Steuer einfordere, weil ſie ſich an die thatſächlich verbrauchte Waſſerkraft halte. Solothurn wolle alſo nicht nur ein im Kanton Aargau liegendes, in Betrieb ſte=hendes Waſſerwerk beſteuern, ſondern fordere die Steuer von ſo viel Waſſerwerken am Gewerbekanal auf Aargauer Gebiet, als überhaupt je denkbar ſeien. In dieſem Vorgehen liege ein Eingriff in die Waſſer= und Steuerhoheit, überhaupt in die Souveräni=tätsrechte des Kantons Aargau, gegen den der aargauiſchen Re=gierung und mittelbar der dadurch geſchädigten Waſſerwerkbeſitzerin die Beſchwerde beim Bundesgerichte zuſtehe. In der angefochtenen Verfügung der Regierung des Kantons Solothurn liege überdies gegenüber der Eigenthümerin des Kanals ein Eingriff in wohl=erworbene Privatrechte. Der Bau des Kanals ſei ſeiner Zeit den Rechtsvorgängern der Kanaleigenthümerin ohne Auflage von Konzeſſionsgebühren geſtattet worden; die Konzeſſion ſei als Kanal=bau und nicht als Waſſerrechtskonzeſſion bewilligt und wiederholt beſtätigt worden. Der Regierung von Solothurn ſtehe es nun

nicht zu, die rechtliche Grundlage dieses Verhältnisses nachträglich
zu ändern. Die Rückwirkungsklausel des § 3 des Gesetzes vom
1. Dezember 1891, wie dieses Gesetz überhaupt, betreffe eben
Wasserrechtskonzessionen, Konzessionen, die als solche ertheilt und
von jeher mit einer Steuer belegt worden seien, nicht Bewilli=
gungen zu Wasserbauten, die man ohne solche Auflagen ertheilt
habe. Stehe es auch im freien Belieben des Staates, Konzessionen
an öffentlichen Gewässern zu ertheilen oder zu verweigern, so sei
doch eine einmal ertheilte Konzession ein Recht, das nicht mehr
beliebig widerrufen oder verändert werden könne. Gewiß könne die
spätere Gesetzgebung die Modalitäten dieses Rechtes anders be=
stimmen, aber das Recht in seinem Wesen dürfe sie nicht be=
rühren. Sie könne bei Konzessionen, die gegen die Bezahlung ge=
wisser Abgaben ertheilt worden seien, die Größe der Abgaben in
mäßigen Schranken verändern, aber sie dürfe eine Konzession
anderer Art, eine Konzession ohne jegliche Abgabe, nicht in eine
Konzession mit hohen Abgaben umändern.

D. In seiner Vernehmlassung auf diese Beschwerde beantragt
der Regierungsrath des Kantons Solothurn, der Rekurs der
Firma und Erbschaft A. Fleiner und der Regierung des Kantons
Aargau sei abzuweisen, indem er im Wesentlichen ausführt: Es
sei durchaus unrichtig, daß durch die Konzession der solothurnischen
Regierung vom 31. März 1873 und 24. April 1880 eine bloße
Bewilligung zur Anlage eines Kanals ertheilt und die Erstellung
und Ausnützung eines Wasserwerkes hiebei gar nicht in Frage
gekommen sei. Die Behauptung, daß der Wasserlauf des Kanals
auf Solothurner Gebiet für die Wasserwerkanlage außer Betracht
falle, weil die Vorrichtungen zur Nutzbarmachung der Wasserkräfte
sich auf Aargauer Boden befinden, sei jedenfalls nicht ernst zu
nehmen, denn als Wasserwerk sei der Kanal in seiner Einheit
aufzufassen, was ja sofort daraus klar ersichtlich werde, daß
ohne die Fassung des Aarewassers beim hohen Bord zu Erlinsbach
und die Eindämmung desselben in einen Kanal auf Solothurner=
gebiet die ganze Wasserwerkanlage gar nicht existirte. Wenn der
Konzessionsakt nur von der Anlage eines Kanals spreche, so sei
es für den Konzedenten doch selbstverständlich gewesen, daß er
damit die Anlage eines Kanals bewilligt habe, welcher gemäß der

in dem Konzessionsgesuche angegebenen Art und Weise die Ver-
werthung von Wasserkräften zu industriellen Zwecken habe ermög=
lichen sollen. Der Umstand, daß der Staat Solothurn bis dahin
keine Konzessionsgebühren gefordert habe, ändere hieran nichts,
denn die solothurnische Gesetzgebung habe den Begriff der Wasser
fallrechte unzweideutig dahin festgestellt, daß als solche „gewerb=
liche Bauten und Anlagen (Wasser= und Radwerke und Gewerbs=
kanäle)" zu betrachten seien. Die rechtliche Natur solcher Rechte
erleide dadurch keine Veränderung, daß staatliche Gefälle an die
Ertheilung einer Konzession nicht geknüpft worden seien, was im
Laufe der Jahre einige Male thatsächlich vorgekommen sei. Wenn
nun nachträglich der Staat Solothurn die Ueberzeugung gewonnen
habe, daß in Frage stehende Wasserfallrecht müsse einer Besteuerung
unterworfen werden, so sei er vollständig berechtigt, demgemäß zu
verfahren. Wenn der Staat bis dahin keine Konzessionsgebühren
für den Kanal der Rekurrenten gefordert habe, so sei dadurch den
letztern kein Recht erwachsen, daß dieser Zustand für alle Zukunft
bestehen bleiben müsse; es sei für die Rekurrenten dadurch kein
wohlerworbenes Privatrecht begründet worden. Dieser Rechtsan=
schauung gebe § 3 des neuen Gesetzes vom 1. Dezember 1891
unzweideutigen Ausdruck. Was den Rekurs wegen Doppelbesteue=
rung anbelange, so bestreite der Regierungsrath des Kantons
Solothurn die rechtlichen Ausführungen der Rekurrenten nicht,
wohl aber ihre Anwendbarkeit auf den vorliegenden Fall. Denn
es sei ein thatsächlicher Irrthum, daß der Kanton Solothurn bei
der Besteuerung der in Frage liegenden Wasserkräfte sich einen
Eingriff in die Hoheitsrechte des Kantons Aargau erlaubt habe.
Was solothurnischerseits besteuert werde, sei derjenige Theil der
Wasserkräfte, der auf seinem Territorium sich befinde, d. h. vom
Einfluß der Aare in den Gewerbekanal bis zur aargauisch=solo=
thurnischen Grenze. Nach dem vom kantonalen Baudepartemente
aufgenommenen Tableau betrage die ganze Wasserkraft des Ge=
werbekanals 640 Pferdestärken, berechnet nach den in § 1 des
neuen Gesetzes aufgestellten Faktoren. Hievon entfallen auf den
1860 Meter in der Länge betragenden Theil im Kanton Solo=
thurn 435 Pferdestärken, und auf das 870 Meter lange Theilstück
im Kanton Aargau 205 Pferdestärken. Gemäß der Publikation

des Regierungsrathes beanspruche nun der Staat Solothurn die
Konzessionsgebühr nur für jene 435 Pferdestärken. Daß die hieraus
resultirende jährliche Konzessionsgebühr als zu hoch bemängelt
werde, namentlich mit Rücksicht darauf, daß blos etwa ¹/₉ der Ge-
sammtkraft des Kanals zur Verwendung komme, falle hier nicht
in Betracht, indem der Staat die effektive Kraftleistung, die ein
Wasserwerk zu erzeugen vermöge, bei der Berechnung in Anschlag
bringe und nicht diejenige Kraft, welche thatsächlich in Folge
mangelhafter oder ungenügender Anlage u. s. w. benutzt werden
könne.

E. Replikando machen die Firma und Erbschaft A. Fleiner,
sowie der Regierungsrath des Kantons Aargau im Wesentlichen
geltend: Es sei wohl richtig, daß die solothurnische Regierung die
Konzession zur Kanalanlage mit Rücksicht auf die großen industriellen Etablissemente ertheilt habe, welche die Konzessionäre
am Kanale zu bauen beabsichtigten. Allein die großen Vortheile,
welche der Kanalbau und der Betrieb der fraglichen industriellen
Etablissemente für die Bevölkerung der solothurnischen Grenzge-
meinden in Aussicht stellten, habe die Regierung eben bestimmt,
die Konzession unentgeltlich zu ertheilen. Auf der andern Seite
habe die Ertheilung einer Konzession ohne Wasserrechtszins für
die Kanalbaugesellschaft den ausschlaggebenden Grund gebildet, das
Unternehmen auf das Grenzgebiet zu verlegen und nicht, was
auch möglich gewesen wäre, den Kanal ausschließlich auf aargauischem Territorium zu erstellen. Ja, es sei fraglich, ob ohne
die Zusicherung einer Konzession ohne Wasserrechtszins das Kanal-
unternehmen, das einen Kostenaufwand von mehr als eine halbe
Million Franken erfordert habe, überhaupt ins Leben getreten
wäre. Zur Zeit der Konzessionertheilung habe im Kanton Solothurn ein Gesetz über Wasserwerke und ihre Verzinsung schon
bestanden. Der Staat Solothurn habe also für den Gewerbekanal
Aarau eine Ausnahme gemacht, ihn günstiger als gewöhnliche
Wasserwerke oder Wasserwerksprojekte behandelt, indem er den
Erbauern des Kanals das Recht verliehen habe, den Kanal ohne
Wasserrechtszins zu bauen und zu benutzen. Dieses Recht könne
er nun nicht nachträglich aufheben. Die Behauptung, die seitherige
Nichtbesteuerung bedeute nicht einen Verzicht auf die Besteuerung,

wäre nur dann zu hören wenn die Regierung in der Konzession
das Besteuerungsrecht sich vorbehalten hätte. Dies sei aber nicht
geschehen, die Konzession sei vielmehr ohne jeden Vorbehalt in
dieser Richtung ertheilt worden. Das zur Zeit der Konzessionsertheilung geltende solothurnische Gesetz habe von steuerfreien
Wasserwerken ebensowenig gesprochen als das gegenwärtige. Nichtsdestoweniger habe die Regierung der Kanalbaugesellschaft thatsächlich die Steuerexemtion gewährt. Es dürfe daher nicht gefolgert
werden, daß durch das neue Gesetz die Steuerexemtion der Kanaleigenthümerin aufgehoben worden sei. Das Gesetz beziehe sich eben
nur auf die regelmäßigen Fälle, auf die steuerpflichtigen Anlagen, nicht aber auf Anlagen, für welche man außerordent-
licherweise Steuerfreiheit gewährt habe. Wäre das neue Gesetz
anders zu deuten, so enthielte es einen verfassungswidrigen Eingriff in wohlerworbene Privatrechte, welcher den Staat Solothurn zur Entschädigung an den Inhaber des Rechts verpflichten
würde. Vollends unstatthaft erscheine es, daß der Staat Solothurn heute, wo noch der weitaus größte Theil der Wasserkraft
des Kanals brach liege und nur ein ganz kleiner Theil für ein
einziges Etablissement Verwendung finde, die ganze Wasserkraft
besteuere, und zwar nicht blos die thatsächlich vorhandene, sondern
die nach der ursprünglichen Kanalanlage vorhanden sein sollende.
Es möge richtig sein, daß der Staat Solothurn dabei mit der
Quote des Gefälles rechne, welche auf das Kanalstück im Kanton Solothurn entfalle, allein er nehme keine Rücksicht darauf,
daß die Wasserkraft thatsächlich von einem einzigen Etablissemente
benutzt werde und das Wasser zu $^5/_6$ unverwendet in die Aare
zurückfließe; ja, er messe die ganze Wasserkraft rein theoretisch
nach den Zahlen und Maßen der Konzession, wie wenn der Kanal
heute so wäre, wie er Anfangs der siebziger Jahre projektirt
worden sei, während thatsächlich der Kanal heute kaum mehr die
Hälfte der damals angenommenen Kraft besitze und eine Gewinnung der ursprünglich vorgesehenen Kraft nur durch Ausführung von Arbeiten möglich wäre, welche weit über 100,000 Fr.
kosten würden und deren Ausführung für das einzige zur Zeit
den Kanal benutzende Werk daher nicht möglich und zudem
völlig zwecklos wäre. Eine derartige Besteuerung entspreche der

solothurnischen Wasserrechtsgesetzgebung nicht. Diese unterscheide zwischen Kanalanlagen für einzelne, von vornherein bestimmte und gleichzeitig mit dem Wasserlauf eingerichtete Werke und zwischen Gewerbekanälen, d. h. Kanalanlagen ohne bestimmte Verwendung und Beschränkung auf einzelne Werke, dazu geschaffen, die Industriellen herbeizuziehen und successive nach Bedürfniß für Werke von solchen verwendet zu werden. Jene, die gewöhnlichen Wasser- und Radrechtskonzessionen, haben den Wasserrechtszins von Anfang an zu bezahlen, diese, die Gewerbekanäle, von dem Momente an und in dem Verhältnisse, wo Wasserwerke an ihnen errichtet werden und daher die Wasserkraft Verwendung finde. Diese Unterscheidung liege in der Natur der Sache. In einem Falle, der zwei Kantone berühre, könne von einer andern Handhabung der Besteuerung schlechterdings nicht die Rede sein. Der Kanton des obern Kanallaufes dürfe nicht die im Kanton des untern Laufes stehende erste, vereinzelte, nur theilweise Werkanlage auf Grundlage der ganzen im Kanal überhaupt vorhandenen oder gar nur vorhanden sein sollenden, Wasserkraft besteuern. Andernfalls wäre der untere Kanton, der seine Steuer nur von der verwendeten Wasserkraft berechne, kaum noch in der Lage, von den betreffenden Industriellen auch nur diese Steuer zu beziehen und es wäre an die Erstellung weiterer Werke an dem Kanale nicht mehr zu denken. Der obere Kanton hätte dem untern seinen Kanalantheil, der doch der Haupttheil sei, gänzlich entwerthet. In einem solchen Verfahren läge thatsächlich eine Doppelbesteuerung und ein Eingriff in die Hoheitsrechte des andern Kantons. Der Kanton Solothurn sei demnach nicht berechtigt, überhaupt einen Wasserzins zu verlangen, weil er die Konzession und ihre Erweiterung steuerfrei ertheilt habe und weil beide Gefälle nur auf aargauischem Gebiete ausgenützt werden können. Auf keinen Fall aber stände ihm zur Zeit ein anderer Anspruch zu als der: Von der jetzt benutzten, verwendeten Wasserkraft (dem Fleiner'schen Werke) die Quote zu besteuern, die es auf das solothurnische Theilstück des Kanals im Verhältniß zum ganzen treffe.

F. In seiner Duplik bemerkt der Regierungsrath des Kantons Solothurn im Wesentlichen: Die solothurnischen Wasserrechtskonzessionen umfassen jeweilen einen genau limitirten Abschnitt des bezüglichen Wasserlaufes, dessen Gefällsverhältnisse, sowie die

mittlere Wassermenge der Berechnung des Krafteffektes die fixen
Anhaltspunkte liefern; hievon fallen 75 % als Nettokraft bei der
Taxation in Berechnung. Es kommen deßhalb bei den Wasserfallkonzessionen weder theoretische Faktoren noch Ausnahmen von der
allgemeinen Regel der Ertheilung vor. Dieselben werden vom
Staate auf Grund einer positiven technischen Unterlage in dem
Sinne ertheilt, daß das Recht zur ungetheilten Ausnützung dessen
verliehen werde, was ein bezüglicher Abschnitt eines Wasserlaufes
zu leisten im Falle sei. Ob ein Konzessionär seine Konzession ganz
oder nur theilweise ausnütze, oder seine Anlage mehr oder weniger
rationell erstelle, sei für die Taxation ebenso irrelevant wie eine
Verminderung des Nutzeffektes durch mangelhaften Unterhalt der
Anlage. Weder Gesetz noch Praxis kennen im Kanton Solothurn
einen Unterschied zwischen Gewerbekanälen und andern Wasser=
kraftanlagen. Das Verlangen der Rekurrenten, die Taxation nach
Maßgabe der in Verwendung stehenden Kraft einer Konzession
zu bemessen, qualifizire sich als eine sonderbare Zumuthung. Dadurch würde geradezu dem Mißbrauche Vorschub geleistet. Ein
Petent könnte alsdann eine Konzession von Hunderten, ja von
Tausenden von Pferdestärken erwirken, um vielleicht von derselben
ein Paar Pferdestärken zu benutzen und auf diese Weise nicht
nur die öffentlichen Interessen einer ganzen Landesgegend zu
schädigen, sondern sich angesichts der minimen Taxe für die ver=
wendete Kraft auf wohlfeile Weise die Konkurrenz vom Halse zu
halten. Von einem wohlerworbenen Privatrechte könne im vor=
liegenden Falle am allerwenigsten die Rede sein. Schon seit 1834
sei die Erwerbung von Wasserfallrechten durch Kauf oder Schen=
kung unmöglich und das Wasserfallkonzessionswesen ausschließlich
als Angelegenheit öffentlich=rechtlicher Natur erklärt. Wenn in
casu, wie in einigen wenigen andern Fällen der Konzessionär
bei Ertheilung der Konzession nicht taxirt worden sei, so schließe
dieß keineswegs aus, daß die Konzession nachträglich taxirt werden
könne. Das Recht auf den Bezug von Gefällen zeitweise zu ver=
zichten, stehe der Regierung als Vertreterin des Fiskus ohne
Zweifel zu; dagegen wäre sie nach den gesetzlichen Bestimmungen
nicht befugt gewesen, jemals eine absolute Befreiung von solchen
Gefällen auszusprechen. Die Wasserführung des Kanals stehe
unter dem Einflusse mangelhaften Unterhaltes. Während die

Kanalinhaber nichts für den Unterhalt ihres Objektes geleistet, habe der Staat Solothurn (mit Beiträgen des Bundes und der Kanalinhaber) seit 1889 ausschließlich zum Schutze der Kanal= anlage für über 70,000 Fr. Korrektionen an der Aare ausführen lassen. Angesichts der günstigen Lage der konzedirten Wasserkraft sei deren Taxirung mit nur 4 Fr. per Jahrespferd eine mäßige.

G. Vom Instruktionsrichter ist ein Augenschein eingenommen worden. Bei demselben haben die Parteien erklärt, daß sie in diesem Verfahren die Ausmittlung des auf solothurnischem und aargaui= schem Gebiete liegenden Gefälles nicht verlangen, sondern nur einen bundesgerichtlichen Entscheid darüber, ob dem Kanton Solothurn grundsätzlich das Recht zur Besteuerung der im Gewerbekanal vor= handenen Wasserkraft, soweit sie auf das Gebiet des Kantons So= lothurn entfällt, zustehe und eventuell ob dieses Recht bezüglich der ganzen verwendbaren oder nur bezüglich der von A. Fleiner effektiv verwendeten Wasserkraft bestehe.

Das Bundesgericht zieht in Erwägung:

1. Sowohl der Regierungsrath des Kantons Aargau als die Firma A. Fleiner sind zur Beschwerde legitimirt. Zwischen den Regierungen der Kantone Aargau und Solothurn liegt ein Souveränitätskonflikt vor, welcher nach Art. 57 O.=G. von der einen der betheiligten Regierungen zur Entscheidung durch das Bundesgericht gebracht werden kann; die Regierung des Kantons Aargau ist daher zur Beschwerde berechtigt. Allein auch der Firma A. Fleiner welche behauptet, durch einen Eingriff in die Souveränitätsrechte des Kantons Aargau in ihrer Rechts= stellung verletzt zu sein, steht aus den gleichen Gründen, aus welchen in Doppelbesteuerungsfällen den betreffenden Steuerpflich= tigen das Beschwerderecht stets zugestanden wurde, die Befugniß zum Rekurse an das Bundesgericht zu.

2. Fragt sich zunächst, ob in der angefochtenen Schlußnahme des Regierungsrathes des Kantons Solothurn ein unzulässiger Eingriff in die Hoheitsrechte des Kantons Aargau liege, so ist grundsätzlich festzuhalten, daß jedem Kantone die Verfügung über die öffentlichen Gewässer innerhalb seines Gebietes zusteht. Aller= dings ist aus der Gleichberechtigung der Kantone zu folgern, daß ein Kanton nicht berechtigt ist, Gewässer, welche sich auf mehrere Kantone erstrecken, durch Vorkehren auf seinem Gebiete

(wie Ableitung des Flußlaufes u. dgl.) der Ausübung der Wasser=
hoheit durch die andern Kantone und der Gemeinschaft des Ge=
brauchs zu entziehen (siehe Entscheidung des Bundesgerichtes in
Sachen Aargau und Konsorten gegen Zürich vom 12. Januar
1878, Amtliche Sammlung IV, S. 46, Erw. 6). Allein inner=
halb dieser Schranken ist jeder Kanton rücksichtlich der auf
seinem Gebiete befindlichen öffentlichen Gewässer souverän. Seine
Gesetzgebung bestimmt über das Eigenthum an den öffentlichen
Gewässern auf seinem Gebiete, über die Freiheit oder Regalität
der Wassernutzung, über die Entstehung und die rechtliche Natur
besonderer Wassernutzungsrechte und die Lasten, welche mit solchen
Nutzungsrechten verbunden sind, u. s. w. Daraus folgt denn, daß
da, wo die Triebkraft für Wasserwerke aus Gewässertheilen ge=
wonnen wird, welche verschiedenen Kantonen angehören, die Er=
hebung von Konzessionsgebühren den betheiligten Kantonen in
demjenigen Verhältnisse zusteht, in welchem die Wasserkräfte durch
das auf ihrem Gebiete befindliche Gefäll geliefert werden. Jeder
Kanton erscheint eben insoweit als berechtigt, als die Triebkraft
aus Gewässertheilen gewonnen wird, die seiner Gebietshoheit unter=
stehen und daher seiner Verfügung unterliegen. Der Ort, wo die
zu Ausnutzung der Wasserkraft bestimmten Anlagen erstellt wer=
den, ist keineswegs einzig maßgebend, sondern es kommt darauf
an, woher die auszunützenden Wasserkräfte selbst bezogen werden.
Die Berechtigung der Wassernutzung und die mit derselben ver=
bundenen Lasten müssen nach der Gesetzgebung derjenigen Kantone,
beurtheilt werden, wo die Wasserkräfte gewonnen werden und wo
daher die betreffende Wassernutzung zu bewilligen war. Die Kon=
zessionsgebühr ist für die Bewilligung der Wassernutzung und daher
an diejenigen Kantone zu entrichten, welche die Nutzung zu kon=
zediren hatten. Dies ist um so klarer, dann, wenn die Gesetzgebung
(wie dies wohl unzweifelhaft im Kanton Solothurn der Fall ist)
die öffentlichen Gewässer als Staatseigenthum behandelt und da=
her in der Konzessionsgebühr ein Entgelt für die bewilligte be=
sondere Benutzung von Staatseigenthum liegt. Durch Staatsver=
trag könnte allerdings im Einzelfalle das Rechtsverhältniß in
abweichender Weise normirt sein. Allein ein solcher Staatsvertrag
wodurch der Staat Solothurn auf seine Territorialhoheit über die
auf seinem Gebiete liegenden Kanalstrecken verzichtet hätte, liegt

nun nicht vor. Demnach enthält denn der Anspruch des Kantons
Solothurn, daß derjenige Theil der Wasserkraft, welcher durch das
auf solothurnischem Gebiete befindliche Gefäll geliefert wird, der
Konzessionsgebühr im Kanton Solothurn unterstehe, keinen Ein=
griff in die Hoheitsrechte des Kantons Aargau, sondern erscheint
im Gegentheil prinzipiell als begründet.

3. Ob die Konzessionsgebühr von der gesammten konzedirten
Wasserkraft (soweit sie auf die solothurnischen Kanalstrecken ent=
fällt) verlangt werden könne, oder nur von den gegenwärtig
effektiv benutzten Theilen, ist lediglich eine Frage der Anwendung
des solothurnischen Gesetzesrechtes, welche sich der Entscheidung des
Bundesgerichtes entzieht. Es handelt sich dabei, obschon ja in der
Erhebung der Gebühr von der gesammten konzedirten Wasserkraft
unter den gegebenen Verhältnissen eine gewisse Härte liegen mag,
ausschließlich um eine interne Gesetzgebungsfrage, nicht um einen
interkantonalen Souveränitätskonflikt.

4. Eine bundeswidrige Doppelbesteuerung liegt, wie schon aus
dem Angeführten sich ergibt, nicht vor. Der Kanton Solothurn
besteuert nicht ein auf aargauischem Gebiete gelegenes Steuerob=
jekt, etwa die Fabrik der Firma A. Fleiner sondern er verlangt
lediglich die Konzessionsgebühr für die von ihm konzedirte Wasser=
kraft.

5. Ob dem Konzessionsgebührenanspruche des Kantons Solo=
thurn ein wohlerworbenes Privatrecht der Firma A. Fleiner
entgegenstehe, kraft dessen diese von der Bezahlung einer Kon=
zessionsgebühr eximirt wäre, kann das Bundesgericht als Staats=
gerichtshof gemäß konstanter Praxis nicht untersuchen. Der Be=
stand eines solchen Privatrechts ist bestritten; über dasselbe kann
nicht im Wege des staatsrechtlichen Rekurses, sondern nur im
Wege des Civilprozesses entschieden werden. Es ist demnach auf
eine Prüfung der Frage, ob der Firma A. Fleiner ein Privat=
recht der behaupteten Art, eventuell ein Entschädigungsanspruch
gegen den Staat Solothurn zustehe, im gegenwärtigen Verfahren
nicht einzutreten.

Demnach hat das Bundesgericht

erkannt:

Die Beschwerde wird als unbegründet abgewiesen.

Zweiter Abschnitt. — Deuxième section.

Bundesgesetze. — Lois fédérales.

———•———

I. Verfahren bei Uebertretung fiskalischer und polizeilicher Bundesgesetze. — Mode de procéder à la poursuite des contraventions aux lois fiscales.

108. *Arrêt du Tribunal fédéral de cassation*
du 24 Novembre 1892, dans la cause
Département fédéral des finances et des péages contre Berger.

Le 8 Janvier 1892 au soir, le visiteur des douanes Frossard, qui était monté, à Hermance, pour son service, sur le bateau La Mouette, découvrit, dans la cabine du pilote Berger, deux vieux paniers à marché recouverts de linge. A l'arrivée à Genève de ce bateau, lequel faisait le service entre Ouchy et cette ville, le visiteur demanda au pilote ce que contenaient ces paniers ; le pilote lui répondit qu'il n'en savait rien, que ces paniers lui avaient été remis à Ouchy par une dame Magnin d'Evian, pour les déposer dans cette dernière localité, ce qu'il avait oublié de faire. La revision de ces paniers montra qu'ils contenaient 45 kilogrammes de cosmétiques avec alcool, à savoir 29 flacons rhum et quinquina pour hygiène de la chevelure, 42 flacons vinaigre de toilette et 59 flacons eau de quinine. Le visiteur déclara à Berger qu'il avait commis une contravention douanière, ainsi qu'à la loi fédérale concernant les spiritueux, le droit de douane éludé s'élevant à 31 fr. 50 c., et la finance de monopole fraudé à 36 francs, au taux de 80 francs les 100 kilogrammes.

Par décisions du département fédéral des finances et des péages, du 5 Février 1892, il fut infligé à Berger une amende de 472 fr. 50, en application de l'art. 51 de la loi sur les péages et une dite de 540 francs en application de l'art. 14/15 de la loi sur les spiritueux. Berger n'accepta point les dites décisions, et demanda le jugement des tribunaux compétents.

Par jugement du 12 Mai 1892, le tribunal de police de Genève a libéré Berger des fins de la plainte, par les motifs dont suit la substance :

Dame Magnin et un autre témoin ont déclaré sous la foi du serment que les deux paniers en question avaient été remis à la première le 8 Janvier par un inconnu, pour les transporter à Ouchy et les remettre à un autre individu, moyennant 1 fr. 50 c. qu'elle avait touché pour la commission. N'ayant rencontré personne à Ouchy, dame Magnin serait revenue prier le prévenu Berger de remettre, à son retour à Evian, les dits paniers au radeleur du port. Berger, à ce moment, était à son gouvernail ; la commission dont il s'agit lui fut donnée à haute voix par dame Magnin, laquelle, sans indiquer le contenu des paniers, les déposa dans la cabine du pilote. Cette cabine n'est point uniquement réservée à celui-ci, et n'avait pas même de serrure; on met fréquemment, par le mauvais temps, certaines marchandises à l'abri dans ce local, à l'insu du pilote, et les employés des péages fédéraux l'utilisent parfois pour les opérations de leur service à bord.

Le jour de la contravention, le vent soufflait avec tempête, et La Mouette fut contrainte d'interrompre son voyage, et de rétrograder d'Ouchy sur Evian. Il a été constaté que le prévenu, fort occupé par son service, n'avait ni vu ni touché les deux paniers, lesquels étaient d'ailleurs recouverts de toile soigneusement, comme de façon à en cacher absolument le contenu.

A son arrivée à Evian La Mouette eut de grandes difficultés à débarquer ses passagers, et surtout les marchandises. Dans ces circonstances on conçoit que le timonier, tout aux devoirs de sa charge, ait oublié la commission de dame Magnin ; on ne pouvait exiger de lui la déclaration de la marchandise, à l'agent des péages resté à bord, lors de l'entrée du bâtiment dans les eaux suisses ; la responsabilité de faits de cette nature pèse plutôt sur le capitaine, chef naturel du bord. Les témoins reconnaissent unanimement la parfaite honorabilité de Berger, qui n'a jamais été suspecté d'aucun acte de contrebande. Si, dans ces circonstances, il pouvait subsister quelques doutes sur la culpabilité de Berger, celui-ci devrait être mis au bénéfice du principe du droit pénal qui veut que le doute profite à l'accusé.

Le procureur-général de Genève appela de ce jugement à la Cour de justice civile de Genève. Le département fédéral des finances et des péages, qui s'était déjà constitué partie civile devant le tribunal de police, sans toutefois former d'appel, se joignit à celui interjeté par le Ministère public, tendant à ce qu'il plaise à la Cour confirmer les décisions du prédit département.

Par arrêt du 3 Septembre 1892, la Cour de justice déclara l'appel non recevable, et condamna la partie civile aux dépens, par les motifs ci-après :

Aux termes de l'art. 403, § 4 du Code d'instruction pénale, les jugements contradictoires rendus par le tribunal de police peuvent toujours être attaqués, par la voie de l'appel, par le Ministère public, lorsque le jugement renferme une violation du texte même de la loi. Le procureur-général et la partie civile voient une telle violation dans le fait que le tribunal de police, après avoir reconnu l'existence des contraventions reprochées à Berger, l'a néanmoins libéré. Si l'on peut tirer du jugement de police, comme le fait l'appelant, la conclusion que le premier juge a reconnu en fait l'existence d'une contravention, toutefois l'impression générale qui se dégage de ce jugement est que le tribunal de police n'a pas considéré Berger comme l'auteur de cette contravention, c'est-à-dire comme la personne qui a introduit en Suisse les marchandises dont il s'agit.

Par écriture des 24 et 27 Septembre 1892, le département

fédéral des finances et des péages recourt au Tribunal fédéral
de cassation, en se fondant sur l'art. 18 de la loi fédérale du
30 Juin 1849 sur les contraventions aux lois fiscales et de
police de la Confédération, et en faisant valoir en résumé :

Le jugement du tribunal de police a violé l'art. 7 de la
prédite loi, qui pose le principe que les procès-verbaux et
rapports, rédigés conformément aux art. 2, 3, 4 et 5 *ibidem*
font pleinement foi de leur contenu, aussi longtemps que le
contraire n'a pas été prouvé. Or, non seulement le contraire
n'a pas été prouvé, mais encore le jugement attaqué constate
que ces faits sont exacts, notamment que les paniers en question avaient été confiés à la garde de Berger ; c'était donc à
lui à faire les déclarations requises, et en le libérant, la Cour
a contrevenu aux art. 7 susvisé de la loi de 1849, ainsi qu'aux
art. 26, 50 et 51 de la loi sur les péages du 27 Août 1851.

Quant à l'arrêt de la Cour de justice, l'on peut se demander
s'il fait une saine interprétation du jugement de première
instance ; même si cette interprétation est juste, ce jugement
n'en est pas moins contraire à des dispositions positives de
la loi, et la Cour eût dû le réformer, comme incompatible
avec les articles susvisés.

Dans sa réponse du 15 Octobre écoulé, Berger conclut à
ce qu'il plaise au Tribunal fédéral de cassation déclarer le
recours irrecevable, et en tout cas mal fondé ; à l'appui de
ces conclusions, il fait valoir :

Le département fédéral n'a pas qualité pour recourir ; la
poursuite dirigée contre Berger l'a été à la requête du procureur-général; le département s'est borné à se constituer comme
partie civile, et il est lié par les procédés du Ministère public.
Le recours, essentiellement dirigé contre le jugement du tribunal de police du 12 Mai 1892, est en outre tardif.

Quant à l'arrêt de la Cour civile, du 3 Septembre 1892, le
Ministère public seul avait frappé d'appel le jugement de première instance ; or la Cour, en déclarant cet appel irrecevable, n'a fait application que d'une loi cantonale, qui échappe
à l'examen et à la compétence du Tribunal fédéral de cassation.

Au fond, le recours n'est pas fondé ; Berger a toujours contesté être l'auteur de la contravention signalée. Cette contravention à la loi sur les péages ne peut, en tout cas, avoir été commise que par la dame Magnin, qui voulait débarquer les paniers à Ouchy. Berger n'avait d'ailleurs pas de mandat de dame Magnin au sens propre du mot, et, en tout cas, ce mandat expirait à Evian, où les paniers auraient dû être débarqués, si Berger ne les avait complètement oubliés.

Statuant sur ces faits et considérant en droit :

1° Le département fédéral des finances et des péages a constitué en la cause un représentant spécial, avec mission de soutenir son action à côté du Ministère public cantonal. Ainsi qu'il a été démontré dans l'arrêt rendu ce jour par le Tribunal fédéral de cassation en la cause Régie fédérale des alcools contre Laval et Cie, cette constitution d'un représentant spécial ne pouvait avoir lieu qu'en application de l'art. 19 de la loi fédérale du 30 Juin 1849, attendu qu'en matière de contraventions douanières, il ne s'agit que de revendications publiques ou pénales, et que par conséquent l'administration fédérale des douanes ne se trouve pas dans la situation d'une partie civile ; la loi du 30 Juin 1849 ne parle d'ailleurs nulle part d'une partie civile. En présence de la généralité des termes de l'art. 19 précité, lequel attribue, sans restriction, au Ministère public fédéral le droit d'intervenir dans de semblables procès, il faut évidemment admettre que le législateur a voulu donner au représentant de la Confédération les mêmes droits que ceux qui compètent au Ministère public cantonal, et par conséquent l'autoriser à user aussi, d'une manière autonome, de l'appel et de la cassation (art. 17 et 18 leg. cit.).

2° Le recours en cassation contre le jugement du tribunal de police est certainement tardif. En effet, aux termes de l'art. 18 de la loi fédérale du 30 Juin 1849 précitée, ce recours doit être exercé, auprès du Tribunal fédéral de cassation, dans les 30 jours à partir de la signification du jugement. Or le jugement de police a été prononcé le 12 Mai écoulé, et il résulte de sa teneur qu'il a été communiqué le

même jour oralement aux parties ; comme l'art. 18 susvisé
ne prescrit pas la communication par écrit, il s'en suit que
le délai pour recourir en cassation doit être calculé à partir
de la communication orale du jugement de police. Un recours
en cassation spécial n'est dès lors plus recevable contre ce
jugement, qui ne pourrait être annulé que concurremment
avec l'arrêt de la Cour de justice civile. Toutefois un recours
en nullité du département fédéral des finances et des péages
contre cet arrêt est irrecevable par le motif que le dit département, soit son représentant, n'a pas appelé du jugement du
tribunal de police ; il est vrai que lors des débats sur l'appel,
il s'est joint aux conclusions du Ministère public, mais dès le
moment où le département des finances et des péages avait
constitué, déjà avant la première instance, un représentant
spécial, entièrement indépendant du Ministère public cantonal
au point de vue de l'exercice du recours, ce représentant
devait recourir lui-même dans les délais légaux, soit à la Cour
de justice civile contre le jugement de police, soit au Tribunal
de céans contre l'arrêt de cette Cour. Il n'est, en effet, pas
douteux que dès l'instant où l'administration des douanes
fédérales se porte plaignante à côté du Ministère public, et se
fait représenter spécialement en la cause, elle doit de même
faire tous les procédés propres à sauvegarder son droit de
recours, et qu'elle ne saurait invoquer l'appel formé par le
Ministère public cantonal contre le jugement de première
instance, pour interjeter ensuite un recours de cassation contre l'arrêt de la Cour de justice civile.

3° Le recours, en tant que dirigé contre l'arrêt de la Cour
de justice civile, apparaît d'ailleurs comme dénué de fondement. Cet arrêt n'a pas rejeté l'appel formé par le Ministère
public, mais l'a déclaré irrecevable, par la raison que le seul
motif sur lequel le dit appel se fondait, à savoir une violation
du texte même de la loi par le jugement (art. 403 chiffre 4
du Code d'instruction pénale) n'existe pas en l'espèce. Or
cette décision, — à supposer même que le jugement de
police implique une violation des art. 7 de la loi fédérale du
30 Juin 1849, 50 et 51 de la loi sur les péages de 1851, —

ne porterait atteinte qu'à l'art. 403 chiffre 4 du code d'instruction pénale genevois, lequel ne rentre pas dans les dispositions légales dont la violation peut justifier un recours auprès du Tribunal fédéral de cassation, aux termes de l'art. 18 de la loi fédérale du 30 Juin 1849 précitée. En effet, ces dispositions légales ne peuvent, évidemment, conformément d'ailleurs à l'interprétation constante du prédit art. 18, être que celles de lois fédérales.

Par ces motifs,

Le Tribunal fédéral de cassation

prononce :

Le recours en cassation du Département fédéral des finances et des péages est écarté.

---

109. *Arrêt du Tribunal fédéral de cassation du 24 Novembre 1892, dans la cause Régie fédérale des alcools contre Laval & Cie.*

Par jugement du 18 Août 1892, le tribunal de police de Genève a condamné dame Laval née Bodmer, comme gérante responsable de la société Laval & Cie à payer 320 francs, montant du droit fraudé, et 1600 francs d'amende, pour avoir fabriqué illicitement de l'alcool, soumis au monopole, en distillant du marc de raisins secs. La plainte avait été portée par la Régie fédérale des alcools, soit par son directeur Milliet, par l'intermédiaire du ministère public du canton de Genève.

S'estimant lésée par ce jugement, la Régie des alcools a recouru au Tribunal fédéral de cassation, par le motif que le tribunal genevois n'a pas appliqué la loi fédérale sur les contraventions aux lois fiscales et de police de la Confédération, mais la loi de procédure cantonale, et que, contrairement aux dispositions claires de la loi fédérale précitée, la Régie fédérale des alcools a été complètement ignorée comme

partie au procès, qu'elle n'a pas été entendue en cette qualité,
et qu'il ne lui a pas été donné connaissance du jugement intervenu. Le recours ajoute que ce n'est qu'ensuite de réclamation de la Régie fédérale des alcools, provoquée par des
indications de journaux, que cette administration a pu obtenir
le dit jugement, et que ces procédés ont mis la recourante
dans l'impossibilité d'user de son droit d'appel ; le procureur-
général de Genève figure, en effet, dans ce jugement comme
seul demandeur ; c'est lui seul qui, selon la recourante, pouvait interjeter appel, et s'il n'a pas fait usage de ce droit, la
Régie des alcools n'avait plus aucun moyen de s'assurer
l'exercice du droit d'appel que lui confère l'art. 17 de la loi
fédérale précitée. La recourante considère cette atteinte portée à ses droits de partie au procès comme un motif suffisant
pour casser le jugement de police, aux termes de l'art. 18 de
la même loi ; selon le recours, le dit jugement est incorrect
au fond, attendu que Laval & Cⁱᵉ ont fabriqué une quantité
d'alcool absolu bien plus considérable que celle admise par
les juges genevois.

Dans leur réponse, datée du 13 Octobre écoulé, Laval & Cⁱᵉ
concluent au rejet du recours, en faisant valoir ce qui suit :

Lors des débats, le directeur de la Régie des alcools a été
entendu en qualité de témoin ; il n'a point revendiqué devant
le tribunal de police la qualité de partie ; il n'est donc pas
recevable à recourir en cassation. D'ailleurs, l'action juridique
et le droit de recours appartiennent, non point à la Régie des
alcools, mais seulement au Conseil fédéral, soit au procureur-
général de la Confédération.

Du reste, au fond, le recours n'est pas admissible, vu le
défaut des conditions requises à l'art. 18 de la loi du 30 Juin
1849. Si la Régie n'a pas été considérée comme partie au
procès, c'est par sa faute ; le tribunal de police n'avait pas à
lui attribuer d'office une qualité qu'elle n'a pas réclamée, et
qui lui aurait sans doute été accordée si elle l'eût demandée.
Il est inexact que la Régie se soit trouvée dans l'impossibilité
d'user du droit d'appel par suite de la procédure suivie,
puisque le procureur-général, sur la demande du directeur de

la Régie, a adressé le 30 Août, à ce dernier, soit 2 jours avant l'expiration du délai d'appel, l'expédition officielle du jugement du 18 dit.

Statuant sur ces faits et considérant en droit :

1° La Régie fédérale des alcools se plaint d'avoir été entièrement ignorée comme partie, c'est-à-dire comme partie civile au procès, de n'avoir été ni entendue, ni mentionnée dans le jugement, et de s'être trouvée dans l'impossibilité d'appeler du jugement attaqué à la Cour de justice civile. Elle estime, — sans s'expliquer davantage à cet égard, et en particulier sans mentionner la disposition légale à laquelle cette procédure porterait atteinte, — que les dits procédés impliquent un motif de cassation aux termes de l'art. 18 de la loi fédérale du 30 Juin 1849 précitée.

Le point de vue auquel se place la recourante, à savoir qu'elle avait vocation à concourir à la procédure en qualité de partie civile, est erroné, par la simple raison qu'il ne peut être question d'une partie civile que lorsque des réclamations civiles peuvent être formulées à côté de la poursuite pénale ; or tel n'est point le cas en matière de contravention aux lois fiscales et de police de la Confédération, en particulier à la loi fédérale sur les spiritueux. La plainte ensuite de contraventions aux dispositions relatives à la perception de droits et de contributions, — contraventions punies par une amende de plusieurs fois le montant du droit fraudé, — est une action publique pénale, — et le droit de l'Etat à la perception de ce montant multiple constitue une prétention de droit pénal, et nullement une réclamation civile.

Il est vrai qu'aux termes de l'art. 19 al. 2 du règlement du 24 Juillet 1888 (*Recueil officiel des lois*, Tome X, p. 663 ss.) le contrevenant doit payer, outre l'amende prononcée, la somme soustraite à l'Etat, sur la base de 80 centimes par litre d'alcool absolu soustrait à l'impôt. Mais, même en admettant que cette disposition règlementaire soit en harmonie avec l'art. 14 de la loi du 24 Décembre 1886, cette prétention n'apparaît pourtant point comme une prétention civile, mais de droit public, laquelle ne pourrait jamais être poursuivie, comme telle, par la voie du droit civil, et se trouve intimément liée à la réclamation pénale, dont elle doit partager le sort.

La Régie des alcools ne peut dès lors faire grief de ce qu'elle n'a pas été appelée à coopérer au procès en qualité de partie civile.

2° En revanche la Régie des alcools est autorisée, à teneur de l'art. 19 de la loi fédérale du 30 Juin 1849, à se faire représenter dans des procès semblables par un conseil spécial (Procureur-général de la Confédération), auquel cette disposition légale confère indubitablement les mêmes droits, en particulier en ce qui concerne les recours, qu'au procureur-général cantonal (voir dite loi art. 17 et 18). A différentes reprises déjà, en matière de contraventions douanières, les autorités administratives de la Confédération ont chargé du soin de leurs intérêts des avocats spéciaux, lesquels sont intervenus au procès et y ont pris également leurs conclusions, qui ne tendaient et ne pouvaient tendre qu'à l'admission des fins de l'action publique pénale (voir arrêt rendu ce jour par le Tribunal fédéral de cassation en la cause Département fédéral des finances et péages contre Berger). Ce droit d'intervention de l'administration à côté du Ministère public existe aussi dans d'autres pays; il repose sur la considération que l'administration a une connaissance plus approfondie des lois et des questions techniques sur la matière, et que souvent la contestation a, pour l'administration, une importance de principe. Or, dans l'espèce, la Régie fédérale, qui a introduit elle-même le procès pénal auprès du Ministère public genevois, et qui en avait ainsi connaissance, n'a pas chargé un conseil spécial de suivre à l'action pénale ou de coopérer à la procédure à côté du Ministère public cantonal; il en résulte que le moyen de cassation formulé par la recourante est dénué de tout fondement. Si la recourante veut user, dans des cas semblables, de son droit d'intervenir au procès comme partie distincte du Ministère public cantonal, elle doit se joindre à l'action et constituer, à cet effet, un conseil spécial, en application de l'art. 19 déjà cité.

3° Il n'y a, par conséquent, pas lieu de rechercher si les conditions auxquelles l'art. 403 du Code d'instruction pénale genevois subordonne l'exercice du droit d'appel contre des jugements de police se trouveraient réalisées dans le cas particulier, ce qui est au moins douteux.

Par ces motifs,

Le Tribunal fédéral de cassation

prononce :

Le recours est écarté.

---

110. *Arrêt du Tribunal de cassation fédéral
du 24 Novembre 1892, dans la cause
Procureur-Général de la Confédération contre Hantsch.*

Le 26 Décembre 1891 le préposé à la Régie fédérale des alcools, assisté d'agents de l'autorité locale, dressa chez le sieur William Hantsch, fabricant de vinaigre à Grange-Canal, un procès-verbal conformément à l'art. 2 de la loi fédérale sur les contraventions aux lois fiscales et de police de la Confédération. Ce procès-verbal constate que Hantsch s'est rendu coupable de contravention aux art. 14 et 8 de la loi sur les spiritueux, du 23 Décembre 1886.

Fondé sur ce procès-verbal, ainsi que sur d'autres constatations, le département fédéral des finances a avisé Hantsch, le 29 Mars 1891, qu'il avait été frappé la veille d'une amende de 10 000 francs.

Par lettre du 4 Avril suivant, Hantsch a déclaré qu'il ne se soumettait pas à cette décision.

Par lettre chargée du 20 Avril, la Régie a envoyé le dossier au tribunal de police de Genève, en priant le juge de bien vouloir faire prendre les mesures nécessaires pour l'ouverture de l'action en temps utile.

Au nombre de ces pièces se trouve une plainte signée par le chef du département fédéral des finances, exposant avec détail les faits de la cause, et se terminant par la déclaration qu'en présence de l'attitude du contrevenant, « le département a décidé que des poursuites pénales devaient être intentées contre le sieur Hantsch. »

En conséquence, et conformément aux art. 17 et suivants du règlement du 11 Juillet 1890 sur l'application des dispositions pénales de la loi sur l'alcool, le département fédéral porte plainte auprès du tribunal de police de Genève contre Hantsch, et éventuellement contre ses complices, en vue de leur condamnation par le tribunal à l'amende légale et aux frais de la cause, pour les faits signalés dans le prédit mémoire, tendant à donner à des spiritueux dénaturés une destination autre que celle prévue, et pour vente en détail illicite, actes prévus aux art. 14 et 8 de la loi fédérale du 23 Décembre 1886 sur les spiritueux. Au cas où le tribunal de police de Genève, auprès duquel le dépôt de la dite plainte a lieu conformément à la loi genevoise du 15 Juin 1891, ne s'estimerait pas compétent pour juger cette affaire, le département fédéral le prie de bien vouloir transmettre la plainte à l'office compétent ou au parquet.

Hantsch a opposé à cette plainte l'exception de la prescription et le tribunal de police, par jugement du 22 Août 1892, a admis cette exception et écarté la plainte par les motifs ci-après :

Vu le silence de la loi fédérale de 1849 sur la procédure à suivre devant les juridictions cantonales compétentes préalablement au jugement des causes, on doit admettre la procédure ordinaire usitée devant ces juridictions. A teneur de l'art. 3 du Code d'instruction pénale, la présente cause ne pouvait être introduite devant le tribunal de police que par le ministère public du canton.

Ce n'est que le 28 Avril que les actes ont été transmis au tribunal, et la plainte n'a dès lors pas été portée devant le juge compétent dans le délai de 4 mois fixé à l'art. 20 al. *b* de la loi fédérale du 30 Juin 1849, et elle est dès lors prescrite.

Le Procureur-général de la Confédération reconnaît qu'il n'y a pas en l'espèce de contravention à l'art. 8 de la loi sur les spiritueux, et qu'il ne peut s'agir que d'une infraction à l'art. 14 *ibidem*. Le ministère public fédéral estime que le jugement du tribunal de police de Genève porte atteinte à des dispositions légales expresses, et il fait valoir à cet effet ce qui suit :

a) La procédure à suivre en matière de contravention aux lois fiscales de la Confédération, et par conséquent aussi de la loi sur les spiritueux est exclusivement réglée par la loi fédérale du 30 Juin 1849, et non par des dispositions de procédure cantonale. Le procureur-général cantonal n'a pas à s'immiscer dans la cause sans une délégation spéciale du département des finances : ce dernier a le droit de porter plainte directement auprès des autorités cantonales de l'ordre pénal, qui sont tenues de se nantir de ces plaintes et de statuer sur elles. Il s'en suit que l'exception de prescription contre la plainte portée contre Hantsch ne doit pas être admise, car ce délai de 4 mois de l'art. 20 lettre *b* de la loi du 30 Juin 1849 n'était pas encore expiré lorsque la plainte du département fédéral des finances a été déposée au tribunal de police de Genève.

b) L'art. 17 de la loi du 30 Juin 1849 statue que le tribunal prononce le jugement après que les parties ont été oralement entendues. Or l'administration des alcools n'a pas été entendue par le tribunal, car elle n'a pas été assignée aux débats comme partie.

c) Le jugement du tribunal n'a pas été communiqué à l'administration fédérale, contrairement à la disposition de l'art. 18 de la loi fédérale susvisée.

Cette triple inobservation de prescriptions de procédure applicables en la cause, justifie, selon le ministère public fédéral, le recours en cassation.

Le sieur Hantsch conclut au rejet du recours en cassation. Sans contester les faits allégués par le ministère public fédéral, Hantsch oppose aux conclusions du recours, en résumé, les considérations suivantes :

Par lettre du 20 Avril 1891 la Régie a envoyé le dossier

au tribunal de police de Genève, en invitant le juge à faire
prendre les mesures nécessaires pour l'ouverture de l'action
en temps utile. Pour se conformer à cette invitation, le tribunal a remis le dossier au parquet genevois, estimant, à bon
droit, qu'il ne pouvait, aux termes des lois et suivant une
pratique constante, être valablement saisi de l'affaire que par
une réquisition de ce magistrat. Ce n'est que le 28 Avril, et
non le 26 comme le prétend par erreur le recourant, — que
le procureur-général a requis le dit tribunal de faire citer
Hantsch. Or à cette date le délai de 4 mois de l'art. 20 litt. *b*
de la loi du 30 Juin 1849 était expiré, et c'est avec raison
que le tribunal a admis l'exception de prescription opposée
par Hantsch. Ce dernier soutient que le recours en cassation
doit être rejeté, *a*) parce qu'il n'est pas recevable à la forme,
b) parce qu'il est mal fondé.

Ad *a :* Le recours est irrecevable, comme exercé par le
procureur-général de la Confédération, qui n'était point partie,
ni principale, ni intervenante, au jugement, la Régie ne s'étant
pas portée partie civile.

Ad *b :* Le recours est mal fondé, parce que devant le
tribunal de police de Genève, c'est la procédure genevoise
qui était applicable, cela d'autant plus que la loi fédérale de
1849 ne contient aucune disposition relative à l'introduction
des plaintes. Or, d'après la procédure cantonale et selon la
pratique constante, le tribunal de police ne peut se nantir
que de plaintes pénales qui lui sont transmises par le ministère
public cantonal.

C'est donc avec raison que le tribunal de police a transmis
le dossier au procureur-général du canton. D'ailleurs la lettre
de la Régie de l'alcool du 20 Avril 1892 autorisait le tribunal
de police à procéder de cette façon.

Si la procédure genevoise était applicable, il n'a pas même
été prétendu qu'aucune de ses dispositions ait été violée. La
plainte a dû être écartée par le motif qu'elle n'a pas été portée en temps utile ; l'envoi de la lettre ne constituait pas,
par lui-même, l'ouverture de l'action. L'opposant au recours
s'attache ensuite à démontrer que, tout au moins en ce qui

concerne l'introduction de la plainte, c'est la procédure genevoise qui devait être suivie, et que depuis longtemps le
département fédéral des finances l'avait admis. La prétention
du recourant que la Régie aurait dû être citée est insoutenable ; elle n'avait qu'à se porter partie civile comme les
Péages le font dans leurs affaires ; d'ailleurs aucun article de
la loi de 1849 ne dit que les parties seront citées. L'art. 18
de la dite loi, invoqué par le recourant, ne fixe aucun délai
pour la signification des jugements ; la preuve, du reste, que
le jugement a été porté en temps utile à la connaissance des
intéressés, c'est que le procureur-général de la Confédération
a pu, également en temps utile, former le présent recours.
Il n'existe ainsi en la cause aucun motif de cassation.

Statuant sur ces faits et considérant en droit :

1° La question à trancher, dans l'espèce, est celle de
savoir si le tribunal de police de Genève, en repoussant la
plainte pour cause de prescription, a violé l'art. 17 de la loi
fédérale du 30 Juin 1849 sur les contraventions aux lois fiscales et de police de la Confédération. La solution à donner à
cette question doit être incontestablement différente, selon
qu'il faut admettre que le département des finances était autorisé à intenter directement son action devant le tribunal de
police, ou qu'il devait au contraire se servir à cet effet de
l'intermédiaire du ministère public genevois.

2° Aux termes de l'art 16 de la loi précitée, c'est la législation cantonale qui doit être appliquée à de pareilles contestations, pour autant que cette loi fédérale ne contient pas de
dispositions spéciales contraires. Or tel n'est point le cas en
ce qui touche l'introduction de semblables actions pénales,
d'où il suit que si, d'après les règles de la procédure pénale
cantonales, le ministère public cantonal peut seul, comme
dans le canton de Genève, intenter valablement la dite action,
l'administration fédérale doit utiliser à cet effet cette magistrature, ce qu'elle a d'ailleurs, à la connaissance du Tribunal
fédéral de cassation, toujours fait jusqu'ici.

3° Ainsi qu'il a été développé dans les arrêts rendus ce
jour par le même tribunal en les causes Régie fédérale des

alcools contre Laval & Cie, et département fédéral des finances et péages contre Ch. Berger, l'administration fédérale n'apparaît pas, dans de semblables litiges, comme partie civile, et il n'y a dès lors pas lieu de rechercher si elle eût été autorisée, en cette qualité, à teneur de la législation genevoise, à intenter directement l'action dont il s'agit.

En revanche on pourrait se demander si la dite action n'aurait pas pu être portée directement, à teneur de l'art. 19 de la loi précitée, devant le tribunal genevois par le procureur-général de la Confédération. Cette question est toutefois sans intérêt dans l'espèce par le motif que ce magistrat n'a pas été requis et n'a par conséquent pas eu à intervenir en la cause avant le jugement du tribunal de police de Genève.

Par ces motifs,

Le Tribunal de cassation fédéral

prononce :

Le recours est écarté.

II. Civilrechtliche Verhältnisse der Niedergelassenen und Aufenthalter.
Rapports de droit civil des citoyens établis ou en séjour.

111. Urtheil vom 9. Dezember 1892 in Sachen Gemeinde Schönenbuch.

A. Im März 1891 verstarb in seiner Heimatgemeinde Schönenbuch (Basellandschaft) Paul Bubendorf mit Hinterlassung einer Wittwe und dreier Kinder. Die Eheleute Bubendorf, von welchen der Ehemann katholisch, die Ehefrau dagegen protestantisch war, hatten unter sich abgemacht, daß die Kinder in der protestantischen Religion erzogen werden sollen. Auf seinem Todbette gab indeß der Ehemann Bubendorf seine Zustimmung, daß die Kinder in

der römisch-katholischen Religion zu erziehen seien. Die Wittwe
Bubendorf erachtete sich aber hieburch nicht als gebunden, sondern
ersuchte den protestantischen Pfarrer Wirz in Allschwil, er möchte
sich der Kinder annehmen, damit sie protestantisch erzogen werden.
Pfarrer Wirz unterzog sich dieser Aufgabe und brachte die Kin=
der (mit einem Beitrage der Armenpflege Schönenbuch) bei protestantischen Familien im Kanton Basellandschaft unter. Ende April
1892 starb auch Wittwe Bubendorf. Der Gemeinderath von
Schönenbuch ernannte hierauf den Kindern einen Bormund in
der Person ihres Onkels Ludwig Bubendorf. Dieser verfügte, daß
die Kinder auch fernerhin dem Pfarrer der evangelischen Gemeinde
in Allschwil übergeben bleiben und daß sie gemäß dem Willen
ihrer verstorbenen Eltern eine protestantische Erziehung erhalten
sollten. Der Gemeinderath und die Armenpflege von Schönenbuch
beschlossen jedoch, es seien die Kinder Bubendorf aus ihren bis=
herigen Pflegeorten wegzunehmen und damit sie eine katholische
Erziehung erhalten, bei katholischen Familien unterzubringen. Gegen
diesen Beschluß führte Pfarrer Wirz im Einverständnisse mit dem
Bormunde der Kinder Bubendorf, beim Regierungsrathe des
Kantons Basellandschaft Beschwerde. Der Regierungsrath des
Kantons Basellandschaft beschloß hierauf am 21. September 1892,
es verbleibe bei den Verfügungen, welche Ludwig Bubendorf in
Betreff der Versorgung und religiösen Erziehung seiner Vogtsbe=
fohlenen getroffen habe, indem er ausführte: Nach § 39 des
Vormundschaftsgesetzes habe der Vormund für körperliche Pflege
des Mündels, und wenn letzterer minderjährig sei, auch für eine
seinen Mitteln angemessene Erziehung und Ausbildung zu sorgen.
Daraus folge, daß der Vormund auch zu bestimmen habe, wo
seine Vogtsbefohlenen versorgt werden sollen. So lange nicht be=
hauptet werden könne, daß die Bubendorf'schen Kinder da, wo
sie gegenwärtig untergebracht seien, eine schlechte Erziehung er=
halten, sei für den Regierungsrath kein Grund vorhanden, die
vom Vogte getroffenen Dispositionen umzustoßen und zu verfügen,
daß die Kinder in katholischen Familien untergebracht werden.
Was die religiöse Erziehung der Kinder anbelange, so müsse auch
in diesem Punkte der Streit zu Gunsten des Vormundes entschie=
den werden. Nach Sinn und Geist des basellandschaftlichen Vor-

mundschaftsgesetzes sei Ludwig Bubendorf als Vogt Inhaber der vormundschaftlichen Gewalt im Sinne von Art. 49 B.=V. und als solcher habe er in Gemäßheit dieser Verfassungsbestimmung über die religiöse Erziehung seiner Vogtsbefohlenen zu verfügen, ohne an die entgegenstehenden Weisungen des Gemeinderathes oder etwaige Anordnungen des Vaters gebunden zu sein.

B. Gegen diesen Entscheid ergriff die Gemeinde Schönenbuch den Rekurs sowohl an den Bundesrath, als an das Bundesge= richt. In ihrer Beschwerde an das Bundesgericht stellt sie den Antrag auf Aufhebung des angefochtenen Beschlusses, unter Kostenfolge, indem sie ausführt: 1. Die angefochtene Schlußnahme verletze Art. 13 des Bundesgesetzes über die civilrechtlichen Ver= hältnisse der Niedergelassenen und Aufenthalter, wonach in Betreff der religiösen Erziehung der Kinder die Weisung der Vormund= schaftsbehörde der Heimat befolgt werden müsse. Dieses Bundes= gesetz interpretire den Art. 49 Abs. 3 B.=V. dahin, daß die Entscheidung über die religiöse Erziehung der Kinder der Vor= mundschaftsbehörde und nicht dem Vormunde, welcher bloßer Ver= mögensverwalter sei, zustehe. Dies ergebe sich insbesondere auch aus Art. 15 des Gesetzes. Nach Art. 16 desselben habe das Bundesgericht als Staatsgerichtshof über die in Art. 14 und 15 des Gesetzes vorgesehenen Anträge und Begehren der Heimat= behörde in letzter Instanz zu entscheiden und es sei dasselbe daher, da der Regierungsrath des Kantons Basellandschaft letzte kanto= nale Instanz sei, zuständig. 2. Der angefochtene Entscheid ent= halte ferner eine Verletzung der Autonomie der Gemeinde Schö= nenbuch. Das Gemeindeorganisationsgesetz habe „in Aufnahme einer verfassungsrechtlichen Bestimmung" die Gemeinde für befugt erklärt, ihre Angelegenheiten innerhalb der Schranken der Ver= fassung und der Gesetze selbständig zu ordnen. § 25 K.=V. räume allerdings dem Staate das Recht der leitenden Aufsicht über das Armen= Vormundschafts= und Gemeinderechnungswesen ein. Allein weder Verfassung noch Gesetz verleihe ihm das Recht, entgegen dem Willen der Gemeinde, über die Unterbringung von Waisen und die religiöse Erziehung von Bevormundeten zu verfügen. Die Regierung hätte den Rekurs des Ludwig Bubendorf und des Pfarrer Wirz als grundlos und formell unrichtig zum Voraus abweisen sollen, weil nach Vormundschaftsgesetz der Vormund an die Weisungen des Gemeinderathes gebunden sei; ferner, weil nur den Betheiligten ein Rekursrecht zustehe und endlich weil der Beschluß der Armenpflege beziehungsweise des Gemeinderathes und der Gemeindeversammlung nichts Gesetzwidriges enthalten habe. Der Regierungsrath habe sich durch seine einseitige Verfügung über die Kinder Bubendorf Rechte angemaßt, welche ihm weder Verfassung noch Gesetz geben.

C. Der Regierungsrath des Kantons Basellandschaft beantragt, es sei auf den Rekurs wegen Inkompetenz nicht einzutreten. Er bemerkt: Ad 1. Das Bundesgesetz vom 25. Juni 1891 beziehe sich nur auf Niedergelassene und Aufenthalter aus andern Kantonen. Die Kinder Bubendorf seien aber basellandschaftliche Kantonsbürger und wohnen im Kanton; ein interkantonaler Konflikt, wie Art. 16 des Bundesgesetzes vom 25. Juni 1891 ihn zur Voraussetzung habe, sei also gar nicht denkbar. Es handle sich nicht um einen Streit zwischen den Vormundschaftsbehörden zweier verschiedener Kantone, sondern um einen solchen zwischen den vormundschaftlichen Organen eines und desselben Kantons, nämlich um die Frage, ob der Gemeinderath als erste Vormundschaftsbehörde oder der Vormund als Inhaber der väterlichen Gewalt, im Sinne von Art. 49 Abs. 3 B.-B. zu betrachten sei. Ueber diese Frage habe endgültig der Regierungsrath als Obervormundschaftsbehörde zu entscheiden und eine Nachprüfung seines Beschlusses durch das Bundesgericht (oder den Bundesrath) sei ausgeschlossen. Ad 2. Das Recht der Selbstverwaltung sei den Gemeinden nicht durch die Verfassung, sondern nur durch Gesetz, nämlich durch das Gesetz betreffend die Organisation und Verwaltung der Gemeinden vom 14. März 1881 garantirt. Da dem Bundesgerichte die Nachprüfung der Anwendung kantonaler Gesetze nicht zustehe, so sei das Bundesgericht auch in dieser Richtung nicht kompetent. Es könne nicht prüfen, ob der Regierungsrath seine Befugnisse überschritten und das Gemeindegesetz verletzt habe. Uebrigens beruhe der angefochtene Beschluß auf gesetzlicher Grundlage. Nach § 64 K.-V. stehe dem Regierungsrath die Oberaufsicht über das Gemeindeverwaltungswesen und die Entscheidung über daherige Konflikte und Kompetenzstreitigkeiten der untern Behörden zu;

und nach § 14 des Vormundschaftsgesetzes sei der Regierungsrath
als oberste Vormundschaftsbehörde befugt, über alle vor ihn ge=
brachten vormundschaftlichen Anstände, namentlich über Beschwerden
gegen Vögte, Bevogtete oder untere Behörden und Beamte ohne
Weiterziehung zu entscheiden.

Das Bundesgericht zieht i n Erwägung:

1. Eine Streitigkeit welche gemäß Art. 16 des Bundesgesetzes
betreffend die civilrechtlichen Verhältnisse der Niedergelassenen und
Aufenthalter vom 25. Juni 1891 in die Kompetenz des Bundes=
gerichtes fiele, liegt nicht vor. Das Bundesgesetz vom 25. Juni
1891 normirt lediglich die interkantonalen Vormundschaftsverhält=
nisse, nicht das innerkantonale Vormundschaftsrecht. Hier aber handelt
es sich überall nicht um eine interkantonale Vormundschaftssache.
Die Kinder Bubendorf sind Bürger des Kantons Basellandschaft
und wohnen in demselben; die Bestimmungen des Bundesgesetzes
vom 25. Juni 1891, welche blos die vormundschaftlichen Ver=
hältnisse außerkantonaler schweizerischer Aufenthalter und Nieder=
gelassener normiren, kommen also nicht zur Anwendung. Die
streitige Frage, ob die Verfügung über die religiöse Erziehung
von Kindern dem Vormunde allein oder der Vormundschaftsbe=
hörde zustehe, ist jedenfalls im vorliegenden Falle, wo die Kinder
in ihrem Heimatkanton wohnen, ausschließlich nach der Gesetz=
gebung dieses Kantons und nicht nach dem Bundesgesetze zu be=
urtheilen. Ob das Bundesgesetz (Art. 13) die gedachte Frage für
den Fall, daß der Bevormundete in einem andern Kantone als
seinem Heimatkantone wohnt, entscheide, braucht hier nicht unter=
sucht zu werden (vergleiche indeß Salis, Zeitschrift für
schweizerisches Recht, XXXIII S. 355).

2. Soweit also die Kompetenz des Bundesgerichtes aus
Art. 16 des Gesetzes vom 25. Juni 1891 abgeleitet werden will,
ist dieselbe nicht begründet. Dagegen ist das Bundesgericht zu
Prüfung der weitern Beschwerde, der Regierungsrath habe die
kantonalverfassungsmäßigen Schranken seiner Kompetenz über=
schritten, gemäß Art. 59 O.=G. insoweit kompetent, als es zu
prüfen hat, ob der Regierungsrath gegen verfassungsmäßige, seine
Kompetenz feststellende Normen verstoßen habe. Dies ist aber
ohne Weiteres zu verneinen. Die Kantonsverfassung normirt die

Befugnisse, welche in der staatlichen Oberaufsicht über das Gemeinde- und Vormundschaftswesen liegen, nicht genauer, sondern behält dies der Gesetzgebung vor. Ausschließlich nach der kantonalen Gesetzgebung ist daher zu beurtheilen, ob der Regierungsrath als Obervormundschaftsbehörde zu seiner angefochtenen Schlußnahme kompetent war. Ob nun aber der Regierungsrath das Gesetz richtig ausgelegt und angewendet habe, hat das Bundesgericht nicht zu untersuchen.

Demnach hat das Bundesgericht
erkannt:

Die Beschwerde wird abgewiesen.

112. Urtheil vom 16. Dezember 1892 in Sachen Gemeinderath Gunzwyl.

A. Im Januar dieses Jahres verstarb in Fehraltorf, Kantons Zürich, der Bahnwärter Blasius Weber von Gunzwyl, Kantons Luzern, unter Hinterlassung seiner Ehefrau, der protestantischen Maria geb. Walder, und dreier Kinder, Robert, geboren 23. Juni 1877, Heinrich, geboren 8. Juni 1878 und Maria Bertha, geboren 3. Februar 1884. Die Familie siedelte nach dem Tode des Familienvaters nach Pfäffikon, Kantons Zürich über, wo sie schon früher gewohnt hatte; sie wohnt gegenwärtig noch dort. Bis zum Inkrafttreten des Bundesgesetzes betreffend die civilrechtlichen Verhältnisse der Niedergelassenen und Aufenthalter vom 25. Juni 1891, am 1. Juli 1892, war die Wittwe nach Maßgabe des luzernischen Rechtes der elterliche Vormund der Kinder. Hernach ging die Vormundschaft an die Behörde der Wohnsitzgemeinde Pfäffikon über und es bestellte der dortige Gemeinderath den Kindern Weber nach Maßgabe des zürcherischen privatrechtlichen Gesetzbuches einen Vormund in der Person des Herrn Schneider-Trachsler in Pfäffikon.

B. Der Gemeinderath von Gunzwyl, welcher schon früher von der Wittwe Weber geb. Walder vergeblich verlangt hatte, es seien die beiden jüngern Kinder in der katholischen Religion zu erziehen, be-

schloß nunmehr, es seien die Kinder Weber in der römisch-katholischen
Religion zu erziehen und richtete am 31. August und 24. Sep=
tember 1892 dahin zielende Begehren an den Gemeinderath von
Pfäffikon; er berief sich auf Art. 13 des Bundesgesetzes betreffend
die civilrechtlichen Verhältnisse der Niedergelassenen und Aufent=
halter vom 25. Juni 1891. Am 24. September 1892 erwiderte
der Vormund Herr Schneider-Trachsler im Einverständniß mit
dem Gemeinderath von Pfäffikon, er könne diesem Verlangen nicht
entsprechen. § 13 des angeführten Bundesgesetzes habe nicht den
Sinn, daß die Wohnsitzbehörde in allen Fällen dem Verlangen
der Heimatbehörde bezüglich der religiösen Erziehung minderjäh=
riger Kinder nachzukommen habe; er beziehe sich nur auf Fälle,
wo der Inhaber der elterlichen Gewalt resp. der Vater nicht schon
bei Lebzeiten im Sinne des Art. 49 B.=B. über die religiöse Er=
ziehung seiner Kinder entschieden habe. Hier habe aber der Vater
bei Lebzeiten in unzweideutiger Weise seinem Willen dahin Aus=
druck gegeben, daß die Kinder in der protestantischen Religion
sollen erzogen werden. Der Sinn des Bundesgesetzes könne nicht
dahin gehen, daß ein solcher, in unzweideutiger Weise geäußerter
Wille der Eltern einfach mißachtet und einer derartigen „Wieder=
täuferei“ Vorschub geleistet werde. Sollte der Gemeinderath von
Gunzwyl auf seinem Begehren beharren, so erkläre der Vormund
schon jetzt, daß sie sich nur dem Entscheide der höchsten Instanzen
fügen werden.

C. Mit Eingabe vom 24. Oktober 1892 stellte nunmehr der
Gemeinderath von Gunzwyl beim Bundesgerichte die Anträge:
Das Bundesgericht möchte erkennen: 1. Die Kinder Weber des
Blasius sel. von Gunzwyl in Pfäffikon seien, gemäß Anordnung
des heimatlichen Gemeinderathes in der römisch-katholischen Kon=
fession unterrichten und erziehen zu lassen. 2. Sei der Tit. Ge=
meinderath von Pfäffikon angewiesen, innert kurzer Frist für die
Ausführung dieser Schlußnahme die geeigneten Maßnahmen zu
treffen und dem Gemeinderathe von Gunzwyl zur Kenntniß zu
bringen. Er beruft sich zur Begründung seiner Begehren auf
Art. 49 Abs. 2 B.=B. und Art. 13 und 38 des Bundesgesetzes
betreffend die civilrechtlichen Verhältnisse der Niedergelassenen und
Aufenthalter vom 25. Juni 1891.

D. In seiner Vernehmlassung auf diese Beschwerde macht Advokat Forrer in Winterthur Namens des Vormundes Schneider-
Trachsler und des Gemeinderathes Pfäffikon im Wesentlichen
geltend: Der Verstorbene Blasius Weber sei gar nicht Katholik
gewesen; er habe sich bei der Volkszählung im Jahre 1888 als
Angehöriger der protestantischen Konfession bezeichnet, habe sich
im Juli 1875 in der reformirten Kirche Illnau trauen lassen
und habe regelmäßig die reformirte Kirche seines jeweiligen Wohnortes besucht und die reformirte Kirchensteuer bezahlt. Die Kinder
seien, auf jeweiliges ausdrückliches Verlangen des Vaters, protestantisch getauft worden; sie haben jeweilen den ihrem Alter
entsprechenden reformirten Religionsunterricht empfangen; der
älteste Knabe besuche seit Mai 1892 den reformirten Konfirman-
denunterricht. Die Mutter verlange, daß die Kinder reformirt erzogen werden. In rechtlicher Beziehung begründe Art. 16 des
Bundesgesetzes vom 25. Juni 1891 die Zuständigkeit des Bundesgerichtes in der gegenwärtigen Streitigkeit. Allein in dieser Gesetzesbestimmung sei ausdrücklich von dem Bundesgerichte als
letzter Instanz die Rede. Daraus ergebe sich, daß vorerst andere,
d. h. die kantonalen Instanzen durchlaufen werden müssen. Dies
folge aus der Entstehungsgeschichte des Gesetzes. Die sachbezügliche Bestimmung habe nach den übereinstimmenden Beschlüssen
des Ständerathes und des Nationalrathes vom 17. April 1891
(als Art. 13 Abs. 3) dahin gelautet: Im Streitfalle hat über das
Begehren der Heimatbehörde nach Erschöpfung der kantonalen Instanzen das Bundesgericht als Staatsgerichtshof zu entscheiden.
Bei der dem Bundesrathe aufgetragenen Bereinigung des Gesetzes-
entwurfes in redaktioneller Hinsicht sei aus dem Art. 13 Abs. 3
ein neuer Art. 16 geworden und habe die Bestimmung ihre gegenwärtige Fassung erhalten. Aus der Botschaft vom 8. Juni 1891,
mit welcher der Bundesrath den bereinigten Text den eidgenössischen
Räthen vorgelegt habe, gehe deutlich hervor, daß die Aenderung
des Textes rein redaktioneller Natur sei und inhaltlich nichts habe
geändert werden sollen. In der Botschaft sei ausdrücklich gesagt:
„Sollte zwischen den beidseitigen Behörden eine auf gütlichem Wege
nicht zu beseitigende Meinungsverschiedenheit bestehen, so haben
über die Anträge und Begehren der Heimatbehörde zuerst die zu-

ständigen Organe des Wohnsitzkantons, sofern überhaupt hiefür
kantonale Instanzen aufgestellt werden, in letzter Instanz das Bundesgericht als Staatsgerichtshof… zu urtheilen.“ Danach könne
kein Zweifel daran bestehen, daß sofern überhaupt der Wohnsitz-
kanton einen Instanzenzug in Vormundschaftssachen kenne, dieser
vor Anrufung des Bundesgerichtes erschöpft werden müsse. Im
Kanton Zürich bestehen nun von altersher kantonale Instanzen in
Vormundschaftssachen: Gemeinderath, Bezirksrath, Direktion der
Justiz und Polizei, Regierungsrath. Der Gemeinderath von Gunzwyl müsse sich daher in erster Linie an den Bezirksrath von
Pfäffikon, dann eventuell an die Direktion der Justiz und Polizei
des Regierungsrathes von Zürich und weiter eventuell an den
Gesammtregierungsrath wenden, bevor er das Bundesgericht anrufen könne. Der vorliegende Rekurs müsse also zur Zeit abgewiesen werden. Diese Abweisung zur Zeit werde dem Gemeinderath von Gunzwyl ermöglichen, die Sache sich nochmals zu über-
legen und die thatsächlichen Umstände des Falles, die ihm sicher
vielfach neu seien, zu berücksichtigen. Der Gemeinderath gelange
denn vielleicht auch zu der Anschauung, daß er die Angelegenheit
richtigerweise in die Hand der kantonalen Oberbehörde von Luzern
legen sollte, welche unzweifelhaft die alte Regel: „Wie du mir,
so ich dir“ beherzigend, von weitern Maßnahmen absehen werde.
Sollte der Antrag auf Abweisung zur Zeit verworfen werden,
so werde auf definitive Abweisung des Begehrens des Gemeinderathes Gunzwyl angetragen. Art. 13 des Bundesgesetzes vom
25. Juni 1891 disponire nur für den Fall, wo sachlich eine
Veranlaßung vorliege, eine Verfügung über die religiöse Erziehung
minderjähriger Kinder zu treffen, wo also der Berechtigte nicht
bereits verfügt habe, wie dies in Betreff der religiösen Erziehung
nachgeborner Kinder und bei neu eintretenden Glaubensspaltungen
der Fall sei. Zwangsweise, zufolge behördlicher Anordnung, vor-
zunehmende Religionsänderungen habe man gerade vermeiden
wollen. Dies ergebe die Entstehungsgeschichte des Gesetzes. Das
Bundesgericht habe im Streitfalle zu entscheiden, erstens, ob eine
Verfügung zu treffen und zweitens, ob die getroffene Verfügung
richtig gewesen sei. Dabei habe es freie Hand und sei an keine
Präjudikate gebunden. Wenn das Bundesgericht seine Stellung

so auffasse, so werde es in erster Linie erklären, daß, nachdem
der Inhaber der väterlichen Gewalt zu rechter Zeit bereits eine
Verfügung getroffen habe, keine Verfügung mehr zu treffen sei
und daß reformirte Kinder reformirter Eltern in reformirten
Landen reformirt bleiben und nicht gegen ihren und ihrer Mutter
Willen den Glauben ändern und umgetauft werden müssen.
Nachdem die Kinder Weber einmal von Rechts wegen reformirt
geworden seien, so sollen sie es bleiben, bis sie selbst über ihre
religiöse Zugehörigkeit zu entscheiden haben. Die zwangsweise
Vollstreckung eines im Sinne des Gemeinderathes Gunzwyl er=
gangenen bundesgerichtlichen Urtheils würde auch zu wahren Un=
geheuerlichkeiten führen.

Das Bundesgericht zieht in Erwägung:

1. Nach Art. 13 des Bundesgesetzes vom 25. Juni 1891 be=
treffend die civilrechtlichen Verhältnisse der Niedergelassenen und
Aufenthalter hat die Vormundschaftsbehörde des Wohnsitzes, wenn
über die religiöse Erziehung eines bevormundeten Minderjährigen
nach Maßgabe der Bestimmung des Art. 49 Abs. 3 B.=V. eine
Verfügung zu treffen ist, die Weisung der Vormundschaftsbehörde
der Heimat einzuholen und zu befolgen. Nach Art. 15 leg. cit.
ist, wenn die Wohnsitzbehörde die Weisung der Heimatbehörde in
Bezug auf die religiöse Erziehung eines Kindes nicht befolgt, die
Heimatbehörde berechtigt, zu verlangen, daß die Vormundschaft
ihr abgegeben werde und Art. 16 leg. cit. endlich bestimmt, daß
Streitigkeiten über die in Art. 14 und 15 vorgesehenen Anträge
und Begehren der Heimatbehörde auf Klage dieser Behörde in
letzter Instanz vom Bundesgerichte als Staatsgerichtshof zu ent=
scheiden seien.

2. Aus diesen Gesetzesbestimmungen ergibt sich, daß Streitig=
keiten der hier vorliegenden Art zwischen Heimat= und Wohnsitz=
behörde von ersterer zunächst an die zuständigen Behörden des
Wohnortskantons gebracht werden müssen, während das Bundes=
gericht erst in letzter Instanz, nach Erschöpfung des kantonalen
Instanzenzuges, kann angerufen werden. Dies folgt klar aus der
Vorschrift des Art. 16, daß das Bundesgericht als letzte Instanz
zu entscheiden habe und wird, wie die Beschwerdebeklagten aus=
geführt haben, durch die Entstehungsgeschichte des Gesetzes be=

ſtätigt. Als kantonale Inſtanzen, welche in ſolchen Streitigkeiten
zu entſcheiden haben, können ſelbſtverſtändlich nur die Behörden
des Wohnſitzkantons in Betracht kommen, da die Heimatbehörde
als Anſprecherin auftritt und dieſelbe mithin die Vormundſchafts=
behörde des Wohnſitzes als Beklagte an deren Domizil ſuchen
muß. Nun hat der Kanton Zürich von der in Art. 36 litt. a
des Bundesgeſetzes vom 25. Juni 1891 den Kantonen anheim=
gegebenen Befugniß, die Beurtheilung der in Art. 16 erwähnten
Vormundſchaftsſtreitigkeiten dem Bundesgerichte in erſter und
letzter Inſtanz anheimzuſtellen, keinen Gebrauch gemacht, ſondern
für dieſe Streitigkeiten den für vormundſchaftliche Streitigkeiten
überhaupt beſtehenden kantonalen Inſtanzenzug beibehalten. Dem=
nach iſt denn die Beſchwerde als verfrüht zur Zeit abzuweiſen.
Bemerkt werden mag übrigens auch, daß als Sanktion der in
Art. 13 des Bundesgeſetzes vom 25. Juni 1891 der Wohnſitz=
behörde auferlegten Verpflichtung gemäß Art. 15 leg. cit. die
Pflicht zur Abgabe der Vormundſchaft an die Heimatbehörde feſt=
geſetzt iſt und daher, im Falle der Verletzung der gedachten Ver=
pflichtung durch die Wohnſitzbehörde, die Klage der Heimatbehörde
hierauf gerichtet werden muß. Endlich mag auch noch bemerkt
werden, daß nach dem luzerniſchen Vollziehungsdekrete zum Bun=
desgeſetze vom 25. Juni 1891 (Art. 2) der Regierungsrath als
die zur Vermittlung der Beziehungen zwiſchen den Wohnſitz= und
den Heimatbehörden des Bevormundeten kompetente kantonale Be=
hörde bezeichnet worden iſt.

Demnach hat das Bundesgericht
erkannt:

Die Beſchwerde wird zur Zeit abgewieſen.

Dritter Abschnitt. — Troisième section.

Kantonsverfassungen. — Constitutions cantonales.

———

Eingriffe in garantirte Rechte.
Atteintes portées à des droits garantis.

113. Urtheil vom 28. Oktober 1892
in Sachen Ursprung.

A. Notar Bircher in Aarau hatte seiner Zeit den Rekurrenten
in einem Streit mit Wittwe Carolina Schmid und Kinder in
Herznach vor dem Friedensrichteramt Wölfliswyl vertreten und
nach Fällung des Urtheils die seinem Klienten zugesprochene
Summe von 46 Fr. 05 Cts. eingefordert und einkassirt. Rekurrent behauptete aber, das Inkasso habe ohne seinen Auftrag stattgefunden, und da Notar Bircher unterdessen flüchtig geworden
war, belangte er die Carolina Schmid und Kinder auf nochmalige
Bezahlung der 46 Fr. 05 Cts. Die Forderung wurde vom
Friedensrichter in Wölfliswyl, nachdem Rekurrent durch Hand-
gelübde bestätigt hatte, daß er dem Notar Bircher dieselbe zum
Inkasso nicht übergeben habe, mit Entscheid vom 12. Oktober
1889 gutgeheißen. Carolina Schmid ergriff nun zuerst gegen
diesen Entscheid die Nichtigkeitsbeschwerde und als sie mit derselben abgewiesen wurde, reichte sie gegen den Vinzenz Ursprung
eine Strafklage wegen Ablegung eines falschen Handgelübdes ein
und verlangte Bestrafung des Ursprung und Aufhebung des
friedensrichterlichen Urtheils. Nach durchgeführter Untersuchung,
am 29. Juni 1892, gelangte die Sache in zweiter Instanz an

das aargauische Obergericht, welches auf zuchtpolizeilichem Wege folgendes erkannte:

1. Der Antrag der Staatsanwaltschaft auf Aufhebung des von Vinzenz Ursprung abgelegten Handgelübbes und auf Bestrafung des Genannten wegen Betruges durch Ablegung eines wissentlich falschen Handgelübbes ist abgewiesen und Ursprung von dem ein=geklagten Vergehen freigesprochen.

2. Die Untersuchungskosten mit 30 Fr. 20 Cts. hat der Staat zu tragen.

3. Vinzenz Ursprung hat den durch sein Verhalten der Frau Carolina Schmid geb. Riser und ihren Kindern verursachten Schaden dadurch zu ersetzen, daß die von diesen an Notar Bircher geleistete Zahlung von 46 Fr. 05 Cts. für ihn als rechtsver=bindlich erklärt und ihm untersagt wird, auf Grund des friedens=richterlichen Urtheils vom 12. Oktober 1889 von ihnen nochmals Zahlung zu verlangen.

4. Vinzenz Ursprung hat seine eigenen Parteikosten an sich zu tragen und der Frau Schmid und deren Kindern die ihrigen mit 181 Fr. 45 Cts. zu ersetzen.

Dispositiv 3 wird damit begründet: Vinzenz Ursprung habe, wenn er auch dem Notar Bircher keinen Inkassoauftrag ertheilt habe, dennoch durch seine Handlungsweise der Frau Schmid einen Schaden verursacht, indem er durch sein Benehmen in ihr den Glauben erweckt habe, daß sie seinem frühern Vertreter Notar Bircher in rechtsgültiger Weise zahlen dürfe. Dieser Schaden be=stehe darin, daß die Schuldnerin durch die geleistete Zahlung gegenüber dem Gläubiger nicht befreit, sondern zu nochmaliger Zahlung verurtheilt worden sei und deßhalb habe die Vergütung des Schadens auf obige Weise zu geschehen.

B. Gegen dieses Erkenntniß ergriff Vinzenz Ursprung den staatsrechtlichen Rekurs an das Bundesgericht und führt zu dessen Begründung folgendes an: Das obergerichtliche Urtheil verletze den Art. 58 B.=V. Denn nach Art. 53 litt. a der aargauischen Verfassung habe das Obergericht nur über die ihm gesetzlich zu=gewiesenen, bürgerlichen und vormundschaftlichen Streitigkeiten, sowie über die zuchtpolizeilichen Fälle in letzter Instanz zu ur=theilen, während Streitigkeiten, deren Werth den Betrag von

60 Fr. nicht übersteige, gemäß Art. 57 derselben Verfassung aus=
schließlich in die Kompetenz der Friedensrichter fallen. Wenn daher
das Obergericht im Dispositiv 3 seines Urtheils dem Entscheide
des Friedensrichteramtes Wölfliswyl seine Rechtskraft versage,
überschreite es nicht nur die ihm nach der Verfassung zugeschie=
benen Befugnisse, sondern entziehe auch den Beschwerdeführer
seinem verfassungsmäßigen Richter. Ferner liege im obergericht=
lichen Entscheide (Dispositiv 3) ein nach der Bundesverfassung
unzulässiger Arrest und eine Rechtsverweigerung. Jedenfalls ent=
halte fragliches Dispositiv nicht die abhäsionsweise Behand=
lung eines im Strafverfahren erhobenen Civilanspruches, denn
derselbe sei durch das Urtheil des Friedensrichteramtes erledigt.
Endlich verstoße das angefochtene Urtheil gegen Art. 61 der
Bundes= und Art. 22 und 19 der Kantonsverfassung, mit welch'
letztern Artikeln einerseits die Unverletzlichkeit des Eigenthums
garantirt, und andererseits gerichtliche Verfolgungen nur in den
durch das Gesetz bezeichneten Fällen und in der durch dasselbe
vorgeschriebenen Form zugelassen werden. Demnach wird beantragt,
es sei das vorwürfige Urtheil, eventuell Dispositiv 3 desselben,
als verfassungswidrig aufzuheben.

C. Zu diesen Ausführungen bemerkt das Obergericht des Kan=
tons Aargau in seiner Vernehmlassung vom 10. September, daß
der ganze Streit sich darum drehe, ob Wittwe Schmid durch Be=
zahlung an den nach Amerika geflüchteten Notar Bircher von
ihrer Schuld gegenüber Ursprung liberirt worden sei. Das Ober=
gericht habe nach Lage der Akten zwar angenommen, daß Ur=
sprung kein formell unrichtiges Handgelübbe abgelegt, daß er aber
durch sein illoyales Benehmen die ganze Untersuchung veranlaßt
und Wittwe Schmid geschädigt habe, weßhalb er pflichtig sei, die
Kosten zu tragen und Schadenersatz zu leisten. Zum Schadenersatz
gehöre nun aber auch, daß Wittwe Schmid nicht mehr verhalten
werden könne, den an Notar Bircher bezahlten Betrag noch ein
Mal zu bezahlen. Das Gericht habe daher seine Befugnisse nicht
überschritten, sondern lediglich den verwickelten Rechtsfall in seiner
Totalität beurtheilt.

D. Die Rekursbeklagten, Wittwe Carolina Schmid und Kinder,
stellen ihrerseits den Antrag, es sei Rekurrent mit seinem Be=

gehren abzuweisen, indem das obergerichtliche Urtheil keine der vom Rekurrenten angeführten Verfassungsbestimmungen verletze. Das Obergericht habe mit seinem Urtheil in Wirklichkeit nichts anderes gesagt, als daß das vom Angeklagten geleistete Handgelübbe ein objektiv unrichtiges gewesen sei. Demzufolge habe dasselbe, in Ausübung des ihm in Art. 9 des Ergänzungsgesetzes zur Strafrechtspflege vom 7. Juli 1886 eingeräumten freien Beweiswürdigungsrechtes, das Handgelübbe mit allen seinen Folgen aufgehoben und insoweit stimme also auch das obergerichtliche Urtheil mit der im Entscheide des Bezirksgerichtes ausgesprochenen Auffassung überein. Dem Bundesgerichte komme eine Ueberprüfung der Akten nicht zu, um so weniger als es sich um eine Strafsache handle und das angefochtene Urtheil nicht auf Willkür beruhe, sondern das Ergebniß des dem kantonalen Richter zustehenden freien Ermessens in der Beweiswürdigung sei.

Das Bundesgericht zieht in Erwägung:

1. Die vom Rekurrenten angerufenen Art. 19 und 22 der kantonalen Verfassung beziehen sich offensichtlich nicht auf den vorliegenden Fall und ist eine nähere Ausführung hierüber überflüssig. Was den Art. 58 B.-V. anbelangt, so enthält derselbe, wie das Bundesgericht schon wiederholt erklärt hat, zwar ein Verbot von Ausnahmegerichten, — und in diesem Sinne ist er auch ausdrücklich in Art. 21 K.-V. aufgenommen worden, — nicht aber enthält er eine Garantie der von den kantonalen Verfassungen oder Gesetzen aufgestellten Ausscheidung der richterlichen Kompetenzen. Die Art. 59 und 61 B.-V. fallen schon deßwegen außer Betracht, weil dieselben blos interkantonale Verhältnisse regeln. Maßgebend für die vom Rekurrenten erhobene Beschwerde können offenbar nur die Art. 53 und 57 K.-V. sein und ist daher der Rekurs von diesem Standpunkte aus zu prüfen.

2. In dieser Hinsicht ist die Behauptung der Rekursbeantwortung, es habe das obergerichtliche Urtheil das Handgelübbe des Rekurrenten als objektiv unrichtig erklärt und mit seinen Folgen aufgehoben, unrichtig. Das Urtheil spricht den Rekurrenten nicht nur von jeder Schuld und Strafe frei, sondern verneint auch die objektive Unrichtigkeit des von ihm geleisteten Handgelübbes und hebt daher das friedensrichterliche Urtheil nicht auf.

Wenn man nun auch zugeben will, Art. 4 des Zuchtpolizeigesetzes (lautend: Ueber den Schadenersatz ist nach den Grundsätzen des bürgerlichen Gesetzbuches zu entscheiden) habe dem Obergerichte als obere Instanz in Zuchtpolizeisachen die Kompetenz zur abhäsions= weisen Beurtheilung des Schadenersatzes auch für den Fall gegeben, daß der Beanzeigte freigesprochen und dessen Handgelübbe als unanfechtbar erklärt wurde, so durfte jedenfalls durch die Er= ledigung dieses Civilpunktes die Vollziehung des rechtskräftig ge= wordenen friedensrichterlichen Urtheils nicht gehindert werden. Denn nach Art. 57 K.=V. fiel dieses Urtheil in die ausschließ= liche Kompetenz des Friedensrichters und hätte vom Obergerichte nur strafrichterlich wegen eines falschen oder objektiv unrichtigen Handgelübbes aufgehoben werden können. Nachdem dies nicht ge= schehen und das friedensrichterliche Urtheil die Zahlung der Frau Schmid an Bircher als für Ursprung nicht rechtsverbindlich er= klärt, ist es auch mit jener Verfassungsbestimmung nicht vereinbar, daß das Obergericht auf dem Wege eines Schadenersatzurtheiles die Rechtsverbindlichkeit der Zahlung ausspricht und dem Rekur= renten untersagt, gestützt auf das friedensrichterliche Urtheil noch= mals Zahlung, d. h. die Vollziehung dieses Urtheils zu verlangen.

Demnach hat das Bundesgericht

erkannt:

Das obergerichtliche Urtheil vom 19. Juni ist aufgehoben und es gehen die Akten zu nochmaliger Beurtheilung an das aar= gauische Obergericht zurück.

---

114. Urtheil vom 19. November 1892 in Sachen Burri und Huber.

A. Am 14. Januar 1892 erstattete Polizeisoldat Steiner in Brittnau dem Bezirksamte Zofingen folgende Anzeige: Er habe gestern in Erfahrung bringen können, daß der in Brittnau wohn= hafte Metzger Christian Burri, welcher betreffend Sittlichkeit einen sehr übeln Leumund habe, schon seit Montag den 11. dieses Monats eine Frau Elise Huber geb. Gaßmann, von Langnau, Kantons

Luzern, welche betreffend Sittlichkeit ebenfalls übel beleumdet sei, bei sich in Logis habe und mit ihr auf sehr intimem Fuß lebe. Er (Polizeisoldat Steiner) habe sich daher gestern Nacht circa 12 $\frac{1}{2}$ Uhr mit dem Gemeindeammann Wälchli zur Burri'schen Wohnung begeben und Einlaß verlangt. Vorher habe er sich natürlich überzeugt, daß Frau Huber im Logis des Burri sich befinde. Letzterem, welcher die Thüre sofort geöffnet habe, habe er erklärt, er habe ihm etwas zu eröffnen, zu welchem Zwecke sie in die Stube gehen wollen. Burri, welcher nur mit Unterhosen und Hemd bekleidet gewesen sei, sei schnell vorausgeeilt, und in ein Zimmer neben der Küche gegangen, in welchem ein Bett stand, und habe dieses in Unordnung gemacht, so daß man hätte glauben sollen, e r habe darin geschlafen. In der Wohnstube habe Frau Huber im Bette gelegen. Auf Befragen, in welchem Bette er geschlafen habe, habe Burri natürlich angegeben, in demjenigen neben der Küche. Dies habe sich jedoch als total unwahr erwiesen, da dieses Bett ganz kalt gewesen sei. Es sei somit festgestellt gewesen, daß Burri nnd Frau Huber, welch' letztere einen Ehemann habe, in einem und demselben Bette geschlafen haben. Deßhalb sei er (Polizeisoldat Steiner) zur Verhaftung der Frau Huber geschritten und habe dieselbe im Schulhause zu Brittnau in Arrest gesetzt. Auf dem Wege zum Schulhause habe Frau Huber dann wirklich zugegeben, mit Burri gemeinschaftlich in einem Bette geschlafen und mit demselben geschlechtlichen Umgang gepflogen zu haben. Deßhalb werden Frau Huber und Burri dem Bezirksamte wegen Vergehens gegen die öffentliche Ordnung und Sittlichkeit zur angemessenen Bestrafung verzeigt. In der daraufhin eingeleiteten Strafuntersuchung beharrte Frau Huber, sowohl vor Bezirksamt Zofingen als vor dem Bezirksgerichte Zofingen, bei ihrem Geständnisse, während dagegen Burri bestritt, mit der Frau Huber in einem Bette geschlafen und geschlechtlichen Umgang gepflogen zu haben. Durch Urtheil vom 27. Januar 1892 erkannte das Bezirksgericht Zofingen: 1. Christian Burri und Frau Huber werden für ihr Vergehen gegen die öffentliche Sittlichkeit jedes zu einer Gefängnißstrafe von 8 Tagen verurtheilt. 2. Dieselben haben gemeinsam und unter Solidarhaftbarkeit die entstandenen Untersuchungs- und Gefängnißkosten, worunter eine Spruchgebühr von

15 Fr., mit 23 Fr. 95 Cts. zu bezahlen und jedes seine Ge=
fangenschaftskosten besonders zu tragen. Auf Rekurs der Verur=
theilten hin bestätigte das Obergericht des Kantons Aargau am
5. Mai 1892 dieses Urtheil, indem es indeß gleichzeitig die
Staatsanwaltschaft einlud, die Akten den zuständigen Behörden
zu zweckentsprechender Ahndung des Vorgehens des Polizeisoldaten
Steiner und des Gemeindeammanns Wälchli zu überweisen. In
den Entscheidungsgründen dieses Urtheils wird ausgeführt: Das
Geständniß der Frau Huber werde in der Rekursbeschwerde als
bedeutungslos, weil unter dem Eindrucke der Verhaftung erfolgt,
angefochten. Allein Frau Huber habe dasselbe auch noch vor Be=
zirksgericht, als die Verhaftung längst zu existiren aufgehört habe,
erneuert. Frau Huber lebe in noch bestehender Ehe, was dem
Burri auch bekannt gewesen sei. Ihr unerlaubtes Zusammenleben
habe bei der Bevölkerung von Brittnau Aergerniß erregt und das
polizeiliche Einschreiten veranlaßt. Der Thatbestand, wie er den
Beklagten zur Last gelegt werden müsse, qualifizire sich danach
als Ehebruch. Wie durch Urtheil des Obergerichtes vom 17. Juli
1883 nachgewiesen worden sei, erscheine aber der Ehebruch als
Vergehen gegen die öffentliche Sittlichkeit und müsse deßhalb, gleich=
viel, ob vom beleidigten Ehegatten Strafanzeige erhoben worden,
von Amtes wegen verfolgt werden. Daß übrigens die Verfolgung
des Ehebruchs von Amtes wegen statthaft erscheine, wenn dadurch
öffentliches Aergerniß erregt werde, unterliege nach Wissenschaft
und Praxis keinem Zweifel, so wenig es zweifelhaft sein könne,
daß vorliegendenfalls das Zusammenleben der Beklagten wirklich
Aergerniß erregend gewesen sei. Dagegen könne allerdings das
Vorgehen des Polizeisoldaten Steiner und des Gemeindeammanns
Wälchli zu Konstatirung des Thatbestandes die Billigung des
Obergerichtes nicht finden. Dasselbe verletze die persönliche Freiheit
und das Hausrecht und sei nach Art. 19 und 20 der Staats=
verfassung und §§ 23 und 24 des Zuchtpolizeigesetzes unzuläßig
gewesen.

B. Gegen dieses Urtheil ergriffen Christian Burri und Josef
Huber, der Ehemann der verurtheilten Frau Elisabeth Huber geb.
Gaßmann, letzterer für sich und Namens seiner Ehefrau, den
staatsrechtlichen Rekurs an das Bundesgericht mit dem Antrage:

Es sei das angefochtene Erkenntniß des Bezirksgerichtes Zofingen und das Urtheil des aargauischen Obergerichtes als gesetz- und verfassungswidrig aufzuheben unter Kostenfolge. Sie behaupten zunächst in thatsächlicher Beziehung: Frau Huber habe sich in der Wohnung des Burri lediglich in ihrem Berufe als Weiß- näherin auf der „Stör" aufgehalten und sei nur des schlechten Wetters wegen über Nacht geblieben. Ihr Geständniß sei lediglich eine Folge der Verhaftung und Einschüchterung. In rechtlicher Beziehung berufen sie sich auf die Art. 58 B.-V. und 19 und 20 K.-V. und machen geltend: Selbst wenn Frau Huber und Burri die ihnen vorgeworfene That verübt hätten, wären sie ge- setzlich nicht strafbar. Sie haben die Sittlichkeit öffentlich nicht verletzt und zu einem Strafantrage wäre nur der Ehemann Huber berechtigt, welcher aber, weil er keinen Grund habe, in die eheliche Treue seiner Frau Zweifel zu setzen, mit einer Klage nicht auf- getreten sei. Das Vorgehen der Polizeigewalten, deren nächtliches Eindringen in das Haus des Burri, die Untersuchung der Betten und die Verhaftung der Frau Huber enthalten eine empörende Verletzung der persönlichen Freiheit und des Hausrechtes. Wenn das Obergericht von einem Zusammenleben der Rekurrenten spreche, so liege dieser Annahme ein offenbarer Irrthum zu Grunde. Frau Huber habe sich nur ganz vorübergehend bei Burri befunden; Niemand als die Hausbewohner habe gewußt, daß sie bei ihm in Arbeit stehe. Aergerniß und zwar öffentliches Aergerniß sei erst durch das brutale Einschreiten der Polizeigewalten entstanden dessen Gesetzwidrigkeit das Obergericht selbst anerkenne. Burri be- halte sich die Klage wegen Hausfriedensbruchs, Frau Huber das Entschädigungsbegehren wegen gesetzwidriger Verhaftung vor und beide Rekurrenten verwahren ihre Ansprüche wegen Kredit- schädigung.

C. In ihrer Vernehmlassung auf diese Beschwerde führt die Staatsanwaltschaft des Kantons Aargau im Wesentlichen aus: Die kantonalen Gerichte haben mit allem Grund angenommen, daß die unsittlichen Beziehungen Burri's zu der verheirateten Huber öffentliches Aergerniß erregt haben. Die Mittheilungen der Be- völkerung von Brittnau haben den Gemeindeammann und den Polizeisoldaten zum Einschreiten veranlaßt. Oeffentliches Aergerniß

könne nicht nur dadurch erregt werden, daß grobe Verletzungen
der Sittlichkeit öffentlich, d. h. coram publico verübt werden, son=
dern auch dadurch, daß derartige grelle Verletzungen der Sittlich=
keit der Oeffentlichkeit bekannt werden und das sittliche Gefühl der
Bevölkerung empören. Wenn daher, wie hier, Jemand mit einer
verheiratheten Frau notorisch im Konkubinat lebe, so liege es
auf der Hand, daß die Untersuchungsbehörden zum Einschreiten
verpflichtet seien. Wenn die kantonalen Gerichte ihre Kompetenz
dahin aufgefaßt haben, daß sie derartige grobe und Aergerniß er=
regende Verletzungen der Sittlichkeit auf Grund des § 1 des aar=
gauischen Zuchtpolizeigesetzes zur Strafe zu ziehen haben, so be=
finden sie sich dabei in der Lage, ihre Entscheide mit dem Volks=
bewußtsein in Uebereinstimmung zu halten. Gemeindeammann und
Polizeisoldat seien kraft ihrer gesetzlichen Funktionen zum Einschreiten
befugt gewesen und involvire dieses keine Verfassungsverletzung.
Daß die aargauische Gesetzgebung den Ehebruch mit Strafe be=
droht wissen wolle, gehe zur Evidenz aus der Fassung des Art. 95
des peinlichen Strafgesetzbuches hervor, welcher von der Strafe
der Blutschande handle und in seinem letzten Alinea laute: „Ist
mit der Blutschande zugleich Ehebruch verbunden, so darf nicht
auf die kürzeste Strafdauer erkannt werden." Die grundsätzliche
Strafbarkeit des Ehebruchs sei dadurch außer Zweifel gesetzt und
zwar ohne Rücksicht darauf, ob ein Strafantrag des beleidigten
Ehegatten vorliege oder nicht. Auch das aargauische Civilgesetzbuch
räume dem Richter weitgehende Kompetenzen ein, sogar beim bloßen
Verdachte des Ehebruchs. In der aargauischen Gerichtspraxis habe
sich daher unter der Herrschaft des alten und des neuen Zucht=
polizeigesetzes die Bestrafung des Ehebruchs als eines Vergehens
gegen die öffentliche Ordnung und Sittlichkeit als feststehende Norm
herausgebildet. Eine Verfassungsverletzung könne hierin um so
weniger erblickt werden, als, wie bemerkt, der § 95 P.=St.=G. in
seinem letzten Alinea die Strafbarkeit des Ehebruchs und zwar
ohne Rücksicht auf eine Antragstellung des beleidigten Ehegatten
außer Zweifel stelle.

D. Das Obergericht des Kantons Aargau verweist lediglich
auf die Begründung seiner angefochtenen Entscheidung.

Das Bundesgericht zieht in Erwägung:

1. Art. 58 der Bundesverfassung ist offenbar nicht verletzt, da die Rekurrenten durch die ordentlichen, verfassungsmäßig einge= setzten Strafgerichte beurtheilt worden sind. Ebensowenig verletzen die angefochtenen gerichtlichen Entscheidungen, speziell diejenige des Obergerichts, die verfassungsmäßige Garantie der Unverletzlichkeit des Hausrechts, wie sie in Art. 20 K.=V. niedergelegt ist. Daß, wie die obergerichtliche Entscheidung selbst anerkennt, die Polizei= organe diese Gewährleistung verletzt haben, kann einen Grund zu Aufhebung der angefochtenen gerichtlichen Straferkenntnisse nicht abgeben. Endlich kommt für die Verfassungsmäßigkeit der ange= fochtenen gerichtlichen Entscheidungen auch darauf nichts an, ob die Verhaftung der Frau Huber durch die Polizeiorgane eine ge= setzliche war oder nicht. Die Verfassungsmäßigkeit der angefochtenen Straferkenntnisse hängt vielmehr einzig davon ab, ob die gericht= liche Bestrafung der Rekurrenten gegen einen verfassungsmäßigen Grundsatz verstößt. Demgemäß kann offenbar einzig in Frage kommen, ob der in Art. 19 K.=V. niedergelegte Grundsatz nulla poena sine lege verletzt sei.

2. Wie nun das Bundesgericht bereits in seiner Entscheidung in Sachen Schärer vom 1. April 1892 ausgesprochen hat, kann im Kanton Aargau der Ehebruch zur Zeit, in Ermangelung eines die Verletzung der ehelichen Treue als besonderes Delikt mit Strafe bedrohenden Gesetzes, gemäß dem verfassungsmäßigen Grundsatze nulla poena sine lege nur dann als Vergehen gegen die öffentliche Sittlichkeit im Sinne des § 1 des Zuchtpolizeige= setzes mit Strafe belegt werden, wenn durch denselben öffentliches Aergerniß ist erregt worden, in welchem Falle dann aber er von Amtes wegen zu verfolgen ist. Hieran ist auch heute festzuhalten. Aus dem Umstande, daß § 95 des aargauischen peinlichen Straf= gesetzbuches bei dem Verbrechen der Blutschande die Verübung im Ehebruche als erschwerendes Moment behandelt, folgt nichts für das Gegentheil. In der That kann ja daraus, daß das aargauische Gesetz die Verübung im Ehebruch als erschwerenden Strafzumessungs= grund bei einem von Amtes wegen zu verfolgenden Delikte be= handelt, gewiß nicht gefolgert werden, daß es den Ehebruch als solchen, als selbständiges Delikt behandelt und (im Gegensatze z. B. zu der Entführung einer Ehefrau) von Amtes wegen ver=

folgt wissen wolle. Die Schlußfolgerung ist so wenig statthaft, als etwa die, daß deßhalb, weil bei einem bestimmten Delikte, z. B. Unterschlagung, die Verübung in Verletzung einer Amts=pflicht als erschwerender Umstand behandelt wird, nun die Ver=letzung amtlicher Pflichten als solche d. h. jede, wie immer gear=tete, Verletzung einer amtlichen Verpflichtung sich als strafbare Handlung qualifizire.

3. In seiner angefochtenen Entscheidung geht das Obergericht des Kantons Aargau, im Gegensatze zu der Auffassung des Bundesgerichtes, grundsätzlich davon aus, daß der Ehebruch als solcher nach aargauischem Rechte als Vergehen gegen die öffent=liche Sittlichkeit im Sinne des § 1 des aargauischen Zuchtpolizei=gesetzes strafbar sei. Allerdings fügt es alsbann bei, daß im vor=liegenden Falle öffentliches Aergerniß erregt worden sei. Allein diese letztere Annahme beruht auf einer Auffassung des Begriffs des „öffentlichen Aergernisses,“ welche diesem Begriffe eine völlig unstatthafte Ausdehnung gibt und im Ergebnisse dazu führen würde, daß öffentliches Aergerniß in jedem Falle angenommen werden müßte, wo sich ein Polizeibeamter veranlaßt findet, Strafanzeige wegen Ehebruchs zu erstatten. Es mag zwar zu=gegeben werden, daß von Erregung öffentlichen Aergernisses nicht nur dann gesprochen werden kann, wenn der Ehebruch öffentlich resp. vor Dritten verübt wird, sondern auch dann, wenn ein leicht zu durchschauendes ehebrecherisches Verhältniß öffentlich zur Schau getragen und dadurch das öffentliche Sittlichkeitsgefühl verhöhnt wird. Allein hievon ist nun im vorliegenden Falle gar keine Rede. Irgend welche bestimmte Feststellungen, daß vor dem Ein=schreiten der Polizei die Rekurrenten ein Benehmen sich hätten zu Schulden kommen lassen, welches geeignet war, öffentliches Aerger=niß zu geben, liegt nicht vor. In den Akten, auf Grund welcher die kantonalen Gerichte geurtheilt haben, liegt außer den Aus=führungen der Beschuldigten, gar nichts anderes als die Anzeige des Polizeisoldaten Steiner, wonach dieser Umstände „habe in Er=fahrung bringen“ können, welche ihm verdächtig schienen. Auf Grund dieses schwankenden Verdachtes erachteten sich dann der Polizeisoldat Steiner und der Gemeindeammann für berechtigt, nächtlicherweile unter falschem Vorwande in ein Haus einzudringen,

Zimmer und Betten zu durchstöbern, um Anhaltspunkte für ihre
Vermuthungen zu gewinnen und auf Grund derselben ohne Wei=
teres zur Verhaftung zu schreiten. Von einem Konkubinate, wie
die Staatsanwaltschaft des Kantons Aargau sich ausdrückt, konnte
offenbar, da ein irgend dauerndes Zusammenleben der Rekurrenten
gar nicht behauptet ist, nicht die Rede sein. Bei diesem Sachver=
halte ist klar, daß von den Rekurrenten öffentliches Aergerniß
nicht ist erregt worden, die gegentheilige Annahme des Oberge=
richtes vielmehr auf einer in ihren Konsequenzen mit dem ver=
fassungsmäßigen Grundsatze nulla poena sine lege unvereinbaren
Auffassung des Begriffs des öffentlichen Aergernisses beruht,
daß dagegen allerdings die Polizeiorgane in einer Weise vorge=
gangen sind, welche die bürgerliche Freiheit in gröblicher Weise
verletzte und daher auch mit dem Rechtsbewußtsein der Bürger kaum
im Einklange stehen dürfte.

Demnach hat das Bundesgericht

erkannt:

Der Rekurs wird für begründet erklärt und es wird mithin
den Rekurrenten ihr Rekursbegehren zugesprochen.

---

115. Urtheil vom 29. Dezember 1892 in Sachen Oechslin.

A. In der Sitzung des Kantonsrathes des Kantons Schaff=
hausen vom 9. November 1891 kamen die Nachtragskredite für
die neue Straße Schaffhausen=Büsingen zur Sprache. Zur Recht=
fertigung der bei diesem Straßenbau eingetretenen Budgetüber=
schreitung wurde ausgeführt, man habe nicht voraussetzen können,
daß so hohe Summen für Erpropriationen gefordert werden
würden. Nachdem Kantonsrath Freuler die Forderungen der ex=
propriirten Anstößer als wohlbegründet vertheidigt hatte, ergriff
Kantonsrath J. Oechslin in Schaffhausen das Wort, bezeichnete
diese Ansprüche als ungerechtfertigt und rief schließlich aus: „Das
ist Blutgeld, jeder Centime, der ausgegeben wird, so denkt das
Volk des Kantons Schaffhausen." Rechtsanwalt E. Ziegler,

(welcher ebenfalls Mitglied des Kantonsrathes ist), bezog, da er
(von drei Expropriaten) die größte Forderung gestellt und erst=
instanzlich bereits 5000 Fr. zugesprochen erhalten hatte, diese
Aeußerung auf sich; er erhob wegen derselben, nachdem J. Oechs=
lin sich geweigert hatte, den Ausdruck „Blutgeld" zurückzunehmen,
Klage wegen Verleumdung eventuell Beschimpfung. Der Beklagte
bestritt die Kompetenz der Gerichte, weil nach § 13 des kantonalen
Verantwortlichkeitsgesetzes vom 30. Mai 1854 und der kantons=
räthlichen Geschäftsordnung beleidigende Aeußerungen, welche Kan=
tonsrathsmitglieder in ihren Voten thun, vom Kantonsrathe selbst
disziplinarisch zu behandeln seien, nicht aber vor den Richter ge=
zogen werden können. Sowohl das Bezirksgericht Schaffhausen
durch Urtheil vom 14. Dezember 1891, als das schaffhauserische
Obergericht durch Entscheidung vom 25. Juni 1892 haben diese
Einwendung verworfen und den Beklagten wegen Beschimpfung
des Klägers nach § 197 c St.=G. kostenfällig zu einer Geldbuße
von 50 Fr. verurtheilt und die Beschimpfung als aufgehoben er=
klärt. In den Entscheidungsgründen des obergerichtlichen Urtheils
ist ausgeführt: Die eingeklagte Aeußerung sei unzweifelhaft in=
juriöser Natur und Jedermann habe dieselbe auf den Kläger be=
ziehen müssen. Der Ausdruck „Blutgeld" habe die Bedeutung, daß
damit Geld bezeichnet werde, das Jemand wider alle Billigkeit
sich zahlen lasse, an dem gleichsam Blut klebe, das mit blutiger
Härte eingefordert werde. Eine Beleidigung liege in diesem Vor=
wurfe unbedingt, allerdings nur eine Formalinjurie, nicht eine
Verleumdung, da dem Kläger nicht eine bestimmte, strafbare, un=
sittliche oder unehrenhafte Handlung vorgeworfen worden sei. Nach
dem zur Zeit immer noch geltenden schaffhauserischen Strafgesetz=
buche von 1859, welches die strafbaren Handlungen lediglich in
Verbrechen und Vergehen eintheile und die Dreitheilung in Ver=
brechen, Vergehen und Uebertretungen nicht kenne, sei auch die
bloße Formalinjurie ein Vergehen und unterliege danach der ge=
richtlichen Beurtheilung, auch wenn sie von einem Kantonsrathe
in seinem Votum ausgesprochen worden sei. Ob das Verant=
wortlichkeitsgesetz, dessen Art. 13 die von den Kantonsrathsmit=
gliedern im Rathe selbst begangenen Verbrechen und Vergehen
(im Gegensatze zu den der disziplinarischen Behandlung durch den

Kantonsrath vorbehaltenen bloßen Reglementsübertretungen) dem Richter überweise, in dieser materiellen Bestimmung noch zu Recht bestehe, sei gleichgültig. Denn auch wenn dies zu verneinen sein sollte, so greife, mangels einer entgegenstehenden gesetzlichen Bestimmung, ganz einfach die allgemeine Regel Platz, daß auch Vergehen, welche von Kantonsrathsmitgliedern in der Sitzung begangen worden seien, dem ordentlichen Richter unterstehen. Es möge dies der in andern Ländern und Kantonen bestehenden parlamentarischen Redefreiheit widersprechen. Diese bestehe aber in der schaffhauserischen Gesetzgebung nicht und dürfe nicht in dieselbe, dem klaren Wortlaute und Sinn zuwider, hineininterpretirt werden.

B. Gegen die obergerichtliche Entscheidung ergriff J. Oechslin den staatsrechtlichen Rekurs an das Bundesgericht mit dem Antrage: Das Bundesgericht wolle das Urtheil des Obergerichtes Schaffhausen vom 25. Juni b. J. aufheben, da dasselbe mit der Verfassung und Gesetzgebung des Kantons im Widerspruche steht resp. garantirte Rechte verletzt. Zur Begründung führt er aus: § 40 des schaffhauserischen Kantonsrathsreglementes bestimme: „Wenn ein Redner den parlamentarischen Anstand verletzt, namentlich wenn er sich beleidigende Aeußerungen gegen die Versammlung oder deren Mitglieder erlaubt, so hat ihn der Herr Präsident zur Ordnung zu rufen. Auch ein Mitglied hat das Recht gegen ein anderes vom Präsidenten den Ordnungsruf zu verlangen. Erhebt das betreffende Mitglied Einsprache gegen den Ordnungsruf, so entscheidet die Versammlung." Nach dieser Reglementsbestimmung stehe die Jurisdiktion in Ehrensachen seiner Mitglieder dem Großen Rathe zu. Die Bestimmung beziehe sich allerdings nicht auf eigentliche, schwere Verleumdungen, wohl aber auf bloße Beschimpfungen. Die Redefreiheit der Großrathsmitglieder sei nicht nur im Reglemente, sondern auch im Gesetze und indirekt in der Verfassung anerkannt. Das kantonale Verantwortlichkeitsgesetz vom 30. Mai 1854 bestimme: „Verbrechen und „Vergehen, welche von Mitgliedern des Großen Rathes bezüglich „auf ihre Stellung verübt werden, fallen in das Gebiet des „Strafrechts. Für Reglementsübertretungen werden sie nach Maß„gabe des Reglements vom Großen Rathe selbst disziplinarisch „behandelt. Im Weitern sind die Mitglieder des Großen Rathes

„für ihr Votum nur Gott und ihrem Gewissen verantwortlich „und es kann nie eine hierauf bezügliche Klage erhoben werden." Diese Gesetzesbestimmung, welche unzweifelhaft noch zu Recht be= stehe, sei vom Obergerichte unrichtig angewendet worden; die Auslegung, welche das Obergericht derselben gebe, sei eine so un= zulässige und unrichtige, daß das angefochtene Urtheil wegen Rechtsverweigerung aufgehoben werden müsse. Das Verantwort= lichkeitsgesetz als lex specialis weise Reglementsübertretungen zur Erledigung an den Großen Rath; unter diesen Reglementsüber= tretungen könne schlechterdings nichts Anderes verstanden sein, als Verletzung des parlamentarischen Anstandes, wozu, wie ins= besondere auch das Reglement ergebe, auch bloße Formalinjurien gehören. Art. 37 K.=V. sehe ausdrücklich vor, daß der Große Rath selbst sich eine Geschäftsordnung gebe und es seien somit die Rechte, die in dieser Geschäftsordnung, insbesondere durch Art. 40 derselben, den Mitgliedern gewährleistet seien, auch ver= fassungsmäßig garantirt. Es hätte keinen Sinn gehabt, den Art. 37 cit. in die Kantonsverfassung aufzunehmen, wenn man nicht dadurch wenigstens eine beschränkte Redefreiheit den Kantonsraths= mitgliedern hätte gewährleisten wollen. Es sei also auch Art. 37 K.=V. verletzt; ebenso Art. 8 Abs. 2 K.=V., welcher vorschreibe daß Niemand seinem ordentlichen, durch die Verfassung oder die Gesetze aufgestellten Richter entzogen werden dürfe. Denn für bloße Formalinjurien, welche von Kantonsrathsmitgliedern während der Verhandlungen begangen werden, sei, wie gezeigt, durch § 13 des Verantwortlichkeitsgesetzes, der Große Rath selbst als Richter aufgestellt.

C. In seiner Vernehmlassung auf diese Beschwerde trägt Rechts= anwalt E. Ziegler darauf an, in erster Linie, es sei der Rekurs als ein unbegründeter gänzlich abzuweisen, eventuell es sei derselbe nach konstanter Praxis, als verfrüht abzuweisen, der Rekurrent sei zu einer angemessenen Entschädigung an den Rekursbeklagten zu verurtheilen. Zur Begründung wird wesentlich ausgeführt: Art. 40 der Geschäftsordnung für den Großen Rath beziehe sich nur auf die gegenseitigen Beziehungen der Rathsmitglieder als solcher; er habe nur Fälle im Auge, wo ein Rathsmitglied ein anderes in dieser seiner Eigenschaft, z. B. mit Rücksicht auf ein im Rathe abgegebenes Votum, verunglimpfe. Wegen Beleidigungen dagegen, welche durch ein im Rathe abgegebenes Votum Jemanden, in anderer Eigenschaft als in derjenigen eines Rathsmitgliedes, zugefügt werden, sei der Beleidigte berechtigt, den ordentlichen Richter anzurufen, selbst dann, wenn der Kantonsrathspräsident den Injurianten zur Ordnung gerufen hätte. Diese Auffassung sei von den schaffhauserischen Gerichten schon früher in Sachen Walter gegen Uehlinger sanktionirt worden. Nach Art. 59 O.=G. sei ein staatsrechtlicher Rekurs nur dann zulässig, wenn ein dem Rekurrenten durch die Verfassung des Kantons Schaffhausen ge= währleistetes Recht verletzt sei. Eine Gesetzesverletzung genüge hiefür nicht. Eine Verfassungsverletzung aber liege offenbar nicht vor. Von einer Rechtsverweigerung könne nicht die Rede sein. Damit von einer Rechtsverweigerung Seitens des Kantonsrathes gesprochen werden könnte, hätte der Rekurrent doch zunächst diese Behörde anrufen und begehren müssen, daß sie sich darüber aus= spreche, ob sie sich für zuständig erachte oder nicht. Dies habe er aber nicht gethan. Die gerichtlichen Urtheile enthalten eine Rechts= verweigerung nicht. Art. 37 Abs. 1 K.=V. sei nicht verletzt. Denn der Große Rath habe sich konstituirt und habe sich eine Geschäfts= ordnung gegeben. Ebensowenig sei Art. 8 Abs. 2 K.=V. verletzt. Die Gegenpartei habe nie bestritten, daß Injurienklagen beim Friedensrichter anzuheben und vom Bezirksgerichte erstinstanzlich zu entscheiden seien. Diesen ordentlichen, durch Verfassung und Gesetz aufgestellten Richter habe der Rekursbeklagte angerufen und dieser Richter habe entschieden. Auch eine Gesetzesverletzung liege nicht vor. Die kantonalen Gerichte haben vielmehr das kantonale Gesetzesrecht richtig angewendet. Eventuell wäre der Rekurs jeden= falls verfrüht. Denn Beschwerden, welche sich lediglich auf Nicht= beachtung kantonaler Verfassungsbestimmungen beziehen, müssen nach konstanter Praxis vorerst bei den zuständigen kantonalen Behörden angebracht werden. Der Rekurrent habe aber den Kan= tonsrath des Kantons Schaffhausen nicht angerufen.

Das Bundesgericht zieht in Erwägung:

1. Die schaffhauserische Kantonsverfassung enthält keine Be= stimmung, daß die Mitglieder des Großen Rathes für ihre im Rathe gehaltenen Reden nicht gerichtlich verantwortlich gemacht werden können, sondern nur dem Rathe selbst verantwortlich seien. Dieser, allerdings in manchen schweizerischen und ausländischen

Verfaſſungen enthaltene, Grundſatz bildet demnach keinen Beſtand=
theil des ſchaffhauſeriſchen Verfaſſungsrechtes. Aus Art. 37 Abſ. 1
der ſchaffhauſeriſchen Kantonsverfaſſung, wonach der Große Rath
ſich ſelbſt konſtituirt, und ſich eine Geſchäftsordnung gibt, folgt
er offenbar nicht. Ebenſowenig hat dieſe Verfaſſungsbeſtimmung
zur Folge, daß dadurch die Beſtimmungen der großräthlichen Ge=
ſchäftsordnung zu Vorſchriften des Verfaſſungsrechtes erhoben
würden.

2. Demnach liegt denn hier eine Verfaſſungsverletzung nicht
vor. Die Frage, ob die kantonalen Gerichte die Beſtimmungen
der kantonalen Geſetze, ſpeziell des Art. 13 des Verantwortlich=
keitsgeſetzes, oder der großräthlichen Geſchäftsordnung verletzt
haben, entzieht ſich an ſich der Nachprüfung des Bundesgerichtes. Die
kantonalen Gerichte gehen davon aus, daß nach ſchaffhauſeriſchem
Rechte Handlungen, welche nach gemeinem Strafrechte ſtrafbar
ſind, wie die Beſchimpfung, deßhalb nicht ſtraflos und der Ver=
folgung vor den ordentlichen Gerichten entzogen werden, weil ſie
von Großrathsmitgliedern in Ausübung ihres Berufes begangen
wurden. Dieſe Annahme erſcheint durchaus nicht als eine will=
kürliche. Art. 13 des Verantwortlichkeitsgeſetzes läßt dieſelbe jeden=
falls zu und auch Art. 40 der großräthlichen Geſchäftsordnung
ſpricht (ganz abgeſehen davon, ob derſelbe geſetzlichen Regeln zu
derogiren vermöchte) nicht aus, daß Großrathsmitglieder für in
Ausübung ihres Berufes begangene ſtrafbare Handlungen, wie
Beſchimpfungen u. ſ. w., nur dem Großen Rathe verantwortlich
ſeien. Von einer Verletzung des Art. 8 Abſ. 2 K.=V. kann, nach=
dem der Rekurrent für eine nach gemeinem Rechte ſtrafbare Hand=
lung vor den ordentlichen kantonalen Strafgerichten belangt wor=
den iſt, von vornherein keine Rede ſein.

3. Ob in der eingeklagten Aeußerung eine ſtrafbare Beſchim=
pfung wirklich liege, hat das Bundesgericht nicht zu unterſuchen.
Der Rekurrent hat ſelbſt nicht behauptet, daß die ſachbezügliche
Annahme der kantonalen Gerichte eine offenbar unmögliche ſei.

Demnach hat das Bundesgericht

erkannt:

Der Rekurs wird als unbegründet abgewieſen.

116. Arrêt du 28 Octobre 1892, dans la cause
Conseil supérieur de l'Eglise catholique chrétienne.

Sous date du 6 Mai 1892, le Conseil d'Etat de Genève, approuvant les délibérations des Conseils municipaux des communes de Meinier et de Vernier, du 2 dit, a pris deux arrêtés portant que l'usage des églises et presbytères de ces communes est concédé aux citoyens catholiques romains pour l'exercice de leur culte et le logement de leur curé. Ces arrêtés disposent, en outre, que cette approbation ne préjudicie en rien au droit des conseils municipaux de soumettre en tout temps à l'approbation du Conseil d'Etat une autre délibération concernant l'usage des églises et des presbytères, — et que l'arrêté du 3 Juin 1873 cesse ses effets en ce qui concerne les biens paroissiaux de Meinier et de Vernier, dont l'administration est confiée au département de l'intérieur, chargé de l'exécution des arrêtés du 6 Mai 1892. Enfin, les dits conseils municipaux devront présenter chaque année au Conseil d'Etat un rapport sur l'usage de leurs églises et presbytères respectifs.

C'est contre ces arrêtés que, sous date du 1er Juillet 1892, le conseil supérieur de l'Eglise catholique chrétienne suisse de Genève a recouru au Tribunal fédéral, concluant à ce qu'il lui plaise :

Déclarer régulier et admissible en la forme le présent recours contre les deux arrêtés dont il s'agit.

Au fond, annuler et rétracter les dits arrêtés, comme rendus en violation des principes de droit constitutionnel et légal du canton de Genève cités dans le recours.

Dire, en conséquence, que les choses seront restituées au même et semblable état qu'avant l'existence des dits arrêtés.

Ordonner au Conseil d'Etat de Genève de prendre les mesures nécessaires pour retirer l'usage des églises et presbytères de Meinier et de Vernier confié exclusivement aux Genevois et étrangers ressortissants du culte catholique romain, séparé de l'Etat et dissident.

Le recours se fonde, en résumé, sur les griefs et moyens ci-après :

1° Le Conseil d'Etat n'a pu prendre régulièrement décision en cette matière, sans appeler le conseil supérieur de l'Eglise catholique reconnue et salariée par l'Etat, à faire valoir ses droits contradictoirement avec les communes demanderesses. Il a statué contrairement aux principes du droit commun genevois, qui ne permettent pas de priver une partie d'un droit, sans qu'auparavant elle ait été entendue.

2° Les communes propriétaires d'édifices légalement affectés au culte catholique salarié par l'Etat, n'ayant ni le droit ni le pouvoir de les détourner de cette affectation pour les affecter gratuitement à un autre culte, le Conseil d'Etat n'avait pas à approuver une semblable décision prise par le conseil municipal d'une commune.

3° L'art. 15 § 2 de la loi organique sur le culte catholique, du 27 Août 1873, cité dans les arrêtés du 6 Mai dont est recours, a été interprété dans un sens contraire à celui de son texte et de son esprit.

4° De même qu'il n'entre pas dans la compétence des communes de s'immiscer dans l'administration temporelle des cultes qui peuvent s'exercer sur leur territoire, en transférant d'un culte à l'autre l'usage des édifices publics, de même il n'entre pas dans la compétence du Conseil d'Etat de s'immiscer dans l'administration temporelle du culte catholique salarié par l'Etat, en transférant à l'un de ses départements l'administration de biens paroissiaux confiée par la loi aux conseils électifs qui représentent ce culte.

Au point de vue de la qualité du recourant à ester en justice, le conseil supérieur a une personnalité juridique, qu'il tire de la loi constitutionnelle genevoise du 19 Février 1873. L'art. 3 de cette loi prévoit, en effet, l'existence des conseils chargés de l'administration temporelle du culte catholique. Les art. 11, 12 et 13 de la loi organique du 27 Août 1873 portent :

« Art. 11. L'administration des conseils de paroisse est soumise au contrôle d'un conseil supérieur nommé tous les 4 ans.

« Art. 12. Le conseil supérieur est composé de…….

« Art. 13. Le conseil supérieur exerce une surveillance générale sur les intérêts de l'Eglise……..

« Il soumet son règlement à l'approbation du Conseil d'Etat….. »

Le règlement du conseil supérieur en date du 11 Juin 1874, porte à son art. 1er que ce conseil « est seul chargé de l'administration de l'Eglise catholique chrétienne de Genève….. »

Au fond, il y a lieu de constater l'existence des principes suivants :

Dans le canton de Genève il existe deux cultes reconnus et salariés par l'Etat, savoir le culte protestant national et le culte catholique national, faisant partie du culte catholique chrétien suisse, tel qu'il est organisé par les lois constitutionnelles du canton.

Ces deux cultes jouissent légalement de certains avantages exclusifs ; c'est ainsi que le culte catholique national est salarié, et a l'usage gratuit des églises et presbytères qui sont propriété communale.

Les pouvoirs et attributions du Conseil d'Etat sont exclusivement exécutifs et administratifs ; il n'a pas l'administration des biens appartenant aux cultes, mais seulement la surveillance de la police des cultes.

Les arrêtés du Conseil d'Etat ne peuvent avoir la portée législative et générale ; ils sont spéciaux à l'objet qu'ils visent, et n'ont qu'une portée restreinte à cet objet.

Pour l'administration temporelle du culte catholique national, les corps constitués sont :

1° Le conseil supérieur, chargé de la surveillance et direction générales de l'Eglise, et de l'administration directe des paroisses non pourvues de conseils.

2° Les conseils de paroisse (art. 3 loi const. du 19 Février 1873, art. 9, 11, 12, 13 loi organique du 27 Août 1873).

Il est de principe dans le canton de Genève que nulle décision, qui enlève à un particulier ou à une corporation un droit, ne peut être prononcée sans que ces derniers aient été entendus ou appelés.

Les arrêtés du 6 Mai 1892 portent atteinte à ce principe. Le culte catholique romain a toujours dans les communes de Vernier et de Meinier des églises lui appartenant en propre. Les arrêtés municipaux ne visent aucun texte de loi à l'appui de leur décision, mais seulement le fait que les bâtiments ne sont pas utilisés ; ce fait est inexact en ce qui concerne l'église, puisque le conseil supérieur y fait célébrer un culte mensuel. Le culte catholique national se trouve donc exclu des édifices communaux, sans que ses représentants aient été avertis ou entendus. Il y a là un arbitraire et une irrégularité qui vicient essentiellement les arrêtés du Conseil d'Etat, d'autant plus que c'est une dérogation à la pratique constante du Conseil d'Etat lui-même.

L'usufruit au profit du culte catholique national des bâtiments communaux affectés à ce culte résulte de l'art. 15 § 1 de la loi organique, portant que « les églises et les presbytères qui sont propriété communale restent affectés au culte catholique salarié par l'Etat. »

En remettant les églises et presbytères de Meinier et de Vernier aux catholiques romains de ces communes, le Conseil d'Etat les a remis à des personnes innommées qui ne forment ni une communauté religieuse organisée, ni une société civile, — à la juridiction de l'église romaine, alors que l'évêque catholique chrétien suisse, reconnu par la loi genevoise du 25 Octobre 1876, peut seul faire des actes de juridiction et d'administration épiscopales dans les Eglises du canton.

Pour motiver les arrêtés dont est recours, le Conseil d'Etat a interprété l'art. 15 § 2 de la loi organique d'une manière contraire au texte même, comme aussi au sens de la législation sur le culte catholique.

Ce paragraphe porte que « leur destination (des édifices dont il s'agit) ne peut être changée que par des décisions prises par les conseils municipaux des communes copropriétaires, et approuvées par le Conseil d'Etat. »

Cet article ne peut être appliqué en l'espèce, attendu qu'il ne s'agit pas d'un changement de destination de ces édifices, c'est-à-dire de leur enlever leur utilisation et leur caractère religieux: cette dernière interprétation est la seule vraie et rationnelle, et elle se trouve confirmée par les débats auxquels cet article a donné lieu dans le sein du Grand Conseil.

Enfin les arrêtés attaqués impliquent un abus de compétence de la part du Conseil d'Etat. L'art. 15 § 1er de la loi organique réserve exclusivement au culte catholique national l'utilisation religieuse des édifices communaux : de même les biens paroissiaux sont confiés, pour leur administration, aux conseils de l'Eglise catholique nationale, et particulièrement au conseil supérieur, par la constitution, par la loi organique, et même par un arrêté du Conseil d'Etat du 3 Juin 1879.

Les décisions du 6 Mai 1892, qui ont pour effet d'enlever l'administration temporelle à l'usufruitier ou usager légal pour la donner à d'autres, d'enlever au corps administratif religieux la gestion de biens paroissiaux, afin de la donner à un département de l'Etat, ne sauraient subsister.

En vain le Conseil d'Etat, pour les justifier, allègue que les paroisses catholiques nationales de Vernier et de Meinier n'existent pas, ne sont pas organisées : ces paroisses qui sont des circonscriptions territoriales créées au point de vue religieux existent de par la loi, dont l'art. 2 les mentionne sous Nos 15 et 20. Elles existent tellement, en dehors de toute organisation de conseils et de nomination de curés, que le conseil supérieur a été investi de leur gestion par l'arrêté précité du 3 Juin 1879, rendu par le Conseil d'Etat lui-même.

Dans sa réponse, du 9 Août 1892, le Conseil d'Etat conclut au rejet du recours, par les motifs dont suit le résumé :

Le conseil supérieur n'est pas une création constitutionnelle ; aucune constitution, aucune loi constitutionnelle ne le mentionne. Il a été institué par la loi organique du 27 Août 1873, qui spécifie ses attributions. Or sa compétence ne l'autorise point à exercer l'action actuelle; il n'a pas qualité à cet effet, puisqu'il n'est, dans le cas particulier, titulaire d'aucun droit de propriété, d'usage ou autre. Si un droit existe pour quelqu'un à l'utilisation des églises et presbytères, c'est un droit essentiellement révocable, qui n'appartient pas au conseil supérieur, mais aux paroisses.

Le conseil supérieur ne peut alléguer la violation à son préjudice d'aucun droit constitutionnel.

Pour le cas où il serait reconnu que le conseil supérieur a qualité pour interjeter le présent recours, le Conseil d'Etat fait encore observer ce qui suit :

Les arrêtés attaqués n'ont trait qu'à l'utilisation d'églises et de presbytères ; or la constitution ne contient aucune disposition à cet égard, pas plus que sur l'affectation et l'administration des biens paroissiaux. S'il surgit donc une difficulté relative à l'utilisation de ces biens, aucune disposition constitutionnelle ne peut être appliquée, mais seulement les prescriptions des lois sur la matière. Le Tribunal fédéral n'est pas compétent pour statuer sur de pareils litiges.

Les compétences des conseils municipaux, que ceux-ci auraient dépassées, au dire des recourants, ne sont pas non plus réglées par la constitution ; la détermination de l'étendue de ces compétences ne saurait donc rentrer non plus dans les attributions du Tribunal fédéral. Cette autorité ne pourrait intervenir, du chef de déni de justice, que si les arrêtés attaqués étaient arbitraires, absolument incompatibles avec des dispositions claires de la loi : or, tel n'est pas le cas, et les dits arrêtés se justifient soit au regard de la pratique antérieure, soit aux yeux de la loi.

Statuant sur ces faits et considérant en droit :

1° Le conseil supérieur de l'Eglise catholique chrétienne de Genève estime que les arrêtés du 6 Mai 1892, dont est recours, impliquent :

a) Une violation des droits et attributions de ce conseil.

b) Une violation des droits et des intérêts de l'Eglise catholique nationale de Genève.

c) Une atteinte aux droits constitutionnels garantis à tous les citoyens.

De son côté, le Conseil d'Etat conteste la qualité du conseil supérieur pour interjeter le présent recours, et dénie l'existence de la violation d'un droit constitutionnel quelconque, ainsi que d'un droit conféré par la législation genevoise;

il estime d'ailleurs que le Tribunal fédéral n'est point compétent pour examiner ce dernier point.

2° L'exception de défaut de qualité est opposée en ce qui concerne l'ensemble des griefs du recours ; en ce qui a trait aux griefs *a* et *b* ci-dessus, cette exception se confond toutefois avec l'exception principale consistant à dire qu'aucune disposition constitutionnelle n'est en question, attendu que ce n'est point la constitution, mais seulement la loi, qui règle la compétence et les attributions du conseil supérieur, que la loi ne confère pas au dit conseil le droit de formuler un semblable recours, et que la question de savoir si un pareil droit existe ou non échappe à la compétence du Tribunal fédéral, puisque sa solution demeure en dehors de la sphère des droits constitutionnels.

La qualité du conseil supérieur pour interjeter recours dans l'espèce est ainsi dépendante de l'existence ou de la non-existence, de par la constitution, des attributions que les recourants revendiquent ; cette question, en ce qui concerne les deux griefs précités, doit être tranchée dès lors avec le fond du litige, tandis que la qualité des recourants au regard du troisième grief ci-dessus doit faire l'objet d'un examen séparé.

3° Le conseil supérieur voit une violation de ses droits et attributions :

a) Dans le fait que les arrêtés du Conseil d'Etat empiéteraient sur l'administration des biens temporels de l'Eglise catholique chrétienne de Genève, laquelle administration appartient au conseil supérieur.

b) Dans la circonstance que le Conseil d'Etat a pris ces arrêtés, sans mettre le conseil supérieur en situation de défendre ses droits, ce qui impliquerait un déni de justice.

Ad a : En ce qui touche le premier de ces griefs, il y a lieu de constater d'abord que la constitution genevoise ne mentionne aucunement le conseil supérieur, et qu'elle se tait, en conséquence, sur ses attributions et compétences. En particulier, elle ne confère à ce conseil aucun droit d'administration ou de surveillance sur les biens de l'Eglise catholique

nationale. Il s'ensuit qu'à supposer même que les arrêtés
incriminés portent atteinte aux attributions légales ou administratives du conseil supérieur, ces arrêtés n'emporteraient
que la violation de dispositions de lois, violation au sujet de
laquelle un recours au Tribunal fédéral ne peut être interjeté,
à moins qu'elle n'apparaisse comme arbitraire, ce qui est
insoutenable dans l'espèce.

Le conseil supérieur cherche, il est vrai, à établir que son
existence et ses attributions sont prévues à l'art. 3 de la loi
constitutionnelle du 19 Février 1873. Cet article toutefois se
borne à renvoyer à la loi l'organisation des conseils chargés
de l'administration temporelle du culte.

A supposer que le conseil supérieur soit compris au nombre de ces « conseils » les contestations sur l'étendue de ses
droits et attributions, réglées par la loi, ne toucheraient pas
le domaine constitutionnel, et ne sauraient être portées devant le Tribunal fédéral.

D'ailleurs tout indique que sous la dénomination de conseils
dont se sert l'art. 3 précité, le législateur n'a entendu désigner que les conseils de paroisse, auxquels la loi organique
du 27 Août 1873 (art. 9) a confié l'administration des biens
d'Eglise.

Ad b : A l'appui du grief consistant à dire que le Conseil
d'Etat aurait dû entendre le conseil supérieur avant de prendre les arrêtés du 6 Mai, les recourants invoquent le principe,
contenu selon eux dans la loi de procédure civile, qu'aucun
jugement ne doit être rendu sans que les parties aient été
entendues ou appelées.

Il y a lieu de remarquer, à cet égard, que le conseil supérieur n'était point partie dans la contestation sur le point de
savoir si les églises et presbytères dont il s'agit devaient
être ou non attribuées à l'usage du culte catholique romain.

Les arrêtés du Conseil d'Etat se trouvent, il est vrai, en
opposition avec les art. 1 et 3 du règlement du 11 Juin 1874,
portant, le premier, que le conseil supérieur « est chargé de
l'administration de l'Eglise catholique chrétienne de Genève, »
et, le second, que « le conseil supérieur administre les fonds

qui lui sont confiés et ceux des paroisses non pourvues de
conseils. » Le Tribunal de céans n'a toutefois point à connaître de violations de règlements. Le Conseil d'Etat, dont le
dit règlement est émané, a d'ailleurs évidemment le droit de
l'abroger ou de le modifier.

4° Au dire des recourants, les droits et intérêts de l'Eglise
catholique nationale de Genève ont été méconnus par les
arrêtés incriminés, en ce sens que les églises et presbytères,
bien que propriétés communales, ont été affectés par l'Etat
au culte salarié par lui, et constituent une portion des biens
de la dite Eglise, lesquels ne pouvaient être soustraits à leur
destination.

Ce point de vue n'est toutefois pas soutenable.

Même en admettant que le conseil supérieur ait qualité
pour recourir, comme autorité administrative et de surveillance des biens de l'Eglise catholique chrétienne, dans tous
les cas où une atteinte menacerait les dits biens, ce droit
n'est point fondé sur la constitution, mais dérive, tout au
plus, de la loi organique du 27 Août 1873 et du règlement
du 11 Juin 1874, et sa méconnaissance n'impliquerait point
une violation constitutionnelle. Nulle part, en effet, la loi
constitutionnelle du 19 Février 1873 n'attribue la propriété
· ou l'usage des églises et presbytères à un culte spécial, soit
dans l'espèce à l'Eglise catholique nationale

L'art. 3 de cette loi renvoie, il est vrai, l'administration
temporelle du culte aux conseils de l'Eglise. Mais il ne suit
nullement de là que ces biens d'Eglise constituent une propriété collective de l'Eglise chrétienne catholique de Genève ;
même la loi organique ne dit rien de semblable, mais elle
attribue aux paroisses les biens ecclésiastiques ainsi que leur
administration, sous la surveillance du conseil supérieur. Ces
biens ne sont pas devenus par là la propriété de l'ensemble
de l'Eglise nationale catholique, et celle-ci ne peut dès lors
être atteinte dans ses droits par le changement survenu dans
leur affectation ; les paroisses seules seraient autorisées à se
plaindre de ce chef, et c'est là en tout cas une question dont
la solution n'appelle point l'application de dispositions constitutionnelles.

5° Les recourants n'ont pas établi, en outre, que les arrêtés dont est recours emportent une violation des lois sur la matière. Au contraire le texte de l'art. 15 al. 2 de la loi organique, statuant que « la destination des églises et presbytères ne peut être changée que par des décisions prises par les conseils municipaux des communes copropriétaires, et approuvées par le Conseil d'Etat, » — parle plutôt en faveur de la thèse du gouvernement, que de la théorie préconisée par les recourants. La disposition précitée exclut positivement un droit collectif de l'ensemble de la communauté chrétienne catholique sur les églises et presbytères.

La circonstance que les églises en question ont été utilisées de temps en temps pour le culte n'est pas de nature à modifier en quoi que ce soit ce qui précède. Il est incontesté que, lors de la promulgation des arrêtés attaqués, les presbytères étaient vides, et leur utilisation momentanée et révocable par des ecclésiastiques catholiques romains ne peut porter atteinte aux droits de personne. En ce qui concerne, à la fois, les églises et les presbytères, le conseil supérieur n'a point établi que leur utilisation temporaire par le culte catholique chrétien ait eu lieu ensuite d'un droit appartenant aux adhérents de ce culte. Ce droit ne pourrait être revendiqué, en effet, que par le curé et par les membres de la paroisse catholique chrétienne des deux communes dont il s'agit. Or il n'y a pas de curé national dans ces deux communes, et à supposer qu'il y existe des catholiques chrétiens, ce qui n'a point été allégué, ces citoyens ne recourent pas contre les arrêtés du 6 Mai 1892.

6° Le conseil supérieur estime enfin que ces arrêtés ont été pris en violation de droits constitutionnels garantis aux citoyens, sans égard à leur confession. Selon les recourants, l'Etat ne doit subventionner aucun autre culte que ceux reconnus par la constitution, et, en concédant aux catholiques romains l'usage des églises et des presbytères de Meinier et de Vernier, il a disposé des biens de l'Etat à l'encontre d'un principe constitutionnel.

En ce qui touche d'abord la qualité du conseil supérieur

pour formuler ce dernier grief, il y a lieu de constater que ce ne sont pas ses membres qui recourent comme tels ou comme simples citoyens, mais bien le conseil supérieur comme autorité ecclésiastique, comme organe du pouvoir public.

Le dit conseil n'apparaît, toutefois, point comme une personne juridique, dont il ne revêt aucun des caractères, et il n'a point vocation pour porter de semblables griefs devant le Tribunal fédéral. Aux termes de l'art. 59 de la loi sur l'organisation judiciaire fédérale, ce recours de droit public n'est attribué aux particuliers et aux corporations que pour violation de droits individuels. Or le conseil supérieur, comme tel, n'est ni une personne physique, ni une personne juridique, et l'on ne voit pas comment des droits individuels auraient pu être violés à son préjudice. (Voir arrêt du Tribunal fédéral en la cause Bezirksgericht Oberegg und Consorten, *Rec.* VI, p. 232 et 233 consid. 1.)

Il n'y a donc pas lieu d'entrer en matière, vu le défaut de qualité des recourants, sur le 3ᵐᵉ grief du recours, lequel est d'ailleurs dépourvu de tout fondement. La concession momentanée, aux catholiques romains, des églises et presbytères appartenant aux communes de Meinier et Vernier, n'apparaît aucunement comme une subvention aux frais de la fortune publique.

L'Etat, qui n'est pas propriétaire de ces immeubles, ne possède sur eux aucun droit d'utilisation, et l'autorisation donnée par les arrêtés du 6 Mai 1892 ne se caractérise à aucun point de vue comme onéreuse au fisc.

Par ces motifs,

Le Tribunal fédéral

prononce :

Le recours est écarté soit au fond, soit pour cause de défaut de qualité des recourants, dans le sens des considérants qui précèdent.

Vierter Abschnitt. — Quatrième section.

Staatsverträge der Schweiz mit dem Auslande.
Traités de la Suisse avec l'étranger.

———

Staatsvertrag mit Frankreich
über civilrechtliche Verhältnisse.
Traité avec la France concernant les rapports
de droit civil.

117. Urtheil vom 4. November 1892 in Sachen
de Villermont.

A. Frau Maria Philippart, verwittwete Dutrieux in Paris macht auf Grund zweier Urtheile des Appellationshofes von Paris vom 1. August 1883 gegen den Rekurrenten, den Grafen Louis de Villermont in Château Thierry, Departement de l'Aisne (Frankreich) Forderungen im Betrage von 400,000 Fr. und 50,000 Fr. geltend. Sie hat den Rekurrenten für dieselben in Frankreich belangt, aber die versuchte Pfändung blieb fruchtlos. Da nun für den Rekurrenten von dem Advokaten J. L. Caflisch in Chur aus der Konkursmasse der Aktiengesellschaft Hotel Kursaal Maloja circa 17,000 Fr. auf der Bank für Graubünden in Chur hinterlegt worden waren, suchte Frau Philippart beim Kreisamte Chur um einen Arrest auf dieses Guthaben nach. Der Kreispräsident von Chur wies dieses Arrestgesuch am 10. März 1892 ab, mit der Begründung, daß gemäß Art. 1 des Staats= vertrages mit Frankreich vom 15. Juni 1869 der in Frankreich domizilirte Franzose für persönliche Ansprüche betreffend bewegliche

Sachen vor dem Gerichtsstande seines Wohnortes gesucht werden
müsse und somit für solche Ansprüche auch kein Arrest von einer
schweizerischen Amtsstelle gegen ihn bewilligt werden dürfe. Gegen
diesen Entscheid ergriff Frau Philippart den Rekurs an den
Kleinen Rath des Kantons Graubünden, indem sie beantragte:
Der Kleine Rath wolle bestätigen, daß im Gebiete der Eidgenossenschaft resp. des Kantons Graubünden auch gegen einen
französischen und in Frankreich wohnenden Schuldner vor her-
wärtigen Behörden ein exekutorischer Arrest gelegt werden könne,
wofern es sich dabei um die Vollziehung eines rechtskräftigen Urtheils handelt und zudem die Requisite des Art. 271 des Bundesgesetzes über Schuldbetreibung und Konkurs, speziell der Ziffer 5
dieses Artikels vorhanden sind. Der Kleine Rath wolle des Fer-
neren den Herrn Kreispräsidenten von Chur einladen, unter Beobachtung des obigen Satzes nochmals auf unser Arrestgesuch
einzutreten. Gleichzeitig ersuchte sie um die Vollziehbarkeitser-
klärung für die beiden Urtheile des Appellationshofes von Paris
vom 1. August 1883. Der Kleine Rath erkannte am 2. Mai
1892 dahin: Der Rekurs der Frau Philippart resp. ihres Vertreters, Advokat H. Sprecher, wird im Sinne der Erwägungen
für begründet erklärt. In den Erwägungen dieses Entscheides
wird ausgeführt: Das Arrestbegehren sei gemäß Art. 271 Ziff.
4 und 5 des Bundesgesetzes über Schuldbetreibung und Konkurs
gesetzlich zulässig. Der Staatsvertrag mit Frankreich vom 15. Juni
1869 behandle in seinem ersten Theile die persönliche Klage und
den Gerichtsstand, im zweiten Theile die Vollziehung der Urtheile.
Der erste Theil des Vertrages falle in concreto ganz außer Betracht, weil Frau Philippart ihre persönliche Klage vor dem
kompetenten Forum durchgeführt habe. Gegenwärtig handle es sich
nur noch um die Vollziehung der Urtheile resp. um einen ein-
leitenden Schritt dazu. Die Berechtigung hiezu stehe der Impetrantin gemäß §§ 15 und 16 des Staatsvertrages zu und komme
hiefür nichts darauf an, wo die Parteien ihr Domizil haben. Das
Arrestbegehren, welches eine auf Sicherheitsleistung gerichtete
Zwangsvollstreckung beantrage, sei gesetzlich zulässig, möge der
Schuldner wo immer wohnen, denn das Begehren auf Sicherheitsleistung könne nur da gestellt werden, wo das als Sicherheit

bienende Objekt sich befinde. Wenn somit die Vollziehung eines in Frankreich ausgefällten Urtheils verlangt werden könne, so müsse ebenso ein Begehren auf Sicherheitsleistung behufs Voll=ziehung des Urtheils zuläßig sein. Das Kreisamt Chur habe die Impetrantin aus dem rein formellen Grunde der Unzuständigkeit abgewiesen, weil es sich um eine persönliche, in Frankreich aus=zutragende Klage handle. Diese Annahme sei, wie gezeigt, eine irrige. Das Rekurspetitum, wonach das Kreisamt anzuweisen sei, auf die materielle Prüfung des Arrestbegehrens einzutreten, sei daher begründet. Auf die weitere Frage, ob das Urtheil voll=ziehbar sei, resp. auf die materielle Prüfung, ob die Requisite des Art. 16 des Staatsvertrages vorhanden seien oder nicht, sei zur Zeit nicht einzutreten, weil ein bezügliches Begehren vor Gericht gar nicht gestellt worden sei. Nach diesem Entscheide des Kleinen Rathes entsprach der Kreispräsident dem Arrestgesuche, indem er am 20. Juni 1892 den Arrestbefehl für eine Forderung von 400,000 Fr. erließ. Der Arrestbefehl wurde am 23. Juni 1892 dem Advokaten J. L. Caflisch in Chur und am 17. August dem Grafen de Villermont in Couvain angelegt.

B. Mit Beschwerdeschrift vom 31. August und 1. September 1892 ergriff hierauf Advokat Dr. Calonder in Chur Namens des Grafen de Villermont den staatsrechtlichen Rekurs an das Bundesgericht, mit dem Antrage: Das Bundesgericht wolle, ent=gegen dem obcitirten kleinräthlichen Entscheide, erkennen: Das Kreisamt Chur ist nicht kompetent, auf das Arrestgesuch der Frau Marie Philippart gegen Louis de Villermont einzutreten. Der bezügliche Arrestbefehl des Kreisamtes Chur, dem Impetraten mitgetheilt, sub 17. August vermittelst beiliegender Arresturkunde wird aufgehoben und alle auf Grund desselben vorgenommenen Arrest=Betreibungshandlungen fallen als nichtig dahin. Unter Kostenfolge. Zur Begründung wird im Wesentlichen ausgeführt: Die Forderungen, für welche der Arrest nachgesucht werde, seien persönlicher Natur. Sowohl der Rekurrent als die Rekursbeklagte wohnen nicht in der Schweiz, sondern in Frankreich; beide seien Franzosen. Demnach komme der Staatsvertrag mit Frankreich vom 15. Juni 1869 zur Anwendung. Die Urtheile nun, auf welche die Rekursbeklagte sich berufe, können in der Schweiz nicht

vollstreckbar erklärt werden. Das Verfahren zur Erlangung der
Vollstreckungsklausel sei nach dem Staatsvertrage (Art. 16 u. f.)
ein regelrechter Civilprozeß. Die Klage auf Ertheilung der Vollstreckungsklausel mache einen persönlichen Anspruch geltend und
sei bezüglich des Gerichtsstandes ganz gleich zu behandeln wie
eine andere persönliche Klage. Daß aber ein in Frankreich do-
mizilirter Franzose einen andern in Frankreich bomizilirten Franzosen nicht in der Schweiz wegen persönlicher Ansprüche belangen
könne, sei selbstverständlich. Die Bestimmungen des Staatsvertrages geben zwar hierüber direkt keinen Aufschluß, allein aus
dem Verhandlungsprotokolle von 1869, wie aus der ganzen
Haltung des Vertrages, welcher bloß internationale Verhältnisse
im Auge habe, folge dies unzweideutig. Jedenfalls sei vorläufig
nicht entschieden, ob die französischen Urtheile, auf welche sich die
Rekursbeklagte berufe, vollstreckbar erklärt werden oder nicht. Eine
Prüfung des Vorhandenseins der gesetzlichen und vertraglichen
Requisite der Vollstreckbarkeit durch die zuständige Behörde, das
Kreisamt Chur, habe bis jetzt nicht stattgefunden und sei nicht
einmal beantragt worden. So lange aber über die Vollstreckbarkeit
nicht entschieden sei, komme den fraglichen Urtheilen Urtheils-
wirkung in der Schweiz gar nicht zu und können zu deren Vollziehung auch keine Arrestbefehle oder sonstigen amtlichen Verfügungen erlassen werden. Einen Arrest speziell zur Sicherung
der Realisirbarkeit künftig vielleicht vollstreckbar zu erklärender
Urtheile kenne weder das Gesetz noch der Staatsvertrag, wie
übrigens auch vollstreckbar erklärte Urtheile hinsichtlich des Arrestes
nicht privilegirt seien. Die Forderungen der Rekursbeklagten
kommen also nicht als Judikats-, sondern nur als gewöhnliche
Forderungen in Betracht. Arrestgesuche unterliegen hinsichtlich
der Gerichtszuständigkeit ganz den gleichen Normen wie andere
Klagen. Das hier streitige Arrestgesuch sei eine Klage im Sinne
des Art. 1 des Staatsvertrages. Durch Gewährung des Arrestes
würde gemäß Art. 29 der bündnerischen Civilprozeßordnung das
forum arresti für den ganzen Rechtsstreit begründet und also
der Rekurrent seinem natürlichen Richter, entgegen den Bestimmungen des Staatsvertrages, entzogen. Auch ganz abgesehen vom
Staatsvertrage würde die Bewilligung des Arrestes allgemein

gültige Normen des internationalen Rechts verletzen. Denn kein Staat, auch nicht Frankreich, verzichte je zu Gunsten eines andern Staates darauf, die Gerichtsbarkeit über seine eigenen, auf seinem Territorium wohnenden Bürger, hinsichtlich persönlicher auf seinem eigenen Territorium entstandener Ansprüche selbst auszuüben. Endlich solle ein Arrest nach richtiger Auslegung des Art. 271 des Bundesgesetzes betreffend Schuldbetreibung und Konkurs überhaupt nur zu Gunsten von Gläubigern, die in der Schweiz domizilirt seien, erlassen werden.

C. Die Rekursbeklagte Frau M. Philippart beantragt: Das Bundesgericht wolle in Abweisung des erhobenen Rekurses, das Kreisamt Chur für kompetent erklären, auf das Arrestgesuch der Marie Philippart gegen Louis de Villermont einzutreten, unter Kostenfolge. Sie bemerkt: Der Rekurrent sei nicht französischer sondern belgischer Staatsbürger, habe dagegen allerdings zeitweise in Frankreich Domizil gehabt. In rechtlicher Beziehung sei die entscheidende Frage die, ob gemäß Art. 15 des Staatsvertrages mit Frankreich auch solche französische Urtheile in der Schweiz vollstreckbar seien, welche zwischen zwei nicht in der Schweiz wohnenden Franzosen erlassen wurden. Werde diese Frage bejaht, so sei auch die Arrestlegung zuläßig. Der Arrest biene einerseits zu Sicherung der eventuellen Vollstreckbarkeit noch nicht gerichtlich festgestellter Forderungen, andererseits zu Ermöglichung der Vollziehung bereits gefällter Urtheile. Da ein Arrest ersterer Art zugleich den Gerichtsstand begründe, so könne allerdings bestritten werden, ob ein solcher (angesichts des Art. 1 des Staatsvertrages) gegen nicht in der Schweiz wohnende Franzosen zuläßig sei. Dagegen gelte dies nicht für Arreste der zweitgenannten Art. Hier komme, weil res judicata vorliege, das Forum gar nicht mehr in Frage. Da französische Urtheile, sobald deren Rechtskraft konstatirt sei, hinsichtlich der Vollstreckbarkeit den schweizerischen Urtheilen gleichgestellt seien, so müsse das für die schweizerischen Urtheile zuläßige Sicherungsmittel der Arrestlegung unter den gleichen Umständen auch für die französischen gelten; für alle in der Schweiz vollstreckbaren französischen Urtheile müsse daher bei Vorhandensein der speziellen gesetzlichen Requisite auch der Arrest zuläßig sein. Nach Art. 15 des Staatsvertrages seien nun alle

Urtheile der Gerichte des einen Vertragsstaates im andern Ver=
tragsstaate vollstreckbar, ohne Rücksicht auf Nationalität oder
Wohnsitz der Parteien. Art. 1 des Vertrages stehe dem nicht
entgegen. Derselbe befinde sich in demjenigen Theile des Staats=
vertrages, welcher von Klage und Gerichtsstand handle, während
hier die ganz andere Materie der Vollstreckung der Urtheile in
Frage stehe. Die formelle Kognition bezüglich der Rechtskraft
des zu vollstreckenden Urtheils, wie Art. 16 des Staatsvertrages
sie vorsehe, sei kein Civilprozeß und die Kompetenz hinsichtlich
derselben nicht nach den für die Kompetenz in Civilprozessen gel=
tenden Regeln zu beurtheilen. Die gegentheilige Ansicht, wie der
Rekurrent sie vertrete, würde u. a. zu der absurden Konsequenz
führen, daß ein Schweizer, der in Frankreich gegen einen dort
wohnenden Franzosen ein kondemnirendes Urtheil erlangt habe,
dasselbe in der Schweiz nicht könnte vollstrecken lassen. Nach Art.
16 des Staatsvertrages solle in der Schweiz die Frage der Voll=
streckbarkeit von der kompetenten Behörde in der gesetzlichen Form
entschieden werden. Nach graubündnerischem Rechte nun finde
über die Vollziehbarkeit ausländischer Gerichtsurtheile keine be=
sondere Vorverhandlung einer speziell designirten Instanz statt,
sondern entscheide diejenige Behörde, bei welcher um die Vollziehung
nachgesucht werde. In zweiter Instanz, auf erhobene Beschwerde,
entscheide der Kleine Rath. In diesem Verfahren sei offenbar für
einen Civilprozeß kein Raum. Mit Rücksicht auf dasselbe falle
auch die Behauptung der Gegenpartei dahin, daß so lange die
Vollstreckungsklausel nicht ertheilt sei, keine amtliche Verfügung
betreffend Vollziehung eines ausländischen Urtheils erwirkt werden
könne. Diese Behauptung setze die Existenz eines besondern Ver=
fahrens über Ertheilung der Vollstreckungsklausel voraus, welches
aber eben nach bündnerischem Rechte nicht existire. Im Arrest=
verfahren genüge übrigens die bloße Glaubhaftmachung des An=
spruchs und werde kein strikter Beweis gefordert.

Das Bundesgericht zieht in Erwägung:

1. Das Bundesgericht hat nur zu prüfen, ob der gelegte Arrest
gegen den Gerichtsstandsvertrag mit Frankreich vom 15. Juni
1869 verstoße, nicht dagegen, ob er nach dem Gesetze (dem Bun=
desgesetze über Schuldbetreibung und Konkurs) statthaft sei. Ueber

die geſetzliche Zuläßigkeit des Arreſtes iſt im Arreſtprozeſſe zu
entſcheiden (Art. 279 des Schuldbetreibungs= und Konkursgeſetzes)
und es iſt wegen Mangels eines geſetzlichen Arreſtgrundes weder
Berufung noch Beſchwerde gegen den Arreſtbefehl ſtatthaft. Da=
gegen ſchließt letzterer Grundſatz den ſtaatsrechtlichen Rekurs an
das Bundesgericht wegen Verletzung ſtaatsvertraglicher (oder
bundesverfaſſungsmäßiger) Normen durch einen Arreſtbefehl nicht
aus. Art. 279 des Schuldbetreibungs- und Konkursgeſetzes hat
dem Art. 113 Ziffer 3 B.=V. weder derogiren wollen noch können.
Recht und Pflicht des Bundesgerichtes als Staatsgerichtshof über
Beſchwerden wegen Verletzung verfaſſungsmäßiger Rechte, ſowie
wegen Verletzung von Staatsverträgen zu entſcheiden, ſind durch
die Bundesverfaſſung beſtimmt und haben durch das Bundesgeſetz
über Schuldbetreibung und Konkurs eine Aenderung nicht erlitten.

2. Der Arreſt iſt zu Sicherung der Vollſtreckung franzöſiſcher
Urtheile erlaſſen worden. Der Rekurrent beſtreitet nun deſſen
ſtaatsvertragliche Zuläßigkeit in erſter Linie deßhalb, weil nach
dem Staatsvertrage die fraglichen Urtheile in der Schweiz nicht
vollſtreckt werden dürfen, vielmehr (nach Art. 1 des Staatsver=
trages oder doch nach der ganzen Haltung dieſes Vertrages) der
Vollſtreckungsbeklagte, da er in Frankreich domizilirt und fran=
zöſiſcher Bürger ſei, dort belangt werden müſſe. Dieſe Beſchwerde
iſt völlig unbegründet, ſelbſt wenn, was die Rekursbeklagte, übri=
gens wohl mit Unrecht, beſtreitet, der Rekurrent Franzoſe iſt.
Zunächſt bezieht ſich Art. 1 des Staatsvertrages, wie ſein Wort=
laut unzweideutig ergibt, nur auf Rechtsſtreitigkeiten zwiſchen
Schweizern und Franzoſen und iſt unbeſtrittenermaßen keine der
Parteien Schweizerbürger. Sodann aber handelt es ſich hier
überhaupt nicht um eine „Streitigkeit über bewegliche Sachen
und perſönliche Anſprüche" im Sinne des Art. 1 des Staats=
vertrages. Allerdings hat das Bundesgericht wiederholt entſchieden,
daß im Geltungsbereiche des Art. 1 des ſchweizeriſch=franzöſiſchen
Staatsvertrages nicht nur der Gerichtsſtand des Arreſtes, ſondern
auch die Arreſtnahme an ſich, wenigſtens inſoweit als es ſich um
den Ausländerarreſt handle, ausgeſchloſſen ſei und es hat dieſe
Auffaſſung auch in dem Schlußſatze des Art. 271 des Schuld=
betreibungs= und Konkursgeſetzes eine indirekte Beſtätigung ge=

funden (siehe Weber und Brüstlein, Kommentar, S. 369).
Allein im vorliegenden Falle handelt es sich nun nicht, wie bei
den gedachten Entscheidungen, um eine Arrestlegung, welche der
Rechtsverfolgung im ordentlichen Prozesse oder ordentlichen Schuld=
betreibungsverfahren gleichgestellt werden könnte, sondern um einen
Arrestschlag zum Zwecke der Vollstreckung rechtskräftiger Urtheile.
Ein Begehren um Vollstreckung eines Urtheils aber enthält
zweifellos keine Klage im Sinne des Art. 1 des Staatsvertrages;
für Vollstreckungsbegehren gelten nicht die Bestimmungen der
Art. 1 u. ff., sondern der Art. 15 u. ff. des Staatsvertrages,
welche die Verpflichtung zu gegenseitiger Urtheilsvollstreckung nor=
miren. Speziell die Zuständigkeit zu Beurtheilung von Voll=
streckungsbegehren beurtheilt sich daher nicht nach Art. 1 u. ff.,
sondern nach Art. 16 des Staatsvertrages, d. h. es gilt einfach
die Regel, daß das Vollstreckungsbegehren bei der zuständigen Be=
hörde des Ortes zu stellen ist, wo die Vollstreckung stattfinden
soll. Daß, wie der Rekurrent meint, die Vollstreckung nur gegen
Einwohner des ersuchten Staates statthaft sei, schreibt weder der
Staatsvertrag ausdrücklich vor, noch entspricht dies allgemeinen
Grundsätzen; vielmehr ist klar, daß nach allgemeinen Grundsätzen
die Vollstreckung in Vermögen eines Schuldners da gesucht wer=
den kann, wo dieses Vermögen sich befindet. Wenn der Rekurrent
grundsätzlich davon auszugehen scheint, die Pflicht zur Vollstreckung
von Urtheilen beschränke sich nach dem Staatsvertrage auf die=
jenigen Fälle, rücksichtlich welcher die gerichtliche Kompetenz im
ersten Abschnitte des Vertrages geregelt ist, so erscheint dies als
unrichtig. Die wechselseitige Pflicht zur Urtheilsvollstreckung ist
nicht durch den ersten Abschnitt, sondern durch den zweiten Ab=
schnitt des Staatsvertrages (Art. 15 u. ff.) geregelt; sie ist eine
allgemeine, auf alle rechtskräftigen Civilurtheile, rücksichtlich welcher
nicht eines der Vollstreckungshindernisse des Art. 17 des Staats=
vertrages vorliegt, sich erstreckende. Dies folgt aus dem ganz
allgemeinen Wortlaute des Art. 15 des Staatsvertrages und
entspricht auch durchaus der Natur der Sache. Es ist speziell ge=
wiß unzweifelhaft und nie bezweifelt worden, daß ein in For=
derungssachen zwischen französischen Bürgern und Einwohnern
ergangenes Urtheil eines französischen Gerichtes in der Schweiz
vollstreckbar ist und umgekehrt.

3. Ist demnach die graubündnerische Behörde staatsvertraglich berechtigt und verpflichtet, über die Vollstreckung der streitigen französischen Urtheile zu entscheiden und, sofern die formellen Voraussetzungen des Art. 16 des Staatsvertrages gegeben sind und kein Vollstreckungshinderniß vorliegt, dieselbe zu bewilligen, so ist die Beschwerde als unbegründet abzuweisen. Allerdings hat die kantonale Behörde bis jetzt nicht darüber entschieden, ob die Urtheile vollstreckbar seien, sondern hat vor der Entscheidung über die Vollstreckungsbewilligung einen Arrest zum Zwecke vorläufiger Sicherung der Vollstreckung bewilligt. Allein dies verstößt nicht gegen den Staatsvertrag; der Staatsvertrag verbietet nicht, daß vor der Entscheidung über die Vollstreckungsbewilligung Arrest zum Zwecke vorläufiger Sicherung der Vollstreckung gelegt werden dürfe. Die Zulässigkeit einer derartigen vorläufigen Sicherungs= maßregel beurtheilt sich vielmehr lediglich nach den allgemeinen Bestimmungen des Bundesgesetzes über die Zulässigkeit des Arrestes, welche auch dafür maßgebend sein werden, in welcher Frist dem Arreste die rechtliche Geltendmachung des Judikatsanspruches, für welchen er bewilligt wurde, nachfolgen muß. Darüber, ob die Voraussetzungen des Art. 16 des Staatsvertrages gegeben seien, oder ob eines der Vollstreckungshindernisse des Art. 17 ibid. vor= liege, ist zur Zeit vom Bundesgerichte nicht zu entscheiden, da ein kantonaler Entscheid hierüber noch nicht vorliegt.

Demnach hat das Bundesgericht

erkannt:

Die Beschwerde wird als unbegründet abgewiesen.

---

118. Urtheil vom 11. November 1892 in Sachen Levy.

A. Benoit Levy und Armand Arthur Levy betreiben als Kol= lektivgesellschaft unter der Firma „Benoit & A. Levy" in Mustapha (Departement Algier) ein Handelsgeschäft. Dieselben lieferten dem E. Schelling in Kreuzlingen laut Faktur vom 16. Februar 1892 9 Fässer algerischen Weines zum Preise von 2203 Fr. 50 Cts. Die Sendung wurde vom Käufer als verspätet und nicht muster= konform beanstandet, indeß zufolge einer mit A. Götschel in Dels=

berg als Vertreter der Verkäufer getroffenen Uebereinkunft einstweilen in Empfang genommen, um den Wein einer chemischen
Analyse zu unterstellen. Nachdem diese Analyse eingegangen war,
stellte Schelling, gemäß Mittheilung an A. Götschel vom 26. April
1892, den Wein neuerdings zur Verfügung mit der Erklärung,
daß er von diesem Tage an per Hektoliter 20 Cts. Lagergebühren
beanspruche und für Zufuhr wie Abfuhr seiner Zeit Rechnung
stellen werde. Da A. Götschel sich weigerte den Wein zurückzunehmen, so erwirkte Schelling am 13. Mai 1892 eine Verfügung
des Gerichtspräsidenten von Kreuzlingen dahin, der Versender habe
die Waare innert 10 Tagen abzuholen und die Spesen zu vergüten, widrigenfalls das Gut öffentlich verkauft und der Erlös
auf der Leihkasse Kreuzlingen bis zur rechtlichen Austragung des
Anstandes deponirt würde. Diese Verfügung wurde dem A. Götschel
in Delsberg am 13. Mai 1892 eröffnet. Hierauf erklärte Advokat
Dr. Deucher in Kreuzlingen mit Eingabe vom 27. Mai 1892
im Auftrage von „Benoit & A. Levy" (die er als seine Clienten
bezeichnet), diese protestiren gegen die Auflage den Wein zurückzunehmen, haben dagegen gegen die öffentliche Versteigerung der
Waare nichts einzuwenden. Durch Verfügung vom 28. Mai 1892
ordnete hierauf der Gerichtspräsident von Kreuzlingen die Versteigerung der Weine und Deposition des Nettoerlöses auf der
Leihkasse Kreuzlingen an. Die Versteigerung fand statt und es
wurde der Erlös mit 1305 Fr. auf der Leihkasse Kreuzlingen
deponirt. Am 10. Juni 1892 erwirkte Schelling beim Bezirksgerichtspräsidenten von Kreuzlingen für seine Forderung an Lagerspesen, Fracht u. s. w. einen Arrestbefehl auf dieses Depositum
bis zum Belaufe von Fr. 500. Die Arresturkunde wurde am
11. Juni dem Dr. Deucher als Vertreter von Benoit & A. Levy
mitgetheilt. Am 19. Juni 1892 leitete Dr. Deucher, Namens
Benoit & A. Levy Klage auf Aufhebung des Arrestes ein, indem
er bemerkte: Er habe vorerst in Mustapha Direktion einholen
müssen; bei der großen Distanz sei zu präsumiren, die Fristen
seien innegehalten; seine Vertretungsbefugniß sei erst seitdem er
mit Brief vom 17. Juni Generalvollmacht von Benoit & A. Levy
erhalten habe, eine allgemeine, umfassende und direkte, so daß
überhaupt fraglich sei, ob die Arresturkunde dem richtigen Adressaten
zugekommen sei. Zur Begründung der Arrestbestreitung brachte er

vor Bezirksgericht Kreuzlingen vor, Schelling besitze keine verfallene Forderung und ein Arrestgrund liege nicht vor. Der Arrest
sei nach dem Gerichtsstandsvertrage mit Frankreich vom 15. Juni
1869 unzuläßig. Schelling erwiderte, dieser Staatsvertrag sei auf
Algerien nicht anwendbar, Benoit & A. Levy seien überdem nicht
Franzosen und deren Protest gegen den Arrest sei verspätet. Das
Bezirksgericht Kreuzlingen wies durch Entscheidung vom 11. Juli
1892 die Klage auf Aufhebung des Arrestes ab, indem es ausführte: Der Forderungsnachweis sei als genügend zu erachten.
Abgesehen von der Verspätungseinrede und von der Thatsache,
daß die bestrittene Eigenschaft der Kläger als französische Staatsbürger nicht dargethan sei, stehe außer Zweifel, daß der Staatsvertrag mit Frankreich vom 15. Juni 1869 nicht anwendbar sei.
Dieser Vertrag beziehe sich offenbar nur auf das europäische
Frankreich, nicht aber auf dessen afrikanische, asiatische und ameri-
kanische Kolonien. Nach Wegfall einer entgegenstehenden staats-
vertraglichen Bestimmung liege der Arrestgrund des Art. 271,
Ziff. 4 des Schuldbetreibungs- und Konkursgesetzes vor.

B. Mit Eingabe vom 10./11. August 1892 ergriff nunmehr
Advokat Dr. Deucher den staatsrechtlichen Rekurs an das Bundesgericht. Er beantragt: 1. Der Arrestbefehl datirt den 10./11. Juni
a. c. ist als verfassungs- resp. staatsvertragsverletzend zu erklären
und daher als null und nichtig aufzuheben, ebenso sind alle prozeßualen Handlungen, welche auf dem Arrestbefehl basiren, speziell
das bezirksgerichtliche Urtheil (vom 11. Juli a. c.) als null und
nichtig zu erklären und daher aufzuheben; 2. für sämmtliche
Kosten und Umtriebe, resultirend aus dem nichtigen Verfahren,
sowie für die Kosten des vorliegenden Rekurses werde den Rekurrenten die civile Schadenersatzklage gegenüber dem Rekursgegner
ausdrücklich gewahrt. Eine Staatsvertragsverletzung liege sowohl
in der Arrestlegung selbst als darin, daß das Gericht sich mit
Bezug auf den bestrittenen Arrest für zuständig erklärt habe. Denn
nach dem Staatsvertrage vom 15. Juni 1869 gebe es gegenüber
Franzosen keinen Ausländerarrest. Die Rekurrenten seien Franzosen, eventuell haben nicht sie den Beweis hiefür zu erbringen,
sondern habe der Rekursgegner zu beweisen, daß B. & A. Levy
keine Franzosen seien; weiter eventuell behaupten sie, Art. 1 des
Staatsvertrages „fasse auch den besondern Gerichtsstand der Ge-

sellschaft in sich", jedenfalls im vorwürfigen Falle, da die thur=
gauische Civilprozeßordnung den Gerichtsstand der Gesellschaft
ebenfalls kenne und eine Kollektivgesellschaft nach dem eidgenössi=
schen Obligationenrechte und dem thurgauischen privatrechtlichen
Gesetzbuch juristische Persönlichkeit besitze. Daß der Staatsvertrag
auf Algier keine Anwendung finde, sei vollständig rechtsirrthüm=
lich. Algier sei keine Kolonie, sondern ein dem französischen
Staate vollständig inkorporirter Departementsbezirk. Uebrigens
finde der Staatsvertrag auch auf Kolonien und Schutzstaaten
Anwendung. Der Arrestbefehl sei an die unrichtige Adresse ge=
kommen, da er (der Rechtsanwalt Dr. Deucher) zur Zeit, wo
ihm die Arresturkunde mitgetheilt worden sei, noch keine General=
vollmacht besessen habe. Das ganze Verfahren sei daher von An=
fang an nichtig; es sei Art. 20 des Staatsvertrages verletzt.
Ob Schelling eine Forderung an die Rekurrenten besitze sei zur
Zeit noch nicht entschieden, sondern hänge davon ab, wie die von
den Rekurrenten gegen ihn erhobene Klage auf Vertragserfüllung,
die zur Zeit eingeleitet sei, entschieden werde. Daß für die Arrest=
legung ein Wahrscheinlichkeitsbeweis für die Existenz einer Forde=
rung genüge, müsse absolut verneint werden. Die Rekurrenten
wollen es dem Gerichtshofe überlassen zu entscheiden, ob nicht
auch in diesem Motive eine Rechtsverletzung liege, die auf dem
Wege des staatsrechtlichen Rekurses angefochten werden könne.
Schließlich bemerken sie noch: Die Gegenpartei habe behauptet,
Götschel in Delsberg sei Prokurist von B. & A. Levy und es
erhelle aus den Akten, daß er sich mit Rücksicht auf das vor=
liegende Geschäft als solcher gerirt habe. Es entstehe also die Frage,
ob, wenn eine auswärtige Firma einen in der Schweiz niederge=
lassenen Prokuristen habe, überhaupt Arrest gelegt werden dürfe
oder man nicht vielmehr an den Prokuristen gelangen müßte.

C. Das Bezirksgericht Kreuzlingen bemerkt in seiner Vernehm=
lassung auf diese Beschwerde: Die Behauptung, daß die Arrest=
legung nicht richtig insinuirt worden sei, sei neu und daher un=
zulässig. Dr. Deucher habe schon am 27. und 28. Mai als Beauf=
tragter von B. & A. Levy gezeichnet; auch habe er die Arrest=
ausfertigung ohne irgend welche Bemerkung, daß er nicht bevoll=
mächtigt sei, in Empfang genommen und es sei übrigens eine
Abschrift des Arrestbefehles auch dem Prokuristen der Rekurrenten,

Götschel in Delsberg, zugestellt worden. Eine Verletzung des Art. 20 des Staatsvertrages mit Frankreich liege nicht vor, da die Insinuation nicht in Frankreich habe geschehen müssen, sondern in der Schweiz an den Vertreter und den Prokuristen der Rekurrenten geschehen sei. Daran, daß der Staatsvertrag sich nicht auf Algier beziehe, sei festzuhalten.

D. Der Rekursbeklagte E. Schelling trägt auf Abweisung des Rekurses und Bestätigung des Urtheils des Bezirksgerichtes Kreuzlingen an. Das Bundesgericht habe nur zu untersuchen, ob der Arrest den Staatsvertrag mit Frankreich vom 15. Juni 1869 verletze, dagegen habe es nicht zu prüfen, ob dem Rekursbeklagten eine Forderung zustehe. Die Arrestbestreitung sei nicht rechtzeitig erfolgt; eine verspätete Bestreitung sei unzulässig. Der Staatsvertrag beziehe sich nur auf Frankreich, nicht auf die Kolonien und auswärtigen Besitzungen Frankreichs. Dafür spreche zunächst der Wortlaut des Vertrages selbst, der überall nur von Frankreich spreche, während in andern schweizerisch-französischen Staatsverträgen die auf Algier oder sonstige auswärtige Besitzungen Frankreichs Anwendung finden sollen, dieß ausdrücklich bestimmt sei, so im Niederlassungsvertrage vom 23. Februar 1882, im Handelsvertrage vom gleichen Tage, im Telegraphenvertrage vom 11. Mai 1887, der Literarkonvention vom 19. September 1886. Es haben auch sachliche Gründe vorgelegen, die Geltung des Gerichtsstandsvertrages auf Frankreich zu beschränken. Man könne einem Schweizerbürger doch nicht zumuthen, seine Ansprüche gegen einen Franzosen in Madagaskar, Tonkin, Algier oder gar Dahomey zu verfolgen. Auch lassen die Bestimmungen der §§ 15 ff. und 20 ff. des Gerichtsstandsvertrages darauf unzweifelhaft schließen, daß derselbe sich nur auf Frankreich beziehe, da die dort genannten Behörden und Beamten in den wenigsten Kolonien zu finden wären. Eventuell werde die französische Staatsangehörigkeit der Rekurrenten bestritten. Mit Arrest belegt sei das Vermögen der Kollektivgesellschaft B. & A. Levy. Diese sei eine juristische Person und besitze als solche wohl kaum französisches Staatsbürgerrecht. Aber auch die beiden Träger der Firma seien keine Franzosen, wofür selbstverständlich sie beweispflichtig gewesen wären. Die Zustellung der Arresturkunde sei in ganz korrekter Weise erfolgt.

E. Nachdem den Rekurrenten durch den Instruktionsrichter
Frist zum Nachweise ihrer französischen Staatsangehörigkeit war
angesetzt worden, erklärte ihr Vertreter Dr. Deucher mit Zuschrift
vom 10. Oktober 1892, die Rekurrenten berichten ihm, sie seien
in La Ferrière (Berner Jura) heimatberechtigt und beanspruchen
die französische Staatsangehörigkeit nur für ihre Firma, da die=
selbe gemäß Art. 20 und 42 des Code de commerce errichtet,
juristische Persönlichkeit erworben habe.

Das Bundesgericht zieht in Erwägung:

1. Der Rekurs richtet sich sowohl gegen den Arrestbefehl als
gegen das die Arrestaufhebungsklage abweisende Urtheil des Be=
zirksgerichtes Kreuzlingen; er stützt sich darauf, daß sowohl durch
den Arrestbefehl als durch das Urtheil der Staatsvertrag mit
Frankreich vom 15. Juni 1869 verletzt werde; daneben scheint
er auch behaupten zu wollen, daß eine Rechtsverweigerung vor=
liege und, wenn anders die Schlußbemerkung der Rekursschrift
(es dürfte gegen ausländische Firmen, welche einen Bevollmäch=
tigten in der Schweiz besitzen, ein Arrest wohl nicht zulässig
sein) einen Sinn haben soll, daß Art. 59, Abs. 1 B.=V. verletzt
sei. Sowohl gegen den Arrestbefehl als gegen das Urtheil ist
der staatsrechtliche Rekurs wegen Verletzung des Staatsvertrages
und wegen Verfassungsverletzung statthaft, wie dies vom Bun=
desgerichte bereits in seiner Entscheidung in Sachen des Grafen
de Villermont vom 4. dieses Monats ausgesprochen worden ist;
der Rekurs ist in beiden Richtungen rechtzeitig eingereicht.

2. Die Behauptung, es liege eine Rechtsverweigerung vor,
weil die bloße Wahrscheinlichkeit des Bestandes einer Forderung
zu Bewilligung eines Arrestes nicht genüge, ist angesichts der
ausdrücklichen Vorschrift des Art. 272 Schuldbetreibungs= und
Konkursgesetz, wonach der Arrest zu bewilligen ist, sofern der
Gläubiger seine Forderung und das Vorhandensein eines Arrest=
grundes glaubhaft macht, doch wohl nicht ernst gemeint. Ebenso
wenig die in dem Rekurs blos angedeutete Beschwerde wegen
Verletzung des Art. 59 Abs. 1 B.=V. Denn es ist ja einleuch=
tend, daß es für die Anwendbarkeit dieses Verfassungsartikels,
sowie für die gesetzliche Zulässigkeit des Arrestes nach Art. 271
Ziff. 4 des Schuldbetreibungs= und Konkurs gesetzes darauf an=
kommt, ob der Schuldner einen festen Wohnsitz in der Schweiz

hat, nicht aber ob er allfällig einen schweizerischen Einwohner als Bevollmächtigten bestellt habe. Von einem Wohnsitze oder auch nur einer Geschäftsniederlassung der Rekurrenten in der Schweiz ist aber hier nicht die Rede.

3. Was sodann die behauptete Verletzung des schweizerisch= französischen Gerichtsstandsvertrages anbelangt, so ist zunächst klar, daß Art. 20 dieses Vertrages hier nicht in Betracht kommt. Diese Vertragsbestimmung regelt die Form gerichtlicher Zustel= lungen an Einwohner des andern Vertragsstaates, welche in dessen Gebiet zu geschehen haben. Darum handelt es sich aber hier nicht. Die Mittheilung der Arresturkunde geschah in der Schweiz an den schweizerischen Anwalt der Rekurrenten und konnte ohne Zweifel an diesen gültig in der Form des inländischen Rechts geschehen, sofern er von den Rekurrenten bevollmächtigt war. Nun ist ja richtig, daß die schriftliche Vollmacht der Rekurrenten für ihren schweizerischen Anwalt erst nach der Mittheilung der Arresturkunde ist ausgestellt worden. Allein ebenso richtig ist, daß dieser Anwalt bereits vorher wiederholt als Bevollmächtigter der Rekurrenten in der Streitsache gehandelt, und insbesondere die Zustellung der Arresturkunde ohne irgend welche Einwendung, daß er zu deren Empfangnahme für die Rekurrenten nicht befugt sei, entgegengenommen hatte und sich hernach durch schriftliche Vollmacht der Rekurrenten als deren Vertreter legitimirte. Bei dieser Sachlage können die Rekurrenten mit der Einwendung man= gelhafter Zustellung der Arresturkunde nicht gehört werden; sie haben die Bevollmächtigung des für sie handelnden Anwaltes jeden= falls nachträglich ausdrücklich anerkannt.

4. Danach kann sich nur fragen, ob die Arrestlegung gegen Art. 1 des Gerichtsstandsvertrages mit Frankreich verstoße. In dieser Beziehung ist richtig, daß, nach wiederholten Entschei= dungen des Bundesgerichtes, im Anwendungsgebiete des Art. 1 des schweizerisch=französischen Gerichtsstandsvertrages der Aus= länderarrest unzulässig ist. Allein die Rekurrenten sind nun fest= gestelltermaßen nicht Franzosen sondern Schweizerbürger und können sich daher auf Art. 1 des Staatsvertrages nicht berufen. Die Behauptung, daß die von den Rekurrenten gebildete Kollek= tivgesellschaft als solche, als selbständiges Rechtssubjekt, eine fran=

zöſiſche ſei, iſt nicht begründet. Zwar iſt durchaus anzuerken=
nen, daß Kollektivgeſellſchaften (wie ja auch Aktiengeſellſchaften,
ſiehe Entſcheidungen des Bundesgerichtes, Amtliche Sammlung,
XV, S. 578 u. ff., Erw. 2) auf den Schutz des Staatsver=
trages Anſpruch haben. Allein die Kollektivgeſellſchaft iſt nun,
mag man im Uebrigen ihre rechtliche Natur wie immer beſtim=
men, jedenfalls kein von der Perſon der einzelnen, wechſelnden
Theilnehmer unabhängiger, korporativ organiſirter Verein, ſondern
eine geſellſchaftliche Vereinigung beſtimmter Perſonen, welche ge=
meinſam, unter gemeinſamem Namen (der Geſellſchaftsfirma), ein
Gewerbe betreiben. Sie hat daher nicht eine von der Nationalität
der einzelnen Theilhaber unabhängige, nach dem Geſellſchaftsſitze
reſp. der Hauptniederlaſſung der Geſellſchaft ſich beſtimmende Na=
tionalität, ſondern ihre Nationalität wird beſtimmt durch die Na=
tionalität der einzelnen Geſellſchafter. Dies iſt denn auch wohl
die in der franzöſiſchen Praxis vorherrſchende Anſicht (ſiehe
Vincent-Pénaud, *Dictionnaire de droit international privé
s. v. Société* N⁰ 117 & ff.) In der Thatdürfte klar ſein, daß aus=
ländiſche Handel= oder Gewerbetreibende dadurch, daß ſie ſich zum
Handels= oder Gewerbebetriebe im Inlande unter einer gemein=
ſamen Firma, als Kollektivgeſellſchafter, vereinigen, unmöglich für
den Betrieb ihres Geſchäftes Rechte erlangen können, welche das
Geſetz den Inländern vorbehält, dem ausländiſchen, im Inlande
niedergelaſſenen, Einzelgewerbetreibenden dagegen verweigert. Daraus
folgt aber, daß die Nationalität der Kollektivgeſellſchaft überhaupt
nach der Nationalität ihrer Mitglieder beſtimmt werden muß.

5. Erſcheint ſomit der Rekurs ſchon aus dieſem Grunde als
unbegründet, ſo braucht nicht weiter unterſucht zu werden, ob der
ſchweizeriſch=franzöſiſche Gerichtsſtandsvertrag auf Algerien über=
haupt Anwendung finde, ſowie ob nicht Art. 1 desſelben auch
deßhalb in concreto unanwendbar wäre, weil die Forderung des
Rekursbeklagten eine dingliche reſp. dinglich (durch Retentions=
recht) geſicherte ſei.

Demnach hat das Bundesgericht

erkannt:

Der Rekurs wird als unbegründet abgewieſen.

119. Urtheil vom 10. Dezember 1892 in Sachen Heß.

A. G. Heß von Zürich, in Havre, hatte gegen Gebrüder Kummer in Schaffhausen beim Handelsgerichte Zürich, gestützt auf eine behauptetete prorogatio fori, Klage auf Bezahlung von 9749 Fr. 55 Cts. für gelieferte Waaren erhoben. Die Beklagten widersetzten sich der Beurtheilung der Klage durch das Handels= gericht Zürich, mit der Behauptung: Für die Prorogation des Gerichtsstandes sei ein eigentlicher Vertrag nöthig und genüge eine briefliche Mittheilung nicht; die Zustimmung zur Behand= lung durch das Handelsgericht sei nicht vom Kläger selbst, sondern in unzuläßiger Weise von einem Angestellten desselben erklärt worden; endlich haben die Parteien bei der Bezeichnung des Han= delsgerichtes als Schiedsgericht nur an Differenzen betreffend das Quantitativ gedacht und nicht auch an den vorliegenden Fall, wo streitig sei, ob ein klagbares Geschäft vorliege.

B. Durch Entscheidung vom 11. November 1892 wies das Handelsgericht Zürich die Klage (unter Auflage der Kosten an den Kläger) von der Hand mit der Begründung: Da die Be= klagten nicht im Kanton Zürich wohnen, so liege, wenn auch allerdings die Klage ein Handelsverhältniß beschlage, dem Handels= gerichte eine Pflicht zu beren Erledigung nicht ob, vielmehr stehe ihm frei, die Behandlung des Prozesses abzulehnen und es recht= fertige sich nun in der That, von dieser Befugniß Gebrauch zu machen, wenn berücksichtigt werde theils, daß die Einwendungen des Beklagten es nothwendig machen würden, vorerst das Vor= handensein einer gültigen Vereinbarung über die schiedsgerichtliche Zuständigkeit des Handelsgerichtes zu prüfen, theils daß die Mit= glieder des Gerichtes zur Zeit ohnehin durch die Geschäfte stark in Anspruch genommen seien.

C. Gegen diesen Entscheid ergriff G. Heß den staatsrechtlichen Rekurs an das Bundesgericht, mit dem Antrage: Das Bundes= gericht wolle unter Aufhebung des angefochtenen Beschlusses ent= scheiden: Es liege dem zürcherischen Handelsgerichte die Pflicht ob, den bei demselben vom Rekurrenten mit Klageschrift vom 14. Oktober dieses Jahres und mittelst friedensrichterlicher Weisung

gegen die Firma Gebr. Kummer in Schaffhausen anhängig gemach=
ten Streit betreffend Bezahlung einer Forderung von 9749 Fr.
55 Cts. nebst Zinsen für gelieferte Waaren an Hand zu be=
halten und nach Maßgabe des Gesetzes betreffend die zürcherische
Rechtspflege zum Austrage und zur Erledigung zu bringen. Er
macht zunächst geltend, die Einwendungen der Beklagten gegen
die Gültigkeit des Prorogationsvertrages seien trölerhafte Aus=
flüchte und führt sodann aus : Das Handelsgericht sei in concreto
zu Anhandnahme der Sache nach Art. 3 des schweizerisch=fran=
zösischen Gerichtsstandsvertrages vom 15. Juni 1869 verpflichtet.
Diese Vertragsbestimmung erkläre nicht nur den vereinbarten Ge=
richtsstand für statthaft, sondern erkläre den Richter des Wahl=
domizils für ausschließlich zuständig. Daraus folge die staatsver=
tragliche Verpflichtung des durch Vereinbarung für zuständig
erklärten Richters, die ihm durch Vereinbarung der Parteien zu=
gewiesenen Rechtsstreitigkeiten zu beurtheilen, sofern er nur (was
hier zutreffe) die erforderliche Gerichtsbarkeit besitze und die Ver=
einbarung nicht die Umgehung eines gesetzlichen ausschließlichen
Gerichtsstandes bezwecke. Der Richter des Wahldomizils sei zu
Ausübung der Rechtspflege ebensowohl staatsvertraglich verpflichtet,
wie es, in Ermangelung einer Vereinbarung über den Gerichts=
stand, der Richter des wirklichen Domizils sei. Er dürfe die Aus=
übung des Richteramtes nicht, wie dies hier geschehen sei, aus
bloßen Konvenienzrücksichten ablehnen.

Jn nachträglicher Eingabe vom 5. Dezember 1892 macht der
Rekurrent im Fernern geltend: Gemäß Art. 1 und 3 des schwei=
zerisch=französischen Niederlassungsvertrages von 1882 sei er hin=
sichtlich aller rechtlicher Stellungen im Jnlande und in der
Schweiz den Franzosen gleichgestellt und es gehe nicht an, daß
er als in Frankreich niedergelassener Schweizer schlimmer gestellt
sei als der in Frankreich wohnende Franzose.

Das Bundesgericht zieht in Erwägung:

1. Sowohl der Kläger als der Beklagte sind Schweizerbürger.
Demnach findet denn der schweizerisch=französische Gerichtsstands=
vertrag hier überall keine Anwendung. Denn Art. 1 dieses Ver=
trages bezieht sich, wie sich aus seinem Wortlaut klar ergibt und
als allgemein anerkannt gelten darf, nur auf Rechtsstreitigkeiten

zwischen Schweizern einerseits und Franzosen anderseits, nicht
aber auf Prozesse, in welchen beide Parteien Schweizer oder
Franzosen sind. Das gleiche muß aber selbstverständlich auch für
die Bestimmung des Art. 3 gelten, welche eine Ausnahme von
der in Art. 1 statuirten Zuständigkeit des natürlichen (Wohnsitz=)
Richters statuirt und daher nur auf die an sich unter Art. 1
fallenden Streitigkeiten kann bezogen werden. Die Berufung des
Rekurrenten auf Art. 1 und 3 des schweizerisch=französischen
Niederlassungsvertrages ist offenbar völlig verfehlt. Dieser Vertrag
hat an dem Gerichtsstandsvertrage nichts geändert und regelt
übrigens selbstverständlich nur die Stellung der Franzosen in der
Schweiz und der Schweizer in Frankreich, nicht aber die Stellung
der Franzosen oder Schweizer in ihrem eigenen Heimatlande. Das
allgemeine Raisonnement, der Rekurrent als in Frankreich wohnen=
der Schweizer dürfe nicht schlimmer gestellt sein, als ein in Frank=
reich wohnender Franzose, ist ohne alle Bedeutung; es kann
dies selbstverständlich nicht dazu führen, staatsvertragliche Ver=
einbarungen, welche ausdrücklich nur für Franzosen getroffen wur=
den, auch auf Schweizerbürger anzuwenden. Uebrigens ist der
Rekurrent ganz gleich wie ein in der Schweiz wohnender Schwei=
zerbürger behandelt worden und kann sich also über ungleiche Be=
handlung jedenfalls nicht mit Grund beklagen.

2. Erscheint die Beschwerde schon aus diesem Grunde als un=
begründet, so braucht nicht untersucht zu werden, ob dem Art. 3
des schweizerisch=französischen Gerichtsstandsvertrages die ihm vom
Rekurrenten beigelegte Bedeutung überhaupt zukommt oder ob
nicht vielmehr, der Vorschrift des Art. 3 unerachtet, die Pflicht
des durch Vereinbarung der Parteien für zuständig erklärten Ge=
richtes, die Prorogation anzunehmen, sich nach dem für dasselbe
geltenden Prozeßrechte richtet (siehe in letzterem Sinne Curti,
Staatsvertrag zwischen der Schweiz und Frankreich,
u. s. w., S. 67).

Demnach hat das Bundesgericht

erkannt:

Der Rekurs wird als unbegründet abgewiesen.

B. CIVILRECHTSPFLEGE
ADMINISTRATION DE LA JUSTICE CIVILE

—————◆◆—————

I. Organisation der Bundesrechtspflege.
Organisation judiciaire fédérale.

120. Urtheil vom 7. Oktober 1892 in Sachen
Wüthrich gegen Müller & Cie.

A. Durch Urtheil vom 16. August 1892 hat das Obergericht
des Kantons Aargau erkannt:

1. Der Beklagte ist schuldig, den Klägern 970 Fr. 35 Cts.
sammt Zins à 5 % von Einreichung der Klage an zu bezahlen.

2. Die Widerklage wird abgewiesen.

B. Gegen dieses Urtheil ergriff der Beklagte und Widerkläger
die Weiterziehung an das Bundesgericht, indem er die Anträge
anmeldete:

1. Von der Kalenderlieferung seien ihm die vertraglich zuge=
sicherten 20 % und nicht blos 10 % Provision, also 163 Fr.
35 Cts. mehr zuzusprechen.

2. Seine Forderung von 2000 Fr. gemäß Art. 12 des An=
stellungsvertrages sei ganz, eventuell zum Theil gutzuheißen.

3. Die Kläger seien demnach zu verfällen, ihm noch 1193 Fr.
sammt Prozeßzinsen, eventuell den betreffenden kleinern Betrag
aushinzuzahlen.

Er bemerkt rücksichtlich des Streitwerthes: Er verweise darauf,
daß er aus ein und demselben Rechtsgeschäft (Anstellungsver=

trag) thatſächlich 4480 Fr. 25 Cts. geltend gemacht habe, nämlich:

a. Beſtrittene Proviſionen 8000 Fr., — 5619 Fr. 75 Cts., = 2480 Fr. 20 Cts.

b. Beſtrittene Konventionalſtrafe 2000 Fr.

Das Bundesgericht zieht in Erwägung:

1. Die Kläger und Widerbeklagten haben gegen den Beklagten und Widerkläger auf Zahlung von 2286 Fr. 60 Cts. ſammt Zins à 5 % ſeit Einreichung der Klage geklagt, indem ſie an-brachten: Der Beklagte ſchulde ihnen aus Waarenlieferungen reſtlich 3106 Fr. 35 Cts. Dagegen ſei er bei ihnen bis im Sommer 1891 als Reiſender angeſtellt geweſen und habe für die von ihm vermittelten Beſtellungen Proviſionen zu beziehen, welche ſich auf 5619 Fr. 75 Cts. belaufen. Hieran ſeien ihm 4800 Fr. bezahlt worden. Sein Reſtguthaben betrage alſo 819 Fr. 75 Cts. dasſelbe ſei von ſeiner Schuld für Waarenlieferungen abzuziehen, ſo daß er den Klägern noch 2286 Fr. 60 Cts. ſchulde. Dagegen wendete der Beklagte ein: Seine Schuld für Waarenlieferungen betrage blos 2368 Fr. 05 Cts. Dagegen belaufen ſich die ihm gebührenden Proviſionen auf 8000 Fr.; hievon ſeien ſeine Be-züge von 4800 Fr. und die Waarenſchuld von 2368 Fr. 05 Cts. alſo zuſammen 7168 Fr. abzuziehen, ſo daß ihm die Beklagten noch 832 Fr. ſchulden. Dieſer Betrag, ſowie die weitere Forderung einer Konventionalſtrafe von 2000 Fr. wegen Verletzung des An-ſtellungsvertrages machte der Beklagte widerklagsweiſe geltend, indem er gleichzeitig auf Abweiſung der Klage antrug.

2. Wie das Bundesgericht ſtets feſtgehalten hat, iſt das Vor-handenſein des geſetzlichen Streitwerthes gemäß Art. 29 O.-G. an der Hand der Rechtsbegehren der Parteien zu beurtheilen. Maßgebend iſt, gemäß Art. 29 Abſ. 2 leg. cit., der Betrag, welcher bei dem letzten Entſcheide der kantonalen Gerichte noch ſtreitig war. Ebenſo hat das Bundesgericht ſtets feſtgehalten, daß eine Zuſammenrechnung des Streitbetrages von Vor- und Wider-klage unſtatthaft ſei (wogegen allerdings dann, wenn zwiſchen Vor- und Widerklage ein Präjudizialverhältniß beſteht, die Kom-petenz des Bundesgerichtes ſich auf beide Klagen erſtreckt, ſofern auch nur eine derſelben den geſetzlichen Streitwerth erreicht). Danach iſt hier der geſetzliche Streitwerth nicht gegeben. Weder

mit der Vor= noch mit der Widerklage ist ein Betrag von 3000 Fr. gefordert. Allerdings behaupteten die Kläger in der Begründung ihrer Klage eine den Betrag von 3000 Fr. übersteigende Schuld des Beklagten aus Waarenlieferung und ebenso der Beklagte in der Begründung der Widerklage eine den gesetzlichen Streitwerth übersteigende Forderung aus Anstellungsvertrag. Allein eingeklagt haben beide Parteien doch nur Beträge, welche den gesetzlichen Streitwerth nicht erreichen; denn beide Theile brachten eben bei Stellung ihrer Rechtsbegehren den von ihnen anerkannten Betrag der Gegenforderung der Gegenpartei in Abrechnung; sie gingen also davon aus, ihre Forderung sei bis zu diesem Belaufe, inso= weit als sie sich mit dem anerkannten Theile der Gegenforderung decke, durch Verrechnung getilgt. Streitig und eingeklagt waren daher sowohl mit Vor= als Widerklage nur Beträge, welche die Summe von 3000 Fr. nicht erreichen.

Demnach hat das Bundesgericht

erkannt:

Auf die Weiterziehung des Beklagten und Widerklägers wird wegen Inkompetenz des Gerichtes nicht eingetreten.

---

121. *Arrêt du 15 Octobre 1892, dans la cause Datoly contre Paris-Lyon-Méditerranée.*

Hippolyte-Josué Datoly est entré au service de la Compagnie des chemins de fer Paris-Lyon-Méditerranée le 23 Mars 1872, en qualité de facteur de 1er classe auxiliaire. Il est devenu agent commissionné à partir du 1er Juin 1873 et il a rempli en cette qualité les fonctions de facteur de 1re classe jusqu'à son renvoi. En dernier lieu il était employé à la gare de Genève-Cornavin, et probablement en 1882 déjà, époque où une saisie faite contre lui était notifiée à la Compagnie à Genève.

A partir du 1er Janvier 1881 Datoly recevait des appoin- tements mensuels de 125 francs, soit un salaire annuel de

1500 francs. Dès le moment où il est devenu agent commissionné, Datoly a d'ailleurs été soumis, conformément aux règlements de la Compagnie relatifs à la caisse des retraites, à une retenue mensuelle de 4 %/$_0$ de son traitement.

En Octobre 1889 la Compagnie Paris-Lyon-Méditerranée a reçu une saisie-arrêt sur le traitement de Datoly ; cette saisie, tendant à obtenir paiement d'une somme de 1000 francs, était pratiquée par un sieur David, représentant de commerce et, selon l'exploit, actuellement à Grenoble ; elle se fondait sur une reconnaissance de dette de pareille valeur souscrite par Datoly le 4 Septembre 1888. Cette saisie était suivie d'une assignation en validité donnée devant le tribunal civil de la Seine.

L'article 28 de l'ordre général N° 4, réglant dès le 1er Mai 1889 la situation du personnel de la Compagnie Paris-Lyon-Méditerranée porte ce qui suit :

« Tout agent dont le traitement est l'objet d'une opposition ou saisie-arrêt ou qui a consenti une cession ou délégation sur les retenues opérées par la Compagnie en vue d'une pension de retraite, ainsi que sur les sommes qui pourraient lui être dues éventuellement par la Compagnie, est considéré comme démissionnaire si, dans le délai de deux mois comptés à partir de la notification de l'opposition faite par la comptabilité générale ou la comptabilité centrale au chef de service de l'agent, la main-levée pure et simple de cette opposition n'a pas été notifiée à la Compagnie. »

A l'occasion de la saisie David, cette disposition fut rappelée à Datoly, avec avis qu'il serait irrévocablement considéré comme démissionnaire si, à la date du 12 Décembre 1889, sa situation n'était pas régularisée.

Datoly ne fut toutefois pas en mesure de procurer, à la date indiquée, la main-levée de la saisie David, et en conséquence il fut congédié moyennant une indemnité d'avertissement de 15 jours.

Estimant que c'est à tort qu'il a été congédié, Datoly a ouvert action à la Compagnie Paris-Lyon-Méditerranée, prenant contre elle des conclusions qu'il a modifiées en cours d'instance. Au début Datoly concluait à ce que la Compagnie défenderesse fût condamnée à lui payer, dès le 1ᵉʳ Janvier 1890, une rente annuelle viagère de 600 francs par an, mais plus tard, — et c'est sur ces dernières conclusions que les tribunaux de Genève ont eu à statuer, — il a conclu à ce que la Compagnie défenderesse soit condamnée à lui payer, avec intérêts, la somme de 750 francs par an jusqu'à son décès, si mieux n'aime la défenderesse réintégrer le demandeur dans ses fonctions d'employé à la gare de Genève.

A l'appui de ces conclusions, Datoly cherche à démontrer d'abord que son renvoi ne peut se baser sur l'article 28 de l'ordre général N° 4, attendu que la saisie de David est irrégulière et partant nulle. Datoly, domicilié à Genève, devait y être recherché, aux termes de l'art. 560 du Code de procédure civile français, ainsi qu'à teneur de la convention franco-suisse de 1869, puisqu'il s'agissait d'une réclamation personnelle. Or David l'a assigné devant le tribunal de la Seine ; d'ailleurs l'instance n'a jamais été introduite auprès de ce tribunal, ce qui a entraîné également la nullité de la saisie (art. 565 du Code de procédure civile français). Enfin, après avoir notifié sa saisie, David a disparu, ensorte que Datoly, qui avait de quoi lui payer une somme de 100 francs moyennant laquelle il aurait consenti à la main-levée de la saisie, a été dans l'impossibilité de procurer celle-ci. Il suit de là que Datoly devrait être réintégré dans ses fonctions, ou que tout au moins la Compagnie doit lui payer une pension de retraite ; en effet, pendant 17 ans le demandeur a fait des versements à la caisse des retraites. Le demandeur, qui a contracté un rhumatisme chronique au service de la Compagnie pour avoir, pendant 4 ans, fait un service de nuit dans un local non chauffé, avait droit à la retraite anticipée ; il lui suffisait, pour cela, qu'il interrompît son service pendant trois mois. En réalité le renvoi de Datoly n'a d'autre but que de permettre à la Compagnie d'éluder les obligations qu'elle a contractées comme administrateur de la caisse des retraites.

La Compagnie Paris-Lyon-Méditerranée a conclu au rejet de la demande. Elle soutient que le renvoi du demandeur était justifié, non seulement par le fait qu'il n'a pas procuré, dans le délai voulu, la main-levée de la saisie David, mais encore à raison des nombreuses saisies qui ont été faites contre lui par d'autres créanciers ; depuis le 18 Août 1882 au jour du renvoi, il n'y en a pas eu moins de 29, pour une somme totale de 5562 fr. 40 c. La Compagnie conteste que Datoly ait droit à une pension de retraite quelconque, mais elle reconnaît, en revanche, que le demandeur a droit au remboursement en capital, sans intérêt, des versements de 4 °/₀ de son traitement qu'il a effectués, soit 935 fr. 80 c., desquels il y aura lieu de déduire encore diverses sommes, ensuite de saisies nouvelles faites depuis son renvoi.

Par jugement du 2 Mars 1892, confirmé par arrêt de la Cour de justice civile du 11 Juin suivant, Datoly a été débouté de toutes ses conclusions, par le motif principal qu'il s'agit, en l'espèce, d'un louage de services pour lequel aucune durée n'a été fixée et auquel par conséquent chacune des parties peut en tout temps mettre fin, à la condition d'observer les délais d'usage pour donner congé ; dès lors la Compagnie était en droit de congédier Datoly, comme elle l'a fait, moyennant un avertissement donné 15 jours à l'avance; elle n'avait pas besoin de baser ce renvoi sur l'article 28 de l'ordre général N° 4, bien que le dit renvoi fût également justifié de ce chef. Enfin les instances cantonales ont admis que Datoly n'avait aucun droit à une pension de retraite, attendu, d'une part, qu'il n'a pas prouvé que c'est au service de la Compagnie qu'il a contracté la maladie dont il est atteint, et, d'autre part, qu'il ne remplit pas les conditions auxquelles les art. 3 et 4 du règlement pour la caisse des retraites subordonnent le droit à une pension.

C'est contre l'arrêt de la Cour de justice civile que Datoly recourt au Tribunal fédéral, concluant à ce que le dit arrêt soit réformé, en ce sens qu'il lui soit alloué une retraite annuelle de 750 francs ou subsidiairement de 600 francs. Subsidiairement encore, il demande à être admis à prouver que c'est par suite d'un travail prolongé, de nuit et en hiver, dans un local non chauffé, qu'il a contracté le rhumatisme chronique

dont il est affecté. La Compagnie Paris-Lyon-Méditerranée
a conclu au rejet du recours.

Statuant sur ces faits et considérant en droit:

1° Il y a lieu d'examiner d'abord d'office la question de la
compétence du Tribunal de céans en la cause. Cette compétence existe au regard de la valeur du litige, puisque la rente
annuelle réclamée par le demandeur, âgé de moins de 55 ans
lors de l'ouverture de son action en 1890, représente un
capital incontestablement de beaucoup supérieur à 3000
francs.

2° En revanche, la question de savoir si la cause actuelle
tombe sous l'application du droit fédéral, doit recevoir une
solution négative.

En effet, soit le contrat de louage de services conclu entre
la Compagnie et le demandeur, soit le contrat d'assurance
passé entre ce dernier et la caisse des retraites administrée
par la Compagnie, constituent des parties intégrantes d'une
seule et même convention intervenue entre parties, le 23
Mars 1872, à Lyon, alors qu'ensuite de la déclaration signée
par le demandeur sous cette date au dit lieu, celui-ci a été
admis dans le personnel de la Compagnie.

Or c'est cette déclaration, par laquelle Datoly se soumet
entre autres, « à toutes les dispositions des règlements intervenus ou à intervenir dans les services de la Compagnie et
déclare accepter les prélèvements que lui imposera la participation à la caisse des retraites, s'il est appelé ultérieurement à un emploi commissionné, » — qui constitue la base
des relations contractuelles entre parties, pour autant qu'elles
ont trait, soit au louage de services, soit au contrat d'assurances.

Il en résulte, aux termes de l'art. 882 C. O., que les effets
juridiques de ce contrat, antérieur au 1er Janvier 1883, ne
sont pas régis par le dit Code, et que leur connaissance
échappe au Tribunal fédéral.

3° C'est en vain que, pour faire rentrer la cause dans la
compétence de ce Tribunal, l'on voudrait prétendre que les
règlements et ordres de service de la Compagnie, postérieurs

à 1883, ont eu pour effet de modifier le contrat primitif, et de lui en substituer un nouveau, tombant sous l'empire du Code fédéral. Ces règlements et ordres de service ne constituent point, en effet, un contrat entre parties, mais apparaissent comme des actes unilatéraux de la Compagnie, auxquels le demandeur n'est tenu de se soumettre qu'en vertu du contrat primitif de Mars 1872. C'est donc à ce dernier qu'il faut remonter à tous égards pour statuer sur les rapports des parties, et il est incontestable qu'à cette époque le droit applicable au dit contrat n'était pas le droit fédéral. Le Tribunal fédéral est donc incompétent à teneur de l'art. 29 de la loi sur l'organisation judiciaire fédérale.

4° Il est, dans cette situation, superflu de rechercher si l'incompétence du Tribunal de céans ne résulte pas également de la circonstance que les deux parties, toutes deux françaises et domiciliées en France lors de la conclusion, à Lyon, du contrat du 23 Mars 1872, l'avaient lié en vue de son application en France, et ont dès lors, dans leur commune intention, voulu le soumettre uniquement à la loi française, à l'exclusion des lois suisses.

Par ces motifs,

Le Tribunal fédéral :

prononce :

Il n'est pas entré en matière, pour cause d'incompétence, sur le recours du sieur H. Datoly.

------

122. Arrêt du 3 Décembre 1892, dans la cause Rousselot contre Zumbach & C¹ᵉ.

Statuant par arrêt du 29 Juillet 1892 sur le litige divisant les parties, le tribunal cantonal de Neuchâtel a prononcé ce qui suit :

Les conclusions de la demande sont déclarées mal fondées, la conclusion principale de la réponse bien fondée.

Par acte du 23 Septembre 1892, l'avocat Amiet, mandataire de Rousselot, a recouru au Tribunal fédéral pour obtenir
la réforme du prédit arrêt. A l'audience de ce jour il maintient
ses conclusions premières, en déclarant toutefois abandonner
la conclusion N° 4 ci-après reproduite.

La banque Zumbach & Cie a conclu au maintien de l'arrêt
attaqué.

Statuant en la cause et considérant :

En fait :

1° Le sieur Gustave Rousselot, homme de lettres, à Trey-
tel, rière Bevaix (Neuchâtel), était endosseur, envers la banque Zumbach & Cie, à Saint-Blaise, des 5 billets de change
ci-après, souscrits en faveur de dite banque par Paul Favre,
négociant à Bevaix :

1° Billet de 2000 francs au 15 Janvier 1891.
2° » » 2000 francs au 15 Février 1891.
3° » » 2000 francs à fin Février 1891.
4° » » 2000 francs à fin Mars 1891.
5° » » 1000 francs à fin Mars 1891.

Poursuivi en paiement de ces billets, Rousselot, par convention du 1er Juillet 1891 avec Zumbach & Cie, déclara faire
cession à cette banque de son actif, jusqu'à concurrence de la
somme de 9055 fr. 70 c., intérêt légal et commission réservés.
La même convention stipule, en outre, sous chiffre 5°, qu'au
fur et à mesure des paiements par la réalisation de l'actif de
Rousselot, les billets seront remis, acquittés, à ce dernier
pour lui permettre d'exercer son recours contre le souscripteur Favre.

Celui-ci ayant fait de mauvaises affaires, Zumbach & Cie
acceptèrent les propositions de concordat du dit Favre, sur
la base du 55 %, et lui donnèrent quittance pour solde, le
30 Octobre 1891, ensuite de paiement effectué le dit jour en
leurs mains, par le notaire Baillot au nom d'Alfred de Coulon,
caution de Favre, de la somme de 5025 fr. 75 c., représentant le 55 % de la valeur des billets ci-dessus, et accessoires.
La dite quittance porte entre autres :

« A teneur du concordat ci-dessus mentionné et moyennant

le paiement par Paul Favre ou sa caution du 55 % de leur
créance, les créanciers sont tenus de lui donner quittance
pour solde. En conséquence et au moyen de la somme de
5025 fr. 75 c. que la banque créancière reçoit ainsi qu'il est
dit ci-dessus, la dite banque donne quittance pleine, entière
et définitive au citoyen Paul Favre des titres devant mentionnés. »

Par lettre du 18 Juin précédent, adressée à l'agent
d'affaires Redard, à Colombier, chargé de leurs intérêts,
Zumbach & Cie déclaraient ce qui suit, relativement à leur
acceptation du concordat Favre :

« Comme convenu, nous n'acceptons la proposition de
M. P. Favre qu'à la condition expresse qu'un arrangement
intervienne entre lui et M. Rousselot avant que nous donnions
notre signature. Avant de pouvoir accepter ces propositions,
il faut que nous ayons la certitude que Rousselot consent à
payer tout ce que Favre ne nous paierait pas des 5 billets
dont il est question. »

Par commandement de payer du 4 Avril 1892, Zumbach & Cie, se fondant sur ce que Rousselot aurait adhéré à
l'arrangement et au concordat intervenus, requit, de ce dernier, le paiement de 4422 fr. 80 c. avec intérêt au 5 % dès
le 30 Octobre 1891, montant du 45 % restant dû sur les 5
billets de change dont il s'agit.

Rousselot ayant opposé au dit commandement de payer, le
président du tribunal civil de Boudry, par décision du 25 Avril,
a prononcé la main-levée provisoire de l'opposition.

Persistant dans cette opposition Rousselot, par demande
du 4 Mai suivant, a conclu à ce qu'il plaise au tribunal cantonal :

1° Déclarer l'opposition du citoyen Rousselot bien fondée.

2° Annuler les poursuites que la banque Zumbach & Cie
lui a fait adresser par commandement de payer signifié le
4 Avril 1892.

3° Dire que Rousselot ne doit rien à la banque Zumbach
& Cie.

4° Subsidiairement déclarer les poursuites de la banque

Zumbach & C^le contre Rousselot nulles, comme étant en opposition avec le contrat signé entre parties le 1er Juillet 1891.

5° Condamner la banque Zumbach & C^le à tous frais et
dépens.

A l'appui de ces conclusions, l'opposant faisait valoir, en
résumé :

Postérieurement à la signature de la convention du 1er
Juillet 1891, Zumbach & C^le ont accepté les propositions con-
cordataires de Paul Favre, et lui ont donné quittance pour
solde moyennant paiement du 55 % de sa dette ; ils n'ont
pas fait intervenir Rousselot, qui n'a point donné son consentement. Ce dernier a ainsi perdu son recours contre Favre,
puisque la libération du souscripteur par un endosseur entraîne la libération des endosseurs précédant celui qui a
donné quittance.

Zumbach & C^le n'avaient pas le droit de donner quittance
pour solde au souscripteur, sans autorisation de l'endosseur ;
s'ils l'ont fait, c'est à leurs risques et périls.

Au surplus Rousselot ne s'est engagé que comme caution
simple (donneur d'aval) et il est libéré ensuite de l'extinction,
par paiement, de la dette principale.

Dans leur réponse, Zumbach & C^le ont conclu à ce qu'il
plaise au tribunal cantonal :

A. Principalement :

1° Déclarer l'opposition mal fondée et dire que la poursuite
peut suivre son cours.

B. Subsidiairement :

2° Dire que Gustave Rousselot est lié par la convention
du 1er Juillet 1891 et prononcer que cette convention doit
recevoir son exécution.

3° Condamner l'opposant aux frais et dépens du procès.

Zumbach & C^le font observer que Rousselot, contrairement
à ses allégations, a donné son consentement à l'arrangement
intervenu entre eux et Paul Favre ; il n'est donc pas libéré
par la quittance donnée à Paul Favre.

Statuant le 29 Juillet 1892, le tribunal cantonal a prononcé
comme il a été dit plus haut. Le tribunal, pour repousser les

conclusions de la demande, a admis, d'une part, que Zumbach
& C¹ᵉ n'entendaient accepter le concordat Favre que moyennant la garantie de Rousselot, que celui-ci paierait tout ce que
Favre n'aurait pas payé. Or il est établi, en fait, que Rousselot, soit son mandataire, était pleinement d'accord pour que
Zumbach & C¹ᵉ donnassent leur adhésion au dit concordat ; il y
a lieu d'en conclure que, par ce fait, Rousselot a renoncé à
toutes clauses contraires de la convention du 1ᵉʳ Juillet 1891.

En droit :

2° La somme de 4422 fr. 80 c., objet du commandement
de payer notifié à Rousselot par Zumbach & C¹ᵉ, le 4 Avril
1892, se compose du 45 % de la somme de 9000 francs et
accessoires, montant des 5 billets de change énumérés dans
les faits ci-dessus, lesquels avaient fait l'objet de 5 poursuites
différentes ; ces billets se trouvent encore mentionnés à plusieurs reprises dans la convention du 1ᵉʳ Juillet 1891 intervenue entre les prédites parties, et ils devaient être restitués,
acquittés, à Rousselot, au fur et à mesure de ses paiements
en qualité d'endosseur de Paul Favre, afin que Rousselot
puisse exercer son recours contre le dit souscripteur.

Aucune novation n'étant intervenue, ni par le fait du concordat Favre, ni autrement en ce qui concerne cette somme
de 4422 fr. 80 c., celle-ci apparaît comme constituée par les
restes de cinq effets distincts, fondant chacun une créance
autonome. L'action dirigée par Zumbach & C¹ᵉ contre Rousselot se caractérise ainsi, quoiqu'elle ne mentionne que la
somme totale ci-dessus, comme composée, en réalité, d'autant
de réclamations distinctes qu'il y avait de billets endossés
par le défendeur.

3° Or le Tribunal fédéral, dans de nombreux arrêts, a
toujours reconnu que, dans le cas de cumulation objective de
demandes, le recours à ce Tribunal n'est admissible que
lorsque chaque prétention atteint la valeur litigieuse légale
d'au moins 3000 francs, et qu'il n'était point loisible d'addi-
tionner le montant de ces diverses réclamations pour déterminer l'importance pécuniaire du litige. (Voir arrêts du
Tribunal fédéral en les causes Suchard contre Mæstrani,

Recueil X, p. 555, consid. 4; Schramek, *ibidem* XI, p. 212
consid. 2; Weil contre Leihkasse Eschlikon *ibidem* XV, p. 603,
consid. 2; Bolle contre Bolle, *ibidem* XVI, p. 115, etc.)

Il y a lieu, en présence de l'art. 42 de la procédure civile
fédérale, que le Tribunal de céans a toujours appliqué par
analogie en pareil cas, et qui dispose que les parties peuvent
simultanément faire valoir plusieurs demandes contre le même
adversaire, pourvu que le Tribunal soit compétent à l'égard
de chacune d'elles, — de maintenir cette jurisprudence constante.

4° En application de ce principe, le Tribunal fédéral est
incompétent pour statuer en la cause, puisqu'aucune des prétentions spéciales dont se compose la réclamation principale
de Zumbach & Cie, n'atteint le minimum de 3000 francs exigé
à l'art. 29 de la loi sur l'organisation judiciaire fédérale.

Par ces mots,

Le Tribunal fédéral

prononce:

Il n'est pas entré en matière, pour cause d'incompétence,
sur le recours du sieur Gustave Rousselot.

---

123. Urtheil vom 23. Dezember 1892 in Sachen Zeißi gegen Zeißi.

A. Durch Urtheil vom 11. November 1892 hat das Ober=
gericht des Kantons Solothurn erkannt: Die Beklagte ist nicht
gehalten, das Uebereinkommen vom 28. Mai 1892 als gültig
anzuerkennen; es ist demnach die zwischen den Litiganten aus=
gesprochene Gütertrennung nicht nach den Bestimmungen des
jurassischen Code civil, sondern nach denjenigen des solothurnischen
Civilgesetzbuches durchzuführen.

B. Gegen dieses Urtheil ergriff der Kläger die Weiterziehung
an das Bundesgericht.

Das Bundesgericht zieht in Erwägung:

1. Zwischen den Eheleuteuten Zeißi, von Blauen (Berner Jura) welche seit mehreren Jahren in Dornach (Solothurn) wohnen, wurde durch Urtheil des Amtsgerichtes Dorneck=Thierstein vom 6. April 1892 die Gütertrennung ausgesprochen und durch Ur= theil vom 12. Juli 1892 wurden sie auf zwei Jahre von Tisch und Bett geschieden. Am 28. Mai 1892 trafen die Eheleute Zeißi bezüglich der Güterausscheidung das Uebereinkommen, „sie wollen dieselbe nach bernischem Rechte (code Napoléon) abfertigen lassen." Die Ehefrau Zeißi weigerte sich nachträglich, diesem Uebereinkommen nachzuleben und verlangte, daß die Güteraus= scheidung nach dem solothurnischen Civilgesetzbuche, als dem Rechte ihres Wohnortes, vorgenommen werde. Der Ehemann erhob daher Klage auf Haltung des Uebereinkommens vom 28. Mai 1892. Die Beklagte behauptete, das Uebereinkommen sei ungültig im Hinblick auf § 2 des solothurnischen Civilgesetzes, welcher die Vorschriften über eheliches Güterrecht auch auf die im Kanton wohnenden Nichtkantonsbürger für anwendbar erkläre, überdem habe sie sich bei Abschluß des Uebereinkommens in einem wesentlichen Irrthum befunden, da sie der Meinung gewesen sei, eine Güter= ausscheidung nach jurassischem Recht sei für sie die pekuniär vor= theilhaftere. Sie sei nun erst nachträglich darüber belehrt worden, daß das jurassische Gesetz für sie bedeutend nachtheiliger sei, als dasjenige ihres Wohnortes. Die erste Instanz, Amtsgericht Dorneck= Thierstein, hat die Klage gutgeheißen; dagegen hat das Oberge= richt des Kantons Solothurn in der aus Fakt. A ersichtlichen Weise erkannt. Das Obergericht erklärte zwar die erste gegen die Gültigkeit der Uebereinkunft vom 28. Mai 1892 erhobene Ein= wendung für unbegründet, dagegen erachtete es die Einrede des wesentlichen Irrthums im Sinne des Art. 19 Ziff. 4 O.=R. für begründet.

2. In erster Linie und von Amtes wegen muß geprüft werden, ob das Bundesgericht zu Beurtheilung der Beschwerde kompetent sei. Dies ist ohne Weiteres zu verneinen. Das Uebereinkommen vom 28. Mai 1892, dessen Gültigkeit in Frage steht, ist kein obligationenrechtlicher, sondern ein familienrechtlicher, speziell ehe= güterrechtlicher, Vertrag. Auf dasselbe ist daher nicht eidgenössisches

sondern kantonales Recht anwendbar. (Art. 76 O.-R.) Auch die allgemeinen Bestimmungen des eidgenössischen Obligationenrechtes finden als solche, als Rechtsnormen eidgenössischen Rechtes, keine Anwendung; das streitige ehegüterrechtliche Uebereinkommen unter- steht vielmehr in allen Richtungen ausschließlich dem kantonalen Rechte. Allerdings gelten die allgemeinen Grundsätze des Obli- gationenrechtes, wie sie in dem Bundesgesetze niedergelegt sind, im Kanton Solothurn, insoweit als die kantonale Gesetzgebung keine abweichenden Spezialbestimmungen enthält (gemäß Art. 6 Abs. 2 des solothurnischen Einführungsgesetzes zum Obligationen- recht und Art. 37 des neuen solothurnischen Civilgesetzbuches), auch für die dem kantonalen Rechte vorbehaltenen Verträge, allein in dieser ihrer Anwendung gelten sie nicht kraft bundesgesetzlicher, sondern kraft kantonalgesetzlicher Anordnung, nicht als Rechtssatz des eidgenössischen, sondern des kantonalen Rechtes. Die Kompe- tenz des Bundesgerichtes nun aber beschränkt sich nach Art. 29 O.-G. auf Rechtsstreitigkeiten, welche nach eidgenössischem Rechte zu beurtheilen sind.

Demnach hat das Bundesgericht

erkannt:

Auf die Weiterziehung des Klägers wird wegen Inkompetenz des Gerichtes nicht eingetreten und es hat demnach in allen Theilen bei dem angefochtenen Urtheile des Obergerichtes des Kantons Solothurn sein Bewenden.

II. Civilstand und Ehe. — Etat civil et mariage.

124. Urtheil vom 2. Dezember 1892 in Sachen Widmer und Lüscher gegen Gemeinderath von Gränichen.

A. In der Eheeinspruchssache des Gemeinderathes von Gränichen gegen die Rekurrenten Adolf Widmer von und in Gränichen und Bertha Lüscher von Muhen in Gränichen, welche bereits zu den bundesgerichtlichen Entscheidungen vom 16. Oktober 1891 und

4. März 1892 Veranlassung gegeben hat (siehe diese Entschei=
dungen, aus welchen der Thatbestand ersichtlich ist, Amtliche
Sammlung der bundesgerichtlichen Entscheidungen XVII
S. 583 u. ff. und XVIII, S. 75 u. ff.), erklärte das Bezirks=
gericht Aarau am 21. November 1891, nach Mittheilung des
ersterwähnten bundesgerichtlichen Urtheils den Eheeinspruch für
begründet, das Obergericht des Kantons Aargau dagegen erkannte
am 5. Februar 1892, das angefochtene Urtheil des Bezirksgerichtes
Aarau werde als ein voreiliges aufgehoben und es sei vorerst
ein Gutachten von gerichtlich zu ernennenden Sachverständigen
über den geistigen Zustand des Adolf Widmer und namentlich
darüber einzuholen, ob derselbe mit Blödsinn behaftet sei. Während
daraufhin das Bezirksgericht Aarau die Erhebung eines Sach=
verständigengutachtens angeordnet hatte, reichte der Gemeinderath
von Gränichen, unter Berufung auf die bundesgerichtliche Ent=
scheidung vom 4. März 1892 beim Obergerichte des Kantons
Aargau ein Gesuch um Wiedererwägung seines Urtheils vom 5.
Februar 1892 ein mit dem Gesuche, nach stattgefundener Wieder=
erwägung dieses Urtheil aufzuheben und das bezirksgerichtliche
Urtheil vom 21. November 1891 zu bestätigen. Nach Einlangen
dieses Wiedererwägungsgesuches wies der Präsident des Oberge=
richtes des Kantons Aargau den Bezirksgerichtspräsidenten von
Aarau an, die vom Obergericht angeordnete Expertise einstweilen
nicht vornehmen zu lassen. Gegen diese, in der Folge auch vom
Obergerichte des Kantons Aargau stillschweigend bestätigte, Si=
stirungsverfügung beschwerten sich Adolf Widmer und Bertha
Lüscher mit Eingabe vom 16./17. und 30. Mai 1892 im Wege
des staatsrechtlichen Rekurses beim Bundesgerichte. Bevor diese
Beschwerde zur Beurtheilung gelangte, hat das Obergericht des
Kantons Aargau durch Entscheidung vom 11. Juni 1892 das
Wiedererwägungsgesuch des Gemeinderathes von Gränichen für
statthaft erklärt und hierauf in Aufhebung seines Beweisurtheils
vom 5. Februar 1892 in der Sache selbst dahin erkannt: 1. Der
Rekurs des Adolf Widmer und der Bertha Lüscher in Gränichen
vom 21./22. Dezember 1891 wird abgewiesen und das Urtheil
des Bezirksgerichtes Aarau vom 21. November 1891 bestätigt.
2. Die Rekurrenten haben dem Rekursiten die Kosten dieses

Rechtsstreites mit 84 Fr. 20 Cts. zu ersetzen. In der Begrün=
dung dieses Urtheils wird ausgeführt: Das Obergericht sei be=
rechtigt, sein früheres Urtheil, das nicht etwa ein Endurtheil,
sondern ein Beweisbeschluß sei, in Wiedererwägung zu ziehen
und aufzuheben, wenn dasselbe der Aktenlage nicht mehr entspreche
und die in demselben angeordnete Beweisaufnahme überflüssig er=
scheine. Dies sei nun in der That der Fall. Das vom Oberge=
richt am 5. Februar 1892 aufgehobene Urtheil des Bezirksgerichtes
Aarau vom 21. November 1891 stütze sich auf einen Entscheid
des Regierungsrathes vom 20. November 1891, welcher die der
Bertha Lüscher ertheilte Einwilligung des Gemeinderathes Muhen
zur Eingehung der Ehe aufgehoben habe; es erkläre, daß der
Eheeinspruch des Gemeinderathes Gränichen mangels eines wesent=
lichen Erfordernisses zur Eingehung der Ehe begründet sei. Das
obergerichtliche Urtheil vom 5. Februar 1892 habe geglaubt, im
Hinblick auf das in der Sache erlassene Urtheil des Bundesge=
richtes vom 16. Oktober 1891 und dessen Motivirung, auf den
Entscheid des Regierungsrathes, als einer Verwaltungsbehörde,
keine Rücksicht nehmen zu sollen und habe die Untersuchung des
Geisteszustandes des Adolf Widmer angeordnet. Durch sein Ur=
theil vom 4. März 1892 stelle nun aber das Bundesgericht fest,
daß der Regierungsrath als oberste Instanz in Vormundschafts=
sachen kompetent gewesen sei, die der Bertha Lüscher vom Gemeinde=
rathe Muhen gegebene Ehebewilligung aufzuheben. Dies sei denn
auch, wie sich aus der Schlußnahme des aargauischen Regierungs=
rathes vom 20. November 1891 ergebe, in rechtsverbindlicher
Weise geschehen. Dadurch sei konstatirt, daß der Ehekonsens der
minderjährigen Bertha Lüscher, der durch den Vormund beziehungs=
weise die Vormundschaftsbehörde als Inhaber der elterlichen Ge=
walt über Bertha Lüscher abzugeben gewesen wäre, fehle. Da nach
Art. 27 C.=St.=G. diese Einwilligung ein wesentliches Erforderniß
zu Eingehung einer Ehe einer minderjährigen Person sei, so er=
zeige sich der Eheeinspruch des Gemeinderathes von Gränichen
und das denselben gutheißende Urtheil des Bezirksgerichtes Aarau
vom 21. November 1891 als begründet und die Durchführung
des durch das obergerichtliche Urtheil vom 5. Februar angeordneten
Beweises werde, da die Sache schon jetzt endgültig beurtheilt wer=

ben könne, unnöthig. Dieser Ausgang der Sache habe auch zur
Folge, daß die Rekurrenten und Einspruchsbeklagten der Gegen=
partei die Kosten des Rechtsstreites zu ersetzen haben. Mit Rück=
sicht darauf, daß durch diese Entscheidung des Obergerichtes in
der Sache selbst die durch den staatsrechtlichen Rekurs des Adolf
Widmer und der Bertha Lüscher vom 16./17. und 30. Mai 1892
angefochtene Sistirungsverfügung alle Bedeutung verloren habe,
erkannte das Bundesgericht am 1. Juli 1892, es werde auf die
fragliche staatsrechtliche Beschwerde als gegenstandslos geworden,
nicht eingetreten, mit dem Beifügen, es bleibe den Rekurrenten
natürlich vorbehalten, wenn sie hiezu Grund zu haben glauben,
gegen das Erkenntniß des Obergerichtes vom 11. Juni 1892 die
ihnen zutreffend erscheinenden Rechtsmittel zu ergreifen.

B. Gegen das ihnen am 16. August 1892 eröffnete Urtheil des
Obergerichtes des Kantons Aargau vom 11. Juni gleichen Jahres
ergriffen Adolf Widmer und Bertha Lüscher nun wirklich mit Ein=
gabe vom 3. September 1892 die civilrechtliche Weiterziehung an
das Bundesgericht, indem sie die Anträge anmeldeten: I. Es sei
in Aufhebung des obergerichtlichen Urtheils der erhobene Eheein=
spruch des Gemeinderathes Gränichen als unbegründet aufzuheben
und die Klage des Gemeinderathes abzuweisen. Unter Kostenfolge.
II. Mit diesem Begehren wird zugleich das Begehren verbunden,
die Akten nach folgenden Richtungen zu vervollständigen: 1. Es
sei die vom aargauischen Obergericht am 5. Februar 1892 ange=
ordnete Untersuchung über den geistigen Zustand des Adolf Widmer
und über die Frage, ob derselbe mit Blödsinn behaftet sei, zu deren
Ausführung das Bezirksgericht Aarau am 12. März 1892 bereits
Sachverständige ernannt hatte, vor Allem aus zu Ende zu führen.
2. Es sei die Schlußnahme des aargauischen Regierungsrathes
vom 21. August 1891 zu den Akten zu bringen, durch welche
endgültig und bedingungslos die Ehebewilligung des Gemeinde=
rathes Muhen in Abweisung des Rekurses des Gemeinderathes
Gränichen gutgeheißen worden war. 3. Es sei die Schlußnahme
des schweizerischen Bundesrathes vom 20. Oktober 1891 zu den
Akten zu bringen, durch welche in Abweisung des Rekurses des
Gemeinderathes von Gränichen die Schlußnahme des aargauischen
Regierungsrathes vom 21. August 1891 bestätigt wurde. Gleich=

zeitig wird um Ertheilung des Armenrechtes nachgesucht und erklärt, die Beklagten behalten sich vor, gegen das Urtheil des
Obergerichtes vom 11. Juni 1892 auch den staatsrechtlichen Rekurs zu ergreifen.

C. Bei der heutigen Verhandlung hält der Anwalt der Beklagten und Rekurrenten die schriftlich angemeldeten Anträge aufrecht. Er macht gleichzeitig darauf aufmerksam, daß bei den Akten
auch die Mittheilung des Civilstandsbeamten an den Bräutigam
über den Einspruch des Gemeinderathes von Gränichen fehle, so daß
wenn das Gericht den Inhalt dieses Einspruches nicht schon als
durch die bundesgerichtliche Entscheidung vom 16. Oktober 1891
festgestellt erachten sollte, die Akten auch in dieser Richtung zu
vervollständigen wären. Der Anwalt des Klägers und Rekursbeklagten beantragt: Es seien die gegnerischen Anträge wegen
Inkompetenz, eventuell aus materiellen Gründen abzuweisen und
das angefochtene Urtheil zu bestätigen, unter Kosten- und Entschädigungsfolge.

Das Bundesgericht zieht in Erwägung:

1. Die Kompetenz des Bundesgerichtes wird vom Rekursbeklagten zu Unrecht bezweifelt. Die angefochtene Entscheidung
qualifizirt sich als Haupturtheil; die Streitsache ist privatrechtlicher Natur, sie ist nach den Bestimmungen des Bundesgesetzes
über Civilstand und Ehe, also nach eidgenössischem Rechte, zu beurtheilen und unterliegt ihrer Natur nach einer Schatzung nicht.
Es sind also die sämmtlichen Voraussetzungen der bundesgerichtlichen Kompetenz nach Art. 29 O.-G. gegeben.

2. Die Fakt. B sub II 2 und 3 erwähnten Aktenvervollständigungsbegehren der Rekurrenten sind gegenstandslos, da die
fraglichen Aktenstücke bereits theils in Original, theils in beglau-
bigter und nicht bemängelter Kopie bei den Akten liegen. Dagegen
liegt allerdings der Eheeinspruchsakt des Gemeinderathes von
Gränichen resp. die darüber vom Civilstandsbeamten dem Bräutigam gemachte Mittheilung nicht vor. Allein einerseits ist der Inhalt des Eheeinspruchs in der bei den Akten liegenden Einspruchsklage des Gemeinderathes von Gränichen wiedergegeben, andrerseits
wäre es offenbar Sache der Rekurrenten gewesen, die fraglichen
Aktenstücke bereits vor den kantonalen Instanzen einzulegen oder

zu den Akten zu verlangen, was, soweit den Akten zu entnehmen, nicht geschehen ist. Die Entscheidung über das Fakt. B sub II 1. erwähnte Aktenvervollständigungsbegehren hängt von der Entscheidung in der Hauptsache ab.

3. Der Anwalt der Rekurrenten hat heute behauptet, es sei durch die staatsrechtliche Entscheidung des Bundesgerichtes vom 16. Oktober 1891 rechtskräftig entschieden worden, daß als Eheeinspruchsgrund einzig der behauptete Blödsinn des Bräutigams in Betracht kommen könne, derart, daß, wenn dieser Einspruchsgrund nicht dargethan werde, die Trauung der Rekurrenten ohne Weiteres vollzogen werden müsse. Diese Behauptung ist unbegründet. Durch die bundesgerichtliche Entscheidung vom 16. Oktober 1891 ist lediglich die Schlußnahme des Bezirksgerichtes Aarau, die richterliche Verhandlung über die Eheeinspruchsklage sei bis nach Entscheidung über die vom Gemeinderathe von Gränichen bei den Verwaltungsbehörden gestellten Begehren auszusetzen, aufgehoben und das Bezirksgericht verpflichtet worden, den Prozeß ohne weitere Unterbrechung zu Ende zu führen und das Urtheil zu fällen. Etwas Weiteres ist in dem dispositiven Theile der bundesgerichtlichen Entscheidung vom 16. Oktober 1891 nicht enthalten; das Dispositiv spricht nicht aus, daß die Gerichte im Einspruchsverfahren einen andern Einspruchsgrund als denjenigen des Blödsinns nicht in Betracht ziehen dürfen, und noch weniger natürlich, daß bei richterlicher Verwerfung des Einspruchs die Trauung, auch wenn inzwischen Ehehindernisse zu Tage getreten sein sollten, die im Einspruchsverfahren nicht erledigt wurden, ohne Weiteres vollzogen werden müsse. In der Begründung der Entscheidung vom 16. Oktober 1891 ist allerdings u. A. angeführt worden, der Eheeinspruch des Gemeinderathes von Gränichen werde ausschließlich auf den behaupteten Blödsinn des Bräutigams begründet. Allein in dieser Bemerkung liegt keine Entscheidung und es kann daher selbstverständlich von einer Rechtskraft derselben nicht die Rede sein.

4. Nun ist durch den Regierungsrath des Kantons Aargau als Obervormundschaftsbehörde die von der Vormundschaftsbehörde von Muhen der minderjährigen Braut Bertha Lüscher ertheilte Ehebewilligung aufgehoben und es ist die Zulässigkeit dieser

obervormundschaftlichen Schlußnahme vom Bundesgerichte durch
seine Entscheidung vom 4. März 1892 anerkannt worden. Danach
liegt denn klar vor, daß gegenwärtig das Ehehinderniß der mangelnden vormundschaftlichen Zustimmung gegeben ist und daß
somit der Civilstandsbeamte, sobald ihm die regierungsräthliche
Schlußnahme zur Kenntniß gebracht wird, die Trauung der Rekurrenten keinenfalls vornehmen darf. Denn der Civilstandsbeamte
hat gemäß Art. 30 C.=St.=G. für die Verehelichung Minderjähriger sich die vormundschaftliche Zustimmung nachweisen zu
lassen und hat ihm bekannte Ehehindernisse von Amtes wegen zu
berücksichtigen; er muß also von Amtes wegen darauf Rücksicht
nehmen, daß hier durch die Obervormundschaftsbehörde der minderjährigen Braut die Ehebewilligung nachträglich ist verweigert
worden. Allein wenn dem auch so ist, wenn also auch für so
lange als nicht etwa die Obervormundschaftsbehörde auf ihren
Beschluß zurückkommt oder die Braut das Alter von 20 Jahren
erreicht hat, eine Trauung der Rekurrenten jedenfalls nicht stattfinden darf, so kann deßhalb doch nicht ohne Weiteres die vom
Gemeinderathe Gränichen erhobene Eheeinspruchsklage gutgeheißen
und können nicht in Folge dessen die Kosten des Einspruchs-
prozesses den Rekurrenten auferlegt werden. Dies dürfte vielmehr
nur dann geschehen, wenn die Einspruchsklage, so wie sie erhoben
wurde, als begründet erschiene, d. h. wenn die Einspruchsgründe,
welche der Gemeinderath von Gränichen in seiner Einspruchsklage
geltend machte, sich als begründet darstellten.

5. Fragt sich, auf welche Gründe der Gemeinderath Gränichen
seinen Eheeinspruch stützte, so hatte diese Behörde in der Rekursbeantwortung, auf welche hin der staatsrechtliche Entscheid des
Bundesgerichtes vom 16. Oktober 1891 erging, ganz ausdrücklich
behauptet, daß sie ihren gerichtlichen Eheeinspruch einzig auf das
Ehehinderniß des Blödsinns begründet habe und es ist dies, da
natürlich ein Grund, an der Richtigkeit dieser Behauptung zu
zweifeln, nicht vorlag, in der bundesgerichtlichen Entscheidung vom
16. Oktober 1891 erwähnt worden. Heute nun, wie schon vor
den kantonalen Gerichten, macht der Gemeinderath von Gränichen,
in vollem Widerspruche hiemit, geltend, er habe seinen gerichtlichen
Einspruch auch auf den Mangel des vormundschaftlichen Ehe-

konsenses für die minderjährige Braut begründet und es mag, da allerdings der Inhalt der Einspruchsklage hiefür spricht, von dieser Annahme ausgegangen werden. Allein dieser Einspruchs= grund war nun jedenfalls zu verwerfen. Es mag dahin gestellt bleiben, ob der Gemeinderath von Gränichen zu dessen gerichtlicher Geltendmachung überhaupt berechtigt war, oder ob nicht vielmehr die Geltendmachung des mangelnden elterlichen oder vormund= schaftlichen Ehekonsenses nur den zustimmungsberechtigten Per= sonen zusteht (siehe darüber v. Wyß, Zeitschrift für schwei= zerisches Recht, XX, Abschnitt Rechtspflege und Gesetzgebung, S. 21, Anmerkung 1 und S. 30). Denn, auch wenn diese Frage im ersteren Sinne zu beantworten sein sollte, so war doch hier der Einspruch jedenfalls nicht begründet. Derselbe konnte sich selbstverständlich nicht auf die erst nachträglich erlassene obervor= mundschaftliche Verfügung des Regierungsrathes stützen, sondern lediglich darauf, die Ertheilung des Ehekonsenses durch die heimat= liche Vormundschaftsbehörde der Braut, den Gemeinderath von Muhen, sei nicht genügend. Dies ist aber unrichtig. Die Zu= stimmung der Vormundschaftsbehörde der Braut, welche anfänglich einen Vormund nicht besaß, war gewiß genügend, da ja nach Art. 27 Abs. 2 C.=St.=G. die Vormundschaftsbehörde den Ehe= konsens sogar entgegen einer ausdrücklichen Weigerung des Vor= mundes ertheilen kann. Uebrigens hat auch der noch vor Einlei= tung des Prozesses bestellte Vormund seine Zustimmung sofort ertheilt. Der Umstand, daß der Gemeinderath von Gränichen sich bestrebte, die obervormundschaftliche Aufhebung des ertheilten Ehe= konsenses zu erwirken, ändert nichts daran, daß letzterer, so lange ihn die Obervormundschaftsbehörde nicht wirklich aufgehoben hatte, gültig war.

6. Ob der fernere vom Gemeinderathe von Gränichen geltend gemachte Einspruchsgrund des Blödsinns des Bräutigams be= gründet ist, kann auf Grund der gegenwärtigen Aktenlage nicht beurtheilt werden, da das Beweisverfahren hierüber nicht durch= geführt worden ist. Die Sache muß daher an die Vorinstanz zu Erledigung dieses Einspruchsgrundes zurückgewiesen werden. Bei der gegenwärtigen Sachlage ist nun freilich die richterliche Ent= scheidung über diesen Einspruchsgrund von praktischer Bedeutung

nur noch für die Vertheilung der Prozeßkosten. Es muß daher
der Vorinstanz vorbehalten bleiben, auch darüber zu entscheiden,
ob angesichts dieser Sachlage die Parteien ein prozeßuales Recht
besitzen, die Durchführung des Beweisverfahrens und eine rich=
terliche Entscheidung über das Beweisergebniß zu verlangen oder
ob nicht vielmehr der Einspruch des Gemeinderathes von Gränichen
einfach als gegenstandslos geworden, zurückzuweisen sei.

Demnach hat das Bundesgericht

erkannt:

Das angefochtene Urtheil des Obergerichtes des Kantons Aar=
gau vom 11. Juni 1892 wird aufgehoben und es wird die Sache
zu Erledigung des Einspruchsgrundes des Blödsinns des Bräuti=
gams an die Vorinstanz zurückgewiesen.

III. Haftpflicht
der Eisenbahn- und Dampfschiffunternehmungen
bei Tödtungen und Verletzungen.
Responsabilité des entreprises de chemins de fer
et de bateaux à vapeur
en cas d'accident entraînant mort d'homme
ou lésions corporelles.

125. Urtheil vom 7. Oktober 1892 in Sachen
Fricker gegen Schweizerische Centralbahngesellschaft.

A. Durch Urtheil vom 9. Juni 1892 hat das Appellations=
gericht des Kantons Baselstadt erkannt: Es wird das erstinstanz=
liche Urtheil in allen Theilen bestätigt. Die zweitinstanzlichen
Kosten fallen in Folge ertheilten Armenrechts dahin. Das erstin=
stanzliche Urtheil des Civilgerichtes von Baselstadt ging dahin:
Beklagte wird bei ihrer Erklärung behaftet, sämmtliche Kosten
der Heilung und Verpflegung des Theophil Fricker, mit Einschluß
der Kosten für die Anschaffung künstlicher Beine, sobald die
Nothwendigkeit derselben durch ärztliches Zeugniß bescheinigt wird,

zu tragen und zur Zahlung einer Leibrente von 1130 Fr. bis zum Ableben des Theophil Fricker an Kläger verurtheilt. Von den ordentlichen Kosten trägt die eine Hälfte die Beklagte, die andere fällt in Folge Ertheilung des Armenrechtes dahin.

B. Gegen das zweitinstanzliche Urtheil ergriff der Kläger die Weiterziehung an das Bundesgericht. Bei der heutigen Verhandlung beantragt sein Anwalt, es sei in Abänderung des appellationsgerichtlichen Urtheils gemäß den von ihm vor erster Instanz gestellten Anträgen zu erkennen, unter Kosten- und Entschädigungsfolge; er bietet auch in dieser Instanz Beweis dafür an, daß die Bedenken, der Verunglückte biete zufolge seines jugendlichen Alters für richtige Verwaltung einer Kapitalsumme keine Garantie dar, unbegründet seien und daß auch dessen Vater zu Befürchtungen hinsichtlich der Vermögensverwaltung keinen Anlaß biete; er stelle auf Einholung eines Berichtes der Gemeindebehörde des Wohnortes hierüber ab.

Der Anwalt der Beklagten und Rekursbeklagten trägt auf Abweisung der gegnerischen Weiterziehung unter Kosten und Entschädigungsfolge an.

Das Bundesgericht zieht in Erwägung:

1. Der 19jährige, mit einem Jahreseinkommen von 930 Fr. bei der Beklagten als Eisenbahnarbeiter angestellte, Theophil Fricker erlitt im Eisenbahnbetriebe der Beklagten einen Unfall; er gerieth unter einen Eisenbahnwagen und verlor in Folge der Verletzungen beide Beine. Zugestanden ist, daß der Unfall durch grobes Verschulden eines Nebenarbeiters herbeigeführt wurde. Der Verunglückte verlangt von der Beklagten folgende Entschädigungen: 1. für Aufhebung seiner Erwerbsfähigkeit 25,515 Fr.; 2. als Schmerzengeld 2000 Fr.; 3. als Heilungs- und Verpflegungskosten: a) für Zeitverlust der Verwandten des Verletzten bei Besuchen derselben im Spital, circa 100 Besuche von durchschnittlich 5 Stunden Zeitverlust, die Stunde zu 1 Fr. berechnet, 500 Fr.; b) Zehrungsgelder derselben während der Besuche 100 Fr.; 4. für Verpflegung nach der Entlassung aus dem Spitale 600 Fr. Ferner habe die Beklagte, wie nicht bestritten, die Spitalkosten zu tragen und für künstliche Glieder zu sorgen, welche dem neuesten Stande der Wissenschaft entsprechen. Eventuell forderte der Kläger eine Jahresrente von 2500 Fr. vom Tage des

Unfalles an; er berechnet dabei seinen Jahresverdienst, da er die
Crêpeweberei erlernt habe und als Weber bedeutend mehr hätte
verdienen können, als im Dienste der Beklagten, auf 1500 Fr.
und rechnet dazu einen Betrag von 1000 Fr. Entschädigung für
eine Warteperson, deren er fortwährend dringend bedürfe; neben
der Rente verlangt er die unter 2—4 genannten Summen. Die
Beklagte anerbot, außer der Uebernahme sämmtlicher Heilungs=
kosten mit Inbegriff der Erstellung künstlicher Glieder, sobald
solche für erforderlich erklärt würden, entweder eine Aversalent=
schädigung von 18,000 Fr. oder eine lebenslängliche Rente von
1000 Fr. und daneben eine Aversalentschädigung von 3000 Fr.
Sie hat eine Abschlagszahlung von 3000 Fr. geleistet, woraufhin
der Kläger seine Forderung um diesen Betrag reduzirte. Die
Vorinstanzen haben übereinstimmend auf eine Rente von 1130 Fr.
als Ersatz für den nachgewiesenen Vermögensnachtheil erkannt,
indem sie daneben die von der Beklagten als „Schmerzengeld"
nach Art. 7 des Eisenbahnhaftpflichtgesetzes anerbotene und bereits
bezahlte Summe von 3000 Fr. als angemessen erklärten. Die
weitergehenden Ansprüche des Klägers haben sie abgewiesen, die
Ansprüche für Zeitverlust und Zehrungsgelder der Angehörigen
des Verletzten deßhalb, weil die Besuche der Angehörigen zur
Heilung nicht nöthig gewesen seien und der Kläger zu Geltend=
machung sachbezüglicher Ansprüche gar nicht legitimirt sei, den
Anspruch von 600 Fr. für weitere Verpflegung nach Austritt
aus dem Spitale, weil jeglicher Nachweis seiner Berechtigung
mangle und weil, wie die Appellationsinstanz beifügt, in der
schon geleisteten Zahlung von 3000 Fr. dieser Anspruch jedenfalls
bereits berücksichtigt wäre. Sie haben der Bemessung der Rente
den (vollen) Jahresverdienst des Klägers vor dem Unfalle zu
Grunde gelegt und dazu einen Zuschlag von 200 Fr. per Jahr
für besondere Wartung und Pflege gemacht, deren der Verletzte
nach dem Unfalle bedürfe.

2. Wenn die kantonalen Instanzen der Bemessung der Entschä=
digung den Jahresverdienst des Verletzten vor dem Unfalle zu
Grunde gelegt haben, so ist dies durchaus nicht rechtsirrthümlich,
sondern im Gegentheil völlig richtig. In der Regel ist bei Be=
messung von Haftpflichtentschädigungen von der Erwerbslage des
Verunglückten zur Zeit des Unfalles auszugehen. Nur wenn eine

Aenderung derselben in sicherer Aussicht stand, nach dem ordentlichen Laufe der Dinge erfahrungsmäßig bestimmt zu erwarten war, ist hievon abzugehen. Dies trifft hier nicht zu. Der Verletzte bezog bei der Beklagten den Lohn eines erwachsenen Arbeiters. Die Möglichkeit, daß er vielleicht zu Ausübung seines erlernten Weberberufes zurückgekehrt wäre und in dieser Stellung mehr verdient hätte, ist eine durchaus unsichere; wenn er diesen Beruf aufgegeben und in den Dienst der Beklagten nicht etwa nur vorübergehend, sondern als ständiger Arbeiter eingetreten ist, so hatte dies seinen Grund doch offenbar darin, daß er so eine gesichertere Existenz zu finden hoffte. Ebenso ist der Zuschlag zu der Entschädigung, welchen die Vorinstanzen für die dem Verunglückten in Folge seiner schweren Verletzung nöthige besondere Wartung gemacht haben, richtig bemessen. Die Vorinstanz bemerkt mit Recht, daß der Kläger einer ständig zu seinen Diensten stehenden Warteperson nicht bedürfe, vielmehr sogar, trotz seiner Verstümmelung, im Stande sein werde, sich in einem leichtern Berufe zu bethätigen um einen kleinen Erwerb zu finden. Freilich wird ihm eine ständige gewerbliche Bethätigung kaum möglich sein, allein immerhin einigen, wenn auch vielleicht nicht regelmäßigen, Erwerb zu machen, ist er noch im Stande und es darf ihm dies auch zugemuthet werden. Bei dieser Sachlage ist es gewiß ausreichend, wenn dem Verletzten für die besondere Abwartung und Pflege neben dem Ersatze seines vollen frühern Jahresverdienstes eine jährliche Entschädigung von 200 Fr. ist gewährt worden.

3. Die Forderungen des Klägers für Zeitverlust der Verwandten bei ihren Besuchen im Spitale und für Verpflegung nach der Entlassung aus dem Spitale sind von den Vorinstanzen mit Recht zurückgewiesen worden und es kann in dieser Richtung lediglich auf die Begründung der vorinstanzlichen Entscheidungen verwiesen werden.

4. Danach kann sich denn (da die Aversalentschädigung nach Art. 7 des Eisenbahnhaftpflichtgesetzes nicht mehr im Streite liegt), nur noch fragen, ob die Entschädigung für Verlust der Erwerbsfähigkeit und die Wartungskosten in Form einer Kapitalsumme oder aber in Rentenform zuzusprechen sei. In dieser Beziehung ist mit der Vorinstanz anzuerkennen, daß nach Art. 6 des Eisenbahnhaftpflichtgesetzes der Richter die Form der Entschädigung

nach freiem Ermessen bestimmt, ohne an die Anträge der Parteien gebunden zu sein, also eine Kapitalsumme oder eine jährliche Rente zubilligt, je nachdem das eine oder das andere der Sach= lage besser zu entsprechen, den Interessen der Parteien, insbe= sondere des Verletzten, besser zu dienen scheint. Die sachbezüglichen Entscheidungen der kantonalen Gerichte unterliegen, da es sich dabei nicht um rein thatsächliche Feststellungen handelt, der Nach= prüfung des Bundesgerichtes. Im vorliegenden Falle nun ist mit den Vorinstanzen auf eine Rente zu erkennen. Dies ist mit der Gewährung einer Kapitalsumme als „Schmerzengeld" nach Art. 7 des Eisenbahnhaftpflichtgesetzes nicht unverträglich und nach den Umständen des Falles gerechtfertigt. Vor Allem fällt, wie die Vorinstanz ausführt, in Betracht, daß das jugendliche Alter des Verunglückten noch nicht eine zuverläßige Gewähr dafür bietet, daß er die nöthige Erfahrung habe und im Stande sein werde, ein ihm zugewiesenes größeres Kapital zur Begründung eines seine Zukunft sichernden Geschäftes zu verwenden. Sodann wäre der Verletzte bei der Art seiner Verstümmelung und angesichts der Thatsache, daß er die Führung eines selbständigen Geschäftes nicht erlernt hat, bei Einrichtung und Leitung eines solchen wie überhaupt bei Verwaltung seines Vermögens stets wesentlich auf die Thätigkeit dritter Personen angewiesen. Angesichts dieses Sach= verhaltes ist für die Zukunft des Verletzten weitaus besser gesorgt, wenn ihm eine lebenslängliche, seinen Unterhalt auf Lebenszeit sichernde Rente, als wenn ihm eine Kapitalsumme zugebilligt wird; die finanzielle Lage der Beklagten bietet alle Garantie dafür, daß die Rente auf die Lebensdauer des Klägers als gesichert gelten kann, weßhalb denn auch der Kläger ein Begehren um Sicherstellung der Rente nicht gestellt hat.

Demnach hat das Bundesgericht

erkannt:

Die Weiterziehung wird als unbegründet abgewiesen und es hat demnach in allen Theilen bei dem angefochtenen Urtheile des Appellationsgerichtes des Kantons Baselstadt vom 9. Juni 1892 sein Bewenden.

126. Urtheil vom 3. Dezember 1892 in Sachen Aliverti gegen Gotthardbahngesellschaft.

A. Durch Urtheil vom 4. Oktober 1892 hat das Kreisgericht Uri erkannt:

1. Das klägerische Rechtsbegehren sei begründet erklärt und daher die Gotthardbahngesellschaft verhalten dem Kläger eine Entschädigung von 20,000 Fr. nebst Zins à 5 % vom Tage der Klageanhebung an, ohne Abzug der bisher erlaufenen Verpflegungskosten auszurichten.

2. Dem Kläger werden ferner die Regreßrechte für allfällige rechtliche Ansprüche auf die zum Theil aus seinen Beiträgen stattgefundene Versicherung bei einer Unfallversicherungsgesellschaft gegenüber dem Arbeitgeber gewahrt.

B. Gegen dieses Urtheil ergriff die Beklagte, nachdem der Kläger sich mit Umgehung der zweiten kantonalen Instanz einverstanden erklärt hatte, die Weiterziehung direkt an das Bundesgericht.

C. Bei der heutigen Verhandlung beantragt der Anwalt der Beklagten, in erster Linie: Es sei die Zeugeneinvernahme der Frau Casagranda darüber anzuordnen, daß Aliverti beziehungsweise der auf einem hintern Wagen befindliche Arbeiter, beim Einfahren des Zuges in den Leggisteintunnel, aufrecht auf dem Wagen gestanden sei; in der Sache selbst sei, nach Durchführung der beantragten Aktenvervollständigung, eventuell auf Grund der gegenwärtigen Aktenlage, die Klage wegen Selbstverschuldens des Klägers abzuweisen, eventuell die Entschädigung angemessen zu reduziren. Er wahrt sich den Regreß gegen die Litisdenunziaten, Bauunternehmer W. Buchser & Cie. in Wassen.

Der Vertreter des Klägers trägt auf Abweisung der gegnerischen Beschwerde und Bestätigung des erstinstanzlichen Urtheils an.

Der Vertreter der Litisdenunziaten der Beklagten schließt sich, indem er jede Regreßpflicht seiner Clienten bestreitet, den Anträgen der Beklagten an und beantragt überdem Aufhebung des Dispositiv 2 des angefochtenen Urtheils. Der klägerische Anwalt erklärt

hierauf, der Kläger werde ein Recht aus Dispositiv 2 des ange=
fochtenen Urtheils nicht herleiten, sondern sich mit derjenigen Ent=
schädigung begnügen, welche ihm gegenüber der Gotthardbahnge=
sellschaft zugesprochen werde. Der Vertreter der Litisbenunziaten
der Beklagten ersucht, es sei von diesem Verzichte des Klägers
auf Dispositiv 2 des angefochtenen Urtheils am Protokoll Vor=
merk zu nehmen.

Das Bundesgericht zieht in Erwägung:

1. Der Kläger Natale Aliverti, geb. 1850, von Bulgarograsso
(Provinz Como, Italien), war im September 1891 bei den beim
Baue des zweiten Geleises der Gotthardbahn beschäftigten Bau=
unternehmern W. Buchser & Cie. in Wassen mit einem Taglohn
von 3 Fr. 30 Cts. als Handlanger angestellt. Am 13. September
1891 wurde, unter der Leitung des Vorarbeiters der Gotthard=
bahngesellschaft Biaggio Casagranda, ein verschiedenen Bauunter=
nehmern dienender Materialzug „durch Handtransport" auf dem
Betriebsgeleise der Gotthardbahn von Göschenen nach Wassen ge=
führt. Der Zug wurde auf der Strecke, eben weil er verschiedenen
Unternehmern diente, in mehrere Gruppen zerlegt, von welchen
jede ihren besondern Begleiter erhielt. Vier Wagen, welche Sand
für die Unternehmer Buchser & Cie. zu führen hatten, wurden
speziell von dem Vorarbeiter Casagranda begleitet. Diese Wagen
wurden bei Kilometer 68,800 mit Sand gefüllt; schon während
des Verladens waren die drei hintern Wagen zusammengekuppelt.
Vor der Abfahrt von Punkt 68,800 kuppelte Casagranda auch
den vordersten Wagen an, welchen er selbst mit den meisten der
im Dienste des Bauunternehmers Buchser stehenden Arbeitern be=
stieg. Der Bauunternehmer Buchser bediente die Bremse zweier
der hintern Wagen; der Kläger Aliverti befand sich, nach seiner
Aussage, allein auf dem zweiten oder dritten Wagen und zwar
behauptet er, den rechten Ellbogen aufgestützt, schräg querüber auf
dem Sande gelegen zu haben. Nachdem der Zug etwa 200 Meter
weit in den Leggisteintunnel hineingefahren war, bremste Casa=
granda, sei es mit Rücksicht auf eine vorausgefahrene Zugsab=
theilung, sei es weil er annehmen mußte, es sei bei seinem Zuge
etwas nicht in der Ordnung. Nun hatten sich aber während der
Fahrt die drei hintern Wagen des Zuges von dem vordersten

losgelöst. Da die hintern Wagen nicht gleichzeitig gebremst wurden, so prallten sie auf den vordersten und zwar mit solcher Gewalt, daß sechs gußeiserne Achsbüchsen gebrochen und die Laternen des Casagranda, sowie des Buchser, ausgelöscht wurden. Casagranda hat unmittelbar vor oder im Momente des Zusammenstoßes dem Buchser zugerufen, langsam zu fahren; dieser hat aber, nach seiner Aussage, den Zuruf, wegen des im Tunnel herrschenden Geräusches, nicht gehört. Durch den heftigen Stoß wurde Aliverti vom Wagen heruntergeworfen; er fiel so unglücklich, daß die Räder eines Wagens über seine Hände weggingen. Beide Hände wurden vollständig zermalmt, was zur Folge hatte, daß der linke Unterarm im untern Drittel und die rechte Hand im Handgelenk amputirt werden mußten. Sowohl der Sektionsingenieur der Gotthardbahn in seinem Berichte an den Oberingenieur als die Gotthardbahndirektion in ihrem Berichte an das eidgenössische Eisenbahndepartement, haben ihre Meinung dahin ausgesprochen, das Lostrennen des vordersten Wagens sei wahrscheinlich während der Fahrt im Tunnel, in Folge Aushängens der (nur eingehängten und nicht vorschriftsgemäß angezogenen) Kuppelung entstanden, was nicht hätte vorkommen können, wenn der Transportleiter richtig und gut gekuppelt hätte. Die Gotthardbahndirektion fügte bei, der Oberingenieur habe angeordnet, daß Casagranda nicht mehr als Leiter von Handtransporten mit Normalwagen verwendet werden dürfe und daß beim Passiren mehr als 200 Meter langer Tunnel auch bei Tage eine ausgiebige Beleuchtung der Fahrzeuge vorhanden sein müsse. Gegen Casagranda wurde Strafuntersuchung wegen fahrlässiger Gefährdung eines Eisenbahnzuges gemäß Art. 67, litt. b des Bundesstrafrechts eingeleitet. Er wurde durch Urtheil des Kreisgerichtes Uri vom 16. Februar 1892 zu 3 Tagen Gefängniß, 100 Fr. Buße und den Gerichtskosten verurtheilt. In der Urtheilsbegründung ist ausgeführt: Die Kuppelung der Wagen sei nicht beschädigt gewesen; die Wagen haben sich daher nicht in Folge Zerreißung der Kuppelung oder mangelhafter Beschaffenheit des Materials von einander gelöst; nach den Akten „sei die Trennung der „Wagen durch zum mindesten ungenügende Kuppelung verursacht „worden und die Nothverkuppelung, welche bei den neuen S. 2

„Wagen der Gotthardbahn in centraler Sicherheitskuppelung be=
„stehe, „übungsgemäß" nicht hergestellt gewesen, wofür Casagranda
„als Transportleiter verantwortlich sei und wodurch derselbe einer
„pflichtwidrigen Fahrlässigkeit sich schuldig gemacht und den Un=
„fall verschuldet habe, wobei als milbernder Umstand die im
„Tunnel herrschende Dunkelheit beziehungsweise mangelhafte Be=
„leuchtung desselben in Betracht falle."

2. Der auf Art. 2, 3, 5 und 7 des Eisenbahnhaftpflichtgesetzes
gestützten Entschädigungsklage des Verletzten hat die beklagte
Eisenbahngesellschaft in erster Linie die Einwendung entgegenge=
stellt, der Unfall habe sich nicht „beim Betriebe" ereignet, (son=
dern bei einer mit dem Betriebe im Zusammenhange stehenden
Hülfsarbeit im Sinne des Art. 4 des erweiterten Haftpflichtge=
setzes). Diese Einwendung ist unbegründet. Zum Betriebe einer
Eisenbahn im Sinne des Art. 2 des Eisenbahuhaftpflichtgesetzes
gehört jede Beförderung von Personen oder Sachen auf den
Schienengeleisen, ohne Rücksicht auf den Zweck oder das Mittel
der Beförderung (siehe darüber Entscheidung des Bundesgerichtes
in Sachen Felber vom 19. Oktober 1883, Amtliche Sammlung,
IX, S. 526 ff. Erw. 6). Danach ist es denn gleichgültig, daß
die Beförderung auf den Schienengeleisen, bei welcher sich der
Unfall ereignete, nicht im ordentlichen Transportdienste der Bahn=
unternehmung, sondern zum Zwecke des Bahnbaues geschah und
daß dabei als bewegende Kraft nicht die Dampfkraft, sondern
lediglich die eigene Schwere der Fahrzeuge und Transportgegen=
stände benutzt wurde.

3. Im Weitern hat die Bahngesellschaft behauptet, der Kläger
habe den Unfall selbst verschuldet, weil er allen Regeln der
Vorsicht und den bestimmten Weisungen des Vorarbeiters Casa=
granda zuwider, auf dem beladenen Wagen aufrecht stehen ge=
blieben sei, statt sich niederzusetzen und gut festzuhalten. Sie
hat zu diesem Zwecke heute Aktenvervollständigung durch Zeu=
geneinvernahme der Ehefrau des Casagranda beantragt. Allein
diesem Aktenvervollständigungsbegehren ist nicht zu entsprechen.
Zwar verstößt die Entscheidung der Vorinstanz, welche diese
Zeugeneinvernahme deßhalb verweigert hat, weil die Ehefrau
Casagranda nach den Bestimmungen der urnerischen Civilprozeß=

orbnung wegen mittelbarer Betheiligung am Ausgange des Pro=
zesses von der Zeugenpflicht ausgeschlossen sei, gegen § 11 des
Eisenbahnhaftpflichtgesetzes; diese Gesetzesbestimmung statuirt für
Eisenbahnhaftpflichtsachen das Prinzip der freien Beweiswürdigung
und es kommen daher in solchen Sachen die Beweisgrundsätze
der kantonalen Gesetzgebung nicht zur Anwendung. Allein einer=
seits hat nun kein einziger der zahlreichen über den Unfall abge=
hörten Arbeiter irgend eine Andeutung dahin gemacht, daß Aliverti
auf dem Wagen aufrecht stehen geblieben sei, während dies doch
offenbar, wenn es geschehen wäre, den Zeugen hätte auffallen
und von ihnen hätte erwähnt werden müssen; eine Aussage der
Ehefrau Casagranda im Sinne der Behauptung der Beklagten
stände daher mit der Darstellung der sämmtlichen übrigen Zeugen
im Widerspruch und hätte deßhalb auf Glaubwürdigkeit keinen
Anspruch. Andrerseits soll, auch nach der Behauptung der Be=
klagten, die Ehefrau Casagranda nur bezeugen können, daß Aliverti
im Augenblicke der Einfahrt in den Leggisteintunnel, nicht aber,
daß er im Augenblicke des Unfalls gestanden sei, während für
die vorliegende Streitfrage einzig der letztere Moment entscheidend
ist. Uebrigens hat offenbar die Beklagte selbst ihrem Aktenvervoll=
ständigungsbegehren einen erheblichen Werth nicht beigelegt, andern=
falls hätte sie gewiß nicht die zweite kantonale Instanz umgangen
und sich direkt an das Bundesgericht gewendet, sondern zu Rich=
tigstellung des Thatbestandes zunächst die kantonale Appellations=
instanz angerufen. Ist danach nicht erwiesen, daß Alverti aufrecht
stehen geblieben sei, so ist ein Beweis für ein Selbstverschulden
des Klägers überhaupt nicht erbracht. Wenn die Beklagte behauptet
hat, das Selbstverschulden folge ohne weiters daraus, daß außer
dem Kläger keiner der zahlreichen übrigen, auf dem Zuge befind=
lichen Arbeiter, durch den Stoß von den Wagen heruntergeworfen
worden sei, so ist dies nicht richtig. Aus dem gedachten Umstande
folgt nicht, daß der Kläger eine schuldhafte Unvorsichtigkeit müsse
begangen haben. Der Stoß war ohne Zweifel ein heftiger; daß
er nur für den Kläger nicht aber für andere Arbeiter verhängniß=
volle Folgen hatte, erscheint, da der Hergang nicht näher aufge=
klärt ist, als Zufall.

    4. Ist somit Selbstverschulden des Klägers nicht erwiesen, so

kann dagegen auch nicht angenommen werden, daß der Unfall
durch grobes Verschulden der Bahngesellschaft oder ihrer Leute
verursacht worden sei und somit Art. 7 des Eisenbahnhaftpflicht=
gesetzes zur Anwendung komme. Der Civilrichter hat diese Frage
selbständig zu prüfen, ohne an den Entscheid des Strafgerichtes
gebunden zu sein; übrigens hat denn auch der Strafrichter zwar
wohl „pflichtwidrige", nicht aber grobe Fahrlässigkeit des Vorar=
beiters Casagranda festgestellt, was auch nach dem Thatbestande
des Art. 67 litt. b des Buudesstrafrechtes nicht erforderlich war.
Verursacht nun wurde der Unfall einerseits dadurch, daß die
Kuppelung der Wagen sich gelöst und sich in Folge dessen die
hintern Wagen von dem ersten abgetrennt hatten, andrerseits da=
durch, daß die Bewegung des ersten Wagens verlangsamt wurde,
während das gleiche nicht auch gleichzeitig für die hintern geschah.
Ersterer Umstand war für die Herbeiführung des Unfalles eben=
sowohl kausal als letzterer. Nun muß als feststehend erachtet
werden, daß die Lösung der Kuppelung auf eine Fahrlässigkeit
des Vorarbeiters Casagranda zurückzuführen ist. Eine solche liegt
nicht sowohl darin, daß der Vorarbeiter „üblicherweise" von der
Doppelkuppel keinen Gebrauch machte, zumal dies hier, für einen
bergabwärts fahrenden Zug, wo an ein Reißen der Kuppelung
nicht so leicht zu denken war, als überflüssig erscheinen mochte,
wohl aber darin, daß er auch die einfache Kuppelung mangelhaft
gehandhabt, nämlich die Kuppelung nur eingehängt, nicht aber
vorschriftsgemäß angezogen hat. Allein als grobe Fahrlässigkeit
kann doch auch dieser Dienstfehler nicht qualifizirt werden. Der=
selbe ist vielmehr leichterer Art. Allerdings hat der Vorarbeiter,
indem er nicht vorschriftsgemäß, gut und solid verkuppelte, sich
eine Unvorsichtigkeit zu schulden kommen lassen und wider die
Dienstordnung verstoßen. Allein einen groben Verstoß, eine Pflicht=
widrigkeit, die bei auch nur einiger Achtsamkeit vermieden werden
mußte, hat er doch nicht begangen. Wenn er im Augenblicke der
Abfahrt den ersten Wagen zu locker ankuppelte, so liegt hierin
nur eine momentane Nachlässigkeit leichterer Art in Verrichtung
einer Dienstpflicht. Denn daß eine nicht völlig feste Kuppelung
Gefahren nach sich ziehen könnte, lag hier, wo es sich um die
Thalfahrt eines ohne Maschine fahrenden Materialzuges handelte,

nicht so nahe, daß die bei der Vornahme der Kuppelung bewiesene
Flüchtigkeit als Außerachtlassen elementarer Anforderungen dienst=
licher Vorsicht oder gar als frevelhafter Leichtsinn qualifizirt
werden könnte. Wenn sodann der Vorarbeiter Casagranda im
Tunnel die Bremse anzog, um die Bewegung des Zuges zu ver=
langsamen, so involvirt dies, wenn auch dadurch unmittelbar der
Unfall herbeigeführt wurde, an sich kein Verschulden. Wenn aller=
dings Casagranda gewußt hätte oder hätte wissen müssen, daß die
hintern Wagen des Zuges sich abgelöst haben, so läge darin,
daß er bremste, ohne sich vorher zu vergewissern, daß auch der
unmittelbar nachfolgende Zugstheil gebremst werde, eine auffällige
Gedankenlosigkeit und Sorglosigkeit. Allein es ist nun eben nicht,
festgestellt, daß Casagranda das Ablösen der hintern Wagen be=
merkt habe oder habe bemerken müssen; vielmehr konnte er dies
von seinem Standpunkte aus, bei der im Tunnel herrschenden
Dunkelheit, sehr wohl übersehen, ohne daß ihm deßhalb Fahr=
lässigkeit vorgeworfen werden dürfte. Ebensowenig kann von einer
Fahrlässigkeit des die Bremse der hintern Wagen bedienenden
Unternehmers Buchser gesprochen werden, da ebenfalls nicht fest=
steht, daß dieser die Lösung der Kuppelung habe bemerken oder
einen Zuruf des Casagranda langsamer zu fahren, bei pflichtge=
mäßer Aufmerksamkeit, habe hören müssen oder auch nur über=
haupt rechtzeitig hätte hören können. Wenn schließlich eine grobe
Fahrlässigkeit noch in der ungenügenden Beleuchtung des Tunnels
ist gefunden worden, so mag richtig sein, daß die Beleuchtung,
nicht sowohl des Tunnels, als vielmehr der Fahrzeuge, eine aus=
giebigere hätte sein dürfen. Allein von einer groben Fahrlässigkeit
der Bahn oder ihrer Organe kann doch hier gewiß nicht ge=
sprochen werden. Im ordentlichen Laufe der Dinge war das Pas=
siren des Materialzuges durch den Tunnel auch mit der Beleuch=
tung, wie sie dem Zuge beigegeben war, ohne alle Gefahr möglich.

5. Demnach ist die Entschädigung ausschließlich auf Grund
des Art. 5 des Eisenbahnhaftpflichtgesetzes zu bemessen. Nun steht
fest, daß der Verletzte durch seine Verstümmelung dauernd gänz=
lich erwerbsunfähig geworden ist. Ebenso ist nach der Natur der
Verletzung ohne weiters klar, daß der Verletzte, welcher des Ge=
brauchs seiner beiden Arme beraubt ist, hinfort (insbesondere beim

Ankleiben und Speisen) dauernd besonderer Wartung und Pflege
bedarf uub hiefür Auslagen machen muß, welche er vor dem Un=
falle nicht hatte. Auch für den hieraus sich ergebenden Vermögens=
nachtheil gebührt ihm Entschädigung. Die sachbezüglichen Auslagen
gehören, da sie eben gemacht werden müssen, damit der Verletzte
sein Leben weiter fristen könne, zu den Heilungskosten (siehe Ent=
scheidung des Bundesgerichtes in Sachen Weber vom 19. Juni
1880, Erw. 6, Amtliche Sammlung VI, S. 264; Entscheidung
in Sachen Fricker gegen Schweizerische Centralbahn, vom 7. Ok=
tober 1892). Nun bezog der Kläger am Tage des Unfalls einen
Taglohn von 3 Fr. 30 Cts. Als bloßer Handlanger hat er in=
deß diesen Taglohn wohl unzweifelhaft nicht während des ganzen
Jahres sondern nur während derjenigen Zeit bezogen, während
welcher Handlanger im Bauhandwerke Beschäftigung zu finden
pflegen. Wird dieser Umstand berücksichtigt, so kann der jährliche
Ausfall, welcher dem Verletzten durch den Unfall entsteht, ein=
schließlich der Auslagen für besondere Wartung und Pflege, jeden=
falls nicht wesentlich höher als auf 1000 Fr. angeschlagen werden.
Dieser Ausfall entspricht bei dem Alter des Klägers, nach dem
Grundsatze der Rentenanstalten einem Kapital von ungefähr
16,000 Fr. Wenn dem Kläger diese Summe ohne irgendwelchen
Abzug zugebilligt wird, so ist er damit in völlig ausreichender
Weise entschädigt; es ist dabei insbesondere berücksichtigt, daß ihm
auch für Anschaffung respektive Ersatz künstlicher Glieder in der
Folge noch Auslagen entstehen können. Die Vorinstanz ist bei
Festsetzung der Entschädigung auf 20,000 Fr., abgesehen davon,
daß sie den Art. 7 des Eisenbahnhaftpflichtgesetzes für anwendbar
erachtet hat, davon ausgegangen, es sei dem Kläger eiu Kapital
zuzusprechen, dessen landesüblicher Zins dem eingetretenen Aus=
falle entspreche. Dieß ist aber offenbar rechtsirrthümlich. Dem
Kläger gebührt nicht ein Kapital, dessen jährlicher Zins dem ihm
entstandenen Ausfalle entspricht, sondern ein Kapital, welches den
Werth einer lebenslänglichen Rente von der Höhe des eingetre=
tenen Ausfalls repräsentirt.

6. Im Weitern ist die Bahngesellschaft zu verpflichten, die bis
zur Anhebung der Klage für die Verpflegung und ärztliche Be=
handlung des Klägers entstandenen Kosten zu trigen. Dagegen

findet der Kläger für die seit Anhebung der Klage ihm erwach=
senen Verpflegungskosten Ersatz in den Zinsen der Entschädigungs=
summe.

7. Gemäß der heute abgegebenen Erklärung des klägerischen
Anwalts ist Dispositiv 2 des angefochtenen Urtheils zu streichen.
Auf Prüfung oder Beurtheilung des zwischen der Beklagten und
den Litisdenunziaten W. Buchser & Cie. bestehenden Rechtsver=
hältnisses ist im gegenwärtigen Verfahren nicht einzutreten.

Demnach hat das Bundesgericht
erkannt:

1. Dispositiv 1 des angefochtenen Urtheils des Kreisgerichtes
Uri vom 4. Oktober 1892 wird in theilweiser Gutheißung der
Weiterziehung der Beklagten dahin abgeändert, daß die Beklagte
verpflichtet wird, dem Kläger eine Entschädigung von 16,000 Fr.
nebst Zins à 5 % vom Tage der Klageanhebung an auszurichten
und überdem die bis zur Klageanhebung erwachsenen Arzt= und
Verpflegungskosten zu tragen.

2. Dispositiv 2 des angefochtenen Urtheils ist aufgehoben.

IV. Obligationenrecht. — Droit des obligations.

127. Urtheil vom 8. Oktober 1892 in Sachen Profumo gegen Stumm.

A. Durch Urtheil vom 22. Juni 1892 hat das Appellations=
gericht des Kantons Baselstadt erkannt: Beklagter ist zur Zahlung
von 14,400 Fr. sammt Zins à 5 % seit Tag der Klage verurtheilt.

B. Gegen dieses Urtheil ergriffen beide Parteien die Weiter=
ziehung an das Bundesgericht.

Der Anwalt des Klägers beantragt, es sei das angefochtene
zweitinstanzliche Urtheil aufzuheben und Beklagter konform dem
Rechtsbegehren der Klage und konform dem Urtheil des Civil=
gerichtes an Kapital, Zinsen und Kosten zu verfällen.

Dagegen trägt der Beklagte darauf an, es sei die Klage gänzlich abzuweisen, eventuell sei die dem Kläger zugesprochene Entschädigung auf 7200 Fr. zu reduziren.

Das Bundesgericht zieht in Erwägung:

1. Zwischen den Parteien ist am 26. Juli 1885 ein Vertrag abgeschlossen worden, durch welchen der Beklagte sich verpflichtete, während zwei Jahren vom Tage des Vertragsschlusses an gerechnet, seine Bezüge von kaukasischem und penſylvaniſchem Petrol aus Italien ausschließlich beim Kläger durch Vermittlung des klägerischen Agenten Kopp in Luzern zu machen unter Garantie des Bezuges eines Minimalquantums von 20,000 Fässern während jeden Vertragsjahres (siehe rücksichtlich des nähern Inhalts dieses Vertrages, Amtliche Sammlung der bundesgerichtlichen Entscheidungen XV, S. 760 u. f. Erw. 1, wo derselbe wörtlich abgedruckt ist). In Ausführung dieser Uebereinkunft schlossen die Parteien am darauffolgenden Tage einen weitern Vertrag ab, wonach der Beklagte vom Kläger zunächst 10,500 Fässer kaukasischen Petroleums zum Preise von 17 Fr. 50 Cts. franko Wagen Genua, lieferbar mit je 2100 Fässern monatlich in den Monaten September, Oktober, November, Dezember und Januar nächstkünftig kaufte. Schon bei Ausführung dieses Vertrages entstanden zwischen den Parteien Anstände, welche zu rechtlichen Schritten führten; ein speziell die Novemberlieferung betreffender Streit wurde richterlich durch Urtheile des Civilgerichtes und des Appellationsgerichtes des Kantons Baselstadt vom 20. Juli und 30. September 1886 und des Bundesgerichtes vom 14. Januar, 1887 (siehe Amtliche Sammlung XIII, S. 65 u. ff.) zu Ungunsten des Beklagten entschieden. Weitere Differenzen entstanden über die Lieferung der restirenden 9500 Faß des ersten Vertragsjahres; über deren Bezug kam ein Spezialvertrag nicht zu Stande und sie wurden daher thatsächlich nicht geliefert. Der Kläger klagte in Folge dessen auf Ersatz des ihm hieburch entstandenen Schadens. Durch Urtheile des Civilgerichtes und des Appellationsgerichtes des Kantons Baselstadt vom 8. Februar und 6. Juni 1889 wurde diese Klage bis zum Betrage von 13,680 Fr. nebst Zins zu 5 % seit 26. Juli 1886 gutgeheißen. Durch letztinstanzliche Entscheidung des Bundesgerichtes vom 4. Oktober 1889 (abgedruckt

Amtliche Sammlung XV, S. 760 u. ff.) wurde die Entschädigung auf 20,000 Fr. (nebst Zins zu 5 % seit 26. Juli 1886) erhöht. Sämmtliche Instanzen nahmen an, das Nichtzustandekommen eines Kaufvertrages über die restirenden 9500 Faß des ersten Vertragsjahres (zu dessen Abschluß der Beklagte unbestrittenermaßen verpflichtet war) sei durch vertragswidriges Verhalten des Beklagten verschuldet; dieser hafte daher für das Interesse, welches der Kläger an der Ausführung des Vertrages hatte, d. h. für den Gewinn den der Kläger bei ordentlicher Abwickelung des Geschäftes gehabt hätte. Die kantonalen Instanzen stellten dieses Interesse auf 1 Fr. per 100 Kilogramm netto fest, gestützt auf ein Expertengutachten, welches unter freier Würdigung der Umstände den muthmaßlichen Gewinn des Klägers auf diesen Betrag im Minimum taxirt hatte. Das Bundesgericht dagegen legte seiner Entscheidung einen Ansatz von ungefähr 1 Fr. 50 Cts. per 100 Kilogramm zu Grunde, weil es sich rechtfertige, dem Kläger eine den von den Experten angenommenen Minimalansatz übersteigende Entschädigung zuzubilligen, also die Entschädigung so zu bemessen, daß sie den dem Kläger erwachsenen erstattungsfähigen Schaden jedenfalls decke. Es könne um so weniger einem Bedenken unterliegen, von dem dem Richter zustehenden freien Ermessen bei der Schadensberechnung in diesem Sinne Gebrauch zu machen, als das Verhalten des Beklagten offenbar ein bewußt rechtswidriges gewesen sei. Auch bezüglich der 20,000 Faß des zweiten Vertragsjahres kam es trotz vielfacher Unterhandlungen zu keinem Spezialvertrage und es wurden daher auch diese nicht geliefert. Im gegenwärtigen Prozesse nun hat der Kläger seine sachbezügliche Schadenersatzforderung eingeklagt; er berechnet dieselbe unter Zugrundelegung des im bundesgerichtlichen Urtheile vom 4. Oktober 1889 angenommenen Ansatzes von 1 Fr. 50 Cts. per 100 Kilogramm auf 43,200 Fr. und verlangt deren Verzinsung zu 5 % seit 26. Juli 1887, weil der Betrag mit Ende des zweiten Vertragsjahres fällig geworden sei. Das Civilgericht des Kantons Baselstadt hat diese Forderung in ihrem ganzen Umfange gutgeheißen. Dagegen hat das Appellationsgericht in der aus Fakt. A ersichtlichen Weise erkannt. Dasselbe hat ein Sachverständigengutachten eingeholt, aus welchem folgendes hervorzuheben ist. Die Experten

sprechen sich dahin aus, daß sich ein Großhändler in Petroleum
für ein Geschäft, bei welchem Lieferzeit und Qualität genau festgestellt sei, mit einem Nutzen von mindestens 25 Cts. per 100
Kilogramm oder 2 % wahrscheinlich begnüge, da bei solchen Geschäften ein Risiko sozusagen ausgeschlossen sei. Hier handle es
sich aber um einen ganz abnormen Vertrag, dessen Abnormität
eine sichere Schätzung nicht zulasse. Einen solchen Vertrag werde
ein Großhändler nicht wohl anders abschließen, als wenn er auf
einen Durchschnittsnutzen von mindestens 1 Fr. per 100 Kilogramm hoffen zu können glaube. Da jedoch der Kläger nicht in
die Lage gekommen sei, die fraglichen 20,000 Faß beschaffen zu
müssen, ihm dadurch wahrscheinlich Spesen dieser oder jener Art
erspart worden seien und das von demselben berechnete Risiko
nicht im ganzen Umfange zur Geltung gekommen sei, so glauben
die Experten, daß der dem Käufer entgangene Gewinn doch
mindestens auf 75 Cts. per 100 Kilogramm netto zu taxiren sei.

2. Der Beklagte hat zunächst grundsätzlich eingewendet, der
Vertrag vom 26. Juli 1885 verpflichte ihn nicht ohne Weiteres
in jedem Jahre 20,000 Faß Petroleum vom Kläger zu beziehen,
sondern statuire diese Verpflichtung blos für den Fall, daß Italien
im Petroleumhandel konkurrenzfähig sei und er daher dort Petroleum kaufe. Im zweiten Vertragsjahre habe er nun in Italien
nichts gekauft und sei daher auch nicht verpflichtet, mit dem
Kläger irgend welches Kaufgeschäft abzuschließen. Diese Einwendung ist nicht durch die in den frühern Prozessen ergangenen
Urtheile erledigt. Diese haben vielmehr die Frage, in welchem
Sinne das Engagement des Beklagten auf 20,000 Faß per Jahr
zu verstehen sei, da die Pflicht zum Bezuge von 20,000 Faß
für das damals im Streite liegende erste Vertragsjahr nicht bestritten war, offen gelassen (siehe Entscheidungen des Bundesgerichtes, Amtliche Sammlung XV, S. 765 Erw. 2, S. 767
Erw. 3). Dagegen ist die Einwendung sachlich unbegründet. Die
Vorinstanzen führen aus, die Uebereinkunft vom 26. Juli 1885
habe nicht den Sinn, der ihr vom Beklagten beigelegt werde. Sie
schaffe keine blos bedingte Verpflichtung des Beklagten, für den
Fall, daß er überhaupt Oel aus Italien beziehe, solches beim
Kläger zu kaufen, sondern ein festes Engagement auf Kaufsab-

ſchlüſſe von jährlich mindeſtens 20,000 Faß. Der Wille der Ver-
tragſchließenden ſei nicht blos auf den Ausſchluß der Konkurrenz
ſondern auch auf Bezug eines jährlichen Minimalquantums gerichtet geweſen. Es ſei auch kaum denkbar, daß ſich der Kläger
auf einen bedingten Vertrag im Sinne der beklagtiſchen Behauptungen eingelaſſen hätte. Dieſe Auslegung des Vertrages beruht
auf keinem Rechtsirrthum, gegentheils iſt derſelben völlig beizutreten. Sie entſpricht dem Wortlaut und Zuſammenhange des
Vertrages, den Umſtänden und dem bisherigen Verhalten der Parteien. Der Nachſatz zu Art. 1 des Vertrages beſtimmt ja ganz
unzweideutig, daß der Beklagte ſich zum Bezuge von wenigſtens
20,000 Faß per Jahr verpflichte; es iſt auch klar, daß der
Kläger, wenn der Beklagte eine ſolche feſte Verpflichtung nicht
übernommen hätte, ſeinerſeits ſich gewiß nicht verpflichtet hätte,
ſchweizeriſchen Konkurrenten des Beklagten während der Vertragsdauer kein Oel zu liefern. Auch hat der Beklagte bis zum gegenwärtigen Prozeſſe, trotz ſeiner mannigfaltigen Verſuche, ſich den
ihm läſtigen Folgen des Vertrages zu entziehen, ſich niemals auf
die nunmehr von ihm vertretene Vertragsauslegung berufen. Der
Beklagte war demnach durch den Vertrag vom 26. Juli 1885
als durch einen beidſeitig bindenden Vorvertrag zu einem Kaufe,
verpflichtet, auch im zweiten Vertragsjahre mit dem Kläger Kaufverträge über 20,000 Faß Petrol zu den vertragsmäßigen Be-
bingungen abzuſchließen.

3. Wenn der Beklagte des Weitern eingewendet hat, der Kläger
habe ſelbſt auf die Petrollieferung für das zweite Jahr verzichtet,
ſo iſt dies, wie die Vorinſtanzen hinlänglich gezeigt haben, voll-
ſtändig unbegründet. Ebenſo unbegründet iſt die Behauptung, der
Kläger habe dadurch, daß er dem Beklagten nicht, wie im erſten
Vertragsjahre, alltäglich Bülletins mit ſeinen Preiskotirungen
zugeſandt habe, vertragswidrig gehandelt und damit den Nichtab-
ſchluß von Käufen verſchuldet. Eine Pflicht zu täglicher Mittheilung ſeiner Preiskotirungen an den Beklagten legt der Vertrag
vom 26. Juli 1885 dem Kläger nicht auf. Wenn Art. II dieſes
Vertrages beſtimmt, daß der Kläger dem Beklagten einen Rabatt
von 25 Cts. per 100 Kilogramm « sur les prix qu'il cotera
officiellement de jour en jour » zu machen habe, ſo hat dieſe

Beſtimmung eine ganz andere Bedeutung. Sie enthält die Ele=
mente der Preisbeſtimmung für abzuſchließende Käufe; ſie ſchreibt
vor, daß der Kläger dem Beklagten zu denjenigen Preiſen mit
5 % Rabatt zu verkaufen habe, welche er allgemein mache und
(in Genua) bekannt gebe, daß er alſo dem Beklagten keine be=
ſondern Preiſe machen dürfe. Uebrigens war der Beklagte offenbar
bis zum Prozeſſe niemals der Meinung, die Preiskotirungen müſſen
ihm täglich mitgetheilt werden, andernfalls hätte er ſie gewiß
reklamirt, was er niemals gethan hat; gegentheils hat der Be=
klagte ſeinerſeits, auch ohne Mittheilung der klägeriſchen Preis=
kotirungen, Offerten für Petroleumkäufe gemacht und damit ſelbſt
anerkannt, daß die Erfüllung des Vertrages nicht von der täg=
lichen Mittheilung der Preiskotirungen des Klägers abhänge.
Offerten übrigens hat der Kläger den Beklagten während des
zweiten Vertragsjahres wiederholt gemacht; er hat auch den Be=
klagten aufgefordert, ſeine Beſtellungen rechtzeitig zu machen.
Sofern der Beklagte zu Formulirung der letztern Mittheilungen
des Klägers über die in Genua bezahlten Preiſe u. ſ. w. zu er=
halten wünſchte, ſo war es ſeine Sache, dieſelben zu provoziren.
Wenn der Beklagte im Fernern eingewendet hat, der Kläger habe
während des zweiten Vertragsjahres keine Vorräthe an Petroleum
mehr gehabt und habe anläßlich einer Offerte vom 19. November
1886 über 10,000 Faß in vertragswidriger Weiſe die Lieferung
der Waare an die Bedingung der Zahlung durch Bankaccepte
geknüpft, ſo ſind auch dieſe Einwendungen unerheblich, denn zu
Anſchaffung der Waare vor Eintritt der klägeriſchen Beſtellung
war der Kläger gemäß den frühern Urtheilen nicht verpflichtet
und der gedachte, in einer der klägeriſchen Offerten enthaltene,
Vorſchlag in Betreff der Zahlungsbedingungen war, ſelbſt wenn
er vertragswidrig geweſen ſein ſollte, doch für die Nichtausführung
des Vertrages ohne alle Bedeutung. Nicht an dieſem Vorſchlage
in Betreff der Zahlungsbedingungen iſt das Zuſtandekommen eines
Kaufes im zweiten Vertragsjahre geſcheitert, ſondern vielmehr,
wie die erſte Inſtanz mit Recht ausführt, daran, daß der Beklagte
in ſeinen Offerten ſich hinſichtlich des Preiſes und der Qualität
der Waare beſtändig über die Beſtimmungen der Konvention hin=
wegſetzte.

4. Grundsätzlich ist daher die Klage in Uebereinstimmung mit den Vorinstanzen gutzuheißen. Was sodann das Quantitativ der Entschädigung anbelangt, so ist der zweiten Instanz darin beizutreten, daß nicht, wie die erste Instanz annahm (abgesehen von der Faßzahl), ohne Weiteres die gleichen Faktoren wie beim frühern durch das Urtheil des Bundesgerichtes vom 4. Oktober 1889 letztinstanzlich entschiedenen Prozesse als maßgebend erachtet werden können. Es muß vielmehr selbständig geprüft werden, welchen Gewinn der Kläger bei normaler Abwickelung des Geschäftes im zweiten Vertragsjahre realisirt hätte, wo ja die Handelskonjunkturen ganz andere gewesen sein können, als im ersten. Die zweite Instanz hat wesentlich in Berücksichtigung gezogen, daß noch kein fertiger Kaufvertrag abgeschlossen war, sondern blos ein auf künftige Abschließung von Kaufverträgen gerichteter Vorvertrag vorliege, dessen Nichteinhaltung zwar auch zur Schadenersatzpflicht führe, aber dieser letztern doch auch gewisse Grenzen nach dem arbitratus boni viri stecke. Das eingeholte Sachverständigengutachten enthalte keine klare und runde Antwort auf die den Sachverständigen gestellte Frage; immerhin enthalte es genügende Anhaltspunkte für den Richter. Es stelle fest, daß sich ein Großhändler für ein Geschäft mit genau festgesetzter Lieferzeit und Qualität mit einem Nutzen von circa 25 Cts. per 100 Kilogramm wahrscheinlich begnügen werde. Wenn es des Weitern erkläre, daß er bei einem so abnormen Vertrage, wie dem in Frage liegenden, nicht wohl anders abschließen werde, als wenn er auf einen Durchschnittsnutzen des Vierfachen oder von 1 Fr. per 100 Kilogramm hoffen zu können glaube, so sei das im heutigen Falle darum nicht zutreffend, weil offenbar dabei vorausgesetzt sei, daß der Preis schon zum Voraus bestimmt gewesen sei. Dies habe aber eben im Fragefalle nicht stattgefunden, sondern der Preis habe sich jeweilen in jedem einzelnen Lieferungsgeschäft 25 Cts. unter dem damaligen Marktpreise von Genua bestimmen sollen; das hauptsächliche Risiko, aus dem das Gutachten die Vervierfachung deduzire, sei also für den Kläger nicht vorhanden gewesen. Halte man sich streng an die 25 Cts. per 100 Kilogramm, so ergäbe sich ein Nettogewinn von 7200 Fr.; ziehe man nun auch weiter in Betracht, daß in der dem Beklagten über-

lassenen Wahl der Lieferzeit und der Qualität für den Kläger ein
etwelches Risiko gegeben war, das sich auch durch eine größere
Gewinnchance ausgleichen müsse, so werde mit Erhöhung der
Summe von 7200 Fr. auf das Doppelte allen gerechten An=
sprüchen des Klägers Genüge geleistet. Richtig ist nun unzweifel=
haft, daß der eingetretene Schaden genauer Ermittlung nicht fähig
ist, sondern nur durch ungefähre richterliche Abschätzung ex aequo
et bono kann festgestellt werden. Das Sachverständigengutachten
gibt dafür einige Anhaltspunkte. Wenn dasselbe zwar auf die
Höhe des Gewinnes abstellt, auf welchen ein Großhändler bei
Abschluß eines so abnormen Geschäftes vernünftigerweise werde
gerechnet haben, so beruhen seine Ausführungen einerseits, wie
die Vorinstanz gezeigt hat, auf einer theilweise unrichtigen Auf=
fassung des mit dem streitigen Geschäfte für den Kläger verbun=
denen Risikos; andererseits aber ist dieser Ausgangspunkt für die
Schadensberechnung überhaupt prinzipiell verfehlt. Nicht darauf
ja kann es ankommen, auf welchen Gewinn ein Großhändler bei
Abschluß eines derartigen Geschäftes nach gewöhnlichen geschäft=
lichen Grundsätzen rechnet, sondern darauf, welchen Gewinn der
Kläger durch die Ausführung des konkreten Geschäftes unter den
Verhältnissen, wie sie zur Vertragszeit bestanden, wirklich erzielt
hätte. Hierüber aber geben die gedachten Ausführungen des Gut=
achtens keinen Aufschluß. Dagegen ist dem Gutachten allerdings
zu entnehmen, daß der Gewinn, welcher im Petroleumgroßhandel
bei gewöhnlichen Geschäften regelmäßig erzielt wird, 25 Cts. per
100 Kilogramm oder 2 % beträgt. Ohne Weiteres darf nun
angenommen werden, daß der Kläger diesen Gewinn wirklich er=
zielt hätte, und es hat dies denn auch der Beklagte in der appel=
lationsgerichtlichen Verhandlung im Grunde zugegeben. Dagegen
liegen keine Anhaltspunkte dafür vor, anzunehmen, der Kläger
hätte einen weitergehenden, außergewöhnlichen Gewinn erzielt.
Nach dem Vertrage hatte er zu seinem gewöhnlichen Genueser
Marktpreis, abzüglich eines offenbar wegen der Größe des Ge=
schäftes gewährten Rabattes von 25 Cts. per 100 Kilogramm,
zu liefern. Nun hat er es gänzlich unterlassen, darzuthun, daß
der Anschaffungspreis des Petrols in der Vertragszeit zu diesem
(vertraglichen) Preise in einem Verhältnisse gestanden habe, welches

ihm die Erzielung eines außergewöhnlichen Gewinnes ermöglicht hätte. Es liegt daher kein Grund vor, bei Bemessung der Entschädigung weiter zu gehen, um so weniger, als offenbar im zweiten Vertragsjahr der Kläger sich auf wirkliche Lieferung nicht ernstlich zu rüsten brauchte, sondern sehr bald nach der Haltung des Beklagten annehmen mußte, es werde zu wirklicher Lieferung nicht kommen. Die Entschädigung ist demnach auf 7200 Fr. festzusetzen.

5. In Bezug auf den Termin der Verzinslichkeit der Entschädigung ist die zweitinstanzliche Entscheidung zu bestätigen. Aus der Verletzung der durch den Vorvertrag vom 26. Juli 1885 begründeten Pflicht zum Abschlusse von Kaufverträgen entstand für den Beklagten eine Schadenersatzobligation. Für die Erfüllung dieser Schadenersatzobligation war ein bestimmter Verfalltag nicht verabredet; der Schuldner gerieth daher mit der Erfüllung erst durch die Mahnung des Gläubigers, hier durch die Klageanhebung, in Verzug. (Art. 117 O.-R.)

Demnach hat das Bundesgericht

erkannt:

Die Weiterziehung des Klägers wird abgewiesen; diejenige des Beklagten wird dahin für begründet erklärt, daß, in Abänderung des angefochtenen Urtheils des Appellationsgerichtes des Kantons Baselstadt, die vom Beklagten dem Kläger zu zahlende Entschädigung auf 7200 Fr. sammt Zins à 5 % seit dem Tage der Klage heruntergesetzt wird. Im Uebrigen ist das angefochtene Urtheil bestätigt.

---

128. Urtheil vom 22. Oktober 1892 in Sachen
Frey gegen Bendel.

A. Durch Urtheil vom 23. Juli 1892 hat das Obergericht des Kantons Schaffhausen erkannt:

1. Der Beklagte ist gerichtlich angehalten an den Kläger aus Schadenersatz den Betrag von 850 Fr. zu bezahlen.

2. Der Kläger ist mit seiner weitergehenden Forderung abgewiesen.

B. Gegen dieses Urtheil ergriff der Kläger die Weiterziehung an das Bundesgericht. Bei der heutigen Verhandlung beantragt sein Anwalt: Es sei der Rekurs gutzuheißen und das angefochtene Urtheil in dem Sinne abzuändern, daß dem Kläger eine Entschädigung von 4000 Fr. sammt Zins à 5 % seit 1. März 1892, zugesprochen werde. Der Anwalt des Beklagten trägt auf Verwerfung der gegnerischen Beschwerde und Bestätigung des angefochtenen Urtheils an.

Das Bundesgericht zieht in Erwägung:

1. Zwischen den Parteien wurde am 4. Februar 1892 ein Vertrag abgeschlossen, wonach der Kläger mit 1. März 1892 als Reisender für die Kantone Baselstadt und Baselland, Solothurn, Bern und einen Theil des Kantons Aargau in den Dienst des Beklagten treten sollte. Dem Kläger, welcher seinen festen Wohnsitz in Basel zu nehmen hatte, war ein fixes Salär von 2400 Fr. per Jahr, sowie 2 % Provision von den durch ihn oder die Kundschaft gemachten und effektuirten Bestellungen zugesichert; überdem hatte ihm der Beklagte die Reisespesen mit 20 Fr. per Tag auf dem Platze Basel und 25 Fr. per Tag auswärts zu ersetzen. In Bezug auf die Dauer des Anstellungsverhältnisses bestimmt der Vertrag Folgendes: Art. 5. Dieser Vertrag gilt zunächst probeweise für ein Jahr, nachher auf zwei weitere Jahre fest. Nach Ablauf desselben kann der Vertrag von jedem Theil auf drei Monate gekündigt werden. Art. 9. Sollte nach Ablauf des Probejahres der Vertrag von einem der beiden Kontrahenten grundlos gebrochen werden, so verfällt der Schuldige in eine Konventionalstrafe von 3000 Fr. Dem Kläger war das Recht eingeräumt, auf Abrechnung seines Salärs, unter jeweiliger Anzeige, aus den von ihm für das Geschäft eingezogenen Geldern monatliche Erhebungen bis zum Betrage von 300 Fr. zu machen. Am 29. Februar kam der Kläger nach Schaffhausen, um andern Tages seinen Dienst anzutreten. Am Morgen des 1. März erklärte ihm jedoch der Beklagte, er verzichte auf seine Dienste und betrachte den Vertrag als aufgehoben, so daß der Kläger seinen Dienst gar nicht antreten konnte. Der Beklagte behauptete, nach

dem Vertrage berechtigt zu sein, den Kläger während des Probe=
jahres jeden Augenblick beliebig zu entlassen; überdem sei er aus
wichtigen, vom Kläger verschuldeten Gründen zum Rücktritte vom
Vertrage berechtigt. Der Kläger habe bei seiner Ankunft in
Schaffhausen sich mehr darum bekümmert, wo am besten gegessen
und getrunken werde, als um die Vorbereitung seiner geschäftlichen
Thätigkeit; er habe zudem sofort einen Vorschuß von 600 Fr.
verlangt. Endlich sei er mit seinem frühern Prinzipale nach
Schaffhausen gekommen und habe so zu der Vermuthung Anlaß
gegeben, er werde für diesen auch in Zukunft Geschäfte besorgen,
obschon ihm vertraglich die Vertretung anderer Häuser untersagt
gewesen sei. Der Kläger hat wegen Vertragsbruches eine Ent=
schädigung von 5000 Fr. verlangt.

　2. Beide Vorinstanzen gehen davon aus, dem Art. 5 des Ver=
trages könne nicht die Bedeutung beigemessen werden, daß während
des Probejahres beide Theile oder doch der Beklagte das Dienst=
verhältniß jederzeit beliebig auflösen können; der Beklagte möge
zwar eine derartige Stipulation beabsichtigt haben, allein im Ver=
trage sei diese Absicht nicht zu unzweideutigem Ausdrucke gelangt.
Nach dem Vertrage habe vielmehr der Kläger annehmen dürfen,
er werde auf die Dauer eines Jahres unkündbar angestellt. Einen
wichtigen Grund, der ihn zu vorzeitiger Lösung des Vertrages
berechtigt hätte, habe der Beklagte nicht dargethan. Heute hat der
Beklagte (welcher sich gegen die vorinstanzliche Entscheidung nicht
beschwert hat), nicht daran festgehalten, daß er aus wichtigen,
vom Kläger verschuldeten Gründen, gemäß Art. 346 O.=R. zu
vorzeitiger Lösung des Vertragsverhältnisses berechtigt gewesen
sei. Und zwar mit Recht nicht. Denn die Thatsachen, welche er
in dieser Richtung angeführt hatte, sind selbst, wenn sie erwiesen
wären, offenbar nicht derart, daß deßwegen das Dienstverhältniß
vorzeitig hätte gelöst werden dürfen. Dagegen hat der Beklagte,
gegenüber dem klägerischen Antrage auf Erhöhung der vorinstanz=
lichen Entschädigung, auch heute geltend gemacht, er sei nach dem
Vertrage berechtigt gewesen, den Kläger während der Dauer des
Probejahres jederzeit beliebig zu entlassen. Diese Behauptung ist
indeß unbegründet. Die Entscheidung der Vorinstanzen, daß der
Vertrag jedenfalls auf ein Jahr unkündbar abgeschlossen worden

sei, beruht auf keinem Rechtsirrthum; es ist derselben vielmehr durchaus beizutreten. Wie aus dem gesammten Inhalte des Vertrages sich ergibt, war von beiden Parteien beabsichtigt, ein Dienstverhältniß auf längere Dauer zu begründen. Wenn der Vertrag nicht von vornherein einfach auf drei Jahre fest abgeschlossen sondern das erste Vertragsjahr als Probejahr bezeichnet wurde, so hat dies nicht die Bedeutung, daß während dieses Jahres der Dienstherr zu beliebiger Entlassung des Angestellten befugt sein solle; vielmehr liegt darin einfach, daß zunächst während der Dauer eines Jahres erprobt werden sollte, welche Resultate der durch den Angestellten zu vermittelnde Geschäftsverkehr ergeben werde. Die Anstellung eines Reisenden war für das Geschäft des Beklagten neu; der Beklagte wollte nun, da die Ergebnisse der neuen Einrichtung sich nicht mit Sicherheit vorhersehen ließen, sich nicht von vornherein auf längere Dauer an die Bestimmungen des Vertrages binden, sondern stipulirte, daß diese Bestimmungen vorerst nur probeweise für die Dauer eines Jahres gelten sollen. Auf einen Vertrag dagegen, wie der Beklagte ihn behauptet, welcher gestattet hätte, ihn während Jahresfrist von einem Tag auf den andern ohne weiters zu entlassen, hätte sich der Kläger, welcher bei seinem frühern Prinzipale eine feste Anstellung besaß und durchaus nicht mehr zu den Anfängern in seinem Berufe gehört, offenbar niemals eingelassen. Es ist also mit den Vorinstanzen davon auszugehen, daß der Kläger auf die Dauer eines Jahres fest angestellt war. Dagegen gehen die Parteien, nach den heutigen Vorträgen, darin einig, daß auf Ende des Probejahres das Dienstverhältniß beliebig gelöst werden konnte.

3. Die Klage ist somit prinzipiell begründet. Rücksichlich des Quantitativs der Entschädigung haben die Vorinstanzen angenommen, es sei dem Kläger, einem tüchtigen Weinreisenden, möglich gewesen, binnen kurzer Frist, binnen längstens drei Monaten, anderweitig lohnende Beschäftigung zu finden. Sie haben ihm daher als Entschädigung eine Vierteljahrsbesoldung von 600 Fr. und für entgangene Provision 250 Fr. zugesprochen, indem sie der Berechnung des letztern Postens einen jährlichen Umsatz von 50,000 Fr. zu Grunde legten. Die kantonalen Instanzen gehen dabei von dem richtigen Grundsatze aus, der Interessenanspruch

des unbefugterweise vorzeitig entlassenen Dienstpflichtigen umfasse den Betrag der vertraglich versprochenen Gegenleistung, unter Abrechnung der Auslagen, welche dem Dienstpflichtigen durch die Entbindung von der Leistungspflicht erspart wurden und desjenigen Erwerbes, welchen er während der Vertragsdauer anderweitig zu machen in der Lage war. Dagegen haben die kantonalen Instanzen bei ihrer Entschädigungsfestsetzung übersehen, daß zu den Vermögensvortheilen, auf welche der Kläger vertragsmäßig Anspruch hatte, nicht nur das fixe Gehalt und die Provision sondern auch die Reisespesen gehörten; diese Reisespesen erscheinen allerdings theilweise als Ersatz für die besondern Auslagen, welche die Geschäftsreisen erfordert hätten, allein auf der andern Seite ist klar, daß dieselben den gesammten persönlichen Unterhalt des Klägers während der Reisezeit gedeckt hätten und daher insoweit bei Bestimmung der Entschädigung mit in Anschlag gebracht werden müssen. Ferner hat das Bundesgericht bereits wiederholt ausgesprochen, daß es bei unbefugter, vorzeitiger Entlassung eines Angestellten Sache des beklagten Dienstherrn ist, solche Umstände darzuthun, aus welchen sich ergibt, daß der Dienstpflichtige während der Vertragszeit durch anderweitige, seiner Stellung entsprechende Verwendung seiner Arbeitskraft, einen Erwerb entweder wirklich gemacht hat, oder doch zu machen in der Lage war. (Siehe Entscheidung in Sachen Kaiser gegen Solothurn, Amtliche Sammlung XV, S. 674; in Sachen Surber gegen Werneke, ibid. XVI S. 207 u. ff.). Nun hat der Beklagte vor der zweiten kantonalen Instanz zwar wohl behauptet, daß der Kläger nach wie vor für seinen frühern Prinzipal Geschäfte mache und nunmehr auch für eine Leckerli- und Liqueurhandlung reise und hat eventuell Ansetzung einer Frist zum Beweise dieser Behauptungen erbeten. Allein diese seine Behauptungen und Beweisanerbieten sind zu unbestimmt und allgemein gehalten, als daß darauf eingetreten werden könnte. Es ist demnach ein positiver Beweis dafür, daß der Kläger während der Vertragszeit bis jetzt einen anderweitigen Erwerb, von bestimmter Höhe, wirklich gemacht habe, nicht erbracht. Dagegen darf allerdings auch ohne besondern Beweis erfahrungsgemäß angenommen werden, daß der Kläger bei seiner Lebensstellung und Befähigung nicht während der ganzen festen Vertragsdauer eines Jahres beschäftigungslos bleiben mußte, sondern es ihm vielmehr möglich war, während dieser Frist wieder eine seiner Stellung angemessene, lohnende Beschäftigung zu finden. Es ist ihm danach nicht der ganze Betrag der vertraglichen Gegenleistung, auf welchen er während der Vertragsdauer Anspruch gehabt hätte, zuzusprechen. Dagegen ist immerhin die von den Vorinstanzen gesprochene Entschädigung einer Quartalbesoldung nebst verhältnißmäßigem Provisionsantheil nicht genügend, sondern erscheint in Würdigung aller Umstände eine Erhöhung der Entschädigung auf 2000 Fr., d. h. auf den ungefähren Betrag des halbjährlichen reinen Diensteinkommens des Klägers als angemessen.

Demnach hat das Bundesgericht
erkannt:

Die Weiterziehung des Klägers wird dahin für begründet erklärt, daß der Beklagte in Abänderung des angefochtenen Urtheils des Obergerichtes des Kantons Schaffhausen, verpflichtet wird ihm eine Entschädigung von 2000 Fr. nebst Zins zu 5 % seit Anhebung der Klage zu bezahlen.

---

129. Urtheil vom 29. Oktober 1892 in Sachen
Fankhauser gegen Käsereigesellschaft Gerbehof.

A. Nachdem das Bundesgericht durch Entscheidung vom 27. Februar 1892 (siehe dieselbe, aus welcher der Thatbestand ersichtlich ist, Amtliche Sammlung XVIII, S. 295) die Sache an den Appellations= und Kassationshof des Kantons Bern zu erneuter Beurtheilung auf Grund dieser Entscheidung zurückgewiesen hatte, ist der Appellations- und Kassationshof des Kantons Bern am 18. Juni 1892 zu erneuter Beurtheilung geschritten. Sein Urtheil geht dahin: Der Kläger Gottfried Fankhauser ist mit seinem Klagebegehren abgewiesen und zu den Kosten der beklagten Käsereigesellschaft verurtheilt, bestimmt auf 869 Fr. 65 Cts. In der Begründung dieser Entscheidung wird ausgeführt: Der Appel=

lations= und Kassationshof habe heute nicht etwa das früher von
ihm in der nämlichen Sache gefällte Urtheil nur in einem
Punkte zu revidiren, sondern unter Zugrundelegung des ganzen
Prozeßmaterials neu zu urtheilen. Offenbar seien im aufgehobenen
Urtheile nicht alle Gründe angegeben worden, welche für Zuspruch
oder Abweisung der Klage prozeßualisch haben in Betracht fallen
können, sondern es sei ein nach Ansicht des Gerichtshofes für
die Abweisung der Klage maßgebendes Motiv hervorgehoben
worden. Nachdem dieses von der Rekursinstanz als auf unrich=
tiger Rechtsauffassung beruhend bezeichnet worden sei, könne die
Aufgabe des Appellations= und Kassationshofes doch nicht allein
darin bestehen, einfach dieses Motiv unter Zugrundelegung der
Rechtsauffassung der Rekursinstanz abzuändern, abgesehen von
der Frage, ob überhaupt ein Gerichtshof in dieser Weise gezwun=
gen werden könne, seine Rechtsauffassung aufzugeben und einem
von ihm auszufällenden Urtheile eine fremde zu Grunde zu legen.
Das Bundesgericht scheine denn auch selbst von der Ansicht aus=
gegangen zu sein, daß der neue Entscheid sich nicht auf eine
andere Beantwortung der Frage des Vorbehalts schriftlicher Ver=
tragsform beschränken, sondern eine neue Prüfung der Sache
überhaupt zur Grundlage haben solle; denn in den Motiven des
aufgehobenen Urtheils sei die erwähnte Frage auch beantwortet
worden für den Fall, daß die Vertheilung der Beweislast in der
vom Bundesgerichte als richtig anerkannten Weise angeordnet
würde; dieses wäre somit in der Lage gewesen, die Sache selbst
unter Berücksichtigung jener eventuellen Beantwortung des Vor=
behaltes der schriftlichen Vertragsform zu entscheiden, wenn es
eben nicht gefunden hätte, daß eine neue Prüfung des gesammten
Prozeßstoffes durch die Vorinstanz vor sich gehen solle. Nun
habe die Beklagte bestritten, daß eine die Parteien verpflichtende
Willenseinigung überhaupt zu Stande gekommen sei, und zwar
nicht allein mit Rücksicht auf den behaupteten Vorbehalt schrift=
licher Form, sondern in allgemeiner Weise. Allerdings habe die
Beklagte dann das Hauptgewicht für ihre negative Litiskontesta=
tion auf den Vorbehalt der Schriftlichkeit gelegt und sich damit
nach dem bundesgerichtlichen Urtheile auf einen unrichtigen Boden
gestellt; allein trotzdem stehe prozeßualisch fest, daß das Zustande=

kommen eines Vertrages überhaupt geleugnet worden sei und es
sei dem sog. Geständniß (in Art. 57 der Hauptvertheidigung):
„mündlich hatte man sich geeinigt", welches offenbar aus der ein=
seitigen Betonung des Standpunktes, daß Schriftlichkeit vorbe=
halten worden sei, entsprungen sei, dem Wortlaute und dem Tenor
der vorhergehenden allgemeinen Verneinungen gegenüber eine Be=
deutung nicht beizumessen. Es frage sich sonach, ob der Kläger
das Zustandekommen eines für die Parteien verbindlichen Ver=
trages des von ihm behaupteten Inhaltes nachgewiesen habe oder
nicht. Diese Frage sei zu verneinen. Die Parteien stimmen darin
überein, daß am 12. Oktober 1889 zwischen ihnen Vertragsver=
handlungen stattgefunden und daß man sich am Schlusse derselben
auf den letzten Beschluß der Hüttengemeinde der Beklagten geeinigt
habe. Bezüglich des Inhaltes dieses Beschlusses berufe sich der
Kläger selbst auf das Protokoll der beklagten Gesellschaft. Nach
diesem, dessen Rechtsförmigkeit und Verbindlichkeit vom Kläger
ohne genügenden Grund angefochten worden sei, werde bezüglich
der zu verkaufenden Wintermilch vorbehalten: „Das Nähere wird
im Vertrage bestimmt werden", und zudem finde sich darin fol=
gender Passus, der bei der Substanziirung des Inhaltes des an=
geblich abgeschlossenen Vertrages vom Kläger nicht relevirt worden
sei: „Den Auswärtigen verspricht (der Milchkäufer) die gleichen
Preise zu bezahlen, wie den Gesellschaftsmitgliedern"; bezüglich
der Sommermilch sodann werde vorbehalten: „Sonst sollen die
Bedingungen und das Nähere auch im Vertrage mit demselben
bestimmt werden." Diesem Beschlusse habe der Kläger zugestimmt,
wie zwei der Eidesbelaten ausdrücklich bestätigen, welche von ihm
zum Beweise eines Vertrages mit dem von ihm angegebenen In=
halte aufgerufen worden seien. Wenn nun aber nach einer Ver=
einbarung zweier Parteien, die in Vertragsunterhandlungen stehen,
„das Nähere", beziehungsweise „die Bedingungen und das Nähere"
im Vertrage bestimmt werden solle, so liege in der erstern ein
Vertrag doch gewiß noch nicht. Eine solche Auslegung würde
nicht nur dem Inhalte der Vereinbarung widersprechen, sondern
es würde so die für das Entstehen der Verpflichtung erforderliche
Willenseinigung, die zeitlich doch nur einheitlich gedacht werden
könne, in zwei zeitlich auseinanderfallende Akte zerfallen. Zu der

Regel werden denn auch nach der gewöhnlichen Geschäftsauffassung Vorbehalte, wie sie im vorliegenden Falle gemacht wurden, eine Vereinbarung des Charakters einer verbindlichen Willenseinigung berauben, so daß dieselbe einfach als Abschluß eines Stadiums der Vorverhandlungen erscheine und es liege hier kein zwingender Grund vor, von dieser Regel abzuweichen.

B. Gegen dieses Urtheil ergriff der Kläger die Weiterziehung an das Bundesgericht. Bei der heutigen Verhandlung beantragt sein Anwalt: Es sei das angefochtene Urtheil des Appellations= und Kassationshofes des Kantons Bern vom 18. Juni 1892 aufzuheben und in Abänderung dieses Urtheils die Klage gutzu= heißen und ihm eine angemessene Entschädigung zuzusprechen.

Dagegen trägt der Anwalt der Beklagten und Rekursbeklagten auf Bestätigung des angefochtenen Urtheils an.

Das Bundesgericht zieht in Erwägung:

1. Wenn der Appellations= und Kassationshof des Kantons Bern zunächst zu bezweifeln scheint, daß er verpflichtet gewesen sei, in Nachachtung der bundesgerichtlichen Entscheidung vom 27. Februar 1892 die Sache auf Grundlage dieser Entscheidung neu zu beurtheilen, so ist dies gewiß unbegründet. Da das Bun= desgericht durch Verfassung und Gesetz als oberste Instanz einge= setzt ist, so sind seine Entscheidungen für die kantonalen Gerichte verbindlich. Die Rückweisung einer Sache zu erneuter Beurtheilung auf Grund der bundesgerichtlichen Entscheidung einzelner Rechts= fragen enthält keineswegs die Zumuthung an das kantonale Ge= richt, seine Rechtsüberzeugung in Betreff dieser Rechtsfragen auf= zugeben und diejenige des Bundesgerichtes anzunehmen. Die be= treffenden Rechtsfragen sind vom Bundesgerichte endgültig ent= schieden; das kantonale Gericht hat sich mit denselben nicht weiter zu beschäftigen, sondern einzig zu prüfen, wie, vom Standpunkte der bundesgerichtlichen Lösung dieser Fragen aus, der Rechtsstreit nach seiner Ueberzeugung zu entscheiden sei. Die Sache liegt nicht anders, als wenn in einem Rechtsstreite ein in einem frühern Prozesse zwischen den Parteien ergangenes rechtskräftiges Urtheil der Entscheidung zu Grunde gelegt werden muß.

2. Der Appellations= und Kassationshof hat sich darüber, ob, sofern die Beweislast für den Vorbehalt schriftlicher Form die

Beklagte treffe, dieser Beweis als zu Gunsten der Beklagten er=
bracht zu betrachten sei, ausdrücklich nicht ausgesprochen, obschon
die Rückweisung der Sache vom Bundesgerichte zunächst wegen
dieses Punktes verfügt wurde. Immerhin ergibt sich aus dem
Zusammenhange seiner Ausführungen, daß der Appellations=
und Kassationshof davon ausgeht, es sei diese Frage bereits in
seinem frühern Urtheile verneinend beantwortet gewesen. Der Sache
nach ist also der Zweck der Rückweisung erreicht. Wenn der Ap=
pellations= und Kassationshof im Weitern ausführt, er sei durch
die bundesgerichtliche Entscheidung vom 27. Februar 1892 nicht
verhindert, auch andere Gründe der Klageabweisung zu berück=
sichtigen, als den in seinem frühern Urtheile einzig erörterten des
Vorbehaltes schriftlicher Form, so ist richtig, daß die bundesge=
richtliche Entscheidung vom 27. Februar 1892 den kantonalen
Richter nur insoweit band, als er die vom Bundesgerichte adop=
tirte Vertheilung der Beweislast seinem Urtheile zu Grunde legen
mußte. Dagegen hinderte sie ihn in der That nicht, Einwendungen
gegen den Klageanspruch, welche von der Frage des Vorbehaltes
schriftlicher Form unabhängig sind und die er in seiner frühern
Entscheidung, weil dies von seinem Standpunkte aus für die Be=
urtheilung der Klage nicht erforderlich war, nicht beurtheilt hatte,
nachträglich zu würdigen. So ist z. B. sicher, daß der Appella=
tions- und Kassationshof die Klage, unerachtet des bundesgericht=
lichen Entscheides vom 27. Februar 1892, deßhalb hätte abweisen
können, weil dem Kläger ein Schaden nicht erwachsen sei, u. s. w.

3. Nun führt der Appellations= und Kassationshof aus, es
sei von der Beklagten das Zustandekommen einer bindenden
Willenseinigung nicht nur wegen des behaupteten Vorbehaltes
schriftlicher Form, sondern allgemein bestritten worden und es er=
geben wirklich die vom Kläger bewiesenen Thatsachen den That=
bestand einer bindenden Willenseinigung, eines Vertrages, nicht.
Bei Prüfung der Frage, ob hier ein bindender [Vertrag abge=
schlossen worden sei, handelt es sich nicht um eine bloße Thatfrage.
Thatfrage ist allerdings, welche gegenseitigen Zusicherungen zwischen
den Parteien seien ausgetauscht worden; dagegen ist die weitere
Frage, ob die ausgetauschten gegenseitigen Zusicherungen den
Thatbestand eines perfekten Kaufvertrages erfüllen, eine Rechts=

frage, welche nach Rechtsgrundsätzen, speziell nach den Bestim=
mungen der Art. 1 u. f. O.=R. und 299 u. ff. O.=R. zu beur=
theilen ist und daher der Nachprüfung des Bundesgerichtes unter=
steht. Nun unterliegt in thatsächlicher Beziehung keinem Zweifel,
daß die Parteien sich über alle wesentlichen Punkte eines Kauf=
vertrages, speziell eines Milchkaufvertrages der vorliegenden Art,
geeinigt hatten. Sie hatten sich nicht nur über Waare und Preis
sondern auch über Erfüllungsart und Erfüllungszeit, speziell die
Zahlungsbedingungen, die vom Milchkäufer zu bestellende Sicher=
heit u. s. w. mündlich verständigt. Wenn die Vorinstanz nichts=
destoweniger der Einigung der Parteien den Charakter eines bin=
denden Vertrages abspricht, so beruht dies auf einem Rechtsirr=
thum. Nach dem oben Ausgeführten kann keine Rede davon sein,
daß wegen Vorbehaltes der Schriftform nicht ein bindender Ver=
trag, sondern bloße Traktaten vorliegen. Ebensowenig ergibt sich
dies aber daraus, daß bei der mündlichen Einigung der Parteien
über alle Hauptpunkte „das Nähere" oder „die (sonstigen) Be=
dingungen und das Nähere" der Bestimmung im „Vertrage" vor=
behalten wurde. Da die Parteien über alle irgend wesentlichen
Punkte sich geeinigt hatten, so können diese Vorbehalte sich nur
auf Nebenpunkte ganz untergeordneter Natur beziehen. Es liegt
also nichts anders vor, als daß die Parteien für ganz unerheb=
liche Nebenpunkte spätere vertragliche Verständigung vorbehielten.
Ein derartiger Vorbehalt hindert aber in der Regel, nach Art. 2
O.=R., die Verbindlichkeit des Vertrages nicht. Ein Grund, von
dieser Regel im vorliegenden Falle abzugehen, ist von der Vorin=
stanz nicht angeführt und liegt nicht vor. Die Ausdrucksweise
der Parteien, welche die Regelung der Nebenpunkte dem „Ver=
trage" vorbehält, kann nicht entscheidend sein, zumal die Beklagte
die mündliche Einigung ausdrücklich zugegeben und das Vorhan=
densein eines bindenden Vertrages nur wegen des Vorbehaltes
der Schriftform bestritten hatte, allerdings mit der Begründung,
dieser Vorbehalt schließe den Willen bindenden Vertragsabschlusses
aus; seine Behauptung qualifizire sich daher als negative Litis=
kontestation.

4. Demnach ist denn die Klage prinzipiell für begründet zu
erklären. In quantitativer Beziehung hat der Kläger seine For=

berung auf 4000 Fr. beziffert, indem er folgende Schadensfak=
toren namhaft machte: 1. Entgangener Geschäftsgewinn während
des Winterhalbjahres 1889/90 und des Sommerhalbjahres 1890;
2. Vollständiges Brachliegen seiner Arbeitskraft während der
Vertragszeit, weil zur Zeit des einseitigen Rücktrittes der Beklag=
ten vom Vertrage keine Wintermilch für das Käsereijahr 1889/90
mehr käuflich gewesen sei und Sommermilch, wegen eingetretenen
erheblichen Preisaufschlages, wenigstens nicht mehr mit Aussicht
auf einigen geschäftlichen Erfolg habe gekauft werden können.
3. Schädigung seines Kredites und guten Leumundes durch die
plötzliche Entlassung seitens der Beklagten. Im Prozesse ist über
den Gewinn, welchen der Kläger bei Ausführung des Vertrages
gemacht hätte, ein Expertengutachten mehrerer Käsehändler einge=
holt worden. Die Experten sprechen sich dahin aus, daß in Folge
der günstigen Verhältnisse der Käsefabrikation während der Ver=
tragszeit der Kläger an der Sommer= und Wintermilch „weit
über 3000 Fr. verdient und dabei noch theilweise seine Haushal=
tungskosten bestritten hätte," und zwar auch dann, wenn das
Molken nicht prima gewesen wäre. Danach rechtfertigt es sich,
die dem Kläger gebührende Entschädigung auf 3000 Fr. festzu=
setzen. Denn nach dem Sachverständigengutachten hätte der Kläger
diese Summe bei Ausführung des Vertrages jedenfalls verdient,
während ihm nunmehr dieser Verdienst entgangen ist. Es war
auch dieser Schaden beim Vertragsschlusse als unmittelbare Folge
der Nichterfüllung des Vertrages vorauszusehen, so daß er nach
Art. 116, Abs. 1 O.=R. jedenfalls zu ersetzen ist. Freilich konn=
ten die Parteien beim Vertragsabschlusse nicht wissen, wie sich die
Preisverhältnisse in der Zukunft gestalten werden und wie hoch
daher der dem Milchkäufer durch Nichterfüllung des Vertrages
entstehende Schaden sich belaufen werde. Allein im Sinne des
Gesetzes ist jeder Schaden ein vorauszusehender, der seiner Art
nach, im ordentlichen Laufe der Dinge als unmittelbare Folge der
Nichterfüllung eintreten kann (siehe Entscheidungen des Bundes=
gerichtes, Amtliche Samnlung XV, S. 358, Erw. 5) und dies
trifft hier jedenfalls zu. Dagegen kann nicht weiter gegangen und
ein höherer Schadensbetrag zugebilligt werden. Denn es ist klar,
daß der Kläger nicht neben dem Ersatze des ihm entgangenen

Verdienstes etwa noch besondern Ersatz für das Brachliegen seiner Arbeitskraft verlangen kann; und wenn die Experten allerdings aussprechen, der Kläger hätte bei Erfüllung des Vertrages weit über 3000 Fr. verdient und dabei auch einen Theil seiner Haushaltungskosten aus dem Geschäfte bestreiten können, so ist einerseits diese Aeußerung zu wenig bestimmt, um darauf eine Erhöhung der Entschädigung begründen zu können, andererseits fällt in Betracht, daß der Kläger, eben weil der Vertrag nicht erfüllt wurde, während der Vertragszeit über seine Arbeitskraft frei verfügen konnte und daher durch anderweitige Bethätigung derselben etwas zu verdienen in der Lage war. Ein Schadenersatzanspruch wegen Kreditschädigung ist nicht begründet. Denn es liegt keineswegs eine unerlaubte (auch abgesehen von einer besondern vertraglichen Verpflichtung rechtswidrige) Handlung vor, sondern es handelt sich lediglich um Nichterfüllung eines Vertrages. Die einfache Weigerung, einen Vertrag zu erfüllen, aber enthält kein Delikt, es liegt darin keine, nach den Grundsätzen der Deliktsobligationen zum Schadenersatze verpflichtende, Kreditschädigung.

Demnach hat das Bundesgericht

erkannt:

Die Weiterziehung des Klägers wird dahin für begründet erklärt, daß in Abänderung des angefochtenen Urtheils des Appellations- und Kassationshofes des Kantons Bern vom 18. Juni 1892 die Beklagte verpflichtet wird, dem Kläger als Schadenersatz die Summe von dreitausend Franken zu bezahlen.

---

130. Urtheil vom 4. November 1892 in Sachen Bernische Bodenkreditanstalt gegen Niesper-Meyer.

A. Durch Urtheil vom 11. Juli 1892 hat das Appellationsgericht des Kantons Baselstadt erkannt: Klage und Widerklage sind abgewiesen.

B. Gegen dieses Urtheil ergriff die Klägerin die Weiterziehung an das Bundesgericht. Bei der heutigen Verhandlung beantragt ihr Anwalt: Es sei das zweitinstanzliche Urtheil aufzuheben und der Beklagte konform den Anträgen der Klage zu verurtheilen. Der Vertreter des Beklagten trägt darauf an, es sei die gegnerische Beschwerde abzuweisen und das Urtheil des Appellationsgerichtes zu bestätigen.

Das Bundesgericht zieht in Erwägung:

1. Aus den vorinstanzlichen Entscheidungen ist Folgendes hervorzuheben: Die Klägerin hat seit Januar 1891 im Auftrage des Beklagten den An- und Verkauf von Börsenpapieren besorgt. Der erste Auftrag des Beklagten vom 10. Januar 1891 ging dahin, für seine Rechnung 50—100 Stammaktien Banca generale comptant oder fin courant, oder fin février zu kaufen, wobei er vorschrieb, daß die Klägerin nicht als Selbstkontrahent auftreten dürfe. Die Klägerin führte diesen Auftrag gleichen Tages durch Ankauf von 100 Aktien fin courant aus, belastete den Beklagten für den Ankaufspreis mit 14,500 Fr. und leistete für seine Rechnung am 24. Februar, 21. Mai und 21. Oktober 1891 die fälligen Einzahlungen auf die Aktien im Gesammtbetrage von 15,000 Fr. Die Titel wurden von der Klägerin von Monat zu Monat bis Ende Dezember 1891 reportirt und die Kursdifferenzen jeweilen per Liquidationskonto im Kontokurrent des Beklagten gebucht. In gleicher Weise wurden im Verlaufe der Monate März, April und Mai weitere Titel im Auftrage des Beklagten gekauft und jeweilen iu Repport genommen; einzig ein Geschäft in Centralbahnaktien wurde per Ende Mai mit einem kleinen Gewinn für den Beklagten liquidirt, der ihm im Kontokurrent gutgeschrieben wurde. Im Verlaufe dieser Operationen, am 10. Februar und 18. April 1891, leistete der Beklagte zwei Baarzahlungen von 5500 Fr. und 3000 Fr., welche ihm gutgeschrieben wurden, und 'gab der Klägerin eine auf den Namen lautende, 4 1/2 % Rigibahnobligation in Depot. Die verfallenen Coupons seiner Titel, welche die Klägerin für ihn einkassirte, wurden ihm gutgeschrieben. Gegen die ihm jeweilen zugesandten Anzeigen und Abrechnungen erhob der Beklagte keine Einwendungen. Da die Kurse zurückgingen und in Folge dessen der Passivsaldo des Beklagten immer größer wurde, verlangte die Klägerin am 27. August weitere Deckung in baar oder kurrenten Werthpapieren, welches Begehren am 2. und 15. September, 6. und 8. Oktober

wiederholt wurde, ohne daß der Beklagte ihm Folge leistete. Am
23. Oktober stellte er in Aussicht, er werde als weitere Sicher=
heit eine Hypothekarobligation von 9000 Fr. auf seine Liegen=
schaft deponiren, was jedoch nicht erfolgte. Die Begehren der
Klägerin um Deckung erneuten sich daher fortwährend. Auf ein
erneutes Deckungsbegehren schrieb der Beklagte am 30. November:
„Nachdem augenblicklich ein Verkauf nur mit enormen Verlusten
„verbunden wäre, erwarte ich, daß Sie nicht rücksichtslos vor=
„gehen werden. Ich könnte einen Zwangsverkauf unter keinen
„Umständen anerkennen", worauf die Klägerin, unter Wiederho=
lung ihres Begehrens um Deckung, am 1. Dezember erwiderte:
„Von Exekution zu den heutigen Kursen ist ja keine Rede." In=
zwischen reportirte sie die Position des Beklagten auf Ende De=
zember. Am 11. Dezember schrieb sie, der Verwaltungsrath habe
beschlossen, sämmtliche ungedeckte Positionen auf den Jahresab=
schluß hin zu liquidiren; sofern Beklagter nicht bis zum folgen=
den Tage vorbörslich eine Deckung von 37,000 Fr. in baar
oder kurrenten Werthpapieren leiste, werde sie seine Position liqui=
diren. Der Beklagte legte sofort Verwahrung ein, jedoch nur mit
dem Erfolge, daß die Liquidation bis 15. Dezember verschoben
wurde. Diese ergab einen Saldo von 26,872 Fr. 05 Cts.,
Werth 31. Dezember zu Lasten des Beklagten. Diesen Saldo, bei
dessen Feststellung dem Beklagten auch seine Rigibahnobligation
als am 14. Dezember verkauft mit 1019 Fr. 40 Cts. gutge=
schrieben ist, klagte die Klägerin sammt Zins à 5 % seit 31. De=
zember 1891 ein. Der Beklagte trug auf Abweisung der Klage
an und verlangte widerklagsweise Verurtheilung der Klägerin zur
Bezahlung von 9000 Fr. sammt 5 % Zins vom Tage der Wider=
klage (5. April 1892) an sowie Herausgabe der auf seinen
Namen lautenden Rigibahnobligation von 1000 Fr. nebst Cou=
pons ab 1. Juli 1890 resp. deren Werth. Er machte geltend:
Der Direktor der Beklagten, Herzig, habe ihm bei Beginn des
Geschäftsverkehrs zugesichert, es werde ihm von Seite der Klägerin
jeweilen aller wünschbare Kredit gewährt werden, ohne ihn mit
weitern Sicherheitsleistungen drängen zu wollen, so daß es ihm
immer ermöglicht sein solle, den günstigen Zeitpunkt abzuwarten,
um die von ihm eingeleitete Spekulation mit Gewinn abschließen

zu können. Nur diese Zusicherung habe ihn zum Abschlusse des
Geschäftes bewegen können, darum habe er sich auch auf die Begehren der Klägerin um weitere Deckung nicht eingelassen. Die
von der Klägerin vorgenommene Exekution sei daher eine vertragswidrige und speziell auch deren Zusicherung vom 1. Dezember, daß von einer Exekution zu den jetzigen Kursen nicht die
Rede sein könne, widersprechende. Sie sei auch eine gesetzwidrige.
Die Klägerin hätte, wenn sie die Titel als Eigenthum des Beklagten in Händen hatte, ihre Ansprüche nicht eigenmächtig, sondern auf dem Wege der Pfandbetreibung und der gerichtlichen
Klage geltend machen sollen. Da die Klägerin durch ihr Vorgehen
seine ganze Spekulation durchkreuzt habe, sei sie verpflichtet, ihm
seine Zahlungen von 9000 Fr. sowie die von ihm hinterlegte
Rigibahnobligation von 1000 Fr. sammt Coupons zurückzugeben.
Unter allen Umständen wäre die Klage angebrachtermaßen abzuweisen. Das ganze Geschäft sei übrigens ein klagloses Spiel, wobei es immer nur auf Gutschreibung und Belastung der Differenzen, nicht aber auf Lieferung und Bezug der Titel abgesehen war.
Die erste Instanz (das Civilgericht Baselstadt) hat die Einrede
des Spiels verworfen; dagegen erachtete sie die Einwendung für
begründet, es sei die von der Klägerin vorgenommene Liquidation
eine rechtswidrige gewesen. Ganz klar und von der Klägerin
selbst in der Duplik zugegeben sei dies rücksichtlich der als Faustpfand gegebenen Rigibahnobligation. Auch bezüglich der übrigen
Werthpapiere erscheine die durch die Klägerin vorgenommene Realisirung als unzulässig. Fasse man das Rechtsverhältniß dahin
auf, daß die reportirten Titel im Eigenthum des Beklagten geblieben seien und der Klägerin daran ein Faustpfand oder Re-
tentionsrecht zugestanden habe, so habe die Klägerin, sofern sie
nicht vertraglich zu einem andern Verfahren berechtigt gewesen
sei, die Exekution auf dem Wege der Faustpfandbetreibung suchen
müssen. Nehme man, der Form des Reportgeschäftes entsprechend
an, der Beklagte habe seine Titel Ende des Monates der Klägerin zu einem bestimmten Kurse verkauft und sie gleichzeitig auf
Ende des folgenden Monates zu einem bestimmten Kurse wieder-
gekauft, so habe die Klägerin nicht einseitig von ihrer Verpflichtung zurücktreten und den durch die Reportirung auf Ende De-

zember dem Beklagten gewährten Kredit zurückziehen können, so
lange der Beklagte sich nicht im Verzuge befunden habe. In Ver=
zug sei er aber erst gekommen, wenn er die Ende Dezember fäl=
lige Verpflichtung, nicht erfüllt habe. Es möge sein, daß das
beobachtete Verfahren den Usanzen der Basler Börse entsprochen
habe; allein abgesehen von der Frage, ob diese Usanzen hier
überhaupt als stillschweigend vereinbarte lex contractus in Be=
tracht kommen, so habe jedenfalls die Klägerin dem Beklagten
ausdrücklich ein anderes Verfahren zugesagt. Zwar sei die Be=
hauptung des Beklagten, daß ihm ein unbeschränkter Blancokredit
auf so lange zugesichert gewesen sei, bis es ihm gelinge, seine
Spekulationen mit Gewinn abzuwickeln, von vornherein unglaub=
haft und nicht erwiesen. Wohl aber liege in dem Schreiben der
Klägerin vom 1. Dezember 1891 die Zusicherung, daß jedenfalls
das pro Ende Dezember abgeschlossene Reportgeschäft in Ordnung
abgewickelt und nicht durch eine vorzeitige börsenmäßige Exekution
erledigt werden solle. Sei somit die Liquidation eine unberechtigte
gewesen, so müße die Klage, welche einzig auf Bezahlung des
aus dieser Liquidation sich ergebenden Saldos gehe, angebrachter=
maßen abgewiesen werden. Ob der Klägerin eine andere Forderung
an den Beklagten noch zustehe, sei nicht zu untersuchen. Auch die
Widerklage sei angebrachtermaßen abzuweisen. Allerdings sei die
Klägerin dem Beklagten für einen aus der vertragswidrigen Li=
quidation entstandenen Schaden ersatzpflichtig. Allein hierauf sei
die Widerklage nicht gerichtet. Der Beklagte habe einen Schaden
in Folge der vorzeitigen Liquidation auch nicht nachgewiesen.
Jedenfalls repräsentiren die Baarzahlungen des Widerklägers nicht
den ihm erwachsenen Schaden. Denn, wie sich aus den Akten
ergebe, seien diese Baarzahlungen zu theilweiser Deckung der
fälligen Einzahlungen auf die Aktien der Banca generale geleistet
worden und seien somit nothwendige Auslagen, ohne welche der
Beklagte einen noch viel größern Verlust (durch Werthloswerden
seiner Titel) erlitten hätte. Gegen dieses Urtheil appellirte die
Klägerin an das kantonale Appellationsgericht, während der Be=
klagte Bestätigung des erstinstanzlichen Urtheils beantragte, sofern
nicht die Klage von vornherein wegen Spiels abzuweisen sei.
Das Appellationsgericht hat die Einrede des Spiels für be=

gründet erachtet und demnach Klage und Widerklage abgewiesen.

2. In rechtlicher Beziehung ist zunächst zu prüfen, ob die Ein=
rede des Spiels begründet sei. Dabei ist von der, vom Bundes=
gerichte stets festgehaltenen, Auffassung auszugehen, daß das Kri=
terium des klaglosen reinen Differenzgeschäftes in dem vertrag=
lichen, ausdrücklich oder stillschweigend erklärten, Ausschlusse des
Rechts und der Pflicht der Parteien zu wirklicher Abnahme und
Lieferung der gekauften und verkauften Waaren oder Börsenpapiere
liegt; daß dagegen die bloße, unausgesprochene, Absicht der einen
oder andern Partei oder auch beider Theile, nicht wirklich zu liefern
oder zu beziehen, sondern das Geschäft durch Bezahlung der
Differenz abzuwickeln, nicht genügt, um das Geschäft zu einem
klaglosen Spiel= oder Wettgeschäfte zu stempeln. Der Thatbestand
eines reinen Differenzgeschäftes in diesem Sinne ist nun durch
das Appellationsgericht nicht festgestellt. Denn das Appellations=
gericht geht von einer abweichenden Auffassung des Begriffes des
reinen Differenzgeschäftes aus. Allerdings spricht es aus, es sei
der Vertragswille nur insoweit vorhanden gewesen, daß die Titel
zwar gekauft, aber so lange reportirt werden sollen, bis sie mit
Gewinn realisirt werden können; ein reelles Lieferungsgeschäft sei
also nicht abgeschlossen gewesen — und fügt bei, es könne auch
das in der Praxis des Bundesgerichtes für die Klagbarkeit von
Lieferungsgeschäften aufgestellte Requisit, daß Recht und Pflicht
der Parteien zu wirklicher Abnahme und Lieferung der Papiere
bestehe, nicht als erfüllt angesehen werden. Allein im weitern
wird ausgeführt, entscheidend hiefür müsse doch auch wieder der
Umstand sein, ob die Parteien je beabsichtigt haben, ein solches
Recht zu üben resp. von der Gegenpartei die Erfüllung solcher
Pflicht zu fordern. Daraus ergibt sich, daß das Appellationsge=
richt, wenn es auch an einer Stelle von mangelndem Vertrags=
willen spricht, doch in That und Wahrheit davon ausgeht; ent=
scheidend sei nicht, ob vertraglich Recht und Pflicht der wirklichen
Lieferung und Abnahme bestehe, sondern ob die Parteien jede für
sich, beabsichtigen, von dem vertraglichen Rechte Gebrauch zu
machen. Im Weitern bemerkte das appellationsgerichtliche Urtheil,
es sei im Geschäftsverkehr der Parteien von Anfang bis zu Ende
nie von einem Rechte oder einer Pflicht reeller Lieferung und Ab=

nahme die Rede. Allein der Geschäftsverkehr zwischen den Par=
teien bestand nun in Aufträgen zum An= und Verkauf von Werth=
papieren einerseits und in Kaufs= und Verkaufs= (Report=) Ge=
schäften andrerseits. Damit sind aber Recht und Pflicht reeller
Lieferung und Abnahme an sich gegeben; allerdings kann, troÿ
dieser rechtsgeschäftlichen Einkleidung, kein Kauf und Verkauf
sondern ein bloßes Spiel gewollt sein; allein es darf dies nur
dann angenommen werden, wenn schlüssige Thatsachen dafür vor=
liegen, daß die Parteien die Rechtsfolgen des Geschäftes, welches sie
nach dem Wortlaute der von ihnen ausgetauschten Erklärungen ab=
schlossen, in That und Wahrheit nicht gewollt, sondern ausge=
schlossen haben. Das Appellationsgericht geht demnach von einer
rechtsirrthümlichen Auffassung des Begriffs des reinen Differenz=
geschäftes aus und es hat daher das Bundesgericht frei zu prü=
fen, ob hier dargethan sei, daß ein reines Differenzgeschäft ge=
wollt war. Dies ist nun, in Uebereinstimmung mit der ersten
Instanz, zu verneinen. Es steht fest, daß die Papiere, mit deren
Ankauf der Beklagte die Klägerin (als Kommissionär) beauftragte,
wirklich gekauft und von der Klägerin bezogen wurden; die Klä=
gerin hat bemgemäß auch die fällig werdenden Einzahlungen auf
die angekauften, nicht liberirten Aktien der Banca generale ge=
leistet, vor Abhaltung der Generalversammlung dieser Gesellschaft
den Beklagten über die Vertretung der Aktien an der Generalver=
sammlung angefragt und die Coupons der sämmtlichen gekauften
Papiere eingezogen und dem Beklagten verrechnet. Richtig ist nun
zwar, daß der Beklagte die Papiere seinerseits nicht wirklich bezog,
sondern dieselben jeweilen von Monat zu Monat der Klägerin
in Report gab, richtig ist auch, daß der Beklagte nicht beab=
sichtigte, die Papiere zu behalten, sondern daß er dieselben, bei
steigendem Kurse, weiter zu veräußern gedachte. Allein dadurch
wird noch nicht bewiesen, daß Recht und Pflicht realer Lieferung
ausgeschlossen war, daß insbesondere der Beklagte nicht berechtigt
gewesen wäre, die Papiere (natürlich gegen Bezahluug der For=
derung der Klägerin) zu beziehen. Der Umstand, daß der Beklagte
in seinem ersten Auftrage uud auch später der Klägerin anheim=
stellte, comptant oder auf Ende des Monates zu kaufen, deutet
im Gegentheil darauf hin, daß er realen Bezug nicht auszuschließen

gedachte. Die Sache liegt rücksichtlich des Spielcharakters des Ge=
schäftes hier nicht wesentlich anders, als wenn die Klägerin dem
Beklagten zu einer (von ihr vermittelten) Anschaffung von Pa=
pieren, in welchen dieser zu spekuliren beabsichtigte, ein Darlehen
gegen Verpfändung der Papiere gewährt hätte. Im einen wie im
andern Falle liegt zwar eine Spekulation vor, allein kein klagloses
Differenzgeschäft, bei welchem Recht und Pflicht realer Lieferung
und Abnahme ausgeschlossen ist. Die von der zweiten Instanz
hervorgehobene Eigenschaft des Beklagten als notorischer Börsen=
spekulant ändert hieran nichts und ebensowenig ist bewiesen, daß
die Vermögensverhältnisse des Beklagten etwa derart gewesen
wären, daß hieraus geschlossen werden könnte, es seien Recht und
Pflicht realer Erfüllung von vornherein ausgeschlossen gewesen.

3. Erscheint somit die Einrede des Spiels als unbegründet,
so muß die Klage gutgeheißen werden. Der Beklagte hat den vor
den kantonalen Gerichten gestellten eventuellen Antrag auf Ab=
weisung der Klage angebrachtermaßen nicht erneuert. Derselbe
wäre auch unbegründet. Der Beklagte hat die von der Klägerin
aufgestellte Abrechnung nur insofern bestritten, als er das Ergeb=
niß der von derselben am 14./15. Dezember vorgenommenen Li=
quidation nicht gegen sich will gelten lassen. Nun war allerdings
diese Liquidation eine unberechtigte. Die Behauptung des Beklagten
zwar, daß die Klägerin versprochen habe, ihm so lange Kredit
zu gewähren, bis es ihm gelinge, seine Spekulation mit Gewinn
abzuwickeln, ist, nach der Feststellung der ersten Instanz, nicht er=
wiesen. Allein nachdem die Klägerin die Titel auf Ende Dezember
reportirt hatte, durfte sie dieselben nicht vor diesem Zeitpunkte
liquidiren. Auf die Baslerbörsenusanzen, auf welche sie sich zum
Nachweise ihrer Berechtigung vorzeitiger Liquidation einzig berufen
hat, kann schon deßhalb keine Rücksicht genommen werden, weil
dieselben gar nicht aktenkundig gemacht sind. Für den durch die
verfrühte Liquidation dem Beklagten erwachsenen Schaden wäre
also die Klägerin ersatzpflichtig. Allein Sache des Beklagten wäre
es nun gewesen, diesen Schaden nachzuweisenund damit darzuthun,
daß ihm gegen die an sich begründete Forderung der Klägerin
aus dem Geschäftsverhältnisse zwischen den Parteien eine Gegen=
forderung zustehe. Einen solchen Nachweis hat er nun aber nicht
erbracht, ja nicht einmal versucht.

4. Ueber die Widerklage ist vom Bundesgerichte nicht mehr zu entscheiden, da der Beklagte sich gegen deren Abweisung durch die zweite kantonale Instanz nicht beschwert hat.

Demnach hat das Bundesgericht

erkannt:

Die Weiterziehung der Klägerin wird für begründet erklärt; es wird in Abänderung des angefochtenen Urtheils des Appella= tionsgerichtes des Kantons Baselstadt die Klage gutgeheißen und demnach der Beklagte verurtheilt, an die Klägerin 26,872 Fr. 05 Cts. sammt Zins zu 5 % seit 31. Dezember 1891 zubezahlen.

---

131. Urtheil vom 19. November 1892 in Sachen Rannacher & Cie. gegen Wassermann.

A. Durch Urtheil vom 4. Juli 1892 hat das Appellations= gericht des Kantons Baselstadt erkannt: Das erstinstanzliche Ur= theil wird bestätigt. Das erstinstanzliche Urtheil des Civilgerichtes Baselstadt ging dahin: Kläger sind mit ihrer Klage abgewiesen und als Widerbeklagte verurtheilt, dem Beklagten gegen Lieferung des von ihm konstruirten Alpargatas Webeapparates die Summe von 2000 Fr. zu bezahlen.

B. Gegen das zweitinstanzliche Urtheil ergriffen die Kläger die Weiterziehung an das Bundesgericht, indem sie die Anträge an= meldeten: 1. Es sei das appellationsgerichtliche Urtheil vom 4. Juli 1892 aufzuheben und Wassermann in die Klagesumme zu verfällen; 2. es sei über die vom Beklagten Wassermann er= stellte Maschine eventuell eine zweite Expertise unter Zuziehung eines Praktikers vorzunehmen, wobei die Frage zu untersuchen ist, ob die Erfindung praktisch verwerthbar ist im Sinne der zwischen den Parteien getroffenen Abmachung. Bei der am 4. November 1892 stattgefundenen mündlichen Verhandlung hielt der Anwalt der Klägerin diese Anträge aufrecht, indem er beifügte: Die neue Expertise hätte sich hauptsächlich darauf zu erstrecken, ob der vom Beklagten konstruirte Apparat ein fabrikmäßig arbeitender sei, derart, daß mehrere Maschinen von Einem Arbeiter bedient werden können; es wäre auch in Venezuela über die Leistungsfähigkeit einer Arbeiterin bei dem bisherigen Handbetrieb Auskunft einzuholen. Sie habe seit dem kantonalen Urtheile eine Bescheinigung eines Hauses in Caracas (Venezuela) erhalten, wonach beim Handbetriebe eine dortige Arbeiterin 12 Paare Alpargatas im Tage anzufertigen im Stande gewesen sei. Diese Bescheinigung könne sie allerdings nicht mehr zu den Akten bringen. Dieselbe beweise aber immerhin, daß die Einholung einer Auskunft über den gedachten Punkt möglich und nicht überflüssig sei. Eventuell, sofern das Gericht die Klage nicht im ganzen Umfange sollte zusprechen wollen, wäre der Beklagte jedenfalls zu verurtheilen, der Klägerin die von ihr vorausbezahlten Beträge zurückzuerstatten.

Der Vertreter des Beklagten trug auf Abweisung der gegnerischen Beschwerde und Bestätigung des zweitinstanzlichen Urtheils an, indem er das Begehren um Veranstaltung einer neuen Expertise als unstatthaft bezeichnete und gegen neue Vorbringen der Gegenpartei unter Berufung auf Art. 30, Abs. 4 O.-G. protestirte.

Das Bundesgericht zieht in Erwägung:

1. Das klägerische Geschäftshaus Rannacher & Cie. in St. Gallen war von dem Hause Pardo & Ritz a Porta in Caracas (Venezuela) beauftragt worden, sich mit Maschinenfabrikanten zum Zwecke der Erstellung einer Maschine in Verbindung zu setzen, welche geeignet wäre, die Garnbestandtheile sogenannter Alpargatas, d. h. der von Hand gefertigten Fußbekleidung der Eingebornen Venezuelas, durch Maschinenarbeit anzufertigen. Die von der Maschine zu liefernde Arbeit müßte mit der von Hand gemachten identisch sein und es müßte die Maschine es ermöglichen, im gleichen Zeitraum bedeutend mehr zu produziren, als beim jetzigen Verfahren. Die Sache müsse natürlich möglichst rasch gemacht werden. Gelinge sie, so wäre der Absatz jedenfalls ein guter, doch reserviren sie, Pardo und Ritz a Porta, sich den Alleinverkauf; es werde ihnen gewiß gelingen, mit dem Fabrikanten eine Vereinbarung zu treffen, die ihn entschädigen werde. Sie ermächtigen den Adressaten, für die erste Maschine, zu deren Annahme sie sich nach erwiesener Zulänglichkeit entschließen sollten, außer dem Verkaufspreis eine Extraprämie bis auf 200 £ zu

offeriren. Rannacher & Cie. traten zum Zwecke der Ausführung
dieses Auftrages mit dem Beklagten Maschineningenieur Georg
Wassermann in Korrespondenz, indem sie demselben mit Schreiben
vom 15. April 1891 eine verkürzte Kopie des Briefes von Parbo
& Ritz a Porta übermittelten, in welcher die Namen der Auftrag=
geber und des Landes, dessen Fußbekleidung in Frage stand, so=
wie der Passus betreffend Begleichung des Lohnes und die Höhe
der Prämie weggelassen waren. Sie erklärten, nach erwiesener
Brauchbarkeit werde ihr Auftraggeber die Maschine zu einem ver=
nünftigen Preise übernehmen und eine Prämie von 2000 bis
2500 Fr. bezahlen, dafür aber das Alleinverkaufsrecht für das
betreffende Land beanspruchen. In einem Briefe vom 23. April
erklärte Wassermann, er habe zwar eine Lösung des Problems
gefunden, bei welcher das Resultat dem Muster ähnlich würde;
da er aber aus Erfahrung die Hartnäckigkeit, mit welcher gewisse
Völker an der Form ihrer Kleidungsstücke festhalten, kenne, würde
er vorziehen, das Original mittelst einer Maschine, wenn sie
auch von einem Arbeiter bedient werden müßte, genau innezu=
halten und vollständig nachzumachen. Er glaube der Lösung dieses
Problems auf der Spur zu sein. Es handle sich um eine Ma=
schine, welche das von Hand erstellte Muster genau herstelle,
schneller arbeite, d. h. leistungsfähiger sei als ein Arbeiter; um
wie viel lasse sich jetzt noch nicht bestimmen; er glaube mindestens
das Dreifache von Anfang an ; später seien noch stets Verbesse=
rungen möglich. Er mache sich verbindlich, diese Maschine zu
konstruiren und die ganz gleiche Waare wie Muster herzustellen.
Lieferungsfrist vier Monate. Der Preis für die erste Maschine,
den er auf circa 2000 Fr. schätze, sei zu ein Drittel bei Bestel=
lung, ein Drittel nach Ablieferung und ein Drittel drei Monate
dato factura zu bezahlen. Die Prämie von 2000—2500 Fr. sei
zu $\frac{1}{3}$ bei Bestellung, $\frac{1}{3}$ bei Einsendung der ersten Produktions=
probe und $\frac{1}{3}$ bei Ablieferung der Maschine zu bezahlen. Das
Erfindungsrecht und die Patente aller Länder behalte er sich vor.
Mit Schreiben vom 2. Mai antwortete die Klägerin, es freue
sie, daß Wassermann sich verbindlich mache, fragliche Maschine
zu erstellen und übersandte 708 Fr. 40 Cts. unter der Bedin=
gung, daß Beklagter innert vier Monaten genau die Maschine

erstelle, wie sie in ihrem Briefe vom 15. April bezeichnet sei, und
daß er diese Maschine inclusive Prämie und Auslagen zum Preise
von 2000 Fr. liefere.] Den Rest der 2000 Fr. erhalte Wasser=
mann bei Ablieferung der Maschine, komme die Erfindung nicht
zu Stande, so habe er die 708 Fr. 40 Cts. zurückzuerstatten.
In der weitern Korrespondenz zwischen den Parteien gibt die
Klägerin den Standpunkt, daß für die erste Maschine einschließ=
lich der Prämie blos 2000 Fr. zu bezahlen seien, auf, sie aner=
kannte, daß die Prämie; welche schließlich auf 2250 Fr. festge=
setzt wurde, nur die Erfindung an und für sich betreffe, und die
erste Maschine extra zu bezahlen sei; sie bezahlte, nachdem der
Beklagte am 11. Juni 1891 eine erste Webeprobe der von ihm
konstruirten Maschine gesandt hatte, am 12. Juni 703 Fr. 20 Cts.,
als zweites Drittel der Prämie, und leistete am 20. Juli 1891
eine fernere Zahlung von 525 Fr. 80 Cts. sowie, nach einer
am 30. Juli 1891 stattgefundenen mündlichen Besprechung eines
Vertreters des klägerischen Hauses mit dem Beklagten eine solche
von 312 Fr. 60 Cts. Dabei ließ sie sich am 19. August 1892
vom Beklagten (um sich Pardo gegenüber zu decken) eine Quit=
tung über 5000 Fr. für erhaltene Prämie ausstellen. Am 20. Juli
hatte sie dem Beklagten mitgetheilt, daß sie das Verkaufsrecht für
Westindien und Venezuela beanspruche. Der Beklagte machte
wiederholt Mittheilungen über den Fortgang der Ausführung
seiner Erfindung. Am 15. Juli theilte er mit, er habe zwei Ma=
schinen gebaut, welche Ende dieser oder Anfangs nächster Woche
fertig sein werden. Die eine mit Hand=, die andere mit Fußbe=
trieb. Er habe in der Hauptsache das einzig richtige und mögliche
getroffen und könne es sich nur noch um sekundäre Aenderungen
handeln. Nächste Woche werde er die Klägerin zur Besichtigung
der Maschine einladen; wenn sie vorziehen sollte, daß er mit der=
selben sich nach St. Gallen begebe, so ersuche er um Nachricht.
Die Klägerin erwiderte hierauf am 20. Juli 1891, sobald die
Maschine fertig sei und ohne Störungen arbeite, bitte sie um
Mittheilung; es werde dann jemand von ihrem Hause zu Be=
sichtigung und Prüfung der Maschine nach Basel gehen. Am
3. August 1891, nachdem inzwischen ein Vertreter ihres Hauses
in Basel gewesen war, sprach die Klägerin die Hoffnung aus,

daß der Beklagte die versprochenen zwei Maschinen spätestens in
14 Tagen nach St. Gallen senden werde. In einem Schreiben
vom 4. August erwiderte Wassermann, er habe jetzt keine Zeit,
darüber zu schreiben, daß er jetzt bis Mitte August zwei Ma=
schinen abliefern solle, obschon die vier Monate noch nicht vorbei
seien; auch seien noch andere Anstände zu regeln; er habe eine
Vereinfachung in Aussicht; am 15. August müsse sich Rannacher
aber mit der ersten Konstruktion begnügen. Am 24. August tele=
graphirte die Klägerin dem Beklagten: „Sendet sofort per Ge=
päcksendung Maschine“, worauf dieser zurücktelegraphirte: „De=
montirt, wird abgeändert.“ Mit Brief vom gleichen 24. August
machte die Klägerin den Beklagten aufmerksam, daß er entgegen
seinem Versprechen die Maschine nicht fertiggestellt habe, während
gleichzeitig der Beklagte ihr schrieb, er habe behufs bequemeren
Betriebes einige Verbesserungen vornehmen lassen, er gebe die
Maschine nicht heraus, bevor er selbst völlig damit befriedigt sei;
er werde die Sache möglichst beschleunigen. Die Klägerin prote=
stirte hiegegen am 25. August und verlangte die Maschine so=
fort, auch wenn sie noch nicht fertig sei, um sie ihrem Geschäfts=
freunde zu zeigen, sie würde sie dann behufs Fertigstellung zurück=
senden. Trotz wiederholter Rechargen der Klägerin antwortete der
Beklagte erst am 28. August telegraphisch: „Maschine geht ab,
wenn ich es für gut finde“, und auch auf Recharge vom 2. Sep=
tember und persönlichen Besuch Rannachers hielt er an seiner ab=
schlägigen Antwort fest. Wassermann hatte zufällig erfahren, daß
Pardo der Auftraggeber der Klägerin sei und von dem zwischen
Pardo und der Klägerin bestehenden Verhältnisse Kenntniß er=
langt. Pardo selbst besuchte ihn, forderte ihn auf, seine Maschine
zu verbessern und versprach, ihm aus Venezuela genauere Detail=
angaben zu senden. Am 9. September 1891 schrieb indeß Pardo
an Rannacher, der Apparat sei nutzlos; er sei froh daß Ran=
nacher ihn nicht erhalten habe; die Gewebe würden in Vene=
zuela einfacher, schneller und besser von Hand gefertigt; auch
könne die Maschine mit dem von ihm gebrachten Faden nichts
machen. Er sei aber mit Verbesserungen einverstanden und das
Ziel werde erreicht werden. Am 13. September erklärte er, er
annullire das Geschäft mit der Maschine, Rannacher möge daher

wegen nicht rechtzeitiger Lieferung das gleiche thun und die
5000 Fr. zurücksenden. Daraufhin erklärte Rannacher gegenüber
Wassermann am 28. September, er trete vom Vertrage zurück,
verlange Rückerstattung seiner Zahlungen, Kosten und Schaden=
ersatz, da Wassermann weder eine Maschine erstellt, noch sie zur
vertraglichen Zeit übersandt habe. Wassermann erwiderte am
6. Oktober: Die Bedingungen des Vertrages, wie sie Pardo ge=
stellt, seien andere gewesen, als die ihm gestellten; das in letzter
Stunde ihm (von Pardo) übergebene Garn habe einige Abände=
rungen erfordert, sonst sei die Maschine fertig und stehe zur Ver=
fügung. Am 30. Oktober reichten Rannacher & Cie. Klage gegen
Wassermann ein auf Bezahlung von 5053 Fr. 05 Cts. sammt
Zins zu 5 % seit dem Tage der Klage unter Kostenfolge. Die
Klagesumme setzt sich zusammen aus: a) 2250 Fr. für dem Be=
klagten gemachte Zahlungen; b) 83 Fr. 05 Cts. für Reise= und
Probespesen; c) 2750 Fr. für entgangene Prämie. Der Be=
klagte beantragte Abweisung der Klage und Verfällung des Klä=
gers als Widerbeklagten zur Zahlung von 2000 Fr. (als Ver=
kaufspreis der Maschine), wogegen der Klägerin die Maschine
unter Vorbehalt des Erfindungsrechtes zur Verfügung stehe. Zu
bemerken ist noch, daß in der Korrespondenz, mit Schreiben vom
11. Juni 1891, Wassermann erklärt hatte, er gebe die Maschine
nicht aus den Händen, bevor sie patentirt sei; die Erfüllung des
Vertrages könne nicht von der Zufriedenheit Rannachers mit der
Maschine abhängen; vielmehr habe ein Fachmann die Maschine
in Basel in Augenschein zu nehmen. Die Klägerin hatte hierauf
am 12. Juni erwidert, sie mache die Annahme der Maschine von
der Bedingung abhängig, daß deren Leistungsfähigkeit zu ihrer
Zufriedenheit ausfalle, Wassermann solle sie sofort nach Fertig=
stellung patentiren lassen und dann werde der Besteller Jemand
zur Besichtigung nach Basel schicken. — Beide Vorinstanzen haben
nach Einholung einer Expertise, die Klage abgewiesen, die Wi=
derklage dagegen gutgeheißen. Der Sachverständige (Professor
Escher in Zürich) hat sich dahin ausgesprochen: Das Produkt,
das auf der Vorrichtung erstellt werde, entspreche nach Bindungs=
art und Fadendichtigkeit genau dem Original. Wenn die Gleich=
förmigkeit an den Rändern noch fehle, so rühre dies nur von

mangelnder Uebung des Webers her und werde bei besserer Ue=
bung verschwinden. Gleiche Geschicklichkeit und Uebung des Ar=
beiters vorausgesetzt, halte der Experte es für gewiß, daß der
Wassermannsche Apparat leistungsfähiger sei als der bisher für
die Handarbeit benutzte Triangolo, weil das Einbiegen des Ein=
trages viel rascher geschehe. Der Apparat, wie er zur Zeit vor=
liege, sei freilich noch nicht vollkommen; um in ungestörten Be=
trieb genommen werden zu können, bedürfe es noch mehrfacher
Verbesserungen. Der Grundgedanke sei indeß durchaus richtig und
gut und es werde gewiß gelingen, die Unvollkommenheiten, die
sich bei derartigen neuen Konstruktionen immer einstellen, glücklich
zu überwinden.

2. Die Kläger haben in erster Linie geltend gemacht, sie seien
(nach Art. 123 und 125 O.=R.) berechtigt gewesen, ohne weiters
vom Vertrage zurückzutreten, weil der Beklagte die im Vertrage
bestimmt bezeichnete Lieferfrist nicht eingehalten habe und in Folge
seines Verzuges die Leistung für sie nutzlos geworden sei. Diese
Behauptung ist von der Vorinstanz mit zutreffenden Gründen
zurückgewiesen worden. Eine ausdrückliche Vereinbarung, daß die
Leistung innerhalb der vertraglichen Frist von vier Monaten und
nicht später erfolgen solle, liegt nicht vor. Nun kann allerdings
dies auch stillschweigend vereinbart werden. Die Absicht, ein Fir=
geschäft abzuschließen, kann sich aus der Natur des Vertrages und
aus den Umständen ergeben. Allein hier ist dies, nach der zutref=
fenden Feststellung des Appellationsgerichtes, nicht der Fall. Der
Vertrag ist nicht auf die handwerks= oder fabrikmäßige Erstellung
einer bekannten Maschine sondern auf die erfinderische Lösung und
Darstellung eines technischen Problems gerichtet. Bei Verträgen
aber, welche eine schöpferische geistige Leistung, sei es wissenschaft=
licher, technischer oder künstlerischer Natur zum Inhalte haben,
ist die Vereinbarung eines Ablieferungstermins in der Regel, wie
das Appellationsgericht richtig ausführt, nur in dem Sinne einer
ungefähren Bestimmung der Zeit, binnen welcher die Vollendung
der Arbeit erstrebt werden soll, zu verstehen. Soll bei solchen Ver=
trägen der Ablieferungsfrist die strenge Bedeutung zukommen,
daß bei deren Ueberschreitung der Besteller ohne weiters zum
Rücktritte berechtigt sei, so muß dies unzweideutig ausgedrückt

sein, was hier nicht der Fall ist. Im Gegentheil stellt die Appel=
lationsinstanz ohne Rechtsirrthum fest, daß es bei Eingehung des
Vertrages gar nicht in der Absicht der Kläger gelegen habe, ihre
Gebundenheit an den Vertrag von der strikten Einhaltung der
vom Beklagten als erforderlich bezeichneten viermonatlichen Frist
abhängig zu machen. Wenn der Auftraggeber der Kläger, Pardo,
unter Berufung auf die Verzögerung der Lieferung der Maschine
seinen Auftrag gegenüber den Klägern „annullirt" hat, so be=
rechtigt dies die Kläger nicht, die Leistung des Beklagten als für
sie, zufolge Verzuges, nutzlos geworden, gemäß Art. 125 O.=R.
zurückzuweisen. In der That liegt nicht vor, daß die Leistung des
Beklagten durch die eingetretene unerhebliche Ueberschreitung der
vorgesehenen viermonatlichen Ablieferungsfrist für die Kläger nutz=
los geworden wäre. Der Zweck der von den Klägern stipulirten
Maschinenlieferung kann an sich nach wie vor erreicht werden.
Wenn nach dem Verhältnisse zwischen den Klägern und Pardo
letzterer die Maschine nur binnen kurzer Frist annehmen mußte,
so war es Sache der Kläger, den Beklagten sich gegenüber in
gleichem Sinne zu verbinden. Dies haben sie aber nicht gethan,
sie haben dem Beklagten einen festen Lieferungstermin, an dessen
Innehaltung der Bestand des Vertrages geknüpft gewesen wäre,
nicht gesetzt und ihm ihr Verhältniß zu Pardo beim Vertragsab=
schlusse absichtlich verschwiegen. Es ist denn übrigens auch frag=
lich, ob Pardo seinerseits wirklich berechtigt war, auf die Lieferung
der Maschine wegen der eingetretenen Verzögerung ihrer Abliefe=
rung einfach zu verzichten. Danach waren denn die Kläger weder
nach Art. 123 noch nach Art. 125 O.=R. zum sofortigen Rück=
tritte vom Vertrag respektive zu Zurückweisung der Leistung des
Beklagten berechtigt. Eine Nachfrist zu Erfüllung im Sinne des
Art. 122 O.=R. haben sie dem Beklagten nie angesetzt und sie
sind daher selbst dann noch an den Vertrag gebunden, wenn der
Beklagte sich wirklich im Verzuge befand. Letzteres ist von der
ersten Instanz deßhalb verneint worden, weil die Kläger als Er=
füllung eine Leistung verlangt haben, welche sie zu verlangen
nicht berechtigt gewesen seien, nämlich Sendung der Maschine
nach St. Gallen. Diese Frage braucht indeß, als für die Ent=
scheidung unerheblich, nicht untersucht zu werden. Wenn der Klä=

gerische Anwalt auch heute daran festgehalten hat, durch die direkte
Verhandlung mit Pardo habe der Beklagte vertragswidrig gehan=
delt und seine Leistung für sie erst recht nutzlos gemacht, so ist
nicht einzusehen, inwiefern der direkte Verkehr des Beklagten mit
Pardo vertragliche Rechte der Kläger sollte verletzt haben. Der
Beklagte hat ja gegenüber Pardo keinerlei Verpflichtung einge=
gangen, welche ihn daran gehindert hätte, seine Vertragspflichten
gegenüber den Klägern zu erfüllen.

3. Waren demgemäß die Kläger zum Rücktritte vom Vertrage
nicht berechtigt, so kann sich nur noch fragen, ob die vom Be=
klagten hergestellte Maschine als ein Werk erscheine, welches den
vertraglichen Anforderungen entspreche. Der klägerische Anwalt
hat dies heute aus einem dreifachen Grunde bestritten; zunächst,
weil der vom Beklagten erstellte Apparat ein bloßer Hülfsapparat
für die Handarbeit, nicht, worauf die Bestellung gegangen sei,
eine automatisch arbeitende, das Gewebe selbstthätig herstellende,
Maschine sei; sodann weil die bedungene höhere Leistungsfähigkeit
des Apparates gegenüber der bloßen Handarbeit, wie diese in
Venezuela betrieben werde, nicht nachgewiesen sei, und endlich
weil die Maschine überhaupt nicht fertig sei, während die Bestel=
lung nicht auf die bloße Lösung eines technischen Problems, son=
dern auf Herstellung einer gewerblich verwerthbaren Maschine
gegangen sei. Diese Einwendungen sind aber gegenüber den that=
sächlichen Feststellungen der Vorinstanzen nicht haltbar. Zunächst
steht hienach fest, — es ergibt sich dies übrigens aus der gesamm=
ten Korrespondenz in unzweideutigster Weise, — daß die Kläger
nie die Erstellung einer automatisch arbeitenden Maschine verlangt
hatten, sondern mit dem, von einem Arbeiter zu bedienenden Ap=
parate, wie der Beklagte ihn plante, einverstanden waren. Ob
dies auch den Intentionen des Pardo entsprach, berührt den Be=
klagten, welcher einzig mit den Klägern in einem Vertragsver=
hältnisse stand, nicht. Sodann stellen die Vorinstanzen im An=
schlusse an das von ihnen eingeholte Expertengutachten fest, daß
das auf der Maschine erstellte Fabrikat gleicher Qualität mit dem
Muster sei und daß die Maschine mehrfache Leistungsfähigkeit
gegenüber der Handarbeit besitze. Diese thatsächliche Feststellung
ist für das Bundesgericht verbindlich; wenn der klägerische An=

walt eine Ergänzung der Expertise und Einholung von Erkundigungen in Venezuela zum Zwecke der Widerlegung derselben
beantragt hat, so ist dies nach Art. 30, Abs. 4 O.-G. unzuläßig. Danach erscheint denn aber als erwiesen, daß die vom Beklagten erbaute Maschine den vertraglichen Anforderungen entspricht. Der Umstand nämlich, daß die Maschine in ihrem gegenwärtigen Zustande nicht vollkommen ist, sondern noch untergeordneter Verbesserungen bedarf, schließt dies nicht aus. Die Maschine
entspricht nach dem festgestellten Thatbestande rücksichtlich ihrer
Leistungsfähigkeit den vertraglichen Anforderungen, und dies genügt. Denn Vollkommenheit der Maschine in allen Theilen war
nicht bedungen, um so weniger als die Kläger in Betreff der
Beschaffenheit der Maschine überhaupt niemals bestimmte Requisite
aufgestellt haben.

Demnach hat das Bundesgericht

erkannt:

Die Weiterziehung der Klägerin wird als unbegründet abge-
wiesen und es hat demnach in allen Theilen bei dem angefochtenen
Urtheile des Appellationsgerichtes des Kantons Baselstadt sein
Bewenden.

---

132. *Arrêt du 25 Novembre 1892, dans la cause Carrel contre Delieutraz.*

Par arrêt du 3 Septembre 1892, la Cour de justice civile
de Genève, statuant en la cause pendante entre Pierre-Louis
Carrel, domestique de campagne, à Genève, et Antoine Delieutraz, fermier à Choully, a, en confirmation du jugement
du tribunal civil de Genève du 2 Juin précédent, débouté le
demandeur Carrel de toutes ses conclusions, et condamné ce
dernier aux dépens d'appel.

C'est contre le prédit arrêt que Carrel, par acte du 21 Septembre 1892, a recouru au Tribunal fédéral, concluant à ce
qu'il lui plaise l'annuler, et, statuant à nouveau, adjuger au

recourant ses conclusions de première instance avec dépens.

Le défendeur Delieutraz a conclu au maintien de l'arrêt attaqué.

Statuant en la cause et considérant :

En fait :

1° Le sieur Pierre-Louis Carrel, âgé de 27 ans, travaillait comme domestique de ferme depuis environ 5 mois chez le défendeur A. Delieutraz, fermier à Choully, lorsque, le 24 Août 1891, il fut victime d'un grave accident, dans les circonstances ci-après :

Le dit jour Carrel était occupé avec un sieur Dormange à placer des gerbes de paille sur une « tèche ; » au lieu de redescendre de la remise par une échelle il sauta sur un tas de gerbes et se blessa au pied. Le fils du défendeur lui dit de quitter son travail et de se rendre à Choully chez un rebouteur, pour se faire soigner. Carrel n'obéit pas à cette injonction, et continua à préparer les gerbes. Quelques instants après il se plaignit de plus fortes douleurs dans le pied, après quoi son patron, ainsi que ses collègues, lui réitérèrent le conseil de cesser son travail. Carrel refusa une seconde fois, objectant qu'il pourrait bien faire aller les chevaux de la machine à battre le blé ; c'est alors que, malgré la défense de son patron et les conseils de ses camarades, il monta sur un siège qui se trouvait sur une planche mobile, placée sur les barres de la machine à battre ; ce siège, non fixé sur la dite planche, se trouvait au-dessus de l'engrenage, soit de la roue motrice : il avait été occupé quelques instants auparavant par le fils Delieutraz, lequel fit observer à Carrel le danger qu'il y avait à se placer sur ce siège, et lui montra, à cet effet, un aiguillon qu'il avait laissé tomber la veille dans l'engrenage et qui était broyé. Malgré cet avertissement Carrel monta sur le dit siège et conduisit les chevaux pendant 1/4 d'heure à 1/2 heure ; pendant ce temps, le fils Delieutraz prit la place de Carrel pour préparer les gerbes. Au bout de ce temps Carrel ressentit une douleur, soit une crampe à la jambe ; il allongea celle-ci et se laissa prendre le pied droit dans l'engrenage. Conduit à l'hôpital, il y subit l'amputation du pied

par l'opération dite « la désarticulation de Chopart » consistant à enlever toute la partie antérieure du pied, en laissant
subsister le talon. Carrel ne quitta l'hôpital que le 23 Février
1892. C'est à la suite de ces faits que le demandeur ouvrit
action à Antoine Delieutraz, en se fondant sur les art. 50, 51
et 53 C. O., et concluant à ce que ce dernier soit condamné
à lui payer avec intérêts et dépens la somme de 5000 francs
à titre d'indemnité et réparation du préjudice causé.

Par jugement du 7 Juin 1892 le tribunal de première instance de Genève a débouté le demandeur de ses conclusions.
Sous date du 3 Septembre suivant, et ensuite d'appel du
sieur Carrel, la Cour de justice civile a confirmé, ainsi qu'il
est dit plus haut, la sentence des premiers juges par les motifs dont suit la substance :

Carrel n'a pas prouvé que l'accident dont il a été victime
soit dû à l'imprudence ou à la négligence du défendeur ; c'est
Carrel qui a demandé à conduire les chevaux ; il est monté
sur le siège improvisé par le fils Delieutraz, malgré les avertissements de celui-ci et de ses camarades sur le danger
auquel il s'exposait, et même malgré la défense de son patron.
L'accident est arrivé par le fait que Carrel, ayant été pris
d'une crampe au pied droit, déjà blessé le matin, a étendu la
jambe pour se dégourdir et se laissa prendre le pied dans l'engrenage. Carrel a déclaré à un témoin que l'accident ne serait
pas arrivé s'il avait suivi les conseils de son patron. De ces
faits il ne résulte aucune faute quelconque à la charge de
Delieutraz ou de son fils ; il est, au contraire, établi que l'accident est dû uniquement à la faute de Carrel, qui a persisté
à se placer dans une position dangereuse, après avoir été mis
en garde contre les conséquences possibles de cette imprudence.

C'est contre cet arrêt que Carrel recourt au Tribunal de
céans, et que les parties ont conclu ainsi qu'il est dit ci-
dessus.

En droit :

2° La compétence du Tribunal fédéral en la cause est indéniable, aux termes de l'art. 29 de la loi sur l'organisation

judiciaire fédérale, puisqu'on se trouve en présence d'un recours de droit civil contre le jugement au fond rendu par la dernière instance genevoise, que l'objet du litige est supérieur à 3000 francs, et qu'il s'agit de l'application des lois fédérales par les tribuuaux cantonaux.

Les deux parties admettent d'un commun accord, ainsi que les instances cantonales, que Delieutraz ne peut être tenu envers Carrel qu'en application des art. 50 et suivants du Code des obligations, et non en vertu des dispositions des lois fédérales sur la responsabilité civile ensuite d'accident, et que, par conséquent, les fins de la présente action en dommages-intérêts ne sauraient être accueillies que dans le cas où il serait établi que l'accident dont le demandeur a été la victime a été causé à dessein par le défendeur ou est dû à son imprudence ou à sa négligence.

3° Aucun dol n'étant allégué à la charge du sieur Delieutraz, la seule question à examiner dans l'espèce est celle de savoir si le dommage subi par Carrel a été causé par la négligence ou par l'imprudence du dit défendeur, et si, éventuellement, il doit être attribué à une concurrence de fautes commises par les deux parties.

C'est, tout d'abord, avec raison que l'arrêt attaqué relève une faute à la charge de la victime. Non seulement, en effet, Carrel a persisté, malgré les avertissements de Delieutraz fils et des autres ouvriers présents, à monter sur le siège im provisé au-dessus de l'engrenage, et à se charger du travail éminemment dangereux de la direction de l'attelage de la machine à battre, lequel ne rentrait pas dans ses attributions, mais encore il l'a exécuté alors que l'entorse qu'il s'était faite au pied augmentait notablement le péril, et par conséquent les chances d'accident. En enfreignant la défense expresse de Delieutraz fils dans les circonstances signalées, Carrel s'est rendu coupable d'une imprudence grave, dont les conséquences doivent lui être imputées pour la plus grande part.

4° En revanche, si l'accident survenu est dû en première ligne et essentiellement à la propre imprudence du demandeur, il faut reconnaître que, dans les conditions dans les-

quelles il s'est produit, certains éléments de faute subsistent
à la charge du patron Delieutraz, et engagent dans une certaine mesure sa responsabilité civile.

Il est établi, en effet, que le siège improvisé par Delieutraz
sur une simple planche mobile posée en travers sur les bras
de la mécanique, au-dessus d'un engrenage non couvert, exposait celui qui utilisait cet échafaudage primitif à un danger
de tous les instants, surtout lorsque la personne qui y montait n'avait, comme c'était le cas de Carrel, pas l'habitude de
s'en servir. La simple défense intimée au recourant par Delieutraz ne peut, contrairement à l'appréciation de l'arrêt
cantonal, être considérée comme suffisante pour mettre le
patron à l'abri de toute responsabilité ; celui-ci ne devait pas
se borner à cette défense et à signaler le danger, mais il lui
incombait de ne pas tolérer du tout le travail dangereux de
son domestique, en empêchant ce dernier de s'y livrer, et en
interrompant, au besoin, le travail de la machine. Or, non
seulement Delieutraz fils ne l'a point fait, mais il a toléré la
désobéissance de Carrel, en le laissant conduire la dite machine pendant 1/4 d'heure ou 1/2 heure, et en le remplaçant
dans le travail dont il était primitivement chargé ; cette to-
lérance engage d'autant plus la responsabilité du patron, qu'il
n'était point nécessaire de monter sur ce siège défectueux
pour conduire l'attelage, mais que celui-ci pouvait être dirigé
depuis derrière, sans qu'il fût besoin d'avoir recours à cette
périlleuse ascension.

5° L'accident du 24 Août 1891 doit donc être attribué à
une concurrence de fautes, dont les plus graves sont sans
doute le fait de la victime elle-même, mais dont une partie
doit être attribuée au défendeur, et il y a lieu dans cette
situation de modérer la réparation due par Delieutraz à Carrel, en raison de l'imprudence personnelle de ce dernier.

En prenant en considération toutes ces circonstances, l'âge
du demandeur et la nature de la lésion qu'il a soufferte, l'al-
location à Carrel d'une somme de cinq cents francs apparaît
comme une compensation suffisante pour la part du dommage
imputable aux agissements du patron Delieutraz, soit de son fils.

Par ces motifs,

Le Tribunal fédéral

prononce :

Le recours est partiellement admis, et l'arrêt rendu par la Cour de justice civile de Genève, le 3 Septembre écoulé, réformé en ce sens que le défendeur Antoine Delieutraz est condamné à payer à Pierre-Louis Carrel, son ancien domestique, la somme de cinq cents francs (500 francs), avec intérêt à 5 % l'an dès la demande juridique.

---

133. Urtheil vom 26. November 1892 in Sachen Hasler gegen Spar- und Leihkasse Siffach.

A. Durch Urtheil vom 15. Juli 1892 hat das Obergericht des Kantons Basellandschaft erkannt: Es wird das Urtheil des Bezirksgerichtes Siffach vom 11. April 1892 lautend: „Es wird „der Beklagte verurtheilt, an die Klägerin die Summe von „2500 Fr. zu bezahlen," bestätigt.

B. Gegen dieses Urtheil ergriff der Beklagte die Weiterziehung an das Bundesgericht. Bei der heutigen Verhandlung beantragt er: Es sei das vorinstanzliche Urtheil aufzuheben und die Spar- und Leihkasse Siffach mit ihrer Forderung abzuweisen.

Der Anwalt der Klägerin und Rekursbeklagten trägt auf Bestätigung des obergerichtlichen Urtheils an.

Das Bundesgericht zieht in Erwägung:

1. In den Monaten November und Dezember 1891 entstand in Siffach und Umgebung das Gerücht, die dort domizilirte Aktiengesellschaft, Spar- und Leihkasse Siffach, habe bei der damals ausgebrochenen Bankkrise bedeutende Verluste erlitten. Das Gerücht verbreitete sich bald auch in weitern Kreisen des Kantons Basellandschaft und über dessen Grenzen hinaus, und wuchs im Laufe seine Verbreitung immer mehr an, so daß schließlich die Zahlungsfähigkeit der Spar- und Leihkasse in Zweifel gezogen wurde. In Folge desselben wurden auf der Spar- und Leihkasse angelegte Sparkassegelder in außergewöhnlichem Maße zurückge-

zogen und Obligationen zur Rückzahlung gekündigt, während
neue Einlagen unterblieben. Die Spar= und Leihkasse konnte dem
Andrange auf ihre Kasse nur dadurch begegnen, daß sie das für
die Rückzahlungen nöthige Geld sich auf außergewöhnlichem Wege,
durch Abtretung und Verpfändung ihr gehöriger Hypothekartitel,
beschaffte. Die Gerüchte über ihre schlimme Lage waren unbe=
gründet. Der wirkliche Sachverhalt war der: Der Verwaltungs=
rath der Spar= und Leihkasse hatte am 5. Februar 1890, auf
Anregung des Verwalters J. Buser, beschlossen, diesem den An=
und Verkauf von Valoren nach seiner freien Wahl zu überlassen,
mit der Maßgabe, daß wenn der Werthschriftenverkehr bei Ab=
schluß der Jahresrechnung einen Verlust ergebe, ihn der Ver=
walter einzig zu tragen habe, während dagegen von einem Gewinne
dem Verwalter 30 %, der Kasse 70 % zukommen sollen. Nach
dem veröffentlichten Geschäftsberichte für das Jahr 1890 hatte
die Spar= und Leihkasse (bei einem Aktienkapital von 200,000 Fr.
und einem Reservefonds von 53,000 Fr.) am 31. Dezember 1890
Werthschriften im Betrage von 355,000 Fr., darunter Aktien im
Betrage von 278,000 Fr. besessen, u. a. auch 20 Aktien der im
Jahre 1891 zusammengebrochenen Kreditbank Winterthur. Letztere
Aktien wurden im Jahre 1891 noch vor dem Zusammenbruche
der Kreditbank Winterthur mit Gewinn verkauft. Dagegen trat
auf einer Reihe anderer im Besitze der Spar= und Leihkasse
Sissach befindlicher Aktien im Laufe des Jahres 1891 ein Kurs=
rückgang von insgesammt 45—50,000 Fr. ein. In der Sitzung
des Verwaltungsrathes vom 16. Dezember 1891 erklärte der
Verwalter, daß er diese Aktien auf eigene Rechnung übernehmen
und den Minderwerth decken werde. Es ist dies auch geschehen
und es hat daher die Spar= und Leihkasse einen Verlust aus
diesem Werthschriftenverkehr überhaupt nicht erlitten. Die Spar=
und Leihkasse bezeichnete, wenn nicht als Urheber, so doch als
eifrigen Verbreiter des ihren Kredit schädigenden Gerüchts den
beklagten Bezirksrichter Haßler in Sissach und belangte denselben
auf Ersatz des ihr dadurch entstandenen Schadens, den sie auf
wenigstens 10,000 Fr. angab. Sie behauptete, der Beklagte habe
das Gerücht geflissentlich und mit großem Eifer verbreitet, ob=
wohl ihm bekannt gewesen sei, daß die Spar= und Leihkasse gar

keinen Verlust erlitten habe. Er habe dabei in erster Linie den
Zweck verfolgt, den Verwalter der Spar= und Leihkasse, J. Buser,
aus seiner Stellung als Präsident des Bezirksgerichtes zu ver=
drängen und diese Stellung für sich selbst zu erwerben. Der Be=
klagte bestritt, daß er das Gerücht geflissentlich und zu dem be=
haupteten Zwecke verbreitet habe. Die Ursache der Entstehung des
Gerüchtes liege in der Geschäftsführung der Klägerin selbst, in
dem ganz unverhältnißmäßigen Besitze von Aktien verschiedener
Unternehmungen, wie er sich aus dem veröffentlichten Geschäfts=
berichte für 1890 ergeben habe. Das Publikum habe nur die
Daten des Geschäftsberichtes gekannt, dagegen weder gewußt, daß
die Aktien der Kreditbank Winterthur noch vor dem Zusammen=
bruche dieses Instituts wieder verkauft worden seien, noch, daß
die Kursdifferenz vertragsmäßig nicht das Institut, sondern den
Verwalter treffe. Uebertreibungen des Gerüchtes sei er stets ent=
gegengetreten; wenn er etwa in engerem Kreise und unter Be=
kannten von Verlusten der Spar= und Leihkasse geredet habe, so
könne ihm das nicht verargt werden, zumal er als Aktionär selber
bei der Spar= und Leihkasse Sissach betheiligt sei; das Gerede
sei übrigens auch nicht ohne Hintergrund gewesen.

2. Die beiden Vorinstanzen stellen, gestützt auf die stattgefun=
dene Beweisführung, fest, daß der Beklagte mit einer auffälligen
Geschäftigkeit die auf dem Werthschrifteninventar der Klägerin
eingetretenen oder drohenden Kursverluste bald da, bald dort, ohne
besondere Veranlaßung, zur Sprache gebracht und, ohne sich vor=
her über den wahren Sachverhalt zu erkundigen, Mittheilungen
gemacht habe, die jedenfalls weit über die Wirklichkeit hinausge=
gangen seien und sich betreffend die Aktien der Kreditbank Winter=
thur als gänzlich unwahr herausgestellt haben. Er habe gegenüber
Bezirksrichter Plattner von Verlusten von 40,000—50,000 Fr.
eventuell von 100,000 Fr. und mehr gesprochen; bei weiterer Ver=
breitung seiner Mittheilungen seien dann natürlich die Verlustziffern
immer gewachsen, ferner habe der Beklagte auch, in mehr oder weni=
ger unbestimmter Weise, ungünstige Urtheile über das klägerische
Institut in Umlauf gesetzt, u. a. einmal im Eisenbahnwagen gesagt,
es „spucke" auch bei der Kasse in Sissach; er habe neue Aktien
dieses Instituts gezeichnet, werde sie aber nicht einzahlen; wegen

der Verluste gebe es nächstes Jahr keine Dividende. Wenn er
hie und da sich über die Verluste in scheinbar mehr entschuldi=
gender Weise geäußert habe, so habe er dies in einer Art gethan,
welche in Wirklichkeit nicht geeignet gewesen sei, das Publikum
zu beruhigen, sondern die vorhandene Beunruhigung noch habe
vermehren müssen; diese Wirkung habe Aeußerungen haben
müssen, wie die, daß Reservefonds und Aktienkapital zu Deckung
der Verluste mehr als ausreichend sein werden. Beide Instanzen
nehmen an, es sei dem Beklagten bei Verbreitung des Gerüchtes
darum zu thun gewesen, den Verwalter der Klägerin, den Ge=
richtspräsidenten Buser, aus seiner Stellung als Gerichtspräsident
zu verdrängen. Das Obergericht fügt bei, der Beklagte sei wohl
von diesem seinem eigentlichen Zwecke so erfüllt gewesen, daß er
sich der Unrichtigkeit seiner Aeußerungen über das klägerische
Institut und der Wirkung derselben nicht voll bewußt geworden
sei. Diese thatsächlichen Feststellungen sind gemäß Art. 30 Abs. 4
O.=G. für das Bundesgericht verbindlich. Nach denselben kann
einem Zweifel nicht unterliegen, daß der Beklagte in zum min=
desten grob=fahrläßiger Weise falsche Gerüchte über die finanzielle
Lage der Klägerin verbreitet und damit rechtswidrig gehandelt
hat. Er ist daher gemäß Art. 50 O.=R. für den durch seine
Thätigkeit gestifteten Schaden verantwortlich.

3. Das Obergericht führt nun aus, der Rückzug außerge=
wöhnlich hoher Summen bei der Spar= und Leihkasse Sissach
und die Verringerung des Geldzuflusses seien ohne Zweifel zum
größten Theile unmittelbare Folgen des verbreiteten Gerüchtes.
Die Spar= und Leihkasse sei dadurch empfindlich geschädigt worden;
die eingetretene Kreditschädigung werde auf längere Zeit hinaus
lähmend auf das Geschäft einwirken und es sei der von der
Klägerin angegebene Schadensbetrag von 10,000 Fr. nicht über=
trieben. Durch diese Ausführungen ist der Kausalzusammenhang
zwischen der Thätigkeit des Beklagten und der eingetretenen Störung
im Geschäftsbetriebe der Spar= und Leihkasse Sissach in für das
Bundesgericht gemäß Art. 30 Abs. 4 O.=G. verbindlicher Weise
thatsächlich festgestellt und es kann der Beklagte mit seiner übri=
gens ohnehin wenig glaubhaften Einwendung, daß der zeitweilige
Rückgang der Geschäfte dieses Instituts durch andere, von dem

verbreiteten Gerüchte unabhängige, Umstände verursacht worden sei, nicht gehört werden. Im Fernern beruht die Annahme des kantonalen Gerichtes, daß der eingetretene Schaden den Betrag von 10,000 Fr. jedenfalls erreiche, auf keinem Rechtsirrthum. Wenn von diesem Schadensbetrage die kantonalen Gerichte dem Beklagten ein Viertheil mit 2500 Fr. auferlegt haben, so kann dem gegenüber eine weitere Reduktion der Ersatzpflicht nicht Platz greifen. Richtig ist zwar, daß der Beklagte das Gerücht nicht erfunden und, wenn auch freilich seine Thätigkeit zur Verbreitung am meisten beitrug, doch nicht allein verbreitet hat und daß er für dasjenige, was Andere, ganz unabhängig von ihm thaten, nicht verantwortlich gemacht werden kann. Richtig ist im Fernern, daß die schädigende Wirkung des Gerüchtes dadurch eine viel in= tensivere wurde, daß dem Publikum bekannt war, das klägerische Institut besitze eine in keinem Verhältnisse zu seinem Grundkapital stehende Menge von Aktien verschiedener Gattungen, wovon ein nicht unerheblicher Theil als Spekulationspapier sich qualifizirte und daher sehr leicht zu Verlusten führen konnte. Dieser Um= stand legte allerdings die Vermuthung von vornherein nahe, daß bei einer ausbrechenden Börsenkrise die Spar= und Leihkasse Sissach leicht verhältnißmäßig erhebliche Verluste erleiden könne; der Vertrag mit dem Verwalter, wonach dieser persönlich die Verluste auf dem Werthschriftenverkehre tragen sollte, war nicht bekannt und übrigens, da er gerade zeigte, daß die Spar= und Leihkasse mit verhältnißmäßig bedeutenden Summen Spekulations= geschäfte in Aktien mache, durchaus nicht geeignet, zu beruhigen. Durch sein Geschäftsgebahren hat also das klägerische Institut allerdings selbst dazu Anlaß gegeben, daß das kursirende Gerücht leicht entstehen konnte und geglaubt wurde und in weit höherem Maße schadete, als dies wohl der Fall gewesen wäre, wenn der Werthschriftenverkehr der Spar= und Leihkasse sich in normalen Grenzen bewegt hätte. Allein wenn auch aus diesem Grunde die Klägerin einen Theil des Schadens, als selbstverschuldet, an sich selbst zu tragen hat, so ist doch diesem Momente, sowie überhaupt allen Reduktionsgründen, durch die vorinstanzliche Herabsetzung der Entschädigung auf 2500 Fr. in vollständig genügender Weise Rechnung getragen; dies um so mehr, als ber Beklagte, wenn auch nicht feststeht, daß er der Unwahrheit des von ihm verbreiteten Gerüchtes sich bewußt war, doch jedenfalls im höchsten Grade fahrläßig handelte, da es ihm ein Leichtes gewesen wäre, den wahren Sachverhalt kennen zu lernen, sofern er nur gewollt hätte.

Demnach hat das Bundesgericht

erkannt:

Die Weiterziehung des Beklagten wird abgewiesen und es hat demnach in allen Theilen bei dem angefochtenen Urtheile des Obergerichtes des Kantons Basellandschaft vom 15. Juli 1892 sein Bewenden.

---

134. Urtheil vom 9. Dezember 1892 in Sachen M. gegen B.

A. Durch Urtheil vom 17. September 1892 hat die Appellationskammer des Obergerichtes des Kantons Zürich erkannt:

1. Die Klage wird abgewiesen.

2. Der Kläger und Widerbeklagte ist verpflichtet, an den Beklagten und Widerkläger 300 Fr. Schadenersatz zu bezahlen; im Uebrigen wird die Widerklage abgewiesen.

B. Gegen dieses Urtheil ergriffen beide Parteien die Weiterziehung an das Bundesgericht. Bei der heutigen Verhandlung beantragt der Vertreter des Klägers und Widerbeklagten:

1. Die Klage des M. sei gutzuheißen im Betrage von 56 Fr.

2. Die Widerklage sei abzuweisen.

Dagegen beantragt der Anwalt des Beklagten und Widerklägers:

1. Die Klage des M. sei abgewiesen.

2. Der Kläger und Widerbeklagte sei verpflichtet, an den Beklagten, und Widerkläger 5000 Fr. zu zahlen nebst Prozeßzinsen zu 5 %.

Das Bundesgericht zieht in Erwägung:

1. Der circa 50 Jahre alte Beklagte, welcher mit einer circa 30 Jahre alten Frau verheirathet ist, trat am 8. September 1890

in bie ärztliche Behandlung beS Klägers. Es zeigte sich an der Eichel ein kleines Geschwür (rother Fleck). Der Kläger diagnosti-zirte auf Syphilis und richtete die ärztliche Behandlung danach ein. Das Leiden des Klägers verschlimmerte sich indeß immer mehr. Ungefähr Mitte Dezember 1890 zog daher der Beklagte einen andern Arzt zu Rathe. Dieser stellte die Diagnose sofort auf Krebs und erkannte — das Geschwür hatte bis dahin die Größe eines Einfrankenstückes erreicht und tief in den penis eingefressen, — als einziges Heilmittel und einzige Rettung des Beklagten die Amputation des penis. Er konsultirte, um seine Diagnose auch von anderer ärztlicher Seite sich bestätigen zu lassen, die Aerzte Dr. F. und Prof. K. Diese traten, nach vorgenommener Untersuchung, seinen Anschauungen bei. Der Beklagte wurde daher in das Spital verbracht und um Neujahr herum wurde ihm dort der penis amputirt. In Folge dieser Operation ist der Beklagte zur Begat-tung dauernd unfähig geworden und muß sich bei der Urin-entleerung eines Rohres bedienen, damit ihm nicht der Harn über den Hodensack und zwischen den Oberschenkeln herunter-rinne. Wie die Vorinstanzen gestützt auf die Zeugenaussagen der Aerzte Dr. F. und Professor C. und das Expertengutachten des Professors W. feststellen, wäre eine Operation des Krebs-geschwüres unter allen Umständen nothwendig gewesen; hätte die-selbe indeß rechtzeitig stattgefunden, so hätte sich die Amputation auf den vordern Theil des penis beschränken und hätte ein solcher Theil dieses Organes sich erhalten lassen, daß die Urinentleerung unbehindert gewesen wäre und die geschlechtlichen Funktionen noch hätten ausgeübt werden können. Der Kläger verlangte nun Zahlung seiner Arztrechnung im Betrage von 56 Fr. nebst den Kosten des vorangegangenen summarischen Verfahrens. Der Be-klagte bestritt seine Zahlungspflicht und machte widerklagsweise eine Schadenersatzforderung von 5000 Fr. wegen fehlerhafter, fahr-lässiger ärztlicher Behandlung geltend. Beide Vorinstanzen haben die Klage abgewiesen; die erste Instanz hat die Widerklage in vollem Umfange, die Appellationskammer dagegen blos bis zum Betrage von 300 Fr. gutgeheißen.

2. Das Bundesgericht ist zu Beurtheilung der Beschwerden beider Parteien kompetent. Ganz klar ist dies rücksichtlich der

Widerklage; allein auch zu Beurtheilung der Vorklage ist das
Bundesgericht kompetent. Allerdings erreicht dieselbe den zur
Weiterziehung an das Bundesgericht erforderlichen Streitwerth
von 3000 Fr. nicht. Allein dieselbe steht nun zu der Widerklage
in einem Präjudizialverhältniß und es zieht daher, nach konstanter
Praxis, die Kompetenz rücksichtlich der Widerklage auch diejenige
mit Bezug auf die Vorklage nach sich.

3. Sachlich muß nach dem von den Vorinstanzen in für das
Bundesgericht verbindlicher Weise festgestellten Thatbestande davon
ausgegangen werden, daß der Kläger bei Behandlung des Beklagten nicht sachgemäß verfahren ist, sondern sich einer Fahrläßigkeit schuldig gemacht hat. Nach dem Thatbestande der Vorinstanzen steht fest, daß die Krankheit, an welcher der Beklagte
litt, Krebs und nicht Syphilis war. Ebenso steht fest, daß zwar
anfänglich das Krankheitsbild, wie es dem Kläger sich darbot
mit demjenigen der Syphilis mochte verwechselt werden können,
daß dagegen im weitern Verlaufe, und zwar spätestens seit Anfangs
November 1890, die Symptome das Wesen der Krankheit derart
deutlich kennzeichneten, daß die Diagnose auf Krebs statt auf
Syphilis hätte gestellt werden sollen, und daß daraufhin die be-
förderliche operative Beseitigung des Geschwürs sammt seiner Umgebung und der verhärteten Drüsen unbedingt geboten war. Nach
diesen Thatsachen hat der Kläger, indem er, auch nachdem die
Symptome die Krankheit deutlich erkennen ließen, stetsfort an
seiner Diagnose auf Syphilis festhielt, sich daher mit einer anti-
septischen Behandlung des Geschwüres begnügte und damit der
Krankheit Zeit ließ, stets weiter um sich zu greifen, einen Verstoß gegen feststehende Regeln der ärztlichen Wissenschaft begangen
und sich dadurch eines Kunstfehlers schuldig gemacht, welcher ihm
zur Fahrläßigkeit muß angerechnet werden. Sein Verhalten kann
uur dadurch erklärt werden, daß er entweder der Untersuchung
und Behandlung des Kranken nicht die nöthige Aufmerksamkeit schenkte oder aber die erforderlichen Kenntnisse nicht besaß,
um die Krankheit richtig zu beurtheilen. Auch in letzterm Falle
liegt ein Verschulden vor. Der Arzt hat dafür einzustehen, daß
er die für Ausübung seines Berufes erforderlichen wissenschaftlichen
Kenntnisse besitze; begegnen ihm Fälle, welche außerhalb seines

Beurtheilungsvermögens liegen, so hat er, sofern dies nach den Umständen thunlich ist, einen andern, in den betreffenden Zweigen der ärztlichen Kunst erfahreneren, Arzt beizuziehen.

4. Danach ist denn in Uebereinstimmung mit den Vorinstanzen der Anspruch des Klägers auf Bezahlung des Honorars für seine ärztliche Behandlung abzuweisen, denn der Kläger hat die ihm kraft des mit dem Beklagten abgeschlossenen Dienstvertrages obliegende Pflicht zu sorgfältiger ärztlicher Behandlung nicht erfüllt und kann daher seinerseits nicht Erfüllung des Vertrages fordern,

5. Bei Beurtheilung der Widerklage ist die Vorinstanz grundsätzlich davon ausgegangen, der Widerklageanspruch könne lediglich auf die dem Widerbeklagten zur Last fallende Vertragsverletzung gestützt werden und eine Anwendung der Art. 50 u. ff. O.=R. sei im vorliegenden Falle ausgeschlossen. Denn Art. 50 u. ff. O.=R. beziehe sich nur auf die Verletzung allgemeiner, jedem Menschen gegenüber seinen Mitmenschen obliegender Pflichten und es könne nun nicht gesagt werden, daß für den Widerbeklagten, auch abgesehen von dem besondern vertraglichen Verhältnisse, in welchem er zum Widerkläger stand, eine Rechtspflicht zur Vornahme der kontraktlich zugesicherten Leistungen gegeben gewesen sei. Daraus zieht dann die Vorinstanz die Folgerung, daß der Widerkläger nur auf Ersatz des ihm zugefügten Vermögensschadens Anspruch habe; denn an Nichterfüllung eines Vertrages knüpfe das Obligationenrecht lediglich die Verpflichtung zum Schadenersatze und unter Schadenersatz verstehe das Gesetz, in Uebereinstimmung mit dem gemeinen Rechte, nur die Ausgleichung desjenigen Nachtheils der in der Vermögenslage einer Person eingetreten sei. Allein die Anschauung, daß der Beklagte nur wegen Vertragsverletzung, nicht aus unerlaubter Handlung hafte, kann nun nicht gebilligt werden. Es konkurrirt hier vielmehr die Haftung aus unerlaubter Handlung mit derjenigen wegen vertraglichen Verschuldens. In der That verletzt der Arzt, welcher durch fahrläßige Behandlung einen Kranken an seinem Leben, seiner Gesundheit oder körperlichen Integrität schädigt, nicht bloß eine kontraktliche Pflicht, sondern ein allgemeines Gebot der Rechtsordnung, welche Leben und Gesundheit der Bürger gegen schuldhafte, vorsätzliche oder fahrläßige, Schädigungen unbedingt schützt und derartige Schädigungen Jeder-

mann, auch dem Arzte, verbietet ; er verletzt dabei speziell auch
die ärztliche Berufspflicht, welche ihm, abgesehen von einer ver=
traglichen Vereinbarung, gegenüber Jedermann obliegt, den er
behandelt. Es kann ja denn auch gewiß kein Zweifel darüber
obwalten, daß der Arzt für den durch begangene Kunstfehler ge=
stifteten Schaden auch dann haftet, wenn er seine Dienste nicht
zufolge eines mit dem Kranken abgeschlossenen Vertrages, sondern
etwa bei einem Unfalle auf Requisition der Polizeibehörde oder
auf Anrufen eines beliebigen Dritten geleistet hat (siehe Ent=
scheidung des Bundesgerichtes in Sachen Dormann gegen Hoch=
straßer vom 10. Juni 1892, Erw. 4, Amtliche Sammlung XVIII,
S. 340).

6. Demnach ist denn die dem Widerbeklagten zu gewährende
Entschädigung nicht mit der Vorinstanz, auf den in Folge der un=
richtigen Behandlung dem Widerkläger entgangenen Arbeitsver=
dienst zu beschränken, sondern es ist gemäß Art. 53 Abs. 2 O.=R.
auch dafür Entschädigung zu gewähren, daß durch die erlittene
Verstümmelung das Fortkommen des Verletzten erschwert worden
ist. Dies ist nämlich hier unzweifelhaft geschehen, wofür blos
darauf hingewiesen zu werden braucht, daß der Verletzte in seiner
Bewegungsfreiheit durch die Nöthigung, bei der Urinentleerung
stets ein Rohr zu gebrauchen, in empfindlicher und unangenehmer
Weise gehemmt ist. Wird neben dem von der Vorinstanz in rich=
tiger Weise auf 300 Fr. geschätzten Verdienstentzuge auch dieses
Moment gewürdigt, so erscheint eine Erhöhung der Entschädigung
auf 1000 Fr. als den Verhältnissen angemessen und gerechtfertigt.
Weiter zu gehen und in Anwendung des Art. 54 O.=R. auch
eine Genugthuungssumme für erlittenes moralisches Leid zuzu=
sprechen dagegen würde sich nicht rechtfertigen. Denn wenn auch
allerdings der Widerbeklagte einen ärztlichen Kunstfehler begangen
hat, so kann ihm doch nicht der Vorwurf grober Fahrläßigkeit
oder gar der Arglist gemacht werden. Er hat einen gewissen
Mangel an Aufmerksamkeit oder an Kenntniß des gegenwärtigen
Standes der medizinischen Wissenschaft bethätigt ; allein frevel=
hafter Leichtsinn oder grobe, unverantwortliche Fahrläßigkeit kann
ihm nicht zur Last gelegt werden.

Demnach hat das Bundesgericht

erkannt:

Die Weiterziehung des Beklagten und Widerklägers wird dahin für begründet erklärt, daß in Abänderung des Dispositiv 2 des angefochtenen Urtheils der Kläger und Widerbeklagte verpflichtet wird, dem Beklagten und Widerkläger 1000 Fr. Schadenersatz zu bezahlen; im Uebrigen werden die Beschwerden beider Parteien abgewiesen und hat es in allen Theilen bei dem angefochtenen Urtheile sein Bewenden.

---

135. Urtheil vom 9. Dezember 1892 in Sachen Bernische Bodenkreditanstalt gegen Kernen.

A. Durch Urtheil vom 12. September 1892 hat das Appella=tionsgericht des Kantons Baselstadt erkannt: Es wird das erst=instanzliche Urtheil bestätigt. Das erstinstanzliche Urtheil des Civilgerichtes des Kantons Baselstadt vom 19. Juli 1892 ging dahin: Klägerin ist mit ihrer Klage abgewiesen.

B. Gegen das zweitinstanzliche Urtheil ergriff die Klägerin die Weiterziehung an das Bundesgericht. Sie meldete den Antrag an: Beklagter sei zur Zahlung von 64,692 Fr. 65 Cts. nebst Zins à 5 % seit 31. Dezember 1891 zu verfällen. Mit Eingabe vom 18. Oktober 1892 stellt sie überdem den Antrag, es sei ein Protokollauszug aus dem Strafprozesse Manz über die in diesem Prozesse gemachte Zeugenaussage des Robert Kernen zu den Akten des gegenwärtigen Prozesses zu beziehen; sie führt an: sie habe erst neuerlich durch Zeitungsnotizen erfahren, daß der Beklagte bei den Manz'schen Börsenspekulationen betheiligt ge=wesen sei.

C. Bei der heutigen Verhandlung hält der Anwalt der Klägerin die vorläufig angemeldeten Anträge aufrecht. Dagegen trägt der Anwalt des Beklagten und Rekursbeklagten darauf an, es sei das angefochtene Urtheil zu bestätigen, eventuell wäre die Sache zu Beurtheilung der vom Beklagten in Betreff des Verkaufs der

Titel erhobenen Einwendungen an die kantonalen Instanzen zurückzuweisen.

Das Bundesgericht zieht in Erwägung:

1. Die Klägerin besorgte im Auftrage des Beklagten den An- und Verkauf von Börsenpapieren. Zum ersten Male war der Beklagte mit ihr, am 23. März 1891, dadurch in geschäftlichen Verkehr getreten, daß er ihr den Auftrag gab, für seine Rechnung 50 Stück Aktien Rio Tinto zu kaufen. Die Aktien wurden per Ende März in Genf à 587 ½ angekauft, bis im Juni gleichen Jahres reportirt und sodann per Ende Juni à 580 fest verkauft. Auf diesem Geschäfte ergab sich (da ein verfallener Coupon zu Gunsten des Beklagten verrechnet worden war) ein kleiner Gewinn für den Beklagten. An dieses Geschäft schlossen sich seit Juni 1891 eine Reihe weiterer Operationen in verschiedenen Aktien, so daß Ende Dezember das „Depot" des Beklagten bestand: In 150 Aktien Zürcher Bankverein, 25 Aktien Schweiz. Wechsel- und Effektenbank, 100 Aktien Rio Tinto und 50 Aktien Oesterreichische Länderbank. Diesen Operationen war eine Verständigung zwischen dem Beklagten und dem Direktor der Klägerin, Herzig, vorangegangen, wonach letzterer, welcher mit dem Beklagten auf freundschaftlichem Fuße stand, an dem Ergebnisse zur Hälfte betheiligt sein sollte. Herzig besorgte die An- und Verkäufe ohne vorherigen Auftrag des Beklagten, welchem indeß nach deren Ausführung davon jeweilen Kenntniß gegeben wurde. In den Büchern der Klägerin figurirte einzig der Name des Beklagten, da die Betheiligung des Herzig geheim bleiben sollte. Herzig hatte am 9. Juni 1891 dem Beklagten angezeigt, daß er heute von Neuem „für unsere Rechnung" 25 Aktien Credit Lyonnais à 788 gekauft habe; wenn sie auf 800 seien, so verkaufe er sie wieder, um „etwas Anderes zu probiren"; er hoffe, daß der Beklagte so zufrieden sein werde; gleichzeitig hatte er den Beklagten ersucht, ihm brieflich zu bestätigen, daß er (Herzig) Antheilhaber dieses Kontos sei und die Hoffnung ausgesprochen, daß sie als Associés („zwei schöne, nicht wahr? macht nichts, wenn's nur Etwas abträgt") „alle Neujahr ein paar 1000 Fr. zu theilen haben." Der Beklagte scheint die gewünschte briefliche Bestätigung ertheilt zu haben. Die gekauften

Aktien wurden von der Klägerin bis zum Verkaufe jeweilen von Monat zu Monat reportirt. Der Beklagte erhielt am Ende jeden Monats — für einzelne Titel alle 14 Tage — eine „Liquidationsrechnung" über die ausgeführten Operationen und daneben halbjährlich einen Kontokorrentauszug mit Zinsenberechnung, ꝛc. Da die gekauften Papiere erheblich gesunken waren, so forderte die Klägerin den Beklagten wiederholt auf, für Nachdeckung besorgt zu sein; da er dieser Aufforderung in keiner Weise nachkam, so liquidirte sie auf Ende Dezember seine Positionen. Der dem Beklagten zugestellte Kontokorrentauszug ergab einen Saldo zu Gunsten der Klägerin im Betrage von 66,202 Fr. 50 Cts. Da der Beklagte das Schreiben der Klägerin betreffend Befundsanzeige über den zugestellten Kontokorrentauszug unbeantwortet ließ, so erhob sie gegen ihn die Betreibung. Der Beklagte erhob Rechtsvorschlag und die Klägerin klagte hierauf gerichtlich auf Bezahlung von 64,692 Fr. 65 Cts. nebst Zins zu 5 % seit 31. Dezember 1891. Die erste Instanz (deren Urtheil vom Appellationsgerichte in Dispositiv und Motiven einfach bestätigt worden ist) hat die vom Beklagten erhobene Einrede des Spiels für begründet erklärt, indem sie ausführt: Es ergebe sich aus der Anzahl der gekauften und verkauften Werthpapiere, aus der Höhe und dem Umfange der jeweiligen Engagements, aus der Art der Abrechnung auf Monatsende, sowie aus der ausdrücklichen Vereinbarung des Beklagten mit dem Direktor der klägerischen Anstalt selbst, daß der Beklagte nicht die Absicht gehabt habe, effektiv zu kaufen. Aus der ganzen Sachlage gehe vielmehr hervor, daß es sich nie um eine reelle Effektuirung der abzuschließenden Geschäfte, sondern nur um Zahlung bezw. Inempfangnahme von Kursdifferenzen gehandelt habe, daß also der Vertragswille nie auf wirklichen Bezug der Titel, auf ein reelles Lieferungsgeschäft, gerichtet gewesen sei. Dies werde auch durch den ganzen Geschäftsverkehr der Parteien bestätigt. Der Beklagte sei thatsächlich nie zum Bezuge der von ihm angekauften Werthtitel aufgefordert, die Titel selbst seien ihm auch nie zur Verfügung gestellt worden; was die Klägerin allein verlangt habe, sei Deckung der Differenzen gewesen.

2. In rechtlicher Beziehung ist vorerst das Aktenvervollstän-

bigungsbegehren der Klägerin zu verwerfen; denn neue Beweismittel sind in der bundesgerichtlichen Instanz schlechthin ausgeschlossen, auch dann, wenn sie seit der letzten kantonalen Entscheidung neu entdeckt sein sollten. Uebrigens wäre das Aktenvervollständigungsbegehren der Klägerin auch unerheblich.

3. Das Ergebniß des von der Klägerin aufgestellten Konto-
korrents könnte der Beklagte, wenn seine Einreden, die Einrede
des Spiels und die Einrede wegen unberechtigten, vertragswidrigen
Verkaufs der Titel, sich als unbegründet herausstellten, kaum
ernsthaft bestreiten. Denn dasselbe entspricht genau den Ergebnissen der ihm jeweilen mitgetheilten und von ihm nicht bemän-
gelten monatlichen Abrechnungen. Allein es bedarf dies genauerer
Untersuchung nicht, denn es ist jedenfalls, in Uebereinstimmung
mit den Vorinstanzen, die Einrede des Spiels für begründet zu
erachten und aus diesem Grunde die Klage abzuweisen.

4. Die rechtliche Stellung der Klägerin ist eine verschiedene,
für die von ihr auf Rechnung des Beklagten abgeschlossenen An-
und Verkäufe von Börsenpapieren einerseits, die mit dem Beklagten abgeschlossenen Reportgeschäfte andererseits. Bei erstern
Geschäften hat die Klägerin als Kommissionärin gehandelt, bei
den Reportgeschäften erscheint sie selbst als Käufer und Verkäufer.
Diese Unterscheidung ist indeß für die Beurtheilung der Einrede
des Spiels unerheblich. Die Klägerin hat bei Ausführung der
von ihr als Kommissionärin besorgten Börsenaufträge den Namen
ihres Käufers oder Verkäufers nie genannt; sie gilt daher nach
Art. 446 O.-R. als Selbstkontrahent und es kann ihr somit
schon aus diesem Grunde, gemäß dem vom Bundesgerichte in
seiner Entscheidung in Sachen Clason & Cie. gegen Metzger & Cie.
vom 20. Februar 1891 (Amtliche Sammlung XVII, S. 144,
Erw. 2) aufgestellten Grundsatze, die Einrede des Spiels entgegen-
gehalten werden. Wenn übrigens der Kommissionär bei Besorgung
von Börsenaufträgen, welche erkenntlich auf reine Differenzgeschäfte mit Spiel- oder Wettcharakter gerichtet sind, für den
Auftraggeber in Vorschuß geht, so gewährt er ihm wissentlich
einen Vorschuß zum Behufe des Spiels oder der Wette und es
entbehrt daher seine Forderung gemäß Art. 512 Abs. 2 O.-R.
überhaupt der Klagbarkeit. Dafür, Vorschüsse zu Spiel- oder

Wettgeschäften verschieden zu behandeln, je nachdem es sich um ein reines, unverschleiertes, oder aber um ein in Form eines Lieferungsgeschäftes eingekleidetes Spiel handelt, liegt ein rechtlicher Grund nicht vor. Das Gesetz stellt Geschäfte letzterer Art dem reinen Spiel oder der reinen Wette gleich; es will sie in allen Beziehungen, also auch rücksichtlich der Klagbarkeit der dafür gewährten Vorschüsse, als Spiel oder Wette behandelt wissen.

5. Zum Thatbestande des klaglosen reinen Differenzgeschäftes ist nun gemäß konstanter Praxis des Bundesgerichtes erforderlich, daß vertraglich, nach übereinstimmender, ausdrücklich oder stillschweigend erklärter, Willenseinigung der Parteien, Recht und Pflicht wirklicher Lieferung und Abnahme der gekauften oder verkauften Waaren oder Börsenpapiere ausgeschlossen sei, so daß blos die Kursdifferenz den Gegenstand des Vertrages bildet. Fragt sich, ob durch die kantonalen Instanzen ein reines Differenzgeschäft in diesem Sinne festgestellt sei, so ist dies unbedenklich zu bejahen. Die Vorinstanzen folgern aus dem Zusammentreffen einer Reihe von Thatumständen, daß der Beklagte nie die Absicht gehabt habe, effektiv zu kaufen und daß der Vertragswille nie auf ein reelles Lieferungsgeschäft, sondern nur auf die Kursdifferenz gegangen sei. Ein Rechtsirrthum liegt dieser Feststellung nicht zu Grunde. Daß zwar hier Recht und Pflicht effektiver Lieferung und Abnahme ausdrücklich ausgeschlossen worden sei, wird kaum behauptet werden können. Allein dies ist auch nicht erforderlich; es genügt, wenn die Parteien sich stillschweigend in diesem Sinne geeinigt haben. Der Wille braucht nicht ausdrücklich ausgesprochen zu sein; er kann auch aus den den Geschäftsabschluß begleitenden Umständen erschlossen werden, sofern daraus sich eben deutlich ergibt, daß die Parteien übereinstimmend Recht und Pflicht reeller Lieferung und Abnahme nicht haben begründen wollen. Ein Schluß hierauf erscheint insbesondere dann als zulässig, wenn es sich um Spekulationen handelt, deren Umfang zu den Vermögens- und Erwerbsverhältnissen des Spekulanten in einem derartigen Mißverhältnisse steht, daß dieser an Eingehung einer Pflicht zu realer Abnahme oder Lieferung vernünftigerweise überhaupt gar nicht denken kann und dies dem Gegenkontrahenten bekannt ist. Dies erachten nun offenbar die Vorinstanzen als festgestellt und es

bürfte benn auch allerbings klar sein, baß hier die Verhältnisse
bes Beklagten bem Direktor ber klägerischen Anstalt bekannt
waren unb biefer wußte, ber Beklagte könne banach eine Pflicht
zum realen Bezuge ober realer Lieferung nicht eingehen wollen.
Andere von ben Vorinstanzen angeführte Thatumstänbe, wie ber
Umstanb, baß bie gekauften Titel reportirt wurben, ober gar bie
Aufstellung monatlicher Liquibationsrechnungen, wären allerbings
für sich allein nicht genügenb, um baraus ben Schluß zu ziehen,
baß es sich um reine Differenzgeschäfte hanble; insbesondere bie
Liquibationsrechnungen qualifiziren sich als bloße Hülfsrechnungen
über bie Börsenoperationen, welche bie monatliche Situation bes
Beklagten klar stellten, ben Kontokorrent entlasteten, unb beweisen
nichts für ben Spielcharakter ber Geschäfte. Allein hier sinb
nun, wie bemerkt, allerbings Thatumstänbe festgestellt, aus benen
bie Vorinstanzen ohne Rechtsirrthum ben Schluß ziehen konnten
es hanble sich um bloße Spielgeschäfte.

　　　　　Demnach hat bas Bunbesgericht

　　　　　　　erkannt:

　　Die Weiterziehung ber Klägerin wirb als unbegrünbet abge=
wiesen unb es hat bemnach in allen Theilen bei bem angefoch=
tenen Urtheile bes Appellationsgerichtes bes Kantons Baselstabt
sein Bewenben.

---

136. *Arrêt du 16 Décembre 1892, dans la cause Hufschmid*
contre « La Providence. »

Par arrêt du 17 Septembre 1892, la Cour de justice civile
de Genève a prononcé en la cause comme suit :

La Cour reçoit l'appel interjeté par Hufschmid du jugement rendu par le tribunal de commerce le 8 Janvier 1891.
Au fond, confirme le dit jugement et condamne l'appelant
aux dépens d'appel.

A l'audience de ce jour, le recourant déclare reprendre ses
conclusions premières, et la Compagnie intimée conclut au
maintien de l'arrêt attaqué.

Ouï le juge délégué en son rapport.

Statuant en la cause et considérant :

En fait :

1° Les 18 et 21 Juin 1887 Hufschmid, marchand de fer et quincailler, à Genève, a contracté avec la Compagnie d'assurances « La Providence » une police d'assurance collective contre les accidents corporels qui pourraient atteindre ses ouvriers pendant les heures de travail.

Aux termes du questionnaire, ainsi que du formulaire de ce contrat, Hufschmid déclarait occuper cinq hommes, dont le salaire est de 2500 francs pour le fondé de pouvoirs, 1500 francs pour le garçon de magasin en chef, 1200 francs pour chacun des deux autres garçons de magasin, et 1200 francs pour le charretier.

La police d'assurance contient entre autres les clauses ci-après :

« Art. 1er, al. 2. L'assurance collective a pour base les déclarations du souscripteur.

» Art. 4. L'assurance porte et la prime est due sur tous les ouvriers que le souscripteur occupe aujourd'hui ainsi que sur tous ceux qu'il pourra occuper par la suite dans l'industrie déclarée par la présente police, sauf les exceptions prévues par l'art. 1er.

» A cet effet le souscripteur est tenu d'inscrire régulièrement sur les feuilles de paye, carnets de chantier ou autre, les nom, prénom, profession, salaires et heures de travail, âge et demeure de tous ses salariés. Tout salarié non inscrit n'a droit, en cas de sinistre, à aucune indemnité. Si *une partie seulement* du *personnel ouvrier* devait être assurée, le souscripteur serait tenu d'en faire la déclaration en fournissant un *état nominatif* des personnes assurées au moment de la signature du contrat. Les changements apportés à cet état pendant la durée du contrat devront être dénoncés par écrit à la Compagnie, et l'assurance n'aura d'effet que deux jours après cette déclaration. Toute fausse déclaration ou réticence de la part du souscripteur entraîne la déchéance du droit à l'indemnité, et la Compagnie n'en a pas moins le droit de réclamer les primes courues ou à courir.

» Dans l'un et l'autre cas, la comptabilité tenue par le souscripteur étant la base d'après laquelle se calculent les primes dues et se justifie l'identité du salarié atteint de sinistre, la Compagnie se réserve expressément le droit de la faire vérifier en tout temps à domicile par ses délégués. »

La prime fut fixée à 1 %₀ du salaire des ouvriers, soit à 76 francs, et il fut en outre, stipulé qu'« il demeure entendu » que si M. Hufschmid venait à augmenter son personnel, il » en ferait la déclaration à la Compagnie et payerait la surprime basée sur le taux de 1 %₀ des salaires payés en plus. »

L'art. 20 de la police dispose que « toute réticence, toute fausse déclaration ou tout autre moyen employé pour tromper la Compagnie entraîneraient la déchéance de tous droits à l'indemnité. »

Le 3 Mars 1889, le sieur Pernoud, manœuvre, employé par Hufschmid, a été victime d'un accident ensuite duquel il est resté atteint d'une invalidité permanente, et le 1ᵉʳ Novembre suivant, Pernoud a assigné Hufschmid devant le tribunal civil de Genève en paiement d'une indemnité de 6500 francs.

En conformité du contrat, Hufschmid remit la citation à la Compagnie, laquelle soutint le procès au nom de celui-ci. Ce procès se termina par la condamnation de Hufschmid, — en application de l'art. 1ᵉʳ, al. 1ᵉʳ *litt.* *a* de la loi du 26 Avril 1887 sur l'extension de la responsabilité civile, et par jugement du tribunal civil du 8 Février 1890, — au paiement, avec intérêts et dépens, de la somme de 4000 francs à Pernoud.

Par lettre du 17 Mars 1890, la Compagnie fit savoir à Hufschmid qu'elle entendait décliner toute responsabilité, par le motif que l'instruction du procès avait révélé, de la part de Hufschmid, des réticences et des fausses déclarations, lors de la conclusion de la police d'assurance, de nature à entraîner sa nullité.

Pernoud ayant fait exécuter le jugement rendu à son profit, Hufschmid, sur le refus répété de la Compagnie « La Providence » de payer, régla le montant auquel il avait été condamné, et assigna la dite Compagnie en remboursement de

1° la somme de 4000 francs capital adjugé à Pernoud, 2°
228 fr. 85 c. pour frais de jugement et 3° la somme de
1500 francs à titre de dommages-intérêts pour le préjudice
que lui avait causé la saisie.

Hufschmid a fait valoir à l'appui de sa demande :

Au moment où il a souscrit la police, il avait en tout 10 ou
15 employés, comptables, commis-voyageurs et autres, mais
il n'a entendu assurer, d'accord avec la Compagnie intimée,
que son personnel ouvrier, soit ceux de ses employés que la
nature de leurs fonctions exposait à un danger. Ce personnel
ouvrier n'avait pas varié comme nombre depuis le jour de la
conclusion du contrat, mais seulement les personnes des assurés avaient changé. La Compagnie eût dû décliner sa responsabilité ; elle a, au contraire, dirigé seule le procès à sa
guise sans la participation de Hufschmid ; elle a laissé écouler
les délais sans interjeter appel, compromettant ainsi la situation du demandeur.

La Compagnie a opposé à la demande :

1° Que Hufschmid avait déclaré exercer la profession de
marchand de fer et de quincailler, tandis qu'il était en réalité
fabricant et entrepreneur.

2° Qu'il avait déclaré occuper cinq hommes, tandis qu'au
jour de la création de la police il occupait en plus 3 hommes
de peine et 4 apprentis, et que depuis lors il employait d'une
manière constante jusqu'à 15 ouvriers, employés, manœuvres,
charretiers, sans compter les supplémentaires.

3° Que Pernoud n'avait jamais été déclaré à la Compagnie,
attendu que, au moment de la conclusion de la police, les
cinq hommes assurés étaient Hadorn, fondé de pouvoirs, Oberholzer, garçon de magasin en chef, Martin, Schaub et Lavan-
chy, garçons de magasin, et Jaquet, charretier, lesquels
faisaient encore partie des employés de Hufschmid au jour
de l'accident arrivé à Pernoud ; que ces faits constituaient des
réticences et de fausses déclarations, qui entraînaient la
nullité de la police en vertu des dispositions des art. 4, 2me
alinéa *in fine* et 20 de la police.

Par jugement du 8 Janvier 1891, le tribunal de commerce,

se fondant sur les faits révélés par l'instruction du procès Pernoud, a débouté Hufschmid de sa demande.

Ce dernier a interjeté appel du dit jugement, et conclu à ce qu'il soit réformé et à ce que les conclusions par lui prises en première instance lui soient adjugées.

Par arrêt préparatoire du 26 Mars 1892, la Cour de justice a décidé que les enquêtes auxquelles il avait été procédé dans l'instance dirigée par Pernoud contre Hufschmid n'étaient pas opposables à ce dernier, et a acheminé la Compagnie « La Providence » à faire la preuve des fausses déclarations et des réticences de l'appelant.

Après l'administration des preuves, la Cour de justice civile a néanmoins confirmé le jugement de première instance, par les motifs dont suit la substance :

Il est sans grande importance, dans l'espèce, que Hufschmid se soit déclaré marchand de fers et quincailler plutôt que fabricant et entrepreneur, car la Compagnie ne prétend pas que cela eût eu une influence sur le taux de la prime. En revanche, les témoins Oberholzer, Schaub et Jaquet ont déclaré dans l'enquête, le premier que Hufschmid avait ordinairement 3 ou 4 garçons de peine et 4 ou 5 magasiniers, plus 3 ou 4 employés de bureau ; le second, que Hufschmid employait ordinairement de 12 à 16 personnes comme apprentis, ouvriers, commis et autre personnel de tout genre, — le dernier, que Hufschmid avait ordinairement une quinzaine d'employés, et qu'il prenait quelquefois des supplémentaires. Trois témoins affirment, il est vrai, que Hufschmid n'occupait que cinq ouvriers, et que tous les autres employés faisaient partie du personnel de bureau, mais la déposition de ces témoins ne saurait être considérée comme strictement conforme à la vérité, attendu qu'ils sont au service de l'appelant, et que les déclarations que deux d'entre eux ont faites devant la Cour sont en contradiction avec leurs déclarations sermentales dans l'enquête Pernoud. Si ces derniers témoins sont de bonne foi, il faut admettre qu'ils n'ont pas compris dans le personnel ouvrier le fondé de pouvoirs et le chef magasinier désignés dans la police d'assurance, et qui ne sont pas des ouvriers dans le sens usuel de ce mot. Il faut admettre, en résumé, comme établi que Hufschmid occupait comme personnel ouvrier au moins 3 garçons de peine et 4 magasiniers, soit en tout 7 personnes ; cette appréciation se trouve confirmée par le fait, articulé par « La Providence » et non contesté par Hufschmid, que du 14 Février 1888 au jour de l'accident, elle aurait été appelée à payer des indemnités à un nombre d'ouvriers de Hufschmid plus considérable que le nombre des ouvriers assurés ; l'explication donnée à cet égard par l'appelant, que son personnel ouvrier était toujours de cinq hommes, mais que ces hommes changeaient, n'est pas satisfaisante, car, aux termes de sa déclaration dans la police, les employés qu'il assure perçoivent des traitements annuels et ne sont pas de simples journaliers. En déclarant occuper cinq ouvriers, Hufschmid a fait une fausse déclaration, ou tout au moins il n'a pas observé la clause manuscrite insérée dans le contrat, portant que si Hufschmid venait à augmenter son personnel, il en ferait la déclaration à la Compagnie, et paierait la surprime basée sur le taux de 1 °/₀ des salaires payés en plus, or cette contravention aux conventions intervenues constitue la fausse déclaration ou la réticence qui, à teneur des art. 4, al. 2 *in fine* et 20 de la police, entraînent la déchéance de tout droit à une indemnité. Hufschmid, enfin, ne saurait reprocher à la Compagnie de n'avoir pas décliné d'avance toute responsabilité, car ce serait là lui reprocher d'avoir cru à la sincérité de sa déclaration jusqu'au moment où l'inexactitude de celle-ci a été démontrée par l'instruction du procès Pernoud.

C'est contre cet arrêt que Hufschmid recourt au Tribunal fédéral, et que les parties ont conclu comme il a été dit plus haut.

En droit :

2° La compétence du Tribunal fédéral existe en la cause, en présence des art. 29 de la loi sur l'organisation judiciaire fédérale et 896 C. O., attendu que, d'une part, la valeur du litige est supérieure à 3000 francs, et que, d'autre part, il ressort avec certitude soit des écritures des parties, soit du jugement de la Cour genevoise, qu'il n'existe pas de dispositions de législation cantonale relatives au contrat d'assurances, spécialement en matière d'accidents. Le présent litige est dès lors soumis aux principes généraux du droit fédéral des obligations, attendu que, comme le Tribunal fédéral l'a déjà déclaré à maintes reprises, les contestations relatives aux contrats conclus, en vertu d'une concession accordée par le Conseil fédéral, entre une Compagnie d'assurances étrangère et des personnes domiciliées en Suisse, sont soumises au droit suisse, et non au droit du pays où la Compagnie d'assurances a son siège (voir arrêts du Tribunal fédéral en la cause Fierz contre Banque d'assurances sur la vie Stuttgart, *Rec.* XV, p. 412 s., consid. 4 ; en la cause Le Soleil contre Jura-Simplon, *Rec.* XVIII, p. 318 ss., consid. 3).

3° Le demandeur fonde en première ligne son recours sur ce qu'en confirmité de l'art. 4 du complément de la police, il a dû remettre à la Compagnie « La Providence » toutes les pièces du procès Pernoud, cette dernière devant soutenir cette instance à ses risques et périls ; que la Compagnie a effectivement dirigé toute l'instruction de l'affaire sans la participation de Hufschmid et sans le prévenir des divers incidents qui ont surgi en la cause ; qu'en particulier, le 14 Décembre 1889, la Compagnie a laissé rendre un jugement préparatoire déclarant que Hufschmid était fabricant, et le soumettant à la législation sur les fabriques, sans avertir Hufschmid de ce jugement, rendu par le tribunal civil de Genève incompétemment et en violation des art. 10 de la loi du 14 Avril 1887 et 14 de la loi du 26 Avril 1881 ; que la Compagnie a laissé devenir définitif ce jugement, alors que Hufschmid n'a jamais figuré sur le rôle des fabriques et n'y figure pas même actuellement. Le demandeur ajoute que la Compagnie ne l'a pas davantage avisé des enquêtes ordonnées, et ne lui a pas demandé le nom des témoins à faire entendre ; que ce n'est que le 17 Mars 1890, soit 5 semaines après le dernier jugement rendu, que la Compagnie a déclaré qu'elle déclinait toute responsabilité ; qu'elle a ainsi gravement compromis les intérêts de Hufschmid, et contrevenu aux règles les plus élémentaires du mandat, ce qui engage sa responsabilité, aux termes des art. 50, 395 § 2, 396, 469 C. O.

4° Le point de vue auquel se place le demandeur, dans les développements qui précèdent, n'est toutefois pas juste. Il est vrai qu'à teneur de l'art. 4 du complément de la police, le demandeur était tenu d'abandonner entièrement à la défenderesse la conduite du procès contre Pernoud, et que la Compagnie l'a effectivement dirigé jusqu'après le jugement de première instance. Il est également exact que le tribunal civil de Genève a rendu, sous date du 14 Décembre 1889, un jugement préparatoire acheminant Pernoud à prouver :

a) que Hufschmid est fabricant et travaille le fer dans ses ateliers ;

b) qu'il procède lui-même, soit par ses employés ou manœuvres, à l'assemblage des sommiers et à la fixation des rivets, à la pose et au scellement des pièces de fer et ouvrages qui lui sont achetés ; qu'il a même établi des ponts ;

c) que Hufschmid a un personnel comportant plus de cinq employés, et tombe ainsi sous l'application de la loi du 26 Avril 1887.

Il n'est, de même, pas établi que la Compagnie ait donné connaissance de ce jugement préparatoire à Hufschmid. En revanche il résulte du jugement définitif du tribunal civil, du 8 Février 1890, que la Compagnie a objecté que le Conseil fédéral était seul compétent pour décider si le demandeur était soumis aux dispositions des lois fédérales sur la responsabilité civile en cas d'accidents, sur quoi le tribunal écarta, à tort, cette objection. Toutefois, même en admettant que la Compagnie ait commis une faute en omettant d'aviser le demandeur du jugement préparatoire, et de le mettre en demeure de produire ses contre-preuves, il est certain, d'autre part, que le demandeur a été mis en temps utile, par la défenderesse, en situation d'échapper à toutes les conséquences de cette faute. Le sieur Hufschmid reconnaît avoir reçu la lettre du 17 Mars 1890, par laquelle la Compagnie l'avise de la signification, faite le 28 Février précédent, du jugement du 8 dit, et lui annonce qu'elle décline toute respon-

sabilité concernant le sinistre Pernoud, en lui abandonnant
d'interjeter appel s'il le juge convenable. Or il résulte de
l'art. 308 du Code de procédure civile genevois et Hufschmid
reconnaît, lui-même, que le délai d'appel n'était pas expiré à
la date du 17 Mars 1890 ; en outre le jugement cantonal de
dernière instance aurait pu être porté par voie de recours
devant le Tribunal fédéral, ainsi que la violation de la loi re-
prochée au tribunal civil ; le demandeur ne fit point usage de
son droit d'appel, et laissa le jugement du 8 Février tomber
en force ; il ne doit donc attribuer qu'à lui-même le dommage
qu'il peut avoir éprouvé de ce chef. Aux termes de la lettre
du 17 Mars précitée, et contrairement aux allégations de
Hufschmid devant les instances cantonales, toutes les pièces
de la cause se trouvaient à sa disposition en mains de MM^{es}
Gentet et Ferrier, conseils de la Compagnie. Dans cette situation, le recourant est mal venu à se plaindre de ce que la
Compagnie aurait mal conduit le procès devant la première
instance ; il ne dépendait que de lui de faire revoir et recti-
fier, le cas échéant, soit par la Cour de justice, soit par le
Tribunal fédéral, le jugement dont il s'agit.

5° Le demandeur a prétendu, devant les instances cantonales, qu'il n'était plus loisible à la Compagnie « La Providence, » après qu'elle s'était chargée de diriger le procès
contre Pernoud, de décliner sa responsabilité. La 2me instance
cantonale a déjà suffisamment répondu à cette allégation. En
effet, la défenderesse ne s'était chargée du dit procès que
dans la supposition que sa responsabilité subsistât aux termes
du contrat d'assurance, et que le demandeur n'ait pas commis
des actes annulant cette responsabilité ; or ces actes ont été
constatés à la charge de Hufschmid par le jugement du 8 Février 1890 seulement, date à partir de laquelle la Compagnie
a déclaré se décharger entièrement, sur le demandeur, de la
direction ultérieure du litige, ce qu'elle était incontestablement en droit de faire.

6° Le recourant estime, en seconde ligne, que la Cour de
justice a fait une fausse appréciation des moyens de preuve,
en déclarant que Hufschmid s'était rendu coupable de réticence vis-à-vis de la Compagnie « La Providence. »

Le Tribunal de céans ne peut soumettre à son contrôle l'appréciation de la preuve, faite par la dernière instance cantonale, et il se trouve ainsi lié par la constatation de fait de la Cour de justice civile établissant que le sieur Hufschmid occupait comme personnel ouvrier au moins 3 garçons de peine et 4 magasiniers, soit 7 personnes en tout, au lieu de 5 qu'il avait indiquées. La seule question qui se pose au Tribunal fédéral est celle de savoir si l'arrêt dont est recours se justifie en présence de cette constatation; or cette question doit certainement être résolue affirmativement; il résulte, en effet, de la « déclaration » du recourant, et celui-ci reconnaît lui-même qu'il a eu l'intention d'assurer l'ensemble de son personnel ouvrier auprès de la demanderesse, et que les garçons de peine et les magasiniers font partie de ce personnel. Donc, aux termes des dispositions, ci-haut reproduites, de la police d'assurance, le sieur Hufschmid était tenu, à peine de nullité du contrat, d'indiquer comme assurées les 7 personnes en question, et de payer les primes en conséquence. Le recourant ne conteste pas qu'en cas d'infraction contre ces dispositions, la police est annulée, et la Compagnie déchargée de toute responsabilité résultant de ce contrat. Une semblable commination n'est pas contraire aux principes généraux du droit, pas plus qu'aux règles spéciales admises en matière d'assurances. Il est, en effet, de toute nécessité, pour la stipulation valide d'un contrat d'assurances, qu'il y ait accord des volontés des parties sur tous les points essentiels, à savoir, en particulier, sur l'objet de l'assurance, le risque, la somme assurée et la prime. Or tel n'est évidemment pas le cas lorsque le patron, comme dans l'espèce, manifeste l'intention d'assurer tout son personnel ouvrier, mais ne déclare que 5 personnes comme composant ce personnel, alors qu'il en comporte 7; l'importance de l'intérêt assuré, et par conséquent le montant de l'assurance, tout comme la prime à verser varient notablement, selon que seulement 5, ou 7 individus doivent être compris dans le contrat.

Pour le cas où un patron ne veut assurer qu'une *partie* de son personnel ouvrier, — ce à quoi l'autorise l'art. 4 du complément à la police, — il doit désigner d'une manière précise

les personnes, objets du contrat. Or rien de semblable n'a eu
lieu de la part du demandeur, et l'arrêt attaqué apparaît
comme se justifiant également à ce dernier égard.

Par ces motifs,

Le Tribunal fédéral

prononce :

Le recours est écarté, et l'arrêt rendu entre parties par
la Cour de justice civile de Genève, en date du 17 Septembre
1892, est maintenu tant au fond que sur les dépens.

---

137. Urtheil vom 17. Dezember 1892 in Sachen Wagner & Cie. gegen Portlandcementfabrik Rotzloch und Firma Huber & Guggenbühl.

A. Durch Urtheil vom 13. Oktober 1892 hat das Obergericht
des Kantons Unterwalden nid dem Wald erkannt:

1. Die beiden Beklagtschaften haben an Klägerschaft wegen
enthobenem Material folgende Entschädigungen zu leisten:

    a. Aktiengesellschaft Portlandcementfabrik Rotzloch

<blockquote>
für die Zeit vor dem 8. Januar 1891 Fr. 666 66
für die Zeit nach dem 8. Januar 1891 „ 1300 —
</blockquote>

Summa Fr. 1966 66

    b. Firma Huber & Guggenbühl . . . Fr. 1333 33

2. Die Regreßklagen werden abgewiesen.

B. Gegen dieses Urtheil ergriffen die Klägerin und die beiden
Hauptbeklagten, die Aktiengesellschaft Portlandcementfabrik Rotzloch
und die Firma Huber & Guggenbühl, die Weiterziehung an das
Bundesgericht. Bei der heutigen Verhandlung beantragt Namens
der Klägerin Fürsprech A. Reichel in Bern Zuspruch des Klagebegehrens in dem Sinne, daß der Entschädigungsfestsetzung der
vom Experten berechnete Einheitspreis von 4 Fr. per Kubikmeter
ohne Unterscheidung zweier verschiedener Zeitperioden, zu Grunde
gelegt werde, eventuell Bestätigung des vorinstanzlichen Urtheils,
unter Kosten- und Entschädigungsfolge. Er bemerkt, er stelle seine

Anträge nur für den Fall, daß das Bundesgericht, was von Amtes wegen zu prüfen sei, sich in der Sache für kompetent erachte; im Fernern verwahre er sich weitere Ansprüche für den Fall, daß seit der Rechtshängigmachung der Klage von der Beklagten Portlandcementfabrik Rotzloch eine weitere Mergelausbeutung im Gebiete des klägerischen Mergellagers sollte stattgefunden haben. Namens der beklagten Portlandcementfabrik Rotzloch, beantragt Fürsprech Burri in Luzern, die Klage sei gänzlich abzuweisen, eventuell haben die Beklagten mehr nicht als 97 Fr. 60 Cts. zu bezahlen, subeventuell der Klägerin einen Aushub von 976 Kubikmeter in gleichwerthigem Mergel zu ersetzen, unter Kostenfolge; auch bezüglich der Regreßklage sei das angefochtene Urtheil einer Remedur zu unterwerfen. Namens der beklagten Firma Huber & Guggenbühl beantragt Fürsprech Käslin in Stans gegenüber der Hauptklage, es sei der Zeuge Josef Blättler einzuvernehmen, eventuell sei heute schon die Klage unter Kosten- und Entschädigungsfolge abzuweisen, weiter eventuell sei die der Klägerin zuzusprechende Entschädigung auf höchstens 120 Fr. festzusetzen und seien die Prozeßkosten entsprechend zu vertheilen. Gegenüber der Regreßklage erklärt er Namens der Firma Huber & Guggenbühl und des H. Guggenbühl als Regreßbeklagte, daß er Bestätigung des Dispositiv 2 des angefochtenen Urtheiles nur in dem Sinne verlange, daß die Regreßbeklagten gemäß ihrem vor den kantonalen Instanzen gestellten Begehren nicht schuldig seien, sich auf die Regreßklage einzulassen. Die regreßbeklagte Firma Vögeli, Leuzinger und Streiff ist nicht vertreten; dieselbe hat in schriftlicher Eingabe vom 29. November 1892 unter Berufung auf Art. 59 Abs. 1 B.-V. erklärt, sie verweigere jede Einlassung auf das Klagebegehren der Aktiengesellschaft Portlandcementfabrik Rotzloch vor den Gerichten des Kantons Nidwalden und verlange, daß diese darauf nicht eintreten und die erstere verhalten, sie für ihre bisherigen Kosten in der Sache angemessen zu entschädigen.

Das Bundesgericht zieht in Erwägung:

1. Am 19. Mai 1882 verkauften die Erben des Bauherrn Kaspar Blättler sel. in Rotzloch an Heinrich Huber, Hermann Guggenbühl und Louis Schweizer einen Komplex von Gebäulich-

keiten und Liegenschaften in Rotzloch. In diesem Kaufe war in=
begriffen das „Mergellager unterhalb der Felsenmühle, welches
bisher zur Fabrikation von hydraulischem Kalk verwendet wurde,
in seiner ganzen Höhe, Breite und Länge des Rotzberges, soweit
dieses heute gemeinsames Eigenthum der Erben Kaspar Blättler
ist und welches im Situationsplan sub litt. c f g und h einge=
zeichnet wird." Die Käufer richteten auf dem gekauften Liegen=
schaftskomplexe eine Cementfabrik ein, welche, nach Austritt des
Louis Schweizer, von einer aus H. Huber und H. Guggenbühl
bestehenden Kollektivgesellschaft betrieben wurde. Schon vor dem
Kaufvertrage vom 19. Mai 1882 hatten die Erben des Bauherrn
Kaspar Blättler einen Theil seiner Verlassenschaft unter sich ge=
theilt. Dabei war, durch Theilungsvertrag vom 19. September
1877, der Miterbin Wittwe Engelberger=Blättler u. a. „die
Liegenschaft Burg genannt sammt Streueried auf dem Ennet=
moserried und zugehörigem Wald auf der Burg in Ennetmoos"
zu Alleineigenthum zugetheilt worden. Am 24. Oktober 1889
verkauften Huber & Guggenbühl ihre Fabrik, sowie überhaupt
den gesammten von den Erben Blättler erworbenen Liegenschafts=
besitz sammt dem Mergellager an die Bankfirma Vögeli, Leuzinger
und Streiff in Glarus zu Handen einer zu gründenden Aktien=
gesellschaft. Am 2. November 1889 traten Vögeli, Leuzinger und
Streiff das Besitzthum an die neu gegründete Aktiengesellschaft
Portlandcementfabrik Rotzloch ab. Wittwe Engelberger=Blättler ihrer=
seits verkaufte am 8. Januar 1891 an die Firma R. Wagner & Cie.,
Portlandcementfabrik Stans, das „im Rotzloch für Cementfa=
brikation in Ausbeutung begriffene Mergellager, soweit es sich
allfällig unter das Territorium des Guts Burg und Burgwald
erstreckt, ebenso alles Gestein unter der Burg und Burgwald
das sich für Cement= und Kalkfabrikation eignet resp. verwendbar
ist," um den Preis von 1000 Fr. R. Wagner & Cie. kamen
nun auf die Vermuthung, die Portlandcementfabrik Rotzloch und
früher Huber & Guggenbühl möchten bei ihrer unterirdisch (durch
Stollenbau) betriebenen Mergelausbeutung ihre Eigenthumsgrenze
überschritten und in das Gebiet des Gutes Burg übergegriffen
haben. Sie ließen daher eine Vermessung vornehmen und, al
diese ihre Vermuthung bestätigte, erhoben sie im Mai 1891 Klage

gegen die Aktiengesellschaft Portlandcementfabrik Rotzloch und die ehemalige Firma Huber & Guggenbühl, indem sie beantragten, Beklagte seien verpflichtet, das von ihnen aus dem Mergellager unter dem Gute Burg entnommene Material an die Eigenthümerin resp. Klagpartei vollwerthig zurückzuerstatten. Beide Beklagten erhoben die Einwendung, sie können zu einläßlicher Beantwortung der Klage dermalen nicht verhalten werden, wegen Unbestimmtheit des Klageschlusses und weil die Klagepartei zur Klage nicht legitimirt sei. In letzterer Beziehung machten sie geltend, Wagner & Cie. haben jedenfalls nur an demjenigen Mergel des Gutes Burg Eigenthum erworben, welcher zur Zeit ihres Kaufes (8. Januar 1891) vorhanden gewesen sei; demnach seien Wagner & Cie. zu einem Anspruche gegenüber Huber & Guggenbühl, welche seit der Veräußerung ihrer Cementfabrik im Jahre 1889 überhaupt keinen Mergel mehr ausgebeutet haben, überall nicht berechtigt; das Gleiche gelte auch gegenüber der Aktiengesellschaft Portlandcementfabrik Rotzloch, da diese seit dem Eigenthumserwerbe der Klägerin den untersten Betriebsstollen, welcher einzig in das Gebiet des Gutes Burg übergegriffen haben könne, nicht mehr beworben habe. Durch Urtheil vom 30. Juli 1891 erkannte das Kantonsgericht des Kantons Unterwalden nid dem Wald, die Beklagten seien nicht gehalten, dermalen einläßlich zu antworten und setzte der Klägerin für Einreichung einer verbesserten Klageschrift Termin bis Ende September an. Am 5. September 1891 erhoben hierauf Wagner & Cie. verbesserte Klage mit dem Antrage: Jede der zwei beklagten Firmen sei verpflichtet, an die Klägerin das von ihr unter dem Gute Burg entnommene Mergelmaterial, dessen Kubikinhalt durch Zeugen und gerichtliche Experten festzustellen ist, zurückzuerstatten beziehungsweise dafür einen Schadenersatz zu leisten in einer Höhe von 25 Fr. per Kubikmeter. Sie brachten nunmehr einen Nachtrag zum Kaufvertrag vom 8. Januar 1891, d. d. 12. August 1891, bei, durch welchen ihre Verkäuferin, Wittwe Engelberger-Blättler erklärt, das Mergellager im Gute Burg und Burgwald in der Meinung abgetreten zu haben, daß dasselbe intakt in derjenigen Ausdehnung, Menge und Form noch vorhanden sei, wie zur Zeit, als sie Eigenthümerin des Gutes Burg geworden sei. Sollte daher von irgend welcher

Seite dieses ihr zuständig gewesene Mergellager und Gestein un=
befugterweise ganz oder theilweise benutzt und verwendet worden
sein, so sei die Firma R. Wagner & Cie. durch den Kaufakt
vom 8. Januar 1891 gemäß gegenwärtiger Erläuterung gegenüber
Dritten in Besitz aller Rechte und Entschädigungsforderungen
getreten, die der Verkäuferin zur Zeit des Kaufsabschlusses zu=
gestanden seien. Beide Beklagte stellten wiederum den Antrag,
sie haben sich auf die Klage nicht einzulassen, indem sie u. a.
anbrachten: Zur Zeit der Klageanhebung seien Wagner & Cie.
nicht im Besitze einer Cession von Schadenersatzansprüchen der
Wittwe Engelberger=Blättler gewesen und haben auch nicht aus
einer solchen geklagt; sie seien daher zur Sache nicht legitimirt.
Denn die Sachlegitimation könne nicht erst lite pendente herge=
stellt werden. Zudem bestreiten sie, daß Wittwe Engelberger=
Blättler in dem Kaufvertrage vom 8. Januar 1891 der Klägerin
das Eigenthum an den im Gute Burg befindlichen Mergellager
gültig habe abtreten können, da sie dieses Objekt als Miterbin
des Kaspar Blättler bereits durch den Kaufvertrag vom 19. Mai
1882 an Huber & Guggenbühl (und Schweizer) verkauft gehabt
habe. Dieser Streit müsse der Entscheidung über die eingeklagten
Schadenersatzansprüche vorgängig entschieden werden. Durch Ent=
scheidungen des Kantonsgerichtes und des Obergerichtes des Kan=
tons Unterwalden nid dem Wald vom 17. Oktober und 17. No=
vember 1891 wurde indeß die Uneinläßlichkeitseinrede der Beklagten
verworfen, indem u. a. bemerkt wurde, die Einrede der mangeln=
den Aktivlegitimation sei, weil nicht schon bei der ersten Verhand=
lung vom 30. Juli 1891 vorgebracht, verwirkt. In dem nunmehr
durchgeführten Prozesse wurde durch Expertise konstatirt, daß von
den drei Stollen, welche für den Betrieb der Portlandcementfabrik
Rotzloch von der Rotzlochschlucht her gegen Osten eingetrieben
wurden, die untern zwei in das Gebiet des Gutes Burg einge=
drungen sind. Der Kubikinhalt des gesammten in diesem Gebiete
gebrochenen Materials beträgt 3770 Kubikmeter, davon etwa
2440 Kubikmeter nutzbarer Cementmergel. Festgestelltermaßen sind
von diesem Material etwa $3/5$ (also circa 2258 Kubikmeter Gesammtmaterial oder circa 1464 Kubikmeter nutzbarer Cement=
mergel) durch Huber & Guggenbühl, circa $2/5$ (also ungefähr

1512 Kubikmeter Gesammtmaterial oder 976 Kubikmeter nutzbarer Cementmergel) durch die Portlandcementfabrik Rotzloch ausgebeutet worden. Die Ausbeutung geschah zum weitaus größten Theile vor dem 8. Januar 1891 b. h. vor dem Erwerbe des Mergel= lagers unter der Burg durch Wagner & Cie. Seit dieser Zeit sind nur circa 325 Kubikmeter durch die Aktiengesellschaft Port= landcementfabrik Rotzloch ausgebeutet worden. Der von beiden Beklagten ausgebeutete Theil des Mergellagers unter dem Gute Burg beträgt circa $1/6$—$1/5$ des gesammten Lagers. In Bezug auf den Werth des ausgebeuteten Materials ist ein Experten= gutachten des Cementfabrikanten Fleiner in Aarau eingeholt wor= den. Der Sachverständige spricht sich dahin aus, der Werth des Materials dürfe nicht, wie die Klägerin wolle, nach dem unter günstigen Verhältnissen durch dessen Berarbeitung vielleicht zu er= zielenden Gewinne berechnet werden. Ebensowenig würde es sich aber rechtfertigen, der Werthung einfach den von Wagner & Cie. bezahlten Kaufpreis zu Grunde zu legen. Die hauptsächlichste Vorbedingung für die Errichtung und den Betrieb einer Cement= fabrik liege in dem Vorhandensein von gutem und reichlichem Rohmaterial. Während dasselbe für einen Dritten fast werthlos sei und daher in der Regel relativ billig erworben werden könne, habe es für den Cementfabrikanten einen viel höhern Werth; es bilde sozusagen einen der wichtigsten Bestandtheile seines Ge= schäftes. Der wahre Werth des Rohmaterials liege zwischen den aus dem möglichen Fabrikationsgewinne und den aus dem Kauf= preise sich ergebenden Grenzwerthen. In Würdigung aller Ver= hältnisse und Umstände (der Schwierigkeit des Abbaues, der Möglichkeit der Beschaffung anderweitigen Materials u. f. w.) gelange der Experte dazu, hier den Werth eines Kubikmeters Cementmergel auf höchstens 4 Fr. zu schätzen. Seitens der be= klagten Aktiengesellschaft Portlandcementfabrik Rotzloch war gegen die ehemalige Firma Huber & Guggenbühl, gegen H. Guggenbühl persönlich und gegen Vögeli, Leuzinger und Streiff Regreßklage dahin erhoben worden, die Regressirten haben, falls die Portland= cementfabrik Rotzloch zufolge Vergleichs, Abstandes oder Urtheiles das von ihr aus dem Mergellager beim Gute Burg am Rotzberg enthobene Material an die Herren R. Wagner & Cie. in Stans

zurückzuerstatten verhalten werden sollte, ihr den vollen Werth
dieses Materials sowie alle aus der Ausbeutung und Restitution
entstandenen resp. entstehenden Nachtheile inklusive Kosten und
Zinse zu ersetzen. Vögeli, Leuzinger und Streiff bestritten unter Be=
rufung auf Art. 59 Abs. 1 B.=V. die Kompetenz der nidwalden=
schen Gerichte zu Beurtheilung der Regreßklage. Huber & Guggen=
bühl sowie H. Guggenbühl persönlich beantragten, sie haben
sich auf die Regreßklage nicht einzulassen, indem sie vorbrachten:
Huber & Guggenbühl haben ihre Fabrik nicht an die Aktien=
gesellschaft Portlandcementfabrik Rotzloch, sondern an Vögeli,
Leuzinger und Streiff verkauft; von diesen habe die Aktiengesell=
schaft sie erworben. Die Aktiengesellschaft habe sich daher hinsicht=
lich der Gewährleistung für abgetretene Rechte an ihre Rechts=
vorgänger Vögeli, Leuzinger und Streiff zu halten und es diesen
zu überlassen, ob sie ihrerseits auch ihren Rechtsvorgängern den
Streit verkünden wollen oder nicht.

2. In Bezug auf die Hauptklage ist die Kompetenz des Bun=
desgerichtes gegeben. Der Vertreter der Klägerin hat dies heute
aus dem Grunde bezweifelt, weil es sich um einen sachenrechtlichen
resp. aus dem Sachenrechte hervorgegangenen Anspruch handle,
auf welchen wohl kantonales und nicht eidgenössisches Recht anwend=
bar sei. Dies ist indeß unbegründet. Die Klage ist keine dingliche,
sondern eine persönliche. Die Klägerin vindizirt nicht einen
Komplex individuell bestimmter Sachen, an welchen sie Eigenthum
behauptet, sondern sie verlangt die Erstattung des Werthes wider=
rechtlich entfremdeter Sachen, d. h. eben Schadenersatz. Allerdings
könnte die Fassung des Klagebegehrens, insbesondere so wie das=
selbe ursprünglich gestellt war, zu der Auffassung Veranlassung
geben, die Klägerin erhebe in erster Linie die Vindikationsklage
auf Rückerstattung des ihrem Mergellager entnommenen Mergels
in natura. Allein dies war doch unzweifelhaft nie die Absicht der
Klägerin, da sie niemals Rückgabe einer Mehrheit von Sachin=
dividuen verlangt hat und auch nicht verlangen konnte, da der
dem Mergellager unter der Burg entnommene Mergel, wie sie
wohl wußte, längst nicht mehr existirte, sondern verarbeitet und
verkauft war. In That und Wahrheit hat daher die Klägerin
von Anfang an Erstattung des ihr entzogenen Mergels dem
Werthe nach d. h. eben Schadenersatz verlangt, wie dies denn

auch aus ihrem verbesserten Rechtsbegehren sich deutlich ergibt. Diese auf behauptete widerrechtliche Aneignung fremder 'Sachen begründete, Schadenersatzklage aber beurtheilt sich, wie jede andere Schadenersatzklage aus unerlaubter Handlung, nach den Art. 50 u. ff. O.-R. und nicht nach kantonalem Rechte. Wäre übrigens auch die Klage eine dingliche, so würde es sich jedenfalls nicht um eine Immobiliarklage, sondern um die Vindikation beweglicher Sachen handeln. Denn der Mergel, wie andere Grundstücksbestand-theile, wird natürlich durch die Lostrennung vom Grundstücke, in welchem er enthalten war, aus einem Grundstückbestandtheile zur selbständigen beweglichen Sache; auch der Verkauf eines Mergel=lagers zur Ausbeutung selbst übrigens ist, sofern das Geschäft überhaupt als Sachkauf zu behandeln ist, als Mobiliar= und nicht als Immobilarkauf zu betrachten. Ob und inwieweit das kantonale Sachenrecht für Schadenersatzansprüche aus Nachbarrecht u. dergl. neben dem eidgenössischen Obligationenrechte maßgebend geblieben ist, bedarf hier der Erörterung nicht, da es sich hier nicht um einen derartigen Anspruch, sondern, wie gesagt, um einen Schaden=ersatzanspruch wegen widerrechtlicher Aneignung beweglicher Sachen, also um einen dem Obligationenrecht unterstehenden Deliktsan=spruch handelt.

3. Ist also die Kompetenz des Bundesgerichtes rücksichtlich der Hauptklage gegeben, so ist dieselbe dagegen für die Regreßklagen zu verneinen. Diese machen Gewährleistungsansprüche (wegen Entwehrung eines Theiles der verkauften Sache) aus den Kauf=verträgen über die Cementfabrik im Rotzloch und die dazu ge-hörigen Liegenschaften und Mergellager geltend, welche einestheils zwischen der Firma Huber & Guggenbühl und der Firma Vögeli, Leuzinger und Streiff, andererseits zwischen dieser und der Aktien=gesellschaft abgeschlossen wurden. Diese Kaufverträge aber sind unzweifelhaft Liegenschaftskäufe; mögen auch die zu dem Ver=kaufsobjekte gehörigen, von Huber & Guggenbühl lediglich zur Ausbeutung erworbenen, Mergellager als bewegliche Sachen zu betrachten sein, so bilden doch Liegenschaften den Hauptinhalt der Kaufverträge und diese sind daher in ihrer Totalität als Liegen=schaftskäufe zu behandeln; sie unterstehen gemäß Art. 231 O.-R. dem kantonalen Rechte.

4. In der Sache selbst ist durch die kantonalen Gerichte defini=

tiv festgestellt, daß der Kaufvertrag zwischen den Erben Blättler
einerseits und Huber & Guggenbühl andererseits vom 19. Mai
1882 sich auf das Mergellager unter dem Grundstücke Burg und
Burgwald der Miterbin Wittwe Engelberger=Blättler nicht bezog.
Diese Entscheidung entzieht sich der Nachprüfung des Bundes=
gerichtes, weil der fragliche Kaufvertrag sich als Liegenschaftskauf
qualifizirt und zudem vor Inkrafttreten des eidgenössischen Obli=
gationenrechtes abgeschlossen wurde, also auf denselben sowohl der
Materie als der Zeit nach nicht eidgenössisches, sondern kantonales
Recht anwendbar ist. Die von Huber & Guggenbühl beantragte
Einvernahme des Zeugen Josef Blättler ist somit, da dieser lediglich über die Tragweite des Kaufes vom 19. Mai 1882 aussagen
sollte, abzulehnen; übrigens könnte dem sachbezüglichen Begehren
auch deßhalb keine Folge gegeben werden, weil die Vorinstanz die
Einvernahme dieses Zeugen aus prozeßualen Gründen verwei=
gert hat.

5. Demnach steht fest, daß die Ausbeutung des Mergellagers
unter dem Grundstücke Burg durch die Beklagten widerrechtlich
war; sie enthielt einen schuldhaften Eingriff in fremdes Eigen=
thum. Für den dadurch verursachten Schaden ist jeder der beiden
Beklagten insoweit verantwortlich, als die Schädigung von ihm
(durch seine Leute) verübt wurde, also jeder für diejenige Zeit,
während welcher er die Ausbeutung betrieb. Solidarität besteht
zwischen den Beklagten nicht, denn es liegt nicht Eine, von meh=
reren Mitthätern verübte unerlaubte Handlung vor, sondern es
stehen mehrere selbständige Handlungen in Frage. Bezüglich der
von ihm verübten Schädigungen ist dagegen selbstverständlich
jeder der Beklagten als Thäter einer unerlaubten Handlung passiv
zur Sache legitimirt, ganz abgesehen davon, daß die Vorinstanzen
den Einwand der mangelnden Passivlegitimation als verwirkt be=
zeichnet haben. Aus den seit dem 8. Januar 1891 d. h. seit
dem Erwerbe des Mergellagers durch die Klägerin verübten
Schädigungen nun sind der Klägerin unmittelbar eigene Schaden=
ersatzansprüche erwachsen, da ja durch den Kaufvertrag vom 8.
Januar 1891 das Recht an dem Mergellager von Wittwe Engelberger gültig auf sie ist übertragen worden. Dagegen steht der
Klägerin wegen der frühern, aus der Zeit vor ihrem Erwerbe

des Mergellagers datirenden Schädigungen ein unmittelbar eigener Schadenersatzanspruch nicht zu. Denn durch den Kaufvertrag vom 8. Januar 1891 hat sie das Recht natürlich nur an demjenigen Mergel erlangt, welcher damals in dem Grundstücke noch wirklich vorhanden war; war der Bestand des Mergellagers durch frühere unbefugte Ausbeutung geschwächt, so wurde der Käuferin durch den Kauf ein Schadenersatzanspruch gegen den Thäter an sich nicht erworben, denn Letzterer hatte ja nicht i h r Vermögen geschädigt, sondern es erwuchs ihr nur, sofern ihr das Mergellager als ein intaktes verkauft war, ein Gewährleistungsanspruch gegen ihre Verkäuferin. Allein die Vorinstanzen haben nun in für das Bundesgericht verbindlicher Weise entschieden, daß der Nachtrag d. d. 12. August 1891 zum Kaufvertrage vom 8. Januar 1891 im gegenwärtigen Prozesse berücksichtigt werden dürfe. Danach hat aber Wittwe Engelberger die aus den frühern, vor 8. Januar 1891 verübten, Schädigungen ihr zustehenden Entschädigungsansprüche der Klägerin abgetreten; diese ist mithin zwar nicht kraft ursprünglich eigenen Rechtes, wohl aber als Rechtsnachfolgerin der Wittwe Engelberger befugt, auch diese Schadenersatzansprüche geltend zu machen.

6. Bei Bemessung des Quantitativs des Schadenersatzes haben die Vorinstanzen grundsätzlich angenommen, es sei ein verschiedener Maßstab anzuwenden, für die Würdigung der von der Wittwe Engelberger abgeleiteten Schadenersatzansprüche aus der Zeit vor dem 8. Januar 1891 einerseits, und für die unmittelbar eigenen Ersatzansprüche der Klägerin aus der spätern Zeit andererseits. Die erste Instanz hat angenommen, für das während der Besitzeszeit der Wittwe Engelberger ausgebeutete Material sei derjenige Werth maßgebend, welchen dasselbe für die Wittwe Engelberger gehabt habe; dieser Werth ergebe sich aus dem von der Wittwe Engelberger stipulirten Kaufpreise. Die Entschädigung sei annähernd auf denjenigen Betrag festzustellen, welcher bei Zugrundelegung des Kaufpreises verhältnißmäßig, nach dem Verhältnisse des ausgebeuteten Materials zu dem gesammten Halte des Mergellagers, für ersteres sich ergebe. Dagegen sei für das spätere, zur Besitzeszeit der Klägerin ausgebeutete Material der höhere Werth anzunehmen, welchen das Material für einen Cementfabri

kanten gehabt habe und welcher sich aus dem Gutachten des Ex=
perten Fleiner ergebe. Die erste Instanz gelangt demnach dazu,
die Aktiengesellschaft Portlandcementfabrik Rotzloch zu einer Ent=
schädigung von 1400 Fr. zu verurtheilen, nämlich 100 Fr. für
das von ihr vor 8. Januar 1891 ausgehobene Material und
4 Fr. per Kubikmeter = 1300 Fr. für circa 325, seit 8. Ja=
nuar 1891 ausgehobene Kubikmeter, dagegen Huber & Guggen=
bühl für vor 8. Januar 1891 ausgehobenes Material zu einer
Entschädigung von 200 Fr. Die zweite Instanz ist im Wesent=
lichen diesen Ausführungen beigetreten, doch hat sie die Entschädi=
gungen für das vor 8. Januar 1891 ausgehobene Material nach
freiem Ermessen erhöht, weil auch auf den Nutzertrag Rücksicht
genommen werden müsse, welchen das widerrechtlich ausgebeutete
Material den Beklagten geliefert habe; dieser lasse sich allerdings
nicht mit Sicherheit feststellen, allein er übersteige jedenfalls den
vorinstanzlich gesprochenen Entschädigungsbetrag ganz wesentlich.
Diese Auffassung der zweiten Instanz erscheint als rechtsirrthüm=
lich. Der höhere Werth, welchen das Mergelmaterial für einen
Cementfabrikanten hat, ist bei Festsetzung der Entschädigungsan=
sprüche, welche von der Wittwe Engelberger abgeleitet werden,
nicht zu berücksichtigen; diese Entschädigungsansprüche sind, trotz
ihrer Abtretung an die Klägerin, in ganz gleicher Weise zu be=
messen, wie wenn die Wittwe Engelberger selbst sie geltend machte,
also auf den vollen, wohlbemessenen Werth festzusetzen, welchen
das Material für die Wittwe Engelberger hatte. Der Fabrika=
tionsgewinn, welchen die Beklagten vielleicht auf der Verarbeitung
des Materials machten, darf nicht berücksichtigt werden; denn
diesen etwaigen Gewinn haben die Beklagten jedenfalls nicht der
Wittwe Engelberger entzogen. Sie sind daher auch nicht verpflich=
tet, ihn ihr oder ihren Rechtsnachfolgern herauszugeben. In Bezug
auf das Quantitativ der Entschädigung ist demnach das erstin=
stanzliche Urtheil wieder herzustellen. Denn für den Werth, welchen
das Material für die Wittwe Engelberger hatte, gibt allerdings
der von dieser verlangte Kaufpreis einen zutreffenden Anhalts=
punkt; dafür, daß sie etwa aus besondern Gründen zu billig ver=
kauft habe, liegt nicht das Mindeste vor. Uebrigens übersteigt die
erstinstanzlich gutgeheißene Entschädigung für das vor 8. Januar

1891 ausgebeutete Material den im Verhältnisse des Kaufpreises sich ergebenden Betrag sogar noch um ein geringes und ist daher jedenfalls genügend. Für das während der Besitzeszeit der Klägerin ausgebeutete Material muß mit den Vorinstanzen der Ansatz der Sachverständigen zu Grunde gelegt werden, von welchem nicht ersichtlich ist, daß er auf rechtsirrthümlicher Grundlage beruhe.

Demnach hat das Bundesgericht
erkannt:

1. Auf Beurtheilung der Regreßklagen wird wegen Inkompetenz des Gerichtes nicht eingetreten.

2. Rücksichtlich der Hauptklage wird die Weiterziehung der Beklagten dahin für begründet erklärt, daß, in Abänderung des Dispositiv 1 des angefochtenen Urtheils, die von den Beklagten der Klägerin zu leistenden Entschädigungen festgesetzt werden:

a. Für die beklagte Aktiengesellschaft Portlandcementfabrik Rotzloch auf 1400 Fr.

b. Für die beklagte Firma Huber & Guggenbühl auf 200 Fr.

Die Weiterziehung der Klägerin wird abgewiesen und es hat im Uebrigen in allen Theilen bei dem angefochtenen Urtheile des Obergerichtes des Kantons Unterwalden nid dem Wald sein Bewenden.

---

138. *Arrêt du 22 Décembre 1892, dans la cause Théraulaz*
contre Brodard.

Statuant par arrêt du 13 Juin 1892 en la cause pendante entre parties, la Cour d'appel de Fribourg a prononcé ce qui suit :

» La masse en discussion de Joseph Théraulaz ainsi que MM. Morard et Robadey, garants joints en cause, sont déboutés de leurs conclusions principales ; ils sont par contre admis dans leur conclusion subsidiaire, mais jusqu'à concurrence du tiers seulement de la somme de dix mille francs et accessoires par eux réclamée.

» Olivier Brodard est admis, pour le surplus de la demande, dans sa conclusion libératoire. »

C'est contre cet arrêt que la masse Théraulaz et consorts recourt au Tribunal fédéral, concluant à ce qu'il lui plaise lui adjuger, avec dépens, les conclusions par eux prises devant la Cour d'appel, et tendant à ce qu'il soit dit et jugé :

Principalement :

1° Que l'acte de vente passé entre parties le 2 Avril 1891 par le ministère du notaire Favre est nul.

2° Que la mutation à opérer au cadastre pour réintégrer au chapitre de la requérante les immeubles vendus, spécifiés au cadastre de la commune de la Roche sous les art. 1214 et 1220, aura lieu en vertu du jugement à intervenir et subsidiairement au moyen d'une stipulation notariale pour laquelle le préfet nommera au besoin, à la partie défenderesse, un représentant conformément à l'art. 660 du Code de procédure civile.

3° Que le défendeur est condamné à délaisser les immeubles litigieux, à en restituer les fruits aux demandeurs, ou, le cas échéant, leur valeur.

Subsidiairement :

Que le défendeur est condamné à payer aux instants la somme de 10 000 francs, avec intérêt au 5 % dès le 2 Avril 1891.

O. Brodard a conclu, de son côté, à libération des fins de ces demandes.

Statuant en la cause, et considérant :

En fait :

1° Le 23 Février 1891, le président du tribunal de la Gruyère, en sa qualité de juge liquidateur, fit vendre aux enchères publiques les immeubles provenant de la masse des biens en discussion de Joseph ffeu Jean-Joseph Théraulaz, à la Roche, art. 1214 et 1220 du cadastre de cette commune.

Selon verbal de mise signé Rémy, huissier, ces immeubles ont été adjugés à Olivier ffeu Auguste Brodard, à La Roche, pour le prix de 10 000 francs. La stipulation notariale de l'acte de vente eut lieu le 2 Avril 1891 à 6 h. ¼ du soir, par le ministère du notaire Pierre Favre, à Bulle.

Dans le dit acte, comparaissent comme parties contrac-

tantes, d'une part, Louis Morard, président du tribunal de la
Gruyère, agissant en qualité de juge liquidateur de la discussion des biens de Charles-Joseph Théraulaz, vendeur, et,
d'autre part, Olivier Brodard, acheteur. La convention contient, entre autres, les clauses suivantes :

« Cette vente a lieu pour le prix de dix mille francs, qui
est acquitté comptant ce jour à l'entière satisfaction du représentant de la masse venderesse.

« Au moyen de l'exécution des engagements qui précèdent,
le représentant de la masse venderesse passe quittance à
l'acquéreur. »

L'acquéreur Brodard se trouvait créancier du notaire Favre
depuis le 6 Mars 1889, date à laquelle il lui avait versé en
compte-courant une somme de 10 000 francs portant intérêt
au 4 %. Des prélèvements ayant été faits sur ce compte, Brodard apporta au notaire Favre le jour de la stipulation, un
montant de 1200 francs en espèces, destiné, avec celui du
dépôt, à parfaire la somme de 10 000 francs prix de la vente,
lequel, aux termes des clauses susmentionnées, devait être
payé comptant.

La remise effective des fonds au vendeur n'eut toutefois pas
lieu. Après lecture de l'acte de vente, Brodard dit au président Morard : « M. Favre a l'argent » sur quoi ce dernier
ajouta : « Oui, j'ai l'argent, mais pas tout ici ; il est trop tard
pour l'aller chercher à la banque ; je vous l'apporterai demain
matin au greffe », sur quoi le représentant de la masse déclara qu'il lui était indifférent que l'argent soit compté directement au greffe, ce qui le dispenserait de reconnaître deux
fois les espèces, une fois séance tenante et une fois au greffe.
Puis il signa l'acte, et Brodard ayant encore demandé si son
compte était en règle, le président Morard répondit affirmativement, et les parties se séparèrent.

Le lendemain 3 Avril, le notaire Favre n'apporta pas les
fonds au greffe, et le liquidateur les lui fit réclamer à plusieurs
reprises, mais vainement.

Par lettre du 6 Juin 1891, soit plus de deux mois après la
stipulation, le juge liquidateur somma Brodard de verser en

ses mains, dans le délai de 2 jours, la somme de 10 020 francs,
à défaut de quoi il serait pris à l'égard du débiteur des mesures de rigueur.

La discussion juridique des biens du notaire Favre fut
prononcée le 10 Juin 1891.

C'est à la suite de ces faits que la masse Théraulaz a, selon
citation en droit signifiée le 13 Juillet 1891, ouvert action à
Brodard aux fins de faire prononcer, en première ligne, que
l'acte de vente du 2 Avril est nul, que le défendeur est en
conséquence condamné à délaisser les immeubles litigieux et
à en restituer les fruits, ou subsidiairement qu'il est tenu de
lui payer la somme de 10 000 francs avec intérêt dès le 2
Avril 1891, le tout avec dépens.

Sont intervenus comme garants pour se joindre à la partie
demanderesse L. Morard, président du tribunal de la Gruyère,
et Robadey, son greffier, décédé pendant le procès.

Par jugement du 13 Février 1892, le tribunal de la Gruyère
a reconnu la masse Théraulaz fondée dans son action principale en nullité.

En revanche, et par arrêt du 13 Juin suivant, la Cour d'appel a écarté l'action en nullité, mais a déclaré fondée l'action
en paiement du prix d'achat, tout en condamnant les garants
à des dommages-intérêts dans la proportion de deux tiers de
la somme de 10 000 francs, ainsi qu'il a été dit plus haut.

Cet arrêt se fonde, en substance, sur les motifs ci-après :

Favre était chargé par Brodard de remettre les fonds ;
cette remise a été renvoyée au lendemain, du consentement
formel du vendeur : les parties ont envisagé ce mode de
procéder comme l'équivalent d'un paiement comptant, et le
représentant de la masse, en signant l'acte malgré le renvoi
de la remise des fonds au lendemain, a donné une quittance
sincère, ne présentant aucun des caractères de la simulation,
bien que la cause de l'acte de vente ne se soit pas réalisée.
Le défaut de paiement du prix ne pourrait donner lieu qu'à
une action en résolution, mais une telle action est, en dérogation au droit commun, interdite par l'art. 1498 C. C. vis-à-
vis des ventes d'immeubles. Cet article statuant que « si la

vente d'un immeuble a été parfaite, le vendeur ne peut en demander la résolution par le motif que le prix ou la créance en provenant n'aurait pas été payé » — met un obstacle absolu aux fins de la demande principale, et la masse Théraulaz doit en être déboutée.

En revanche, en ce qui concerne la conclusion subsidiaire, il est établi que Brodard avait dénoncé à Favre le remboursement de son dépôt en compte-courant, et qu'il avait parfait le chiffre destiné au prix de vente par l'apport d'une somme de 1200 francs, remise au notaire, dans ce but, le jour de la stipulation. Donc Brodard entendait charger Favre d'effectuer le paiement : le représentant de la masse a déclaré avoir accepté ce mode de procéder, et l'envisager comme un mandat donné à Favre pour payer pour le compte de l'acquéreur ; or cette opération n'est autre chose que le contrat d'assignation réglé par l'art. 406 C. O., mais l'assignation qui a pour but d'éteindre une dette contractée par l'assignant envers l'assignataire, ne libère le débiteur que quand le paiement a été effectué par l'assigné. D'autre part, l'assentiment donné par la masse au mandat d'assignation n'a pas eu la portée de libérer *ipso facto* l'acheteur de son obligation ; Brodard demeurait, au contraire, tenu jusqu'au paiement effectif par l'assigné. Toutefois l'art. 411 C. O. exige que si l'assigné refuse le paiement que lui demande l'assignataire, celui-ci doit en aviser sur le champ l'assignant, sous peine de dommages-intérêts. Or, le représentant de la masse Théraulaz n'a avisé que le 6 Juin 1891 l'assignant Brodard du défaut de paiement des 10 000 francs qui devaient être versés le 3 Avril précédent ; dès lors la responsabilité de la masse est engagée vis-à-vis de Brodard. Ce dernier a été constitué en perte, du chef du retard de cet avis ; en effet, il est établi que le 2 Avril 1891, le notaire Favre avait en caisse environ 12 000 francs, — que les jours avant le dépôt de son bilan, Favre possédait chez lui environ 9000 francs de valeurs en titres, et que dans le mois qui a précédé sa déconfiture, il a pu payer des sommes plus fortes que celle objet du litige. Les demandeurs sont en droit de recourir contre Brodard en paiement du prix de vente non acquitté par l'assigné, et leur conclusion subsidiaire est fondée en principe ; en revanche les dommages-intérêts dont ils sont tenus vis-à-vis de Brodard en raison de la faute commise en omettant l'avis prescrit par l'art. 411 C. O. doivent être déduits, et la demande de la masse Théraulaz ne peut être admise que pour la différence ; il paraît équitable, vu les circonstances, de fixer ces dommages-intérêts aux 2/3 du montant total de la somme réclamée.

C'est contre cet arrêt que la masse Théraulaz et consorts ont recouru au Tribunal de céans, et que les parties ont conclu ainsi qu'il a été dit ci-dessus.

En droit :

2° La question de la compétence du Tribunal fédéral en la cause doit recevoir une solution affirmative. La vente immobilière passée entre Brodard et la masse Théraulaz est parfaite et définitive ; la décision à intervenir dans l'espèce ne porte plus sur ce point, définitivement tranché par la Cour d'appel en application du droit cantonal, mais uniquement sur la nature et les conséquences du contrat lié entre parties ensuite des faits qui se sont passés lors de la stipulation du 2 Avril, et notamment du consentement du représentant de la masse défenderesse à ne recevoir les deniers de la vente que le lendemain, tout en donnant séance tenante, soit avant la remise des espèces, quittance définitive.

Ce n'est point là en effet un contrat accessoire d'une vente immobilière ; il ne s'agit plus en effet de savoir si Brodard doit payer à titre d'acheteur, l'acte lui donnant quittance pleine et entière, mais seulement de déterminer si ce paiement différé devait être exécuté par Favre comme assigné, ou comme mandataire. Du reste pour que le crédit accordé par le liquidateur de la masse lors de la stipulation puisse être considéré comme un accessoire de la vente immobilière, il faudrait nécessairement qu'il mît en cause les mêmes parties, c'est-à-dire la venderesse et l'acheteur seulement, tandis qu'il intéresse une partie de plus, à savoir le notaire Favre, chargé par Brodard de payer la masse Théraulaz, et autorisé par le représentant de celle-ci à ne compter le prix de la vente que le lendemain de la stipulation. Or ce contrat, qu'il apparaisse comme rentrant dans la notion de l'assignation ou du mandat, est régi par les dispositions du Code fédéral des obligations, et relève dès lors de la compétence du Tribunal de céans.

3° Au fond, les recourants, dans leur plaidoirie de ce jour, n'ont plus insisté sur l'adjudication de leurs conclusions principales, tendant à la nullité de l'acte de vente du 2 Avril et à la mutation à opérer au cadastre pour réintégrer au chapitre de la masse recourante les immeubles vendus ; ils ont, en revanche, repris leur conclusion subsidiaire en paiement, par le sieur Brodard, de la somme de 10 000 francs avec intérêt au 5 °/₀ dès le 2 Avril 1891.

La vente étant, ainsi qu'il a été dit, parfaite, c'est avec raison que la Cour d'appel a estimé que l'arrangement ultérieur conclu entre parties en vue du paiement rentrait dans le cadre de l'assignation, prévue aux art. 406 et suivants du Code des obligations. Il résulte, en effet, des constatations de l'arrêt, basées sur les témoignages intervenus que Brodard, assignant, avait chargé Favre, assigné, de remettre les fonds, à lui versés par Brodard, au représentant de la masse Théraulaz, assignataire, et que ce dernier a formellement consenti à renvoyer au lendemain la remise effective du prix de vente ; cet arrangement n'impliquait toutefois point la substitution de Favre à Brodard comme seul débiteur, ni la renonciation de la masse à exercer son recours contre l'acheteur en cas de non paiement.

Le paiement n'ayant en réalité point été effectué, ni le lendemain, ni plus tard, il incombait toutefois à l'assignataire, soit à la masse Théraulaz, aux termes de l'art. 411 C. O. d'aviser sur-le-champ l'assignant Brodard, sous peine de dommages-intérêts.

4° Or il est acquis à la procédure, notamment par l'audition du témoin Golet, que ce n'est qu'un mois après la stipulation de l'acte du 2 Avril que la masse recourante a invité Favre à effectuer le paiement des 10 000 francs ; il est également constant que c'est seulement par la lettre du liquidateur Morard, en date du 6 Juin suivant, que Brodard a eu connaissance de l'inexécution du mandat qu'il avait donné à Favre.

L'omission, de la part du représentant de la masse Théraulaz, assignataire, d'aviser sur-le-champ l'assignant du
défaut de paiement, conformément à l'art. 411 C. O. précité,
a eu pour conséquence d'enlever à Brodard tout recours utile
contre Favre, devenu insolvable dans l'intervalle, et dont la
faillite fut prononcée peu de jours après ; il est constant, en
effet, que dans le courant d'Avril et de Mai, Favre avait
encore en caisse une somme plus que suffisante pour payer
le prix des immeubles achetés par Brodard ; qu'immédiatement avant le dépôt de son bilan, le même notaire possédait
encore pour plus de 9000 francs de titres. Il en résulte que
cette faute grave, imputable à l'assignataire, entraîne sa responsabilité civile, et que si, en principe, les demandeurs sont,
ainsi que le fait justement observer la Cour, en droit de
recourir contre Brodard en paiement du prix de vente qu'ils
n'ont pu toucher, ils sont tenus, en revanche, à des dommages-intérêts vis-à-vis du dit assignant, du fait de l'omission
ou de la négligence signalée.

5° En ce qui touche la quotité de ces dommages-intérêts,
le Tribunal fédéral n'est pas en possession des éléments
nécessaires pour apporter une modification à l'appréciation,
par la Cour cantonale, des faits sur lesquels se base l'évaluation à laquelle elle s'est arrêtée. En faisant entrer en ligne
de compte, dans cette évaluation, la circonstance qu'un avis,
même immédiat, n'aurait pas permis à Brodard de se récu-
pérer complètement de sa perte, la dite Cour a plutôt établi
un fait, que le Tribunal de céans n'est pas en mesure de soumettre à son contrôle. En tout cas, cette appréciation n'implique pas, dans l'application du droit fédéral, une erreur
justifiant la réforme de l'arrêt attaqué.

Par ces motifs,

Le Tribunal fédéral
prononce :

Le recours est écarté, et l'arrêt rendu par la Cour d'appel
de Fribourg, le 13 Juin 1892, est maintenu tant au fond que
sur les dépens.

**139. Urtheil vom 23. Dezember 1892
in Sachen Schneider gegen Weingart & Kaufmann.**

A. Durch Urtheil vom 24. Oktober 1892 hat das Appella=
tionsgericht des Kantons Baselstadt erkannt: Es wird das Urtheil
des Civilgerichtes bestätigt. Das Urtheil des Civilgerichtes ging
dahin: Beklagter wird zur Abnahme der 600 Säcke La Plata=
Weizen, zur Zahlung des Fakturabetrages von 15,750 Fr. nebst
Zins à 5 % seit 14. Juni 1892, zur Tragung des Lagergeldes
seit 15. April 1892, zur Rückgabe der 600 leeren Säcke und zur
Vergütung einer Leihgebühr von 6 Cts. per Sack und per ange=
fangenen Monat vom 6. Mai 1892 an bis zur Rückgabe, even=
tuell zur Zahlung von 1 Mark nebst Zins zu 5 % seit 6. Mai
1892 für jeden nicht zurückgegebenen leeren Sack verurtheilt.

B. Gegen dieses Urtheil ergriff der Beklagte die Weiterziehung
an das Bundesgericht. Bei der heutigen Verhandlung beantragt
sein Anwalt: Es sei in Abänderung des vorinstanzlichen Urtheiles
die Klage abzuweisen. Dagegen beantragt der Anwalt des Klägers
und Rekursbeklagten, es sei die gegnerische Beschwerde abzuweisen
und das vorinstanzliche Urtheil zu bestätigen.

Das Bundesgericht zieht in Erwägung:

1. Die Klägerin hatte im letzten Jahre im Lagerhause der
Centralbahn in Basel 600 Säcke La Plata=Weizen liegen. Im
Dezember ließ sie durch die Lagerhausverwaltung dem Beklagten
von demselben sogenannte Ausfallmuster zugehen. Am 6. Februar
1892 kam sodann zwischen den Beklagten und den Agenten des
klägerischen Hauses, Gremmer & Loosli, ein Kaufabschluß zu
Stande. In dem Bestätigungsbriefe der Firma Gremmer & Loosli
vom 8. Februar ist bemerkt: Der Kauf sei ergangen „über 600
Säcke Iᵃ La Plata, gehabte Qualität, lagernd im Lagerhause der
Schweizerischen Centralbahn in Basel à 26 Fr. 25 Cts. franco
Basel, gewöhnliche Konditionen, lieferbar successive nach Bericht
von dieser Bestätigung ab." Schon am 7. Februar hatte die
klägerische Firma dem Beklagten direkt Faktur über die Waare
zugesandt und ihn ersucht, letztere successive beziehen zu wollen.
Mit Schreiben vom 8. Februar sandte der Beklagte die Faktur

zurück mit dem Bemerken, daß er „diesen Weizen successive bezieh=
bar nach seiner Wahl gekauft habe. Im Laufe dieses Monats
werde von einem Bezuge kaum mehr die Rede sein und werde er,
sobald er Bedarf darin habe, nicht ermangeln, die Herren Gremmer
& Loosli von der jeweiligen Abfuhr in Kenntniß zu setzen und
über das Bezogene Faktura verlangen." Dagegen schrieb der Be=
klagte am 10. Februar an Gremmer & Loosli, er annullire den
Kauf, weil er bei dessen Abschluß nicht gewußt habe, daß die Waare
von der Firma Weingart & Kaufmann herrühre, mit welcher er, in
Folge früherer schlimmer Erfahrungen, nichts mehr zu thun haben
wolle. Nachdem Gremmer & Loosli ihn der Unrichtigkeit seiner
Behauptung, er habe die Herkunft der Waare nicht gekannt, über=
führt hatten, schrieb der Beklagte am 15. Februar an Gremmer
& Loosli, der Bezug der Waare habe ganz nach seinem Belieben
und zwar successive stattzufinden; er behalte sich die Prüfung der
Musterkonformität vor und die Lagerspesen fallen zu Lasten des
Verkäufers. Gremmer & Loosli erwiderten am 17. Februar 1892,
daß unter dem successiven Bezug nicht ein Vierteljahr, sondern
eine Frist von vielleicht 4 Wochen zu verstehen sei, während
welcher die Lagerspesen zu Lasten des Verkäufers fallen. Die
Qualität des Weizens könne nicht mehr in Frage kommen, da
derselbe in Basel disponibel sei und der Beklagte vom Lagerhause
seiner Zeit Muster bekommen habe. Der Beklagte hielt dem gegen=
über daran fest, daß er sich in Bezug auf die Abführung des
Weizens keinerlei Vorschriften machen lasse, denselben vielmehr
ganz nach seinem Bedarf beziehen werde und sich die Prüfung der
Musterkonformität der Waare vorbehalte. Er beharrte auf diesem
Standpunkte auch nachdem die Agenten Gremmer & Loosli ihn
durch Schreiben vom 19. Februar 1892 erneut darauf aufmerk=
sam gemacht hatten, daß er amtliche Ausfallsmuster der Waare
erhalten habe und es ihm freigestanden habe und noch freistehe,
die Waare im Lagerhaus persönlich zu besichtigen. Nach weitern
Korrespondenzen, in welchen die Parteien beidseitig ihren Stand=
punkt festhielten, erließ am 20. März 1892 die Klägerin an den
Beklagten die bestimmte Aufforderung, mit dem Bezuge unverweilt
zu beginnen und drohte für den Fall weiterer Säumniß mit
gerichtlichen Schritten. In einem folgenden Schreiben vom 23.

März ersuchten die Kläger den Beklagten bringend, die 6 Waggons Weizen noch im Laufe des Monats März abzunehmen oder doch zu erklären, daß er die Uebernahme bis 15. April bewerkstelligen werde. Am 29. März schrieb der Beklagte an Gremmer & Loosli, man könne ihm nun ein Muster der von ihm gekauften 600 Säcke La Plata-Weizen zugehen lassen, worauf Gremmer & Loosli, unter Wahrung ihres Standpunktes hinsichtlich der Musterfrage, der baslerischen Lagerhausverwaltung einen entsprechenden Auftrag ertheilten. Am 2. April meldete der Beklagte der Firma Gremmer & Loosli, daß der Weizen nicht musterkonform sei und er benselben nicht annehmen werde. Am 13. April übersandten hierauf die Advokaten Temme und Kern, im Auftrage der Klägerin, dem Beklagten Faktura über die gekauften 600 Säcke La Plata-Weizen und forderten ihn auf, die Waare bis zum 15. April zu beziehen, da ihm bis dahin spätestens von der Klägerin Frist angesetzt worden sei. Der Beklagte erwiderte, er verlange Expertise, um zu konstatiren, ob die Partie durchwegs egal und konform sei. Hierauf erhoben Weingart & Kaufmann Klage auf Bezahlung des Fakturapreises der Waare mit 15,750 Fr. nebst Verzugszins zu 5 % vom 14. Juni 1892, Tragung des Lagergeldes vom 15. April 1892 an, Rückgabe der leeren Säcke und Vergütung einer Leihgebühr von 6 Cts. per Sack und per Monat vom 6. Mai 1892 an bis zur Rückgabe, eventuell Ersatz des Werthes der Säcke mit 600 Mark nebst Zins zu 5 % vom 6. Mai 1892 an. Beide kantonale Instanzen haben die Klage gutgeheißen.

2. Der Beklagte hat eingewendet, es sei im Februar ein definitiver Kaufvertrag zwischen den Parteien nicht zu Stande gekommen, sondern blos ein Vorvertrag abgeschlossen worden, der dem Beklagten noch offen gelassen habe, die Lieferungszeit frei zu bestimmen und die Annahme der jeweiligen Lieferungen von einer Prüfung ihrer Musterkonformität abhängig zu machen. Jedenfalls sei nach Muster gehandelt worden und zwar sei maßgebend nicht das dem Beklagten im Dezember vorgelegte Ausfallsmuster, sondern ein Muster, welches der Agent Gremmer dem Beklagten im Januar 1892 übergeben habe. Diesem Muster entspreche die Waare nicht; der einvernommene Sachverständige spreche sich zwar dahin aus, die Waare, besser geputzt, sei prima La Plata-Weizen,

gesund und stelle eine einheitliche Qualität dar; er konstatire aber gleichzeitg, daß die Waare von dem durch den Beklagten einge= lieferten Muster darin abweiche, daß sie unsauberer sei, mehr Gerste und hin und wieder auch ein Brandkorn enthalte, dieser Unter= schied könne zu 50—75 Cts. per 100 Kilogramm tarirt werden. Zu Vornahme einer Prüfung der Waare vor ihrer Ablieferung sei der Beklagte nicht verpflichtet und nicht in der Lage gewesen. Uebrigens könne, wie vor der ersten Instanz nachträglich geltend gemacht wurde, von einer Verspätung der Mängelrüge auch deß= halb keine Rede sein, weil, wie der Beklagte nachträglich in Er= fahrung gebracht habe, die gleiche Partie Weizen früher von der Klägerin dem Müller Schaller in Luzern verkauft gewesen sei, aber, auf Grund einer gerichtlichen Expertise, wegen Mangel= haftigkeit, habe zurückgenommen werden müssen. Die Klägerin habe also bewußt mangelhafte Waare als tadellos verkauft und sich dadurch eines civilrechtlichen Betruges schuldig gemacht.

3. Nach den thatsächlichen Feststellungen der Vorinstanzen er= scheinen diese Einwendungen als unbegründet. Die Parteien gehen darin einig, daß der Bezug des Weizens, einmal begonnen, in Partien von je (wenigstens) 100 Säcken per Woche erfolgen sollte. Dagegen sind sie darüber nicht einig, wann der Bezug be= gonnen werden sollte. Nun stellt aber die Vorinstanz, wesentlich unter Berufung auf den Brief des Beklagten vom 8. Februar 1892, fest, daß die Willensmeinung der Parteien hinsichtlich der Lieferzeit dahin gegangen sei, der Beginn des Bezuges solle etwa mit Anfang des Monats März eintreten oder jedenfalls sich nicht weit darüber hinaus verzögern. Diese Feststellung ist durchaus nicht rechtsirrthümlich, sondern erscheint gegentheils als zutreffend. Wenn der Beklagte in seinem Briefe vom 8. Februar, in welchem er betont, daß er den Weizen successive beziehbar nach seiner Wahl gekauft habe, beifügt, im Laufe dieses Monats (Februar) werde von einem Bezuge kaum mehr die Rede sein können, so darf daraus allerdings gefolgert werden, daß die Willensmeinung auch des Beklagten dahin ging, der Beginn der Lieferzeit dürfe jeden= falls nicht weit über den Beginn des folgenden Monats (März) hinausgeschoben werden. Hievon ausgegangen aber ist klar, daß nicht ein bloßer Vorvertrag zu einem Kauf, sondern ein definitiver

Kauf vorliegt. Ebenso ergibt sich banach von selbst, daß die Frist binnen welcher der Beklagte die Waare zu beziehen hatte, mit Mitte April zu Ende ging und baher von diesem Zeitpunkte an den Beklagten die Folgen des Verzuges treffen, sofern er nicht etwa zu Rückweisung der Waare wegen Mängeln berechtigt war.

4. In letzterer Richtung nun gehen beide Vorinstanzen davon aus, ein Kauf nach Muster, wie der Beklagte ihn behaupte, liege nicht vor; die Beschaffenheit der Waare sei dem Beklagten aus dem ihm im Dezember 1891 von der Lagerhausverwaltung zu= gesandten Ausfallsmuster bekannt gewesen, er habe die Waare auf dieses Ausfallsmuster hin, auf welches sich der Ausbruck „gehabte Qualität" beziehe, vorbehaltlos gekauft, wie auch sein Schreiben vom 8. Februar ergebe; in diesem Schreiben nehme der Beklagte die vorbehaltlose Fakturirung der Waare selbst still= schweigend an, indem er erkläre, „diesen Weizen gekauft zu haben" und mache einen Vorbehalt lediglich bezüglich der Lieferzeit. Selbst wenn nach Muster gehandelt worden wäre, stände dem Beklagten das Recht nicht mehr zu, die Waare noch so spät zu bemängeln, da er es versäumt hätte, die Musterkonformität rechtzeitg festzustellen. Die Waare habe jederzeit zu seiner Verfügung im Lagerhause gelegen und es könne daher nicht zugegeben werden, daß der Beklagte zu deren Prüfung nicht verpflichtet gewesen sei, bevor sie ihm vor die Mühle gebracht wurde. Ueberdem sei die Differenz zwischen dem vom Beklagten produzirten Muster und der Waare eine so geringe, daß sie wirklich, wie die Klägerin behaupte, ihre Ursache in der durch wiederholten Gebrauch erfolgten Reinigung des Musters von Staub 2c. haben könne. Wenn die Vorinstanzen auf Grund dieser Ausführungen zu der Entscheidung gelangen, der Beklagte sei zu Zurückweisung der Waare wegen Mängeln nicht berechtigt, so kann in dieser Entscheidung ein Rechtsirrthum nicht erblickt werden. Es handelt sich um einen Platzkauf über eine in= dividuell bestimmte Waarenmenge, welche, wie thatsächlich festge= stellt ist, nach Besichtigung eines durch die Lagerhausverwaltung aus der Waare selbst gezogenen sogenannten Ausfallsmusters, abgeschlossen wurde. Aus diesem Muster war die Beschaffenheit der Waare, wie nach den Ausführungen der Vorinstanzen ange= nommen werden muß, speziell auch hinsichtlich der Beimischung

von Gerste u. s. w., bei Anwendung gewöhnlicher Aufmerksamkeit
ersichtlich und gemäß Art. 245 O.-R. kann daher der Käufer
nachträglich eine Reklamation nicht mehr erheben. Von einer ab=
sichtlichen Täuschung des Käufers durch den Verkäufer kann, nach
dem Thatbestande der Vorinstanzen, offenbar nicht die Rede sein.
Die hiefür angeführte Thatsache, daß der verkaufte Weizen früher
von einem Käufer in Luzern als nicht mustergemäß zurückgewiesen
und nach Erhebung einer gerichtlichen Expertise von der Klägerin
zurückgenommen worden sei, beweist, auch wenn sie im Prozesse
sollte berücksichtigt werden dürfen, nichts für eine absichtliche Täu=
schung. Eine solche ist vielmehr dadurch, daß der Kauf festgestellter=
maßen auf Grund eines amtlich durch die Lagerhausverwaltung
gezogenen Ausfallsmusters abgeschlossen wurde, durchaus aus=
geschlossen.

5. Es ist demnach in Uebereinstimmung mit den Vorinstanzen
die Klage auf Bezahlung des Kaufpreises gutzuheißen. Rücksicht=
lich des Beginns des Laufes der Verzugszinsen, der Tragung
des Lagergeldes, der Rückgabe der leeren Säcke und der Leihgebühr
für die Säcke ist ebenfalls der Entscheidung der Vorinstanzen
beizutreten, wofür einfach auf deren Begründung verwiesen wer=
den darf.

Demnach hat das Bundesgericht
erkannt:

Die Weiterziehung des Beklagten wird als unbegründet ab=
gewiesen und es hat demnach in allen Theilen bei dem ange=
fochtenen Urtheile des Appellationsgerichtes des Kantons Baselstadt
sein Bewenden.

V. Haftpflicht
für den Fabrik- und Gewerbebetrieb.
Responsabilité
pour l'exploitation des fabriques, etc.

140. Urtheil vom 21. Oktober 1892 in Sachen
Widmer gegen Wirth.

A. Durch Urtheil vom 23. Mai 1892 hat das Obergericht
des Kantons Aargau erkannt:

Der Beklagte ist schuldig, an den Kläger zu bezahlen:

a. Eine Aversalsumme von 2000 Fr.;

b. Alle mit der Verletzung in Verbindung stehenden Arzt-,
Apotheker- und Verpflegungskosten im richterlich festgesetzten Betrage von 625 Fr. 90 Cts.

c. Die Prozeßkosten erster und zweiter Instanz im richterlich
festgesetzten Betrage von 239 Fr.

B. Gegen dieses Urtheil ergriff der Beklagte die Weiterziehung
an das Bundesgericht, indem er die Anträge anmeldete, in erster
Linie: Es sei die Klage gemäß Art. 2 des Bundesgesetzes vom
25. Juni 1881 (wegen Verbrechen oder Vergehen dritter Personen)
gänzlich abzuweisen; in zweiter Linie (eventuell): es sei die Entschädigungssumme in Hinblick auf Art. 5 litt. a leg. cit., ein
Ermäßigungsmoment, das das kantonale Gericht nicht herangezogen hat und das neben litt. b in Betracht fällt, noch weiter
zu reduziren.

C. Bei der heutigen Verhandlung hält der Anwalt des Beklagten und Rekurrenten die schriftlich angemeldeten Anträge aufrecht, mit der Vervollständigung, daß eventuell, sofern das Bundesgericht dies noch für nöthig finden sollte, auf Aktenvervollständigung durch Erhebung einer Expertise angetragen werde. Der
Vertreter des Klägers trägt auf Abweisung der gegnerischen Beschwerde und Bestätigung des angefochtenen Urtheils an.

Das Bundesgericht zieht in Erwägung:

1. Am 30. Mai 1890 Abends 6 Uhr, wollte der am 9. Juni 1867 geborene, im Steinbruche des Beklagten zu Mägenwyl mit einem Taglohn von 2 Fr. 60 als Steinbrecher angestellte Kläger in der im Steinbruche befindlichen Schmiede frischgespitzte Zwei-spitze holen. Als er nach solchen in dem neben dem Ambos stehenden Löschkübel suchte, fuhr ihm plötzlich ein feuriger Zwei-spitz in den rechten Vorderarm, gerade hinter der Stelle, wo der Puls zu fühlen ist, und drang in das Fleisch bis auf den Knochen, so daß das Blut bogenartig aus der Wunde hervorquoll. Diese Verletzung setzte anfänglich das Leben des Verletzten in Gefahr. Die Wunde heilte erst im August 1890 zu. Als bleibender Nach-theil ist eine bedeutende Beeinträchtigung der Gebrauchsfähigkeit des rechten Vorderarms zurückgeblieben. Die rohe Kraft des Vorderarms ist zwar zum guten Theile wieder ersetzt und der Verletzte im Stande, gröbere Gegenstände zu fassen. Allein im Handgelenke ist vollständige Versteifung eingetreten; die Drehung des Vorderarmes nach außen ist nur zur Hälfte ausführbar, die Hand kann nicht geschlossen und die Faust nicht geballt werden. Wegen der Verletzung des Klägers war gegen Samuel Schärer in Brunegg, der in der Schmiede des Beklagten als ·Schmiede-meister arbeitete, Untersuchung eingeleitet worden, da derselbe im Verdachte stand, den feurigen Zweispitz dem Kläger absichtlich in den Arm gestoßen zu haben. Die Untersuchung wurde indeß von der Staatsanwaltschaft eingestellt. Der Kläger erhob nunmehr gegen den Beklagten wegen des ihm durch die Verletzung ent-standenen Schadens gestützt auf das Fabrikhaftpflichtgesetz und das erweiterte Haftpflichtgesetz Entschädigungsklage. Der Beklagte trug auf Abweisung der Klage an, indem er den Beweis dafür anerbot, daß Schmied Schärer den Kläger absichtlich verletzt habe und ausführte, es sei demnach die Verletzung durch Verbrechen oder Vergehen einer britten, nicht als Mandatar, Repräsentant, Leiter oder Aufseher in seinem Gewerbebetriebe sich qualifizirenden Person herbeigeführt worden, so daß seine Haftpflicht gemäß Art. 2 des Fabrikhaftpflichtgesetzes cessire. Die erste Instanz, das Bezirksgericht Lenzburg, hat nach durchgeführtem Beweisverfahren diese Einwendung für begründet erachtet und demnach die Klage

abgewiesen. Dagegen hat das Obergericht des Kantons Aargau in der aus Fakt. A ersichtlichen Weise erkannt, indem es in grundsätzlicher Beziehung ausführte: Die Klage könne nicht auf Art. 1 des Fabrikhaftpflichtgesetzes begründet werden. Schmied Schärer, auf dessen Verhalten die Verletzung zurückzuführen sei, erscheine weder als Mandatar oder Repräsentant des Beklagten, noch als Leiter oder Aufseher im Betriebe des Steinbruchs, sondern als einfacher Hülfsarbeiter, indem er die zum Steinbrechen nöthigen Werkzeuge in der im Steinbruche plazirten Schmiede zu repariren und zu schärfen gehabt habe. Der Vertreter des Klägers habe dies denn auch selbst zugegeben und es werde die Klage nicht auf Art. 1, sondern auf Art. 2 des Fabrikhaftpflichtgesetzes begründet. Danach müßte die Klage abgewiesen werden, wenn die Verletzung auf ein Verbrechen oder Vergehen des Schmied Schärer zurückzuführen wäre. Es müsse sich nun aber zunächst fragen, ob das Vorhandensein eines Verbrechens oder Vergehens überhaupt durch ein Beweisverfahren im Civilprozesse und nicht vielmehr nur durch die Vorlage eines kriminal- oder zuchtpolizeilichen Urtheils bewiesen werden könne. Das Obergericht nehme letzteres an und es erscheine das untergerichtliche Urtheil schon von diesem Standpunkte aus als unhaltbar. Allein auch ganz abgesehen hievon, auch bei einläßlicher Prüfung des Beweismaterials erscheine der Beweis, daß Schmied Schärer den Kläger absichtlich verletzt habe, nicht als erbracht. Allerdings sprechen, wie des Nähern ausgeführt wird, gewisse Indizien dafür, daß Schärer, welcher ein hitziger und roher Mann sei und die Arbeiter nicht gerne beim Löschkübel habe hantiren sehen, absichtlich nach dem Kläger gestoßen habe; allein bewiesen sei dies doch nicht. Es sei nach den durch einen Oberaugenschein konstatirten örtlichen Verhältnissen auch möglich, daß Schärer nicht bemerkt habe, daß der Kläger beim Löschkübel hantire und daß er ihn daher beim Eintauchen eines glühenden Zweispitzes in diesen Kübel unabsichtlich verletzt habe. Die Einwendung des Beklagten, es sei der Unfall durch eine von Schmied Schärer verübte vorsätzliche Körperverletzung herbeigeführt, erscheine daher nicht als bewiesen und es sei daher der Beklagte grundsätzlich für den Unfall haftpflichtig.

2. Es mag dahin gestellt bleiben, ob die Auffassung des Ober-

gerichtes, es könne der Beweis, daß die Verletzung durch ein Ver=
brechen oder Vergehen einer dritten Person verursacht sei, nur
durch ein strafgerichtliches Erkenntniß erbracht werden, zutreffend
ist. Denn diese Anschauung ,ist für die Entscheidung des Ober=
gerichtes nicht kausal. Letztere wird vielmehr noch auf den weitern
ganz selbständigen Grund gestützt, daß der Beweis für ein Ver=
brechen oder Vergehen des Schmied Schärer überhaupt nicht er=
bracht sei und mit Rücksicht auf diesen Grund jedenfalls muß
das obergerichtliche Urtheil vom Bundesgerichte grundsätzlich be=
stätigt werden. Denn die Frage, ob der Beweis dafür erbracht sei,
daß Schmied Schärer absichtlich nach dem Kläger gestoßen habe,
ist eine reine Thatfrage; es ist somit gemäß Art. 30 Abs. 4 O.=G.
die Feststellung des kantonalen Obergerichtes, daß der Beweis
n i c h t erbracht sei, für das Bundesgericht verbindlich. Die vom
Rekurrenten eventuell beantragte Expertise darüber, ob eine un=
absichtliche Verletzung des Klägers nach den Umständen überhaupt
möglich gewesen sei, ist nicht anzuordnen; einerseits hat der Be=
klagte vor der zweiten kantonalen Instanz auf eine Expertise gar
nicht angetragen, es ist ihm eine solche also auch nicht verweigert
worden; andererseits hat das Obergericht die vom Beklagten zum
Sachverständigenbeweise verstellte Thatfrage in seiner Entscheidung
gestützt auf die Ergebnisse des Augenscheines beantwortet; das
Aktenvervollständigungsbegehren des Beklagten bezweckt also nicht
die Erhebung von Beweisen, welche vom kantonalen Gerichte wegen
vermeintlicher Unerheblichkeit des Beweisthemas abgelehnt worden
wären, sondern eine Widerlegung der thatsächlichen Feststellungen
der Vorinstanz und ist daher unzulässig. Bei diesem Sachverhalte
braucht nicht weiter untersucht zu werden, ob Schmied Schärer
wie allerdings sowohl die Parteien, als die kantonalen Gerichte
ohne Weiteres angenommen haben, wirklich blos Hülfsarbeiter
und nicht vielmehr Leiter eines bestimmten Arbeitszweiges im Ge=
werbebetrieb des Beklagten war und ob also die Entschädigungs=
forderung des Klägers nicht schon nach Art. 1 des Fabrikhaft=
pflichtgesetzes begründet wäre.

3. In Bezug auf das Quantitativ der Entschädigung führt
das Obergericht aus, die Entschädigung dürfe nach Art. 6 des
Fabrikhaftpflichtgesetzes den sechsfachen Jahresverdienst, im vor=

liegenden Falle (bei einem Jahresverdienst von 780) also 4680 Fr.
nicht übersteigen. Dieses für die schwersten Fälle bestimmte Maxi=
mum könne aber beim Kläger nicht zur Anwendung kommen, da
seine Verletzung zwar wohl eine gefährliche gewesen sei, allein rück=
sichtlich ihrer bleibenden Folgen nicht als eine sehr schwere er=
scheine. Denn der Gebrauch des rechten Vorderarmes sei, wenn
auch bedeutend beeinträchtigt, doch nicht ganz aufgehoben. Die
Ersatzpflicht des Beklagten müsse auch deßhalb noch eine Reduktion
erleiden, weil dem Kläger einige Unvorsichtigkeit zur Last falle.
Die Vorsicht hätte, bei den räumlichen Verhältnissen im Schmiede=
lokale, erfordert, daß der Kläger den Schmied Schärer ersucht
hätte, keinen Zweispitz in den Löschkübel zu halten, bis er (der
Kläger) den Arm wieder aus demselben zurückgezogen habe. Diese
Momente rechtfertigen die Reduktion der geforderten Entschädigung
von 4000 Fr. auf 2000 Fr. Diese Erörterungen enthalten einen
Rechtsirrthum. Wie das Bundesgericht schon wiederholt entschieden
und in konstanter Praxis festgehalten hat (siehe z. B. Entschei=
dung in Sachen Huber gegen Stöcklin & Cie., Amtliche Samm=
lung X, S. 355 u. ff., in Sachen Ryser gegen Aebi & Cie.,
Ibid. XVI, S. 544), folgt aus der gesetzlichen Festsetzung eines
Entschädigungsmaximums durch Art. 6 des Fabrikhaftpflichtge=
setzes durchaus nicht, daß bei Ausmessung der Entschädigungen
aus Fabrikhaftpflicht das Entschädigungsmaximum in der Art zu
Grunde zu legen sei, daß der Schadenersatz jeweilen auf eine, dem
gesetzlich für die schwersten Fälle geltenden Maximum (mit Rück=
sicht auf die Schwere der Verletzung) entsprechende, Summe fixirt
werden müßte. Vielmehr ist auch in Fabrikhaftpflichtfällen der ent=
standene wirkliche, nach Art. 6 litt. a und b des Gesetzes er=
erstattungsfähige, Schaden zu ermitteln und dem Verletzten inner=
halb der Grenzen des gesetzlichen Maximums und unter Berück=
sichtigung der gesetzlichen Reduktionsgründe zu vergüten. Die
Festsetzung der Entschädigung durch die Vorinstanz beruht also
auf unrichtiger Grundlage. Allein nichtsbestoweniger ist die Ent=
scheidung im Dispositiv zu bestätigen. Der Kläger nämlich hat sich
gegen die vorinstanzliche Entscheidung nicht beschwert; es kann sich
also nur fragen, ob dieselbe nicht zu Gunsten des Beklagten ab=
zuändern sei. Dies ist aber unter allen Umständen zu verneinen.

Die Erwerbsfähigkeit des Klägers ist durch den Verlust des Ge=
brauchs der rechten Hand wohl um 50 % gemindert. Dem da=
herigen Einkommensausfall entspräche bei dem Alter des Klägers
ein Kapital, welches den zweitinstanzlich gesprochenen Entschädi=
gungsbetrag von 2000 Fr. um weit mehr als das boppelte über=
steigt. Wenn also die Entschädigung auf blos 2000 Fr. festgesetzt
wird, so ist damit allen Rebuktionsgründen, insbesondere auch dem
Rebuktionsgrunde des Zufalls, völlig ausreichend Rechnung ge=
tragen. Mitverschulben des Klägers liegt kaum vor; sollte inbeß
auch ein solches mit der zweiten Instanz angenommen werden,
so wäre basselbe jedenfalls nur ein geringes und durch die er=
hebliche Rebuktion der Entschädigung, wie sie in Zubilligung eines
Betrages von blos 2000 Fr. liegt, vollgenügend berücksichtigt.

Demnach hat das Bundesgericht

erkannt:

Die Weiterziehung des Beklagten wird als unbegründet abge=
wiesen und es hat demnach in allen Theilen bei dem angefoch=
tenen Urtheile des Obergerichtes des Kantons Aargau vom 23.
Mai 1892 sein Bewenden.

---

141. Urtheil vom 12. November 1892 in Sachen Egger gegen Scholter.

A. Durch Urtheil vom 15. Juli 1892 hat das Obergericht
des Kantons Solothurn erkannt: Die Einrede des Beklagten ist
begründet; berselbe ist nicht gehalten, die Klage einläßlich zu be=
antworten.

B. Gegen dieses Urtheil ergriffen die Kläger die Weiterziehung
an das Bundesgericht. Bei der heutigen Verhandlung beantragt
ihr Anwalt, es sei das obergerichtliche Urtheil abzuändern. Der
Vertreter des Beklagten trägt auf Bestätigung des obergericht=
lichen Urtheils an. Beide Parteien beschränken sich dabei auf Er=
örterung der Frage der Passivlegitimation. Da in der Berathung
des Gerichtes nicht nur diese Frage, sondern auch die Frage, ob

ein Unfall vorliege und wie hoch eventuell der Schaden sich be=
laufe, erörtert wird, verlangen die Anwälte beider Parteien das
Wort und erklären, sie seien übereinstimmend davon ausgegangen,
daß heute vom Bundesgerichte nur die Frage der Passivlegitimation
beurtheilt und im Falle der Abänderung der obergerichtlichen Ent=
scheidung, die Sache an die kantonale Instanz zu Beurtheilung
der Hauptsache zurückgewiesen werde. Sollte das Bundesgericht
heute auf die Sache selbst eintreten wollen, so begehren sie auch in
dieser Richtung das Wort. Letzterm Begehren wird entsprochen.
Der Anwalt der Kläger erklärt hierauf: In erster Linie beantrage
er Aufhebung des obergerichtlichen Urtheils und Rückweisung der
Sache an das Obergericht, eventuell sofortigen Zuspruch der
Klage. Der Anwalt des Beklagten erklärt, er überlasse es dem
Gerichte, ob es die Sache zurückweisen wolle; er beantrage Ab=
weisung der Klage.

Das Bundesgericht zieht in Erwägung:

1. Der Beklagte, welcher in Solothurn ein dem erweiterten
Haftpflichtgesetze unterstelltes Baugeschäft (Ausführung von Hoch=
bauten) betreibt, hatte im Frühjahr 1891 den Bau eines Tur=
binenhauses für die Kammgarnspinnerei Derendingen übernommen.
Die Zimmermannsarbeiten bei diesem Baue übertrug er dem
Zimmermeister Scheidegger, welcher dieselben mit einigen Gesellen
im Taglohn ausführte. Scheidegger verrechnete jeweilen — alle
14 Tage — dem Beklagten, für sich und die von ihm (Scheidegger)
angestellten und bezahlten Arbeiter, die Taglöhne. Zu den von
Scheidegger gestellten Arbeitern gehörte der am 1. Februar 1845
geborene Vater der Kläger, Jakob Egger von Farnern (Kantons
Bern). Egger erhielt von Scheidegger einen Taglohn von 3 Fr.
während dagegen Scheidegger für die von ihm gestellten Arbeiter
dem Beklagten einen Taglohn von 4 Fr. 30 Cts. verrechnete.
Am 15. Mai 1891, Abends gegen 6 Uhr, war Egger damit
beschäftigt, in der Turbinenkammer senkrechte Pfosten mit einer
Stange unter sich zu verspannen. Nach der Darstellung der Klage
gab, als Egger mit der Art auf die Spannstange schlug, der
Laden, auf dem er stand, nach, und Egger fiel nach Außen auf
die Böschung. Von dort sei der Laden mit Egger circa einen
Meter abwärts gerutscht, und Egger sei seitlings mit der Brust

auf den Rost der noch stehen gebliebenen Verschalung gefallen.
Egger raffte sich nach seinem Sturze wieder auf und begab sich
in die in der Nähe befindliche Baracke; dort starb er nach wenigen
Minuten. Vom Oberamt Kriegstetten=Bucheggberg wurde am 21.
Juni 1891 als Arbeitgeber des Verstorbenen der Beklagte einver=
nommen, der indeß mit Zuschrift vom gleichen Tage an diese
Amtsstelle erklärte, die Dienstverhältnisse zwischen dem Verun=
glückten und ihm seien derart gewesen, daß Egger nicht in den
Taglohnlisten seines Aufsehers aufgeführt, sondern von dem
Zimmermeister Scheidegger beschäftigt worden sei. Die Kinder
des Verunglückten, von welchen zwei volljährig sind, während da=
gegen drei noch als minderjährig unter der Vormundschaft des
Gemeinderathes von Farnern stehen, belangten den Beklagten
gestützt auf Art. 1 Ziffer 2 a und 2 des erweiterten Haft=
pflichtgesetzes auf Entschädigung für den ihnen durch den Tod
ihres Vaters entstandenen Schaden; sie verlangten, indem sie sich
einfach auf richterliches Ermessen beriefen, eine Entschädigung
von 5000 Fr. nebst Ersatz der Arzt=, Beerdigungs= und sonstigen
Unkosten mit 53 Fr. Der Beklagte beantragte in erster Linie, er
sei nicht gehalten, die Klage einläßlich zu beantworten, indem er
anbrachte: Egger habe nicht in seinem Dienste, sondern in dem=
jenigen Scheideggers gestanden, welcher die Ausführung der
Zimmermannsarbeiten auf eigene Rechnung übernommen habe.
Daher sei Egger auch nicht in der vom Beklagten für seine Ar=
beiter genommenen Versicherung inbegriffen. In zweiter Linie trug
der Beklagte auf Abweisung der Klage an. Er führte aus, es
sei nicht erwiesen, daß Egger an den Folgen eines bei der Arbeit
erlittenen Unfalles gestorben sei. Eine ärztliche Untersuchung vor
oder eine Sektion nach dem Tode habe nicht stattgefunden, weß=
halb auch keinerlei Verletzung, weder eine äußere noch eine innere,
nachgewiesen sei. Es sei nicht erklärlich, wie Egger durch sein
bloßes Umfallen auf den Rost der stehen gebliebenen Verschalung
sich eine tödtliche Verletzung und schon nach einigen Minuten
hätte zuziehen können; nach den Umständen sei es viel wahr=
scheinlicher, daß er in Folge eines Schlagflusses gestorben sei, zu=
mal er sehr schwach gewesen sei und häufig über Unwohlsein
geklagt habe. Eventuell sei die geforderte Entschädigung jedenfalls

ſtark übertrieben. Nur zwei Kinder ſeien noch minderjährig und
dieſe (deren Alter in der Klage nicht angegeben ſei) ſeien zur
Klage nur bis zum Alter der Admiſſion legitimirt. Es werde
beſtritten, daß die volljährigen Kinder nach berniſchem Recht ein
Klagerecht beſitzen. Das Richteramt Solothurn=Lebern verfügte,
die Einrede der mangelnden Paſſivlegitimation ſei gemeinſchaftlich
mit der Hauptſache zu verhandeln. Nach durchgeführtem Beweis=
verfahren erklärten beide Inſtanzen die Einrede der mangelnden
Paſſivlegitimation für begründet. Das Obergericht führt in den
Gründen ſeiner Fakt. A erwähnten Entſcheidung aus : Egger ſei
nicht Arbeiter des Beklagten, ſondern des Zimmermeiſters Scheid=
egger geweſen, der einen Theil der Arbeiten an dem Turbinen=
hausbaue von dem Beklagten zur Ausführung übernommen habe.
Der Turbinenhausbau ſei, nach dem Gutachten des darüber ein=
vernommenen Ingenieurs Spielmann, als Hochbau unter Art. 1
Ziff. 2 litt. a und nicht als Waſſerbau ꝛc., unter Art. 1 Ziff. 2
litt. d des erweiterten Haftpflichtgeſetzes zu ſubſumiren. Die Frage
ſei nun die, ob der Nachſatz zu Art. 2 cit., der den Unternehmer
auch dann haftbar erkläre, wenn er die Arbeiten einem Dritten
zur Ausführung übertragen habe, auch auf das sub Art. 1 Ziff. 2
litt. a genannte Baugewerbe zu beziehen ſei. Der Wortlaut des
erſten Alinea von Art. 2 cit. führe zu dem Schluſſe, daß der
mit „beziehungsweiſe“ eingeleitete Nachſatz ſich nur auf die unter
Ziff. 2 litt. c und d genannten Arbeiten beziehe und demnach
der Unternehmer von ſolchen Arbeiten, die unter Ziff. 2 litt. a
und b gehören, nicht als haftbar erſcheine, wenn er dieſe Arbeiten
einem Dritten zur Ausführung übertragen habe, was namentlich
aus dem franzöſiſchen Geſetzestexte hervorgehe. In dieſem Falle
befinde ſich der Beklagte, deſſen Baugeſchäft ſich nicht auf Zimmer=
mannsarbeiten erſtrecke, weßhalb er die an dem Turbinenhausbau
nöthigen Zimmermannsarbeiten dem Scheidegger als Unterakkor=
danten übertragen habe. Das Gericht ſchließe ſich der Auffaſſung
von Zeerleder, Schweizeriſche Haftpflichtgeſetzgebung,
S. 77 und 78 an, unter Annahme der dort gegebenen Be=
gründung, wonach die Anführung von Ziff. 2 litt. c und d als
überflüſſig erſcheinen müßte, wenn das Geſetz den Unternehmer
bei allen in Art. 1 Ziff. 2 angeführten Gewerben als haftbar

erklären wollte, auch wenn er die Arbeiten einem Dritten übertrage.

2. Fragt sich, ob die von den Vorinstanzen adoptirte Aus=
legung des Gesetzes richtig sei, so ist zuzugeben, daß Art. 2
Alinea 1 des erweiterten Haftpflichtgesetzes, wenn blos sein Wort=
laut, insbesondere in der französischen Fassung, berücksichtigt wird,
in diesem Sinne kann ausgelegt werden. Allein zwingend für diese
Auslegung ist der Wortlaut des Gesetzes nicht und wenn nun
neben dem Wortlaute auch die übrigen Elemente der Interpreta=
tion berücksichtigt werden, so ergibt sich zur Evidenz, daß der
Sinn des Gesetzes nicht der von den Vorinstanzen angenommene
ist. Die Vorschrift, welche nunmehr den Art. 2 Alinea 1 des
Gesetzes bildet, war in dem bundesräthlichen Entwurfe nicht ent=
halten. Dieser ordnete in Art. 1 Ziff. 1 die Ausdehnung der
Haftpflicht auf diejenigen Gewerbe an, in welchen explodirbare
Stoffe gewerbsmäßig erzeugt oder verwendet werden und zählte
sodann in Art. 1 Ziffer 2 die übrigen Betriebe auf, auf welche
die Haftpflicht erstreckt werden sollte, indem er dieselben sämmtlich
einfach als „Gewerbe" bezeichnete. Die nationalräthliche Kom=
mission beantragte dazu, am 18. Juni 1886, den Zusatz: „Haft=
bar ist in allen Fällen der Ziffer 2 der Unternehmer des be=
treffenden Gewerbebetriebes auch dann, wenn er den Betrieb oder
die Arbeit in Unterakkord gegeben hat." Der Nationalrath nahm
diesen Antrag in seiner ersten Berathung mit der Abänderung
an, daß gesagt wurde „auch dann, wenn er die Arbeit einem
Dritten zur Ausführung übertragen hat." Auf einen neuen An=
trag seiner Kommission vom 11. Oktober 1886 beschloß der
Nationalrath am 1. Dezember 1886 die Haftbarkeit des Unter=
nehmers für seine Unterakkordanten auch für die in der Ziffer 1
des Art. 1 genannten Gewerbe, in welchen explodirbare Stoffe
gewerbmäßig erzeugt oder verwendet werden, zu statuiren und gab
daher dem Zusatze die Fassung: „Haftbar ist in allen Fällen der
Ziffern 1 und 2 der Unternehmer des betreffenden Gewerbebe=
triebes auch dann, wenn er die Arbeit einem Dritten zur Aus=
führung übertragen hat." Die stänberäthliche Kommission nahm
(in ihrem Antrage vom 5. März 1887) ohne inhaltlich etwas
Wesentliches zu ändern, mehrfache redaktionelle Aenderungen des
Art. 1 vor; insbesondere änderte sie den Eingang der Ziffer 2
dieses Artikels dahin ab, daß sie nicht nur von „Gewerben", son=

dern von Gewerben, Unternehmungen und Arbeiten sprach; sie
änderte ferner die früher anders geordnete Reihenfolge und Klassi=
fikation der haftpflichtigen Betriebe in Ziffer 2 dahin ab, daß
unter litt. a das Baugewerbe, unter litt. b Fuhrhalterei, Schiffs=
verkehr und Flößerei, unter litt. c Aufstellung und Reparatur
von Telephon= und Telegraphenleitungen, Aufstellung und Ab=
bruch von Maschinen und Ausführung von Installationen tech=
nischer Natur, unter litt. d endlich der Eisenbahn=, Tunnel=,
Straßen=, Brücken=, Wasser= und Brunnenbau, die Erstellung von
Leitungen sowie die Ausbeutung von Bergwerken, Steinbrüchen
und Gruben, genannt wurden. Gleichzeitig schied sie den Zusatz
betreffend die Haftbarkeit des Unternehmers für Unterakkordanten
aus Art. 1 aus und machte aus demselben das Alinea 1 des
Art. 2. Entsprechend der im Eingange der Ziffer 2 des Art. 1
von ihr vorgenommenen Redaktionsänderung, gab die stände=
räthliche Kommission dieser Vorschrift die Fassung: „Haftbar ist
„in den Fällen von Art. 1 Ziffer 1 und 2 der Inhaber des
„betreffenden Gewerbes, beziehungsweise bei Ziffer 2 litt. c und d
„der Unternehmer der betreffenden Arbeiten, auch dann, wenn er
„die Arbeiten einem Dritten zur Ausführung übertragen hat.“
Der Ständerath nahm diese Anträge seiner Kommission am
14. April 1887 an und es sind dieselben in der Folge Gesetz
geworden. Aus dieser Entstehungsgeschichte des Art. 2 Alinea 1
ergibt sich klar, daß der Grundsatz, es hafte der Betriebsunter=
nehmer auch dann, wenn er die Arbeiten einem Dritten zur Aus=
führung übertragen habe, für alle nach Art. 1 haftpflichtigen
Betriebe aufgestellt werden sollte. Die vom Ständerathe auf den
Antrag seiner Kommission beschlossenen Fassungsänderungen haben
diesen, im nationalräthlichen Entwurfe in völlig unzweideutiger
Weise ausgesprochenen, Grundsatz nicht modifiziren wollen; die
vom Ständerathe beschlossenen Aenderungen der Fassung des nun=
mehrigen Art. 2 Alinea 1, sind vielmehr einfach eine Konsequenz
der von dieser Behörde in Art. 1 vorgenommenen redaktionellen
Abänderungen. Während der bundesräthliche und nationalräthliche
Entwurf die sämmtlichen in Art. 1 unter Ziffer 1 und 2 auf=
gezählten haftpflichtigen Betriebe als „Gewerbe“ bezeichnet hatten,
erschien der ständeräthlichen Kommission und dem Ständerathe
diese Bezeichnung für die nunmehr in Ziffer 2 litt. c und d

aufgezählten Betriebe nicht als zutreffend. Sie sprachen daher im
Eingange der Ziffer 2 des Art. 1 nicht blos von „Gewerben,"
sondern von „Gewerben, Unternehmungen und Arbeiten"; dies
schien auch eine Abänderung der Redaktion der die Haftung für
Unterakkordanten betreffenden Vorschrift zu bedingen; deßhalb
wurde die Fassung dieser Vorschrift (des Art. 2 Alinea 1 des
Gesetzes) dahin geändert, daß nicht mehr nur wie im nationalräthlichen Entwurfe von den „Unternehmern des betreffenden Gewerbebetriebes" gesprochen, sondern neben dem „Inhaber des betreffenden Gewerbes" für die Fälle der litt. c und d des Art. 1
Ziffer 2 der „Unternehmer der betreffenden Arbeiten" ausdrücklich
erwähnt wurde. Die Absicht einer materiellen Aenderung der vom
Nationalrathe angenommenen Bestimmung lag dagegen offenbar
gänzlich ferne. Art. 2 Abs. 1 des Gesetzes enthält (ebenso wie
der nationalräthliche Entwurf) nicht zwei Anordnungen, sondern
blos eine einzige. Er bestimmt nicht einerseits, in seinem ersten
Theile, daß haftpflichtiges Subjekt grundsätzlich der Betriebsunternehmer sei, andererseits in den Schlußworten („auch dann,
wenn er die Arbeiten einem Dritten zur Ausführung übertragen
hat"), daß speziell in dem Falle des Art. 1 Ziffer 2 litt. c und d
der Unternehmer auch für die Unterakkordanten hafte. Vielmehr
enthält Art. 2 Alinea 1 nur die einzige Vorschrift, daß in allen
Fällen des Art. 1 die Haftpflicht den Unternehmer eines haftpflichtigen Betriebes auch dann treffe, wenn er die Arbeiten einem
Dritten zur Ausführung übertragen habe. Nur die Haftpflicht
des Betriebsunternehmers für die Unterakkordanten sollte durch
Art. 2 Alinea 1 normirt werden, dies allein war von Anfang an
Gegenstand und Zweck dieser Vorschrift. Die Schlußworte „auch
dann u. s. w. enthalten demnach keinen Nachsatz zu einem vorhergehenden abgeschlossenen Hauptsatze, sondern sie gehören zu
dem Prädikate des Hauptsatzes; das Gesetz ist so auszulegen,
wie wenn sie sich unmittelbar an die Eingangsworte „Haftbar
ist" anschlössen oder diesen vorangestellt wären. Dies ergibt sich
klar auch daraus, daß bei anderer Auslegung die Anführung
der „Inhaber des betreffenden Gewerbes" sich nicht erklären ließe,
da alsbann das Gesetz rücksichtlich dieser nur die völlig leere
und selbstverständliche Bestimmung enthielte, die Haftpflicht bei

Unfällen im Betriebe eines haftpflichtigen Gewerbes treffe den Inhaber des betreffenden Gewerbes. Die besondere Hervorhebung der litt. c und d des Art. 1, welche die Vorinstanz für ihre Ansicht anführt, beweist nichts für dieselbe; sie erklärt sich, wie gezeigt, einfach daraus, daß für die in litt. c und d aufgezählten Betriebe der Ausdruck „Gewerbe" in Art. 1 als unpassend war beseitigt worden; in Folge dessen wurde auch die Redaktion des Art. 2 Alinea 1 dahin geändert, daß dem einheitlichen Ausdrucke des nationalräthlichen Entwurfes „Unternehmer des betreffenden Gewerbebetriebes" die Ausdrücke „Inhaber des betreffenden Gewerbes" einerseits und „Unternehmer der betreffenden Arbeiten" andererseits substituirt wurden. Dabei wurde speziell kenntlich gemacht, daß letzterer Ausdruck sich auf die Betriebe der litt. c und d des Art. 1 Ziffer 2 beziehe. Es sprechen denn auch keine inneren Gründe dafür, die Haftpflicht des Betriebsunternehmers für Unfälle, die sich bei Unterakkordarbeiten ereignen, nur für die Betriebe des Art. 1 Ziffer 2 litt. c und d, nicht aber für die ibidem litt. a und b genannten Gewerbe zu statuiren. Nicht nur bei Unternehmungen und Arbeiten im Sinne von litt. c und d, sondern auch in den Gewerbebetrieben der litt. a und b kommen erfahrungsgemäß Unterakkorde vor und handelt es sich häufig um größere Unternehmungen. Gerade im Baugewerbe trifft dies nicht selten zu; bei größern Hochbauten (man denke an Kirchen=, Theater=, Kasernen= u. drgl. Bauten) pflegt der Bauunternehmer sogar regelmäßig einzelne Arbeiten, z. B. Spengler= oder Dachdeckerarbeiten u. s. w. an Dritte, nicht selten an Handwerksmeister, die überhaupt gar nicht dem Haftpflichtgesetze unterstehen, zu vergeben, und es ist nun gewiß ein Grund nicht einzusehen, warum er hier von der Haftpflicht gegenüber den Arbeitern des Unterakkordanten befreit sein sollte, während er haften würde, wenn es sich nicht um einen Kirchen=, Theater=, Kasernen= u. drgl. Bau, sondern um eine Brückenbaute handelte. Die Befreiung des Inhabers des Baugewerbes von der Haftpflicht gegenüber den Arbeitern des Dachdeckermeisters u. s. w. würde gegentheils gegen Sinn und Geist des Haftpflichtgesetzes verstoßen.

3. Beruht demnach die vorinstanzliche Entscheidung auf un=

richtiger Auslegung des Gesetzes und ist daher die Passivlegi=
timation des Beklagten, im Gegensatze zu der Vorinstanz, an=
zuerkennen, so erscheint es als geboten, die Sache zu erneuter
Beurtheilung an die Vorinstanz zurückzuweisen. Beide Parteien
sowie wohl auch die Vorinstanz, sind davon ausgegangen, daß,
sofern das Bundesgericht die Einwendung der mangelnden Passiv=
legitimation anders beurtheilen sollte, als das Obergericht, eine
Rückweisung der Sache an das kantonale Gericht erfolgen werde.
Speziell der klägerische Vertreter hat heute erklärt, daß er vor
den kantonalen Gerichten noch Belege über das Alter und die
Dauer der Alimentationsberechtigung der Kinder Egger beizu=
bringen in der Lage sein werde, die er heute vor Bundesgericht
nicht produziren könne. Bei dieser Sachlage ist die Rückweisung
an das kantonale Gericht geboten, damit dasselbe über die Zu=
lässigkeit dieser neuen Belege sich aussprechen und hernach in der
Hauptsache entscheiden kann.

Demnach hat das Bundesgericht

erkannt:

Die Weiterziehung der Kläger wird dahin für begründet er=
klärt, daß das angefochtene Urtheil des Obergerichtes des Kan=
tons Solothurn vom 15. Juli 1892 aufgehoben und die Sache
zu erneuter Beurtheilung auf Grund der gegenwärtigen Ent=
scheidung an das Obergericht des Kantons Solothurn zurückge=
wiesen wird.

142. Urtheil vom 23. Dezember 1892 in Sachen
Locher gegen Ganter.

A. Durch Urtheil vom 11. Oktober 1892 hat das Kantons=
gericht des Kantons St. Gallen erkannt:

1. Das Begehren um Rückweisung ist abgewiesen.

2. Der Beklagte hat dem Kläger eine Haftpflichtentschädigung
von 1000 Fr. zu bezahlen.

B. Gegen dieses Urtheil, dessen schriftliche Ausfertigung den
Parteien am 25. Oktober 1892 zugestellt wurde, ergriff der

Kläger, gemäß Erklärung vom 11. November 1892 und daraufs
hin auch der Beklagte, die Weiterziehung an das Bundesgericht.
Bei der heutigen Verhandlung beantragt der Anwalt des Klägers
es sei zu erkennen, der Beklagte habe dem Kläger 4500 Fr. nebst
Verzugszins à 5 % vom Datum des Unfalles an, eventuell die
vom Richter sachentsprechend gefundene Summe zu bezahlen, unter
Kostenfolge, eventuell sei die erstinstanzliche Entscheidung wieder
herzustellen.

Dagegen beantragt der Vertreter des Beklagten, es sei die
Klage gänzlich abzuweisen, eventuell sei das kantonsgerichtliche
Urtheil zu bestätigen; er hält zugleich das vor Kantonsgericht
gestellte Aktenvervollständigungsbegehren aufrecht, welches dahin
geht, es sei ein gerichtlicher Augenschein anzuordnen und ein
Sachverständigengutachten darüber einzuholen, ob nicht die vom
Sohne Locher vorgenommene Manipulation, in Folge deren er
am 7. September 1891 in der Bierbrauerei des Beklagten körpers
lich verletzt wurde, als eine äußerst unvorsichtige, unüberlegte und
fahrläßige zu bezeichnen sei und sein Verhalten beim fraglichen
Vorgange nicht als ein solches erklärt werden müsse, welches mit
den Verhaltungsgrundsätzen eines Menschen von gewöhnlichen
Fähigkeiten unter obwaltenden Umständen im Widerspruche ge=
standen habe.

Das Bundesgericht zieht in Erwägung:

1. Der am 13. Juni 1877 geborene Kläger Salomon Locher
war seit 21. April 1891 in der dem Fabrikgesetze unterstehenden
Bierbrauerei des Beklagten als Handlanger beschäftigt; er bezog
in dieser Stellung 20 Fr. per Monat und die Kost, welche auf
1 Fr. 50 Cts. per Tag zu veranschlagen ist, also 65 Fr. per
Monat oder 780—790 Fr. per Jahr. Am 7. September 1891
war der Kläger, gemeinsam mit seinem 16 Jahre alten Bruder
David und dem Arbeiter Robert Dändliker, mit Schroten von
Malz beschäftigt. Die Malzschrotmaschine besteht aus vier Haupt=
bestandtheilen. Die Gerste wird in ein trichterförmiges Gefäß oben
eingeschüttet und fällt durch dessen untere Oeffnung auf ein da=
runter liegendes Sieb. Dieses Sieb ist schief abwärts gegen zwei
an seinem untern Auslaufe angebrachte Walzen geneigt, und be=
fördert vermöge seiner fortwährend schüttelnden Bewegung die

Gerste zwischen diese Walzen, durch welche sie geschroten wird. Aus den Walzen fällt die geschrotene Gerste in einen darunter gestellten Trog. Die Walzen werden durch Schwirbel von Hand getrieben; der Kläger und sein Bruder trieben am gleichen Hebel, während der Arbeiter Dändliker auf der andern Seite der Maschine bei dem Schwungrad sich befand. Während sie mit dieser Arbeit beschäftigt waren, kam eine Katze in das Lokal. In diesem Augenblicke ließ der Kläger den Schwirbel los und griff mit der rechten Hand nach dem Sieb in das dort befindliche Malz; dabei gerieth er mit der Hand zwischen die Walzen. Der Beklagte behauptet nun, der Kläger habe (wie er dies schon früher wiederholt gethan) Malz nach der Katze geworfen oder werfen wollen und deßhalb (in von der Maschine abgewendeter Stellung) nach dem Sieb gegriffen; durch dieses nicht nur unvorsichtige, sondern geradezu übermüthige Benehmen (welches ihm schon früher verwiesen worden sei) habe er den Unfall selbst verschuldet. Der Kläger dagegen behauptet, die Maschine habe nicht alles Malz verschlucken wollen; das Sieb sei überfüllt gewesen und er habe nun (zu welchem Zwecke er sich habe umdrehen müssen) mit der Hand das Malz auf dem Siebe verstreichen wollen, damit nichts nebenausfalle; dabei sei er mit der Hand in das Triebwerk gelangt. Die Vorinstanz hat festgestellt, für die Darstellung des Beklagten sei ein sicherer Beweis nicht erbracht und lasse sich auch keiner erbringen. Dagegen scheine außer Zweifel zu stehen, daß der Verletzte, als er den Schwirbel losgelassen habe, um mit der rechten Hand auf dem Sieb das Malz zu streichen, die der Hand und dem Siebe gebührende Aufmerksamkeit der Katze zugewendet, sich von der Maschine abgekehrt und ohne auf diese und auf seine Hand zu sehen, mit der Hand von ungefähr in das Malz gegriffen habe und so in die Walzen gerathen sei. In Folge der erlittenen Verletzung war der Kläger während 12 Wochen gänzlich arbeitsunfähig und hat überdem an der rechten Hand zufolge ärztlichen Gutachtens vom 28. November 1891 folgende Verstümmelung erlitten: Daumen: ohne Nagel, im zweiten Gelenke: starke Steifigkeit und eine Narbe über diesem Gelenk. Zeigefinger und Mittelfinger: an deren Stelle kleine Hautstümpfe. Ringfinger: Im ersten und zweiten Gelenk eine theilweise, im dritten vollstän-

bige Steifigkeit, Substanzverluste, Verunstaltung des ganzen
Fingers, besonders der dritten Phalanx. Große Narben. Auf dem
Handrücken ausgedehnte Narben. Der Verletzte ist in Folge dessen,
besonders, durch den Verlust zweier Finger und die Steifigkeit des
Ringfingers, im Gebrauche seiner rechten Hand hochgradig ge=
hemmt. Feinere, aber auch sehr viele andere Arbeiten, die keine
besondere Fähigkeit voraussetzen, wird er auszuführen nicht mehr
im Stande sein.

2. Der gesetzliche Streitwerth ist gegeben; allerdings hatte der
Kläger gegen das erstinstanzliche Urtheil des Bezirksgerichtes am
See vom 27. August 1892, welches ihm eine Entschädigung von
2000 Fr. zusprach, nicht selbständig an die zweite kantonale In=
stanz appellirt, allein nachdem der Beklagte die Appellation er=
griffen hatte, hat der Kläger vor Kantonsgericht seine ursprüng=
liche Forderung von 4500 Fr. wieder aufgenommen. Ebenso ist
die Beschwerde rechtzeitig eingelegt. Denn, wie das Bundesgericht
in seiner Entscheidung in Sachen Wyß & Cie. gegen Ruof vom
17. Juni 1892 anerkannt hat, ist nach st. gallischem Prozeßrechte
zur Vollendung der Urtheilsmittheilung, Verkündung der ganzen
Urtheilsurkunde, nicht nur des Dispositivs, erforderlich; es läuft
daher dann, wenn die Mittheilung des vollständigen Urtheils nicht
durch Verlesen in der Urtheilssitzung, sondern durch nachherige
Zustellung einer schriftlichen Urtheilsausfertigung geschieht, die
Rechtsmittelfrist von letzterer Zustellung an.

3. Das Aktenvervollständigungsbegehren des Beklagten ist zu ver=
werfen. Das Kantonsgericht hat die Anträge auf Vornahme eines
Augenscheines und Einholung eines Sachverständigengutachtens
wesentlich deßhalb abgelehnt, weil die vorliegende Photographie
des Lokals und der Maschine auch dem Kantonsgericht genügen
könne und weil nicht die maschinellen und lokalen Verhältnisse,
unter denen der Unfall sich ereignete, unklar seien, sondern viel=
mehr unklar nur sei, was der Verletzte unter den gegebenen ma=
schinellen und lokalen Verhältnissen gethan habe; diese Frage lasse
sich aber weder durch Augenschein noch durch Experten lösen.
Das Kantonsgericht hat also den Beweisantrag des Beklagten
nicht wegen vermeintlicher Unerheblichkeit des Beweisthemas, son=
dern deßhalb abgelehnt, weil die angerufenen Beweismittel zu Auf=

Klärung des Sachverhaltes nichts Erhebliches beitragen können. Diese Entscheidung ist prozeßualer Natur; eine Verletzung des eidgenössischen Privatrechtes steht bei derselben nicht in Frage; dieselbe unterliegt daher der Kontrole des Bundesgerichtes nicht.

4. Die Feststellung der Vorinstanz, es sei nicht erwiesen, daß der Kläger seine Arbeit unterbrochen habe, um nach der im Lokale erschienenen Katze zu werfen, es müsse vielmehr davon ausgegangen werden, daß er mit der rechten Hand nach dem Siebe gegriffen habe, um das Malz zu „verstreichen," ist rein thatsächlicher Natur und daher für das Bundesgericht verbindlich. Wenn die Parteien heute die Glaubwürdigkeit der Zeugenaussagen u. s. w. auf welche diese Feststellung sich gründet, ausführlich erörtert haben, so kann das Bundesgericht gemäß Art. 30 Abs. 4 O.-G. hierauf nicht eintreten. Wird aber die gedachte Feststellung der Entscheidung zu Grunde gelegt, so ist mit den kantonalen Instanzen anzuerkennen, daß ein die Haftpflicht des Fabrikherrn ausschließendes Selbstverschulden des Verletzten nicht vorliegt. Der Verletzte hat, wie angenommen worden ist, die Verletzung nicht dadurch sich zugezogen, daß er seine Arbeit unterbrach, um Unfug zu treiben, und darüber seine Sicherheit anßer Acht ließ, sondern in Ausübung einer ihm obliegenden dienstlichen Verrichtung. Allerdings ist er dann bei Vornahme dieser dienstlichen Verrichtung unvorsichtig verfahren, indem er seine Aufmerksamkeit der Katze zuwendete, und daher statt auf seine Hand zu sehen, sich von der Maschine abkehrte. Allein diese augenblickliche Zerstreutheit und Unaufmerksamkeit kann doch bei einem halbwüchsigen Knaben, dem naturgemäß nicht die Besonnenheit eines erwachsenen Arbeiters zuzutrauen ist, nicht als grobes Verschulden betrachtet werden, welches die Haftpflicht des Fabrikherrn völlig aufhöbe, zumal ihm ein Mitverschulden des Beklagten gegenüber steht. Als solches muß es nämlich gewiß betrachtet werden, daß der Beklagte halbwüchsige Knaben an der mit keinerlei Sicherheitsvorrichtungen versehenen Maschine arbeiten ließ, ohne sie wenigstens bestimmt anzuweisen, nach dem, in steter Erschütterung befindlichen, Siebe nicht mit der Hand zu langen, sondern ein etwa nöthiges Abstreichen des Malzes anderweitig, unter Zuhülfenahme eines Stabes, zu vollziehen. Dafür, daß eine derartige Anweisung ertheilt worden sei,

nämlich, liegt nicht das mindeste vor und ebensowenig ist erwiesen, daß den beiden bei der Maschine beschäftigten Knaben das Abstreichen von Malz überhaupt verboten gewesen wäre.

5. Demnach ist denn der Entschädigungsanspruch prinzipiell begründet und nur quantitativ, mit Rücksicht auf das Mitverschulden des Verletzten, die Entschädigung zu reduziren. Bei Bemessung des Quantitativs der Entschädigung nun ist die Vorinstanz davon ausgegangen, es sei in Folge des Unfalles die Arbeitsfähigkeit des Verletzten dauernd etwa um 60—70 % vermindert. Das Einkommen des Verletzten zur Zeit des Unfalls habe 790 Fr. im Jahre betragen; es wäre dasselbe aber jedenfalls in wenigen Jahren auf etwa 900 Fr. gestiegen. Dem nach diesen Daten sich ergebenden dauernden Erwerbsausfall entspreche bei dem Alter des Klägers ein Rentenkapital von 10,052 bis 13,495 Fr.; der Gesammtschaden bewege sich, unter Hinzurechnung der Heilungskosten mit 84 Fr. 40 Cts. und der Entschädigung für die zeitweise gänzliche Erwerbsunfähigkeit, zwischen 10,300 Fr. und 13,760 Fr. Dabei sei indeß nicht berücksichtigt, daß bei dem jugendlichen Alter des Verletzten, weit leichter als in gereiften Jahren, die verlorene rechte Hand durch entsprechende Angewöhnung und Ausbildung der linken Hand allmälig wenigstens theilweise ersetzt werden könne. Das gesetzliche Entschädigungsmaximum betrage im vorliegenden Falle 4740 Fr., oder unter Hinzurechnung der Heilungskosten 4824 Fr. Hieran sei wegen des sehr gravirenden Verschuldens des Verletzten, gegenüber einem etwelchen, aber sehr unwesentlichen Mitverschulden des Beklagten, ein erheblicher Abstrich zu machen. Gestützt auf diese Erwägung gelangt die Vorinstanz dazu, die dem Verletzten zu gewährende Entschädigung auf 1000 Fr. festzusetzen. Bei dieser Entscheidung ist einerseits die Verminderung der Arbeitsfähigkeit des Verletzten zufolge des Unfalles zu hoch angeschlagen, andererseits dagegen auch ein zu starker Abstrich wegen Mitverschuldens des Verletzten gemacht worden. Die Annahme einer Verminderung der Arbeitsfähigkeit um 60—70 % wäre nicht zu hoch, wenn die rechte Hand durch die Verletzung völlig unbrauchbar geworden wäre. Allein dies ist nicht der Fall. Die Gebrauchsfähigkeit der rechten Hand ist allerdings erheblich beeinträchtigt, allein nicht aufge-

hoben. Dem Verletzten ist die Fähigkeit geblieben, mit der rechten
Hand Gegenstände anzufassen und festzuhalten; er kann die Hand
zum Zusammenwirken mit der linken, wenn auch in beschränktem
Maße, doch immerhin noch verwenden; er scheint mit derselben
auch beispielsweise noch schreiben zu können. Bei dieser Sachlage
geht es wohl weit genug, wenn eine dauernde Verminderung der
Erwerbsfähigkeit um circa $1/3$ angenommen wird. Danach ergäbe
sich, wenn berücksichtigt wird, daß der Verletzte in den nächsten
Jahren jedenfalls zu einem Jahresverdienste von 900 Fr. gelangt
wäre, ein Erwerbsausfall von circa 300 Fr., was bei dem Alter des
Verletzten einem Rentenkapital von circa 6200 Fr. entspricht.
Nun beträgt aber im vorliegenden Falle das gesetzliche Ent-
schädigungsmaximum, bei dessen Festsetzung der Verdienst des
Klägers zur Zeit des Unfalles zu Grunde gelegt werden muß,
4740 Fr. oder unter Zurechnung der Heilungskosten 4824 Fr.
Auch dieser Betrag kann nicht voll zugesprochen werden; vielmehr
ist von demselben mit Rücksicht auf den in der Kapitalabfindung
liegenden Vortheil, namentlich aber mit Rücksicht auf das den
Verletzten treffende Mitverschulden, ein erheblicher Abzug zu machen.
Allein die von der Vorinstanz vorgenommene Reduktion der Entschädigung auf 1000 Fr. geht nun doch zu weit. Es ist dem
Verschulden des Verletzten hinlänglich Rechnung getragen, wenn
die Entschädigung für Beeinträchtigung der Arbeitsfähigkeit auf
2000 Fr. reduzirt wird. Dieser Betrag deckt nur ungefähr einen
Drittel des wirklich entstandenen Schadens und bleibt unter der
Hälfte des gesetzlichen Entschädigungsmaximums; eine noch weiter
gehende Reduktion der Entschädigung würde den Beklagten, dem
ein Verschulden ebenfalls zur Last fällt, in zu weitgehender Weise
entlasten und dem Kläger einen, mit dem Grade seines Verschuldens nicht im richtigen Verhältnisse stehenden, Theil des
Schadens auferlegen.

Demnach hat das Bundesgericht

erkannt:

Die Weiterziehung des Klägers wird dahin für begründet erklärt, daß in Abänderung des Dispositivs 2 des angefochtenen
Urtheils des Kantonsgerichts des Kantons St. Gallen der Beklagte verurtheilt wird, dem Kläger die Heilungskosten mit 84 Fr.

40 Cts. zu ersetzen und überdem eine Entschädigung von 2000 Fr.
sammt Zins à 5 % vom Tage des Unfalles an auszurichten.
Im Uebrigen hat es bei dem angefochtenen Urtheile sein Be=
wenden.

---

143. Urtheil vom 29. Dezember 1892 in Sachen
Legena gegen Giubici.

A. Durch Urtheil vom 29. August 1892 hat das Bezirksgericht
Plessur erkannt: Kläger wird mit seiner Klage abgewiesen.

B. Gegen dieses Urtheil ergriffen die Kläger, nachdem der Be=
klagte sich mit Umgehung der zweiten kantonalen Instanz einver=
standen erklärt hatte, die Weiterziehung an das Bundesgericht.
Bei der heutigen Verhandlung beantragt ihr Anwalt, das Bundes=
gericht wolle in Aufhebung des erstinstanzlichen Urtheils den
Klägern, Kinder Legena, ihre Forderung gegenüber dem Beklagten
Akkordanten Bartolo Giubici im Betrage von 5000 Fr. sammt
Verzugszins vom Tage des Unfalles an (16. Februar 1889) zu=
sprechen. Der Beklagte ist nicht erschienen oder vertreten; ebenso=
wenig dessen Litisdenunziatin.

Das Bundesgericht zieht in Erwägung:

1. Am 16. Februar 1889 wurde beim Baue der neuen Araschger=
straße der bei dem Unternehmer Bartolo Giubici in Arbeit stehende
51 Jahre alte Steinsprenger Faustino Legena von Malonno,
Provinz Brescia (Italien) durch ein nach einem Sprengschusse
sich loslösendes Felsstück getödtet. Der Unfall ist unbestrittener=
maßen ein zufälliger. Der Getödtete hinterließ in seiner Heimat
vier (völlig vermögenslose) Kinder, Giovanna geb. 1865, Catarina
geb. 1869, Domenico geb. 1872, Antonio geb. 1875; er hatte
als Straßenarbeiter während der Arbeitskampagne von Anfang
Februar bis Ende November einen Tagesverdienst von 3 Fr. 40 Cts.
gehabt. Die beiden Wintermonate Dezember und Januar verbrachte
er regelmäßig bei seiner Familie in Malonno. Von seinem Ver=
dienste pflegte er monatlich circa 50—60 Fr. nach Hause zu
senden. Der Unternehmer Giubici hatte seine Arbeiter bei der Ver=

ficherungsgesellschaft « Le Soleil » in Paris durch Kollektivver=
ficherungspolice Nr. 91 (gelbe Police) gegen Berufsunfälle ver=
fichert und gleichzeitig durch Annex zu dieser Police (rothe Police)
eine Haftpflichtversicherung abgeschlossen. In der Kollektivver=
ficherungspolice ist das Maximum der bei Tödtung eines Arbeiters
zu bezahlenden Entschädigung auf 1200 Fr. bestimmt. In der die
Haftpflichtversicherung betreffenden sogenannten rothen Police ist
in Art. 1 bestimmt, Zweck der Versicherung sei die Verbürgung
der civilen Verantwortlichkeit, welche den Unterzeichner in Folge
von gewerblichen, seinen Angestellten oder Arbeitern zugefügten
Schäden treffen könne. Art. 3 dieser Police bestimmt: „Da der
vorliegende Vertrag ausschließlich im Interesse des Unterzeichners
und um dessen civile Verantwortlichkeit zu decken, ausgefertigt ist,
so ist es demselben untersagt, diesen Vertrag vorzuweisen, bei
Strafe des Rechtsverlustes der Garantie, die aus demselben her=
vorgeht. Ebenso wird der gegenwärtige Vertrag als null und
nichtig betrachtet werden, wenn der Unterzeichner selbst die Gesell=
schaft als Bürgen gerichtlich belangen würde. Die Gesellschaft
allein hat das Recht, Vergleiche zu treffen. Jeder ohne ihre Ein=
willigung eingegangene Vergleich entbindet sie vollständig." Aus
Art. 4 derselben Police ergibt sich, daß die „Prozesse hinsichtlich
der civilen Verantwortlichkeit von der Gesellschaft im Namen des
Unterzeichners" zu betreiben und zu führen sind. Nach dem Un=
falle wurden zwischen dem Unternehmer Giudici und der Ver=
ficherungsgesellschaft, sowie zwischen der letztern und dem An=
walte der Hinterlassenen des Verunglückten, dem Advokaten H.
Sprecher in Chur, über die den Hinterlassenen zu entrichtende Ent=
schädigung verhandelt. Die Versicherungsgesellschaft anerbot zu=
nächst 1200 Fr. (als Maximalbetrag der Kollektivversicherungs=
police) und steigerte ihr Angebot allmälig bis auf 2000 Fr.; der
Anwalt der Hinterlassenen Legena nahm indeß auch dieses Ange=
bot nicht an und leitete am 14. Juni 1889 den Vermittlungs=
vorstand gegen den Unternehmer Giudici ein. Am Vermittlungs=
vorstande wurde verabredet, den Schluß der Vermittlung „um
14 Tage" zu verschieben, wobei indeß verstanden gewesen sein soll,
die Vermittlung solle für so lange sistirt bleiben bis von Seite
der Klagepartei um Ansetzung der Schlußvermittlung nachgesucht

werbe. Nun wandte sich aber der Gemeinderath von Malonno direkt an das italienische Konsulat in Zürich, gab ihm von dem Sachverhalte Kenntniß und ersuchte dasselbe, zu prüfen, welche Summe der Familie Legena gebühre und dafür zu sorgen, daß die Versicherungsgesellschaft dieselbe bezahle. Das italienische Konsulat erwiderte am 19. August 1889, die Versicherungsgesellschaft anerbiete eine Summe von 2000 Fr. Aus der beigeschlossenen Versicherungspolice scheine hervorzugehen, daß die der Familie Legena gehörende Entschädigung 1200 Fr. betrage. Die Gesellschaft würde mit Rücksicht auf die Verhältnisse, in denen die Familie sich befinde, 800 Fr. mehr bezahlen. Wenn das Angebot angenommen werde, so sollte der Vormund seine Ernennungsurkunde einsenden. Nach dieser Mittheilung nahm der Familienrath der Kinder Legena die von der Versicherungsgesellschaft anerbotenen 2000 Fr. an und es stellten, auf Begehren der letztern, Vormund und Gegenvormund der Kinder Legena am 6. November 1889 eine Quittung über diesen Betrag aus, in welcher sie erklärten auf jede Reklamation oder Klage, sei es gegen die Versicherungsgesellschaft, sei es gegen den Unternehmer Giudici, zu verzichten und denselben volle Quittung, ohne Beschränkung und Vorbehalt, bezüglich des Unfalles zu geben, mögen die weitern Folgen sein, welche sie wollen. Diese Quittung wurde durch Vermittlung des italienischen Konsulates in Zürich der Versicherungsgesellschaft « Le Soleil » gegen Bezahlung der versprochenen 2000 Fr. ausgehändigt. Der Anwalt der Familie Legena war von diesen Verhandlungen und dem Vergleichsabschlusse nicht benachrichtigt worden ; er erhielt davon erst am 5. Dezember 1889 durch den (von der Versicherungsgesellschaft bestellten) Anwalt des Unternehmers Giudici Kenntniß. Nachdem dies geschehen war, wandte er sich an die Versicherungsgesellschaft mit dem Begehren, diese möchte auch die von dem Unternehmer Giudici bezahlten Beerdigungskosten u. s. w. sowie seine Deservitenrechnung bezahlen. Die Versicherungsgesellschaft lehnte dies ab. Daraufhin brachte Advokat Sprecher den Unfall dem Fabrikinspektorate des I. Kreises zur Kenntniß. Dieses veranlaßte die nachträgliche Einleitung einer Untersuchung über den Unfall, welche bisher unterblieben war ; in deren Verlaufe erst (am 6. Januar 1891) wurde die in Art. 8 des er-

weiterten Haftpflichtgesetzes vorgeschriebene Anzeige erstattet. Mit
Schreiben an die Standeskanzlei des Kantons Graubünden vom
12. Januar 1891 sprach der Fabrikinspektor seine Meinung dahin
aus, er betrachte die Abmachung um 2000 Fr. als ungültig, so=
fern nicht der Beweis erbracht werde, daß die Vertragschließenden
mit dem Haftpflichtgesetz und ihren Anspruchsrechten genügend
bekannt gemacht worden seien und zwar nicht etwa nur durch den
Arbeitgeber oder den Agenten der Versicherungsgesellschaft. Nun=
mehr ertheilte die heimatliche Vormundschaftsbehörde neuerlich
Vollmacht zu Erhebung eines Haftpflichtprozesses gegen den Unter=
nehmer Giudici. Da die Sache beim Vermittleramte niemals
zurückgezogen worden war, so wurde im Anschlusse an den frühern
Vermittlungsvorstand vom 14. Juni 1889 am 30. Juni 1891
ein zweiter Vermittlungsvorstand abgehalten und hierauf die Sache
durch Leitschein vom 30. Juni 1891 an das Gericht gewiesen.
Begehrt wurde eine Haftpflichtentschädigung laut Gesetz im Betrage
von 5000 Fr., eventuell nach richterlichem Ermessen (unter Ab=
zug der bereits erhaltenen 2000 Fr.), unter Kostenfolge. Der
Beklagte Unternehmer Giudici trug (indem er eventuell der Ver=
sicherungsgesellschaft « Le Soleil » den Streit verkündigte) auf
Abweisung der Klage unter Kostenfolge an, da er nicht gesonnen
sei, auf eine längst entschiedene Sache nochmals einzutreten; er
erhob in erster Linie Einsprache gegen die Zulässigkeit des Leit=
scheines, welcher auf Grund einer Anhängigmachung vom 8. Juni
1889 ausgestellt und durch den Kläger erhoben worden sei. Die
Kläger haben mit der Unfallversicherungsgesellschaft Le Soleil ein
durchaus rechtsverbindliches Abkommen getroffen, durch welches
der Beklagte von jeder weitern Haftpflicht freigesprochen worden
sei. Demnach sei es Pflicht der Kläger gewesen, diese abgethane
Sache ab Recht zu nehmen. Haben sie es unterlassen, so sei ihnen
doch nicht das Recht erwachsen, auf Grund der formell bestehenden
Anhängigkeit von der inzwischen erfolgten Vereinbarung Umgang
zu nehmen. Diese könne nur direkt gegenüber dem betreffenden
Rechtsakte und der denselben abschließenden Rechtspersönlichkeit
angefochten werden. Diese letztere sei von dem Vormunde Pietro
Legena als Schuldnerin an Stelle des heutigen Beklagten Giudici
angenommen und dadurch sei Letzterer unter allen Umständen von

jeder Haftpflicht befreit worden. Dies um so mehr, als die frag=
liche Vereinbarung von Vormund und Vormundschaftsbehörde
förmlich genehmigt worden sei. Das Bezirksgericht Plessur hat
die Klage abgewiesen, indem es ausführt: Durch die Vereinbarung
vom 6. November 1889 sei der Beklagte von jeder weiteren
Haftpflicht ausdrücklich entbunden worden. Die durch diesen Vertrag
stipulirte und ausbezahlte Entschädigung von 2000 Fr. könne nicht
als offenbar unzulänglich im Sinne von Art. 9 des erweiterten
Haftpflichtgesetzes angesehen werden und zwar um so weniger, als
die Vormundschaftsbehörde und insbesondere das italienische Kon=
sulat in Zürich, von dem man sowohl die nöthige Rechtskenntniß
als den Willen und die Pflicht, die Interessen der geschädigten
italienischen Staatsangehörigen zu wahren, voraussetzen müsse,
beim Zustandekommen dieses Vertrages mitgewirkt resp. demselben
ihre Genehmigung ertheilt haben.

2. Die Einwendung, daß der Leitschein, auf Grund dessen der
Prozeß angehoben wurde, unzuläßig sei, ist rein prozeßualer Natur
und fällt daher für das Bundesgericht außer Betracht. Das kan=
tonale Gericht, welches in dieser Richtung endgültig zu entscheiden
hatte, hat dieselbe, indem es auf die Sache eintrat, stillschweigend
verworfen. Die Einrede der Verjährung ist nicht aufgeworfen
worden. Nach Art. 160 O.=R. aber kann der Richter die Ver=
jährung nicht von Amtes wegen berücksichtigen. Diese Bestimmung
gilt, wie überhaupt die allgemeinen Grundsätze des Obligationen=
rechtes über die Verjährung, auch für die Verjährung von An=
sprüchen aus gewerblicher Haftpflicht und es ist daher nicht zu
untersuchen, ob in casu die Klage nicht verjährt wäre.

3. Die Einwendung, daß der Beklagte zur Sache passiv nicht
legitimirt sei, ist unbegründet. Der eingeklagte Anspruch ist nicht
ein solcher aus Versicherungsvertrag, sondern aus Haftpflicht;
eine Erklärung aber, daß für den Haftpflichtanspruch als Schuldner
an Stelle des Unternehmers die Versicherungsgesellschaft Le Soleil
angenommen werde, ist von den Klägern nie abgegeben worden.
Speziell liegt eine solche nicht in dem Uebereinkommen vom 6. No=
vember 1889. Durch dieses Uebereinkommen haben sich die Hinter=
lassenen Legena allerdings für ihre Ansprüche als Benefiziaten
der Kollektivversicherungspolice sowohl als auch für ihre Haft=

pflichtansprüche gegenüber dem Unternehmer als (durch die Zahlung der Versicherungsgesellschaft) befriedigt erklärt. Indem aber die Versicherungsgesellschaft letztere Erklärung sich abgeben ließ, handelte sie als Vertreterin des Unternehmers, wozu sie nach dem zwischen ihr und dem Unternehmer bestehenden Vertragsverhältnisse berechtigt war. Die Sache ist also gleich zu behandeln, wie wenn die Hinterlassenen ihre gedachte Erklärung gegenüber dem Unternehmer selbst abgegeben hätten. Der Haftpflichtanspruch der Hinterlassenen gegenüber dem Unternehmer ist durch das Uebereinkommen vom 6. November 1889 nur insoweit aufgehoben worden, als dies durch einen mit dem Unternehmer direkt abgeschlossenen Vertrag geschehen wäre. Insoweit also die den Hinterlassenen durch die Uebereinkunft vom 6. November 1889 gewährte Entschädigung eine offenbar unzulängliche und daher der Vertrag gemäß Art. 9 Abs. 2 des erweiterten Haftpflichtgesetzes ein anfechtbarer ist, ist der Haftpflichtanspruch der Hinterlassenen gegenüber dem Unternehmer nicht aufgehoben worden und kann gegen Letztern gerichtlich geltend gemacht werden. Eine besondere Anfechtungsklage gegenüber dem Vertrage vom 6. November 1889 braucht nicht erhoben zu werden, vielmehr kann die auf den Vertrag gestützte Einrede replicando durch den Nachweis beseitigt werden, daß die gewährte Entschädigung eine offenbar unzulängliche sei und daher gemäß Art. 9 Abs. 2 des erweiterten Haftpflichtgesetzes der Vertrag als ein anfechtbarer den Haftpflichtanspruch nicht aufgehoben habe (siehe Entscheidungen des Bundesgerichtes, Amtliche Sammlung XVII, S. 750, Erw. 2).

4. Demnach hängt die Entscheidung davon ab, ob die durch den Vertrag vom 6. November 1889 den Hinterlassenen Legena gewährte Entschädigung eine „offenbar unzulängliche" ist. Ist dies zu bejahen, so ist der Vertrag anfechtbar, ohne daß es des Nachweises eines wesentlichen Irrthums, des Betruges oder auch nur einer ungehörigen Beeinflussung des Geschädigten oder seines Vertreters beim Vertragsschlusse bedürfte. Das Gesetz stellt eben, in Abweichung von allgemeinen Rechtsgrundsätzen, einzig und allein auf die äußere Thatsache der offenbaren Unzulänglichkeit der vereinbarten Entschädigung ab (siehe Entscheidung des Bundesgerichtes in Sachen Wagemann gegen Mertz & Cie. vom 31. Ok-

tober 1890, Amtliche Sammlung XVI, S. 834 Erw. 2). Die
vom Vorderrichter hervorgehobene Thatsache, daß die Vereinbarung
vom 6. November 1889 unter Mitwirkung der heimatlichen Vormundschaftsbehörde der Hinterlassenen Legenas und des italienischen
Konsulates in Zürich ist abgeschlossen worden, kann also nicht
zu Abweisung der Klage führen. Uebrigens ist wohl gedenkbar,
daß die genannten Behörden durch die Art und Weise des Vorgehens der Versicherungsgesellschaft zu der Ansicht mögen bestimmt
worden sein, es stehe den Hinterlassenen Legenas ein weitergehen-
der Anspruch als derjenige auf die in der Kollektivversicherungspolice vorgesehene Maximalentschädigung von 1200 Fr. von
Rechtes wegen überhaupt gar nicht zu. Die Bestimmung der Haft-
pflichtversicherungspolice, wonach der versicherte Unternehmer diese
Police überhaupt nicht vorweisen darf, ist offenbar darauf berechnet, es der Versicherungsgesellschaft, welche sich den Abschluß
von Vergleichen vorbehalten hat, zu ermöglichen, die Haftpflichtberechtigten möglichst mit den Ansätzen der Kollektivversicherungspolice abfinden zu können. Es kann ernstlich in Frage kommen,
ob diese Bestimmung überhaupt gültig oder nicht, weil auf die
Ermöglichung einer Täuschung der Haftpflichtberechtigten berechnet,
ungültig sei. Allein für die Entscheidung des vorliegenden Falles
ist dies gleichgültig und kann daher dahingestellt bleiben. Die
Entscheidung über den vorliegenden Fall hängt einzig davon ab,
ob die vertraglich gewährte Entschädigung eine „offenbar unzulängliche" war. Dies kann nun nicht schon dann angenommen
werden, wenn das Gericht zu einer etwas andern, höhern Entschädigung gelangen würde, als wie sie im Vertrage festgesetzt
worden ist, sondern es ist erforderlich, daß die vertraglich gewährte
Entschädigung eine offenbar unbillige sei, den nach dem Gesetze
erstattungsfähigen Schaden augenscheinlich bei weitem nicht decke
sondern zu demselben in einem Mißverhältniß stehe. Dies ist aber im
vorliegenden Falle allerdings anzunehmen. Wenn zwar die Kinder
Legena normal veranlagt und daher, mit dem Eintritte des Alters
der Erwerbsfähigkeit im Stande wären, sich selbst durchzubringen,
so könnte von einem offenbaren Mißverhältnisse zwischen der
vertraglichen Entschädigung und dem eingetretenen erstattungsfähigen Schaden gewiß nicht die Rede sein. Allein nach den

Akten (den Erklärungen des heimatlichen Gemeinderathes und den beigebrachten ärztlichen Zeugnissen) sind nun die Kinder Legena sämmtlich in Folge unheilbarer Krankheiten zu jeder regel= mäßigen Erwerbsfähigkeit unfähig. Hievon ausgegangen aber ist die Entschädigung von 2000 Fr. eine offenbar unzulängliche. Die Kinder Legena haben nach dem Gesetz Ersatz für den ihnen durch den Tod ihres Vaters entzogenen Unterhalt zu beanspruchen. Nach dem italienischen Civilgesetzbuche (Art. 138 u. ff.) nun ist der Vater auch zu Alimentation erwachsener Kinder, sofern diese derselben bedürftig sind, rechtlich verpflichtet. Der Vater war also hier verpflichtet, seine Kinder, auch nachdem sie das Alter der Erwerbsfähigkeit erreicht hatten, zu unterhalten. Nach den Ver= hältnissen kann angenommen werden, daß er zu Lebzeiten auf die Alimentation der Kinder etwa 400 Fr. im Jahre verwendet hat ; er mag allerdings einen etwas höhern Arbeitsverdienst jeweilen während der Arbeitskampagne nach Hause gesandt haben ; allein aus diesem Verdienste mußte er eben auch seinen eigenen Unter= halt während der Zeit seiner periodischen Arbeitslosigkeit bestreiten, so daß für den Unterhalt der Kinder mehr nicht als etwa 400 Fr. verwendet werden konnten. Einer jährlichen Rente von 400 Fr., auf die muthmaßliche Lebensdauer des alimentationspflichtigen Vaters berechnet, entspricht, nach den Grundsätzen der Renten= anstalten, ein Kapital von circa 5200 Fr. Dieses Kapital ist allerdings höher als die Entschädigung, welche die Kinder Legena gesetzlich zu beanspruchen hatten. Denn da der Unfall ein zu= fälliger war, so ist gemäß Art. 5 litt. a des Fabrikhaftpflicht= gesetzes die Entschädigung in billiger Weise zu reduziren ; ferner muß auch in Betracht gezogen werden, daß die Arbeitsfähigkeit des Vaters Legena mit zunehmendem Alter sich vermindert hätte und dieser daher nicht während seiner ganzen muthmaßlichen Lebensdauer im Stande gewesen wäre, die Kinder in der bis= herigen Weise zu alimentiren. Werden diese Momente berücksich= tigt, so erscheint als angemessene Entschädigung, auf welche die Kinder Legena nach dem Gesetze Anspruch hatten, ein Betrag von 3500 Fr. Auch diesem Betrage gegenüber aber erscheint die vertragliche Entschädigung von 2000 Fr. als eine offenbar un= zulängliche und es ist den Klägern daher die Differenz zwischen der letztern und dem Betrage von 3500 Fr. zuzusprechen.

Demnach hat das Bundesgericht
erkannt:

Die Weiterziehung der Kläger wird dahin für begründet er=
klärt, daß der Beklagte verpflichtet wird, den Klägern (außer den
bereits empfangenen 2000 Fr.) eine weitere Entschädigung von
1500 Fr. (tausend fünfhundert Franken) sammt Zins à 5 %
von heute an zu bezahlen.

VI. Schuldentrieb und Konkurs. — Poursuite pour dettes et faillite.

144. Beschluß vom 3. Dezember 1892 in Sachen Erben Rütishauser gegen Ludwig.

A. Durch Urtheil vom 28. Mai 1892 hat die Appellations=
kammer des Obergerichtes des Kantons Zürich erkannt:
Die Klage wird zur Zeit abgewiesen und die mit Beschluß der
Rekurskammer vom 12. November 1891 für den Betrag von
24,668 Fr. 30 Cts. nebst 5 % Zins seit 8. August 1891 be=
willigte Vorstellung am Pfandbuche daher als erloschen erklärt.
B. Gegen dieses Urtheil ergriffen die Kläger die Weiterziehung
an das Bundesgericht, indem sie den Antrag anmeldeten: Es sei
die Beklagte schuldig, den Betrag von 43,096 Fr. 35 Cts. an
die Kläger zu bezahlen.
Da nach der Ausfällung des obergerichtlichen Urtheils die Be=
klagte in Konkurs fiel, so wurden die Akten dem Konkursamte
Affoltern mitgetheilt, damit die Gläubiger gemäß Art. 207 des
Bundesgesetzes über Schuldbetreibung und Konkurs über die Fort=
setzung des Prozesses Beschluß fassen können. Am 30. November
1892 theilte das Konkursamt unter Rücksendung der Akten dem
Bundesgerichte mit, daß die am 29. gleichen Monats stattgefun=
dene (zweite) Gläubigerversammlung der Frau Ludwig Nichtfort=
setzung des Prozesses beschlossen habe.

Das Bundesgericht zieht in Erwägung:

Zufolge des Beschlusses der Gläubigerversammlung der Beklagten, den Prozeß nicht fortzusetzen, erscheint die Sache als
durch Anerkennung der Klage erledigt. Denn das Bundesgesetz
über Schuldbetreibung und Konkurs anerkennt kein Recht des
Gemeinschuldners, Prozesse, deren Fortsetzung die Gläubigerschaft
ablehnt, auf eigene Kosten durchzuführen. Es ist vielmehr die
Anerkennung von Forderungen durch die Gläubigerschaft auch
dann maßgebend, wenn der Gemeinschuldner diese Forderungen bestreitet, wobei nur dem den Gläubigern solcher Forderungen ausgestellten Verlustschein gemäß Art. 265 des Schuldbetreibungs-
und Konkursgesetzes die Bedeutung einer Schuldanerkennung des
Gemeinschuldners nicht zukommt.

Demnach hat das Bundesgericht

erkannt:

Das angefochtene Urtheil der Appellationskammer des Obergerichtes des Kantons Zürich wird aufgehoben und die Sache als
durch Anerkennung der Klage erledigt abgeschrieben.

VII. Civilstreitigkeiten
zwischen Kantonen einerseits und Privaten
oder Korporationen anderseits.

Différends de droit civil
entre des cantons d'une part et des particuliers
ou des corporations d'autre part.

145. Urtheil vom 14. Oktober 1892 in Sachen
Solothurn gegen Glutz-von Blotzheim und Genossen.

A. Mit Klageschrift vom 15./18. März 1890 stellt der Fiskus
des Kantons Solothurn gegen die Beklagten als Erben des am
10. Dezember 1887 verstorbenen Rentiers Franz Xaver Lukas
Viktor Rudolf Wallier von und in Solothurn beim Bundesgerichte
die Anträge:

I. Der Kläger, Staat Solothurn ist, allfälligen Ansprüchen Dritter unpräjudizirlich, in Folge Fideikommißanfall Eigenthümer nachfolgender Liegenschaften und soll als solcher im Hypotheken= buch Riedholz und Attiswyl eingetragen werden:

Hypothekenbuch Riedholz Nr. 35:

3345 Ares, 68 m² = 92 Jucharten 37,420 Quadratfuß Längmatt,
  Hinterhof und Hofstatt geschätzt für   Fr. 130,000

worauf stehen:

Herrenhaus Nr. 26, assekurirt . .	„	6,700
Haus und Scheune Nr. 27, assekurirt	„	8,200
Speicher Nr. 28, assekurirt . . .	„	700
Ofenhaus Nr. 29, assekurirt . . .	„	700
Haus und Scheune Nr. 48, assekurirt	„	200

Summa Schatzung : Fr. 146,500

Vom Ammannamt Riedholz gewerthet . . . . Fr. 86,000

Grundbuch Attiswyl (Bern):

Circa 115 Ares, 88 m² = 3 Juch. 8751 □ ' Wiese, äußere Betten	Fr.	5,150
Circa 154 Ares, 43 m² = 5 Jucharten 20,482 Quadratfuß Wiese am Bach, Steinbetten	„	10,580
36 Ares 00 m² = 1 Juchart innere Bettmatte	„	1,920
36 Ares 00 m² = 1 Juchart Ober= ziehl am Bach.	„	1,920
82 Ares 00 m² = 2 Jucharten 11,112 Quadratfuß, Oberziehl an der Straße.	„	3,640

Summa Schatzung : Fr. 23,210

Total : Fr. 109,210

II. Die Verantworter sind gehalten, dem Kläger die obge= nannten Liegenschaften und die auf denselben sich befindlichen oder dazu gehörigen Beweglichkeiten in demjenigen Zustande, in welchem sie sich am 10. Dezember 1887 befunden haben, abzugeben.

III. Die Verantworter sind gehalten, dem Kläger die Nutzungen welche sie ab den obigen Liegenschaften seit dem 10. Dezember 1887 bezogen haben oder noch beziehen werden, abzuliefern.

Diese Begehren werden folgendermaßen begründet: Am 9. Oktober 1660 sei zu Baden im Aargau auf der Rückkehr von einer Gesandtschaftsreise nach den ennetbirgischen Vogteien der Junker Hauptmann Johann Viktor Wallier, Säckelmeister und Mitglied der ältern Räthe der Stadt Solothurn, Sohn des 1644 verstorbenen Schultheißen Hieronymus Wallier und Bruder des Hauptmanns Hieronymus Wallier von Häsingen, gestorben, nachdem er am 4. Oktober 1660 ein authentisches b. h. eigenhändiges Testament errichtet hatte. Der Testator habe damals in zweiter Ehe mit Anna Maria Saler gelebt. Seine beiden Ehen seien kinderlos geblieben. Sein Vater dagegen, der drei Mal verheiratet war, habe von zwei seiner Frauen sieben Söhne und sechs Töchter zurückgelassen, von welch' erstern im Jahre 1660 noch fünf, worunter Hauptmann Hieronymus Wallier von Häsingen, gelebt haben. Johann Viktor Wallier habe nun in seinem Testamente Vorsorge getroffen, um die bei der zahlreichen Nachkommenschaft des Schultheißen Wallier zu befürchtende Zersplitterung des Familienvermögens zu verhindern und dadurch den Bestand und Glanz der Familie zu sichern. Er habe, nach Aussetzung einer Summe für Seelenmessen und verschiedene Legate, verordnet, daß seiner Gemahlin bei ihren Lebzeiten die Nutznießung seines Vermögens zukommen solle, nach deren Tode solle das von beiden Frauen ihm zugefallene Vermögen wieder an die Linien, woher es gekommen, zurückfallen. Mit seinem ganzen übrigen Vermögen habe der Testator (auf die Zeit nach dem Tode seiner Gemahlin) „zum Gedeyen Seines wohlhergebrachten hochadelichen Stammes und Namens" ein Liniengut oder Fideikommiß gestiftet. Anfänglich solle sein „vorgeliebter" Bruder und Testamentsexekutor Hieronymus Wallier von Häsingen zu seinen Lebzeiten den Nießbrauch von 20,000 Kronen, der Stadt Solothurn Währung, ab verschiedenen Gütern, die ewig verbleiben, nicht verändert oder gemindert werden, einnehmen. Als solche Güter werden genannt das Säßhaus des Testators in der Stadt Solothurn sammt Scheuer und Garten, zwei Höfe im Riedholz, zwölf Mäder Matten in

Attiswyl (Vogtei Bipp), eine große Hanfbündt im Kräßbüel ge=
legen und das obere Rebgut in Grissach in der Grafschaft Neuen=
burg. Zu dem Stamm= und Liniengut sollen auch die „französi=
schen Prätensionen" wegen geleisteter treuer Dienste sollicitirt
werden und ebenso die „bernische Roggische Salzschuld." Diese
Ansprüche sollen liquidirt und zur Vermehrung des jährlichen
Zinses mehrere liegende Güter erkauft und dadurch sämmtliches
Linien= und Stammgut vermehrt werden. Diese Güter, seien sie
beweglich oder unbeweglich, sollen als Linien= und Stammgut ver=
wendet werden und nach dem Ableben des erstberufenen Junkers
Hieronymus Wallier auf den Aeltern der Brüder des adelichen
Stammes, der in rechter Linie von Junker Schultheiß Wallier sel.
herfließt, jeweilen solange ein männlicher Nachkomme dieses Ge=
schlechtes vorhanden sein würde, vererbt werden (immerhin unter
Ausschluß von Geistlichen). Diejenigen, die das Linien= und
Stammgut jeweilen besitzen, seien gehalten, jährlich zwölf arme
Bürgerkinder in Gelb mit Blau (den Farben des Wallierschen
Wappens) gefüttert, zu bekleiden. Würde es sich aber, was Gott
dem Herrn allein bekannt, begeben, daß der von Junker Schult=
heiß Wallier sel. entsprossene Mannesstamm erlöschen und voll=
ständig absterben würde, so sollen in solchem Falle „Unßere Gnedig
„Herren und ewige Regiments-Nachkommen loblicher Stadt Solo-
„thurn, Solch Linnien und Stammguth durch dero Hochobrig-
„keitliche Hand verwalten und nach gnediger Disposition damit
„zueschalten unnd zewalten anheimb fallen: Unnd aber gnedig
„geruhwen, daß von dahero rüehrender Fründtschaft biß in daß
„vierthe gradt beider geschlechtes, türftige Handtreich beschechen,
„damit Selbige In Freyen Künsten underwießenn, Studieren,
„Handtwerck Lehrnen, Neyen unnd in der Musica geübt, zemalen
„mit unentberlicher Bekleydung nach gebühr, Jeweyllß unverwei=
„gerlich versechen werden sollen." Mit besonderm Nachdruck werde
sodann verordnet, daß, wenn ein Inhaber des Linien= und Stamm=
gutes sich unterstehen würde, davon etwas (vill oder wenig) zu
verkaufen, zu versetzen, zu vertauschen oder auf anderm Wege zu
entfremden, er sich der fernern Nutznießung des Liniengutes un=
fähig mache und als ein Verschwender dessen beraubt werden solle;
auch solle er, wenn er oder seine Erben anderweitig bemittelt seien

zum Ersatze angehalten werden und das Gut an den nächsten
ältern Wallier dieses Hauses fallen. Als Testamentsexekutor sei
der Bruder des Testators, Junker Hieronymus Wallier, bestellt
worden. Das Testament, welches diese Anordnungen enthalte,
finde sich im Original im Staatsarchiv von Solothurn nicht vor.
Dagegen habe eilf Jahre nach dem Tode des Testators am Oster=
tage (23. April) 1671, nachdem inzwischen auch die zweite Frau
des Testators gestorben sei, der Testamentsexekutor über die Fidei=
kommißstiftung einen förmlichen notarialischen Akt durch den Notar
Mauriz Gugger errichten und in Doppel ausfertigen lassen,
welcher die Thatsache der Testamentserrichtung und der „Authenti=
sirung" des Testamentes durch die gnädigen Herren und Obern
bekunde und die auf das Fideikommiß bezüglichen Bestimmungen
des Testamentes reproduzire. Diese Urkunde sei „unsern gnädigen
„Herren und Obern löblicher Stadt Solothurn in gesessenem
„Rathe vorgelegt und mit gehorsam inständigem Begehren erbeten
„worden, den Inhalt dieser Linien= und Stammguts=Briefe (gleich
„wie des Stifters Testament auch bekräftigt worden) zu „authen=
„tisiren" und mit der Stadt Ehren=Sekret=Insigill gnädig zu
„verwahren." Laut einer der Urkunde nachgetragenen Bescheinigung
der Staatsschreiberei sei „gegenwärtiges Testament unsern gnedigen
„Herren und Obern in gesessenem Rath Mittwoch den 21. Juni
„1673 vorgelegt, öffentlich abgelesen und darüberhin in allen
„seinen Punkten Klauseln und Artikeln durchaus ratifizirt und
„gutgeheißen, auch dessen zu glaubwürdigem Schein mit Ihrer
„Gnaden Ehren=Secret=Insigill zu verwahren erkannt worden."
Auch diese Urkunde finde sich in Original im Staatsarchiv nicht
mehr vor, wohl aber eine Kopie einer beglaubigten Kopie der=
selben und es stimme mit der erwähnten amtlichen Bescheinigung
des Stadtschreibers das Rathsmanual vom 21. Juni 1673 über=
ein, welches dahin laute: „Das fidei comittirte Stamm= und
„Linienguott sowohl Jr Seckelmeister Hans Viktor Wallier sel.
„als Jr Altroth Hieronimi Walliers von Häsingen ist nach dem
„buchstäblichen Innhalt verlesen und mit m. g. Hn. Statt=Sekret
„Insigell verwart zu werden Erkannt worden." Gemäß den Be=
stimmungen des Stiftungsbriefes sei in der Folge das Fideikommiß
jeweilen auf den ältesten im Mannesstamm des Wallierschen Ge=

ſchlechtes übergegangen. In einem 1756 und 1757 vor dem Rathe geführten Prozeſſe zwiſchen fideikommißberechtigten Mitgliedern des Wallierſchen Geſchlechtes wegen einer Kapitalverminderung des Fideikommiſſes haben die Parteien ausdrücklich hervorgehoben und anerkannt, daß bei „Extinktion der Familie" das Liniengut dem H. Richter (d. h. der Regierung) anheimfalle und daß darüber wann und wie die Subſtitution errichtet worden, Niemand im Streite ſei. Bei Ablöſung einer auf dem Fideikommißhofe im Ried= holz beſtandenen Zehntleiſtung · im Jahre 1826 habe der Kleine Rath des Kantons Solothurn durch Beſchluß vom 22. November 1826 geſtattet, die Loskauffumme auf den Fideikommißhof zu entlehnen und zu hypotheziren, dagegen dem Vormunde des Fidei= kommißinhabers zu empfehlen, die Zinſen des aufgenommenen Kapitals von dem Lehenzins alljährlich zum Voraus zu bezahlen und „da die Regierung auch noch einiges Intereſſe an dieſem auf dem männlichen Stamme und wirklich nur auf einem Kopfe beruhenden Fideikommiß haben könnte", womöglich dieſes Fi= deikommißgut ſchuldenfrei zu machen. Endlich ſei beſchloſſen worden, daß eine vidimirte Abſchrift des Teſtamentes von 1671, wenn es ſich in Original nicht im Archiv befinde, dorthin verlegt werde. Am 3. März 1863 habe der Kantonsrath des Kantons Solothurn beſchloſſen, es ſei von der Regierung ein Geſetzesvor= ſchlag über die Aufhebung der Familienfideikommiſſe einzureichen. Das Juſtizdepartement ſei dieſem Auftrage nachgekommen. In ſeiner Berichterſtattung habe es einen geſchichtlichen Rückblick über die damals noch zu Recht beſtehenden Fideikommiſſe gegeben, in welchem auch die Verhältniſſe des Wallierſchen Fideikommiſſes auf Grund des vom Fideikommißinhaber eingeholten Originalfidei= kommißbriefes ſeien erörtert worden. Das Juſtizdepartement habe vorgeſchlagen, daß ſämmtliche Fideikommiſſe mit dem Tode ihrer jetzigen Nutznießer aufhören und unter Vorbehalt der im Fidei= kommiß enthaltenen allfälligen Stiftungen und dem Rechte des nächſten Anwärters als ein Theil der Verlaſſenſchaft des Verſtor= benen zu betrachten ſeien. Die Hälfte des Schatzungswerthes des Fideikommißgutes nach Abzug der Stiftungen und Schatzungs= koſten ſollen dem nächſten Anwärter zufallen. Dieſer Grundſatz ſollte, nach den Motiven des Geſetzesvorſchlages, auch da gelten,

wo nach den vorhandenen Stiftungsurkunden dem Staate die An=
wartschaft auf die Fideikommißgüter zustehe. Dies habe sich, wie
der Zusammenhang des Berichtes des Justizdepartementes zeige,
nur auf das Walliersche Fideikommiß beziehen können, da dieses
das einzige sei, in welchem laut dem Berichte nach der Stiftungs=
urkunde dem Staate die Anwartschaft zugestanden habe. Der Vor=
schlag des Justizdepartementes sei indeß weder vom Regierungs=
rathe noch vom Kantonsrathe angenommen worden und zwar,
wie Bericht und Antrag des Regierungsrathes vom 7. November
1866 und die Kantonsrathsverhandlungen von 1867 Seite
113—115 deutlich ergeben, deßhalb nicht, weil Aussicht vorhanden
sei, daß eines der Fideikommisse, eben das Walliersche, nach dem
Tode des jetzigen Inhabers dem Staate anheimfalle. Gegen alle
diese Behauptungen habe der damalige (letzte) Fideikommißinhaber
Rudolf Wallier niemals eine Einsprache erhoben, trotzdem alles
unter seinen Augen geschehen sei, was beweise, daß er selbst das
Bewußtsein gehabt habe, daß nach seinem einstigen Absterben der
Staat in das Fideikommiß succediren werde. Ebenso haben in dem
1882/1883 vor dem Bundesgerichte zwischen dem Staat Solo=
thurn und den Erben Tugginer über das sogenannte Gibelinsche
Fideikommiß geführten Prozesse die Erben Tugginer, zu welchen
auch einer der heutigen Beklagten, Ammann C. Glutz=Blotzheim,
gehört habe, zugegeben, daß dem Staate nicht auf die Gibelinschen
wohl aber auf die Wallierschen Fideikommißgüter Ansprüche kraft
der Stiftungsurkunde dieses Fideikommisses zustehen. Im Hypo=
thekenbuche von Riedholz sei das dortige Gut als Fideikommiß
eingetragen und zwar sei der Vormerk, daß das Gut Walliersches
Fideikommißgut sei, nach Mitgabe des Testaments des Junkers
Johann Viktor Wallier von anno 1671 am 19. November 1860
durch den damaligen Fideikommißinhaber Rudolph Wallier auf
wiederholtes Begehren der Regierung des Kantons Solothurn
veranlaßt worden ; im Grundsteuerregister der Gemeinde Attiswyl
seien die dortigen Wallierschen Grundstücke als „Eigenthum des
Wallierschen Fideikommisses" eingetragen. Andere zum Wallierschen
Fideikommisse gehörige Güter seien nicht mehr vorhanden. Die
Ansprachen an die französische Krone und die sogenannte bernische
Roggische Salzschuld scheinen nie zum Fideikommiß gezogen wor=

ben zu sein. Zu unermittelter Zeit und von einem unbekannten
Besitzer sei die große Hanfbündte veräußert worden. Das Fideikommißhaus in der Stadt Solothurn sammt Bestallung und
Garten sei von dem damaligen Fideikommißinhaber, Oberappella-
tionsrichter Franz Wallier von Wendelsdorf mit Bewilligung des
Kleinen Rathes vom 25. Januar 1804, am 8. Februar gleichen
Jahres um die Summe von 500 Louis b'or verkauft worden,
wobei der Fideikommißinhaber die schriftliche Erklärung habe abgeben müssen, daß er als wirklicher Besitzer des Wallier'schen Fideikommisses, mit Ausnahme des fraglichen Fideikommißhauses und
Scheune, keine Entäußerung oder Verkauf davon gemacht habe,
noch seinerseits in Zukunft weder Verkauf noch Geldaufbrauch auf
diese Güter vornehmen werde, so lange nicht allfällige in der Folge
errichtete Gesetze oder Verordnungen ihn dazu berechtigen würden.
Am gleichen Tage, an welchem der Kleine Rath die erwähnte
Bewilligung ertheilte, habe er einen Beschluß von allgemeiner
Bedeutung gefaßt, welcher laute : Der Kleine Rath, um alle mögliche Vorsorge zu treffen, damit die Fideikommißgüter nur zu
ihrer eigentlichen Bestimmung verwendet werden, beschließt : Daß
in Zukunft allgemein untersagt sein soll, Fideikommißgüter zu
verpfänden oder zu veräußern, ohne daß zuvor von der Regierung
die Bewilligung wird ertheilt worden sein. Wenn man nach Art. 13
der ersten helvetischen Verfassung vom 12. April 1798, welcher
vorschrieb : Daß kein liegendes Gut unveräußerlich erklärt werden
kann, weder für eine Korporation oder für eine Gesellschaft oder
Familie, auch annehmen müsse, daß unter der Herrschaft dieser Verfassung die Fideikommißgüter frei haben veräußert werden können,
so sei doch durch diesen Beschluß die Unveräußerlichkeit derselben
für den Kanton Solothurn wieder förmlich staatlich sanktionirt
worden. Trotz des kleinräthlichen Beschlusses vom 6. Februar 1804
habe aber Franz Wallier am 4. September 1806, ohne obrigkeitliche Bewilligung, die Rebgüter in Grissach um den Preis von
15,000 Fr. verkauft ; in seinem Testamente weise er darauf hin,
daß während der unglücklichen Revolution (und da er 31 Jahre
nicht mehr als 25 Louis b'or von seinem Schwager sel. bezogen
habe) das Fideikommißhaus in der Stadt und die Reben zu
Grissach haben veräußert werden müssen. Am 10. Dezember 1887

sei der letzte männliche Nachkomme aus dem Stamme des Schult=
heißen Hieronymus Wallier, Rudolf Wallier, welcher das Fidei=
kommiß vom 11. Januar 1823 bis zu seinem Tode besessen habe,
gestorben. Der Staat Solothurn habe in Folge dessen, gestützt
auf den Stiftungsbrief, die noch vorhandenen Fideikommißliegen=
schaften als sein Eigenthum beansprucht. Die beklagten Intestat=
erben des Rudolf Wallier haben diesen Anspruch bestritten und
sich in den Besitz der Liegenschaften gesetzt, so daß der Staat ge=
nöthigt sei, klagend aufzutreten. Der Eigenthumsanspruch des
Staates sei rechtlich begründet. Das Testament des Johann Viktor
Wallier vom 4. Oktober 1660 beziehungsweise der Notariatsakt
vom 23. April 1671 verurkunde unzweifelhaft die Errichtung
eines Familienfideikommisses im eigentlich juristischen Sinne des
Wortes. Das Familienfideikommiß sei eine Stiftung, durch welche
der Eigenthümer die Unveräußerlichkeit eines bestimmten zu diesem
Zwecke geeigneten Vermögensobjektes, sowie die ununterbrochene
Vererbung desselben in seiner Familie nach besonderer Successions=
folge festsetze. Die Errichtung eines Familienfideikommisses könne
nur durch Stiftung erfolgen, dagegen sei gemeinrechtlich dazu eine
besondere Form nicht erforderlich. Beim Aussterben des successions=
berechtigten Stammes falle das Fideikommißgut als Allodialgut
wieder der gesetzlichen Erbfolge anheim, sofern nicht der Stifter
selbst eine Verfügung über das Schicksal des zum Fideikommiß
gewidmeten Vermögens getroffen habe. In diesem letztern Falle
müsse nach der Verfügung des Stifters verfahren werden. Nur
sei zu bemerken, daß dieselbe nicht mehr fideikommißrechtlicher Na=
tur sei, sondern daß sie nach den Grundsätzen des gewöhnlichen
Erbrechtes taxirt und aufgefaßt werden müsse. Es handle sich um
eine gemeinrechtliche fideikommissarische Substitution ex jure com-
muni und nicht ex pacto et providentia majorum. Das gegen=
wärtige, am 1. Juni 1843 in Kraft getretene solothurnische Erb=
recht enthalte über die Fideikommisse keine positiven Vorschriften.
Dagegen erkläre § 461 dieses Gesetzes: In Beziehung auf soge=
nannte obrigkeitliche oder ähnliche Lehen, auf Fideikommisse und
Substitutionen, die am Tage, an welchem gegenwärtiges Gesetz in
Wirksamkeit tritt, bestehen, bleiben fernerhin die bisherigen Vor=
schriften und Uebungen in Kraft. Auch das ältere solothurnische

Recht, insbesondere das Stadtrecht von 1604, unter dessen Herrschaft das streitige Fideikommiß errichtet worden sei, enthalte keine gesetz=lichen Bestimmungen über die Fideikommisse, mit einziger Ausnahme des, noch in Kraft bestehenden, kleinräthlichen Beschlusses vom 25. Januar 1804. Nichtsdestoweniger seien im Kanton Solothurn im 16. und 17. Jahrhundert zahlreiche Fideikommisse errichtet worden. Die vornehmen Familien Solothurns haben sich damals dem Zuge der Zeit folgend, eines Rechtsinstituts bedient, welches bestimmt schien, den Glanz der Familien zu perpetuiren. Dabei sei, wie in andern Kantonen der Schweiz, das gemeine deutsche Privatrecht rezipirt worden und es müssen die Grundsätze des letztern überall da zur Anwendung kommen, wo nicht ein singu=lärer kantonaler Rechtssatz erwiesen sei. In der Bestimmung des Stiftungsbriefes des Wallierschen Fideikommißgutes nun, daß bei Aussterben des Wallierschen Mannesstammes „unsere Gnedig Herren undt ewige Regiments Nachkommen löblicher Stadt Solo=„thurn, Solch' Linien= und Stammgut durch dero Hochobrigkeit=„liche Handt verwalten undt nach Gnediger Disposition damit zue „schalten undt zu walten und anheimb fallen," sei unzweifelhaft ausgesprochen, daß der Staat unbeschränkter Eigenthümer des Fideikommißgutes werden solle. Daran ändere auch nichts die Auflage, daß den kognatischen Verwandten bis „ins vierte Grad" im Falle der Dürftigkeit hülfreiche Hand geboten werden solle. Denn die Berechtigten erhalten dadurch nicht den Anspruch, aus dem Fideikommißgut selbst oder dessen Ertrag unterstützt zu werden, sondern ihr Anspruch richte sich gegen den Fiskus als solchen und habe jede spezielle Beziehung zum Fideikommißgute verloren. Eine solche Verfügung sei nach gemeinem Rechte unzweifelhaft gültig. Theorie und Praxis des deutschen Fideikommißrechtes anerkennen unumwunden, daß der Stifter das Recht habe, für den Fall des Aussterbens der successionsberechtigten Linie letztwillig zu verfügen und auch das Bundesgericht habe sich in seiner Entscheidung vom 12. Oktober 1883 in Sachen Solothurn gegen Erben Tugginer (Amtliche Sammlung IX, S. 586 und 587, Erw. 4) in gleichem Sinne ausgesprochen.

B. Mit ihrer Vernehmlassung auf diese Klage produzirten die Beklagten eine Originalausfertigung der Notariatsurkunde vom

23. April 1671. Sie stellen folgende Rechtsbegehren : Es sei der
Staat Solothurn mit sämmtlichen mit Klage vom 15. März 1890
gegenüber den Erben des unterm 10. Dezember 1887 verstorbenen
Rudolf Wallier gestellten Begehren abzuweisen. Eventuell 1. Der
Staat Solothurn sei mit Rechtsbegehren II soweit abgewiesen,
als er Eigenthum an den im Kanton Bern gelegenen Liegenschaften
verlangt. 2. Die Klägerschaft sei mit Rechtsbegehren II soweit
abgewiesen, als darin Beweglichkeiten zurückverlangt werden, die
auf den im Kanton Bern gelegenen Liegenschaften sind. 3. Die
Kläger seien mit dem Begehren um Ablieferung der von den im
Kanton Bern gelegenen Liegenschaften gezogenen Nutzungen abge=
wiesen. 4. Die Kläger sind gehalten, die Erziehungskosten der
Verwandten des Rudolf Wallier sel. bis zum 4. Grade zu be=
streiten. Zur Begründung wird wesentlich ausgeführt :

1. Ein Testament des Johann Viktor Wallier sel. d. d. 4. Ok=
tober 1660 sei nicht vorhanden ; irrthümlicherweise sei der Notariats=
akt vom 23. April 1671 sowohl von der Familie Wallier als auch
von den staatlichen Behörden als solches aufgefaßt worden. Dieser
Notariatsakt sei aber kein Testament. Zur Zeit seiner Errichtung
sei der angebliche Testator Johann Viktor Wallier schon nahezu
11 Jahre todt gewesen ; weder das solothurnische Stadtrecht noch
das in Baden im Aargau, dem Orte des Todes des Johann
Viktor Wallier, geltende Recht habe eine Testamentsform gekannt,
wonach nach dem Tode einer Person noch deren Testament hätte
errichtet werden können ; auch die gnädigen Herren und Oberen
der Stadt Solothurn, denen die Notariatsurkunde als Testament
vorgelegt worden sei, haben keinerlei Befugniß besessen, einem der=
artigen Instrumente den Charakter eines Testamentes zu verleihen.
Der Notariatsakt vom 23. April 1671 sei auch nicht etwa das
Testament des am 9. Dezember 1678 verstorbenen Hieronymus
Wallier. Hiezu fehle die Beobachtung der gesetzlichen Testaments=
formen und dagegen spreche auch der Wortlaut des Aktes selbst.
Der Akt rufe auch nicht einem geschriebenen Testamente des Johann
Viktor Wallier. Der Ingreß desselben laute : „Demnach auß der
gebrechligkeit vndt Fall vnserer Ersten Eltern, die menschliche ge=
dächtnuß dermaßen schwach ist, daß dieselbig durch lange der Jahr
vnndt Verenderung der Zeiten vergehet, hinschleicht vnndt vergeß=

lich würdt, vnnbt dahero vonnöthen ist, geschichten verhandleter Sachen deren man gedächtnuß behalten will, der Schrift zu be= fehlen. So seye demnach Kundt, zu wyßen vnnbt mäniglich offen= bahr durch gegenwertig Jnstrument," ꝛc. Dies stehe mit der An= nahme, daß ein schriftliches Testament des Johann Viktor Wallier schon vorhanden gewesen sei, in Widerspruch. In den Raths= protokollen von 1664, 1667 und 1668 sei einige Male von einem Streite wegen des Testamentes des Seckelmeisters Viktor Wallier die Rede ; allein es sei daraus nicht ersichtlich, ob das Testament angefochten oder dessen Existenz bestritten und auch nicht, wie der Streit erledigt worden sei. Ein Testament des Johann Viktor Wallier, welches der gesetzlichen Testamentsform entsprochen hätte, sei also nicht nachgewiesen. Der Notariatsakt vom 23. April 1671 habe gar keine zwingende Kraft ; er enthalte weder ein Testament noch einen Vertrag, noch eine Schenkung. Es sei nicht einmal ersichtlich, in wessen Auftrag der handelnde Notar Gugger diese Verurkundung vorgenommen habe. Der Akt sei also eine von einem Dritten aufgenommene Urkunde, welche für die Familie Wallier keinerlei rechtlich klagbare Verbindlichkeiten begründet habe. Die Befolgung der dort aufgestellten Bestimmungen habe im freien Willen der Familienangehörigen gelegen. Dritte, wozu auch der Staat Solothurn gehöre, können aus diesem Akte keinerlei Rechte herleiten. Die Thatsache, daß die Angehörigen der Familie Wallier selbst in dem Irrthum befangen waren, es bestehe ein Testament ihres Ahnherrn Johann Viktor Wallier d. d. 23. April 1671, daß sie in Folge dieses Irrthums sich von der Regierung des Kantons Solothurn zu Handlungen haben zwingen lassen, zu denen sie nicht verpflichtet gewesen seien, könne den Charakter der Urkunde vom 23. April 1671 nicht ändern. Die Klage des Kan= tons Solothurn ermangle mithin des Rechtsgrundes.

2. Art. 13 der helvetischen Verfassung vom 12. April 1798 habe die Familienfideikommisse aufgehoben. Der Beschluß des Kleinen Rathes vom 6. Februar 1804 habe dieselben nicht wieder herstellen können. Denn nach der zur Zeit dieses Beschlusses gel= tenden mediationsmäßigen Kantonsverfassung habe der Kleine Rath gesetzgebende Gewalt nicht besessen und sei also nicht befugt gewesen, die durch die helvetische Verfassung aufgehobene Unver=

äußerlichkeit der Fideikommißgüter wieder herzustellen. Der Be=
schluß vom 25. Januar 1804 anerkenne übrigens die Fideikommiß=
inhaber als Eigenthümer der Fideikommißgüter an und wolle nur
die Möglichkeit der Veräußerung oder Verpfändung von der Ge=
nehmigung des Kleinen Rathes abhängig machen. Schon durch
einen Beschluß der Verwaltungskammer von Solothurn vom
28. April 1798 seien übrigens die Fideikommißgüter als veräußer=
lich und verpfändbar erklärt worden, denn durch diesen Beschluß
sei dem Bürger Ubald Roll erlaubt worden, die vormaligen Fidei=
kommißgüter des Bürgers Anton Georg Roll, wo er kann und
will, in der Schweiz und außer derselben zu versetzen und zu
verpfänden; die gleiche Erlaubniß haben auch Frau Besenval und
Frau Alträthin Wallier für ihre Güter erhalten. Auch in der
Verfassung des Kantons Solothurn vom Jahre 1814 sei das
Verbot der Unveräußerlichkeit von Gütern als Grundsatz der Ver=
fassung aufgestellt worden. In einem damals von der Regierungs=
kommission des Kantons Solothurn erlassenen öffentlichen Pro=
klamation sei unter den „Hauptgrundsätzen der Verfassung" auch
angeführt worden: „Der Boden soll mit keiner ewigen, nicht los=
käuflichen Last belegt sein oder belegt werden und ist durchgehends
veräußerlich." Dieser Grundsatz der Veräußerlichkeit der Fidei=
kommißgüter sei bei Anlaß des im Jahre 1806 geschehenen Ver=
kaufes der Rebgüter zu Grissach deutlich ausgesprochen worden.
Nach diesem Verkaufe habe der Kanton Neuenburg vom Käufer
eine Abgabe begehrt, wegen welcher letzterer beim Verkäufer re=
klamirt habe. Beide haben sich an den Staatsrath des Kantons
Neuenburg gewendet; dieser habe ausgesprochen, que des semblables fideicommis sont contraires aux lois de cet état et
aux hauts intérêts de son souverain, und habe schließlich am
2. März 1812 entschieden: 1. Le cens de quarante livres faib-
les imposé par arrêt du 29. Janvier 1731 sur les immeubles
situés dans ce pays et qui constituaient une partie du fideicommis appartenant à la famille Vallier est éteint. 2. Ces
immeubles rentrent par cela même dans le commerce. Aller=
dings behalte § 461 des solothurnischen Gesetzbuches für die
Fideikommisse und Substitutionen die bisherigen Vorschriften und
Uebungen vor. Allein es existiren keine gesetzlichen Vorschriften

hierüber und ebensowenig Uebungen, die den Charakter von Ge=
wohnheitsrecht beanspruchen könnten. Zudem sei § 461 des solo=
thurnischen Civilgesetzbuches schon durch die Bundesverfassungen von
1848 und 1874 aufgehoben worden. Denn Familienfideikommisse
enthalten begrifflich ein Vorrecht zu Gunsten bestimmter Familien
und es werde eine besondere Erbfolge zum Vortheile einzelner An=
gehöriger dieser Familien ermöglicht. Diese Privilegien stehen mit
dem Grundsatze der Gleichheit vor dem Gesetze in Widerspruch.
Zufolge dieses Grundsatzes seien die zu dem Familienfideikommisse
gehörenden Güter schon längst dem gemeinen, für alle Staats=
angehörigen geltenden Erbrechte unterstellt worden und fallen
daher in die gesetzliche Erbmasse des Rudolf Wallier. Nach
Art. 2 des Einführungsgesetzes zum solothurnischen Erbrechte seien
letzte Willensverordnungen hinsichtlich ihres Inhaltes nach den
Gesetzen, die zur Zeit des Todes des Erblassers in Kraft seien,
zu beurtheilen. Der Erblasser Rudolf Wallier, von dessen Nach=
lasse der Kanton Solothurn kraft eines Testamentes von 1660
resp. 1671 einen Theil beanspruche, sei unter der Herrschaft des
gegenwärtigen kantonalen Erbgesetzes gestorben. Dieses kenne aber
fideikommissarische Substitutionen gemäß § 564 nur noch zu
Gunsten der Kinder des Fiduziars. Die Substitution, welche der
Kanton für sich in Anspruch nehme, sei also jedenfalls unwirk=
sam, selbst wenn man annehme, es liege ein Testament vor, wel=
ches sie angeordnet habe. Ueberhaupt haben nach dem Begriffe
des Familienfideikommisses Verfügungen des Stifters zu Gunsten
Dritter außer dem Familienverbande stehender Personen keinerlei
Rechtskraft.

3. Die Stelle des Notariatsaktes von 1671, aus welcher der
Staat Solothurn seinen Anspruch ableite, habe nicht den Sinn
welchen der Kläger ihr beilege. Sie ordne ein Anheimfallen blos
zur Verwaltung nicht zu Eigenthum an. Die daran sich an=
schließende Stelle betreffend die Stellung der Kognaten enthalte
nicht eine bloße Auflage zu Gunsten der letztern, sondern sie
ordne an, daß der Nutzen der gestifteten Güter den Familienan=
gehörigen bis zum vierten Grad zukommen solle.

4. Die gnädigen Herren und ewigen Regimentsnachkommen der
löbl. Stadt Solothurn, an welche der Heimfall der Güter erfol=

gen solle, existiren nicht mehr. Im Jahre 1671 habe Solothurn
eine aristokratische Verfassung besessen, gemäß welcher die Staatsgewalt einer bestimmt abgeschlossenen Anzahl von Bürgerfamilien
der Stadt Solothurn zugekommen sei. Aus diesen Familien seien
die regimentsfähigen und gnädigen Herren hervorgegangen. Allerdings sei im Laufe des gegenwärtigen Jahrhunderts die Staatsgewalt an das Volk übergegangen und sei in diesem Sinne das
Volk des Kantons Solothurn der Nachfolger jener regimentsfähigen Geschlechter. Allein auf den heutigen Staat Solothurn
seien blos die öffentlichen Rechte, die Staatsgewalt, der frühern
regimentsfähigen Geschlechter übergegangen, nicht aber deren Privatrechte. Es fehle daher das Subjekt, das im Falle des Aussterbens des Mannesstammes der Familie Wallier substituirt
werden sollte. Bis zum 21. September 1801 haben das Vermögen des Staates und der Stadt Solothurn eine Einheit gebildet. An jenem Tage seien die Güter durch eine sogenannte
Sönderungskonvention zwischen der helvetischen Regierung und
der Gemeinde Solothurn, gestützt auf das helvetische Gesetz vom
3. April 1799 über die National- und Gemeinbegüter, getheilt
worden. Nach letzterem Gesetze habe der Staat Solothurn sein
Vermögen erhalten; aus demselben müsse er daher seine privatrechtlichen Ansprüche ableiten, welche er als Rechtsnachfolger der
ewigen Regimentsnachkommen geltend machen wolle. Das könne
er aber hier nicht. Denn ein Fall der vorliegenden Art sei in
diesem Gesetze nicht vorgesehen, da eben die Fideikommisse durch
die helvetische Verfassung aufgehoben gewesen seien. Eine Uebergabe der Fideikommißgüter an den Staat würde auch dem Willen
des Testators nicht entsprechen. Denn der Stifter habe als ewige
Regimentsnachkommen sich die regierenden bürgerlichen Geschlechter
und mit ihnen seine Heimatgemeinde, die Stadt Solothurn, in
ihrer damaligen staatsrechtlichen Stellung vorgestellt.

5. In keinem Falle habe der Staat Solothurn ein Recht auf
die im Kanton Bern (in Attiswyl) gelegenen Liegenschaften,
denn im Kanton Bern seien die Fideikommisse aufgehoben. Nach
Satz 578 u. ff. des bernischen Civilgesetzbuches sei eine fideikommissarische Nacherbeinsetzung nur bis zum zweiten Grade statthaft und durch Spezialgesetz vom 6. Mai 1837 über die Fa-

milienkisten und Familienstiftungen seien auch die ältern Familien=
stiftungen aufgehoben. Art. 5 dieses Gesetzes verordne, daß der
gegenwärtige Nutznießer im Besitze gelassen werde, bis zu seinem
Absterben. Nach dessen Tode werde das Stiftungsvermögen als
gemeinschaftliches Vermögen sämmtlicher berechtigter Familienglieder
angesehen d. h. es gehöre zu dessen Nachlaß und werde daher
Eigenthum seiner Erben. Ein jeder Erbe könne Theilung des
Vermögens verlangen.

6. Im Rechtsbegehren II verlange der Staat Solothurn auch
Beweglichkeiten. In der Begründung der Klage sei aber nirgends
behauptet, daß zu den verlangten Liegenschaften auch Beweglich=
keiten gehören und der Kläger nenne auch keine Beweglichkeiten,
an denen er Eigenthum beanspruche. Im Notariatsakt von 1671
sei nur bei dem Rebgute in Grissach von Hausrath die Rede; dieser
aber werde von dem Kläger nicht beansprucht. Rechtsbegehren II
der Klage sei daher weder thatsächlich noch juristisch begründet.

C. In seiner Replik bekämpft der Kläger die Ausführungen
der Beklagten in eingehender Erörterung: Er macht insbesondere
geltend:

Ad 1. Die Errichtung des Fideikommisses durch Testament des
Johann Viktor Wallier vom 4. Oktober 1660 sei durch den
Notariatsakt vom 23. April 1671, sowie durch die mehr als
zweihundertjährige Anerkennung des Fideikommisses durch die
Familie Wallier vollständig bewiesen.

Ad 2. Wenn auch die helvetische Verfassung vom 12. April 1798
die Fideikommisse aufgehoben habe, so sei doch diese Aufhebung
im Kanton Solothurn, wie der kleinräthliche Beschluß vom 25.
Januar 1804 und § 461 des Civilgesetzbuches ergeben, nicht
durchgeführt worden. Der erwähnte Beschluß, der in das Amts=
blatt sei aufgenommen und von keiner Seite je sei angefochten
worden, sei unzweifelhaft gültig; zur Zeit seines Erlasses habe
eine genaue Ausscheidung der Gewalten noch nicht bestanden.
Die Bundesverfassungen von 1848 und 1874 heben die Familien=
fideikommisse ebenfalls nicht auf. Mit der Gleichheit vor dem
Gesetze seien Verschiedenheiten in der rechtlichen Behandlung ver=
schiedener Thatbestände nicht unvereinbar.

Ad 3 und 4. Es sei ganz klar, daß die „gnädigen Herren

und Oberen" nicht für ihre Person, sondern als Träger der
Staatsgewalt als Nachfolger in das Fideikommiß seien substituirt
worden. Der Staat aber sei nicht gestorben, sondern lebe noch
und sei, trotz der eingetretenen politischen Veränderungen, ganz
die gleiche Person, wie im Jahre 1660. Die Stiftungsurkunde
ordne in unzweideutiger Weise den Heimfall des Fideikommißver=
mögens an den Staat Solothurn an.

Ad 5. Das bernische Gesetz vom 6. Mai 1837 hebe die ältern
Fideikommisse nicht ohne Weiteres auf, sondern sage blos, daß
alle Familienstiftungen nach dem Tode des jetzigen Nutznießers
gleich wie die sogenannten Familienkisten behandelt werden sollen.
Allein es sei überhaupt nicht bernisches, sondern solothurnisches
Recht, auch für die im Kanton Bern gelegenen Liegenschaften,
maßgebend. Das Fideikommiß habe von Anfang an unter solo=
thurnischem Rechte gestanden; übrigens handle es sich um eine
erbrechtliche Frage und das materielle Erbrecht richte sich sowohl
nach allgemeinen, im Kanton Bern wie im Kanton Solothurn
anerkannten, Rechtsgrundsätzen als nach dem Erbrechtskonkordate
vom 15. Juli 1822 nach dem Gesetze der Heimat des Erblassers.

Ad 6. Die Klage verlange nur diejenigen Beweglichkeiten,
welche zur Bewirthschaftung des Fideikommißhofes nothwendig
seien, daher dazu gehören und vom letzten Fideikommißinhaber in
dieser Eigenschaft übernommen worden seien. Dieselben seien nur
kraft der Fideikommißstiftung in den Besitz des letzten Fideikommiß=
inhabers gelangt und müssen daher auch auf den Staat als Rechts=
nachfolger übergehen.

D. In ihrer Duplik halten die Beklagten unter erneuter Be=
gründung an den Ausführungen ihrer Klagebeantwortung fest,
sie bemerken insbesondere: Das wesentliche Merkmal eines Fa=
milienfideikommisses sei die Unveräußerlichkeit der Fideikommißgüter.
Diese sei aber durch die helvetische Verfassung aufgehoben und
auch durch den Beschluß des Kleinen Rathes vom 25. Januar
1804 nicht wieder eingeführt worden; letzterer Beschluß anerkenne
im Gegentheil grundsätzlich die Veräußerlichkeit und Verpfändbar=
keit und behalte die Bewilligung des Kleinen Rathes nur zum
Zwecke der Wahrung der Interessen der Fideikommißanwärter vor
In diesem Sinne sei der Regierungsrath des Kantons Solothurn

denn auch stets verfahren. Wenn die Fideikommisse im Kanton
Solothurn prinzipiell anerkannt wären, so hätte der Regierungs=
rath die Veräußerung von Fideikommißgütern nie bewilligen
dürfen, da dadurch die Rechte der Familie, speziell künftiger Be=
rechtigter, verletzt würden. Das bernische Gesetz vom 6. Mai 1836
hebe die Familienfideikommisse auf; dasselbe beanspruche für das
bernische Staatsgebiet absolute Geltung; das Verbot der Fidei=
kommisse habe öffentlich rechtlichen Charakter.

E. In Triplik und Quadruplik wird nichts Neues vorgebracht.

F. Bei der heutigen Verhandlung halten die Vertreter beider
Parteien die im Schriftenwechsel gestellten Anträge aufrecht.

Das Bundesgericht zieht in Erwägung:

1. Durch den Notariatsakt vom 23. April 1671 ist erwiesen,
daß Johann Viktor Wallier am 4. Oktober 1660 ein Testament
errichtet und darin rücksichtlich der Begründung eines Familien=
fideikommisses zu Gunsten des ältesten Angehörigen des Wallier=
schen Geschlechtes diejenigen Anordnungen getroffen hat, welche
in dem Notariatsakte wiedergegeben sind. Allerdings liegt |das
Testament selbst nicht vor; allein der „in gesessenem Rathe" ge=
nehmigte und mit dem Stadtsiegel von Solothurn versehene No=
tariatsakt vom 23. April 1671 ist unzweifelhaft eine vollbewei=
sende öffentliche Urkunde. Derselbe bekundet die Errichtung des
Testamentes durch Johann Viktor Wallier, sowie dessen Ge=
nehmigung durch den solothurnischen Rath und gibt den In=
halt des Testamentes, soweit derselbe sich auf die Fideikommiß=
stiftung bezieht, wieder. Offenbar ist der Notariatsakt (auf Ver=
anlaßung des Testamentsexekutors) gerade zu dem Zwecke errichtet
und dem Rathe zur Genehmigung vorgelegt worden, um in Zukunft
als Stiftungsbrief des Fideikommisses an Stelle des Testamentes,
zu dienen, dessen anderweitige, nicht auf das Familienfideikommiß
bezügliche, Bestimmungen damals durch Vollziehung erledigt ge=
wesen zu sein scheinen und daher für die Zukunft keine Bedeutung
mehr besaßen. Die Beklagten wenden nun allerdings ein, es sei
nicht erwiesen, daß das Testament des Johann Viktor Wallier ein
gültiges, den gesetzlichen Testamentsformen entsprechendes gewesen
sei. Allein mit dieser Einwendung können sie nicht mehr gehört
werden, nachdem während mehr als 200 Jahren die gültige testa=

mentarische Errichtung des Fideikommisses von sämmtlichen An=
gehörigen des Wallier'schen Geschlechtes ist anerkannt worden,
nachdem eine solche Anerkennung speziell noch am 19. November
1860 von dem letzten Fideikommißinhaber Rudolf Wallier, von
welchem die Beklagten ihre Rechte unmittelbar herleiten, durch
Bewirkung des Grundbucheintrages betreffend den Fideikommißhof
in Riedholz erfolgt ist. Uebrigens folgt aus dem Ingresse der
Notariatsurkunde vom 23. April 1671 durchaus nicht, wie die
Beklagten meinen, daß ein schriftliches Testament des Johann
Viktor Wallier nicht bestanden habe; der Ingreß der Urkunde
vom 23. April 1671 enthält einfach die Eingangsformel, wie sie
für Urkunden dieser Art damals üblich war. Aus der Angabe
des Instrumentes selbst, daß das Testament des Johann Viktor
Wallier vom Rathe sei bekräftigt worden, wird vielmehr gefolgert
werden dürfen, daß ein schriftliches Testament vorlag.

2. Ist somit das Wallier'sche Familienfideikommiß gültig be=
gründet worden, so ist dasselbe, so weit es den Kanton Solo=
thurn betrifft, auch nicht durch gesetzliche Aufhebung der Familien=
fideikommisse aufgehoben worden. Denn eine solche hat im Kanton
Solothurn nicht stattgefunden. Das gegenwärtig geltende solo=
thurnische Recht gestattet allerdings eine Neubegründung von
Familienfideikommissen nicht. Dagegen behält § 461 des solo=
thurnischen Civilgesetzes in Bezug auf die ältern, zur Zeit des
Inkrafttretens des Gesetzes bereits bestehenden „Fideikommisse und
Substitutionen" die bisherigen Vorschriften und Uebungen vor.
Das Gesetz hebt diese Fideikommisse und Substitutionen also nicht
auf, sondern läßt sie bestehen, wobei selbstverständlich vorausgesetzt
ist, daß sie bis dahin zu Recht bestanden haben. Schon dies be=
weist, daß eine gesetzliche Aufhebung der ältern Familienfidei=
kommisse im Kanton Solothurn nicht stattgefunden hat. Ebenso
zeigt dies deutlich der Umstand, daß im Jahre 1866/1867 von
den solothurnischen Behörden über einen Gesetzesentwurf betreffend
Aufhebung der Familienfideikommisse verhandelt, derselbe aber ab=
gelehnt wurde. Was die Beklagten für eine gesetzliche Aufhebung
der Familienfideikommmisse im Kanton Solothurn anführen, ist
nicht beweisend. Die Vorschrift des § 13 der helvetischen Ver=
fassung vom 12. April 1798, daß kein liegendes Gut unver=

äußerlich erklärt werden dürfe, weder für eine Korporation oder
für eine Gesellschaft, noch für eine Familie, enthält einen allgemeinen Grundsatz, welcher, um die Aufhebung der bestehenden
Familienfideikommisse zu bewirken, erst noch der Ausführung durch
ein Gesetz bedurfte. Es ist in der That klar, daß wenn die sofortige Aufhebung der bestehenden Fideikommisse hätte dekretirt
werden wollen, man gleichzeitig darüber Bestimmung hätte treffen
müssen, ob nun das Fideikommißgut einfach freies Eigenthum des
derzeitigen Inhabers werde, oder ob und in welcher Weise die
Ansprüche der Anwärter geschützt werden. So sind benn auch in
Frankreich die „Substitutionen" durch besondere Gesetze von 1792
aufgehoben und nicht als schon durch die allgemeinen Verfassungsgrundsätze beseitigt erachtet worden ; auch in der Schweiz betrachtete
man (wenn auch freilich manche Veräußerungen von Fideikommißgut damals thatsächlich mögen stattgefunden haben) die Fideikommisse nicht als bereits durch die helvetische Verfassung vom
12. April 1798 beseitigt, denn im Jahre 1800 wurde der helvetischen Civilgesetz-Kommission eine Eingabe über die Nachtheile
der Fideikommisse eingereicht und eine sachbezügliche Motion gestellt (vergl. Hilty in Zeitschrift für schweizerische Gesetzgebung und Rechtspflege I, S. 11). Eine Ausführung im
Wege der Gesetzgebung hat nun aber der Art. 13 der helvetischen
Verfassung vom 12. April 1798, wie überhaupt die Großzahl
der allgemeinen Grundsätze dieser Verfassung, damals nicht gefunden. Noch weniger ist richtig, daß die bestehenden Familienfideikommisse durch den in den Bundesverfassungen von 1848 und
1874 aufgestellten Grundsatz der Gleichheit vor dem Gesetze aufgehoben worden seien. Rechtssätze zwar, welche etwa die Errichtung
von Fideikommissen nur den regimentsfähigen Bürgern gestattet
hätten, wären allerdings mit der Beseitigung aller Standesvor-
rechte gefallen. Dagegen steht das Institut des Familienfideikommisses an sich, sofern Jedermann unter den gleichen Voraussetzungen zu Errichtung eines Fideikommisses befugt ist, mit dem
Grundsatze der Gleichheit aller Bürger vor dem Gesetze nicht in
Widerspruch und vollends kann keine Rede davon sein, daß dieser
allgemeine Verfassungsgrundsatz früher begründete konkrete Rechtsverhältnisse aufgehoben habe. Daß die solothurnischen Behörden

wiederholt die Veräußerung einzelner Fideikommißgüter oder auch
die völlige Auflösung bestimmter Familienfideikommisse gestatteten,
beweist offenbar nicht f ü r , sondern g e g e n die gesetzliche Auf=
hebung der Familienfideikommisse; es zeigt dies ja gerade, daß
die Familienfideikommisse, soweit nicht deren theilweise oder gänz=
liche Aufhebung behördlich gestattet wird, fortbestehen. Die Regel,
welche sich in der solothurnischen Regierungspraxis herausgebildet
und in dem Beschlusse des Kleinen Rathes vom 25. Januar 1804
ihren Ausdruck gefunden hat, daß Familienfideikommisse unter
Umständen mit Genehmigung der Regierung ganz oder theilweise
aufgehoben werden können, entspricht allerdings der Idee ewiger
Dauer der Fideikommißstiftung nicht. Allein mit dem rechtlichen
Fortbestande des Institutes des Familienfideikommisses ist es nicht
unverträglich, daß das objektive Recht unter gewissen Voraus=
setzungen die Auflösung des Fideikommisses gestatte. Wie that=
sächlich im Kanton Solothurn eine Reihe älterer Familienfidei=
kommisse bis in die Gegegenwart fortbestanden haben, so ist dies
also auch rechtlich der Fall.

3. Wenn also die Wallier'sche Fideikommißstiftung fortwährend
gültig geblieben ist, so gilt dies auch für die vom Stifter für
den Fall des Aussterbens des Wallier'schen Mannesstammes über
das Schicksal des Fideikommißvermögens getroffene Anordnung.
In der That ist anerkannten Rechtes, daß derartige Anordnungen
des Stifters eines Familienfideikommisses gültig sind; ein Grund,
denselben die rechtliche Anerkennung zu versagen, ist nicht er=
findlich. Wenn einmal dem Privatwillen des Stifters die Macht
gewährt wird, einen bestimmten Vermögenskomplex als Familien=
fideikommißgut auszuscheiden und einer besondern Successions=
ordnung auf unbestimmte Zeit hinaus zu unterstellen, so ist nicht
einzusehen, warum der Stifter nicht auch berechtigt sein sollte,
über das Schicksal des Vermögens, nach Erschöpfung dieser Suc=
cessionsordnung, weiter zu verfügen. Die Bestimmungen des gegen=
wärtigen solothurnischen Erbrechtes über die fideikommissarische
Nacherbeinsetzung kommen dabei gar nicht in Betracht, da ja
§ 416 des solothurnischen Civilgesetzes für die ältern Fideikom=
misse und Substitutionen ausdrücklich das frühere Recht vorbehält.

4. Die Verordnung des Stifters des Wallier'schen Fideikom=
misses nun, daß bei Aussterben des Mannesstammes des Ge=

schlechtes „Unsere gnädigen Herren und ewigen Regiments=Nach=
kommen löbl. Stadt Solothurn" das Fideikommißgut durch dero
hochobrigkeitliche Hand verwalten und dasselbe ihnen „nach gnedi=
ger Disposition damit zu schalten und zu walten" anheimfallen
solle, verfügt, wie sich aus dem Wortlaute klar ergibt, über das
Eigenthum am Fideikommißgute. Die nachfolgende Bestimmung
zu Gunsten dürftiger Kognaten ändert hieran nichts; sie enthält
blos eine Auflage, welche mit der Zuwendung verbunden wird.
Als Subjekt der Zuwendung erscheint aber der Staat Solothurn.
Die Zuwendung geschieht an die Obrigkeit der souverainen Stadt
Solothurn in dieser ihrer Eigenschaft, als Trägerin der Staats=
gewalt für das Stadtgebiet und die von der Stadt abhängige
Landschaft. Dies ergibt der Wortlaut der Verordnung unzwei=
deutig. Die Zuwendung erfolgt nicht an die regimentsfähigen
Familien der solothurnischen Bürgerschaft (welche zudem niemals
ein einheitliches Rechtssubjekt bildeten und daher mit einer Zu=
wendung nicht bedacht werden konnten) oder an die Stadt Solo=
thurn als Gemeinde, sondern an die Landesobrigkeit als solche,
als Vertreterin der souverainen Gewalt des Standes Solothurn,
d. h. an den Staat. Die hiegegen erhobenen Einwendungen der
Beklagten scheinen darauf hinauszulaufen, es sei das Subjekt der
Zuwendung durch die seit Ende des vorigen Jahrhunderts in der
solothurnischen Staatsverfassung eingetretenen Veränderungen weg=
gefallen. Dies ist indeß unrichtig. Trotz der eingetretenen Ver=
fassungsänderungen ist die Identität des bedachten Subjektes, des
Staates, erhalten geblieben. Der Staat ist, trotz der eingetretenen
Veränderungen seiner Verfassung, der nämliche geblieben. Darauf,
ob der Stifter seine Verfügung auch dann würde getroffen haben,
wenn er die eingetretene Aenderung der Staatsverfassung voraus=
gesehen hätte, kann nichts ankommen. Entscheidend ist einzig das=
jenige, was der Stifter wirklich angeordnet h a t und dies ist
eben die Zuwendung an die Landesobrigkeit als solche, d. h. an
den Staat. Ob sich der Stifter bei dieser Anordnung von der
(von vornherein unwahrscheinlichen) Vorstellung leiten ließ, es
werde die Staatsverfassung im Laufe der Jahrhunderte unverän=
dert bleiben, ist weder thatsächlich zu entscheiden noch rechtlich er=
heblich. Es könnte sich hier höchstens um ein rechtlich unerheb=
liches Motiv einer Willenserklärung handeln. Wenn die Beklagten

sich zu Begründung ihrer Einwendungen auf die Sönderungs=
konvention zwischen dem Staat und der Stadt Solothurn berufen
haben, so ist nicht einzusehen, inwiefern aus dieser Konvention
etwas zu ihren Gunsten sollte folgen können. Die Sönderungs=
konvention erhebt ja keinerlei Anspruch darauf, die Vermögens=
rechte und Anwartschaften des Staates erschöpfend aufzuzählen,
sondern beschäftigt sich nur mit der Ausscheidung zwischen Staats=
und Gemeindegut, soweit diese streitig werden konnte, und erklärt
überdem ausdrücklich, daß die nicht besonders der Gemeinde zuge=
schiebenen Vermögensbestandtheile als Staatsgut zu betrachten seien.

5. Soweit es sich also um das auf solothurnischem Gebiete
gelegene Fideikommißgut handelt, erscheint die Klage als begründet.
Was die auf bernischem Territorium gelegenen Liegenschaften an=
belangt dagegen, so ist zu bemerken: Das bernische Gesetz vom
6. Mai 1837 hebt die Familienfideikommisse nicht einfach auf;
es bestimmt nicht, daß das Fideikommißgut freies Eigenthum des
zeitigen Fideikommißinhabers werde und bei seinem Tode als Allod
auf seine Erben übergehe. Vielmehr hält das Gesetz das Fidei=
kommiß für die Lebensdauer des zur Zeit seines Inkrafttretens
im Genusse befindlichen Inhabers aufrecht und bestimmt, daß
dasselbe nach dessen Tode als gemeinschaftliches Vermögen sämmt=
licher berechtigter Familienglieder angesehen und nach den Be=
stimmungen über die Familienkisten behandelt werde. Nach dem
Tode des zeitigen Fideikommißinhabers werden also nicht dessen
Erben, sondern vielmehr die berechtigten d. h. nach der Stiftungs=
urkunde zur Nachfolge eventuell berufenen Familienangehörigen,
die Fideikommißanwärter, zur gemeinschaftlichen Nachfolge in das
Fideikommißgut berufen. Das Gesetz beseitigt also nicht die Rechte
der Fideikommißanwärter zu Gunsten der Allodialerben des zeiti=
gen Fideikommißinhabers, sondern beruft im Gegentheil die sämmt=
lichen Fideikommißanwärter. Zu diesen nun gehören die beklagten
Kognaten des letzten Fideikommißinhabers nicht; denn nach der
Stiftungsurkunde sind bei Aussterben des Wallischen Mannes=
stammes nicht die Kognaten zur Nachfolge in das Fideikommiß=
vermögen berufen, sondern ist der Staat in dasselbe substituirt.
Auch nach dem bernischen Gesetze sind also nicht die Beklagten
zur Nachfolge in das Fideikommißvermögen berufen; vielmehr

erscheint auch nach diesem Gesetze der Anspruch des Staates Solo=
thurn als begründet. Allerdings hat das bernische Gesetz den hier
vorliegenden Thatbestand nicht ausdrücklich geregelt. Zur Zeit
seines Inkrafttretens befand sich bereits der letzte des Wallier'schen
Mannesstammes im Besitze des Fideikommisses; nach der Stif=
tungsurkunde zur Fideikommißnachfolge berufene Familienglieder
waren weder damals noch zur Zeit des Todes des Rudolf Wallier
vorhanden. Der Fall, welchen das bernische Gesetz einzig aus=
drücklich regelt, lag also nicht vor. Dagegen lag der andere Fall
vor, daß gar kein Anwärter aus dem fideikommißberechtigten Ge=
schlechte mehr existirte, wohl aber ein Dritter durch die Stiftungs=
urkunde für die eingetretene Eventualität der Erschöpfung der
stiftungsmäßigen Successionsordnung in das Fideikommißgut
substituirt war. Nach Sinn und Geist des bernischen Gesetzes,
welches das Fideikommißvermögen den in der Stiftungsurkunde
Berufenen zuwenden will, erscheint also letzterer als der Berechtigte.
Danach kommt denn nichts darauf an, ob und inwieweit hier
bernisches oder aber (nach Maßgabe des Erbrechtskonkordates vom
15. Juli 1822) solothurnisches Recht anwendbar ist, und es mag
daher diese Frage dahingestellt bleiben.

6. Was speziell die Forderung um Herausgabe beweglicher,
auf den Fideikommißliegenschaften befindlicher Sachen anbelangt,
so erscheint dieselbe, in der in der klägerischen Replik angegebenen
Beschränkung, offenbar als begründet.

7. Die Auflage zu Gunsten dürftiger Kognaten des letzten
Fideikommißinhabers ist vom Kläger nach dem Inhalte der Stif=
tungsurkunde resp. des Testamentes anerkannt. Ob aus derselben
bereits einzelnen Personen ein präsenter Anspruch erwachsen sei,
ist im gegenwärtigen Prozesse nicht zu entscheiden.

Demnach hat das Bundesgericht
erkannt:

Die Klage wird gutgeheißen und es werden mithin dem Kläger
die in seiner Klageschrift gestellten Rechtsbegehren zugesprochen;
die Anträge der Beklagten sind abgewiesen.

146. *Sentenza dell' 11 novembre 1892 nella causa
della Banca cantonale ticinese contro il Cantone Ticino.*

A. Nel Cantone Ticino fu istituita nel 1858 sotto il nome
di Banca cantonale ticinese una società per azioni, i cui statuti, approvati dal Gran Consiglio nella sua tornata del 3 dicembre 1858, contengono fra le altre le disposizioni seguenti :
« Art. 3. La società si riterrà costituita dal giorno in cui
» saranno approvati gli statuti dal Gran Consiglio, e termi-
» nerà col 31 dicembre 1890. » Lo Stato concorre alla for-
mazione del capitale della Banca con un numero di 1000 azioni
di fr. 200 ciascuna. (Art. 6.) La Banca s'incarica per conto dello
Stato, dei pubblici stabilimenti, del commercio e dei particolari, dell' incasso degli effetti e dei conti riconosciuti che le
saranno rimessi a questo scopo (art. 13, lett. *b*) ; essa riceve
in conto corrente le somme che le saranno versate, e fa pagamenti sino a concorrenza del loro ammontare (lett. *c*) ; apre
sotto certe garanzie dei crediti in conto corrente (lett. *e*) ;
emette, sotto il controllo dello Stato, dei biglietti di banca
che devono essere accettati in pagamento al loro valore nomi-
nale in tutte le casse dello Stato (lett. *c*). L'art. 20, in applicazione dell' art. 13, lett. *b*, prescrive : « Se lo Stato, i pubblici
» stabilimenti, il commercio ed i privati, vorranno incaricare
» la Banca delle loro operazioni di cassa, ciò potrà farsi me-
» diante una convenzione scritta, che ne regolerà le speciali
» condizioni. » In base all' art. 28 la Banca può anche entrare
in conto corrente collo Stato e con altre banche svizzere od
estere ; la Direzione dovrà però riferirne previamente al consiglio di Amministrazione, che delibererà per la fissazione dei
crediti reciproci. Gli articoli 44 a 47 stabiliscono che la Banca
abbia ad assumere la cassa di risparmio e con esso il debito
dello Stato verso la medesima, obbligandosi il Cantone in
compenso a pagarle all' atto fr. 300 000 in contanti, ed a ri-
lasciarle per il debito residuo un corrispondente numero di
obbligazioni coll'interesse del 2 $^{1}/_{4}$ % per semestre, da estin-

guersi secondo un piano determinato. Nel caso di straordinarie domande di rimborso durante i primi cinque anni dalla fondazione della Banca, lo Stato dovrà intervenire in suo ajuto sino alla concorrenza di fr. 500 mila. A norma dell' art. 64 la Banca dà conto ogni semestre agli azionisti ed al Consiglio di Stato, e secondo l'art. 79 il Consiglio di Stato nomina un suo rappresentante come membro del Consiglio di Amministrazione. L'art. 103 accorda alla Banca il privilegio esclusivo per tutta la durata della società, e l'art. 104 pone la Banca sotto la sorveglianza del Consiglio di Stato. L'art. 108 prescrive :
« Le vertenze che insorgessero fra il Governo o altre autorità
» cantonali e la Banca, in quanto possono riferirsi al diritto
» privato, saranno rimesse alla decisione di tre arbitri, di
» cui uno nominato da ciascuna delle parti ed il terzo
» dai due primi. Se questi non si accordano, il terzo sarà
» nominato dal Tribunale supremo. » L'art. 100 dichiara la Banca esente da ogni imposta. L'art. 110 richiede per la modificazione degli art. 1-7, 10 al. 1, 12, 13, 14, 27, 39, 44, 46, 47, 61, lett. *a*, 62, 64, 65, 66, 68, 75 lett. *b*, 80 96, 98, 103-107 e 110 il concorso del potere legislativo. Da ultimo l'art. 114 dispone, che dopo la sanzione legislativa degli statuti, gli azionisti debbano essere riconvocati dalla Commissione della società della Cassa di risparmio per dichiararsi definitivamente costituiti in società e passare alle nomine ed operazioni di competenza dell' assemblea generale. — Il 4 gennajo 1859 questi statuti vennero accettati dall' assemblea generale degli azionisti, e l'8 gennajo 1859 il Gran Consiglio decretava : che — visto che a sensi dell' art. 113 degli statuti, diverse disposizioni nei medesimi contenute avevano il carattere di legge — gli statuti dovessero essere stampati, pubblicati, affissi ai luoghi soliti ed eseguiti.

B. Nel 1890 essendo venute alla luce le frodi commesse a danno dell' erario del Cantone dal Cassiere cantonale Luigi Scazziga, sorsero fra lo Stato e la Banca delle divergenze di conti, in seguito alle quali lo Stato iniziàva sotto la data del 1 agosto 1890 un' azione provocatoria contro la Banca cantonale ticinese davanti al Tribunale del distretto di Bellinzona.

La Banca fece allora valere le sue pretese, ed inoltrò in data
del 15 gennajo 1891 una esposizione di causa al Tribunale
federale, chiedendo, « che lo Stato convenuto venisse obbli-
» gato a pagare all' istante la somma di fr. 734 870, oltre al
» l'interesse del 4 $^{1}/_{2}$ $\%$ dal 12 al 20 aprile 1890, e del 6 $\%$ da
» questo giorno in avanti. » Il credito suddetto veniva fatto
dipendere da un contratto di conto corrente conchiuso in
iscritto fra l'istante ed il convenuto nell' anno 1878, e veniva
fondato essenzialmente sulle operazioni seguenti :

a) Mandati governativi conteggiati a favore della Banca ;

b) Pagamenti fatti alla cassa cantonale ;

c)   «   fatti agli ufficiali pagatori ;

d)   «   fatti a terzi per crediti verso lo Stato ;

e) Interessi, provvisioni e porti.

Subordinatamente, vale a dire per il caso che non venisse
ritenuto il contratto di conto corrente, la Banca attrice so-
stenne :

1° Che circa al contratto di conto corrente da lei soste-
nuto essa sia stata in errore essenziale, e domanda perciò che
le venga retrocesso quanto ebbe a prestare, riducendo tuttavia
in tal caso il suo credito a fr. 676 925 ;

2° Che vi sia indebito arricchimento da parte dello Stato ;

3° Che in parte, vale a dire per i pagamenti fatti agli ufficiali pagatori ed ai terzi, siano da applicarsi le norme della
negotiorum gestio.

C. La competenza del Tribunale federale di fronte al
l'art. 108 degli statuti viene motivata dall 'attrice colle argomentazioni seguenti :

1° Il dispositivo dell' art. 108 degli statuti essere nullo già
dal suo principio. Il patto compromissorio essere stato conchiuso sotto il regime della procedura civ. del 2/16 giugno 1843
ancora vigente, la quale all' art. 545 stabilisce, che il compromesso debba contenere il nome degli arbitri e l'oggetto di
controversia, altrimenti sia nullo. Ora l'art. 108 degli statuti
non essere evidentemente conforme a questo dispositivo di
legge. Tutto al più doversi ritenere l'art. suddetto come un
pactum de contrahendo compromittendo), il quale però se-

condo il diritto ticinese non potrebbe dar luogo ad azione, in
quantoche l'art. 545 fa susseguire di nullità la non osservanza
dei suoi requisiti. L'approvazione degli statuti da parte del
Gran Consiglio non aver potuto avere per effetto di derogare
all' art. 545 della procedura civile, non avendolo il Gran Consiglio nè voluto, nè potuto fare senza violare l'art. 4 della
Costituzione federale.

2° Il compromesso essere nullo in ogni caso dal 1875 in
poi. La Costituzione federale del 29 maggio 1874 e la legge
sull' organizzazione giudiziaria federale del 27 giugno 1874
avere avuto per conseguenza, che le questioni di diritto civile
fra Cantoni da una parte e corporazioni o privati dall'altra
debbano, a richiesta dell'una delle parti, essere decise dal
Tribunale federale, qualora l'oggetto di controversia raggiunga
i fr. 3000. Ora, avendo gli statuti della Banca carattere o
almeno forza di legge, l'art. 108 degli statuti, afferma l'attrice,
sta in contraddizione colla Costitutione federale e colla legge
sulla organizzazione giudiziaria, e secondo gli art. 2 e 3 delle
disposizioni transitorie della Costituzione federale, deve ritenersi perciò come fuori di valore.

3° Eventualmente il dispositivo dell' art. 108 degli statuti
non essere applicabile alla presente questione. Dagli statuti
essere stati creati fra la Stato e la Banca diversi rapporti di
diritto privato ; così per esempio agli art. 6, 7, 8, 18, 44, 79,
103, 104, 111. Questi rapporti, creati dagli stessi statuti, non
potere essere ceduti a terzi. Se a riguardo di essi sorgesse
lite, la decisione dovrebbe, a detta della Banca, venire de-
ferita ad arbitri. Ma l'art. 28 degli statuti dispone solo, che
la Banca possa entrare in rapporti di conto-corrente collo
Stato e con altre banche. Se esiste dunque un simile rapporto,
esso non venne creato dagli statuti, ma è solo una relazione
esistente fra lo Stato e la Banca, come quella che può sussis-
tere fra due persone private qualunque. I crediti che ne di-
pendono, potrebbero essere ceduti, ed allora la clausola compromissoria perderebbe senz' altro ogni suo valore.

L'opinione che l'art. 108 degli statuti non sia applicabile
alla lite presente, essere confermata anche dal fatto, che la

procedura civile ticinese segue i principi del diritto francese ed in genere del diritto romano, il quale anzichè favorire i giudizi arbitrali, li limita il maggiormente possibile. Del resto l' art. 108 degli statuti non potrebbe trovare applicazione in concreto neppure secondo il diritto germanico (§§ 851 e seg. della procedura civ. tedesca) essendo il rapporto giuridico, su cui è fondata l'azione, sorto solo dopo. Anche in diritto italiano la clausola compromissoria non essere applicabile che in merito a controversie riferentisi all' interpretazione od all' esecuzione di un contratto determinato. Nessun giudice tedesco, francese o italiano potrebbe dunque, secondo l'attrice, riconoscere l'applicabilità dell' art. 108 degli statuti al caso concreto.

D. Lo Stato convenuto, riferendosi all' art. 108 degli statuti, contesta nella sua risposta la competenza del Tribunale federale e, in tesi subordinata, combatte da diversi punti di vista, che qui non è necessario di indicare, la pretesa sollevata dalla Banca. Esso conchiude perciò domandando in linea preliminare : che il Tribunale federale abbia a dichiararsi incompetente ad occuparsi del petitorio inoltratogli. Subordinatamente :

1° Che la domanda della Banca sia dichiarata infondata ;

2° Che l'attrice sia obbligata a prestarsi alla liquidazione dei depositi presso di lei eseguiti dallo Stato del Cantone Ticino, ed al pagamento allo Stato suddetto della somma capitale che dalla liquidazione risulterà a suo favore, coi relativi interessi semestrali del 3 $\frac{1}{2}$ %.

Sulla quistione di competenza il convenuto si esprime in sostanza come segue :

1° Che l'art. 54 della procedura civ. tic. sancisce il diritto a chiunque abbia la libera amministrazione dei propri beni, di compromettere ad uno o più arbitri le liti che sono o possono essere promosse. Che l'art. 545 descrive la forma ed i caratteri dell' atto compromissorio e si limita a regolarizzare il compromesso in rapporto a contestazioni già insorte. Così essere sempre stato interpretato l'art. 544 da una giurisprudenza uniforme. L'obbiezione della Banca desunta dal fatto che mancano alla convenzione compromissoria dell' art 108 degli statuti i caratteri dell' art. 545 della procedura civile non essere quindi attendibile, poichè l'art. 545 suddetto non contempla che le quistioni che potessero scoppiare successivamente. Che d'altra parte l'art. 108 non è un puro *pactum de contrahendo*, specie di obbligazione di cui non è cenno nella legislazione ticinese, bensì una formale e perfetta convenzione, alla quale sono applicabili le regole generali degli art. 540 e relativi del codice civ. ticinese.

2° Che la Costituzione federale non ha nessuna relazione col caso concreto, l'art. 108 degli statuti non costituendo una legge, ma una convenzione, e l'art. 110 della Costituzione federale non avendo avuto in nessun modo per iscopo di interdire alle parti di deferire la decisione di contestazioni fra loro insorgibili ad un giudizio arbitrale, anche quando l'una delle parti in lite sia un Cantone.

3° Che altrettanto infondata è l'asserzione della Banca, che l'art. 100 degli statuti non sia eventualmente applicabile alla quistione presente. La cessibilità delle pretese della Banca non avere nessuna importanza. Secondo l'art. 108 ogni quistione insorgibile tra la Banca e lo Stato, purchè di diritto privato, dover essere portata davanti ad arbitri. Gli estremi voluti esistere dunque in concreto. Ammesso però anche che l'art. 108 debba essere riferito solo a contestazioni defluenti dal contratto medesimo, esso sarebbe egualmente applicabile. Di fatti i rapporti di conto corrente non essere un fatto accidentale, ma dipendenti dagli statuti, vale a dire creati in esecuzione di speciale contrattazione prevista dagli art. 20 e 28 degli statuti. L'obbligazione compromissoria aver avuto di mira appunto i rapporti nascenti da eventuale conto corrente, essendo gli art. 7, 8, 13 e seg. addotti dall'attrice, qualcosa di assoluto, di acquisito colla fondazione della Banca medesima. Che del resto la Banca appoggia essa stessa il suo credito a pretesi versamenti fatti allo Stato in dipendenza di conto corrente sorto e pattuito in conformità degli art. 20 e 28 degli statuti. Essere inesatto che la procedura ticinese sia calcata sulla francese e questa sul diritto romano e che veda di mal occhio i contratti compromissori. L'art. 544 della procedura civile sancisce anzi nel modo più solenne e generale il diritto di libera scelta d'un giudizio arbitramentale per qualunque contestazione insorta od insorgibile. La legislazione ticinese avere dunque una tendenza marcata di favorire il compromesso ; talmente che i decreti legislativi del 13 giugno 1853 e 14 giugno 1854, e la legge organica comunale (art. 201 e 202) impongono il giudizio arbitrale per le quistioni insorgibili di diritto comunale, patriziale ed agrario. Il codice di procedura francese non ammettere il compromesso per quistioni future ; ciò nonostante essere lo stesso riconosciuto da quasi tutti gli scrittori ed anche in parecchie sentenze. A fortiori dunque, conchiude il convenuto, una tale stipulazione deve essere lecita e valida nel Cantone Ticino. L'opinione contraria essere confutata anche giornalmente dalla pratica. La clausola compromissoria è così valida, soggiunge il convenuto, che tutte le compagnie d'assicurazione l'inseriscono nelle loro polizze, non chè il Cantone Ticino in quastutti i suoi contratti d'appalto. Anche l'Assemblea federale aver obbligato il Cantone Ticino, in una quistione contro l'Unione delle strade ferrate svizzere, con suo decreto del l'8 gennaio 1872 a stare in lite davanti ad un tribunale arbitramentale stato preveduto contingentemente dall' atto di concessione. Il Tribunale federale doversi dichiarare tanto più incompetente, in quanto si tratta di interpretare dei dispositivi di procedura civile cantonale, materia che forma ancora uno degli attributi esclusivi riservati all' autonomia dei Cantoni.

E. Replicando la Banca attrice insiste nel dire che l'art. 108 degli statuti abbia carattere legislativo e non convenzionale, ed osserva che nell'edizione degli statuti, pubblicati dalla Banca, esso è menzionato in un cogli altri nell' art. 103. Essere vero bensì che nella pubblicazione fatta nel Bollettino officiale detto articolo fu ommesso. Ciò essere avvenuto però solo per errore, avendo il Gran Consiglio accettato senza discussione il progetto di statuti presentatogli, in cui l'attuale art. 108 (allora 106) era annoverato esso pure nell' art. 111

d'allora, attualmente 113. Ora l'errore suddetto, essendo imputabile allo Stato solo, non poter essere invocato da quest'ultimo a suo favore. Essere provato dunque che l'intenzione del Gran Consiglio era quella di creare un foro eccezionale. — La tesi svolta nell' allegato di esposizione circa gli art. 544 e 545 della proc. civ. tic. viene essa pure mantenuta. In tutta la giurisprudenza ticinese, afferma l'attrice, non esiste un sol caso, in cui sia stata dichiarata la validità di una clausola compromissoria così enorme. I capitolati di concessioni ferroviarie, in ispecie quello conchiuso tra il Cantone Ticino e la Banca di credito di San Gallo, non provano nulla. Chè in essi il compromesso è circoscritto alle vertenze che potevano insorgere in dipendenza dell' atto di concessione, oltre che i detti capitolati avevano precisamente lo scopo di sottrarre al giudice ticinese le dette vertenze, e di deferire al Tribunale federale tutte le questioni riguardanti il compromesso. Nell' art. 108 degli statuti l'oggetto del contratto essere invece assolutamente indeterminato. Detta convenzione non essere valida neppure per il disposto dell' art. 533 del codice civile ticinese del 1837, che esige per la validità di una convenzione che essa abbia per oggetto una cosa determinata. Inesatto poi il dire, che il conto corrente sia un rapporto creato fra lo Stato e la Banca in relazione agli statuti. La facoltà prevista al l'art. 28 non aver nulla a che fare coi diritti ed obblighi vicendevoli creati fra lo Stato e la Banca in dipendenza degli statuti. La Banca poteva rifiutarsi di entrare in conto corrente collo, Stato e lo Stato non avrebbe potuto costringervela. Che nel caso presente si tratti dell' interpretazione e dell' applicazione di diritto cantonale, non costituire naturalmente un titolo di incompetenza per il Tribunale federale. Ciò che il convenuto sostiene in proposito, non essere applicabile per le cause come la presente.

F. Sulla quistione di competenza il convenuto nella sua duplica non fa che confermarsi in quanto ebbe ad esporre nel suo allegato di risposta.

G. Nei dibattimenti di quest' oggi le parti mantengono le loro conclusioni per la competenza e viceversa per l'incompe-

tenza del Tribunale federale. L'avvocato dell' attrice dichiara
però di abbandonare il proprio argomento circa la pretesa
contraddizione dell'obbligazione compromissoria coll' art. 110,
n° 4, della Costituzione federale e coll' art. 27 della legge sull-
l' organizzazione giudiz. fed. e di riconoscere che l'art. 108
degli statuti abbia un carattere puramente privato.

Il Tribunale federale prende in considerazione :

1° Secondo gli art. 110, n° 4, della Costituzione federale
e 27, n° 4, della legge sull' organizzazione giudiziaria federale, le cause di diritto civile fra Cantoni da una parte e corporazioni o privati dall' altra, il cui oggetto litigioso raggiunge
il valore di fr. 3000, vengono giudicate, se l'una o l'altra delle
parti lo domanda, dal Tribunale federale. Su questi dispositivi di legge l'attrice ha fondato la competenza del Tribunale
federale, e siccome gli estremi relativi ricorrono incontestabil-
mente nel caso concreto, va da sè, che qualora il convenuto
intenda negare all' attrice il diritto di adire il Tribunale
federale, tocchi a lui di provare l'esistenza di un fatto che
abbia per conseguenza di privare l'attrice di questo suo diritto. Un fatto simile può essere una convenzione implicante
una prorogazione di foro, ovvero un compromesso. Certo è
però che nessun dispositivo di legge cantonale può derogare
alle disposizioni della Costituzione o delle leggi federali, e
che qualora un simile dispositivo fosse in contraddizione colle
competenze del Tribunale federale sancite nella costituzione
e nella legge d'organizzazione giudiziaria federale, sarebbe
abrogato in virtù degli art. 2 e 3 delle disposizioni transitorie
della Costituzione federale. A questa regola non fanno eccezione neppure le prescrizioni delle leggi cantonali riferentisi
alla soluzione di certe controversie a mezzo di giudizi arbitrali. Ne consegue perciò che qualora l'art. 108 degli statuti
della Banca, dal quale il convenuto fa derivare la sua eccezione, dovesse ritenersi come un dispositivo di legge, l'eccezione suddetta dovrebbe venire senz' altro respinta. L'articolo
108 degli statuti però non ha valore legislativo, ma come lo
riconobbe nei dibattimenti l'attrice stessa, solo un carattere
convenzionale. L'attrice non è che una società anonima, ed i

suoi statuti non poterono cambiare di carattere ed acquistare
valore di legge nè per la loro approvazione da parte del Gran
Consiglio, nè per la loro pubblicazione nella raccolta officiale.
Detti statuti non hanno il valore di dispositivi di legge, che
in quanto vennero dichiarati esplicitamente come tali dal legislatore stesso. Ora, ciò può essere il caso bensì delle disposizioni menzionate all' art. 113 degli statuti ; ma l'art. 108 non
si trova compreso fra esse e quanto all' asserzione dell'attrice,
che detta ommissione sia avvenuta solo in conseguenza di
svista od errore, nessuna prova fu fornita od offerta anche
solo dall' attrice, a sostegno di quanto essa adduce in proposito.

2° Eliminata così la pretesa contraddizione esistente fra
costituzione e legge federale da una parte, e l'art. 108 degli
statuti della Banca dall'altra, e dimostrato che l'art. 108 ha il
carattere di un semplice contratto, rimane a vedere, se è
fondata l'eccezione di compromesso sollevata dal convenuto
contro il giudizio del Tribunale federale, vale a dire se
l'art. 108 degli statuti contiene un compromesso, in forza del
quale il convenuto sia in diritto di opporsi a che la quistione
venga giudicata dal Tribunale federale. Che gli art. 110, n° 4,
della Costituzione federale e 27, n° 4, della legge sull' organizzazione giud. non impediscano di sottoporre al giudizio di
arbitri delle controversie, che secondo le dette disposizioni
possono essere portate davanti al Tribunale federale, venne
sempre riconosciuto da quest'ultimo, e neppure l'attrice lo
contesta. Anche nell'ammettere che la quistione, se l'art. 108
degli statuti contenga un compromesso valido o meno, debba
essere risolta dietro il diritto ticinese, in ispecie dietro gli
art. 544 e 545 della procedura civile, le parti sono d'accordo
fra loro. Il fatto che il compromesso è regolato dal diritto
cantonale non esclude tuttavia che in quei casi, in cui le controversie sottoposte a giudizio arbitrale sarebbero di competenza del Tribunale federale, questi abbia anche da decidere
in caso di quistione, se e fin dove esista un compromesso
valevole, o nel nostro caso, quale sia il significato e l'estensione degli art. 544 e 545 della proc. civ. tic., invocati da

ambedue le parti. La tesi contraria, sostenuta dallo Stato
convenuto, consistente nel dire che il Tribunale federale non
sia in diritto di farlo, trattandosi di una quistione di procedura cantonale, materia riservata alla legislazione dei Cantoni,
non è evidentemente attendibile. Interpretando delle disposizioni di procedura cantonale e fissando il loro significato, il
Tribunale federale non lede in nessun modo i poteri legislativi dei Cantoni; anzi sarebbe addirittura impossibile al Tribunale federale di adempiere alle proprie funzioni in quei
casi, nei quali è chiamato a decidere come unica istanza,
qualora non gli fosse permesso di interpretare tutti quei dispositivi di legge, che hanno relazione col caso in questione,
sia che gli stessi appartengano al diritto cantonale o federale.
La regola che l'interpretazione e l'applicazione di leggi cantonali non entri negli attributi del Tribunale federale, si
riferisce solo a quei casi, in cui il Tribunale federale giudica
come istanza di appello (art. 29 della legge sull'organizzazione giud.), oppure come corte di diritto pubblico (art. 59
della legge sudd.), ed ha il suo fondamento in disposizioni
positive di legge, secondo le quali il Tribunale federale ha
solo da decidere se una data sentenza violi una norma di
diritto federale, o stia in contraddizione colle costituzioni federale o cantonali, o coi trattati o concordati conchiusi coll'estero
o tra Cantone e Cantone. È bensì vero che il Tribunale federale
nell'interpretare disposizioni di leggi cantonali, quantunque
abbia la stessa libertà ed indipendenza di un giudice cantonale, pure si asterrà dal derogare senza motivi seri dall'interpretazione che le disposizioni suddette hanno trovato nella
pratica costante dei Tribunali del Cantone. Nel caso concreto
però l'attrice ha negato, che gli art. 544 e 545 della proc.
civ. tic. siano stati applicati una sola volta dai Tribunali tici-
nesi nel senso preteso dallo Stato convenuto, e da parte sua
quest'ultimo non è stato in grado di introdurre una sola
sentenza di un Tribunale ticinese. Tutto quello che il convenuto ha invocato sotto questo rapporto è un decreto dell'Assemblea federale in data dell'8 febbrajo 1872. Ma questo decreto,
oltre che esso pure non è stato prodotto dal convenuto, e

che emana non da un' autorità giudiziaria, ma da un potere politico, non si occupa punto del tenore e dell' estensione degli art. 544 e 545 della proc. civ tic., come risulta dal rapporto della Commissione preparatoria contenuto nel vol. I, pag. 757, dell' annata 1872 del F. F., di modo che esso non pregiudica in nessun modo la quistione di cui si tratta nel caso presente.

3° Gli art. 544 e 545 della proc. civ. tic., sui quali si fondano ambedue le parti, sono del seguente tenore :

« ART. 544. Chi ha la libera amministrazione dei propri » beni può compromettere ad uno o più arbitri le liti che » sono o possono essere promosse.

» § 1. Il compromesso è obbligatorio anche per gli eredi dei compromettenti. »

E l'art. 545 : « Il compromesso si fa per atto pubblico, e privato, e deve contenere, sotto pena di nullità, l'indicazione del luogo, mese ed anno, il nome, cognome e patria dei compromittenti, dell' arbitro e degli arbitri, e gli oggetti di controversia che si sottomettono alla decisione dei medesimi. »

Ora non è contestato dalle parti, che qualora gli art. 544 e 545 della proc. civ. tic. si riferiscano allo stesso caso e regolino il compromesso in genere, non si possa ravvisare nell'art. 108 degli statuti della Banca un compromesso valevole, già per il motivo, che manca in esso la designazione degli arbitri. Il convenuto nega però la premessa suddetta e sostiene, che nel mentre l'art. 544 della proced. civ. tic. sancisce il diritto il più illimitato di deferire alla decisione di arbitri le controversie insorte o insorgibili, l'art. 545 ha invece di mira solo le contese già insorte. In appoggio di questa sua opinione egli volle evidentemente asserire, che nel caso di controversie future, sulle quali secondo l'art. 544 è pure ammissibile un compromesso, è impossibile di indicare già avanti sia l'oggetto litigioso, che il nome degli arbitri. E difatti si deve concedere, che qualora l'art. 544 della proc. civ. dovesse interpretarsi nel senso, che sia lecito di conchiudere un compromesso sopra ogni e qualsiasi controversia che possa

nascere in seguito di tempo fra due date persone in dipendenza da un oggetto qualsiasi, non sarebbe realmente possibile di soddisfare ai requisiti dell' art. 545. Ma quest' ultima
opinione, che sta in contraddizione, oltre che colla teoria e
colla pratica, con tutte le legislazioni conosciute, anche con
quelle che favoriscono maggiormente i giudizi arbitrali, è senza
dubbio infondata (vedi anche *Pisanelli* — Relazione sul cod.
civ. art. 1117 — e *Mattirolo,* Trattato di diritto giudiziario
civile italiano, III, ed., vol. I, n° 644). Perchè un compromesso sia valido, deve essere designato almeno il rapporto
giuridico, dal quale debbano nascere le future controversie, e
in tal caso non vi è più ostacolo all' adempimento dei requisiti contenuti nell' art. 545 della proced. civ. (così anche Dernburg, *Preussiches Privatrecht*, vol. I, pag. 340). Solo quei
rapporti giuridici, che fossero stati conchiusi per un periodo
di tempo eccezionalmente lungo, potrebbero ancora offrire
quanto alla designazione degli arbitri, e malgrado lo spe-
diente concesso dall' art. 560 della proc. civ. tic., qualche dif-
ficoltà ; ciò non basta tuttavia per far ritenere fondata l'eccezione del convenuto, tanto più se si riflette che la procedura
civile ticinese non contiene nessun dispositivo speciale sulla
forma e sul tenore dei compromessi riferentisi a vertenze future, nel mentre da quanto può essere arguito dal tenore del
l'art. 545, non è stato certo l'intenzione del legislatore di non
prescrivere a loro riguardo nessuna formalità e di ammettere
così un compromesso anche solo tacito od orale. Da un esame
imparziale delle due disposizioni di legge si riceve piuttosto
l'impressione che l'art. 544 descriva i criteri oggettivi e soggettivi del compromesso, e l'art. 545 ne regoli la forma ed il
contenuto. Questo è anche quanto risulta da un confronto
cogli art. 1003-1006 del codice di procedura francese, col
quale gli articoli in quistione della procedura civile ticinese
concordano pienamente, sia riguardo al loro ordine che al loro
tenore. In ambedue le legislazioni — art. 1003 della francese
e 544 della ticinese — sono menzionati anzi tutto i diritti che
possono in genere formare oggetto di compromesso, poi gli
articoli seguenti stabiliscono le formalità che devono essere

osservate in proposito. Che la procedura francese non si contenti di prescrivere in modo generico, come quella del Ticino, che debbano essere diritti, dei quali si abbia la libera amministrazione (anche l'art. 544 della proc. tic. deve essere interpretato in questo senso), ma indica nel suo art. 1004 anche altri singoli casi, in cui il compromesso non possa aver luogo, è senza importanza. Una differenza fra le due legislazioni non esiste neppure, come ebbe a sostenere il convenuto, nel fatto, che l'art. 544 della proc. civ. tic. ammette la possibilità di un compromesso anche riguardo a quistioni non ancora promosse, risp. non sorte. Chè anche in diritto francese il compromesso sopra quistioni future derivanti da un rapporto giuridico determinato è ammesso (vedi Sirey alla nota 9 sull'art. 1006 et alla nota 39 sull' art. 1003). Dal che risulta, che le due legislazioni hanno una base affatto comune, che perciò anche in diritto ticinese l'art. 544 della proced. civ. non prevede dei casi speciali di compromessi esenti dall' osservanza di qualsiasi forma, ma regola solamente i criteri soggettivi e oggettivi del compromesso, percui anche in diritto ticinese è richiesto per la validità del medesimo che siano state osservate le prescrizioni dell' art. 545.

4° Ma se anche l'art. 108 degli statuti non contiene per le ragioni superiormente accennate un compromesso perfetto a sensi dell' art. 545 della proced. civ. tic., può nascere però la quistione, come riconosce l'istante medesimo, se la regola sancita nell' articolo suddetto non debba considerarsi almeno come un *pactum de compromittendo*, ossia come una clausola compromissoria. È vero che il convenuto ha negato dapprima (alla pag. 147 della sua risposta) l'ammissibilità di un simile patto preventivo a riguardo del diritto ticinese, di modo che se si volesse prendere esclusivamente per norma l'opinione colà manifestata si dovrebbe prescindere da un esame in proposito, dichiarando, in base a questo fu detto di sopra, la convenzione contenuta nell' art. 108 degli statuti come nulla senz'altro. L'opinione espressa nell' allegato di risposta dal convenuto sembra però essere stata dettata da un errore di diritto, per cui essa non può formare stato in concreto. Presentemente l'ammissibilità di un *pactum de contrahendo*, tanto riguardo ai contratti reali che consensuali, non è più quasi materia di dubbio ; così ha riconosciuto anche il Tribunale federale nella sentenza sulla causa Profumo c. Stumm la validità del *pactum de emendo et vendendo*, quantunque lo stesso non sia come il *pactum de mutuando* (art. 331) espressamente menzionato nel Codice federale delle obbligazioni. In quelle legislazioni poi, nelle quali il *pactum de contrahendo* non è nè espressamente escluso, nè regolato da disposizioni speciali, la sua validità dipende dai principi generali che regolano la materia dei contratti. Altrettanto dicasi anche del *pactum de compromittendo*, il quale pure appartiene al diritto materiale. Ora, non essendo stato addotto in concreto nessun dispositivo del cod. civ. tic., dietro il quale il *pactum de compromittendo* debba riguardarsi come escluso, la sua incompatibilità potrebbe essere fondata solo sul l'art. 545 della procedura civile. La corte di cassazione francese, appoggiandosi alla disposizone analoga dell' art. 1005 del codice di procedura francese, dichiarò di fatti la clausola compromissoria inammissibile (vedi *Dalloz* Repertoire, sotto il vocabolo *arbitrage* n° 454 e seg. — Recueil périod. 1874, 2, 137, nota 1). Nella dottrina si elevarono però delle voci in contrario, e quest'altra opinione, conformemente a quanto ebbe a giudicare anche il tribunale supremo di commercio germanico (raccolta uff., vol. XIII, pag. 421 e seg.), sembra di fatti preferibile. Che il *pactum de compromittendo* sia assolutamente incompatibile coll' art. 1005, 1006 della procedura francese, o coll'art. 545 della ticinese, non si può sostenere, e nelle legislazioni moderne (vedi §§ 852 e seg. della procedura tedesca, art. 12 dell' italiana e per la Svizzera art. 335 Ginevra, art. 335 Vaud et art. 613 Vallese), non chè nella pratica di diritto comune, il *pactum de compromittendo* è generalmente accettato. Ai nostri giorni esiste indubbiamente la tendenza di favorire i giudizi arbitrali; così anche nel Cantone Ticino, dove leggi e decisioni recenti del Gran Consiglio prescrivono che certe quistioni debbano venire decise da arbitri, e dove la clausola compromissoria viene anche spesso inserita

in contratti. Sono le esigenze del commercio che hanno con-
dotto a seguire questa via, ed è possibile che, affine di gius-
tificare la validità di simili clausole compromissorie, si abbia
ricorso per errore all' art. 544 della procedura civile, nel
mentre una giustificazione non poteva essere trovata che nei
principi che regolano il *pactum de contrahendo*.

5° Anche un *pactum de compromittendo* non può però
essere conchiuso per tutte le vertenze insorgibili fra due persone da un oggetto qualsiasi, indeterminato. Perchè sia valido
è necessario, che venga fissato sufficientemente il tenore del
futuro compromesso da conchiudersi in base al patto preventivo. Il patto de compromittendo richiede dunque secondo
l'art. 545 della proced. civ. tic., non solo l'accordo preventivo
delle parti sopra certe regole sicure sulla costituzione del tribunale arbitrale, ma anche che vengano precisati e determi-
nati i rapporti giuridici, dai quali debbano aver origine le
vertenze da risolversi in via di compromesso. Che detti rapporti esistano già al momento della stipulazione della clausola
compromissoria, non è necessario ; anche riguardo ad un vin-
colo giuridico da crearsi solo in futuro, il *pactum de compromittendo* non è da riguardarsi come escluso. Ciò che importa
perchè esso abbia a parere abbastanza preciso, non è che il
rapporto giuridico a cui si riferisce, debba essere già sorto,
ma che debba presentarsi agli occhi dei contraenti come un
rapporto a sè, quantunque in relazione solo ad una cosa
futura, e che sia stato voluto come tale nel contratto e sia
come tale ravvisabile. Nel nostro caso però nè il rapporto
giuridico, dal quale l'istante fa dipendere in via principale le
sue pretese, nè il rapporto ammesso dallo Stato convenuto,
hanno il loro fondamento negli statuti (art. 13, 20 et 28). Da
essi non deriva cioè nè un contratto di conto-corrente, nè un
contratto qualunque, in forza del quale la Banca sia obbligata
di assumersi il servizio di cassa per lo Stato fino a concorrenza delle somme a lei sborsate dal medesimo ; gli statuti
non contengono in questo senso neppure un *pactum de contrahendo*, nè tanto meno l'obbligo legale per la Banca di
entrare collo Stato in un simile rapporto. L'art. 13 degli sta-

tuti indica l'oggetto e lo scopo dell' impresa ed enumera singolarmente e dettagliamente tutti quegli affari, che entrano nella sfera d'azione della Banca cantonale ticinese. Come in tutte le imprese consimili, questo articolo non significa però che la Banca sia in obbligo di conchiudere quei negozi, ai quali essa estende il cerchio della propria attività, ma solo che essa è in diritto di applicarsi alle operazioni menzionate all' art· 13. Quando dunque l'articolo suddetto (lett. *b*) dispone per esempio, « che la Banca s'incarica per conto dello » Stato, dei pubblici stabilimenti, del commercio e dei parti- » colari, dell'incasso degli effetti e dei conti riconosciuti che » le saranno rimessi a questo scopo, » ed alla lett. *e* che « essa apre dei crediti in conto-corrente sotto certe garanzie » non c' è neppur dubbio, che da questi dispositivi non viene creato alla Banca nessun obbligo di carattere privato, che possa dar luogo ad un' azione civile, nel senso che essa debba contrarre collo Stato le operazioni suddette, un obbligo simile esistendo per lei così poco di fronte allo Stato, che di fronte agli stabilimenti pubblici, alle case di commercio ed ai particolari. Questo modo di vedere è confermato pienamente, anche dagli art. 20 e 28 degli statuti.

L'art. 20 dispone : « Se lo Stato, i pubblici stabilimenti, il » commercio ed i privati vorranno incaricare la Banca delle » loro operazioni di cassa, ciò potrà farsi mediante una con- » venzione scritta che ne regolerà le speciali condizioni. » Affine di creare un simile rapporto fra la Banca e lo Stato, è dunque necessario che venga stipulato in iscritto un contratto speciale, nello stabilire le cui condizioni la Banca ha la stessa libertà di fronte allo Stato che di fronte ad altre persone, compresavi la facoltà di pattuire la decisione a mezzo di arbitri di eventuali contese. Per quanto poi riguarda l'art. 28, il quale stabilisce : « che la Banca cantonale potrà entrare in conto » corrente collo Stato e con altre banche svizzere od estere ; » ma che la Direzione dovrà riferirne previamente al Consi- » glio di Amministrazione, che delibererà per la fissazione » dei crediti reciproci, » è evidente, come lo dimostra anche un confronto cogli articoli 23 e seg., che questo articolo non

impone alla Banca cantonale ticinese, nè di fronte alle altre
banche, nè di fronte allo Stato, il dovere di conchiudere seco
loro un contratto di conto corrente, ma che esso contiene
solo un' eccezione circoscritta allo Stato ed alle banche del
divieto generale di aprire dei crediti scoperti, vale a dire non
garantiti da sicurtà o da pegno. Il convenuto stesso lo riconosce nelle sue argomentazioni sul merito col negare che egli
fa l'esistenza di un contratto di conto corrente fra lo Stato e
la Banca. Egli cade perciò in contraddizione con sè stesso
sostenendo più tardi, nella parte del suo allegato riferentesi
all' eccezione del compromesso, il contrario. Vero è bensí che
l'ammissibilità di un conto corrente scoperto dipende dagli
statuti, falso però che gli art. 20 e 28 contengano una convenzione o un contratto nel senso preteso dal convenuto.

Gli art. 13, 20 e 28 non hanno neppure il carattere di convenzione, ma sono regole, statuti di un ente giuridico. Del
resto gli statuti non solo non hanno fondato nè un contratto
riferentesi ai rapporti della cassa cantonale colla Banca, nè
un obbligo della Banca di conchiudere un simile contratto,
ma quando quest' ultima fu istituita, le parti non avevano evidentemente neppure l'intenzione di entrare immediatamente
fra loro in un simile rapporto. Difatti nel mentre la Banca ha
cominciato la sua gestione già coll' anno 1859, il contratto di
conto corrente, secondo quello che pretende l' attrice, sarebbe
stato conchiuso solo nel 1878, e secondo il convenuto, nè
allora nè mai. Ora fu bensì detto di sopra, che un *pactum de
compromittendo* non debba riguardarsi come escluso neppure
in merito ad un rapporto giuridico non ancora istituito ; in
realtà però un simile *pactum* non si riscontrerà quasi mai, se
non in unione ad un rapporto (fosse anche solo un *pactum de
contrahendo*) stato simultaneamente creato. In ogni caso, già
per la regola generale che i compromessi vanno sottoposti
quanto al loro contenuto ad una interpretazione restrittiva,
e che in dubbio si debba decidere a favore della giurisdizione
ordinaria (così anche *Dernburg*, Preussisches Privatrecht
vol. I, p. 340 ; raccolta delle sentenze del Tribunale superiore
di commercio germanico vol. II, p. 427 e altrove), un *pactum*

de compromittendo non è da riferirsi ad un rapporto giuridico, che ancora non esiste, se non quando simile intenzione delle parti risulti dal contratto in modo evidente. In concreto però nè è detto nell' art. 108 degli statuti, che debbano essere rimesse ad arbitri anche le contese che avessero a nascere fra le parti da un contratto da conchiudersi secondo gli art. 20 e 28 degli statuti, nè vi sono motivi che conducano a credere che tale sia stata la volontà dei contraenti, nè l'art. 108 degli statuti manca di un senso ragionevole, se non lo si riferisce alle contese suddette, essendo stati creati dagli statuti, come riconosce anche il convenuto e come risulta del resto chiaramente dal loro tenore, direttamente dei rapporti di diritto, ai quali può essere applicato l'art 108. Cosí per esempio dagli art. 6, 13 lett. 1, e 44 dei medesimi. — L'eccezione del compromesso sollevata dallo Stato è dunque inattendibile sotto ogni riguardo.

Per questi motivi il Tribunale federale

pronuncia :

L'eccezione del compromesso sollevata dalla parte convenuta è dichiarata infondata.

---

147. Urtheil vom 10. Dezember 1892 in Sachen Rigg und Bregenzer gegen Kanton Schwyz.

A. Mit Klageschrift vom 22./23. Januar 1892 stellen Richter Tobias Rigg und Negoziant Clemenz Bregenzer in Gersau beim Bundesgerichte den Antrag: „Ist Beklagtschaft (Staat des Kantons Schwyz) nicht pflichtig, 1. anzuerkennen, daß die Kläger als Inhaber des sogenannten Balchensatzes und Balchensees zu Gersau allein und ausschließlich berechtigt seien, auf dem schwyzerischen Theile des Vierwaldstätterseees von der Grenze zwischen den Bezirken Schwyz und Gersau bis zur Grenze zwischen Gersau und Vignau Balchen zu fangen? 2. Von diesem die Befugniß Dritter zum Balchenfang ausschließenden Privatrechte der Kläger in den kantonalen Fischereipatenten Vormerkung zu thun, unter Kostenfolge für die Beklagtschaft?" Sie bringen an: Unter dem Namen „Balchensatz und Balchensee" bestehe auf dem Vierwaldstättersee von Alters her eine Fischereigerechtigkeit, deren Ausübung sich von der Schwyzer Landmarch (Grenze zwischen den Bezirken Schwyz und Gersau) bis zur Grenze der benach= barten luzernischen Gemeinde Vitznau erstreckt habe. Diese Ge= rechtigkeit, deren Inhalt im ausschließlichen und, nach der Ansicht der Kläger, unbeschränkten Rechte zum Balchenfang auf dem ge= nannten Seegebiete bestehe, sei rechtlich wie eine Liegenschaft be= handelt worden, indem sie nicht nur wiederholt Gegenstand von Kaufverträgen gewesen sei, sondern sogar eine eigene Grundbuch= nummer erhalten habe und mit Hypotheken belastet worden sei. Am 30. Juli 1889 sei der Balchensatz und Balchensee durch Kauf an die heutigen Kläger übergegangen. Seit Erlaß des Bundesgesetzes betreffend die Fischerei beziehungsweise der bezüg= lichen kantonalen Vollziehungsverordnung haben verschiedene Fischer den Versuch gemacht, die Inhaber des Balchensatzes und Balchen= sees in ihrer Rechtsausübung zu beeinträchtigen, unter dem Vor= wande, daß jeder Inhaber eines kantonalen Fischereipatentes das Recht habe, in allen öffentlichen Gewässern des Kantons den Fischfang zu betreiben, ohne dabei einer andern Beschränkung unterworfen zu sein, als den im Bundesgesetze enthaltenen Be= stimmungen. Die Kläger haben verschiedene erfolglose Versuche gemacht, sich hiegegen zu schützen. Auch die Regierung des Kan= tons Schwyz wolle das Recht der Kläger in zwei Richtungen beschränken. Zunächst mit Bezug auf den Ort dahin, daß dasselbe sich nur auf die Uferstrecken des Sees, nicht aber auf den offenen See beziehe. Allein in keiner Urkunde sei etwas davon gesagt, daß nur am Ufer Balchen gefangen werden dürfen. In den Ver= trägen heiße es „Balchensatz und Balchensee." Damit sei doch deutlich gesagt, daß das Fischereirecht sich nicht blos dem Ufer entlang erstrecke. Die Kläger behaupten ihr Fischereirecht bis an die Grenze des Kantons Nidwalden. Sodann behaupte die Re= gierung eine Beschränkung des Fischereirechtes der Kläger mit Be= zug auf die Zeit dahin, daß dasselbe sich nur auf die Laichzeit der Balchen beziehe. Allerdings werden nun die Balchen hauptsächlich

zur Laichzeit, d. h. im Christmonat, gefangen; man fange sie
aber auch im Sommer in der Tiefe des Sees mit Grundnetzen.
Sie berufen sich für den Umfang und die bisherige Ausübung
ihrer Fischereigerechtigkeit auf Zeugenbeweis.

B. In seiner Vernehmlassung beantragt der Regierungsrath
des Kantons Schwyz: Das Bundesgericht wolle erkennen, daß
die Kläger, als Inhaber des sogenannten Balchensatzes und
Balchensees zu Gersau privatrechtlich lediglich befugt sind, den
Fang der Balchen während der Laichzeit (Ende November und
Anfang Dezember), in herkömmlicher Weise mittelst Netzen und
Zündens zur Nachtzeit längs der Uferstellen des Vierwaldstättersees auf Gersauer Gebiet zu betreiben und daß die Kläger mit
allen weitergehenden Rechtsansprüchen abzuweisen sind. Alles unter
Kostenfolge. Zur Begründung macht er im Wesentlichen geltend:
Das Balchensatzrecht in Gersau bestehe lediglich in der Rechtsame des Balchenfanges längs der gersauischen Seeuferstrecke
während des Balchenlaiches. Wie diese Rechtsame entstanden sei,
lasse sich urkundlich nicht mehr nachweisen. Zum ersten Male
werde die Balchenfischenz ohne nähere Umschreibung erwähnt im
Jahre 1698, wo ein Johann Kaspar Küttel am Rottenschur in
Gersau als Sicherheit und Pfand für eine Gültschuld außer den
in erster Linie verpflichteten Liegenschaften auch noch den Balchensatz mitverschreibe. Die Rechtsame erscheine also anfänglich als
Zubehörde zu einer Liegenschaft; in der Folge scheine sie dagegen
als selbständige, von der Verbindung mit einer Liegenschaft los-
gelöste, Gerechtigkeit, Gegenstand von Theilungen und hypothe-
karischen Verschreibungen geworden zu sein. Im Jahre 1838
haben die damaligen vier Inhaber des auf dem Balchensee verschriebenen Kapitals sich gleichzeitig als die ausschließlichen Inhaber des Balchensees, also des Grundpfandes selbst, erklärt und
gleichzeitig eine Theilung des „Balchensees" in vier Abtheilungen
vorgenommen. Im Grundbuche von Gersau sei der Balchensatz
formell wie eine selbständige Liegenschaft mit eigener Liegenschafts-
nummer, Nr. 337, materiell dagegen als Fischereigerechtigkeit behandelt worden. Bei der im Jahre 1887 vorgenommenen nachträglichen Kapitalbereinigung über den Balchensatz seien nicht die
Inhaber der Kapitalien, sondern eine Familie Küttel am Rotten-

schur als Eigenthümer des Balchenfischrechtes erklärt worden, so daß
die Gerechtigkeit wieder zu dem Eigenthümer der anfänglich mit-
hypothezirten Liegenschaft am obern Rottenschur zurückgekehrt sei,
nachdem die Kapitalbereinigung ergeben habe, daß von dieser Liegenschaft nicht weniger als 11,788 Fr. 98 Cts. Gültschulden auch auf
den Balchensatz übergreifen. Bis zum Jahre 1886 sei der Fischfang
in den öffentlichen Gewässern des Kantons Schwyz frei gewesen.
In der am 1. Dezember 1885 erlassenen Vollziehungsverordnung
zum eidgenössischen Fischereigesetze dagegen sei derselbe vorbehältlich besonderer Rechte von Gemeinden, Korporationen oder Privaten
als Staatsregal erklärt worden. Auf eine daraufhin erlassene
öffentliche Aufforderung zur Anmeldung privater Fischereirechte
haben die Inhaber des sogenannten Balchensatzrechtes in Gersau
ihre Rechte angemeldet und anfänglich sogar nicht nur das ausschließliche Recht des Balchenfanges, sondern das ausschließliche
Recht des Fischfanges überhaupt auf dem Gebiete des Gersauer-
sees beansprucht. Die Staatsbehörde habe den Versuch gemacht,
das Recht von der damaligen Inhaberin, der Familie Küttel, für
den Staat zu erwerben; während die hierüber eingeleiteten Verhandlungen noch schwebten, haben aber die heutigen Kläger das
Recht um den Preis von 1551 Fr. 97 Cts. für sich erworben. In
rechtlicher Beziehung sei zu bemerken: Der Vierwaldstättersee
innerhalb des Gebietes von Gersau bis zu der Grenze von
Schwyz, Nidwalden und Luzern sei ehedem öffentliches Gut der
Republik Gersau gewesen, welche die Staatshoheit über den See
wie das Landbuch von Gersau von 1751 und die Einträge in
den Rathserkenntnißbüchern ergeben, durch Erlaß von hoheitlichen
Geboten und Verboten ausgeübt habe. So sei u. A. fremden
Fischern das Fischen auf Gersauergebiet, vorbehältlich des Gegen-
rechtes, verboten und sei wiederholt einzelnen auswärtigen und
einheimischen Fischern gegen Abgaben in Geld und Fischen der
Fang einzelner Fischsorten verliehen worden, so namentlich der
Fang von Trischen mittelst Bären in den Jahren 1810, 1811,
1814. Bei der Einverleibung der Landschaft Gersau in den
Kanton Schwyz seien deren Hoheitsrechte auf den Kanton
übergegangen und es sei der ganze schwyzerische Theil des
Vierwaldstättersees öffentliches Gut des Staates Schwyz. Wenn

Private, Korporationen oder Gemeinden gegenüber dem Staate
besondere Fischereigerechtigkeiten geltend machen wollen, so liege
ihnen der Beweis für Bestand und Umfang ihrer Rechte ob.
Der Staat des Kantons Schwyz anerkenne nun das Balchen=
fangrecht der Kläger nur mit der Beschränkung, daß die Recht=
same nur zur Laichzeit der Balchen, nur längs der Seeufer an
den Laichstellen und nur mit den althergebrachten Geräthen und
in herkömmlicher Weise ausgeübt werden dürfe. Im ganzen Vier=
waldstättersee werde der Balchenfang von |Alters her in gleicher
Weise und annähernd zur gleichen Zeit, nämlich während der
Laichzeit, betrieben, da die Balchen nur zu dieser Zeit aus der
Tiefe des Sees an den flachen Kies= und Geröllbänken der Ufer
erscheinen. So existire am Nidwaldner Ufer, Gersau gegenüber,
im Schwibogen, ein urkundlich genau umschriebenes Balchenfang=
recht, welches dem Gersauer Balchensatzrecht völlig gleichartig sei
und sich ausdrücklich auf die Laichzeit beschränke. Das Balchen=
fangrecht beschränke sich ferner auf die zwischen der „Seefurren"
und dem Ufer befindlichen Sätze, Kies= und Geröllbänke, wo die
Balchen Gelegenheit finden, den Rogen „auszuschlagen." Die
dünnländigen Stellen am Ufer, wo die Balchen auf Kies und
Geröll, nur wenig unter Wasser, laichen, heißen „Balchensätze";
das Seegebiet, wo solche Balchensätze sich dem Ufer nach aus=
dehnen, heiße der „Balchensee." Alle mit der Balchenfischerei Ver=
trauten werden sich dahin aussprechen, daß die Balchenfischerei
früher und jetzt nirgend anderswo habe betrieben werden können
und betrieben werden könne, als eben auf dem zwischen „See=
furren" und Ufergestade befindlichen Streifen Seegebiet, wo die
Netze auf den Seegrund gestellt und bis über den Wasserspiegel
aufrecht erhalten werden können. So habe denn auch von jeher
die Obrigkeit von Gersau die Auffassung vertreten, daß das
Balchensatzrecht sich auf Laichstellen und Laichzeit der Balchen be=
schränke. Gegenüber weitergehenden Ansprachen der Balchensatzin=
haber habe der Rath von Gersau am 23. Dezember 1783 er=
kannt: „Wenn diese vermeinen, daß Niemand von den Unsrigen
(d. h. den Landsleuten von Gersau) in ihrem bestimmten Balchen=
see außert der gewöhnlichen Zeit kein Recht zum Fischen habe
und in solchem Falle den See allein „eignen" wollen, so mögen

sie es vor einem ehrsamen Gerichte erörtern." Einen solchen Rechtsstreit haben aber die Balchensatzinhaber nie angehoben; im Gegentheil
werde durch Zeugen bewiesen werden, daß außer dem Balchenlaich
der ganze See in Gersau mit Inbegriff der Balchensatzuferstellen
jederzeit zu jeglichem Fischen offen gestanden habe. Endlich dürfen
die Balchensatzinhaber den Balchenfang nur, wie von Alters her,
mit den herkömmlichen Geräthen und in üblicher Art, mittelst
Zündens zur Nachtzeit, ausüben. Eine privatrechtliche Befugniß,
im offenen See oder außerhalb der Laichzeit mit irgendwelchen
Geräthen Balchen zu fangen, besitzen sie nicht. In früherer Zeit
habe man in Gersau überhaupt keine Zugnetze besessen und erst
seit mehreren Jahren haben versuchs- und ausnahmsweise einzelne Balchen außerhalb der Laichzeit in offenem See mittelst
Schwebnetzen gefangen werden können.

C. Aus der Replik der Kläger ist hervorzuheben: In den
Urkunden, welche das Balchenrecht der Kläger darthun, stehe kein
Wort davon, daß diese nur zur Laichzeit und in herkömmlicher
Weise fischen dürfen. Eine solche Beschränkung dürfe daher auch
nicht in diese Urkunden hineininterpretirt werden. Eine derartige
Einschränkung stände übrigens jedem Fortschritte auf dem Gebiete
der Fischerei im Wege. Der Staat anerkenne, daß die Kläger
Inhaber des Balchensatzes und Balchensees seien. Die Definition
nun, welche die Regierung dem Begriffe „Balchensatz" gebe,
können die Kläger anerkennen; dagegen sei es absolut falsch,
wenn die Regierung als Balchensee diejenigen Uferstrecken bezeichne,
wo die Balchen ihren Laich haben und gefangen werden. Diese
Begriffsbestimmung enthalte nichts Anderes als eine Umschreibung
und Wiederholung der für den Balchensatz gegebenen Definition,
während doch die Regierung selbst anerkenne, daß zwischen Balchensatz und Balchensee ein Unterschied bestehe. Unter Balchensee könne
man vernünftigerweise nichts anderes verstehen als den offenen
See, beziehungsweise das Balchenrecht im offenen See. Wenn
den Klägern nur das Balchenrecht an den Uferstrecken zuständе,
so könnten die andern Fischer außerhalb der „Sätze" Schweb-
und Grundnetze aufstellen. Wenn dann die Balchen bei Anbruch
der Nacht auf die Sätze ziehen wollten, so würden sie in die
aufgestellten Netze fallen und die Kläger hätten das Nachsehen.

Die Kläger und ihre Rechtsvorfahren haben von jeher auch außer=
halb der Laichzeit Balchen gefangen und den Balchenfang als ihr
ausschließliches Recht angesehen. Sie bestreiten, daß der Balchen=
fang außerhalb der Laichzeit an irgend einer Stelle des Gersauer=
ufers frei gewesen sei. Richtig sei nur so viel, daß sie jetzt außer=
halb der Laichzeit mehr Balchen fangen als früher, da sie sich
eben in Folge des bessern Absatzes mit bessern Einrichtungen
(Schweb= und Grundnetzen) versehen haben. Mit diesen Geräth=
schaften sei der Balchenfang zu jeder Jahreszeit ebenso leicht
möglich, wie der Fang der andern Fische. Für den Umfang des
Rechtes der Kläger seien übrigens einzig die Urkunden, nicht die
bisherige Uebung maßgebend.

D. Duplikando hält der Regierungsrath des Kantons Schwyz
unter Bekämpfung der gegnerischen Ausführungen, an den Be=
hauptungen der Vernehmlassungsschrift fest.

E. Durch Verfügung vom 9. September 1892 hat der In=
struktionsrichter dem Beklagten Frist angesetzt, um sich darüber zu
erklären, ob er einen Hauptwerth des Streitgegenstandes von
3000 Fr. anerkenne, mit der Androhung, daß Stillschweigen als
Anerkennung eines Streitwerthes von 3000 Fr. angesehen würde.
Der Beklagte hat binnen der angesetzten Frist eine Erklärung
nicht abgegeben.

F. Vom Instruktionsrichter ist ein Augenschein eingenommen
und es sind die von den Parteien angerufenen Zeugen einver=
nommen worden. Die Ergebnisse des Zeugenbeweises werden, so=
weit erheblich, im rechtlichen Theile dieser Entscheidung wiederge=
geben werden.

G. Bei der heutigen Verhandlung halten beide Parteien ihre im
Schriftenwechsel gestellten Anträge aufrecht.

Das Bundesgericht zieht in Erwägung:

1. Nachdem der Beklagte das Vorhandensein des gesetzlichen
Streitwerthes stillschweigend anerkannt hat, sind die Voraus=
setzungen der bundesgerichtlichen Kompetenz gegeben.

2. n der Sache selbst ist nicht streitig, daß den Klägern ein
ausschließliches Recht des Balchenfanges im Seebecken von Gersau
in gewissem Umfange zusteht; streitig ist nur der Umfang dieses
Rechtes. Die Entstehung der klägerischen Fischereigerechtigkeit nun

ist aus den Akten nicht zu ersehen; es liegen nur Kauf- und
Pfandverträge über die bestehende Gerechtigkeit, dagegen keine Ur-
kunden vor, welche über die Entstehung derselben Aufschluß gäben.
Wahrscheinlich indeß dürfte dieselbe grundherrlichen Ursprungs sein.
Dafür spricht, daß sie schon im 17. Jahrhundert als altherge-
brachtes Recht des Balchensatzes behandelt wird und von einer
Begründung derselben durch hoheitliche Verleihung nirgends die
Rede ist; sie reicht also anscheinend in ältere Zeit zurück, wofür
auch ihre, älterer deutscher Rechtsauffassung entsprechende, Behandlung als unbewegliche Sache, sowie die Stellung spricht, welche
die Pfandgläubiger einnahmen, welche sich als die eigentlichen
Inhaber des Rechtes betrachteten. Aus der Entstehung der klägerischen Fischereigerechtigkeit ist danach ein sicherer Anhaltspunkt
für den Umfang derselben nicht zu gewinnen. Die vorhandenen
Urkunden sodann sprechen abwechselnd von dem „Balchensatz" oder
„Balchensee" zu Gersau oder von dem Rechte des „Fischfangs
der Balchen allhier zu Gersau" u. dgl.; in einem Kaufbriefe
vom 31. Oktober 1831 zwischen Alois Küttel und seinen Söhnen
ist vom „Balchensee von einer Landmarch bis zur andern" die
Rede und in dem am 3. November 1838 zwischen den Inhabern
des auf dem Balchensee verschriebenen Kapitals geschlossenen Vertrage wird der Balchensee von der alten Landmarch Schwyz-Gersau
bis zur luzernischen Grenze, zum Zwecke der Ausübung des Fischfanges, der Längenausdehnung des Ufers nach in vier Theile getheilt. Ueber die Zeit dagegen, während welcher die Gerechtigkeit
ausgeübt werden dürfe, sowie über ihre Ausdehnung seeauswärts
auf den offenen See, enthalten die Urkunden keine ausdrückliche
Bestimmung; sie geben keine Begriffsbestimmung der Worte
„Balchensatz" oder „Balchensee."

3. Fragt sich nun, welche Bedeutung diesen Ausdrücken beizulegen sei, so ist zunächst grundsätzlich davon auszugehen, daß das
Seebecken von Gersau, als Theil des Vierwaldstättersees, öffentliches Gut ist, dessen Benützung zur Fischerei wie zu andern
Zwecken, soweit sie nicht durch die Staatsgewalt hoheitlich beschränkt oder als Staatsregal gestaltet ist, Jedermann freisteht.
Privatrechte einzelner, welche den öffentlichen Gebrauch ausschließen, müssen in ihrem Bestande und Umfange besonders nach-

gewiesen werden; im Zweifel ist für die Freiheit des Gemeinge=
brauchs der öffentlichen Sache, nicht für ein dieselbe beschränkendes
Privatrecht Einzelner zu entscheiden. In der That kann nicht
zweifelhaft sein, daß das Gersauer Seebecken während des Be=
standes der Republik Gersau, wie seit der Einverleibung dieses
Freistaates in den Kanton Schwyz, öffentliches Gut war; dies
rgibt sich für die Zeit des Bestandes der Republik Gersau un=
zweideutig aus den Verfügungen der Obrigkeit dieses Freistaates.
Nach denselben stand die Fischerei offenbar grundsätzlich jedem
Landmann von Gersau (unter Ausschluß Auswärtiger), vorbe=
hältlich polizeilicher Beschränkungen, frei, soweit nicht die Obrig=
keit zeitweise für einzelne Arten des Fischfanges ausschließende
Berechtigungen an einzelne Fischer ertheilt hatte. Dies entspricht
auch dem Rechtszustande, wie er für die schweizerischen Demokra=
tien überhaupt für die Zeit seit der Aufhebung der Grundherr=
schaften geschichtlich bezeugt ist (siehe Blumer, Rechtsgeschichte I,
S. 445; II, 2, S. 75). Die schwyzerischen Kantonalgesetze so=
dann hatten die Fischerei in den öffentlichen Gewässern bis zum
Inkrafttreten der Verordnung vom 1. Dezember 1885, welche die=
selbe als Staatsregal gestaltete, völlig freigegeben. Einen Beweis
nun dafür, daß ihnen ein Privatrecht zustehe, welches die Freiheit
der Fischerei im Gersauer Seebecken weiter als rücksichtlich des
üblichen Balchenfanges zur Laichzeit und an den Laichstellen be=
schränke, haben die Kläger nicht erbracht. Dagegen spricht zunächst
die Ausdrucksweise der Urkunden. „Balchensatz" bezeichnet zuge=
standenermaßen die Stellen, wo die Balchen, nahe am Ufer, den
Laich abzulegen pflegen. Wenn also die Urkunden von „Balchen=
satz" sprechen, so deuten sie auf ein Recht hin, welches auf die
Fischerei an diesen Stellen sich bezieht. Nicht anders verhält es
sich mit dem Ausdrucke „Balchensee." Zunächst ist zu bemerken,
daß die Urkunden nicht von „Balchensatz und Balchensee" sprechen,
sondern die Gerechtigkeit entweder blos als „Balchensatz" oder
blos als „Balchensee" bezeichnen, oder dann, (so der Erwerbtitel
der Kläger) die beiden Ausdrücke alternativ (Balchensatz oder
Balchensee), nicht kumulativ (Balchensatz und Balchensee) mit
einander verbinden. Sodann haben die sämmtlichen hierüber ein=
vernommenen Zeugen sich dahin ausgesprochen, daß unter dem

Ausbrucke „Balchensee" die Seeuferstrecke zu verstehen sei, längs welcher die Laichstellen der Balchen, die „Balchensätze", sich befinden. Auch der Ausbruck „Balchensee" bezeichnet also lediglich eine Gerechtigkeit, welche auf der die Laichstellen der Balchen enthaltenden Seestrecke — und danach also selbstverständlich auch blos zur Laichzeit — auszuüben ist, nicht eine solche, welche das gesammte Gersauer Seebecken und das ganze Jahr umfassen würde. Hiemit steht denn auch die bisherige Ausübung der Gerechtigkeit durch die Kläger resp. ihre Rechtsvorgänger im Einklange. In der That ist den Klägern der von ihnen angetretene Beweis dafür, daß ihre Gerechtigkeit als eine ausschließliche auch außerhalb der Laichzeit und der Laichstellen der Balchen ausgeübt worden sei, vollständig mißlungen. Gegen eine solche Ausübung und Ausdehnung des Rechtes spricht zunächst schon deutlich das Erkenntniß des Rathes von Gersau vom 23. Dezember 1783 welches die Balchenseeinhaber, wenn sie den See (beziehungsweise ihren bestimmten Balchensee) auch außerhalb der gewöhnlichen Zeit „allein eignen wollen," auf den Rechtsweg verweist. Sobann aber auch die Aussagen der einvernommenen Zeugen. Der von den Klägern angerufene Zeuge Melchior Küttel, welcher die streitige Fischereigerechtigkeit während circa 30 Jahren ausgeübt hat, hat nicht bezeugen können, daß die Balchensatzinhaber den Balchenfang auch außerhalb der Laichzeit betrieben haben; er hat im Gegentheil ausdrücklich zugegeben, daß dies zu seiner Zeit nicht geschehen sei, daß er keine Balchen auf dem offenen See gefangen habe und daß sie nichts dagegen eingewendet haben, wenn das Jahr hindurch (außerhalb der Laichzeit) Jemand gefischt habe. Eine Reihe anderer Zeugen (Ignaz Camenzind, Damian Camenzind, Josef Müller und Theobor Camenzind) hat sich dahin ausgesprochen, daß ihres Wissens und Erinnerns außerhalb der Laichzeit der Balchenfang nicht betrieben worden und daß mit Ausnahme des Balchenfanges während der Laichzeit (und zeitweise des Trischenfanges mit Bären) der Fischfang im Gersauer Seebecken bis zum Inkrafttreten der Verordnung vom 1. Dezember 1885 für Jedermann frei gewesen sei. Daß nach den Aussagen einiger Zeugen (speziell den Aussagen der Zeugen Suidter, v. Büren, Zimmermann, Josef Müller) der Balch, trotzdem er ein Tiefseefisch ist, auch außerhalb der Laichzeit mit Schweb= und Grundnetz gefangen werden kann und thatsächlich von einzelnen Fischern am Vierwald= stättersee vereinzelte Balchen auch außerhalb der Laichzeit gefangen wurden, beweist nichts zu Gunsten der Kläger. Denn es beweist dies ja nichts für die Ausübung einer ausschließlichen Gerechtig= keit des Balchenfanges außerhalb der Laichzeit und Laichstellen durch die Kläger oder ihre Rechtsvorgänger. Der Nachweis eines die Freiheit des Gemeingebrauchs in der von ihnen behaupteten Art beschränkenden Privatrechts ist also den Klägern durchaus mißlungen. Für die Beschränkung ihres Rechtes auf Laichstellen und Laichzeit dagegen darf noch darauf hingewiesen werden, daß in einem Kaufvertrage über den vierten Theil des Balchensees zwischen Georg Martin Camenzind und Josef Ignaz Nigg vom 22. November 1779 vereinbart ist, daß wenn ein Jahr oder zwei der „Balchenlaich fehlen sollte, daß versteht sich wan ein jar oder zwey jahr nur wenige Stück Fisch sollen gefangen werden," die terminirten Kaufpreiszahlungen für diese Jahre „eingestellt" sein sollen. Diese Vereinbarung deutet gewiß darauf hin, daß der „Balchensee" eine auf die Laichzeit sich beziehende Gerechtigkeit ist. Ebenso darf angeführt werden, daß anderwärts am Vierwald= stättersee die ausschließlichen Balchenfanggerechtigkeiten ausdrücklich in der hier erörterten Weise normirt und begrenzt sind. So be= stimmt ein Erkenntniß des Landrathes von Nidwalden vom 6. März 1765 in Betreff des „Hergi= und Schwibogensees" (Gersau gegenüber bei Beckenried), daß die Inhaber bei „Ihrem Ehevorigen „Possez belassen werden sollen, jedoch nur insoweith, daß sy „nach ihrer selbst eigenen Anforderung nichts anderes, alß den „Balchenlaich in gemeltem Hergis= und Schwybogensee sich eignen, „zu übrigen Zeiten aber dieser See Landleuthensee sein und ver= „bleiben solle." Wenn die Kläger behaupten, daß bei Beschränkung ihres Rechtes auf die Laichstellen der Balchen andere Fischer ihnen die Ausübung ihres Rechtes thatsächlich durch Aufstellung von Schweb= und Grundnetzen außerhalb der „Sätze" verunmöglichen könnten, so ist dies nicht richtig. Gegen Beeinträchtigung ihres Rechtes durch andere Fischer während der Laichzeit bleiben die Kläger selbstverständlich geschützt.

4. Grundsätzlich ist demnach das Rechtsbegehren der Kläger

abzuweifen; dagegen dasjenige des Beklagten für begründet zu er=
klären. Immerhin liegt nichts dafür vor, daß die Kläger bei
Ausübung ihrer Fischereigerechtigkeit sich auf den Gebrauch ge=
wiffer, hergebrachter Fangarten oder Geräthschaften beschränken
müßten. Die Kläger dürfen vielmehr offenbar bei Ausübung ihrer
Gerechtigkeit alle Fangarten und Geräthschaften anwenden, welche
nach den jeweilen geltenden Polizeigesetzen überhaupt statthaft sind.
Ein Grund, ihnen den Gebrauch polizeilich statthafter Fangarten
oder Fischereigeräthschaften ausnahmsweise zu versagen, liegt
ebensowenig vor, als sie aus ihrer Gerechtigkeit eine Befugniß
ableiten können, sich polizeilich unstatthafter Fangarten oder Ge=
räthe zu bedienen oder überhaupt sich der Befolgung der geltenden
Polizeigesetze zu entziehen.

Demnach hat das Bundesgericht

erkannt:

Das Rechtsbegehren der Kläger wird abgewiesen; dagegen wird
dasjenige des Beklagten in dem Sinne für begründet erklärt, daß
ausgesprochen wird, die privatrechtliche Fischereigerechtigkeit der
Kläger beschränke sich darauf, den Balchenfang längs der Ufer=
stellen des Vierwaldstättersees auf Gerfauergebiet während der
Laichzeit, soweit derselbe gesetzlich statthaft ist, unter Verwendung
gesetzlich erlaubter Fangarten und Geräthschaften zu betreiben.

I. Alphabetisches Sachregister.

A

Aargau, Uebereinkunft mit dem Grossherzogthum Baden betreffend gegenseitige Vollstreckbarkeit der Urtheile u. s. w. 202 ff.

Abtretung eines Antheils an einer offenen Gesellschaft, Wirkungen 510 f. Erw. 2.

— von Forderungen, Anwendung des Rechts in örtlicher Beziehung 522 ff.

— — — betreffend Grundstücksbeschädigung 886 f. Erw. 5.

— — — die abgetretenen Ansprüche sind nach den Verhältnissen des Abtretenden zu beurtheilen 886 f. Erw. 5.

— von Privatrechten s. Expropriation.

Abtretungsklauseln der Versicherungspolicen, s. Subrogation.

Abwesenheitspflegschaft 38 f. 469.

— ist nicht durch Bundesgesetz geordnet 38 Erw. 1.

Adhäsion an die Weiterziehung vor Bundesgericht ist statthaft. 271 f. Erw. 2, 291 Erw. 3.

Adhäsionsverfahren, Zulässigkeit der Weiterziehung an das Bundesgericht gegen im Adhäsionsverfahren ausgefällte. Civilurtheile 344 Erw. 1.

Administrativbehörden, Kompetenzen 128 ff., 144, 150 ff., 394, 479 ff.

— des Bundes, Kompetenzen 7 Erw. 1, 20 f. Erw. 1, 79 Erw. 1, 85 Erw. 3, 430 Erw. 5, 485 f. Erw. 1, 500, 568.

Agentur, einer Versicherungsgesellschaft, ob Zweigniederlassung ? 21 f. Erw. 2.

Aktiengesellschaft, Haftung des Verwaltungspersonals gegenüber der Gesellschaft 604 ff.

— — — Natur der Klage 604 Erw. 2.

Aktiengesellschaft, Haftung des Verwaltungspersonals gegen-
über der Gesellschaft, Aufhebung durch Decharge 604 ff.
— — — Inwiefern liegt in Bericht- und Rechnungsgenehmi
gung durch Generalversammlung eine Decharge? 604 ff.
— — — Stellung der Rechnungsrevisoren 606.
— Statuten, rechtliche Natur 964 f. Erw. 1.
— Universalsuccession in das Vermögen einer aufgehobenen,
kraft Spezialgesetzes, Wirkungen 604 Erw. 2.
Aktenvervollständigungsbegehren vor Bundesgericht als Ober-
instanz, s. Weiterziehung.
Alkoholmonopol, eidgenössisches, Uebertretungen, s. Uebertre-
tungen fiskalischer und polizeilicher Bundesgesetze.
Amerika, s. Vereinigte Staaten von Amerika.
Anerkennung vorehelicher Kinder, s. Legitimation.
— einer Schuld 303 ff. Erw. 4, 327 f. Erw. 2 f.
— der Steuerpflicht? 629 Erw. 2.
— einer Klage durch die Gläubigerschaft des in Konkurs gefallenen Beklagten, Wirkungen 932.
Angebot zu Liegenschaftskauf beurtheilt sich nach kantonalem
Recht 515.
Anwälte, s. Fürsprecher.
Anweisung 894 ff.
— Schadenersatzpflicht des Anweisungsempfängers wegen nicht
rechtzeitiger Anzeige der Zahlungsverweigerung 895 f.
Anwendung des Rechts in örtlicher Beziehung 34 Erw. 3, 38
Erw. 1, 184, Erw. 1, 188, 230 Erw. 2, 231, 318 f. Erw. 4,
350 Erw. 2, 357, 451, 497 f., 522, 874 Erw. 2, 955 Erw. 5.
— — betreffend Abtretung von Forderungen 522 ff.
— — betreffend Fabrikhaftpflicht 357 ff.
— — betreffend Gültigkeit einer Ladung 451 Erw. 2.
— — betreffend Recht der einzelnen Gläubiger, nach ausgebrochenem Konkurse, Rechte des Gemeinschuldners geltend
zu machen 535 Erw. 2.
— — betreffend Versicherungsvertrag 318 Erw. 4, 874 Erw. 2.
— in zeitlicher Beziehung 7 Erw. 1, 441 f. Erw. 3, 464 ff. Erw.
3, 782 f. 886 Erw. 4.
— — betreffend ältere Eisenbahnkonzessionen 464 f. Erw. 3.
Anzeigepflicht des Versicherten 877 f.
Appellation, s. Weiterziehung.
Armenrecht, s. Haftpflichtsachen, unentgeltlicher Rechtsbeistand.

Arrest 43 ff., 48 ff., 658 ff.. 762 ff., 770 ff.
— durch die Polizeibehörde vollzogener 44 f. Erw. 4.
— oder vorsorgliche Verfügung zu Erhaltung des Streitge-
  genstandes? 49 ff. Erw. 2 ff.
— Rekurs, staatsrechtlicher gegen, inwieweit statthaft? 762
  Erw. 1, 770.
— im französisch-schweizerischen Verkehr 762 ff., 770 ff.
— — zu Sicherung der Vollstreckung eines französischen Ur-
  theils erlassen 763 ff.
Arzt, Rechtsverhältniss zum Kranken 340 ff. Erw. 4, 861 ff.
— Haftung für Kunstfehler 340 ff. Erw. 4, 861 ff.
Auftrag, stillschweigende Genehmigung der Art der Ausfüh-
  rung 544 f. Erw. 4.
  S. auch Kommission und Anweisung.
Ausfallsmuster 352.
Ausland, Beziehungen, s. Staatsverträge.
Auslegung von Bundesgesetzen bei Auseinandergehen des
  Textes in den verschiedenen Sprachen 574 ff.
Ausländerarrest, im schweizerisch-französischen Verkehr aus-
  geschlossen 763 f. Erw. 2, 770 ff.
Auslieferung, Gegenseitigkeitserklärungen betreffend 194
  Erw. 4.
— nach dem Auslande, Verhältniss des Bundesgesetzes zu den
  Staatsverträgen 193 Erw. 3, 498 Erw. 2.
— nach Staatsvertrag 184 ff., 187 ff., 192 ff., 497 ff.
— — mit Deutschland 184 ff., 187 ff., 192 ff., 497 ff.
— — — Auslieferungsdelikte, Begünstigung von Ausliefe-
  rungsdelikten 194 f., 497 ff.
— — — — Entführung 187 f.
— — — — Nothzucht 185 Erw. 3.
— — — — Urkundenfälschung 497 f. *
— — — Sonstige Voraussetzungen der Auslieferungspflicht.
  a. Strafbarkeit der That im Inland? 187 ff.
  b. hinsichtlich des Thatortes 193 ff. Erw. 3.
— — — — Auslieferungspflicht ist nicht auf Strafthaten beschränkt, welche im Gebiete des ersuchenden Staates begangen wurden, sondern erstreckt sich auch auf im Inland begangene, sofern nicht im Inlande Untersuchung
  oder Bestrafung erfolgt ist 193 Erw. 3.
  c) Verjährung als Auslieferungshinderniss 184 Erw. 1,
  497 f.

990　　　　　　　　　Inhaltsverzeichniss.

Auslieferung, Verjährung als Auslieferungshinderniss, ist ausschliesslich nach inländischem Rechte zu beurtheilen 184 f. Erw. 1, 897 ff.

— — Kompetenzen des Auslieferungsrichters 188 Erw. 2, 192 Erw. 2, 497 Erw. 1.

— — mit Italien 197 ff.

— — — Auslieferungsgesuch 197 Erw. 1.

— — — Auslieferungsdelikte, Brandstiftung 197 f. Erw. 2.

— — — — umfasst auch Zerstörung durch Sprengstoffe 197 Erw. 2.

— — — — Versuch von 197 Erw. 1.

Auslieferungssachen, Verfahren ist regelmässig schriftlich 192 Erw. 1.

B

Baarvermögen 381 ff. Erw. 2.

Baden, Grossherzogthum, Uebereinkunft mit dem Kanton Aargau, betreffend gegenseitige Vollstreckbarkeit der Urtheile u. s. w. 202 ff.

Beamte, Haftung des Staates für Vergehen oder Versehen 392, 398, 503.

— Pensionsstiftungen für deren Angehörige 479 ff.

Behörden, sind zum staatsrechtlichen Rekurse nicht legitimirt 756.

Beistandschaft, des luzernischen Rechts, enthält Entmündigung 470 Erw. 1.

Begünstigung, von Auslieferungsdelikten, als Auslieferungsdelikt 194 f. Erw. 4.

Beschlag, s. Arrest.

Besteuerung, s. Doppelbesteuerung und Steuerwesen.

Betrug, Einrede des 545 Erw. 5, 547 f. Erw. 7, 902 Erw. 4.

Bevogtung, s. Entmündigung.

Beweislast, rechtliche Natur der Grundsätze über 298 f. Erw. 2.

— bei Anfechtung der Legitimation eines unehelichen Kindes 225 f. Erw. 4.

— gegenüber cautio indiscreta 303 f. Erw. 4, 327 ff. Erw. 2, f.

— wenn bei gesetzlich formlosem Vertrag rechtsgeschäftlicher Vorbehalt schriftlicher Abfassung behauptet ist 299 ff.

Beweislast, bei Beschädigung durch Thiere 331.

— für Schädigung durch vertragswidrige Handlungen 838 Erw. 3.

Beweiswürdigung, freie, in Haftpflichtsachen 807.

Brandstiftung, als Auslieferungsdelikt 197 Erw. 2.

— — umfasst auch Zerstörung durch Sprengstoffe 197 Erw. 2.

Bruch, s. Leistenbruch.

Bundesgericht, Kompetenz, staatsrechtliche Streitigkeiten, im Allgemeinen 4 f. Erw. 4, 7, 15 a. E., 20 Erw. 1, 29 Erw. 2, 33 Erw. 1, 38 Erw. 2, 45 f. Erw. 5, 65 ff., 68 Erw. 1, 79 Erw. 1, 85, 138 f. Erw. 1 f., 144 Erw. 1, 150 f., 428 Erw. 1, 430 Erw. 5, 441 Erw. 1, 471 f., 485 f., 567 f., 644, 660 Erw. 4, 671 Erw. 2, 722.

— — — Verfassungsverletzungen :

    a) Bundesverfassung 15 a. E., 85 Erw. 3, 103 Erw. 1, 430 Erw. 5, 485 f.

    b) Kantonsverfassungen 485 f., 722.

— — Bundesgesetze 7 Erw. 1, 20 Erw. 1, 79 Erw. 1, 84 Erw. 1, 98 Erw. 1, 103 Erw. 1, 121 Erw. 1, 470 Erw. 2, 471 ff., 567 f., 722, 762 f. Erw. 1.

— — Staatsverträge 188 Erw. 2, 192 Erw. 2, 202 ff., 497 Erw. 1.

— — — Auslieferung nach 188 Erw. 2, 192 Erw. 2.

— — — einzelner Kantone mit dem Auslande 202 ff.

— — Doppelbesteuerung 20 Erw. 1.

— — hinsichtlich der vor den kantonalen Behörden erlaufenen Kosten bei Aufhebung einer kant. Schlussnahme? 65 ff.

— — in Arrestsachen 762 f. Erw. 1.

— — in Schuldbetreibungs- und Konkurssachen 7 Erw. 1, 762 f. Erw. 1.

— — gegenüber Strafurtheilen in Markenrechtssachen 98 Erw. 1.

— — — in Urheberrechtssachen 120 Erw. 1.

— — bei Beschwerden wegen Verletzung des Grundsatzes : Bundesrecht bricht Kantonalrecht 103 Erw. 1.

— — in interkantonalen Vormundschaftsstreitigkeiten 471 f., 722, 727 f.

— — in staatsrechtlichen Streitigkeiten zwischen Kantonen 683, 688 Erw. 6, 700, 702 Erw. 5.

— — in Streitigkeiten über die religiöse Erziehung von Kindern 722, 727 ff.

Bundesgericht, Kompetenz, hat als Staatsgerichtshof den Bestand bestrittener Privatrechte nicht zu untersuchen
702 Erw. 5.

— — Civilstreitigkeiten als einzige Instanz 29 Erw. 3, 390 ff.,
394, 421 ff., 568 Erw. 2, 964 ff., 980 Erw. 1.

— — — ist ex officio zu prüfen 390 Erw. 1, 421 f. Erw. 1.

— — in Expropriationssachen 57 ff., 62 f., 500.

— — in Civilstreitigkeiten als Oberinstanz 211, 212 f., 214 f.,
217 ff., 223 ff. Erw. 2, 298 Erw. 2, 305 Erw. 5, 312 Erw. 6,
344 Erw. 1, 350 Erw. 2, 502 f., 505 f., 521 ff., 547 ff.
Erw. 9, 573 Erw. 2, 777 f., 782 f., 787 ff., 789 f., 794
Erw. 1, 850 Erw. 1, 859 f. Erw. 2, 873 f. Erw. 1, 884 ff.,
894 Erw. 2 f., 919 Erw. 2.

— — — ist ex officio zu prüfen 212 Erw. 2, 217 Erw. 1,
350 Erw. 2, 502, 505, 782 Erw. 1, 789 Erw. 2.

— — — in Patentsachen 573 Erw. 2.

— Prorogation an das Bundesgericht ist ausgeschlossen in
Fällen seiner oberinstanzlichen Kompetenz 505 f.
Erw. 3.

— ist weder berechtigt noch verpflichtet, schiedsrichterliche
Mandate zu übernehmen 505 Erw. 2.
    S. auch Kassationsbeschwerde an das eidgenössische
    Kassationsgericht.

Bundesgerichtspräsident, Stellung, wenn er durch Uebereinkunft der Parteien zur Bezeichnung von Schiedsrichtern
berufen ist 617 f.

Bundesgesetz betreffend Abtretung von Privatrechten 57 ff.,
62 f., 208 ff., 500.

— betreffend Ausdehnung der Haftpflicht 357 ff., 362 ff.,
Erw. 2 ff., 369 ff., 552 ff., 559 ff., 567 ff., 905 ff., 919 ff.,
927 ff.

— betreffend Auslieferung gegenüber dem Auslande 190 ff.,
498.

— betreffend Bau und Betrieb der Eisenbahnen 461 ff.

— betreffend Beaufsichtigung von privaten Versicherungsunternehmungen 20 f.

— betreffend civilrechtliche Verhältnisse der Niedergelassenen und Aufenthalter 471 f., 722 ff., 727 f.

— betreffend Civilstand und Ehe 68 f., 72 ff., 79 ff., 223 ff.,
794 ff.

— betreffend Erfindungspatente 573 ff.

Bundesgesetz betreffend Haftpflicht der Eisenbahnen bei Tödtungen und Verletzungen 237 ff., 243 ff., 249 ff., 254 ff., 258 ff., 265 ff., 271 ff., 800 ff., 806 ff.

— betreffend Haftpflicht aus Fabrikbetrieb 113 f., 357 ff., 362 f. Erw. 2 ff., 369 ff., 552 ff., 559 ff., 905 f., 919 ff., 927 ff.

— betreffend Obligationenrecht 103 ff., 283 ff., 291 ff., 298 ff., 303 ff., 308 ff., 318 ff., 327 ff., 330 ff. Erw. 2 ff., 335 ff., 339 ff., 350 ff., 510 ff., 521 ff., 535 ff., 543 f., 814 ff., 821 ff., 827 ff., 836 ff., 845 ff., 850 ff., 859 ff., 865 ff., 873 ff., 884 ff., 894 ff., 899 ff.

— betreffend Organisation der Bundesrechtspflege 63 ff., 211, 212, 214 f., 217 ff., 502 f., 505 f., 777 ff., 782 f., 787 ff., 789 f., 855 ff.

— betreffend persönliche Handlungsfähigkeit 38 f., 109 ff., 469 ff.

— betreffend Schuldbetreibung und Konkurs 7 Erw. 1, 217 ff., 762 f. Erw. 1, 770, 932.

— betreffend Schutz der Fabrik- und Handelsmarken 94, 98, 275 ff.

— betreffend Schweizerbürgerrecht 84 f., 88 ff.

— betreffend Transport auf Eisenbahnen 230 ff.

— betr. Urheberrecht an Werken der Litteratur und Kunst 120.

— betreffend Verfahren bei Uebertretung fiskalischer und polizeilicher Bundesgesetze 52 f., 707 ff., 711 ff., 717 ff.

Bundesgesetze, Auslegung bei Auseinandergehen der Texte in den verschiedenen Landessprachen 574 ff.

Bundesrath (und Bundesversammlung), Kompetenzen 7 Erw. 1, 20 Erw. 1, 79 Erw. 1, 85 Erw. 3, 430 Erw. 5, 485 Erw. 5, 500, 568 Erw. 3.

— — in Civilstandssachen 79 Erw. 1.

— — in Expropriationssachen 500.

— in Schuldbetreibungs- und Konkurssachen 7 Erw. 1.

Bundesrecht und Kantonalrecht 4 Erw. 3, 38 Erw. 1, 73 Erw. 3, 80 Erw. 4, 84 f., 94 Erw. 2, 103 ff., 110, 211 Erw. 2, 223 Erw. 2, 319, 340 Erw. 3, 392, 469 ff., 503, 515, 717, 789, 874 Erw. 2, 885 Erw. 2 f., 894 Erw. 2, 964 ff.

— — betreffend Abwesenheitspflegschaft 38 f., 469.

— — betreffend Aufhebung des Pachtvertrages über eine vom Niessbraucher verpachtete Sache bei Tod des Niessbrauchers 103 ff.

Bundesrecht und Kantonalrecht betreffend Ehe und Familien-
recht 73 f. Erw. 3, 80 Erw. 4.

— — betreffend Ehekonsens, vormundschaftlichen 80 Erw. 4.

— — betreffend Entmündigung 110 Erw. 2, 469 ff.

— — betreffend Erwerb und Verlust des kantonalen Bürgerrecht 84ff.

— — betreffend Entschädigung unschuldig Verhafteter 503.

— — betreffend familienrechtliche, speziell ehegüterrechtliche
Verträge 789 f.

— — betreffend Form der Appellationserklärung in Markenstrafsachen 94 Erw. 2.

— — betreffend Haftung des Staates für Versehen oder Vergehen seiner Beamten 392, 503.

— — betreffend Legitimation durch nachfolgende Ehe 223 ff.
Erw. 2.

— — betreffend Liegenschaftskauf (und Angebot dazu) 515,
885 f. Erw. 2.

— — — Nebenvertrag zu, oder besonderes Geschäft? 894 f.
Erw. 2.

— — betreffend Schadenersatzansprüche aus Nachbarrecht
885 Erw. 2.

— — betreffend Schenkung 211 Erw. 2.

— — betreffend Verfolgung von Uebertretungen der Bundes-
fiskalgesetze 717.

— — betreffend Verfolgung von Schadenersatzansprüchen
aus strafbarer Handlung 340 Erw. 3.

— — betr. Verjährung u. prozessualische Verwirkung 4 Erw. 3.

— — betreffend Versicherungsvertrag 319, 874 Erw. 2.

— — betreffend Vormundschaftsrecht 80 f. Erw. 4.

Bürgerrecht, kantonales, Verhältniss von Bundes- und Kantonalrecht 84 f.

— — Verzicht auf dasselbe, Voraussetzungen sind kantonalrechtlich geordnet 84 f.

— schweizerisches, Verzicht auf dasselbe 88 ff.

— — Frist zum Einspruche 88 Erw. 1.

— — Wirkungen für Kinder 88 f. Erw. 2 f.

— der Vereinigten Staaten von Nordamerika, inwiefern wirkt
die Naturalisation des Vaters für minderjährige Kinder?
89 Erw. 3.

Bürgschaft für Forderungen aus reinen Differenzgeschäften
283 ff. S. Differenzgeschäfte, reine.

C

Cautio indiscreta 303 ff. Erw. 4, 327 f. Erw. 2.

Cessio legis, an den Versicherer in Betreff von Schadenersatzansprüchen des Versicherten oder seiner Hinterlassenen.
319 ff.

Cessionsklauseln der Versicherungspolicen 320 ff. Erw. 5.
S. im Uebrigen Abtretung.

Civilpartei, die Bundesverwaltung ist in Fiskalstrafsachen
nicht Civilpartei 707, 711, 718.

Civilprozesssachen, s. Justizsachen.

Civilrechtliche Verhältnisse der Niedergelassenen, s. Niedergelassene.

Civilstreitigkeiten zwischen Bund und Privaten 421 ff.

— Kantonen und Korporationen oder Privaten 380 ff., 390 ff.,
398 ff., 603 ff., 949 ff., 964 ff., 980 ff.

D

Decharge, durch Generalversammlungsbeschluss einer Aktiengesellschaft, wann anzunehmen? 604 ff.

Delikts oder Enteignungsklage? 58 f. Erw. 3.

— oder Vertragsklage? 336, 340 Erw. 4.

— oder Vindikationsklage? 884 f. Erw. 2.

Deutschland, Auslieferungsvertrag mit 184 ff., 187 ff., 192 ff.
497 ff.

Dienstvertrag, Irrthum in der Person? 310 Erw. 4.

— Einrede des nicht erfüllten Vertrages, wenn der Dienstverpflichtete mit Leistung seiner Dienste begonnen hat?
310 Erw. 5.

— wichtige Gründe für vorzeitige Auflösung 311 ff., 312,
822 ff.

— Ansprüche des ohne wichtigen Grund vorzeitig entlassenen
Dienstpflichtigen 312 f. Erw. 6, 822 ff. Erw. 3.

— zwischen Arzt und Kranken 340 f., Erw. 4, 861 ff.

— zwischen dem Staat und dem Pflegling einer staatlichen
Irrenanstalt besteht keiner 391.

996   Inhaltsverzeichniss.

Differenzgeschäfte, reine, Merkmale 537 ff. Erw. 4, 545 f.
    Erw. 6, 836 ff. Erw. 2, 867 f. Erw. 5.
— — Forderungen aus, können nicht gültig novirt werden
    283 Erw. 1.
— — — Leistungen des Schuldners dürfen auf solche nur
    imputirt werden, wenn der Schuldner sie freiwillig dazu
    bestimmt 283 Erw. 1.
— — — Bürgschaft für 283 ff. Erw. 2.
— — — — Zahlungen aus der Konkursmasse des Schuldners
    dürfen darauf nur mit Einwilligung der Bürgen ver-
    rechnet werden 283 f. Erw. 2.
— — die Spielnatur des Geschäftes ist von Amtes wegen zu
    berücksichtigen 536 Erw. 3.
— — Einrede des Spieles gegenüber dem Kommissionär als
    Selbstkontrahenten 866 Erw. 4.
— — Vorschüsse für, wissentlich gewährte, des Kommissio-
    närs sind klaglos 866 Erw. 4.
— — stillschweigender Ausschluss von Recht und Pflicht
    reeller Erfüllung 867 ff.
Dolus bei Markenrechtsverletzung 98 f. Erw. 2.
— Urheberrechtsverletzung 123 Erw. 6.
Domizil, s. Wohnsitz.
Doppelbesteuerung, Anerkennung der Steuerpflicht? 629
    Erw. 2.
— Bewegliches Vermögen und Einkommen sind am Wohnorte
    zu versteuern 15, 21 Erw. 2, 434 ff., 629 ff.
— Einkommen aus Gewerbebetrieb ist am Wohnort zu ver-
    steuern, insoweit nicht anderwärts besondere Geschäfts-
    niederlassung begründet ist 21 Erw. 2, 434 ff., 629 ff.
— Grundeigenthum 17.
— Kompetenz des Bundesgerichtes 20 f. Erw. 1.
— unzulässige, Voraussetzungen 15, 17, 151 Erw. 4, 434 ff.,
    629 ff., 702 Erw. 4.
— — durch stellvertretungsweise Besteuerung von Lager-
    hausbesitzern für die eingelagerten fremden Waarenvor-
    räthe 13 ff.
— von Versicherungsgesellschaften 20 ff.
— — sind am Orte einer Unteragentur nicht einkommens-
    steuerpflichtig 21 Erw. 2.
— Zweigniederlassung? 21 f. Erw. 2, 434 ff., 629 ff.
Durchgangszoll? 15.

E

Eigenthum, Schutz gegen Störung durch militärische Schiessübungen 421 ff.

Eigenthumsbeschränkungen, gesetzliche, zu Gunsten der Militärverwaltung? 423 f.

Eigenthumsgarantie, verfassungsmässige, behauptete Verletzung 7, 132 f. Erw. 4, 155 ff., 178 ff., 702 Erw. 5.

— — — Legitimation zu Beschwerden wegen 128 f. Erw. 1.

— — — enthält keine Garantie der Unantastbarkeit der Existenz juristischer Personen 178 Erw. 3.

— — — bei Beurtheilung von Beschwerden wegen, hat das
Bundesgericht, wenn die Existenz der behaupteten Privatrechte bestritten ist, diess als Staatsgerichtshof nicht
zu untersuchen, sondern es ist ihre Existenz im Civilprozesse nachzuweisen 702 Erw. 5.

Ehebruch, Voraussetzungen der Strafbarkeit nach aargauischem
Recht 161 f., 738 ff.

Eheeinspruch, wegen mangelnden vormundschaftlichen Konsenses, wer ist dazu legitimirt? 797.

— — Begründetheit 797.

— Blödsinns 797 f.

Ehe, Recht zur 73 f. Erw. 3, 79 f.

Ehefrau, als Versorger des Ehemannes 398 f. Erw. 2.

Ehehindernisse, ihm bekannte, sind vom Civilstandsbeamten
von Amtes wegen zu berücksichtigen 796.

Ehekonsens, vormundschaftlicher, Bundes- und Kantonalrecht
80 Erw. 4.
   S. im übrigen Eheeinspruch.

Eheleute, geschiedene, Vermögensausscheidung, Gerichtsstand
68 f. Erw. 2.

Eheliche Folge, Pflicht zur, über deren Erzwingbarkeit entscheidet das kantonale Recht 73 f. Erw. 8.

Eheliches Güterrecht, Klagen aus, Gerichtsstand 452 f. Erw. 3.

— Vertrag betreffend 789 f.

Eherecht, Verhältniss von Bundes- und Kantonalrecht 73 f.
Erw. 3.

Einrede, des Betrugs, s. Betrug.

998   Inhaltsverzeichniss.

Einrede, der Inkompetenz, vor Bundesgericht als einziger Instanz
     390 f. Erw. 3, 421 f. Erw. 1.
— des nicht erfüllten Vertrages beim Dienstvertrag, wegen
     mangelhafter Beschaffenheit der vom Dienstpflichtigen
     begonnenen Dienstleistungen? 310 f. Erw. 5.
— des Spiels 283 ff., 536 ff.
— der Verjährung, in Fabrikhaftpflichtsachen 927 Erw. 2.
Eisenbahnbauunternehmer, untersteht nicht der Eisenbahn-
     haftpflicht, sondern dem erweiterten Haftpflichtgesetz
     362 f. Erw. 2.
Eisenbahnen, Frachtgeschäft der 230 ff.
     S. Näheres unter Frachtgeschäft.
— Haftpflicht der, s. Haftpflicht.
— Transportreglement 231.
— Gerichtsstand der 462 ff.
— — Aufhebung der ältern Konzessionsklauseln betreffend,
     durch das Eisenbahngesetz 462 ff.
Eisenbahngesetz, Natur der darin festgestellten Konzessions-
     bedingungen 462 f. Erw. 2.
Eisenbahnkonzessionen, rechtliche Natur 464 ff. Erw. 3.
— Einwirkung des Eisenbahngesetzes auf ältere 464 ff.
Enteignung, s. Expropriation.
Entführung, als Auslieferungsdelikt 187 ff.
Entmündigung, Beistandsschaft des luzernischen Rechts-
     enthält 470 Erw. 1.
— bundesrechtlich zulässige Gründe 110 Erw. 2, 471 Erw. 4.
— Rekurs an das Bundesgericht in Entmündigungssachen
     470 Erw. 2.
Erbeinsetzung oder Legat? 380 ff.
Erbrechtsstreitigkeiten, Gerichtsstand nach Konkordat 452
     Erw. 3.
— Streitigkeiten über ehegüterrechtliche Auseinandersetzung
     sind keine, auch wenn sie nicht von den Ehegatten
     selbst, sondern von deren Erben geführt werden 452
     Erw. 3.
Erbtheilungs- oder Vindikations-, beziehungsweise Forderungs-
·   klage? 452 Erw. 3.
Erfindung, einer Maschine, Vertrag darüber 845 ff.
·Erfindungsschutz, Verkauf u. s. w. nachgeahmter Gegenstände
     verpflichtet blos im Falle des Vorsatzes zum Schaden-
     ersatz 574 ff.

Erfindungsschutz, Gesetz betreffend, Differenz zwischen französischem und deutschem, beziehungsweise italienischem Text 574 ff.

Expropriation, (nach Bundesgesetz) 57 ff., 62 f., 208 f., 500.
— Enteignungs- oder Deliktsklage? 58 f. Erw. 3.
— Frist zum Rekurse an das Bundesgericht gegen Schatzungsbefunde ist Nothfrist, welche durch Uebereinkunft der Parteien nicht erstreckt werden kann 208 f.
— Innehaltung ist von Amtes wegen zu prüfen 208 Erw. 1.
— Kompetenzen des Bundesgerichtes 57 ff., 62 ff. 500.
— Schatzungskommission, eidgenössische, Befugniss zur Entscheidung über Kompetenzeinreden? 57 f. Erw. 1.
— — — Verfahren bei bestrittener Kompetenz 58 Erw. 1.
— — — Aufsicht des Bundesgerichtes 62 ff. 500.
— — — gegen welche Beschlüsse ist Beschwerde an das Bundesgericht statthaft? 62 f.
— — — sind nicht befugt, sofortige Besitznahme gegen Willen des Eigenthümers zu gestatten 500.

F

Fabrik- und Handelsmarken, s. Marken.
Fabrikherren, Haftpflicht, s. Haftpflicht.
Fahrlässigkeit, bei Urheberrechtsverletzungen 123 Erw. 6.
   S. im übrigen unerlaubte Handlungen und Haftpflicht.
Fakturavermerk, einseitiger, betreffend Rügefrist bei Kauf, Unverbindlichkeit 351 Erw. 5.
Familienfideikommiss, Testamentarische Begründung, Beweis der 949 ff.
— Aufhebung durch die helvetische Verfassung oder die Bundesverfassungen? 950 ff.
— Fortdauer, nach solothurnischem Recht 950.
— Rechtsverhältnisse nach bernischem Recht 954 Erw. 5.
— Anfall an den Staat nach Aussterben der Familie laut Anordnung der Stiftungsurkunde, Auslegung der letztern 952 ff.
— örtliches Recht 955 Erw. 5.
Fideikommiss, s. Familienfideikommiss.
Finanzreferendum 479 ff.
Firma und Geschäftsbezeichnung, speziell Wirthshausschild, Verschiedenheit 144 Erw. 2.

Fischereigerechtigkeit, private 980 ff.

Fixgeschäft? 845 ff.

— Verträge, welche eine schöpferische geistige Leistung zum
   Gegenstande haben, sind regelmässig kein 845 f.

Form, der Verträge, s. Schriftlichkeit.

Frachtgeschäfte der Eisenbahnen, Haftpflicht für Verlust
   230 ff.

— — bei deklarirtem Werth 233.

— Aushändigung des Gutes 230 ff.

— Pflichten bei Verweigerung der Annahme durch den Adressaten 230 ff.

Frankreich, Gerichtsstandsvertrag mit 671 Erw. 1, 762 ff.,
   770 ff., 774 f.

— — Anwendbarkeit auf Algerien? 770 ff.

— Niederlassungsvertrag mit 775.

Freiheit, persönliche 72 ff.

Frische That, Begriff nach bernischem Recht 411 ff. Erw. 3.

Frist zu civilrechtlicher Weiterziehung kantonaler Urtheile an
   das Bundesgericht 919 Erw. 2.

— — gegenüber st. gallischen Urtheilen 919 Erw. 2.

— zu civilstandsamtlicher Anmeldung vorehelicher Kinder ist
   blosse Ordnungsfrist 226 Erw. 4.

— zum Einspruch gegen Verzicht auf das Schweizerbürgerrecht ist blosse Ordnungsfrist 88 Erw. 1.

— zum Rekurse an das Bundesgericht gegen Entscheidungen
   eidgenössischer Schatzungskommissionen in Expropriationssachen 208 f.

— — Innehaltung von Amtes wegen zu prüfen. 208 Erw. 1.

— — ist Nothfrist, welche nicht durch Parteiübereinkunft
   verlängert werden kann 208 f.

— zum Rekurse in staatsrechtlichen Sachen 43 Erw. 1.

Fürsprecher, Berechtigung zur Berufsausübung, Entziehung
   nach solothurnischem Recht 485 ff.

G

Gasthausschild und Firma 144 f.

— Rechte betreffend 144 f.

Gegenseitigkeitserklärungen betr. Auslieferung 194 Erw. 4.

Gemeinde 150 ff.

— Staatsaufsicht über 150 f., 722 Erw. 2.

Gemeinde, als Geschäftsherr bei Betrieb einer Dreschmaschine auf eigene Rechnung 291 ff.

Gerichtsstand, Anerkennung durch vorbehaltlose Einlassung 658 Erw. 1.

— für Arrest 43 ff., 48 ff., 658 ff., 763 ff., 770 ff.

— für Bestellung einer Abwesenheitspflegschaft 38 f.

— für Ehescheidungsklagen 68 f. Erw. 2.

— der Eisenbahngesellschaften 461 ff.

— für Erbrechtsstreitigkeiten nach Konkordat 452 Erw. 3.

— des Erfüllungsortes 204 Erw. 3.

— der Geschäftsniederlassung 651.

— der Heimat 452 Erw. 3.

— für Klagen aus ehelichem Güterrecht 452 Erw. 3.

— für Pressinjurien 645.

— der Prorogation ? 44 Erw. 3, 658 Erw. 1, 774 f.

— von Solidarschuldnern 667.

— für Steuerforderungen 28 ff.

— für Streitigkeiten betreffend Sicherstellung von Kindervermögen 33 f.

— verfassungsmässiger 25 f., 34 Erw. 3, 441 ff., 645 Erw. 2, 732, 738 Erw. 1, 745 Erw. 2.

— für Vermögensausscheidung geschiedener Ehegatten 68 f. Erw. 2.

— für Vollstreckung französischer Urtheile 763 ff.

— des Wohnsitzes 25 f., 28 f., 33 ff., 38 f., 43 ff., 48 ff., 68 f., 461 ff., 645 Erw. 2, 651 ff., 658 ff., 663 f., 667, 671 f., 763 ff., 770 ff.

— — Verzicht auf ? 44 Erw. 3.

— — nach Staatsvertrag 763 ff., 770 ff.

— — in Strafsachen 25 f.

— — bezieht sich dessen verfassungsmässige Gewährleistung nur auf den interkantonalen oder auch auf den internationalen Verkehr ? 205 Erw. 8.

— der Zweigniederlassung 651 f.

— Vertrag über denselben mit Frankreich 671 Erw. 1, 762 ff., 770 ff., 774 f.

— — — Anwendbarkeit auf Algerien ? 772.

Gerichtsstandsklauseln der kantonalen Eisenbahnkonzessionen, rechtliche Natur 462 ff.

— — Aufhebung durch das Bundesgesetz über Bau und Betrieb der Eisenbahnen 462 ff.

Geschäftsbezeichnung und Firma 144 ff.

— Rechte betreffend 144 f.

Geschäftsherr, Verantwortlichkeit für unerlaubte Handlungen seiner Angestellten 291 ff.

Geschäftsniederlassung? 21 Erw. 2, 434 ff., 629 ff., 651 f.

— Gerichtsstand 651 f.

— und prozessuales Rechtsdomizil 21 f. Erw. 2.

Gesellschaft, einfache, Abtretung des Gesellschaftsantheils, Wirkungen 510 f. Erw. 2.

Gesetz, als einzige Rechtsquelle im Strafrecht 161 f., 738 ff.

— nach urnerischem Verfassungsrechte 130 Erw. 3.

— Auslegung bei Auseinandergehen des Textes der Bundesgesetze in den verschiedenen Sprachen 574 ff.

Gesetzgebende Gewalt, Eingriff in dieselbe 128 ff., 138 ff. 479 ff.

Gewaltentrennung, s. Trennung der Gewalten.

Gewässer, öffentliche, Fischereigerechtigkeiten in 980 f.

— — Rechtsverhältnisse an 132 Erw. 3 ff., 980 f.
       S. im übrigen Wasserhoheit.

Glaubens- und Gewissensfreiheit, s. Kultussteuern.

Gleichheit vor dem Gesetze 13 ff., 35, 138 f., 150 f. Erw. 2, 428 ff.

Gleichstellung der Kantons- und Schweizerbürger 34 Erw. 3.

Grundeigenthum, Beeinträchtigung durch militärische Schiessübungen, Zulässigkeit des Rechtsweges 421 ff.

Grundsteuern, kirchliche 16.

Grundstückkauf, s. Liegenschaftskauf.

Grundstückbeschädigung, Schadenersatzansprüche aus 884 ff. Erw. 2 ff.

— — stehen dem jeweiligen Eigenthümer zu 886 f. Erw. 5.

— — Abtretung von 886 f. Erw. 5.

— — — die abgetretenen Ansprüche sind nach den Verhältnissen des Abtretenden zu beurtheilen 887 f. Erw. 6.

H

Haftpflicht der Eisenbahnen bei Tödtungen und Verletzungen 237 ff., 243 ff., 249 ff., 254 ff., 258 ff., 265 ff., 271 ff., 800 ff., 806 ff.

— Was heisst beim Betrieb? 238 Erw. 2.

— — Wenden einer unter Dampf stehenden Lokomotive gehört zum Betrieb 238 Erw. 2.

Haftpflicht der Eisenbahnen bei Tödtungen und Verletzungen, Haftbefreiungsgründe, behauptete, eigenes oder konkurirendes Verschulden des Verletzten oder Getödteten? 246 ff., 254 ff. Erw. 2, 265 ff., 272 Erw. 3, 806 f. Erw. 3.

— Krankheit oder Unfall? 237 ff.

— — Leistenbruch inwiefern Unfall? 237 ff.

— Kausalzusammenhang 237, 250, 265.

— Umfang des Ersatzanspruchs :

    a) bei Verletzung 238 ff., 248 Erw. 4, 256 Erw. 3, 260 ff. Erw. 3, 265 ff., 273 ff. Erw. 5, 800 ff., 809 f.

— — Heilungskosten 801, 810.

— — inwiefern ist der Verletzte verpflichtet, sich einer Operation zu unterwerfen? 238 Erw. 3.

— — Minderung wegen schuldhafter Vernachlässigung der Verletzung? 265 f. Erw. 3.

— — Kapital- oder Rentenentschädigung, freies richterliches Ermessen 801 f. Erw. 4.

— — Bemessung des entgangenen Verdienstes 256 Erw. 3, 267 Erw. 4, 800.

— — inwiefern gehören Kilometergelder zum reinen Einkommen? 256 Erw. 3, 267 f. Erw. 4.

— — Verzinslichkeit der Entschädigung 253, 263 Erw. 3, 811.

    b) bei Tödtung 251 ff.

— Prinzip der freien Beweiswürdigung 807.

— Verschulden der Bahn oder ihrer Leute? 246 Erw. 3, 258 ff., 272 f. Erw. 4, 807 f. Erw. 4.

— — — grobe Fahrlässigkeit? 249 f. Erw. 2, 258 ff. Erw. 2, 272 ff. Erw. 4, 807 f. Erw. 4.

Haftpflicht der Fabrikherren und Gewerbeunternehmer bei Tödtung oder Verletzung von Arbeitern 357 ff., 362 ff., 369 ff., 552 ff., 559 ff., 905 ff., 912 ff., 919 ff., 927 ff.

— Was gehört zum Betrieb? 357 ff., 362 ff. Erw. 2 u. 3.

— — Montiren von gelieferten Maschinen beim Erwerber durch den hiezu vom Maschinenlieferanten gesendeten Monteur gehört zum Betriebe des Maschinenlieferanten, auch wenn das Montiren im Auslande geschah 357 ff.

— — Transporte von Arbeitern von und nach den Arbeitsstellen gehören zum Betriebe einer Eisenbahnbauunternehmung, wenn sie in die Organisation des Baubetriebs einbezogen worden sind 363 ff. Erw. 3.

— Welche Unternehmungen sind haftpflichtig? 362 Erw. 2.

1004   Inhaltsverzeichniss.

Haftpflicht der Fabrikherren und Gewerbeunternehmer bei
    Tödtung oder Verletzung von Arbeitern, sind Eisenbahn-
    bauunternehmer haftpflichtig? 362 Erw. 2.
— Wer ist haftpflichtiger Betriebsunternehmer? 912 ff.
— — In welchem Umfange besteht die Haftung des Betriebs-
    unternehmers für Unterakkordanten? 912 ff.
— Mehrheit der Betriebsunternehmer, Solidarität 370.
— Haftbefreiungsgründe, behauptete:
    a) eigenes beziehungsweise konkurrirendes Verschulden
        des Verletzten oder Getödteten 359 Erw. 4, 364 f.
        Erw. 4, 554 Erw. 4, 919 ff.
    b) Verbrechen oder Vergehen dritter Personen 905 f.
        Erw. 2.
— — — nur durch strafgerichtliches Erkenntniss nachweis-
    bar? 905 f. Erw. 2.
— — Ersatzanspruch:
    a) im Falle der Verletzung 359 ff., 365 ff., 369 ff.,
        554 ff., 906 ff. Erw. 3, 921 ff.
— — — Berechnung des entgangenen Verdienstes 365 f.
    Erw. 5, 921.
— — — — bei jugendlichen Arbeitern 921 f.
— — — — Heilungs- und Verpflegungskosten 359, 556.
— — — — Quantitativ der Entschädigung 359 f., 365 f.,
    369 f., 556 ff., 561 ff., 906 Erw. 3, 921 f.
— — — — Reduktion wegen Mitverschuldens 921 ff.
— — — — Reduktion wegen Zufall 359, 366, 370, 557, 561.
    908.
— — — — Reduktion wegen Vereitelung der Heilung durch
    den Verletzten? 554 ff. Erw. 6 f.
— — — — wenn der Schaden das gesetzliche Entschädigungs-
    maximum erreicht oder übersteigt, ist bei zufälligen Be-
    schädigungen von dem Entschädigungsmaximum ein an-
    gemessener Abstrich zu machen. Grundsätze für dessen
    Bemessung 366, 370.
— — — — Wegfall des gesetzlichen Entschädigungsmaxi-
    mums? 552 f. Erw. 3.
— — — — ist durch mit dem Unfalle kausale strafbare
    Handlung des Betriebsunternehmers bedingt 552 f.
    Erw. 3.
    b) im Falle der Tödtung 928 ff. Erw. 4.
— — — — entschädigungsberechtigte Hinterlassene 930.

Haftpflicht der Fabrikherren und Gewerbeunternehmer bei Tödtung oder Verletzung von Aabeitern, Ersatzanspruch im Falle der Tödtung, Reduktion wegen Zufalles 930.

— — Vorbehalt der Nachklage? 558, 562 Erw. 5.

— Verträge über die Entschädigung 554 Erw. 5, 927 ff.

— — Anfechtbarkeit wegen offenbarer Unzulänglichkeit der Entschädigung 554 Erw. 5, 927 ff.

— — wenn mit Versicherungsgesellschaft abgeschlossen 927 f. Erw. 3.

— Verjährung, der Fabrikhaftpflichtansprüche, Anwendbarkeit der allgemeinen Grundsätze des Obligationenrechts 927 Erw. 2.

— — — ist nicht von Amtes wegen zu berücksichtigen 927 Erw. 2.

— Oertliche Anwendung der Haftpflichtgesetze 357 ff.

Haftpflichtentschädigungen, aus Fabrikgesetz, Unpfändbarkeit 113 f.

— — — bezieht sich auch auf für den Arbeiter gepfändete Forderungen des Haftpflichtschuldners an einen Dritten 113 ff.

Haftpflichtsachen, unentgeltlicher Rechtsbeistand in, Fürsorge liegt den Kantonen ob 567 Erw. 1.

— — — auch für die bundesgerichtliche Instanz 567 Erw. 1.

— — — Armenrecht, vom Bundesgericht ertheiltes, verleiht nicht unentgeltlichen Rechtsbeistand 567 Erw. 1.

— — — Befugniss der Kantone, die Leistung der unentgeltlichen Verbeiständung zu ordnen 568 Erw. 2.

Haftpflichtversicherung, s. Versicherungsvertrag.

Handlungsfähigkeit 38 f., 303 Erw. 2, 469 ff.

— wird durch Abwesenheitspflegschaft nicht berührt 38, 469.

Haupturtheil 217 ff., 502.

— Entscheidung über Genehmigung eines Nachlassvertrages ist keines 217 ff.

— Anordnung der Verweisung in den Civilweg ist keines 502.

Hausrecht 738 Erw. 1.

Heimat, Gerichtstand der, s. Gerichtsstand.

Heimatrecht, im Vormundschaftswesen 34 Erw. 3, 38 Erw. 1, 469 Erw. 1.

—

Instanzenzug, in Fiskalstrafsachen   52 f.
— bei staatsrechtlichen Rekursen   4 f. Erw. 4, 7 Erw. 2, 39,
   72 f. Erw. 1, 79 Erw. 2, 114 Erw. 3, 470 Erw. 3, 471, 727.
— — in interkantonalen Vormundschaftssachen   471, 727.
— — in Rechtsverweigerungsfällen   7 Erw. 2.
Irrenanstalten, staatliche, kein gewerbliches Unternehmen 392.
— — Aufnahme in solche ist staatlicher Verwaltungsakt und
   begründet keinen Dienstvertrag zwischen Pflegling und
   Staat   391 f. Erw. 2.
Irrthum in der Person?   310 Erw. 4.
· Italien, Auslieferungsvertrag mit   197 ff.

                    J

Jura novit curia   13 Erw. 2.
Juristische Person, Aufhebung durch Staatsakt   178 ff.
— wann als Geschäftsherr bei Gewerbebetrieb zu betrachten ?
   291 ff., 392 ff., 398, 503.
Justizsachen   29, 145, 390 ff., 491 ff., 688 Erw. 6.

                    K

Kantonalbürgerrecht, s. Bürgerrecht, kantonales.
Kantonalgesetze, Auslegung und Anwendung von   29 Erw. 2,
   38 f. Erw. 2, 85 Erw. 2, 94 f. Erw. 2, 138 ff., 150 f.,
   161 ff., 180 Erw. 3, 204 Erw. 3, 205 Erw. 5, 211 Erw. 2,
   312 Erw. 6, 429 Erw. 1, 441 f. Erw. 3, 492 Erw. 2, 515,
   547 f. Erw. 9, 644, 645 f., 702 Erw. 3, 722 f. Erw. 2,
   744 ff., 751 ff., 884 ff., 965 ff.
Kantonalrecht, Verhältniss zum Bundesrecht, s. Bundesrecht
   und Kantonalrecht.
Kantonalverfassungen, Verletzung, Aargau   161 ff., 177 ff.,
   732 f., 738 ff.
— — Appenzell I.-Rh.   155 ff.
— — Bern   138 ff.

Kantonalverfassungen, Verletzung, Freiburg 7.
— — Genf 751 ff.
— — Luzern 150.
— — St. Gallen 73 Erw. 2.
— — Nidwalden 492 ff.
— — Schaffhausen 744 ff.
— — Solothurn 485 ff.
— — Uri 129 ff.
— — Zürich 479 ff.
Kantonales Recht, Nachweis desselben 393.
Kantone, Civilstreitigkeiten mit Privaten oder Korporationen 380 ff., 390 ff., 398 ff., 603 ff., 949 ff., 964 ff., 980 ff.
— Pflicht für unentgeldlichen Rechtsbeistand in Haftpflichtsachen zu sorgen, s. Haftpflichtsachen.
— staatsrechtliche Streitigkeiten zwischen 683 ff., 700 ff.
— Staatsverträge mit dem Ausland 202 ff.
— Wasserhoheit, s. Wasserhoheit.
— Zuständigkeit zu Anordnung von Zwangsmassregeln zu Realisirung öffentlich-rechtlicher Verpflichtungen 644.
Kassationsbeschwerde an das eidgenössische Kassationsgericht 52 ff., 707 ff.
— — in Fiskalstrafsachen 52, 707 ff.
— — ist erst nach Erledigung der kantonalen Instanzen statthaft 52 ff.
— — kann nur auf Verletzung des Bundesrechtes begründet werden 708 f. Erw. 3.
— — Frist für 707 f. Erw. 2.
— — kann von der Bundesverwaltung n i c h t gegen eine oberinstanzliche kantonale Entscheidung ergriffen werden, wenn der Anwalt der Bundesverwaltung gegen die erstinstanzliche Entscheidung selbständig kein Rechtsmittel ergriffen hat 708 Erw. 2.
Kauf, Betrug des Verkäufers? 902 Erw. 4.
— Essentialien, Einigung über? 829 Erw. 3, 899 f.
— — — oder blosser Vorvertrag? 899 f. Erw. 2 u. 3.
— — — unter Vorbehalt von Nebenpunkten 829 f. Erw. 3.
— Immobiliar- oder Mobiliarkauf? 885 Erw. 2 u. 3.
— — — bei Kauf eines Mergellagers zur Ausbeutung 885 Erw. 2.
— — — bei Zusammenverkauf unbeweglicher und beweglicher Sachen 885 Erw. 3.

— Haftung des Verkäufers für Sachmängel 351 ff.,' 901 f. Erw. 4.

— — — besteht nicht für offenbare Mängel bei Platzkauf einer Spezies auf Grund eines Ausfallsmusters 901 f. Erw. 4.

— — — Mängelrüge, Rechtzeitigkeit, Grundsätze 351 Erw. 5.

— — — — einseitiger Fakturavermerk betreffend Dauer der Rügefrist ist unverbindlich 351 Erw. 5.

— — — — Wirkungen der Verspätung 350 f. Erw. 3.

— — — beim Kauf nach Muster 352 f.

— — — — — der Käufer wird der rechtzeitigen Prüfung der Waare selbst durch Prüfung eines Ausfallsmusters nicht enthoben 352.

— Schadenersatzpflicht des Verkäufers bei Nichterfüllung, Umfang 818 f., 829 f. Erw. 4.

— Vorvertrag zu, s. Vorvertrag.

Kaufverträge über Liegenschaften (und Angebote dazu) beurtheilen sich nach kantonalem Rechte 515, 885 ff.

Kausalzusammenhang 237, 250, 265, 856 Erw. 3.

Kautionen, strafprozessuale, nach appenzell-innerrhodischem Rechte 155 ff.

Kinder, minderjährige, inwiefern folgen sie bei Verzicht auf das Schweizerbürgerrecht dem Vater? 88 ff. Erw. 2.

— voreheliche, Legitimation, s. Legitimation.

Kirchengebäude, Verfügung über Benutzung 751 ff.

Kirchensteuern, s. Kultussteuern.

Klage, Anerkennung durch die Gläubigerschaft des in Konkurs gefallenen Beklagten, Wirkungen 932.

Klagenhäufung, objektive 305 f., 787 ff.

— subjektive 211 Erw. 2, 411 Erw. 1.

Klagerecht, Verwirkung und Verjährung 4 Erw. 3.

Kollektivgesellschaft, Nationalität der 771 f. Erw. 4.

Kommissionär, oder direkter Stellvertreter? 543 Erw. 3.

— Anspruch des 546 Erw. 7.

— als Selbstkontrahent 866 Erw. 4.

— — Einrede des Spiels gegenüber 866 Erw. 4.

— Vorschüsse desselben zu reinen Differenzgeschäften, Einrede des Spiels ist statthaft 866 Erw. 4.

Kompetenz, s. Administrativbehörden, Bundesgericht, Einrede.

Kompromiss, s. Schiedsvertrag.

Konkordat, betreffend Testirungsfähigkeit und Erbrechtsverhältnisse 382, 452 f. Erw. 3, 955 Erw. 5.

Konkurrenz von Vertrags- und Deliktsanspruch? 340 Erw. 4,
    831, 861 ff.
Konkurs, ob e i n z e l n e Gläubiger Rechte des Gemeinschuld-
    ners geltend machen können, beurtheilt sich nach dem
    Rechte des Konkursortes 535 f. Erw. 2.
— kein Recht des Gemeinschuldners Prozess betr. Massen-
    vermögen auf eigene Rechnung zu führen 932.
Kontumazialfolgen nach eidgenössischem Civilprozess 603 f.
    Erw. 1.
Konzessionen, s. Eisenbahnkonzessionen.
Korporationsgemeinden, luzernische 150 ff.
Kosten, s. Prozesskosten.
Kreditschädigung 831, 855 ff.
Kultussteuern 16.
— Heranziehung des Grundeigenthums auswärts wohnender
    Konfessionsverwandter 16.
Kunstfehler, ärztliche, Haftung für 340 ff. Erw. 4, 861 ff.
Kunstwerkschutz, s. Urheberrecht, künstlerisches.
Kupferstiche, nach Gemälden, Urheberrechtsschutz 122 ff.

L

Ladung 451 Erw. 2, 771 Erw. 3.
— Gültigkeit nach dem Gesetze des Orts zu beurtheilen, wo
    sie zu geschehen hat 451 Erw. 2.
Lagerhausbesitzer, Besteuerung für die eingelagerten Waaren
    13 ff.
Landeskirchen 751 ff.
Landessprachen 574 Erw. 5.
Landsgemeinde, Stellung nach urnerischem Verfassungsrechte
    129 ff.
Legat oder Erbeinsetzung? 380 ff.
Legitimation, durch nachfolgende Ehe, Anerkennung durch die
    Eltern macht vollen Beweis, so dass den dieselbe An-
    fechtenden die Beweislast trifft 225 ff. Erw. 4.
— — Frist zu civilstandsamtlicher Anzeige der vorehelichen
    Kinder ist blosse Ordnungsfrist 226.
— — bei Anfechtungsklage muss das Kind als Partei in's
    Recht gefasst werden 224 f. Erw. 3.
— zum Rekurse, s. Rekurs.

Leistenbruch, inwiefern Unfall ? 237 ff.

Liegenschaftskauf (und Angebot dazu) beurtheilen sich nach kantonalem Recht 515, 885 ff.

— oder Mobilienkauf? 885 ff.

— — bei Verkauf eines Lehmlagers zur Ausbeutung 885 Erw. 2.

— — bei Zusammenverkauf von Liegenschaften und Mobilien nach dem Hauptinhalte des Geschäfts zu entscheiden 885 Erw. 3.

— Nebenvertrag zu, oder selbständiges Geschäft? 804 f. Erw. 2.

Lithographien nach Gemälden, Urheberrechtsschutz 122 ff.

M

Mahnung 819 Erw. 5.

Mängelrüge, s. Kauf.

Marken, Begriff 277 ff.

— sind lediglich Herkunftszeichen, dürfen daher nicht zu Verschönerungszwecken angebrachte Ornamente oder sonstige Beifügungen von technischem Nutzeffekt sein 277 ff.

Markenrechtsverletzung, Vorsatz bei 98 ff. Erw. 2.

Markenschutz, Bundes- und Kantonalrecht in Markenrechtsstrafsachen 94 Erw. 2.

— Kompetenzen des Bundesgerichtes gegenüber von Strafurtheilen betreffend 98 Erw. 1.

Maschine, Vertrag über Erfindung und Lieferung einer solchen 845 f.

Miethvertrag, Klage auf Rückgabe aus, oder dingliche Klage ? 652 Erw. 2.

Militärverwaltung, Eigenthumsverletzungen durch Schiessübungen derselben, Zulässigkeit des Rechtsweges 421 ff.

Militärorganisation 423.

Missbrauch von Sprengstoffen, als Auslieferungsdelikt 197 Erw. 2.

N

Nachbarrecht, Bundes- und Kantonalrecht 884 f. Erw. 2.

Nachlass, schenkungsweiser, Anwendbarkeit des kantonalen Rechtes 211 Erw. 2.

Nachlassvertrag, gegen Entscheidung über Genehmigung eines solchen ist die Weiterziehung an das Bundesgericht nicht statthaft 217 ff.

Nationalität der Kollektivgesellschaft 771 f. Erw. 4.

Naturalisation, s. Bürgerrecht.

Nebenpunkte, Vorbehalt bei Verträgen 828 ff. Erw. 3.

Negatorienklage, gegen Eigenthumseingriffe der Militärverwaltung, Kompetenz des Civilrichters 421 ff.

Neuerung, von Spielschulden, ist ungültig 283 ff.

Niedergelassene, civilrechtliche Verhältnisse 471, 722, 727 f.

Niessbrauch, Einfluss des Todes des Niessbrauchers auf von ihm abgeschlossene Pachtverträge 103 ff.

Nordamerika, s. Vereinigte Staaten von Amerika.

Nothwehr? 347.

Nothzucht, als Auslieferungsdelikt 185 Erw. 3.

Novation, s. Neuerung.

Nulla poena sine lege 161 ff., 738 ff.

Nutzniessung, s. Niessbrauch.

O

Obervormundschaft, Aufhebung des von der untern Vormundschaftsbehörde ertheilten Ehekonsenses 80 Erw. 4.

Oeffentliche Gewässer, s. Gewässer, öffentliche.

P

Pachtvertrag, Aufhebung eines vom Niessbraucher abgeschlossenen, bei Tod des Niessbrauchers 103 ff.

Pactum de contrahendo, s. Vorvertrag.

Parlamentarische Redefreiheit 744 f.

Patentschutz, s. Erfindungsschutz.

1012   Inhaltsverzeichniss.

Pfändbarkeit, Ausschluss bei Fabrikhaftpflichtansprüchen
    113 f. Erw. 2.
Pfandnichtigkeitsklage? 671 f.
Polizeibehörde, Verhängung eines Arrestes durch die 44 f.
    Erw. 4.
Präjudizialität des Strafurtheils? 808, 905 f. Erw. 2.
Pressfreiheit 636 ff., 643 ff.
— Nachforschung nach dem wahren Verfasser eines Zeitungs-
    artikels 636 Erw. 3.
— mit derselben ist Statuirung des Gerichtsstandes des Wohn-
    ortes für Injurien nicht unvereinbar 645 Erw. 2.
— wegen eines Pressdeliktes Beklagte können nicht gleich-
    zeitig als Zeugen behandelt werden 636 f. Erw. 3.
Privatrechte, wohlerworbene, s. Eigenthumsgarantie, ver-
    fassungsmässige.
Prorogation an das Bundesgericht als einzige Instanz ist aus-
    geschlossen in Fällen seiner oberinstanzlichen Kompetenz
    505 f. Erw. 3.
Prozesskosten, Verlegung der in Weiterziehungsfällen, bei
    Bestätigung in der Hauptsache 547 f. Erw. 9.
— Wirkung der Aufhebung einer kantonalen Schlussnahme
    durch staatsrechtliche Entscheidung des Bundesgerichtes
    hinsichtlich der vor den kantonalen Behörden erlaufenen
    65 ff.
Prozessuale Verwirkung oder Verjährung? 4 Erw. 3.

                        Q

Quasischmersengeld bei Tort moral, s. Tort moral.

                        R

Rechtsverweigerung 3 ff., 7, 63 ff., 79 f., 617 ff., 770 f. Erw. 2.
Redefreiheit, parlamentarische 744 f.
Rektifikationsvorbehalt bei Urtheilen über Entschädigungs-
    ansprüche wegen Körperverletzung durch unerlaubte
    Handlung, Zulässigkeit? 334 Erw. 4.
        S. im übrigen Haftpflicht, Vorbehalt der Nachklage.
Rekurs in Expropriationssachen, s. Expropriation und Frist.

Rekurs, in Expropriationssachen, staatsrechtlicher, Instanzen-
    zug 4 f. Erw. 4, 7 Erw. 2, 39, 72 Erw. 1, 79 Erw. 1,
    114 Erw. 3, 470 Erw. 3, 471, 727.
— — — in Rechtsverweigerungsfällen 7 Erw. 2.
— — — in interkantonalen Vormundschaftsstreitigkeiten 471
    Erw. 2, 727.
— — kann nicht zu Protokoll erklärt, sondern muss schrift-
    lich eingereicht werden 312 Erw. 6.
— — Legitimation zum 13 Erw. 3, 79 Erw. 2, 128 ff., 177
    Erw. 1, 180 Erw. 4, 492 Erw. 1 u. 2, 568 Erw. 2, 700
    Erw. 1, 751 ff.
— — — bei behaupteten Eingriffen in das Gesetzgebungs-
    recht des Volkes 128 Erw. 1.
— — — bei behaupteter Verletzung der verfassungsmässigen
    Eigenthumsgarantie 128 Erw. 1.
— — Kostenentscheid 65 ff.
— — statthafter 98 Erw. 1, 103 Erw. 1, 114 Erw. 3, 120
    Erw. 2, 450 Erw. 1, 470, 636 Erw. 2, 658 ff., 762 Erw. 1, 770.
— — — unstatthafter 471, 568 Erw. 2, 658 Erw. 1, 722,
    727, 762 Erw. 1.
— — Verfahren 13 Erw. 1 u. 2, 120 Erw. 1.
— — Jura novit curia 13 Erw. 2.
— — verfrühter? 636 Erw. 1, 638 Erw. 4, 646.
— — verspäteter 114 Erw. 3, 659 Erw. 2.
— — Wirkungen der Gutheissung 65 ff.
— — — Verpflichtung der kantonalen Behörde zu neuer
    Entscheidung im Kostenpunkte und in der Hauptsache
    65 ff.
Rekursfrist, s. Frist.
Religiöse Erziehung der Kinder, Streitigkeiten betreffend Kom-
    petenz und Stellung des Bundesgerichtes 722, 727 f.
— — — Verfahren 727 f.
Report 546, 837, 866 Erw. 4.
Reziprocitätserklärungen, s. Gegenseitigkeitserklärungen.
Richter, verfassungsmässiger, s. Gerichtsstand, verfassungs-
    mässiger.
Richter, Kompetenzüberschreitungen 732 f.
Richterliche Gewalt, Eingriffe in dieselbe, behauptete 144 ff.,
    487 f. Erw. 3.
Rücktritt vom Vertrage wegen Verzuges, s. Fixgeschäft.
— — wegen Nutzlosigkeit der Leistung in Folge Verzuges 846.

S

Sachbeschädigung oder Enteignung? 58 Erw. 3.

Sachmängel beim Kauf, s. Kauf.

Schadenersatz für Grundstücksbeschädigung, s. Grundstücksbeschädigung.

Schatzungskommissionen, eidgenössische, s. Expropriation.

Schenkung, Anwendbarkeit des kantonalen Rechts 211 Erw. 2.

Schiedsgericht, das Bundesgericht übernimmt keinen Auftrag als solches 505 Erw. 2.

Schiedsvertrag, Auslegung steht den ordentlichen Gerichten nicht den zu Bezeichnung der Schiedsrichter berufenen Personen oder Amtsstellen zu und es müssen daher Streitigkeiten darüber, ob ein Schiedsgericht zu bestellen sei, von ersteren beurtheilt werden 617 f.

Schiedsvertrag, Voraussetzungen der Gültigkeit, nach tessinischem Recht 965 ff.

— Vorvertrag zu, s. Vorvertrag.

Schiessübungen, militärische, Zulässigkeit des Rechtsweges wegen Beeinträchtigung von Grundeigenthum 421 ff.

Schild, s. Geschäftsbezeichnung.

Schriftlichkeit, Behauptung gewillkürten Vorbehaltes der, bei Verträgen, Beweislast 299 ff.

Schuldbetreibungs- und Konkurssachen 7 Erw. 1.

Schuldschein oder Empfangsbescheinigung? 303 ff. Erw. 4.

— ohne Angabe des Schuldgrundes, Beweislast 303 ff. Erw. 4, 327 f. Erw. 2 f.

— — Nachweis unsittlicher causa 327 ff.

Schweizerbürgerrecht, s. Bürgerrecht, schweizerisches.

Selbsteintritt des Kommissionärs, s. Kommissionär.

Sittlichkeitsvergehen, im aargauischen Rechte 161 f.

Solidarität, mehrerer Thäter verschiedener unerlaubter Handlungen? 886 ff.

— mehrerer Unternehmer, für Schulden aus gewerblicher Haftpflicht 370.

Solidarschuldner, Gerichtsstand 667.

Spiel, Einrede des 283 ff.

S. Differenzgeschäfte, reine.

Sprengstoffe, Missbrauch von, als Auslieferungsdelikt 197 Erw. 2.

Staat, Haftung für Vergehen oder Versehen seiner Beamten 392 ff., 398, 503.

— Aufhebung öffentlicher Stiftungen durch denselben 177 ff.

— Aufsicht über Gemeinden 150 f., 722 Erw. 2.

— Schadenersatzpflicht für ungesetzliche Verhaftung 411 ff.

Staatsgut, Veräusserung und Belastung nach nidwaldnerischem Verfassungsrechte 492 ff.

Staatsrechtliche Streitigkeiten zwischen Kantonen 683 ff., 700 ff.

Staatsverträge, s. Deutschland, Frankreich, Italien.

— betreffend Auslieferung, Verhältniss zum Bundesgesetze 193. S. im übrigen Auslieferung.

— einzelner Kantone mit dem Auslande 202 ff.

Statusstreitigkeiten, müssen gegen diejenigen geführt werden, um dessen Status es sich handelt 224 f. Erw. 3.

Stellvertretung, gezwungene in der Steuerentrichtung, inwiefern statthaft 13 ff.

Steuerpflicht, Anerkennung? 629 Erw. 2.

Steuerstreitigkeiten, Gerichtsstand 28 f.

— rechtliche Natur 29 Erw. 2.

Steuerwesen, Rechtsgleichheit im 13 ff.

— — Besteuerung der Verwalter fremden Gutes für dasselbe, inwiefern statthaft? 13 ff.

S. im übrigen Doppelbesteuerung.

Stiftungen, öffentliche oder privatrechtliche? 177 Erw. 2.

— kirchliche, nach aargauischem Rechte 177 ff.

— — Aufhebung durch die Verwaltungsbehörden wegen Unerfüllbarkeit ihres Zweckes 177 ff.

— zu Gunsten der Angehörigen von Beamten, Begründung durch Verwaltungsakt 481 Erw. 4.

Stillschweigen, auf Anzeige von der Art der Ausführung eines Auftrages als Genehmigung ausgelegt 544 f. Erw. 4.

Stillschweigender Ausschluss realer Erfüllung bei Zeitgeschäften 867 f. Erw. 5.

Strafbare Handlung, Entschädigungsansprüche aus 340 Erw. 3.

Strafrecht, Gesetz als einzige verfassungsmässige Rechtsquelle im 161 ff., 738 ff.

Strafprozess, Kautionen im, nach appenzell-innerrhodischem Rechte 155 ff.

1016　　　Inhaltsverzeichniss.

Strafprozess, zeitliche Rechtsanwendung 441 f. Erw. 3.
Strafsachen, Gerichtsstand des Wohnsitzes in 25 f., 645 Erw. 1.
Strafurtheil, Präjudizialität desselben? 808, 905 f. Erw. 2.
Streitwerth, als Voraussetzung der bundesgerichtlichen Kom-
　　petenz 211 Erw. 2, 212 f., 214 f. Erw. 2, 305 Erw. 5,
　　308 f. Erw. 2, 350 Erw. 2, 391 Erw. 1, 505 Erw. 3, 777
　　Erw. 2, 787 Erw. 2 f., 859 f. Erw. 2, 919 Erw. 2, 964 Erw.
　　1, 980 Erw. 1.
— bei Klagen auf Erfüllung gegenseitiger Verträge 350
　　Erw. 2.
— zu Kompensation verstellte Gegenforderungen kommen nur
　　bis zur Höhe der Klageforderung in Betracht 213 Erw. 2.
— kontokurrentmässige Zinsen gehören zur Hauptforderung
　　214 f.
— — bei Klagenhäufung, objektiver 305 Erw. 5, 787 f. Erw. 2.
— — — subjektiver 211 Erw. 2.
— massgebend sind die Parteianträge 777 Erw. 2.
— bei Präjudizialverhältniss zwischen Vor- und Widerklage
　　308 Erw. 3, 350 Erw. 2, 859 f. Erw. 2.
— Zusammenrechnung von Vor- und Widerklage ist ausge-
　　schlossen 777 f. Erw. 2.
Subrogation des Versicherers in Schadenersatzansprüche des
　　Versicherten oder seiner Hinterlassenen, Bedeutung und
　　Wirkung der Policeklauseln 320 ff. Erw. 5.
Subsidiäres Recht 319, 790, 874 Erw. 2.

T

Testament, Auslegung eines solchen 380 ff.
Textkritik, der Bundesgesetze bei Auseinandergehen des
　　Textes in den verschiedenen Landessprachen 574 ff.
Thatbestand, durch die kantonalen Gerichte festgestellter 211
　　Erw. 2, 224 Erw. 2, 237 ff., 256 Erw. 3, 260 f. Erw. 3,
　　266 f. Erw. 4, 273 f. Erw. 5, 293 Erw. 6, 303 Erw. 2, 309
　　Erw. 4, 339 f. Erw. 2, 345. 363 Erw. 2, 513 Erw. 3, 545 f.
　　Erw. 6, 547 Erw. 7, 553, 559 ff., 802, 814 ff., 821 f.,
　　828 f. Erw. 3, 847 ff. Erw. 3, 855 f. Erw. 2 u. 3, 860 ff.,
　　867 Erw. 5, 877 Erw. 6, 895 Erw. 3, 896 Erw. 5, 900 ff.,
　　906 Erw. 2, 919 ff.

Theilnahme und Begünstigung 194 f. Erw. 4.

Thiere, Beschädigung durch, Haftung des Thierhalters 330 ff. Erw. 2.

— Beweislast 331.

Tort moral 347, 399 f. Erw. 3, 416.

Trennung der Gewalten 128 ff., 138 ff., 144 ff., 479 ff., 486 ff, Erw. 2 ff.

U

Uebereinkunft zwischen dem Kanton Aargau und dem Grossherzogthum Baden vom 21. Mai 1867 betreffend die gegenseitige Vollstreckbarkeit der Urtheile, u. s. w., in bürgerlichen Rechtssachen 202 ff.

Uebergang, gesetzlicher, von Schadenersatzansprüchen des Versicherten oder seiner Hinterlassenen auf den Versicherer ? 319 ff.

Uebertretungen fiskalischer und polizeilicher Bundesgesetze, Verfahren bei 52 f., 707 ff., 711 ff., 717 ff.

— — — Bundesanwaltschaft, Stellung der 707, 711 f., 718.

— — — Bundesverwaltung, Stellung der ; dieselbe ist nicht Civilpartei, sondern strafrechtliche Nebenpartei ; sie kann sich durch den Bundesanwalt oder einen andern besondern Anwalt vertreten lassen, welchem die gleichen Rechte zustehen, wie der kantonalen Staatsanwaltschaft, insbesondere hinsichtlich der Einlegung von Rechtsmitteln 707 ff., 711 ff., 718.

— — — muss nicht gehört werden, wenn sie keinen besondern Anwalt bestellt hat 712 Erw. 1.

— — — muss sich zu Anhängigmachung der Klage bei Gericht, da wo die kantonale Gesetzgebung dies vorschreibt, der kantonalen Staatsanwaltschaft bedienen, vorbehältlich allfälliger Rechte der Bundesanwaltschaft 717 f.

— — — Eröffnung der Urtheile 707 f. Erw. 2.

— — — Kassationsbeschwerde an das eidgenössische Kassationsgericht, Frist zur 707 f. Erw. 2.

— — — — kann nur auf Verletzung eidgenössischer, nicht kantonaler, Gesetze begründet werden 708 f. Erw. 3.

Uebertretungen fiskalischer und polizeilicher Bundesgesetze,
 Verfahren bei, Unzulässigkeit der Kassationsbeschwerde
 der Bundesverwaltung gegen eine oberinstanzliche kantonale Entscheidung, wenn der Anwalt der Bundesverwaltung gegen das erstinstanzliche Urtheil kein selbständiges Rechtsmittel eingelegt hat 707 Erw. 2.
— — — Verjährung 717 ff.
Uneheliche Legitimation, s. Legitimation.
Unerlaubte Handlung, Obligationen aus 291 ff., 318 Erw. 2,
 330 ff., 335 ff., 340 ff., 348 ff., 392 ff., 398 ff., 574 ff.,
 831, 850 ff., 855 ff., 861 ff., 866 ff. Erw. 5 ff.
— — civilrechtliche Haftung Dritter für solche inwieweit
 begründet? 291 ff., 392 ff., 398, 503.
— — Selbstverschulden des Verletzten 291 ff., 331, 347, 851,
 857.
— — — — steht auch dem Entschädigungsanspruch der
 Hinterlassenen entgegen 347.
— — eigene Schadenersatzansprüche des Versicherers? 318
 Erw. 2.
— oder Vertragsverletzung? 336, 340 Erw. 4, 861 f.
— und Vertragsverletzung, Konkurrenz von? 340 Erw. 4,
 831 f., 861 ff.
— Solidarität mehrerer Theile, bei Verschiedenheit der Handlung? 886 f. Erw. 5.
Ungesetzliche Verhaftung, Entschädigungsanspruch wegen
 411 ff.
Universalsuccession in das Vermögen einer aufgehobenen
 Aktiengesellschaft kraft Spezialgesetzes, Wirkungen 604.
Unpfändbarkeit von Fabrikhaftpflichtansprüchen 113 f.
Unschuldig Verhaftete, Entschädigungsanspruch ist kantonal-
 rechtlich 503.
Unsittlicher Vertrag 327 ff.
Urheberrecht, künstlerisches 120 ff.
— — besteht auch für Kupferstiche nach Gemälden 122
 Erw. 4.
— — betreffend Zeichnungen? 121 Erw. 3.|
— — Verletzungen durch etwas veränderte Nachbildung 122
 Erw. 5.
— — — Vorsatz und Fahrlässigkeit bei 123 Erw. 6.
— — — Kompetenz des Bundesgerichtes gegenüber Straf-
 urtheilen betreffend 120 f. Erw. 2.

Urkundenfälschung, als Auslieferungsdelikt 497 ff.

Urtheile, ausserkantonale, schweizerische, Vollstreckung 451.

— — — Rechtskraft als Voraussetzung 451.

— — — bei ungültiger Ladung ausgeschlossen 451 f.

— — — ausgeschlossen durch Inkompetenz des Gerichtes 452 Erw. 3.

— badische, Vollstreckbarkeit im Kanton Aargau nach Staatsvertrag 202 ff.

— französische, Gerichtsstand für Vollstreckung 763 ff.

— — Pflicht zur Vollstreckung, Ausdehnung 764.

— — Arrest zu vorläufiger Sicherung der Vollstreckung 765 Erw. 3.

— staatsrechtliche, des Bundesgerichtes, durch welche eine kantonale Schlussnahme aufgehoben wird, Wirkungen hinsichtlich der vor den kantonalen Behörden erlaufenen Kosten und hinsichtlich der Hauptsache 65 ff.

— Rektifikationsvorbehalt, bei Entschädigungsansprüchen aus unerlaubter Handlung zulässig? 334 Erw. 4.

    S. im übrigen Haftpflicht, Vorbehalt der Nachklage.

V

Veräusserung 492 ff.

Vereinigte Staaten von Amerika, inwiefern wirkt die Naturalisation des Vaters für minderjährige Kinder? 89 f. Erw. 3.

Verfahren bei Uebertretungen fiskalischer oder polizeilicher Bundesgesetze, s. Uebertretungen.

Vergehen gegen die öffentliche Sittlichkeit nach aargauischem Rechte 161 ff.

Verhaftung, ungesetzliche, s. ungesetzliche Verhaftung.

— Unschuldiger, s. Unschuldig Verhaftete.

Verjährung, von Civilansprüchen 4 Erw. 3, 927.

— von Fabrikhaftpflichtansprüchen, Anwendbarkeit der allgemeinen Grundsätze des Obligationenrechts 927 Erw. 2.

— — ist nicht von Amtes wegen zu berücksichtigen 927 Erw. 2.

— der Strafvollstreckung oder Strafverfolgung als Auslieferungshinderniss 184 f. Erw. 1, 497 f.

— oder prozessualische Verwirkung? 4 Erw. 3.

1020   Inhaltsverzeichniss.

Verletzung, ernstliche, persönlicher Verhältnisse, s. Tort moral.

Vermächtniss oder Erbeinsetzung? 380 ff.

Versäumnissfolgen, nach eidgenössischem Civilprozess 603 f.
    Erw. 1.

Versicherungsgesellschaften, Besteuerung 20 f.

— sind am Orte blosser Unteragenturen nicht steuerpflichtig
    21 Erw. 2.

Versicherer (bei Lebens- und Unfallversicherung) eigner Scha-
    denersatzanspruch bei Tödtung des Versicherten? 318
    Erw. 2.

Versicherungsvertrag, Anwendung des Rechts in örtlicher Be-
    ziehung 318 f. Erw. 3, 874 Erw. 2.

— Anerkennung der Ersatzpflicht seitens des Versicherers?
    874 Erw. 3.

— Ungültigkeit wegen Verletzung der Anzeigepflicht des Ver-
    sicherten 875 ff.

— gehen Schadenersatzansprüche des Versicherten oder
    seiner Hinterlassenen mit Zahlung der Versicherungs-
    summe von Rechts wegen auf den Versicherer über?
    319 ff.

— — Subrogationsklauseln der Policen, rechtliche Bedeutung
    und Wirkung 320 ff. Erw. 5.

— Verantwortlichkeit des Versicherers wegen unrichtiger
    Prozessführung bei Haftpflichtversicherung 874 ff.

— Verhältniss des eidgenössischen und kantonalen Rechts
    319, 874 Erw. 2.

Versorger 346, 398 Erw. 2.

Versuch von Auslieferungsdelikten als Auslieferungsdelicht 197
    Erw. 1.

Vertrag, Abschluss 299, 828 f. Erw. 3.

— — inwiefern Thatfrage? 828 f. Erw. 3.

— — behaupteter Vorbehalt der Schriftlichkeit, Beweislast
    299 ff.

— — Nichterfüllung, Schadenersatz 312 ff., 817 ff., 822 ff.,
    829 ff.

— — Rücktritt vom, in Folge Verzugs, s. Rücktritt.

— unsittlicher 327 ff.

Vertragsklage oder Deliktsklage? 336.

— — Konkurrenz von? 340, 831 f., 861 ff.

Verwaltungspersonal, einer Aktiengesellschaft, Verantwort-
    lichkeit, s. Aktiengesellschaften.

Verwaltungsreglement für die eidgenössische Armee, rechtliche Natur 423 ff.

Verzug, bei Schadenersatzpflicht wegen Nichterfüllung eines Vorvertrages tritt erst mit Mahnung ein 819 Erw. 5.

— Folgen, s. Rücktritt und Verzugszinsen.

Verzugszinsen, Höhe 547 Erw. 8.

Vindikations- oder Forderungsklage 48 Erw. 1, 652, 884 f. Erw. 2.

Vindikations- beziehungsweise Forderungs- oder Erbtheilungsklage ? 452 Erw. 3.

Vollstreckung, badischer Urtheile im Kanton Aargau nach Staatsvertrag 202 ff.

— französischer Urtheile, nach Staatsvertrag 763 ff.

— — — Gerichtsstand für 763 ff.

— — — Pflicht zu, erstreckt sich grundsätzlich auf alle rechtskräftigen Civilurtheile 764.

— — — Arrest zu vorläufiger Sicherung der 765 Erw. 3.

Vormundschaft, Bundes- und Kantonalrecht hinsichtlich der Ehebewilligung durch die 80 f. Erw. 4.

— Heimatrecht 34 Erw. 3, 38 Erw. 1, 469 f. Erw. 1.

— Verhängung der 110 Erw. 2, 469 ff.

Vormundschaftspflege, rechtliche Natur 79 f. Erw. 3.

Vormundschaftsstreitigkeiten, interkantonale, Stellung des Bundesgerichtes 471 f., 722, 727 f.

Vorsatz bei Markenrechtsverletzungen 98 f. Erw. 2.

— bei Urheberrechtsverletzungen 123 Erw. 6.

Vorsorgliche Verfügung zu Erhaltung des Streitgegenstandes oder Arrest ? 48 ff.

Vorvertrag zu Kauf 814 ff., 899 Erw. 2 u. 3.

— verschuldete Nichterfüllung, Schadenersatzpflicht 814 ff.

— — Bemessung der Schadenshöhe 818 f.

— — Verzug 819 Erw. 5.

— zu Schiedsvertrag 967 ff.

W

Waarenzeichen, s. Marken.

Wasserhoheit 700 ff.

— an interkantonalen Gewässern 700 ff.

— — jeder Kanton ist zu Konzessionsgebührenbezug insoweit berechtigt, als die Wasserkräfte durch das auf seinem Gebiet gelegene Gefäll geliefert werden 701.

Weiterziehung kantonaler Urtheile an das Bundesgericht, Adhäsion an dieselbe ist statthaft 271 f. Erw. 2, 291 Erw. 3.

— — Aktenvervollständigungsbegehren 309 Erw. 3, 339 f. Erw. 2, 794 Erw. 2, 865 f. Erw. 1, 906 Erw. 2, 919 f. Erw. 2.

— — Begehren um Berichtigung der Protokolle der kantonalen Instanzen muss bei diesen gestellt werden 552 Erw. 2.

— · — Berücksichtigung von seit dem kantonalen Urtheile eingetretenen Aenderungen in der persönlichen Lage der Parteien (durch Tod u. s. w.) ist nicht ausgeschlossen 344 Erw. 2.

— — Frist für 919 Erw. 2.

— — — gegenüber st. gallischen Urtheilen 919 Erw. 2.

— — Kostendekretur bei Bestätigung in der Hauptsache 547 f. Erw. 9.

— — Nova sind unstatthaft 344 Erw. 2, 514, 521 Erw. 2, 543 Erw. 2, 553, 865 Erw. 1.

— — nur statthaft gegen Haupturtheile 217 ff., 502 Erw. 2.

— — nur statthaft insoweit nach eidgenössischem Rechte zu entscheiden 211, 223 f. Erw. 2, 230 Erw. 2, 298 Erw. 2, 350 Erw. 2, 503 Erw. 3, 521 ff., 782 f., 789 f., 874 Erw. 2, 884 ff., 894 Erw. 1, 927 Erw. 2.

— — — diess auch dann, wenn eine Partei ein Kanton ist 503 Erw. 3.

— — ist statthaft gegen Entscheidungen betreffend die Legitimation vorehelicher Kinder durch nachfolgende Ehe 223 Erw. 2.

— — ist statthaft gegen im Adhäsionsverfahren ausgefällte Civilurtheile 344 Erw. 1.

— — Rückweisung der Sache an das kantonale Gericht 300 f. Erw. 4, 539 Erw. 5, 797 f. Erw. 6, 827 Erw. 1, 916.

— — — Bedeutung und Wirkung 827 Erw. 1.

— — Streitwerth 211, 212, 214 f., 305 Erw. 5, 350 Erw. 2, 777 f. Erw. 2, 787 ff., 859 f. Erw. 2.

— — — bei Klagen auf Erfüllung gegenseitiger Verträge 350 Erw. 2.

— — — massgebend sind die Parteianträge 777 Erw. 2.

— — — bei Klagenhäufung, objektiver 305 Erw. 5, 787 f.

— — — — subjektiver 211

— — — Kontokurrentzinsen sind mitzuberechnen 214 Erw. 2.

Weiterziehung kantonaler Urtheile an das Bundesgericht, zur Kompensation verstellte Gegenforderungen kommen nur bis zur Höhe der Klageforderung in Betracht 213.

— — — Streitwerth, bei Präjudizialverhältniss zwischen Vor- und Widerklage 308 Erw. 2, 350 Erw. 2, 859 f. Erw. 2.

— — — Zusammenrechnung von Vor- und Widerklage ist ausgeschlossen 777 Erw. 2.

— — Thatbestandsfeststellung 211 Erw. 2, 224 Erw. 2, 237 ff., 256 Erw. 3, 260 f. Erw. 3 ff., 266 f. Erw. 4, 273 f. Erw. 5, 293 Erw. 6, 303 Erw. 2, 309 Erw. 4, 339 f. Erw. 2, 345, 363 Erw. 2, 513 Erw. 3, 545 f. Erw. 6, 547 Erw. 7, 553, 559 ff., 802, 814 ff., 821 f., 828 f. Erw. 3, 847 ff., Erw. 3, 856 f. Erw. 2 u. 3, 860 f., 867 Erw. 5, 877 Erw. 6, 895 Erw. 3, 896 Erw. 5, 900 ff., 906 Erw. 2, 919 ff. Erw. 2.

— — — unstatthaft gegen Entscheidungen über Genehmigung eines Nachlassvertrages 217 ff.

— — — unstatthaft, wenn nach ausländischem Recht zu entscheiden ist 521 ff.

Wichtige Gründe für Auflösung eines Dienstvertrages 311, 312, 822.

Widerklage, Streitwerthberechnung in Fällen oberinstanzlicher Kompetenz des Bundesgerichtes 308 f. Erw. 2, 350 Erw. 2, 777 f.

Willensfähigkeit 303 Erw. 2.

Wirthshausschild 144 f.

Wohlerworbene Privatrechte, s. Eigenthumsgarantie, verfassungsmässige.

Wohnsitz, Begründung 663 ff.

— fester 659 f. Erw. 3.

— Wechsel des, Voraussetzungen 663 ff.

— des Geschäftes 21 f. Frw, 2.

— Gerichtsstand des, s. Gerichtsstand.

— steuerrechtlicher 21 f. Erw. 2.

— — und prozessuales Rechtsdomizil 21 f. Erw. 2.

Z

Zahlung, Anrechnung einer, auf Schuld aus reinem Differenzgeschäft, inwieweit statthaft 283 ff.

Zeitgeschäfte, Einrede des Spiels gegenüber, s. Differenzgeschäfte, reine.

Zeitliche Konflikte der Gesetze, s. Anwendung des Rechtes in
    zeitlicher Beziehung.
Zeugnisspflicht, Realisirung der durch Zwangsmassregeln, Zu-
    ständigkeit 644.
Zollübertretungen, s. Uebertretungen fiskalischer und polizei-
    licher Bundesgesetze.
Zweigniederlassung ? 21 f. Erw. 2, 434 ff., 629 ff., 651 f.
— Gerichtstand 651.
— und prozessuales Rechtsdomizil 21 f. Erw. 2.

II. Gesetzesregister.

I. Bundesverfassung.

Art. 4 . . . Seite 3 ff., 7, 13 ff., 35, 63 f., 79 f., 138 f., 150 f.
Erw. 2, 428 ff., 617 f., 660 Erw. 4, 770
Erw. 2.

» 9 . . . . . . 203.

» 10 . . . . . . 203.

» 33 . . . . . . 486 Erw. 1.

» 43 . . . . . . 84 ff.

» 45 . . . . . . 84 f.

» 46 Abs. 1 . . . 34 Erw. 3.

» 46 Abs. 2 . . . 13 ff., 17, 20 ff., 151 Erw. 4, 434 ff., 629 ff.,
702 Erw. 4.

» 49 Abs. 3 . . . 727 Erw. 1.

» 49 Abs. 6 . . . 16 f.

» 53 . . . . . . 73 f. Erw. 3.

» 54 . . . . . . 73 f. Erw. 3, 79 f., 223 ff. Erw. 2 ff.

» 55 . . . . . . 636 ff., 643 ff..

» 58 . . . . . . 25 f., 34 Erw. 3, 441 f., 660 Erw. 4, 732,
738.

» 58 Abs. 2 . . . 73 Erw. 3.

» 59 Abs. 1 . . . 28 f., 33 ff., 38 f., 43 ff., 48 ff., 68 Erw.
2, 205 Erw. 4, 441 Erw. 2, 461 ff., 651 f.,
658 ff., 663 ff., 667, 671 f., 732, 770 f.

» 60 . . . . . . 34 Erw. 3.

» 61 . . . . . . 450 ff., 732.

» 85 Ziff. 5 . . . 203.

» 110 Ziff. 4 . . . 964 ff. Erw. 1.

» 113 Ziff. 3 . . . 763 Erw. 1.

» 119 . . . . . . 574 f. Erw. 5.

Uebergangsbestimmungen.

Art. 2 . . . Seite 103 Erw. 1, 964.

» 3 . . . . . . 964.

II. Bundesgesetze.

Bundesgesetz betreffend das Verfahren bei Uebertretung fiskalischer und polizeilicher Bundesgesetze vom 30. Juni 1849.

Art. 7 . . . Seite 708 Erw. 3.
» 16 . . . . . . 717.
» 17 . . . . . . 707 ff., 712, 717 f.
» 18 . . . . . . 52 f., 707 ff., 711 ff.
» 19 . . . . . . 707 ff., 712 Erw. 2, 717 f.

Bundesgesetz betreffend die Verbindlichkeit zur Abtretung von Privatrechten vom 1. Mai 1850.

Art. 28 . . . Seite 62 f.
» 34 . . . . . . 58 Erw. 1.
» 35 . . . . . . 208 f.
» 41 . . . . . . 58 f. Erw. 3.
» 46 . . . . . . 500.

Bundesgesetz über das Verfahren vor dem Bundesgerichte in bürgerlichen Rechtsstreitigkeiten vom 22. November 1850.

Art. 3 . . . Seite 393.
» 43 . . . . . . 788.
» 63 ff. . . . . . 208 f.
» 65 . . . . . . 208 f.
» 92 . . . . . . 390 Erw. 1, 421 Erw. 1.
» 95 . . . . . . 390 Erw. 1, 421 Erw. 1.
» 99 . . . . . . 603 f. Erw. 1.

Bundesgesetz über das Zollwesen vom 27. August 1851.

Art. 50 . . . Seite 708 Erw. 3.
» 51 . . . . . . 708 Erw. 3.

Bundesgesetz betreffend das Bundesstrafrecht vom 4. Februar 1853.

Art. 67 litt. *b* . . . 808.

Bundesgesetz über Bau- und Betrieb der Eisenbahnen auf dem Gebiete der schweizerischen Eidgenossenschaft vom 23. Dezember 1872.

Art. 6 Abs. 3 Seite 464, 466.
» 8 » 1 . . . 463.
» 8 » 2 . . . 461 ff.
» 42 . . . . . . 466.

Bundesgesetz über die Organisation der Bundesrechtspflege vom 27. Juni 1874.

Art. 27 Ziff. 2 Seite 422 Erw. 3.
» 27 » 4 . . . 29 Erw. 3, 391 Erw. 1, 394, 503, 505
        Erw. 2, 964 ff. Erw. 1 ff., 980 Erw. 1.
» 29 . . . . . . 211, 212 ff., 214 f., 217 ff., 223 f. Erw. 2,
        230 Erw. 2, 271 f. Erw. 1, 291 Erw. 3,
        298 Erw. 2, 305 Erw. 5, 308 f. Erw. 2
        312 Erw. 6, 350 Erw. 2, 502 f., 505 f.;
        521 ff., 539 Erw. 5, 547 Erw. 9, 777 f.
        Erw. 2, 782, 787 f., 789 f., 794 Erw. 1,
        850 f. Erw. 1, 884 ff., 894 Erw. 1,
        916 Erw. 4, 919 Erw. 2, 927 Erw. 2, 966.
» 30 . . . . . . 211 Erw. 2, 224 Erw. 2, 237 ff., 256
        Erw. 3, 260 f. Erw. 1, 264 f. Erw. 4, 273
        f. Erw. 5, 293 Erw. 6, 300 Erw. 4, 303
        Erw. 2, 309 Erw. 3, 339 f. Erw. 4, 344
        Erw. 2, 345, 363 f. Erw. 2, 505 f., 513
        Erw. 3, 514, 521 Erw. 2, 539 Erw. 5,
        543 Erw. 2, 545 Erw. 6, 547 Erw. 7, 552
        Erw. 2, 553, 559 ff., 794 Erw. 2, 802,
        814 ff., 821 ff., 828 Erw. 3, 847 f. Erw. 3.
        855 ff., Erw. 2 u. 3, 860 ff., 867 Erw. 5,
        895 Erw. 3, 896 Erw. 5, 900 ff., 906
        Erw. 4, 916 Erw. 4, 919 ff. Erw. 3 ff.
Art. 30 Abs. 4 Seite 211 Erw. 2, 237 ff., 256 Erw. 3, 260 f.
        Erw. 3, 264 ff. Erw. 4, 273 f. Erw. 5,
        293 Erw. 6, 303 Erw. 2, 309 Erw. 3, 339
        ff. Erw. 4, 344 Erw. 2, 345, 363 Erw. 2,
        513 Erw. 3, 514, 521 Erw. 2, 543 Erw. 2,
        545 Erw. 6, 547 Erw. 7, 552 Erw. 2, 553
        559 ff., 794 Erw. 2, 802, 814 ff., 821 ff.,

Art.   30 Abs. 4 Seile 828 Erw. 3, 847 f. Erw. 3, 855 ff. Erw. 2
u. 3, 860 ff., 867 Erw. 5, 895 Erw. 3,
896 Erw. 5, 900 ff., 906 Erw. 4, 919 ff.
Erw. 3 ff.

Art.   31 Abs. 2 . . . 505 f.

»   57 . . . . . . 683, 688 Erw. 6, 700 Erw. 1, 702 Erw. 5.

»   58 . . . . . . 184, 187.

»   59 . . . . . . 4 f. Erw. 4, 7, 15 a. E. 29 Erw. 2, 33
Erw. 1, 38 f. Erw. 2, 43 Erw. 1, 45 f.,
Erw. 5, 68 Erw. 1, 72 f. Erw. 1, 79 Erw. 1
u. 2, 84 f., 94 Erw. 2, 98 Erw. 1, 103 Erw. 1,
114 Erw. 3, 120 Erw. 1, 138 f., 144
Erw. 1, 150 f., 161 Erw. 1, 180 Erw. 3,
312 Erw. 6, 428 f. Erw. 1, 470 Erw. 2 u.
3, 486 Erw. 1, 492 Erw. 1 u. 2, 565
Erw. 2, 636 Erw. 2, 638 Erw. 4, 644 ff.,
660 Erw. 4, 671 Erw. 2, 722 Erw. 2, 751 f.,
756, 762 f. Erw. 1, 770 Erw. 1, 966.

Art. 59 litt. b . . . 202 f., 762 Erw. 1, 770 Erw. 1.

»   59 Abs. 2 Ziff. 3   430 Erw. 5.

»   59   »   2   »   5   85 Erw. 3.

»   59   »   2   »   7   79 Erw. 1.

»   59   »   2   »   8   486 Erw. 1.

»   61   . . . . . 120 Erw. 1, 192 Erw. 1.

»   62   . . . . . 26 Erw. 2, 64 ff.

Militärorganisation der schweizerischen Eidgenossenschaft vom 13. Wintermonat 1874.

Art. 226 . . . Seite 423.

Bundesgesetz betreffend Feststellung und Beurkun-
dung des Civilstandes und die Ehe vom 29. Dezember 1874.

Art. 12 . . .   Seite 79 Erw. 1.

»   25 . . . . . . 223 ff. Erw. 2 ff.

»   27 . . . . . . 79 ff., 797 Erw. 5.

»   30 . . . . . . 796 Erw. 4.

»   41 . . . . . . 223 ff. Erw. 2 ff., 226.

»   43 . . . . . . 68 f. Erw. 2.

Art. 46 litt. *d* . . . 74.

» 49 . . . . . . 68 f. Erw. 2.

» 59 Ziff. 1 . . . 226 Erw. 4.

Bundesgesetz betreffend den Transport auf Eisenbahnen vom 20. März 1875.

Art. 22 . . . Seite 230 ff.

» 24 . . . . . . 232 Erw. 4.

» 26 Abs. 1 . . . 233.

Bundesgesetz betreffend die Haftpflicht der Eisenbahnen und Dampfschiffunternehmungen bei
Tödtungen und Verletzungen vom 1. Heumonat 1875.

Art. 1 . . . Seite 362 Erw. 2.

» 2 . . . . . . 237 ff., 246 ff., 254 ff. Erw. 2 f., 258 ff.,
265 ff., 272 f. Erw. 2, 806 ff.

» 5 . . . . . . 238 ff., 248 Erw. 4, 251 ff., 256 f. Erw. 3,
260 ff. Erw. 3, 265 ff., 273 f. Erw. 5,
800 ff., 809 ff.

» 6 . . . . . . 801 f. Erw. 4.

» 7 . . . . . . 249 ff. Erw. 2, 258 f. Erw. 2, 272 Erw. 4,
802, 807 f. Erw. 4.

» 11 . . . . . . 237, 807.

Transportreglement für die schweizerischen
Eisenbahnen vom 9. Juni 1876.

Art. 106 . . . Seite 231.

Bundesgesetz betreffend die Ertheilung des Schweizer-
bürgerrechts und den Verzicht auf dasselbe
vom 3. Juli 1876.

Art. 4 . . . Seite 84.

» 6 . . . . . . 84 f.

» 7 . . . . . . 88 Erw. 1.

» 8 Abs. 3 . . . 88 f. Erw. 2.

Bundesgesetz betreffend den Schutz der Fabrik- und
Handelsmarken vom 19. Dezember 1879.

Seite 94.

Art. 2 . . . Seite 277 ff.

» 19 litt. *d* . . . 98 ff.

Bundesgesetz über das Obligationenrecht vom 14. Juni 1881.

Art. 1 . . . Seite 828 ff. Erw. 3.

» 2 . . . . 828 ff. Erw. 3.

Art. 10 . . . Seite 299 Erw. 3.

» 14 . . . . 300.

» 15 . . . . 303 ff. Erw. 4, 327 f. Erw. 3 f.

» 16 . . . . 303 ff. Erw. 4.

Art. 17 . . . Seite 283 f., 327 ff. Erw. 4.

» 18 . . . . 310 Erw. 4.

» 19 Ziff. 4 Seite 789.

» 20 . . . . 310 Erw. 4.

Art. 50 ff. . . . . 291 ff., 318 Erw. 2, 331 ff., 340 ff., 344 ff., 392 f., 398 ff., 850, 855 ff. Erw. 2 f., 861 ff., 885 ff.

» 51 . . . . 291 ff., 333, 347, 851 f., 855 ff. Erw. 2 f.

» 51 Abs. 2 . . . 333, 347.

» 52 . . . . 346 ff., 398 ff.

» 53 . . . . 333, 862.

» 54 . . . . 347, 399 f., 861.

» 55 . . . . 392.

» 56 . . . . 345.

» 59 . . . . 345.

» 60 . . . . 886 Erw. 5.

Art. 62 . . Seite 291 ff., 392 ff., 398, 503.

» 64 . . . . 393 Erw. 2, 503.

Art. 65 . . . Seite 331 ff.

» 66 . . . . 688 Erw. 8.

» 76 . . . . 790.

» 79 . . . . 319.

» 95 . . . . 44 Erw. 3.

» 110 ff. . . . . 340 Erw. 4, 814 ff. 861 ff.

» 113 . . . . 340 Erw. 4.

» 116 . . . . 817 ff., 830.

» 117 . . . . 819 Erw. 5.

» 119 Abs. 2 . . . 547 Erw. 8.

» 122 . . . . 846.

» 123 . . . . 845 ff.

» 125 . . . . . . 845 ff.

» 126 Ziff. 3 . . . 319.

Art. 141 . . . . . . 211 Erw. 2.

» 146 ff. . . . . . 4 Erw. 3.

» 160 . . . . . . 927 Erw. 2.

» 168 . . . . . . 319.

» 229 . . . . . . 829 Erw. 3, 900 f.. Erw. 3.

» 231 . . . . . . 515, 885 f. Erw. 5, 886 Erw. 5.

» 245 . . . . . . 901 f. Erw. 4.

» 246 . . . . . . 350 ff. Erw. 3 ff.

» 248 . . . . . . 350 f. Erw. 3.

» 248 Abs. 2 . . . 350 f. Erw. 3.

» 299 . . . . . . 828 ff. Erw. 3.

» 309 . . . . . . 103 f.

» 310 . . . . . . 105 Erw. 5.

» 314 . . . . . . 105.

» 316 . . . . . . 104 f. Erw. 4.

» 346 . . . . . . 311 ff. 821 ff.

» 348 . . . . . . 340 f. Erw. 4.

» 406 ff. . . . . . 894 ff.

» 411 . . . . . . 894 ff.

» 439 f. . . . . . 546 f. Erw. 7.

» 446 . . . . . . 366 Erw. 4.

» 505 . . . . . . 283 Erw. 1.

» 512 . . . . . . 283 f., 536 ff., 545 f. Erw. 6, 836 ff.,
Erw. 2, 866 ff.

» 512 Abs. 2 . . . 866 Erw. 4.

» 513 . . . . . . 283 f.

» 514 . . . . . . 283.

» 542 . . . . . . 511.

» 544 . . . . . . 370.

» 673 . . . . . . 604 ff.

» 867 . . . . . . 144.

» 881 . . . . . . 292.

» 882 . . . . . . 782 f., 886 Erw. 4.

» 896 . . . . . . 319.

Bundesgesetz betreffend die Kosten der Bundesrechtspflege vom 25. Juni 1880.

Art. 17 i. f. . . Seite 568 f. Erw. 3.

Bundesgesetz betreffend die persönliche Handlungsfähigkeit vom 22. Juni 1881.   Seite 38 f.

Art. 5 . . . Seite 110 Erw. 2, 470 f.

1082 Inhaltsverzeichniss.

Bundesgesetz betreffend die Haftpflicht aus Fabrikbetrieb vom 25. Juni 1881.

Art. 1 . . . Seite 369 f., 906 Erw. 2.
» 2 . . . . . . 357 ff., 362 Erw. 2, 364, 369 f., 554 Erw. 4, 905 ff., 920 ff.
» 5 litt. *a* . . . 359, 366, 370, 557, 561, 930.
» 5 litt. *b* . . . 908, 921 ff. Erw. 5.
» 6 . . . . . . 359, 365 ff., 369 ff., 556 ff., 561, 906 f. Erw. 3, 921 ff., 929 ff.
» 6 Abs. 3 . . . 552 f. Erw. 3, 906 Erw. 3.
» 7 . . . . . . 113 f.
Art. 8 Abs. 1 . . . 558 Erw. 7, 562.

Bundesgesetz betreffend das Urheberrecht an Werken der Litteratur und Kunst vom 23. April 1883.

Art. 1 . . . Seite 121 ff.
» 2 . . . . . . 121 ff.
» 8 . . . . . . 121 Erw. 3.
» 19 . . . . . . 121 ff.

Bundesgesetz betreffend die Beaufsichtigung von Privatunternehmungen im Gebiete des Versicherungswesens vom 25. Juni 1885.

Art. 2 Ziff. 4 Seite 463.
» 15 . . . . . . 20 ff.

Bundesgesetz vom 26. April 1887 betreffend die Ausdehnung der Haftpflicht und die Ergänzung des Bundesgesetzes vom 21. Dezember 1883.

Art. 1 . . . Seite 366, 369 f., 912 ff.
» 1 litt. *d* . . . 362 Erw. 2.
» 2 . . . . . . 362 Erw. 2, 912 ff.
» 2 Abs. 1 . . . 912.
» 3 . . . . . . 357 ff.
» 4 . . . . . . 357 ff.
» 6 . . . . . . 567 f.
» 7 . . . . . . 567 Erw. 1.
» 9 Abs. 2 . . 554 Erw. 5, 928 ff.
» 11 . . . . . . 568.

Verwaltungsreglement für die schweizerische Armee vom 27. März 1885.

VIII. Abschnitt Seite 423 ff.

Bundesgesetz betreffend gebrannte Wasser vom 23. Dezember 1886.

Art. 14 . . . Seite 711.

Bundesgesetz betreffend die Erfindungspatente vom 29. Juni 1888.

Art. 24 . . . Seite 573 ff.
 » 24 Ziff. 1 . . . 573 ff.
 » 24 » 2 . . . 573 ff.
 » 25 . . . . . . 573 ff.
 » 25 Abs. 3 . . 573 ff.
 » 30 » 2 . . 573.

Reglement vom 24. Juli 1888 zur Vollziehung der Strafbestimmungen des Bundesgesetzes vom 23. Dezember 1886 betreffend gebrannte Wasser.

Art. 19 Al. 2 Seite 711.

Bundesgesetz betreffend die gewerblichen Muster und Modelle vom 21. Dezember 1888.

Art. 18 . . . Seite 576 Erw. 8.
 » 19 . . . . . . 576 Erw. 8.

Bundesgesetz betreffend Schuldbetreibung und Konkurs vom 11. April 1889.

Art. 260 . . . Seite 536 Erw. 2.
 » 265 . . . . . . 932.
 » 271 . . . . . . 763 Erw. 1, 770 Erw. 2.
 » 272 . . . . . . 770 Erw. 2.
 » 279 . . . . . . 763 Erw. 1.
 » 305 Abs. 1 . . . 219 Erw. 3.
 » 334 . . . . . . 7 Erw. 1.

Bundesgesetz betreffend die Arbeitszeit beim Betriebe der Eisenbahnen vom 27. Juni 1890.

Art. 5 . . . Seite 250.
 » 6 . . . . . . 250.

Bundesgesetz betreffend den Schutz der Fabrik- und
  Handelsmarken, der Herkunftsbezeichnungen
  von Waaren und der gewerblichen Auszeich-
  nungen vom 26. September 1890.

Seite 94.

Art. 24 . . . . . . 576 Erw. 8.
  » 25 . . . . . . 576 Erw. 8.

Bundesgesetz betreffend die civilrechtlichen Verhältnisse der Niedergelassenen und Aufenthalter
  vom 25. Juni 1891.

Art. 13 . . . Seite 722, 727 f.
  » 14 . . . . . . 727 f.
  » 15 . . . . . . 471 f., 727 f.
  » 16 . . . . . . 722, 727 f.
  » 30 . . . . . . 469.
  » 36 litt. a . . . 472, 728.

Bundesgesetz betreffend die Auslieferung nach dem
  Auslande vom 22. Januar 1892.

Seite 498 Erw. 1.

Art. 2 Lemma 3 . 195.
  » 12 . . . . . . 193.
  » 23 . . . . . . 190 ff.
  » 24 . . . . . . 190 ff.

III. Konkordate.

Konkordat betreffend Testirungsfähigkeit und Erbrechtsverhältnisse vom 15. Juli 1822.

Seite 382, 955 Erw. 5.

Art. 3 . . . . . . 452 f. Erw. 3.

IV. Staatsverträge.

Uebereinkommen zwischen dem Kanton Aargau und dem
  Grossherzogthum Baden vom 21. Mai 1867 betreffend die
  gegenseitige Vollstreckung der Urtheile u. s. w.
  in bürgerlichen Rechtssachen.

Seite 203 ff.

Art. 1 . . . . . . 203 Erw. 2.

Auslieferungsvertrag mit Italien vom 22. Juni 1868.

Art. 1 . . . Seite 197 Erw. 1.
» 2 Ziff. 5 . . . 197 Erw. 2.
» 9 . . . . . . 197 Erw. 1.

Vertrag der Schweiz mit Frankreich über den Gerichtsstand und die Vollziehung von Urtheilen in Civilsachen vom 15. Juni 1869.

Art. 1 . . . Seite 671 Erw. 1, 763 ff., 770 ff., 774 f.
» 3 . . . . . . 775.
» 15 ff. . . . . 764 f.
» 16 . . . . . . 765.
» 17 . . . . . . 765.
» 20 . . . . . . 771 Erw. 3.

Auslieferungsvertrag mit dem deutschen Reiche vom 24. Januar 1874.

Art. 1 . . . Seite 194 ff.
» 1 Ziff. 5 . . 187 ff.
» 1 Ziff. 8 . . 185 f. Erw. 3.
» 1 Ziff. 9 . . 186.
» 1 Ziff. 17 . . 495 ff.
» 3 . . . . . . 185 Erw. 2, 193 ff.
» 3 Abs. 1 . . . 193 ff.
» 5 . . . . . . 184 f. Erw. 1, 497 f.

Niederlassungsvertrag zwischen der Schweiz und Frankreich vom 23. Februar 1882.

Art. 1 . . . . . . 775.
» 3 . . . . . . 775.

Internationale Konvention zum Schutze des gewerblichen Eigenthums vom 20. März 1883.

Seite 94, 98 Erw. 1.

III. Personenregister.

A) *Staatsrechtliche Entscheidungen.*

	Seite
Aargau c. Burri & Huber	733
» c. Friedrich'sche Kaplaneistiftung	163
» c. Schärer	158
» c. Solothurn	689
Alcools, Régie fédérale des, c. Laval & Cie	709
Appenzell I.-Rh. c. Manser	152
Arnold c. Weil	39
» und Konsorten c. Uri	124
Basellandschaft c. Gemeinderath Schönenbuch	718
Berger c. Eidgenössisches Zolldepartement	703
Bern c. Egli-Reimann & Cie	619
» c. Lerch	133
» c. Schär & Jordi	23
Bernasconi c. Tessin	82
Binz c. Solothurn	482
Bopp und Keller c. Zürich	473
Bosshardt c. Donau	46
Brienz-Rothhornbahn c. Fuchs	53
Brunner c. Gemeinderath Hinweil uud Konsorten	86
Bundesanwaltschaft c. Hantsch	713
Burri und Huber c. Aargau	733
Chavannes-Burnat c. Lausanne-Ouchy	611
Cornaz frères & Cie c. Freiburg und Waadt	431
Deutschland c. Emanuel	186
» c. Grüter	495
» c. Stübler	189
» c. Wittig	181
Donau c. Bosshardt	46

Seite

Egli-Reimann & Cie c. Bern 619
Eglin, Gebrüder, c. Synnberg und Rüttger 115
Emanuel c. Deutschland 186
Escholzmatt, Korporationsgemeinde, c. Stadelmann und
Genossen 146

Fleurdelys c. Wüst. 100
Freiburg und Waadt c. Cornaz frères & Cie 431
Friedrich'sche Kaplaneistiftung c. Aargau 163
Fuchs c. Brienz-Rothhornbahn 53

St. Gallen c. Mayer 26
Genève c. Conseil supérieur de l'église catholique chré-
tienne de Genève 746
Glaser c. Tschanz 665
Gobet c. Menoud 5
Gotthardbahn c. Schwyz 8
Gränichen, Gemeinderath, c. Lüscher 75
Graubünden c. Tessin 673
Greffier c. Mayer 668
Grivel c. Vuagnaux. 111
Grossenbacher c. Holliger 660
Grüter c. Deutschland. 495
Guerrini c. Italien 195
Gunzwyl, Gemeinderath, c. Schneider. 723

Hantsch c. Bundesanwaltschaft 713
Haury c. Karbacher 140
Helvetia, schweizerische Feuerversicherungsgesellschaft,
c. Uri 17
Hess c. Kummer 773
Hilfiker c. Rinderknecht 35
Hinweil, Gemeinderath, und Konsorten c. Brunner . . 86
Holliger c. Grossenbacher 660
Homberg und Bock, Masse, c. Préaud 63
Huber und Burri c. Aargau 733
Hug c. Wyrsch. 1
Huggenberger und Konsorten c. Leonhard und Ellis. . 90

Indermauer c. Indermauer 69
Italien c. Guerrini 195

Seite

Jordi und Schär c. Bern 23
Jura-Simplonbahn c. Reith 454

Karbacher c. Hauri 140
Keller, Erben, c. Meyer 442
Keller und Bopp c. Zürich 473
Kiefer c. Waisenamt Solothurn 29
Kummer c. Hess 773

Lausanne-Ouchy c. Chavannes-Burnat 611
Laval & Cie c. Régie fédérale des alcools 709
Leonhard und Ellis c. Huggenberger und Konsorten . 90
Lerch c. Bern 133
Leuthold c. Schuh 647
Levy c. Schelling 765
Locle, syndicat des maîtres bouchers du, c. Neuenburg . 425
Lüscher c. Gemeinderath Gränichen 75
Luzern c. Steffen 467
   » c. Geschwister Vogel. 106

Manser c. Appenzell I.-Rh. 152
Mayer c. St. Gallen 26
Menoud c. Gobet 5
Meyer c. Greffier 668
   » c. Erben Keller. 442

Neuenburg c. Syndicat des maîtres bouchers du Locle . 425
   » c. Vormundschaftsbehörde Wiedlisbach . . 471
Nidwalden c. Gemeinderäthe von Stansstaad und Wolfenschiessen und Genossen 488
Nordostbahn c. Steuble 60

Oechslin c. Schaffhausen. 740

Péages, Département fédéral des, c. Berger 703
Philippart c. de Villermont 757
Préaud c. Masse Homberg und Bock 63
Procureur général de la Confédération c. Hantsch . . 713

Reith c. Jura-Simplonbahn 454
Rickler c. Thurgau. 16

Seite

Riedi c. Töndury 438
Rinderknecht c. Hilfiker 35
Rohr c. Spühler 631

Sauter und Schmidlin c. Sulser 638
Schaffhausen c. Oechslin 740
Schär und Jordi c. Bern 23
Schärer c. Aargau 158
Schelling c. Levy 765
Schmid c. Senn 198
 »   c. Ursprung 729
 »   c. Walbaum Luling Goulden & Cie 95
Schmidlin und Sauter c. Sulser 638
Schneider c. Gemeinderath Gunzwyl 723
Schönenbuch, Gemeinderath, c. Basellandschaft. . . 718
Schuh c. Leuthold 647
Schwyz c. Gotthardbahn 8
Senn c. Schmid 198
Solothurn c. Aargau 689
 »   c. Binz 482
 »   Waisenamt, c. Kiefer 29
Sperle c. Thurgau 52
Spühler c. Rohr 631
Stadelmann und Konsorten c. Korporationsgemeinde
 Escholzmatt 146
Stansstaad und Wolfenschiessen, Gemeinderäthe, und
 Konsorten c. Nidwalden 488
Steffen c. Luzern 467
Steuble c. Nordostbahn 60
Stübler c. Deutschland 189
Sulser c. Schmidlin und Sauter 638
Sutermeister c. Sutermeister 653
Synnberg und Rüttger c. Gebrüder Eglin 115

Tessin c. Bernasconi 82
 »   c. Graubünden 679
Thurgau c. Rickler 16
 »   c. Sperle 52
Töndury c. Riedi 438
Tschanz c. Glaser 665

Seite

Uri c. Arnold und Konsorten. 124
» c. Schweizerische Feuerversicherungsgesellschaft
Helvetia 17
Ursprung c. Schmid 729

de Villermont c. Philippart 757
Vogel, Geschwister, c. Luzern 106
Vuagnaux c. Grivel 111

Waadt und Freiburg c. Cornaz frères & Cie 431
Walbaum Luling Goulden & Cie c. Schmid 95
Weil c. Arnold 39
Wiedlisbach, Vormundschaftsbehörde, c. Neuenburg . 471
Wittig c. Deutschland 181
Wolfenschiessen und Stansstaad, Gemeinderäthe, und
Konsorten, c. Nidwalden 488
Wüst c. Fleurdelys 100
Wyrsch c. Hug. 1

Zolldepartement, Eidgenössisches, c. Berger 703
Zoller c. Zoller 67
Zürich c. Bopp und Keller 473

B) Civilrechtliche Entscheidungen.

Adam c. Société suisse de distributeurs automatiques de
papiers 569
Aliverti c. Gotthardbahn 803
Aschwanden, Gebrüder, c. Masse Aschwanden . . . 209

Barfuss c. Bund 417
Barraud c. Gemeinde Mathod 285
Basellandschaft c. Madörin 394
Baselstadt c. K. 383
Bättig c. Staub 329
Baumgartner c. Tschurtschenthaler 348
Beck c. Bucher 343
Bendel c. Frey 819
Bern c. Hanf und Konsorten 401
Berner Handelsbank und Konsorten c. Bucher und Kon-
sorten 215

Seite

Bernische Bodenkreditanstalt c. Kernen 863

» » c. Niesper-Meyer . . . 831

Böppli c. Burkhardt & Cie 540

Brandt & fils c. Schæffer 274

Braunschweig c. Dukas & Cie 524

Bregenzer und Nigg c. Schwyz 974

Brodard c. Théraulaz 889

Bucher c. Beck. 343

Bucher und Konsorten c. Berner Handelsbank und Kon-

sorten. 215

Bühler c. Bühler 301

B. c. M. 858

Bund c. Barfuss 417

Burkhardt & Cie c. Böppli 540

Carrel c. Delieutraz 848

Centralbahn c. Fricker 798

» c. Leu 242

» c. Lüscher 248

Danzas & Cie c. Great Eastern Railway 228

Datoly c. Paris-Lyon-Méditerannée 778

Délez c. Desfayes und Konorten 367

Delieutraz c. Carrel 848

Desfayes und Konsorten c. Délez 367

Deucher c. Thurgau 562

Disdier c. Schnider 354

Dormann c. Hochstrasser. 336

Dukas & Cie c. Braunschweig 524

Egger c. Scholter 908

Eidgenössische Bank c. von Grenus und Konsorten . . 504

Fankhauser c. Käsereigesellschaft Gerbehof . . . 295, 824

Fischer-Gautschy c. Sigrist-Jenny 305

Frey c. Bendel 819

Fricker c. Schweizerische Centralbahn. 798

Furrer-Bachmann c. Streuli 506

Ganter c. Locher 916

Garin c. Union vaudoise du Crédit 280

Seite

Gerbehof, Käsereigesellschaft, c. Fankhauser . . 295, 824
Gerber und Bürgi c. Tessinische Kantonalbank . . . 214
Giudici c. Legena 923
Glutz-von Blotzheim und Konsorten c. Solothurn . . 932
Gotthardbahn c. Aliverti 808
»   c. Herger 253
»   c. Lehmann 234
Gränichen, Gemeinderath, c. Widmer und Lüscher . . 790
Great Eastern Railway c. Danzas & Cie 228
von Grenus und Konsorten c. Eidgenössische Bank . . 504
Gribi c. Hasler 360

Hanf und Konsorten c. Bern 401
Hasler c. Gribi 360
» c. Spar- und Leihkasse Sissach 853
Hauser c. Lutz 548
Hegnau, Sennereigesellschaft, c. Thormann 334
Herger c. Gotthardbahn 253
Hochstrasser c. Dormann 336
Huber & Guggenbühl und Portlandcementfabrik Rotzloch
    c. Wagner & Cie 878
Hufschmid c. « La Providence » 868

Jeissi c. Jeissi 788
Jura-Simplonbahn c. Konrad 268
»   c. Mutti 257
»   c. Unfallversicherungsgesellschaft « Le
Soleil » 314

Kernen c. Bernische Bodenkreditanstalt 863
Kindlimann c. Marcuard, Krauss & Cie 516
Kistler und Genossame Reichenburg c. Schuhmacher . 219
Konrad c. Jura-Simplonbahn 268
K. c. Baselstadt 383

Legena c. Giudici 923
Lehmann c. Gotthardbahn 234
Leu c. Centralbahn 242
Locher c. Ganter 916
Ludwig c. Erben Rutishauser 931
Lüscher c. Centralbahn 248

Seite

Lüscher und Widmer c. Gemeinderath Gränichen . . 790
Luty und Hauser 548
Luzern c. Eheleute Müller 501

Madörin c. Basellandschaft 394
Marcuard, Krauss & C^le c. Kindlimann · 516
Mathod, Gemeinde, c. Barraud 285
M. c. B. 858
Meyer c. Pfeiffer-Elmiger. 212
Müller, Eheleute, c. Luzern 501
  »   & C^le c. Wüthrich. 776
Mutti c. Jura-Simplonbahn 257

Niesper-Meyer c. Bernische Bodenkreditanstalt . . . 831
Nigg und Bregenzer c. Schwyz 974
Niggli und Konsorten c. Solothurn 577
Nordostbahn c. Wunderli. 499

Paris-Lyon-Méditerannée c. Datoly 778
Peytrignet, Hoirs, c. Torche 324
Pfeiffer-Elmiger c. Meyer. 212
Profumo c. Stumm. 811
« La Providence » c. Hufschmid. 868

Rannacher & C^le c. Wassermann 839
Reichenburg, Genossame, und Kistler, c. Schuhmacher. 219
Rotzloch, Portlandcementfabrik, und Firma Huber und
    Guggenbühl c. Wagner & C^le 878
Rousselot c. Zumbach & C^le 783
Rutishauser, Erben, c. Ludwig 931

Sameli c. Schweizerische Telegraphenverwaltung . . 558
Schæffer c. Brandt et fils. 274
Schneider c. Weingart und Kaufmann 897
Schnider c. Disdier. 354
Scholter c. Egger 908
Schuhmacher c. Kistler und Genossame Reichenburg . 219
Schwyz c. Nigg und Bregenzer 974
Siegrist-Jenny c. Fischer-Gautschy 305
Sissach, Spar- und Leihkasse, c. Hasler 853
Société suisse de distributeurs automatiques de papiers
    c. Adam 569

Seite

« Le Soleil », Unfallversicherungsgesellschaft, c. Jura-
    Simplonbahn 314
Solothurn c. Glutz-von Blotzheim und Konsorten . . . 932
    »   c. Niggli und Konsorten 577
    »   und Zürich c. Tugginer 371
Staub c. Bättig 329
Streuli c. Furrer-Bachmann 506
Stumm c. Profumo 811

Telegraphenverwaltung, Schweizerische, c. Sameli . . 558
Tessin c. Tessinische Kantonalbank 956
Tessinische Kantonalbank c. Gerber und Bürgi . . . 214
    »   »   c. Tessin 956
Théraulaz c. Brodard 889
Thomann c. Sennereigesellschaft Hegnau 334
Thurgau c. Deucher 562
Torche c. Hoirs Peytrignet 324
Truninger c. Vereinigte Schweizerbahnen 263
Tschurtschenthaler c. Baumgartner 348
Tugginer c. Solothurn und Zürich 371

Union vaudoise du crédit c. Garcin 280

Vereinigte Schweizerbahnen c. Truninger 263

Wagner & Cie c. Portlandcementfabrik Rotzloch und
    Firma Huber und Guggenbühl 878
Wärgisthal, Bergschaft, c. Wengernalpbahn 206
Wassermann c. Rannacher & Cie 839
Weingart und Kaufmann c. Schneider 897
Wengernalpbahn c. Bergschaft Wärgisthal 206
Widmer c. Wirth 903
    »   und Lüscher c. Gemeinderath Gränichen . . 790
Wirth c. Widmer 903
Wunderli c. Nordostbahn 499
Wüthrich c. Müller & Cie 776

Zumbach & Cie c. Rousselot 783
Zürich und Solothurn c. Tugginer 371

IV. Verzeichniss der nicht publizirten Entscheide aus dem Jahre 1892.

A) *Staatsrechtliche Entscheidungen.*

Aargau c. Diebold.
»   c. Feer.
»   c. Küpfer.
»   c. Rohr.
»   c.   »
»   c. Schärer und Konsorten.
»   c. Stirnemann und Konsorten.
»   c. Vonäsch.
»   c. Walti-Huggenberger und Konsorten.
»   c. Widmer und Konsorten.
»   c. Widmer und Lüscher.
Amberg c. Zürich.
»   »
Ambrosini c. Kapp.
Appenzell A.-Rh. c. Forrer und Gähler.

Babel und Culloch c. Borel.
Bannwart c. Bannwart.
»   »
»   »
Bapst c. Gauderon.
»   c. Tinguely und Gremaud.
Baselland c. Baumgartner.
Baselstadt c. Bischoff.
»   c. Brun.
»   »
»   c. Weiss.
Bassi c. Mangeol.
Baumgartner c. Baselland.

Bern c. Burgergemeinde Heimberg.

> c. Kernen.

Berner Handelsbank c. Mayor.

> Kantonalbank c. Jeanneret.

St. Bernhard, Grand, maison hospitalière du, c. Gemeinde Orsières.

Berthod c. Guérold.

Bertoglio c. Italien.

Bischoff c. Baselstadt.

Blanc c. Waadt.

Blumer c. Stüssi.

Borel c. Culloch und Babel.

> und Konsorten c. Neuenburg.

Böschenstein c. Schaffhausen.

Bossard c. Fuchs.

> c. Zug.

> »

Brun c. Baselstadt.

> »

Brunner c. Brunner.

Bühlmann-Laier und Konsorten c. katholische Gesellschaft für kaufmännische Bildung.

Bürgy c. Käsereigesellschaft Ferendingen.

Burlet c. Cornuz.

Caitucoli c. Drey.

Cavin c. Waadt.

Centralbahn und Nordostbahn c. Ortsbürgergemeinde Eicken.

Chaux-de-Fonds c. Courvoisier.

Chervet c. Derron und Konsorten.

Chevalley c. Thévoz & Cie.

Chinet & Clément c. Louis.

Clément & Chinet c. Louis.

> c. Neuhaus.

Cornuz c. Burlet.

Corthey c. Demerson.

Cosandey c. Favre.

Courvoisier c. Chaux-de-Fonds.

> c. Neuenburg.

Culloch und Babel c. Borel.

Dafflon c. Délogé.
Délogé c. Dafflon.
Demarchi c. Zanetti.
Demerson c. Corthay.
Derendingen, Kammgarnspinnerei, c. Solothurn.
Derron und Konsorten c. Chervet.
Deutschland c. Lichtner.
Diebold c. Aargau.
Dielsdorf, Statthalteramt, c. Roman.
Dougoud c. Roux.
    »   »
Drey c. Caitucoli.
Duport c. Waadt.

Ehrat und Luchsinger c. Schaffhausen.
Eicken, Ortsbürgergemeinde, c. Centralbahn und Nordostbahn.

Favre c. Cosandey.
Feer c. Aargau.
Feller c. Matthier.
Ferendingen, Käsereigesellschaft, c. Bürgy.
Ferrari c. Scazziga.
Fischer-Eichenberger c. Luzern.
Forrer und Gähler c. Appenzell A.-Rh.
Frankreich c. Roux.
Freiburg c. Pilloud.
Freitag c. Schindler.
Fuchs c. Bossard.
    »   c. Gloor.

Gadina c. Graubünden.
Gähler und Forrer c. Appenzell A.-Rh.
St. Gallen c. Hausmann.
Gamboni c. Regolati.
Gauderon c. Bapst.
Gay-Crosier & Mermoud c. Société de Dynamite Nobel.
Geissberger c. Lang.
Genoud & Peyraud c. Reichlen.
Gianelli c. Scolari.
Gloor c. Fuchs.
Golder c. Thurgau.
Gonten, Wasserversorgungskommission, und Kons. c. Manser.

Götz c. Zürich.

  »   »

  » .   »

Graf c. Wagner.

Graubünden c. Gadina.

  »   c. Zinsli.

Gremaud & Tinguely c. Bapst.

Guérold c. Berthod.

Hauri c. Karbacher.

Hausmann c. St. Gallen.

Hauswirth c. Richteramt Saanen.

Hedinger c. Weber.

Heer c. Rietschi-Gloggner.

Heimberg, Burgergemeinde, c. Bern.

Herger c. Uri.

Hess c. Mahler.

Hindelbank c. Safenwyl.

Hiss c. Turner.

Hissfeld c. Solothurn.

Holtmann c. Moroni.

Hunziker c. Jung.

Jeanneret c. Berner Kantonalbank.

  »   c. Neuenburg.

Jotemps c. Philippe.

Italien c. Bertoglio.

  »   c. Maraccini.

  »   c. Turri.

Jung c. Hunziker.

Jura-Simplonbahn c. Wallis.

Kapp c. Ambrosini.

Karbacher c. Hauri.

Katholische Gesellschaft für kaufmännische Bildung c. Bühlmann-Laier und Konsorten.

Kaufmann c. Luzern.

Kernen c. Bern.

Keysser c. Nidwalden.

King & Cie c. Zürich.

Koller & Cie c. Zürich.

Krönlein c. Schaffhausen.
Küpfer c. Aargau.

Lang c. Geissberger.
Lichtner c. Deutschland.
Louis c. Clément & Chinet.
  » c. Rosset.
Luchsinger und Ehrat c. Schaffhausen.
Lüscher und Widmer c. Aargau.
Luzern c. Fischer-Eichenberger.
  »   c. Kaufmann.
  »   c. Eheleute Müller.
  »   Sparbank, c. Winkler.

Maag c. Thurgau.
Mahler c. Hess.
Mangeol c. Bassi.
Manser c. Wasserversorgungskommission Gonten u. Konsorten.
Maraccini c. Italien.
Matthier c. Feller.
Mayor c. Berner Handelsbank.
Mercier c. Waadt.
Mermoud & Gay-Crosier c. Société de Dynamite Nobel.
Meschenmoser c. Pedrotti.
Meyer c. Pfeiffer-Elmiger.
  »   »
  »   »
  »   »
Moroni c. Holtmann.
Moudon, Tribunal de, c. Nicod.
Mugnier c. Sylvant.
Müller, Eheleute, c. Luzern.

Neuenburg c. Borel und Konsorten.
  »   c. Courvoisier.
  »   c. Jeanneret.
Neuenburg-Cortaillod-Boudry, chemin de fer, c. Suchard.
Neuhaus c. Clement.
Nicod c. Tribunal de Moudon.
Nicole c. Waadt.
  »   »
  »   »

Nicole c. Waadt.
»   »
»   »
»   »
Nidwalden c. Keyßer.
Nobel, Société de Dynamite, c. Gay-Crosier & Mermoud.
Nordostbahn und Centralbahn c. Ortsbürgergemeinde Eicken.
Notz c. Scheidegger.

Orsières c. Maison hospitalière du Grand St. Bernard.

Pedrotti c. Meschenmoser.
Pfeiffer-Elmiger c. Meyer.
»   »
»   »
»   »
Pfyffer c. Robinow und Thalmann.
Philippe c. Jotemps
Pilloud c. Freiburg.
Plancherel c. Waadt.
Préaud c. Schweizerische Unionbank.
»   »   »

Rapin c. Schmidt.
Regolati c. Gamboni.
Reichlen c. Genoud und Peyraud.
Rietschi-Gloggner c. Heer.
Robinow und Thalmann c. Pfyffer.
Rohr c. Aargau.
»   »
Roman c. Sulzer und Forrer und Konsorten.
»   c. Statthalteramt Dielsdorf.
Romans c. Schneider.
Rosset c. Louis.
Roux c. Dougoud.
»   »
»   c. Frankreich.

Saanen, Richteramt, c. Hauswirth.
Safenwyl c. Hindelbank.
Salvia c. Solothurn
Sautaux c. Stern.

Scazziga c. Ferrari.
Schaffhausen c. Böschenstein.
» c. Ehrat und Luchsinger.
» c. Krönlein.
Schärer und Konsorten c. Aargau.
Scheidegger c. Notz.
Schindler c. Freitag.
Schmid c. Walbaum Luling Goulden & Cie
Schmidt c. Rapin.
Schneider c. Romans.
Schweizerische Unionbank c. Préaud.
  »   »   »
Scolari c. Gianelli.
Solothurn c. Hissfeld.
» c. Kammgarnspinnerei Derendingen.
» c. Salvia.
Stark c. Stark und Konsorten.
Stern c. Sautaux.
Stirnemann und Konsorten c. Aargau.
Stockalper c. Stockalper.
Stoudmann c. Waadt.
Stüssi c. Blumer.
Suchard c. Chemin de fer Neuchâtel-Cortaillod-Boudry.
Sulzer und Forrer und Konsorten c. Roman.
Sylvant c. Mugnier.

Thalmann und Robinow c. Pfyffer.
Thévoz & Cie c. Chevalley.
Thurgau c. Golder.
» c. Maag.
Tinguely c. Wenger.
» & Gremaud c. Bapst.
Trachsel c. Weber.
Treuthardt c. Yersin.
Turner c. Hiss.
Turri c. Italien.

Unionbank, schweizerische c. Préaud.
 »   »   »
Uri c. Herger.

Vonäsch c. Aargau.

Waadt c. Blanc.
  »   c. Cavin.
  »   c. Duport.
  »   c. Mercier.
  »   c. Nicole.
  ›   »
         »

         »
  ›   »
  »   c. Plancherel.
  »   c. Stoudmann.
Wagner c. Graf.
Walbaum Luling Goulden & C^le c. Schmid.
Wallis c. Jura-Simplon-Bahn.
Walti-Huggenberger und Konsorten c. Aargau.
Weber c. Hedinger.
  »   c. Trachsel.
Weiss c. Baselstadt.
Wenger c. Tinguely.
Widmer und Konsorten c. Aargau.
  »   und Lüscher c. Aargau.
Winkler c. Sparbank Luzern.
  »   c. Wüst und Jordan.
Wüst und Jordan c. Winkler.

Yersin c. Treuthardt.

Zanetti c. Demarchi.
Zinsli c. Graubünden.
Zug c. Bossard.
  ›   »
Zürich c. Amberg.
  »   »
  »   c. Götz.
         »
  ›   »
  »   c. King & C^le.
  »   c. Koller & C^le.

B) Civilrechtliche Entscheidungen.

Andrey c. Gremion.
Aufenast c. Bezirksrath Meilen.

van Bœrle und Wöllner c. Hausmann.
Bagozzi c. Raffini & Merlotti.
Baume c. Chemin de fer Saignelégier-Chaux-de-Fonds.
Bernardoni c. Peroni.
Bollag c. Schweizerische Volksbank.
Bovard c. Société du gaz de Lausanne.
Brentani-Baggenstoss, Eheleute.
Brunner c. Wengernalpbahn.
   »   »
Bund c. Ranft.
v. Büren-Schmid, Eheleute.
Buser c. Buser.

Centralbahn und Nordostbahn c. Ortsbürgergemeinde Eicken.
Christen-Kesselbach c. Danioth.
Chevalley c. Thévoz & Cie.
Citherlet c. Société de fruiterie de Delémont.
Corboz c. Forster.

Danioth c. Christen-Kesselbach.
Delémont, Société de fruiterie de, c. Citherlet.
Dick c. Milchgesellschaft Rothenhausen.
Dobler c. Guggenheim.
Dunand c. Roulet.

Eigensatz und Wyss c. Häsler.
Eiken, Ortsbürgergemeinde, c. Nordostbahn und Centralbahn.
Eschmann c. Nordostbahn.

Falcy-Barbey, Eheleute.
Forster c. Corboz.
Franceschetti c. Sihlthalbahn.
Freiburg c. Tschachtly.
   » Caisse d'amortissement de la dette publique, c. Schaller.

Freuler c. Wüthrich.
Froidevaux c. Chemin de fer Saignelégier-Chaux-de-Fonds.
Fuchs c. Wengernalpbahn.
    »   »

Gay-Crosier & Mermoud c. Société de Dynamite Nobel.
Gertsch c. Wengernalpbahn.
    »   »
    »   »
Gieser & Cie c. Vogt und Guitton.
Graf c. Wengernalpbahn.
    »   »
Gremion c. Andrey.
Gollet c. Bourgeoisie de St. Maurice.
Gouvernon und Konsorten c. Chemin de fer Saignelégier-Chaux-
                                      de-Fonds.
    »   »   »
Güdel c. Sommer.
Guggenheim c. Dobler.
Gut c. Zürcher Bankverein.

Häsler c. Wyss und Eigensatz.
Hausmann c. van Bærle und Wöllner.
His-Turner c. His.
Huwiler-Schriber, Eheleute.

Jossi c. Wengernalpbahn.

Kammer c. Wengernalpbahn.
Käslin c. Nidwalden.
Kunz c. Redard.
Lausanne, Société du gaz, c. Bovard.
Leutwyler-Schütz, Eheleute.
    »   -Weber, »
Linder c. Wengernalpbahn.
Lochmann c. Nordostbahn.

Maienberger c. Schlapp.
Mathez-Lüthi, Eheleute.
St. Maurice, Bourgeoisie, c. Gollet.
Mayer-Frey c. Nordostbahn.
Meier c. Schaffhausen.

Meilen, Bezirksrath, c. Aufenast.
Merlotti und Raffini c. Bagozzi.
Mermoud & Gay-Crosier c. Société de Dynamite Nobel.
Meyer c. Pfeiffer-Elmiger.
» c. Roussillon.
Mugnier c. Sylvant.

Nabholz-Bürgin, Eheleute.
Neuchâtel-Cortaillod-Boudry, chemin de fer, c. Renfer und
  Konsorten.
Nidwalden c. Käslin.
Nobel, Société de Dynamite, c. Gay-Crosier & Mermoud.
Nordostbahn c. Eschmann.
  » c. Lochmann.
  » c. Mayer-Frey.
  c. Wirz.
  » und Centralbahn c. Ortsbürgergemeinde Eicken.

Peroni c. Bernardoni.
Pfeiffer-Elmiger c. Meyer.

Raffini und Merlotti c. Bagozzi.
Ranft c. Bund.
Redard c. Kunz.
Renfer und Konsorten c. Chemin de fer Neuchâtel-Cortaillod-
  Boudry.
Rollat c. Chemin de fer Saignelégier-Chaux-de-Fonds.
Rollinet-Dubey, Eheleute.
Rothenhausen, Milchgesellschaft, c. Dick.
Roulet c. Dunand.
Roussillon c. Meyer.
Ruof c. A. Wyss & Cie.

Saignelégier-Chaux-de-Fonds, chemin de fer, c. Baume.
  » » » c. Froidevaux.
  » » » c. Gouvernon.
  und Konsorten.
  » » »
  » » c. Rollat.
Schaffhausen c. Meier.
Schaller c. Caisse d'amortissement de la dette publique à
  Fribourg.

Schlapp c. Maienberger.
Schmid c. Walbaum Luling Goulden & Cie.
Schweizerische Volksbank c. Bollag.
Sihlthalbahn c. Franceschetti.
Solothurn c. v. Sury.
Sommer c. Gûdel.
Stockalper c. Stockalper.
v. Sury c. Solothurn.
Sylvant c. Mugnier.

Thévoz & Cie c. Chevalley.
Tschachtly c. Freiburg.

Vogt und Guitton c. Gieser & Cie.

Walbaum Luling Goulden & Cie. c. Schmid.
Wengernalpbahn c. Brunner.
　　　　》　　　　　　　　》
　　　　》　　　　　c. Fuchs.
　　　　　　　　　　　》
　　　　　　　　c. Gertsch.
　　　　　　　　　　》
　　　　　　　　　　》
　　　　　　　　c. Graf.
　　　　　　　　　》
　　　　　　　　c. Jossi.
　　　　》　　　　c. Kammer.
　　　　》　　　　c. Linder.
Wirz c. Nordostbahn.
Wûthrich c. Freuler.
Wyss & Cie. c. Ruof.
　》　und Eigensatz c. Häsler.

Zürcher Bankverein c. Gut.

V. Zusammenstellung der Entscheidungen nach den drei Nationalsprachen.

I. *Staatsrechtliche Entscheide.*

1. Aus dem d e u t s c h e n Landestheile 142, wovon abgedruckt 58.

2. Aus den r o m a n i s c h e n Landestheilen 74, wovon abgedruckt 14.

Hievon fallen 10 Entscheide, wovon abgedruckt 2, auf den i t a l i e n i s c h, die übrigen 64 auf den f r a n z ö s i s c h sprechenden Theil der Schweiz.

II. *Civilrechtliche Entscheide.*

1. Aus dem d e u t s c h e n Landestheile 105, wovon abgedruckt 62.

2. Aus den r o m a n i s c h e n Landestheilen 39, wovon abgedruckt 13.

Hievon fallen 3 Entscheide, wovon abgedruckt 1, auf den i t a l i e n i s c h, die übrigen 36 auf den f r a n z ö s i s c h sprechenden Theil der Schweiz.

VI. Berichtigungen.

Seite 81 Zeile 6 von unten lies *beiläufig angeführte.*

» 575 » 16 » oben » Art. 25 statt Art. 23,

» 576 » 3 » unten » Art. 25 statt Art. 26.

» 722 » 13 » oben » *überall nicht* statt nicht
überall.

Lausanne. — Imprimerie Georges Bridel & Cⁱᵉ.

Lightning Source UK Ltd.
Milton Keynes UK
UKHW02f2153140918
328919UK00017B/1875/P

9 780332 489469